Das große Buch

CDs & DVDs brennen mit Nero 6

Dominik Reuscher

DATA BECKER

Copyright	© by DATA BECKER GmbH & Co. KG Merowingerstr. 30 40223 Düsseldorf
Produktmanagement und Lektorat	Marc-André Petermann
Umschlaggestaltung	Inhouse-Agentur DATA BECKER
Textverarbeitung und Gestaltung	Andreas Quednau (www.aquednau.de)
Produktionsleitung	Claudia Lötschert
Druck	Media-Print, Paderborn
E-Mail	buch@databecker.de

Alle Rechte vorbehalten. Kein Teil dieses Buchs darf in irgendeiner Form (Druck, Fotokopie oder einem anderen Verfahren) ohne schriftliche Genehmigung der DATA BECKER GmbH & Co. KG reproduziert oder unter Verwendung elektronischer Systeme verarbeitet, vervielfältigt oder verbreitet werden.

ISBN 3-8158-2504-0

Wichtiger Hinweis

Die in diesem Buch wiedergegebenen Verfahren und Programme werden ohne Rücksicht auf die Patentlage mitgeteilt. Sie sind für Amateur- und Lehrzwecke bestimmt.

Alle technischen Angaben und Programme in diesem Buch wurden von den Autoren mit größter Sorgfalt erarbeitet bzw. zusammengestellt und unter Einschaltung wirksamer Kontrollmaßnahmen reproduziert. Trotzdem sind Fehler nicht ganz auszuschließen. DATA BECKER sieht sich deshalb gezwungen, darauf hinzuweisen, dass weder eine Garantie noch die juristische Verantwortung oder irgendeine Haftung für Folgen, die auf fehlerhafte Angaben zurückgehen, übernommen werden kann. Für die Mitteilung eventueller Fehler sind die Autoren jederzeit dankbar.

Wir weisen darauf hin, dass die im Buch verwendeten Soft- und Hardwarebezeichnungen und Markennamen der jeweiligen Firmen im Allgemeinen warenzeichen-, marken- oder patentrechtlichem Schutz unterliegen.

Vorwort

Liebe „Nero-User",

Sie halten das große Buch zum Thema „CDs und DVDs brennen mit Nero 6" von DATA BECKER in Ihren Händen. Es ist die ultimative Brenner-Bibel zu Nero 6, mit deren Hilfe Sie alle Brennvorhaben erfolgreich und professionell meistern! Beim Schreiben des Werkes habe ich größten Wert darauf gelegt, den großen Funktionsumfang der Software möglichst praxisnah zu erläutern. Alle Anleitungen wurden von mir selbst getestet, um eventuell auftauchende Probleme zu entdecken und Lösungsstrategien aufzuzeigen. Einige Highlights dieses Buches:

- Sie erstellen aus analogen Bildern oder Fotos einer Digitalkamera eine multimediale Foto-Disk mit Hintergrundmusik und effektvollen Fotoübergängen.

- Sie bearbeiten Ihre Urlaubsfilme mit NeroVision Express professionell, indem Sie einen Vor- und Abspann erzeugen, ungewünschte Szenen herausschneiden oder Einsprungspunkte für das bequeme Ansteuern der Lieblingsstellen definieren, und brennen sie anschließend in bester Bildqualität auf eine Video-DVD.

- Sie nehmen Filme (beispielsweise TV-Sendungen oder Videos von einem digitalen Camcorder) mit dem PC direkt auf einen DVD-Rohling auf – den analogen Videorekorder brauchen Sie ab sofort nicht mehr!

- Sie starten die wichtige Sicherung von Daten auf CD/DVD mit nur einem Klick! Sie brauchen dazu nicht mehr Nero Burning Rom oder ein anderes Nero-Tool manuell aufzurufen – komfortabler kann Datensicherung wirklich nicht sein!

- Sie führen eine professionelle Untersuchung der Brennqualität auf den verwendeten Rohlingen durch und decken jeden noch so kleinen Schreibfehler auf. Anschließend wissen Sie genau, ob Ihre wertvollen Daten auf dem Rohling sicher aufgehoben sind oder nicht.

Weiterer Lesestoff zu Nero 6 im Downloadbereich

Wir haben für Sie als Service und Ergänzung zu diesem Buch noch weiteren Lesestoff zu Nero 6 zum kostenlosen Download im Internet zur Verfügung gestellt. Einfach unter *www.databecker.de/buch-dl* vorbeischauen, oben bei *Buch-Extras – Bereich durchsuchen* die Artikelnummer „442504" eingeben und auf *Suchen* klicken.

Zum Abschluss möchte ich mich bei denjenigen herzlichst bedanken, die mitgeholfen haben, dass das Buch so perfekt wie möglich wurde:

- bei Herrn Marc-André Petermann für die ausgezeichnete Zusammenarbeit – er stand mir stets mit Rat und Tat zur Seite.
- bei Frau Menhart und der Firma Ahead Software AG für die tolle Unterstützung
- bei meinen Eltern Anne und Horst Reuscher

Viel Spaß mit diesem Buch und beim Brennen mit Nero 6 wünschen Ihnen

Dominik Reuscher und DATA BECKER

INHALT

1. Grundlagen und erste Schritte mit Nero 6 ... 21

1.1 Informationen zur neuen Nero-Version ... 22
Wichtige Neuerungen im Überblick ... 22
Unterschiede zwischen Vollversion und OEM-Version ... 24
Nero-Software auf dem aktuellsten Stand halten ... 25
Übersicht über die Teilprogramme und ihre Verwendung ... 27

1.2 Schnell zum Ziel über Nero StartSmart und Nero Express ... 28
Nero StartSmart nutzen und konfigurieren ... 28
Ruckzuck zur gebrannten Disk mit Nero Express ... 31

1.3 Tipps und Tricks im Nero-Brennalltag ... 34
Fensteransicht optimieren ... 35
Beim Brennvorgang bereits ein neues Projekt erzeugen ... 36
Gebrannte Disk nicht automatisch auswerfen ... 37
Mit mehreren Brennern schreiben ... 38
Probleme? Nero-Hilfesystem nutzen ... 39

2. Perfekte Datenbackups mit Nero und Nero BackItUp ... 45

2.1 Vor der Datensicherung auf Virenjagd gehen ... 46
Viren machen das Backup unbrauchbar! ... 46
Viele Euros sparen: Kostenlosen Virenscanner nutzen ... 47

2.2 Komfortable Datenbackups mit Nero BackItUp ... 49
Image Recorder aktivieren ... 50
Neues Datenbackup anlegen ... 51
Schneller arbeiten mit Dateifiltern ... 55
Erstelltes Datenbackup aktualisieren bzw. neue Daten hinzufügen ... 58
Die verschiedenen Backupmethoden im Überblick ... 62
Genial: Datensicherung automatisieren ... 63
Im Notfall: Backup wiederherstellen ... 66
Alte Backupdateien reanimieren ... 70

2.3 Optimale Datendisks für jedes Betriebssystem ... 71
Für den Datenaustausch mit „fremden" Betriebssystemen: ISO 9660 ... 71
Datendisk im ISO 9660-Standard erstellen ... 72
Datendisk für Windows mit Joliet-Erweiterung ... 74
Datendisk mit Joliet-Erweiterung erzeugen ... 75
Für Daten-DVDs empfehlenswert: UDF-Dateisystem ... 76
Daten-DVDs mit größtmöglicher Kompatibilität erstellen ... 77

2.4 Rohlingkapazität maximal ausschöpfen: Singlesession oder Multisession? ... 79
Wichtige Tipps zum Brennen von Datendisks ... 79
In einem Rutsch fertig: Singlesession-Datendisk ... 80
Welche Rohlinge und Dateisysteme sind für die Multisession-Disk empfehlenswert? ... 82
Verschenken Sie keine Rohlingkapazität bei Multisession-DVDs! ... 85
Erste Session auf der Multisession-Datendisk anlegen ... 85
Weitere Daten auf eine Multisession-Datendisk brennen ... 87
Letzte Session auf eine Multisession-Disk brennen ... 92
Im Notfall: Offene Session/Disk nachträglich schließen ... 94
In größter Not: Datenrettung auf einer Multisession-Disk ... 95

2.5 Auswahlmenüs, Daten optimal platzieren ... Profi-Tipps für Ihre Datendisk ... 98
Datendisk mit eleganter Autostart-Funktion ... 98
Wichtige Daten auf der gebrannten Disk schneller einlesbar ... 101
Exakte Diskbeschreibungen und Datumsoptionen ... 103
Empfehlenswert: Gebrannte Dateien verifizieren! ... 105

2.6 Superschnelle Datensicherung mit nur einem (!) Doppelklick ... 106
Befehlsübersicht ... 107
So funktioniert die Datensicherung ... 107
Rasante Datensicherung über Batchdatei mit einem Klick ... 108

2.7 Rettungsdisk für PC-Notfälle ... 109
Voraussetzungen für eine Boot-CD/DVD ... 110
Boot-CD/DVD erstellen ... 111
Welche Tools gehören auf eine Bootdisk? ... 112
Bootdisk brennen ... 114
Gebrannte Rettungsdisk unbedingt testen! ... 115

3. Diskkopien: Perfektes Handling von Imagedateien ... 119

3.1 CDs/DVDs „on-the-fly" oder per Image fehlerfrei kopieren ... 120
Disks „on-the-fly" kopieren ... 120
Medium über ein Image kopieren ... 124

3.2 Geld sparen: Imagedateien mit Nero ImageDrive testen ... 125
Imagedatei erstellen ... 126
Imagedatei mit Nero ImageDrive testen ... 127
Laufwerkbuchstaben des virtuellen Laufwerks ändern ... 129
Imagedatei brennen ... 130

3.3 Nero Recode optimal nutzen **130**
    Nero Recode für brillante Bildqualität konfigurieren 131
    Kopie anfertigen und Bildqualität weiter verbessern 134

4. Von analog zu digital: Alte VHS-Kassetten retten & TV-Aufnahmen realisieren 139

4.1 Voraussetzungen für perfekte Videoaufnahme in brillanter Bildqualität **140**
    Diese Hardware benötigen Sie 140
    Videoaufnahmefunktion der Karte einsatzbereit? 142
    Welchen Übertragungsweg nutzen: Composite oder S-VHS? 143
    Im Verbindungsnotfall: Scart-Adapter nutzen! 145
    Analoge Videos über digitalen Camcorder einspielen 145
    Geringer Platzbedarf bei hoher Qualität: DivX-Codec nutzen 146

4.2 Analoge Videos mit NeroVision Express digitalisieren **148**
    In welcher Auflösung Videos aufzeichnen? 148
    Audio- und Videooptionen von NeroVision Express konfigurieren 149
    Videos direkt im MPEG-2-Standard aufnehmen 152
    Videos für beste Bildqualität, VCD oder DivX-Disk als AVI-Datei abspeichern 155
    DivX-Codec optimal konfigurieren 157
    Timer-Aufnahme durchführen 158
    Kostenlose Fernsehzeitschrift aus dem Internet 159

4.3 Videorekorder PC: Filme direkt auf DVD aufnehmen **160**
    Erste Filmaufzeichnung auf die DVD+VR 160
    DVD bearbeiten und Auswahlmenü gestalten 162
    DVD+VR besser als DVD-VR! 164
    Weitere Filme auf die Disk brennen 165

4.4 Troubleshooting rund um die Videoaufnahme **165**
    Erste Hilfe bei Problemen mit der Videoaufnahme 166
    Nutzen Sie den kostenlosen Universal-Treiber für die TV-Karte! 167

4.5 Wenn es mit NeroVision Express klemmt: alternative Capture-Software **169**
    MPEG-Videoaufnahme & Timeshifting mit PowerVCR 169
    Kostenloser Videorekorder: VirtualDub 173

5. Videos vom digitalen Camcorder einlesen & eigene Filme erstellen ... 177

5.1 Digitalen Camcorder mit dem PC verbinden ... 178
FireWire-Anschluss notfalls nachrüsten! ... 178
Camcorder anschließen ... 179
Spezielle Treiber für den Camcorder notwendig? ... 180
Wird der Camcorder richtig erkannt? ... 180

5.2 Videos vom Camcorder aufzeichnen ... 181
Optimale Aufnahmeeinstellungen vornehmen ... 181
Professionelle Szenenauswahl mit ScenalyzerLive ... 183

5.3 Eigene Filme mit Spezialeffekten erstellen ... 186
Neues Filmprojekt starten und Videos integrieren ... 186
Übergangseffekte zwischen den einzelnen Videos einrichten ... 189
Videoeffekte nutzen ... 190
Wie bei einem echten Film: Vor- und Abspann erzeugen ... 192
Nachvertonung der Filme durchführen ... 193
Film zurechtschneiden oder Videos teilen ... 195
Erstellten Film im richtigen Format exportieren ... 196

6. Videos für das Brennen professionell transkodieren ... 201

6.1 Der richtige Videostandard für Ihre Videodisks ... 202
Auflösung, Format und Codec Ihrer Videodateien kontrollieren ... 202
Video-CD: Optimal für das Archivieren von VHS-Kassetten ... 205
Gutes Bild aber kaum kompatibel: Super-Video-CD ... 206
Brillantes Bild und große Kapazität: Video-DVDs ... 207
Besonderheit: Die DivX-Videodisk ... 209

6.2 Beste Bild- und Tonqualität bei der Umwandlung erzielen ... 210
Videos mit Nero nach MPEG-1 bzw. MPEG-2 konvertieren? ... 210
Höchste Qualität mit TMPGEnc erzielen ... 211
Vorbereitungen für die Umwandlung mit TMPGEnc ... 213
Experteneinstellungen für perfekte Ergebnisse mit TMPGEnc ... 216
Variable Videobitrate professionell nutzen ... 224
TMPGEnc-Bildwerkzeuge richtig verwenden ... 229
Was geschieht bei der Videokomprimierung? ... 235

6.3 Nützliche Zusatzfunktionen von TMPGEnc ... 237
Mehrere Videos hintereinander konvertieren ... 237
Film zu groß? – MPEG-Dateien splitten! ... 238

Mehrere kleine Videos zusammenfügen 240
Multiplexen und Demultiplexen mit TMPGEnc 241

7. Video-Authoring mit NeroVision Express 2 und Nero 6 243

7.1 Videodisk der Extraklasse mit NeroVision Express 2 244
Welche Videodisk ist optimal? 244
Video- und Audioeinstellungen konfigurieren 246
Videos integrieren, zurechtschneiden oder teilen 247
Einsprungspunkte setzen 249
Elegantes Auswahlmenü erzeugen 251
Eigene Buttons für das Auswahlmenü erstellen 255
Videoscheibe brennen bzw. Videostruktur auf der Festplatte ablegen 257
Strukturen der Videodisks durchleuchtet 258

7.2 Nero Burning Rom für das Erstellen der Videoscheiben nutzen 261
VCD oder SVCD ohne erneute Transkodierung erstellen 261
Kompatibilitätscheck von Nero unter der Lupe 264
DVD-Videostruktur als Video-DVD brennen 264
DVD-Brennverfahren im Detail 266

7.3 So geht's: Video-DVDs ohne erneute Transkodierung erstellen 267
TMPGEnc DVD Author 267
Crashkurs: Videostruktur erstellen 268

7.4 Profi-Tricks für Ihre Videoscheiben 270
Bei Abspielproblemen: SVCDs als VCDs tarnen! 270
Für kleine Videos empfehlenswert: XVCDs bzw. XS-VCDs 272
Videos von einer VCD bzw. SVCD auf DVD brennen 275

8. Professionelle Audio-CDs mit perfekter Soundqualität erstellen 277

8.1 DAE-Qualität prüfen und optimieren 278
Der ultimative DAE-Test für Ihr Laufwerk 278
Jedes Laufwerk liest die Musiktracks anders ein! 282
Extrahieroptionen von Nero optimal einstellen 284
Musiktracks temporär auf der Festplatte ablegen 286
Wo steckt der Lieblingshit auf der Scheibe? Nero CD-Player nutzen! 288
Musiktracks permanent speichern und Jitterkorrektur nutzen 289

8.2 Beschädigte und verschmutzte CDs retten ... **291**
Verschmutzte Audio-CDs reinigen ... 292
„Schnellwaschgang" für Ihre Audio-CDs ... 292
Verkratzte CDs mit Zahnpasta reparieren ... 293
Gehen Audio-CDs langsam kaputt? ... 294

8.3 Wissen, was gespielt wird – CD-TEXT und CD-Datenbank nutzen ... **294**
Voraussetzungen für die Nutzung von CD-TEXT ... 295
CD-TEXT für das Audioprojekt nutzen ... 296
FreeDB-Datenbank in Nero integrieren ... 297
Wann soll die CD-Datenbank abgefragt werden? ... 299
Datenbankeinträge ändern und neue Einträge anlegen ... 299
CD-TEXT-Daten mit dem Nero Media Player anzeigen ... 301

8.4 Komprimierte Musik für die Erstellung von Audio-CDs verwenden ... **302**
So spielt jeder CD-Player MP3- und WMA-Hits ab! ... 303

8.5 Pausenmanagement, Audiobearbeitung und Klangoptimierung ... **304**
Langen Musiktitel in mehrere Tracks unterteilen ... 305
Tracks mit Indexmarken genauer unterteilen ... 306
Pausenlänge zwischen den Tracks einstellen ... 306
Start- und Endposition des Tracks zurechtschneiden ... 308
Fade-In und Fade-Out geben der Scheibe den letzten Schliff! ... 309
Kreuzblende zwischen zwei Tracks nutzen ... 310
Beste Soundqualität für Ihre Musiktracks ... 310
Gleicher Lautstärkepegel für alle Tracks ... 312

8.6 Optimale Brennparameter für Audio-CDs ... **313**
Was gibt es beim Brennen einer Audio-CD zu beachten? ... 313
Die richtige Brennmethode für Ihre Musikscheiben ... 314
Unterschiede zwischen Disc-at-Once und Track-at-Once ... 315
Standard für Audio-CDs durchleuchtet ... 316
Profi-Klangqualität durch Audio-Master-Quality-Recording ... 317
Soundoptimierung durch VariRec ... 319
NeroMix zum Brennen von Audio-CDs nutzen? ... 321

8.7 Musik und Daten auf einer Scheibe mischen ... **322**
Mixed Mode-CD oder CD-Extra? ... 322
CD-Extra mit Nero erstellen ... 323
Tipps für die Audiosession der CD-Extra ... 325

9. Das eigene Musiklabor: Alte Platten und Kassetten restaurieren ... 327

9.1 Nero Wave Editor optimal nutzen ... 328
Bearbeitungsfunktionen von Nero Burning Rom oder Nero Wave Editor nutzen? ... 328

9.2 Schallplatten und Audiokassetten digitalisieren ... 330
Optimale Soundkarte für die Aufnahme ... 330
Schallplattenspieler mit dem PC verbinden ... 331
Kassettendeck mit dem PC verbinden ... 333
Mischpult von Windows für eine perfekte Aufnahme vorbereiten! ... 333
So beseitigen Sie eventuelle Brummgeräusche ... 334
Genial: Störgeräusche während der Aufnahme herausfiltern! ... 335
Analoge Musikquellen mit dem Nero Wave Editor digitalisieren ... 336
Aufnahme zurechtschneiden und abspeichern ... 339

9.3 Den „Schätzchen" zu kristallklarem Sound verhelfen ... 341
Wichtige Tipps zum Arbeiten mit Effekten ... 341
Schallplattenaufnahmen vom Knistern befreien ... 343
Professionelle Rauschanalyse und Rauschentfernung ... 344
Zeitkorrektur für Kassettenaufnahmen bzw. Musik beschleunigen ... 345
Raumklang durch Halleffekte optimieren ... 346
Verbessern Sie die Dynamik des Musiktracks ... 346
Weitere interessante Effekte nutzen ... 347

9.4 Komponieren und mischen mit SoundTrax ... 348
Projekteinstellungen konfigurieren ... 348
Fensteraufteilung von Nero SoundTrax ... 349
Musikstücke in Nero SoundTrax integrieren ... 350
Projekt exportieren bzw. brennen ... 351

10. Hits für den DVD-Player: Von MP3 bis zur Musik-DVD ... 353

10.1 Musiktracks für beste Qualität optimal kodieren ... 354
Welchen Standard nutzen: MP3/MP3Pro, MP4 oder WMA? ... 354
Nero-MP3-Encoder muss separat erworben werden ... 356
Wave-Dateien mit Nero perfekt kodieren ... 356
Optimale Klangqualität bei der Umwandlung erzielen ... 357
Zeitersparnis: Musik direkt von CD kodieren ... 360
Nero Wave Editor zum Kodieren verwenden ... 361
MP3-Echtzeitaufnahme mit dem Nero Media Player ... 362
Gefährlich: MP3-Hits aus dem Internet ... 363

10.2 MP3-Hits bearbeiten und Playlisten erstellen 364
MP3-Hits mit dem Nero Wave Editor bearbeiten 364
ID3-Tag-Informationen eingeben 364
Ordnung halten und Abspielreihenfolge festlegen 366
Playlisten mit dem Nero Media Player erstellen 368

10.3 Optimale Brenneinstellungen für MP3s und WMA-Disks .. 371
CD- oder DVD-Rohling für MP3- bzw. WMA-Disk? 371
MP3-/WMA-Disk mit größtmöglicher Kompatibilität brennen 371
Gebrannte Disk perfekt wiedergeben 374

10.4 Geht nicht, gibt's nicht: Musik-DVDs brennen 374
Was denn nun: Audio-DVD oder Video-DVD? 375
Schritt für Schritt zur eigenen Musik-DVD 376

11. Perfekte Fotoshows für das heimische TV-Gerät 381

11.1 So gelangen die Fotos in den PC 382
Alte Fotos perfekt einscannen 382
Dias für die Fotodisk digitalisieren 385
Fotos einer Digitalkamera einlesen 386

11.2 Bilder in das Fotoprojekt integrieren und bearbeiten 388
Der optimale Disktyp für die Fotoscheibe 389
Projekt erstellen und Videooptionen konfigurieren 389
Fotos optimal integrieren 391
Bildeinblendzeit festlegen 393
Bildqualität der Fotos optimieren 394
Foto zurechtschneiden bzw. Bildausschnitt definieren 395
Kopf- und Fußzeile für das Foto einrichten 396

11.3 Multimediaeffekte für Ihre Fotoscheibe 397
Hintergrundmusik für die Scheibe einrichten 397
Fotoübergänge kunstvoll gestalten 398
Weitere Tipps zur perfekten Fotodisk 400

11.4 Fotodisk brennen und Fotos ausdrucken 402
Auswahlmenü gestalten und Fotodisk brennen 402
Gebrannte Fotoscheibe abspielen und Fotos ausdrucken 404

12. Rohlinge mit InCD als mobile Festplatten nutzen ... 407

12.1 InCD professionell einsetzen ... 408
Vorteile von InCD ... 408
Nachteile von InCD ... 408
InCD optimal einrichten ... 410
Autostart-Funktion aktivieren oder nicht? ... 411
Generelle Optionen für InCD festlegen ... 413

12.2 Notwendiges Übel: Formatierung der Rohlinge ... 414
Formatierung durchführen ... 414
Dauer der Formatierung ... 415

12.3 Mount Rainier unter der Lupe ... 416
Mount Rainier vs. Mt Fuji ... 416
Beherrscht der Writer Mount Rainier mit InCD? ... 417
Die Besonderheiten von Mount Rainier ... 418
Wie viel Daten passen auf eine Disk im Mount Rainier-Standard? ... 419
Mount Rainier in der Praxis ... 420
Mount Rainier durch Firmwareupdate nachrüsten! ... 421

12.4 InCD im Praxiseinsatz ... 421
Statusanzeigen von InCD im Überblick ... 421
Systemstabilität beim Brennen testen ... 422
„Senden an"-Menü mit einem InCD-Eintrag erweitern ... 424
Tipps für die professionelle Datensicherung ... 426
Dateien direkt aus Anwendungen auf CD/DVD brennen! ... 427
Packet Writing durchleuchtet ... 427

12.5 InCD-Rohlinge clever löschen ... 428
Rohlinge für die Weiterverwendung mit InCD löschen ... 429
Rohlinge für andere Brennaufgaben löschen ... 430

12.6 Gebrannte Scheiben lesen ... 431
Kann das Laufwerk die gebrannten InCD-Rohlinge lesen? ... 431
Unter welchen Voraussetzungen sind InCD-Rohlinge lesbar? ... 431
Notwendigen Lesetreiber installieren ... 432

13. Abspielprobleme von CDs/DVDs lösen ... 435

13.1 Warum ist die gebrannte Scheibe nicht lesbar? ... 436
Wiedergabeprobleme bei CD-Rohlingen ... 436
Problematisch: Gebrannte DVD-Rohlinge ... 438
Quick-Finder: So lösen Sie jedes Abspielproblem! ... 440

13.2 Firmwareupdate gefahrlos durchführen ... 442
Warum sind Firmwareupdates notwendig? ... 442
Brennermodell und Firmwareversion ermitteln ... 443
Wichtige Vorsichtsmaßnahmen treffen! ... 445
Firmwareupdate durchführen ... 447
Firmwareupdate mithilfe von MtkWinFlash ... 449
Firmwareupdate gescheitert? – Laufwerk unter DOS reanimieren ... 451
Firmwareupdate bei einem externen DVD-Player ... 453

13.3 Brennqualität optimieren ... 453
Die optimale Brenngeschwindigkeit ... 453
Schreiboptimierung unter Nero aktivieren ... 455
Schreibqualität von TEAC-Brennern bei minderwertigen Scheiben verbessern ... 457

13.4 Medienkompatibilität erhöhen ... 457
Kompatibilität der Super-Video-CD verbessern ... 458
DVD-Hochkompatibilitätsmodus von Nero nutzen ... 459
Bessere Kompatibilität für DVD+R/RW ... 459

13.5 Geheime Tricks: Laser reinigen, einjustieren und DVD-Player umbauen ... 463
Laserreinigung richtig durchführen ... 464
Laser des Hi-Fi-CD-Spielers für Selbstgebrannte einjustieren ... 466
Neues Laufwerk in den DVD-Player einbauen ... 468

13.6 Welche Medien kann der Player abspielen? ... 471
Kompatibilitätsliste für DVD-R/RW ... 472
Kompatibilitätsliste für DVD+R/RW ... 472
Richtige Strategie für den Kauf des DVD-Players ... 473

14. Rohlinge unter der Lupe: Qualitätstest, Haltbarkeit, Technik ... 475

14.1 Rohlinge im Detail: Herstellung, Aufbau und Formate ... 476
Die Produktion eines Rohlings ... 476
Unterschiede zwischen CD- und DVD-Rohlingen ... 477
CD-Rohlinge im Überblick ... 479
DVD-Rohlinge im Überblick ... 479
Zukunftssicher: Brenner für DVD-R/RW und DVD+R/RW ... 483
Gefährlich: Ältere DVD-Brenner und moderne Rohlinge! ... 484
Die Kapazitätslüge bei DVD-Rohlingen ... 486
Beschreibbare DVDs bald Geschichte? Ausblick in die „blaue" Zukunft ... 486
Gepresste Silberlinge im Überblick ... 487

14.2 Haltbarkeitskriterien bei Rohlingen ... **488**
Decken Sie den Rohling-Dye auf! ... 489
Gold oder silberne Reflexionsschicht? ... 491
Der Schutzlack: Wichtig für ein langes Rohlingleben ... 492
Datenverlust vorbeugen: So halten Ihre Rohlinge am längsten! ... 493

14.3 Ihr Schnäppchenführer: Durchblick im Rohlingdschungel ... **494**
Welche Rohlinge harmonieren am besten mit Ihrem Brenner? ... 494
Wer hat die Scheibe wirklich produziert? ... 496
Geld sparen: Optimale Kaufstrategie bei Rohlingen ... 500
Wahre CD-R-Schnäppchen finden ... 502
Echte Schnäppchen bei Spindelangeboten aufdecken ... 503
Vorsicht vor billigen DVD-Rohlingen! ... 504
Qualitätsschwankungen bei den gleichen Rohlingen? ... 506
Vorsicht! Rohling bereits beim Kauf defekt! ... 507
Kann man den Rohlingtests von PC-Zeitungen vertrauen? ... 507

14.4 Schwarze Rohlinge lösen Wiedergabeprobleme ... **508**
Das Geheimnis der schwarzen Rohlinge ... 508
Ein Versuch zur Veranschaulichung ... 509
Abtastsicherheit erhöhen: CD/DVD-Rohlinge schwärzen ... 510

14.5 Rohlinge überbrennen und 99-Minuten-Rohlinge nutzen ... **511**
Kann Ihr Writer mit Nero überbrennen? ... 511
Im Notfall: Überbrennen dank Registry-Eingriff aktivieren ... 513
Kann der Writer beim Überbrennen beschädigt werden? ... 514
Kapazitätsermittlung: Wie viel passt maximal auf die Scheibe? ... 514
Überbrennen professionell einsetzen ... 516
Rohling zu klein? – Silberling mit Nero überbrennen ... 517
Statusbalken für das Überbrennen bzw. übergroße Medien optimieren ... 519
90/99-Minuten-Medien perfekt nutzen ... 520
Kann Ihr Writer 90/99-Minuten-Rohlinge vollständig brennen? ... 521
90/99-Minuten-Rohlinge stets langsam brennen ... 523

14.6 Ihr eigenes kostenloses Rohlingtestlabor ... **524**
Beherrscht Ihr Laufwerk die Fehleranalyse? ... 524
Gebrannte Rohlinge auf Fehler kontrollieren ... 526
CD Qualitäts Check von Nero CD-DVD Speed nutzen ... 527
Decken Sie jeden noch so kleinen Brennfehler auf! ... 529
CD-Rohlinge mit KProbe testen ... 532
Notwendig: DVD-Rohlinge nach dem Brennen testen ... 535
Mit jedem Laufwerk möglich: Brennqualität von DVD-Rohlingen durch Transferrate kontrollieren ... 537
Wie robust ist Ihre Scheibe gegenüber UV-Strahlen? ... 539
Normale Alterungserscheinungen bei Rohlingen ... 541

14.7 Schreib- und Lesetechnik im Detail **542**

Was geschieht beim Brennen eines einmal beschreibbaren Rohlings? 542
Was passiert beim Brennen eines wieder beschreibbaren Mediums? 543
Abtastvorgang im Detail 544
Geschwindigkeitsrausch: So werden die hohen Transferraten erreicht 546
Maximale Brenngeschwindigkeit für alle Rohlinge! 549
Medium Speed Error verhindern 553

14.8 Wieder beschreibbare Rohlinge optimal nutzen **554**

Für welche Aufgaben einen wieder beschreibbaren Rohling
verwenden? 554
CD-RW, HighSpeed-CD-RW oder UltraSpeed-CD-RW? 555
Wieder beschreibbare Rohlinge löschen 556
Drohender Datenverlust bei wieder beschreibbaren Medien! 558

15. Brenner einrichten und Nero perfekt konfigurieren **561**

15.1 DVD/CD-Brenner einbauen und konfigurieren **562**

Achtung: Elektrostatische Aufladung! 562
Anschlussmöglichkeiten in der Übersicht 563
Standardanschluss: IDE-Controller 563
Kein freier interner Anschluss? – RAID-Controller nutzen! 564
USB und FireWire: Externe Anschlussmöglichkeiten 565
Schnittstelle der Zukunft: Serial-ATA 567
Entscheidend für die Brennsicherheit: Master oder Slave? 568
Für optimale Kühlung des Brenners sorgen 571
Ist der Brenner einsatzbereit? 572
Wenn der interne Brenner nicht erkannt wird 574
Wenn der externe Brenner nicht erkannt wird 575

15.2 Brennproblemen vorbeugen: Nero optimal installieren **576**

Brennprogramme vollständig entfernen 576
CD/DVD-Laufwerke nach Deinstallation verschwunden? 582
Aktuelle Programmversionen nutzen 583
Installieren Sie auf keinen Fall zwei UDF-Programme! 584
Für Windows 2000/XP nötig: Nero BurnRights 586
NeroMix: Seriennummer über die Registry aufdecken 588

15.3 Maximales Brennvergnügen mit mehreren Brennprogrammen **589**

Treiberkonflikte vermeiden: Brennfunktion von Windows XP
deaktivieren 589
Bootmenü für Windows 9x nutzen 591

Andere Brennprogramme neben Nero unter Windows ME/2000/XP betreiben 593
Nero neben WinOnCD 6 betreiben 595
Nero problemlos neben InstantCD/DVD 7 nutzen 596

15.4 Wenn Nero den Brenner nicht erkennt 598
Welche Brennermodelle werden unterstützt? 599
Hat Nero Ihren Brenner korrekt erkannt? 601
CD/DVD-ROM-Erkennung durchführen 603

15.5 Was kann der Brenner mit Nero? 603
Brennerfeatures mit Nero aufdecken 604
Buffer Underrun-Schutz durchleuchtet 605
Genauere Angaben mit dem Nero InfoTool 607

15.6 Nero für einen schnellen Schreibvorgang optimieren 609
Ultrabuffer von Nero manuell konfigurieren 609
Brennen von langsamen Quellen: Dateicaching aktivieren 611

16. Systemtuning für maximale Brennleistung und perfekte Videoaufnahmen 615

16.1 Für viele Brenntools notwendig: ASPI-Treiber 616
ASPI-Treiber unter der Lupe 616
System-ASPI-Treiber einsatzbereit? 617
Kontrolle des ASPI-Treibers von Nero 618
System-ASPI-Treiber aktualisieren bzw. installieren 620

16.2 So erzielen Sie maximale Brennpower! 622
Aktuelle Chipsatz- und Controllertreiber einsetzen 623
Schneller Systemcheck mit dem Nero InfoTool 625
Mit maximaler Power prozessorschonend brennen: DMA-Modus aktivieren 626
Bis zu 40% mehr Leistung: Intel Application Accelerator 628
Brennprobleme? – DMA-Übertragung ausschalten! 629
Ohne Zwischenstopp brennen: Autostart-Funktion deaktivieren 630
Schneller brennen: Bildschirmschoner optimal konfigurieren 632
Maximale Systemressourcen bereitstellen 633

16.3 Maximale Festplattenleistung zum Nulltarif 634
Festplatte defragmentieren 634
Geschwindigkeitsbremse: Festplattenindizierung von Windows XP 636
Vermeiden Sie komprimierte Festplatten! 636
Festplatten beschleunigen: Acoustic-Management optimieren 637
Große Videodateien? Mit NTFS kein Problem! 639

16.4 Systemstabilität für Videoaufgaben optimieren **641**
Videohardware benötigt einen exklusiven IRQ! 641
Hardwareprofile erhöhen die Systemstabilität 642
Ist Ihr Netzteil stark genug? 645
Optimale Kühlung ist notwendig! 645

Stichwortverzeichnis **647**

1. Grundlagen und erste Schritte mit Nero 6

Mit der Vollversion von Nero 6 besitzen Sie ein komplettes Softwarepaket rund um das Thema CDs und DVDs brennen! Nero 6 bietet gegenüber der Vorversion 5.5 zahlreiche neue Features, beispielsweise die Möglichkeit, Videos mit dem PC in Echtzeit auf einen DVD-Rohling zu brennen oder Videodisks über den Rechner abzuspielen. Nero 6 hat einen gigantischen Funktionsumfang, den besonders fortgeschrittene User schätzen werden, um Ihre Projekte so professionell wie möglich zu gestalten. An Brenneinsteiger wurde bei Nero 6 auch gedacht: Mit Nero-Express und Nero SmartStart erstellen und brennen Sie Ihre Scheiben schnell und erfolgreich. In diesem Kapitel zeige ich Ihnen, wie Sie Nero 6 am komfortabelsten einsetzen, das Programm stets auf dem neusten Stand halten und Nero nach Ihren Wünschen konfigurieren; zusätzlich erhalten Sie wertvolle Tipps für die tägliche Benutzung von Nero und seinen Zusatztools.

1.1	Informationen zur neuen Nero-Version	22
1.2	Schnell zum Ziel über Nero StartSmart und Nero Express	28
1.3	Tipps und Tricks im Nero-Brennalltag	34

1. Grundlagen und erste Schritte mit Nero 6

1.1 Informationen zur neuen Nero-Version

Nero 6 bietet gegenüber der Vorversion 5.5, wie bereits erwähnt, eine Reihe neuer Funktionen. In diesem Abschnitt erhalten Sie einen Überblick über die interessantesten Neuerungen. Sie erfahren außerdem, worin der Unterschied zwischen der Vollversion und einer OEM-Version von Nero 6 liegt und wie Sie das Programm stets auf dem neusten Stand halten.

Wichtige Neuerungen im Überblick

Im Hauptprogramm Nero Burning Rom & Nero Express hat sich zwischen der Version 5.5 und Version 6 kaum etwas getan – hier fanden Verbesserungen und Neuerungen nur in Details statt. Die neuen Features der Brennsoftware Nero 6 betreffen hauptsächlich die einzelnen Teilprogramme – besonders NeroVision Express. Galt der Videobereich bei Nero 5.5 noch als Schwachstelle des Programms, „strotzt" Nero 6 gerade auf diesem Gebiet mit zahlreichen neuen Funktionen und ist anderen Brennprogrammen darin überlegen. Zusätzlich wurden einige neue Programme aufgenommen, die den Funktionsumfang der Brennsoftware Nero stark erweitern.

- Die auffälligste Änderung besteht darin, dass der altmodische und unkompetente Assistent von Nero Burning Rom ausgedient hat und Sie Ihre Brennaufgaben komfortabel und schnell über *Nero StartSmart* starten. Hierbei handelt es sich um ein frei konfigurierbares Startcenter, das automatisch das optimale Nero-Programm für die anstehende Aufgabe aufruft – Sie müssen beispielsweise nur angeben, was für eine Disk Sie erstellen wollen.

- Mit *NeroVision Express 2* können Sie analoges bzw. digitales Filmmaterial in den PC einspielen und bereits während der Aufnahme in das MPEG-1- bzw. MPEG-2-Format umwandeln lassen, um daraus Videoscheiben zu brennen. NeroVision Express besitzt in der neuen Version zahlreiche Möglichkeiten der Videobearbeitung, mit denen Sie Ihre Filme professionell gestalten können – erstellen Sie beispielsweise elegante Videomenüs oder legen Sie bei einem langen Film mehrere Einsprungstellen fest. In Version 2 unterstützt NeroVision Express zusätzlich das Videoformat DVD+VR, sodass Sie Ihre Videos in Echtzeit direkt bei der Aufzeichnung ohne Zwischenspeicherung auf der Festplatte auf einen DVD-Rohling brennen dürfen. Ihren analogen Videorekorder werden Sie ab sofort nicht mehr benötigen!

- Erstellen Sie mit *NeroVision Express* in der neuen Version 2 elegante Foto-CDs/DVDs und versehen Sie diese mit Hintergrundmusik. Diese neue Funktion ist besonders für Besitzer einer Digitalkamera interessant, die ihre wertvollen Schnappschüsse qualitativ hochwertig auf einen Silberling brennen möchten.

- Der Vollversion von Nero 6 liegt bereits das für die Erstellung von Super-Video-CDs bzw. Video-DVDs notwendige DVD-Video-Plug-in (früher MPEG-

2-Plug-in genannt) bei. Dieses mussten Sie bei Nero 5.5 separat über den Webshop bei Ahead erwerben.

- Mit *Nero ShowTime* besitzen Sie die perfekte Abspielsoftware für die Wiedergabe Ihrer Video-CDs bzw. Video-DVDs mit dem PC. Einen anderen Software Player (beispielsweise WinDVD oder PowerDVD) benötigen Sie bei Nero 6 nicht mehr.

- Der *Nero Wave Editor* wurde komplett überarbeitet und bietet in der Version 2 noch mehr Funktionen und Effekte zur Bearbeitung und Optimierung Ihrer Musiktracks.

- Neu hinzugekommen ist auf dem Audiosektor die Software *Nero SoundTrax*. Damit komponieren Sie Ihre eigene Musik: Mischen Sie beispielsweise mehrere Audiotracks miteinander, fügen Sie Effekte hinzu oder nutzen Sie das Crossfading, um einen eigenen Hit zu erschaffen.

- Ahead legt dem Brennprogramm Nero mit *Nero BackItUp* zum ersten Mal eine einfach zu bedienende Backupsoftware bei, die Ihnen die Datensicherung erleichtern soll.

- Die Packet Writing-Software InCD, mit der Sie Ihre Rohlinge in mobile Festplatten verwandeln, wird in der neuen Version 4 bei Nero 6 mitgeliefert. Das Programm stammt im Gegensatz zu InCD 3.5 von Ahead selbst und unterstützt den neuen Schreibstandard Mount Rainier.

Sie sehen, dass sich der Umstieg von Nero 5.5 auf Nero 6 wirklich lohnt. Die vielen Neuerungen (besonders im Videobereich) werden in diesem Buch ausführlich an der entsprechenden Stelle behandelt.

> *Testen Sie Nero 6 vor dem Erwerb!*

Ahead bietet wie bei Nero 5.5 eine Demoversion des neuen Nero 6 an, die Sie sich zum Testen kostenlos unter *www.nero.com* herunterladen können. Sind Sie von den neuen Funktionen überzeugt, besorgen Sie sich die Vollversion des Programms!

Wollen Sie Nero 6 nutzen, haben Sie mehrere Möglichkeiten, die Vollversion der beliebten Brennsoftware zu erwerben: Besitzer einer Vorgängerversion von Nero kaufen über den Webshop von Ahead (*www.nero.com*) ein Upgrade auf Nero 6 für 34,99

> *20 Euro beim Kauf sparen: Downloadversion nutzen!*

Euro. Besitzen Sie Nero noch nicht, bekommen Sie die Vollversion entweder im PC-Fachhandel als Box-Version (bunte Verpackung mit Installations-CD) für 69,99 Euro oder nutzen die billigere Downloadversion: Hierbei laden Sie sich die Vollversion von Nero 6 selbst aus dem Internet herunter und erhalten über den Webshop von Ahead die notwendige Seriennummer – der Preis der Downloadversion beträgt 49,99 Euro. In der Regel ist die Downloadversion empfehlenswert, wenn Sie über eine schnelle Internetverbindung verfügen, da sie 20 Euro gegenüber der Box-Version sparen und stets die aktuellste Programmversion besitzen. Häufig ist die auf der Installations-CD vorhandene Nero-Version beim Kauf „veraltet", da zwischen der CD-Pressung und dem Vertrieb relativ viel Zeit verstrichen ist, in der bereits ein kleineres Programmupdate veröffentlicht wurde, das neu entdeckte Fehler beseitigt ...

> **Kostenlos von Nero 5.5 auf Nero 6 upgraden ...**
> Haben Sie sich Nero 5.5 in der Vollversion nach dem 1. Mai 2003 gekauft, erhalten Sie ein kostenloses Upgrade auf Nero 6! Hierzu müssen Sie sich auf der Internetseite *http://upgrade.nero6.com/de/index.php* registrieren. Das kostenlose Upgrade gilt nur für die Vollversion von Nero 5.5 – bei einer OEM-Version von Nero, die Ihrem Writer beilag, ist ein kostenloser Erwerb von Nero 6 nicht möglich!

Unterschiede zwischen Vollversion und OEM-Version

Neben der Vollversion (auch als Retail-Version bezeichnet) von Nero 6 wird die beliebte Brennsoftware vielen Writern als so genannte Bundlesoftware beigelegt – es handelt sich hierbei um eine OEM-Version von Nero.

Was bedeutet die Bezeichnung OEM?

OEM ist die Abkürzung für **O**riginal **E**quipment **Ma**nufacturer. OEM bedeutet, dass die von einer Firma X angebotene Ware (Software oder Hardware) nicht selbst produziert wurde, sondern von dem eigentlichen Hersteller Y aufgekauft, eventuell modifiziert und unter dem eigenen Firmennamen X vertrieben wird – dies ist zum Beispiel bei CD/DVD-Brennern häufig der Fall. OEM-Produkte sind meistens billiger als die Ware des Originalherstellers, sie haben jedoch auch Nachteile: Sie können nicht den Support des Originalherstellers kontaktieren, sondern müssen sich bei Problemen an den Produktanbieter wenden. Außerdem sind bei OEM-Produkten häufig Einschränkungen vorhanden: OEM-Software ist meistens eine im Funktionsumfang abgespeckte Version der originalen Programmvollversion.

Einschränkungen bei Nero in der OEM-Version

Die OEM-Version von Nero 6, die vielen Brennern beigelegt ist, besitzt einige Einschränkungen im Funktionsumfang gegenüber der Vollversion: Das Tool Nero SoundTrax wird bei keiner OEM-Version von Nero 6 dabei sein. Zusätzlich wird es weitere Einschränkungen gegenüber der Vollversion geben, die jedoch zurzeit nicht näher definiert werden können.

Eine Vielzahl unterschiedlicher OEM-Versionen von Nero 6

Jeder Brenner- bzw. PC-Hersteller, der seiner Hardware Nero 6 als OEM-Version beilegen will, hat die Möglichkeit, selbst zu entscheiden, welche Funktionen die OEM-Software von Nero besitzen soll und welche nicht. Es wird dadurch eine Vielzahl unterschiedlicher OEM-Versionen von Nero geben, die einen mehr oder weniger kastrierten Funktionsumfang gegenüber der Vollversion aufweisen. Besitzt Ihre OEM-Version eine im Buch beschriebene Funktion nicht, ist das nichts Verwunderliches – das Buch basiert auf der Vollversion von Nero 6. Für maximalen Brennspaß mit Nero sollten Sie sich daher die Vollversion besorgen, um alle Funktionen von Nero 6 nutzen zu können.

Die OEM-Version von Nero unterstützt einzig den Brenner, dem Sie beigelegt war. Tauschen Sie später den Writer gegen ein neueres Brennermodell aus, so wird dieses von der OEM-Version nicht erkannt – die OEM-Version von Nero 6 ist nutzlos geworden! Wollen Sie Nero 6 mit dem neuen Writer nutzen, benötigen Sie eine Seriennummer für die Vollversion von Nero, die Sie im Webshop von Ahead unter *www.nero.com* erhalten. Das gleichzeitige Brennen eines Projekts mit mehreren Writern ist bei der OEM-Version von Nero ebenfalls nicht möglich, weil ausschließlich der Brenner unterstützt wird, dem das Programm beilag – andere Brenner werden ignoriert. Für das gleichzeitige Schreiben eines Projekts mit mehreren Writern brauchen Sie also ebenfalls die Vollversion von Nero.

OEM-Version erkennt nur das Writer-Modell, dem sie beilag!

Nero-Software auf dem aktuellsten Stand halten

Es ist sehr wichtig, die komplette Nero-Software auf dem aktuellsten Stand zu halten, um Brennprobleme von vornherein auszuschließen. Mit jedem Programmupdate werden neu entdeckte Fehler beseitigt und die Brennerunterstützung erweitert. Über *Nero StartSmart* halten Sie die Brennsoftware Nero 6 komfortabel auf dem aktuellsten Stand:

1 Rufen Sie Nero StartSmart auf und klicken Sie oben links auf die Schaltfläche *Nero*.

2 Es erscheint das *Nero ProductCenter*. Hier erfahren Sie, welche Programmversionen aktuell auf Ihrem PC installiert sind. Über die Schaltfläche *Jetzt über-*

1. Grundlagen und erste Schritte mit Nero 6

prüfen kontrollieren Sie, ob es eine aktuellere Programmversion im Internet gibt. Damit die Überprüfung erfolgreich ist, starten Sie vor dem Klick auf *Jetzt überprüfen* Ihre Internetverbindung!

Sollten Sie trotzdem eine Fehlermeldung erhalten, dass nicht auf das Internet zugegriffen werden kann, liegt dies an einer installierten Firewall, die den Zugriff des Programms verhindert. Konfigurieren Sie die Firewallsoftware so, dass Nero StartSmart auf das Internet zugreifen darf.

3 Nach der Kontrolle, ob auf dem Server von Ahead neue Versionen der Nero-Programme vorhanden sind, wird Ihnen das Ergebnis in der rechten Spalte angezeigt. Hier werden die aktuellen Programmversionen aufgelistet, die Ahead zum Download anbietet. Wurde eine neuere Version im Internet gefunden, erscheint rechts daneben ein neues Symbol. Mit einem Klick darauf laden Sie sich die aktuellere Version auf Ihren PC herunter.

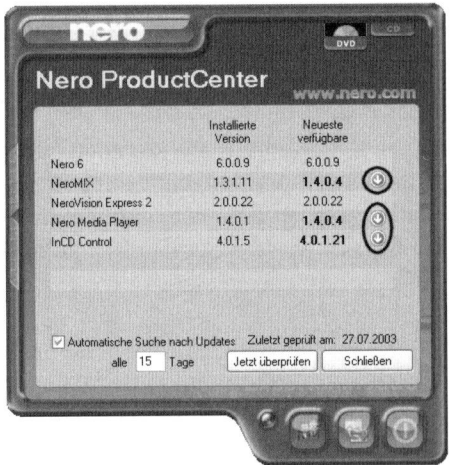

4 Die Suche nach aktuellen Programmversionen lässt sich auch automatisieren. Aktivieren Sie dazu im Nero ProductCenter den Eintrag *Automatische Suche nach Updates* und geben Sie darunter den Zeitraum in Tagen an, nach dem erneut automatisch nach Updates geforscht werden soll.

Natürlich ist es weiterhin möglich, eigenhändig auf der Internetseite von Ahead (*www.nero.com*) nach Programmupdates zu suchen. Der Weg über Nero StartSmart ist jedoch deutlich schneller und komfortabler ...

Übersicht über die Teilprogramme und ihre Verwendung

Nero 6 besteht aus vielen einzelnen Teilprogrammen, sodass man anfangs schnell den Überblick verliert, welches Programm für welche Aufgabe geeignet ist. Es folgt daher ein Überblick über die einzelnen Programme der Nero-Vollversion und ihre Verwendung. Mithilfe der folgenden Tabelle wissen Sie, welches Programm Sie für die anstehende Aufgabe starten müssen und brauchen nicht mehr den Umweg über Nero StartSmart gehen.

Lieferumfang von Nero 6
Die in diesem Buch ebenfalls beschriebene Software Nero Mix und NeroNET gehören nicht zum Lieferumfang von Nero 6 und müssen separat erworben werden.

Programm	Verwendung
Nero StartSmart	Startcenter für alle Brennaufgaben; ruft automatisch das optimale Nero-Programm je nach zu erstellender Disk auf. Für Einsteiger sehr empfehlenswert.
Nero Burning Rom	Hauptbrennprogramm mit vielen Einstellungsmöglichkeiten für Brennprofis.
Nero Express	Brennprogramm mit reduziertem Funktionsumfang; besonders für Einsteiger empfehlenswert, die ihre Scheiben möglichst schnell erstellen wollen.
Nero BackItUp	Backupprogramm zur komfortablen Datensicherung und Datenwiederherstellung; gute Alternative zu einer Multisession-Datendisk mit Nero Burning Rom.
Nero SoundTrax	Programm zum Komponieren eigener Musik-Hits: Es können mehrere Musiktracks miteinander gemischt und Effekte hinzugefügt werden.
Nero Wave Editor	Audioprogramm zum Bearbeiten von Musikstücken, Erstellen von MP3-Dateien oder Digitalisieren von Schallplatten und Kassetten. Zahlreiche Effekte und Tools zur Klangoptimierung.
Nero Cover Designer	Programm zur Gestaltung von CD/DVD-Hüllen der selbstgebrannten Disks.
Nero ImageDrive	Programm zur Erzeugung eines virtuellen Laufwerks; mithilfe von Nero ImageDrive können Sie Imagedateien Ihrer CD/DVD-Projekte vor dem Brennen ausgiebig testen.
Nero Media Player	Abspielsoftware für zahlreiche Musikdateien (beispielsweise im Wave-, WMA-, MP3- oder MP4-Format) und Audio-, MP3-, MP4- oder WMA-Scheiben.
NeroVision Express	Programm zur Erzeugung professioneller Video-, Super-Video-CDs bzw. Video-DVDs mit eleganten Menüs und selbstdefinierten Einsprungstellen; NeroVision Express bietet außerdem eine Aufnahmefunktion zum Einspielen analoger und digitaler Videos in den PC.
Nero ShowTime	Professionelle Wiedergabesoftware für Videodateien im AVI- oder MPEG-Format; außerdem lassen sich Video-CDs, Video-DVDs und MiniDVDs damit abspielen.
Nero CD-DVD Speed	Analysetool für Ihre Laufwerke; testen Sie mithilfe dieses Programms beispielsweise die Lesequalitäten in Bezug auf das Extrahieren von Audio-CDs oder ermitteln Sie die maximale Rohlingkapazität.

1. Grundlagen und erste Schritte mit Nero 6

Programm	Verwendung
Nero InfoTool	Tool zur Systemanalyse; deckt zum Beispiel die Laufwerkfeatures auf, kontrolliert den ASPI-Treiber oder gibt an, welche Video- bzw. Audio-Codecs auf dem Rechner installiert sind.
Nero DriveSpeed	Mit diesem Programm drosseln Sie die Lesegeschwindigkeit der Laufwerke und vermeiden dadurch einen hohen Lärmpegel, Beschädigungen Ihrer wertvollen CDs/DVDs und schwerwiegende Lesefehler.
Nero Recode	Nicht kopiergeschützte Video-DVDs oder übergroße DVD-Projekte können auf die Größe einer handelsüblichen DVD mit 4,37 GBYTE Kapazität zurechtgeschrumpft werden.

1.2 Schnell zum Ziel über Nero StartSmart und Nero Express

Nero-Einsteiger werden sich über die beiden Programme Nero StartSmart und Nero Express freuen, da mit deren Hilfe das Erstellen und Brennen des Projekts schnell und einfach möglich ist. Im Folgenden zeige ich Ihnen, wie Sie Nero StartSmart Ihren Wünschen anpassen und Nero Express optimal nutzen.

Nero StartSmart nutzen und konfigurieren

Bei eingeschalteter Autostart-Funktion des Betriebssystems erscheint Nero StartSmart automatisch, wenn ein leerer Rohling in den Writer eingelegt wird. Ist dies nicht der Fall, rufen Sie es manuell über die Programmgruppe *Nero* auf.

Brennprojekte über Nero StartSmart starten

1. Als Erstes entscheiden Sie über die linke Schaltfläche rechts unten, ob Nero StartSmart im normalen Modus oder im *Expertenmodus* (wird im Fenster angezeigt) erscheinen soll. In der Regel ist es empfehlenswert, den Expertenmodus zu nutzen, um über Nero StartSmart Zugriff auf den gesamten Funktionsumfang von Nero zu haben.

2. Kontrollieren Sie anschließend, ob oben rechts der richtige Disktyp (*DVD* bzw. *CD*) ausgewählt ist – falls nicht, klicken Sie einmal auf den entsprechenden Eintrag.

3   Zeigen Sie mit dem Mauszeiger jetzt auf eins der großen Symbole im oberen Fensterbereich, um die Hauptkategorie des neuen Brennprojekts zu bestimmen. Zur Auswahl stehen von links nach rechts *Favoriten* (die am häufigsten von Ihnen gestarteten Brennaufträge), *Daten*, *Audio*, *Photo und Video*, *Kopieren und Sichern* und *Extras*. Noch ein Hinweis: Im Expertenmodus haben Sie nicht nur die Möglichkeit, Brennaufträge über Nero StartSmart zu starten, sondern beispielsweise auch die Programme des *Nero Toolkit* mit einem Klick auf den entsprechenden Eintrag aufzurufen.

4   Nach dem Festlegen der Hauptkategorie starten Sie das jeweilige Projekt mit einem Klick auf die entsprechende Aufgabe. Können Sie mit einem Eintrag nichts anfangen, zeigen Sie mit der Maus darauf – nach kurzer Zeit erscheint eine QuickInfo, die Ihnen den jeweiligen Eintrag näher erläutert.

Erweiterter Modus von Nero StartSmart

Nero StartSmart bietet einen erweiterten Modus an, über den Sie zum Beispiel das für die gewählte Aufgabe zu verwendende Software selbst bestimmen oder die einzelnen Nero-Programme per Klick aufrufen, ohne lange in der Programmgruppe zu suchen. Den erweiterten Modus rufen Sie mit einem Klick auf das Pfeilsymbol im linken Fensterrand auf.

1. Grundlagen und erste Schritte mit Nero 6

Nero StartSmart konfigurieren

Nutzen Sie Nero StartSmart stets zum Starten Ihrer Projekte und konfigurieren Sie das Programm nach Ihren Wünschen, sodass beispielsweise das korrekte Programm startet, ohne dass Sie den erweiterten Modus bemühen müssen.

1   Klicken Sie in Nero StartSmart unten rechts auf die mittlere Schaltfläche.

2   Im erscheinenden Fenster legen Sie die genauen Einstellungen von Nero StartSmart fest. Sie bestimmen, ob Nero StartSmart automatisch erscheinen soll, wenn eine leere Disk eingelegt wird und ob Sie nach dem Beenden des Projekts zu Nero StartSmart zurückkehren wollen.

3   Weiterhin entscheiden Sie, welches Nero-Programm Sie für welche Brennaufgabe nutzen wollen: Dazu wählen Sie zunächst hinter *Aufgabe* das zu erstellende Brennprojekt und legen hinter *Öffnen mit* das Pro-

gramm fest, mit dem Sie die anstehende Aufgabe bewältigen möchten. Es stehen nur die Nero-Programme zur Auswahl, die das eingestellte Brennprojekt beherrschen – beispielsweise können Sie mit NeroVision Express keine Datendisk brennen!

So komfortabel das Starten der Brennprojekte über Nero StartSmart ist, so hat es doch seine Nachteile: Sie sind nicht sehr flexibel und müssen, statt das geeignete Nero-Programm direkt aufzurufen, den Umweg über das Startcenter gehen. Ich beschreibe alle Projekte im Buch so, dass Nero StartSmart nicht benötigt wird, sondern Sie eigenhändig das optimale Nero-Programm starten.

Ruckzuck zur gebrannten Disk mit Nero Express

Bei Nero Express handelt es sich um ein funktionsreduziertes und einfach zu bedienendes Brennprogramm für Einsteiger auf Basis der Brennengine von Nero Bruning ROM. Mit Nero Express können Sie die Standard-Brennaufgaben (beispielsweise Audio-CD oder Datendisk) schnell und ohne notwendiges Vorwissen erledigen. Brennexperten werden dagegen wichtige Einstelloptionen vermissen und lieber auf Nero Burning Rom zurückgreifen ...

Neues Projekt mit Nero Express anlegen

1 Nach dem Start von Nero Express wählen Sie zunächst in der Laufwerkliste den Brenner aus, mit dem Sie das neu zu erstellende Projekt schreiben wollen. Besitzen Sie einen DVD-Brenner, wird dessen Modellbezeichnung zweimal in der Laufwerkliste aufgeführt: Hinter einem Eintrag steht *[DVD]* – hinter dem anderen *[CD-R/RW]*. Möchten Sie einen DVD-Rohling mit Nero Express beschreiben, wählen Sie den ersten Eintrag mit *[DVD]*, für das Brennen einer CD entscheiden Sie sich für den zweiten Eintrag.

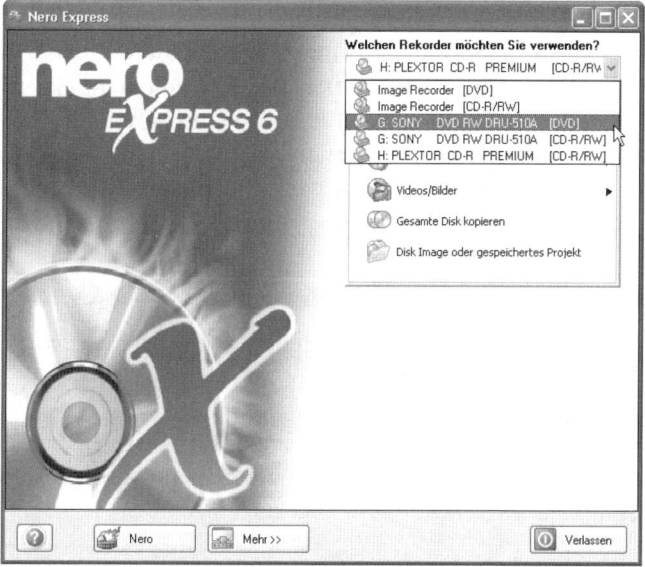

2 Nach der Auswahl des Writers entscheiden Sie sich, welche Art von Disk Sie erstellen möchten. Je nach eingestelltem Disktyp (CD oder DVD) stehen unterschiedliche Brennprojekte zur Verfügung.

3 Über die Schaltfläche *Mehr* am unteren Fensterrand können Sie weitere Optionen von Nero Express sichtbar werden lassen, um beispielsweise Tracks von einer Audio-CD über *Track speichern* auf der Festplatte abzulegen oder den Inhalt einer wieder beschreibbaren Disk über *Disk löschen* zu eliminieren.

1. Grundlagen und erste Schritte mit Nero 6

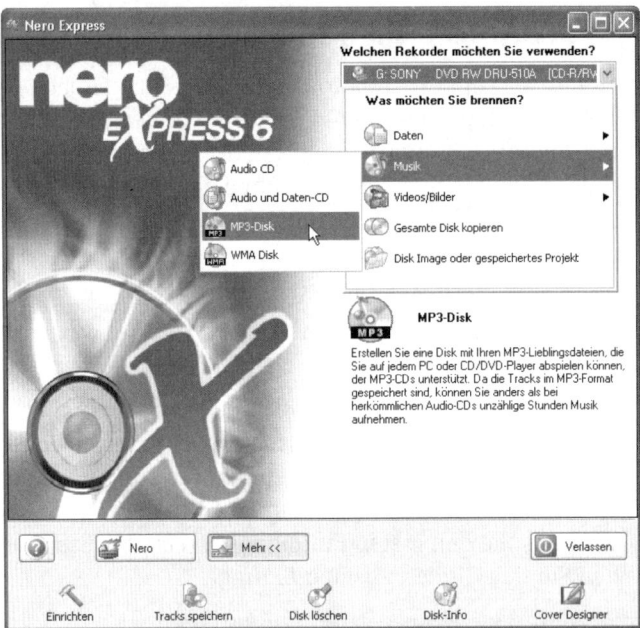

4 Im auftauchenden Fenster importieren Sie die zu brennenden Dateien mit einem Klick auf *Hinzufügen* in das Projektfenster. Mit einem Klick auf die Schaltfläche *Weiter* am rechten unteren Fensterrand manövrieren Sie sich zum nächsten Fenster, um die Brennoptionen festzulegen. Bei einer Video- bzw. Super-Video-CD erscheint vorher ein weiteres Fenster, in dem Sie ein elegantes Menü für die zu brennende Videoscheibe erstellen.

Brennoptionen von Nero Express durchleuchtet

Nero Express bietet ähnliche Einstellungen bezüglich des Schreibvorgangs, die ich Ihnen in diesem Abschnitt erläutere.

1 Im Brennfenster von Nero Express geben Sie zunächst hinter *Diskname* einen aussagekräftigen Namen für die zu brennende Scheibe an – dieser wird später im Arbeitsplatz bei eingelegter Disk angezeigt.

2 Hinter *Schreibgeschwindigkeit* stellen Sie die gewünschte Brenngeschwindigkeit ein (Rohlingangabe beachten!!) und legen darunter die *Anzahl der Kopien* fest. Haben Sie die Rohlingkapazität nicht vollständig ausgeschöpft, aktivieren Sie (außer bei Audio-CDs) die Option *Erlaubt das nachträgliche Hinzufügen von Dateien*, um eine Multisession-Disk mit Nero Express zu erstellen. Bei einer Datendisk sollten Sie außerdem die Option *Daten nach dem Brennen überprüfen* einschalten, um sicherzugehen, dass alle Daten auf dem gebrannten Medium fehlerfrei gelesen werden.

3 Wollen Sie weitere Einstellungsmöglichkeiten für den Brennvorgang haben, betätigen Sie die Schaltfläche *Mehr*. Hinter *Brennmethode* legen Sie das Auf-

zeichnungsverfahren fest (*Track-at-Once* oder *Disc-at-Once*) und aktivieren, falls die Scheibe abgeschlossen werden soll, den Eintrag *Disk finalisieren*. Ein weiteres Hinzufügen von Daten nach dem Schreibvorgang ist dann nicht mehr möglich.

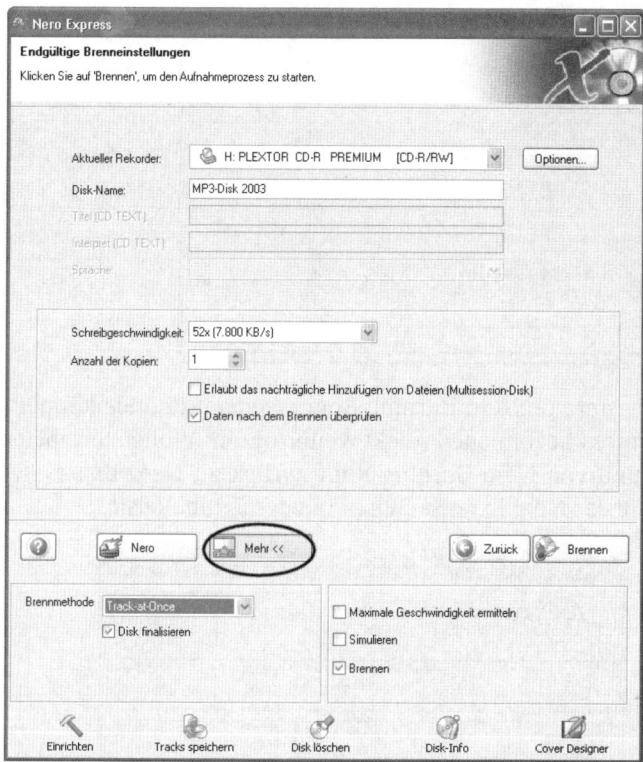

4 Rechts daneben bestimmen Sie beispielsweise, ob vor dem Brennvorgang eine Simulation (*Simulieren*) durchgeführt werden soll, was bei moderner Hardware nicht notwendig ist. Den Schreibvorgang starten Sie anschließend über einen Klick auf die Schaltfläche *Brennen*.

Wechsel zwischen Nero Express und Nero Burning Rom

Sie können jederzeit, selbst wenn Sie bereits ein neues Projekt angelegt und Dateien integriert haben, zwischen dem einsteigerfreundlichen Nero Express und dem professionellen Nero Burning Rom hin- und herwechseln. Das geöffnete Projekt wird jedes Mal komplett in das andere Programm übertragen, sodass Sie es dort nahtlos fortsetzen können.

1 In jedem Projektfenster von Nero Express befindet sich am unteren Fensterrand die Schaltfläche *Nero*. Wollen Sie von Nero Express zu Nero Burning Rom wechseln, um mehr Einstellungsmöglichkeiten für das angelegte Projekt zu haben, klicken Sie darauf.

1. Grundlagen und erste Schritte mit Nero 6

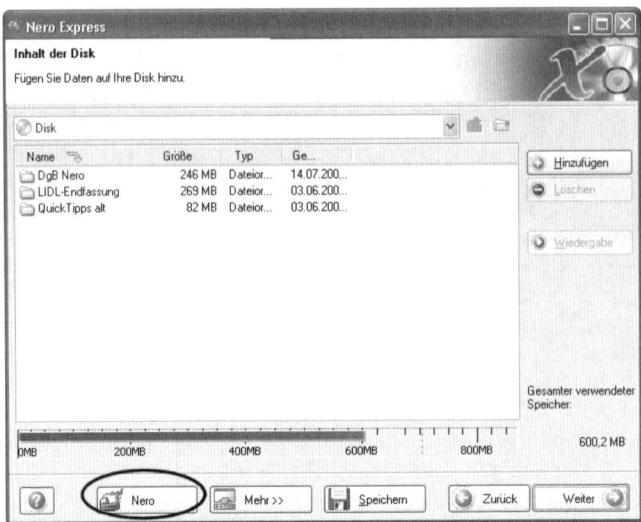

2 Das Programmfenster von Nero Burning Rom erscheint und Sie können dort das mit Nero Express begonnene Projekt weiterführen. Wollen Sie später aus irgendeinem Grund von Nero Burning Rom zurück zu Nero Express wechseln, betätigen Sie das Nero Express-Symbol in der Symbolleiste.

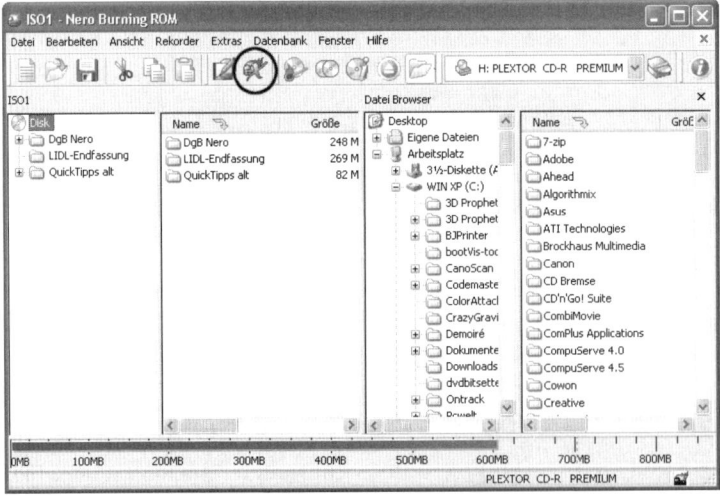

1.3 Tipps und Tricks im Nero-Brennalltag

Im Folgenden finden Sie einige generelle Tipps und Tricks zu Nero, die den täglichen Gebrauch des Programms vereinfachen. Sie erfahren, wie Sie Ihre Projekte gleichzeitig mit mehreren Brennern schreiben, ein neues Projekt bereits während des Brennvorgangs anlegen oder das Nero HelpTool aus dem Internet bei hardwarespezifischen Problemen zu Rate ziehen ...

Fensteransicht optimieren

Steigen Sie von einem anderen Brennprogramm (beispielsweise WinOnCD) auf Nero um oder nutzen Sie Nero neben anderer Brennsoftware parallel auf Ihrem System, wird Sie die eigenwillige und ungeschickte Fensteraufteilung von Nero stören, da Sie stets umdenken müssen. In der Voreinstellung befindet sich das Projekt-Zusammenstellungsfenster links und der Dateibrowser (eine Art Windows-Explorer) rechts: Die zu brennenden Dateien werden von rechts nach links per Drag & Drop in die neue Zusammenstellung hineingezogen. Diese Fensteraufteilung ist jedoch nicht optimal, weil etwas längere Ordner- oder Dateinamen häufig nicht vollständig lesbar bzw. Zusatzinfos zu den einzelnen Dateien ohne Mausnavigation nicht sichtbar sind.

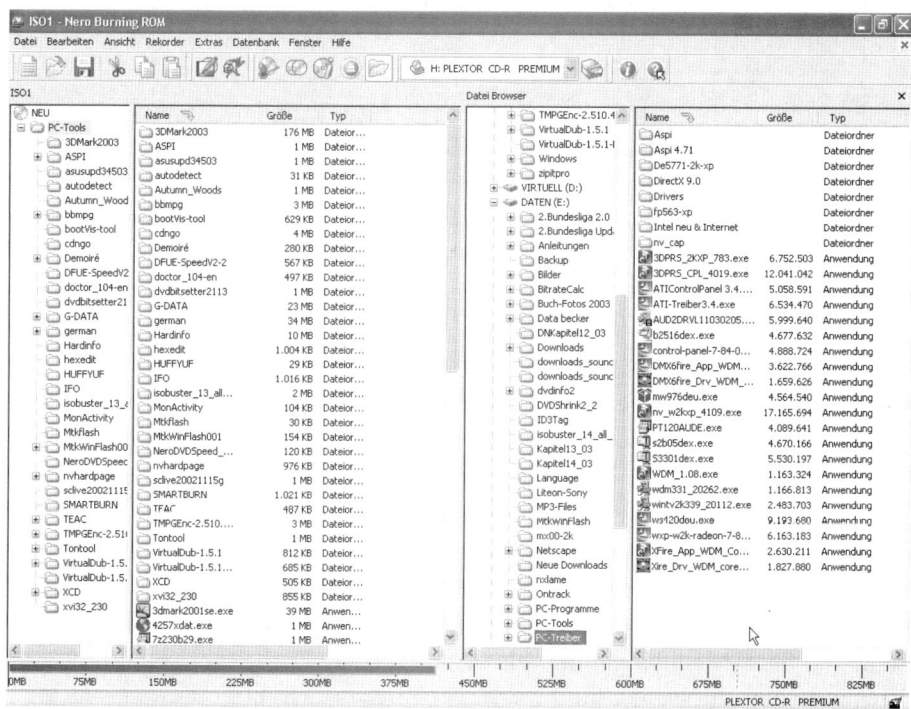

Viele Brennprogramme teilen aus diesen Gründen die Fenster nicht senkrecht, sondern waagerecht auf, sodass sich der Dateibrowser oben und das Projekt-Zusammenstellungsfenster unten befindet. Bei dieser Anordnung ist gewährleistet, dass kein Dateiname aus Platzgründen abgeschnitten wird. Eine solche Fenstereinteilung ist auch bei Nero möglich:

1   Wählen Sie dazu im Programm Nero Burning Rom *Fenster/Horizontal (Zusammenstellung unten)*. Die Dateien ziehen Sie bei dieser Anordnung wie auch bei anderen Brennprogrammen üblich von oben nach unten in das neu angelegte Projekt hinein.

1. Grundlagen und erste Schritte mit Nero 6

2 Sollten besonders lange Dateinamen immer noch abgeschnitten werden, verschieben Sie den „Teilungsbalken" des Dateibrowserfensters bzw. des Zusammenstellungsfensters, indem Sie mit der Maus darauf klicken, die linke Maustaste gedrückt halten und den Fensterteilungsbalken mit der Maus an die gewünschte Stelle verschieben. Anschließend lassen Sie die linke Maustaste wieder los. Ab sofort haben Sie vollständige Sicht auf alle langen Dateinamen ...

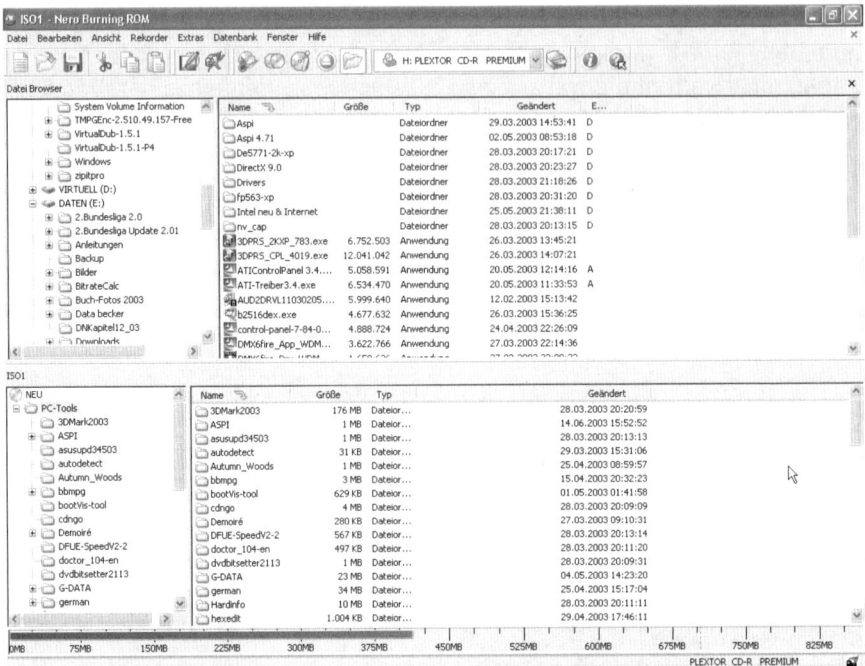

Möchten Sie wieder zur ursprünglichen Fensteransicht von Nero Burning Rom zurückkehren, um beispielsweise eine Anleitung zu dem Brennprogramm einfacher nachzuvollziehen, wählen Sie *Fenster/Vertikal (Zusammenstellung links)*.

> **Horizontale Fensteransicht in diesem Buch**
>
> Für die Anleitungen in diesem Buch wurde aus Übersichtsgründen die horizontale Fensteransicht von Nero Burning Rom verwendet.

Beim Brennvorgang bereits ein neues Projekt erzeugen

Eine Neuerung von Nero 6 gegenüber der Vorversion wird erst beim Start des Brennvorgangs sichtbar: Das Brennfenster wurde in das Programmfenster von Nero Burning Rom integriert und erscheint nicht mehr als separates Fenster. Durch diese Vorgehensweise ist es möglich, schon während des Brennvorgangs ein neues Projekt anzulegen. Das ist gerade beim Schreiben einer DVD sinnvoll, weil hierbei der Brennvorgang – je nach Geschwindigkeit – bis zu 60 Minuten dauert. In der Zwischenzeit können Sie mit Nero 6 bereits an einer neuen CD/DVD-Zusammenstellung arbeiten. Wählen Sie beim Brennvorgang *Datei/Neu*, um ein neues Projekt mit Nero Burning Rom während der Aufzeichnungsphase anzulegen.

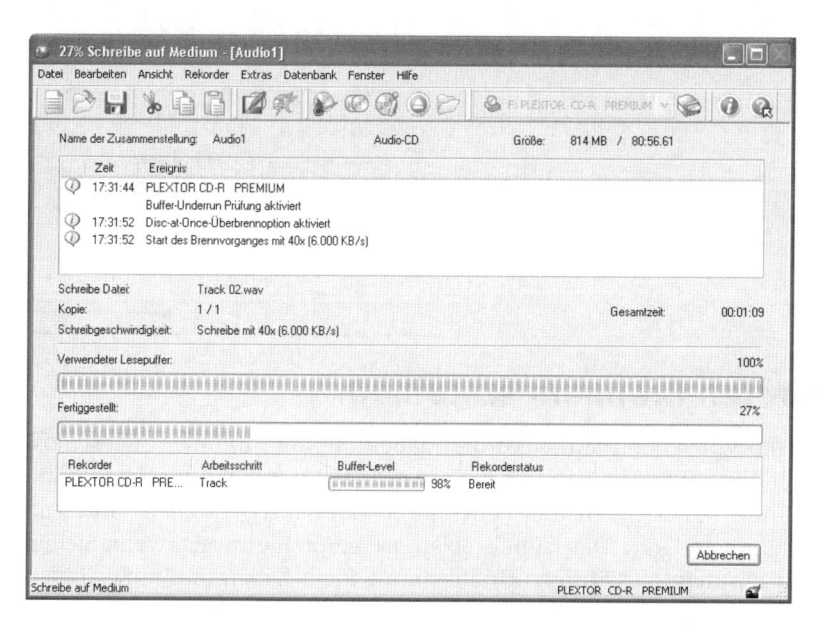

Gebrannte Disk nicht automatisch auswerfen

In der Voreinstellung wirft Nero Burning Rom bzw. Nero Express die gerade gebrannte Scheibe, wenn Sie das Brennfenster über *Verwerfen* verlassen, automatisch aus dem Brenner. Dies kann üble Folgen haben: Einige PC-Gehäuse besitzen beispielsweise eine schließbare Tür, die die optischen Laufwerke verdeckt. Ist die Tür geschlossen, kann die Laufwerkschublade nicht vollständig herausfahren – sie stößt an. Im schlimmsten Fall führt das zu einer Beschädigung der Schubladenmechanik! Steht Ihr PC auf dem Boden, ist ebenfalls die Gefahr einer Beschädigung groß, weil Sie zum Beispiel mit einem Bein aus Versehen gegen die automatisch geöffnete Laufwerkschublade stoßen. Aus Sicherheitsgründen sollten Sie das automatische Auswerfen der gebrannten Disk unterbinden!

1 Im Hauptprogramm Nero Burning Rom wählen Sie *Datei/Einstellungen* und wechseln auf die Registerkarte *Experteneinstellungen*.

2 Aktivieren Sie die Option *Die Disk nach dem Brennen nicht auswerfen* und klicken Sie auf *Übernehmen*, um die Änderung wirksam werden zu lassen. Die Einstellung gilt sowohl für Nero Burning Rom als auch für Nero Express.

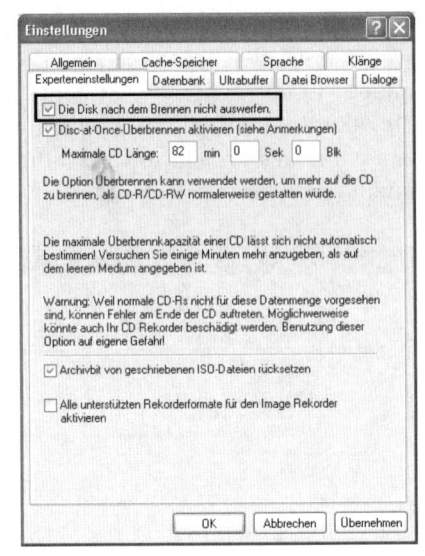

Mit mehreren Brennern schreiben

Besitzen Sie die Vollversion von Nero und haben mehrere Brenner angeschlossen, ist es mit Nero Burning Rom möglich, das erstellte Projekt gleichzeitig mit mehreren Writern zu brennen und somit zwei (oder mehr) Kopien innerhalb kürzester Zeit anzufertigen. Das ist beispielsweise empfehlenswert, wenn Sie ein neues Projekt mit dem diesjährigen Urlaubsfilm erstellt haben und außer Ihnen auch ein guter Freund die gebrannte Videoscheibe bekommen soll.

1 Rufen Sie über *Rekorder/Zusammenstellung brennen* das Fenster mit den Brennoptionen von Nero Burning Rom auf.

2 Im neuen Fenster nehmen Sie die optimalen Brenneinstellungen für das jeweilige Projekt vor. Anschließend aktivieren Sie die Option *Mehrere Rekorder verwenden* und setzen die *Schreibgeschwindigkeit* auf einen Wert, den beide Brenner beherrschen! Es ist nicht möglich, die Disk mit unterschiedlichen Geschwindigkeiten gleichzeitig auf mehreren Writern zu schreiben.

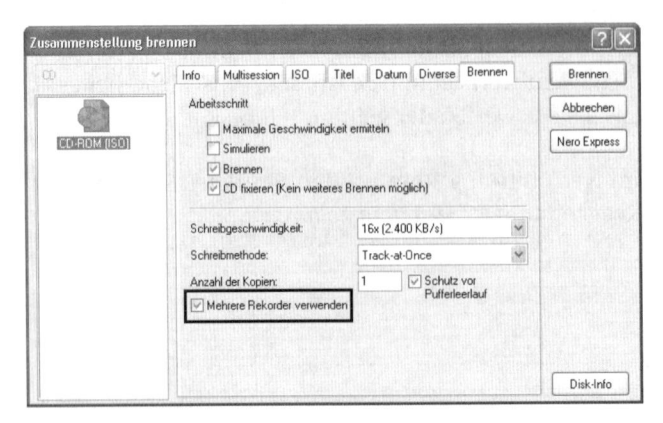

3 Nach einem Klick auf *Brennen* erscheint ein weiteres Fenster. Dort markieren Sie in der Laufwerkliste die Einträge der Brenner, die Sie für das gleichzeitige Schreiben des Projekts nutzen wollen. Mit einem Klick auf *OK* starten Sie den Schreibvorgang – die Daten werden daraufhin an die ausgewählten Writer geliefert und auf die eingelegten Rohlinge geschrieben.

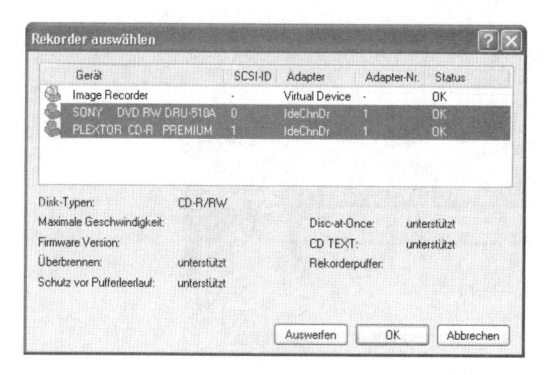

Das gleichzeitige Brennen eines Projekts gelingt nur, wenn die markierten Writer, die gleichen Disktypen beschreiben. Es ist zum Beispiel möglich, ein CD-Projekt mit einem CD- und einem DVD-Brenner gleichzeitig zu brennen, da beide Geräte CD-Rohlinge brennen. Für das gleichzeitige Beschreiben von DVDs benötigen Sie dagegen zwei DVD-Brenner, die exakt die gleichen Brenngeschwindigkeiten unterstützen.

Probleme? Nero-Hilfesystem nutzen

Aufgrund der großen Zahl an unterschiedlichen Hardwarekomponenten bzw. PC-Systemen kann es unter ganz bestimmten Systemkonfigurationen Probleme bei der Benutzung von Nero geben: Entweder stürzt Nero bei einer speziellen Programmaktion ab, zeigt eine unverständliche Fehlermeldung an oder der Schreibvorgang scheitert mit einer Fehlermeldung.

Dieses „Fehlverhalten" von Nero liegt meistens an einer ungünstigen Systemkonfiguration, inkompatiblen Treibern oder hardwarespezifischen Problemen. Als Erstes versuchen Sie die Programmprobleme mithilfe der Kapitel 15 und 16 in diesem Buch zu beheben. Bringen die dort geschilderten generellen Maßnahmen zur Systemoptimierung und Vermeidung von „Programmstreitigkeiten" keinen Erfolg, tritt der Fehler wahrscheinlich nur unter ganz besonderen Voraussetzungen auf. Es wird Zeit, das Nero-Hilfesystem im Internet zu konsultieren, um das Problem zu lösen.

Troubleshooting durch Systemoptimierung!

1. Grundlagen und erste Schritte mit Nero 6

Programmprobleme und Fehlermeldungen analysieren

1   Starten Sie Ihre Internetverbindung und besuchen Sie die Seite *www.nero.com* – die deutsche Nero-Seite finden Sie unter *http://ahead.de/de/*. Rufen Sie über *Support* den Supportbereich der Brennsoftware auf und klicken anschließend links auf *Hilfesystem*.

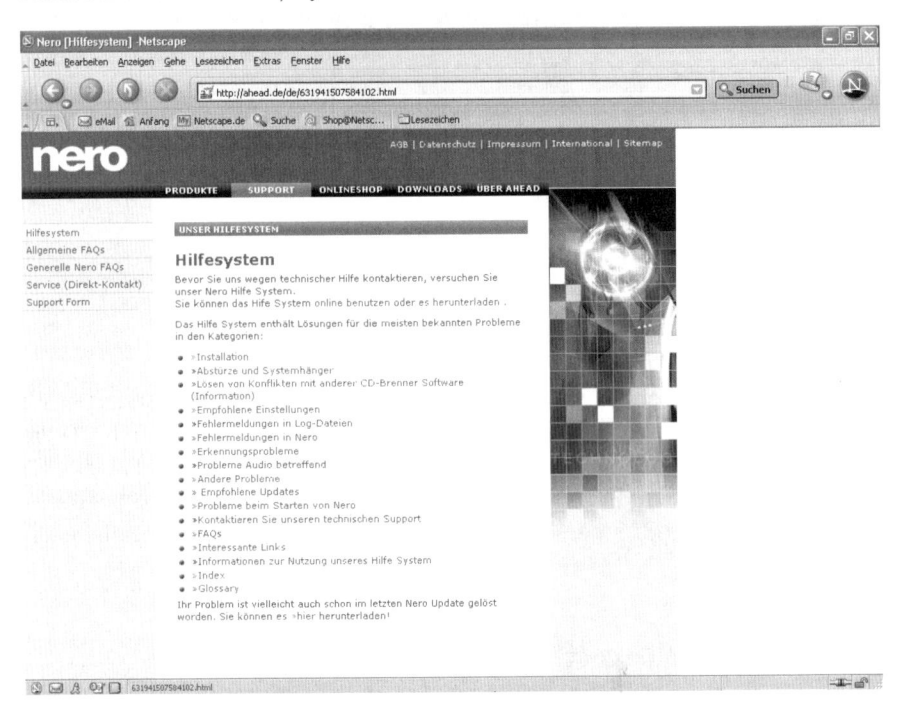

2   Laden Sie sich am besten das komplette Hilfesystem auf Ihren Rechner herunter, um hohe Onlinekosten, die beim ausführlichen Stöbern im Hilfesystem schnell entstehen, zu vermeiden.

3   Nach dem Download legen Sie auf der Festplatte einen neuen Ordner mit dem Namen *Nero-Hilfesystem* an, führen einen Doppelklick auf die heruntergeladene Datei *helptooldt.exe* aus und entpacken die komprimierten Internetseiten des Hilfesystems in den gerade angelegten Ordner auf der Festplatte

4   Starten Sie das Nero-Hilfesystem mit einem Doppelklick auf die Datei *_start.htm* im Ordner der entpackten Dateien. Ihr Internetbrowser startet und zeigt das Hilfesystem von Nero an. Je nach auftretendem Problem mit Nero öffnen Sie den entsprechenden Haupteintrag und studieren zur Problemlösung dessen Untereinträge genau.

Tipps und Tricks im Nero-Brennalltag

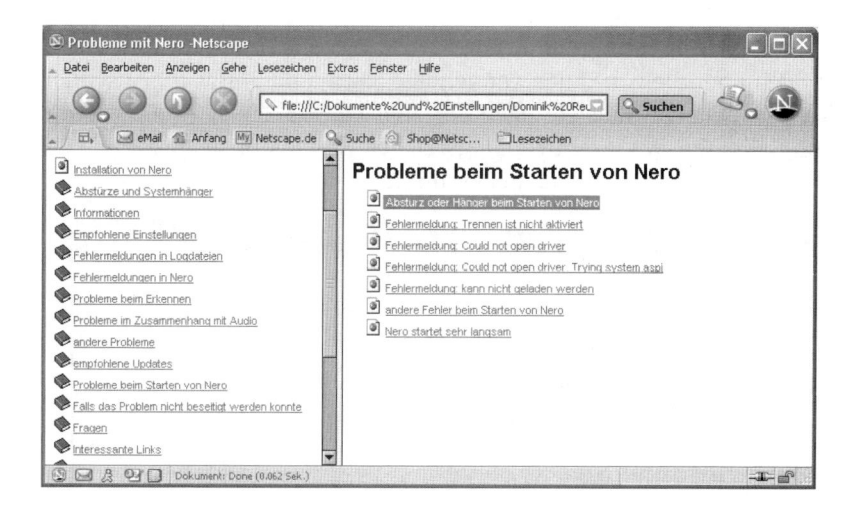

Nero-Logdatei analysieren

Bricht der Brennvorgang mit einer Fehlermeldung ab, ist guter Rat teuer, da die auftauchende Mitteilung meistens nicht sehr aussagekräftig ist. Zur Lösung des Problems sollten Sie zunächst die Logdatei von Nero studieren. Bei jedem Schreibvorgang legt Nero automatisch neue Einträge bezüglich des Verlaufs des Brennvorgangs in diese Datei ab und protokolliert dabei auch auftretende Fehler.

1 Rufen Sie bei unerklärlichen Schreibabbrüchen (oder aus Neugier) über *Programme/Zubehör* den *Windows-Explorer* auf und öffnen Sie den Ordner *Nero* über die Verzeichnisse *Programme/Ahead*. Die Pfadangabe ist nur gültig, wenn Sie den Installationsordner für Nero nicht manuell verändert haben.

2 Dort suchen Sie die Datei *NeroHistory.log* und öffnen sie mit einem Doppelklick. Die Datei wird in einem Texteditor angezeigt und kann ausführlich studiert werden.

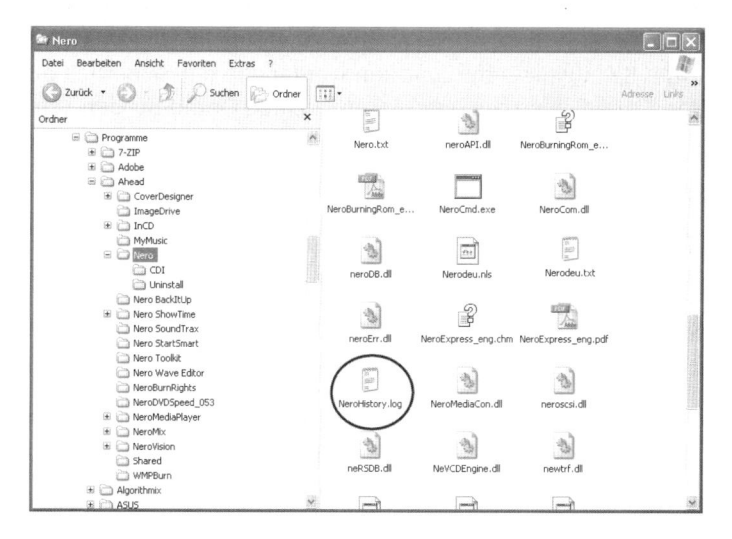

1. Grundlagen und erste Schritte mit Nero 6

3 Am Anfang jedes Eintrags eines Brennvorgangs finden Sie ausführliche Informationen über die von Ihnen verwendete Hard- und Software. Anschließend folgen die genauen Einstellungen des angelegten Projekts und die Protokollierungseinträge des Brennvorgangs. Jeder Brennvorgang wird mit Datum und Uhrzeit in der Nero-Logdatei vermerkt.

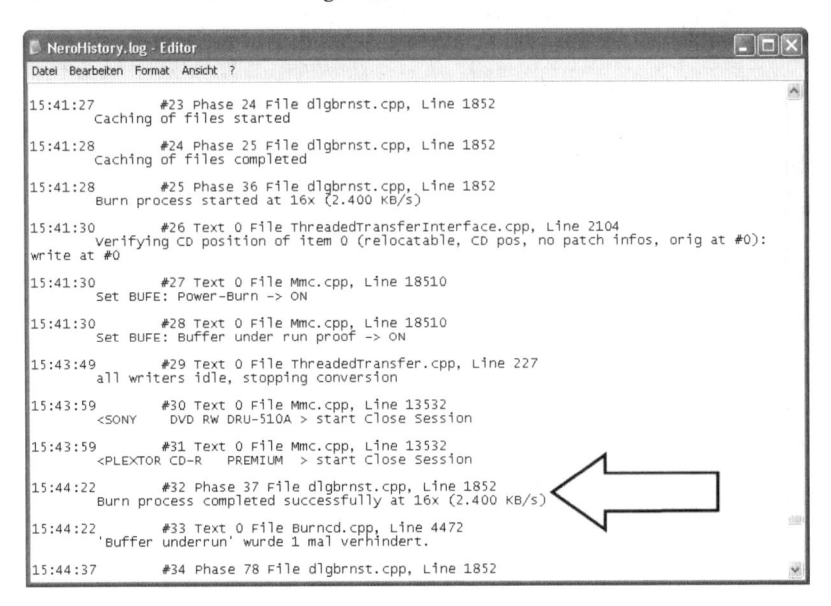

```
NeroHistory.log - Editor
Datei Bearbeiten Format Ansicht ?
15:41:27        #23 Phase 24 File dlgbrnst.cpp, Line 1852
                Caching of files started
15:41:28        #24 Phase 25 File dlgbrnst.cpp, Line 1852
                Caching of files completed
15:41:28        #25 Phase 36 File dlgbrnst.cpp, Line 1852
                Burn process started at 16x (2.400 KB/s)
15:41:30        #26 Text 0 File ThreadedTransferInterface.cpp, Line 2104
                Verifying CD position of item 0 (relocatable, CD pos, no patch infos, orig at #0):
write at #0
15:41:30        #27 Text 0 File Mmc.cpp, Line 18510
                Set BUFE: Power-Burn -> ON
15:41:30        #28 Text 0 File Mmc.cpp, Line 18510
                Set BUFE: Buffer under run proof -> ON
15:43:49        #29 Text 0 File ThreadedTransfer.cpp, Line 227
                all writers idle, stopping conversion
15:43:59        #30 Text 0 File Mmc.cpp, Line 13532
                <SONY    DVD RW DRU-510A > start Close Session
15:43:59        #31 Text 0 File Mmc.cpp, Line 13532
                <PLEXTOR CD-R   PREMIUM  > start Close Session
15:44:22        #32 Phase 37 File dlgbrnst.cpp, Line 1852
                Burn process completed successfully at 16x (2.400 KB/s)
15:44:22        #33 Text 0 File Burncd.cpp, Line 4472
                'Buffer underrun' wurde 1 mal verhindert.
15:44:37        #34 Phase 78 File dlgbrnst.cpp, Line 1852
```

4 Ein erfolgreicher Abschluss des Schreibvorgangs wird mit der Zeile *Burn process complete successfully at ..x* (Angabe der Brenngeschwindigkeit) in der Logdatei eingetragen. Danach werden während des Brennvorgangs aktive und im System vorhandene Treiber aufgelistet, die zum Brennen benötigt werden.

5 Brach bei Ihnen der Schreibvorgang mit einer Fehlermeldung ab, wird dies ebenfalls exakt in der Logdatei protokolliert. Suchen Sie anhand der Datums- und Zeitangaben den Eintrag des Brennvorgangs, der nicht erfolgreich zu Ende geführt wurde. Beim genaueren Studium werden Sie mit Sicherheit auf eine kaum verständliche Fehlermeldung stoßen, die den Grund für den Schreibabbruch angibt. Was die Mitteilung genau zu bedeuten hat und wie Sie das beim Brennen aufgetretene Problem aus der Welt schaffen, erfahren Sie über das Nero-Hilfesystem.

Fehlermeldungen in der Logdatei verstehen

1 Starten Sie das Nero-Hilfesystem und klicken Sie in der linken Fensterhälfte auf den Eintrag *Fehlermeldungen in Logdateien*.

2 Im rechten Fensterbereich werden alle in der Logdatei möglichen Fehlermeldungen alphabetisch aufgelistet. Nach einem Klick auf den entsprechenden

Eintrag erhalten Sie nähere Informationen über das aufgetretene Problem und geeignete Lösungsvorschläge.

1. Grundlagen und erste Schritte mit Nero 6

2. Perfekte Datenbackups mit Nero und Nero BackItUp

Die regelmäßige Datensicherung zählt zu den wichtigsten Aufgaben des PC-Benutzers. Dies stellt man spätestens bei einem Ausfall der Festplatte fest, wenn alle Daten mit einem Schlag verloren sind! Ein solches Horrorszenario verliert seinen Schrecken, wenn Sie Ihre wertvollen Daten stets auf eine CD/DVD brennen, um im Festplattennotfall ein aktuelles Datenbackup griffbereit zu haben. In diesem Kapitel erfahren Sie alles Wissenswerte rund um die professionelle Archivierung Ihrer Daten mit einem CD/DVD-Brenner für ein stets optimales Datenbackup anlegen. Ob Multisession oder Singlesession, ob ISO-Standard oder Joliet-Erweiterung, ob Datendisks mit Autostart-Funktion, selbsterstellte Boot-CDs/DVDs oder die Wiederherstellung verloren geglaubter Dateien einer Multisession-Disk – nach der Lektüre dieses Kapitels bleibt keine Frage bezüglich der Datensicherung offen ...

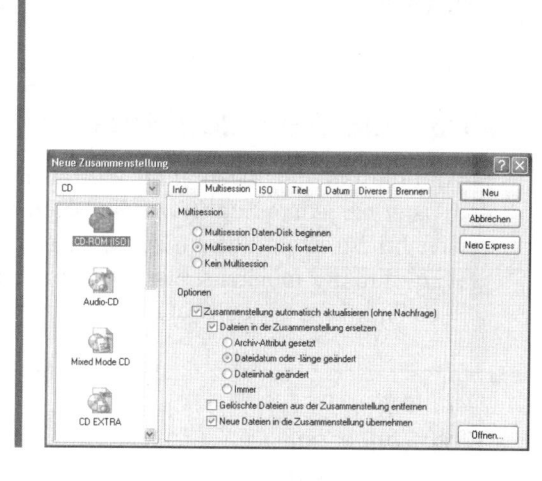

2.1	Vor der Datensicherung auf Virenjagd gehen	46
2.2	Komfortable Datenbackups mit Nero BackItUp	49
2.3	Optimale Datendisks für jedes Betriebssystem	71
2.4	Rohlingkapazität maximal ausschöpfen: Singlesession oder Multisession?	79
2.5	Auswahlmenüs, Daten optimal platzieren ... Profi-Tipps für Ihre Datendisk	98
2.6	Superschnelle Datensicherung mit nur einem (!) Doppelklick	106
2.7	Rettungsdisk für PC-Notfälle	109

2.1 Vor der Datensicherung auf Virenjagd gehen

Bevor Sie mit Nero bzw. Nero BackItUp eine Datensicherung starten, sollten Sie den PC auf Computerviren checken. Diese gefährlichen kleinen Programme fangen Sie sich schnell beim täglichen Surfen im Internet oder über eine verseuchte Mail ein, ohne dass Sie es sofort merken. Gefährliche Viren löschen oder verändern beispielsweise unbemerkt (während Sie mit dem PC arbeiten) wichtige Systemdateien, sodass Windows beim nächsten Start nicht mehr vollständig hochfährt.

Viren machen das Backup unbrauchbar!

Ein auf die Datendisk gebrannter Virus lässt Ihr Datenbackup unbrauchbar werden, da er bei jedem Zugriff auf die Daten der Scheibe aktiv wird und das System verseucht! Viren im System spüren Sie mit einem Virenscanner (Antivirenprogramm) auf, der möglichst aktuelle Virendefinitionen besitzen muss, damit auch „neue" Viren von der Software entdeckt werden.

Der integrierte Virenscanner von Nero reicht nicht aus!

Nero Burning Rom besitzt zwar einen in die Brennsoftware integrierten Virenscanner und somit die Fähigkeit, die in das Projekt eingefügten Daten vor dem Schreibvorgang auf Viren zu prüfen, doch das reicht nicht aus! Viele moderne und besonders heimtückische Viren können erst entdeckt werden, wenn sie im System aktiv sind und Daten verändern. Um solche Viren aufzuspüren, benötigen Sie eine separate Antivirensoftware, die über einen permanenten Virenwächter verfügt und damit den Rechner ständig auf „virenverdächtige" Aktionen hin überwacht.

Weiterhin ist zu bedenken, dass Sie mit dem Nero-Virenscanner die eingefangenen Viren nicht rechtzeitig entdecken und diese auf Ihrem System bereits Schaden anrichten können – außerdem ist bei dem komfortabel zu bedienenden Nero BackItUp (bisher) kein Virenscanner integriert. Für ein absolut virenfreies Backup benötigen Sie eine separate Antivirensoftware –

> **Nero-Virenscanner regelmäßig aktualisieren**
>
> Sie sollten den Nero-Virenscanner regelmäßig (mindestens einmal pro Monat) über *Hilfe/Antiviren-Scanner aktualisieren* auf den neusten Stand bringen, um auch topaktuelle Viren aufzuspüren.

verlassen Sie sich nicht auf den in Nero integrierten Virenscanner! Diesen können Sie höchstens zusätzlich zur Prüfung der zu schreibenden Dateien einsetzen, um eine noch höhere Sicherheit zu gewährleisten, damit Ihr Datenbackup absolut virenfrei ist – schließlich ist kein Virenscanner bei der Virenjagd perfekt.

Als Internetuser installieren Sie auf jeden Fall einen aktuellen Virenscanner und aktivieren dessen permanenten Virenwächter, um eingefangene Viren schnellstmöglich aufzudecken. Zurzeit streiten viele kommerzielle und relativ teure Antivirenprogramme um die Gunst der Käufer. Die bekanntesten sind Norton Anti-Virus und McAfee Virus Scan. Für private Zwecke gibt es jedoch eine gute kostenlose Alternative ...

Vor jedem Datenbackup PC auf Viren prüfen!

Prüfen Sie vor jedem Backup den Rechner auf Viren, auch wenn Sie den permanenten Virenwächter des Antivirenprogramms aktiviert haben – nur so ist gewährleistet, dass alle zu brennenden Dateien virenfrei sind. Vor dem Virencheck aktualisieren Sie die Virendefinitionen des Virenscanners, damit dieser auch topaktuelle Viren erkennt. Die Aktualisierung führen Sie regelmäßig (mindestens einmal pro Woche) durch, andernfalls bringt Ihnen die leistungsfähigste Antivirensoftware nichts.

Viele Euros sparen: Kostenlosen Virenscanner nutzen

Besitzen Sie noch keine Antivirensoftware, laden Sie sich den für private (nicht kommerzielle) Zwecke kostenlosen Virenscanner AntiVir Personal Edition von der Internetseite *www.free-av.de* herunter. Die Datei ist ca. 4 MByte groß. Das Programm läuft unter allen Windows-Betriebssystemen ab Windows 9x.

AntiVir Personal Edition optimal für die Virenjagd konfigurieren

1   Bei der Installation checkt AntiVir automatisch die Systempartition bzw. Festplatte mit dem Betriebssystem. Werden Viren gefunden, bietet es deren Beseitigung an (empfehlenswert). Nach der Kontrolle wird der permanente Virenwächter der Software eingeschaltet – erkennbar an dem neuen Regenschirmsymbol in der Taskleiste.

2   Starten Sie das Programm über die neu angelegte Programmgruppe erneut, um eine noch gründlichere Virensuche durchzuführen. Die Suchoptionen rufen Sie über *Optionen/Konfigurationsmenü* auf.

3   Im neuen Fenster markieren Sie in der linken Fensterhälfte *Suchen* und aktivieren rechts davon den Eintrag *Bootsektor Suchlaufwerke*, um gefährliche Bootviren aufzuspüren. Führen Sie zum ersten Mal eine Virenprüfung auf dem PC durch, schalten Sie unter *Dateien* die Option *Alle Dateien* ein. Die Prüfung dauert dadurch wesentlich länger – später reicht es, nur die virenanfälligen *Programm- und Makrodateien* auf Viren zu checken.

2. Perfekte Datenbackups mit Nero und Nero BackItUp

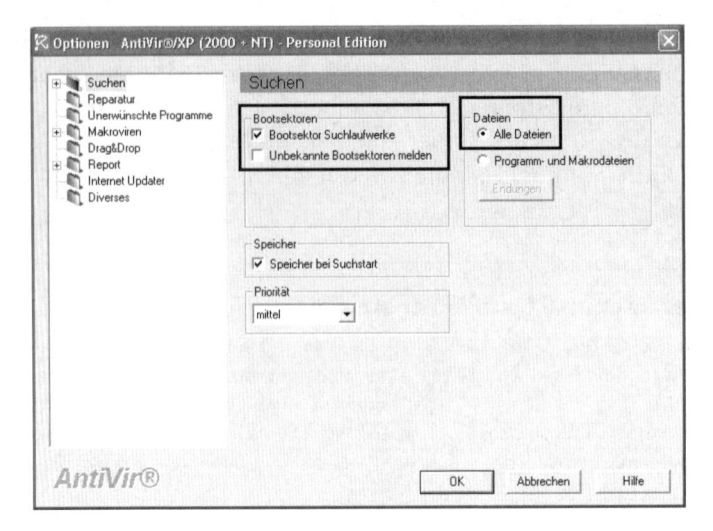

4 Führen Sie in der linken Fensterhälfte einen Doppelklick auf *Suchen* aus, um die Untereinträge zu öffnen. Anschließend markieren Sie *Archive* und kontrollieren, ob die beiden Optionen *Archive durchsuchen* und *Alle Archiv-Typen* eingeschaltet sind. Verlassen Sie das Fenster mit *OK*.

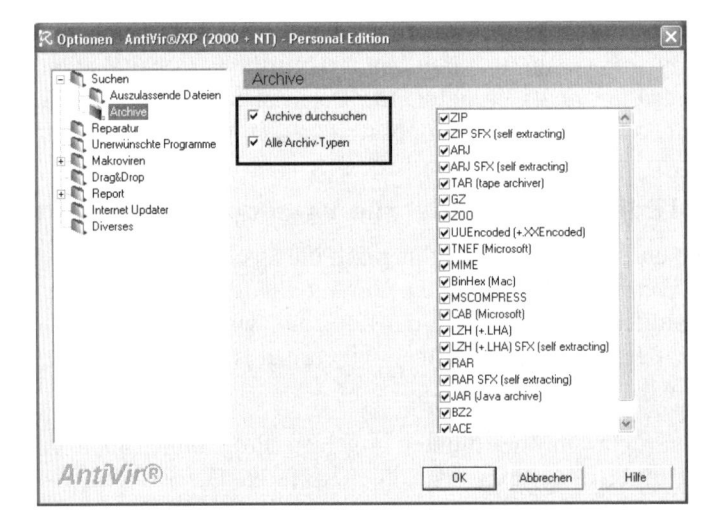

Virensuche mit AntiVir Personal Edition durchführen

1 Im Hauptfenster des Programms setzen Sie in das weiße Feld vor den Laufwerkseinträgen, die Sie auf Viren prüfen wollen, ein Häkchen. Sie sollten alle Festplatten bzw. Festplattenpartitionen auswählen, damit alle Daten auf den Festplatten kontrolliert werden. Ebenfalls können Sie bereits gebrannte Scheiben auf ihre Virenfreiheit hin überprüfen, indem Sie den entsprechenden Silberling in das Leselaufwerk legen und vor dessen Eintrag im Programmfenster von AntiVir ein Häkchen setzen.

Komfortable Datenbackups mit Nero BackItUp

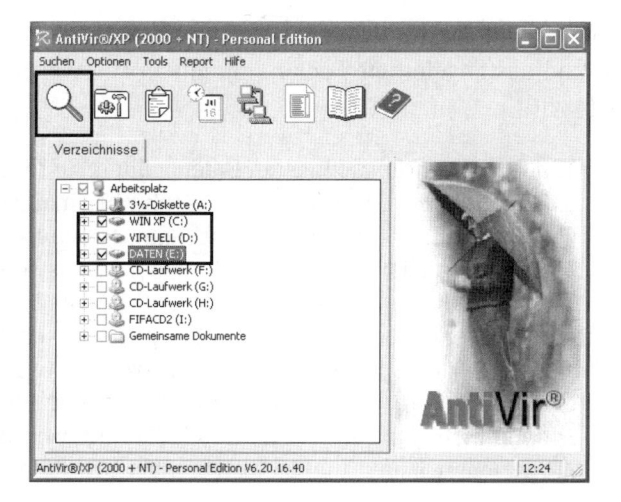

2. Klicken Sie in der Symbolleiste auf das Lupensymbol, um die Virenprüfung zu starten. Über deren Fortschritt werden Sie stets auf dem Laufenden gehalten. Hat das Programm einen Virus entdeckt, lassen Sie ihn eliminieren, auch wenn die befallene Datei eventuell unbrauchbar wird – eine mit einem Virus verseuchte Datei ist zu gefährlich! Ihr PC ist virenfrei? Prima, dann steht der Erstellung eines Datenbackups nichts mehr im Wege ...

Programmaktualisierung nicht vergessen!

Auch bei AntiVir Personal Edition ist es wichtig, dass Sie das Programm stets auf dem aktuellsten Stand halten, damit es neue Viren erkennen kann. Die Aktualisierung starten Sie im Hauptprogramm über *Tools/Internet Update starten*.

2.2 Komfortable Datenbackups mit Nero BackItUp

Der Vollversion Nero 6 liegt das neue Backupprogramm Nero BackItUp bei. Damit sichern Sie Ihre wertvollen Daten schnell und komfortabel direkt auf CD/DVD oder einer zweiten Festplatte, um sie im Notfall (bei Defekt der Systemfestplatte) griffbereit zu haben. Nero BackItUp beherrscht als Backupmethoden das vollständige Backup, das inkrementelle Backup und das differentielle Backup.

Weiterhin ist es möglich, mit Dateifiltern zu arbeiten, um beispielsweise nur alle Bilddateien zu archivieren und das angefertigte Backup mit einem Passwort vor unbefugtem Zugriff zu schützen.

Wann führen Sie am besten ein Datensicherung durch?

Ein Backup Ihrer wichtigsten Daten sollten Sie regelmäßig (mindestens einmal pro Woche bei häufiger PC-Benutzung) anfertigen bzw. ein bestehendes Backup aktualisieren. Durch diese Vorgehensweise ist gewährleistet, dass Sie im Notfall (Ausfall der Festplatte) eine aktuelle Sicherung Ihrer Daten besitzen. Das Anlegen eines Backups ist ebenfalls sehr empfehlenswert, bevor Sie große Hardware- bzw. Softwareänderungen an dem Rechner durchführen. Geht dabei etwas schief und Windows startet nicht mehr, ist es dann nicht ganz so schlimm, weil Sie Ihre wertvollen Daten vorher auf CD/DVD gesichert haben und sie damit nicht unwiderruflich verloren sind.

Welche Rohlinge verwenden?

Für das Anfertigen von Backups nutzen Sie ausschließlich wieder beschreibbare Scheiben. Dadurch ist ausgeschlossen, dass Sie entweder uralte Backups irgendwo herumfliegen haben oder Ihre Mülltonne wegen nicht mehr benötigten Backuprohlingen überquillt. Wird eine alte Datensicherung nicht mehr gebraucht, löschen Sie den Rohling und setzen ihn für neue Backupaufgaben ein. Das Löschen von wieder beschreibbaren Medien ist mit Nero BackItUp nur möglich, wenn die zu brennende Datenmenge größer als der noch verfügbare Speicherplatz auf dem Datenträger ist – wollen Sie die Scheibe vorher löschen, müssen Sie beispielsweise Nero Burning Rom nutzen.

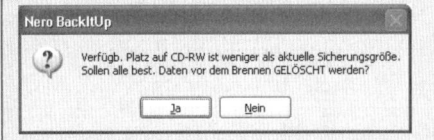

Wenn der Platz auf einem wieder beschreibbaren Medium nicht ausreicht, bietet Nero BackItUp eine Löschfunktion an.

Image Recorder aktivieren

Standardmäßig ist der Image Recorder unter Nero BackItUp deaktiviert. Wollen Sie jedoch das angefertigte Backup als Imagedatei (= exaktes Abbild einer zu brennenden Disk) auf die Festplatte schreiben, weil Sie beispielsweise gerade keine Rohlinge griffbereit haben bzw. die Sicherung als Imagedatei auf einer zweiten Festplatte ablegen möchten, schalten Sie den Image Recorder vor dem Anlegen des Backups ein, um ihn später als Ziel der Sicherung auswählen zu können.

1 Wählen Sie in Nero BackItUp *Datei/Einstellungen*.

2 Auf der Registerkarte *Backup* schalten Sie unter *Optionen* den Eintrag *Image Recorder als Ziel aktivieren* ein. Verlassen Sie das Fenster mit *OK*.

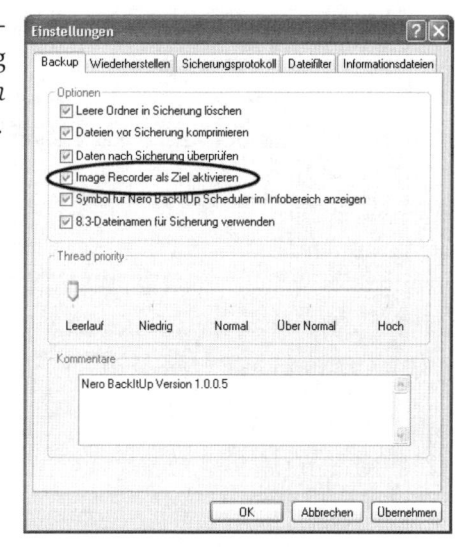

Neues Datenbackup anlegen

Vor dem Start der Datensicherung überlegen Sie sich zunächst, welche Dateien überhaupt gesichert werden müssen – schließlich macht es in der Regel keinen Sinn, alle Daten auf der Festplatte zu archivieren, da hierbei aufgrund der großen Datenmengen schnell die Übersicht verloren geht. Das Betriebssystem und die Anwendungsprogramme installieren Sie im Notfall von den Original-CDs. Sichern Sie Ihre selbsterstellten Dokumente und Dateien! Außerdem ist es sinnvoll, aus dem Internet heruntergeladene (kleinere) Programme, Tools und Treiber in das Datenbackup aufzunehmen, um sie bei einem Ausfall der Festplatte nicht erneut downloaden zu müssen.

> **Keine geöffneten Dateien sichern!**
>
> Sichern Sie keine geöffneten bzw. gerade verwendeten Dateien. Das kann unter Umständen zu Abstürzen bei der Datensicherung führen, da neben dem Programm, das gerade auf die Datei zugreift, auch Nero BackItUp zwecks Datensicherung versucht, Zugriff auf die Datei zu erlangen. Entweder schlägt dieses Bemühen fehl und die Datei kann nicht gesichert werden (Sie werden darüber beim Abschluss des Brennvorgangs informiert), oder das System stürzt ab, da der gleichzeitige Zugriff von mehreren Programmen auf eine Datei nicht möglich ist. Aus diesem Grund nehmen Sie keine geöffneten bzw. gerade verwendeten Dateien und Dokumente in die Datensicherung auf bzw. schließen die zu sichernden Dokumente vorher.

1 Im Willkommensfenster von Nero BackItUp, das automatisch nach dem Programmstart erscheint, klicken Sie auf die Schaltfläche neben *Neue Sicherung erstellen*, um ein neues Datenbackup zu starten.

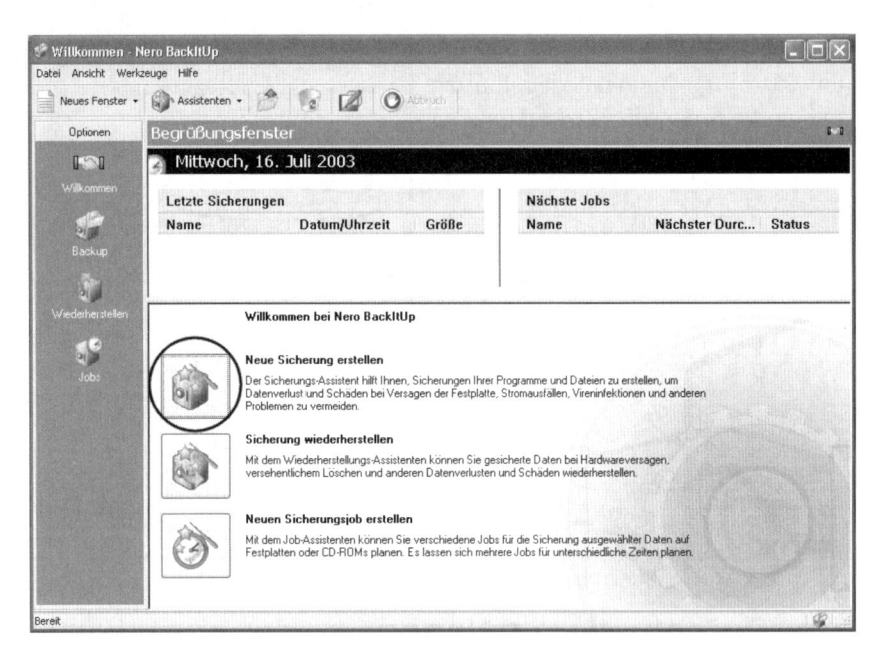

2. Perfekte Datenbackups mit Nero und Nero BackItUp

2 Es taucht der Sicherungs-Assistent auf – dessen Begrüßungsfenster verlassen Sie über *Weiter*. Im folgenden Fenster aktivieren Sie *Dateien und Ordner auswählen* und klicken auf *Weiter*.

3 Im nächsten Fenster wählen Sie die Dateien und Ordner aus, die Sie sichern möchten. Dazu setzen Sie in das weiße Feld vor dem Eintrag ein Häkchen. Bei der Datei- bzw. Ordnerauswahl brauchen Sie nicht auf die Größe der gesamten zu sichernden Datenmenge zu achten.

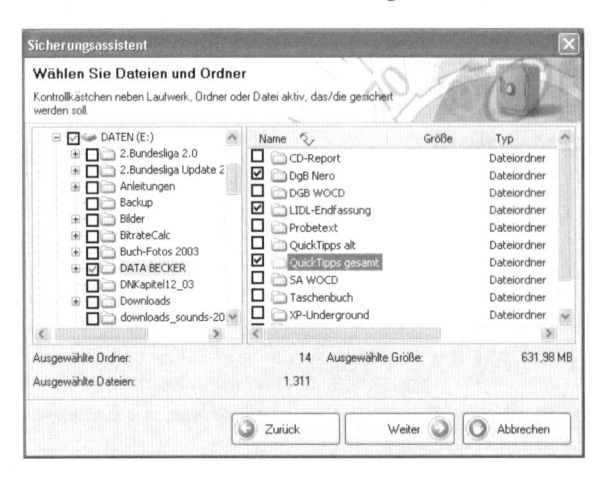

Passt die komplette Datensicherung nicht auf einen Rohling, verteilt Nero BackItUp sie automatisch auf mehrere Scheiben – wie viele Rohlinge Sie benötigen, teilt Ihnen das Programm im nächsten Fenster *Sicherungseinst.* mit. Beachten Sie: Sie können auch eine komplette Festplatte sichern. Das ist allerdings nur ratsam, wenn Sie wirklich alle Daten dieser Platte als Backup benötigen und es sich nicht um die Systemfestplatte (Festplatte mit dem Betriebssystem) handelt. Die Sicherung einzelner Dateien und Ordner ist in der Regel wesentlich übersichtlicher und leichter zu handhaben. Nach Auswahl der zu sichernden Daten klicken Sie auf *Weiter*.

4 Im neuen Fenster wählen Sie zunächst das *Ziel* (in der Regel Ihren CD/DVD-Brenner) aus. Bei einem neu angelegten Backup kann als *Sicherungstyp* nur *Vollständige Sicherung* eingestellt werden. Darunter wählen Sie einen eventuell gewünschten *Dateifilter* aus – Näheres dazu siehe „Schneller arbeiten mit Dateifiltern". Über die Schaltfläche *Neuen Filter erstellen* definieren Sie einen neuen Filter mit den von Ihnen gewünschten Auswahlkriterien.

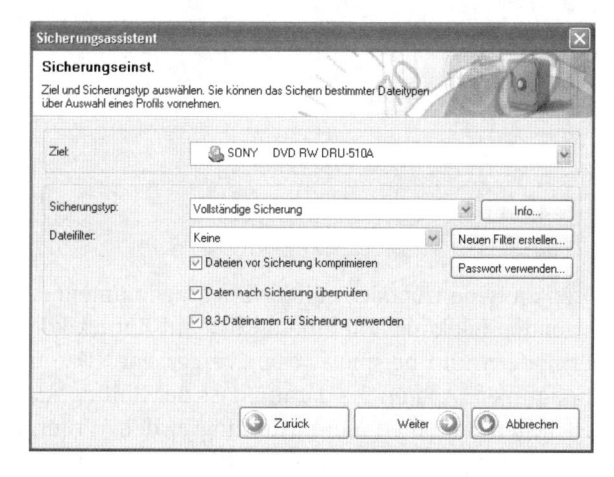

5 Mithilfe der Option *Dateien vor Sicherung komprimieren* wird die Datenmenge durch die Kompression der einzelnen Daten verkleinert. Das kann gefährlich sein: Tritt bei einem gebrannten Medium ein Lesefehler (beispielsweise durch einen Kratzer auf dem Rohling) auf, sind mehr Daten davon betroffen bzw. wiegt der Fehler schwerer als bei einem unkomprimierten Datenbackup.

6 Über die Schaltfläche *Passwort verwenden* schützen Sie Ihr Datenbackup vor Zugriffen Unbefugter. Im erscheinenden Fenster geben Sie das gewünschte Passwort aus Sicherheitsgründen zweimal an. Beachten Sie: Der Passwortschutz ist nur möglich, wenn die Option *Dateien vor Sicherung komprimieren* aktiviert ist!

7 Die Option *Daten nach Sicherung überprüfen* sollten Sie unbedingt einschalten, um nach dem Anfertigen des Backups zu kontrollieren, ob alle gesicherten Daten auch fehlerfrei gelesen werden – andernfalls ist das Backup nutzlos! Durch das Aktivieren des Eintrags *8.3-Dateinamen für Sicherung verwenden* erhöhen Sie die Kompatibilität des angefertigten Datenbackups, weil die Dateinamen dem strengen ISO-Standard entsprechen, den viele Be-

2. Perfekte Datenbackups mit Nero und Nero BackItUp

triebssysteme lesen (Näheres dazu später). Nachdem Sie die gewünschten Einstellungen vorgenommen haben, klicken Sie auf *Weiter*.

8 Im folgenden Fenster geben Sie einen aussagekräftigen *Sicherungsnamen* an. Außerdem haben Sie die Möglichkeit, das Backup mit einem *Kommentar* zu versehen – klicken Sie auf *Weiter*.

9 Im neuen Fenster erhalten Sie eine Übersicht über die vorgenommenen Einstellungen des anzufertigenden Backups. Mit einem Klick auf *Zurück* können Sie die Optionen wieder ändern und beispielsweise „vergessene" Daten der Datensicherung noch hinzufügen. Achten Sie darauf, dass der Eintrag *Als Job ausführen* nicht aktiv ist, legen Sie einen leeren Rohling in den Writer und starten Sie das Backup (Sicherung der Daten auf CD/DVD) mit einem Klick auf *Ende*.

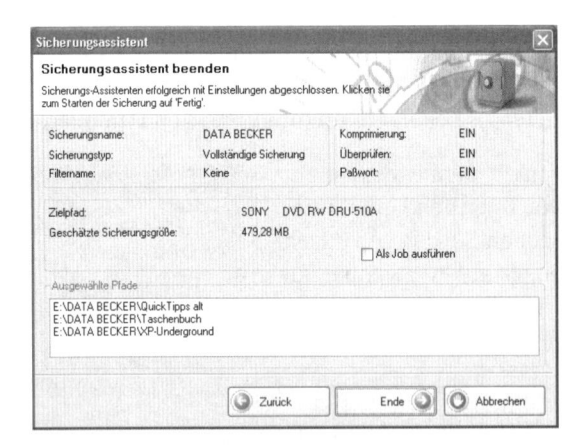

Mehrere Backups auf einer Disk?

Es ist möglich, mehrere Backups auf eine Disk zu brennen. Nero BackItUp checkt vor dem Schreibvorgang die Scheibe und bemerkt, dass bereits Backups vorhanden sind. Das neue Backup wird anschließend hinzugefügt.

Komplettes Backup der Systemfestplatte?

Das Programm Nero Burning Rom bietet über *Rekorder/Festplattensicherung brennen* die Möglichkeit, ein Backup einer kompletten Festplatte anzufertigen. Auch mit Nero BackItUp können Sie alle Daten auf einer Platte archivieren, indem Sie im Auswahlfenster der zu sichernden Dateien ein Häkchen vor den Festplatteneintrag setzen. Man könnte jetzt auf die Idee kommen, sein komplettes System mit Nero Burning Rom bzw. Nero BackItUp zu sichern, um den PC im Notfall möglichst schnell wieder betriebsbereit zu haben – leider ist das jedoch nicht möglich!

Das Archivieren und Wiederherstellen einer kompletten Festplatte mit Windows-Betriebssystem, das gerade im Einsatz ist, scheitert kläglich, weil beim Anfertigen des Backups alle geöffneten (von Windows benutzten) Dateien nicht gesichert werden können und das Zurückspielen des Backups mit Nero Burning Rom bzw. Nero BackItUp nur unter einem funktionierenden Windows-Betriebssystem möglich ist. Außerdem ist es nicht erreichbar, dass bei der Wiederherstellung gerade vom Betriebssystem verwendete Systemdateien mit den Dateiversionen des Backups überschrieben werden – Windows verhindert jegliche Änderung der wichtigen Systemdateien während des Betriebs.

> *Systembackup mit Nero und Nero BackItUp scheitert!*

Wollen Sie aus Sicherheitsgründen ein komplettes Backup Ihrer Systemfestplatte erstellen, benötigen Sie ein separates Backupprogramm – beispielsweise das bekannte DriveImage von PowerQuest. Hiermit lassen sich die gesicherten Daten der kompletten Festplatte *unter DOS* problemlos zurückspielen. Das Wiederherstellen eines kompletten Systembackups *unter Windows* ist aus den genannten Gründen ausgeschlossen.

Schneller arbeiten mit Dateifiltern

Das Anlegen von Dateifiltern für die schnelle Durchführung eines Backups ist sehr empfehlenswert: Über Dateifilter ist es möglich, nur bestimmte Dateien in die Datensicherung aufzunehmen. Stellen Sie sich vor, Sie möchten ein Backup aller Fotos anfertigen, die im JPEG-Format (Standardformat bei einer Digitalkamera) über die gesamte Festplatte verstreut sind. Ohne Dateifilter müssten Sie jede einzelne Fotodatei suchen und in das Backup aufnehmen – die Gefahr, einige Fotos dabei zu übersehen, ist groß! Legen Sie dagegen einen Dateifilter für das JPEG-Format fest, setzen Sie im Auswahlfenster der zu sichernden Dateien nur ein Häkchen vor den Festplatteneintrag, auf dem sich die Fotos befinden. Nero BackItUp durchsucht die komplette Platte daraufhin nach Dateien im JPEG-Format und berücksichtigt alle gefundenen Dateien bei der Datensicherung – die manuelle zeitraubende Auswahl der einzelnen Bilder im JPEG-Format entfällt.

2. Perfekte Datenbackups mit Nero und Nero BackItUp

Eigene Dateifilter erstellen

Nero BackItUp bringt bereits einige vorkonfigurierte Dateifilter mit. Eigene Filter erstellen Sie folgendermaßen:

1 Wählen Sie im Programm *Datei/Einstellungen*, wechseln Sie auf die Registerkarte *Dateifilter* und klicken Sie auf *Neuer Filter*.

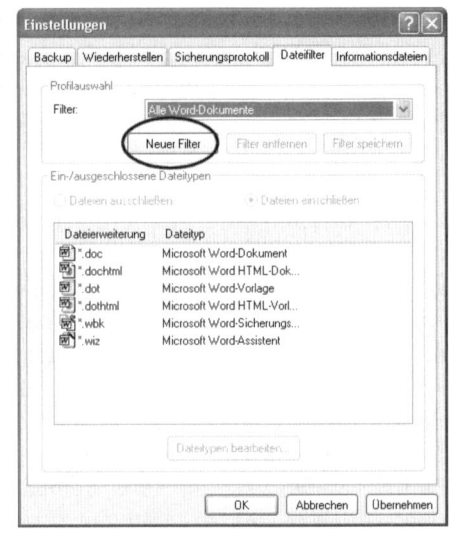

2 Im neuen Fenster geben Sie eine aussagekräftige Bezeichnung für den neuen Dateifilter ein und betätigen *OK*.

3 Kontrollieren Sie, ob der neue Filter automatisch hinter *Filter* eingestellt wurde. Als Nächstes legen Sie die genauen Filterregeln fest: Sie müssen vorab entscheiden, ob Sie bei dem neuen Filter *Dateien ausschließen* (alle Dateien sichern, außer ...) oder *Dateien einschließen* (nur diese Dateitypen sichern) wollen. Klicken Sie danach auf *Dateitypen bearbeiten*, um die ein- bzw. auszuschließenden Dateitypen zu bestimmen.

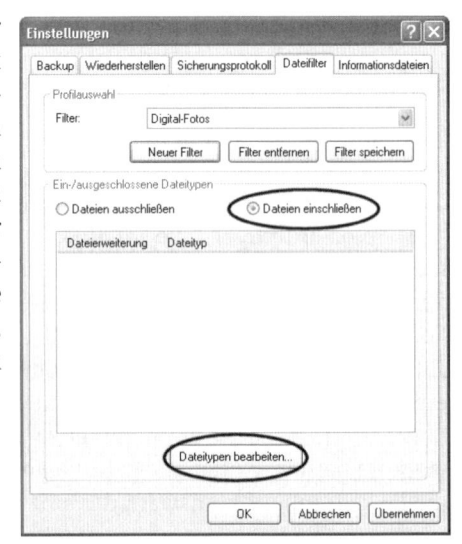

Komfortable Datenbackups mit Nero BackItUp

4 Ein weiteres Fenster taucht nach kurzer Zeit auf und zeigt Ihnen alle auf Ihrem Rechner vorhandenen (registrierten) Dateitypen im linken Bereich an. Suchen Sie die ein- bzw. auszuschließenden Dateitypen aus, markieren Sie den entsprechenden Eintrag und betätigen Sie die obere der beiden markierten mittleren Schaltflächen, um den Dateityp in die rechte Fensterhälfte (= Filterregeln) aufzunehmen. Über die untere Schaltfläche können Sie fälschlicherweise aufgenommene Dateitypen aus dem rechten Fenster wieder entfernen. Unter *Angepasste Dateitypen* dürfen Sie eigene Dateitypen erschaffen, indem Sie einen Punkt gefolgt von der entsprechenden Dateiendung eintippen – beispielsweise *.dat*. Nach der Auswahl der Dateitypen verlassen Sie das Fenster mit *OK*.

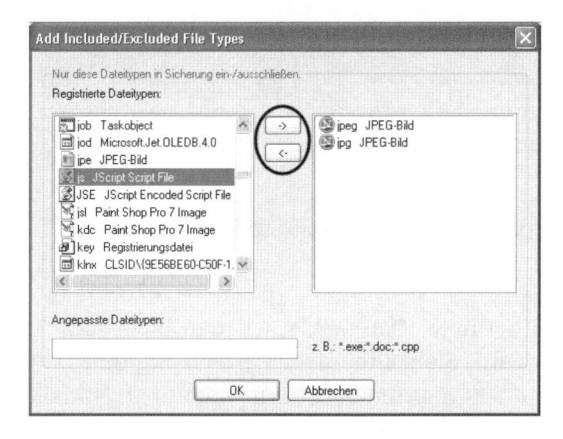

5 Kontrollieren Sie noch einmal die von Ihnen vorgenommenen Filterregeln und klicken Sie anschließend auf Filter speichern. Den angelegten Filter dürfen Sie jederzeit verändern – gehen Sie dabei so vor, wie bei der Festlegung der Filterregeln beschrieben.

2. Perfekte Datenbackups mit Nero und Nero BackItUp

6   Den neuen Dateifilter wählen Sie bei der Erstellung des Datenbackups im Fenster *Sicherungseinst.* aus.

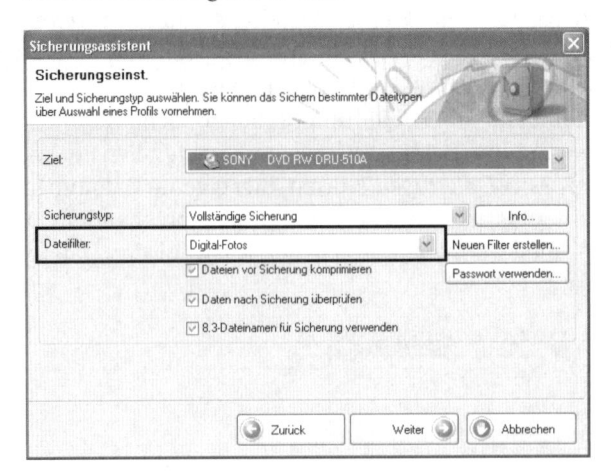

Erstelltes Datenbackup aktualisieren bzw. neue Daten hinzufügen

Das perfekteste Datenbackup bringt im Notfall nichts, wenn es nicht ständig auf dem aktuellsten Stand gehalten wird. Sie sollten daher regelmäßig Ihre Datensicherungen mit Nero BackItUp auf den neusten Stand bringen, um im Notfall bestens gerüstet zu sein. Bei der Aktualisierung werden auch neue und gelöschte Dateien in den archivierten Ordnern berücksichtigt und automatisch entweder dem Backup hinzugefügt oder bereits gesicherte Dateien daraus entfernt.

„Jüngere" Datensicherung schnell aktualisieren

1   Starten Sie Nero BackItUp oder wechseln Sie bei geöffnetem Programm mit einem Klick auf *Willkommen* in der linken Fensterhälfte in das Begrüßungsfenster.

2   Die zuletzt durchgeführten Datenbackups werden unter *Letzte Sicherungen* mit Name und Datum aufgelistet. Im Kontextmenü des jeweiligen Backupeintrags wählen Sie *Backup* und anschließend die gewünschte Aktualisierungsmethode (siehe „Die verschiedenen Backupmethoden im Überblick"). Wie Sie ein länger zurückliegendes Backup, das nicht in der Liste erscheint, aktualisieren oder einem Backup neue Dateien hinzufügen, erfahren Sie im folgenden Abschnitt.

Komfortable Datenbackups mit Nero BackItUp

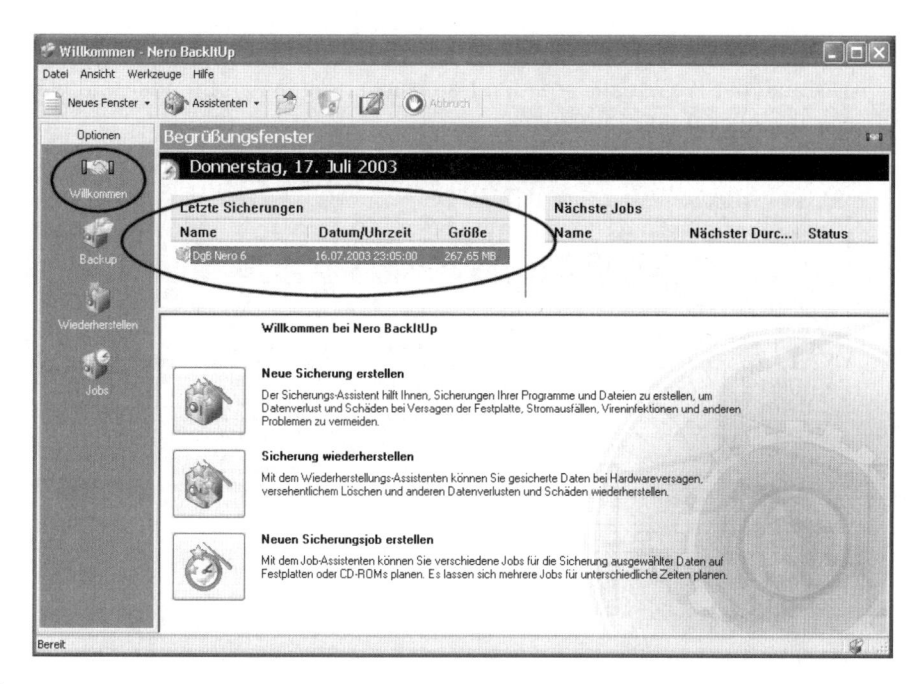

3 Der Sicherungs-Assistent startet und führt Sie durch die notwendigen Schritte zur Aktualisierung. Wichtig: Verändern Sie die voreingestellten Optionen nicht – sie sind für die gewählte Aktualisierungsmethode bereits optimal.

4 Zum Abschluss legen Sie einen Rohling ein, um die gegenüber dem letzten Backup geänderten Dateien zu sichern. Ist auf der Scheibe mit den alten Dateien noch Platz, nutzen Sie diesen Rohling weiter, um das komplette Backup und die aktualisierten Dateien auf einem Medium zu haben.

Das Aktualisieren bereits gesicherter Daten funktioniert automatisch, weil Nero BackItUp beim Erstellen des Backups eine Datei mit Informationen (Sicherungsdatei genannt) über den Speicherort der auf CD/DVD gesicherten Daten und deren Eigenschaften (Datum, Größe usw.) auf der Festplatte ablegt, dadurch die Dateiversionen des Backups mit den aktuell auf der Festplatte vorhandenen Dateiversionen vergleichen kann und alle geänderten Dateien neu sichert. Die Sicherungsdateien der verschiedenen Datenbackups werden sowohl auf der Festplatte als auch auf dem Rohling gespeichert, auf dem sich die Datensicherung befindet.

Sicherungsdateien gewähren schnelles Aktualisieren

Ältere Datensicherung aktualisieren und neue Dateien hinzufügen

Ist das zu aktualisierende Backup nicht in der Liste *Letzte Sicherungen* vorhanden bzw. möchten Sie einem bestehenden Backup neue Dateien hinzufügen, gehen Sie folgendermaßen vor:

2. Perfekte Datenbackups mit Nero und Nero BackItUp

1 Klicken Sie im Programmfenster von Nero BackItUp auf *Backup*, legen Sie die Disk mit der zu aktualisierenden Datensicherung in den Brenner und wählen Sie anschließend *Datei/Öffnen*.

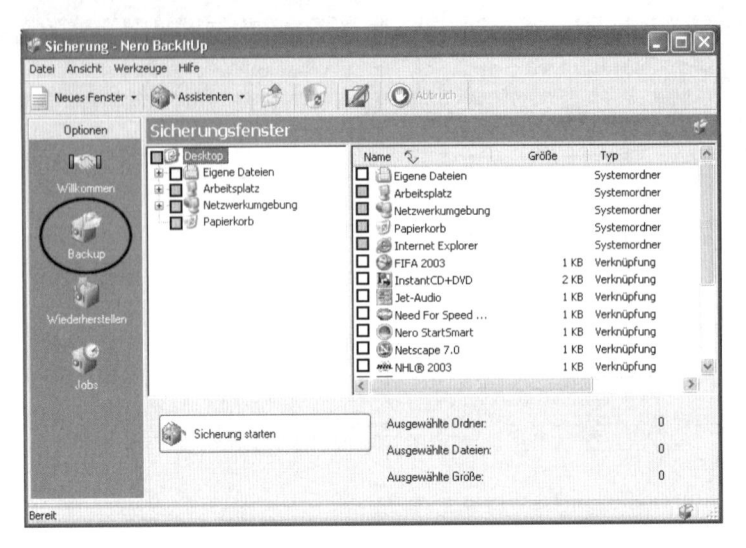

2 Wird die zu erneuernde Datensicherung im Fenster nicht aufgelistet, müssen Sie die zu dem Backup gehörende Sicherungsdatei von der Backup-CD/DVD öffnen. Dazu klicken Sie auf die markierte Schaltfläche rechts unten.

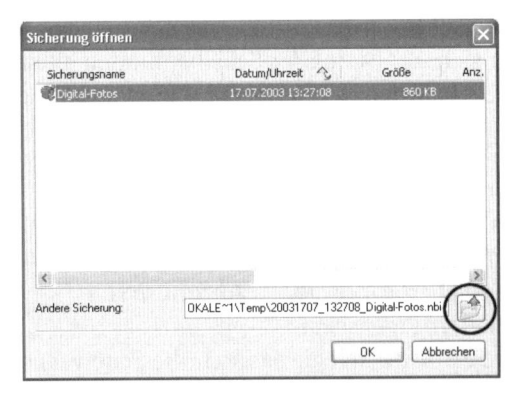

3 Im neuen Fenster wählen Sie hinter *Suchen in* den Brenner aus, der die Disk mit dem zu aktualisierenden Backup enthält. Daraufhin wird der Diskinhalt eingelesen und dargestellt. Im Hauptverzeichnis der Scheibe befinden sich alle Sicherungsdateien (erkennbar an der Endung .nbi) der auf dem Medium vorhandenen und mit Nero BackItUp erzeugten Datensicherungen. Bei mehreren Backups auf einer Scheibe finden Sie die richtige Sicherungsdatei über den im Dateinamen vorkommenden und von Ihnen vergebenen Backupnamen.

Komfortable Datenbackups mit Nero BackItUp

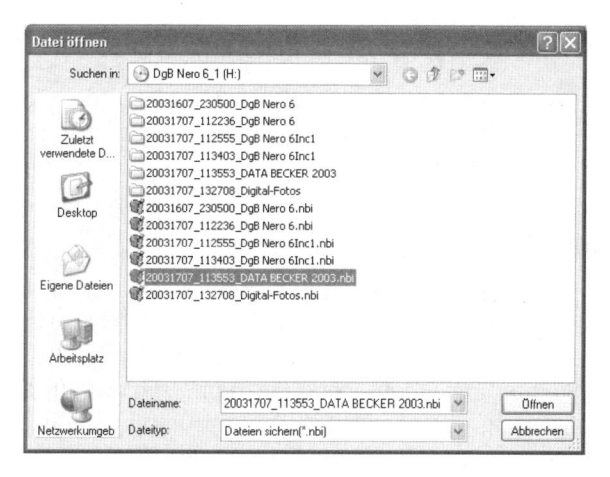

4 Nachdem Sie die zum aktualisierenden Backup passende Sicherungsdatei geöffnet haben, verlassen Sie das Fenster *Sicherung öffnen* mit *OK*.

5 Im *Sicherungsfenster* können Sie jetzt, falls gewünscht, dem bestehenden Backup weitere Dateien hinzufügen, indem Sie diese wie gewohnt auswählen. Die Aktualisierung und das Hinzufügen neuer Daten zu der bestehenden Datensicherung führen Sie über *Sicherung starten* durch. Der Sicherungs-Assistent startet und führt Sie durch die notwendigen Schritte. Die Voreinstellungen sind optimal und sollten daher nicht geändert werden.

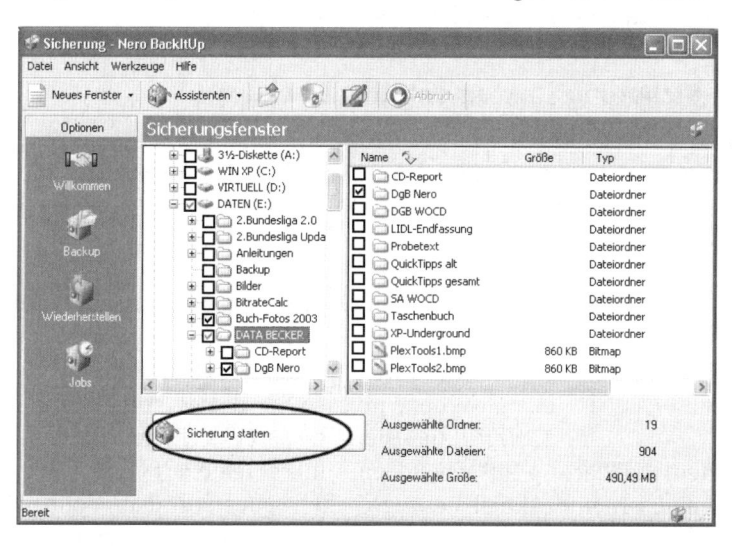

6 Ist auf der Disk mit dem alten Backup noch Platz, sollten Sie die Änderungen an der Datensicherung auf die gleiche Scheibe brennen, um sämtliche Dateien schneller griffbereit zu haben.

Die verschiedenen Backupmethoden im Überblick

Nero BackItUp beherrscht, wie bereits erwähnt, mehrere Methoden des Datenbackups. Es folgt eine Übersicht über die einzelnen Backupverfahren und ihre Einsatzzwecke.

Vollständige Sicherung (Vollbackup)

Bei der vollständigen Sicherung werden alle zu archivierenden Dateien auf einer zweiten Festplatte oder einem Rohling gespeichert. Das Vollbackup ist die Grundlage für die anderen Backupmethoden und wird daher stets benötigt. Die vollständige Sicherung sollten Sie nur anwenden, wenn Sie zum ersten Mal Ihre Daten sichern. Für die Aktualisierung des angelegten Backups ist ein Vollbackup nicht empfehlenswert, da hierbei sämtliche Dateien (auch die Dateien, die seit der letzten Sicherung unverändert geblieben sind) noch einmal archiviert werden und aus diesem Grund unnötig Platz verschwendet wird.

Differenzierte Sicherung (Differenzielles Backup)

Bei einem differenziellen Backup werden während jeder Durchführung alle Dateien, die seit dem letzten Vollbackup geändert wurden, neu archiviert. Im Gegensatz zum inkrementellen Backup verbraucht diese Methode mehr Speicherplatz, dafür hat sie den Vorteil, dass neben dem Vollbackup nur die letzte differenzierte Sicherung zur Wiederherstellung benötigt wird.

Schrittweise Sicherung (Inkrementelles Backup)

Wenn das letzte Vollbackup noch nicht allzu lange zurückliegt, greifen Sie zur inkrementellen Backupmethode. Hierbei werden alle Dateien gesichert, die seit der letzten Backupdurchführung (egal, ob Vollbackup oder inkrementelles Backup) verändert wurden.

Inkrementelle Backups richtig fortführen

Da die inkrementellen Backups aufeinander aufbauen und nur die zwischen den einzelnen Sicherungen geänderten Dateien neu auf dem Rohling gespeichert werden, müssen Sie dieses Verhalten bei der Backupaktualisierung berücksichtigen. Haben Sie bereits von einem Vollbackup ausgehend eine inkrementelle Sicherung vorgenommen, darf eine erneute Aktualisierung nicht wieder von dem Vollbackup, sondern von der letzten inkrementellen Sicherung ausgehen! Inkrementelle Sicherungen werden von Nero BackItUp dadurch gekennzeichnet, dass *.inc* an den Backupnamen gehängt wird. Außerdem werden die einzelnen inkrementellen Sicherungen durchnummeriert. Zwecks Aktualisierung nehmen Sie als Basis für eine weitere inkrementelle Sicherung das letzte inkrementelle Backup.

Komfortable Datenbackups mit Nero BackItUp

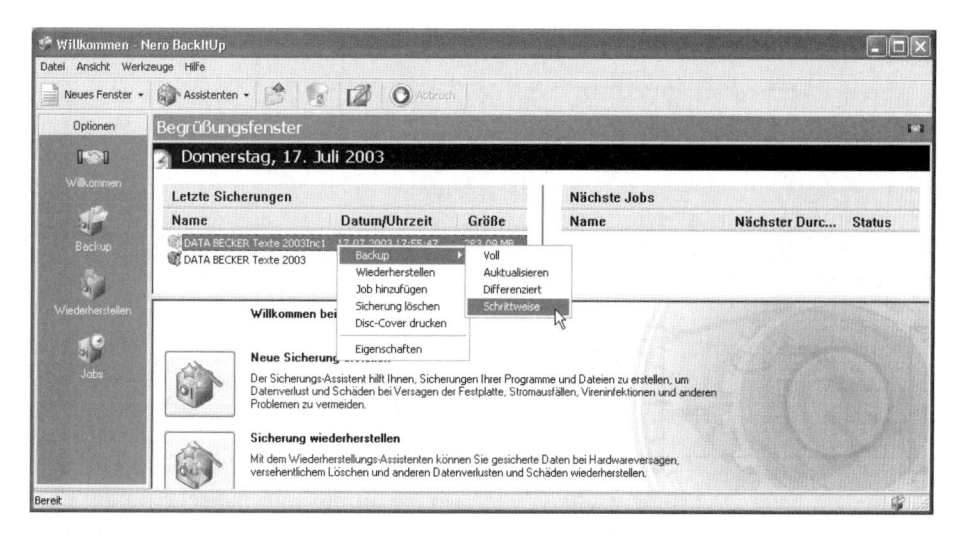

Für eine Wiederherstellung der Daten benötigen Sie neben dem Vollbackup sämtliche inkrementellen Backups, die auf dem Vollbackup aufbauen – sonst können die Daten nicht vollständig wiederhergestellt werden. Zwar spart die inkrementelle Backupmethode gegenüber der differenziellen Sicherung etwas Speicherplatz, da nicht jedes Mal alle gegenüber dem Vollbackup geänderten Dateien archiviert werden, aber es kann schnell die Übersicht verloren gehen. Mein Tipp: Führen Sie lieber häufiger ein Vollbackup durch, als zu viele inkrementelle Sicherungen zu nutzen.

Sicherung aktualisieren (Update Backup)

Die Backupmethode *Sicherung aktualisieren* ist ein spezielles Verfahren von Nero BackItUp für die Aktualisierung von Datensicherungen, die auf einer Festplatte angelegt wurden. Bei dieser Methode wird das auf der Festplatte gespeicherte Backup direkt verändert (aktualisiert) und keine neuen Backupordner erstellt, wie es bei jeder Backupaktualisierung auf Rohlingen der Fall ist. Wählen Sie *Sicherung aktualisieren* als Backupmethode aus und geben als Ziel einen CD/DVD-Rohling an, gleicht das Verfahren der inkrementellen Datensicherung.

Genial: Datensicherung automatisieren

Mit dem in Nero BackItUp integrierten Job-Planer ist es möglich, Datensicherungen zu einer bestimmten Uhrzeit regelmäßig automatisch durchführen zu lassen – beispielsweise während der Mittagspause. Komfortabler kann die notwendige Datensicherung wirklich nicht sein!

1   Im Programm klicken Sie im linken Fensterbereich auf *Jobs* und betätigen die Schaltfläche *Job hinzufügen*, um eine neue, automatisch durchzuführende Datensicherung zu erstellen.

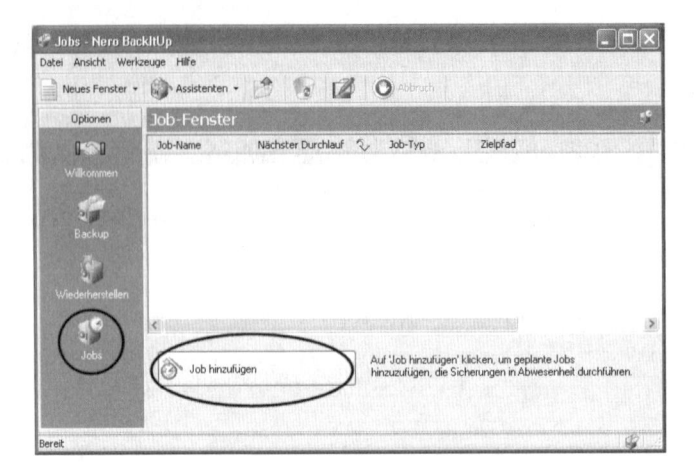

2. Perfekte Datenbackups mit Nero und Nero BackItUp

2 In dem neuen Fenster entscheiden Sie, ob Sie für die automatische Datensicherung eine bereits *Bestehende Sicherung verwenden* oder die zu archivierenden *Dateien und Ordner auswählen* möchten. Haben Sie *Bestehende Sicherung verwenden* aktiviert, markieren Sie unter Sicherungsname die bereits durchgeführte Datensicherung (beispielsweise die inkrementelle Datensicherung eines Vollbackups), die regelmäßig automatisch durchgeführt werden soll. Klicken Sie auf *Weiter*.

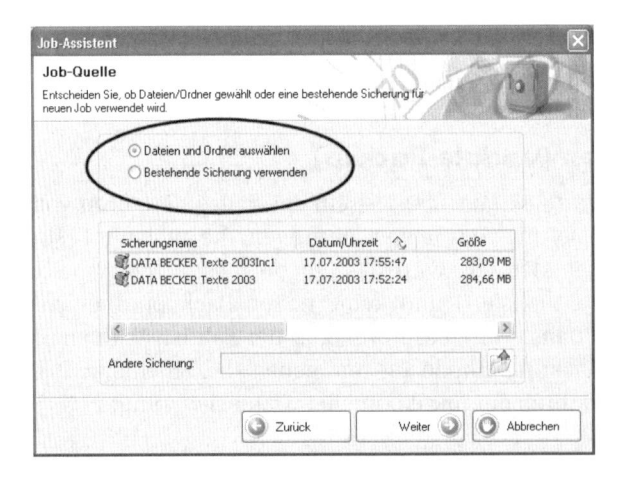

3 Je nach Auswahl unterscheidet sich das folgende Fenster: Haben Sie *Dateien und Ordner auswählen* aktiviert, wählen Sie im folgenden Fenster die automatisch zu sichernden Dateien aus. Sie haben dabei Zugriff auf alle Dateien des Systems. Wurde dagegen *Bestehende Sicherung verwenden* eingeschaltet, dürfen Sie nur unter den Dateien, die der entsprechende Sicherungseintrag umfasst, auswählen, welche dann automatisch archiviert werden – der Zugriff auf die übrigen Dateien des Systems ist nicht möglich! Klicken Sie nach dem Aussuchen der automatisch zu sichernden Dateien auf *Weiter*.

4 Im neuen Fenster legen Sie wie gewohnt die genauen Sicherungseinstellungen (Dateifilter, Komprimierung usw.) fest. Als Ziel des automatischen Back-

Komfortable Datenbackups mit Nero BackItUp

ups können Sie Ihren CD/DVD-Brenner angeben. In dem Fall sorgen Sie dafür, dass stets ein Rohling mit ausreichend freiem Speicherplatz im Writer liegt, damit die automatische Datensicherung erfolgreich durchgeführt werden kann! Betätigen Sie *Weiter*, um zum nächsten Fenster zu gelangen.

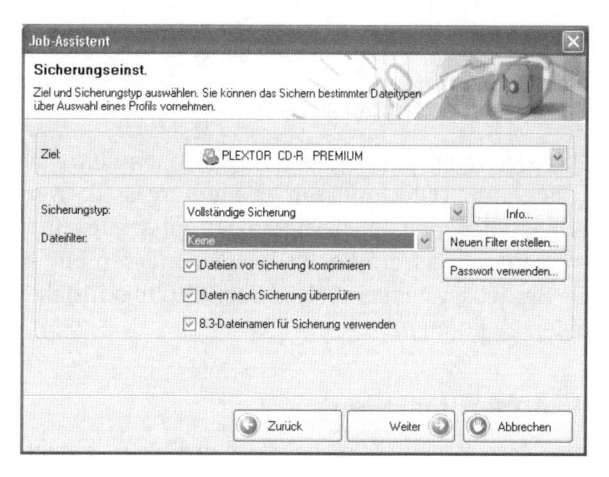

5 Hier geben Sie einen aussagekräftigen Namen für das Backup und eventuell einen Kommentar ein. Mit *Weiter* manövrieren Sie in das nächste Fenster.

6 Legen Sie einen aussagekräftigen *Job-Namen* fest – bei mehreren PC-Benutzern und zahlreichen automatisch auszuführenden Backups ist die Angabe des Benutzernamens sehr sinnvoll. Entscheiden Sie hinter *Job-Typ*, in welcher Regelmäßigkeit (monatlich, täglich usw.) das Backup automatisch durchgeführt werden soll, und legen Sie darunter das Startdatum für den erstellten Job und die Uhrzeit fest, zu der das Backup ausgeführt werden soll.

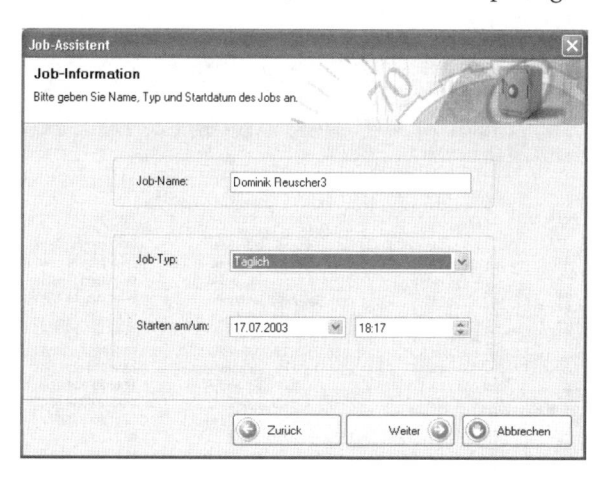

7 Nach einem Klick auf *Weiter* erhalten Sie eine Übersicht über die Job-Parameter, die Sie kontrollieren und über *Ende* schließen. Ab sofort wird die entsprechende Datensicherung automatisch durchgeführt!

2. Perfekte Datenbackups mit Nero und Nero BackItUp

8 Der neu erstellte Job wird im Job-Fenster aufgelistet. Über das Kontextmenü des jeweiligen Job-Eintrags können Sie diesen wieder löschen oder über *Job abbrechen* vorübergehend deaktivieren. Auf die beschriebene Weise können auch weitere Jobs zwecks Automatisierung von Datenbackups erzeugt werden.

Im Notfall: Backup wiederherstellen

Bei Ihnen ist der PC-Notfall eingetreten oder es wurden versehentlich wichtige Daten gelöscht und die gesicherten Daten müssen wiederhergestellt werden? Kein Problem! Das Wiederherstellen der angefertigten Datenbackups funktioniert ausschließlich unter Windows mit Nero BackItUp – Sie müssen bei einem Festplattenausfall vorher das Betriebssystem und Nero BackItUp neu installieren, um Ihre Daten wiederherstellen zu können.

Datenbackups schnell wiederherstellen

1 Im Programmfenster von Nero BackItUp klicken Sie im linken Bereich auf *Wiederherstellen*. Im Wiederherstellungsfenster werden die bisher angelegten Backups angezeigt. Markieren Sie den Eintrag der wiederherzustellenden Datensicherungen. Im unteren Fensterbereich bestimmen Sie, welche Dateien der Sicherung wiederhergestellt werden sollen, indem Sie vor die jeweiligen Dateien bzw. Ordner ein Häkchen setzen. Betätigen Sie die Schaltfläche *Wiederherst. starten*. Wie Sie Backups wiederherstellen, die nicht im Wiederherstellungsfenster aufgelistet werden, erfahren Sie im nächsten Abschnitt.

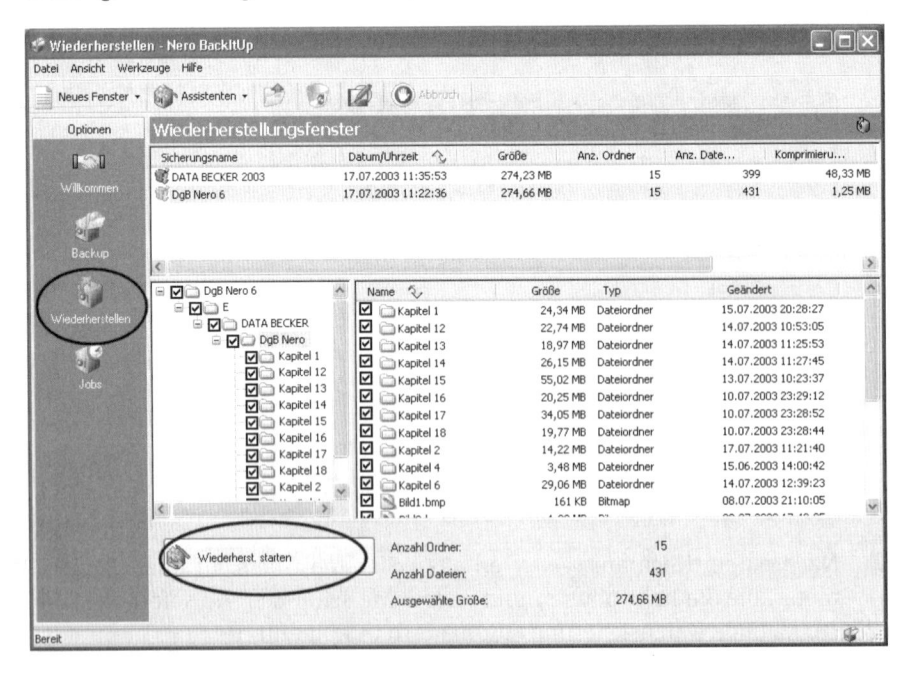

2 Das Willkommensfenster des Wiederherstellungs-Assistenten verlassen Sie über *Weiter*. Im folgenden Fenster legen Sie den Speicherplatz für die wiederherzustellenden Dateien fest. Sollen diese am Ursprungsort auf der Festplatte abgelegt werden, aktivieren Sie *Auf ursprünglichen Pfad wiederherstellen* – das ist möglich, weil Nero BackItUp bei jedem Backup eine Sicherungsdatei (eine Art Inhaltsverzeichnis der Datensicherung) mit dem Speicherort der gesicherten Dateien auf der Festplatte automatisch erstellt. Über den Eintrag *Auf gewählten Pfad wiederherstellen* ist der Speicherplatz frei wählbar – den gewünschten Ort geben Sie hinter *Wiederherstellungspfad* an. Haben Sie ein Passwort für das Backup verwendet, gibt es zusätzlich den Eintrag *Sicherungspasswort eingeben*, hinter den Sie das Passwort eintippen. Klicken Sie auf *Weiter*.

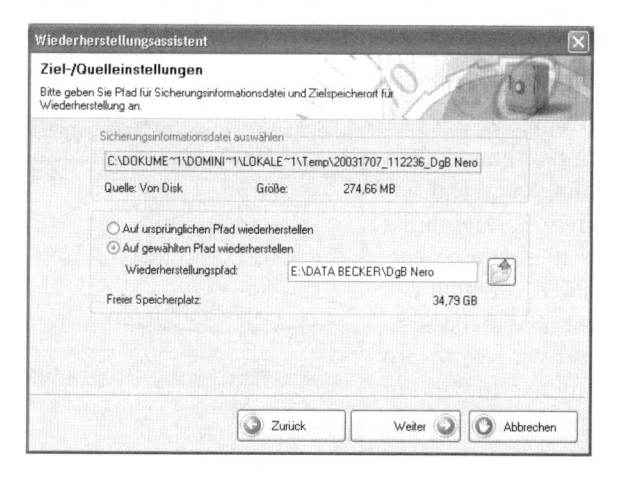

3 Im nächsten Fenster legen Sie fest, was geschieht, wenn eine Datei, die aus dem Backup wiederhergestellt werden soll, bereits auf dem PC vorhanden ist: Über den Eintrag *Datei auf meinem Computer nicht ersetzen* bleibt die Datei auf der Festplatte erhalten und wird nicht durch die Datei aus dem Backup ersetzt.

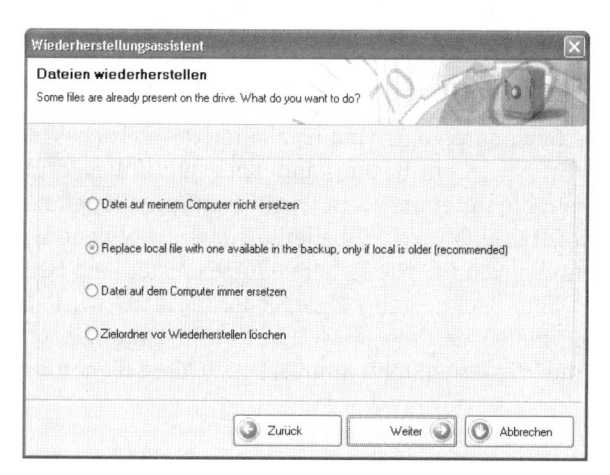

Empfehlenswert ist die zweite Option, mit der die Dateien auf der Festplatte nur ersetzt werden, wenn sie älter als die aus dem Backup sind. Wollen Sie, dass alle bereits auf der Festplatte existierenden Dateien durch die Dateiversionen der wiederherzustellenden Datensicherung überschrieben werden, aktivieren Sie *Datei auf dem Computer immer ersetzen*. Die letzte Option *Zielordner vor dem Wiederherstellen löschen* ist mit äußerster Vorsicht zu genießen, da hiermit der Zielordner für die wiederherzustellenden Dateien vorher komplett gelöscht wird – alle bisher darin gespeicherten Dateien gehen verloren! Sie sollten diese Option daher nicht nutzen, weil sie zu riskant ist! Nach Auswahl der Wiederherstellungsoption klicken Sie auf *Weiter*.

4   Es folgt eine Übersicht über die Wiederherstellungsoptionen, die Sie kontrollieren. Sind Sie mit den Einstellungen zufrieden, legen Sie den Rohling mit dem wiederherzustellenden Backup in ein Laufwerk und starten die Datenwiederherstellung mit einem Klick auf *Ende*.

5   Sollte Nero BackItUp die eingelegte Scheibe nicht automatisch finden bzw. haben Sie einen falschen Rohling eingelegt, erscheint folgendes Fenster. Markieren Sie das Laufwerk, welches die Scheibe enthält, und klicken Sie auf *OK* – taucht das Fenster erneut auf, haben Sie die falsche Disk eingelegt. Jede Disk wird von Nero BackItUp aus Identifikationsgründen mit einer Disk-ID versehen. Diese erfahren Sie über die Datei *NB.txt*, die sich im Hauptverzeichnis der Scheibe befindet und mit einem Doppelklick eingesehen werden kann. Kontrollieren Sie, ob die Disk-ID der eingelegten Disk mit der für die Datenwiederherstellung erforderlichen Disk-ID, die im Fenster angegeben wird, übereinstimmt. Ist dies der Fall, steht der Wiederherstellung des Backups nichts mehr im Weg!

Wiederherstellen eines Datenbackups nach Festplattendefekt

Bei einem Festplattendefekt bzw. durch eine Neuinstallation des Betriebssystems gehen die von Nero BackItUp bei jedem Backup automatisch auf der Festplatte abgelegten Sicherungsdateien, die unter anderem wichtige Informationen bezüglich der Datensicherung enthalten und für die Wiederherstellung notwendig sind, verloren. In diesem Fall befindet sich im Wiederherstellungsfenster kein Backupeintrag zur Auswahl. Die zu dem Backup gehörende Sicherungsdatei wird aus Sicherheitsgründen zusätzlich neben den ausgewählten Dateien automatisch mit auf die Disk gebrannt. Für die Wiederherstellung müssen Sie diese Sicherungsdatei nutzen.

Komfortable Datenbackups mit Nero BackItUp

1 Im Programmfenster klicken Sie auf *Wiederherstellen* und anschließend auf *Wiederherst. starten*.

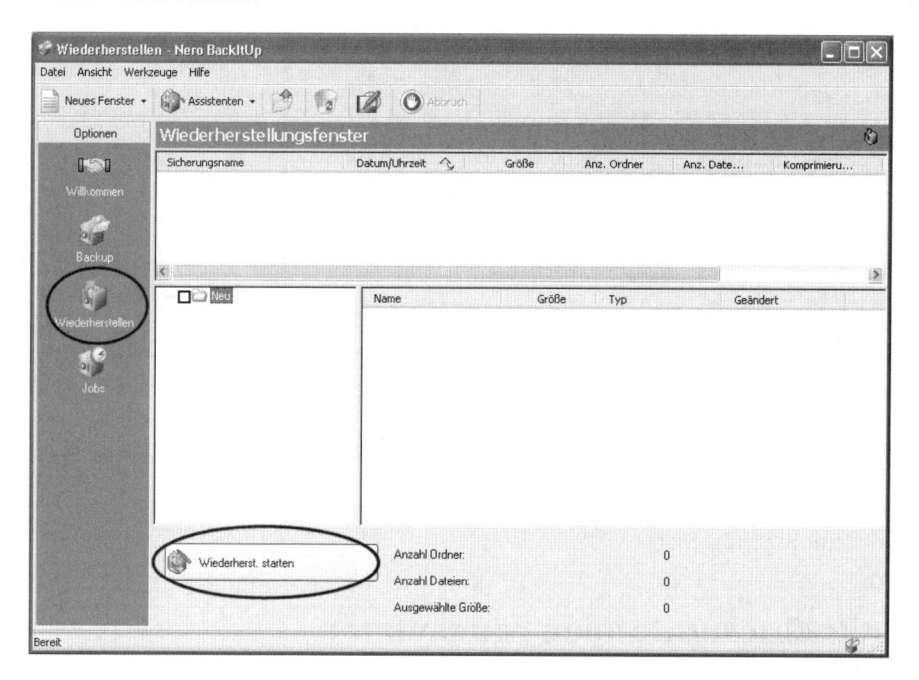

2 Betätigen Sie im erscheinenden Fenster die Schaltfläche rechts von *Sicherungsinformationsdatei auswählen*, um die Sicherungsdatei auf der Disk für die Wiederherstellung des Backups zu nutzen.

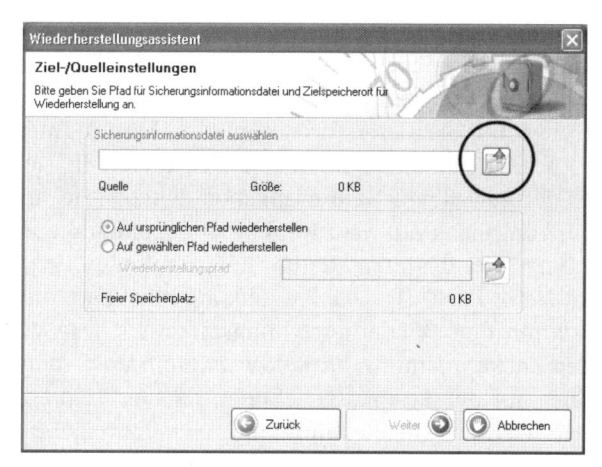

3 Wählen Sie zunächst hinter *Suchen in* das Laufwerk aus, welches die Scheibe enthält. Die Sicherungsdatei(en) der einzelnen Backups auf der Disk befinden sich im Hauptverzeichnis der Scheibe und sind an der Endung *.nbi* gut zu erkennen. Pro Backup wird eine Sicherungsdatei erzeugt. Markieren Sie die Sicherungsdatei des Backups, das Sie wiederherstellen möchten, und klicken Sie auf *Öffnen* – orientieren Sie sich bei der Auswahl an dem von Ihnen eingegebenen Backupnamen, der im Dateinamen der Sicherungsdatei vorkommt.

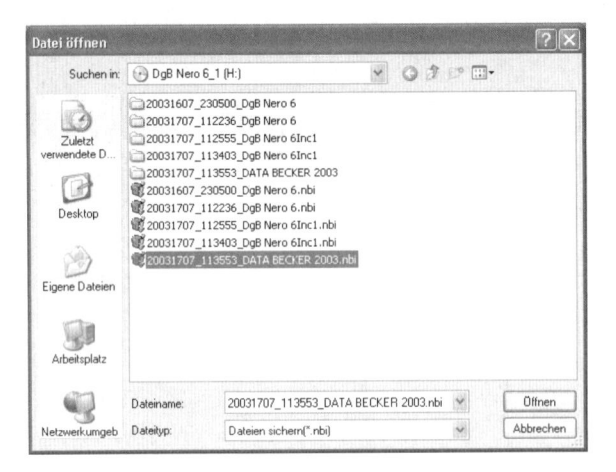

4 Setzen Sie die Wiederherstellung – wie im Abschnitt vorher beschrieben – mit Schritt 2 fort.

Alte Backupdateien reanimieren

Stellen Sie sich vor, Sie haben regelmäßig Ihre Datensicherung aktualisiert und bemerken plötzlich, dass Sie eine Datei gelöscht haben, die Sie doch noch benötigen, beispielsweise wenn bei einem Textdokument die alte Dateiversion besser war als die neue?

Gelöschte oder alte Dateiversionen wiederherstellen

In solchen Fällen stellen Sie ein altes Backup, als die Datei noch in der gewünschten Form vorlag, wieder her, um die Datei zu reanimieren. Bei der Auswahl des entsprechenden Backups orientieren Sie sich an den jeweiligen Datumsangaben. Nutzen Sie für die Wiederherstellung eine Sicherungsdatei auf dem Rohling und wählen Sie in deren Kontextmenü *Eigenschaften*, um das Erstelldatum herauszufinden. Im Wiederherstellungsfenster von Nero BackItUp wählen Sie anschließend die gewünschte Datei aus und starten den Wiederherstellungsprozess. Diese Vorgehensweise ist nicht bei der Backupmethode *Sicherung aktualisieren* möglich, wenn sich der Backupordner auf der Festplatte befindet, da hierbei die alten Backupdaten direkt geändert werden. Die Reanimierung alter bzw. gelöschter Dateien ist auf einer Disk bei jeder Backupmethode möglich, da mit jeder Aktualisierung der Datensicherung ein neuer Ordner angelegt wird, der alle Änderungen gegenüber dem vorhergegangenen Backup enthält – das alte Backup auf dem Rohling bleibt unangetastet und dessen alte Dateien können jederzeit wiederhergestellt werden.

2.3 Optimale Datendisks für jedes Betriebssystem

Wenn Sie mit dem Hauptprogramm Nero Burning Rom Ihre Datendisks erstellen, haben Sie die Wahl zwischen vielen unterschiedlichen Dateisystemen für die zu brennende Scheibe. Mit dem Dateisystem entscheidet sich die Kompatibilität des Mediums zu „fremden" Betriebssystemen. Im Folgenden erfahren Sie, wann Sie am besten den strengen ISO-Standard, die Joliet-Erweiterung oder das neue UDF-Dateisystem nutzen.

> **Was versteht man unter einem Dateisystem?**
>
> Die Dateiverwaltung auf den Speichermedien (zum Beispiel Festplatte oder beschreibbare CD) würde ohne ein Dateisystem chaotisch sein: Durch das Dateisystem werden die Speicherbereiche und die Struktur des Mediums festgelegt. Dadurch ist es möglich, Dateien zu verwalten, zu benennen und den Dateizugriff beim Lesen zu regeln. Andernfalls würde die gesicherte Datei auf dem Speichermedium nicht mehr gefunden werden, da eine übergreifende Datenorganisation fehlen würde. Durch möglichst strenge Regeln der Dateiverwaltung ist es möglich, Daten zwischen verschiedenen Betriebssystemen auszutauschen.

Für den Datenaustausch mit „fremden" Betriebssystemen: ISO 9660

Der ISO 9660-Standard ist das älteste Dateisystem. Es wurde von der **I**nternational **O**rganization for **S**tandardization (ISO) festgelegt und weist die größte Kompatibilität mit allen Betriebssystemen auf: Die im ISO-Standard gebrannten Medien können auf allen Windows-Systemen und vielen „fremden" Betriebssystemen (zum Beispiel MacOS oder Unix) problemlos eingesetzt werden. Für den ISO-Standard im Level 1 gibt es folgende Einschränkungen zu beachten:

- Alle Dateinamen müssen der 8.3-Regel entsprechen: Ach Zeichen für den eigentlichen Dateinamen, ein Punkt und drei Zeichen für die Dateiendung.
- Erlaubt sind Großbuchstaben, die Ziffern 0-9 und als einziges Sonderzeichen der Unterstrich. Statt eines Leerschritts müssen Sie zum Trennen von Wörtern innerhalb des Dateinamens den Unterstrich benutzen.
- Verboten sind alle Umlaute und ß.
- Dateien dürfen nicht größer als zwei GByte sein – dies kann bei der Erstellung einer Daten-DVD hinderlich sein!
- Die Verzeichnistiefe darf nur acht Ebenen betragen.

2. Perfekte Datenbackups mit Nero und Nero BackItUp

Zusammenstellungsfenster von Nero im strengen ISO-Standard Level 1.

Level 2 und 3 lockern die strengen ISO-Regeln etwas

Im Laufe der Zeit wurden die Level 2 und 3 des ISO-Standards entwickelt, in denen die strengen Regeln des ISO-Standards im Level 1 aufgehoben wurden. Level 2 lockert die Zeichenbegrenzung für die Vergebung von Dateinamen etwas: Es sind im ISO 9660-Standard bis zu 31 Zeichen erlaubt. Außerdem dürfen Sie neben dem Unterstrich weitere Sonderzeichen einsetzen. Level 3 hebt die strengen Regeln der ISO 9660-Norm im Level 1 fast vollständig auf: Die Datei- und Ordnernamen können beliebig lang sein und die Verzeichnistiefe ist nicht mehr auf acht Ebenen beschränkt. Die interessanteste Neuerung: Daten dürfen im Level 3 fragmentiert (in mehreren Teilstücken) auf einen Rohling gebrannt werden. In der Praxis trifft man die ISO-Norm in Level 3 kaum an – stattdessen wird lieber UDF als Dateisystem eingesetzt.

Größte Kompatibilität nur bei Level 1!

Für die größtmögliche Kompatibilität der gebrannten Daten-CD bzw. Daten-DVD sollten Sie ausschließlich den strengen ISO-Standard im Level 1 einsetzen und alle oben aufgeführten Beschränkungen beachten. Wird eine nicht dem ISO-Standard entsprechende Datei in das Projektfenster eines ISO-Datenprojekts hineingezogen, passt Nero beispielsweise durch Kürzen den Dateinamen automatisch den strengen ISO-Regeln an. Beträgt jedoch die Verzeichnistiefe der zu brennenden Daten mehr als acht Ebenen, taucht ein Warnhinweis auf, dass die ISO-Regeln verletzt werden. Nero kann die Verzeichnistiefe nicht automatisch reduzieren – hier müssen Sie selbst eingreifen.

Datendisk im ISO 9660-Standard erstellen

Wollen Sie die zu brennende Datendisk unter möglichst vielen Betriebssystemen nutzen, sollte sie dem strengen ISO 9660-Standard entsprechen.

Optimale Datendisks für jedes Betriebssystem

> **Dateisystem bestimmen**
>
> Das Dateisystem für die zu schreibende Disk können Sie bereits beim Anlegen eines neuen Datenprojekts oder nachträglich bei einem geöffneten Projekt über *Datei/Zusammenstellungseigenschaften* bestimmen – bereits in das Zusammenstellungsfenster integrierte Dateien bzw. neu importierte Daten werden von Nero automatisch dem strengen ISO-Standard angepasst.

1 Starten Sie Nero Burning Rom. Im automatisch erscheinenden Fenster *Neue Zusammenstellung*, das Sie auch über *Datei/Neu* erreichen, entscheiden Sie zunächst, ob Sie eine *CD* oder *DVD* brennen möchten und markieren darunter den Eintrag *CD-ROM (ISO)* bzw. *DVD-ROM (ISO)*. Die Auswahl *CD* oder *DVD* ist nur möglich, wenn Sie einen DVD-Brenner besitzen.

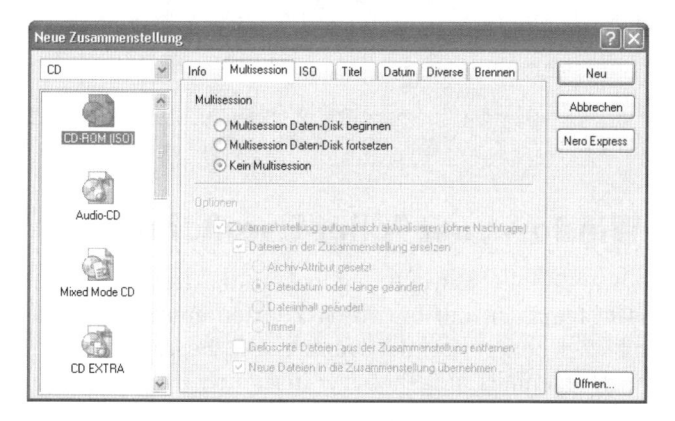

2 Wechseln Sie auf die Registerkarte *ISO*, um das Dateisystem festzulegen. Hinter *Dateinamenlänge* wählen Sie *Maximal 11 = 8 + 3 Zeichen (ISO Level 1)* aus. Das *Format* lassen Sie auf *Mode 1* (Standardformat zum Brennen von Datendisks) stehen und stellen als *Zeichensatz* den Eintrag *ISO9660 (standard ISO CD-ROM)* ein. Zum Abschluss der Dateisystemkonfiguration deaktivieren Sie den Eintrag *Joliet* und schalten alle Optionen unter *ISO Einschränkungen lockern* für eine optimale Kompatibilität der gebrannten Datendisk zu fremden Betriebssystemen aus.

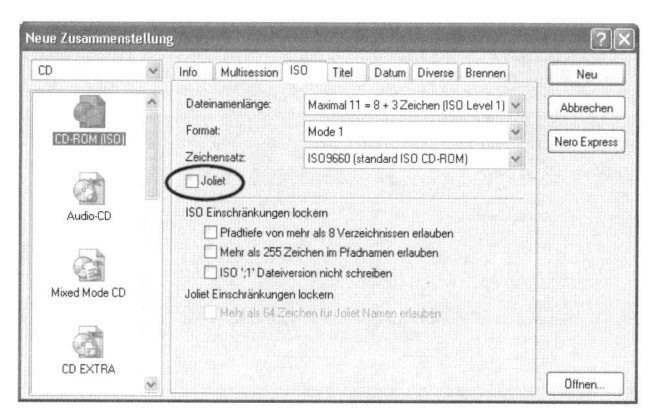

3 Setzen Sie die übrigen Einstellungen zu Ihrer Datendisk wie gewohnt fort und klicken Sie auf *Neu* bzw. *OK*, um die Änderungen wirksam werden zu lassen. Zum Abschluss sollten Sie die Dateiansicht im Zusammenstellungsfenster von Nero so einstellen, dass die integrierten Dateien bereits im strengen ISO 9660-Standard angezeigt werden: Führen Sie im Zusammenstellungsfenster einen Rechtsklick auf eine freie Stelle aus und wählen Sie im Menü *Ansicht/ISO Level 1*.

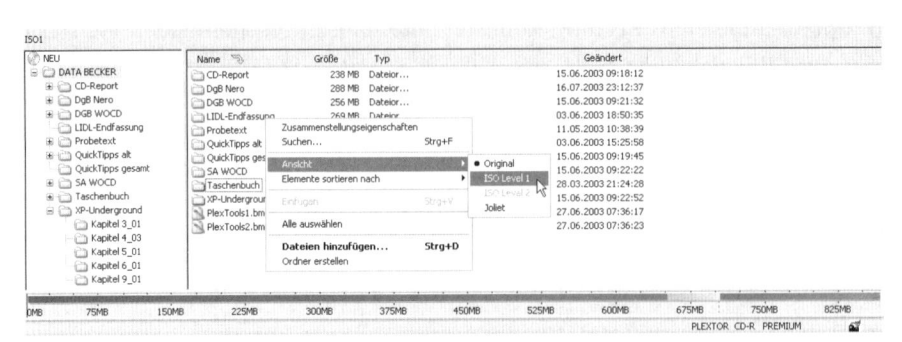

Datendisk für Windows mit Joliet-Erweiterung

Die von Microsoft entwickelte Joliet-Erweiterung lockert die strengen Regeln des ISO-Standards. Es sind Dateinamen mit bis zu 64 Zeichen erlaubt und zur Namensgebung dürfen alle Zeichen verwendet werden. Die Begrenzung auf acht Verzeichnisebenen wurde ebenfalls aufgehoben. Zusätzlich zu den Datei- und Ordnernamen im Joliet-Format wird eine Verzeichnisstruktur im alten ISO-Standard automatisch auf die Scheibe geschrieben, sodass die gebrannte Datendisk auch unter älteren Windows-Betriebssystemen oder DOS nutzbar ist.

Wollen Sie in den Genuss der langen Datei- und Ordnernamen kommen, dürfen Sie die Datendisks mit Joliet-Erweiterung nur in Windows-Betriebssystemen ab Windows NT und Windows 9x und Linux einsetzen – diese Systeme beherrschen das Lesen von Daten in der Joliet-Erweiterung und stellen die langen Namen korrekt dar.

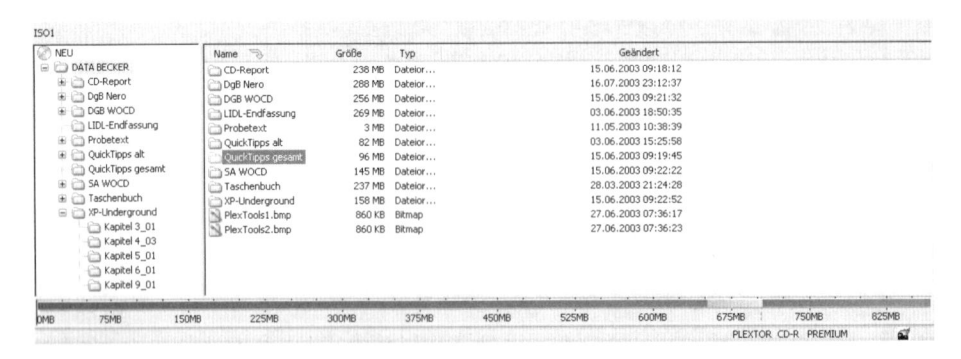

Zusammenstellungsfenster von Nero in der Ansicht mit Joliet-Erweiterung.

Datendisk mit Joliet-Erweiterung erzeugen

Setzen Sie die zu brennende Datendisk fast nur unter modernen Windows-Betriebssystemen ein, sollten Sie die Joliet-Erweiterung nutzen, um die strengen ISO-Regeln aufzuheben und beispielsweise in den Genuss vollständiger Dateinamen zu kommen.

> **Joliet-Erweiterung aktivieren**
>
> Die Joliet-Erweiterung für die zu schreibende Disk können Sie bereits beim Anlegen des Datenprojekts oder nachträglich bei einem geöffneten Projekt über *Datei/Zusammenstellungseigenschaften* aktivieren – bereits in das Zusammenstellungsfenster integrierte Dateien bzw. neu importierte Daten werden automatisch von Nero dem neuen Dateisystemstandard angepasst.

1. Starten Sie Nero Burning Rom. Im automatisch erscheinenden Fenster *Neue Zusammenstellung*, das Sie auch über *Datei/Neu* erreichen, entscheiden Sie zunächst, ob Sie eine *CD* oder *DVD* brennen möchten und markieren darunter den Eintrag *CD-ROM (ISO)* bzw. *DVD-ROM (ISO)*. Auswahl *CD* oder *DVD* ist nur möglich, wenn Sie einen DVD-Brenner besitzen.

2. Auf der Registerkarte *ISO* legen Sie die Regeln für die Verzeichnisstruktur im strengen ISO-Standard fest: Hinter *Dateinamenlänge* wählen Sie *Maximal 11 = 8 + 3 Zeichen (ISO Level 1)* aus. Das *Format* lassen Sie auf *Mode 1* stehen und stellen als *Zeichensatz* den Eintrag *ISO9660 (standard ISO CD-ROM)* ein.

3. Aktivieren Sie danach den Eintrag *Joliet*, um neben der Verzeichnisstruktur im ISO-Standard eine mit Joliet-Erweiterung zu erzeugen. Die Option *Mehr als 64 Zeichen für Joliet-Namen erlauben* sollten Sie zugunsten einer besseren Kompatibilität der gebrannten Scheibe deaktivieren.

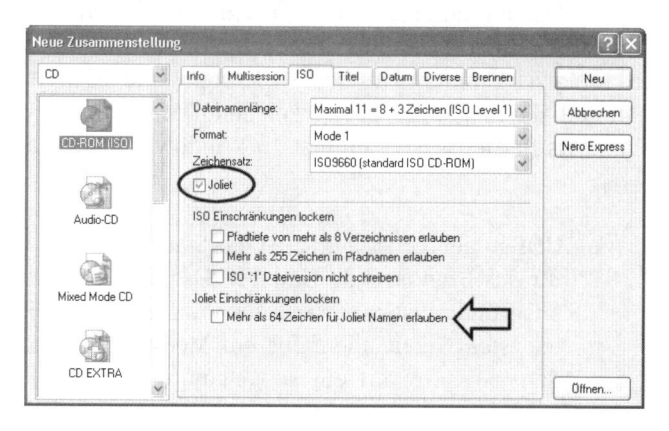

4. Die übrigen Einstellungen zu Ihrer Datendisk führen Sie wie gewohnt durch und klicken auf *Neu* bzw. *OK*, um die Änderungen wirksam werden zu lassen. Zum Abschluss sollten Sie die Dateiansicht im Zusammenstellungsfens-

ter von Nero so einstellen, dass die integrierten Dateien bereits in der Joliet-Erweiterung angezeigt werden: Führen Sie im Zusammenstellungsfenster einen Rechtsklick auf eine freie Stelle aus und wählen Sie im Menü *Ansicht/ Joliet*.

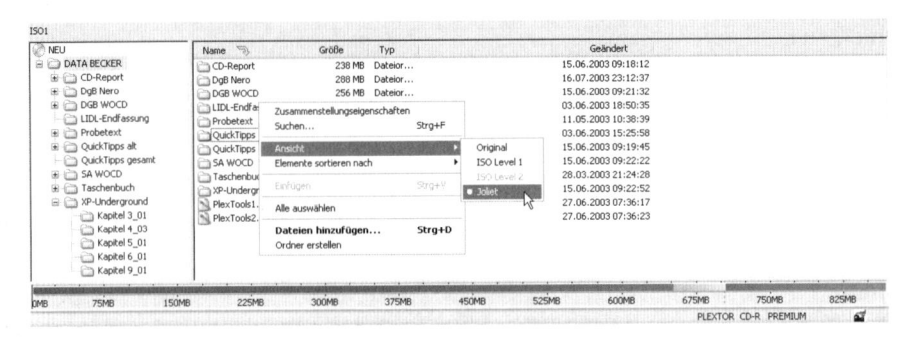

Für Daten-DVDs empfehlenswert: UDF-Dateisystem

Das noch ziemlich junge UDF-System (UDF = **U**niversal **D**isc **F**ormat) wurde von der **O**ptical **S**torage **T**echnology **A**ssociation (OSTA) für beschreibbare optische Medien (CD und DVD) entwickelt. Es hebt die meisten Einschränkungen der beiden anderen Dateisysteme ISO und Joliet auf und soll in Zukunft das Standard-Dateisystem für das Brennen von CDs und DVDs werden. Die wichtigste Neuerung betrifft das Brennen von DVDs: Die Größe der zu schreibenden Datei darf beim UDF-Dateisystem größer als zwei GByte sein.

UDF kennt so gut wie keine Einschränkungen!

UDF wurde entwickelt, um einen möglichst unkomplizierten Austausch von Daten zwischen Windows-Betriebssystemen und „fremden" Betriebssystemen (MacOS, IBM OS/2 und Unix) zu gewährleisten. Das Dateisystem sieht das Löschen von Dateien auf dem Medium vor, was zu einer Fragmentierung des Speichermediums führt, das bei dem alten ISO-Standard im Level 1 und 2 nicht berücksichtigt wurde. UDF unterstützt lange Dateinamen und alle möglichen Sonderzeichen. Datendisks im UDF-Format werden von Windows-Betriebssystemen erst ab Windows 98 vollständig unterstützt.

UDF = Standard für DVDs; UDF-Bridge-System nutzen!

UDF in der Version 1.02 ist das Standarddateisystem für das Brennen von Daten-DVDs. Aus Kompatibilitätsgründen ist es zurzeit noch ratsam, das UDF-Dateisystem nicht allein für ein Medium zu verwenden, sondern auf ein so genanntes Bridge-System auszuweichen: Hierbei werden die Daten sowohl im alten ISO 9660-Standard als auch im UDF-Format auf den Rohling gebrannt. Kann das System, auf dem Sie die gebrannte UDF-Disk mit Bridge-System einsetzen, nicht mit dem neuen UDF-Dateisystem umgehen, wird der Inhalt der Scheibe automatisch im zusätzlich auf dem Medium vorhandenen ISO-Standard eingelesen. Von den Windows-Betriebssystemen sind nur Windows 2000 und XP in der Lage, ohne zusätzlichen Treiber eine gebrannte Datendisk im UDF-Dateisystem zu lesen. Durch das UDF-Format ist es außerdem möglich, Rohlinge in eine mobile Festplatte zu verwandeln (beispielsweise mit InCD 4, das Nero 6 beiliegt).

Daten-DVDs mit größtmöglicher Kompatibilität erstellen

Wollen Sie eine Daten-DVD mit größtmöglicher Kompatibilität brennen, ohne auf die Vorzüge des UDF-Dateisystems verzichten zu müssen, nutzen Sie das UDF-Brigde-System. Das Brennen einer CD im UDF-Dateisystem ist in der Regel nicht empfehlenswert. Nutzen Sie hierfür entweder den alten ISO-Standard oder die Joliet-Erweiterung. Das Brennen einer CD im UDF-Dateisystem bzw. mit UDF-Bridge-System entscheidet sich gegenüber dem Brennen einer DVD im gleichen Format nur darin, dass Sie als Mediumstyp zu Beginn statt *DVD* den Eintrag *CD* auswählen.

Das UDF-Dateisystem bzw. das UDF-Brigde-System für die zu schreibende Disk können Sie bereits beim Anlegen des Datenprojekts oder nachträglich bei einem geöffneten Projekt über *Datei/Zusammenstellungseigenschaften* aktivieren – schon in das Zusammenstellungsfenster integrierte Dateien bzw. neu importierte Daten werden automatisch von Nero dem neuen Dateisystemstandard angepasst.

1 Starten Sie Nero Burning Rom. Im automatisch auftauchenden Fenster *Neue Zusammenstellung*, das Sie auch über *Datei/Neu* erreichen, wählen Sie als Disktyp *DVD* aus und markieren darunter den Eintrag *DVD-ROM (UDF)* für eine Daten-DVD im reinen UDF-Dateisystem oder *DVD-ROM (UDF/ISO)* für eine Daten-DVD mit UDF-Bridge-System mit größtmöglicher Kompatibilität (empfehlenswert).

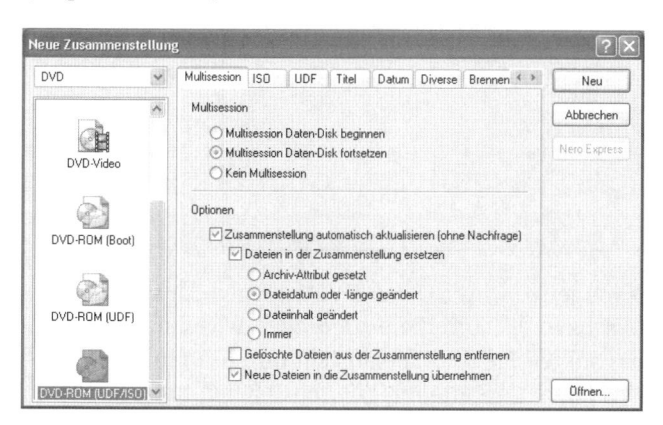

2 Auf der Registerkarte *ISO* legen Sie zunächst die Regeln für die Verzeichnisstruktur im strengen ISO-Standard fest: Hinter *Dateinamenlänge* wählen Sie

2. Perfekte Datenbackups mit Nero und Nero BackItUp

Maximal 11 = 8 + 3 Zeichen (ISO Level 1) aus. Stellen Sie als *Zeichensatz* den Eintrag *ISO9660 (standard ISO CD-ROM)* ein und deaktivieren Sie den Eintrag *Joliet*, um neben dem UDF-Dateisystem zusätzlich eine Verzeichnisstruktur in dem strengen aber zu anderen Betriebssystemen äußerst kompatiblen ISO-Standard zu haben. Setzen Sie die gebrannte Disk nur unter etwas moderneren Windows-Betriebssystemen (ab Windows 9x) ein, können Sie *Joliet* aktivieren, um in den Genuss der längeren Dateinamen zu kommen.

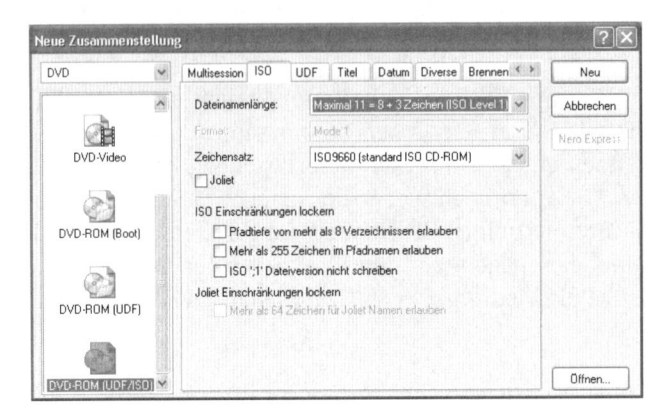

3 Öffnen Sie die benachbarte Registerkarte *UDF* – hier legen Sie die Optionen zum UDF-Dateisystemstandard fest. Als *UDF Partitions-Typ* wählen Sie *Physikalische Partition* aus und als *Dateisystemversion* nutzen Sie *UDF 1.02* – den zurzeit aktuellen Standard für das Brennen von DVDs. Sollte sich im Laufe der Zeit eine aktuellere Dateisystemversion als Standard herauskristallisieren, stellen Sie diese ein.

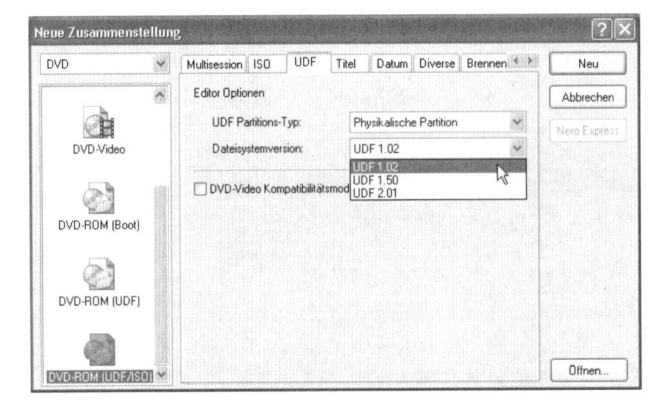

4 Die übrigen Einstellungen zu Ihrer Daten-DVD nehmen Sie wie gewohnt vor und klicken auf *Neu* bzw. *OK*, um die Änderungen wirksam werden zu lassen. Zum Abschluss sollten Sie die Dateiansicht im Zusammenstellungsfenster von Nero so einstellen, dass die integrierten Dateien bereits im UDF-Dateisystem angezeigt werden: Führen Sie im Zusammenstellungsfenster einen Rechtsklick auf eine freie Stelle aus und wählen Sie im Menü *Ansicht/Joliet/UDF*.

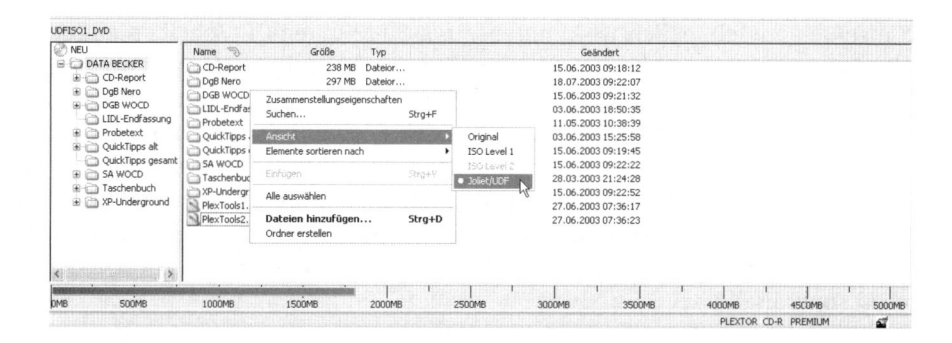

2.4 Rohlingkapazität maximal ausschöpfen: Singlesession oder Multisession?

Bei einer Datendisk haben Sie die Möglichkeit, sowohl eine Singlesession-Disk (Disk, die in einem Rutsch gebrannt wird) als auch eine Multisession-Disk (Disk, die häppchenweise gefüllt wird) zu erstellen. Welches Verfahren für Ihre Datendisks optimal ist und wie Sie verloren geglaubte Daten auf einer Multisession-Disk wiederbeleben, erfahren Sie in diesem Abschnitt.

> ### Die „Buchstandards" einer Datendisk
>
> Alle Daten-CDs für den PC werden nach dem Yellow Book-Standard gebrannt, der 1984 von Sony und Philips veröffentlicht wurde. Dieser Standard beschreibt die Organisation von Daten auf einer CD-ROM (CD-ROM = Compact Disc Read Only Media) und sieht vor, dass neben den eigentlichen Nutzdaten zusätzlich Fehlerkorrekturdaten aufgezeichnet werden, um beim Lesen gefährliche Fehlinformationen zu vermeiden. Ein Sektor einer CD (Sektor = gängige Einheitsgröße für CDs) besteht aus 2.352 Bytes. Bei der Daten-CD werden zwei unterschiedliche Sektortypen unterschieden: Mode 1 für Computerdaten und Mode 2 für komprimierte Audio- und Videodateien. Daten-CDs bestehen in der Regel aus Mode 1-Sektoren. Pro Sektor stehen in diesem Format 2.048 Bytes für die eigentlichen Nutzdaten zur Verfügung, die restlichen freien Bytes werden für Fehlerkorrekturdaten verwendet.
>
> Bei einer gebrannten Daten-DVD kommen gleich mehrere Buchstandards zum Einsatz: Das Book A, das die Struktur und den Aufbau einer DVD-ROM beschreibt, und Book D bzw. Book E, die die Spezifikationen für einmal- bzw. mehrfach beschreibbare DVD-Rohlinge enthalten.

Wichtige Tipps zum Brennen von Datendisks

Gerade bei der Datensicherung kommt es darauf an, dass jede Datei absolut fehlerfrei von dem gebrannten Medium wieder eingelesen wird – ein nicht korrigierbarer Lesefehler kann Ihre Datensicherung unbrauchbar machen! Aus diesem Grund ist die Wahl des richtigen Rohlings für eine perfekte Datensicherung enorm wichtig.

2. Perfekte Datenbackups mit Nero und Nero BackItUp

Sie sollten ausschließlich 74-Minuten- bzw. 80-Minuten-CD-Scheiben einsetzen! Übergroße Medien (90/99-Minuten-Rohlinge) sind nicht empfehlenswert, da es durch die starke Verengung der Laser-Führungsrille schnell zu unkorrigierbaren Schreib- bzw. Lesefehlern kommen kann. Bei DVD-Rohlingen achten Sie darauf, ausschließlich Markenware zu kaufen, damit Ihre wertvollen Daten gut auf den Scheiben aufgehoben sind – Näheres hierzu finden Sie im Rohlingkapitel! Die Führungsrille einer DVD ist zwar deutlich enger als bei übergroßen CD-Rohlingen, jedoch ist beim Lesen einer DVD ein deutlich besserer Fehlerkorrekturmechanismus als bei der CD aktiv.

Verzichten Sie auf das Überbrennen von Daten-CDs

Theoretisch ist es möglich, Daten-CDs im Singlesession-Brennverfahren zu überbrennen (mehr Daten als zulässig auf den Rohling zu quetschen), dies ist aber nicht empfehlenswert: Beim Überbrennen ist die Gefahr von Schreib- und Lesefehlern äußerst groß, da das Medium außerhalb seiner Spezifikationen betrieben wird. Da es gerade bei einer Daten-CD darauf ankommt, alle Daten absolut fehlerfrei einzulesen, sollten Sie eine Datenscheibe nicht überbrennen – es ist zu gefährlich!

In einem Rutsch fertig: Singlesession-Datendisk

Haben Sie genügend Dateien zu sichern, sodass Sie die Rohlingkapazität fast vollständig ausschöpfen, erstellen Sie eine Singlesession-Datendisk. Der Rohling wird bei dieser Brennmethode in einem Rutsch geschrieben und abgeschlossen – ein weiteres Beschreiben ist nicht mehr möglich. Dafür kann die gebrannte Datendisk in jedem Laufwerk, das gebrannte Medien liest, eingesetzt werden.

1   Starten Sie Nero Burning Rom oder rufen Sie über *Datei/Neu* das Fenster *Neue Zusammenstellung* auf. Als Erstes wählen Sie bei einem DVD-Brenner den gewünschten Medientyp (*CD* oder *DVD*) und markieren – je nach Dateisystem – die Einträge *CD-ROM (ISO)* oder *DVD-ROM (ISO)*, *CD-ROM (UDF)* oder *DVD-ROM (UDF)* bzw. *CD-ROM (UDF/ISO)* oder *DVD-ROM (UDF/ISO)*.

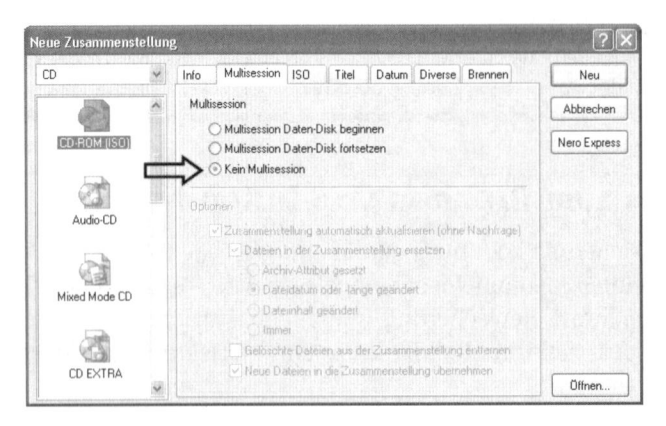

Rohlingkapazität maximal ausschöpfen: Singlesession oder Multisession?

2 Im rechten Fensterbereich markieren Sie, um eine Singlesession-Datendisk zu erstellen, die Option *Kein Multisession*. Nehmen Sie anschließend genauere Einstellungen bezüglich des Dateisystems vor und klicken Sie auf *Neu*, um in das Hauptfenster von Nero zu gelangen.

3 Integrieren Sie die zu brennenden Daten und prüfen Sie über *Datei/Zusammenstellungseigenschaften* oder mithilfe des Statusbalkens am unteren Fensterrand, ob die Rohlingkapazität fast vollständig ausgeschöpft wird.

4 Öffnen Sie über *Rekorder/Zusammenstellung brennen* die Brennoptionen von Nero Burning Rom. Haben Sie als Rohlingtyp *DVD* ausgewählt, sind keine Einstellungsänderungen notwendig, da *DVD fixieren* automatisch aktiv ist und die Schreibmethode (*Disc-at-Once*) nicht geändert werden kann – starten Sie den Brennvorgang über *Brennen*. Bei einer CD kontrollieren Sie dagegen, ob die Option *CD fixieren* aktiviert und als *Schreibmethode* der Eintrag *Disc-at-Once* ausgewählt ist. Checken Sie anschließend, ob der Buffer Underrun-Schutz des Brenners aktiviert ist (im Beispiel *Buffer-Underrun Prüfung* – der Eintrag heißt je nach Brenner unterschiedlich) und starten Sie den Brennvorgang!

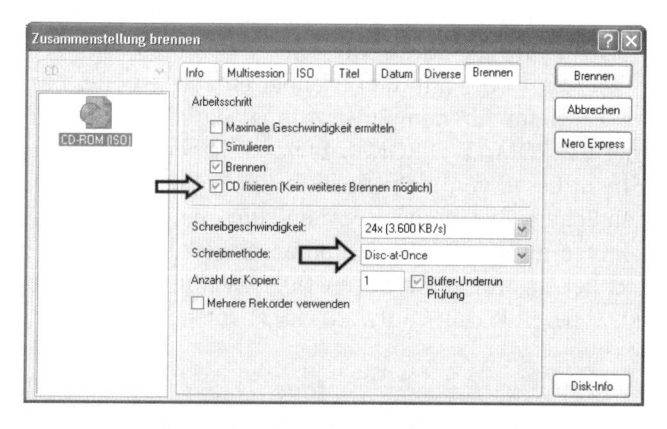

Disc-at-Once ist besser als Track-at-Once!

Theoretisch können Sie beim Brennen einer Singlesession-Daten-CD beide Brennverfahren benutzen. Allerdings kann es bei einer im Track-at-Once-Verfahren gebrannten Disk zu Leseproblemen mit etwas älteren Laufwerken kommen: Entweder dauert das Einlesen der Scheibe ewig oder scheitert vollständig! Das liegt daran, dass bei Track-at-Once zunächst die zu sichernden Daten aufgezeichnet werden und erst zum Abschluss des Brennvorgangs das Inhaltsverzeichnis (Lead-In) gebrannt wird. Ist der Brennübergang von dem später am Anfang der Scheibe gebrannten Lead-In zu den folgenden Nutzdaten nicht sauber gelungen, kommt es zu Leseproblemen. Bei Disc-at-Once wird die Scheibe dagegen in einem Rutsch ohne Unterbrechungen gebrannt: Zuerst das Lead-In, gefolgt von den eigentlichen Nutzdaten – den Abschluss bildet das Lead-Out. Bedeutende Brennungenauigkeiten zwischen Lead-In und dem Nutzdatenbereich entstehen hierbei nicht, die Scheibe ist einer gepressten CD am nächsten. Aus diesem Grund sollten Sie Singlesession-Datendisks stets mit Disc-at-Once aufzeichnen.

Aufgepasst: Scheibe wird finalisiert und nicht fixiert!

Der Begriff *CD fixieren* ist in diesem Zusammenhang bei der Erstellung einer Singlesession-Datendisk falsch: Ein Rohling wird finalisiert und nicht fixiert! Nach dem Finalisieren des Mediums lassen sich keine weiteren Daten auf den Rohling brennen, daher ist es bei einer Singlesession-Disk wichtig, die Rohlingkapazität möglichst vollständig zu nutzen. Es stellt sich die Frage, warum die Scheibe zum Abschluss des Schreibvorgangs finalisiert werden muss.

Was bedeutet Finalisieren?

Beim Finalisieren einer CD/DVD wird das endgültige Lead-In (Inhaltsverzeichnis zu Beginn des Rohlings) und das Lead-Out (Abschluss des Mediums; verhindert, dass der Laser beim Lesen in den unbeschriebenen Bereich des Datenträgers vordringt) auf den Rohling geschrieben. Beim Einlegen der gebrannten Scheibe liest das Laufwerk zuerst das Lead-In, um Informationen über den Inhalt des Mediums und die Lage der einzelnen Dateien zu erhalten.

Nicht finalisierte Rohlinge können Probleme bereiten

Ältere CD-ROM-Laufwerke können keine offenen (nicht finalisierten) Silberlinge lesen. Deshalb war es früher notwendig, nicht abgeschlossene Scheibe entweder mit dem Brenner einzulesen oder das Medium für den Einsatz in einem CD-ROM-Oldtimer abzuschließen. Moderne CD-ROM/DVD-ROM-Laufwerke haben dagegen in der Regel keine Probleme beim Lesen von nicht finalisierten Rohlingen, auch wenn das Einlesen der offenen Scheibe bei einigen Geräten etwas länger dauert. Wenn Sie die gebrannten Rohlinge in anderen PC-Systemen einsetzen, sollten Sie die Medien unbedingt abschließen, um keine bösen Überraschungen zu erleben – schließlich kann in dem anderen PC ein Laufwerk eingebaut sein, das keine offenen Medien liest ...

Welche Rohlinge und Dateisysteme sind für die Multisession-Disk empfehlenswert?

Die Multisession-Datendisk stellt eine Alternative zu der PacketWriting-Lösung InCD (siehe Kapitel 12) für die tägliche Datensicherung dar: Wollen Sie regelmäßig kleinere Datenmengen aus Sicherheitsgründen auf einen Rohling brennen, ist die Multisession-Datendisk sehr empfehlenswert. Sie können häppchenweise (nach und nach in mehreren „Brennsitzungen") den Rohling mit Daten füllen, bis die Rohlingkapazität ausgeschöpft ist. Beim Anlegen einer Multisession-Disk ist die Wahl der Rohlinge sehr wichtig, da es zurzeit bei einigen Rohlingsorten, die im Multisession-Verfahren aufgezeichnet wurden, (noch) große Probleme gibt.

Rohlingkapazität maximal ausschöpfen: Singlesession oder Multisession?

> **Firmware und Brennsoftware auf dem neusten Stand halten!**
>
> Das Brennen von DVDs im Multisession-Verfahren ist eine relativ junge Technik und besitzt noch ihre Kinderkrankheiten. Bei einigen Writern kommt es daher aufgrund von Inkompatibilitäten zwischen Brenner-Firmware und Schreibsoftware zu willkürlichen Brennabbrüchen. Für einen möglichst fehlerfreien Brennvorgang bei Multisession-DVDs halten Sie die Writer-Firmware und die Brennsoftware stets auf dem aktuellsten Stand! Besonders bei topaktuellen DVD-Brennern ist die Firmware meistens fehlerhaft und noch nicht „ausgereift", was zu Brennproblemen führen kann!

Wollen Sie einen CD-Rohling für die Multisession-Datendisk verwenden, können Sie sowohl eine CD-R als auch eine CD-RW problemlos einsetzen. Die gebrannten Multisession-Daten-CDs werden in jedem etwas modernerem Laufwerk fehlerfrei gelesen, da diese Technik bereits ausgereift ist. Bei DVD-Rohlingen sieht es dagegen anders aus: Es ist zurzeit nicht empfehlenswert, einmal beschreibbare DVD-Rohlinge (DVD-R oder DVD+R) für eine Multisession-Datendisk im UDF-Dateisystem (auch mit UDF-Brigde-System) zu nutzen. Die Daten von im Multisession-Verfahren aufgezeichneten DVD-Rs bzw. DVD+Rs im UDF-Dateisystem sind meistens nur mit einem Spezialprogramm (beispielsweise der Freeware IsoBuster – siehe Seite 95) vollständig lesbar, da beim Einlegen der Scheibe nur die Daten der ersten Session angezeigt werden – die Änderungen bzw. neu hinzugefügten Daten der folgenden Sessions sind nicht sichtbar. Außerdem kann es selbst bei modernsten Laufwerken vorkommen, dass die gebrannte Multisession-DVD-R bzw. -DVD+R überhaupt nicht gelesen wird, weil die Geräte mit dem neuen (unbekannten) Format nichts anfangen können. In dem Fall hilft nur ein Firmwareupdate! Das komplette Lesen von gebrannten Multisession-DVD-Rs bzw. -DVD+Rs im UDF-Dateisystem ohne Spezialprogramm funktioniert nur mit manchen DVD-ROM-Laufwerken (aktuelle Firmware!!) unter Windows XP. Aus diesem Grund verzichten Sie beim Erstellen einer Multisession-DVD auf das UDF-Dateisystem vollständig und verwenden ausschließlich den strengen ISO-Standard mit oder ohne Joliet-Erweiterung.

> **UDF bei Multisession-DVD-R und DVD+R nicht empfehlenswert!**

Im Multisession-Verfahren aufgezeichnete DVD+Rs/DVD-Rs mit ISO-Dateisystem (mit oder ohne Joliet-Erweiterung) sind ebenfalls nicht sehr kompatibel und können zurzeit nur unter Windows XP genutzt werden. Einige (meist ältere) DVD-ROM-Laufwerke lesen die Scheiben nicht. Bei meinen Praxistests stellte ich fest, dass in der Regel jedes etwas modernere DVD-ROM-Laufwerk in der Lage ist, eine im Multisession-Verfahren aufgezeichnete DVD+R/DVD-R mit ISO-Dateisystem (und eventueller Joliet-Erweiterung) fehlerfrei zu lesen.

> **Nur Windows XP liest Multisession-DVD+Rs/ -Rs: fehlerfrei!**

So nutzen Sie das UDF-Dateisystem bei Multisession-DVDs

Wollen Sie zum Lesen der gebrannten Multisession-DVD nicht auf ein Spezialprogramm zurückgreifen und trotzdem die Vorteile des UDF-Dateisystems bei Ihren Multisession-DVDs nutzen, setzen Sie wieder beschreibbare DVD-Rohlinge (DVD-RW bzw. DVD+RW) ein. Diese Rohlingsorten können – als Multisession-Disk im UDF-Dateisystem gebrannt – im Gegensatz zu den einmal beschreibbaren DVDs fehlerfrei und ohne Zusatzprogramm gelesen werden. Grund hierfür ist, dass die Verwendung des UDF-Dateisystems bei wieder beschreibbaren DVD-Scheiben schon deutlich ausgereifter ist, als bei einmal beschreibbaren DVD-Rohlingen. Außerdem ist die „Verzahnung" der einzelnen Sessions durch die Löscheigenschaften bei wieder beschreibbaren DVD-Rohlingen besser, weshalb weniger Leseprobleme zu befürchten sind.

> **Einmal und wieder beschreibbare DVDs für UDF nutzen!**

Der notwendige Einsatz einer wieder beschreibbaren DVD-Scheibe für eine Multisession-Disk, um die Vorteile des UDF-Dateisystems zu nutzen, ist ärgerlich, da deren Löschfähigkeiten bei den einzelnen Sessions nicht genutzt werden (siehe „Weitere Daten auf eine Multisession-Datendisk brennen") und einmal beschreibbare DVD-Rohlinge deutlich billiger sind. Mit folgendem Trick lösen Sie dieses Malheur elegant. Mit der gleichen Methode verwandeln Sie bei Leseschwierigkeiten eine Multisession-Disk mit vielen Sessions (egal, ob CD oder DVD) in eine Singlesession-Disk, die jedes Laufwerk fehlerfrei liest.

1 Für die tägliche Datensicherung im Multisession-Verfahren auf Basis des UDF-Dateisystems nehmen Sie einen wieder beschreibbaren DVD-Rohling.

2 Ist dessen Kapazität fast vollständig ausgeschöpft, löschen Sie – wenn die gebrannten Daten nicht mehr benötigt werden – die Scheibe komplett, um den geleerten Rohling als neue Multisession-Datendisk weiterzuverwenden. Wollen Sie dagegen die auf der angelegten Multisession-DVD vorhandenen Daten längerfristig archivieren, ist vor dem Löschen der Scheibe etwas Vorarbeit zu leisten: Legen Sie auf Ihrer Festplatte einen neuen Ordner an und kopieren Sie den gesamten Inhalt der Multisession-DVD+RW/DVD-RW hinein.

3 Den kompletten Ordnerinhalt (= alle Dateien der geschriebenen Multisession-DVD+RW/DVD-RW) brennen Sie im Singlesession-Verfahren auf Basis des UDF-Dateisystems bzw. des UDF-Bridge-Systems mit Nero Burning Rom auf einen einmal beschreibbaren DVD-Rohling (DVD+R oder DVD-R), um die Daten weiterhin parat zu haben. Der teure wieder beschreibbare Rohling wird anschließend gelöscht und steht ab sofort für eine neue Multisession-DVD zur Verfügung!

Verschenken Sie keine Rohlingkapazität bei Multisession-DVDs!

In der Regel ist der DVD-Hochkompatibilitätsmodus von Nero Burning Rom zur Verbesserung der Kompatibilität der gebrannten DVDs sehr empfehlenswert. Bei einer Multisession-Disk dagegen wird dadurch unnötig Speicherplatz vergeudet. Durch den DVD-Hochkompatibilitätsmodus werden bei kleineren Datenmengen (geringer als 1 GByte) zusätzlich zu den eigentlichen Daten nutzlose Informationen auf die Scheibe geschrieben, um die 1-GByte-Grenze zu erreichen und eine fehlerfreie Laserfokussierung beim Lesen des gebrannten Mediums zu gewährleisten – Näheres hierzu erfahren Sie in Kapitel 13 „Abspielprobleme von CDs/DVDs lösen".

Bei einer Multisession-Disk ist der DVD-Hochkompatibilitätsmodus sinnlos, da Sie beim schrittweisen Füllen des DVD-Rohlings die „magische" 1-GByte-Grenze überschreiten und so lange bei auftretenden Leseproblemen der zu gering gefüllten DVD-Scheibe

Platzverschwender: DVD-Hochkompatibilitätsmodus!

Ihren DVD-Writer einsetzen. Schalten Sie aus diesem Grund den besonderen Modus aus, um die Rohlingkapazität vollständig für Nutzdaten auszuschöpfen.

1 Im Programmfenster von Nero Burning Rom wählen Sie *Rekorder/Rekorderauswahl* und markieren den Eintrag des DVD-Brenners, mit dem Sie die DVD-Scheibe brennen.

2 Klicken Sie auf *Optionen* und entfernen Sie das Häkchen vor *DVD-Hochkompatibilitätsmodus*, um ihn auszuschalten. Vergessen Sie nicht, den DVD-Hochkompatibilitätsmodus vor dem Brennen aller anderen DVD-Projekte außer einer Multisession-DVD wieder zu aktivieren – besonders wenn Sie nur eine geringe Datenmenge auf die DVD-Scheibe brennen.

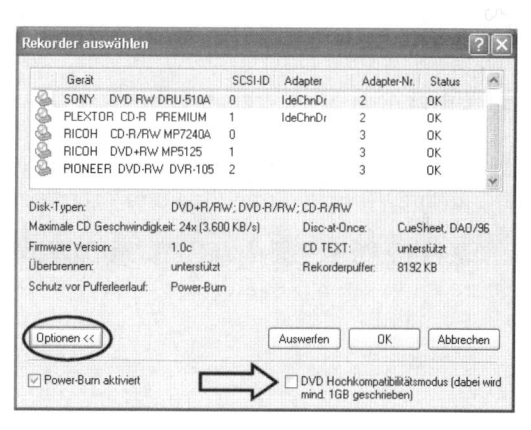

Erste Session auf der Multisession-Datendisk anlegen

Im Folgenden zeige Ich Ihnen, wie Sie die ersten Daten im Multisession-Verfahren auf einen leeren Rohling brennen.

2. Perfekte Datenbackups mit Nero und Nero BackItUp

1. Starten Sie Nero Burning Rom oder rufen Sie über *Datei/Neu* das Fenster *Neue Zusammenstellung* auf, wählen Sie bei einem DVD-Brenner den gewünschten Medientyp (*CD* oder *DVD*) und markieren Sie – je nach Dateisystem – die Einträge *CD-ROM (ISO)* oder *DVD-ROM (ISO)*, *CD-ROM (UDF)* oder *DVD-ROM (UDF)* bzw. *CD-ROM (UDF/ISO)* oder *DVD-ROM (UDF/ISO)*. Denken Sie bitte daran, dass zurzeit das UDF-Dateisystem bzw. das UDF-Bridge-System für einmal beschreibbare DVD-Rohlinge nicht empfehlenswert ist. Nutzen Sie für diese Medien den strengen ISO-Standard mit oder ohne Joliet-Erweiterung.

2. Im rechten Fensterbereich markieren Sie die Option *Multisession Daten-Disk beginnen*, um die Multisession-Datendisk zu starten. Nehmen Sie anschließend genauere Einstellungen bezüglich des Dateisystems vor und betätigen Sie *Neu*, um in das Hauptfenster von Nero zu gelangen.

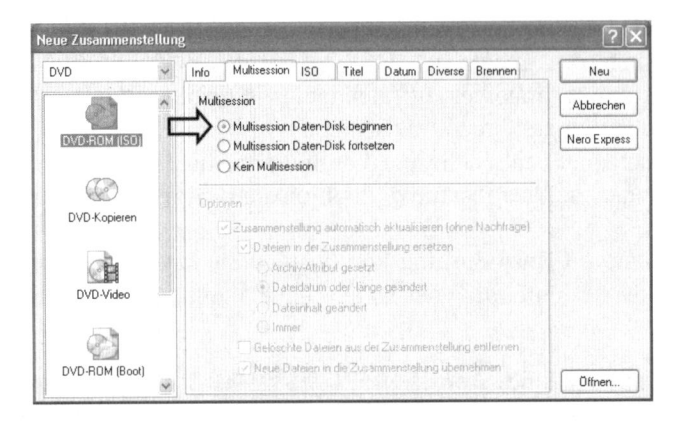

3. Integrieren Sie die zu brennenden Daten in das Zusammenstellungsfenster und rufen Sie über *Rekorder/Zusammenstellung brennen* das Fenster mit den Schreiboptionen auf. Die voreingestellten Werte können sowohl bei CD als auch DVD unverändert bleiben – starten Sie den Brennvorgang.

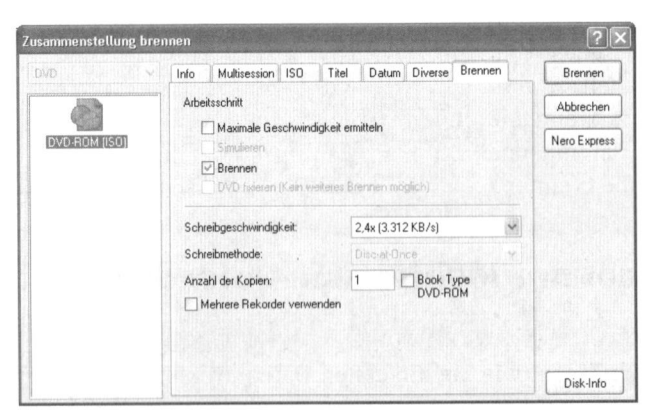

4 Haben Sie einen einmal beschreibbaren DVD-Rohling eingelegt, taucht eine Warnmeldung auf, die Sie auf die schlechte Kompatibilität der gebrannten Disk hinweist. Sie können entscheiden, ob Sie die Disk trotzdem als Multisession-Scheibe oder als Singlesession-Datendisk brennen wollen. Außerdem ist es möglich, den Vorgang abzubrechen. Noch einmal der Hinweis: Ein als Multisession-Disk gebrannter einmal beschreibbarer DVD-Rohling im UDF-Dateisystem kann zurzeit nur mit einem Spezialprogramm (zum Beispiel IsoBuster) vollständig gelesen werden.

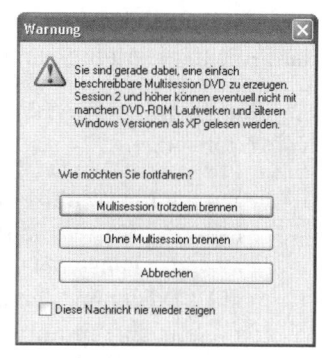

Die Daten einer gebrannten Multisession-Datendisk (Ausnahme DVD+R/DVD-R) können mit jedem Brenner und modernen CD-ROM- bzw. DVD-ROM-Laufwerk fehlerfrei gelesen werden – auch wenn es bei dem einen oder anderen Gerät etwas länger dauert,

Wo sind gebrannte Multisession-Disks lesbar?

bis die Scheibe einsatzbereit ist. Haben Sie eine CD-R, CD-RW oder einen einmal beschreibbaren DVD-Rohling für das Brennen verwendet, spricht man von einer „offenen" (nicht finalisierten) Datendisk. Ältere CD-ROM-Laufwerke scheitern beim Lesen einer solchen CD. Haben Sie einen solchen Oldtimer im PC, sollten Sie die Multisession-Daten-CD abschließen, wenn sich die Rohlingkapazität dem Ende neigt, damit die fertige Datendisk auch in dem alten Laufwerk lesbar ist. Solange Sie die Multisession-Datendisk fortsetzen möchten, darf Sie nicht abgeschlossen werden; nach dem Finalisieren der Scheibe können keine weiteren Daten mehr auf das Medium gebrannt werden. Wieder beschreibbare DVD-Rohlinge im Multisession-Format werden nach jeder Brennsession automatisch finalisiert und können problemlos gelesen werden. Beim Fortführen der Multisession-Scheibe wird die Finalisation aufgehoben (durch die Löschfähigkeit der Scheibe möglich) und die neue Session an die alten Daten angefügt.

Unterschied zwischen fixieren und finalisieren

Wird eine Datendisk abgeschlossen, spricht man vom Finalisieren des Mediums. Der Begriff Fixieren wird dagegen für das Abschließen einer Session genutzt. Die gerade von Ihnen erstellte Multisession-Disk besitzt eine erste fixierte Session – die Disk an sich ist noch nicht abgeschlossen (finalisiert).

Weitere Daten auf eine Multisession-Datendisk brennen

Wollen Sie weitere Daten auf eine Multisession-Datendisk brennen, gibt es einiges zu beachten, damit die bereits auf dem Medium vorhandenen Dateien nicht

2. Perfekte Datenbackups mit Nero und Nero BackItUp

verloren gehen. Sie müssen die Dateien der alten Session vor dem Schreiben in das Projekt integrieren, um nach wie vor auf sie zugreifen zu können.

Sie können mit Nero 5.5 begonnene Multisession-Datendisks problemlos mit Nero 6 fortsetzen.

1 Legen Sie Ihre Multisession-Disk, auf die Sie weitere Daten schreiben möchten, in den Writer. Starten Sie Nero Burning Rom oder rufen Sie über *Datei/Neu* das Fenster *Neue Zusammenstellung* auf. Als Erstes wählen Sie bei einem DVD-Brenner den gewünschten Medientyp (*CD* oder *DVD*) und markieren – je nachdem mit welchem Dateisystem Sie die Disk begonnen haben – die Einträge *CD-ROM (ISO)* oder *DVD-ROM (ISO)*, *CD-ROM (UDF)* oder *DVD-ROM (UDF)* bzw. *CD-ROM (UDF/ISO)* oder *DVD-ROM (UDF/ISO)*.

2 Nero bemerkt nicht, dass Sie eine bestehende Multisession-Disk fortsetzen wollen – da die Option *Multisession Daten-Disk beginnen* voreingestellt ist. Dies müssen Sie unbedingt ändern, andernfalls kommt es zum Datenverlust, weil die bereits auf der Scheibe vorhandene Session beim Brennen nicht berücksichtigt wird. Aktivieren Sie *Multisession Daten-Disk fortsetzen*.

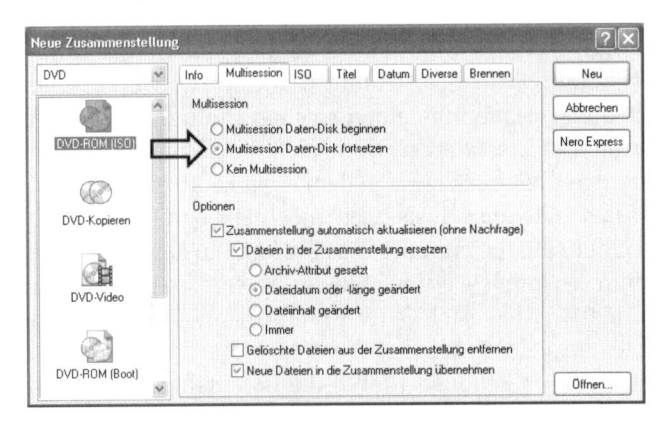

3 Unter *Optionen* legen Sie die Fortführungseinstellung fest: Über den Eintrag *Zusammenstellung automatisch aktualisieren* werden die Daten auf der Scheibe mit den Dateiversionen auf der Festplatte verglichen und gegebenenfalls (wenn die Dateien auf der Festplatte neuer sind) automatisch ersetzt. Bei welchen Voraussetzungen eine Datei ersetzt wird, bestimmen Sie über die Optionen unter *Dateien in der Zusammenstellung ersetzen*: Empfehlenswert ist *Dateidatum oder -länge geändert* – dadurch werden die Dateien auf der Disk automatisch ersetzt, wenn die Datei auf der Festplatte neueren Datums ist bzw. die Dateigröße verändert wurde. Nicht empfehlenswert ist es, alle Daten auf der Disk über den Eintrag *Immer* bei jeder Session neu auf die Disk zu brennen, auch wenn sie nicht geändert wurden – das wäre Platzverschwendung!

4 Wollen Sie, dass gesicherte Dateien, die in der Zwischenzeit auf der Festplatte gelöscht wurden, ebenfalls auf der gebrannten Disk „unsichtbar" gemacht werden, aktivieren Sie *Gelöschte Dateien aus der Zusammenstellung entfernen*. Aber Vorsicht mit dieser Option, da Nero ungefragt die entsprechenden Dateien aus der Zusammenstellung eliminiert und ein Zugriff später nur über ein Spezialprogramm möglich ist. Den Eintrag *Neue Dateien in die Zusammenstellung aufnehmen* sollten Sie einschalten, damit Nero Dateien, die in der Zwischenzeit den auf der Scheibe gesicherten Ordnern hinzugefügt wurden, automatisch mit auf den Rohling schreibt. Klicken Sie auf *Neu* (eine verwirrende Bezeichnung in diesem Zusammenhang). Das beim Brennen der ersten Session festgelegte Dateisystem kann nachträglich nicht mehr geändert werden.

5 Im erscheinenden Fenster markieren Sie den letzten Eintrag (die letzte Session), um dessen Daten bei der Fortführung der Multisession-Disk zu berücksichtigen, und klicken auf *OK*. Bei einem wieder beschreibbaren DVD-Rohling sieht das Fenster etwas anders aus. Auch hier markieren Sie den letzten Eintrag und klicken auf *OK*.

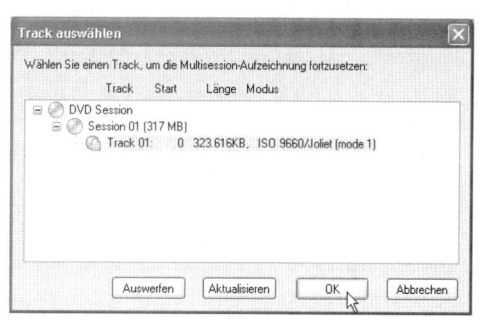

6 Die Daten der ausgewählten Session werden analysiert und mit den Originaldateien auf der Festplatte verglichen. Geänderte oder neue Dateien fügt Nero, je nach Fortführungseinstellung, automatisch in das angelegte Projekt ein. Bei einem CD-Rohling erhalten Sie ein Mitteilungsfenster über die Zahl der Änderungen. Bei einem DVD-Rohling mit UDF-Dateisystem ist das (noch) nicht der Fall.

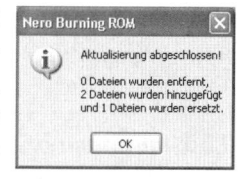

7 Im Zusammenstellungsfenster werden geänderte bzw. neu hinzugefügte Dateien in schwarzer Schrift dargestellt. Unveränderte Dateien, die nicht neu auf den Rohling gebrannt werden, sind hellgrau. Wollen Sie eine auf dem Rohling vorhandene Datei löschen, wählen Sie in deren Kontextmenü *Löschen* aus. Fügen Sie dem Projekt wie gewohnt weitere Dateien hinzu und rufen Sie über *Rekorder/Zusammenstellung brennen* die Brennoptionen von Nero auf.

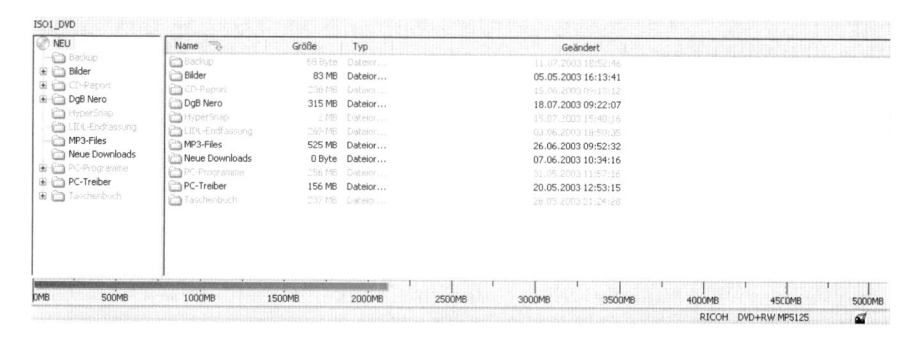

2. Perfekte Datenbackups mit Nero und Nero BackItUp

8 Achten Sie darauf, dass bei einmal beschreibbaren DVD-Rohlingen bzw. bei CD-Rohlingen die Option *DVD fixieren* bzw. *CD fixieren* nicht aktiviert ist, sonst kann die Multisession-Disk nicht weiter fortgesetzt werden. Starten Sie das Brennen einer weiteren Session auf die Scheibe über *Brennen*. Der Begriff „fixieren" ist in diesem Zusammenhang falsch – es müsste „DVD finalisieren" bzw. „CD finalisieren" heißen!

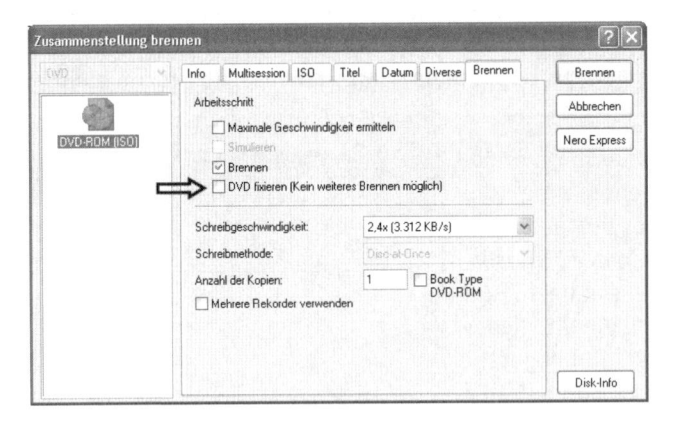

Tipps und Infos zum Fortführen einer Mulltisession-Disk

Im Folgenden erfahren Sie einige Tipps und wichtige Informationen zum Fortführen einer Multisession-Disk:

Löschaktionen bringen keinen zusätzlichen Speicherplatz!

Dateien, die bereits auf die Scheibe gebrannt wurden, können nicht tatsächlich (physikalisch) gelöscht werden. Beim Entfernen der Dateien aus dem Projektfenster werden nur die Einträge der gelöschten Dateien aus dem Inhaltsverzeichnis der Datendisk eliminiert – die Datei bleibt nach wie vor auf dem Medium vorhanden (auch bei einer wieder beschreibbaren Disk), sie wird nur nicht mehr „gefunden", weil sie nicht mehr im Inhaltsverzeichnis der neuen Session vermerkt ist. Beim Löschen von Dateien auf einer Multisession-Disk wird also kein zusätzlicher Speicherplatz frei. Aus diesem Grund sollten Sie auf groß angelegte Löschaktionen verzichten.

Wie viele Session sind erlaubt? Leseproblemen vorbeugen!

Beim Fortsetzen einer Multisession-Disk taucht die Frage auf, wie viele Sessions pro Disk erlaubt sind. Theoretisch dürfen bis zu 99 Sessions auf eine Scheibe gebrannt werden. Bei einem CD-Rohling werden Sie dies nicht schaffen, da neben den eigentlichen Nutzdaten Speicherplatz für Verwaltungsinformationen benötigt wird; maximal bekommen Sie ca. 50 Sessions auf eine CD-Scheibe. Bei einem DVD-Rohling sind dagegen 99 Sessions möglich. Vorsicht: Es gibt eine große Zahl von Lesegeräten (auch einige neue Modelle), die große Schwierigkeiten beim Lesen von Multisession-Disks haben, welche über viele Sessions verfügen. Entweder wird das Medium nur im Schneckentempo eingelesen oder es werden die Daten einer falschen Session (nicht die der zuletzt auf die Scheibe geschriebenen) angezeigt. Sie sollten daher lieber öfter eine neue Multisession-Disk anlegen, als die maximale Sessionanzahl 99 auszuschöpfen. Wie viele Sessions Ihr Lesegerät fehlerfrei liest, kann nicht gesagt werden. Scheitert es bei vielen Sessions, nutzen Sie zum Lesen der Daten ausnahmsweise den Brenner. In der Regel lesen jedoch moderne DVD-ROM-Laufwerke Multisession-Disks fehlerfrei.

Berücksichtigen Sie beim Brennen einer Multisession-Disk, dass auf eine solche Scheibe deutlich weniger Daten als auf eine Singlesession-Disk passen! Das hängt neben der Tatsache, dass die von Ihnen entfernten Dateien nicht wirklich gelöscht werden

Verwaltungsinformationen schlucken viel Speicherplatz!

können, mit dem Verwaltungsaufwand zusammen: Für jede Sitzung, die Sie auf die Multisession-Datendisk schreiben, wird ein Lead-In und Lead-Out benötigt. Im Lead-In werden Informationen über den Inhalt der Session abgelegt, das Lead-Out markiert das Ende einer Session; bei einer Multisession-Datendisk wird an das Ende des Lead-Outs bereits der Startpunkt für die nächste Session geschrieben. Diese Verwaltungsinformationen benötigen für die erste Session ca. 24 MByte Platz; jede weitere Session schluckt etwa 14 MByte der Rohlingkapazität. Bei zehn Sessions auf einem 74-Minuten-CD-Rohling stehen nur noch ca. 490 MByte freier Speicherplatz für die eigentlichen Nutzdaten zur Verfügung – ungefähr 160 MByte schlucken bereits die Verwaltungsinformationen.

Was geschieht beim Fortsetzen einer Multisession-Disk?

Jede fixierte Session einer Multisession-Disk besteht aus einem eigenen Lead-In (Inhaltsverzeichnis der Session) und einem Lead-Out (markiert das Ende der Session). Beim Fortsetzen einer Multisession-Disk wird das Inhaltsverzeichnis der vorherigen Session analysiert und dessen Dateieinträge beim Anlegen des Inhaltsverzeichnisses für die neue Session berücksichtigt – die Sessions werden miteinander verknüpft.

Löschen Sie eine von den in das Projektfenster integrierten Dateien, wird deren Eintrag im Inhaltsverzeichnis der neuen Session entfernt – der Eintrag im Inhaltsverzeichnis der alten Session bleibt dagegen unangetastet. Dadurch ist es möglich, gelöschte Da-

Wiederbelebung alter bzw. gelöschter Dateien möglich!

ten auf einer Multisession-Disk wieder hervorzuzaubern, indem das Inhaltsverzeichnis (auch TOC genannt = **T**able **O**f **C**ontents) einer alten Session verwendet wird, bei der die Daten noch vorhanden waren, um auf die Datei zugreifen zu können. Wird eine bereits auf dem Medium vorhandene Datei durch eine aktuellere Version ersetzt, löscht WinOnCD zunächst den Eintrag der Datei aus dem aktuellen Inhaltsverzeichnis und legt für die aktualisierte Dateiversion einen neuen an – der Inhalt der alten Session bleibt unverändert. Durch diese Vorgehensweise können Sie auch eine ältere, bereits überschriebene Dateiversion auf einer Multisession-Disk wieder zum Leben erwecken.

> **Unterschied zwischen Multi Volume-Disk und Multisession-Disk**
>
> Vergessen Sie das Importieren der Daten einer alten Session, kann auf die Daten dieser Session nach einem weiteren Brennvorgang ohne Spezialtool (beispielsweise IsoBuster) nicht mehr zugegriffen werden, weil die einzelnen Sessions nicht miteinander verknüpft würden. In dem Fall spricht man statt von einer Multisession-Datendisk von einer Multi Volume-Datendisk. Bei einer Multi Volume-Datendisk befinden sich mehrere Sessions eigenständig (nicht verknüpft) auf dem Medium. Es können nur die Daten der zuletzt auf das Medium gebrannten Session ohne Spezialsoftware gelesen werden. Die Multi Volume-Datendisk bietet eine gute Möglichkeit, um wichtige Daten auf einem Medium zu verstecken, indem Sie die bereits auf die Scheibe geschriebenen Sessions mit den zu versteckenden Dateien nicht in das aktuelle Datenprojekt importieren.

Letzte Session auf eine Multisession-Disk brennen

Ist die Multisession-Disk fast voll, sollten Sie die Scheibe beim Brennen der letzten Session finalisieren, damit sie in möglichst vielen Laufwerken lesbar ist. Eine abgeschlossene Multisession-Datendisk gleicht einer mit Track-at-Once gebrannten, finalisierten Singlesession-Disk. Beim Finalisieren einer Multisession-Disk wird das endgültige (finale) Lead-In und Lead-Out auf den Rohling geschrieben und die Scheibe mit einem Schreibschutz versehen, sodass keine weiteren Daten mehr auf den Rohling gebrannt werden können.

Finalisieren nur bei CD-R/RW, DVD+R und DVD-R möglich!

Das Abschließen einer Multisession-Disk ist nur bei CD-R, CD-RW und einmal beschreibbaren DVD-Rohlingen möglich. Bei wieder beschreibbaren DVD-Rohlingen ist es nicht notwendig, da die Scheiben nach jeder Session automatisch abgeschlossen werden – das ist möglich, weil der „Abschlussbereich", der nach jeder Session erzeugt wird, aufgrund der Löschfähigkeit der Medien und der Brennstruktur der wieder beschreibbaren DVD-Rohlinge beim Hinzufügen neuer Daten direkt verändert wird.

1 Legen Sie die zu finalisierende Multisession-Disk in den Writer, starten Sie Nero Burning Rom oder rufen Sie über *Datei/Neu* das Fenster *Neue Zusammenstellung* auf. Wählen Sie bei einem DVD-Brenner den gewünschten Medientyp (*CD* oder *DVD*) und markieren Sie – je nachdem mit welchem Dateisystem Sie die Disk begonnen haben – die Einträge *CD-ROM (ISO)* oder *DVD-ROM (ISO)*, *CD-ROM (UDF)* oder *DVD-ROM (UDF)* bzw. *CD-ROM (UDF/ISO)* oder *DVD-ROM (UDF/ISO)*.

Rohlingkapazität maximal ausschöpfen: Singlesession oder Multisession?

2. Im rechten Fensterbereich aktivieren Sie den Eintrag *Multisession-Daten-Disk fortsetzen*, stellen die gewünschten Fortführungsoptionen ein und klicken auf *Neu*.

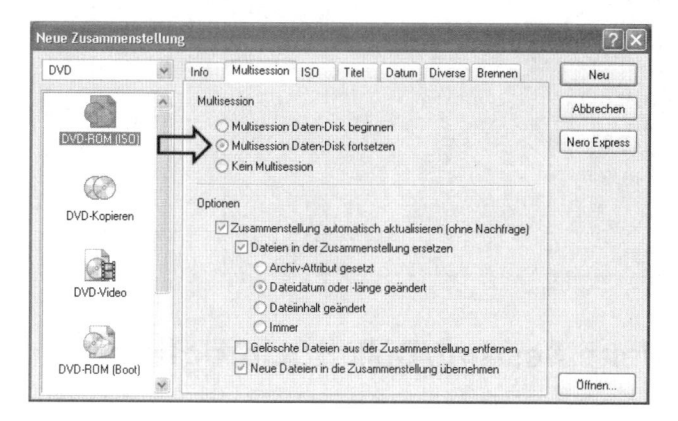

3. Im erscheinenden Fenster markieren Sie den zuletzt aufgeführten Eintrag, um die Daten der vorangegangenen Session in das Projekt zu integrieren, und klicken auf OK. Im erscheinenden Hauptfenster von Nero Burning Rom fügen Sie dem Projekt die neu zu brennenden Dateien hinzu bzw. ändern Sie die Zusammenstellung wie gewohnt.

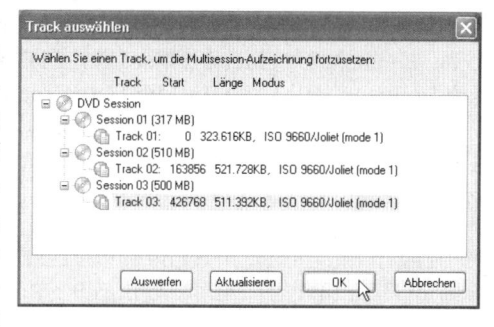

4. Multisession-Datendisks dürfen nicht überbrannt werden, da das Überbrennen nur bei Rohlingen funktioniert, die in einem Rutsch gebrannt wurden. Die zu brennende Datenmenge der letzten Session darf daher auf keinen Fall den noch freien Speicherplatz auf der Scheibe überschreiten! Die noch zur Verfügung stehende Rohlingkapazität kontrollieren Sie vor dem Schreibvorgang in Nero Burning Rom bei eingelegtem Medium über *Rekorder/Disk-Info* oder orientieren sich an dem Statusbalken am unteren Fensterrand.

5. Rufen Sie über *Rekorder/Zusammenstellung brennen* die Schreiboptionen von Nero auf. Aktivieren Sie hier *DVD fixieren* bzw. *CD fixieren*, um die Scheibe zum Abschluss des Brennvorgangs zu finalisieren. Der von Ahead verwendete Begriff *fixieren* ist falsch, es müsste „DVD finalisieren" bzw. „CD finalisieren" heißen! Starten Sie den Schreibvorgang! Bei manchen DVD-Brennern schlägt das Finalisieren der Scheibe fehl – der Schreibvorgang bricht mit einer Fehlermeldung ab. Der Grund hierfür ist eine Inkompatibilität von Brenner und Brennsoftware, die mit dem nächsten Firmware- bzw. Programmupdate wahrscheinlich behoben wird.

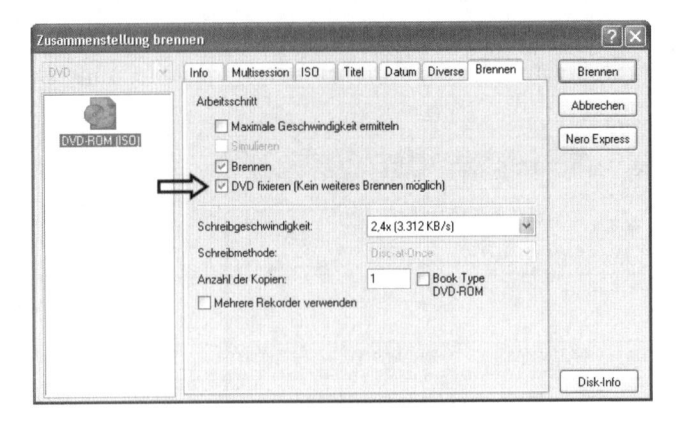

Im Notfall: Offene Session/Disk nachträglich schließen

Es kann leider immer wieder passieren, dass der Schreibvorgang beim Fortsetzen bzw. Finalisieren einer Multisession-Disk mit einer Fehlermeldung abbricht. Im schlimmsten Fall kann auf die Daten nicht mehr zugegriffen werden. Bevor Sie zur Datenrettung mit einem Spezialtool (siehe nächsten Abschnitt) schreiten, versuchen Sie, die abgebrochene Session bzw. die komplette Disk nachträglich zu schließen, um wieder an die Daten auf der Scheibe zu gelangen.

1 Legen Sie die zu rettende Multisession-Disk in den Brenner und wählen Sie im Hauptfenster von Nero Burning Rom *Rekorder/Disk-Info*.

2 Nero Burning Rom untersucht den Diskinhalt und stellt diesen im Fenster dar. Wird dort eine *Offene Session* aufgeführt (= Session, bei der der Schreibvorgang abbrach und die deshalb nicht fixiert werden konnte), kann die Diskrettung mit Nero erfolgen: Über die Schaltflächen *Disk* bzw. *Session* unter der Option *Schließen* versuchen Sie, die „offene Session" bzw. die gesamte Disk nachträglich zu schließen. In der Regel ist diese Vorgehensweise erfolgreich und Sie können wieder auf die Daten zugreifen. Ist das nicht der Fall, sehen Sie im folgenden Abschnitt nach, wie Sie die verloren geglaubten Dateien auf der Multisession-Disk wiederbeleben können ...

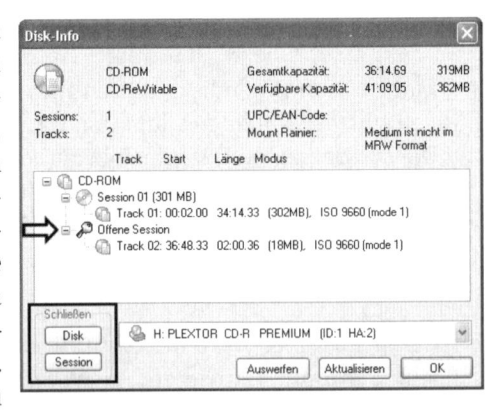

In größter Not: Datenrettung auf einer Multisession-Disk

Bei Ihnen sind beispielsweise durch einen Brennabbruch wichtige Dateien auf einer Multisession-Disk verloren gegangen, die Multisession-Disk ist unlesbar geworden oder Sie möchten eine alte, bei einer neuen Session bereits überschriebene Dateiversion wiederbeleben? Mit der Freeware IsoBuster ist die professionelle Datenwiederbelebung auf einer Multisession-Disk kein Problem! Das Universaltool zur Rettung verloren geglaubter Dateien einer Multisession-Disk kann auch für das vollständige Lesen von einmal beschreibbaren DVD-Rohlingen mit UDF-Dateisystem genutzt werden, die im Multisession-Verfahren gebrannt wurden und von denen ohne Spezialprogramm zurzeit unter Windows XP nur die erste Session lesbar ist. Die Vorgehensweise gleicht der beim Retten verloren gegangener Daten.

Das kostenlose Rettungstool IsoBuster können Sie sich unter *http://www.smart-projects.net/isobuster/* herunterladen; zurzeit ist Version 1.4 aktuell. Sie sollten die Multilinguale Freewareversion herunterladen, um deutschsprachige Menübezeichnungen zu haben.

Professionelles Rettungstool gratis aus dem Internet!

Bei der Datenrettung ist es möglich, entweder eine einzelne Datei der Disk zu reanimieren (auf der Festplatte abzuspeichern), einen Ordner oder eine komplette (alte) Session auszulesen. IsoBuster kommt in der Freewareversion mit den gängigsten Dateisystemen (beispielsweise ISO 9660 und Joliet-Erweiterung) sowohl auf CD als auch DVD zurecht. Wollen Sie Daten auf einer Disk reanimieren, die ausschließlich im UDF-Format gebrannt wurde, benötigen Sie die kostenpflichtige Professional-Version des Programms. Bei einer Disk mit UDF-Bridge-System reicht die Freewareversion aus, da Sie die Dateien entweder über die ISO- oder die Joliet-Verzeichnisstruktur wiederbeleben und das zusätzlich auf der Scheibe vorhandene UDF-Dateisystem vernachlässigen können.

Schritt für Schritt zu den verlorenen Daten ...

IsoBuster benötigt für das Ansprechen der Laufwerke einen installierten System-ASPI-Treiber. Ist auf Ihrem PC kein solcher Treiber vorhanden (der Nero ASPI-Treiber reicht nicht), findet IsoBuster keine Laufwerke! Näheres rund um den ASPI-Treiber und seine Installation erfahren Sie in Kapitel 16 „Systemtuning für maximale Brennleistung und perfekte Videoaufnahmen".

1 Nachdem Download entpacken Sie die komprimierte Datei und starten die Installation per Doppelklick. Für die Wiederbelebung der Daten bietet es sich an, einen neuen Ordner auf der Festplatte zu erstellen, in dem Sie die zu rettenden Daten der Multisession-Disk speichern.

2 Legen Sie die zu rettende Datendisk in das Laufwerk (Brenner oder Lesegerät spielt keine Rolle), starten Sie IsoBuster über die bei der Installation angeleg-

2. Perfekte Datenbackups mit Nero und Nero BackItUp

te Programmgruppe und wählen Sie *Options/Language*, um die Programmsprache zu wählen. Stellen Sie anschließend im Programm das Laufwerk ein, das die Multisession-Disk enthält.

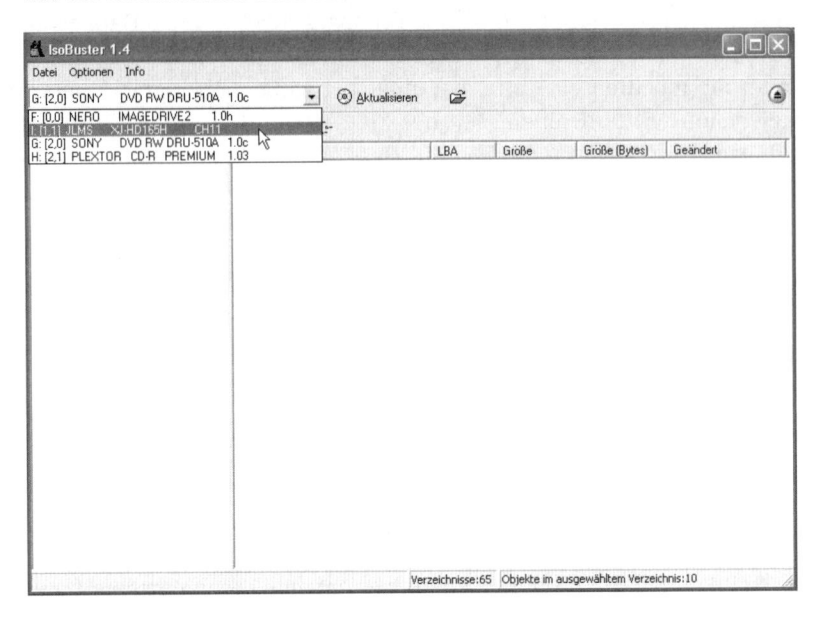

3 IsoBuster analysiert die Scheibe und zeigt alle vorhandenen Sessions und Tracks an. Die einzelnen Tracks unterteilt IsoBuster in eine ISO-Dateiansicht (rotes Kästchen), eine Ansicht in der Joliet-Erweiterung (blaues Kästchen – falls auf dem Medium die Joliet-Erweiterung vorhanden ist) und ein schwarzgrünes Kästchen für die Verzeichnisstruktur im UDF-Dateisystem (falls vorhanden).

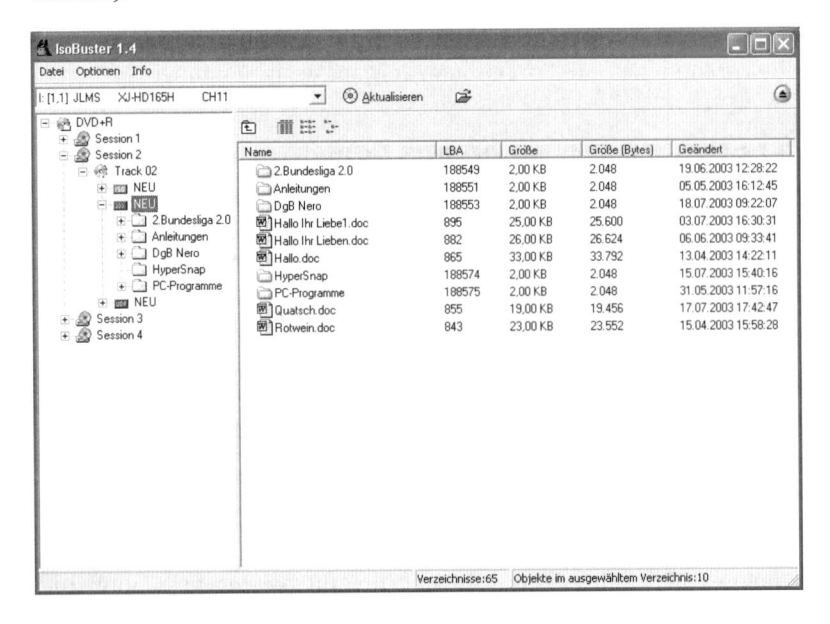

4 Suchen Sie über das gewünschte Dateisystem (Klick auf das entsprechende Kästchen) die gelöschte oder verloren geglaubte Datei bzw. den wiederzubelebenden Ordner in einer der vorangegangenen Sessions und wählen Sie im Kontextmenü der entsprechenden Datei *Extrahieren* aus, um die Datei auf der Festplatte zu speichern.

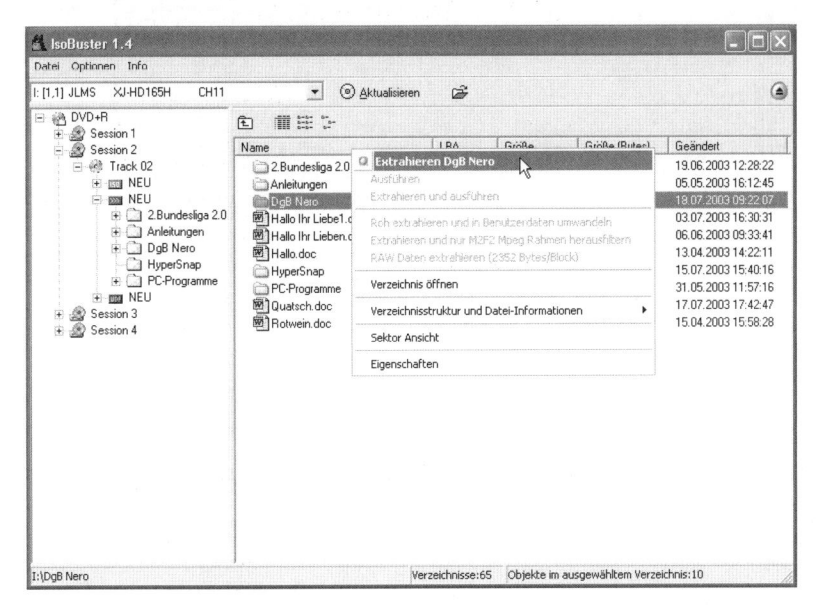

5 Nachdem Sie einen Speicherplatz auf der Festplatte ausgesucht haben, beginnt IsoBuster damit, die Daten auszulesen und auf der Festplatte abzuspeichern. Auf die beschriebene Weise stellen Sie die verloren geglaubten Daten komfortabel wieder her.

Fehlermeldung beim Extrahieren?

Unter Umständen taucht beim Auslesen der Daten gegen Ende eine Fehlermeldung auf, die besagt, dass ein Sektor unlesbar sei und nach der weiteren Vorgehensweise fragt. In dem Fall wählen Sie die Option *Mit Nullen ersetzen* und setzen den Extrahierprozess fort. Die ausgelesenen Dateien sind in 99 Prozent der Fälle trotz der Fehlermeldung absolut fehlerfrei!

Alle Daten einer ganzen Session wiederbeleben

Wollen Sie eine ganze Session auf die Festplatte zurückholen, weil Ihnen das Reanimieren von einzelnen Ordnern und Dateien zu umständlich ist oder Sie alle Daten der alten Session benötigen, gehen Sie folgendermaßen vor: Im linken Fensterbereich wählen Sie im Kontextmenü der Diskbezeichnung des favorisierten Dateisystems *Extrahieren* aus und bestimmen einen Speicherort für die auszulesenden Dateien auf der Festplatte. IsoBuster extrahiert daraufhin alle Dateien der gewählten Session und speichert sie im festgelegten Order ab.

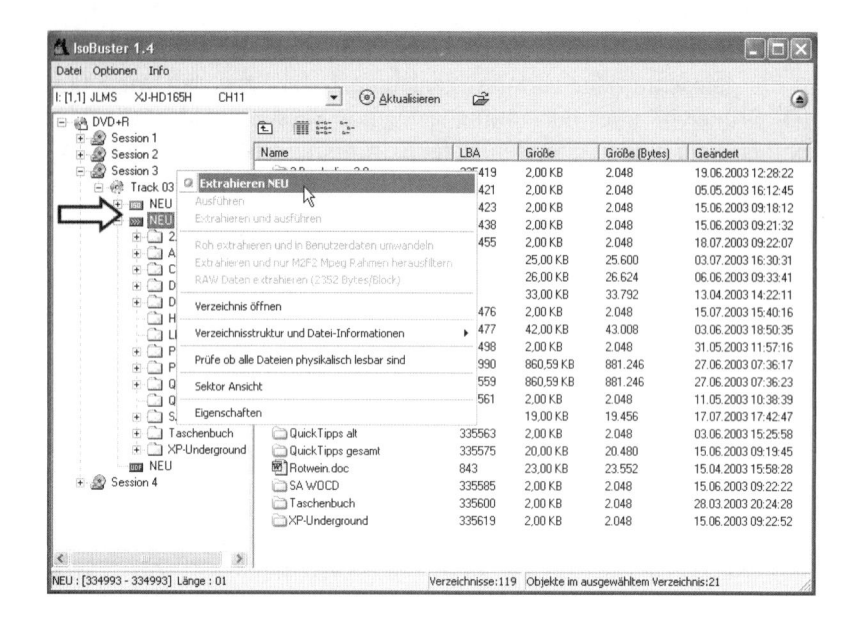

2.5 Auswahlmenüs, Daten optimal platzieren ... Profi-Tipps für Ihre Datendisk

Im Folgenden zeige ich Ihnen einige Tricks und Kniffe, mit denen Ihre Datendisk noch professioneller wird: Erzeugen Sie eine selbststartende Datendisk mit elegantem Auswahlmenü, platzieren Sie wichtige Daten so auf der Scheibe, dass sie schnellstmöglich gelesen werden, oder prüfen Sie, ob alle gebrannten Daten auf dem Medium fehlerfrei lesbar sind.

Datendisk mit eleganter Autostart-Funktion

Legen Sie eine Software-CD/DVD in ein Laufwerk, startet bei aktivierter Autostart-Funktion des Betriebssystems meistens ein Programm auf der Disk automatisch (beispielsweise das Installationsprogramm).

Autorun.inf selbstgebastelt

Der Autostart wird über die Datei *Autorun.inf* ermöglicht, die sich im Hauptverzeichnis des Mediums befindet. Legen Sie eine solche Datei eigenhändig an, um auch Ihre gebrannten Disks mit dieser Autostart-Funktion auszustatten.

1 Legen Sie mit Nero Burning Rom wie gewohnt ein neues Datenprojekt an und integrieren Sie alle zu brennenden Daten. Minimieren Sie das Nero-Fenster und starten Sie einen Texteditor (beispielsweise den Standard-Editor von Windows, den Sie unter *(Alle) Programme/Zubehör/Editor)* finden.

2 In das automatisch neu angelegte Textdokument geben Sie als erste Zeile *[autorun]* ein. Die zweite Zeile beginnt mit *open=* gefolgt von der genauen Pfadangabe des zu startenden Programms. Sie können als zu startende Datei auch ein Dokument angeben (beispielsweise einen Word-Text). Beim Einlegen der Scheibe startet Word automatisch und zeigt die Datei an. Voraussetzung: Das Programm zum Öffnen des Dokuments ist auf dem Rechner installiert.

3 Über die dritte Zeile, die mit *icon=* beginnt, weisen Sie der Scheibe ein Icon (Bildsymbol) zu, das beim Einlegen der Disk im Arbeitsplatz zu sehen ist. Icon-Dateien (erkennbar an den Endungen *.exe*, *.dll* oder *.ico*) enthalten meistens mehrere Bilder, sodass Sie nach dem Dateinamen ein Komma und die entsprechende Zahl für das ausgewählte Symbol angeben müssen – das erste Bildchen der Datei trägt die 0! Bedenken Sie: Alle Pfadangaben müssen sich exakt auf die Verzeichnisstruktur der zu brennenden Scheibe beziehen – ausgehend vom Hauptverzeichnis der Disk. Außerdem müssen Sie die Regeln des verwendeten Dateisystems bezüglich der Datei- und Ordnernamen berücksichtigen.

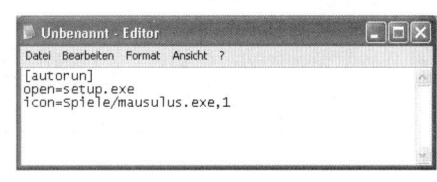

4 Speichern Sie die Datei unter dem Namen *Autorun.inf* ab, maximieren Sie das Nero-Fenster und ziehen Sie die neu erstellte Datei im Zusammenstellungsfenster in das Hauptverzeichnis der zu schreibenden Disk hinein. Starten Sie dann den Schreibvorgang.

Elegantes Autostart-Menü mit Hintergrundmusik erzeugen

Möchten Sie eine richtig professionelle Disk mit einem perfekten, automatisch erscheinenden Auswahlmenü erzeugen, benötigen Sie ein zusätzliches Programm – beispielsweise CDOrc - MenuOrc. Dieses Tool erhalten Sie für nicht kommerzielle Zwecke kostenlos unter *www.cdorc.com*. Zurzeit ist Version 6.5 aktuell – an Version 7 wird jedoch schon kräftig gebastelt. Sie können es, auch wenn der Name es anders vermuten lässt, sowohl für eine Daten-CD als auch für eine Daten-DVD benutzen.

1 Legen Sie einen neuen Ordner auf der Festplatte an und kopieren Sie dort alle zu brennenden Dateien hinein. Achten Sie darauf, dass Sie die maximale Rohlingkapazität beim Zusammenstellen der Daten nicht überschreiten! Die Größe der hineinkopierten Daten erfahren Sie über *Eigenschaften* im Kontextmenü des Ordners.

2 Starten Sie *CDOrc - MenuOrc* über die bei der Installation erzeugte Programmgruppe. Als Erstes wählen Sie als Sprache links unten *German* aus, um deutschsprachige Programmbezeichnungen zu erhalten. Mit einem Klick auf *Starte Wizard* rufen Sie den Assistenten auf, der Sie in neun Schritten durch

2. Perfekte Datenbackups mit Nero und Nero BackItUp

die Erstellung eines professionellen Autostart-Menüs für die zu brennende Scheibe führt.

3 Nachdem Sie das Autostart-Menü angelegt haben, wählen Sie im neunten Schritt *Projekt erstellen*. Sie gelangen in das Hauptprogrammfenster von CDOrc – MenuOrc. Dort nehmen Sie weitere Einstellungen bezüglich des Menüs vor. Eine ausführliche Beschreibung der zahlreichen Programmfunktionen für das Feintuning des Menüs finden Sie über *MenuOrc/Hilfe*.

4 Als „Krönung" können Sie das Menü mit Hintergrundmusik versehen. Die Musik muss im MP3-Format vorliegen. Öffnen Sie den Ordner, der die zu brennenden Daten und das neu erzeugte Autostart-Menü enthält und kopieren Sie die Musikdatei dort in den Unterordner *Cfg/Skin*. Die hineinkopierte Audiodatei nennen Sie zum Abschluss in *skin.mp3* um.

5 Starten Sie Nero und legen Sie ein neues Datenprojekt im Singlesession-Verfahren (*Kein Multisession*) an. Als Dateisystem dürfen Sie keinesfalls ausschließlich den strengen ISO 9660-Standard verwenden, da hierdurch lange Dateinamen gekürzt würden und das Autostart-Menü aufgrund der geänderten Dateien nicht mehr funktioniert. Nutzen Sie entweder die Joliet-Erweiterung oder das UDF-Dateisystem.

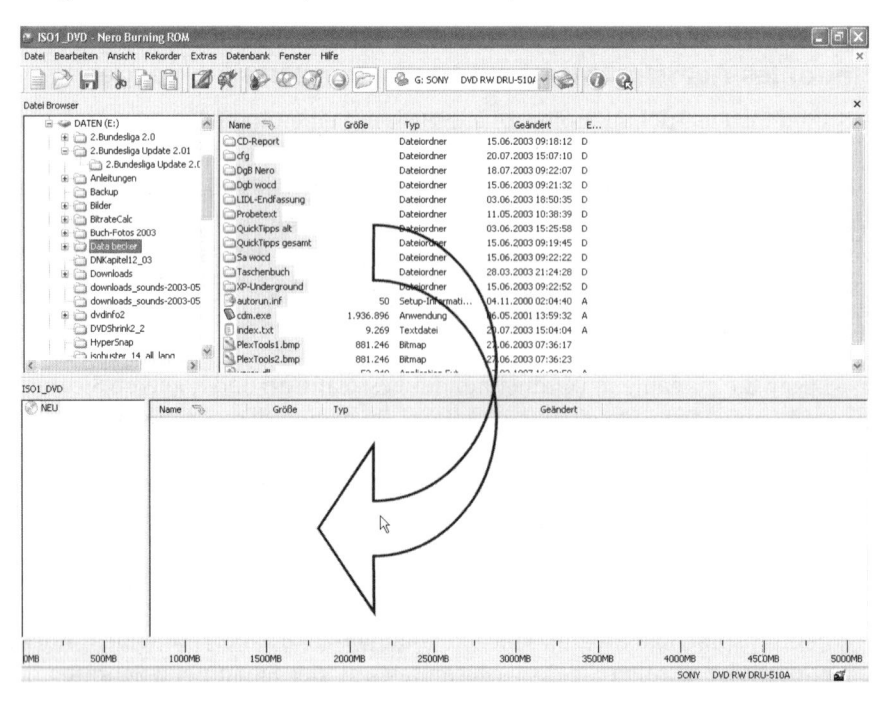

6 Die zu brennenden Daten inklusive Autostart-Menü integrieren Sie folgendermaßen in das Zusammenstellungsfenster – halten Sie sich unbedingt an diese Anleitung, sonst werden die Daten falsch in das Projekt integriert und das Menü funktioniert nicht! Öffnen Sie im *Datei Browser* von Nero Burning Rom den Ordner mit den zu brennenden Daten und dem Autostart-Menü und wählen Sie *Bearbeiten/Alles auswählen*, um sämtliche Dateien des geöffneten Ordners zu markieren. Die markierten Dateien ziehen Sie jetzt per Drag & Drop in das Zusammenstellungsfenster hinein und starten anschließend den Brennvorgang. Der komplette Ordnerinhalt landet dadurch im Hauptverzeichnis der zu schreibenden Disk.

Nach dem Schreibvorgang sollten Sie gleich Ihr angelegtes Autostart-Menü bewundern.

Funktionsweise des Autostart-Menüs durchleuchtet

Die Software CDOrc – MenuOrc erstellt im Ordner der zu sichernden Dateien drei neue Dateien und einen zusätzlichen Ordner namens *CFG*. Er beinhaltet die für das Menülayout nötigen Dateien. Im Hauptverzeichnis der gebrannten Disk befinden sich die drei Dateien, die für den Autostart des Menüs verantwortlich sind: Bei der Datei *cdm.exe* handelt es sich um die eigentliche Programmdatei für das Auswahlmenü. Zusätzlich wird die Datei *Autorun.inf* erstellt, die das Programm *cdm.exe* beim Einlegen der Datendisk automatisch startet. Als dritte neue Datei findet man *unrar.dll* – hierbei handelt es sich um eine Datei zum Entpacken von RAR-Archiven.

Autostart der gebrannten Disk funktioniert nicht?

Sie haben die gebrannte Scheibe eingelegt, doch das Programm bzw. das Menü startet nicht automatisch? Hierfür gibt es zwei Gründe: Entweder kann die Scheibe aufgrund einer schlechten Schreibqualität nicht gelesen werden oder die Autostart-Funktion des Betriebssystems ist deaktiviert, um einen sicheren und schnellen Brennvorgang zu gewährleisten. Kontrollieren Sie zunächst, ob Sie manuell über den Arbeitsplatz auf die Daten der Disk zugreifen können. Ist das der Fall, ist die ausgeschaltete Autostart-Funktion des Betriebssystems für die „Fehlfunktion" verantwortlich. Schalten Sie die Autostart-Funktion des Betriebssystems ein (siehe Kapitel 12 „Rohlinge mit InCD als mobile Festplatten nutzen") und führen Sie einen Neustart durch – das festgelegte Programm bzw. das Auswahlmenü erscheint beim Einlegen der Scheibe ab sofort automatisch.

Wichtige Daten auf der gebrannten Disk schneller einlesbar

Verschiebt man Dateien an einen günstigen Platz auf der zu brennenden Disk (gibt Ihnen eine höhere Priorität), werden sie schneller eingelesen. Dieser Effekt machte sich besonders früher bei den langsamen Lesegeräten stark bemerkbar;

bei den modernen, raketenschnellen CD/DVD-ROM-Laufwerken macht die besondere Platzierung wichtiger Dateien für ein schnelleres Lesen kaum Sinn, da der Unterschied minimal ist. Besitzen Sie jedoch ein Notebook mit einem langsamen Laufwerk oder ein Combo-Laufwerk (DVD lesen/CDs brennen), das die Scheiben nur sehr langsam liest, ist die Platzierungsoption von Nero Burning Rom für wichtige Dateien nützlich, die Sie häufig einlesen. Auch bei zu brennenden Daten-DVDs erweist sich das Nero-Feature als wirkungsvoll, da DVD-Rohlinge selbst von modernsten Laufwerken häufig nur sehr langsam eingelesen werden.

1 Im Zusammenstellungsfenster von Nero Burning Rom wählen Sie im Kontextmenü der möglichst schnell einzulesenden Datei *Eigenschaften*.

2 Im erscheinenden Fenster stellen Sie hinter *Dateipriorität* den gewünschten Wert ein. Denken Sie daran, nur den häufig einzulesenden Dateien eine hohe Priorität zu geben. Vergeben Sie allen Daten die Kategorie *Hoch*, bringt dies nichts! Dateien, die Sie fast nicht benötigen, weisen Sie als Priorität *Niedrig* zu.

Höhere Transferrate, aber längere Zugriffszeit!

Dateien, denen Sie eine hohe Priorität zuweisen, werden von Nero an das Ende des Rohlings verschoben, da in den Außenbezirken der Scheibe die höchste Transferrate erzielt wird. Leider erhöht sich dadurch die Zugriffszeit (Zeit, bis der Laserpickup an der richtigen Stelle platziert wurde) etwas. Dies kann besonders bei Combo-Laufwerken, die häufig eine langsame Zugriffszeit haben, störend sein. Trifft dies auf Ihr Gerät zu, verzichten Sie lieber auf das Nero-Feature! Daten mit einer niedrigen Priorität werden dagegen am Anfang des Rohlings platziert, wo die Transferrate am niedrigsten ist.

Bei WinOnCD funktioniert's umgekehrt

Bei dem Konkurrenzprogramm WinOnCD geschieht die Dateiplatzierung genau umgekehrt: Möglichst schnell zu lesende Dateien werden an den Anfang verschoben, um die Zugriffszeit zu verkürzen – allerdings ist in den inneren Bereichen des Mediums die Transferrate am niedrigsten.

Exakte Diskbeschreibungen und Datumsoptionen

Nero Burning Rom bietet eine Vielzahl von Möglichkeiten, die zu brennende Datendisk näher zu beschreiben und vielfältige Datumsoptionen vorzunehmen. Besonders das Eingeben eines aussagekräftigen Disknamens ist empfehlenswert, da Nero sonst alle Scheiben automatisch mit *NEU* betitelt. Bei einer Multisession-Disk müssen Sie die Eingaben bereits bei der ersten Session vornehmen – diese können anschließend nicht mehr geändert werden!

1   Die genauen Einstellungen bezüglich Diskbeschreibung und Datumsangaben führen Sie direkt beim Anlegen des neuen Datenprojekts im Fenster *Neue Zusammenstellung* oder bei einem geöffneten Projekt nachträglich über *Datei/Zusammenstellungseigenschaften* durch.

2   Öffnen Sie die Registerkarte *Titel*, um der zu brennenden Disk einen aussagekräftigen Namen (*Volume-Label*) zu verpassen, der im Arbeitsplatz bei eingelegter Scheibe erscheint. Nutzen Sie neben dem ISO-Dateisystem die Joliet-Erweiterung und entfernen Sie das Häkchen vor *ISO 9660 Bezeichnung auch für Joliet verwenden*, um für die Joliet-Verzeichnisstruktur hinter *Joliet* einen anderen (längeren Namen ohne die strengen ISO-Einschränkungen) eintippen zu können als hinter *ISO 9660*. Unter modernen Windows-Betriebssystemen wird ausschließlich der Joliet-Name angezeigt.

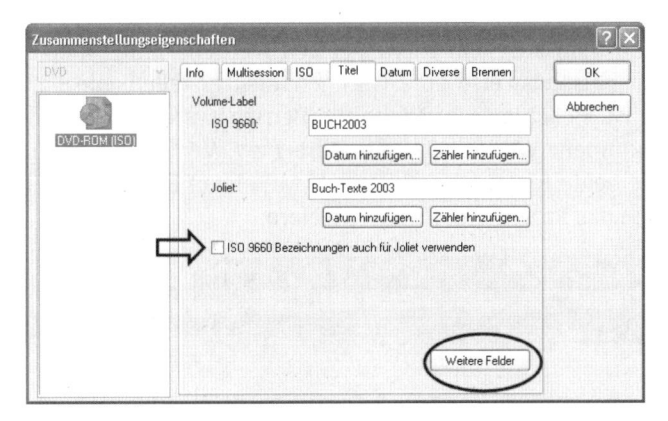

3   Über die jeweilige Schaltfläche *Datum hinzufügen* fügen Sie der Diskbeschreibung das gewünschte Datum hinzu. Mit einem Klick auf *Zähler hinzufügen* weisen Sie Nero an, die Disk nach bestimmten Kriterien zu nummerieren und die jeweilige Nummer an die Diskbeschreibung anzuhängen. Dabei darf die maximal zulässige Länge der Diskbeschreibung (32 Zeichen) nicht überschritten werden – sonst taucht ein Warnhinweis auf.

4   Mit einem Klick auf *Weitere Felder* öffnet sich ein neues Fenster, in dem Sie zusätzliche Diskbeschreibungen vornehmen. Haben Sie im vorherigen Fenster die Option *ISO 9660 Bezeichnung auch für Joliet verwenden* deaktiviert, ist es möglich, für beide Verzeichnisstrukturen unterschiedliche Eingaben zu

2. Perfekte Datenbackups mit Nero und Nero BackItUp

machen – diese müssen den jeweiligen Dateisystemregeln entsprechen. Genauere Informationen zu den einzelnen Angaben finden Sie in der Tabelle am Ende der Schritt-für-Schritt-Anleitung. Mit *OK* schließen Sie das Fenster wieder.

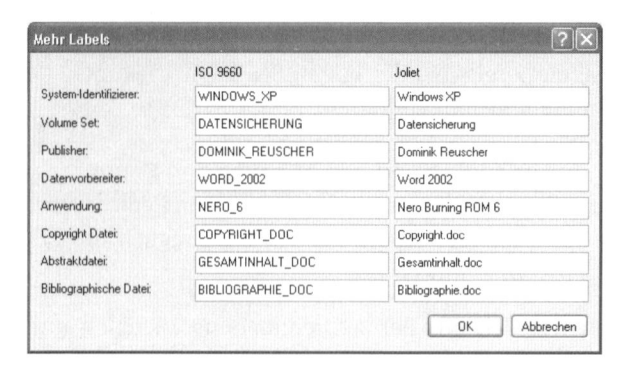

5 Wechseln Sie auf die Registerkarte *Datum*. Hier nehmen Sie genaue Einstellungen bezüglich der Datumsangaben der zu brennenden Disk vor. Legen Sie beispielsweise das *Erstellungsdatum* der Disk fest oder bestimmen Sie unter *Dateidatum*, welche Datumsangaben die zu brennenden Dateien besitzen sollen. Witzig sind die beiden Optionen *Datenträger gültig ab* und *Datenträger gültig bis*: Mit der ersten Datumsangabe bestimmen Sie, ab wann die gebrannte Disk lesbar ist; mit der zweiten Option verpassen Sie der Scheibe ein „Verfallsdatum", ab dem sie nicht mehr gelesen werden kann. Über beide Einträge lässt sich beispielsweise eine Geschenkdisk erstellen, die erst am Geburtstag lesbar ist. Beachten Sie: Nicht alle Betriebssysteme unterstützen diese beiden Funktionen! Wollen Sie kein Start- bzw. Verfallsdatum für die Scheibe, lassen Sie beide Einträge unverändert. Mit einem Klick auf *OK* bzw. *Neu* gelangen Sie in das Programmfenster von Nero.

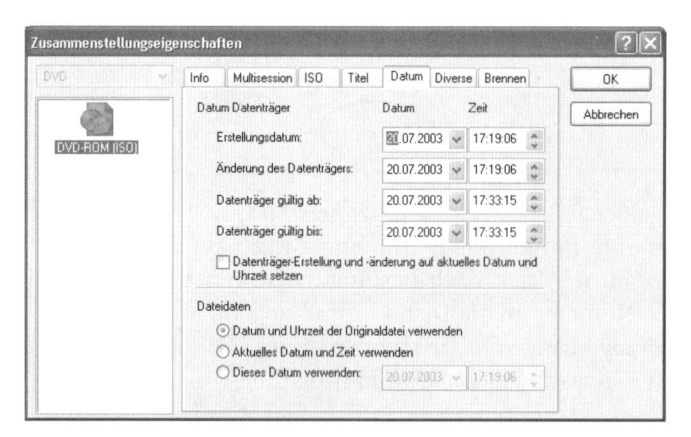

Diskbeschreibungsoption	Bedeutung
System-Identifizierer	Angabe des Betriebssystems, unter dem die Disk einsetzbar ist.
Volume Set	Ist die zu brennende Disk Teil eines mehrteiligen Disksatzes (mehrere zusammenhängende Datendisks), geben Sie hier für jede Scheibe eine identische Bezeichnung ein, um die einzelnen Disks später wieder einander zuordnen zu können.
Publisher	Informationen bzw. Name des Herausgebers der Scheibe.
Datenvorbereiter	Name des Datenvorbereiters oder Name des Anwendungsprogramms, mit dem die Dateien (Dokumente) auf der Scheibe nutzbar sind.
Anwendung	Name des Programms, mit dem die Dateien erstellt bzw. gebrannt wurden.
Copyright Datei	Schützen Sie Ihre Werke mit einem Copyright-Vermerk. Dazu legen Sie eine Datei mit den Copyright-Informationen im Hauptverzeichnis der Scheibe ab und geben hier den entsprechenden Dateinamen an.
Abstraktdatei	Erstellen Sie eine Art Inhaltsverzeichnis für die Scheibe und legen Sie dieses als Textdatei im Hauptverzeichnis der Disk ab. Den Dateinamen tippen Sie hier ein.
Bibliografische Datei	Erzeugen Sie eine Datei, die bibliografische Informationen zu Ihren Werken enthält – beispielsweise welche Bücher Sie dafür verwendet haben – und speichern Sie diese im Hauptverzeichnis der Disk ab. Den Dateinamen geben Sie hier an.

Empfehlenswert: Gebrannte Dateien verifizieren!

Besonders bei wichtigen Dateien stellt man sich nach dem Schreibvorgang häufig die Frage, ob alle Dateien auf der Disk fehlerfrei lesbar sind. Nero Burning Rom bietet im Brennfenster eine Option an, um nach dem Schreibvorgang die gebrannten Dateien mit den Originaldateien auf der Festplatte zu vergleichen (zu verifizieren) und dadurch festzustellen, ob es keine Unterschiede zwischen den Dateien auf der Disk und denen auf der Festplatte gibt. Stimmen die Dateien hundertprozentig überein, war der Schreibvorgang erfolgreich – Sie besitzen ein fehlerfreies Datenbackup! Die Dateiverifizierung ist bei allen Datenprojekten (egal, ob Singlesession oder Multisession verwendet wurde) möglich.

1   Im Brennfenster von Nero Burning Rom aktivieren Sie vor dem Abschluss des Schreibvorgangs die Option *Gebrannte Dateien verifizieren*, um die geschriebenen Dateien auf Ihre Fehlerfreiheit zu kontrollieren.

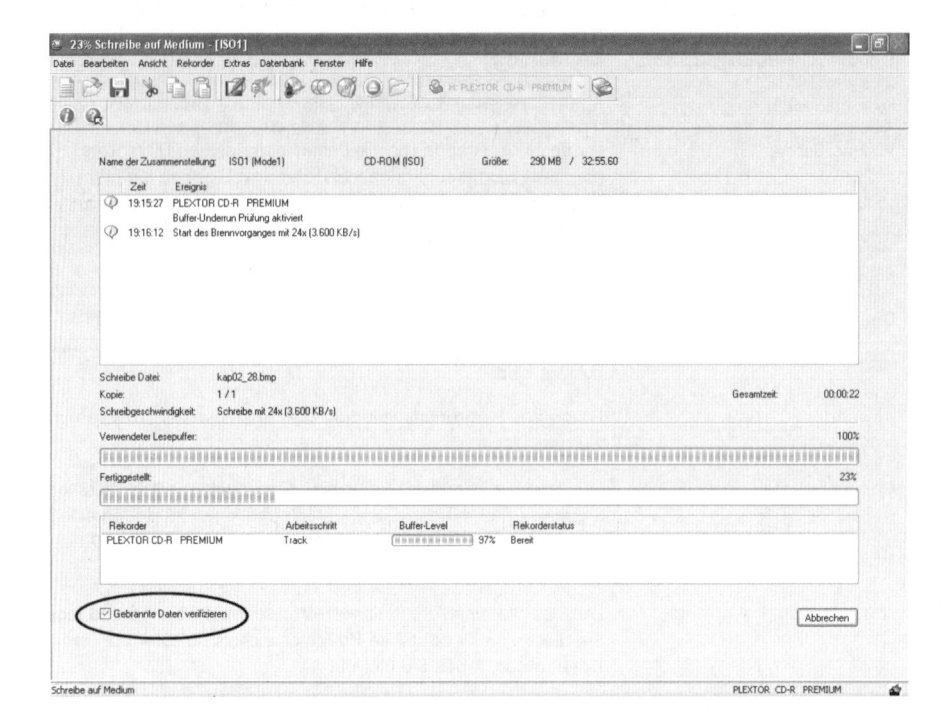

2. Perfekte Datenbackups mit Nero und Nero BackItUp

2 Nach der Analyse der gebrannten Dateien erhalten Sie die Mitteilung, ob das Vergleichen der Zusammenstellung erfolgreich war oder nicht. Bei einem erfolgreich durchgeführten Test wissen Sie, dass die gebrannten Daten fehlerfrei gelesen werden. Bei einem negativen Testergebnis schreiben Sie eine neue Scheibe, da die aufgezeichnete Disk nur fehlerhaft lesbar ist.

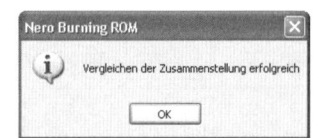

2.6 Superschnelle Datensicherung mit nur einem (!) Doppelklick

In den Tiefen des Nero-Programmordners auf der Festplatte versteckt sich ein Tool namens *NeroCmd.exe*, mit dem Sie eine Datensicherung auf eine Disk quasi mit einem Klick raketenschnell durchführen können. Außerdem ist es damit im Gegensatz zu Nero Burning Rom möglich, Datendisks im Rockridge-Format, das bei Linux üblich ist, zu erstellen. Auf eine grafische Benutzeroberfläche müssen Sie dabei verzichten – das Tool wird über die Kommandokonsole gesteuert und befindet sich auf der Systemfestplatte unter *Programme/Ahead/Nero*. Mit der Nero-Kommandokonsole können nicht nur Datendisks erstellt werden – für die anderen Brennaufgaben ist sie jedoch nicht so gut geeignet, da beispielsweise wichtige Optionen fehlen.

Befehlsübersicht

Eine Übersicht über die notwendigen Befehle zum Brennen einer Datendisk mit *NeroCmd.exe* erhalten Sie folgendermaßen:

1 Im Startmenü wählen Sie *Ausführen* und tippen *C:\Programme\Ahead\Nero\NeroCmd. exe liste.txt* ein. Statt *C* geben Sie den Laufwerkbuchstaben der Festplatte ein, auf der Nero 6 installiert wurde.

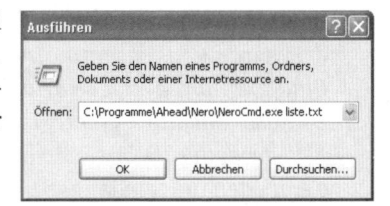

2 Nach einem Druck auf die Enter-Taste erscheint ein Fenster, dem Sie alle möglichen Befehle entnehmen können. Hier bewegen Sie sich mit einem Druck auf eine beliebige Taste nach unten, um weitere Befehlseinträge kennen zu lernen. Auf die wichtigsten Befehle zur Datensicherung gehe ich in der folgenden Tabelle kurz ein. Das Fenster schließen Sie über Esc.

Wichtige Befehle	Funktion
–write –real	Daten auf eine Disk schreiben; ohne „–real" wird nur eine Simulation durchgeführt.
–drivename x	Hierüber legen Sie den zu verwendenden Brenner fest; statt „x" geben Sie den Laufwerkbuchstaben des Writers ein – diesen erfahren Sie beispielsweise mit dem Nero InfoTool.
–speed x	Mit diesem Befehl bestimmen Sie die Schreibgeschwindigkeit – statt „x" geben Sie die gewünschte Speed (beispielsweise 24) ein.
–iso xxxxx	Weisen Sie der Scheibe im ISO-Standard einen Namen zu; diesen geben Sie statt xxxxx ein.
–create_iso_fs	Beim Brennen das ISO-Dateisystem nutzen.
–use rockridge	Rockridge-Format beim Brennen der Daten verwenden.
–close_session	Nur die jeweilige Brennsession wird fixiert – die Disk bleibt offen, weshalb weitere Daten drauf gebrannt werden dürfen.
–recursive	Möchten Sie einen kompletten Ordner inklusive aller Unterordner brennen, nutzen Sie diese Option; sonst werden die Unterordner nicht auf die Scheibe gebrannt

So funktioniert die Datensicherung

Nehmen wir als Beispiel an, Sie wollten den Ordner *Backup* (inklusive Unterordner), der sich auf der Festplatte *C* befindet, mit der Nero-Kommandokonsole auf eine Disk mit Namen „Backup" im ISO-Dateisystem brennen. Der Writer besitzt den Laufwerkbuchstaben H und die Brenngeschwindigkeit soll 24fach betragen. Für die Datensicherung gehen Sie folgendermaßen vor:

2. Perfekte Datenbackups mit Nero und Nero BackItUp

1 Legen Sie eine leere Disk ein und wählen Sie im Startmenü *Ausführen*.

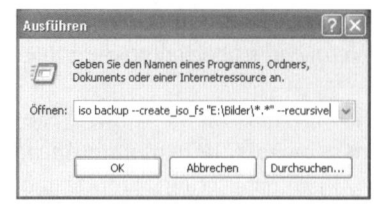

2 Für die Datensicherung geben Sie folgende Zeile ein – die Befehle beginnen stets mit zwei Bindestrichen (-) und zwischen den Befehlen ist immer einmal die [Leertaste] zu drücken: *C:\Programme\Ahead\Nero\Nero Cmd.exe --write --real --drivename h --speed 24 --iso backup --create_iso_fs "E:\Bilder\ *.* --recursive*. Wollen Sie dagegen nur eine einzelne Datei sichern, geben Sie deren genaue Pfadangabe zwischen den Gänsefüßchen ein und lassen *--recursive* weg.

3 Nach einem Druck auf die [Enter]-Taste startet der Schreibvorgang. Die fertig gebrannte Disk wird automatisch ausgeworfen.

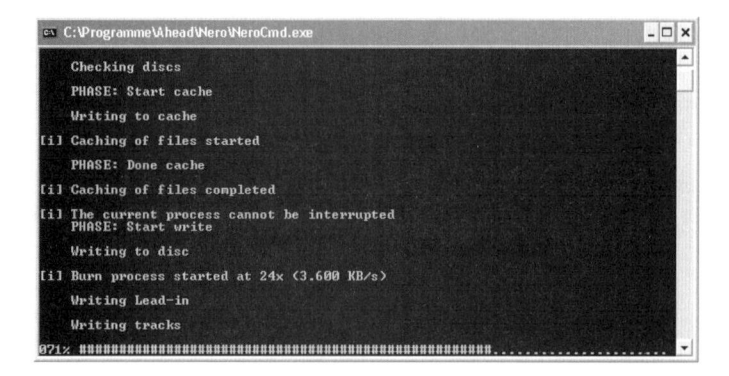

Bei der Eingabe der einzelnen Befehle dürfen Sie sich keinen Tippfehler leisten, sonst funktioniert das Brennen nicht und Sie erhalten eine Fehlermeldung! Wenn Sie ein bisschen Übung haben und die notwendigen Befehle kennen, ist der aufgezeigte Weg eine schnelle Alternative zum Brennen einer Datendisk mit Nero Express, Nero BackItUp bzw. Nero Burning Rom.

Rasante Datensicherung über Batchdatei mit einem Klick

Die regelmäßige Datensicherung über die Kommandokonsole lässt sich, wenn Sie stets die gleichen Daten sichern möchten, deutlich vereinfachen und beschleunigen, indem Sie mit einem Editor eine Batchdatei erzeugen:

1 Starten Sie über *Programme/Zubehör* den in Windows integrierten *Editor* und geben Sie dort (wie gewohnt) hintereinander durch einen Leerschritt getrennt die Befehle ein, die zum Brennen der Dateien notwendig sind. Sie sollten diesmal unbedingt den Befehl *--close_session* verwenden, damit nur die gebrannte Session fixiert wird und nach dem Abschluss des Brennvorgangs weitere Daten auf die Scheibe gebrannt werden können; andernfalls wird die Disk automatisch finalisiert.

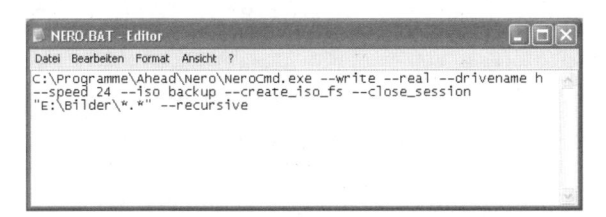

```
NERO.BAT - Editor
Datei Bearbeiten Format Ansicht ?
C:\Programme\Ahead\Nero\NeroCmd.exe --write --real --drivename h
--speed 24 --iso backup --create_iso_fs --close_session
"E:\Bilder\*.*" --recursive
```

2   Über die beiden Befehle *--detect_non_empty_cdrw* & *--force_erase_cdrw* erreichen Sie, dass eine wieder beschreibbare Disk vor jedem Schreibvorgang automatisch gelöscht wird, sodass Sie stets nur die aktuellen Dateiversionen auf der Scheibe haben – den Befehl *--close_session* benötigen Sie in dem Fall nicht.

3   Die erstellte Datei speichern Sie beispielsweise als *Nero.bat* auf Ihrem Desktop ab. Der Dateiname ist frei wählbar, die Endung muss hingegen stets *.bat* sein. Die erzeugte Batchdatei kann über den Kontextmenüeintrag *Bearbeiten* jederzeit geändert werden.

4   Ab sofort führen Sie die Datensicherung mit einem Doppelklick auf die Batchdatei raketenschnell durch! Vergessen Sie nicht, vorher einen Rohling in den Brenner zu legen – schließlich beginnt der Schreibvorgang sofort!

Für möglichst schnelle Datenbackups ist das Anlegen einer Batchdatei ideal, da Sie sich nicht mehr durch die zahlreichen Nero-Fenster „hindurchklicken" oder die notwendigen Befehle für die Kommandozeile eintippen müssen, sondern mit *einem* Doppelklick den Schreibvorgang starten. Mithilfe der erzeugten Batchdatei ist es weiterhin möglich, die Datensicherung über den Taskplaner von Windows zu automatisieren. Meiner Meinung nach ist diese Methode aber nicht ratsam, für die automatische Datensicherung sollten Sie lieber das komfortable Nero BackItUp verwenden!

2.7 Rettungsdisk für PC-Notfälle

Es kann jeden PC-User erwischen: Windows startet nicht mehr bzw. nur mit einer Fehlermeldung, weil beispielsweise wichtige Systemdateien durch Viren beschädigt wurden oder die Partitionstabelle der Festplatte fehlerhaft ist. Das System rettet man in diesen Fällen häufig mithilfe einer Startdiskette – aber das ist nicht optimal: Eine Diskette ist äußerst fehleranfällig und kann schnell durch Viren verseucht werden, wenn man in der Hektik vergisst, deren Schreibschutz zu aktivieren. Schlagen Sie sich nicht länger damit herum, sondern erstellen Sie eine robuste Rettungs-CD/DVD, die unter anderem wesentlich mehr Platz für wichtige Rettungstools bietet als die Startdiskette.

Voraussetzungen für eine Boot-CD/DVD

Für den Einsatz bzw. die Erstellung einer Rettungsdisk gibt es einige Voraussetzungen, die erfüllt sein müssen, um im Notfall bestens gerüstet zu sein.

Auf welche Dateisysteme kann unter DOS zugegriffen werden?

Unter DOS können ohne zusätzliche Treiber mit der Boot-CD/DVD nur Festplatten bzw. Festplattenpartitionen im FAT16- oder FAT32-Dateisystem angesprochen werden. In der Regel nutzen Windows 9x/ME diese Dateisysteme. Verwenden Sie unter Windows XP das empfehlenswerte NTFS-Dateisystem, müssen Sie auf die Bootdisk einen separaten Treiber packen, um an die Daten einer NTFS-Partition zu gelangen, da DOS diese Funktion „von Haus aus" nicht unterstützt. Einen solchen Treiber, mit dem Sie unter DOS Dateien im NTFS-Dateisystem lesen, erhalten Sie unter *http://www.sysinternals.com/ntw2k/utilities.shtml*; bei der kostenlosen Variante NTFSDOS ist nur der Lesezugriff möglich. Müssen Sie Daten auf einer NTFS-Partition verändern, um beispielsweise einen Virus zu vertreiben, brauchen Sie die kommerzielle Variante NTFSDOS Professional. Als Alternative nutzen Sie im PC-Notfall auf einem Windows XP-Rechner statt der Bootdisk die professionelle Wiederherstellungskonsole des Systems, um den PC wieder flott zu bekommen.

Das Mainboard des PCs (bzw. dessen BIOS) darf nicht älter als 1997 sein, sonst ist das Starten des Rechners mit einer CD bzw. DVD nicht möglich. Bei alten Mainboards (vor 1998/99) ist häufig ein BIOS-Update erforderlich, um von CD/DVD den PC booten zu können.

Welche Startdiskette ist für die Bootdisk optimal?

Sie benötigen für das Brennen der Bootdisk zum letzten Mal eine Startdiskette, die Sie aus Sicherheitsgründen am besten neu erstellen, um Fehler darauf auszuschließen. Eine mit dem Betriebssystem Windows 98 erstellte Startdiskette ist sehr gut geeignet, um als Grundlage für die Boot-CD/DVD zu dienen. Bei einer Startdiskette von Windows 95 müssen Sie dagegen vorher manuell eingreifen und die Treiber einbinden, die zum Ansprechen der CD/DVD-ROM-Laufwerke unter DOS erforderlich sind – Näheres hierzu erfahren Sie in der Spezialliteratur zu Windows 95. Die notwendige Startdiskette zum Booten des PCs in das alte DOS kann auch unter Windows XP nicht erstellt werden: Es gibt zwar die Option *MS-DOS Startdiskette erstellen* im Kontextmenü des Diskettenlaufwerks – aber die resultierende Diskette ist nicht zu gebrauchen! Sie besitzt nicht einmal die Fähigkeit, unter DOS ein CD-ROM-Laufwerk anzusprechen. Haben Sie keine Möglichkeit, sich unter einem alten Betriebssystem (Windows 98) eine geeignete Startdiskette zu erstellen oder besitzt Ihr Rechner kein Diskettenlaufwerk (kommt bei einigen modernen Komplettsystemen vor), nutzen Sie ein entsprechendes Startdisketten-Image (exaktes Abbild einer Startdiskette), das Sie auf vielen Internetseiten her-

Rettungsdisk für PC-Notfälle

unterladen können – am besten suchen Sie mit einer Suchmaschine (*www.google.de*) danach.

Boot-CD/DVD erstellen

Die Spezifikationen der Bootdisk wurden im so genannten El Torito-Standard festgelegt. Der nach einem spanischen Stierkämpfer klingende Name kommt von dem Wirtshaus, in dem der Standard definiert wurde. Er sieht vor, dass auf dem Rohling, neben einer Datenpartition im ISO 9660-Dateisystem das Image einer Startdiskette vorhanden ist. Dieses Abbild wird beim Booten des PCs als Erstes gelesen und simuliert dem System ein virtuelles (scheinbar vorhandenes) Diskettenlaufwerk. Aus dem Grund darf das Bootimage nicht größer als die maximale Kapazität einer Diskette sein – in der Regel 1,44 MByte.

1 Legen Sie die eventuell vorhandene Startdiskette in Ihr Diskettenlaufwerk ein und starten Sie Nero Burning Rom oder wählen Sie im Programm *Datei/Neu*, um das Projektauswahlfenster erscheinen zu lassen.

2 Wählen Sie zunächst den Medientyp (*CD* oder *DVD*) und markieren Sie den Eintrag *CD-ROM (Boot)* bzw. *DVD-ROM (Boot)*. Nero prüft daraufhin, ob sich eine Diskette im Laufwerk befindet und öffnet automatisch die Registerkarte *Startopt.* Hier legen Sie die genauen Einstellungen bezüglich der Bootpartition auf der zu brennenden Disk fest.

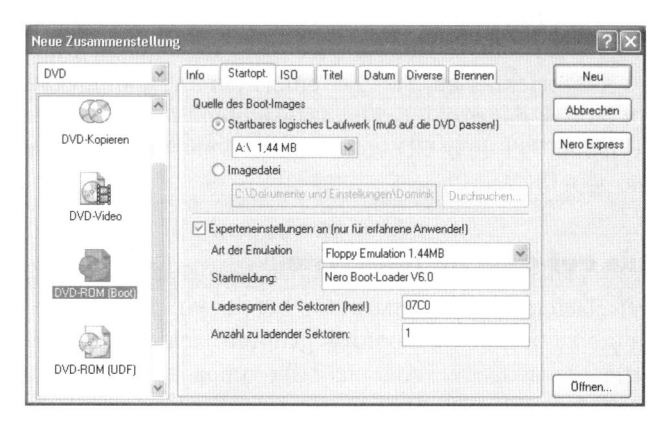

3 Unter *Quelle des Boot-Images* bestimmen Sie, ob Sie eine Startdiskette (unter *Startbares logisches Laufwerk* wählen Sie, falls nicht automatisch geschehen, das Diskettenlaufwerk mit der Startdiskette aus) oder die *Imagedatei* einer Startdiskette (beispielsweise aus dem Internet) nutzen möchten.

4 Wollen Sie weitere Einstellungen vornehmen, aktivieren Sie *Experteneinstellungen an*. Hinter *Art der Emulation* legen Sie fest, welches virtuelle Laufwerk dem System beim Starten von der Bootdisk „vorgegaukelt" werden soll. In der Regel ist *Floppy Emulation 1.44 MB* die beste Wahl. Darunter können Sie einen Text eingeben, der beim Starten des Rechners von der Bootdisk erscheint.

2. Perfekte Datenbackups mit Nero und Nero BackItUp

5 Über *Ladesegment der Sektoren* geben Sie in hexadezimaler Schreibweise die RAM-Adresse an, die für die Bootsektoren zuständig ist. Bei Intel x86-kompatiblen Rechnern (alle modernen Windows-Systeme) muss *07C0* eingetippt werden. Hinter *Anzahl zu ladender Sektoren* bestimmen Sie, wie viele Sektoren vor dem Start des Bootprogramms zu laden sind. Bei Intel x86-kompatiblen PCs muss hier eine *1* stehen.

6 Zum Abschluss prüfen Sie auf der Registerkarte *ISO*, ob die Joliet-Erweiterung (*Joliet*) ausgeschaltet ist, da dies zu Problemen führt. Klicken Sie auf *Neu*, um in das Programmfenster von Nero zu gelangen und die Dateien und Rettungstools für die Datenpartition in das Projekt zu integrieren. Die Daten der Startdiskette in der Bootpartition der zu brennenden Scheibe sind aus Sicherheitsgründen nicht sichtbar, da eine versehentliche Änderung unter Umständen die startbaren Eigenschaften vernichten würde.

Welche Tools gehören auf eine Bootdisk?

Sie werden sich fragen, wie Sie den gigantischen Speicherplatz der gerade angelegten Boot-CD/DVD am besten ausnutzen und welche Rettungsprogramme auf eine solche Scheibe gehören.

> **Wichtig: Halten Sie Ordnung auf der Bootdisk!**

Es ist enorm wichtig, aus Übersichtsgründen für jedes Programm auf der Boot-CD/DVD einen eigenen Ordner anzulegen, um es später schnell griffbereit zu haben. Notieren Sie sich, in welchen Unterverzeichnissen Sie die einzelnen Programme verstecken, sonst beginnt im Notfall das große Grübeln. Beachten Sie, dass die Datei- und Ordnernamen auf jeden Fall dem ISO 9660-Standard entsprechen müssen, sonst kann es Probleme geben!

Rettungstools gratis aus dem Betriebssystem

Windows bringt in den Tiefen der Ordnerstruktur bereits einige wichtige Rettungstools mit, die auf die zu brennende Bootdisk gehören. Leider finden Sie die in der folgenden Tabelle angegebenen Tools nicht alle unter jedem Betriebssystem (beispielsweise Windows XP) – Sie sehen, dass es sich immer noch lohnt, einen Rechner mit altem Windows 9x/ME zu besitzen, denn hier finden Sie die aufgelisteten Programme im Verzeichnis *C:\Windows\Command*.

Dateiname	Beschreibung
Diskcopy.com	Tool zum Anfertigen von Diskettenkopien
Deltree.exe	Programm für groß angelegte Löschaktionen; beseitigt komplette Verzeichnisse von der Festplatte
Edit.com und Edit.hlp (Hilfedatei)	Texteditor

Rettungsdisk für PC-Notfälle

Dateiname	Beschreibung
Extract.com	Entpackt CAB-Dateien
Fc.exe	Mit diesem Tool können zwei Dateien miteinander verglichen werden
Fdisk.exe	Tool zum Partitionieren der Festplatte
Format.com	Formatiert (löscht) Partitionen auf der Festplatte
Label.exe	Ändert den Namen der entsprechenden Partition
Move.exe	Programm zum Verschieben von Dateien
Scandisk.exe	Festplattenprüfprogramm
Scanreg.exe	Das Programm untersucht die Registry und nimmt bei Fehlern Korrekturen vor
Xcopy.exe und Xcopy32.mod	Tool zum Kopieren kompletter Ordner

Weitere nützliche Tools für die Bootdisk

Im Folgenden lernen Sie weitere Tools und Programme kennen, die unbedingt auf eine professionelle Rettungs-CD/DVD gehören.

Auf der Boot-CD/DVD darf keinesfalls ein Virenscanner mit aktuellen Virensignaturen fehlen, um im Notfall einen verseuchten PC unter DOS von den Schädlingen befreien zu können. Entweder nutzen Sie die unter DOS laufenden Notfallversionen der bekannten Virenscanner (beispielsweise Norton AntiVirus oder McAfee VirusScan) auf den Rettungsdisketten dieser Programme, indem Sie alle Dateien der Disketten in einen Ordner auf der zu brennenden Scheibe kopieren, oder Sie nutzen die DOS-Version des Virenscanners F-PROT (nähere Informationen hierzu erhalten Sie unter *http://www.f-prot.de/*). Denken Sie daran, dass die Virendefinitionen stets aktualisiert werden müssen, damit auch neue Viren gefunden werden!

DOS-Version eines aktuellen Virenscanners ist Pflicht!

Manche Programme brauchen zur Bedienung unter DOS einen Mauszeiger. Da dieser im DOS-Betriebssystem nicht vorhanden ist, müssen Sie ihn separat aktivieren. Im Hauptverzeichnis der zu schreibenden Boot-CD/DVD bringen Sie den Maustreiber für DOS unter. Besitzen Sie Partition Magic, Drive Image oder Ghost, finden Sie die notwendige Treiberdatei mit dem Namen *mouse.com* auf der Setup-CD oder den erstellten Notfalldisketten der Programme. Den Maustreiber aktivieren Sie unter DOS, indem Sie zunächst zu dem CD-ROM-Laufwerkbuchstaben wechseln, *mouse.com* eintippen und die [Enter]-Taste drücken. Dadurch steht Ihnen in sämtlichen DOS-Programmen mit grafischer Oberfläche der nützlicher Mauszeiger zur Verfügung!

Ohne „Mäuschen" wird die Bedienung sehr schwer ...

2. Perfekte Datenbackups mit Nero und Nero BackItUp

> **Maus unter DOS**
>
> Unter DOS funktionieren in der Regel nur Mäuse mit serieller Schnittstelle in allen Programmen fehlerfrei; bei Mäusen mit PS2- oder USB-Anschluss kann es zu Problemen kommen – der Mauszeiger kann unter DOS nicht aktiviert werden. Für PC-Notfälle sollten Sie daher eine alte, serielle Maus bereithalten.

Software zum Partitionieren der Festplatte ist wichtig!

Um im Notfall die Festplatte unter DOS neu aufzuteilen (zu partitionieren), benötigen Sie ein kommerzielles Programm. Schlagen Sie sich auf keinen Fall mit dem kostenlosen, aber schlecht zu bedienendem Programm Fdisk von Microsoft herum – hierbei passiert schnell ein Fehler, wodurch wichtige Daten auf der Festplatte gelöscht werden! Ein gutes und selbst unter DOS mit der Maus komfortabel zu bedienendes Programm ist Partition Magic von Power Quest. Bei der Software müssen für den Notfall folgende Dateien in ein Unterverzeichnis auf die Bootdisk kopiert werden: *PARTINFO.EXE*, *PTEDIT.EXE*, (Tool zur Bearbeitung der Partitionstabelle) und *PMAGIC.EXE* (das Hauptprogramm benötigt sämtliche Dateien der zweiten Notfalldiskette der Partitionierungssoftware.).

Imagedateien eines Backupprogramms integrieren

Besitzen Sie ein Backupprogramm, mit dem Sie eine Imagedatei Ihrer Festplatte erzeugen, die im Notfall unter DOS zurückgespielt werden kann, sollten Sie nicht zögern und ein aktuelles Backup erstellen. WICHTIG: Auf der Boot-CD/DVD muss als Dateisystem der strenge ISO-Standard gewählt werden. Aus diesem Grund dürfen die einzelnen mit der Backupsoftware angefertigten Sicherungsdateien auf keinen Fall größer als zwei GByte sein – mit größeren Dateien kommt das ISO-Dateisystem (und DOS) nicht zurecht. Viele leistungsfähige Backupprogramme (zum Beispiel DriveImage) bieten eine Option an, mit der die Größe der anzulegenden Dateien für das Festplattenimage festgelegt wird.

Die erstellten Sicherungsdateien der Festplatte kopieren Sie in einen separaten Ordner auf der Boot-CD/DVD. Zusätzlich müssen Sie die „Notfallversion" des Backupprogramms, mit der Sie das Festplattenimage unter DOS zurückspielen können, auf dem zu brennenden Medium unterbringen. Mit einer dermaßen präparierten Notfall-CD/DVD sind Sie bestens gerüstet: Gelingt es nicht, Windows mit den diversen Rettungstools zu reanimieren, spielen Sie die angefertigten Imagedateien über die Backupsoftware unter DOS auf die Festplatte zurück – das System ist schnell wiederhergestellt.

Bootdisk brennen

1 Nachdem alle notwendigen Programme in das Zusammenstellungsfenster von Nero hineingezogen wurden, rufen Sie über *Rekorder/Zusammenstellung brennen* die Brennoptionen auf.

2. Die automatisch vorgenommenen Einstellungen lassen Sie in der Regel unverändert und klicken auf *Brennen*. Nur bei einer CD-RW ist es zurzeit möglich, die Option *CD fixieren* auszuschalten, um weitere Daten auf die Scheibe zu brennen. Dies ist jedoch nicht empfehlenswert. Finalisieren Sie jede Bootdisk über *CD fixieren* bzw. *DVD fixieren*. Beim Hinzufügen neuer Daten kann es passieren, dass die Scheibe Ihre startfähigen Eigenschaften verliert. Für die regelmäßige Aktualisierung der Bootdisk (beispielsweise zwecks aktueller Virendefinitionen), verwenden Sie zum Brennen am besten wieder beschreibbare Rohlinge. Beachten Sie: Beim Start des Schreibvorgangs muss die Startdiskette im Laufwerk sein!

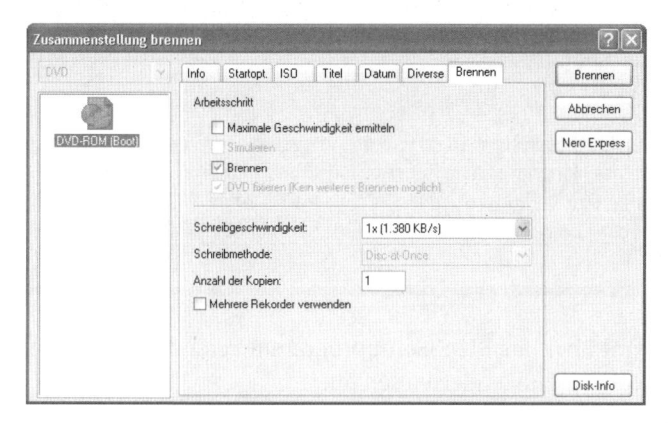

Mit der gebrannten Boot-CD/DVD ist es möglich, unter allen etwas moderneren Windows-Betriebssystemen auf Partitionen im FAT16- bzw. FAT32-Dateisystem (mit einem separaten Treiber auch im NTFS-Dateisystem) Viren zu vertreiben, die Festplatte zu partitionieren oder das Betriebssystem neu zu installieren. Beachten Sie, dass Windows XP nicht von der DOS-Ebene installiert werden kann: Hierzu benötigen Sie die bootfähige Original-CD von Microsoft (oft anders behauptet: die Update-CD ist ebenfalls bootfähig)! Bevor Sie die gebrannte Scheibe für Notfälle sicher aufbewahren, sollten Sie testen, ob die Bootdisk richtig funktioniert, um im Notfall keine böse Überraschung zu erleben ...

Gebrannte Rettungsdisk unbedingt testen!

1. Legen Sie die CD/DVD in eines Ihrer Laufwerke ein und beenden Sie die Windows-Sitzung mit der Option *Neu starten*.

2. Wählen Sie im erscheinenden Startmenü mit den Pfeiltasten die erste Option: *Computer mit CD-ROM Unterstützung starten* und betätigen Sie die [Enter]-Taste.

3. Der PC wird überprüft und die vorhandenen Laufwerke werden gesucht. Zum Abschluss müssen auf Ihrem Monitor folgende Zeilen erscheinen: *MSCDEX Version 2.25 Copyright (C) Microsoft Corp. 1986-1995. All rights reserved.* Darunter sollten die vorhandenen CD-ROM-Laufwerke aufgeführt sein.

4 Bei Ihnen hat es geklappt? Nehmen Sie die Bootdisk aus dem Laufwerk und starten Sie den PC über den Reset-Taster am Gehäuse neu. Für den nächsten PC-Crash sind Sie bestens gewappnet!

Wenn die Bootdisk nicht funktioniert ...

Taucht bei Ihnen nach einiger Zeit der Windows-Desktop auf, hat die Boot-CD nicht funktioniert. Der häufigste Grund dafür ist, dass beim Starten des Rechners das CD-ROM- bzw. DVD-Laufwerk nicht berücksichtigt, sondern gleich auf die Festplatte zugegriffen wird. Sie müssen die Bootreihenfolge (Startreihenfolge) im BIOS ändern, damit die gebrannte Rettungs-CD/DVD genutzt werden kann!

Was ist das BIOS?

BIOS steht für Basic Input Output System (deutsch: grundlegendes Ein- und Ausgabesystem). Das BIOS steuert die gesamte Hardware eines PCs. Aus diesem Grund ist es sehr gefährlich, unbekannte BIOS-Einstellungen zu verändern! Jeder Rechner wäre ohne BIOS nur eine leblose Masse an Elektronikschrott – das bemerkt man spätestens, wenn ein Update davon schief gegangen ist.

Die Startreihenfolge wird über das BIOS-Setupprogramm verändert – dieses rufen Sie bei den meisten Rechnern folgendermaßen auf:

1 Schalten Sie den PC ein, blicken Sie auf den Monitor und warten Sie, bis folgende Zeile im unteren Drittel des Bildschirms auftaucht: *Press F1 or DEL to enter Setup*. Sollte im unteren Teil des Bildschirms eine andere Taste angegeben werden, müssen Sie diese betätigen, um in das Setupprogramm des BIOS zu gelangen.

2 Folgen Sie der Anweisung und drücken Sie die [Entf]-Taste (entspricht auf deutschen Tastaturen der [Del]-Taste.).

Wurde die Taste zu spät gedrückt, gelangen Sie nicht ins BIOS, sondern Windows zaubert sein Startbild auf Ihren Monitor. Hier hilft nur, den Rechner neu zu starten und das nächste Mal etwas schneller zu sein! Wenn es immer noch nicht gelingen sollte, müssen Sie in den Handbüchern – die hoffentlich mit dem PC mitgeliefert wurden – oder auf den Internetseiten des Herstellers nachsehen, wie Sie das BIOS-Programm aufrufen.

Bootreihenfolge im BIOS ändern

Aufgrund der unterschiedlichen BIOS-Varianten ist eine genaue Beschreibung, wie die Bootreihenfolge geändert werden muss, leider nicht möglich! Sehen Sie am besten in Ihrem Mainboard- bzw. PC-Handbuch nach, wie die Bootreihenfolge in Ihrem BIOS verändert wird. Bei den meisten modernen Rechnern stellen Sie folgendermaßen die Bootreihenfolge ein:

Rettungsdisk für PC-Notfälle

1. Halten Sie im BIOS nach einem der folgenden Menüs Ausschau: *BIOS Features Setup*, *Advanced BIOS Features*, *Advanced CMOS Setup* oder in einigen neuen Varianten *Boot*.

2. Rufen Sie das vorhandene Menü auf und suchen Sie dort nach dem Eintrag *Bootsequenz* oder bei neueren BIOS-Versionen nach *First Boot Device*.

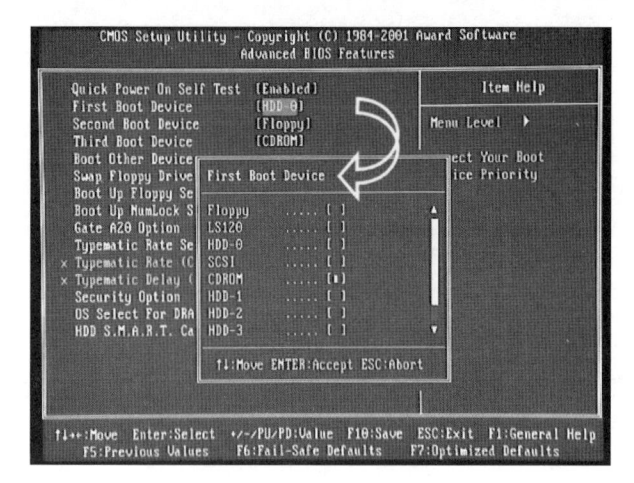

3. Setzen Sie, falls möglich, das als Master angeschlossene CD-ROM-Laufwerk an die erste Stelle bzw. vor *C* bzw. *HDD* (die Festplatte). Wählen Sie unbedingt das als Master angeschlossene Laufwerk zum Booten aus, da manchmal mit einem im Slave-Modus betriebenen Laufwerk nicht gebootet werden kann. Bei den meisten BIOS-Ausgaben finden Sie jedoch keine genauen Einstelloptionen, sondern nur die Auswahlmöglichkeit *CD-ROM*. Verlassen Sie das Setupprogramm des BIOS über *Save & Exit*.

2. Perfekte Datenbackups mit Nero und Nero BackItUp

3. Diskkopien: Perfektes Handling von Imagedateien

Ihr Freund möchte sich den von Ihnen professionell erstellten und auf DVD gebrannten Urlaubsfilm ausleihen? Fertigen Sie aus Sicherheitsgründen zum Ausleihen lieber eine Kopie der Videoscheibe an – schließlich kann bereits ein etwas größerer Kratzer auf dem Medium zu Lesefehlern führen. In diesem Kapitel erfahren Sie, wie Sie Ihre Silberlinge perfekt entweder „on-the-fly" oder über eine Imagedatei kopieren. Zusätzlich zeige ich Ihnen, wie Sie von jedem CD/DVD-Projekt eine Imagedatei erzeugen und dadurch selbst auf einem relativ leistungsschwachen Rechner alle Effekte und Bearbeitungsmöglichkeiten des jeweiligen Projekts ausgiebig nutzen können. Das Anlegen von Imagedateien lohnt sich besonders bei komplexen Projekten: Auf diese Weise testen Sie das Projekt mithilfe von Nero DriveImage zunächst intensiv, bevor Sie es auf eine Disk brennen. Als Highlight erfahren Sie zum Abschluss, wie Sie eine „zu große" Video-DVD mit Nero Recode auf Rohlinggröße zusammenschrumpfen.

3.1 CDs/DVDs „on-the-fly" oder per Image fehlerfrei kopieren 120

3.2 Geld sparen: Imagedateien mit Nero ImageDrive testen 125

3.3 Nero Recode optimal nutzen 130

3. Diskkopien: Perfektes Handling von Imagedateien

3.1 CDs/DVDs „on-the-fly" oder per Image fehlerfrei kopieren

> **Geltendes Urheberrecht beachten!**
>
> Unabhängig von der Art der Originaldisk kann mit Nero sehr schnell eine Kopie erstellt werden. Als Kopie – ob Audio-CD, Daten-CD oder -DVD, CD-Extra oder DVD-Video – ist dabei im engeren Sinne eine Sicherheitskopie zu verstehen, da das Anfertigen von Kopien kommerzieller und im Einzelfall auch nichtkommerzieller DVDs oder CDs nach dem Urheberrechtsgesetz (UrhG) nicht oder nur mit Einschränkungen möglich ist. Handelt es sich sogar um kopiergeschützte Originale, sind Kopien seitens des Herstellers nicht zulässig.
>
> Das Kopieren einer geschützten CD/DVD ist mit Nero Burning Rom allerdings auch nicht möglich. Gleich beim Start des Lesevorgangs erhalten Sie eine entsprechende Mitteilung.
>
> *Kopiergeschützte CDs/DVDs können mit Nero nicht kopiert werden!*
>
> Beachten Sie, dass Kopien von CDs und DVDs nur in vertraglich (insbesondere Lizenzbedingungen der Hersteller) oder gesetzlich zulässigen Fällen angefertigt werden dürfen. Sowohl der Autor als auch der Verlag distanzieren sich vom Erstellen illegaler Kopien.

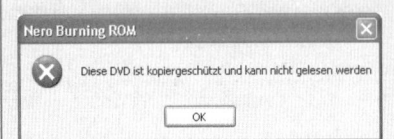

Wenn Sie eine CD/DVD kopieren möchten, gibt es zwei Wege: Entweder fertigen Sie das Duplikat „on-the-fly" oder über eine Imagedatei an.

Disks „on-the-fly" kopieren

Beim Kopieren „on-the-fly" werden die Daten von der Scheibe ausgelesen und vom Leselaufwerk direkt an den Brenner geschickt, der sie auf den Rohling schreibt – eine Zwischenspeicherung der Daten auf der Festplatte, wie es beim Kopieren per Image der Fall ist, findet nicht statt! Der Vorteil beim Kopieren „on-the-fly" ist, dass die Kopie ziemlich schnell fertig gestellt ist. Bei dieser Kopiermethode treten jedoch wesentlich häufiger Lesefehler auf (besonders wenn das Lesegerät von minderwertiger Qualität ist), die die erstellte Kopie unbrauchbar machen. Legen Sie auf eine möglichst exakte und fehlerfreie Kopie wert, fertigen Sie das Duplikat daher besser über eine Imagedatei an!

Voraussetzungen für das Kopieren „on-the-fly"

Wollen Sie eine Scheibe „on-the-fly" kopieren, müssen Sie folgende Voraussetzungen für ein möglichst fehlerfreies Ergebnis erfüllen:

- Die zu kopierende CD/DVD sollte möglichst sauber sein und keine Kratzer auf der Rückseite besitzen – andernfalls sind Lesefehler vorprogrammiert. Im schlimmsten Fall bricht der Kopiervorgang mit einer Fehlermeldung ab, weil das Lesegerät die Daten nicht auslesen kann.

CDs/DVDs „on-the-fly" oder per Image fehlerfrei kopieren

- Sie benötigen neben einem Brenner ein separates Lesegerät. Besitzt Ihr PC nur einen Writer, können Sie eine Kopie nur über die Imagedatei erstellen.

- Das Lesegerät und der Brenner dürfen nicht am gleichen IDE-Controller angeschlossen sein, sonst kommt es beim Kopieren zu einer Überlastung des IDE-Bus. Die Folge: Der Kopiervorgang scheitert mit einer Fehlermeldung oder es treten sehr viele Lesefehler auf. Die genaue Konfiguration Ihrer Laufwerke erfahren Sie beispielsweise über das Nero InfoTool.

Optimale Geschwindigkeit für das Kopieren „on-the-fly" ermitteln

Die optimale Wahl der Brenngeschwindigkeit ist der Schlüssel zum Erfolg beim Kopieren „on-the-fly": Wird eine zu hohe Geschwindigkeit ausgewählt, muss der Schreibvorgang ständig vorübergehend angehalten werden, um den tödlichen Buffer Underrun zu verhindern, weil das Lesegerät die Daten nicht schnell genug an den Writer schickt. Bei einer zu niedrigen Brenngeschwindigkeit muss das Leselaufwerk das Auslesen der Disk vorübergehend anhalten, da der Writer die bereits gelesenen Daten nicht rasch genug auf den Rohling befördert und es zu einem „Datenstau" kommt. Durch das mehrfache Stoppen des Lesevorgangs können vermehrt Lesefehler auftreten.

Mit dem Tool Nero CD-DVD Speed ermitteln Sie die optimale Brenngeschwindigkeit für das Kopieren „on-the-fly":

1 Legen Sie die zu kopierende Disk in das Lesegerät, starten Sie Nero CD-DVD Speed und stellen Sie das Leselaufwerk im Programm ein.

2 Wählen Sie *Test durchführen/Übertragungsrate*. Nero CD-DVD Speed liest die CD/DVD aus und stellt die dabei erzielte Transferrate grafisch dar.

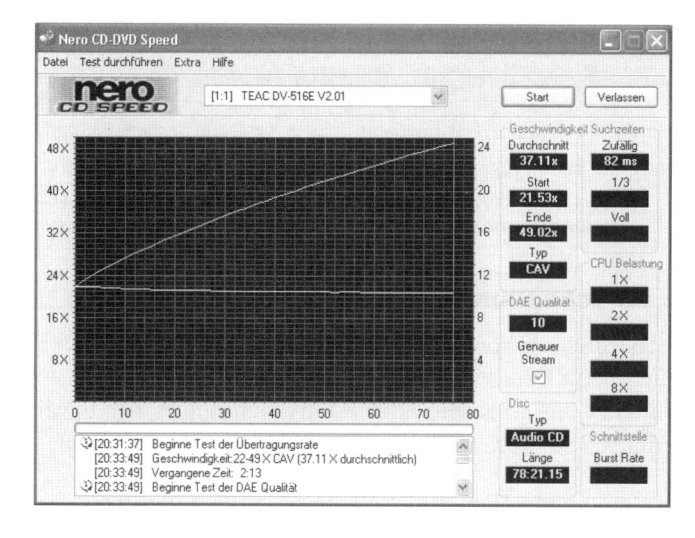

3. Diskkopien: Perfektes Handling von Imagedateien

Fast alle modernen CD-ROM/DVD-ROM-Laufwerke lesen Medien in der CAV-Methode aus. CAV steht als Abkürzung für **C**onstant **A**ngular **V**elocity und bedeutet konstante Winkelgeschwindigkeit. Das Laufwerk liest die Scheibe bei gleichbleibender Umdrehungszahl (erkennbar an dem unteren gelben Graphen). Das hat zur Folge, dass die Transferrate variiert (siehe oberer grüner Graph): Zu Beginn des Mediums ist sie relativ gering und steigt erst in den Außenbereichen der Scheibe stark an. Um eine höhere Übertragungsleistung in den inneren Bereichen der Disk zu erreichen, müsste die Rotation des Mediums weiter gesteigert werden, was die Laufwerkmechanik nicht aushalten würde.

Leichte Unregelmäßigkeiten der beiden Graphen deuten daraufhin, dass das Laufwerk an diesen Stellen kleine Leseprobleme hatte (eventuell ist die CD an diesen Punkten verschmutzt oder leicht verkratzt). Bei starken Transferschwankungen sollten Sie die Scheibe nur über eine Imagedatei kopieren, da das Laufwerk Probleme beim Lesen hat und diese Leseschwierigkeiten sich bei „on-the-fly" unter Umständen verschlimmern können.

| *Die Startgeschwindigkeit ist für „on-the-fly" entscheidend!* | Für das „On-the-fly"-Kopieren von CDs/DVDs müssen Sie sich an der geringsten Auslesegeschwindigkeit zu Beginn des Mediums orientieren, da andernfalls die Daten nicht schnell genug ausgelesen werden und der Buffer Underrun-Schutz des Writers |

ständig aktiv wird und den Schreibvorgang unnötigerweise verlängert. Die ausgewählte Brenngeschwindigkeit sollte keinesfalls höher als der unter *Start* angegebene Wert sein, um die Scheibe möglichst fehlerfrei und schnell „on-the-fly" zu kopieren.

> **Jeder Disktyp wird unterschiedlich schnell gelesen!**
>
> Moderne Laufwerke lesen die unterschiedlichen Medien mit stark variierendem Tempo ein: Während eine Original-CD/DVD relativ flott ausgelesen wird, erreicht das Lesegerät bei einem gebrannten DVD-Rohling beispielsweise nur 2fache Geschwindigkeit! Selbst die unterschiedlichen Disktypen werden unterschiedlich schnell gelesen: Die Übertragungsrate bei einer Daten-CD bzw. Daten-DVD ist zum Beispiel meist deutlich höher als bei einer Audio-CD bzw. Video-DVD. Wollen Sie auf Nummer sicher gehen, prüfen Sie die Lesefähigkeiten des Laufwerks mit Nero CD-DVD Speed erneut, wenn Sie einen anderen Disktyp „on-the-fly" kopieren möchten.

Schritt für Schritt zur schnellen fehlerfreien Kopie

Im Folgenden zeige ich Ihnen, wie Sie möglichst schnell zu einer perfekten Kopie gelangen. Das eventuell beim Kopieren einer Audio-CD auftauchende Fenster bezüglich der CD-Datenbank verlassen Sie am besten über *Abbrechen* – Näheres zur CD-Datenbank erfahren Sie in Kapitel 8.

1 Legen Sie die zu kopierende Disk in das Lesegerät und spendieren Sie dem Writer einen leeren Rohling.

CDs/DVDs „on-the-fly" oder per Image fehlerfrei kopieren

2 Starten Sie Nero Burning Rom bzw. rufen Sie das Fenster *Neue Zusammenstellung* über *Datei/Neu* oder *Rekorder/Disk kopieren* auf. Je nach Disktyp wählen Sie *CD kopieren* oder *DVD kopieren* aus und wechseln auf die Registerkarte *Kopieroptionen*. Für eine „On-the-fly"-Kopie aktivieren Sie den Eintrag *Direktkopie* und wählen darunter das Lesegerät aus. Die *Lesegeschwindigkeit* setzen Sie auf *Maximum*. Die von Nero Burning Rom angegebene Datenlesegeschwindigkeit bzw. Audiolesegeschwindigkeit ignorieren Sie, da diese Werte häufig nicht stimmen! Die mit Nero CD-DVD Speed ermittelte Lesegeschwindigkeit ist wesentlich exakter.

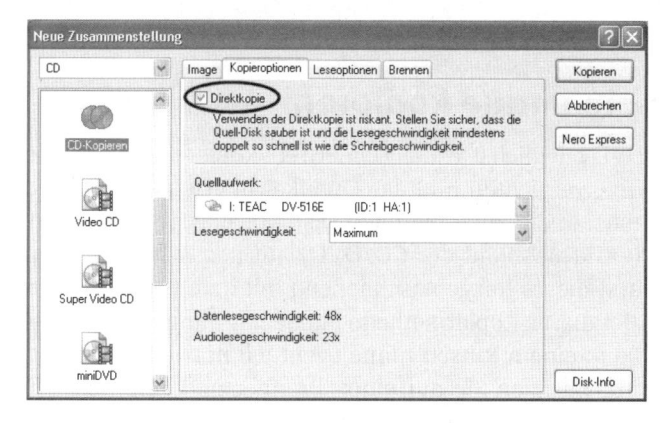

3 Bei einer zu kopierenden CD öffnen Sie die Registerkarte *Leseoptionen* – bei einer DVD gibt es diese Registerkarte nicht. Unter *Schnelle Kopiereinstellungen* wählen Sie die Art der zu kopierenden CD aus und nehmen darunter, falls gewünscht, einige Feineinstellungen vor.

4 Öffnen Sie die Registerkarte *Brennen*. Hier stellen Sie zunächst die mit Nero CD-DVD Speed ermittelte optimale *Schreibgeschwindigkeit* für das Kopieren „on-the-fly" ein und kontrollieren anschließend, ob der Buffer Underrun-Schutz des Writers eingeschaltet ist. Dieser Schutzmechanismus trägt von Writer zu Writer einen anderen Namen – in der Abbildung heißt der entsprechende Eintrag *Buffer underrun proof*. Starten Sie den Kopiervorgang.

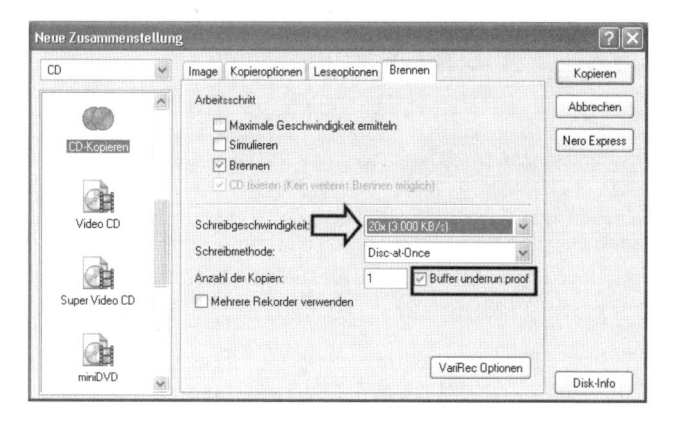

3. Diskkopien: Perfektes Handling von Imagedateien

> **Simulation heutzutage nur Zeitverschwendung!**

Vor einiger Zeit war es beim Kopieren „on-the-fly" empfehlenswert, vor dem Brennvorgang über den Eintrag *Simulieren* eine Simulation des Schreibvorgangs durchzuführen. Dies ist heute in der Regel nicht mehr notwendig, da moderne Writer einen Buffer Underrun-Schutz besitzen und somit den beim Kopieren „on-the-fly" früher sehr gefürchteten Buffer Underrun überbrücken. Wollen Sie auf Nummer sicher gehen, können Sie vor Ihrer ersten „On-the-fly"-Kopie eine Simulation durchführen – danach ist sie aber wirklich nicht mehr nötig und wäre reinste Zeitverschwendung!

Medium über ein Image kopieren

Wollen Sie eine CD/DVD möglichst exakt (fehlerfrei) kopieren, sollten Sie auf das Kopieren „on-the-fly" verzichten und das Duplikat über eine Imagedatei erstellen. Dabei wird zunächst die zu kopierende Disk vollständig ausgelesen, deren Daten als Image (exaktes Abbild der CD/DVD) auf der Festplatte temporär zwischengespeichert und dieses Image anschließend mit dem Brenner auf einen Rohling geschrieben. Bei dieser Kopiermethode entstehen in der Regel keine Lesefehler, da die Scheibe in einem Rutsch (ohne eventuell notwendige Zwischenstopps) ausgelesen wird. Besitzen Sie nur einen Brenner und kein zusätzliches Lesegerät, müssen Sie alle Scheiben über eine Imagedatei erstellen.

1 Legen Sie die zu kopierende Disk in das Lesegerät und spendieren Sie dem Writer einen leeren Rohling. Ist nur ein Brenner im PC vorhanden, nutzen Sie diesen erst zum Lesen und anschließend zum Brennen der Scheibe. Einen teuren DVD-Brenner sollten Sie möglichst nicht zum Auslesen von Disks einsetzen – besorgen Sie sich lieber ein zusätzliches Lesegerät!

2 Starten Sie Nero Burning Rom bzw. rufen Sie das Fenster *Neue Zusammenstellung* über *Datei/Neu* oder *Rekorder/Disk kopieren* auf. Je nach Disktyp wählen Sie *CD kopieren* oder *DVD kopieren* aus und wechseln Sie auf die Registerkarte *Kopieroptionen*.

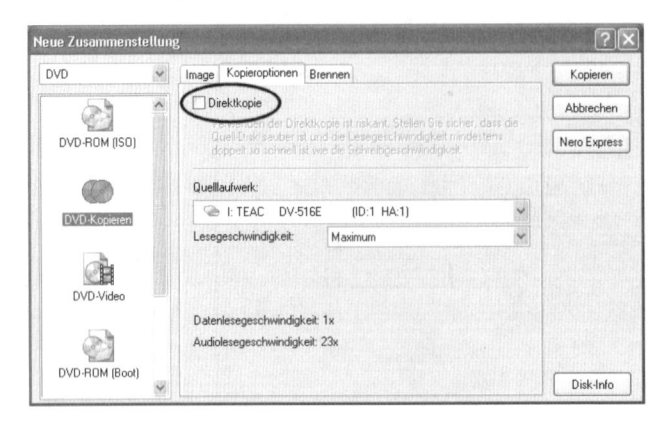

Hier deaktivieren Sie den Eintrag *Direktkopie*, um die Kopie über ein Image zu erstellen. Darunter wählen Sie das Lesegerät aus und stellen die gewünschte *Lesegeschwindigkeit* ein – häufig treten bei einer geringeren Geschwindigkeit weniger Lesefehler auf. Leider unterstützen nicht alle Laufwerke eine Senkung der Lesegeschwindigkeit.

3 Öffnen Sie die Registerkarte *Image* und bestimmen Sie zunächst den Speicherplatz für die temporär zu erstellende Imagedatei. Achten Sie darauf, dass auf der ausgewählten Festplatte genügend freier Speicherplatz ist – für das Kopieren einer DVD werden mehrere GByte benötigt! Die Option *Imagedatei nach Diskkopie löschen* sollten Sie unbedingt aktivieren, damit Nero die temporär erzeugte Imagedatei nach dem Kopiervorgang automatisch löscht und der benötigte Speicherplatz wieder frei wird.

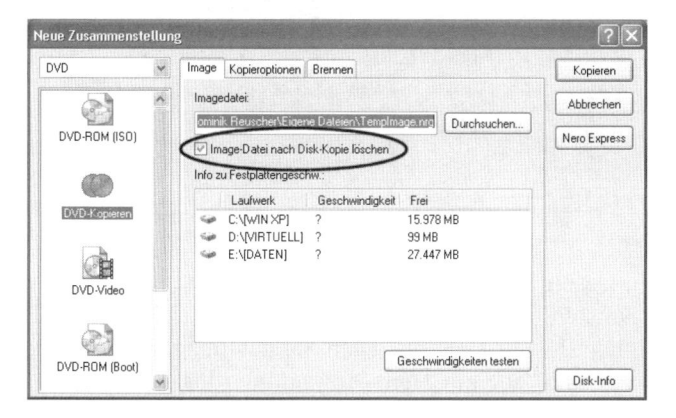

4 Bei einer zu kopierenden CD öffnen Sie anschließend die Registerkarte *Leseoptionen*, um genauere Einstellungen bezüglich der Leseeigenschaften vorzunehmen. Bei einer DVD gibt es diese Registerkarte nicht.

5 Öffnen Sie die Registerkarte *Brennen*. Die Voreinstellungen übernehmen Sie unverändert und dann starten den Kopiervorgang.

3.2 Geld sparen: Imagedateien mit Nero ImageDrive testen

Bei einer Imagedatei handelt es sich um ein exaktes Abbild einer zu brennenden CD/DVD. Das Anlegen einer Imagedatei ist empfehlenswert, um beispielsweise ein komplexes Projekt vor dem Brennen auf eine Disk genau zu testen oder die von Nero angebotenen Effekte, Filter und Bearbeitungswerkzeuge auch auf einem leistungsschwachen System nutzen zu können. Der Einsatz einer Imagedatei ist bei allen Projekten möglich.

3. Diskkopien: Perfektes Handling von Imagedateien

Imagedatei erstellen

Eine Imagedatei von einem mit Nero Burning Rom erzeugten Projekt erstellen Sie folgendermaßen:

1 Stellen Sie das Projekt wie gewohnt zusammen und wählen Sie anschließend in der Symbolleiste als Brenner den Eintrag *Image Recorder* aus. Rufen Sie das Brennfenster über *Rekorder/Zusammenstellung* auf.

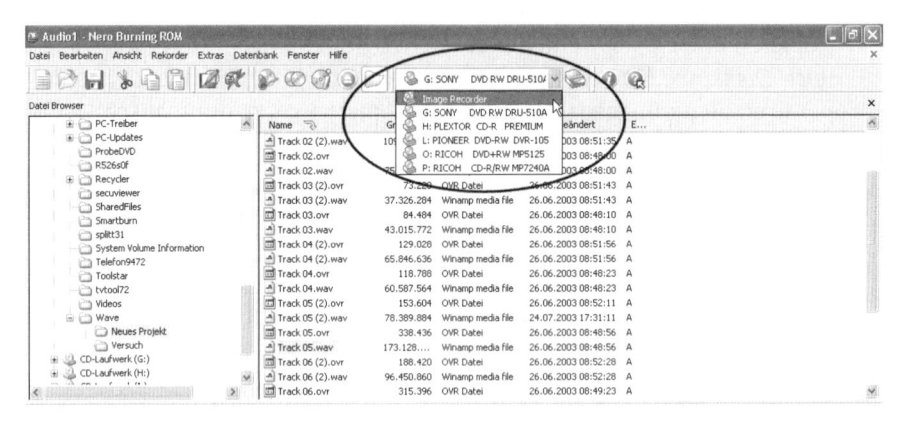

2 Die Voreinstellung lassen Sie unverändert und klicken auf *Brennen*. Es erscheint ein neues Fenster, in dem Sie den Speicherplatz für die zu erstellende Imagedatei bestimmen. Hinter *Dateityp* legen Sie das Imagedateiformat fest. Wollen Sie die Imagedatei nur mit Nero-Programmen testen oder brennen, wählen Sie *Nero Imagedateien*. Soll die erstellte Imagedatei dagegen auch mit anderen Programmen genutzt werden, stellen Sie *ISO Imagedateien* ein – das Standardformat für Imagedateien. Bei einer ISO-Imagedatei werden die strengen Regeln des ISO 9660-Standards beachtet, weshalb die Imagedatei auch von „fremden" Programmen fehlerfrei gelesen wird. Beachten Sie bitte, dass ISO-Imagedateien nur von Datenprojekten erzeugt werden können. Klicken Sie auf *Speichern*, um die Imagedatei zu erzeugen.

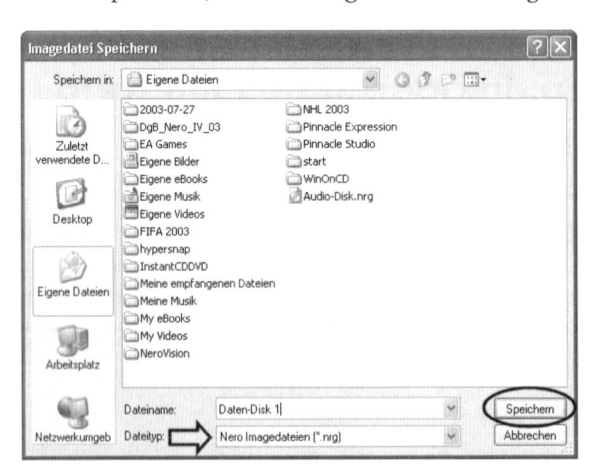

3   Nachdem die Imagedatei erzeugt wurde, sollten Sie das aktuelle Projekt speichern, um im Notfall, wenn Sie beispielsweise beim Testen der Imagedatei einen Fehler feststellen, schnell die notwendigen Änderungen vornehmen zu können, ohne das Projekt erneut anlegen zu müssen.

> **Imagedateien auch bei Projekten mit NeroVision Express möglich!**
> Das Erzeugen einer Imagedatei des Projekts ist auch mit NeroVision Express möglich. Dazu wählen Sie im Brennfenster des Programms hinter *Brennen auf* den Eintrag *Image Recorder* aus.

Imagedatei mit Nero ImageDrive testen

Für das Testen des Projekts über eine Imagedatei benötigen Sie das Programm Nero DriveImage, das Sie in der Nero-Programmgruppe finden. Nero DriveImage stellt ein so genanntes virtuelles Laufwerk (scheinbar vorhandenes Laufwerk) im System zur Verfügung, in das die Imagedateien geladen werden und sich dort wie eine gewöhnliche Disk verhalten.

Nero DriveImage einrichten

Bevor Sie Nero ImageDrive zum Testen Ihrer mit Nero erstellten Imagedateien aktivieren, vergewissern Sie sich bitte, dass Sie nicht schon eine Software auf Ihrem Rechner installiert haben, die virtuelle Laufwerke zur Verfügung stellt – das kann zu Systeminstabilitäten führen! Auf dem PC sollte stets nur eine Software zur Erzeugung von virtuellen Laufwerken genutzt werden – ein eventuell bereits vorhandenes Programm müssen Sie vor der Aktivierung von Nero ImageDrive deinstallieren!

1   Rufen Sie Nero DriveImage auf. Das Programm wird bei der Installation nicht automatisch aktiviert. Es taucht daher ein Fenster auf, das Ihnen anbietet, das Programm zu aktivieren, um ein virtuelles Laufwerk im System bereitzustellen. Beantworten Sie die Frage mit *Ja*.

2   Nero ImageDrive wird daraufhin im System installiert. Unter Windows XP erscheint nach kurzer Zeit eine Warnmeldung, die besagt, dass der von Nero ImageDrive benötigte Treiber, um einen virtuellen SCSI-Controller einzurichten, den Windows-Logo-Test nicht bestanden habe und daher vor der Installation gewarnt wird. Stören Sie sich nicht an der Mit-

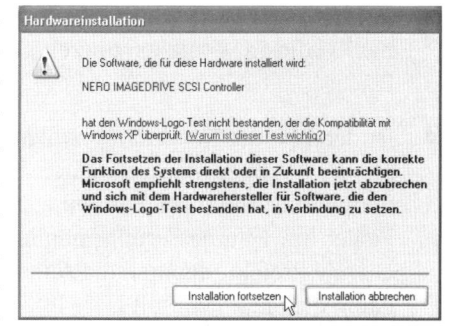

3. Diskkopien: Perfektes Handling von Imagedateien

teilung – sie taucht stets auf, wenn Sie einen Treiber installieren, der von Microsoft nicht explizit auf seine Verträglichkeit bezüglich Windows XP getestet wurde. Klicken Sie auf *Installation fortsetzen*.

3   Nach kurzer Zeit erscheint das Programmfenster von Nero ImageDrive. Hier aktivieren Sie unter *First drive* über *Enable drive* das erste virtuelle Laufwerk von Nero ImageDrive zum Testen der Imagedateien. Möchten Sie zwei virtuelle Laufwerke im System zur Verfügung haben, aktivieren Sie das zweite Laufwerk ebenfalls. Über die unterste Option *Mount images at startup* ist es möglich, die zuletzt getestete Imagedatei automatisch beim Start des Betriebssystems in das virtuelle Laufwerk zu laden – dies ist jedoch in der Regel nicht notwendig.

Imagedatei laden und testen

1   Öffnen Sie in Nero ImageDrive die Registerkarte *First drive* und laden Sie die gewünschte Imagedatei in das virtuelle Laufwerk, indem Sie den Speicherort der Datei unter *Image* mit einem Klick auf die markierte Schaltfläche auswählen.

2   Über die Schaltfläche *Show Image Info* erhalten Sie genauere Informationen über die gerade in das virtuelle Laufwerk geladene Imagedatei. Über *Auswerfen*, „leeren" Sie nach dem Testen der Imagedatei das virtuelle Laufwerk, um eine neue Imagedatei zu testen.

3   Die in das virtuelle Laufwerk geladene Imagedatei verhält sich dort wie ein gewöhnliches Medium, das Sie in ein Laufwerk eingelegt haben. Bei einer Imagedatei eines Videoprojekts starten Sie beispielsweise Nero ShowTime, um das Image auf seine Fehlerfreiheit zu kontrollieren. Bei einem Image eines Audio-CD-Projekts nutzen Sie dagegen zum Testen den Nero Media Player ...

4   Ist der Test der Imagedatei erfolgreich verlaufen und sind Sie mit dem Ergebnis des als Imagedatei erstellten Projekts zufrieden, schreiben Sie das Image mit Nero Burning Rom auf eine Disk. Haben Sie beim Testen dagegen einige Fehler bzw. Verbesserungsmöglichkeiten festgestellt, öffnen Sie das entsprechende Projekt, nehmen die Änderungen vor und erzeugen eine neue Imagedatei, die Sie erneut mit Nero ImageDrive kontrollieren.

Nero ImageDrive = Probleme mit anderen Brennprogrammen

So komfortabel es ist, die Imagedateien mit Nero ImageDrive zu testen: Es kann aufgrund des virtuellen Laufwerks zu Problemen mit anderen Brennprogrammen bzw. Brenntools kommen. Manche Software kommt mit dem von Nero ImageDrive erzeugten virtuellen Laufwerk nicht zurecht bzw. ist zu den notwendigen Treibern des Programms inkompatibel. Entweder funktioniert die „fremde" Software gar nicht, findet keine Laufwerke oder stürzt gleich beim Start bzw. während des Schreibvorgangs ab. In diesen Fällen deaktivieren Sie Nero ImageDrive vorübergehend, um mit dem anderen Programm fehlerfrei zu arbeiten. Rufen Sie Nero ImageDrive auf, klicken Sie unten auf die Schaltfläche *Disable Nero ImageDrive* und führen Sie nach Abschluss des Vorgangs einen Neustart des Systems durch – die fremde Software sollte jetzt fehlerfrei funktionieren. Bevor Sie wieder eine Imagedatei in Nero ImageDrive laden können, muss das Programm wie beschrieben erneut eingerichtet werden.

Laufwerkbuchstaben des virtuellen Laufwerks ändern

Jedem virtuellen Laufwerk von Nero ImageDrive wird bei dessen Einrichtung automatisch ein freier Laufwerkbuchstabe zugeteilt, den Sie im Programm auf der Registerkarte *Optionen* hinter *First drive* bzw. *Second drive* erfahren. In der Regel stellt diese Vorgehensweise auf einem Einzelplatzrechner kein Problem dar. Ist der Rechner dagegen vernetzt, kann es zu Schwierigkeiten kommen, wenn Nero ImageDrive einen Laufwerkbuchstaben verwendet, der bereits im Netzwerk vorhanden ist. Bei Problemen mit dem Laufwerkbuchstaben des virtuellen Laufwerks, ändern Sie diesen unter Windows XP folgendermaßen:

1 Im Kontextmenü des Arbeitsplatzsymbols auf dem Desktop oder im Startmenü wählen Sie *Verwalten* aus.

2 Markieren Sie im neuen Fenster unter *Datenspeicher* den Eintrag *Datenträgerverwaltung*.

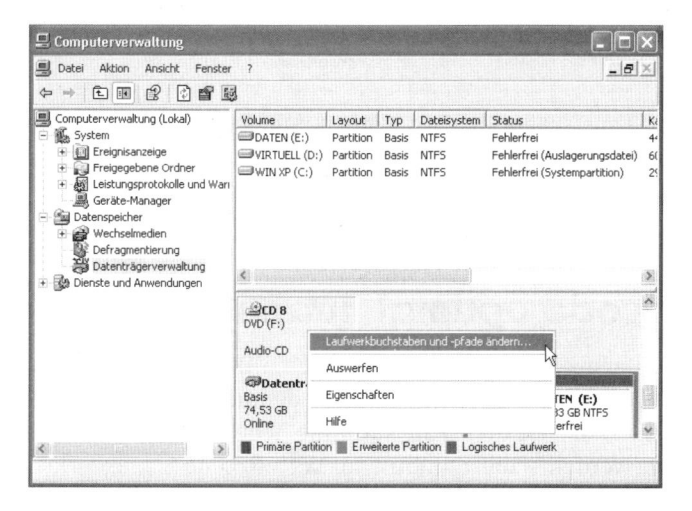

3. Diskkopien: Perfektes Handling von Imagedateien

Im rechten unteren Fensterbereich wählen Sie im Kontextmenü des Eintrags, der das virtuelle Laufwerk betrifft, *Laufwerkbuchstaben und -pfade ändern* und weisen dem virtuellen Laufwerk einen anderen Laufwerkbuchstaben zu.

Imagedatei brennen

Wenn Sie mit dem Verhalten der Imagedatei im virtuellen Laufwerk zufrieden sind, brennen Sie diese mit Nero Burning Rom auf einen Rohling. Mit Nero Burning Rom dürfen Sie auch die Imagedateien brennen, die Sie mit NeroVision Express erstellt haben.

1 Falls Sie in Nero Burning Rom als Brenner immer noch den zum Erzeugen der Imagedatei benötigten *Image Recorder* eingestellt haben, wählen Sie zunächst den Brenner aus, mit dem die Disk gebrannt werden soll. Im Programmfenster von Nero geht es anschließend über *Rekorder/Image brennen* weiter.

2 Es taucht ein neues Fenster auf, in dem Sie die zu brennende Imagedatei markieren und auf *Öffnen* klicken. Mit Nero können Sie Imagedateien brennen, die im *NRG-* (Neros eigenes Image-Format), *ISO-* oder *CUE-*Format vorliegen.

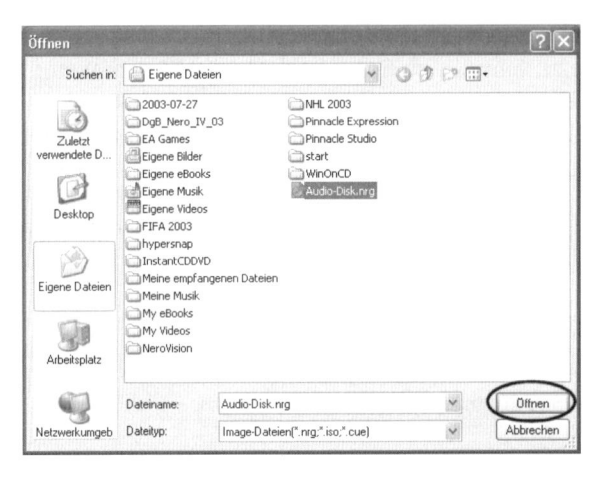

3 Die im folgenden Fenster automatisch vorgenommenen Brenneinstellungen übernehmen Sie unverändert, wählen die Brenngeschwindigkeit aus und starten den Schreibvorgang.

3.3 Nero Recode optimal nutzen

Beim Kopieren einer nicht-kopiergeschützten Video-DVD kann es mitunter vorkommen, dass die Datenmenge der Originalscheibe deutlich größer als die Kapazität eines DVD-Rohlings ist. In dem Fall kann die Video-DVD nicht mit Nero Burning Rom kopiert werden – die Stunde von Nero Recode schlägt: Das Programm verkleinert die Datenmenge der Video-DVD so, dass sie anschließend mühelos auf den DVD-Rohling passt. Auf diese Weise brennen Sie eine Original-Video-DVD mit beispielsweise ca. 7 GByte auf einen gewöhnlichen DVD-Rohling mit ungefähr 4,4 GByte.

Durch das Verkleinern der Datenmenge leidet zwangsläufig die Bildqualität etwas, da bei diesem Vorgang „unwichtig erscheinende" Bildinformationen weggelassen oder noch stärker als bisher komprimiert werden. Zusätzlich ist es möglich, auf spezielle Features der Originalscheibe (beispielsweise weitere Tonspuren, Untertitel oder Bonusmaterial) zu verzichten, um den Hauptfilm nicht ganz so stark komprimieren zu müssen, damit die Videodaten auf den Rohling passen – die Folge: Eine bessere Bildqualität. Je größer die zu kopierende Video-DVD ist, desto stärker muss das Videomaterial „eingedampft" werden.

Vorsicht vor Datenverlust durch schweren Fehler in der Betaversion 0.90!

Die Betaversion 0.90, die zurzeit der Finalversion von Nero 6 beiliegt, hat einen schweren Fehler, der unter bestimmten Voraussetzungen sämtliche Daten einer Festplattenpartition löscht: Sie haben bei Nero Recode die Möglichkeit, sowohl das Verzeichnis für die temporären Dateien als auch den Zielordner der heruntergerechneten Dateien, falls Sie diese nicht gleich auf eine DVD brennen, eigenhändig zu bestimmen. Hierbei ist jedoch größte Vorsicht geboten: Wird das Hauptverzeichnis der Festplattenpartition als Zielverzeichnis ausgewählt (beispielsweise C:\), bemerkt Nero Recode beim nächsten Kopiervorgang, dass sich im gewählten Verzeichnis bereits Dateien befinden und bietet an, sie zu löschen – beantworten Sie die auftauchende Frage mit *Ja*, vernichtet Nero Recode sämtliche Daten der Partition! Noch „heimtückischer" ist es, wenn Sie für die temporären Daten das Hauptverzeichnis einer Festplatte auswählen: Nach dem Schließen von Nero Recode werden alle Dateien, die sich im temporären Verzeichnis befinden, automatisch (ohne Rückfrage) komplett gelöscht – sämtliche Daten auf der Festplatte gehen verloren! Tipp: Bis Ahead diesen schweren Fehler mit einem Update beseitigt, ändern Sie die vom Programm voreingestellten Pfade nicht bzw. achten bei einer eventuellen Änderung darauf, dass Sie auf keinen Fall das Hauptverzeichnis einer Festplatte auswählen!

Nero Recode für brillante Bildqualität konfigurieren

Bevor Sie mit dem Kopieren der Video-DVD beginnen, sollten Sie die Grundkonfiguration für eine bestmögliche Bildqualität optimieren.

1. Starten Sie Nero Recode – das Programm ist in der *NeroVision Express 2*-Programmgruppe gut versteckt.

2. Klicken Sie unten auf die Schaltfläche *More* und wählen Sie unter *Target DVD Size* die Größe aus, auf die die Datenmenge der Original-DVD verkleinert wird. Für einen gewöhnlichen DVD-Rohling wählen Sie *DVD Disc (4,7 GB)*. Über den Eintrag *Custom* können Sie die genaue Größe selbst in MByte bestimmen.

3. Diskkopien: Perfektes Handling von Imagedateien

3 Rechts daneben haben Sie die Möglichkeit, unter *Current Profile* ein vorher definiertes Profil mit den genauen „Verkleinerungsoptionen" beim Kopieren der DVD auszuwählen. Das ist äußerst praktisch, da Sie mithilfe der Profile nicht jedes Mal die wichtigsten Einstellungen für eine brillante Bildqualität erneut vornehmen müssen. Klicken Sie auf die Schaltfläche *Profiles*, um ein neues, eigenes Profil für das „Eindampfen" der Videodaten auf Rohlinggröße anzulegen.

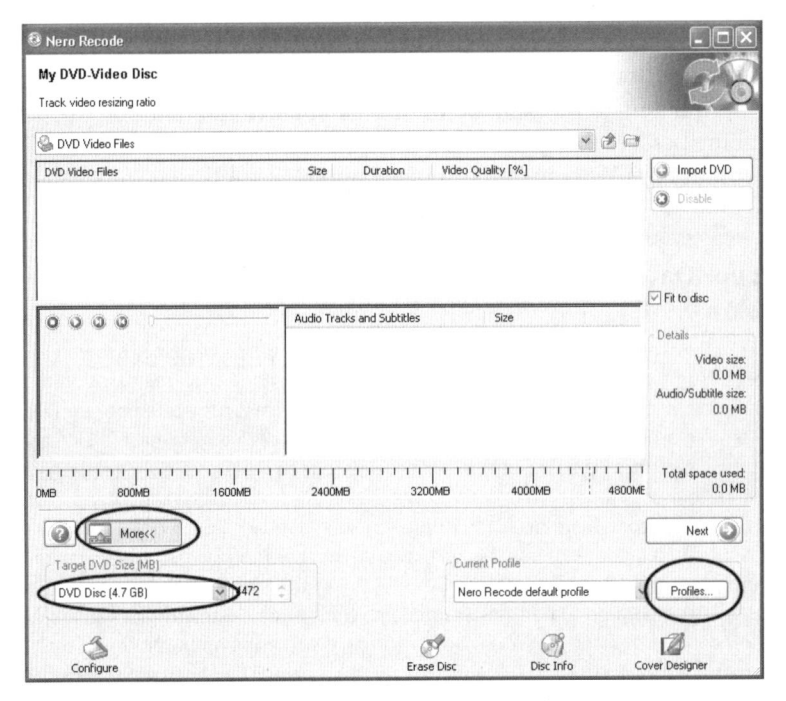

4 Im neuen Fenster klicken Sie auf *New*, um ein neues Profil zu erstellen. Über die Schaltfläche *Edit* können Sie jederzeit ein vorhandenes Profil ändern.

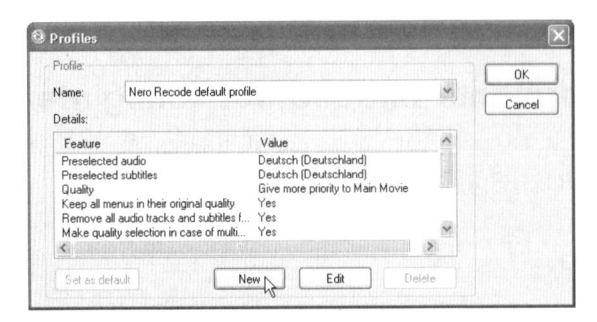

5 Auf der Registerkarte *Video* geben Sie zunächst einen Namen für das neue Profil ein. Unter *Quality* bestimmen Sie, welche Teile der Videodaten (der eigentliche Film oder das Bonusmaterial) eine bessere Bildqualität (= nicht ganz so stark komprimiert werden) auf der fertigen Kopie besitzen sollen.

Über die erste Option *Give more priority to Main Movie* besitzt der eigentliche Film die beste Bildqualität, was empfehlenswert ist. Sollen Film und Bonusmaterial die gleiche Qualität auf der fertigen Kopie haben, wählen Sie *Even priority*. Die letzte Option *Give more priority to Extras* sollten Sie nicht nutzen, da hierbei das Bonusmaterial die beste Bildqualität besitzt, was in der Regel nicht wünschenswert ist.

6 Darunter bestimmen Sie über *Keep in original quality*, ob die vorhandenen Menüs auf der zu verkleinernden Video-DVD in Originalqualität (also unkomprimiert) auf den Rohling geschrieben werden. Die Menüs nehmen häufig nur sehr wenig Platz in Anspruch, weshalb Sie diese unverändert lassen können. Soll Nero Recode alle Audiospuren und Untertitel von Videotiteln, die Sie aus Platzgründen und zwecks Optimierung der Bildqualität der übrigen Videos nicht auf die Kopie brennen möchten, automatisch entfernen, aktivieren Sie *Remove all audio tracks and subtitles for disabled video titles*.

7 Öffnen Sie die Registerkarte *Audio*. Hier legen Sie fest, welche Audiospur (Sprache) Nero Recode automatisch beim Importieren von Videomaterial zwecks Verkleinerung auswählt. Hintergrund: Auf einer Video-DVD können mehrere Tonspuren in den unterschiedlichsten Sprachen vorhanden sein. In der Regel werden Sie stets nur eine Audiospur, nämlich die in deutscher Sprache, bei der Wiedergabe des Films nutzen – die übrigen Tonspuren verschlingen unnötig Speicherplatz. Aktivieren Sie auf der Registerkarte den Eintrag *Deutsch*, berücksichtigt Nero Recode beim Kopieren der Videodaten automatisch nur die deutsche Audiospur – die Tonspuren in den anderen Sprachen werden nicht auf die Disk gebrannt, um Speicherplatz zu sparen, der wiederum der Bildqualität zugute kommt.

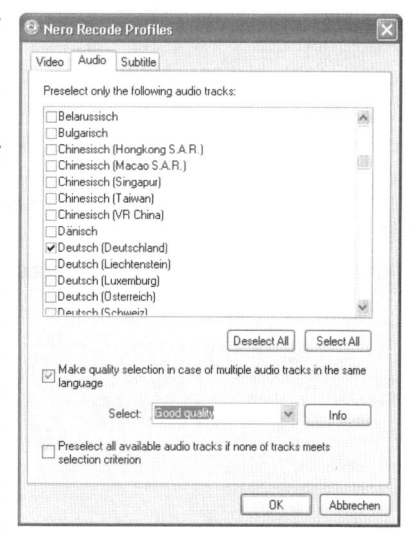

8 Mitunter kann es auch mehrere Audiospuren für eine Sprache geben. Mit Nero Recode ist es möglich, zu bestimmen, welche Spur in diesem Fall automatisch ausgewählt wird: Aktivieren Sie *Make quality selection in case of multi-*

3. Diskkopien: Perfektes Handling von Imagedateien

ple audio tracks in the same language und bestimmen Sie darunter anhand der Qualitätseinstellung, welche Audiospur Nero Recode berücksichtigen soll. Die Option *Preselect all available audio tracks if none of tracks meets selection criterion* lassen Sie ausgeschaltet.

9 Wechseln Sie auf die Registerkarte *Subtitle* – hier legen Sie fest, welche Untertitel bei der Kopie berücksichtigt werden. Nutzen Sie keine Untertitel, klicken Sie auf *Deselect All*. Nero Recode brennt in dem Fall keine Untertiteldaten auf die Scheibe – der dadurch gewonnene Speicherplatz kann für die Verbesserung der Bildqualität genutzt werden.

Mit dem letzten Schritt ist die Erstellung eines eigenen Profils abgeschlossen. Verlassen Sie das Fenster mit *OK*. Das Fenster *Profiles* schließen Sie ebenfalls, um in das Hauptfenster von Nero Recode zurückzugelangen. Bei den folgenden „Kopieroperationen" mit dem Programm achten Sie darauf, dass Ihr Profil ausgewählt ist!

Kopie anfertigen und Bildqualität weiter verbessern

Im Folgenden zeige ich Ihnen, wie Sie mit Nero Recode eine perfekte Kopie einer nicht-kopiergeschützten Video-DVD herstellen. Mein Tipp dazu: Erstellen Sie die DVD-Kopie in den Nachtstunden, da das Komprimieren der Daten auf Rohlinggröße relativ lange dauert und der Rechner während dieser Zeit nicht für andere Aufgaben zur Verfügung steht. Der Kopiervorgang ist sehr komplex, da die Videodaten zunächst von der Scheibe extrahiert und anschließend noch stärker als bisher komprimiert werden – selbst moderne PCs benötigen hierfür mindestens zwischen 30-60 Minuten. Nach abgeschlossener Komprimierung (die fertigen Daten werden temporär auf der Festplatte abgelegt) startet der Schreibvorgang.

Nero Recode und geschützte Video-DVDs

Mit Nero Recode können Sie keine geschützten Video-DVDs auslesen, um sie auf die Größe eines DVD-Rohlings zu verkleinern. Haben Sie eine kopiergeschützte DVD eingelegt, erhalten Sie gleich zu Beginn folgende Fehlermeldung:

Mit kopiergeschützten DVDs kann Nero Recode nicht umgehen.

---

1 Legen Sie die zu kopierende bzw. zu verkleinernde DVD in das Lesegerät und kontrollieren Sie, ob die Option *Fit to disc* aktiviert ist, damit Nero Recode die Datenmenge automatisch nach den Einstellungen des ausgewählten Profils auf die gewünschte Diskgröße reduziert.

Nero Recode optimal nutzen

2 Wählen Sie im Programm *DVD Video Files* aus und klicken Sie rechts auf die Schaltfläche *Import DVD*.

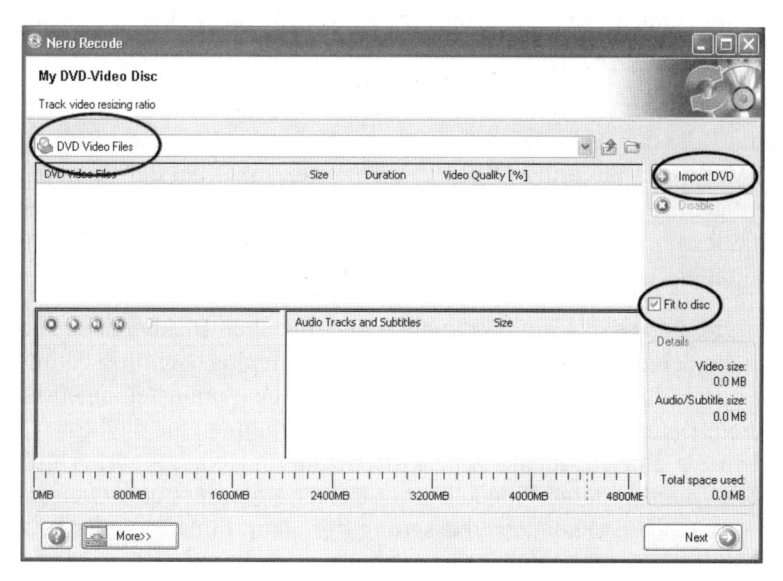

3 Im neuen Fenster wählen Sie das Laufwerk aus, das die zu kopierende DVD enthält.

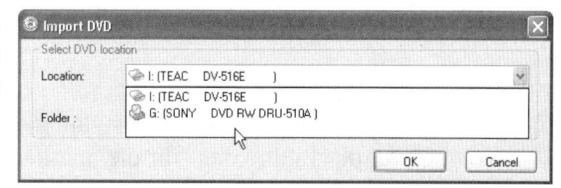

4 Der Inhalt der Scheibe wird analysiert und die Struktur der Videodaten im Programmfenster von Nero Recode dargestellt.

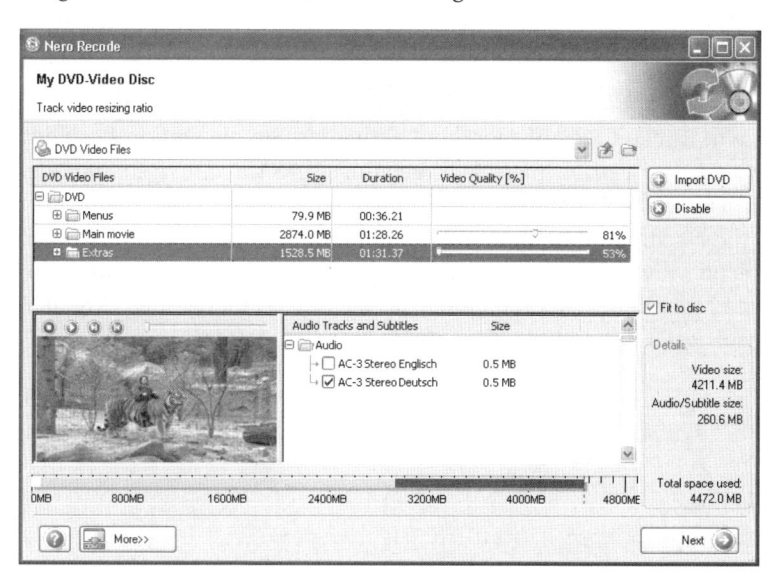

135

Dabei wählt Nero Recode anhand der Profileinstellungen die optimale Kompressionsstärke für die Videoteile aus bzw. berücksichtigt nur die von Ihnen gewünschte Sprachspur usw., um das Videomaterial in bester Qualität auf DVD-Rohlinggröße zu verkleinern.

5   Die Kopie können Sie weiter beeinflussen, indem Sie zusätzlich nicht gewünschte Teile der Disk (beispielsweise das Bonusmaterial unter *Extras*) entfernen: Markieren Sie unter *DVD Video Files* den nicht bei der Kopie zu berücksichtigenden Eintrag und klicken Sie auf *Disable*. Den dadurch freiwerdenden Speicherplatz auf der Disk nutzt Nero Recode automatisch, um die Bildqualität der übrigen Teile durch geringere Kompression zu erhöhen.

6   Die Kompressionsstärke und Bildqualität der einzelnen Diskbereiche können Sie über die Schieberegler unter *Video Quality* stufenlos beeinflussen und somit die durch das ausgewählte Profil bereits guten Voreinstellungen weiter optimieren. Dem eigentlichen Film (*Main movie*) gönnen Sie die beste Qualität, indem Sie eine möglichst hohe Prozentzahl einstellen – vorher müssen Sie jedoch einem anderen Videoteil eine stärkere Kompression zuweisen, um für die gewünschte Qualitätsverbesserung des Hauptfilms Speicherplatz auf dem Medium freizuschaufeln. Nero Recoder erlaubt keine Qualitätssteigerung, wenn die Kapazität der Scheibe bereits ausgeschöpft ist und Sie nicht vorher einen anderen Videoteil stärker komprimieren bzw. über *Disable* deaktivieren.

7   Nachdem Sie die gewünschten Einstellungen bezüglich der Videozusammensetzung und der Bildqualität für die anzufertigende Kopie vorgenommen haben, klicken Sie unten rechts auf die Schaltfläche *Next*, um das Brennfenster von Nero Recode aufzurufen. Wählen Sie zunächst den DVD-Brenner aus, mit dem Sie die Kopie erstellen wollen und legen Sie darunter den Speicherort für die beim Verkleinern der Datenmenge entstehenden Temporärdateien fest. Auf der gewählten Festplatte müssen mindestens ca. 5 GByte frei sein.

8   Stellen Sie die Schreibgeschwindigkeit und die Anzahl der zu brennenden Kopien ein. Klicken Sie auf *More* und aktivieren Sie die Option *Keep additional copy on hard drive* und, falls gewünscht, *Shut down computer when finished*. Die letzte Option ist nur empfehlenswert, wenn Sie den Kopierprozess in die Nachtstunden verlegen – zum Abschluss des Brennvorgangs fährt Nero Recode den Rechner automatisch herunter. Klicken Sie auf *Burn*, um die Kopie zu erstellen. Dies dauert – je nach Datenmenge der Original-DVD und Leistungsfähigkeit Ihres PCs – unterschiedlich lange.

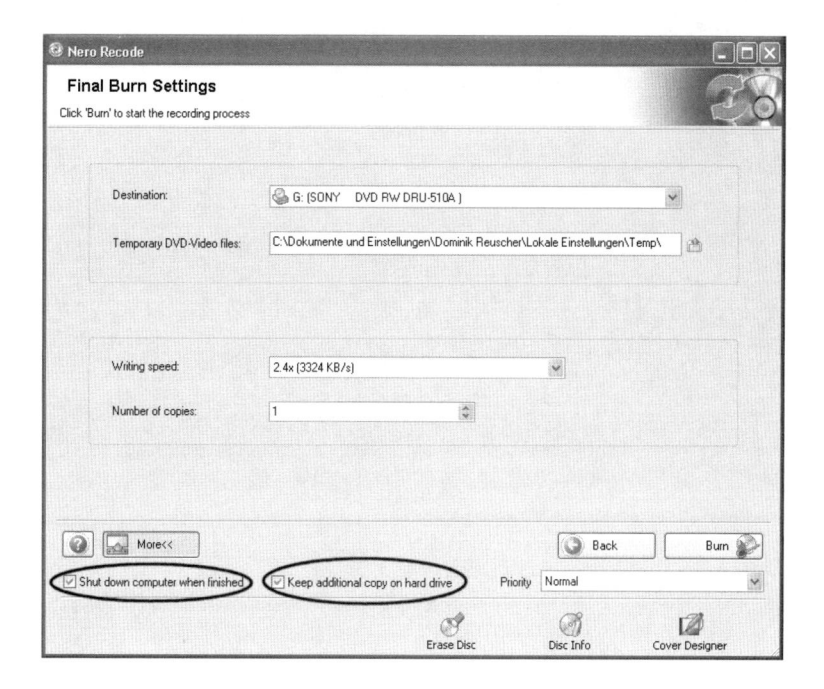

Nero Recode optimal nutzen

3. Diskkopien: Perfektes Handling von Imagedateien

4. Von analog zu digital: Alte VHS-Kassetten retten & TV-Aufnahmen realisieren

Sie wollen Videos von einem analogen Camcorder oder alte VHS-Kassetten oder Fernsehsendungen mit dem PC digitalisieren, um sie anschließend auf eine Videoscheibe zu brennen? Mit NeroVision Express 2, das der Vollversion von Nero 6 beiliegt, ist das kein Problem! Die analogen „Videoschätze" sind schließlich auf einer herkömmlichen Kassette schlecht aufgehoben, da die Bildqualität mit jeder Wiedergabe schlechter wird und Bandsalat droht. Auf der robusten Videodisk sind die Filme dagegen bestens aufgehoben! Mit NeroVision Express erstellen Sie in Echtzeit DivX-Videos oder transkodieren die Filme während der Aufnahme bereits in den für die Videoscheibe benötigten MPEG-Standard. Als Highlight ist es möglich, die aufzuzeichnenden Videos direkt (!!) auf eine DVD zu brennen – die bisher notwendige Zwischenspeicherung auf der Festplatte entfällt! Den analogen Videorekorder können Sie ab sofort ausrangieren und bei eBay versteigern.

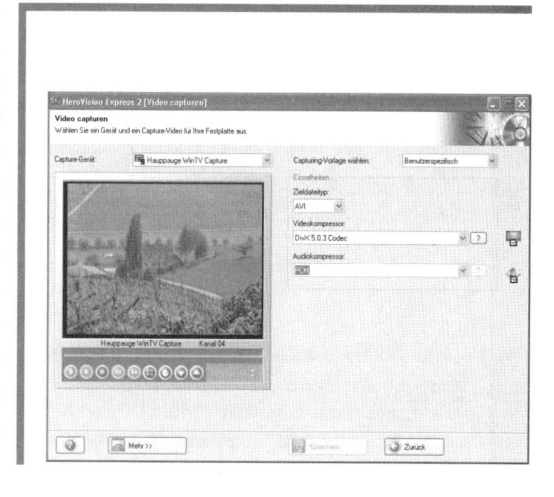

4.1	Voraussetzungen für perfekte Videoaufnahme in brillanter Bildqualität	140
4.2	Analoge Videos mit NeroVision Express digitalisieren	148
4.3	Videorekorder PC: Filme direkt auf DVD aufnehmen	160
4.4	Troubleshooting rund um die Videoaufnahme	165
4.5	Wenn es mit NeroVision Express klemmt: alternative Capture-Software	169

4.1 Voraussetzungen für perfekte Videoaufnahme in brillanter Bildqualität

Als Erstes brauchen Sie das richtige Videoequipment, um die analogen Videos in bester Bildqualität mit dem PC zu digitalisieren. Im Folgenden erfahren Sie alles Wissenswerte rund um die benötigte Videohardware, den optimalen Anschluss der Videoquelle an den Rechner, was es dabei zu beachten gibt und woher Sie den beliebten DivX-Codec erhalten.

> **Grundvoraussetzung: Moderner leistungsfähiger PC**
>
> Das Digitalisieren von analogen Videoquellen ist ein komplexer Vorgang, der ein modernes leistungsfähiges System voraussetzt. Ist der PC zu schwach, gehen bei der Videoaufnahme beispielsweise Einzelbilder verloren, weil die Daten nicht schnell genug verarbeitet werden – die Folge: Der aufgezeichnete Film ruckelt. Wollen Sie analoge Videos mit NeroVision Express für DVD oder SVCD direkt im MPEG-2-Format aufnehmen, benötigen Sie ungefähr folgende Hardwaregrundausstattung: einen Prozessor mit ca. 2 GHz (Pentium IV oder eine gleichwertige Athlon-CPU), mindestens 512 MByte RAM (je mehr, desto besser) und eine bzw. mehrere schnelle Festplatten (ca. 80 GByte) mit möglichst viel freiem Speicherplatz. Besitzen Sie einen schwächeren Rechner, kann der Film beispielsweise nicht direkt im MPEG-2-Standard aufgezeichnet werden – eine nachträgliche und sehr zeitintensive Umwandlung des Filmmaterials ist notwendig! Einzige Abhilfe bei schwachen PCs: Besitzen Sie einen digitalen Camcorder mit einem analogen Videoeingang, können Sie diesen für die Digitalisierung der Videos einsetzen, dadurch Ihren älteren Rechner entlasten und die Filme im MPEG-2-Format über den Camcorder aufzeichnen – siehe Seite 145.

Diese Hardware benötigen Sie

Das analoge Videosignal speisen Sie entweder über eine TV-Karte, Videoschnittkarte oder den Videoeingang einer Grafikkarte in den PC. Hierbei stellt sich die Frage, welcher Weg der beste ist!

TV-Karte

Wollen Sie Fernsehsendungen mit dem PC aufzeichnen, benötigen Sie eine TV-Karte. TV-Karten gibt es wie „Sand am Meer", allerdings sollten Sie unbedingt die Karte eines Markenherstellers kaufen, da gerade bei der Videoaufzeichnung eine gute Treiberpflege (häufig aktualisierte und fehlerbereinigte Treiber), wie sie die Markenhersteller meistens betreiben, sehr wichtig ist.

Mit der TV-Karte analoge Videoquellen digitalisieren	Eine solche Karte besitzt neben dem Antennenanschluss häufig auch einen Composite- und eventuell einen S-VHS-Eingang, sodass Sie beispielsweise darüber auch Ihren Videorekorder oder den analogen Camcorder mit dem Rechner verbinden können.

Voraussetzungen für perfekte Videoaufnahme in brillanter Bildqualität

Möchten Sie die VHS-Kassetten bzw. die Filme des analogen Camcorders in bester Qualität aufzeichnen, achten Sie darauf, dass die Karte einen S-VHS-Eingang hat!

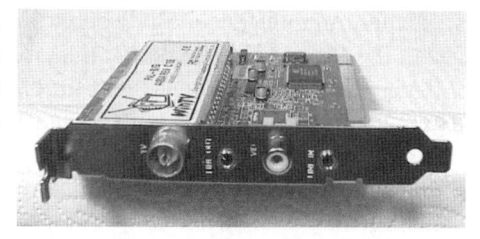

Eine TV-Karte wird in die weißen PCI-Steckplätze auf dem Mainboard gesteckt – achten Sie darauf, den PCI-Slot neben der Grafikkarte freizulassen, um Hardwarekonflikte zu vermeiden, da sich der erste PCI-Steckplatz und der AGP-Port der Grafikkarte in der Regel einen Interrupt teilen. Dieses so genannte Interrupt-Sharing kann im schlimmsten Fall zu Systemabstürzen während der Videoaufzeichnung führen. Wie Sie Interrupt-Sharing vermeiden und für eine möglichst stabile Videoaufnahme sorgen, erfahren Sie in Kapitel 16 „Systemtuning für maximale Brennleistung und perfekte Videoaufnahmen". Beachten Sie: Vergessen Sie zum Abschluss der Installation nicht, den Line-out-Ausgang der TV-Karte mit dem Line-In-Eingang der Soundkarte zu verbinden, andernfalls wird beim Digitalisieren von Fernsehaufnahmen kein Ton aufgezeichnet, da die meisten TV-Karten dazu nicht in der Lage sind.

TV-Karte optimal installieren

Für hohe Auflösungen: Grafikkarte mit Videoeingang nutzen!

Stellen Sie bei der Videoaufnahme eine hohe Auflösung ein, um beispielsweise Filmmaterial für eine Video-DVD in perfekter Bildqualität aufzuzeichnen, kann es bei einer TV-Karte zu einer Überlastung des PCI-Bus kommen. Hintergrund: Die Karte muss während der Videoaufzeichnung die Videodaten einmal zum Speichern an die Festplatte schicken und die Daten zusätzlich zwecks Darstellung an die Grafikkarte senden, damit Sie sehen, was Sie gerade aufnehmen. Bei dieser Vorgehensweise wird der PCI-Bus bei hohen Auflösungen überlastet, weil die zu transferierende Datenmenge zu groß ist – es kann zu Fehlern oder Systemabstürzen bei der Videoaufnahme kommen! Aus diesem Grund ist es in der Regel nicht empfehlenswert, mit einer TV-Karte analoge Videos mit hoher Auflösung aufzunehmen, auch wenn die TV-Karte diese zur Auswahl anbietet. Ab einer Auflösung von 384 x 288 können bei der Digitalisierung der analogen Videos mit einer TV-Karte Aufnahmefehler entstehen; ob Sie mit Ihrer TV-Karte in einer höheren Auflösung fehlerfrei aufnehmen dürfen, müssen Sie selbst testen – häufig spielt hierbei nämlich auch die Systemkonfiguration eine entscheidende Rolle. Trotzdem können Sie die mit einer TV-Karte in geringerer Auflösung aufgezeichneten Filme auf eine Video-DVD brennen – die Videoauflösung wird in dem Fall „hochgerechnet", damit sie dem DVD-Standard entspricht.

Grafikkarte mit Videoeingang

Moderne und meist recht teure Grafikkarten bieten zusätzlich neben den standardmäßig vorhandenen Videoausgängen auch Videoeingänge für die Digitalisierung von analogem Filmmaterial eines Videorekorders oder einer analogen Videokamera an. Einige Karten stellen die Videoein- und Videoausgänge über einen speziellen Adapter (siehe Bild) bereit; bei manchen Komplett-PCs finden Sie dagegen die Videoeingänge der Grafikkarte an der Gehäusefront. Grafikkarten mit Videoeingang sind meistens nicht für das Aufnehmen von Fernsehsendungen geeignet, da ihnen der dafür notwendige TV-Tuner fehlt. Mein Tipp: Nutzen Sie einen externen TV-Empfänger (beispielsweise Ihren Videorekorder) und schicken Sie dessen Signal an den Videoeingang der Grafikkarte, um damit die Fernsehsendungen zu digitalisieren.

Grafikkarte mit Videoeingang hat viele Vorteile!

Der Vorteil einer Grafikkarte mit Videoeingang liegt auf der Hand: Der AGP-Port, in den moderne Grafikkarten gesteckt werden, erlaubt eine deutlich höhere Datentransferrate als der PCI-Bus – aus diesem Grund kommt es selbst bei der Aufzeichnung von Videos mit hoher Auflösung zu keiner Überlastung. Außerdem ist gewährleistet, dass die Treiber der Grafikkarte mit den Treibern für die Digitalisierung der Videos optimal harmonieren, da sie von dem gleichen Hersteller (dem Grafikkartenhersteller) stammen. Nutzen Sie zum Beispiel eine TV-Karte zur Videoaufnahme, kann es zu großen Problemen kommen, weil sich die Treiber der Grafikkarte nicht mit denen der TV-Karte „vertragen".

Wollen Sie sich eine neue Grafikkarte mit Videoeingang zulegen, achten Sie darauf, dass Sie eine Karte für den AGP-Steckplatz kaufen – Grafikkarten für den PCI-Slot sind nicht zu gebrauchen, da es bei diesen Modellen – wie bei einer TV-Karte – bei hohen Auflösungen zur Überlastung des PCI-Bus während der Videoaufnahme kommt!

Videoaufnahmefunktion der Karte einsatzbereit?

Nachdem Sie die Karte (Grafikkarte mit Videoeingang bzw. TV-Karte) eingebaut haben, müssen Sie die Treiber der Karte installieren. Hierbei gilt: Nutzen Sie auf keinen Fall die Treiberversionen auf der Setup-CD der Karte, da diese in der Regel veraltet sind. Besorgen Sie sich die aktuellen Treiber von der Internetseite des Kartenherstellers und installieren Sie diese! Bei einer Grafikkarte mit Videoeingang benötigen Sie zusätzlich zu den „normalen" Grafikkartentreibern so genannte Capture-Treiber, um den Videoeingang nutzen zu können – die aktuellsten Versionen dieser Treiber erhalten Sie ebenfalls im Internet beim Hersteller der Grafikkarte.

Aktuelle Treiber = weniger Probleme bei der Videoaufnahme!

Mit jeder neuen Treiberversion wird die Kompatibilität der Karte mit anderen Hardware- bzw. Softwarekomponenten optimiert und entdeckte Fehler beseitigt – sorgen Sie daher stets für aktuellste Treiber für die Grafik-, TV- und Soundkarte (aktuelle Chipsatz-

Voraussetzungen für perfekte Videoaufnahme in brillanter Bildqualität

treiber nicht vergessen!!), um die Videoaufzeichnung problemlos durchführen zu können. Nach der Treiberinstallation checken Sie, ob die Karte einsatzbereit ist – unter Windows XP gehen Sie dazu folgendermaßen vor:

1 Im Kontextmenü des Arbeitsplatzsymbols auf dem Desktop oder im Startmenü wählen Sie *Verwalten*.

2 Im neuen Fenster markieren Sie im linken Bereich unter *System* den Eintrag *Geräte-Manager* und öffnen rechts mit einem Doppelklick *Audio-, Video- und Gamecontroller*. Als Untereinträge müsste Ihre TV-Karte (rund markiert) bzw. der Capture-Treiber der Grafikkarte (eckig markiert) aufgeführt werden.

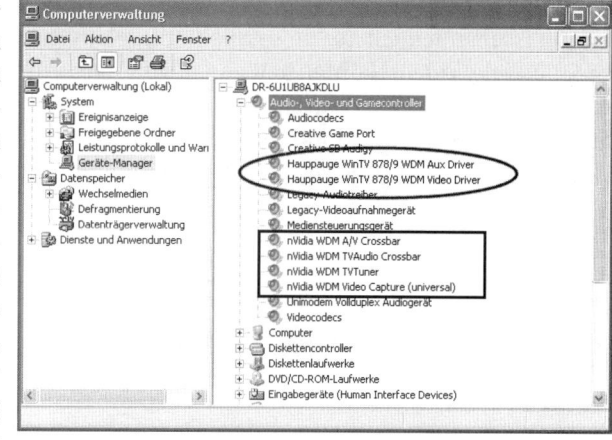

3 Befinden sich keine roten oder gelben „Warnzeichen" vor den jeweiligen Einträgen, ist die Karte einsatzbereit. Sind Warnsymbole vorhanden oder wird die Karte nicht aufgeführt, ist bei der Installation etwas schief gegangen! Löschen Sie die eventuell vorhandenen mit einem Warnsymbol versehenen Einträge und installieren Sie die Treiber erneut.

TV-Karte: Fernsehsender einrichten

Bei einer TV-Karte müssen Sie, bevor Sie TV-Sendungen mit NeroVision Express aufzeichnen, die Fernsehkanäle einrichten – hierzu konsultieren Sie bitte das Handbuch der TV-Karte oder machen sich auf den Internetseiten des Herstellers kundig. Häufig wird der TV-Karte eine einfach zu bedienende TV-Software beigelegt, über die Sie die notwendigen Einstellungen vornehmen – viele dieser Programme bieten einen automatischen Sendersuchlauf an, wie moderne TV-Geräte oder Videorekorder.

Welchen Übertragungsweg nutzen: Composite oder S-VHS?

Bei vielen Karten haben Sie die Wahl: Entweder Sie schließen die analoge Videoquelle über Composite oder über S-VHS an. Welche Verbindung ist zu bevorzugen?

4. Von analog zu digital: Alte VHS-Kassetten retten & TV-Aufnahmen realisieren

Billig & schlecht: Composite-Anschlussmöglichkeit

Bei billigen TV-Kartenmodellen wird häufig nur eine gelbe Clinch-Buchse für den Standard-Videosignalweg zu finden sein. Das ist die billigste Methode, um ein analoges Videosignal in den PC einzuspeisen. Die Bildqualität ist relativ mäßig: Bei diesem Signalweg werden alle Farb- und Helligkeitsinformationen mit einer Leitung übertragen – heraus kommt ein kontrastarmes Standard-Videosignal!

Häufig ist man jedoch auf diese qualitativ relativ schlechte Verbindung angewiesen, da viele Videorekorder bzw. analoge Camcorder nur einen Composite-Ausgang bereitstellen. Eine Anschlussmöglichkeit auf Supervideo-Basis fehlt. Für die Standard-Videosignalverbindung benötigen Sie ein Kabel mit zwei Clinch-Steckern, das Sie im gut sortierten Fachhandel für ein paar Euro erhalten.

Verbindungskabel mit zwei gelben Clinch-Steckern für das Standard-Videosignal.

Verbinden Sie die analoge Videoquelle mit dem PC über ein Standard-Videosignal, wird kein Tonsignal übertragen. Schließen Sie daher den Audioausgang der analogen Videoquelle an den Line-In-Eingang der Soundkarte an. Hat die analoge Videoquelle keinen separaten Audioausgang, setzen Sie einen Scart-Adapter ein – siehe Seite 145!

Beste Bildqualität: S-VHS nutzen

Besitzt Ihre Grafikkarte bzw. die TV-Karte einen S-VHS-Eingang, in den ein so genannter Super-Video-Hosiden-Stecker passt, und finden Sie einen Super-Video-Ausgang bei der Videoquelle, steht der professionellen Übertragung des Filmmaterials in bester Bildqualität nichts mehr im Wege! Die Bildqualität über S-VHS ist besser, weil die Farb- und Helligkeitsinformationen über getrennte Leitungen transportiert werden.

Kabel mit zwei Super-Video-Hosiden-Steckern für optimale Bildqualität am TV.

Voraussetzungen für perfekte Videoaufnahme in brillanter Bildqualität

Wenn Sie die Möglichkeit haben, die analoge Videoquelle über S-VHS mit dem PC zu verbinden, ziehen Sie diesen Weg einer Verbindung per Standard-Videosignal (gelbe Cinchbuchse) unbedingt vor. Zwar liefern viele Grafik- und TV-Kartenhersteller zu ihren Produkten nur das Standard-Videosignal-Kabel (Kabel mit den gelben Anschlussbuchsen) mit! Sollte eine S-VHS-Verbindung möglich sein, investieren Sie zusätzlich etwas Geld für das geeignete Kabel mit Super-Video-Hosiden-Steckern – es lohnt sich auf jeden Fall! Das Audiosignal wird bei dieser Verbindung ebenfalls nicht mit übertragen: Hierfür müssen Sie zusätzlich den Audioausgang der Videoquelle mit dem Audioeingang der Soundkarte verbinden. Besitzt die Videoquelle keinen separaten Audioausgang, nutzen Sie einen Scart-Adapter.

Im Verbindungsnotfall: Scart-Adapter nutzen!

Es kommt leider häufig (gerade bei Videorekordern) vor, dass die analoge Videoquelle außer dem Antennenausgang nur eine Scart-Buchse hat – wie schließt man solche Geräte an den Videoeingang der TV- bzw. Grafikkarte an?

Mithilfe eines geeigneten Scart-Adapters zaubern Sie eine Vielzahl von Anschlussmöglichkeiten hervor: Einen linken und rechten Audioausgang, einen Composite- und S-VHS-Ausgang. Beachten Sie: Viele Scart-Adapter lassen die Videosignale nur hinein und geben keine heraus – solche Adapter sind für die Videoaufnahme mit dem PC nicht zu gebrauchen! Sie liegen häufig Grafikkarten für die Ausgabe des Grafikkartensignals an den Fernseher bei! Besorgen Sie sich am besten einen umschaltbaren Scart-Adapter, um über diesen die Signale sowohl hinein (Input) als auch herausgeben (Output) zu können.

Analoge Videos über digitalen Camcorder einspielen

Haben Sie einen etwas älteren Rechner, reicht dessen Leistungsfähigkeit häufig nicht aus, um analoges Filmmaterial mit höchster Auflösung fehlerfrei zu digitalisieren. Besitzen Sie einen digitalen Camcorder mit analogem Videoeingang (haben nur die etwas teureren Modelle), brauchen Sie sich für das Digitalisieren Ihrer alten Videoschätze keinen neuen PC zu kaufen:

1 Verbinden Sie die analoge Videoquelle mit dem Videoeingang Ihres digitalen Camcorders.

2 Den Camcorder schließen Sie über FireWire (am Gerät meist als *DV IN/OUT* bezeichnet) an den PC an (Näheres hierzu siehe nächstes Kapitel).

4. Von analog zu digital: Alte VHS-Kassetten retten & TV-Aufnahmen realisieren

3   Die Digitalisierung der analogen Videos führen Sie mit NeroVision Express – wie im folgenden Kapitel 5 beschrieben – mit dem digitalen Camcorder durch.

| *Videos werden vom Camcorder digitalisiert!* | Bei dieser Vorgehensweise übernimmt der Camcorder (und nicht Ihr PC) die Digitalisierung des analogen Videosignals. Die vom Camcorder digitalisierten Videodaten werden über die FireWire-Verbindung digital übertragen und mit dem PC aufgezeichnet. |

Der Rechner wird erheblich entlastet, weil er nicht für das Digitalisieren zuständig ist – die Aufnahme gelingt fehlerfrei!

Geringer Platzbedarf bei hoher Qualität: DivX-Codec nutzen

Für die Aufzeichnung von Filmmaterial mit dem PC benötigen Sie einen so genannten Video-Codec, um die dabei anfallende gigantische Datenmenge zu komprimieren. Ohne einen Video-Codec würde bereits ein einminütiger Filmausschnitt (je nach Auflösung) zwischen 600 und 800 MByte Speicherplatz auf der Festplatte verschlingen.

| *Was versteht man unter einem Video-Codec?* | Das Wort Codec wurde aus **Co**dieren und **Dec**odieren zusammengesetzt. Wird beispielsweise ein Video mit einem Codec komprimiert, nennt man diesen Vorgang auch (en-)kodieren – nicht zu verwechseln mit transkodieren: Hierbei wird ein bereits ko- |

dierter Film mit einem anderen Codec erneut komprimiert, um ihn beispielsweise in das richtige Format für die zu brennende Videodisk zu bringen. Spielen Sie ein komprimiertes Video ab, muss es zuerst entkomprimiert werden, damit es gelesen werden kann – dies geschieht ebenfalls über den Video-Codec und wird als Dekodieren bezeichnet. Durch die Komprimierung der Videodaten wird stets die Bildqualität etwas verschlechtert, da „unwichtig erscheinende" Informationen durch den Codec beim Komprimieren weggestrichen werden, um eine möglichst kleine Datei zu erhalten. Selbst auf Video-DVDs sind die Daten komprimiert abgelegt – hier kommt der MPEG-2-Standard (MPEG-2-Codec) zum Einsatz. Die nach dem Komprimieren der Videodaten erzielte Bildqualität hängt sehr stark von der Qualität des verwendeten Video-Codec ab.

Filmaufzeichnung mit NeroVision Express & Video-Codecs

Bei der Vollversion von Nero 6 wird der für die Erzeugung einer Super-Video-CD bzw. Video-DVD notwendige MPEG-2-Codec bereits mitgeliefert, sodass Sie mit NeroVision Express die Videos direkt im MPEG-2-Standard aufnehmen können. Die Direktaufnahme im für Video-CDs notwendigen MPEG-1-Standard ist nicht möglich, obwohl die Vollversion von Nero 6 einen MPEG-1-Codec mitbringt.

Für die Filmaufnahme für eine Video-CD benötigen Sie einen separaten Video-Codec, um die Daten komprimiert auf der Festplatte abzuspeichern. Bei modernen Rechnern ist der DivX-Codec die beste Wahl, | *DivX-Codec für Video- & DivX-Disk benötigt*

da er die Videoinformationen bei sehr guter Bildqualität stark komprimiert und dadurch relativ kleine Dateien entstehen. Wollen Sie die Videos mit einer Auflösung von 352 x 288 aufnehmen und den DivX-Codec nutzen, wird bereits ein PC mit mindestens 1 GHz CPU benötigt. Den DivX-Codec brauchen Sie ebenfalls, wenn Sie eine DivX-Videodisk erstellen möchten – eine solche Scheibe spielen Sie entweder mit dem PC oder einem modernen DVD-Player, der DivX-Videos unterstützt, ab.

DivX-Codec kostenlos downloaden

Den DivX-Codec erhalten Sie kostenlos unter *www.divx.com*. Dort sind drei Versionen des beliebten Codec vorhanden: DivX als Freeware-Variante, DivX Pro (kostenlos, aber werbefinanziert) und DivX Pro in der kommerziellen Version ohne Werbung. Für den „normalen" Einsatz reicht die Freeware-Variante vollkommen aus! Laden Sie sich den Codec herunter und installieren Sie ihn, damit er unter NeroVision Express einsetzbar ist.

Weitere empfehlenswerte Codecs

Besonders für etwas leistungsschwächere Rechner, mit denen Sie trotzdem Videos in höchster Auflösung aufzeichnen wollen, sind folgende Video-Codecs empfehlenswert: Huffyuv (kostenlos erhältlich – am besten mit einer Internetsuchmaschine danach suchen) und Morgan Motion JPEG (Informationen und Testversion unter *http://www.morgan-multimedia.com*). Der Huffyuv-Codec komprimiert die Videodaten zwar nur relativ schwach (etwa im Verhältnis von 1:3), weshalb Sie viel freien Speicherplatz auf der Festplatte benötigen. Dafür arbeitet der Huffyuv-Codec verlustfrei und funktioniert selbst auf leistungsschwachen Rechnern in der Regel fehlerfrei. Der Einsatz dieses Codecs ist auch auf modernen PCs empfehlenswert, wenn Sie eine optimale Bildqualität erzielen wollen und ausreichend freien Speicherplatz auf der Festplatte besitzen. Bedenken Sie, dass die mit dem Huffyuv-Codec komprimierten Filme vor dem Brennen auf eine Videoscheibe erneut kodiert werden müssen, was Zeit raubend ist! Diese Kodierung führen Sie entweder mit NeroVision Express oder mit TMPGEnc (bessere Resultate und mehr Einstellungsmöglichkeiten) durch.

4.2 Analoge Videos mit NeroVision Express digitalisieren

Nachdem Sie für die notwendige Hard- & Softwareausstattung für die Filmaufnahme mit Ihrem PC gesorgt haben, sollten Sie vor der ersten Aufnahme die in Kapitel 16 („Systemtuning für maximale Brennleistung und perfekte Videoaufnahmen") beschriebenen Systemoptimierungen durchführen, damit der Rechner die anfallenden Daten schnell genug bewältigt und die Videoaufzeichnung bei höchster Auflösung fehlerfrei gelingt.

In welcher Auflösung Videos aufzeichnen?

Der erste Schritt bei der Videoaufnahme mit dem PC ist es, sich zu überlegen, in welcher Auflösung das Filmmaterial digitalisiert werden soll. In der Regel zeichnen Sie die Videos in der für die zu brennende Videoscheibe notwendigen Auflösung auf, um bestmögliche Bildqualität zu erhalten. Eine zu hohe Auflösung ist nicht empfehlenswert, da die Auflösung der Videos in dem Fall vor dem Brennvorgang heruntergerechnet werden muss, was zu einer Verschlechterung der Qualität führt – außerdem wird das System bei der Videodigitalisierung mit zu hoher Auflösung unnötig belastet, es gehen schneller Einzelbilder verloren.

In der Tabelle finden Sie eine kurze Übersicht über die „Auflösung-Standards" der verschiedenen Videoscheiben und wann Sie welche Disk am besten einsetzen. Genauere Informationen über die einzelnen Videoscheiben und ihre optimale Verwendung erfahren Sie in Kapitel 6 „Videos für das Brennen professionell transkodieren". Natürlich können Sie auch TV-Sendungen mit einer Auflösung für eine DVD aufzeichnen, um eine Video-DVD zu erstellen – allerdings ist die Bildqualität in dem Fall nicht so brillant, da die Videoquelle kein qualitativ hochwertiges Videosignal zur Verfügung stellt.

Videodisk	Optimale Aufnahmeauflösung im PAL-Format	Verwendungszweck
Video-CD	352 x 288	TV-Sendungen & alte VHS-Kassetten digitalisieren
Super-Video-CD	480 x 576	S-VHS-Kassetten digitalisieren
Video-DVD	704 x 576 oder 720 x 576	S-VHS-Kassetten digitalisieren, für Aufnahmen von einem analogen oder digitalen Camcorder
MiniDVD	wie bei einer Video-DVD	wie bei einer Video-DVD – nur für kurze Filmchen geeignet

Audio- und Videooptionen von NeroVision Express konfigurieren

Bevor Sie mit der Aufzeichnung starten, legen Sie die genauen Aufnahmeeigenschaften fest!

Szenenerkennung ausschalten und Speicherort bestimmen

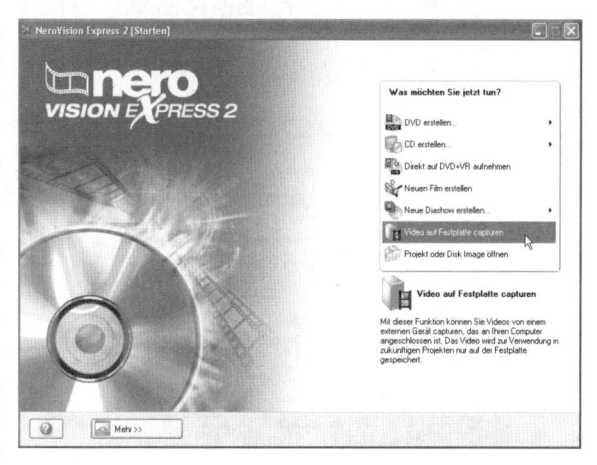

1 Starten Sie NeroVision Express und wählen Sie *Video auf Festplatte capturen*, um in das Aufnahmefenster des Programms zu gelangen.

2 Klicken Sie im neuen Fenster auf *Mehr* und deaktivieren Sie danach *Szenen beim Capturing erkennen* – diese Funktion ist ausschließlich bei Filmmaterial von einem digitalen Camcorder empfehlenswert. Rechts daneben legen Sie den Speicherort für die aufgezeichneten Videos fest.

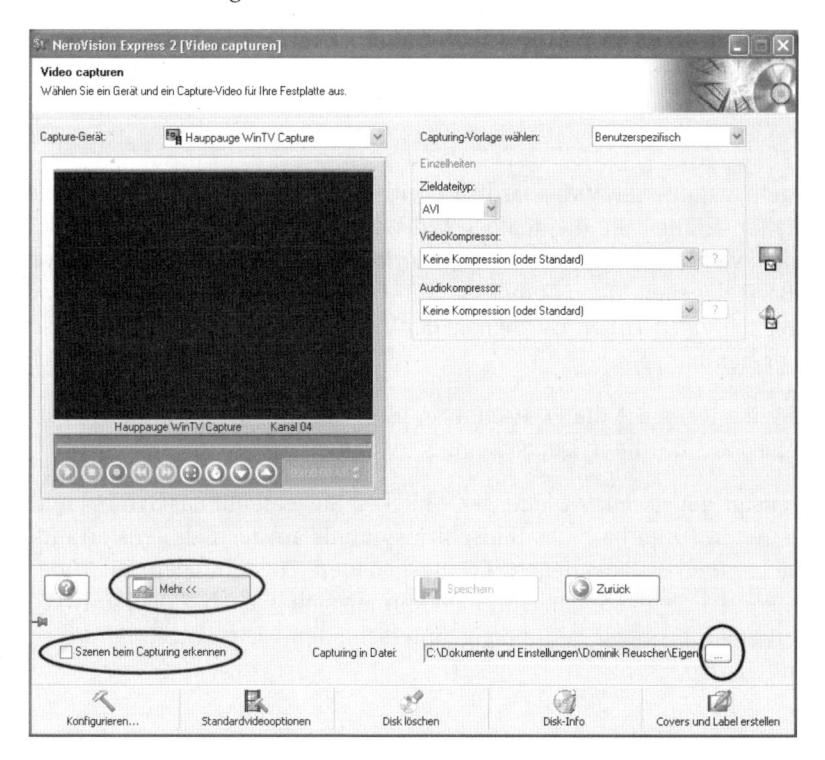

4. Von analog zu digital: Alte VHS-Kassetten retten & TV-Aufnahmen realisieren

Videoeigenschaften für die Aufnahme einstellen

1 Wählen Sie hinter *Capture-Gerät* (über dem Vorschaubildschirm) die Hardwarekomponente aus, mit der Sie die Videos aufnehmen wollen. Starten Sie jetzt bei einem analogen Camcorder oder einem Videorekorder die Wiedergabe des aufzuzeichnenden Films.

2 Klicken Sie am rechten Fensterrand auf das Bildschirmsymbol (eingekreist); im neu erscheinenden Fenster *Eigenschaften Videogerät* klicken Sie erneut auf das Bildschirmsymbol (oberes Symbol am rechten Fensterrand), um die Videoquelle zu bestimmen.

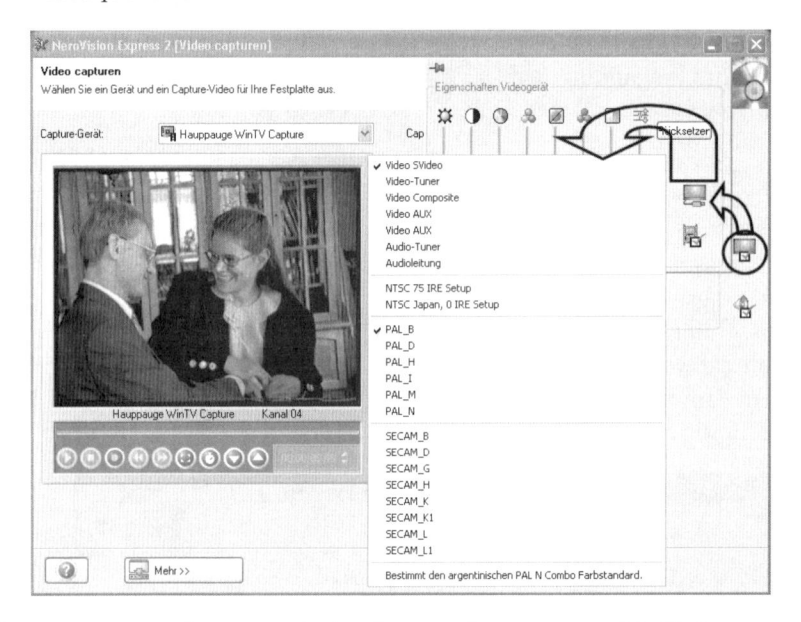

3 Je nach installierter Videohardware gibt es unterschiedliche Auswahlmöglichkeiten: Haben Sie die analoge Videoquelle über S-VHS mit dem PC verbunden, wählen Sie im Menü *Video SVideo*; bei einem Anschluss auf Composite-Basis dagegen *Video Composite*. Für die Aufzeichnung einer TV-Sendung wählen Sie *Video-Tuner*. Die Signale der Videoquelle sollten jetzt im Vorschaufenster sichtbar sein.

4 Zusätzlich legen Sie die Fernsehnorm über das Menü fest: In der Regel nehmen Sie *PAL_B* – die in Deutschland verwendete Fernsehtechnik.

5 Im Fenster *Eigenschaften Videogerät* klicken Sie jetzt auf das Symbol mit dem Filmstreifen (unterhalb des Bildschirmsymbols am rechten Fensterrand). Im erscheinenden Fenster legen Sie die genauen Einstellungen zur Videoaufnahme fest – die einzelnen Optionen können sich je nach Videohardware von diesen Ausführungen geringfügig unterscheiden.. Die *Einzelbildrate* setzen Sie auf *25.000*.

6   Als *Farbspektrum/-komprimierung* wählen Sie am besten *UYVY* (beste Qualität); für Aufnahmen im MPEG-2-Format (SVCD oder DVD) dürfen Sie ebenfalls *YV12* oder *YUV9* einsetzen – hierbei wird jedoch die Datenrate stark komprimiert und die Bildqualität leidet darunter. Bei manchen TV-Karten kommt es bei der Auswahl einer dieser drei Farbspektren bei der Aufnahme mit NeroVision Express zu hellgrünen, horizontalen Streifen im Bild. Ist dies bei Ihnen auch der Fall, müssen Sie als *Farbspektrum/-komprimierung* das für den MPEG-Standard „ungünstige" *RGB24* oder *RGB32* (RGB = Abkürzung für **R**ot **G**rün **B**lau) nutzen. MPEG-2 verlangt als Farbspektrum zwar immer YUV-Formate (Y = Luminanz, Helligkeits- oder Schwarzweißanteil; UV = Chrominanz, Farbanteil), aber es ist die einzige Möglichkeit, die grünen Streifen wegzubekommen! Ein Video im RGB-Modus wird von NeroVision Express automatisch für den MPEG-Standard nach YUV umgewandelt werden – durch die erneute Umwandlung kann die Bildqualität ein bisschen schlechter werden.

7   Darunter bestimmen Sie die Ausgabegröße (die Auflösung des aufgezeichneten Films). Hier stellen Sie die Auflösung für die zu brennende Videoscheibe ein – für eine DVD beispielsweise *720 x 576* oder *704 x 576*. Häufig wird keine geeignete Auflösung für eine Super-Video-CD angeboten. In dem Fall nehmen Sie eine Auflösung, die möglichst nahe der der SVCD ist. Verlassen Sie das Fenster mit *OK*.

8   Im Fenster *Eigenschaften Videogerät* können Sie mithilfe der Schieberegler das Videosignal der Videoquelle optimieren und beispielsweise den Kontrast oder die Helligkeit optimieren. Danach kehren Sie in das Hauptfenster von NeroVision Express zurück. Die Videoeigenschaften für die Aufnahme sind damit abgeschlossen.

Audioeigenschaften für die Aufnahme festlegen

1   Klicken Sie im Hauptfenster von NeroVision Express am rechten Fensterrand auf das Audiosymbol, um die Audiooptionen bei der Filmaufnahme festzulegen.

2   Im dann erscheinenden Fenster *Eigenschaften Audiogerät* wählen Sie zunächst mit einem Klick unten auf das Audiosymbol den Line-In Eingang der Soundkarte aus, damit der Ton des Films mit aufgezeichnet wird. Bei einigen Soundkarten heißt der dafür notwendige Eintrag anders: entweder *Analog Mix* oder *Was Sie hören*. Die eingehenden Tonsignale des aufzuzeichnenden Films werden daraufhin als Wellengrafik dargestellt.

4. Von analog zu digital: Alte VHS-Kassetten retten & TV-Aufnahmen realisieren

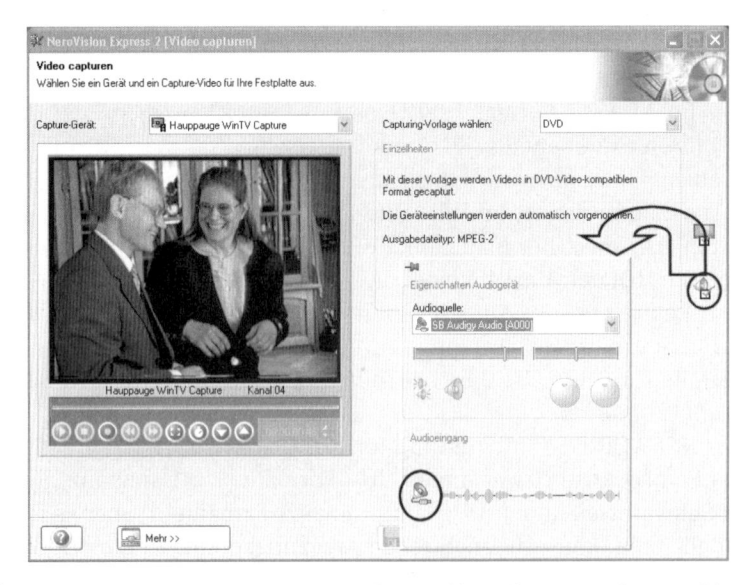

3 Achten Sie darauf, dass die Wellengrafik nicht zu stark ausschlägt – dies kann zu einer Übersteuerung führen! Die Stärke des Signals regeln Sie entweder über den Windows-Mixer oder die der Soundkarte beigelegte „Mischpult-Software".

4 Bei einigen Soundkarten ist es außerdem möglich, über das Fenster *Eigenschaften Audiogerät* mithilfe der beiden rechten Regler Tonkorrekturen vorzunehmen und beispielsweise die hohen und tiefen Töne des aufzuzeichnenden Audiosignals zu verstärken. Verlassen Sie das Fenster wieder – die Aufnahme kann beginnen!

TV-Kanäle über NeroVision Express auswählen

Wollen Sie mit NeroVision Express über eine TV-Karte Fernsehsendungen aufzeichnen, können Sie den gewünschten Fernsehkanal direkt im Programm auswählen. Voraussetzung: Sie haben die Fernsehkanäle über die TV-Kartensoftware konfiguriert und anschließend die Einstellungen abgespeichert. Den TV-Kanal ändern Sie, indem Sie unterhalb des Vorschaufensters von NeroVision Express die Schaltflächen mit dem Pfeil nach oben bzw. nach unten anklicken. Auf diese Weise „klicken" Sie sich durch die verschiedenen Sender, bis Sie den richtigen Kanal gefunden haben.

Videos direkt im MPEG-2-Standard aufnehmen

Nachdem Sie die notwendigen Audio- und Videooptionen eingestellt haben, kann die Aufnahme beginnen. Im Folgenden erfahren Sie, wie Sie Filmmaterial

Analoge Videos mit NeroVision Express digitalisieren

für eine SVCD bzw. Video-DVD direkt im MPEG-2-Standard aufnehmen. Hierzu wird ein leistungsfähiger PC benötigt. Möchten Sie dagegen Videos für eine Video-CD oder DivX-Filme erstellen, springen Sie zum nächsten Abschnitt.

1 Bei einem Videorekorder bzw. analogem Camcorder suchen Sie zunächst die Stelle, an der die Aufnahme beginnen soll, und drücken die Stopptaste.

2 Im Hauptfenster von NeroVision Express wählen Sie hinter *Capturing-Vorlage wählen* entweder *SVCD* (Filmmaterial für eine Super-Video-CD) oder *DVD* (Filmmaterial für eine Video-DVD).

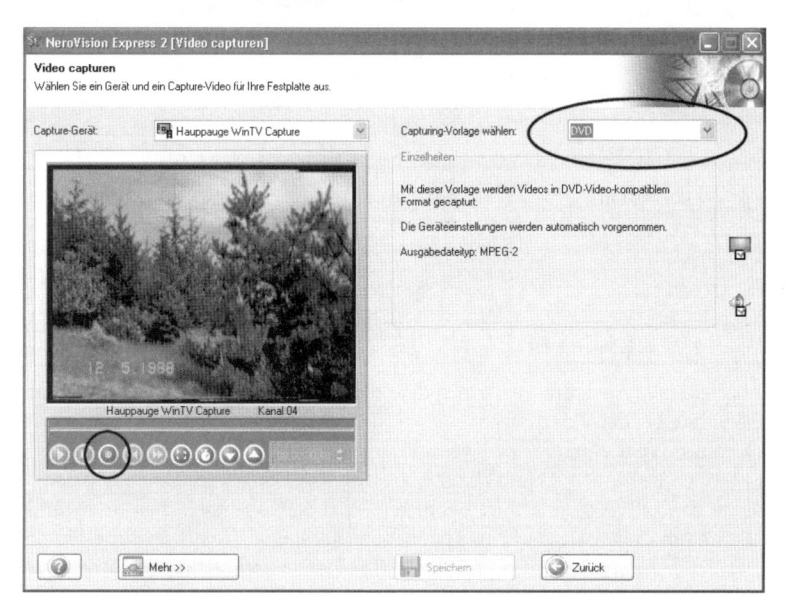

3 Starten Sie jetzt die Videoquelle und beginnen Sie die Aufzeichnung mit einem Klick auf den roten Aufnahmeknopf unterhalb des Videovorschaufensters. Die Aufzeichnung beenden Sie mit einem Klick auf das typische Stoppsymbol. Die aufgezeichnete Datei wird in einem kleinen weißen Fenster innerhalb des Hauptfensters angezeigt. Digitalisieren Sie, falls gewünscht, weitere Videos auf die gleiche Weise. Wollen Sie die aufgenommenen Videos sofort auf eine Videodisk brennen, klicken Sie auf *Weiter*.

Wichtige Informationen während der Digitalisierung

Während der Aufnahme erhalten Sie unter dem Vorschaufenster wichtige Informationen zum Aufzeichnungsprozess:

Sie erfahren beispielsweise, wie viele Frames (Einzelbilder) bei der Aufnahme übersprungen wurden. Dies sollten in der Regel nur äußerst wenige sein bzw. gar keine (optimal) – werden viele Frames übersprungen, kann das System die anfallenden Da-

> *Übersprungene Frames führen zu Rucklern!*

4. Von analog zu digital: Alte VHS-Kassetten retten & TV-Aufnahmen realisieren

ten nicht schnell genug verarbeiten, weshalb einige Einzelbilder verloren gehen – die Folge: Der aufgezeichnete Film ruckelt.

Videobitrate bei Aufnahme nicht frei wählbar

Zurzeit ist es mit NeroVision Express in der Version 2.0.1.1 nicht möglich, die Videobitrate bei der Aufnahme zu bestimmen. Zwar können Sie über einen Klick auf *Mehr* und anschließend *Standardvideooptionen* die gewünschte Bitrate festlegen, allerdings haben diese Einstellungen bei der Aufnahme keinerlei Wirkung!

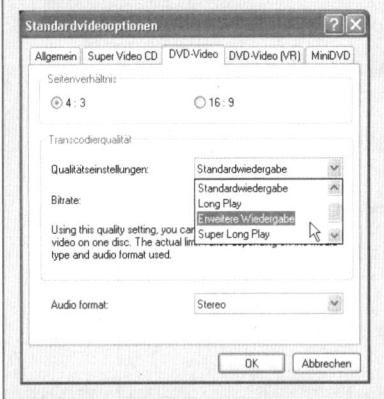

Die Einstellung der Transkodierqualität ist bei der Videoaufnahme bisher wirkungslos.

Es bleibt zu hoffen, dass Ahead mit einem Update diese Funktion nachreicht, sodass man eigenhändig die Bitrate bei der Videoaufzeichnung festlegen darf. Bis dahin können Sie entweder ein anderes Capture-Programm (beispielsweise PowerVCR) nutzen, bei dem die Videobitrate frei wählbar ist, oder die Filme mit NeroVision Express als AVI-Datei aufzeichnen und erst beim Brennvorgang in den MPEG-Standard transkodieren – bei dem nachträglichen Kodieren können Sie die Bitrate (im Gegensatz zur Echtzeitaufnahme im MPEG-Format) selbst bestimmen.

Sollten viele Frames übersprungen werden, führen Sie eine Systemoptimierung durch und reduzieren die eingestellte Auflösung, um das System zu entlasten. Reicht dies nicht aus, verzichten Sie auf die direkte Aufnahme im MPEG-2-Standard und nutzen einen anderen Video-Codec. In diesem Fall wird das Video von NeroVision Express automatisch vor dem Brennvorgang in den MPEG-2-Standard transkodiert, was relativ zeitaufwendig ist.

In der Zeile darunter zeigt Ihnen NeroVision Express an, wie lange Sie noch Filmmaterial aufzeichnen dürfen – diese Angabe hängt mit dem freien Speicherplatz auf Ihrer Festplatte zusammen. Je mehr freier Platz vorhanden ist, umso länger darf die Videoaufzeichnung dauern.

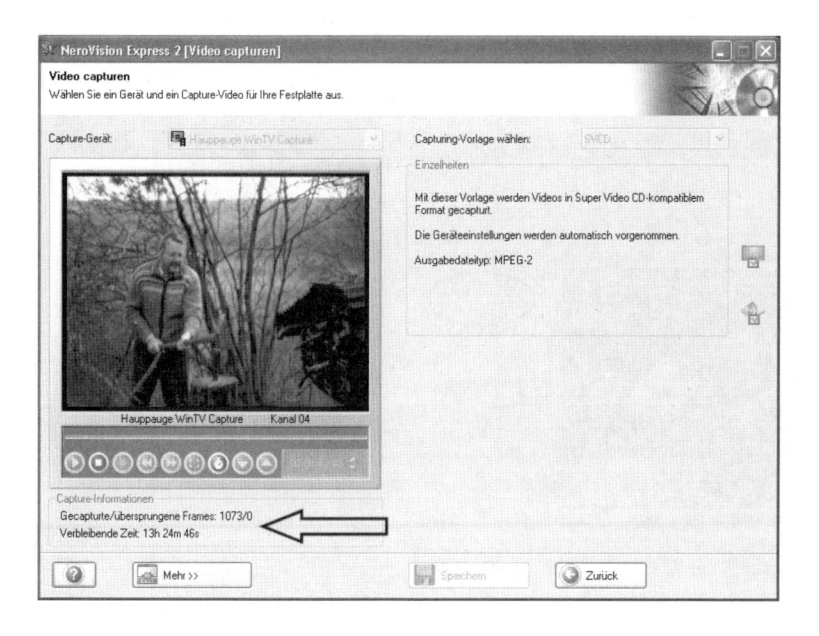

Videos für beste Bildqualität, VCD oder DivX-Disk als AVI-Datei abspeichern

Für Filmmaterial, das Sie auf eine Video-CD brennen möchten, bietet NeroVision Express keine Vorlage an – es ist nicht möglich, Videos direkt im für Video-CDs notwendigen MPEG-1-Standard aufzuzeichnen. Bei Filmen für eine Video-CD bzw. für qualitativ hochwertige Videoscheiben nehmen Sie die Videos am besten komprimiert als AVI-Datei (**A**udio **V**ideo **I**nterleave = Audiodaten und Videodaten miteinander verknüpft) auf und wandeln sie nachträglich vor dem Brennvorgang in den MPEG-Standard um – bei der nachträglichen Kodierung ist es möglich, die Videobitrate für optimale Resultate selbst zu definieren.

Mit der folgenden Anleitung erstellen Sie mit NeroVision Express auch DivX-Videos (Filme, die mit dem Video-Codec DivX komprimiert sind) – in diesem Format passt ein kompletter Spielfilm in guter Bildqualität auf einen CD-Rohling, die nachträgliche Transkodierung in den MPEG-Standard, die für VCD, SVCD oder DVD notwendig ist, entfällt. Eine Scheibe mit DivX-Videos kann mit jedem System, auf dem der DivX-Codec installiert wird, abgespielt werden; einige topaktuelle DVD-Player beherrschen ebenfalls die Wiedergabe von DivX-Filmmaterial.

> *Qualitativ gut & Zeit sparend: DivX-Videodisk erstellen!*

1 Als Capturing-Vorlage wählen Sie *Benutzerspezifisch* aus und legen als *Zieldateityp* den Eintrag *AVI* fest.

2 Unter *Videokompressor* stellen Sie den bei der Aufnahme zu verwendenden Video-Codec ein – beispielsweise DivX. Die genaueren Einstellungen des Co-

4. Von analog zu digital: Alte VHS-Kassetten retten & TV-Aufnahmen realisieren

dec nehmen Sie über die Schaltfläche mit dem Fragezeichen vor (siehe „DivX optimal konfigurieren").

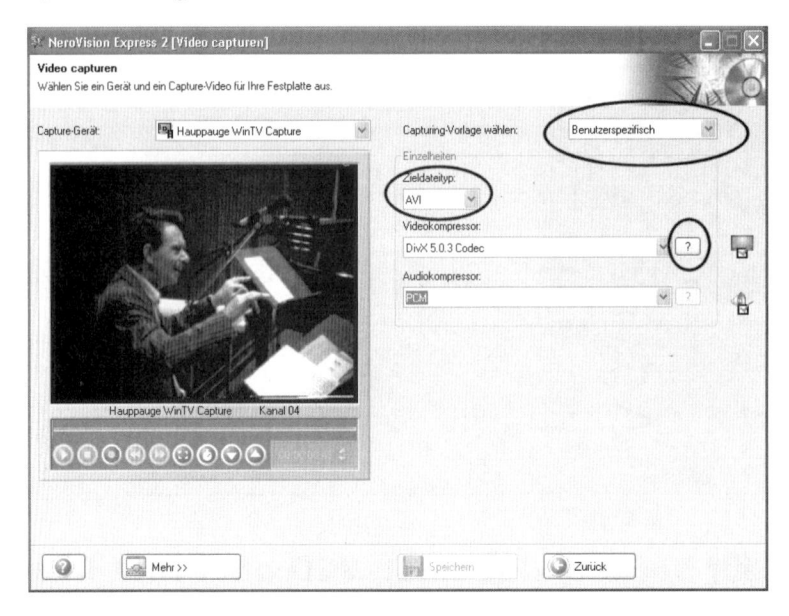

3 Als *Audiokompressor* stellen Sie für einen optimalen Klang *PCM* ein. Bei Filmmaterial für eine DivX-Videodisk können Sie das Audiosignal ebenfalls komprimieren lassen (beispielsweise als MP3), um mehr Daten auf die Scheibe zu bekommen.

4 Starten Sie die Filmaufnahme! Sollten zu viele Frames übersprungen werden, müssen Sie die Kompressionsstärke des Video-Codec etwas reduzieren, um das System zu entlasten.

Haben Sie das Filmmaterial für eine VCD, SVCD oder DVD digitalisiert, integrieren Sie die aufgezeichnete Datei, wie in Kapitel 7 „Video-Authoring mit NeroVision Express 2 & Nero 6" beschrieben, in die Brennsoftware. Die Videos werden vor dem Brennvorgang automatisch in den notwendigen MPEG-Standard transkodiert. Alternativ nutzen Sie für die Transkodierung TMPGEnc, um eine noch bessere Bildqualität zu erreichen.

DivX-Videos weiterverarbeiten

Wollen Sie aus den mit dem DivX-Codec komprimierten Filmen eine DivX-Videodisk erstellen, brennen Sie die aufgezeichneten Videodateien einfach als Daten-Disk mit Nero Burning Rom – die Zeit raubende Transkodierung entfällt hierbei. Brennen Sie am besten die Installationsdatei des DivX-Codec zusätzlich auf die DivX-Videodisk, um ihn im Notfall (wenn der DivX-Codec auf dem jeweiligen System nicht vorhanden ist) griffbereit zu haben.

DivX-Codec optimal konfigurieren

Der DivX-Codec lässt sich vielfältig einstellen, sodass Sie ihn selbst mit einem etwas leistungsschwächeren PC nutzen können.

1   Die Einstellungsmöglichkeiten des DivX-Codec erreichen Sie über die Schaltfläche mit dem Fragezeichensymbol. Im erscheinenden Fenster wechseln Sie in die Registerkarte *Profiles*.

2   DivX bietet verschiedene, vorkonfigurierte Profile, die Sie in der Regel nutzen sollten. Aktivieren Sie den Eintrag *1 Chose your profile* und klicken Sie anschließend auf das gewünschte Profil – empfehlenswert ist beispielsweise *Home Theater*. Darunter stellen Sie die Auflösung des aufzunehmenden Films ein und geben rechts davon die Bildwiederholrate an.

3   Klicken Sie auf *OK* und zeichnen Sie den Film auf – sollten viele Frames übersprungen werden, rufen Sie die DivX-Kodieroptionen erneut auf, um sie zu verändern.

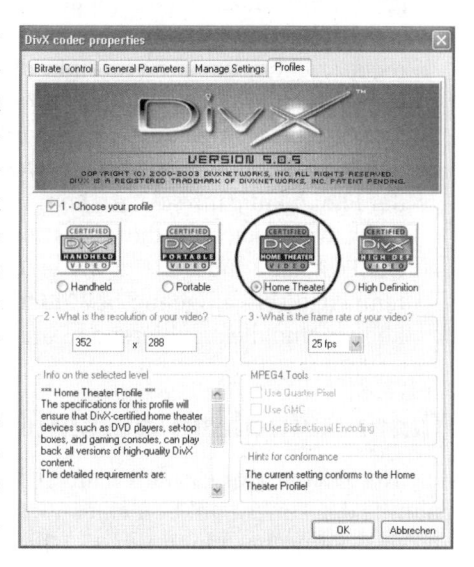

DivX-Codec je nach PC-Leistungsfähigkeit optimieren

Gehen bei Ihnen während der Videoaufzeichnung relativ viele Einzelbilder verloren, ändern Sie die DivX-Einstellungen!

1   Wechseln Sie in die Registerkarte *General Parameters* und wählen Sie unter *Performance/quality* eine andere Einstellung. Der Eintrag *Slowest* ist für sehr schnelle Rechner gedacht und erzielt bei der Videokodierung mit DivX die beste Bildqualität. Für leistungsschwächere PCs wählen Sie *Medium* oder *Fast* aus; hierdurch verringert sich die Bildqualität der aufgezeichneten Videos zwar etwas, es gehen aber keine bzw. nur sehr wenige Frames verloren – der aufgenommene Film läuft flüssiger.

4. Von analog zu digital: Alte VHS-Kassetten retten & TV-Aufnahmen realisieren

2 Um den Prozessor weiter zu entlasten, wählen Sie in der Registerkarte *Bitrate Control* hinter *Variable bitrate mode*, falls nicht voreingestellt, die Option *1-pass* aus und verringern die Kompressionsstärke, indem Sie den Schieberegler hinter *Encoding bitrate* nach rechts ziehen. Je weiter Sie den Schieberegler nach rechts ziehen, umso mehr sinkt die Kompressionsstärke (und damit die Prozessorbelastung). Außerdem wird dadurch die Bildqualität besser, weil der Film nicht ganz so stark komprimiert wird. Nachteil dieser Aktion: Die Festplatte muss die größere Datenmenge schnell genug bewältigen können und die resultierende Datei wird größer.

Timer-Aufnahme durchführen

Mit NeroVision Express ist es möglich, Videos zeitversetzt aufzunehmen – wie mithilfe der Timer-Funktion eines Videorekorders. Stellen Sie sich vor, Sie möchten eine Fernsehsendung um 15 Uhr aufnehmen, sind aber nur bis 14 Uhr zu Hause. Programmieren Sie NeroVision Express so, dass die Aufzeichnung automatisch um 15 Uhr beginnt. Über diese Funktion können Sie auch eine Aufnahme, mit der Sie gleich beginnen wollen, zu einer bestimmten Zeit automatisch enden lassen.

1 Klicken Sie unterhalb des Vorschaufensters von NeroVision Express auf das Stoppuhrsymbol (drittes Symbol von rechts).

2 Im neuen Fenster legen Sie die Start- und Endzeit für die Timer-Aufnahme fest, nachdem Sie vorher in das weiße Kästchen geklickt haben, um den jeweiligen Eintrag zu aktivieren.

Klicken Sie anschließend auf *OK*. Lassen Sie NeroVision Express geöffnet, damit die Timer-Funktion wirksam ist. Wenn Sie den Eintrag *Start time* deaktiviert lassen, startet die Aufnahme mit einem Klick auf *OK* sofort und wird automatisch zu der angegebenen Endzeit beendet.

Kostenlose Fernsehzeitschrift aus dem Internet

Sicher haben Sie sich auch schon geärgert, dass Sie stets eine Programmzeitschrift kaufen müssen, um zu wissen, was auf den Fernsehkanälen gespielt wird. Sind diese „Programmheftchen" nicht altmodisch? Schließlich zeichnen Sie Ihre Filme ja ab sofort digital mit dem PC auf und da wäre es doch ganz nett, wenn man die Fernsehzeitung ebenfalls in digitaler Form erhalten könnte.

Ihr Wunsch kann erfüllt werden und kostet Sie keinen Cent! Unter *http://www.tvgenial.com/* erhalten Sie die kostenlose digitale Programmzeitung TVGenial, die Ihnen eine Übersicht über die wichtigsten TV-Sender gibt. Die virtuelle Fernsehzeitung dürfen

Wissen, was läuft: TVGenial – kostenlos aus dem Internet!

Sie jederzeit kostenlos aktualisieren, um stets auf dem Laufenden zu bleiben, was im Fernsehen läuft.

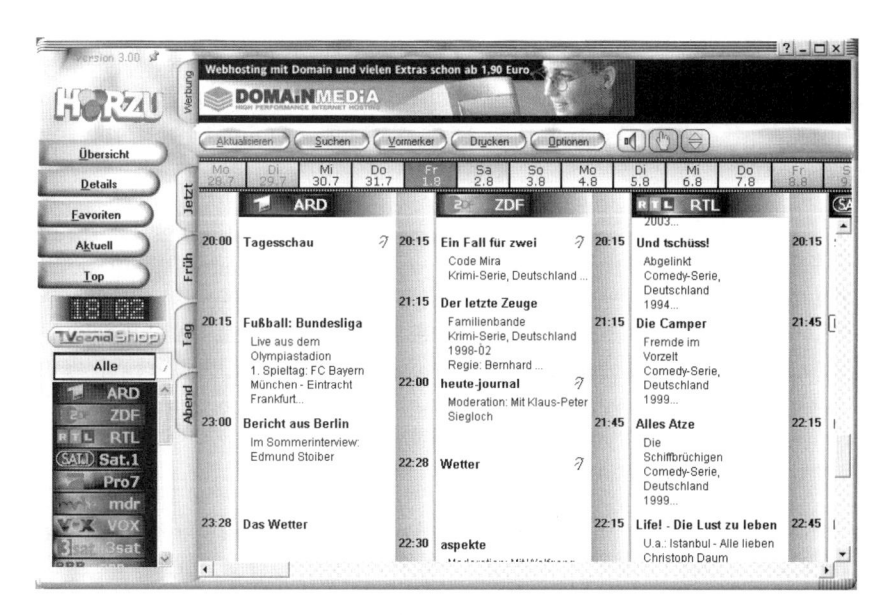

Elegant: Timer-Funktion über TVGenial programmieren

Benutzen Sie zur Aufnahme von Fernsehsendungen nicht NeroVision Express, sondern ein separates Programm (beispielsweise PowerVCR), können Sie dessen Timer-Funktion direkt über TVGenial konfigurieren, indem Sie die gewünschte Sendung, die per Timer-Funktion aufgenommen werden soll, mit einem Klick auswählen. Als notwendige Schnittstelle zwischen

4. Von analog zu digital: Alte VHS-Kassetten retten & TV-Aufnahmen realisieren

> PowerVCR und TVGenial dient der Videotimer, den Sie als Testversion unter *http://www.videotimer.de/* erhalten. Mit dem Videotimer ist es außerdem möglich, den Rechner für die Aufnahme aus dem Ruhezustand zu erwecken und nach der Aufzeichnung automatisch herunterzufahren. Perfekter kann ein digitaler Videorekorder wirklich nicht arbeiten.

4.3 Videorekorder PC: Filme direkt auf DVD aufnehmen

Mit NeroVision Express und einem DVD-Brenner, der DVD+R/RW brennen kann, funktionieren Sie Ihren PC in einen digitalen Videorekorder um, der die Videos direkt während der Aufnahme auf die DVD brennt. Danach können Sie die DVD bearbeiten, Videos löschen oder ein elegantes Auswahlmenü erzeugen. Einen analogen Videorekorder werden Sie ab sofort nicht mehr benötigen! Ermöglicht wird die direkte Aufzeichnung und anschließende Bearbeitung der Disk durch das neue DVD+VR-Format.

Erste Filmaufzeichnung auf die DVD+VR

Als Rohlinge können Sie sowohl eine DVD+R als auch eine DVD+RW einsetzen. Bei einer DVD+RW ist es wichtig, dass sich anfangs keine Daten auf der Scheibe befinden, sonst erhalten Sie die Fehlermeldung, dass die DVD+VR-Disk ungültig sei. Eventuell vorhandene Daten auf der DVD+RW löschen Sie daher vorher mit Nero Burning Rom.

Festplatte und DVD-Brenner unbedingt trennen!

Weiterhin ist zu beachten, dass sich der DVD-Brenner nicht als Slave hinter der Systemfestplatte befindet – dies führt zu einer Überlastung des IDE-Bus, sodass die Aufzeichnung scheitert bzw. die Filme auf der DVD sprunghaft ablaufen. Ideal ist es, wenn die Festplatte als Master am ersten IDE-Controller hängt und der DVD-Brenner entweder als Master am zweiten IDE-Controller angeschlossen ist oder extern mit dem Rechner verbunden wird.

1 Legen Sie den leeren DVD-Rohling in den DVD-Brenner und starten Sie NeroVision Express. Als Projekt wählen Sie *Direkt auf DVD+VR aufnehmen*.

2 Der eingelegte Rohling wird auf das Brennen im DVD+VR-Format vorbereitet – nach kurzer Zeit erscheint das Ihnen bereits bekannte Aufnahmefenster. Unter Umständen werden Sie mit einem etwas merkwürdigen Fenster konfrontiert, das behauptet, dass das Videogerät im NTSC-Modus arbeiten würde und PAL in den Videooptionen eingestellt sei. Sie werden gefragt, ob ab sofort alle Aufnahmen im NTSC-Modus durchgeführt werden sollen. Dies verneinen Sie unbedingt, da für Deutschland als Fernsehnorm PAL benötigt

Videorekorder PC: Filme direkt auf DVD aufnehmen

wird. Dieses Fenster erscheint nur bei der direkten Aufnahme auf eine DVD und ist wohl eher auf einen noch nicht behobenen Programmfehler zurückzuführen!

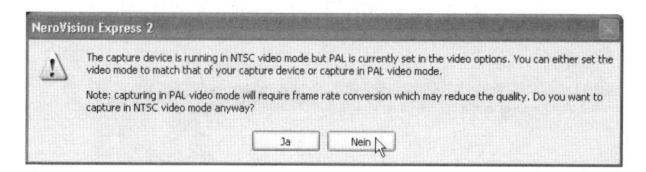

3   Kontrollieren Sie, ob die Video- und Audiooptionen für die Aufnahme richtig konfiguriert sind. Soll die Videoscheibe ein Auswahlmenü erhalten, klicken Sie auf *Mehr* und aktivieren die Option *Menü auf Disk erstellen*.

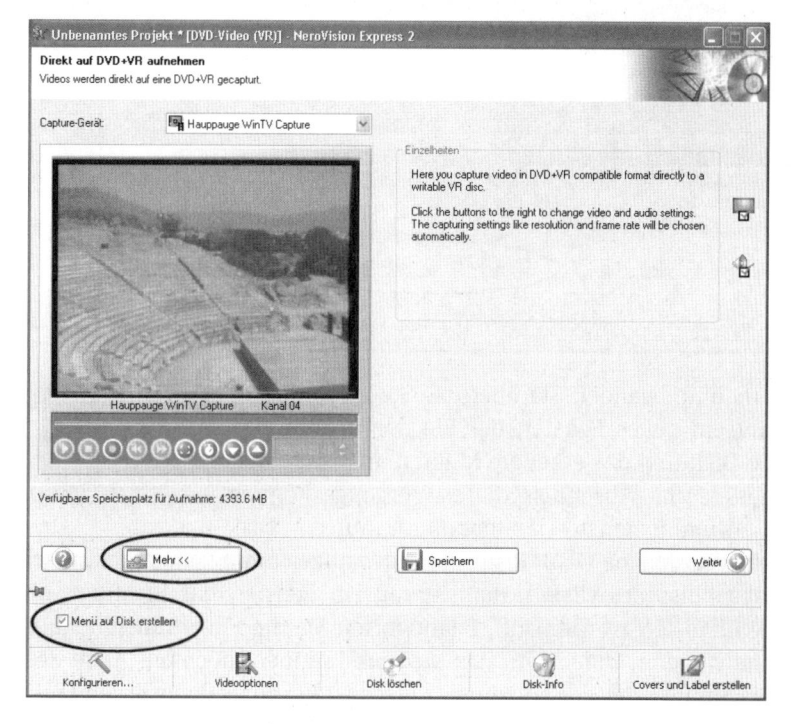

4   Um die Aufnahme zu beginnen, drücken Sie den roten Aufnahmeknopf unterhalb des Vorschaufensters. Die Aufzeichnung beginnt nicht sofort, stattdessen taucht ein neues Fenster auf, das Sie darauf hinweist, dass die benötigten Geräte erst initialisiert (für die Aufnahme vorbereitet) werden müssen.
Während dieser Zeit ist die Schaltfläche *Start* inaktiv. Nach kurzer Zeit sind die Geräte vorbereitet und die Schaltfläche *Start* kann gedrückt werden – die Aufzeichnung des Videos auf DVD beginnt sofort.

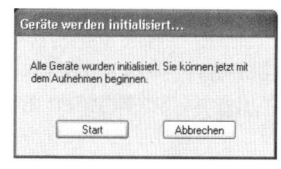

5   Im Aufnahmefenster erfahren Sie die noch zur Verfügung stehende Spieldauer auf der Video-DVD. Leider kann die bei der Aufzeichnung verwendete Bit-

4. Von analog zu digital: Alte VHS-Kassetten retten & TV-Aufnahmen realisieren

rate in der aktuellen Version (2.0.1.1) nicht geändert werden, sodass Sie auf eine DVD+VR ca. 85 Minuten Filmmaterial bekommen. Es bleibt zu hoffen, dass eine spätere Version die Anpassung der Bitrate ermöglicht, um noch mehr Videos (bis zu 120 Minuten) auf eine DVD+VR in sehr guter Qualität aufzunehmen.

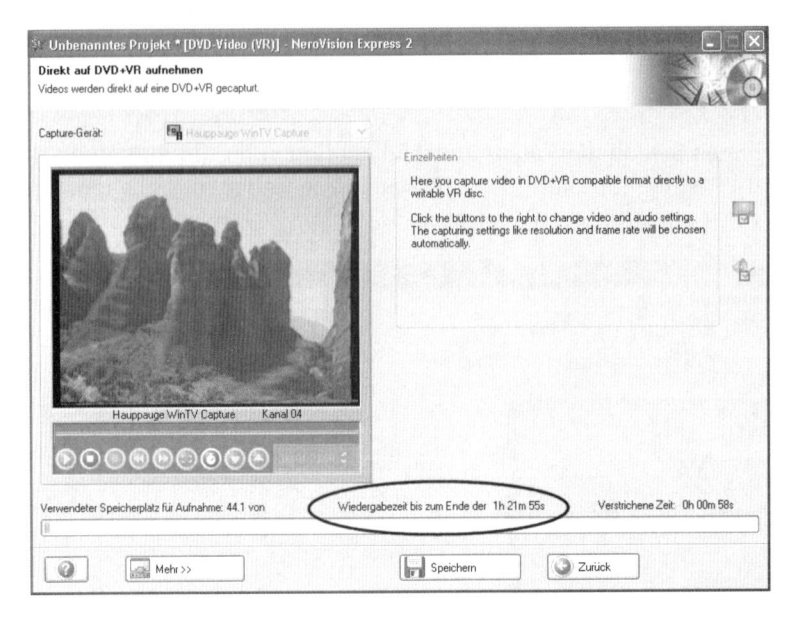

6 Die Aufnahme beenden Sie über das Stoppsymbol. Es erscheint ein neues Fenster, das Sie darauf hinweist, dass die Disk und das erzeugte Menü aktualisiert werden muss. Nach Abschluss dieses Vorgangs können Sie im Aufnahmefenster weitere Filme auf die Disk brennen. Wurde eine DVD+R für die Videoaufzeichnung eingesetzt, erscheint nach Abschluss der Disk-Aktualisierung ein Fenster, das Sie fragt, ob die Scheibe finalisiert werden soll. Beantworten Sie die Frage nur mit *Ja*, wenn Sie keine weiteren Videos auf das Medium brennen möchten. Auch das Ändern des Menüs oder der einzelnen Videos ist bei einer finalisierten DVD+VR nicht mehr möglich.

Bei einer DVD+VR müssen Sie die Rohlingkapazität nicht auf einen Schlag ausnutzen – Sie können die Disk nach und nach mit Videos füllen!

DVD bearbeiten und Auswahlmenü gestalten

Nachdem Sie die aufzuzeichnenden Videos auf die DVD+VR gebrannt haben, verlassen Sie das Aufnahmefenster mit einem Klick auf *Weiter*.

1 Im nächsten Fenster entscheiden Sie, ob Sie doch noch weitere Videos auf die Disk brennen möchten (*Weitere Videos aufnehmen*) oder die *Aktuelle Disk*

Videorekorder PC: Filme direkt auf DVD aufnehmen

bearbeiten wollen. Für das Erstellen eines Auswahlmenüs bzw. das Bearbeiten der einzelnen Videos wählen Sie den letztgenannten Eintrag.

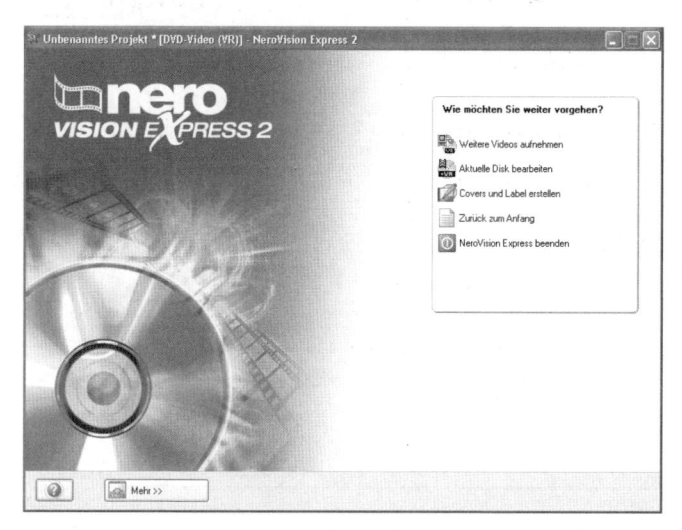

2 Im neu erscheinenden Fenster werden nach kurzer Zeit alle auf der Disk vorhandenen Videos aufgelistet. Sie haben hier beispielsweise die Möglichkeit, die Videos in Kapitel zu unterteilen, um Ihre Lieblingsstellen schneller zu finden – Näheres zur Videobearbeitung mit NeroVision Express erfahren Sie in Kapitel 7 „Video-Authoring mit NeroVision Express 2 und Nero 6".

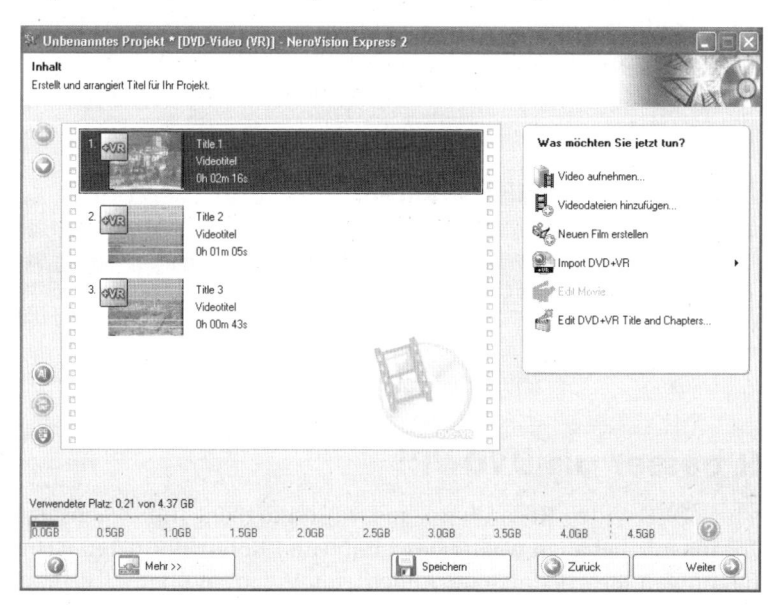

3 Mit einem Klick auf *Weiter* gelangen Sie in das Fenster zur Auswahlmenügestaltung. Hier können Sie beispielsweise ein Hintergrundbild auswählen, das Menülayout ändern usw. Näheres hierzu erfahren Sie ebenfalls in Kapitel 7 „Video-Authoring mit NeroVision Express 2 und Nero 6".

4. Von analog zu digital: Alte VHS-Kassetten retten & TV-Aufnahmen realisieren

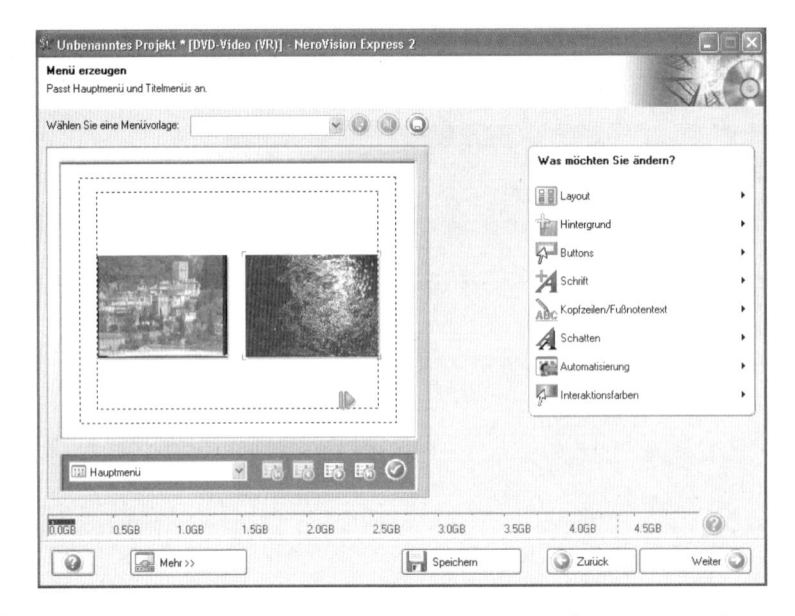

4 Nach dem Bearbeiten des Menüs klicken Sie auf *Weiter*, um das erstellte Menü mithilfe der virtuellen Fernbedienung auf seine Wirksamkeit hin zu testen. Ist alles in Ordnung und sind Sie mit dem Auswahlmenü zufrieden, klicken Sie auf *Weiter*, um in das Brennfenster von NeroVision Express zu kommen. Die Voreinstellungen lassen Sie unverändert und klicken auf *Brennen*, um die Änderungen an den Videos bzw. am Auswahlmenü auf die Disk zu schreiben – der Brennvorgang ist nach kurzer Zeit abgeschlossen! Wurde die Rohlingkapazität nicht vollständig ausgeschöpft, können Sie nach dem Schreibvorgang jederzeit neue Filme auf die Video-DVD brennen.

> **Bearbeitung nachträglich durchführen!**
>
> Die Bearbeitung der Videos und des Auswahlmenüs einer DVD+VR müssen Sie nicht sofort nach der Videoaufzeichnung durchführen. Wollen Sie die Disk später verändern, legen Sie die Scheibe in den Brenner, starten NeroVision Express und wählen *DVD erstellen/DVD-Video (VR)*. Die auf dem Medium vorhandenen Daten werden in das Programm importiert und können anschließend wie beschrieben bearbeitet und verändert werden.

DVD+VR besser als DVD-VR!

Der VR-Modus (DVD **V**ideo **R**ecording Standard) ermöglicht (im Gegensatz zum Video-DVD-Standard) bei allen wieder beschreibbaren Rohlingformaten das nachträgliche Hinzufügen, Bearbeiten bzw. Ändern von Videos auf bereits gebrannten DVDs. Sie können beispielsweise einzelne Videos direkt auf der Scheibe löschen oder ein neues Menü erstellen. Ohne den VR-Modus müssten Sie zunächst alle Daten auf die Festplatte kopieren, dort bearbeiten und anschließend komplett neu auf den DVD-Rohling brennen – diese Vorgehensweise kostet unnötig Zeit!

Nutzen Sie für einen DVD-RAM bzw. DVD-RW-Rohling den VR-Modus, hat dies einen entscheidenden Nachteil: Das Medium wird von den meisten DVD-Playern verschmäht, weil es nicht mehr dem Video-DVD-Standard entspricht und das Gerät den Medientyp nicht erkennt. Für die Wiedergabe über den PC wird eine spezielle Software benötigt. NeroVision Express wird den VR-Modus erst mit einem Update, das Ahead bald zum Download anbietet, unterstützen.

Bei einer DVD+RW wird dagegen ein modifizierter VR-Modus angewendet, den man DVD+VR nennt. Dieser Modus ermöglicht es beispielsweise, Filme von der TV-Karte ohne Zwischenspeicherung auf

DVD+VR = kompatibel zu allen Geräten!

der Festplatte direkt im richtigen Videoformat auf eine DVD+RW zu brennen. Einzige Voraussetzung ist neben einem leistungsstarken PC für die möglichst schnell zu bewerkstelligende Videokonvertierung der Einsatz einer speziellen Aufzeichnungssoftware, die DVD+VR (manchmal auch VR+Format genannt) unterstützt – wie zum Beispiel NeroVision Express 2. Die auf die DVD geschriebenen Videos können nachträglich bearbeitet werden; die DVDs sind jederzeit auf allen Geräten, die DVD+RWs lesen, abspielbar, da die Scheibe nach wie vor (im Gegensatz zum VR-Modus) dem Video-DVD-Standard entspricht. Die Wiedergabe über den PC geschieht mithilfe einer gewöhnlichen DVD-Software (zum Beispiel Nero ShowTime); außerdem können auch einmal beschreibbare DVD-Rohlinge (DVD+R) im DVD+VR-Modus aufgezeichnet werden. Für die echten Video-Freaks ist daher der Griff zu einem Brenner, der DVD+R/RW beschreiben kann, die beste Wahl.

Weitere Filme auf die Disk brennen

Möchten Sie später neue Videos auf eine bereits begonnene DVD+VR brennen, gehen Sie folgendermaßen vor:

1. Legen Sie die Scheibe in den Writer und starten Sie NeroVision Express. Wählen Sie *Direkt auf DVD+VR aufnehmen*. Die eingelegte Disk wird analysiert und für das Brennen neuer Filme vorbereitet.

2. Sie „landen" im Aufnahmefenster; hier führen Sie die Aufzeichnung der Videos wie beschrieben durch. Haben Sie die Rohlingkapazität eines einmal beschreibbaren DVD-Rohlings zum Abschluss der Videoaufnahme fast vollständig ausgeschöpft, sollten Sie die Disk finalisieren! Nach dem Finalisieren sind keine Änderungen mehr möglich!

4.4 Troubleshooting rund um die Videoaufnahme

Die Aufnahmefunktion von NeroVision Express ist noch relativ jung und noch nicht ausgereift, weshalb es durchaus zu Inkompatibilitäten mit bestimmten TV-

Karten bzw. manchen Videoeingängen der Grafikkarten kommen kann, die erst im Laufe der Zeit entdeckt und durch Updates behoben werden. Bevor Sie bei Problemen bezüglich der Videoaufnahme mit NeroVision Express eine lange Ursachenforschung betreiben, schauen Sie zunächst, ob es ein Update für das Programm gibt!

Erste Hilfe bei Problemen mit der Videoaufnahme

Bei Problemen mit der Videoaufnahme mit NeroVision Express gibt es leider kein „Allheilmittel". Sie müssen mehrere Dinge versuchen, um die Schwierigkeiten zu beseitigen. Diese Probleme können vielfältig sein: Entweder gehen trotz modernster Hardware bei der Videoaufnahme viele Einzelbilder verloren, sodass der aufgezeichnete Film ruckartig abläuft, es treten andere Bildfehler auf oder es kommt zu Systeminstabilitäten.

- Haben Sie die Systemoptimierung (Kapitel 16 „Systemtuning für maximale Brennpower und perfekte Videoaufnahmen") durchgeführt? Falls nicht, holen Sie diese nach!

- Sorgen Sie für möglichst aktuelle Treiber für Grafik-, Sound- & TV-Karte.

- Schließen Sie während der Aufzeichnung alle nicht benötigten Programme, um für die Videoaufnahme möglichst viel freie Systemressourcen bereitzustellen.

- Deaktivieren Sie vorübergehend den permanenten Virenscanner; dieser verschlingt während des Betriebs einiges an Rechenpower, die für eine fehlerfreie Videoaufzeichnung fehlt. Wie Sie den Virenwächter vorübergehend ausschalten, entnehmen Sie dem Handbuch der Antivirensoftware.

- Reduzieren Sie besonders bei einer TV-Karte für den PCI-Steckplatz bei Aufnahmeproblemen die Auflösung, damit es zu keiner Überlastung des PCI-Bus kommt. Die stabilste und fehlerfreie Auflösung beim Capturen mit einer TV-Karte ist nach wie vor 352 x 288. Ist Ihre Karte mit höheren Auflösungen überfordert, sind Sie gezwungen, diese niedrige Aufnahmeauflösung auch für Video-DVDs zu nutzen!

- Wählen Sie bei Bildstörungen ein anderes Farbspektrum bzw. eine andere Farbkomprimierung über das Fenster *Eigenschaften Videogerät*.

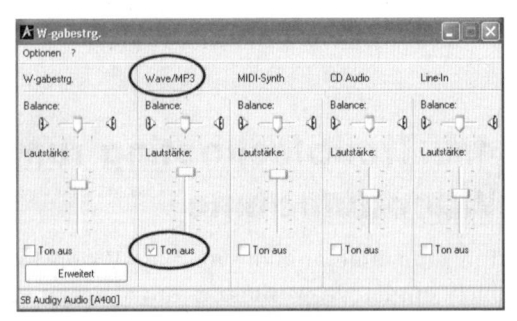

- Tritt bei Ihnen während der Aufnahme ein hässlicher Echoeffekt auf? Der Ton des aufzuzeichnenden Films ist im Aufnahmefenster von NeroVision Express – zeitlich etwas versetzt – doppelt zu hören? Der digitalisierte Film ist in der Regel fehlerfrei und enthält kein Echo, aber bei der Aufzeichnung ist dieses sehr störend! Das Echo vermeiden Sie, indem Sie über den Windows-Mixer den Kanal *Wave/MP3* (manchmal auch nur *Wave* genannt) während der Aufnahme deaktivieren – das Echo ist dadurch verschwunden!

Nutzen Sie den kostenlosen Universal-Treiber für die TV-Karte!

Bei Ihnen haben die „Erste Hilfe Vorschläge" nichts gebracht? Häufig liegen die Probleme in einer Inkompatibilität zwischen TV-Karten-Treiber und der Aufnahmesoftware (NeroVision Express) begründet oder der Treiber für Ihre TV-Karte ist fehlerhaft! Nutzen Sie probeweise den Universal-TV-Karten-Treiber, den Sie kostenlos unter *http://btwincap,sourceforge.net* herunterladen können. Er ist für alle TV-Karten geeignet, die einen der folgenden Videobausteine besitzen: BT 848, BT 878 oder BT 879. Fast alle zurzeit erhältlichen TV-Karten basieren auf einem dieser Bausteine.

Wenn Sie nicht wissen, ob Ihre Karte dazu gehört, machen Sie sich im Internet auf den Seiten des Kartenherstellers kundig.

Universal-Treiber richtig installieren

Bei der Installation unter Windows XP taucht ein Warnhinweis auf, dass der Treiber den Windows-Logo-Test nicht bestanden habe (der Treiber von Microsoft nicht für die Verwendung unter Windows XP freigegeben wurde). Diese Meldung taucht stets auf, wenn ein zu installierender Treiber von Microsoft nicht getestet wurde – selbst wenn der Treiber perfekt mit Windows XP harmoniert.

Die Installation führen Sie daher über die Schaltfläche *Installation fortsetzen* weiter – auf meinem Rechner mit Windows XP traten nach der Installation des Universal-Treibers keine Probleme auf. Trotzdem sollten XP-User vor der Installation einen Systemwiederherstellungspunkt anlegen, um die Treiberinstallation schnell wieder rückgängig zu machen und das System in den Ausgangszustand zu versetzen, falls es doch irgendwelche Probleme gibt.

1   Entpacken Sie die heruntergeladene Datei und starten Sie die Installation per Doppelklick! Der Originaltreiber der TV-Karte muss für die Installation des Universal-Treibers installiert sein, sonst kann die Installationsroutine die TV-Karte nicht korrekt erkennen. Der Originaltreiber wird vor der Installation des Universal-Treibers automatisch von der Setup-Routine entfernt.

4. Von analog zu digital: Alte VHS-Kassetten retten & TV-Aufnahmen realisieren

2 Als Erstes entscheiden Sie über *Install this Driver*, dass der Universal-Treiber im System eingerichtet werden soll.

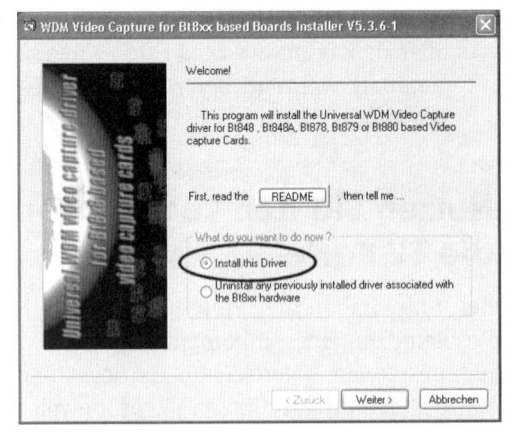

3 Die Installationsroutine versucht nun das TV-Kartenmodell automatisch zu erkennen. Nach kurzer Zeit taucht ein neues Fenster auf, in dem Sie kontrollieren, ob Ihre TV-Karte korrekt erkannt wurde. In der Regel funktioniert die automatische Erkennung äußerst zuverlässig – klicken Sie auf *Weiter*.

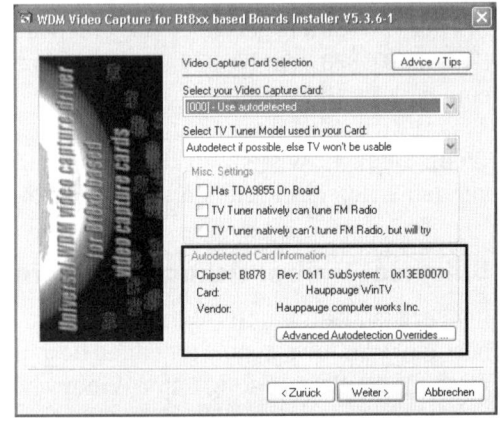

4 Der Universal-Treiber wird installiert; zum Abschluss erscheint ein weiteres Fenster, in dem Sie den Videostandard (die Fernsehnorm) der TV-Karte anhand einer Länderauswahl konfigurieren. Für Deutschland wählen Sie *Germany* und achten darauf, dass unter *Default Video Standard* der Eintrag *PAL-B* ausgewählt ist. Die Treiberinstallation ist damit abgeschlossen. Testen Sie den Universal-Treiber gleich mit NeroVision Express – ein Neustart des Rechners ist nicht nötig!

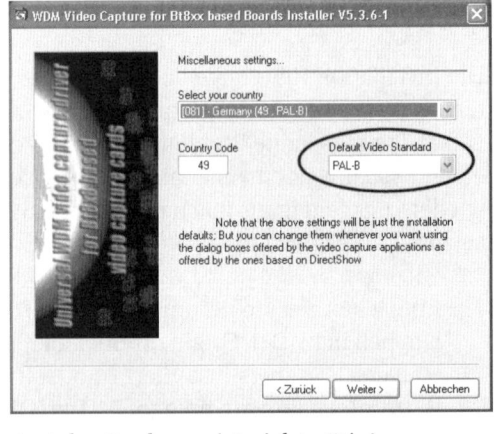

5 Unter NeroVision Express wählen Sie als *Capture-Gerät* jetzt den neuen Eintrag *Conexant's BtPCI Capture* aus – so heißt Ihre TV-Karte ab sofort, wenn Sie den Universal-Treiber installiert haben. Die übrigen Videoeinstellungen (Auflösung, Videoquelle usw.) stellen Sie wie gewohnt ein und starten anschließend die Aufnahme. Auf meinem Rechner verlief die Videoaufzeichnung mit NeroVision Express und der TV-Karte WinTV Theater dank des Universal-Treibers deutlich zuverlässiger und fehlerfreier als mit dem Originaltreiber.

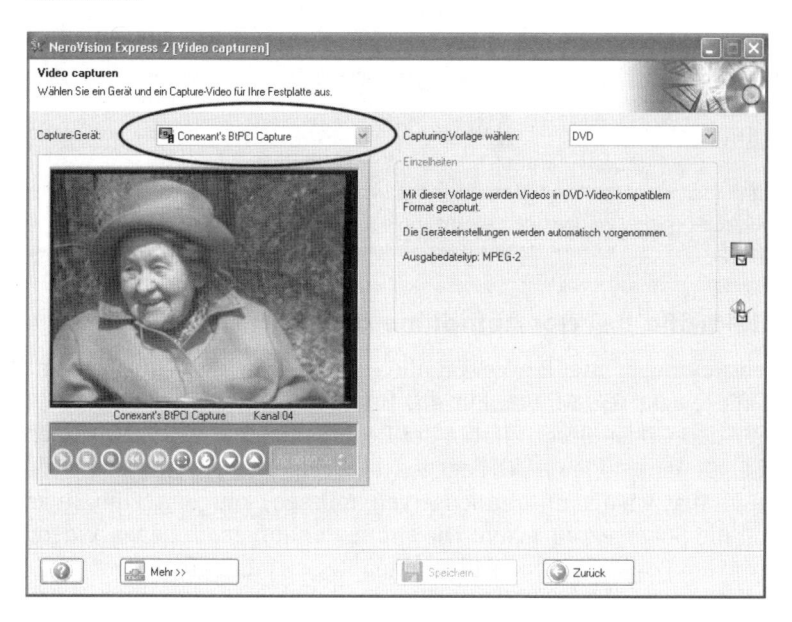

4.5 Wenn es mit NeroVision Express klemmt: alternative Capture-Software

Lassen sich die Probleme bei der Aufnahme nicht lösen, müssen Sie für die Digitalisierung Ihrer Videos ein anderes Programm nutzen und auf ein baldiges Update von NeroVision Express hoffen, das die bei Ihnen auftretenden Inkompatibilitäten beseitigt. Im diesem Abschnitt werden zwei alternative Aufzeichnungsprogramme vorgestellt.

MPEG-Videoaufnahme & Timeshifting mit PowerVCR

Wenn bei Ihnen die Videoaufzeichnung mit NeroVision Express nicht fehlerfrei gelingt, Sie bei der Aufnahme Timeshifting nutzen wollen (beherrscht NeroVision Express nicht) oder Filmmaterial für eine Video-CD direkt in das MPEG-1-Format aufnehmen wollen, sollten Sie sich das Programm PowerVCR II besorgen. Die Software hat sich bereits über einen längeren Zeitraum bewährt und funktioniert mit den meisten TV-Karten bzw. Videoeingängen der Grafikkarten problemlos; selbst das Einspielen von Filmmaterial eines digitalen Camcorders ist möglich. Außerdem dürfen Sie die bei der Aufnahme zum Einsatz kommende Bitrate nach Ihren Wünschen einstellen. Das Programm liegt vielen Komplett-PCs, die über eine Videoaufnahmefunktion verfügen, bei.

4. Von analog zu digital: Alte VHS-Kassetten retten & TV-Aufnahmen realisieren

Timeshifting – was ist das?

Unter Timeshifting versteht man die gleichzeitige Wiedergabe und Aufnahme von Filmmaterial: Während Sie sich den noch nicht fertig aufgezeichneten Film von vorn betrachten, wird der Film zu Ende aufgenommen. Ein Beispiel: Sie nehmen ein Fußballspiel vom Beginn auf, weil Sie es nicht sofort ansehen können. Während live das Ende der ersten Halbzeit läuft, starten Sie im Timeshifting-Modus die Wiedergabe des Spiels von Anfang an – das Ende der ersten Halbzeit und die folgende zweite Halbzeit werden gleichzeitig im Hintergrund weiter aufgezeichnet. Die Pause zwischen beiden Halbzeiten können Sie bei Timeshifting elegant überspringen und somit etwas Zeit beim Gucken des Fußballspiels „sparen". Timeshifting setzt einen leistungsstarken Rechner mit modernster Hardware voraus, um das System nicht zu überlasten, andernfalls treten starke Ruckler bei der Wiedergabe bzw. im aufgezeichneten Video auf.

Videodateigröße bei der Aufnahme ändern!

In der Voreinstellung splittet PowerVCR alle aufzunehmenden Videos in einzelne Häppchen mit jeweils 630 MByte. Für das Brennen des Filmmaterials als Video- bzw. Super-Video-CD ist dieser Wert in der Regel optimal – beim Aufnehmen von Filmmaterial für eine Video-DVD dagegen sehr ärgerlich, weil Sie die kleinen Filmstücke vorher wieder zusammensetzen müssen, um den Film in einem „Rutsch" auf die Scheibe zu packen! Die Größe der aufgenommenen Videodateien können Sie bei PowerVCR II nur über einen Registry-Eingriff ändern.

1 Falls PowerVCR geöffnet ist, schließen Sie das Programm. Im Startmenü wählen Sie *Ausführen* und geben im erscheinenden Fenster „regedit" ein. Mit einem Klick auf die [Enter]-Taste startet der Registrierungseditor.

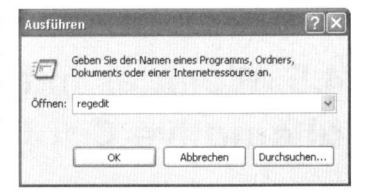

2 Wechseln Sie in den Registry-Schlüssel *HKEY_CURRENT_USER\Software\CyberLink\PowerVCR II* und suchen Sie im rechten Fensterbereich den Eintrag *MaxRecSizeMB* und öffnen ihn per Doppelklick.

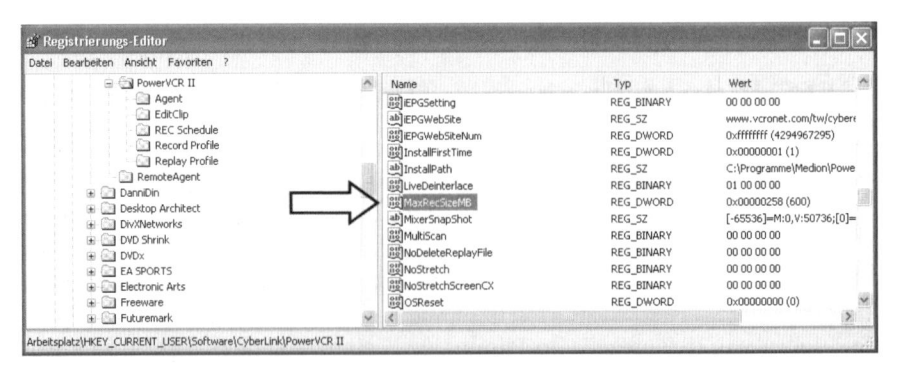

Wenn es mit NeroVision Express klemmt: alternative Capture-Software

3 Im neuen Fenster klicken Sie auf *Dezimal* und geben die neue Größe der Videodateien unter *Wert* in MByte an. Ein guter Wert stellt in der Regel 2.000 MByte dar. Wollen Sie noch größere Videodateien, beachten Sie, dass unter dem Dateisystem FAT32, das bei Windows 9x/ME zum Einsatz kommt, die maximale Dateigröße bei 4.000 MByte liegt. Verlassen Sie das Fenster mit *OK* und schließen Sie den Registrierungseditor – die Aufnahme mit PowerVCR kann beginnen.

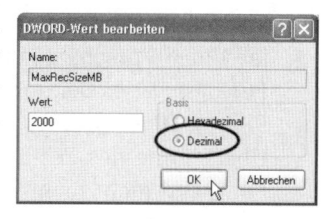

Crashkurs: So nehmen Sie Videos mit PowerVCR II auf

Bevor Sie die Aufzeichnung starten, legen Sie die gewünschten Audio- und Videooptionen von PowerVCR fest.

1 Klicken Sie im Steuerfenster von PowerVCR auf das Symbol *Systemeinstellungen* (siehe Abbildung).

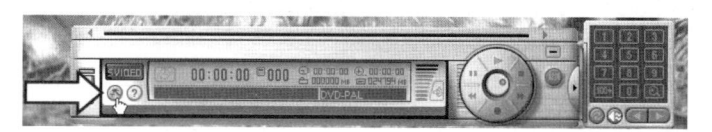

2 Wechseln Sie in die Registerkarte *V/A-Geräte*, um die Hauptvideoquelle unter *Video Capture-Gerät* auszuwählen. Unter *Video-Quelle* bestimmen Sie, über welche Verbindung das Videosignal in den Rechner kommt (S-VHS oder Composite; für Fernsehaufnahmen mit einer TV-Karte wählen Sie *Video Tuner* und legen rechts daneben fest, ob das TV-Signal über *Kabel* oder *Antenne* eingespeist wird.

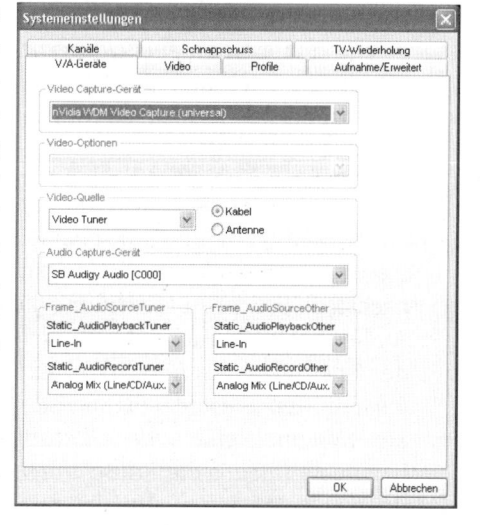

3 Unter *Audio Capture-Gerät* stellen Sie Ihre Soundkarte ein, um den Ton aufzuzeichnen; darunter legen Sie die passenden Einstellungen für das Playback und die Aufnahme vor, indem Sie die richtigen Ein- bzw. Ausgänge der Karte angeben.

4 Haben Sie als Videoquelle eine TV-Karte ausgewählt, wechseln Sie in die Registerkarte *Kanäle*, um den aufzuzeichnenden Fernsehsender einzustellen.

5 In der Registerkarte *Video* können Sie über *Video-Anpassung* die Bildqualität des aufzunehmenden Films optimieren, indem Sie beispielsweise die Hellig-

4. Von analog zu digital: Alte VHS-Kassetten retten & TV-Aufnahmen realisieren

keit reduzieren oder den Kontrast erhöhen. Die Auswirkungen werden sofort im Video-Vorschaufenster von PowerVCR sichtbar. Bei einer TV-Karte auf PCI-Basis ist es bei hohen Auflösungen sinnvoll, unter *Overlay-Optionen* den Eintrag *Ohne Overlay* zu aktivieren, um das System zu entlasten und einer Überlastung des PCI-Bus entgegenzuwirken. Nachteil: Der aufzuzeichnende Film wird nicht mehr im Vorschaufenster von PowerVCR angezeigt – das ist aber immer noch besser, als wenn der digitalisierte Film aufgrund der Systemüberlastung stark ruckelt.

6 Über die Registerkarte *Profile* legen Sie fest, in welches Videoformat und mit welcher Auflösung die Filme während der Aufnahme kodiert werden. Möchten Sie die Videos auf eine Video-CD brennen, legen Sie als Profil *VCD-PAL* (unter *Erweiterte Profile* zu finden) fest. Für Video-DVDs nutzen Sie *DVD-PAL* (unter *DVD-Profile*). Für Super-Video-CDs bietet PowerVCR II kein eigenes Profil an. Verwenden Sie dafür ein Profil, das dem MPEG-2-Standard entspricht – beispielsweise *Hervorragend* (unter *Grundeinstellungen*). Mit einem Klick auf die Schaltfläche *Neu* dürfen Sie eigene Profile erstellen und beispielsweise die Videobitrate selbst bestimmen.

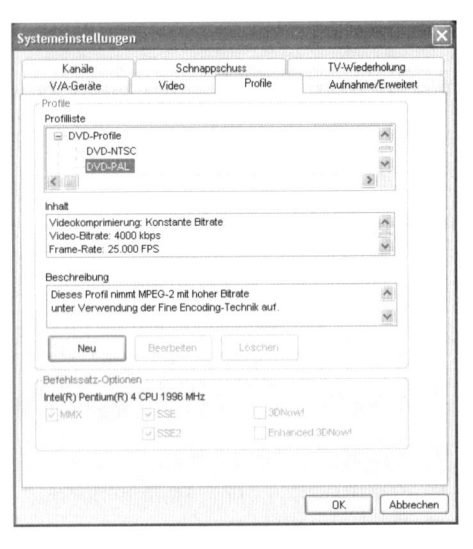

7 Rufen Sie die Registerkarte *Aufnahme/Erweitert* auf und entscheiden Sie unter *Aufnahmeoptionen* zunächst, ob bei der Aufzeichnung die Audiosignale berücksichtigt werden oder nicht. Als *Erweiterte Optionen* dürfen Sie auf leistungsstarken Systemen eine *Video-Glättung* bzw. eine *Intelligente Rauschunterdrückung* aktivieren, um die Bildqualität der Filme zu verbessern. Möchten Sie die Timeshifting-Funktion von PowerVCR nutzen, schalten Sie die Option *Timeshifting bei der Aufnahme aktivieren* ein. Unter *Arbeitsverzeichnis* legen Sie den Speicherort für die Videos fest. Verlassen Sie das Fenster – die Aufnahme kann beginnen.

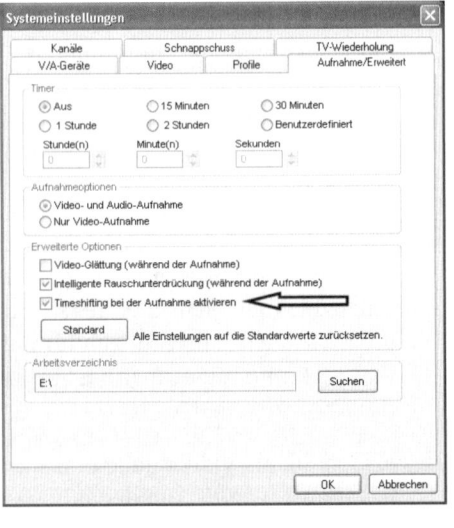

8 Im Steuerungsfenster starten Sie die Aufnahme mit einem Klick auf das rote, typische Aufnahmesymbol und beenden sie mit dem bekannten Stoppsymbol. Die Timeshifting-Funktion nutzen Sie mit einem Klick auf das Uhrsymbol rechts unten.

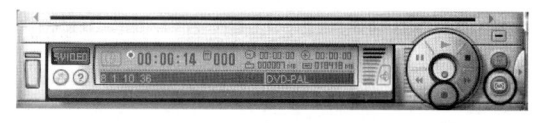

9 Nach dem Beenden der Aufnahme erscheint ein neues Fenster. Hier entscheiden Sie, ob der aufgenommene Film mit einem Klick auf *OK* endgültig abgespeichert werden soll oder die digitalisierten Videodaten über *Löschen* wieder von der Platte eliminiert werden.

Kostenloser Videorekorder: VirtualDub

Neben den kommerziellen Aufnahmeprogrammen erhalten Sie im Internet einige Freeware-Tools zur Aufzeichnung von analogen Videos – beispielsweise VirtualDub. Das Programm besticht durch seinen großen Funktionsumfang und kann unter *http://www.virtualdub.org/* kostenlos heruntergeladen werden. Besitzt Ihr PC einen Intel Pentium 4, laden Sie sich die für diesen Prozessortyp optimierte Programmversion herunter!

Einschränkungen von VirtualDub

Mit dem Programm VirtualDub können Sie ausschließlich analoge Videos komprimiert (beispielsweise mit DivX) als AVI-Datei abspeichern – eine direkte Aufnahme in den MPEG-Standard ist nicht möglich. Die aufgezeichneten Filme kodieren Sie anschließend entweder eigenhändig mit TMPGEnc (bessere Bildqualität) oder nutzen dazu NeroVision Express, das nicht dem Videostandard entsprechendes Filmmaterial automatisch vor dem Brennvorgang in den korrekten MPEG-Standard transkodiert. VirtualDub unterstützt außerdem keine digitalen Camcorder. Für das Einspielen von digitalem Videomaterial nutzen Sie NeroVision Express!

Crashkurs: Videos mit VirtualDub aufzeichnen

Im Folgenden erfahren Sie, wie Sie Filmmaterial einer analogen Videoquelle mit VirtualDub digitalisieren. Eine Installation von VirtualDub ist nicht notwendig – starten Sie das Programm mit einem Doppelklick auf die Datei *VirtualDub.exe*.

TV-Kanäle über TV-Software auswählen!

Möchten Sie mit VirtualDub TV-Sendungen aufzeichnen, wählen Sie vor dem Start von VirtualDub den gewünschten Fernsehkanal über die Software aus, die der TV-Karte beilag. Schließen Sie die TV-Karten-Software wieder und starten Sie VirtualDub. Diese Vorgehensweise ist notwendig, da VirtualDub zwecks Programmauswahl bei vielen TV-Kartenmodellen nicht direkt auf die TV-Karte zugreifen kann, sondern nur den zuletzt geöffneten Kanal berücksichtigt. Wollen Sie analoge Videos über den S-VHS- bzw. Composite-Eingang der TV-Karte oder Grafikkarte digitalisieren, ist dieser Umweg nicht notwendig!

4. Von analog zu digital: Alte VHS-Kassetten retten & TV-Aufnahmen realisieren

1 Wählen Sie *File/Capture AVI*, um in den Aufnahmemodus des Programms zu gelangen. Bei einer TV-Karte erscheint der eingestellte Fernsehkanal bereits im Programmfenster.

2 Nutzen Sie dagegen den S-VHS- oder Composite-Eingang, muss dieser erst eingestellt werden: Wählen Sie im Programm *Video/Source* und suchen Sie unter *Wählen Sie eine Videoquelle aus* den korrekten Anschluss aus.

3 Als Nächstes bestimmen Sie über *Files/Set capture file* den Speicherort für die aufzunehmenden Videos. Achten Sie darauf, dass auf der ausgewählten Festplattenpartition möglichst viel freier Speicherplatz zur Verfügung steht.

4 Für eine optimale Klangqualität wählen Sie *Audio/Compression* und stellen unter *Name* den Eintrag *CD-Qualität* ein.

5 Anschließend legen Sie über *Audio/Volume meter* die Lautstärke der aufzuzeichnenden Tonsignale fest. Steuern Sie die Audiospur nicht voll aus – lieber ein etwas zu leiser als ein verzerrter, übersteuerter Ton!

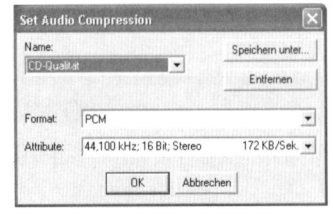

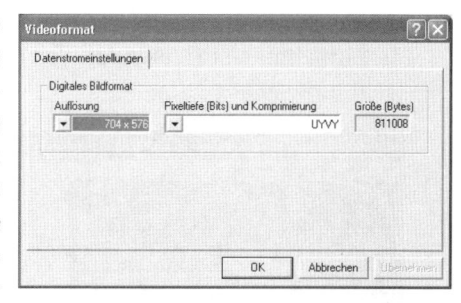

6 Wählen Sie *Video/Format*, um die genauen Videoeigenschaften für die Aufnahme zu bestimmen. Unter *Auflösung* stellen Sie die gewünschte Aufnahmeauflösung ein (VCD = 352 x 288, SVCD = 480 x 576, DVD = 720 x 576) und wählen unter *Pixeltiefe (Bits) und Komprimierung* als Farbspektrum entweder 24 Bit RGB oder UYVY aus. Wird eine gewünschte Auflösung nicht zur Auswahl angeboten, legen Sie über *Video/Set custom format* die Videoeckdaten manuell fest, indem Sie die gewünschten Werte markieren. Sollte eine Fehlermeldung auftauchen, dass die Karte die ausgewählte Auflösung nicht unterstützt, nutzen Sie den kostenlosen Universal-Treiber für die TV-Karte – er ermöglicht es, die Auflösung unter VirtualDub einzustellen.

7 Den bei der Videoaufnahme zu verwendenden Codec legen Sie über *Video/Compression* fest; markieren Sie den gewünschten Video-Komprimierer aus der Liste. Genauere Einstellungen bezüglich der Videokodierung nehmen Sie über die Schaltfläche *Configure* vor.

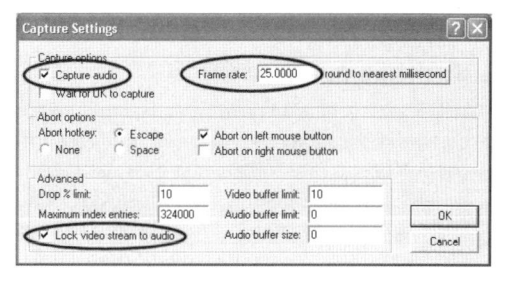

8 Wählen Sie anschließend *Capture/Settings*, um weitere wichtige Einstellungen bezüglich der Aufnahme zu bestimmen. Im auftauchenden Fenster aktivieren Sie *Capture Audio*, um zusätzlich zu den Videosignalen die Tonspur des Films aufzuzeichnen. Hinter *Frame rate* geben Sie den Wert 25.000 ein (25 Bilder pro Sekunde) und aktivieren unter *Advanced* die Option *Lock video stream to audio*, damit Bild und Ton immer synchron verlaufen.

9 Vor dem Start der Aufnahme wählen Sie unter Windows 9x/ME *Capture/Enable multisegment capture*. Hintergrund: Diese Betriebssysteme können aufgrund des Dateisystems FAT/FAT32 keine Dateien, die größer als zwei bzw. vier GByte sind, verwalten. VirtualDub beachtet ab sofort diese magische Grenze und legt vor ihrer Überschreitung automatisch während der Aufzeichnung eine neue Datei an. Unter Windows 2000/XP ist diese Vorgehensweise unnötig, da deren Dateisystem NTFS auch mit riesigen Dateien umgehen kann.

10 Sie sind am Ziel: Die Aufnahme starten Sie über *Capture/Capture video* und beenden Sie mit einem Klick auf die linke Maustaste. Während der Aufnahme erhalten Sie wichtige Informationen im rechten Fensterbereich von VirtualDub: Hinter *Frames dropped* lesen Sie, wie viele Einzelbilder bei der Aufzeichnung bisher verloren gegangen sind – es sollten nicht mehr als 1-2

4. Von analog zu digital: Alte VHS-Kassetten retten & TV-Aufnahmen realisieren

pro Sekunde sein. Der Wert „0" ist optimal! Die noch zur Verfügung stehende Aufnahmezeit (hängt von dem freien Speicherplatz auf der Festplatte ab) steht hinter *Time left*.

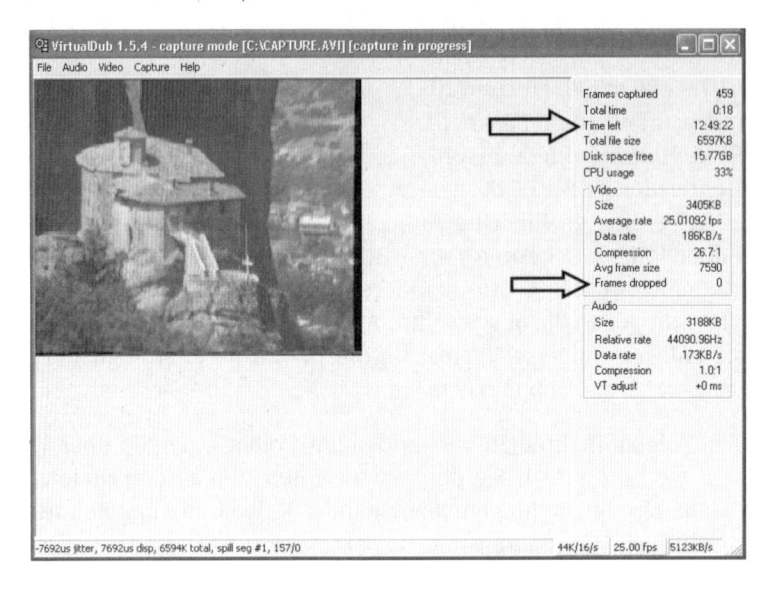

Buchtipp zu VirtualDub

Neben der gerade benutzten Aufnahmefunktion bietet VirtualDub eine Reihe von Bearbeitungsmöglichkeiten von Videos, die im AVI-Format vorliegen: Sie können die Bildqualität über entsprechende Filter optimieren oder das Video zurechtschneiden. Viele interessante Informationen zu den Bearbeitungsfunktionen von VirtualDub finden Sie unter anderem in dem Buch „Video-DVDs erstellen" (aus der Reihe „Das große Buch") von DATA BECKER, das echten Video-Freaks sehr zu empfehlen ist (ISBN:3-8158-2510-5, weitere Infos unter *www.databecker.de*). Einige der Bearbeitungsoptionen von VirtualDub können Sie auch mit NeroVision Express durchführen – siehe Kapitel 7 „Video-Authoring mit NeroVision Express 2 und Nero 6".

5. Videos vom digitalen Camcorder einlesen & eigene Filme erstellen

Mit NeroVision Express können Sie auch Videos von einem digitalen Camcorder in den PC einspielen, um daraus beispielsweise eine Video-DVD mit bester Bildqualität zu brennen. Im zweiten Teil des Kapitels erfahren Sie, wie Sie mit dem Programm eigene Filme mit professionellen Effekten erstellen: Vereinigen Sie beispielsweise mehrere Videos zu einem längeren Film, wenden Sie geniale Überblendeffekte zwischen den einzelnen Videos an, erstellen Sie einen Vor- und Abspann oder integrieren Ihren Lieblingshit als Hintergrundmusik – Ihrer Fantasie sind keine Grenzen gesetzt.

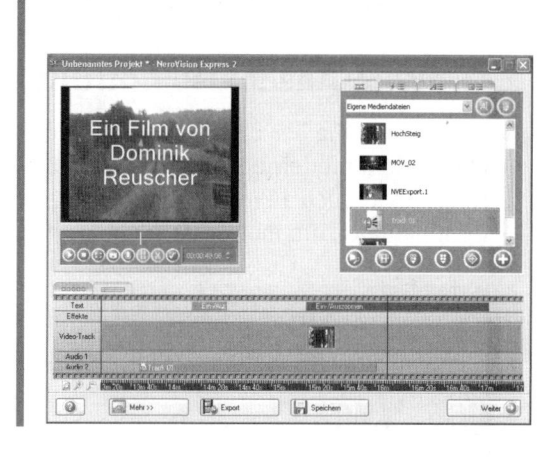

5.1	Digitalen Camcorder mit dem PC verbinden	178
5.2	Videos vom Camcorder aufzeichnen	181
5.3	Eigene Filme mit Spezialeffekten erstellen	186

5. Videos vom digitalen Camcorder einlesen & eigene Filme erstellen

5.1 Digitalen Camcorder mit dem PC verbinden

Für das Einspielen von Filmmaterial eines digitalen Camcorders gibt es zwei Möglichkeiten: Entweder Sie verbinden das Gerät über die USB-Schnittstelle (möglichst USB 2.0 für einen möglichst flotten Datentransfer) oder nutzen den FireWire-Anschluss (empfehlenswert), wenn der Camcorder eine solche Anschlussmöglichkeit besitzt (meist mit *DV IN/OUT* bezeichnet). Es ist nicht sinnvoll, das digitale Filmmaterial des Camcorders über einen analogen Videoeingang (TV-Karte oder Grafikkarte) mit dem PC aufzuzeichnen, da bei dieser Methode die Bildqualität leidet – über eine FireWire-Verbindung werden die Videodaten digital (unverändert) übertragen, weshalb die brillante Bildqualität erhalten bleibt.

FireWire-Anschluss notfalls nachrüsten!

Die Verbindung des digitalen Camcorders über FireWire ist, wie bereits erwähnt, ideal. Viele moderne Komplett-PCs sind bereits mit einem FireWire-Anschluss (manchmal auch i-Link genannt) ausgerüstet, der sich häufig an der Gehäusefront befindet, um möglichst leicht erreicht zu werden.

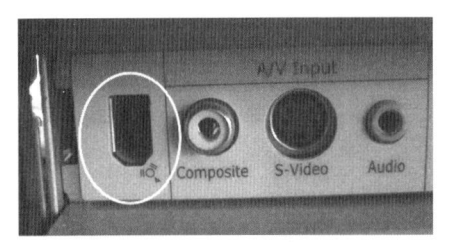

Der FireWire-Anschluss vieler Komplett-PCs ist meistens an der Gehäusefront untergebracht.

> **FireWire-Anschluss bei modernen Soundkarten vorhanden!**
>
> Es ist schon etwas kurios, aber einige moderne Soundkarten (beispielsweise das Modell Sound-Blaster Audigy 2 von Creative) besitzen einen FireWire-Anschluss, obwohl dieser nichts mit einer Soundkarte direkt zu tun hat – es ist quasi ein Bonbon, das zum Kauf der Karte verleiten soll. In der Regel funktionieren die FireWire-Anschlüsse der Soundkarten fehlerfrei, sodass Sie dort bedenkenlos Ihren Camcorder anschließen können!

Besitzt Ihr Rechner keinen FireWire-Anschluss, können Sie diesen über eine separate PCI-Steckkarte nachrüsten, die Sie im gut sortierten Fachhandel für relativ wenig Geld erhalten. Mein Tipp: Besitzt Ihr Rechner neben FireWire auch keine USB 2.0-Schnittstellen, besorgen Sie sich bei PCs, die nur über wenig freie PCI-Steckplätze (weiße Slots auf dem Mainboard) verfügen, eine USB 2.0/FireWire-Combo-Karte (siehe Abbildung), um für die „USB-Zukunft" gerüstet zu sein.

USB 2.0/FireWire-Combo-Karte mit drei USB 2.0 und zwei FireWire-Anschlüssen.

Nach dem Einbau der Karte müssen Sie eventuell (ja nach Betriebssystem) noch die notwendigen Treiber installieren, damit die Karte genutzt werden kann. Unter Windows XP benötigen Sie meistens keinen zusätzlichen Treiber, da dieses Betriebssystem reine FireWire-Karten vollautomatisch erkennt und einrichtet. Auf älteren Systemen müssen Sie dagegen die der Karte beigelegten Treiber installieren – das gilt auch für USB 2.0/FireWire-Combo-Karten unter Windows XP.

Camcorder anschließen

Für die Verbindung über FireWire benötigen Sie ein FireWire-Kabel, das entweder der nachgerüsteten FireWire-Karte beiliegt oder separat im gut sortierten Fachhandel erworben werden muss.

FireWire-Anschlousskabel.

Der kleine FireWire-Stecker des Kabels kommt in der Regel in den digitalen Camcorder (die entsprechende Buchse ist häufig mit *DV IN/OUT* beschriftet), während der größere in die FireWire-Buchse am PC gesteckt wird.

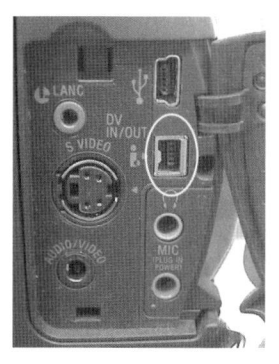

FireWire-Anschluss bei einem digitalen Camcorder der Marke Sony.

5. Videos vom digitalen Camcorder einlesen & eigene Filme erstellen

> **Anschluss bei eingeschaltetem PC möglich!**
>
> Die FireWire-Schnittstelle unterstützt Hot Plug-In (heißes Einstecken), sodass Sie den Camcorder bei laufendem Betrieb mit dem Rechner verbinden dürfen – auch das Trennen ist bei eingeschaltetem PC gefahrlos möglich!

Spezielle Treiber für den Camcorder notwendig?

Unter Windows XP werden in der Regel keine speziellen Treiber für den digitalen Camcorder benötigt, da das Gerät von dem modernen Betriebssystem automatisch korrekt erkannt und im System eingerichtet wird. Unter älteren Systemen müssen Sie eventuell vorher einen speziellen Treiber installieren, der dem Camcorder auf einer CD beigelegt ist.

Wird der Camcorder richtig erkannt?

Bevor Sie NeroVision Express starten, um das digitale Filmmaterial einzuspielen, kontrollieren Sie über den Geräte-Manager, ob der Camcorder richtig erkannt wurde. Unter Windows XP gehen Sie dazu folgendermaßen vor:

1 Schalten Sie den Camcorder, falls noch nicht geschehen, ein. Im Kontextmenü des Arbeitsplatzsymbols auf dem Desktop oder im Startmenü wählen Sie *Verwalten* und klicken auf *Geräte-Manager*.

2 Im rechten Fensterbereich öffnen Sie den Eintrag *Bildbearbeitungsgeräte* mit einem Doppelklick und sehen nach, ob darunter Ihr Camcorder aufgeführt wird.

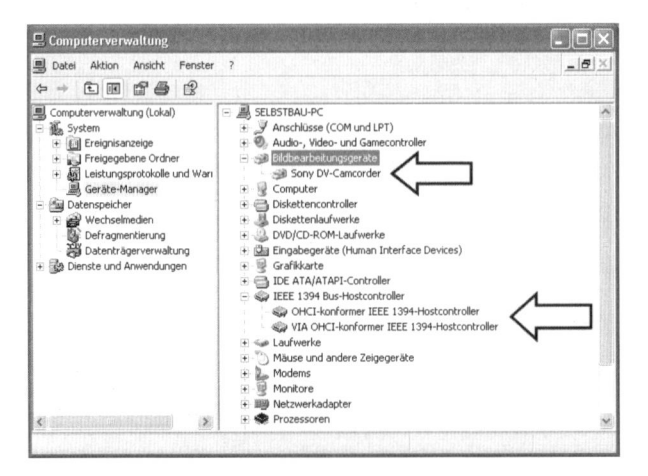

3 Wird der Camcorder nicht aufgelistet bzw. der Eintrag *Bildbearbeitungsgeräte* ist nicht vorhanden, wurde das Gerät nicht erkannt. Kontrollieren Sie, ob die FireWire-Anschlüsse korrekt im System eingebunden und einsatzbereit

sind – dazu öffnen Sie den Eintrag *IEEE 1394 Bus-Hostconroller*. Ist dieser ebenfalls nicht vorhanden, wurde die FireWire-Karte nicht korrekt im System eingerichtet – installieren Sie diese erneut und halten sich dabei exakt an die Anweisung des Kartenherstellers. Anschließend wird der Camcorder richtig erkannt!

Bei Ihnen sind die FireWire-Anschlüsse einsatzbereit, aber der eingeschaltete Camcorder wird trotzdem nicht aufgelistet? Das kann mehrere Ursachen haben: Prüfen Sie zunächst, ob das Gerät nach wie vor eingeschaltet ist – viele Camcorder schalten sich

FireWire erkannt & trotzdem Camcorder nicht einsatzbereit?

automatisch, wenn Sie es nicht nutzen, nach kurzer Zeit in den Stand-by-Modus, um den Akku zu schonen. Im Stand-by-Modus kann das Gerät jedoch von Windows nicht erkannt werden! Befindet sich das Gerät nicht im Stand-by-Modus, hilft meistens ein Neustart des PCs bei eingeschaltetem Camcorder!

5.2 Videos vom Camcorder aufzeichnen

Nachdem der Camcorder unter Windows einsatzbereit ist, kann das Einspielen der digitalen Videodaten in höchster Qualität beginnen. Haben Sie das Gerät über FireWire an den Rechner angeschlossen, können Sie den Camcorder über das Aufnahmeprogramm steuern.

Optimale Aufnahmeeinstellungen vornehmen

Für das Aufzeichnen von Videos eines digitalen Camcorders gilt (wie beim Digitalisieren analoger Filme): Sorgen Sie für möglichst viel freien Speicherplatz auf der Festplatte, um die Videos komplett aufnehmen und anschließend perfekt bearbeiten zu können. Während das Digitalisieren von analogen Videos je nach verwendeter Hardware (noch) Probleme mit NeroVision Express bereitet, funktioniert das Einlesen von Videomaterial eines digitalen Camcorders fehlerfrei und mit den richtigen Einstellungen in höchster Qualität.

1   Versetzen Sie den Camcorder in den VCR-Modus, um die Videos in den PC einzuspielen und das Gerät mit dem Aufnahmeprogramm steuern zu können.

2   Starten Sie das Programm und wählen Sie *Videos auf Festplatte capturen*.

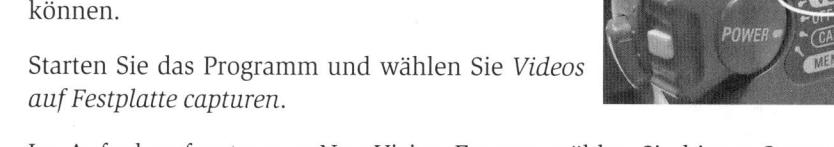

3   Im Aufnahmefenster von NeroVision Express wählen Sie hinter *Capture-Gerät* den Eintrag Ihres Camcorders aus. Rechts daneben stellen Sie die Capturing-Vorlage ein. Für höchste Bildqualität sollten Sie *DV* wählen und darunter *DV Type 1* einstellen. Die direkte Aufzeichnung von digitalem Filmmaterial in

5. Videos vom digitalen Camcorder einlesen & eigene Filme erstellen

den MPEG-Standard für eine SVCD bzw. DVD ist nicht empfehlenswert, da Sie hierbei (noch) nicht die Bitrate für optimale Bildqualität selbst festlegen dürfen – es bleibt zu hoffen, dass Ahead diese Funktion mit einem bald erhältlichen Update nachreicht. Solange nehmen Sie digitales Filmmaterial im DV-Standard auf und kodieren es nachträglich entweder mit TMPGEnc oder NeroVision Express vor dem Schreibvorgang im MPEG-Standard, da Sie bei dieser Vorgehensweise die Bitrate selbst bestimmen können und die beste Bildqualität erzielen. Hinweis: Kommt es Ihnen nicht so sehr auf die Bildqualität an, kodieren Sie die Filme direkt während der Aufnahme im MPEG-Standard, indem Sie als Capturing-Vorlage je nach zu erstellender Disk *S-VCD* oder *DVD* auswählen.

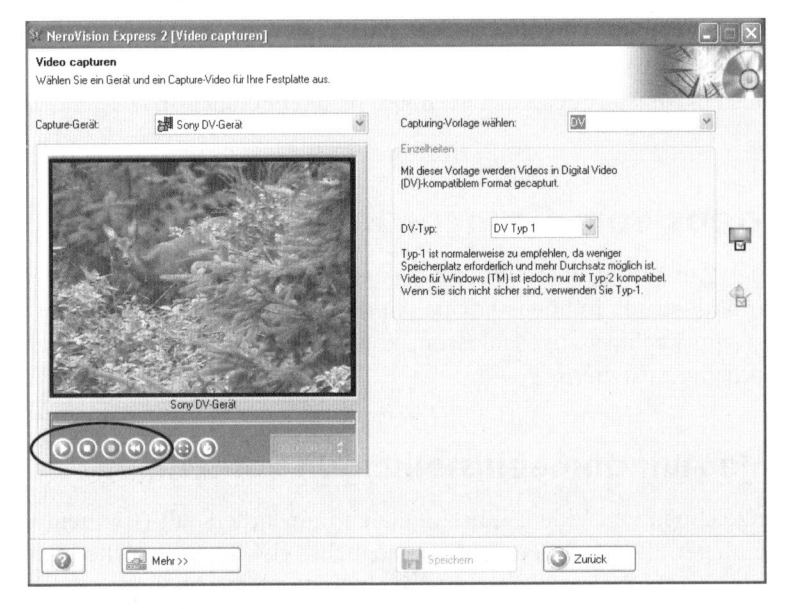

4 Den Speicherort der aufzunehmenden Videos legen Sie folgendermaßen fest: Klicken Sie auf *Mehr* und suchen den Speicherplatz hinter *Capturing in Datei* aus. Links daneben haben Sie die Möglichkeit, die automatische Szenenerkennung (*Szenen beim Capturing erkennen*) zu aktivieren. Diese Option funktioniert in Version 2.0.1.1 noch nicht zuverlässig, sodass Sie lieber darauf verzichten. Für professionelles Handling der einzelnen Szenen von digitalem Videomaterial nutzen Sie lieber das Programm Scenalyzer (siehe folgenden Abschnitt).

5 Über die typischen Steuerungssymbole unterhalb des Vorschaufensters von NeroVision Express manövrieren Sie sich jetzt zu der Stelle, an der die Aufzeichnung des digitalen Videomaterials beginnen soll. Das Spulen, Starten und Stoppen erledigen Sie ausschließlich über die jeweiligen Schalter im Programmfenster – die Tasten am Camcorder brauchen Sie dafür nicht, das Gerät wird quasi über das Aufnahmeprogramm „ferngesteuert".

Videos vom Camcorder aufzeichnen

6 Haben Sie die richtige Stelle der Kassette des Camcorders gefunden, starten Sie die Wiedergabe über das Playsymbol und drücken möglichst schnell danach den roten Aufnahmeschalter unterhalb des Vorschaufensters, um mit der Aufzeichnung zu beginnen. Während dieses Vorgangs erhalten Sie wichtige Informationen über verloren gegangene Einzelbilder (übersprungene Frames – diese Zahl sollte möglichst gering bzw. „0" sein) und die noch zur Verfügung stehende Aufnahmezeit (je nach freiem Speicherplatz auf der Festplatte). Bei der Aufzeichnung erscheint das Bild im Vorschaufenster eventuell leicht verschwommen und verwaschen – keine Sorge: Die Aufnahme geschieht trotzdem in hervorragender Bildqualität.

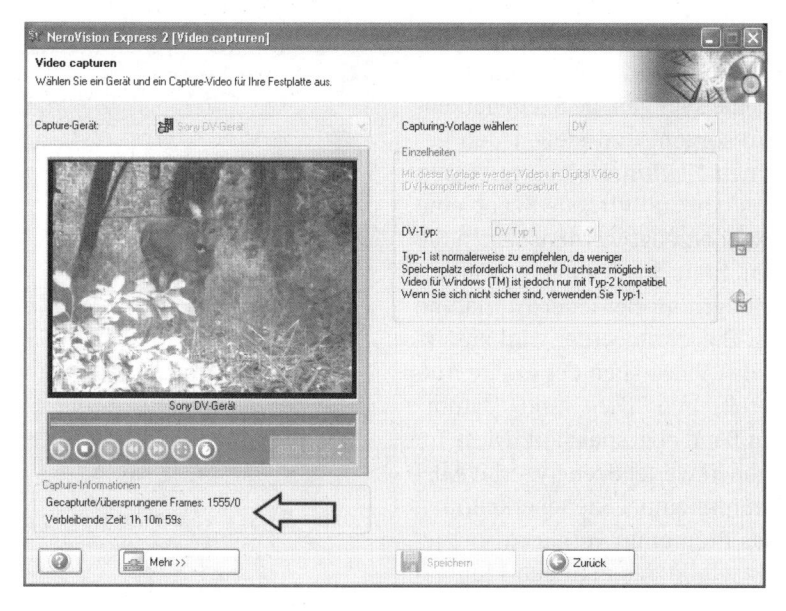

7 Die Aufnahme beenden Sie mit einem Klick auf das Stoppsymbol. Spielen Sie weitere Videos ein, verlassen Sie NeroVision Express oder klicken auf *Weiter*, um die aufgenommenen Filme gleich auf eine Videodisk zu brennen.

Professionelle Szenenauswahl mit ScenalyzerLive

Wollen Sie von einer Kassette des digitalen Camcorders nur ganz spezielle Szenen für die zu brennende Videoscheibe in den PC einlesen, kann das ständige Starten, Stoppen und Vor- oder Zurückspulen ziemlich nerven. In dem Fall nutzen Sie statt NeroVision Express lieber das Programm ScenalyzerLive, von dem Sie eine Testversion unter *http://www.scenalyzer.com* erhalten. Mit diesem Tool wählen Sie die gewünschten Szenen auf dem Band des digitalen Camcorders komfortabel aus und spielen diese anschließend mit einem Klick in den PC ein.

5. Videos vom digitalen Camcorder einlesen & eigene Filme erstellen

Wichtige Grundeinstellungen für die Szenenerkennung

1. Nach der Installation des Programms taucht sofort ein Fenster auf, in dem Sie die Optionen zur Szenenerkennung, den für die Aufzeichnung zu verwendenden Dateityp und die Größe der zu erstellenden Datei bestimmen. Dieses Fenster können Sie jederzeit im Programm über *Datei/Optionen* erneut aufrufen, um die vorgenommenen Einstellungen zu ändern.

2. In der Registerkarte *Capture* wählen Sie zunächst als *Dateitype* den Eintrag *Type1 DV-avi file* aus, um die Videodaten in bester Qualität auf der Festplatte abzuspeichern.

3. Unter *Szenenerkennung* wählen Sie *Datumsstempel-Szenenerkennung* aus, um für eine sehr genaue Szenenerkennung zu sorgen, und stellen den gewünschten *Zeitunterschied zwischen 2 Szenen* ein. Soll für jede Szene eine neue Datei erzeugt werden, setzen Sie den Zeitunterschied auf eine Sekunde. Hintergrund: Bei jeder Aufnahme mit dem Digitalcamcorder wird zusätzlich zu den Videodaten der exakte Aufnahmezeitpunkt (Zeit und Datum) auf dem Band abgespeichert. Diese Informationen wertet ScenalyzerLive bei der Datumsstempel-Szenenerkennung aus: Das Programm vergleicht bei jedem Einzelbild des digitalen Filmmaterials die vorhandene Angabe bezüglich des Aufnahmezeitpunkts – unterscheidet sich dieser Wert um mehr als eine Sekunde, wird eine neue Datei erzeugt, da ein Szenenwechsel auf dem Band vorhanden ist, der durch die kurzzeitige Unterbrechung der Aufnahme hervorgerufen wurde.

4. Zum Abschluss legen Sie hinter *max. avi-Datei* die maximale Größe der resultierenden Videodateien fest – in der Regel ist die Einstellung *4 GB (Type1-Dateien)* optimal. Anschließend verlassen Sie das Fenster mit *OK*.

Einzelne Szenen komfortabel aufzeichnen

1. Schließen Sie den Camcorder an und legen die Kassette ein, von der Sie einige Szenen in den PC einspielen wollen. Starten Sie ScenalyzerLive.

2. Zunächst wählen Sie im linken Bereich den Eintrag Ihres Camcorders aus – meistens wird dieser unter ScenalyzerLive als *Microsoft DV Camera and VCR* bezeichnet. Mit einem Klick auf die Schaltfläche oben hinter *Ordner* bestimmen Sie den Speicherort für die zu erstellenden Videodateien.

Videos vom Camcorder aufzeichnen

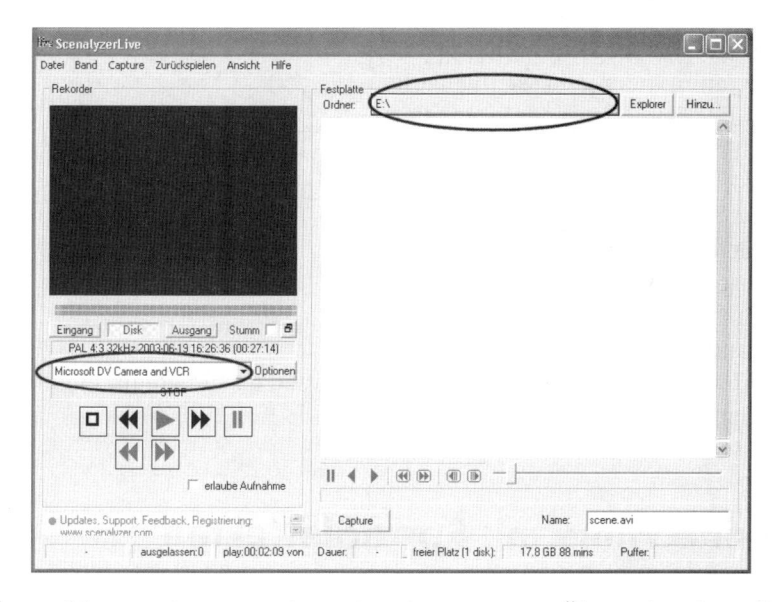

3 Wählen Sie jetzt *Band/Band Index*, um eine Übersicht über alle auf dem Band vorhandenen Szenen zu erhalten. ScenalyzerLive spult die eingelegte Kassette automatisch an den Anfang zurück und beginnt mit der Analyse. Diese ist relativ schnell abgeschlossen und alle gefundenen Szenen werden mit den jeweiligen Startbildern im Fenster dargestellt.

4 Die gewünschten Szenen, die Sie auf der Festplatte speichern wollen, wählen Sie aus, indem Sie ein Häkchen vor den Szeneneintrag setzen. Das Einspielen der gewünschten Szenen starten Sie über *Start Batch*.

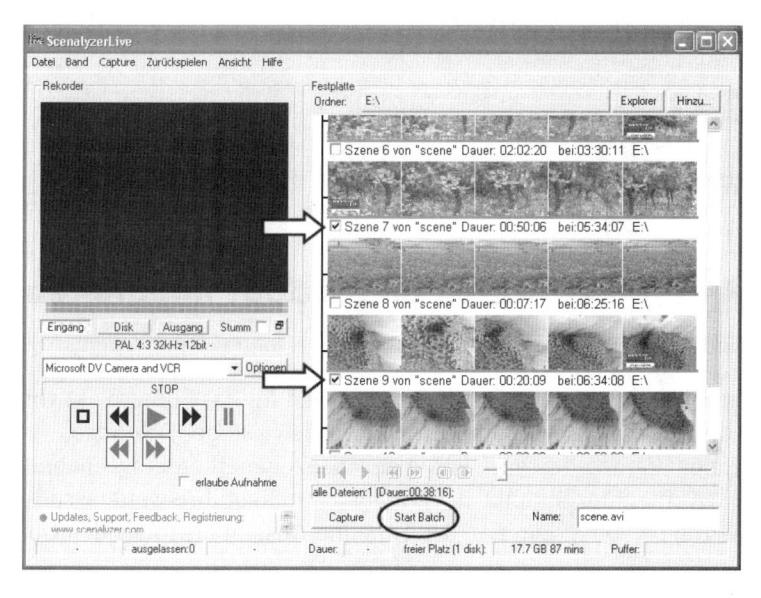

5. Die markierten Szenen werden automatisch vom Programm auf der Kassette angesteuert und anschließend auf der Festplatte abgelegt – für jede Szene legt ScenalyzerLive eine eigene Datei an, sodass Sie die Szenen separat voneinander bearbeiten bzw. auf verschiedene Disks brennen können. Komfortabler geht es wirklich nicht: Sie müssen nicht mehr eingreifen und die jeweilige Szene manuell auf dem Band suchen, sondern dürfen sich entspannt zurücklehnen, während das Programm für Sie die Arbeit erledigt!

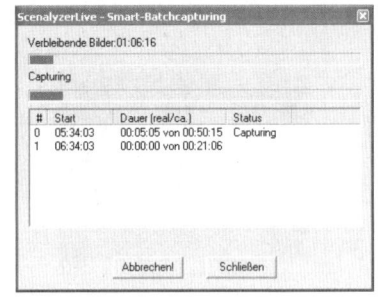

5.3 Eigene Filme mit Spezialeffekten erstellen

Mit NeroVision Express ist es möglich, von den auf der Festplatte abgespeicherten Videodateien eigene Filme mit Vor- und Abspann, perfekten Übergangseffekten oder leiser Hintergrundmusik zu erzeugen, bevor Sie die Videoscheibe brennen. Für eine wirklich professionelle Videodisk sollten Sie diese Möglichkeit auf jeden Fall nutzen! Einen Film dürfen Sie aus einem oder mehreren Videodateien zusammenstellen.

> **Effekte sind jederzeit änderbar!**
> Alle von Ihnen durchgeführten Änderungen bzw. hinzugefügten Effekte werden nicht direkt in die Videodatei eingerechnet, sondern temporär als separate Bearbeitungsdatei auf der Festplatte abgelegt. Aus diesem Grund können Sie jederzeit die integrierten Effekte entweder verändern oder komplett löschen. Erst wenn Sie das Filmprojekt exportieren oder auf eine Disk brennen, werden die Bearbeitungen unwiderruflich in die Videodatei eingerechnet.

Neues Filmprojekt starten und Videos integrieren

1 Starten Sie NeroVision Express und wählen Sie *Neuen Film erstellen*.

2 Als Erstes nehmen Sie einige Grundeinstellungen für das Filmprojekt vor, klicken Sie auf *Mehr* und bestimmen, ob beispielsweise bei DV-Videos von einem digitalen Camcorder eine automatisch Szenenerkennung anhand des Zeitcodes (Aufnahmezeitpunkt der Videos) durchgeführt werden soll oder beim Hinzufügen von Effekten in der Timeline-Ansicht die folgenden Objekte verschoben werden.

Eigene Filme mit Spezialeffekten erstellen

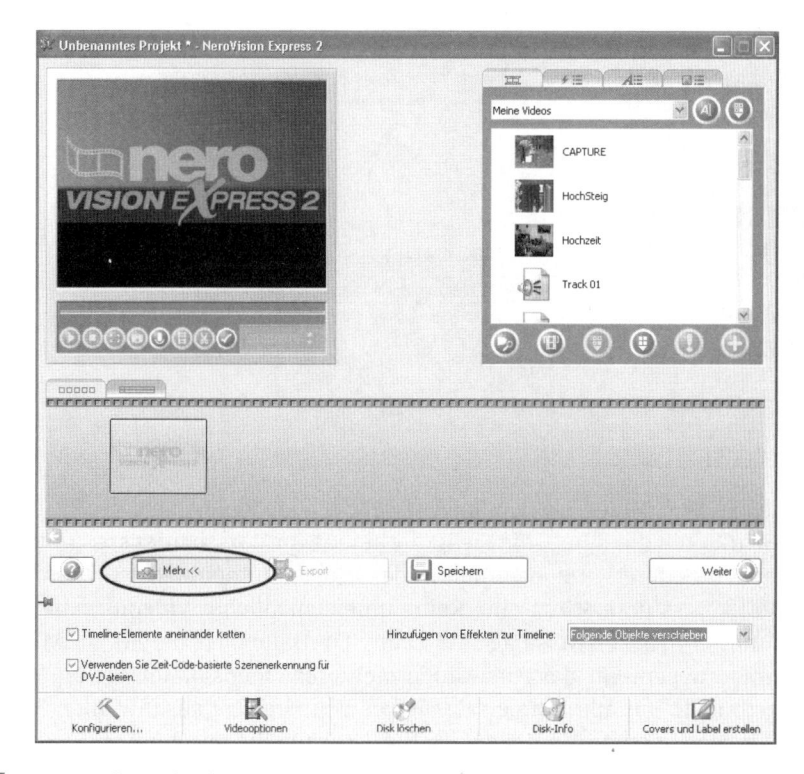

3 Die Videos dürfen Sie in das neue Projekt auf zwei Weisen integrieren: Entweder fügen Sie die Videos direkt in das Filmprojekt ein oder sammeln die einzelnen Dateien erst in einer Gruppe im rechten Vorschaufenster, um sie später in einer bestimmten Reihenfolge bzw. nur die gewünschten „Filmchen" in das Projekt aufzunehmen.

Der Weg über das Vorschaufenster hat den Vorteil, dass dort jedes Video in einer Miniaturansicht angezeigt wird und Sie so genau wissen, hinter welchem Dateinamen sich was für ein Film verbirgt. Außerdem sind die Videodateien in anderen Filmprojekten schnell über die im rechten Vorschaufenster erzeugte Gruppe wieder griffbereit. Bei der direkten Integration ohne Umweg über das Vorschaufenster gibt es keine Miniaturansicht und die Videos müssen bei jedem weiteren Filmprojekt erneut auf der Festplatte gesucht werden!

4 Im Programmfenster wechseln Sie zunächst, falls nicht automatisch geschehen, oben rechts in die Registerkarte mit dem Filmstreifensymbol. Darunter legen Sie über den Eintrag *Neue Gruppe erstellen* eine neue Gruppe an, in die Sie die gewünschten Videos vor der Integration in das Projekt aufnehmen.

5 Klicken Sie unterhalb des noch leeren, weißen Vorschaufensters auf die erste Schaltfläche von links und wählen im erscheinenden Menü *Durchsuchen*.

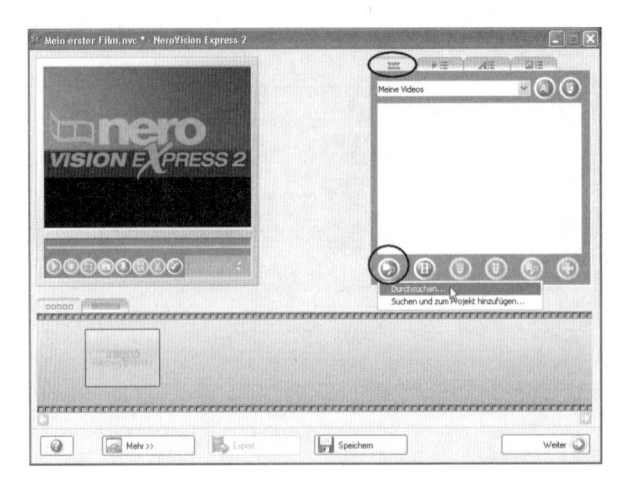

5. Videos vom digitalen Camcorder einlesen & eigene Filme erstellen

6 Im neuen Fenster öffnen Sie den Speicherort der Videodateien auf der Festplatte und markieren die Filme, die Sie in die gerade im Vorschaufenster angelegte Gruppe integrieren und eventuell in das Projekt aufnehmen möchten. NeroVision Express unterstützt eine Reihe unterschiedlicher Videoformate: Die Videos dürfen beispielsweise als AVI-Datei, DV-Datei oder bereits im MPEG-Standard vorliegen. Für das Auswählen mehrerer Videos halten Sie die [Strg]-Taste gedrückt. Um alle Dateien des jeweiligen Ordners auszuwählen, markieren Sie ein Video und drücken [Strg]+[A]. Klicken Sie anschließend auf *Öffnen*. Die Filme werden daraufhin im Vorschaufenster als Miniaturansicht angezeigt.

7 Die im Vorschaufenster vorhandenen Dateien integrieren Sie in das Projekt, indem Sie sie per Drag & Drop nach unten auf den „Filmstreifen" (das Zusammenstellungsfenster) ziehen. Achten Sie vor der Aktion darauf, dass dort das Storyboard (Registerkarte mit einer symbolisch dargestellten Aneinanderreihung von mehreren Videos) geöffnet ist. Die integrierten Videos erscheinen groß auf dem Filmstreifen. Die Reihenfolge der einzelnen Videos im Filmstreifen können Sie per Drag & Drop jederzeit ändern.

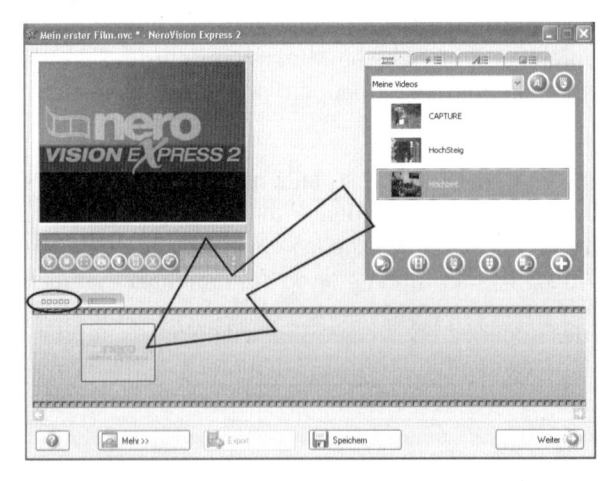

Videodateien schneller integrieren

Ihnen ist der Weg über das Vorschaufenster zu umständlich, Sie möchten die Videodateien ohne Umweg in das Filmprojekt aufnehmen? In dem Fall fügen Sie die Filme der Zusammenstellung sofort hinzu, indem Sie unterhalb des Vorschaufensters auf die erste Schaltfläche von links klicken und im dann erscheinenden Menü statt *Durchsuchen* den Eintrag *Suchen und zum Projekt hinzufügen* auswählen. Markieren Sie die Videos. Mit einem Klick auf *Öffnen* werden alle ausgewählten Videodateien sofort dem Projekt hinzugefügt und erscheinen auf dem Filmstreifen. Zusätzlich werden die markierten Dateien automatisch in die im Vorschaufenster geöffnete Gruppe integriert.

Übergangseffekte zwischen den einzelnen Videos einrichten

Haben Sie mehrere Videodateien in das Filmprojekt aufgenommen, bietet es sich an, die Übergänge zwischen den einzelnen Filmen professionell zu gestalten:

1 Öffnen Sie über dem rechten Vorschaufenster die letzte Registerkarte von links mit den Übergangseffekten und wählen die gewünschte Effektgruppe aus.

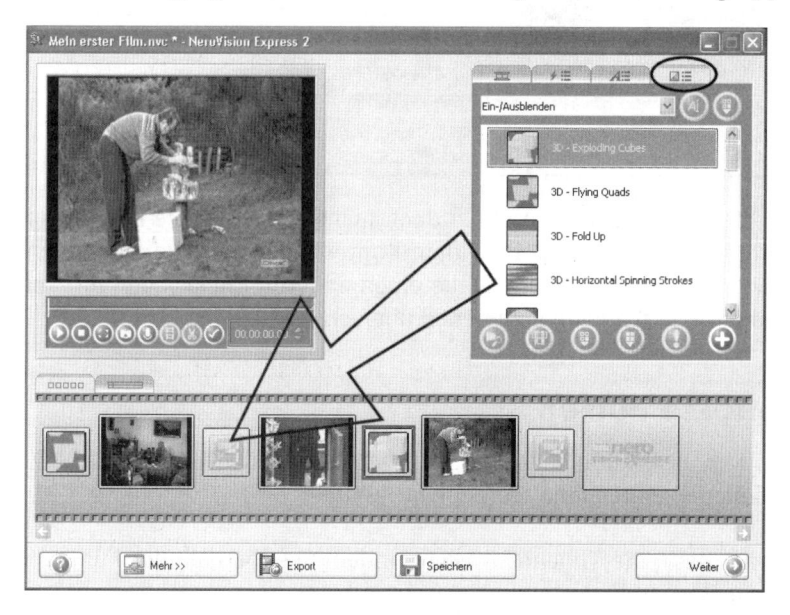

2 Die Wirkung der aufgelisteten Effekte wird symbolisch dargestellt, wenn Sie mit dem Mauspfeil auf den entsprechenden Effekteintrag zeigen.

3 Ziehen Sie den ausgesuchten Effekt per Drag & Drop auf die freie Stelle zwischen zwei Videos in das Storyboard hinein. Mit einem Klick auf das Playsymbol unterhalb des linken Vorschaufensters wird der gerade integrierte Effekt sofort dargestellt.

5. Videos vom digitalen Camcorder einlesen & eigene Filme erstellen

4 Wollen Sie die Effekteigenschaften genau konfigurieren, wählen Sie im Kontextmenü des Effektsymbols (im Storyboard zwischen den Videos) den Eintrag *Eigenschaften* oder führen einen Doppelklick auf den Effekteintrag aus. Ein neues Fenster taucht rechts unten auf, in dem Sie das Feintuning für den entsprechenden Effekt durchführen. Soll das Effektfenster während der Wiedergabe des Films zum Testen der Einstellungen geöffnet bleiben, klicken Sie einmal auf die rote Pinnnadel links oben.

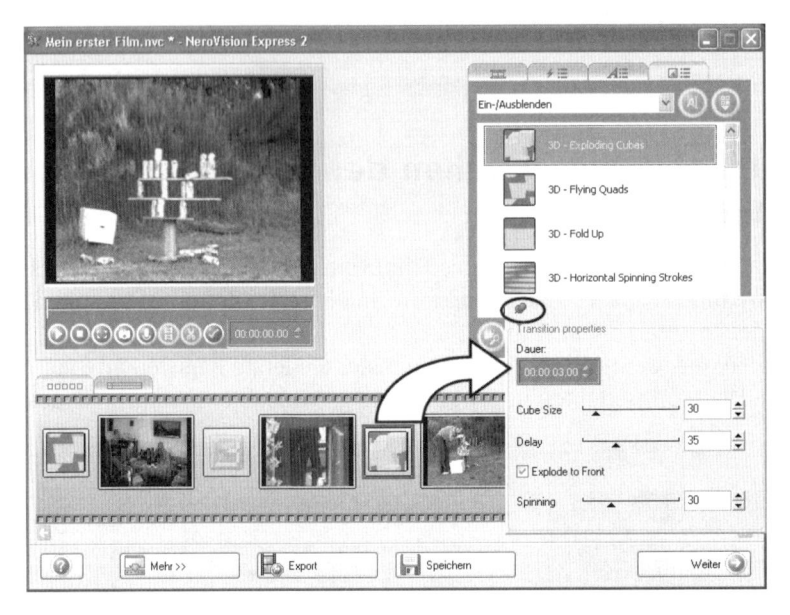

5 Gefällt Ihnen der integrierte Effekt doch nicht, entfernen Sie ihn wieder aus dem Storyboard, indem Sie in seinem Kontextmenü *Löschen* auswählen. Alternative: Ziehen Sie an seine Stelle einen anderen Effekt – der vorhandene Übergangseffekt wird von dem neuen überschrieben.

Videoeffekte nutzen

NeroVision Express stellt eine Reihe von interessanten Videoeffekten zur Verfügung, mit denen Sie Ihre Filme „aufpeppen" können.

1 Wechseln Sie in die Timeline-Ansicht, indem Sie oberhalb des Filmstreifens die zweite Registerkarte von links öffnen.

2 Öffnen Sie anschließend über dem rechten Vorschaufenster die zweite Registerkarte von links, um die vorhandenen Videoeffekte anzuzeigen, und wählen Sie die gewünschte Effektgruppe aus.

Eigene Filme mit Spezialeffekten erstellen

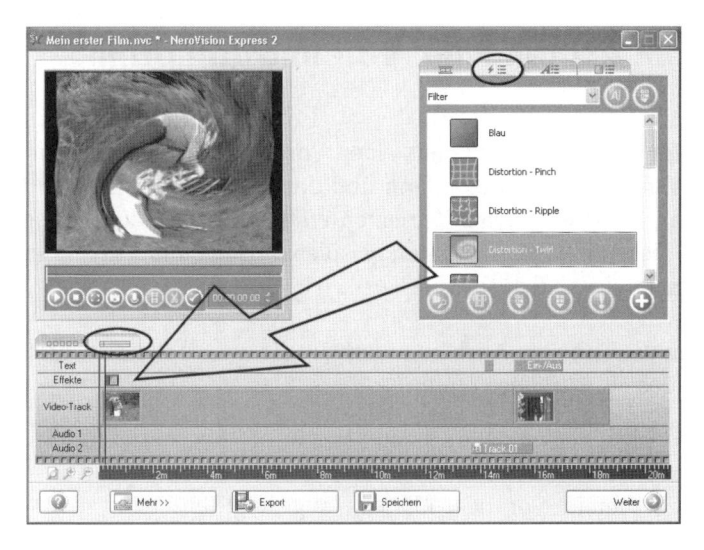

3 Ziehen Sie den zu integrierenden Effekt per Drag & Drop in die Zeile *Effekte* der Timeline-Ansicht des Filmstreifens und platzieren ihn dort an der gewünschten Stelle im Film. Mit einem Klick auf das Playsymbol unterhalb des linken Vorschaufensters wird die Wirkung des Effekts im Film sofort sichtbar.

4 Die genauen Effekteigenschaften legen Sie in der Timeline-Ansicht über den Eintrag *Eigenschaften* im Kontextmenü des jeweiligen Effekts oder per Doppelklick auf den integrierten Videoeffekt fest.

5 Die Effektlänge bestimmen Sie am schnellsten folgendermaßen: Klicken Sie mit der Maus auf das rechte Ende des Effekteintrags und halten die linke Maustaste gedrückt, der Mauspfeil verwandelt sich in einen Doppelpfeil. Soll der Effekt verlängert werden, schieben Sie die Maus nach rechts, für einen kürzeren Videoeffekt dagegen nach links.

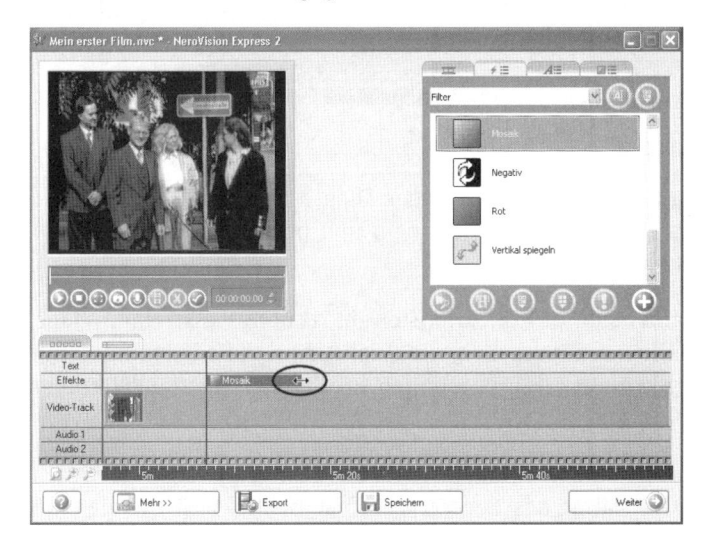

Wie bei einem echten Film: Vor- und Abspann erzeugen

Ein richtig professioneller Film erhält stets einen Vor- und Abspann, in dem unter anderem der Filmtitel, der Kameramann und der Regisseur angegeben werden. Mit NeroVision Express erstellen Sie einen effektvollen Vor- und Abspann für Ihren Film und lassen die Informationen beispielsweise von links nach rechts wandern oder langsam ein- und ausblenden.

1 Wechseln Sie in die Timeline-Ansicht, indem Sie die zweite Registerkarte von links oberhalb des Filmstreifens öffnen.

2 Hüpfen Sie über dem rechten Vorschaufenster in die Registerkarte mit dem großen „A" und suchen anschließend die gewünschte Effektgruppe aus, wie die Textinformationen im Vor- oder Abspann angezeigt (ein- bzw. ausgeblendet) werden sollen. Die Wirkung der einzelnen Einträge wird symbolisch dargestellt, wenn Sie mit dem Mauspfeil darauf zeigen.

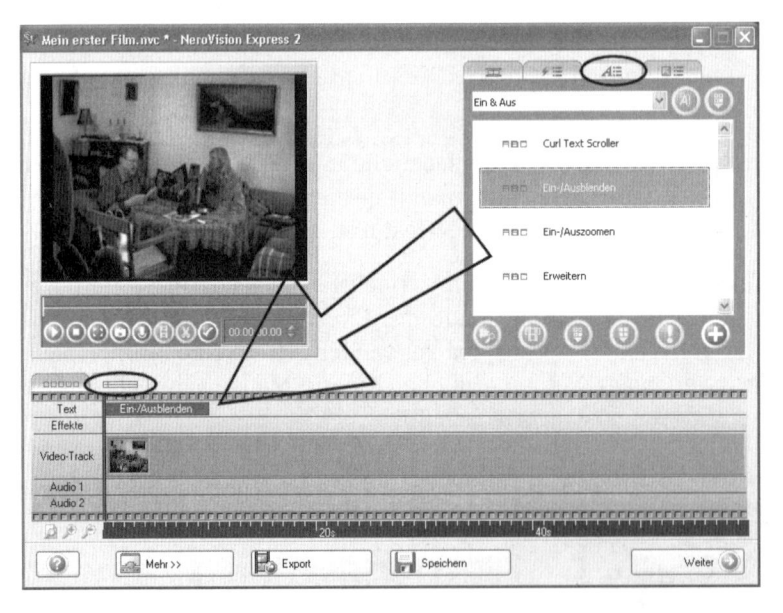

3 Ziehen Sie den ausgesuchten Effekt per Drag & Drop in die Zeile *Text* der Timeline-Ansicht des Filmstreifens hinein und positionieren ihn dort an der gewünschten Stelle.

4 Automatisch öffnet sich das Effektfenster am rechten Fensterrand, damit Sie den anzuzeigenden Text eingeben, die Buchstabengröße bestimmen oder einen eventuell gewünschten Textschatten im Bereich *Lichtquelle* konfigurieren können.

5 Klicken Sie im erscheinenden Effektfenster am besten zuerst auf die rote Pinnnadel links oben, damit das Fenster geöffnet bleibt, und nehmen die gewünschten Einstellungen vor. Mit einem Klick auf das Playsymbol unterhalb des linken Vorschaufensters werden Ihre Textkonfigurationen sofort dargestellt. Experimentieren Sie so lange, bis Sie eine optimale Einstellung gefunden haben. Mein Tipp: Verwenden Sie als Schriftgröße einen Wert *24.0*, um die Informationen gut am TV lesen zu können.

6 Die Dauer der Textanzeige bestimmen Sie, wie bei den Videoeffekten im Abschnitt zuvor beschrieben, mit der Maus über das rechte Ende des Eintrags in der Zeile *Text*. Wollen Sie das Fenster mit den Texteigenschaften schließen, klicken Sie erneut auf die rote Pinnnadel und danach in das Hauptfenster von NeroVision Express – das Fenster ist verschwunden. Über *Eigenschaften* im Kontextmenü des jeweiligen Eintrags oder mit einem Doppelklick darauf rufen Sie es jederzeit wieder auf, um Änderungen vorzunehmen.

7 Auf die gleiche Wiese legen Sie, falls gewünscht, weitere Textelemente an, um im Vorspann beispielsweise noch den Filmtitel, die Hauptdarsteller, den Regisseur oder weitere Informationen (Drehort usw.) anzuzeigen. Vergessen Sie nicht, dass ein professioneller Film stets einen Abspann erhält – am besten lassen Sie kurz vor dem Filmende in großen Buchstaben das Wort ENDE einblenden, das wirkt professionell!

Nachvertonung der Filme durchführen

Wie wäre es, wenn Sie Ihren Lieblingshit als Hintergrundmusik in das Filmprojekt aufnehmen? Mit NeroVision Express ist das keine große „Hexerei", Voraussetzung: Die Musikdatei wurde bereits im Wave-, MP3- oder MP4-Format auf der Festplatte gespeichert. NeroVision Express bietet zur Nachvertonung zwei Audio-

5. Videos vom digitalen Camcorder einlesen & eigene Filme erstellen

spuren an, sodass Sie den Film gleichzeitig mit zwei verschiedenen Musiktracks (beispielsweise einem Naturgeräusch und Ihrem Lieblingshit) vertonen können.

Audiodateien über das Vorschaufenster integrieren!

Die Audiodateien integrieren Sie in das Filmprojekt auf zwei Arten: Entweder fügen Sie die Musikstücke direkt in das Projekt ein oder sammeln die einzelnen Dateien erst in einer Gruppe im rechten Vorschaufenster. Der Weg über das Vorschaufenster hat den Vorteil, dass die ausgesuchten Musiktracks auch in anderen Filmprojekten schnell über das rechte Vorschaufenster wieder griffbereit sind.

1 Im Programmfenster wechseln Sie oben rechts in die Registerkarte mit dem Filmstreifensymbol. Darunter legen Sie, falls gewünscht, über den Eintrag *Neue Gruppe erstellen* eine neue Gruppe für die Audiodateien an.

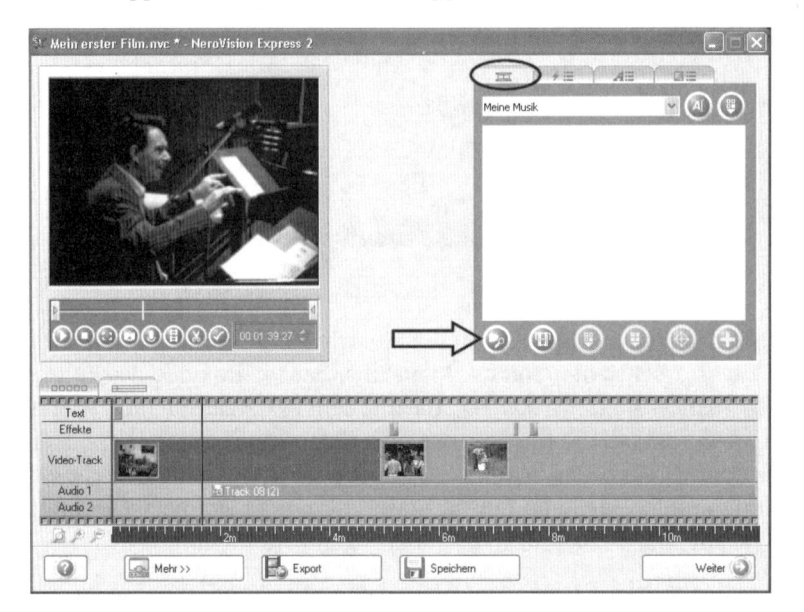

2 Klicken Sie unterhalb des noch leeren weißen Vorschaufensters auf die erste Schaltfläche von links und wählen im erscheinenden Menü *Durchsuchen*. Im neuen Fenster öffnen Sie den Speicherort der Musiktracks auf der Festplatte und markieren die Dateien, die Sie in die gerade im Vorschaufenster angelegte Gruppe integrieren und eventuell in das Projekt aufnehmen möchten. Für das Auswählen mehrerer Audiodateien halten Sie die [Strg]-Taste gedrückt. Um alle Dateien des jeweiligen Ordners auszuwählen, markieren Sie ein Musikstück und drücken [Strg]+[A]. Klicken Sie anschließend auf *Öffnen*. Die Musiktracks werden daraufhin im Vorschaufenster aufgelistet.

3 Die im Vorschaufenster vorhandenen Dateien integrieren Sie in das Projekt, indem Sie sie per Drag & Drop nach unten in die Zeile *Audio 1* oder *Audio 2* des Filmstreifens ziehen und dort an der gewünschten Stelle platzieren. Ach-

Eigene Filme mit Spezialeffekten erstellen

ten Sie vor der Aktion darauf, dass dort die Timeline-Ansicht (rechte Registerkarte oberhalb des Filmstreifens) geöffnet ist.

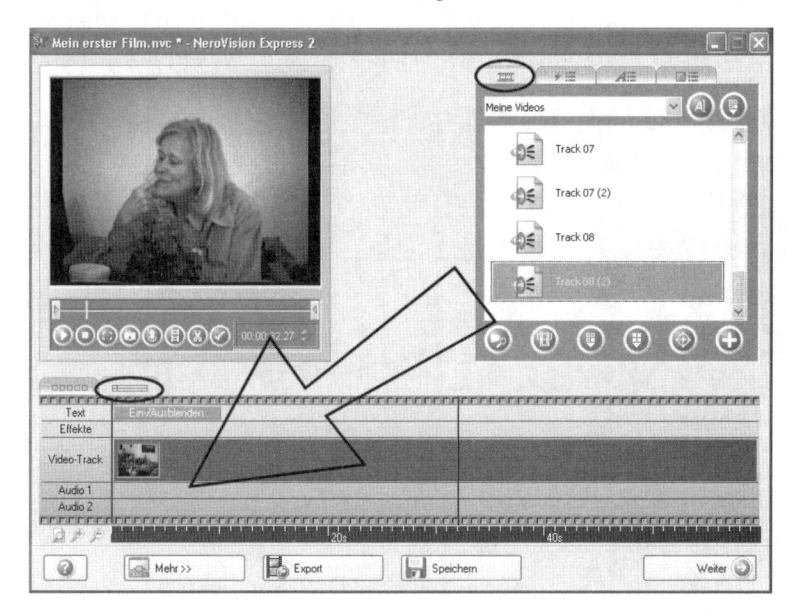

Die Lautstärke der integrierten Musiktracks regeln Sie folgendermaßen: Führen Sie einen Doppelklick auf dem entsprechenden Musiktrack in der Audiospur des Filmstreifens

Lautstärke des Films und der Audiotracks anpassen

aus (oder wählen Sie *Eigenschaften* in dessen Kontextmenü) und regeln im rechts erscheinenden Fenster den Lautstärkepegel nach Ihren Wünschen. Soll der integrierte Musiktrack nach seinem Ende automatisch wiederholt werden, aktivieren Sie *Auto-Wiederholung*. Die Lautstärke der Tonsignale des Films konfigurieren Sie auf die gleiche Weise, indem Sie einen Doppelklick auf das Video in der Zeile *Video-Track* ausführen oder in dessen Kontextmenü *Eigenschaften* wählen.

Audioaufnahme aus NeroVision Express heraus

Es ist möglich, direkt mit NeroVision Express Musik aufzunehmen (zu digitalisieren) und anschließend in das angelegte Filmprojekt zwecks Nachvertonung zu integrieren. Klicken Sie dazu unterhalb des linken Vorschaufensters auf das vierte Symbol von rechts und folgen den Anweisungen, um die Musik aufzunehmen.

Film zurechtschneiden oder Videos teilen

Im Fenster des Filmprojekts haben Sie die Möglichkeit, ein langes Video aufzuteilen oder einen bestimmten, nicht gewünschten Filmbereich herauszuschneiden.

5. Videos vom digitalen Camcorder einlesen & eigene Filme erstellen

Den Schnittmodus rufen Sie mit einem Klick auf das Scherensymbol unterhalb des linken Vorschaufensters auf. Ein Video teilen Sie, indem Sie sich an die Trennungsstelle manövrieren und auf das Symbol links neben dem Scherensymbol klicken. Auf beide Funktionen wird in Kapitel 7 etwas näher eingegangen.

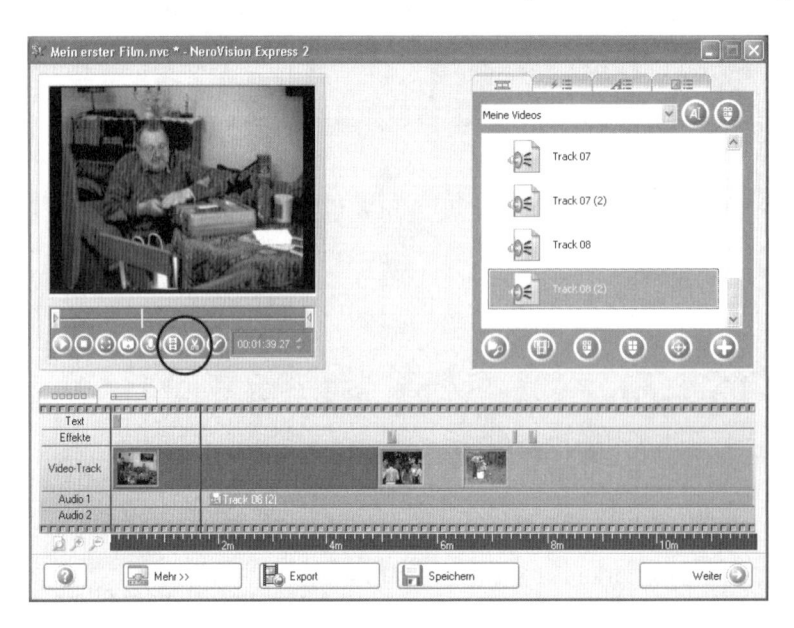

Erstellten Film im richtigen Format exportieren

Nachdem Sie Ihren Film fertig gestellt haben, gibt es zwei Arten fortzufahren: Entweder brennen Sie ihn sofort auf eine Disk oder exportieren den Film, um beispielsweise weitere Filme zu erstellen.

Exportieren Sie eigene Filme stets vor dem Brennen!

Generell ist das Exportieren des Films empfehlenswerter als ihn gleich auf eine Disk zu schreiben – das hat folgenden Hintergrund: Alle von Ihnen durchgeführten Änderungen und Optimierungen an den einzelnen Videos des Films werden nicht direkt in der entsprechenden Videodatei abgespeichert, sondern als separate Bearbeitungsdateien temporär auf der Festplatte abgelegt. Stürzt der Rechner während des Schreibvorgangs ab bzw. ist der Brennvorgang aufgrund eines fehlerhaften Rohlings nicht erfolgreich, war Ihre ganze Arbeit bezüglich der Filmerstellung umsonst – die temporär angelegten Bearbeitungsdateien sind verloren gegangen. Sie sollten aus Sicherheitsgründen daher stets die erstellten Filme exportieren, auch wenn dies zusätzlich Zeit kostet. Beim Exportieren werden alle Bearbeitungen und Optimierungen in die Videodateien eingerechnet und das komplette Filmprojekt als neue Videodatei permanent auf der Festplatte abgespeichert, sodass es bei einem Abbruch des Schreibvorgangs bzw. einem Systemabsturz nicht verloren geht.

Eigene Filme mit Spezialeffekten erstellen

1 Im Fenster des Filmprojekts klicken Sie unten auf die Schaltfläche *Export*.

2 Im neuen Fenster wählen Sie zunächst die Export-Vorlage. Wollen Sie den Film im MPEG-2-Standard auf der Festplatte abspeichern, stellen Sie je nach zu brennender Disk *DVD* oder *SVCD* ein. Für eine Video-CD wählen Sie *VCD*, um den Film im MPEG-1-Standard auf der Platte abzulegen. Wollen Sie dagegen den erzeugten Film für beste Bildqualität mit TMPGEnc transkodieren, nutzen Sie die Vorlage *Benutzerspezifisch* und erzeugen eine AVI-Datei. Die genauen Exportoptionen für den MPEG-Standard bzw. die Videodatei im AVI-Format lernen Sie in den folgenden beiden Abschnitten kennen.

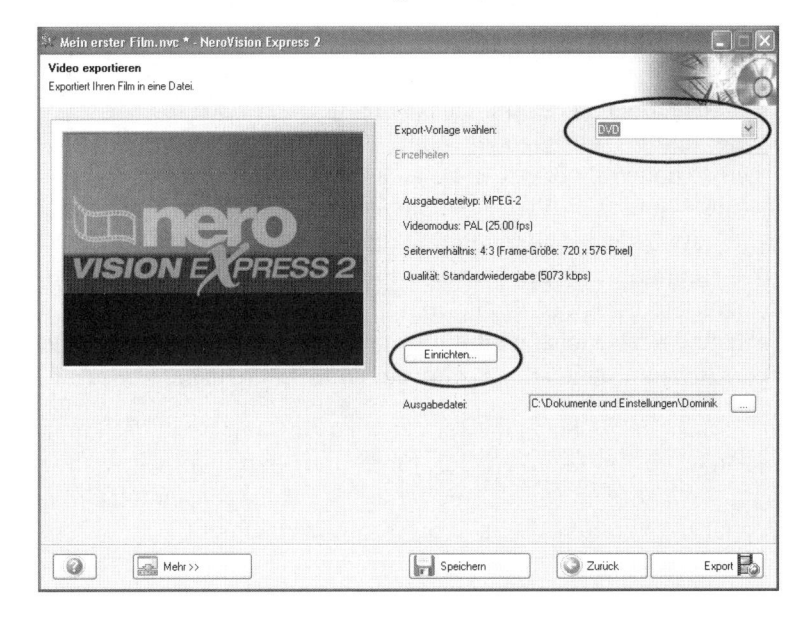

5. Videos vom digitalen Camcorder einlesen & eigene Filme erstellen

3 Nachdem Sie die gewünschten Exporteinstellungen vorgenommen haben, wählen Sie hinter *Ausgabedatei* einen geeigneten Speicherort für die zu erstellende Videodatei aus und starten das Exportieren. Dieser Vorgang kann je nach Leistungsfähigkeit des PCs und Länge des Films bis zu mehreren Stunden dauern!

Exporteinstellungen für den MPEG-Standard

1 Haben Sie als Export-Vorlage *DVD*, *SVCD* oder *VCD* gewählt, nehmen Sie die genaueren Exportoptionen über die Schaltfläche *Einrichten* vor.

2 Im neuen Fenster wählen Sie in der Registerkarte *Allgemein* unter *Videomodus* den Eintrag *PAL* aus – die in Europa am meisten verbreitete Fernsehnorm.

3 Wechseln Sie in die benachbarte Registerkarte, die ja nach gewählter Export-Vorlage einen anderen Namen trägt. Hier legen Sie zunächst das *Seitenverhältnis* der zu erstellenden Videodatei fest – für einen „normalen" Fernseher wählen Sie *4 : 3*, bei einem Breitwand-TV-Gerät dagegen *16 : 9*.

4 Unter *Transcodierqualität* bestimmen Sie die Videobitrate des zu erstellenden Videos. Hierbei gilt: Je höher die Bitrate liegt, umso besser ist die Bildqualität. Vergessen Sie jedoch nicht, dass bei einer hohen Bitrate die Dateigröße zunimmt und daher weniger Filmmaterial auf die Disk passt! Entweder nutzen Sie eines der Profile hinter *Qualitätseinstellungen* (die maximale Spielzeit der Videodisk wird Ihnen darunter angezeigt) oder wählen *Benutzerspezifisch* und stellen die zu verwendende Bitrate manuell ein.

5 Als Audioformat stellen Sie in der Regel *Stereo* ein – nur wenn das Filmmaterial eine Audiospur im Mehrkanalton (Surround-Sound) enthält, wählen Sie den Eintrag *Dolby Digital (AC-3) 2.0*. Verlassen Sie das Fenster mit *OK*, um in das Exportfenster von NeroVision Express zurückzukehren.

Film im AVI-Format optimal exportieren

Wollen Sie den Film lieber mit TMPGEnc in den MPEG-Standard transkodieren, um eine bessere Bildqualität zu erzielen oder den fertigen Film mit dem DivX-Codec komprimieren, um ihn auf eine DivX-Videodisk zu brennen, exportieren Sie den erzeugten Film als AVI-Videodatei:

1 Als Export-Vorlage stellen Sie *Benutzerspezifisch* ein und wählen darunter als *Dateityp* den Eintrag *AVI* aus. Die Fernsehnorm (*Videomodus*) setzen Sie auf *PAL*.

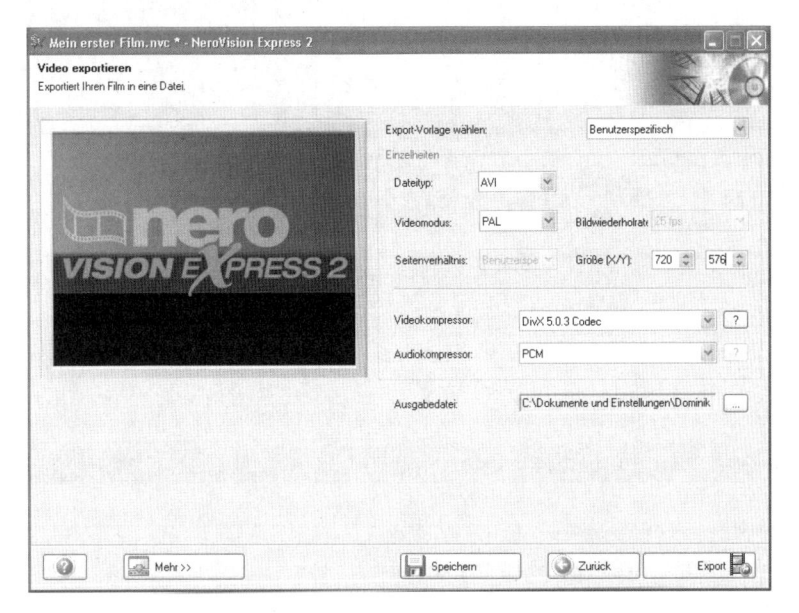

2 Hinter *Größe (X/Y)* geben Sie die gewünschte Auflösung des zu exportierenden Films an – halten Sie sich dabei an die erforderliche Videoauflösung der Videodisk, die Sie für das Brennen des Films nutzen möchten – für eine Video-DVD geben Sie 720 x 576 ein.

3 Zum Abschluss der Exportoptionen legen Sie den *Videokompressor* (beispielsweise den DivX-Codec) und den *Audiokompressor* fest. Kommt es Ihnen auf einen möglichst guten Klang an, wählen Sie hinter *Audiokompressor* den Eintrag *PCM* aus.

Das Programm für Videoprofis: Pinnacle Studio 8

NeroVision Express bietet bereits eine Vielzahl von Effekten und Bearbeitungsoptionen, um Ihre Videos professionell zu gestalten und eigene Filme zu erstellen. Sollten Ihnen die Optionen von NeroVision Express nicht ausreichen, sollten Sie sich das bekannte und sehr beliebte Programm Pinnacle Stundio (zurzeit ist Version 8 aktuell) besorgen. Das Programm ist relativ ähnlich wie NeroVision Express aufgebaut und stellt zahlreiche Bearbeitungsmöglichkeiten zur Verfügung,

5. Videos vom digitalen Camcorder einlesen & eigene Filme erstellen

die selbst Videoprofis zufrieden stellen. Nähere Informationen über das Programm und eine Demoversion erhalten Sie unter *http://www.pinnaclesys.com*.

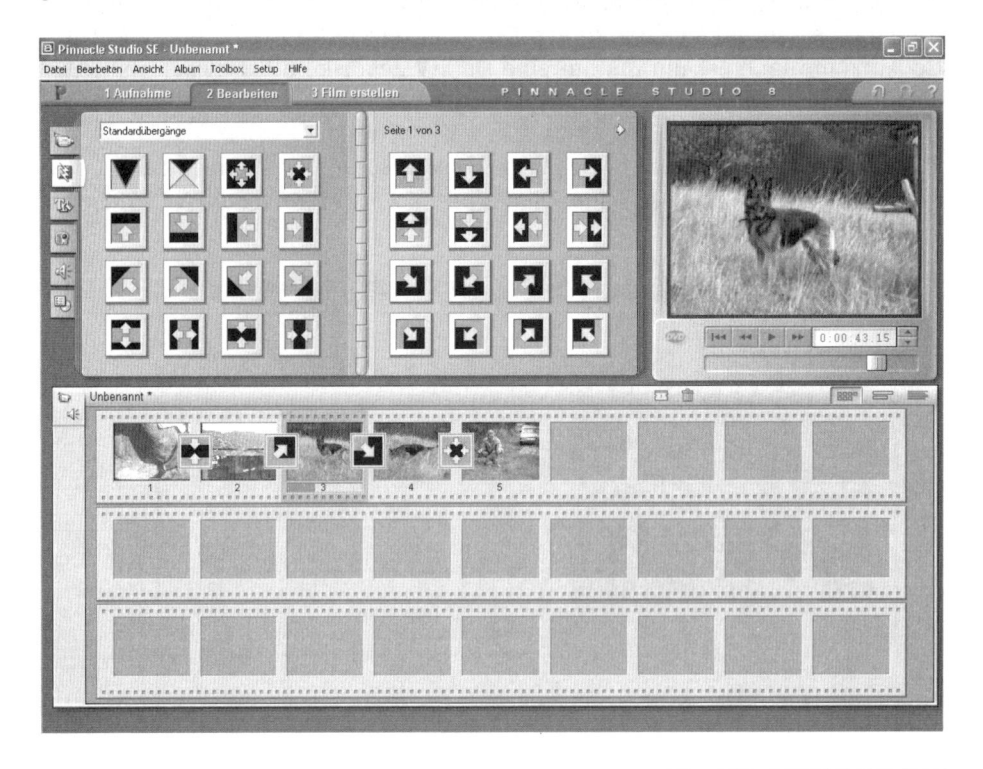

Buchempfehlung zu Pinnacle Studio 8

Das Programm Pinnacle Studio ist sehr komplex, sodass Sie sich unbedingt, um alle Funktionen optimal anzuwenden, ein Buch besorgen sollten. Ich empfehle Ihnen „Das große Buch Pinnacle Studio 8" von DATA BECKER – hierin finden Sie viele interessante Tipps und Tricks zu der aktuellen Programmversion von Pinnacle Studio.

6. Videos für das Brennen professionell transkodieren

Liegt das zu brennende Filmmaterial nicht im MPEG-1- (für VCD) bzw. MPEG-2-Standard (für SVCD oder DVD) vor, muss es für den Schreibvorgang umgewandelt werden. Nero 6 konvertiert nicht dem Standard entsprechende Videos vor der Aufzeichnung zwar automatisch – für eine bessere Bildqualität und mehr Einstellungsoptionen sollten Sie jedoch TMPGEnc benutzen. Das Programm besticht durch professionelle Ergebnisse, ist vielseitig verwendbar und wandelt mehrere Videodateien hintereinander um, sodass der Konvertierungsvorgang in die Nachtstunden verlegt werden kann. Außerdem ist es möglich, bereits im MPEG-Standard vorliegende Videos zu splitten bzw. zusammenzufügen.

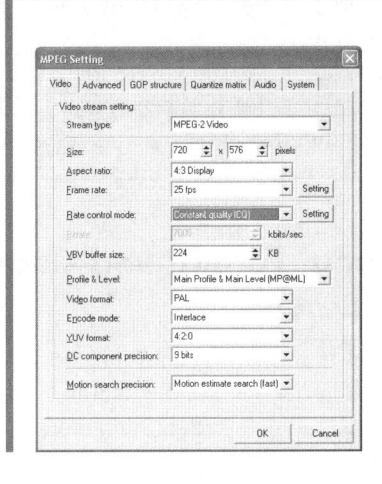

6.1	Der richtige Videostandard für Ihre Videodisks	202
6.2	Beste Bild- und Tonqualität bei der Umwandlung erzielen	210
6.3	Nützliche Zusatzfunktionen von TMPGEnc	237

6.1 Der richtige Videostandard für Ihre Videodisks

Brennen Sie Ihre Videos auf eine Silberscheibe, müssen diese in den entsprechenden MPEG-Standard umgewandelt werden (transkodiert = das mit Codec A erstellte Video wird mit Codec B neu komprimiert). MPEG ist die Abkürzung für **M**oving **P**ictures **E**xperts **G**roup (= Expertengruppe für bewegte Bilder). Diese Vereinigung besteht seit 1988 und legt Standards für die Komprimierung von Video- bzw. Audiodaten fest. Ohne das Verkleinern (Komprimieren) der großen Videodateien wäre es nicht möglich, einen kompletten Spielfilm auf eine DVD zu bekommen, da er ca. 100 GByte Platz unkomprimiert beanspruchen würde, die Speicherkapazität der beschreibbaren DVD aber nur ca. 4,4 GByte beträgt. Je nach zu erstellender Videoscheibe verwenden Sie für die Komprimierung der Videos entweder den MPEG-1- oder den MPEG-2-Standard.

Auflösung, Format und Codec Ihrer Videodateien kontrollieren

Häufig weiß man nicht genau, welche Parameter die zu schreibende Videodatei besitzt; dies ist jedoch für die spätere, eventuell notwendige Konvertierung entscheidend. Als Erstes prüfen Sie daher, in welchem Videoformat (Auflösung, Videokomprimierung usw.) die zu brennenden Dateien vorliegen. Entspricht dieses nicht dem für die zu erstellende Videoscheibe benötigten Standard, muss der Film vor dem Brennen in das richtige Format gebracht werden. Ist das Filmmaterial bereits im richtigen Videostandard für die Video-, Super-Video-CD oder Video-DVD vorhanden, kann die Umwandlung übersprungen werden.

> **Bei jeder Umwandlung geht Qualität verloren!**
>
> Liegt der Film bereits im richtigen Videostandard vor, verzichten Sie unbedingt auf eine erneute Transkodierung, da diese nicht nur äußerst zeitraubend ist, sondern auch die Bildqualität mit jedem Umwandlungsprozess schlechter wird. Anhand der folgenden Ausführungen über die unterschiedlichen Videostandards stellen Sie schnell fest, ob das Video bereits dem Videoformat für eine Video-, Super-Video-CD bzw. Video-DVD entspricht. Ist dies der Fall, können Sie das Filmmaterial ohne weitere Vorarbeit für die Erstellung der Videoscheibe verwenden – siehe Kapitel 7 „Video-Authoring mit NeroVision Express 2 und Nero 6".

Nähere Informationen über AVI-Dateien aufdecken

Oft ist das Filmmaterial als so genannte AVI-Datei auf der Festplatte vorhanden – beispielsweise, wenn Sie Videos mit der Freeware VirtualDub aufgezeichnet haben. AVI ist die Abkürzung für **A**udio **V**ideo **I**nterleave (= miteinander verbundene Audio- und Videodaten). Genaue und für eine erfolgreiche Umwandlung notwendige Informationen über eine Filmdatei mit der Endung *.avi* erhalten Sie mit der Freeware VirtualDub folgendermaßen (kostenlos downloadbar unter *www.virtualdub.org*):

1. Starten Sie VirtualDub nach dem Entpacken der heruntergeladenen Datei mit einem Doppelklick auf *VirtualDub.exe* – eine Installation ist nicht erforderlich.

2. Öffnen Sie die zu kontrollierende AVI-Datei über *File/Open video file* und wählen Sie anschließend *File/File information*.

3. Im erscheinenden Fenster erhalten Sie detaillierte Informationen über die geöffnete Videodatei. Hinter *Frame size* erfahren Sie im Abschnitt *Video stream* die Auflösung und die Bildwiederholrate der Filmdatei. Besonders wichtig ist die Angabe hinter *Decompressor*: Hier wird der bei dem Video angewendete Kompressor (Video-Codec) zur Verkleinerung der Videodaten angegeben – im Beispiel wurde der Film mit dem bekannten DivX-Codec 5.0.3 komprimiert. Damit die Filmdatei abgespielt bzw. in das richtige Videoformat konvertiert werden kann, muss der entsprechende Codec auf dem PC installiert sein, sonst scheitert das Einlesen des komprimierten Filmmaterials. In der Regel ist jedes Video mit einem Codec komprimiert, da es andernfalls zu viel Speicherplatz verschlingen würde.

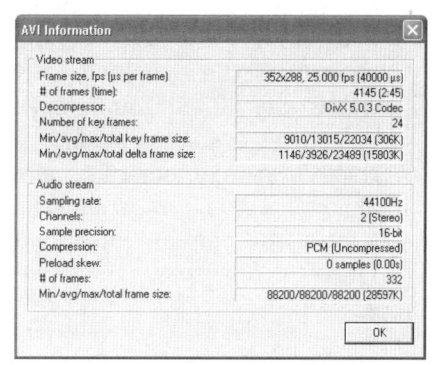

4. Unter *Audio stream* werden genaue Informationen zu der Audiospur des Films angegeben – Sie erfahren beispielsweise die *Sampling rate*, wie viele Audiokanäle (*Channels*) das Video besitzt, welche Bitauflösung (*Sampling precision*) die Tonspur hat und mit welchem Verfahren Sie eventuell komprimiert wurde (*Compression*).

Alle AVI-Dateien müssen zum Brennen einer Video-, Super-Video-CD bzw. Video-DVD in den MPEG-Videostandard konvertiert werden. Dies führen Sie entweder mit Nero oder (besser) mit TMPGEnc durch. Wichtig ist, dass auf Ihrem Rechner die bei der Filmdatei verwendeten Video- und Audio-Codecs installiert sind, damit das Video gelesen werden kann. Welche Codecs auf Ihrem System installiert sind, erfahren Sie im übernächsten Abschnitt.

Details über Videodateien im MPEG-Format

Liegt die zu brennende Filmdatei im MPEG-Format vor (erkennbar an der Endung *.mpg*), prüfen Sie mit der Freeware TMPGEnc (downloadbar unter *www.tmpgenc.net*) deren genauen Parameter. Vielleicht befindet sie sich bereits im richtigen Videostandard für die zu erstellende Videodisk, sodass eine zeitraubende Filmkonvertierung unnötig ist. Bitte vergleichen Sie die Angaben der Video- und Audiospur exakt mit den Vorgaben für die zu erstellende Videodisk

6. Videos für das Brennen professionell transkodieren

(Video-, Super-Video-CD bzw. Video-DVD). Stimmt ein Parameter nicht überein, müssen Sie den Film vor dem Brennvorgang in das richtige Format konvertieren.

1 Nach dem Download entpacken Sie die Datei und starten TMPGEnc über die Datei *TMPGEnc.exe*. Den auftauchenden Assistenten schließen Sie über *Cancel*.

2 Im Hauptfenster des Programms wählen Sie *File/MPEG Tools* und wechseln auf die Registerkarte *Multiplex*. Über die Schaltfläche *Add* wählen Sie die zu kontrollierende Videodatei aus. Besteht diese aus einer Video- und Audiospur, erscheinen zwei Einträge im freien Fenster – sonst wird nur ein Eintrag für die Videospur angezeigt.

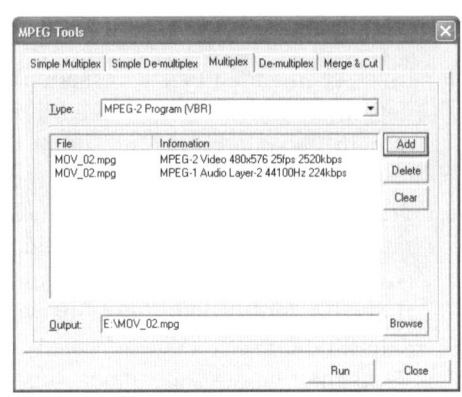

3 In der ersten Zeile erfahren Sie den Videostandard (im Beispiel *MPEG-2*), die Auflösung (im Beispiel *480x576*), die Bildwiederholfrequenz in Bildern pro Sekunde (im Beispiel *25fps*) und die maximale Videobitrate pro Sekunde (im Beispiel *2520 kbps*).

4 In der zweiten Zeile folgen Details zur Audiospur des Films: Sie erfahren den Audiostandard (im Beispiel *Audio Layer-2*), die Samplingrate (im Beispiel *44100Hz*) und die Audiobitrate (im Beispiel *224 kbps*) pro Sekunde.

Welche Codecs sind auf Ihrem PC vorhanden?

Eine komprimierte Videodatei kann nur gelesen werden, wenn der für die Kompression verwendete Codec auf dem Rechner installiert ist. Aus diesem Grund kontrollieren Sie vor der Filmumwandlung mit Nero oder TMPGEnc, ob alle benötigten Video-Codecs im System vorhanden sind – sonst bricht die Konvertierung mit einer Fehlermeldung ab bzw. NeroVision Express kann das Filmmaterial nicht einlesen. Beachten Sie: Liegt das zu brennende Video im MPEG-1- bzw. MPEG-2-Standard vor, können Sie die Codec-Kontrolle überspringen, da sowohl TMPGEnc als auch Nero bzw. NeroVision Express bereits den für diese Videostandards notwendigen MPEG-Codec mitbringen und daher die Filmdateien lesen können.

1 Starten Sie über die Programmgruppe von Nero das *Nero InfoTool* (im Unterordner *Nero Toolkit* zu finden). Dieses kleine Programm dient der ausführlichen Systemanalyse. Die aktuellste Version erhalten Sie kostenlos unter *www.cdspeed2000.com*.

2 Wechseln Sie auf die Registerkarte *Drivers*. In der unteren Fensterhälfte werden alle im System installierten *Video Codecs* bzw. *Audio Codecs* aufgelistet. Dort muss auch der bei Ihrem Video verwendete Video- und Audio-Codec aufgelistet sein – andernfalls kann der Film nicht gelesen werden.

3 Sollte ein benötigter Codec fehlen (nicht aufgelistet werden), müssen Sie diesen vor der Weiterverarbeitung des Filmmaterials installieren. Die gängigen Codecs erhalten Sie in der Regel kostenlos aus dem Internet. Am besten suchen Sie mit einer Suchmaschine danach (beispielsweise *www.google.de*), indem Sie den genauen Codec-Namen und „*download*" hinzufügen.

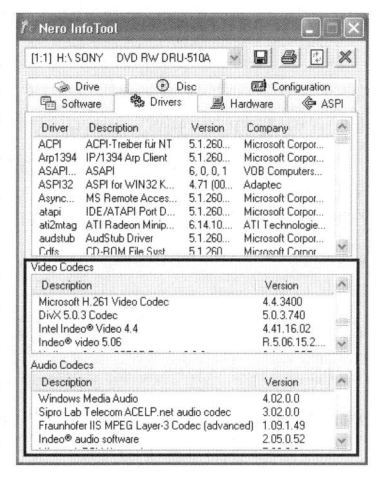

Video-CD: Optimal für das Archivieren von VHS-Kassetten

Aufgrund der niedrigen Bildauflösung (es werden kleinere Bilddetails vernachlässigt) und der geringen Videodatenrate findet die Video-CD heutzutage wegen der im Vergleich zur Video-DVD relativ schlechten Bildqualität kaum noch Anhänger. Für manche Aufgaben ist die Video-CD nach wie vor optimal: Wollen Sie beispielsweise aus Sicherheitsgründen Ihre alten VHS-Videokassetten auf eine CD brennen, bietet sich das Video-CD-Format an. Die Bildqualität der Videos nach der notwendigen Konvertierung in das für eine Video-CD erforderliche MPEG-1-Format ist ungefähr vergleichbar mit der einer Videokassette, sodass Sie bei der Archivierung Ihrer „VHS-Schätzchen" kaum Qualitätseinbußen haben. Der Einsatz einer Super-Video-CD bzw. Video-DVD lohnt sich für die Archivierung von VHS-Kassetten nicht, da deren Bildqualität als Grundlage unzureichend ist. Super-Video-CDs bzw. Video-DVDs sollten ausschließlich aus qualitativ hochwertigem Bildmaterial erstellt werden – beispielsweise wenn Sie einen Videorekorder mit S-VHS-Aufzeichnungsmöglichkeit besitzen.

Für das Erstellen einer Video-CD müssen die Filme vor dem Schreibvorgang in das MPEG-1-Format gebracht werden. Er wurde 1991 entwickelt und besitzt eine hohe Kompressionsrate (die Videodaten werden stark verkleinert), die zu Lasten der Bildqualität geht. MPEG-1 sieht im PAL-Format (in Europa am häufigsten verwendete Fernsehnorm) eine Bildauflösung von 352 x 288 Pixeln und 25 Bildern pro Sekunde vor. Die Videodatenrate beträgt konstant 1.150 KBit/s – eine variable Bitrate, wie bei der Super-Video-CD bzw. Video-DVD zur Erhöhung der Bildqualität bei actionreichen Szenen ist nicht möglich. Bei der in Amerika verwendeten Fern-

Eckdaten des MPEG-1-Standards für die Video-CD

sehnorm NTSC ist die Videodatenrate eines Films im MPEG-1-Standard ebenfalls 1.150 KBit/s, die Bildauflösung jedoch 352 x 240 Pixel mit einer Bildwiederholfrequenz von 29,97 Bildern pro Sekunde. Die Datenrate der Audiospur eines für die Video-CD umgewandelten Films beträgt sowohl bei PAL- als auch bei NTSC-Videos konstant 224 KBit/s im Format MPEG-1 Layer 2 mit 44 KHz. Im MPEG-1-Format bekommen Sie ca. 80 Minuten Filmmaterial auf einen CD-Rohling mit 700 MByte. Die Konvertierung von Videos in das MPEG-1-Format verläuft relativ flott.

Gute Kompatibilität bei der Video-CD

Neben dem Nachteil der etwas schlechteren Bildqualität besitzt die Video-CD einen großen Vorteil: ihre Kompatibilität. Im Gegensatz zu gebrannten Super-Video-CDs bzw. Video-DVDs kann die Video-CD in der Regel selbst auf vielen etwas älteren externen DVD-Playern abgespielt werden, die mit der Super-Video-CD bzw. gebrannten Video-DVDs nichts anfangen können. Die Wiedergabe der geschriebenen Video-CD gelingt selbst auf älteren, relativ leistungsschwachen PCs problemlos, da hierbei keine großen Anforderungen an die Hardware gestellt werden – die zu verarbeitende Datenrate relativ gering ist. Legen Sie auf größte Kompatibilität der gebrannten Videoscheiben wert, sollten Sie das Video-CD-Format bevorzugen.

Gutes Bild aber kaum kompatibel: Super-Video-CD

Im Vergleich zur Video-CD bietet die Super-Video-CD ein sehr gutes Bild und ist daher für die Archivierung von qualitativ hochwertigem Filmmaterial geeignet. Die hohe Bildqualität der Super-Video-CD nutzen Sie nur, wenn die Bildquelle besser als eine VHS-Kassette ist – beispielsweise eine Videokassette, die im S-VHS-Format aufgezeichnet wurde. Es lohnt sich nicht, einen Videofilm mit der Auflösung einer Video-CD auf eine Super-Video-CD zu brennen, da die Qualität dadurch nicht besser wird. Für hochwertige Aufnahmen eines digitalen Camcorders sollten Sie lieber die Video-DVD einsetzen, um beim Archivieren einen Qualitätsverlust zu verhindern.

Eckdaten einer Super-Video-CD im MPEG-2-Format

Für die Erzeugung einer Super-Video-CD muss der Film im MPEG-2-Standard vorliegen bzw. nachträglich komprimiert werden. Die Bildauflösung der Super-Video-CD beträgt im PAL-Format 480 x 576 bei 25 Bildern pro Sekunde. Im NTSC-Format ist die Auflösung 480 x 480 Pixel mit einer Bildwiederholfrequenz von 29,97. Die gute Bildqualität einer Super-Video-CD wird neben der im Gegensatz zur Video-CD höheren Bildauflösung durch eine Videodatenrate von 1.500 bis zu 2.600 KBit/s erreicht. Hinzu kommt eine Audiodatenrate zwischen 128-384 KBit/s im MPEG-1 Layer 2-Format mit 44 KHz. Bei der Super-Video-CD ist Mehrkanalton erlaubt: Sie können diesen entweder für Audiosignale im Vierkanal-Format (Raumklang) nutzen oder das Video mit zwei Sprachspuren (jeweils in Stereo) versehen. Die maximale Datenrate der Super-Video-CD (Audiodatenrate + Videodatenrate) darf den Wert 2.778 KBit/s nicht überschreiten. Durch die Möglichkeit, die Videodatenrate flexibel (variabel) zu gestalten, wird die Bildqualität besonders bei bewegungsreichen Szenen deutlich verbessert. Näheres zur variablen Videodatenrate erfahren Sie im Abschnitt „Variable Videobitrate professionell nutzen".

Schlechte Kompatibilität und geringe Kapazität

Leider hat die Super-Video-CD, die als Zwischenlösung von Video-CD und Video-DVD gilt, einige gravierende Nachteile, weshalb sie kaum genutzt wird: Bei höchster Bildqualität passen maximal 45 Minuten Film auf einen Silberling – für einen Spielfilm beispielsweise viel zu wenig! Entweder senken Sie die Videodatenrate (= schlechtere Bildqualität), um mehr Filmminuten (bis zu 60 Minuten) auf den Rohling packen zu können oder Sie müssen während der Wiedergabe die CDs häufiger wechseln.

Die Kompatibilität der Super-Video-CD kann als mangelhaft bezeichnet werden: Viele ältere externe DVD-Player geben diese Scheiben nicht wieder – selbst einige moderne Laufwerke haben dabei immer noch Probleme. Häufig spielt das Gerät zwar die Super-Video-CD ab, aber die Wiedergabe ruckelt besonders bei actionreichen Szenen. In diesen Szenen steigt die Datenrate meistens auf den Maximalwert – das Laufwerk kann die hohe Datenmenge nicht schnell genug fehlerfrei einlesen bzw. verarbeiten, die Wiedergabe ruckelt. Für das Abspielen einer Super-Videoscheibe mit dem PC werden aufgrund der hohen Datenrate leistungsfähige Hardwarekomponenten (beispielsweise eine CPU mit mindestens 500-600 MHz) benötigt, sonst können aus den oben genannten Gründen Ruckler auftreten.

> **Super-Video-CD nur für kleine Filme sinnvoll**
>
> Obwohl die Super-Video-CD zunächst als Videoscheibe durch ihre gute Bildqualität besticht und Sie für das Brennen einen billigen CD-Rohling nutzen können, rate ich Ihnen, diese nur bei kleinen Videos (beispielsweise einem kurzen Urlaubsfilm) einzusetzen – einen Film in Spielfilmlänge auf mehrere Super-Video-CDs zu verteilen, ist aufgrund der geringen Kapazität nicht empfehlenswert. Entweder nutzen Sie für das Archivieren von längeren Videos einer VHS-Kassette oder TV-Aufnahme den Video-CD-Standard oder Sie brennen (besonders bei Filmmaterial von einem digitalen Camcorder) eine Video-DVD.

Brillantes Bild und große Kapazität: Video-DVDs

Die beste Lösung für das Archivieren von Filmmaterial stellt eindeutig die Video-DVD dar – das Haupteinsatzgebiet eines DVD-Brenners! Auf einen DVD-Rohling mit ca. 4,4 GByte realer Speicherkapazität bekommen Sie einen kompletten Spielfilm (ca. 2 Stunden) in bester Bild- und Tonqualität. Für das professionelle Archi-

6. Videos für das Brennen professionell transkodieren

vieren von Filmmaterial in höchster Qualität führt an der Video-DVD zurzeit kein Weg vorbei. Voraussetzung: Die Videoquelle des aufzuzeichnenden bzw. bereits aufgenommenen Videos ist ebenfalls von sehr guter Qualität (beispielsweise Filmmaterial von einem digitalen Camcorder). Eine perfekte Bildqualität bei einer selbstgebrannten Video-DVD erzielen Sie beispielsweise, wenn die Videoquelle über einen S-VHS-Anschluss mit dem Rechner verbunden ist. Filmmaterial über das Antennenkabel (TV-Karte) oder den Composite-Anschluss für eine neue Video-DVD aufzunehmen, bringt in der Regel kein brillantes Bild – hierfür reicht meistens der Video-CD-Standard.

MPEG-2-Standard für Video-DVDs durchleuchtet

Für die Komprimierung der Filme auf einer Video-DVD kommt wie bei der Super-Video-CD der MPEG-2-Standard mit veränderten Maximalwerten zum Einsatz. Im PAL-Standard beträgt die Bildauflösung 720 x 576 bzw. 704 x 576 Pixel bei einer Bildwiederholfrequenz von 25 Bildern pro Sekunde. In der NTSC-Fernsehnorm ist die Auflösung dagegen 720 x 480 bzw. 704 x 480 mit 29,97 Bildern pro Sekunde. Die Datenrate (Audio und Video) im MPEG-2-Standard darf bei einer Video-DVD insgesamt bis zu 9.800 KBit/s betragen. In der Regel liegt die Videodatenrate bei einer Video-DVD zwischen 3.000-6.000 KBit/s, maximal bei 8.000 KBit/s – die übrigen Bits werden für die Audiospur benötigt. Wie bei der Super-Video-CD kann bei der Video-DVD die variable Bitrate eingesetzt werden – Näheres dazu erfahren Sie im Abschnitt „Variable Videobitrate professionell nutzen". Die Audiodatenrate beträgt zwischen 192-448 KBit/s im Format MPEG-2 oder MPEG-1 mit 48 KHz; bei Mehrkanalton sind bis zu 768 KBit/s möglich. Als Audioformat sind bei einer Video-DVD außerdem AC-3- oder DTS-Audiostreams erlaubt, mit denen Sie gute Raumklangeffekte erzielen können. Außerdem darf die Video-DVD mehrere Sprachspuren enthalten – also multilingual sein.

Leider hat die Video-DVD neben ihren vielen Vorteilen auch Nachteile: Die nachträgliche Umwandlung von Videos in das MPEG-2-Format dauert (wie bei Filmmaterial für die Super-Video-CD), gerade wenn Sie die variable Bitrate einsetzen möchten, im Gegensatz zur Konvertierung in das MPEG-1-Format sehr lange, da der Umwandlungsprozess in zwei Stationen abläuft. Zuerst wird das komplette Video analysiert – es findet die so genannte Szenenerkennung statt, die für die spätere Konvertierung notwendig ist. Durch diese Untersuchung wird festgestellt, welche Filmabschnitte actionreich sind und eine höhere Bitrate benötigen; anschließend findet die Transkodierung statt. Für die Konvertierung von Filmmaterial mit variabler Bitrate für eine Video-DVD sollten Sie auf jeden Fall einen modernen, leistungsfähigen PC mit mindestens 1,5-2 GHz besitzen, sonst dauert der Umwandlungsprozess eine Ewigkeit. Außerdem gibt es nach wie vor Kompatibilitätsprobleme mit gebrannten Video-DVDs, besonders beim Einsatz auf einem (etwas älteren) externen DVD-Player. Solche Probleme lösen Sie in der Regel mit den Anleitungen in Kapitel 13 „Abspielprobleme von CDs/DVDs lösen".

> **Besonderheit: Die MiniDVD**
>
> Bei der so genannten MiniDVD handelt es sich keinesfalls um eine DVD-Scheibe! MiniDVD bedeutet, dass kurze Filme nach dem Video-DVD-Standard in bester Bild- und Tonqualität auf einen CD-Rohling gebrannt werden. Auf diese Weise passen bis zu 15 Minuten Videomaterial auf eine CD. Die Kompatibilität einer MiniDVD ist sehr schlecht: Die meisten externen DVD-Player beherrschen die Wiedergabe von MiniDVDs nicht, sodass Sie zum Abspielen den PC benutzen müssen.

Viele Videos? MPEG-1 für die Video-DVD einsetzen!

Bei der Video-DVD sind neben dem MPEG-2-Standard auch Videosequenzen im MPEG-1-Format möglich, wie bei einer Video-CD verwendet. Diese dürfen im PAL-Standard als Bildauflösung 352 x 288 Pixel besitzen mit einer Bildwiederholfrequenz von 25 Bildern pro Sekunde. Bei NTSC beträgt die Auflösung 352 x 240 Pixel bei 29,97 Bildern in der Sekunde. Als maximale Videodatenrate sind 1.856 KBit/s festgelegt. Der MPEG-1-Standard liefert aufgrund der geringeren Auflösung, der niedrigen Videodatenrate und der nicht vorhandenen variablen Datenrate ein deutlich schlechteres Bild. Der Vorteil gegenüber MPEG-2 ist seine höhere Kompressionsrate – deswegen passen mehr Videos im MPEG-1-Format auf eine Video-DVD. MPEG-1 sollte daher ausschließlich bei Bildquellen zum Einsatz kommen, die beispielsweise nicht besser als eine VHS-Kassette sind. Auf diese Weise archivieren Sie mehrere Filme (bis zu 6-7 Stunden) auf einer DVD. Bei qualitativ hochwertigem Ausgangsmaterial verwenden Sie zur Videokomprimierung MPEG-2, auch wenn dadurch – je nach Qualität – nur bis zu 2 Stunden Filmmaterial auf einen DVD-Rohling passen!

> **Kompatibilität der gebrannten Video-DVDs**
>
> Bedenken Sie bitte, dass nicht alle externen DVD-Player gebrannte Video-DVDs lesen – wegen deren schlechten Reflexionseigenschaften. Im Notfall sehen Sie in Kapitel 13 „Abspielprobleme von CDs/DVDs lösen" nach, um die Wiedergabeprobleme zu beseitigen.

Besonderheit: Die DivX-Videodisk

Neben dem MPEG-1- bzw. MPEG-2-Standard für die Videokomprimierung gibt es den beliebten DivX-Codec, mit dem ebenfalls Videodateien verkleinert werden können. Bei DivX handelt es sich um eine Weiterentwicklung des 1994 für Bildübertragungssysteme entwickelten MPEG-4-Videokompressionsverfahrens. Mithilfe von DivX ist es beispielsweise möglich, ca. 90 Minuten Filmmaterial in guter Qualität (besser als bei der Video-CD) auf einen CD-Rohling zu bannen. Eine spezielle Videoauflösung ist dafür nicht notwendig – mit DivX können Sie sowohl Filme mit niedriger als auch mit hoher Auflösung komprimieren. Viele Programme erlauben die Videokompression mit DivX bereits bei der Videoaufzeichnung

6. Videos für das Brennen professionell transkodieren

in Echtzeit (beispielsweise NeroVision Express) – Voraussetzung: Sie verfügen über einen modernen, leistungsstarken Rechner mit mindestens 1,5-GHz-CPU.

Einige moderne DVD-Player spielen DivX-Videos ab

Einen mit dem DivX-Codec komprimierten Film können Sie ohne weitere Umwandlung auf eine Silberscheibe brennen. Die Videos spielen Sie auf jedem Rechner ab, auf dem der DivX-Codec und ein geeigneter Software Player (beispielsweise Windows Media Player) installiert ist – am besten brennen Sie den DivX-Codec mit auf die Disk, um ihn im Notfall griffbereit zu haben. Wie Sie ein DivX-Video erstellen, habe ich Ihnen in Kapitel 4 „Von analog zu digital: Alte VHS-Kassetten retten und TV-Aufnahmen realisieren" beschrieben. Das Erstellen einer DivX-Videodisk lernen Sie in Kapitel 7 „Video-Authoring mit NeroVision Express 2 und Nero 6" kennen. Die Hersteller von externen DVD-Playern reagieren ebenfalls auf die Beliebtheit des leistungsfähigen DivX-Codecs und ermöglichen bei einigen (topaktuellen) Geräten bereits das Abspielen von Silberscheiben mit DivX-komprimiertem Videomaterial. Auf den meisten DVD-Playern (besonders ältere Modelle) sind DivX-Videodisks nicht abspielbar, da diese die mit DivX komprimierten Videodaten nicht entkomprimieren können, weil der hierfür notwendige Decoder im Gerät fehlt. Die DivX-Disk ist eine gute Alternative zu den gewöhnlichen Videoscheiben, wenn Sie die zu brennenden Filme hauptsächlich mit dem PC wiedergeben oder einen aktuellen DVD-Player besitzen, der DivX-Scheiben liest.

6.2 Beste Bild- und Tonqualität bei der Umwandlung erzielen

Liegen die Filmsequenzen nicht im richtigen Format für die Erstellung der favorisierten Videoscheibe (Video-CD, Super-Video-CD bzw. Video-DVD) vor, müssen Sie sie vor dem Brennen in den richtigen Videostandard für die entsprechende Silberscheibe konvertieren. Welches Format das Video benötigt, haben Sie in Abschnitt 6.1 erfahren. Die Umwandlung des Filmmaterials geschieht entweder mit Nero direkt vor dem Brennvorgang oder mit TMPGEnc. Dieses Tool bietet wesentlich mehr Konvertierungsoptionen als Nero und Sie erzielen damit in der Regel qualitativ hochwertigere Ergebnisse.

Videos mit Nero nach MPEG-1 bzw. MPEG-2 konvertieren?

Nero und Nero Express bzw. NeroVision Express bieten für die notwendige Kompression des zu brennenden Filmmaterials in das MPEG.1- bzw. MPEG-2-Format, falls das Video noch nicht diesem Format entspricht, fast keine Einstellungen an.

Keine variable Bitrate möglich

Die MPEG-2-Umwandlungsengine von Nero beherrscht weder bei der Super-Video-CD noch bei der Video-DVD die variable Bitrate. Dies ist ärgerlich, da nur bei variabler Bitrate das beste Verhältnis zwischen Speicherkapazität und Bildqualität erreicht wird. Besonders bei actionreichen Szenen ist eine hohe Bitrate für fehlerfreie Darstellung wichtig. Da Nero die variable Bitrate nicht beherrscht, muss für solche Filme eine relativ hohe, konstante Bitrate ausgewählt werden – wodurch bei ruhigen Sequenzen unnötig Speicherplatz verloren geht, da die hohe Bitrate nicht notwendig wäre! Den großen Vorteil bezüglich der variablen Bitrate für eine qualitativ hochwertige und gleichzeitig platzsparende Filmumwandlung in das MPEG-2-Videoformat unterstützt Nero nicht.

Professionelle Nero-User bzw. Filmfreaks, die Ihre Videos in der besten Qualität auf eine Super-Video-CD bzw. Video-DVD brennen wollen, verwenden aus diesem Grund zur Filmkonvertierung statt Nero das Tool TMPGEnc. Die Filmkonvertierung mit Nero ist

> *Perfekte Bildqualität nur mit separatem Umwandlungstool!*

nur für Anfänger ideal, die sich nicht mit den genauen Parametern der Konvertierung beschäftigen wollen und auch mit einem mittelmäßigen Ergebnis zufrieden sind.

Absturz beim Brennen? – Zeitraubende Filmkonvertierung verloren!

Die Filmkonvertierung mit Nero hat einen wirklich großen Nachteil: Die zeitraubende Umwandlung von nicht dem notwendigen Videostandard entsprechendem Filmmaterial erfolgt erst direkt vor dem Brennvorgang – die konvertierten Dateien werden nur temporär auf der Festplatte zwischengespeichert. Stürzt der Rechner während des Umwandlungsprozesses bzw. des Brennvorgangs ab, gehen alle bereits konvertierten Videodateien verloren. Starten Sie den nächsten Brennversuch, müssen sämtliche Videodateien erneut umgewandelt werden, da die bereits fertigen Dateien vor dem PC-Crash nur temporär zwischengespeichert wurden – eine zeitraubende Arbeit!

Höchste Qualität mit TMPGEnc erzielen

Für eine professionelle Filmumwandlung setzen Sie die Freeware TMPGEnc ein, die Sie unter *www.tmpgenc.net* erhalten. Einzige Einschränkung: Die für Super-Video-CDs bzw. Video-DVDs notwendige MPEG-2-Umwandlung funktioniert bei der Freewareversion nur 30 Tage lang. Die MPEG-1-Funktion für das Umwandeln der Videos für eine Video-CD kann ohne Einschränkung genutzt werden.

6. Videos für das Brennen professionell transkodieren

Wollen Sie TMPGEnc nach Ablauf der 30-Tage-Frist weiterhin für die Konvertierung Ihrer Filme in das MPEG-2-Format nutzen, müssen Sie TMPGEnc Plus käuflich erwerben – hier gibt es keine zeitliche Begrenzung! Zurzeit ist Version 2.59 aktuell.

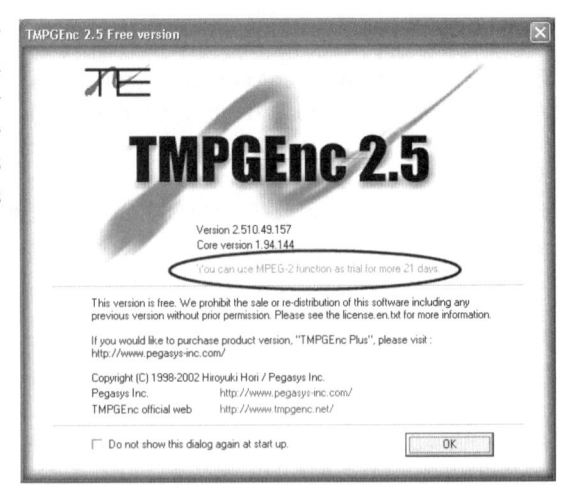

Die Vorteile von TMPGEnc

TMPGEnc hat gegenüber der Konvertierungsmöglichkeit von Nero unter anderem folgende Vorteile:

- Die Umwandlungsqualität von TMPGEnc kann sich selbst mit teuren Profi-Programmen messen – meistens sind die Ergebnisse von TMPGEnc besser.

- TMPGEnc beherrscht bei der Filmkonvertierung in das MPEG-2-Format im Gegensatz zu Nero die variable Bitrate für höchste Bildqualität und möglichst geringen Platzbedarf der fertigen Filme.

- TMPGEnc bietet eine Vielzahl von Einstellungsmöglichkeiten, mit denen Sie das Umwandlungsergebnis weiter optimieren bzw. nach Ihren Wünschen anpassen können.

- Die fertigen Videodateien werden auf der Festplatte gespeichert und stehen anschließend für die Weiterverwendung (Video-Authoring) zur Verfügung. Sollte der PC beispielsweise während des Brennvorgangs abstürzen, muss die Umwandlung nicht erneut durchgeführt werden. Bei der Konvertierung der Videos mit Nero wäre dies der Fall, da die fertigen Dateien hierbei nur temporär auf der Festplatte abgelegt werden und bei einem Absturz verloren gehen.

- Mit TMPGEnc können Sie mehrere Videos für unterschiedliche Videoprojekte automatisch hintereinander (zum Beispiel während der Nachtstunden) konvertieren – sogar in unterschiedliche Videoformate!

- TMPGEnc bietet zahlreiche nützliche Zusatzfunktionen, mit denen Sie beispielsweise eine große MPEG-Videodatei in kleine Dateien aufteilen bzw. mehrere Videos zu einem großen Film vereinigen können.

Vorbereitungen für die Umwandlung mit TMPGEnc

Bevor Sie an das Feintuning der Konvertierungsoptionen für ein hervorragendes Umwandlungsergebnis gehen, zeige ich Ihnen die Grundbedienung von TMPGEnc.

Erster Start und Auswahl der umzuwandelnden Filmdatei

1 Nach dem Download entpacken Sie die komprimierte Datei in einen separaten Ordner und starten TMPGEnc mit einem Doppelklick auf *TMPGEnc.exe* – eine Installation ist nicht notwendig!

2 Beim ersten Start des Programms taucht gleich ein Assistent auf, der Sie fachkundig durch den Umwandlungsprozess führt. Sie sollten ihn allerdings nicht nutzen, da er Ihnen aus Gründen der Bedienbarkeit viele Einstellungsmöglichkeiten „verheimlicht" und Sie ohne den Assistenten meist ein besseres Ergebnis erzielen – schließen Sie ihn also über *Cancel*! Soll der Assistent nicht bei jedem Start automatisch erscheinen, deaktivieren Sie vorher die Option *Enable this Wizard at start up*.

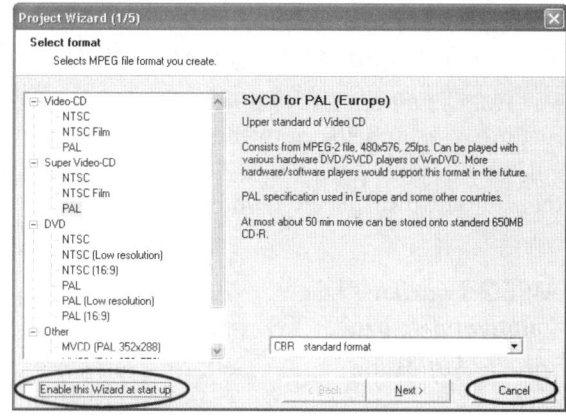

3 Im Hauptfenster des Programms wählen Sie als Nächstes unten hinter *Video source* über die Schaltfläche *Browse* die umzuwandelnde Videodatei aus. Enthält die Videodatei eine Audiospur, wird der Pfad hinter *Audio source* automatisch richtig eingestellt. Soll der Film dagegen neu vertont werden, wählen Sie hinter *Audio source* manuell die gewünschte Audiodatei aus.

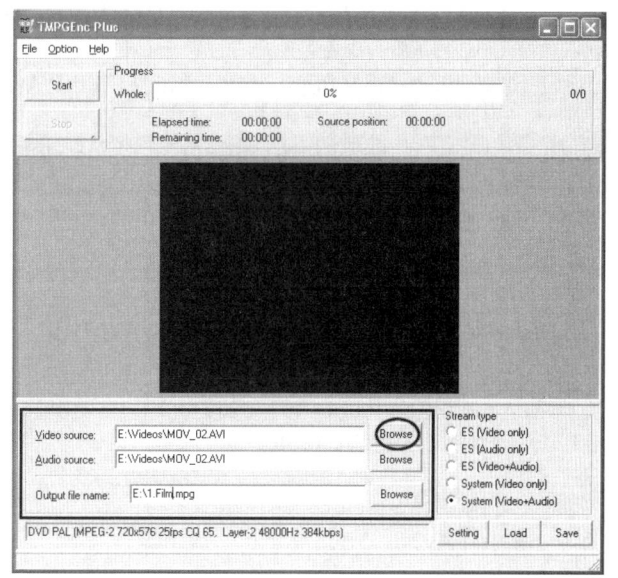

4 Zum Abschluss suchen Sie hinter *Output file name* einen geeigneten Speicherplatz auf der Festplatte aus und vergeben einen aussagekräftigen Namen für die neue Datei. Die Dateiendung wird von TMPGEnc automatisch richtig erzeugt. Beachten Sie: Bei mehreren Festplatten wählen Sie die Platte mit dem größten freien Speicherplatz aus, denn auch die fertig umgewandelte Filmdatei benötigt trotz Kompression einiges an Platz. Für Filmmaterial einer Video-DVD benötigen Sie bis zu 4,4 GByte freien Speicherplatz – Sie sollten eine Sicherheitsreserve (mindestens 1 GByte) einplanen, da viele Brennprogramme zusätzlichen Platz für temporäre Dateien brauchen, die beim Brennvorgang erzeugt werden.

Welche Transkodiermöglichkeiten gibt es?

Mit TMPGEnc können Sie in der Regel jedes AVI-Video bzw. DivX-Video in den für Ihre Videoscheibe notwendigen Standard umwandeln – Voraussetzung: Der entsprechende Video- und Audio-Codec, der bei der zu konvertierenden Filmdatei genutzt wurde, ist auf dem PC vorhanden.

MPEG-1 nach MPEG-2 umwandeln bzw. falsche Auflösung

Weiterhin ist es mit TMPGEnc möglich, bereits im MPEG-Format befindliches Filmmaterial in einen anderen MPEG-Standard umzuwandeln: Stellen Sie sich beispielsweise vor, Sie hätten von einem Freund einen Urlaubsfilm im MPEG-2-Format erhalten.

Wenn Sie daraus keine Super-Video-CD bzw. Video-DVD brennen, weil Ihr externer DVD-Player mit diesen Formaten nichts anfangen kann, müssen Sie den Film zunächst vom MPEG-2-Standard in das MPEG-1-Format transkodieren, um daraus eine Video-CD brennen zu können, die auf den meisten DVD-Playern abgespielt wird. Außerdem können Sie mit TMPGEnc Videos konvertieren, die für die zu produzierende Videoscheibe eine „falsche" Auflösung haben.

Noch ein Hinweis: Es ist nicht ratsam, ein Video mit einer geringen Auflösung in den Videostandard für eine DVD zu umzuwandeln, da hierdurch die Bildqualität nicht besser wird. Bei niedrigen Videoauflösungen erstellen Sie lieber eine Video-CD.

Grundparameter für die Videokonvertierung einstellen

1 Nachdem Sie die umzuwandelnde Filmdatei in TMPGEnc geladen haben, klicken Sie unten rechts auf *Load*, um die Grundparameter für die folgende Videokonvertierung festzulegen.

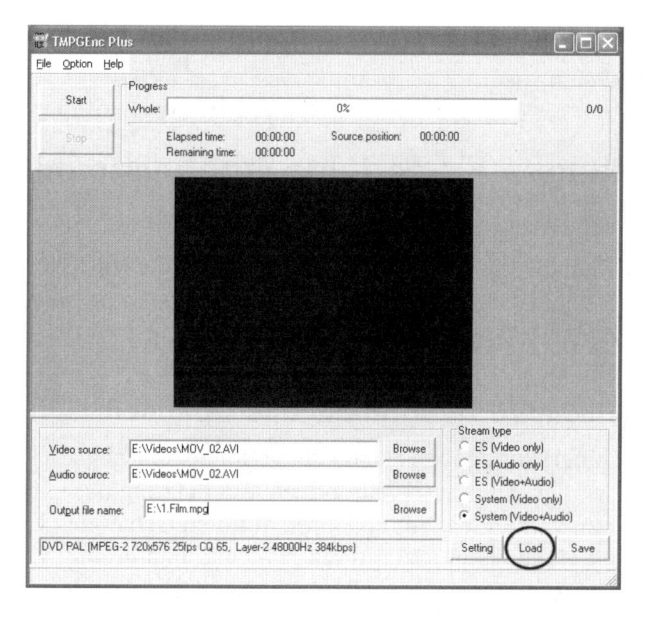

Beste Bild- und Tonqualität bei der Umwandlung erzielen

2 TMPGEnc bietet im Ordner *Template* (ein Unterordner des Hauptpfads von TMPGEnc) einige Vorlagen, die die wichtigsten Parameter für die zu erstellende Videoscheibe bezüglich der Filmumwandlung automatisch vornehmen. Im auftauchenden Fenster markieren Sie die Vorlage, die der zu brennenden Videodisk entspricht, damit der Film mit TMPEnc in den dafür notwendigen Standard konvertiert wird. Wichtig: Beachten Sie dabei unbedingt, dass Sie jeweils die PAL-Variante auswählen – die in Europa am meisten vorkommende Fernsehnorm!

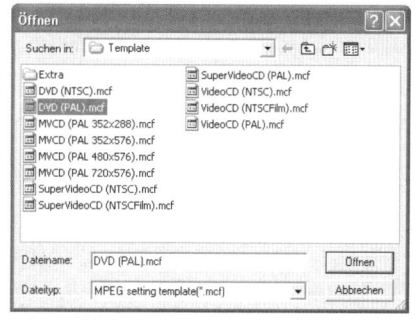

3 Als Nächstes entscheiden Sie im Hauptfenster von TMPGEnc unten rechts unter *Stream type*, in welcher Form das Endresultat vorliegen soll. In der Regel wählen Sie *System (Video+Audio)*, damit der konvertierte Film (sowohl die Video- als auch die Audiospur) in *einer* MPEG-Datei abgespeichert wird. Über den Eintrag *ES (Video+Audio)* haben Sie beispielsweise die Möglichkeit, die Audio- und Videospur des umgewandelten Filmmaterials jeweils in einer separaten Datei auf der Festplatte abzulegen und dadurch die beiden Spuren getrennt voneinander zu bearbeiten. Über *ES (Video only)* bzw. *ES (Audio only)* erzeugen Sie eine dem eingestellten Standard entsprechende Video- oder Audiospur.

Theoretisch könnten Sie jetzt mit der Filmumwandlung beginnen. Die resultierenden Videos würden der notwendigen Norm entsprechen und ordentliche Ergebnisse bezüglich der Bildqualität haben – für ein professionelles Resultat und

6. Videos für das Brennen professionell transkodieren

perfekte Bildqualität sollten Sie vorher etwas Feintuning betreiben, da gerade hierin die Stärke von TMPGEnc liegt.

Experteneinstellungen für perfekte Ergebnisse mit TMPGEnc

Nachdem Sie über eine Vorlage die wichtigsten Parameter für die Videokonvertierung festgelegt haben, können Sie einige Optionen für ein noch besseres Ergebnis manuell verändern.

Nur für Profis empfehlenswert: Zugriff auf alle Optionen

Durch die Verwendung einer Vorlage sind manche Optionen „ausgegraut" und können nicht verändert werden. Dies geschieht, um eine Verletzung des entsprechenden Videostandards zu vermeiden. Sind Sie Profi auf dem Gebiet des Videostandards, können Sie mit einem Trick, Zugriff auf alle Optionen erlangen. Vorsicht! Sie können durch eine unbedachte Änderung, den Videostandard verletzen, sodass der konvertierte Film von NeroVision Express oder einer anderen Video-Authoring-Software entweder erneut transkodiert oder nicht erkannt wird. Aus diesem Grund sollten Sie nur Einstellungen ändern, deren Auswirkungen Sie genau kennen!

1. Klicken Sie, nachdem Sie die Vorlage für die zu erstellende Videoscheibe ausgewählt haben, im Hauptfenster unten rechts auf die Schaltfläche *Load*.

2. Im neuen Fenster ist der Ordner *Template* automatisch voreingestellt. Öffnen Sie den Unterordner *Extras* und markieren Sie den Eintrag *unlock.mcf*. Nach einem Klick auf *Öffnen* haben Sie Zugriff auf alle Optionen zur Videokonvertierung von TMPGEnc. Die durch die vorige Auswahl der entsprechenden Vorlage der zu erstellenden Videoscheibe automatisch vorgenommenen Voreinstellungen bleiben bisher noch erhalten – Sie können diese jedoch alle beliebig ändern.

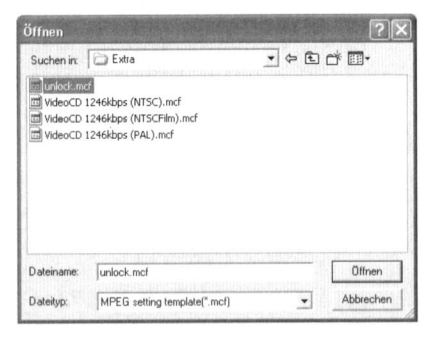

Testen Sie die Einstellungen mit einem kleinen Video!

Gerade wenn Sie viele Optionen verändern und nicht ganz sicher sind, ob alle Einstellungen dem Videostandard für die zu brennende Scheibe entsprechen, konvertieren Sie zunächst als Test ein kleines Video. Nach der Umwandlung nutzen Sie Ihr Video-Authoring-Programm und erstellen damit die Videodisk. „Meckert" das Programm nicht über einen falschen Parameter bzw. wird das Video nicht erneut transkodiert, entsprechen Ihre Einstellungen dem Videostan-

Beste Bild- und Tonqualität bei der Umwandlung erzielen

> dard. Sie können Ihre großen Videodateien mit den gleichen Änderungen konvertieren! Durch diese Vorgehensweise vermeiden Sie zeitraubende Umwandlungen von großen Videodateien, deren Ergebnis nutzlos ist, weil es nicht dem benötigten Videostandard entspricht.

Wichtige Einstellungen für brillante Bildqualität

Im Folgenden zeige ich Ihnen, wie Sie mit TMPGEnc ein hervorragendes Umwandlungsresultat bei Filmen für eine Video-DVD erzielen. Die meisten Einstellungen sind auch für die Erzeugung von Filmen für eine Video- bzw. Super-Video-CD gültig. Einige Optionen werden anschließend genauer erläutert, da die ausführliche Abhandlung die Schritt-für-Schritt-Anleitung stören würde.

1 Klicken Sie im Hauptfenster von TMPGEnc unten auf die Schaltfläche *Settings*, um die Einstellungsmöglichkeiten für die Videokonvertierung zu öffnen.

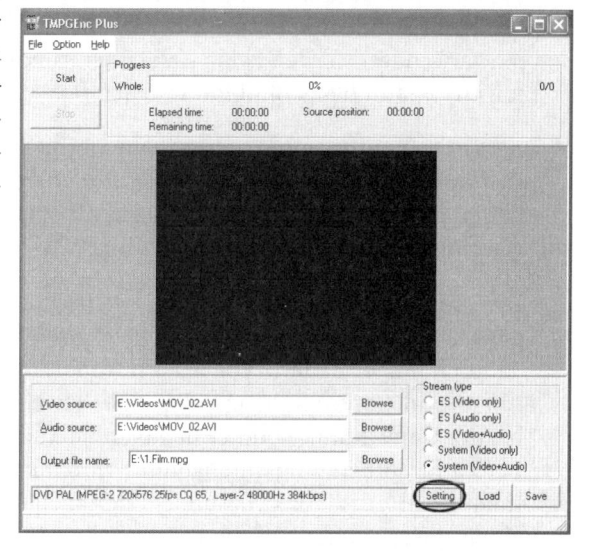

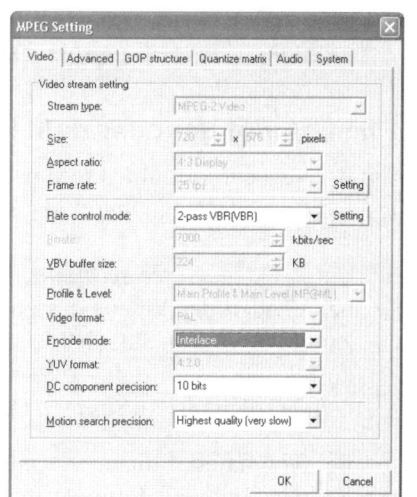

2 Auf der Registerkarte *Video* nehmen Sie entscheidend Einfluss auf die Bildqualität des umgewandelten Filmmaterials. Hinter *Rate control mode* bestimmen Sie bei der Transkodierung in das MPEG-2-Format, ob Sie eine konstante Bitrate oder eine variable Bitrate bevorzugen. Für beste Bildqualität nutzen Sie die variable Bitrate und wählen daher *2-pass VBR* aus, auch wenn die Konvertierung dadurch deutlich länger dauert. Bei dieser Einstellung wird das Filmmaterial vor der Umwandlung zunächst ausführlich analysiert, um festzustellen, an welchen Stellen eine niedrige und wann eine hohe Bitrate notwendig ist. Näheres zur variablen Bitrate erfahren Sie im Abschnitt „Variable Videobitrate professionell nutzen".

3   Hinter *Encode mode* legen Sie fest, ob der konvertierte Film im *Interlace*-Modus oder im *Non-interlace*-Modus vorliegen soll. Wählen Sie *Interlace* aus, wenn Sie das Video hauptsächlich am TV betrachten wollen. Nutzen Sie stattdessen ausschließlich den PC als Wiedergabegerät für die Videos, stellen Sie *Non-interlace* ein. Hintergrund: Mit Interlace bezeichnet man das aus der Fernsehtechnik bekannte Halbbildverfahren, bei dem im Wechsel jeweils nur die ungeraden (1,3,5 ...) bzw. geraden (2,4,6 ...) Zeilen aufeinander folgender Vollbilder (= Halbbilder) übertragen werden. Diese Vorgehensweise wird auch Zeilensprungverfahren genannt. Durch das lange Nachleuchten des Fernsehschirms nimmt man die aufeinander folgenden Halbbilder als Vollbild wahr. Bei Non-interlace (wird bei der Grafikausgabe moderner PC-Systeme verwendet) werden keine Halbbilder, sondern (komplette) Vollbilder übertragen, wodurch das Bildflimmern deutlich reduziert wird.

4   Als *DC component precision* wählen Sie für höchste Bildqualität *10 bits* aus. Dadurch wird die Auflösung des DC-Koeffizienten bei der Transkodierung in den MPEG-Standard erhöht. Näheres hierzu erfahren Sie im Abschnitt „Was geschieht bei der Videokomprimierung".

5   Den Eintrag *Motion search precision* (= Präzision beim Suchen von Bewegungsabläufen) setzen Sie auf *Highest quality*, auch wenn die Konvertierung dadurch länger dauert. Vor der Umwandlung wird jede Filmszene auf ihren Ablauf hin kontrolliert, um einzelne Bewegungen genau festzustellen und bei der Umwandlung berücksichtigen zu können. Je exakter und feiner diese Bewegungserkennung durchgeführt wird, desto besser ist die Bildqualität des transkodierten Videos (besonders bei Szenen mit viel Action). Besitzen Sie einen etwas älteren, leistungsschwachen PC mit einer CPU kleiner als 1,5 GHz, ist es sinnvoll, statt *Highest quality* den Eintrag *Normal* auszuwählen, damit der Umwandlungsprozess nicht allzu lange dauert.

Filmmaterial genauer definieren und Bildgröße konfigurieren

Auf der Registerkarte *Advanced* nehmen Sie weitere Einstellungen für ein perfektes Bild des umgewandelten Videos vor:

1   Unter *Video source setting* sollten Sie zunächst kontrollieren, ob TMPGEnc beim Laden des Videos dessen genaue Eigenschaften automatisch richtig erkannt hat: Prüfen Sie, ob TMPGEnc den Videomodus hinter *Video source type* korrekt eingestellt hat – dies ist meistens der Fall. Haben Sie das Video mit dem PC digitalisiert, sollte in der Regel *Interlace* eingestellt sein.

2   Bei Filmmaterial im Interlace-Modus legen Sie darunter die *Field order* fest. Interlace-Videos können zwei Arten der „Halbbilder-Reihenfolge" besitzen – *Top field first (field A)* oder *Bottom field first (field B)*. Entweder erscheint

Beste Bild- und Tonqualität bei der Umwandlung erzielen

das Halbbild mit der Bildschirmzeile „1" zuerst (*Top field first*) oder die Halbbilder sind vertauscht, sodass das zweite Halbbild mit der Bildschirmzeile „2" zeitlich vor dem ersten kommt (*Bottom field first*) – beispielsweise bei DV-Material. Die automatische Erkennung durch TMPGEnc funktioniert bei diesem Punkt ebenfalls sehr gut, sodass Sie die Einstellung nicht ändern sollten.

3 Hinter *Source aspect ratio* legen Sie das Seitenverhältnis des umzuwandelnden Films fest. Die korrekte Einstellung entnehmen Sie bitte der Tabelle am Ende der Schritt-für-Schritt-Anleitung. Meistens stimmt die automatisch durch TMPGEnc vorgenommene Einstellung und muss nicht geändert werden.

4 Eine ganz entscheidende Option verbirgt sich hinter *Video arrange Method*. Hierüber bestimmen Sie, die Bildgröße des fertig umgewandelten Films. Soll das Bild des konvertierten Films maximiert werden, ohne das jeweilige Seitenverhältnis zu verändern – was zu Verzerrungen führen würde – wählen Sie die Option *Full screen (keep aspect ration)*. In der Regel ist diese Einstellung für alle Videos die optimale.

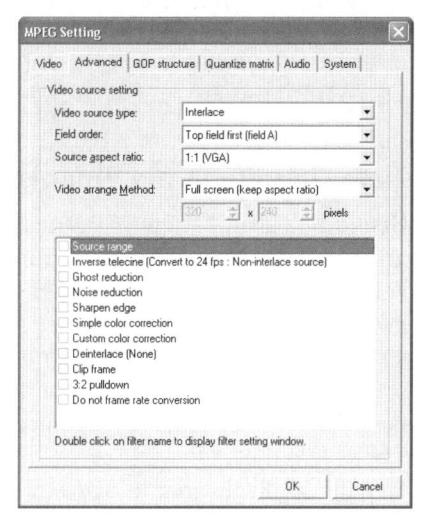

5 Im weißen Fenster darunter können Sie zusätzliche Bildbearbeitungswerkzeuge von TMPGEnc aktivieren, um die Bildqualität weiter zu steigern. Die wichtigsten davon und ihre Bedienung stelle ich Ihnen im Abschnitt „TMPGEnc-Bildwerkzeuge richtig verwenden" vor. Das entsprechende Werkzeug aktivieren Sie, indem Sie vor den entsprechenden Eintrag ein Häkchen setzen. Zu den Einstelloptionen des jeweiligen Bildbearbeitungswerkzeugs gelangen Sie per Doppelklick auf den entsprechenden Eintrag.

Source aspect ratio	Einstellung für ...
1:1 (VGA)	Videos aus dem Internet mit „ungewöhnlichen" Auflösungen, beispielsweise 640 x 480 oder 320 x 240
4:3 525line (NTSC)	Videos in der NTSC-Fernsehnorm mit einer Auflösung von 352 x 240, 704 x 480 oder 720 x 480
4:3 525line (NTSC, 704 x 480)	DV-Videos und digitalisierte Videos in der NTSC-Fernsehnorm mit einer Auflösung von 352 x 240, 704 x 480 oder 720 x 480
4:3 625line (PAL)	Videos in der PAL-Fernsehnorm mit einer Auflösung von 352 x 288, 704 x 576 oder 720 x 576
4:3 625line (PAL, 704 x 576)	DV-Videos und digitalisierte Videos in der PAL-Fernsehnorm mit einer Auflösung von 352 x 288, 704 x 576 oder 720 x 576

6. Videos für das Brennen professionell transkodieren

Source aspect ratio	Einstellung für ...
16:9 525line (NTSC)	Widescreen-Videos (Breitwandfilme) in der NTSC-Fernsehnorm mit einer Auflösung von 352 x 240, 704 x 480 oder 720 x 480
16:9 625line (PAL)	Widescreen-Videos (Breitwandfilme) in der PAL-Fernsehnorm mit einer Auflösung von 352 x 288, 704 x 576 oder 720 x 576
4:3 Display	Videos mit einem Seitenverhältnis von 4:3
16:9 Display	Breitwandvideos mit einem Seitenverhältnis von 16:9
2.11:1 Display	Videos mit dem ungewöhnlichen Seitenverhältnis von 2.11:1

Tiefe Eingriffe in die Videokomprimierung

Über die Registerkarten *GOP structure* und *Quantize matrix* nehmen Sie tiefe Eingriffe in die Art der Videokomprimierung vor. Sie sollten sich gut auskennen und keine unbekannten Parameter ändern. Das führt in der Regel zu einer Verletzung des Videostandards, weshalb der auf diese Weise komprimierte Film für die Erstellung einer normgerechten Videoscheibe nicht zu gebrauchen ist. Für das Verständnis der folgenden Optionen ist es erforderlich, dass Sie den Abschnitt „Was geschieht bei der Videokomprimierung" (Seite 235) lesen.

1 Auf der Registerkarte *GOP structure* nehmen Sie genaue Einstellungen für die GOP-Struktur vor. GOP steht für **G**roup **o**f **P**ictures und bezeichnet eine Gruppe von Einzelbildern innerhalb des MPEG-Videos. Bei einem Film für die DVD dürfen maximal 15 Einzelbilder zu einer Gruppe vereinigt werden, bei einer Video-CD nur 12. TMPGEnc erlaubt Ihnen, wenn Sie über die Vorlage *Unlock.mcf* die Sperren der vorher gewählten Videovorlage aufgehoben haben, die Anzahl der einzelnen Bilder (I-Picture, P-Picture oder B-Picture) innerhalb einer Group of Pictures selbst zu definieren.

2 Besitzt die umzuwandelnde Filmdatei viele und abrupte Szenenwechsel, sollten Sie unbedingt die Option *Detect Scene change* aktivieren, damit die schnellen Wechsel bei der Konvertierung stärker berücksichtigt werden und im fertig umgewandelten Film optimal ablaufen.

3 Für absolute Videoprofis ist die Option *Force picture type setting* sehr interessant: Hierüber können Sie für jedes einzelne Bild des Videos festlegen, ob es als I-, P- oder B-Picture bei der Konvertierung dienen soll. Dies ist besonders bei Videoabschnitten mit schnellen Bewegungen durchaus sinnvoll, um eine

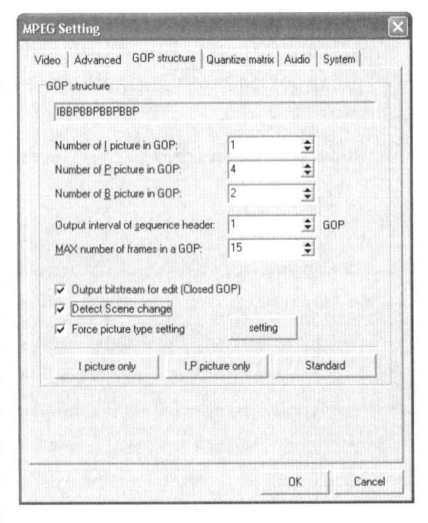

Beste Bild- und Tonqualität bei der Umwandlung erzielen

perfekte Bildqualität zu erzielen. Nach der Aktivierung der Option legen Sie die genauen Einstellungen mit einem Klick auf die Schaltfläche *setting* fest.

4 Im neuen Fenster navigieren Sie mithilfe des Schiebereglers zunächst zu der actionreichen Szene. Mit einem Rechtsklick auf das entsprechende Einzelbild des Videos bestimmen Sie über das erscheinende Menü, ob das Bild als I-, P- oder B-Picture dienen soll. Über den Menübefehl *New group* legen Sie eine neue GOP an. Die von Ihnen manuell festgelegten „Bildhierarchien" werden im linken weißen Fenster aufgelistet.

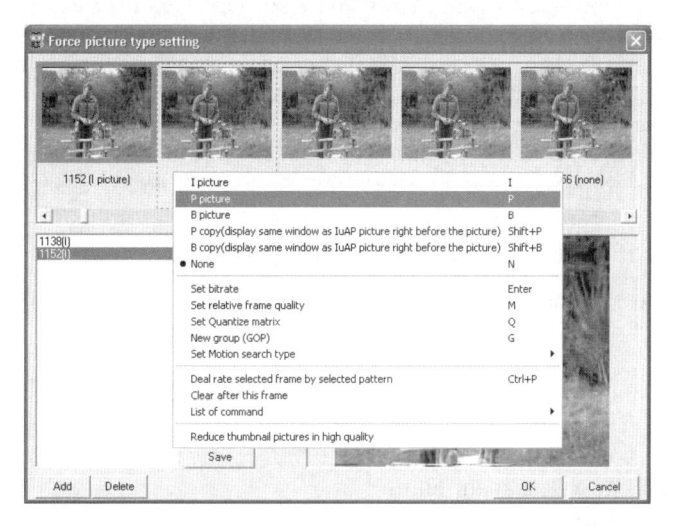

5 Wechseln Sie auf die Registerkarte *Quantize matrix*. Dort finden Sie die Werte der Quantisierungsmatrix für I- und P- bzw. B-Bilder. Sie können die Werte ändern und beispielsweise über die rechte Matrix eine wesentlich stärkere Kompression erzielen, worunter natürlich die Bildqualität erheblich leidet. Für ein optimales Verhältnis von Kompression und Bildqualität lassen Sie die Voreinstellung unverändert. Wollen Sie dagegen Filmmaterial mit Computeranimationen transkodieren, wählen Sie unter der Quantisierungsmatrix statt *Default* den Eintrag *CG/Animation* aus.

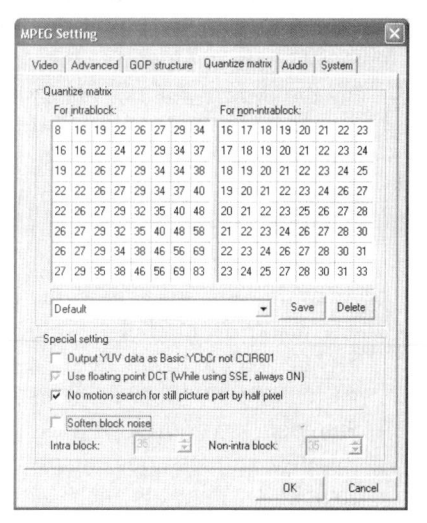

6. Videos für das Brennen professionell transkodieren

Geringeres Bildrauschen bei einer Video-CD erzielen

Unter *Special setting* gibt es auf der Registerkarte *Quantize matrix* für die Erzeugung von Videos für eine Video-CD mit guter Bildqualität eine wichtige Option: Aufgrund der niedrigen Bitrate bei einer Video-CD leidet die Bildqualität etwas – es tritt beispielsweise starkes Bildrauschen auf. Bei einer Super-Video-CD bzw. Video-DVD würden Sie dies durch eine Erhöhung der Bitrate beseitigen, was bei der Video-CD nicht möglich ist. Aktivieren Sie daher für die Konvertierung von Filmmaterial für eine Video-CD die Option *Soften block noise*, um das Bildrauschen zu verringern – Voraussetzung: Sie besitzen einen PC mit mindestens 1,5 GHz, sonst kann der Umwandlungsprozess eine Ewigkeit dauern. Den Wert hinter *Intra Block* und *Non-intra block* dürfen Sie maximal auf *100* setzen. Bei dieser Maximaleinstellung erhalten Sie ein sehr geringes Bildrauschen, allerdings kann das Bild dadurch verschwommen (unscharf) werden – am besten sind Sie in der Regel im mittleren Bereich (ca. 50) aufgehoben. Bevor Sie ein größeres Video mit der vorgenommenen Einstellung konvertieren, testen Sie sie an einem kleinen Film. Sollte das Ergebnis nicht optimal sein, erhöhen bzw. reduzieren Sie den Wert.

Sparen Sie wertvollen Platz bei der Audiospur

1. Öffnen Sie zum Abschluss die Registerkarte *Audio*, um genaue Einstellungen bezüglich der Audiokonvertierung des Videos vorzunehmen.

2. Bei vielen Videos können Sie durch eine geschickte Konfiguration der Audiokompression ohne hörbaren Klangverlust einiges an Platz sparen, sodass mehr Filmmaterial auf den Rohling passt. Wählen Sie dafür zunächst hinter *Channel mode* den Eintrag *Joint-stereo* aus und setzen Sie die *Bitrate* auf *192 kbits/sec*, was in der Regel vollkommen ausreichend ist. Bei Filmmaterial für eine Super-Video-CD setzen Sie den Wert noch weiter herunter auf *128 kbits/sec*, um noch mehr Speicherplatz zu gewinnen. Durch die Auswahl *Joint-stereo* gewinnen Sie Speicherplatz, da hierbei sowohl der linke als auch rechte Kanal zusammen die eingestellte Bitrate über die meiste Zeit exakt unter sich aufteilen, ohne dass der Stereoeffekt verloren geht. Nur bei besonderen Stereoeffekten erhöht sich die Bitrate zugunsten des entsprechenden Kanals. Bei der Auswahl *Stereo* würde sowohl der linke als auch der rechte Audiokanal die eingestellte Bitrate über die gesamte Videodauer für sich beanspruchen, weshalb ungefähr doppelt so viel Speicherplatz für die Audioinformationen benötigt würde. Vorsicht! *Joint-stereo* dürfen Sie nur bei Videos einsetzen, die nicht über Surround-Sound verfügen – sonst würden diese Informationen verloren gehen.

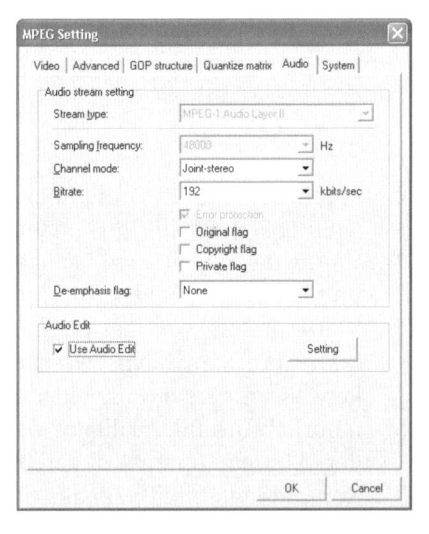

Beste Bild- und Tonqualität bei der Umwandlung erzielen

3 Unter *Audio Edit* können Sie über die Aktivierung des Eintrags *Use Audio Edit* die Audiospur des Videos bearbeiten. Das Bearbeitungsfenster rufen Sie mit einem Klick auf die Schaltfläche *Setting* auf.

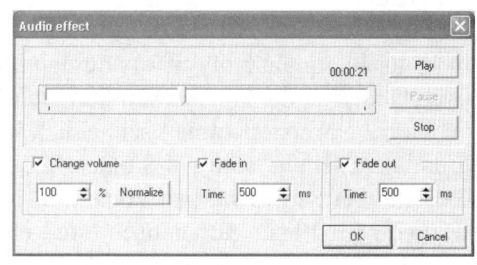

4 Im neuen Fenster ist es möglich, die Audiosignale zu normalisieren (auf die größtmögliche Lautstärke anzuheben), die Tonspur zu Beginn über *Fade in* leise einblenden und am Ende über *Fade out* leise ausblenden zu lassen. Dies ist besonders für Filmsequenzen interessant, die aus einem größeren Film herausgeschnitten wurden und daher abrupt beginnen und enden.

Transkodierung starten

Nachdem Sie alle Konvertierungseinstellungen vorgenommen haben, verlassen Sie das Fenster *MPEG Setting* mit einem Klick auf *OK*. Die Umwandlung des Filmmaterials in den entsprechenden Videostandard starten Sie im Hauptfenster über die Schaltfläche *Start*. Über den Fortschritt des Konvertierungsprozesses hält Sie TMPGEnc stets auf dem Laufenden.

Tipp: Für möglichst viel freie Rechenpower zur Transkodierung schließen Sie vorher unbedingt den permanenten Virenwächte. Er verschlingt – je nach Software – einiges an CPU-Power, die für eine möglichst schnelle Videokonvertierung fehlt.

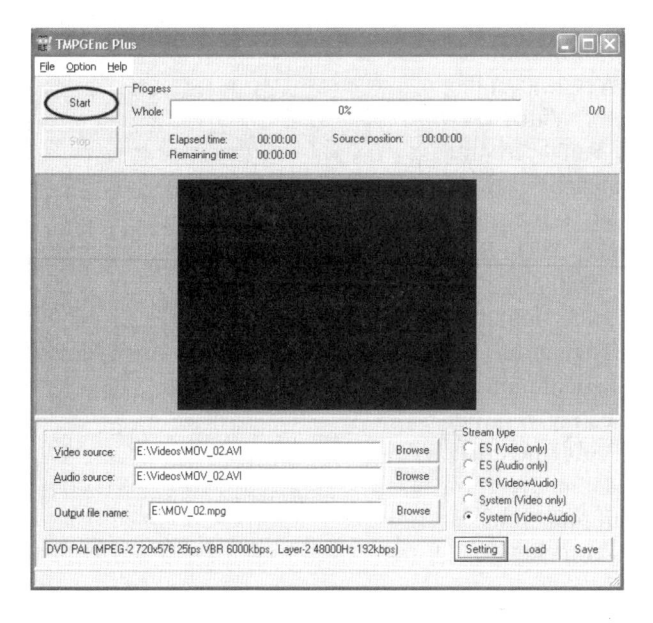

6. Videos für das Brennen professionell transkodieren

> *Verlegen Sie die Videokonvertierung in die Nacht!*

Die Videokonvertierung dauert je nach Leistung Ihres PCs bzw. dem Feintuning der Konvertierungseinstellungen unterschiedlich lange. Es kann durchaus sein, dass selbst ein moderner, leistungsfähiger Rechner für die Umwandlung eines 2-stündigen Films in bester Bildqualität bis zu 10 Stunden und mehr benötigt. Aus diesem Grund ist es stets ratsam, die Filmumwandlung in die Nachtstunden zu verlegen, damit der PC in Ruhe arbeiten kann – schließlich kann die Konvertierung nicht im Hintergrund geschehen, während Sie den Rechner für andere Arbeiten nutzen, da die CPU hierbei Schwerstarbeit zu leisten hat. Wollen Sie mehrere kleinere Filme während der Nacht automatisch hintereinander umwandeln lassen, besitzen Sie mit TMPGEnc das optimale Tool. Näheres dazu erfahren Sie auf Seite 237.

Variable Videobitrate professionell nutzen

Im Gegensatz zum MPEG-1-Standard haben Sie bei der Umwandlung von Filmmaterial in den MPEG-2-Standard (für Super-Video-CDs bzw. Video-DVDs benötigt) die Möglichkeit, eine konstante oder eine variable Videobitrate zu nutzen. Welches Verfahren ist besser? Der optimale Einsatz der Videobitrate und ihrer Parameter entscheidet über die Bildqualität des konvertierten Films ...

Konstante Bitrate braucht unnötig mehr Speicherplatz!

1. Wollen Sie für die Umwandlung von Filmmaterial eine konstante Bitrate nutzen, wählen Sie bei TMPGEnc auf der Registerkarte *Video* hinter *Rate control mode* den Eintrag *Constant bitrate (CBR)* aus.

2. Darunter stellen Sie die gewünschte konstante Bitrate ein. Bei einer Super-Video-CD darf sie den Wert 2.600 nicht überschreiten – bei einer Video-DVD sind dagegen maximal 8.000 erlaubt. Wollen Sie auf Nummer sicher gehen, ziehen Sie von beiden Werten ca. 200 KBit/s ab. Manche externen DVD-Player haben Schwierigkeiten, Scheiben mit der maximalen Videobitrate fehlerfrei abzuspielen: Der Film fängt an zu ruckeln, weil die große Videodatenmenge vom Gerät nicht schnell genug verarbeitet werden kann. Keine Probleme dürfte es geben, wenn Sie als Maximalwert für eine Super-Video-CD ca. *2400* und für eine Video-DVD ca. *7800* eingeben.

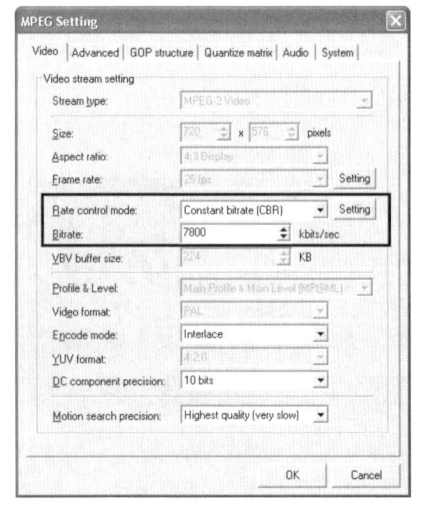

Sie sollten die konstante Videobitrate für Super-Video-CD bzw. Video-DVD nicht benutzen – es wäre Platzverschwendung, da die eingestellte (maximale) Bitrate nicht bei jeder Filmszene benötigt wird! Bei ruhigen Sequenzen sinkt die eigentliche (für die Bilddarstellung benötigte) Videobitrate ab. Da aber eine konstante Bitrate über den gesamten Film hin gewährleistet werden muss und zu wenig Bildinformationen vorhanden sind, um die eingestellte Bitrate zu erreichen, werden in den zu kleinen Datenstrom so genannte Paddingpakete eingefügt. Mithilfe dieser Paddingpakete wird die zu geringe Bitrate „aufgefüllt", bis die eingestellte Videobitrate auch in ruhigen Szenen erreicht wird. Die Paddingpakete enthalten keinerlei Informationen, sondern dienen nur zur Aufrechterhaltung der konstanten Bitrate bei ruhigen Filmabschnitten. Aus diesem Grund kann die konstante Bitrate bei Filmmaterial für Super-Video-CD bzw. Video-DVD als Platzverschwender angesehen werden und sollte vermieden werden!

Nutzlose Informationen vergeuden wertvollen Speicherplatz!

Der Trick mit der variablen Bitrate

Die Videodatenrate von MPEG-2-Videos kann flexibel gehandhabt werden – man spricht von einer variablen Bitrate. Sie gewährleistet unter anderem eine hohe Bildqualität bei Filmsequenzen mit viel Action. Anstelle eines konstanten Datenstroms wie bei einer Video-CD passt sich die Videobitrate eines Films im MPEG-2-Format mit variabler Bitrate der entsprechenden Situation an: Bei einer actionreichen Filmszene (beispielsweise viele Explosionen bzw. schnelle Bewegungen) steigt die Bitrate eventuell bis zum zulässigen Maximalwert an, um für beste Bildqualität zu sorgen. Die dafür notwendigen zusätzlichen Bits werden bei ruhigen, bewegungsarmen Szenen (beispielsweise einer Landschaftsaufnahme) wieder eingespart. Durch diese Vorgehensweise steht mehr Speicherplatz auf dem Datenträger zur Verfügung.

1   Auf der Registerkarte *Video* wählen Sie für die beste Bildqualität bei variabler Videobitrate hinter *Rate control mode* den Eintrag *2-pass VBR* aus und klicken für die genauen Einstellungen auf *Setting*. Beachten Sie: TMPGEnc bietet mehrere Modi für die variable Bitrate an, wobei *2-pass VBR* die besten Ergebnisse erzielt.

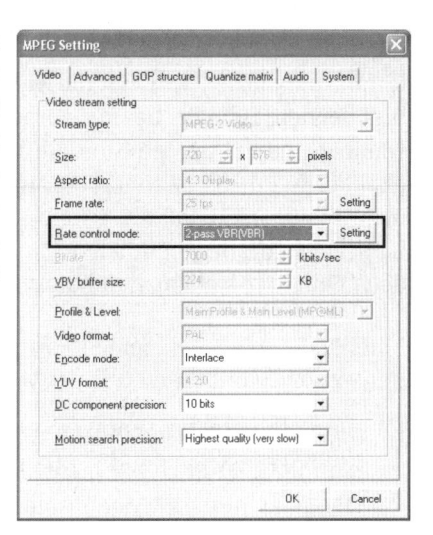

6. Videos für das Brennen professionell transkodieren

2. Im neuen Fenster geben Sie bei Filmmaterial für eine Video-DVD als *Maximum bitrate* den Wert *7800* (Maximalwert 8.000) ein und setzen die *Minimum bitrate* auf *1500*. Für eine Super-Video-CD stellen Sie als maximale Bitrate dagegen *2400* (Maximalwert 2.600) und als minimale Bitrate *1500* ein. Als minimale Bitrate sollten Sie weder bei der Video-DVD noch bei der Super-Video-CD Werte unter 1.500 eingeben, da Sie sonst den MPEG-2-Standard verletzen würden. Ziehen Sie generell ca. 200 KBit/s von dem maximalen Wert ab, damit Sie auf der sicheren Seite sind. Manche externen DVD-Player können die maximal zulässigen Bitraten nicht schnell genug verarbeiten, sodass der Film anfängt zu ruckeln. Außerdem müssen Sie darauf achten, dass Videobitrate und Audiobitrate je nach Format zusammen nicht die maximal zulässige Datenbitrate der zu brennenden Scheibe überschreiten.

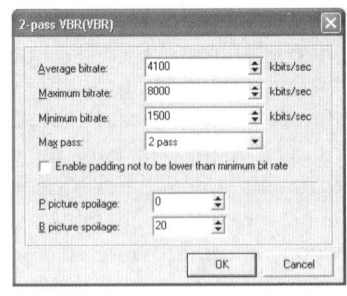

3. Den Wert der mittleren Bitrate berechnen Sie anhand der folgenden Ausführungen und tragen ihn hinter *Average bitrate* ein.

4. Kontrollieren Sie abschließend, ob die Option *Enable padding not to be lower stan minimum bit rate* ausgeschaltet ist, schließlich sind Paddingpakete zum Auffüllen der minimalen Bitrate Platzverschwendung und werden nicht benötigt! Die übrigen Optionen lassen Sie gemäß der Voreinstellung. Schließen Sie das Fenster mit *OK* – die variable Bitrate haben Sie optimal konfiguriert, sodass Ihr Filmmaterial in bester Qualität vollständig auf die zu brennende Videoscheibe passt.

Optimalen Wert für die mittlere Bitrate berechnen

Bevor Sie die variable Bitrate unter TMPGEnc für die beste Bildqualität vollständig konfigurieren, müssen Sie den optimalen Mittelwert berechnen. Der minimale und maximale Wert für die variable Bitrate ist durch die Definition der zu brennenden Scheibe bereits vorgegeben. Die mittlere Bitrate ist dagegen frei wählbar und hat den größten Einfluss auf den Speicherplatzbedarf und die Bildqualität. Wird die mittlere Bitrate auf einen niedrigen Wert eingestellt, passt mehr Filmmaterial auf die Scheibe – bei einem höheren Wert ist das Bild deutlich besser. Es gilt, den optimalen Mittelwert zu berechnen, bei dem der umgewandelte Film in bester Qualität komplett auf den Rohling passt.

Mithilfe der folgenden beiden Formeln berechnen Sie den optimalen Wert schnell und exakt sowohl für eine Super-Video-CD als auch für eine Video-DVD:

- Gesamtbitrate des Films = $(x*8*1024)/(60*y)$; x = Speicherkapazität des Rohlings in MByte und y = Länge des Videos in Minuten.

- Optimale mittlere Videobitrate = Gesamtbitrate des Films - Bitrate der Audiospur.

Nehmen wir einmal an, Sie wollen einen 95-minütigen Film (bzw. mehrere Videos mit dieser Gesamtlänge) auf einen DVD-Rohling brennen. In diesem Fall berechnet sich die Gesamtbitrate des Films folgendermaßen: (4480*8*1024)/(60*95) = 6.439 KBit/s. Von diesem Ergebnis müssen Sie jetzt noch die Bitrate für die Audiospur, die Sie auf der Registerkarte *Audio* eingestellt haben, abziehen (beispielsweise 192 KBit/s im Format *Joint-stereo*) und erhalten als mittlere optimale Videobitrate = 6.247 KBit/s. Denken Sie bitte daran, dass Sie bei der Auswahl *Stereo* im Gegensatz zu *Joint-stereo* die Audiobitrate vorher verdoppeln müssen. Tipp: Damit der Film nach dem langwierigen Konvertierungsprozess wirklich komplett auf die Scheibe passt, sollten Sie aus Sicherheitsgründen stets ca. 200-300 KBit/s von dem errechneten Wert abziehen, um etwas Spielraum zu haben ...

Rohling	Speicherkapazität für Videos (x)
74-Minuten-CD-Rohling	738 MByte
80-Minuten-CD-Rohling	797 MByte
99-Minuten-CD-Rohling	987 MByte
DVD-Rohling (4,7 GByte)	4.480 MByte

Warum ist die Speicherkapazität für Videos größer als angegeben?

Sie werden sich darüber wundern, warum die Kapazitätsangaben in der rechten Spalte der Tabelle höher sind als die Kapazitätsangaben auf der Rohlingverpackung. Dies kommt daher, dass sich die Kapazitätsangaben des Rohlings auf der Verpackung auf die Verwendung des Mediums als Daten-CD/DVD beziehen. Bei einer Datendisk wird zusätzlich zu den eigentlichen Nutzdaten Speicherplatz für Fehlerkorrekturinformationen und Verwaltungsdaten benötigt. Bei der Kapazitätsangabe auf der Rohlingverpackung ist dieser Speicherplatzbedarf bereits von der maximalen Kapazität abgezogen. Bei einer Super-Video-CD bzw. Video-DVD fallen die Fehlerkorrektur- bzw. Verwaltungsinformationen wesentlich geringer aus als bei einer Datendisk, weshalb sich die Speicherkapazität für Filmmaterial im Vergleich zur Kapazitätsangabe auf dem Rohling etwas erhöht. Der scheinbar geringere Speicherplatz bei einer Video-DVD liegt darin begründet, dass die Kapazitätsangabe auf der Rohlingverpackung (4,7 GByte) nicht der Realität entspricht – auf eine DVD-Scheibe passen bei Verwendung als Datendisk maximal ca. 4,3 GByte. Wird der Rohling als Videoträger verwendet, dürfen Sie bis zu 4,48 GByte Filmmaterial darauf brennen.

Automatic VBR-Modus von TMPGEnc

Neben der Auswahl *2-pass VBR*, die die beste Bildqualität bringt, bietet TMPGEnc einen weiteren Modus für die variable Bitrate an, der gerade für Einsteiger bzw. Halbprofis sehr interessant ist: *Automatic VBR*. Der Vorteil hierbei: Die Filmkonvertierung verläuft doppelt so schnell, wie im 2-pass VBR-Modus und ist daher auch für etwas ältere Rechner mit einer CPU zwischen 1-1,5 GHz empfehlenswert.

6. Videos für das Brennen professionell transkodieren

1 Auf der Registerkarte *Video* wählen Sie hinter *Rate control mode* den Eintrag *Automatic VBR* aus und klicken auf die Schaltfläche *Setting*, um genauere Einstellungen vorzunehmen.

2 Als *Maximum bitrate* setzen Sie für eine Video-DVD einen Wert zwischen 5.000 und 6.000 ein. Bei einer Super-Video-CD tippen Sie *2200* ein. Die *Minimum bitrate* stellen Sie auf *1500* sowohl für Super-Video-CD als auch für Video-DVD ein. Setzen Sie auf keinen Fall die *Maximum bitrate* auf die zulässigen Maximalwerte für eine Video-DVD bzw. Super-Video-CD – dies kann zu sehr großen Videodateien führen, die nicht mehr auf die zu brennende Scheibe passen.

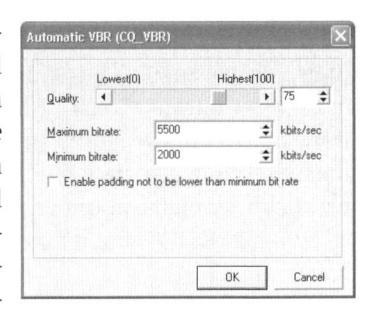

3 Mithilfe des Schiebereglers hinter *Quality* bestimmen Sie die Komprimierung der einzelnen P- und B-Bilder, was entscheidend für die Bildqualität des umzuwandelnden Filmmaterials ist. In der Regel erzielen Sie eine gute Qualität, wenn Sie den Schieberegler zwischen 65 und 80 positionieren. Es kann sein, dass der konvertierte Film zu groß geworden ist und nicht auf den verwendeten Rohling passt, da der Automatic VBR-Modus unpräziser als der 2-pass VBR-Modus arbeitet. In diesem Fall teilen Sie die entstandene MPEG-Videodatei in kleinere Stücke, die Sie auf mehrere Rohlinge brennen.

4 Bevor Sie das Fenster verlassen, kontrollieren Sie, ob die Option *Enable padding not to be lower than minimum bit rate* ausgeschaltet ist, um das Einfügen von Paddingpaketen zum Auffüllen einer zu niedrigen Bitrate zu verhindern. Paddingpakete zur Erhöhung der Minimum-Bitrate würde nur unnötig wertvollen Speicherplatz verschlingen!

Nachteile der variablen Bitrate

Bei allen Vorteilen der variablen Bitrate sollten Sie nicht vergessen: Die nachträgliche Konvertierung von Filmmaterial in das für eine Video-DVD notwendige MPEG-2-Format dauert besonders bei der Verwendung der variablen Bitrate im 2-pass VBR-Verfahren von TMPGEnc sehr lange, da die Umwandlung in zwei Stationen zerfällt. Zuerst wird das komplette Video analysiert – es findet eine so genannte Szenenerkennung statt, die für die spätere Konvertierung notwendig ist. Durch diese Voruntersuchung wird festgestellt, welche Filmabschnitte actionreich sind und eine höhere Bitrate benötigen und an welcher Stelle Bits eingespart werden können. Anschließend findet der Konvertierungsvorgang statt. Sie sollten daher unbedingt einen modernen, leistungsfähigen Rechner mit mindestens 1,5- bis 2-GHz-CPU besitzen, sonst dauert die Filmumwandlung sehr lange (bei Videos in Spielfilmlänge und schwachem PC bis zu 10 Stunden). Die direkte Aufzeichnung von Videos im MPEG-2-Format mit variabler Bitrate ist (zurzeit) nicht möglich; dies kann nur mit einer konstanten Bitrate geschehen.

TMPGEnc-Bildwerkzeuge richtig verwenden

Auf der Registerkarte *Advanced* bietet TMPGEnc eine Vielzahl von Werkzeugen an, mit denen Sie den Film bearbeiten können: Entfernen Sie beispielsweise Störränder, die durch eine schlechte Videokassette hervorgerufen wurden, schneiden Sie ungewünschte Szenen aus dem Video heraus oder optimieren Sie die Bildqualität mithilfe eines Rauschfilters. Im Folgenden zeige ich Ihnen einige der interessantesten Bearbeitungsmöglichkeiten von TMPGEnc.

Wollen Sie ein Werkzeug aktivieren, setzen Sie ein Häkchen vor den entsprechenden Eintrag. Mit einem Doppelklick darauf nehmen Sie genauere Einstellungen vor.

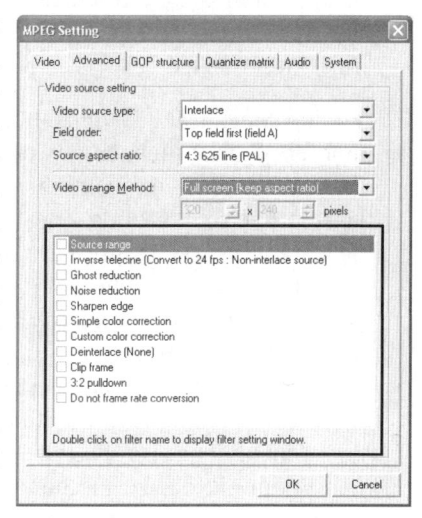

Filmmaterial vor der Umwandlung zurechtschneiden

Wollen Sie den Anfang bzw. das Ende des zu konvertierenden Videos beschneiden oder eine Filmszene komplett entfernen (beispielsweise Werbung), aktivieren Sie den Eintrag *Source range*. Durch das Löschen von Filmmaterial wird das Video verkleinert, wodurch die Umwandlung schneller fertig ist. Aus diesem Grund sollten Sie eventuelle Schneidarbeiten gleich durchführen und nicht erst beim fertig konvertierten Film.

1. Mit einem Doppelklick auf den Eintrag *Source range* öffnen Sie ein neues Fenster, indem Sie genaue Einstellungen zum Beschneiden vornehmen.

2. Zunächst schneiden Sie den Anfang bzw. das Filmende zurecht: Manövrieren Sie sich mithilfe des Schiebereglers zu der Stelle im Video, die den Startpunkt darstellen soll und betätigen Sie *Set start frame*, um ihn festzulegen. Ziehen Sie den Schieberegler anschließend an die Stelle des Films, die den Endpunkt des Videos darstellen soll und klicken Sie auf *Set end frame*.

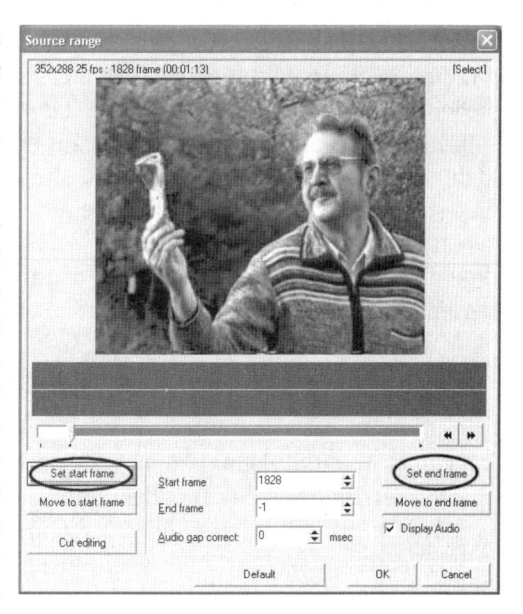

6. Videos für das Brennen professionell transkodieren

Durch die eingeblendete Tonspur unterhalb des Bildes ist es möglich, abrupte Tonschnitte zu vermeiden. Sie sollten den Film möglichst nicht an einer Stelle beginnen bzw. enden lassen, an der ein starker Audioausschlag (lauter Ton) zu sehen ist.

3   Wollen Sie zusätzlich eine bzw. mehrere Filmsequenzen aus dem gesamten Video herauslöschen – beispielsweise Werbung oder eine stark verwackelte Stelle aus Ihrem Urlaubsfilm – gehen Sie folgendermaßen vor: Markieren Sie über die Schaltfläche *Set start frame* den Anfangspunkt des zu löschenden Filmteils und mithilfe der Schaltfläche *Set end frame* den Endpunkt der zu löschenden Sequenz. Der zu entfernende Filmabschnitt wurde durch diese Vorgehensweise markiert.

4   Klicken Sie jetzt auf die Schaltfläche *Cut editing* und wählen Sie im erscheinenden Menü *Cut currently selected area*, um den markierten Filmbereich aus dem Video herauszulöschen. Wollen Sie eine weitere Filmsequenz entfernen, wiederholen Sie die Schritte 3 und 4.

Störränder von VHS-Aufnahmen beseitigen

Haben Sie Videos von alten bzw. schlechten Videokassetten digitalisiert und möchten dieses Filmmaterial jetzt mit TMPGEnc in das richtige Format für die zu erstellende Videoscheibe bringen, ist das Bildbearbeitungswerkzeug *Clip frame* sehr interessant: Die meisten Videos auf einer VHS-Kassette werden durch einen kleinen Störstreifen am unteren bzw. oberen Bildrand gestört. Dieser wird durch eine schlechte Bandqualität oder eine nicht ganz saubere Abtastung während der Wiedergabe hervorgerufen. Mit *Clip frame* können Sie diesen Störstreifen in den digitalisierten Videos beseitigen und dadurch ein ruhigeres Bild im fertig konvertierten Film erhalten.

1   Aktivieren Sie *Clip frame* und führen Sie einen Doppelklick auf dem entsprechenden Eintrag aus, um das Einstellungsfenster zu öffnen.

2   Hinter *Top* und *Bottom* können Sie durch Eingabe einer Zahl den oberen bzw. unteren Bildrand beschneiden und die nervigen Störstreifen somit beseitigen. Wie viel Sie bei Ihren Videos wegschneiden müssen, sehen Sie leicht anhand der sofort ausgeführten Auswirkungen Ihrer Schneidarbeit im Vorschaufenster.

3 Sollten auch am rechten bzw. linken Bildrand Störungen auftreten, können Sie diese ebenfalls beseitigen, indem Sie einen geeigneten Wert hinter *Left* bzw. *Right* eintragen.

4 Haben Sie zur Entfernung der Störstreifen Werte größer als 5 eingetragen, würde das ohne weitere Änderungen zu einem verzerrten Bild führen, da TMPGEnc das stark verkleinerte Video auf die maximale Größe des eingestellten Videostandards (Video-, Super-Video-CD bzw. Video-DVD) vergrößert, ohne das Seitenverhältnis zu beachten. Wurden die Ränder nur ein kleines bisschen beschnitten, fallen die dadurch entstehenden Verzerrungen nicht auf. Bei stark beschnittenen Videorändern vermeiden Sie Verzerrungen, indem Sie TMPGEnc anweisen, bei der stattfindenden Maximierung des Videos das ursprüngliche Seitenverhältnis beizubehalten. Klicken Sie dazu auf die Schaltfläche *Arrange setting*.

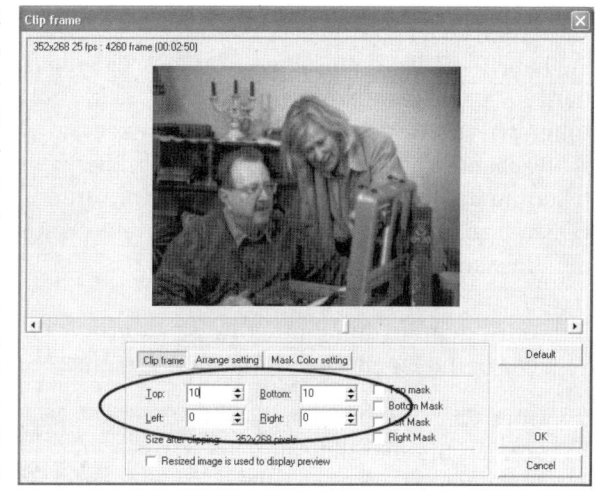

5 Im neuen Fenster wählen Sie hinter *Arrange Method* den Eintrag *Full screen (keep aspect ratio)*, um das Video ohne Verzerrungen zu maximieren – eventuell entstehen dabei kleine schwarze Balken an den beschnittenen Videorändern. Dies ist meiner Meinung nach immer noch besser als die typischen Störränder von VHS-Kassetten. Die Auswirkung der Einstellung wird gleich wirksam und im Vorschaufenster angezeigt. Sind Sie mit dem Ergebnis nicht zufrieden, wählen Sie einen anderen Eintrag hinter *Arrange Methode* aus.

Für schnelle Rechner: Bildglättung aktivieren

Sie haben relativ verrauschtes, körniges Videomaterial, das Sie für eine zu brennende Videodisk aufpolieren möchten? Kein Problem – nutzen Sie die Bildglättung von TMPGEnc! Beachten Sie: Besitzen Sie einen etwas älteren, „leistungsschwachen" PC mit einer CPU kleiner als 2 GHz, verzichten Sie lieber auf die Aktivierung der Bildglättung, da dies die Konvertierung deutlich verlängern würde. Generell sollten Sie die Bildglättung nur einschalten, wenn Sie genügend Zeit für die Videokonvertierung haben ...

1 Aktivieren Sie den Eintrag *Noise reduction* und öffnen Sie das Einstellungsfenster mit einem Doppelklick auf den entsprechenden Eintrag.

2 Über die drei Schieberegler können Sie die Bildglättung individuell anpassen. Die Wirkung der einzelnen Parameter werden am deutlichsten sichtbar, wenn Sie den Eintrag *Zoom view* aktivieren. Dadurch wird ein Videobereich stark vergrößert und lässt die Auswirkungen Ihrer Einstellungen besser erkennen. Besonders den Parameter *Still picture* sollten Sie nicht auf Maximum stellen, da dies zu verschwommenen, unscharfen Videos führt.

3 Kommt es Ihnen auf die beste Qualität an und besitzen Sie einen äußerst modernen, leistungsstarken PC, aktivieren Sie zum Abschluss die Option *High quality mode*. Dadurch erzielen Sie die beste Bildglättung, allerdings dauert die Konvertierung des Films erheblich länger, weshalb Sie mit dieser Option äußerst sparsam umgehen bzw. sie nur anwenden sollten, wenn Sie Ihren PC längere Zeit (eventuell mehrere Tage!!!) nicht benötigen ...

Farb- und Bildkorrekturen durchführen

Über die beiden Einträge *Simple color correction* und *Custom color correction* nehmen Sie verschiedene Farbkorrekturen vor: Erhöhen Sie beispielsweise den Kontrast und die Helligkeit oder entfernen Sie einen Farbstich ...

1 Zunächst sollten Sie die Farb- und Bildkorrekturen *über Simple color correction* durchführen.

Beste Bild- und Tonqualität bei der Umwandlung erzielen

Im Einstellungsfenster haben Sie die Möglichkeit, die Helligkeit (*Brightness*), den Kontrast (*Contrast*), eine *Gamma*-Korrektur und die Farbwerte für Rot und Blau zu verändern. Tipp: Über die Gamma-Korrektur lassen sich dunkle Bereiche gezielt aufhellen, ohne dass das gesamte Bild zu hell wird – probieren Sie es aus!

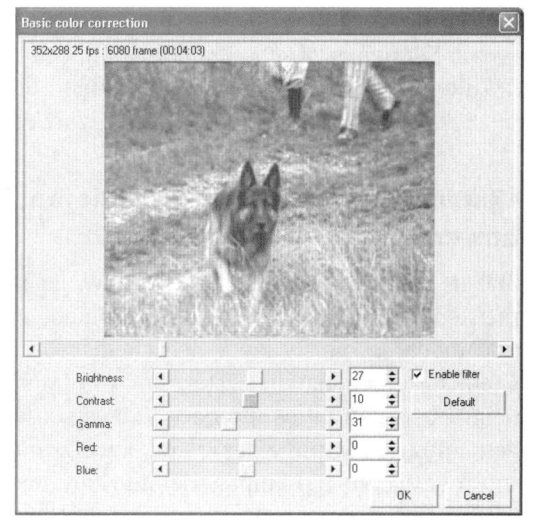

2 Sind Sie mit dem Ergebnis nicht zufrieden bzw. reichen Ihnen die Einstellungsmöglichkeiten nicht aus, schließen Sie das Fenster *Basic color correction* und versuchen das Bildbearbeitungswerkzeug *Custom color correction*. In dem entsprechenden Einstellungsfenster können Sie sich nach Lust und Laune austoben und haben eine Vielzahl von Einstellungsmöglichkeiten zur Auswahl, mit denen Sie die gewünschte Änderung am Video mit Sicherheit erreichen ...

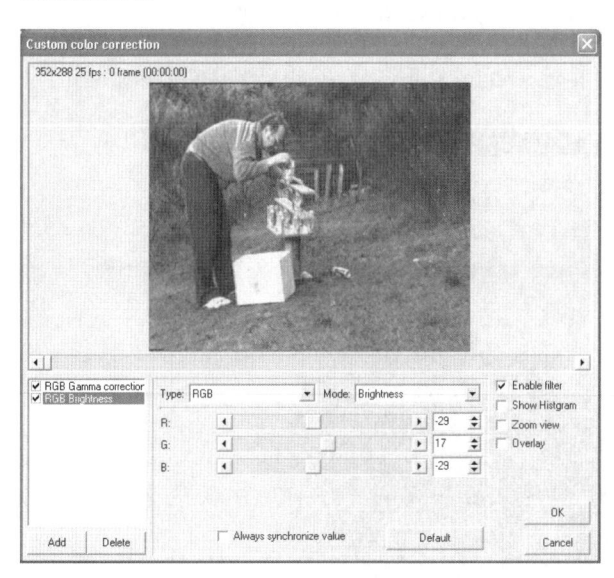

3 Nachdem Sie die Farb- und Bildkorrekturen durchgeführt haben, schließen Sie das Fenster *Custom color correction* wieder. Sind Sie mit der Schärfe des Videos nicht zufrieden, sollten Sie zusätzlich das Werkzeug *Sharpen edge* aktivieren; damit lässt sich die Schärfe des Films erhöhen. Die Auswirkungen der verschiedenen Optionen werden in der Bildvorschau sofort sichtbar.

6. Videos für das Brennen professionell transkodieren

4 Ein weiteres interessantes Werkzeug ist *Ghost reduction*: Sollten die Figuren im Filmmaterial schattenhaft verdoppelt zu sehen sein (kommt ab und zu bei alten und schlechten VHS-Kassetten vor), entfernen Sie diese geisterhaften Schatten über den Eintrag *Ghost reduction*.

Film für PC-Wiedergabe optimieren: Deinterlace-Werkzeug anwenden

Stellen Sie sich vor, Sie haben ein Video im Interlace-Modus vorliegen – was meistens der Fall ist, wenn Sie eine Videoquelle mit dem PC digitalisiert haben – und möchten die fertige Videoscheibe ausschließlich am PC wiedergeben. Die Grafikkarte schickt die Daten im Non-interlace-Modus zum Monitor, weshalb beim Abspielen eines Interlace-Videos starke Kammeffekte und andere Störungen auftreten. Mithilfe des Werkzeugs *Deinterlace* konvertieren Sie ein Video im Interlace-Modus in Filmmaterial im Non-interlace-Modus, was sich in bester Qualität am PC-Monitor betrachten lässt. Wollen Sie dagegen die Videos hauptsächlich am TV betrachten, sollten die Filme im Interlace-Modus vorliegen, da dieser in der Fernsehtechnik zum Einsatz kommt. Das Filmmaterial sollte für beste Bildqualität stets in dem Modus vorliegen, der bei der Übertragung der Videosignale beim Abspielen am häufigsten verwendet wird.

Das Einstellungsfenster des Deinterlace-Werkzeugs bietet hinter *Method* eine Vielzahl von Deinterlace-Verfahren zur Auswahl an. Gute Ergebnisse erzielen Sie beispielsweise mit dem Eintrag *Even-Odd field (field, adaption)*. Die Auswirkung der ausgewählten Methode wird im Vorschaubild sofort sichtbar. Auf diese Weise stellen Sie komfortabel fest, welche Methode für Ihr Video die beste ist.

Was geschieht bei der Videokomprimierung?

Die Umwandlung von Videomaterial in den für eine Video-, Super-Video-CD bzw. Video-DVD notwendigen MPEG-Standard ist eine komplexe Angelegenheit, weshalb Ihr PC währenddessen viel zu schaffen hat. Ich erkläre Ihnen im Folgenden die Grundzüge der Videokomprimierung, damit Sie wissen, was Ihr Rechner während der Videoumwandlung zu leisten hat und verstehen, warum der Prozess so lange dauert ...

Würde man ein Video unkomprimiert abspeichern, so kämen beispielsweise bei einem Spielfilm mehr als 100 GByte zusammen. Eine solch große Datenmenge würde niemals auf einen DVD-Rohling passen. Mithilfe eines Encoders (Komprimierungssoftware) wird die Datenmenge drastisch reduziert – es wird das weggelassen, was man bei der Wiedergabe nicht bzw. kaum wahrnimmt. Für die Komprimierung von Videomaterial hat sich neben dem DivX-Codec der MPEG-Standard (MPEG-Codec) bewährt, der Grundlage für alle Videos ist, die auf einer Silberscheibe vorliegen. Liegt das Video bereits komprimiert vor (beispielsweise ein DivX-Video) und muss für die Erstellung der Videodisk in den notwendigen MPEG-Standard umgewandelt werden, spricht man von einer Transkodierung.

Unkomprimierter Spielfilm bräuchte 100 GByte Speicherplatz

Komprimierung von Bewegungsabläufen

Das Filmmaterial wird im MPEG-Standard nicht, wie man zuerst vermuten könnte, als eine Folge von Einzelbildern abgespeichert. Es werden lediglich die Unterschiede zwischen den einzelnen Bildern festgehalten – in der Regel bestehen zwischen zwei aufeinander folgenden Bildern kaum Unterschiede, sodass die komplette Speicherung beider Bilder Platzverschwendung wäre. Bevor man weiter in die Komprimierung von Bewegungsabläufen und Veränderungen zwischen den einzelnen Bildern einsteigt, muss man sich zunächst mit der so genannten GOP und ihrer Struktur befassen.

Bei der MPEG-Kompression werden die Videos in drei Bildertypen zerlegt, die in einer GOP zusammengefasst werden. GOP ist die Abkürzung für **G**roup **o**f **P**ictures und enthält 10 bis 15 aufeinander folgende Einzelbilder. Bei der Videokomprimierung wird als Erstes das so genannte Intra-Bild (auch I-Picture bzw. I-Frame genannt) erzeugt; nur dieses ist ein Vollbild – vergleichbar mit einem Foto im komprimierten JPEG-Bildformat (beispielsweise von einer Digitalkamera). Bei einem Video werden pro Sekunde ungefähr zwei Intra-Bilder erzeugt. Nachdem die I-Pictures angelegt wurden, entstehen die Predicted-Bilder (P-Picture bzw. P-Frame). Sie bestehen nur aus den Veränderungen zu dem vorangegangenen Intra- oder P-Bild (es können mehrere P-Bilder hintereinander folgen). Die letzte Ebene der Group

Struktur der Group of Pictures (GOP) durchleuchtet

of Pictures bilden die Bidirectional Predicted Bilder (B-Pictures bzw. B-Frames). Sie enthalten die Differenzen zwischen den vorangehenden bzw. nachfolgenden I- und P-Pictures oder zwischen mehreren P-Pictures. Anmerkung: In einer GOP gibt es wesentlich mehr B-Pictures als I- und P-Pictures. B-Pictures enthalten die kleinsten Datenmengen, weshalb der Film bei der Verwendung von vielen B-Pictures stark komprimiert wird.

Bewegung wird durch Verschiebungsvektoren beschrieben

Ein Bild besteht aus mehreren Pixeln, wobei 16 x 16 Pixel einen so genannten Makroblock bilden. Der MPEG-Encoder versucht, bei der Konvertierung mehrere dieser Blöcke zu finden, die über mehrere Einzelbilder hinweg gemeinsam verschoben werden.

Zur Veranschaulichung stellen Sie sich bitte ein Auto vor, dass von links nach rechts auf dem Bildschirm mit konstanter Geschwindigkeit fährt. Bei dieser gleichförmigen Bewegung gibt es viele Makroblöcke (nämlich alle Pixel, die das Auto darstellen), die gemeinsam verschoben werden können. Werden solche Makroblöcke gefunden, kann der Encoder deren Positionsänderung über mehrere Einzelbilder hinweg mithilfe von Verschiebungsvektoren beschreiben, wodurch die anfallende Datenmenge rapide sinkt. Allerdings lassen sich nicht alle Bewegungen bzw. Veränderungen im Bild durch Verschiebungsvektoren beschreiben. Diese Differenzen zwischen den einzelnen Bildern werden durch P- bzw. B-Pictures berücksichtigt. Findet im Film ein Szenenwechsel statt, gibt es natürlich keinerlei Gemeinsamkeiten mit dem vorangegangenen Bild – in dem Fall legt der MPEG-Encoder eine neue GOP an.

Komprimierung der Einzelbilder: Quantisierung

Neben der Komprimierung von Bewegungsabläufen werden auch die Einzelbilder komprimiert, um die Filmdatei möglichst klein werden zu lassen. Jeder Makroblock (16 x 16 Pixel eines Einzelbildes) wird noch einmal in mehrere kleine Blöcke unterteilt, die jeweils Werte zur Helligkeit und Farbe des darzustellenden Bereichs beinhalten. Diese Informationen werden mit der **D**iscrete **C**osinus **T**ransformation (DCT) in Frequenzen umgewandelt. Hohe Frequenzen, die unser Auge kaum bzw. nicht wahrnimmt, werden eliminiert, um die Datenmenge weiter zu verringern. Diesen Vorgang nennt man auch Quantisierung. Wie stark sie ausfällt, legt die so genannte Quantisierungsmatrix des Encoders fest. Es gibt sowohl für die Intra- als auch für die P- bzw. B-Pictures eine eigene Quantisierungsmatrix. Die Frequenzen werden durch die Werte der Quantisierungsmatrix geteilt. Durch das Ergebnis „weiß" der Encoder, ob die Frequenz zu berücksichtigen ist oder gelöscht werden kann. Wird die Frequenz berücksichtigt, erkennt der Encoder außerdem anhand des Ergebnisses, wie viel Platz dafür zur Verfügung steht. Durch diese Vorgehensweise werden Farbverläufe im fertig konvertierten Video nicht mehr in fließenden Übergängen dargestellt, sondern geschehen durch das Fehlen einiger Farbtöne etwas grober. Das ist in der Regel bei der Filmwiedergabe nicht störend bzw. überhaupt nicht bemerkbar.

6.3 Nützliche Zusatzfunktionen von TMPGEnc

Neben den zahlreichen Optionen zur Filmkonvertierung bietet TMPGEnc eine Vielzahl von nützlichen Zusatzfunktionen an, die Ihnen den Umgang mit Filmmaterial erheblich vereinfachen. Im Folgenden zeige ich Ihnen die interessantesten.

Einige dieser Funktionen besitzt auch NeroVision Express 2; allerdings werden die an den Videodateien durchgeführten Änderungen nur temporär zwischengespeichert – bei einem Absturz des Systems vor dem Beenden des Schreibvorgangs gehen sie verloren. Bei MPEG-Videos ist es daher ratsam, die mit TMPGEnc möglichen Bearbeitungen durchzuführen, da diese nicht temporär gespeichert, sondern sofort in den Film „eingerechnet" und als neues Video permanent auf der Festplatte abgelegt werden.

Mehrere Videos hintereinander konvertieren

Sie haben mehrere (kleinere) Videos auf der Festplatte liegen und möchten diese in den richtigen Videostandard konvertieren, um daraus eine Videodisk zu brennen? Es stellt sich hierbei die Frage, ob es möglich ist, die einzelnen Videodateien mit TMPGEnc automatisch hintereinander umzuwandeln, um den zeitraubenden Konvertierungsprozess der „Filmschnipsel" ebenfalls in die Nachtstunden verlegen zu können. Dies ist kein Problem! TMPGEnc kann mehrere Videos automatisch nacheinander konvertieren, ohne dass Sie eingreifen müssen. Vergewissern Sie sich vorher, dass genügend freier Speicherplatz für die konvertierten Filme auf der Festplatte zur Verfügung steht! Orientieren Sie sich dabei an der Größe der zu brennenden Videoscheibe(n).

1. Starten Sie TMPGEnc, laden Sie die erste umzuwandelnde Filmdatei und führen Sie die Konvertierungseinstellungen, wie beschrieben, nach Ihren Wünschen durch.

2. Haben Sie alle Einstellungen vorgenommen, klicken Sie im Hauptfenster von TMPGEnc nicht auf *Start*, um den Umwandlungsprozess sofort zu beginnen, sondern wählen *File/Save project*, um die festgelegten Konvertierungsparameter zu speichern.

3. Öffnen Sie den nächsten umzuwandelnden Film, nehmen Sie wieder die gewünschten Einstellungen vor (diese können sich – wenn Sie vorhaben, verschiedene Videodisks zu erstellen – von denen des vorangegangenen Films unterscheiden) und speichern Sie sie erneut über *File/Save project* ab.

4. Haben Sie für alle zu konvertierenden Videos die notwendigen Umwandlungsparameter festgelegt und abgespeichert, wählen Sie *File/Batch encode*.

6. Videos für das Brennen professionell transkodieren

5 Im erscheinenden Fenster klicken Sie auf die Schaltfläche *Add*, um die gespeicherten Projektdateien, die die von Ihnen eingestellten Parameter zur Konvertierung des entsprechenden Videos enthalten, in das leere Fenster (= Liste der nacheinander zu bearbeitenden Aufträge) zu integrieren.

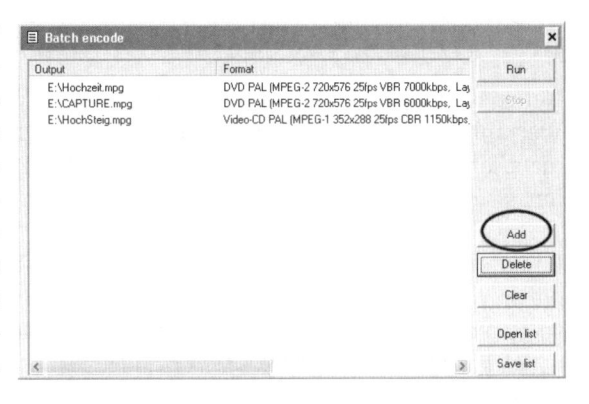

6 Haben Sie alle anstehenden Konvertierungsaufträge über *Add* hinzugefügt, starten Sie die Umwandlung der einzelnen Filmdateien mit einem Klick auf *Run*. TMPGEnc führt die anstehenden Aufträge der Reihe nach aus, sodass am nächsten Tag alle Filme im richtigen Videostandard auf Ihrer Festplatte vorliegen.

Film zu groß? – MPEG-Dateien splitten!

Es passiert immer wieder: Die in den MPEG-Standard konvertierte Videodatei ist zu groß geworden und passt nicht auf den Rohling! Dies kann mehrere Ursachen haben: Entweder haben Sie nicht genau gerechnet oder der Film besaß viel Action, sodass bei der Verwendung der variablen Bitrate nicht genügend Bits in den kaum vorhandenen ruhigen Szenen eingespart wurden. Passt der im richtigen Videostandard für die zu brennende Disk vorliegende Film nicht vollständig auf den Rohling, gibt es mehrere Möglichkeiten: Entweder Sie nutzen bei einer Video- bzw. Super-Video-CD einen übergroßen 99-Minuten-Rohling – Voraussetzung: Ihr DVD-Player akzeptiert solche Scheiben – führen Sie die Konvertierung erneut durch und verringern die mittlere Bitrate (zeitraubend und daher nicht empfehlenswert) oder Sie teilen die fertige MPEG-Videodatei mit TMPGEnc in zwei Hälften, die Sie auf zwei Rohlinge brennen. Voraussetzung: Sie haben noch einmal dieselbe Menge freien Speicherplatz auf der Festplatte zur Verfügung, wie die zu teilende Datei insgesamt verschlingt.

1 Starten Sie TMPGEnc und wählen Sie im Hauptfenster *File/MPEG Tools*. Wechseln Sie auf die Registerkarte *Merge & Cut* und öffnen Sie die zu teilende Videodatei über die Schaltfläche *Add*. Die Einstellung hinter *Type* nimmt TMPGEnc automatisch richtig vor, sodass Sie sich nicht darum kümmern müssen.

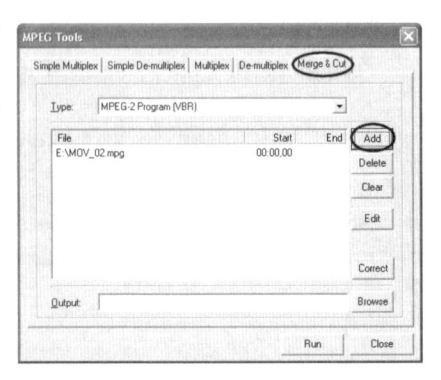

Nützliche Zusatzfunktionen von TMPGEnc

2. Markieren Sie im Fenster den Eintrag des zu teilenden Films und klicken Sie auf *Edit*. Im neuen Fenster geben Sie die Schnittpunkte des Videos mithilfe der beiden eingekreisten Schaltflächen rechts unten an. Manövrieren Sie sich mit dem Schieberegler zum Anfangspunkt für den ersten Teil der Filmdatei und betätigen Sie die linke der beiden eingekreisten Schaltflächen, um den Startpunkt zu definieren.

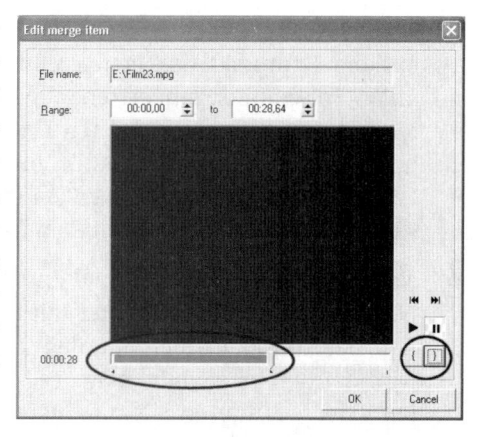

3. Bewegen Sie den Schieberegler nach rechts, um den Endpunkt des ersten Videoteils zu bestimmen. Diesen legen Sie mit einem Klick auf die rechte der beiden markierten Schaltflächen fest. Orientieren Sie sich beim Setzen des Endpunkts für den ersten Filmteil oben hinter *Range* an der angezeigten Länge des Filmabschnitts, damit die geteilte Videodatei mühelos auf den Rohling passt. Nachdem Sie den Anfangs- und Endpunkt des ersten Filmteils festgelegt haben, schließen Sie das Fenster über *OK*.

4. Den genauen Endpunkt des ersten Filmabschnitts erfahren Sie in der Spalte *End*. Legen Sie jetzt hinter *Output* über die Schaltfläche *Browse* einen geeigneten Speicherplatz für den ersten zu erstellenden Filmteil fest und starten Sie dessen Erzeugung über *Run*.

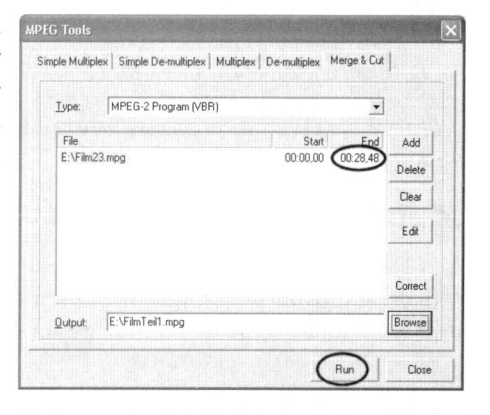

5. Ist die Erstellung des ersten Teils abgeschlossen (geht sehr schnell), müssen Sie den Anfangs- und Endpunkt für den zweiten Filmteil definieren. Markieren Sie den Eintrag der immer noch im Fenster *MPEG Tools* aufgelisteten Videodatei erneut und klicken Sie auf *Edit*. Den Start- und Endpunkt legen Sie wie in Schritt 2-3 für den ersten Teil beschrieben fest. Achten Sie darauf, dass der Anfangspunkt des zweiten Teils möglichst dem Endpunkt des

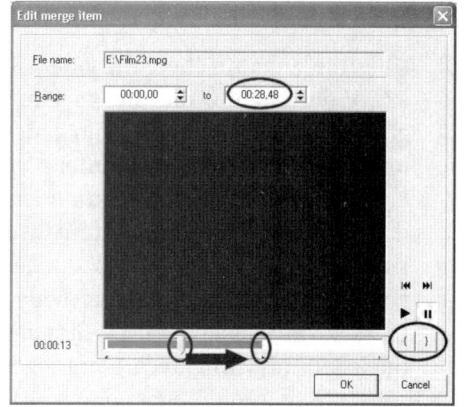

6. Videos für das Brennen professionell transkodieren

ersten Teils entspricht, sonst geht Videomaterial beim Splitten verloren. Den exakten Endpunkt des ersten Filmteils erfahren Sie entweder im Fenster *MPEG Tools* hinter dem ersten Filmteileintrag in der Spalte *End* oder im Fenster *Edit merge item* im zweiten Feld hinter *Range*, solange Sie noch keinen neuen Anfangs- bzw. Endpunkt für den zweiten Teil bestimmt haben. Der Endpunkt des zweiten Teils entspricht in der Regel dem Ende der Videodatei – es sei denn, Sie splitten den Film in mehr als zwei Teile ...

6 Nachdem Sie die Anfangs- und Endpunkte für den zweiten Teil festgelegt haben, verlassen Sie das Fenster mit *OK*. Bedenken Sie bitte, hinter *Output* einen neuen Dateinamen für den zweiten Filmteil einzugeben, andernfalls wird der bereits erstellte erste Teil überschrieben. Die Erzeugung des zweiten Videoteils starten Sie mit einem Klick auf *Run*. Der Prozess ist nach kurzer Zeit abgeschlossen. Beide Filmteile befinden sich an dem von Ihnen ausgewählten Speicherplatz und passen jeweils auf einen Rohling.

Schneller splitten mit der Freeware „Splitter"

Unter *http://www.martinstoeckli.ch/splitter/splitter.html* können Sie sich kostenlos das kleine Programm Splitter herunterladen, mit dem Sie eine zu groß geratene Videodatei ruckzuck in zwei Teile aufspalten. Geben Sie dazu im Programm die gewünschte maximale Größe eines Teils (= Rohlingkapazität) in MByte an. Nachteil dieser Methode: Im Gegensatz zu TMPGEnc können Sie den Splitpunkt nicht selbst bestimmen – es kann durchaus sein, dass das Video von Splitter an einer unpassenden Stelle getrennt wird. Legen Sie auf eine optimale Aufteilung wert, bevorzugen Sie daher die Vorgehensweise mit TMPGEnc, um das Video zu teilen.

Mehrere kleine Videos zusammenfügen

Mit TMPGEnc ist es nicht nur möglich, eine große Filmdatei in mehrere kleine Videos aufzusplitten, sondern Sie können auch mehrere kleine Filme zu einer großen Datei vereinigen – und das geht so:

1 Starten Sie TMPGEnc, wählen Sie im Hauptfenster *File/MPEG Tools* und wechseln Sie auf die Registerkarte *Merge & Cut*.

2 Über die Schaltfläche *Add* laden Sie alle Videodateien, die Sie zu einem großen Film zusammenfügen möchten. Um die Einstellung hinter *Type* brauchen Sie sich nicht zu kümmern, da diese von TMPGEnc automatisch korrekt vorgenommen wird. Bedenken Sie: Alle zu verbindenden Videos müssen im gleichen MPEG-Standard (gleiche Auflösung usw.) vorliegen, sonst scheitert die Verknüpfung.

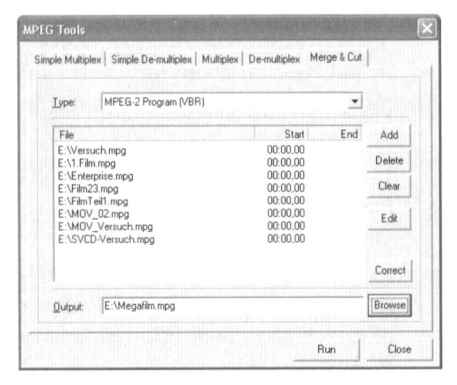

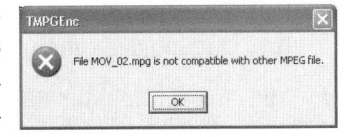

3 Hinter *Output* wählen Sie einen geeigneten Speicherplatz auf der Festplatte aus. Bedenken Sie dabei, dass auf der Platte genügend freier Speicherplatz (so viel, wie von den einzelnen Videodateien gemeinsam belegt wird) vorhanden sein muss. Das Zusammenfügen der Videos starten Sie mit einem Klick auf *Run*. Sollte sich ein Video doch von den anderen Filmschnipseln unterscheiden, taucht eine Fehlermeldung auf – es bleibt Ihnen nichts anderes übrig, als diesen Film, da er sich zu dem Videostandard der anderen Filme unterscheidet, über die Schaltfläche *Delete* aus der Videoliste zu löschen und den Vorgang erneut über *Run* zu starten – diesmal wird die Vereinigung der einzelnen Videos zu einem großen Film gelingen.

Multiplexen und Demultiplexen mit TMPGEnc

Mit TMPGEnc ist es möglich, die Video- und Audiospur eines Films voneinander zu trennen (demultiplexen), um diese separat weiterzubearbeiten. Außerdem können Sie über Multiplexen eine (eventuell getrennt voneinander bearbeitete) Video- und Audiospur zu einer Filmdatei vereinigen – mit dieser Vorgehensweise können Sie beispielsweise auch Ihr Video mit einem Lieblingshit nachvertonen.

Voraussetzungen bei allen Aktionen ist, dass sowohl die Video- als auch die Audiospur dem gleichen MPEG-Standard (MPEG-1 oder MPEG-2) entsprechen. Eventuell müssen Sie nicht dem Standard entsprechendes Videomaterial vorher wie beschrieben mit TMPGEnc transkodieren. Audiomaterial, das nicht dem Standard entspricht, wird beim Multiplexen automatisch in den richtigen Standard konvertiert.

Audio- und Videospur voneinander trennen: Demultiplexing

Wollen Sie die Audio- und Videospur eines Films voneinander trennen, gehen Sie folgendermaßen vor:

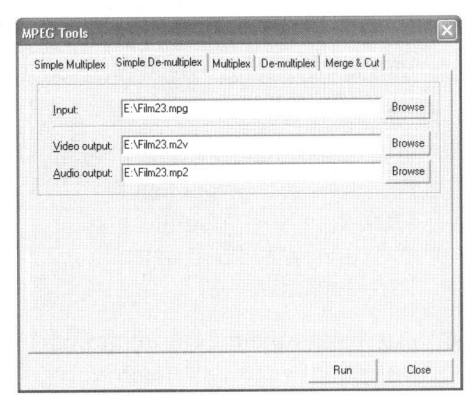

1 Wählen Sie in TMPGEnc *File/MPEG Tools* und wechseln Sie auf die Registerkarte *Simple De-multiplex*.

2 Hinter *Input* öffnen Sie über *Browse* die MPEG-Filmdatei, deren Ton- und Videosignale Sie voneinander trennen und in zwei separaten Dateien abspeichern wollen. Eventuell ändern Sie den Speicherort für die Video- bzw. Audiodatei hinter *Video output* bzw. *Audio output*. Vorsicht: Ändern Sie auf keinen

Fall die voreingestellte Dateiendung – dies würde die resultierende Video- bzw. Audiodatei unbrauchbar machen.

3 Mit einem Klick auf *Run* starten Sie das Demultiplexing. Nach kurzer Zeit liegt die Filmdatei in zwei getrennten Dateien (Audio bzw. Video) auf der Festplatte vor. Die Audio- oder Videospur können Sie jetzt getrennt voneinander bearbeiten.

Audio- und Videospur miteinander verknüpfen: Multiplexing

Haben Sie einen Film über Demultiplexing in eine Audio- und Videodatei aufgeteilt, um diese separat zu bearbeiten, setzen Sie Multiplexing ein, um beide Dateien wiederzuvereinigen oder das Videomaterial neu zu vertonen. Bei Multiplexing wird die Audiospur wieder mit der Videospur zu einer Filmdatei vereinigt.

Wollen Sie den Film beispielsweise mit einem Lieblingshit neu vertonen, müssen Sie die eventuell in der Videodatei bereits vorhandene Audiospur über Demultiplexing entfernen und die reinen Videodaten mit der neuen Audiospur verknüpfen. Eine Neuvertonung mithilfe von Multiplexing ist nur möglich, wenn die Videodatei keine Audioinformationen enthält.

1 Wählen Sie in TMPGEnc *File/MPEG Tools* und wechseln Sie auf die Registerkarte *Simple Multiplex*. Die Option *Type* brauchen Sie nicht zu verändern, da TMPGEnc sie, je nach zu vertonender Videodatei, automatisch korrekt vornimmt.

2 Zuerst öffnen Sie über *Browse* hinter *Video input* die Videodatei, die neu vertont werden soll. Die Audiodatei wählen Sie in der Zeile *Audio input* auf die gleiche Weise aus. Sie muss nicht dem Videostandard entsprechen, sondern wird notfalls vor dem Multiplexing in das richtige Format konvertiert. Als Audiodateien können Sie beispielsweise Musikstücke im gängigen MP3- oder Wave-Format nutzen.

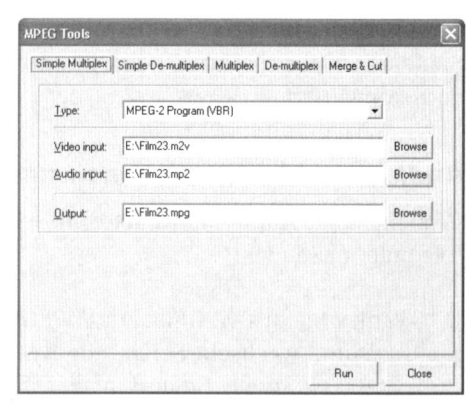

3 Legen Sie hinter *Output* über *Browse* einen geeigneten Speicherort auf der Festplatte fest. Bedenken Sie, dass die Größe der Videodatei steigt, weil zusätzlich zu den Filminformationen Audiosignale gemischt werden. Wichtig: Die voreingestellte Dateiendung verändern Sie nicht, sonst wird die erzeugte Datei ungültig.

4 Das Verknüpfen von Audio- und Videodatei starten Sie mit einem Klick auf *Run*. Der Prozess ist nach kurzer Zeit beendet und der neu vertonte Film kann auf eine Videoscheibe gebrannt werden.

7. Video-Authoring mit NeroVision Express 2 und Nero 6

Nachdem Sie Ihre Videos aufgezeichnet und eventuell bearbeitet haben, brennen Sie diese auf eine Videodisk. Bei diesem Vorgang ist es möglich, innerhalb der Filme Einsprungpunkte anzulegen, um die Lieblingsstellen auf der fertigen Videoscheibe bequem ansteuern zu können. Weiterhin haben Sie die Möglichkeit, ein elegantes Auswahlmenü zu erzeugen, damit die Disk richtig professionell wird. Alle diese Vorgänge nennt man Video-Authoring – das Erzeugen von Videostrukturen beim Zusammenstellen von Filmen für einen zu brennenden Videosilberling. Im Folgenden erfahren Sie, wie Sie mit Nero Burning Rom 6 bzw. NeroVision Express perfekte und sehr kompatible Videoscheiben (VCD, SVCD oder DVD) brennen, wie Sie Filmmaterial, das sich bereits auf einer Video- bzw. Super-Video-CD befindet, auf eine DVD brennen oder „exotische" Formate wie XVCD bzw. XS-VCD erstellen.

7.1   Videodisk der Extraklasse mit NeroVision Express 2 244
7.2   Nero Burning Rom für das Erstellen der Videoscheiben nutzen 261
7.3   So geht's: Video-DVDs ohne erneute Transkodierung erstellen 267
7.4   Profi-Tricks für Ihre Videoscheiben 270

7.1 Videodisk der Extraklasse mit NeroVision Express 2

NeroVision Express bietet eine Vielzahl von Möglichkeiten für professionelles Video-Authoring: Legen Sie bei einem längeren Video mehrere Einsprungspunkte an, erstellen Sie ein wunderschönes Auswahlmenü oder schneiden die Filme, die Sie auf die Videodisk brennen möchten, vorher zurecht und entfernen auf diese Weise beispielsweise die Werbung.

Welche Videodisk ist optimal?

Im Startfenster von NeroVision Express entscheiden Sie als Erstes über *DVD erstellen* bzw. *CD erstellen*, welche Videoscheibe Sie brennen möchten. Genauere Informationen über die einzelnen Einträge entnehmen Sie der folgenden Tabelle. Bedenken Sie, dass Sie natürlich auch Videos mit einer geringeren Auflösung auf eine DVD brennen können, nur ist die Bildqualität in diesem Fall nicht so brillant – dafür passen bei optimalen Einstellungen mehr Videos auf die Scheibe! Die weitere Vorgehensweise ist bei allen Videodisk identisch.

Eintrag	Optimale Auflösung der zu brennenden Videos (im PAL-Standard)	Für welche Videos empfehlenswert bzw. Kompatibilität der gebrannten Scheibe
Video-CD	352 x 288	Digitalisierte TV-Sendungen & alte VHS-Kassetten; sehr gute Kompatibilität – die meisten DVD-Player lesen gebrannte VCDs.

Videodisk der Extraklasse mit NeroVision Express 2

Eintrag	Optimale Auflösung der zu brennenden Videos (im PAL-Standard)	Für welche Videos empfehlenswert bzw. Kompatibilität der gebrannten Scheibe
Super-Video-CD	480 x 576	Digitalisierte S-VHS Kassetten; schlechte Kompatibilität – nur relativ wenige DVD-Player akzeptieren gebrannte SVCDs, da es hierbei keinen eindeutig festgelegten Standard gibt.
DVD-Video	704 x 576 oder 720 x 576	Digitalisierte S-VHS-Kassetten, Filme von einem analogen oder digitalen Camcorder & andere Videos mit hervorragender Bildqualität. Kompatibilität: Bei modernen DVD-Playern (je nach verwendetem DVD-Rohling) gut bis sehr gut. Bei älteren Geräten sind gebrannte DVDs dagegen problematisch.
DVD-Video (VR)	704 x 576 oder 720 x 576	Digitalisierte S-VHS-Kassetten, Filme von einem analogen oder digitalen Camcorder oder andere Videos in hervorragender Bildqualität. Kompatibilität: siehe DVD-Video. Für das Brennen wird ein DVD-Brenner, der DVD+R/RW beschreibt, benötigt. Die Videodisk kann im Gegensatz zur gewöhnlichen Video-DVD nachträglich verändert werden!
MiniDVD	704 x 576 oder 720 x 576	Wie bei einer Video-DVD – nur für kurze Filmchen geeignet. MiniDVD = Filme in DVD-Auflösung werden auf einen CD-Rohling gebrannt. Schlechte Kompatibilität, nur die wenigsten DVD-Player akzeptieren MiniDVDs.

NeroVision Express transkodiert alle Videos vor dem Brennen!

Die zu brennenden Videos können bereits im richtigen Format (MPEG-1 für VCD, sonst MPEG-2) vorliegen oder nicht. NeroVision Express transkodiert die Videodaten vor dem Brennvorgang automatisch in den korrekten MPEG-Standard. Diese Kodierung findet leider zurzeit (Version 2.0.1.1) auch bei Filmmaterial, das bereits im korrekten Format vorliegt, erneut statt und kann nicht verhindert werden! Es bleibt zu hoffen, dass Ahead mit einem bald erscheinenden Programm-Update eine Funktion integriert, die es bei Videos, die sich im richtigen Standard befinden, ermöglicht, die erneute Transkodierung zu verhindern.

Bis dahin sollten Sie für das Brennen von Filmen, die Sie beispielsweise mit TMPGEnc für optimale Bildqualität kodiert haben bzw. schon im richtigen Format vorliegen, auf ein anderes Programm zum Brennen der Videodisk ausweichen: Die vor jedem Brennvorgang automatisch stattfindende erneute und in dem Fall unnötige Transkodierung durch NeroVision Express ist äußerst Zeit raubend und verschlechtert die Bildqualität unter Umständen! Fazit: NeroVision Express ist in der Version 2.0.1.1 eigentlich nur für Filmmaterial, das nicht im richtigen Videostandard vorliegt, empfehlenswert oder wenn Sie eine wirklich professionelle Videoscheibe erstellen möchten und genügend Zeit für die erneute Transkodierung haben.

7. Video-Authoring mit NeroVision Express 2 und Nero 6

Video- und Audioeinstellungen konfigurieren

Bevor Sie die Videos integrieren und mit dem Video-Authoring beginnen, sollten Sie die Video- und Audioeinstellungen für die zu brennende Disk bestimmen.

1 Nachdem Sie ein neues Projekt für die zu erstellende Videodisk über das Startfenster von NeroVision Express angelegt haben, klicken Sie auf die Schaltfläche *Mehr* und aktivieren zunächst den Eintrag *Menü auf Disk erstellen*, um ein elegantes Auswahlmenü auf die Scheibe zu brennen.

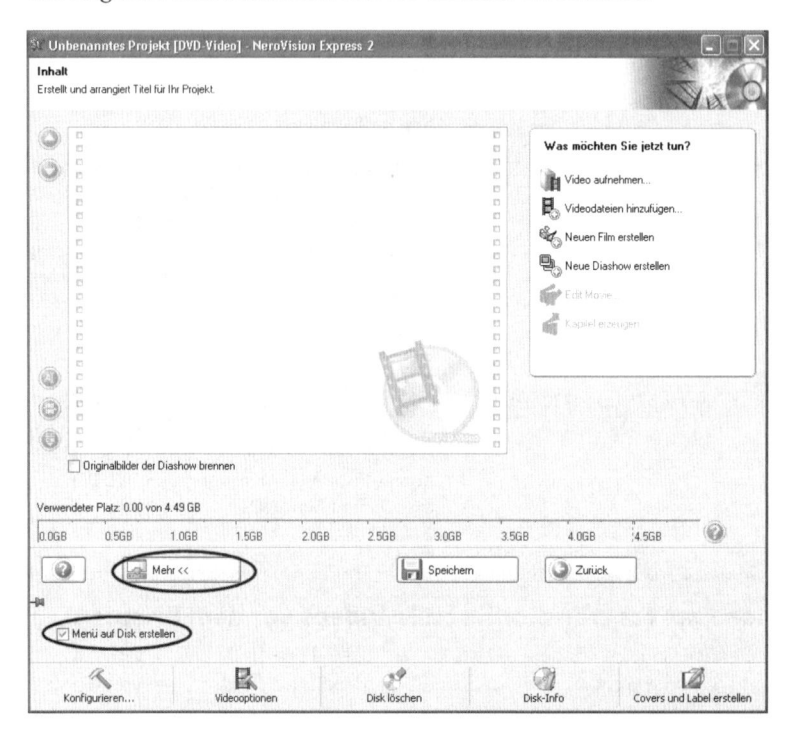

2 Klicken Sie auf *Videooptionen* und wählen Sie in der Registerkarte *Allgemein* als *Videomodus* den Eintrag *PAL* aus – die in Europa übliche Fernsehnorm.

3 Wechseln Sie in die benachbarte Registerkarte, die nach der zu brennenden Videoscheibe benannt ist. Hier legen Sie zunächst das *Seitenverhältnis* der gebrannten Videodisk fest – für einen normalen Fernseher wählen Sie *4 : 3*, bei einem Breitwand-TV-Gerät dagegen *16 : 9*.

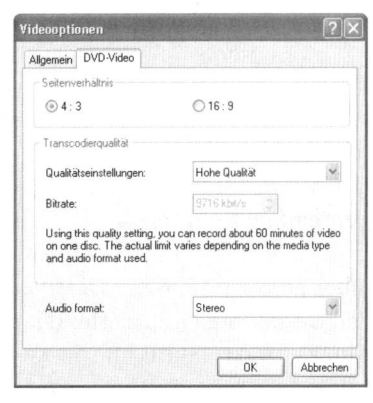

4   Im Bereich *Transcodierqualität* bestimmen Sie die Videobitrate der einzelnen Filme auf dem zu erstellenden Videosilberling. Hierbei gilt: Je höher die Bitrate liegt, umso besser ist die Bildqualität. Vergessen Sie jedoch nicht, dass bei einer hohen Bitrate die Dateigröße jedes Films zunimmt und daher weniger Videomaterial auf die Disk passt! Entwder nutzen Sie eines der Profile hinter *Qualitätseinstellungen* (die maximale Spielzeit der Videodisk wird Ihnen darunter angezeigt) oder wählen *Benutzerspezifisch* und stellen die zu verwendende Bitrate manuell ein.

5   Als Audioformat wählen Sie in der Regel *Stereo* – nur wenn das Filmmaterial eine Audiospur im Mehrkanalton (Surround-Sound) enthält, setzen Sie das Audioformat auf *Dolby Digital (AC-3) 2.0*, damit die Surround-Informationen nicht verloren gehen. Verlassen Sie das Fenster mit *OK*, um in das Hauptfenster von NeroVision Express zurückzukehren.

Videos integrieren, zurechtschneiden oder teilen

1   Im Projektfenster wählen Sie *Videodateien hinzufügen*, um die gewünschten Filme in die Videozusammenstellung zu integrieren.

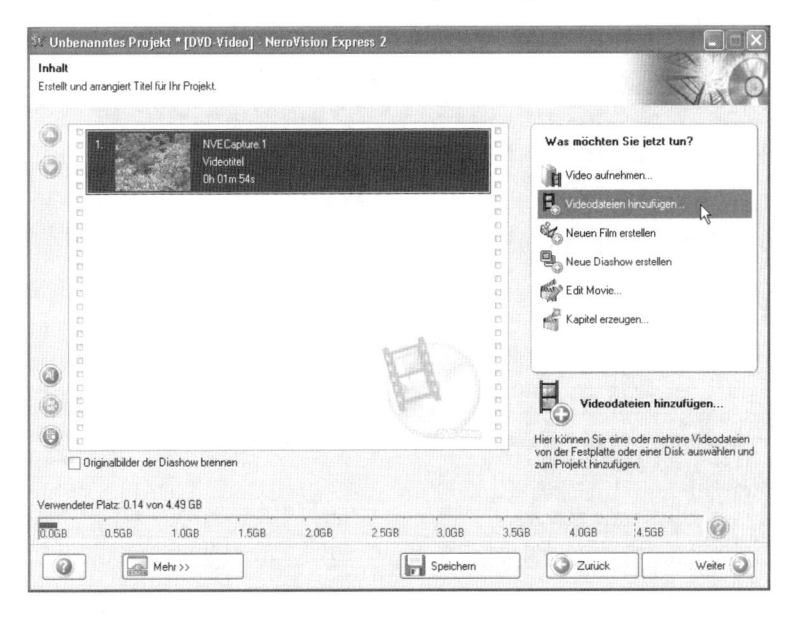

2   Nachdem Sie die Videodateien in das Projektfenster aufgenommen haben, wählen Sie in deren Kontextmenü *Umbenennen*, um ihnen einen aussagekräftigen Namen zu verpassen – dieser wird im Auswahlmenü angezeigt.

3 Die Reihenfolge der einzelnen Videodateien ändern Sie per Drag & Drop im Zusammenstellungsfenster.

| *Abwechslung gefällig? Diashow auf die Videodisk brennen* | Wenn Sie etwas Abwechslung auf der zu brennenden Videoscheibe wünschen, können Sie zusätzlich zu den Filmen eine selbst erstellte Diashow (beispielsweise aus den Bildern von einer Digitalkamera) in das Zusammenstellungsfenster integrieren oder |

über den Eintrag *Neue Diashow erstellen* neu anlegen. Näheres zur professionellen Gestaltung einer perfekten Diashow erfahren Sie in Kapitel 11 „Perfekte Fotoshows für das heimische TV-Gerät".

Videos in mehrere Teile aufspalten

Sie wollen ein längeres Video in mehrere kleinere Filme aufteilen, um die einzelnen Szenen des Films voneinander zu trennen? Mit NeroVision Express ist das kein Problem!

1 Im Kontextmenü des zu bearbeitenden Videos, das Sie in das Projektfenster aufgenommen haben, wählen Sie *Bearbeiten*.

2 Ein neues Fenster taucht auf. Manövrieren Sie sich mithilfe des Positionsbalken oder über das Playsymbol unterhalb des linken Vorschaufensters an die Trennungsstelle des Videos und wählen den dritten Schalter von rechts, um den Film an dieser Stelle in zwei Teile aufzuspalten. Über *Weiter* kehren Sie anschließend in das Projektfenster zurück.

Unerwünschte Szenen herausschneiden

Wollen Sie einige Szenen (beispielsweise Werbung) aus einem in das Videoprojekt integrierten Film herausschneiden, gehen Sie folgendermaßen vor:

1 Im Kontextmenü des Films im Zusammenstellungsfenster wählen Sie *Bearbeiten*.

2 Ein neues Fenster erscheint. Hier wählen Sie unterhalb des linken Vorschaufensters einmal das Scherensymbol, um den Schnittmodus aufzurufen. Die auftauchende Meldung bestätigen Sie mit *OK*.

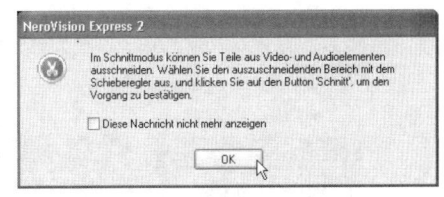

3 Definieren Sie jetzt mithilfe der beiden Schnittmarken den Anfang und das Ende des zu löschenden Bereichs und klicken erneut auf das Scherensymbol, um den rot markierten Bereich aus dem Film zu entfernen. Danach klicken Sie auf *Weiter*, um wieder in das Zusammenstellungsfenster zu gelangen.

Einsprungspunkte setzen

Bei einem längeren Video ist es empfehlenswert, mehrere Einsprungspunkte festzulegen, um beispielsweise die Lieblingsstellen später auf der fertigen Videoscheibe bequem ansteuern zu können. NeroVision Express bezeichnet diese Einsprungspunkte als Kapitel.

1 Im Kontextmenü des Films im Projektfenster wählen Sie *Kapitel erstellen*.

7. Video-Authoring mit NeroVision Express 2 und Nero 6

2 Ein neues Fenster erscheint. Manövrieren Sie sich entweder mithilfe des Positionsbalkens oder dem Playsymbol an die Stelle, an der Sie ein neues Kapitel (einen Einsprungspunkt) erzeugen wollen, und klicken Sie unterhalb des Vorschaufensters auf den ersten Schalter von rechts, um einen Einsprungspunkt an der aktuellen Filmstelle zu definieren. Alle neu erstellten Kapitel werden im rechten Fensterbereich aufgelistet. Mein Tipp: Sie können auch während der Wiedergabe die Einsprungspunkte bestimmen.

3 Bereits erstellte Kapitel können Sie über das Kontextmenü des jeweiligen Eintrags der rechten Kapitelliste entweder *Umbenennen* oder wieder *Löschen*. Nachdem Sie die gewünschten Einsprungspunkte festgelegt haben, klicken Sie auf *Weiter*, um in das Zusammenstellungsfenster zurückzukommen.

NeroVision Express besitzt die Fähigkeit, automatisch Einsprungspunke zu definieren. Klicken Sie dazu auf den zweiten Schalter von rechts unterhalb des Vorschaufensters – der Film wird analysiert und die Kapitel automatisch erzeugt. Nachteil dieser Methode ist jedoch, dass die Einsprungspunkte von NeroVision Express ohne Rückfrage gesetzt werden und eventuell nicht Ihren Wünschen entsprechen. Sie sollten daher in der Regel die Einsprungspunkte besser selbst platzieren!

> **Kapitel automatisch erstellen lassen?**

Elegantes Auswahlmenü erzeugen

Nachdem Sie alle Videos in das Projekt integriert und eventuell bearbeitet haben, legen Sie ein perfektes Auswahlmenü für die Scheibe an!

1 Verlassen Sie das Zusammenstellungsfenster mit einem Klick auf *Weiter*, um in das Fenster der Menügestaltung zu gelangen.

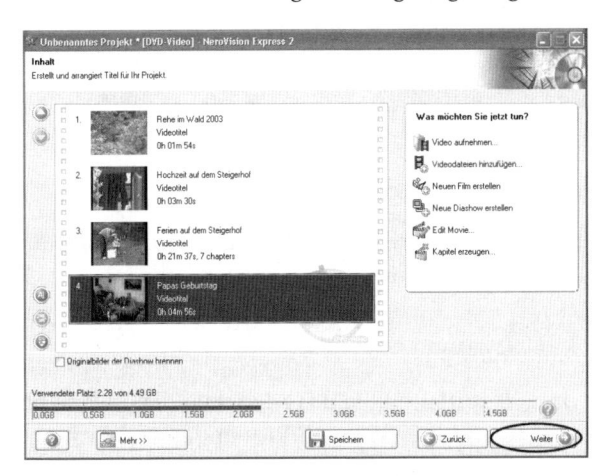

2 Als Erstes wählen Sie das Grundlayout des Auswahlmenüs über *Layout* aus.

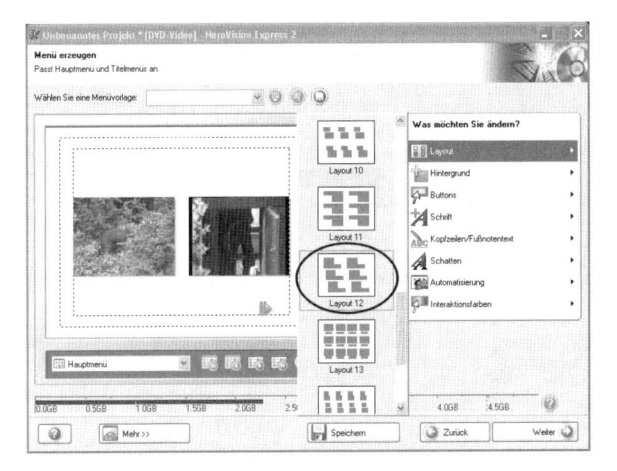

7. Video-Authoring mit NeroVision Express 2 und Nero 6

3 Über den Menüeintrag *Hintergrund* bestimmen Sie, wie der Menühintergrund aussehen soll: Unter *Hintergrundeigenschaften* legen Sie zunächst fest, ob der Hintergrund nur farbig sein soll (linkes Symbol) oder Sie ein eigenes Bild als Hintergrund einrichten wollen (mittleres Symbol). Als Highlight haben Sie über das rechte Symbol die Möglichkeit, eine Videodatei als Menühintergrund zu integrieren – das Video läuft automatisch ab, während das Menü am Fernseher sichtbar ist.

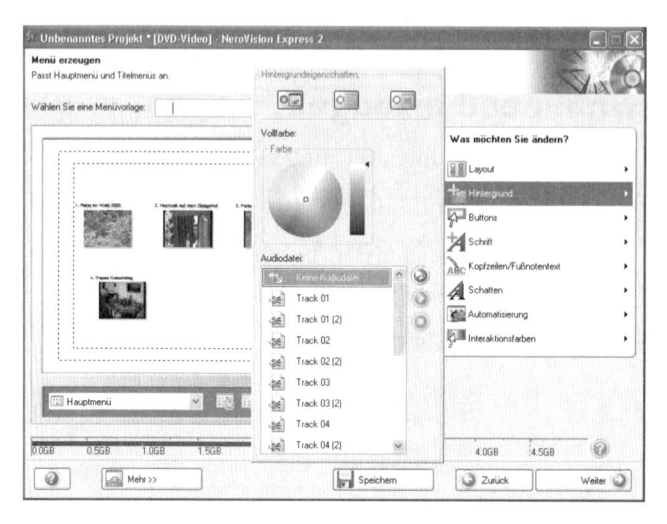

4 Haben Sie sich für einen farbigen Menühintergrund entschieden, bestimmen Sie im Bereich *Vollfarbe*, welche Farbe das Menü erhalten soll.

5 Soll – während das Menü angezeigt wird – ein Musikstück abgespielt werden, wählen Sie diese unter *Audiodatei* aus.

6 Über den Menüeintrag *Buttons* gestalten Sie das Aussehen der Videoeinträge im Menü, indem Sie das gewünschte Button-Bild markieren. Möchten Sie, dass sich die Buttons automatisch verändern, aktivieren Sie *Animierte Buttons*.

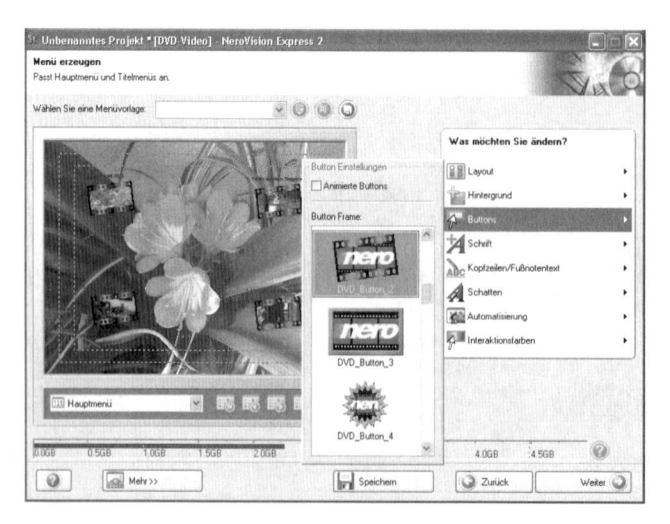

Videodisk der Extraklasse mit NeroVision Express 2

7 Bevor Sie weitere Einstellungen bezüglich der Menügestaltung vornehmen, betrachten Sie das bereits erstellte Auswahlmenü. Die einzelnen Videoeinträge können Sie per Drag & Drop an eine andere Stelle im Menü ziehen, um beispielsweise das Hintergrundbild besser zur Geltung kommen zu lassen. Achten Sie darauf, nicht in den Randbereich des Menüs zu kommen, andernfalls könnte es passieren, dass die Einträge am Fernseher nicht vollständig angezeigt werden – postieren Sie alle Menüeinträge am besten innerhalb der beiden weiß gestrichelten „Sicherheitslinien"!

8 Die Vorschaubilder der einzelnen Videoeinträge dürfen Sie folgendermaßen ändern: Führen Sie einen Doppelklick auf dem entsprechenden Filmeintrag im Menü aus und wählen Sie im neuen Fenster das neue Vorschaubild für dieses Video. Das Bild kann entweder ein Standbild direkt aus der Videodatei sein (mit dem Positionsbalken suchen und auf das obere linke Symbol klicken) oder ein separates Bild auf der Festplatte (auf das rechte obere Symbol klicken).

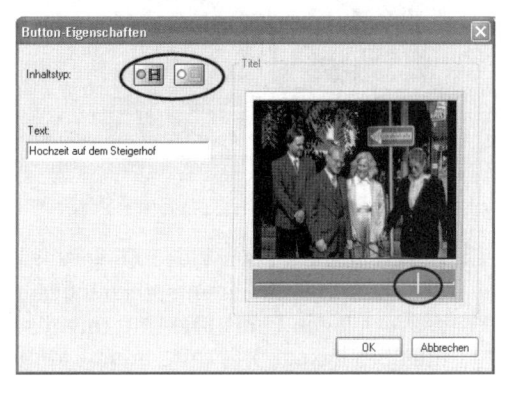

9 Wollen Sie dem Menü einen Titel geben, wählen Sie *Kopfzeilen/Fußnotentext* und geben die gewünschten Informationen, die oben bzw. unten im Menü erscheinen sollen, ein. Die Schriftart der Texte im Menü legen Sie über den Eintrag *Schrift* fest. Möchten Sie, dass die Texteinträge einen Schatten aufweisen bzw. wollen Sie einen eventuell vorhandenen Schatten entfernen, wählen Sie *Schatten*, um die genauen Schatteneigenschaften der Texteinträge zu bestimmen – die Änderungen werden sofort im Menüvorschaufenster sichtbar. Zum Abschluss platzieren Sie die Kopfzeilen- bzw. Fußnoteninformation per Drag & Drop an einer geeigneten Stelle im Menü.

10 Mithilfe der beiden Einträge *Automatisierung* und *Interaktionsfarben* legen Sie das Verhalten des Menüs fest: Über *Automatisierung* bestimmen Sie die Länge der Menüanimationen und legen im entsprechenden Fenster unter *Aktion* fest, ob eventuell vorhandene Untermenüs automatisch „durchgeblättert" werden sollen oder ein bestimmtes Video gestartet werden soll. Mit dem Menüeintrag *Interaktionsfarben* gestalten Sie die Farben des aktiven (ausgewählten) Videoeintrags im Auswahlmenü.

11 Nachdem Sie das Hauptmenü der Videodisk professionell gestaltet haben, speichern Sie es am besten als neue Menüvorlage ab, um es für weitere Videoprojekte griffbereit zu haben und nicht jedes Mal komplett neu erstellen zu müssen. Klicken Sie dazu auf das Speichern-Symbol oben hinter *Wählen Sie eine Menüvorlage*.

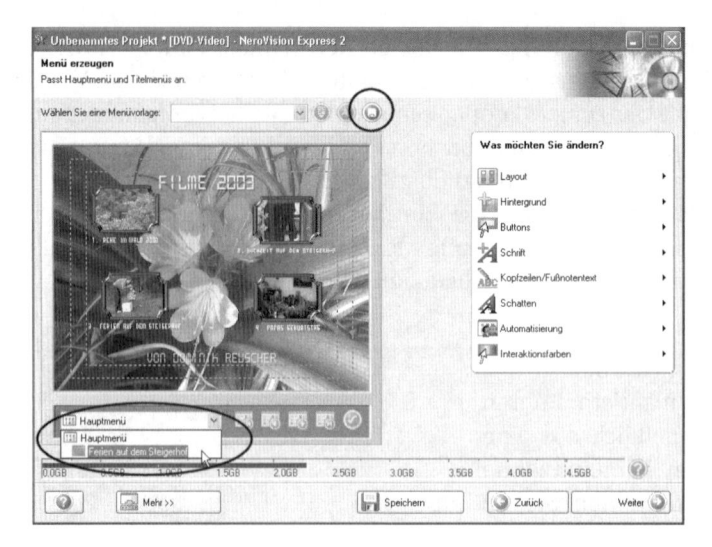

7. Video-Authoring mit NeroVision Express 2 und Nero 6

12 Haben Sie bei einem Video Einsprungspunkte (Kapitel) erzeugt, gibt es neben dem Hauptmenü ein entsprechendes Untermenü mit den Einsprungspunkten des jeweiligen Films. Die Untermenüs werden automatisch im Stil des Hauptmenüs angelegt. Die Untermenüs können jedoch, falls gewünscht, von Ihnen anders als das Hauptmenü gestaltet werden: Wählen Sie dazu unter dem Menüvorschaufenster das Untermenü aus und nehmen Sie die favorisierten Änderungen, wie beim Hauptmenü beschrieben, vor.

Menü vor dem Brennen testen!

1 Nachdem Sie das Hauptmenü und die eventuell vorhandenen Untermenüs professionell angelegt haben, klicken Sie auf *Weiter*.

2 Im neuen Fenster testen Sie die Menüs mithilfe der virtuellen Fernbedienung ausgiebig – das Menü verhält sich dabei so wie später auf der gebrannten Disk.

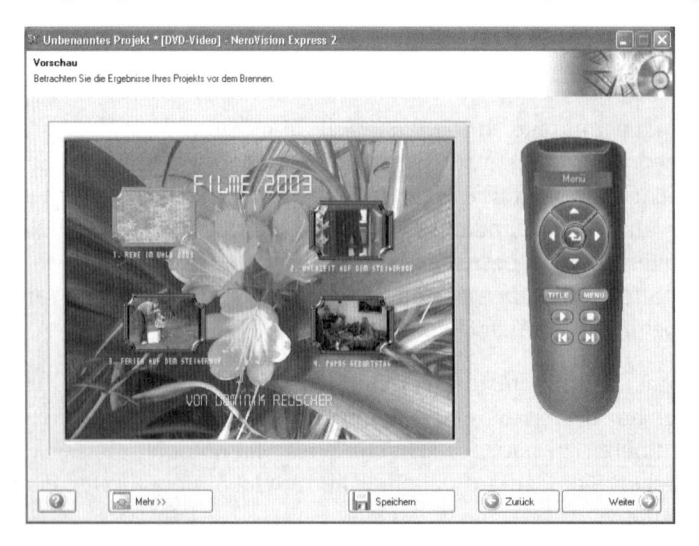

Sind Sie mit der Menünavigation und den Menüeigenschaften zufrieden, klicken Sie auf *Weiter*, um das Brennfenster von NeroVision Express aufzurufen. Möchten Sie dagegen das Menü vor dem Schreibvorgang verändern, klicken Sie auf *Zurück*.

Eigene Buttons für das Auswahlmenü erstellen

NeroVision Express stellt eine Vielzahl von Gestaltungsmöglichkeiten für das Auswahlmenü bereit, sodass in der Regel keine Wünsche offen bleiben. Einzig die Anzahl der Buttons für die Videoeinträge im Menü fällt etwas gering aus. Das ist jedoch nicht weiter schlimm, da Sie solche Button-Vorlagen mit jedem Grafikprogramm selbst erstellen können. Im Folgenden zeige ich Ihnen, wie Sie mit dem Programm Paint Shop Pro einen neuen Button in Herzform erstellen und in NeroVision Express integrieren; ich halte die Ausführungen so allgemein wie möglich, dass Sie diese auch mit einem anderen Grafikprogramm nachvollziehen können.

1 Legen Sie im Grafikprogramm über *Datei/Neu* ein neues Bild an. Als *Bildabmessungen* wählen Sie beispielsweise 300 x 300 Pixel – es sind aber auch andere Größen erlaubt, die Maximalgröße ist 720 x 576 (Auflösung einer Video-DVD). Die *Auflösung* stellen Sie auf *72,000 Pixel / inch* ein. Klicken Sie auf *OK*.

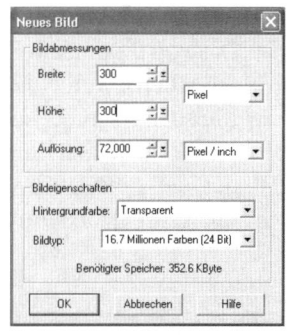

2 Füllen Sie das komplette Bild jetzt mit Farbwert *Rot = 255*. Achten Sie darauf, dass die Farbwerte *Grün* und *Blau* auf *0* stehen. Diese rote Fläche wird später im Auswahlmenü nicht dargestellt – sie ist dort transparent.

3 Suchen Sie sich jetzt eine Form heraus, die dem späteren Videoeintrag im Auswahlmenü entspricht, beispielsweise eine Herzform.

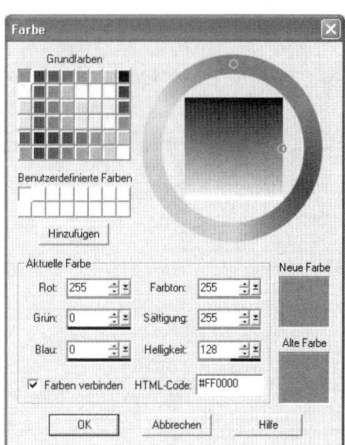

7. Video-Authoring mit NeroVision Express 2 und Nero 6

Alternativ können Sie auch per Hand eine Figur auf dem neu erstellten Bild zeichnen – wichtig: Es muss sich um eine geschlossene Figur handeln, die Sie mit einer Farbe füllen können!

4 Als Füllfarbe für die Figur wählen Sie folgende Farbwerte aus: *Rot = 0, Grün = 255 & Blau = 0*.

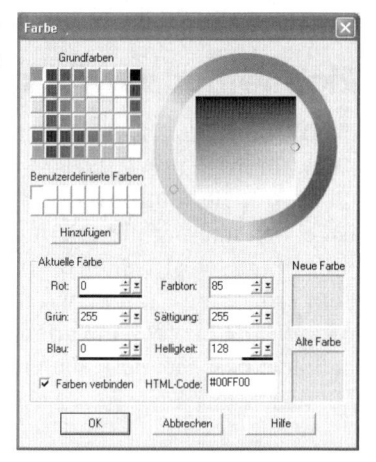

5 Das von Ihnen erstellte Bild sollte folgendermaßen aussehen: Roter Hintergrund (wird im Menü transparent (nicht) dargestellt) und hellgrüne Button-Form (Darstellung des festgelegten Videobildes der Filmdatei). Im Beispiel wird das Videobild in Herzform im Menü angezeigt.

6 Wählen Sie *Datei/Speichern unter* und legen Sie das Bild im PNG-Format im Ordner *Programme/Ahead/NeroVision/Buttons* ab.

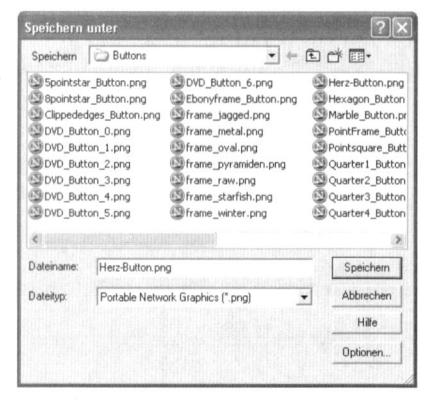

7 Starten Sie NeroVision Express neu – ein eventuell geöffnetes Projekt speichern Sie vorher ab! Den selbst erstellten Button können Sie ab sofort im Fenster der Menügestaltung über *Button* auswählen. Sie sind herzlich eingeladen, weitere eigene Buttons auf die gleiche Art zu entwerfen ...

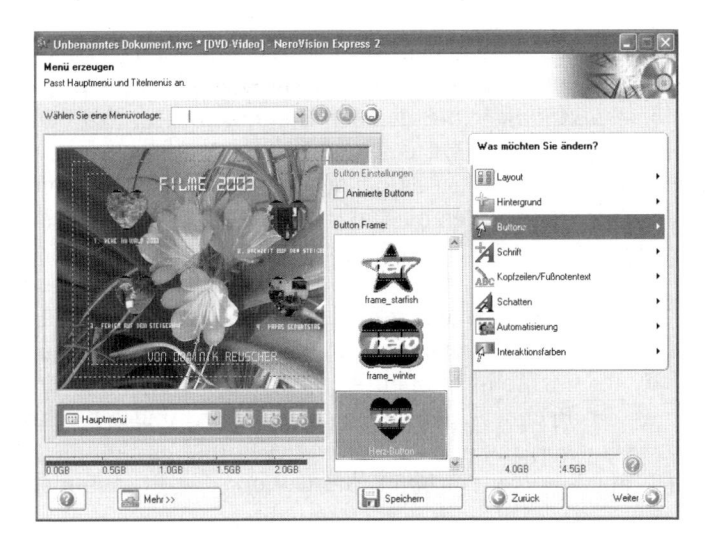

Videoscheibe brennen bzw. Videostruktur auf der Festplatte ablegen

Im Brennfenster von NeroVision Express gibt es relativ wenige Optionen:

1 Hinter *Brennen auf* wählen Sie den Writer aus, mit dem Sie das erzeugte Videoprojekt brennen. Bei einem Projekt im Format *DVD-Video (VR)* kann hier ausschließlich ein Brenner eingestellt werden, der DVD+R/RW brennt.

2 Möchten Sie die angelegte Videoscheibe nicht sofort auf einen Rohling brennen, sondern deren Videostruktur in einem Ordner auf der Festplatte ablegen, um sie beispielsweise später mit Nero Burning Rom zu brennen, wählen Sie statt des Brenners darunter den Eintrag *In Festplatten Ordner schreiben*.

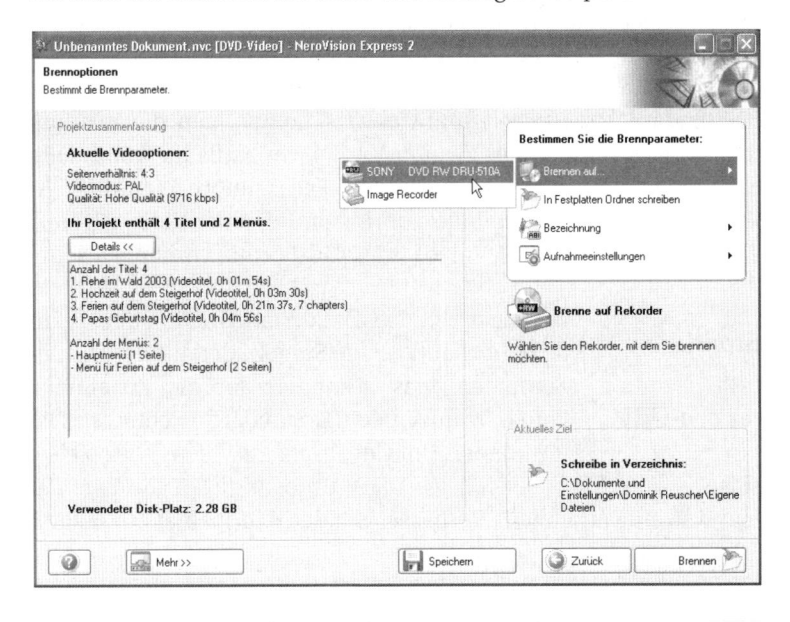

7. Video-Authoring mit NeroVision Express 2 und Nero 6

3 Über den Eintrag *Bezeichnung* vergeben Sie einen Titel für die zu erstellende Videodisk. Soll das Projekt gleich auf einen Rohling gebrannt werden, stellen Sie hinter *Aufnahmeeinstellungen* die genauen Brennoptionen (zum Beispiel die Schreibgeschwindigkeit) ein. Mit einem Klick auf *Brennen* beginnt die Transkodierung (kann in der zurzeit aktuellen Version 2.0.1.1 nicht verhindert werden) – anschließend werden die Videodateien auf eine Disk oder auf die Festplatte geschrieben.

| **Brennvorgang wegen Transkodierung in die Nacht verlegen!** | Die Transkodierung des Filmmaterials einer vollständig ausgeschöpften Video-DVD benötigt meistens mehrere Stunden – je nach Leistungsfähigkeit des Rechners. Sie sollten aus diesem Grund den Schreibvorgang in die Nacht verlegen und im Brennfenster, |

das nach einem Klick auf *Brennen* erscheint, die Option, den PC automatisch nach dem Abschluss des Schreibvorgangs herunterzufahren, aktivieren.

Strukturen der Videodisks durchleuchtet

Im Folgenden erfahren Sie die wichtigsten Strukturmerkmale (Aufbau) einer VCD, SVCD und Video-DVD. Die notwendigen Strukturen werden von NeroVision Express aufgrund des von Ihnen vorgenommenen Video-Authorings automatisch während des Schreibvorgangs erzeugt. Die Strukturen der einzelnen Videodisks entsprechen den strengen Regeln des ISO-9660 Dateisystems, um eine möglichst gute Kompatibilität der Scheiben zu gewährleisten.

Aufbau und Besonderheiten einer Video-CD

Im Jahr 1993 wurde der Video-CD-Standard in der Version 1.1 verabschiedet; dort wurden bereits Menüstrukturen und bis zu 500 mögliche Einsprungpunkte (Kapitel) festgelegt. Auf eine Video-CD im 1.1-Standard dürfen bis zu 98 Videodateien oder reine Audiodateien im MPEG-1-Standard gebrannt werden. 1995 wurde der Video-CD-Standard bereits weiterentwickelt – heraus kam die Version 2.0. Wichtigste Neuerung gegenüber der Version 1.1: Es war endlich erlaubt, Filmmaterial im PAL-Videomodus (in Europa verbreitete Fernsehnorm) mit einer Auflösung von 352 x 288 auf der Scheibe unterzubringen. Bei einer Video-CD im alten 1.1-Standard durften ausschließlich Videos im NTSC-Format vorhanden sein.

| **Video-CD-Standard 2.0 wichtig für hochwertige Foto-CDs** | Der neue Video-CD-2.0-Standard erlaubt es außerdem, hochauflösende Standbilder auf der Disk unterzubringen, was besonders für die Erstellung von Foto-CDs im Video-CD-Standard wichtig ist: Die Fotos können (im Gegensatz zu Videos) beispielsweise |

in einer Auflösung von 704 x 576 (Video-DVD-Auflösung) auf die Foto-CD gebrannt werden, was eine erhebliche Verbesserung der Bildqualität zur Folge hat.

In der folgenden Tabelle erfahren Sie den Aufbau einer Video-CD:

Ordner auf der Disk	Ordnerinhalt	Erläuterung
VCD	INFO.VCD, ENTRIES.VCD, PSD.VCD & LOT.VCD	Diese Dateien enthalten unter anderem Informationen über die Disk-Größe, die Disk-Kennung, die Anzahl der MPEG-Tracks. Die Datei ENTRIES.VCD enthält die Informationen über die Einsprungspunkte der einzelnen Videodateien.
MPEGAV	AVSEQ01.DAT – AVSEQ99.DAT	Bis maximal 99 durchnummerierte Videotracks.
SEGMENT	ITEM001.DAT – ITEM999.DAT	Bis maximal 999 Standbilder oder Audiodateien.
CDDA	AUDIO01.DAT – AUDIO97.DAT	Audiotracks im Audio-CD-Format (meist nicht vorhanden).
EXT	PSD_X.VCD & LOT_X.VCD	Erweiterte Dateiversionen der entsprechenden Daten aus dem VCD-Ordner.

Super-Video-CD durchleuchtet

Die Super-Video-CD ähnelt in vielem der Video-CD. Der Super-Video-CD-Standard wurde jedoch erst relativ spät (1999) definiert – damals gab es bereits die ersten DVDs. Wichtigster Unterschied zu einer Video-CD ist, dass die Videodateien nicht mehr im MPEG-1-, sondern wie bei einer Video-DVD im MPEG-2-Format auf der Scheibe vorliegen. Durch den Einsatz von MPEG-2 wurde die Bildqualität erheblich verbessert, da hierbei unter anderem eine variable Bitrate möglich ist und die generelle Bitrate der Super-Video-CD höher als die einer Video-CD ist. Optimiert wurde bei der Super-Video-CD ebenfalls die Ansteuerung bestimmter Szenen innerhalb der Videodateien. Die Möglichkeit, Musiktracks im Audio-CD-Standard auf die Videoscheibe zu brennen, ist dagegen weggefallen. Die wichtigsten Verzeichnisse einer Super-Video-CD zeigt die folgende Tabelle:

Ordner auf der Disk	Ordnerinhalt	Erläuterung
SVCD	PSD.SVD, SEARCH.DAT, TRACKS.SVD	Diese Dateien enthalten unter anderem Informationen über die Disk-Größe, die Disk-Kennung, die Anzahl der MPEG-Tracks. Die Datei SEARCH.DAT enthält die exakten Informationen über die Einsprungspunkte innerhalb der Videodateien.
MPEG2	AVSEQ01.MPG–AVSEQ99.MPG	Bis maximal 99 durchnummerierte Videotracks.
SEGMENT	ITEM0001.MPG	Bis maximal 9999 Standbilder.

7. Video-Authoring mit NeroVision Express 2 und Nero 6

Struktur einer Video-DVD im Detail

Auf einer Video-DVD sind stets nur zwei Ordner mit den Namen *AUDIO_TS* & *VIDEO_TS* vorhanden. Das Verzeichnis *AUDIO_TS* ist ausschließlich für Audiodateien (Audio-DVD) gedacht und bleibt bei einer Video-DVD leer – es wird nur aus Kompatibilitätsgründen benötigt. Alle Videodateien der DVD sind im Ordner *VIDEO_TS* gespeichert – eine Trennung von Videos und Standbildern, wie bei der Video- bzw. Super-Video-CD, gibt es nicht. Das Filmmaterial liegt auf einer Video-DVD meistens im MPEG-2-Standard vor, obwohl auch MPEG-1 erlaubt ist.

Die Videostruktur einer DVD unterscheidet sich gravierend von der einer Videobzw. Super-Video-CD, da alle Informationen über deren Ablauf in den VOB- bzw. IFO-Dateien der Scheibe im Ordner *VIDEO_TS* untergebracht sind. Zusätzlich werden Sie in diesem Ordner Dateien mit der Endung *.bup* finden – hierbei handelt es sich um Sicherheitskopien der wichtigen IFO-Dateien. Die VOB-Dateien (VOB = **V**ide**ob**jekte) enthalten neben den eigentlichen Videodaten gleichzeitig auch die Audiospuren und Informationen bezüglich der Navigation; aus Kompatibilitätsgründen dürfen die VOB-Dateien nicht größer als ein GByte sein – ein langer Film wird daher automatisch in mehrere VOB-Dateien unterteilt.

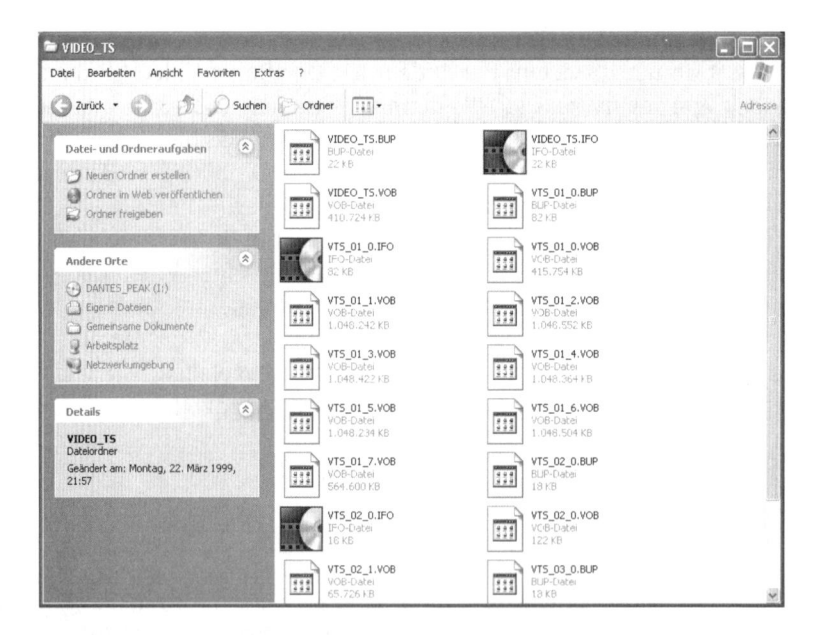

Auf jeder Video-DVD befindet sich zu Beginn ein Video-Manager, der aus den beiden Dateien *VIDEO_TS.VOB* & *VIDEO_TS.IFO* besteht und den genauen Ablauf der Scheibe regelt. Zusätzlich muss auf einer Video-DVD mindestens ein so genanntes **V**ideo **T**itle **S**et (VTS) vorhanden sein. Die maximale Video Title Set-Anzahl liegt bei 99. Jedes Video Title Set kann maximal neun VOB-Dateien (die eigentlichen Filmdateien) enthalten und besteht zusätzlich aus einer IFO-Datei (beispielsweise *VTS_01_0.IFO* für das 1. VTS), die die Kapiteladressen der Videos enthält, und einer VOB-Datei (zum Beispiel *VTS_01_0.VOB* für das 1. VTS), in der das Kapitelmenü des Films abgelegt ist – die erste Filmdatei des ersten VTS wird mit *VTS_01_1.VOB* bezeichnet.

7.2 Nero Burning Rom für das Erstellen der Videoscheiben nutzen

Nero Burning Rom besitzt im Vergleich zu NeroVision Express zwar deutlich weniger Funktionen für das Video-Authoring der zu erstellenden Disk, hat aber den Vorteil, dass Sie die erneute Transkodierung von Filmmaterial, das bereits im richtigen Format für die Disk vorliegt, verhindern können. Aus diesem Grund sollten Sie die beispielsweise mit TMPGEnc für eine qualitativ hochwertige Bildqualität kodierten Videodateien ausschließlich mit Nero Burning Rom brennen, da die erneute Transkodierung, wie sie bei NeroVision Express stattfindet und in der aktuellen Version 2.0.1.1 nicht verhindert werden kann, die Bildqualität verschlechtert.

Liegen die Videos dagegen nicht in dem für die zu brennende Videoscheibe notwendigen Standard vor und Sie möchten eine „normgerechte" VCD oder SVCD brennen, nutzen Sie lieber NeroVision Express, um in den Genuss der vielfältigen Authoring-Möglichkeiten des Programms zu kommen.

VCD oder SVCD ohne erneute Transkodierung erstellen

Im Folgenden zeige ich Ihnen, wie Sie mit Nero Burning Rom eine VCD bzw. SVCD erstellen, bei der die integrierten Videos unverändert (ohne erneute Transkodierung) auf die Scheibe befördert werden. Bei der folgenden Vorgehensweise werden selbst Videodateien, die nicht dem Standard entsprechen, vor dem Brennvorgang auf keinen Fall transkodiert – integrieren Sie daher ausschließlich Videodateien, die dem Standard der jeweiligen Videodisk entsprechen! Die Anleitung gilt auch für das Erzeugen von „exotischen" Videodisks, wie zum Beispiel XVCD oder XS-VCD, da hierbei die Videodateien zwar nicht den notwendigen Standard erfüllen, aber trotzdem nicht neu kodiert werden dürfen.

1. Starten Sie Nero Burning Rom oder wählen Sie im Programmfenster *Datei/ Neu*.

2. Bei einem DVD-Brenner stellen Sie als Mediumtyp zunächst *CD* ein. Markieren Sie *Super Video CD* bzw. *Video CD* und deaktivieren zuerst den Eintrag *Standardgemäße CD erzeugen*, damit Nero die integrierten Videos auf keinen Fall vor dem Brennvorgang neu transkodiert. Aus diesem Grund dürfen Sie auch die Einstellungen bezüglich der *Codierungsauflösung* und der *Codierungsbitrate* vernachlässigen. Für die weitere Vorgehensweise ist es egal, ob

7. Video-Authoring mit NeroVision Express 2 und Nero 6

Sie *Video CD* oder *Super Video CD* ausgewählt haben, da beide Scheiben mit Nero Burning Rom identisch erzeugt werden.

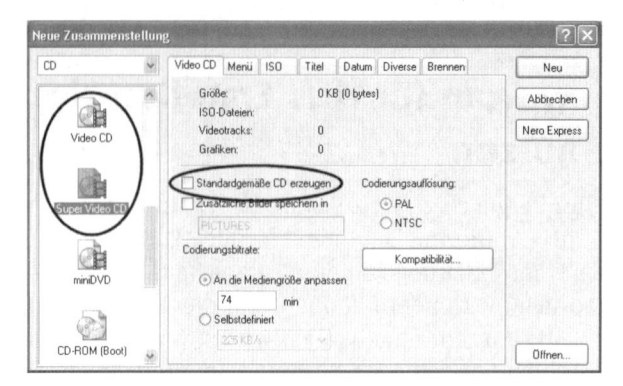

3 Soll die zu erstellende Videodisk ein Auswahlmenü enthalten, wechseln Sie in die Registerkarte *Menü* und schalten *Menü aktivieren* ein. Darunter nehmen Sie die gewünschte Menügestaltung vor. Eine Vorschau erhalten Sie mit einem Klick auf *Erste Seite zeigen*.

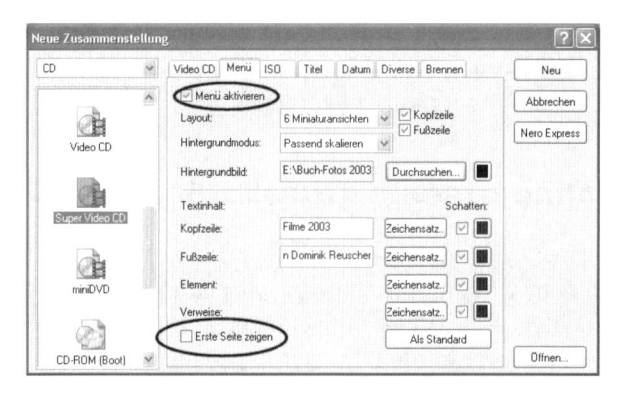

4 Hüpfen Sie in die Registerkarte *ISO*, um das Dateisystem für die zu brennende Disk zu bestimmen. Als *Dateinamenlänge* wählen Sie *Maximal 11 = 8 + 3 Zeichen (ISO Level 1)* aus und setzen den *Zeichensatz* auf *ISO 9660 (standard ISO CD-ROM)*.

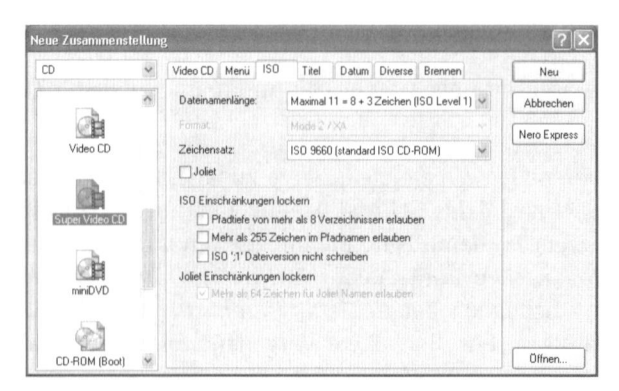

Nero Burning Rom für das Erstellen der Videoscheiben nutzen

Deaktivieren Sie *Joliet* und alle Einträge unter *ISO Einschränkungen lockern*, um für eine größtmögliche Kompatibilität der gebrannten Videoscheibe zu sorgen. Klicken Sie auf *Neu*, um das Projekt zu starten.

5 Ziehen Sie jetzt die zu brennenden Filme aus dem *Datei Browser* in das untere Fenster der CD-Zusammenstellung hinein.

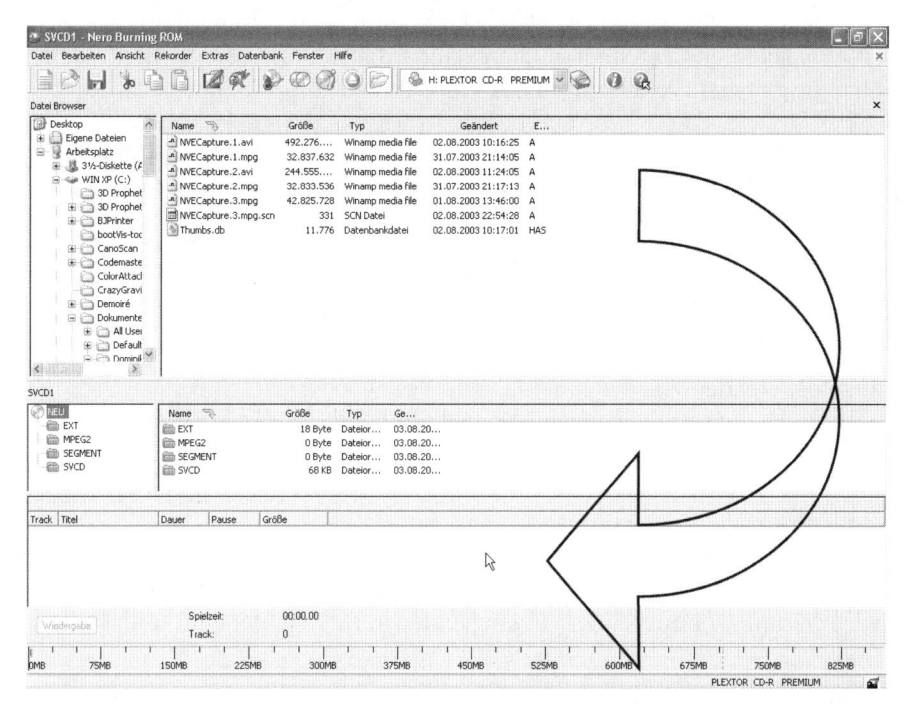

6 Nachdem Sie alle Dateien integriert haben, rufen Sie über *Rekorder/Zusammenstellung brennen* die Schreiboptionen von Nero Burning Rom auf. Kontrollieren Sie, ob die Option *CD fixieren* eingeschaltet ist, und wählen Sie die gewünschte Schreibgeschwindigkeit aus. Starten Sie den Brennvorgang – die Videodateien werden unverändert auf die Videodisk gebrannt.

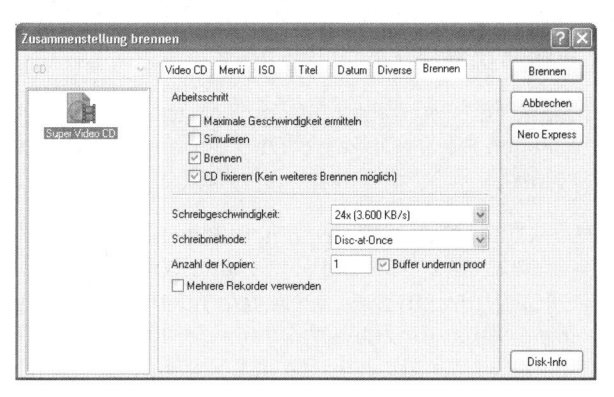

Kompatibilitätscheck von Nero unter der Lupe

Wollen Sie mit Nero Burning Rom eine standardgemäße Video- bzw. Super-Video-CD brennen und haben daher im Fenster *Neue Zusammenstellung* in der Registerkarte *Video-CD* den Eintrag *Standardgemäße CD erzeugen* nicht deaktiviert, werden alle in das Zusammenstellungsfenster hineingezogenen Dateien von Nero genau analysiert. Stellt das Programm bei den integrierten MPEG-Dateien Abweichungen von dem nötigen Standard fest, taucht ein Fenster auf, das Sie über die genauen Verletzungen des Videoformats informiert.

Kompatibilitätscheck optimal beantworten

Sie haben die Möglichkeit, über *Standard Kompatibilität ausschalten und fortsetzen* Nero anzuweisen, die den Standard verletzende Videodatei unverändert auf den Rohling zu brennen und die weitere Überprüfung der noch zu integrierenden Filme zu unterlassen. Diese Vorgehensweise ist optimal, wenn Sie wissen, dass die Datei genau dem Videostandard entspricht und sich Nero beispielsweise „irrt" oder Sie eine „exotische" Videoscheibe (beispielsweise XVCD oder XS-VCD) brennen wollen. Für eine absolut normgerechte Videodisk sollten Sie dagegen die Option *Die Videodatei neu enkodieren* nutzen – das Filmmaterial wird dadurch vor dem Brennvorgang in den korrekten Standard transkodiert.

DVD-Videostruktur als Video-DVD brennen

Nero Burning Rom beherrscht kein Video-Authoring für eine Video-DVD – hierfür benötigen Sie ein separates Programm (beispielsweise NeroVision Express). Mit Nero Bunring Rom können Sie „nur" die bereits auf der Festplatte in einem Ordner angelegte Videostruktur einer DVD (zum Beispiel mit NeroVision Express über die Option im Brennfenster *In Festplatten Ordner schreiben* oder einer anderen Software erzeugt) auf einen DVD-Rohling brennen.

1 Starten Sie Nero Burning Rom oder wählen Sie im Programmfenster *Datei/Neu*. Im neuen Fenster stellen Sie als Disk-Typ *DVD* ein und markieren darunter den Eintrag *DVD-Video*.

2 In der Registerkarte ISO wählen Sie als *Dateinamenlänge* den Eintrag *Maximal 11 = 8 + 3 Zeichen (ISO Level 1)* aus und setzen den *Zeichensatz* auf *ISO 9660 (standard ISO CD-ROM)*. Deaktivieren Sie *Joliet* und alle Einträge unter *ISO Einschränkungen lockern*, um für eine größtmögliche Kompatibilität der gebrannten Videoscheibe zu sorgen. Klicken Sie auf *Neu*, um das Projekt zu starten.

Nero Burning Rom für das Erstellen der Videoscheiben nutzen

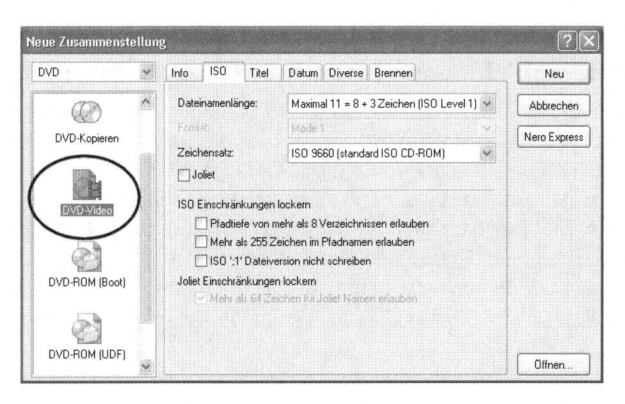

3 Im Zusammenstellungsfenster öffnen Sie zunächst den Ordner *VIDEO_TS* und ziehen sämtliche Daten des Ordners, der die zu brennende Video-DVD-Struktur enthält, aus dem *Datei Browser* hinein. Der Ordner *AUDIO_TS* im Zusammenstellungsfenster dient ausschließlich der Kompatibilitätsverbesserung und bleibt leer!

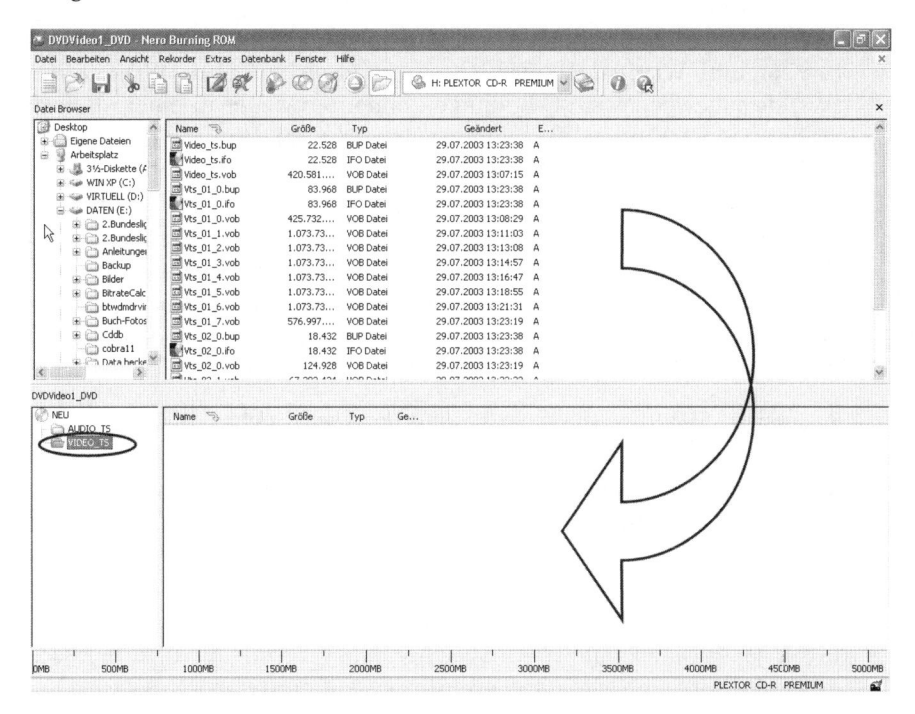

4 Rufen Sie anschließend über *Rekorder/Zusammenstellung brennen* das Fenster mit den Schreiboptionen auf. Die Voreinstellungen übernehmen Sie unverändert und starten den Brennvorgang. Zum Abschluss halten Sie eine Video-DVD in Ihren Händen, die mit Nero Burning Rom aus der auf der Festplatte vorhandenen DVD-Videostruktur erzeugt wurde.

> **Kompatibilitätsprobleme? Videostruktur als Daten-DVD brennen!**
> Wird die gebrannte Video-DVD nicht abgespielt, versuchen Sie folgenden Trick: Erstellen Sie eine gewöhnliche Daten-DVD (auf strengen ISO 9660-Standard achten) und legen im Zusammenstellungsfenster die beiden Ordner *AUDIO_TS* & *VIDEO_TS* eigenhändig an. Öffnen Sie den Ordner *VIDEO_TS* und ziehen alle Dateien der DVD-Videostruktur hinein und starten anschließend den Brennvorgang. Die über das Daten-DVD-Projekt gebrannte Video-DVD sollte problemlos abspielbar sein! Hintergrund: Einige DVD-Player stören sich an der speziellen Anordnung der Videodateien, die Nero Burning Rom automatisch vor dem Brennen eines Video-DVD-Projekts vornimmt – diese „Dateisortierung" entfällt beim Brennen der Videostruktur über das Daten-DVD-Projekt.

DVD-Brennverfahren im Detail

Neben der Disc-at-Once Brennmethode werden bei DVD-Rohlingen weitere Brennverfahren, die in der Regel denen eines CD-Rohlings ähneln, eingesetzt. Hier ein Überblick:

- **Incremental Writing**: Dieses Schreibverfahren wird bei DVD-R/RW bzw. DVD+R angewendet. DVD-Rohlinge können entweder in einem Rutsch gebrannt (Disc At Once) oder durch das Incremental Writing nacheinander mit neuen Daten gefüllt werden (Multisession-Prinzip). Durch die besondere Schreibeigenschaft Restricted Overwriting ist es bei einem DVD-RW-Medium möglich, bereits geschriebene Daten zu verändern. Das Incremental Writing-Verfahren bei einer DVD-R gleicht dem Brennen einer CD-R im Packet Writing-Modus; die Rohlingkapazität wird hierbei häppchenweise ausgeschöpft. Zum Abschluss sollte der Rohling finalisiert werden (das endgültige Lead-In und Lead-Out erhalten), damit er in jedem Laufwerk lesbar ist.

- **Sequential Writing:** Diese Schreibmethode wird neben Disc At Once beim Brennen einer DVD+RW eingesetzt. Sequential Writing ermöglicht, den Rohling nacheinander mit Daten zu füllen (Multisession-Prinzip); dabei wird zum Abschluss jedes Schreibvorgangs ein temporäres Lead-Out, das das Ende der gebrannten Daten markiert, auf die Scheibe geschrieben, um die Kompatibilität des nicht finalisierten Mediums mit DVD-ROM-Laufwerken zu erhöhen. Das temporäre Lead-Out überschreibt der DVD-Brenner beim Hinzufügen neuer Daten, damit kein Speicherplatz vergeudet wird; zum Abschluss des Brennvorgangs erzeugt der Writer erneut ein temporäres Lead-Out. Sequential Writing ist eine Schreibvariante des Incremental Writings.

- **Random Access Recording:** Random Access Recording bedeutet, dass Sie (eine geeignete Software vorausgesetzt) auf einen wieder beschreibbaren DVD-Rohling jederzeit Daten in den formatierten Bereich brennen können; um dies zu gewährleisten, wird die notwendige Formatierung bei einem DVD+RW-Medium unbemerkt im Hintergrund durchgeführt – die Vorgehensweise ist dem neuen Schreibstandard Mount Rainier ähnlich. Ein DVD-

RW-Rohling musste dagegen lange Zeit vor dem Einsatz komplett formatiert werden, was sehr Zeit raubend war; moderne DVD-Brenner, die DVD-RW mit 2facher Geschwindigkeit brennen, beherrschen dagegen ebenfalls das Formatieren im Hintergrund – dieses Feature nennt man Quick Formating. Das Schreibverfahren Random Access Recording wird beispielsweise beim Einsatz eines DVD-Rohlings als mobile Festplatte mit der UDF-Software InCD verwendet.

Die Begriffe Incremental Writing und Sequential Writing werden häufig nicht genau unterschieden, schließlich bezeichnen beide auf den ersten Blick die gleiche Schreibmethode, das häppchenweise Füllen eines DVD-Rohlings nach dem Multisession-Prinzip. Bei der inkrementellen Datensicherung (Incremental Writing & Sequential Writing) werden nur die Daten neu auf den Rohling gebrannt, die seit der letzten Sicherung verändert bzw. neu angelegt wurden. Sequential Writing ist nur eine Schreibvariante des Incremental Writing; dieses kann beispielsweise bei DVD-RW auch durch Restricted Overwriting realisiert werden. Im Gegensatz zum sequentiellen Schreiben (Folge von mehreren miteinander verknüpften Brennsessions auf einem Medium) ist es beim Incremental Writing in der Schreibvariante Restricted Overwriting möglich, Daten innerhalb einer schon gebrannten Session zu verändern.

7.3 So geht's: Video-DVDs ohne erneute Transkodierung erstellen

Wenn Sie mit NeroVision Express eigene DVDs erstellen, wird es Sie sicherlich ärgern, dass das Programm (in der aktuellen Version 2.0.1.1) vor dem Schreibvorgang alle zu brennenden Videodateien, selbst wenn diese dem DVD-Standard entsprechen, transkodiert. Es bleibt zu hoffen, dass Ahead baldmöglichst eine Funktion integriert, mit dem das erneute und unnötige Kodieren von Videodateien, die den DVD-Standard bereits erfüllen, verhindert werden kann. Bis dahin müssen Sie sich mit der Zeit kostenden Neukodierung vor dem Brennvorgang zufrieden geben oder ein anderes Programm für das Video-Authoring bei einer DVD nutzen.

TMPGEnc DVD Author

Haben Sie beispielsweise Ihre Videodateien mit TMPGEnc professionell transkodiert, sollten Sie zur Erzeugung der DVD-Videostruktur das Programm TMPGEnc DVD Author nutzen. Die Software stammt vom gleichen Hersteller wie TMPGEnc, sodass Sie sicher sein können, dass alle Videos, die Sie mit TMPGEnc transkodiert haben, nicht erneut von TMPGEnc DVD Author kodiert werden – beide Programme harmonieren prächtig miteinander.

7. Video-Authoring mit NeroVision Express 2 und Nero 6

Selbst die von Ihnen mit NeroVision Express über das DVD-Profil direkt im MPEG-2-Standard aufgezeichneten Videos werden von der Software TMPGEnc DVD Author nicht erneut transkodiert, da sie bereits im richtigen Format vorliegen.

Eine Testversion von TMPGEnc DVD Author, die 30 Tage lang uneingeschränkt genutzt werden darf, erhalten Sie unter *http://www.pegasys-inc.com*.

Crashkurs: Videostruktur erstellen

Im Folgenden zeige ich Ihnen kurz, wie das Video-Authoring für eine DVD mit TMPGEnc funktioniert. Voraussetzung: Alle Videodateien, die Sie auf die Video-DVD brennen wollen, liegen bereits im DVD-Standard auf der Festplatte vor.

1 Nachdem Sie TMPGEnc DVD Author installiert haben, starten Sie das Programm und klicken im erscheinenden Fenster auf *Create new project*.

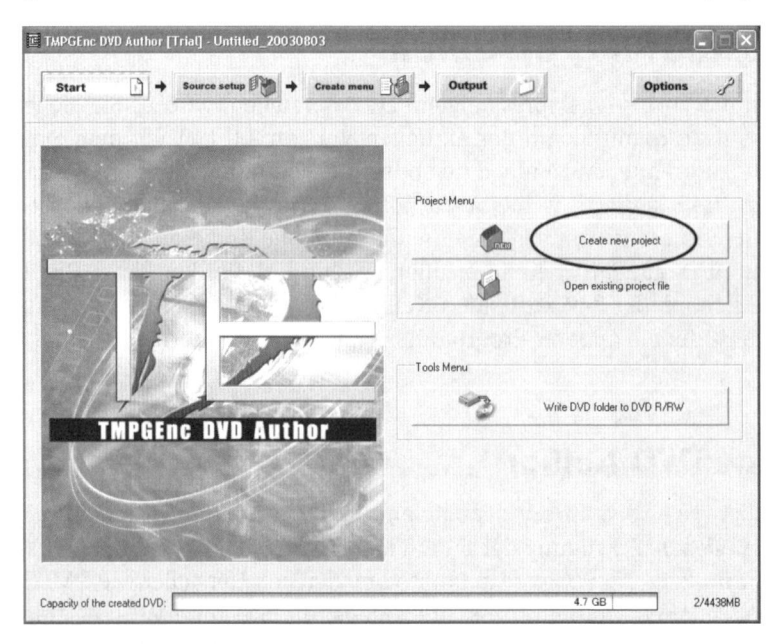

2 Im neuen Fenster integrieren Sie die Videodateien über *Add file* in das Projekt. Möchten Sie die Filme bearbeiten, markieren Sie das entsprechende Video im Zusammenstellungsfenster und klicken auf *Edit clip*.

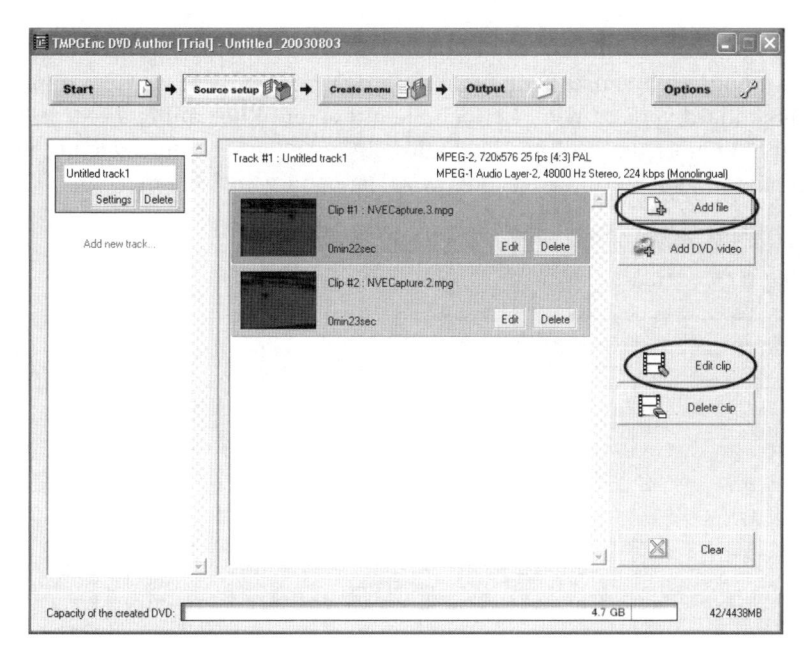

So geht's: Video-DVDs ohne erneute Transkodierung erstellen

3 Ein Auswahlmenü für die zu brennende Video-DVD erzeugen Sie, indem Sie oben auf die Schaltfläche *Create menu* klicken, um in das Fenster für die Menügestaltung zu gelangen.

4 Nach dem Anlegen eines professionellen Menüs klicken Sie oben im Fenster auf *Output*, um das Video-DVD-Projekt als DVD-Videostruktur auf der Festplatte abzuspeichern. Aktivieren Sie den Eintrag *Create DVD folder* und legen unter *Output folder* den Speicherort auf der Festplatte fest.

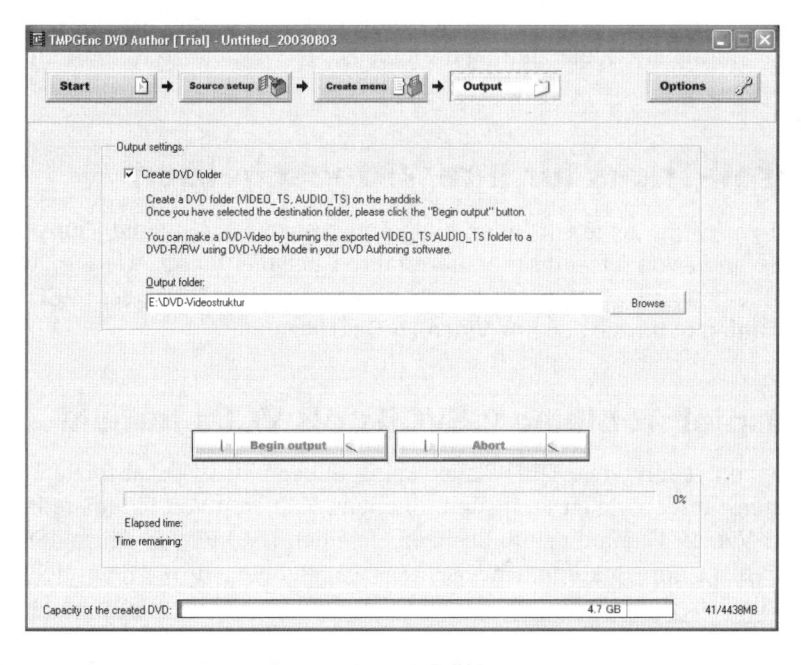

7. Video-Authoring mit NeroVision Express 2 und Nero 6

5 Klicken Sie auf *Begin output*, um das Erzeugen der Video-DVD-Struktur zu starten. Sollte ein Fenster auftauchen, in dem Sie gewarnt werden, dass der DVD-Standard verletzt wird, können Sie mit einem Klick auf *Ignore* trotzdem die DVD-Videostruktur ohne Neukodierung erstellen – ob eine solche Video-DVD allerdings fehlerfrei abgespielt wird, ist nicht ganz sicher!

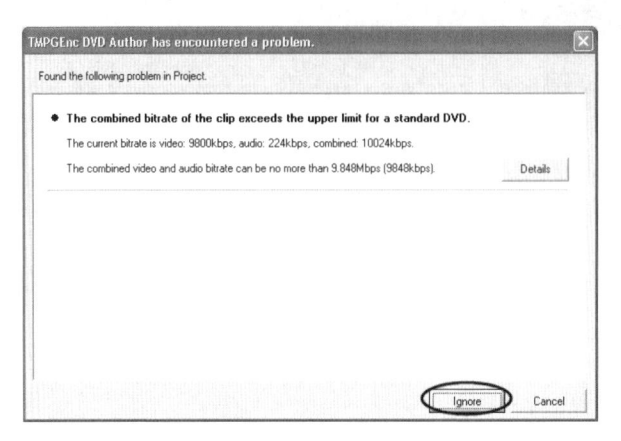

6 Nachdem die DVD-Struktur auf der Festplatte im gewünschten Ordner angelegt wurde, erscheint ein neues Fenster. Dieses schließen Sie mit *OK*. Den kompletten Inhalt des von TMPGEnc DVD Author am angegebenen Speicherort erstellten Ordners *VIDEO_TS* brennen Sie mit Nero Burning Rom, wie auf Seite 264 beschrieben, auf einen DVD-Rohling – fertig ist die Video-DVD, und das ohne lästige und Zeit raubende Neukodierung der Videos.

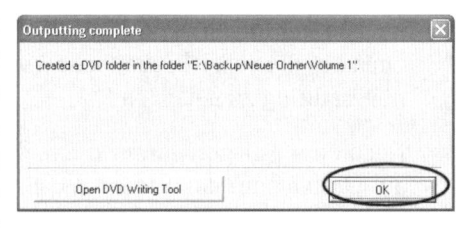

7.4 Profi-Tricks für Ihre Videoscheiben

In diesem Abschnitt zeige ich Ihnen einige interessante Tricks und Tipps rund um das Brennen von Videodisks – Sie erfahren beispielsweise, wie Sie „exotische" XVCDs bzw. XS-VCDs erstellen oder Videos von einer VCD oder SVCD kostenlos extrahieren, um sie auf eine Video-DVD zu brennen.

Bei Abspielproblemen: SVCDs als VCDs tarnen!

Leider können relativ viele DVD-Player keine Super-Video-CDs abspielen; dies liegt meistens an den vielen Freiheiten, die beim Kodieren von Filmmaterial für eine Super-Video-CD erlaubt sind. Besitzen Sie einen DVD-Player, der mit Super-Video-CDs nicht zurechtkommt, müssen Sie wahrscheinlich trotzdem nicht auf qualitativ hochwertige Videos auf einem CD-Rohling verzichten: Tarnen Sie die

Videodateien, die dem Super-Video-Standard vorliegen, als Filme für eine Video-CD und brennen sie anschließend (ohne Neukodierung) auf eine Video-CD – die Chancen, dass Ihr DVD-Player die resultierende Video-CD mit Filmmaterial in Super-Video-CD-Auflösung abspielt, stehen gut!

1 Starten Sie TMPGEnc und wählen Sie im Hauptfenster des Programms *File/ MPEG Tools*.

2 Suchen Sie hinter *Video input* mit einem Klick auf *Browse* die erste zu manipulierende Videodatei im SVCD-Format aus und stellen anschließend hinter *Type* den Eintrag *MPEG-1 Video-CD* ein.

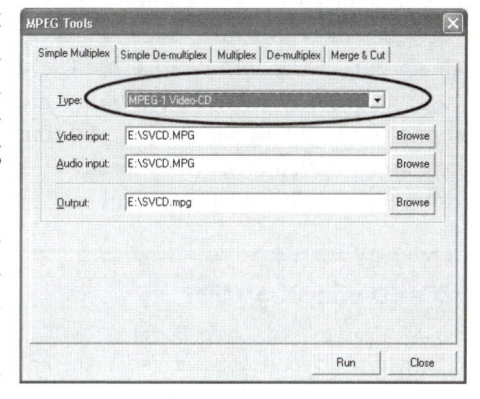

3 Legen Sie hinter *Output* den Speicherort für die manipulierte Videodatei fest und starten Sie den Vorgang mit einem Klick auf *Run*. Das Einzige, was TMPGEnc an der Datei verändert, sind die Header-Informationen, sodass sich das SVCD-Video als VCD-Video ausgibt – die Videodatei wird nicht neu kodiert.

4 Manipulieren Sie auf die gleiche Weise alle zu brennenden Filme im SVCD-Format und schließen danach TMPGEnc wieder.

5 Starten Sie Nero Burning Rom und legen Sie über das Fenster *Neue Zusammenstellung* ein neues Video-CD-Projekt an. Deaktivieren Sie unbedingt den Eintrag *Standardgemäße CD erzeugen*, damit Nero die integrierten Videodateien ohne Neukodierung auf den Rohling brennt. Die übrigen Einstellungen nehmen Sie wie gewohnt vor.

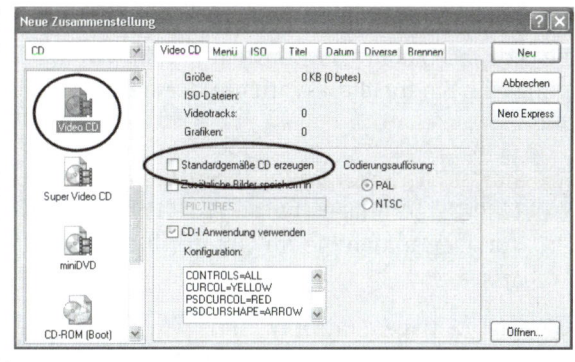

6 Nach dem Schreibvorgang testen Sie die Scheibe gleich im DVD-Player. Gibt dieser das Medium fehlerfrei wieder, haben Sie eine elegante Möglichkeit gefunden, um Videos im Super-Video-CD-Format auf dem Gerät, das Super-Video-CDs verschmäht, wiederzugeben.

Für kleine Videos empfehlenswert: XVCDs bzw. XS-VCDs

Sie haben ein kleines Video (ca. 15 Minuten), das Sie gern in höchster Bildqualität auf einen Rohling brennen möchten? Der Griff zu einem DVD-Rohling ist nicht ratsam, da Sie dessen Kapazität in dem Fall nicht ausschöpfen. Für kleine Filme in bester Bildqualität bietet sich eine so genannte XVCD oder XS-VCD an. Das X steht dabei für e**X**tended (erweitert). Bei einer XVCD bzw. XS-VCD sind entweder die Auflösung oder die Bitrate (falls gewünscht auch beides) im Vergleich zur VCD bzw. SVCD erhöht, um eine qualitativ hochwertige Bildqualität zu erzielen, und entsprechen daher nicht mehr der festgelegten Norm. Aus diesem Grund gibt es keine Garantie, dass ein DVD-Player, der VCD bzw. SVCD liest, auch mit einer XVCD oder XS-VCD klarkommt – Sicherheit erhalten Sie nur, wenn Sie es selbst ausprobieren!

XVCD oder X-SVCD?

In der Regel sollten Sie dem Format XS-VCD den Vorzug geben, da dieses mit Filmmaterial von Interlace-Quellen (Halbbilder-Verfahren) im Gegensatz zu XVCD deutlich besser zurechtkommt. Bei einer XVCD kommt es aufgrund des MPEG-1-Standards, der den Interlaced-Modus nicht unterstützt, schnell zu hässlichen Kammartefakten, die jeglichen Videogenuss stören. Möchten Sie trotzdem eine XVCD erstellen, weil Ihr DVD-Player keine XS-VCDs abspielt, aktivieren Sie beim Enkodieren mit TMPGEnc den Deinterlace-Filter der Software!

TMPGEnc-Vorlagen für XVCD & XS-VCD erstellen

Für das Erzeugen von Videos für eine XVCD bzw. XS-VCD bietet sich TMPGEnc bestens an. Das Programm stellt bereits Vorlagen für VCD bzw. SVCD zur Verfügung, die Sie für die X-Variante der beiden Standards nur etwas anpassen müssen.

1 Starten Sie einen Editor Ihrer Wahl und öffnen Sie damit die entsprechende TMPGEnc-Vorlage (*VideoCD (PAL).mcf* oder *SuperVideoCD (PAL).mcf*). Die Vorlagen finden Sie im Unterordner *Template* des Programmhauptverzeichnisses.

2 Die Vorlage *VideoCD (PAL).mcf* passen Sie für eine XVCD folgendermaßen an: Suchen Sie zunächst die beiden Zeilen *MPEG.Video.Width* und *MPEG.Video.Height* – diese bestimmen die Auflösung des Filmmaterials. Für eine hervorragende Bildqualität der XVCD geben Sie die Video-DVD-Auflösung (720 x 576) ein. Spüren Sie anschließend unter *MPEGVideoEncoder_ RateControlMode_CBR* den Eintrag *MPEG.Video.CBR_BitRate* auf. Hierüber geben Sie die gewünschte Bitrate für die Filme der XVCD an – je höher, desto besser ist die Bildqualität! Im Beispiel wurden 3.000 KBit/s eingestellt – die Standardbitrate der Video-CD beträgt 1150 KBit/s. Speichern Sie die Änderungen als neue Vorlage (beispielsweise unter dem Namen *XVCD.mcf*) ab.

3 Die Vorlage *SuperVideoCD (PAL).mcf* ändern Sie für eine XS-VCD folgendermaßen: Suchen Sie die Zeilen *MPEG.Video.Width* und *MPEG.Video.Height* – diese bestimmen die Auflösung des Videomaterials. Für eine hervorragende Bildqualität der XS-VCD geben Sie die Video-DVD-Auflösung (720 x 576) ein. Forschen Sie danach unter *MPEGVideoEncoder_MultipassVBRAlgorithm_ MultipassCQ* nach den beiden Einträgen *MPEG.Video.VBR_AvgBitRate* und *MPEG.Video.VBR_MaxBitRate*. Hinter diesen geben Sie jeweils die gewünschte mittlere und maximale Videobitrate der XS-VCD beim 2-pass VBR (variable Bitrate) Codierverfahren von TMPGEnc an. Im Beispiel wurden als mittlere 5.000 KBit/s und als maximale 8.000 KBit/s eingestellt. Vorsicht: Manche DVD-Player neigen bei einer zu hohen Bitrate wegen Überlastung zu ruckelhafter Darstellung. Speichern Sie die Änderungen der Vorlage unter einem neuen Namen ab.

Vidoes richtig kodieren

1 Nachdem Sie die notwendigen XVCD- bzw. XS-VCD-Vorlagen für den Kodiervorgang mit TMPGEnc erstellt haben, wählen Sie die zu transkodierende Videodatei im Hauptfenster des Programms hinter *Video source* über *Browse* aus und legen darunter den Speicherort der zu erstellenden Videodatei fest.

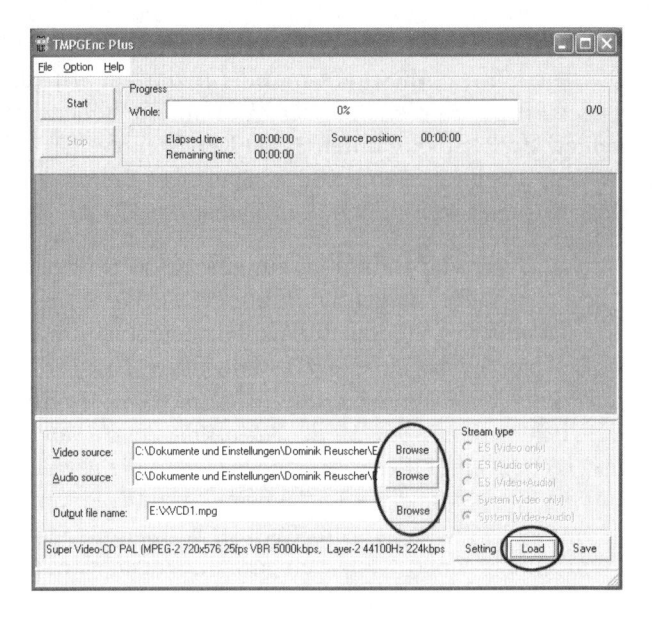

7. Video-Authoring mit NeroVision Express 2 und Nero 6

2 Klicken Sie auf *Load*, markieren Sie im auftauchenden Fenster die neu erstellte XVCD- bzw. XS-VCD-Vorlage und klicken auf *Öffnen*.

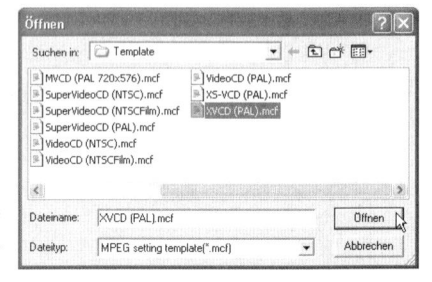

3 Die Voreinstellungen werden vorgenommen. Bei einer XVCD dürfen Sie den Kodiervorgang sofort mit einem Klick auf *Start* beginnen. Bei einer XS-VCD checken Sie vorher über *Settings*, ob hinter *Rate control mode* der Eintrag *2-pass VBR* ausgewählt ist.

XVCD bzw. XS-VCD mit Nero Burning Rom brennen

Nachdem Sie alle Videos, die Sie auf die XVCD bzw. XS-VCD brennen wollen, mit TMPGEnc kodiert haben, brennen Sie diese mit Nero Burning Rom auf einen CD-Rohling.

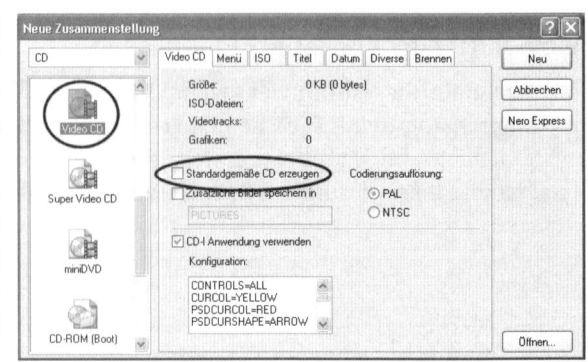

1 Starten Sie Nero Burning Rom und legen Sie über das Fenster *Neue Zusammenstellung* ein neues Video-CD- bzw. Super-Video-CD-Projekt an. Wichtig: Deaktivieren Sie unbedingt den Eintrag *Standardgemäße CD erzeugen*, damit Nero die integrierten Videodateien ohne Neukodierung auf den Rohling brennt. Die übrigen Einstellungen nehmen Sie wie gewohnt vor.

2 Nach dem Schreibvorgang testen Sie die Scheibe gleich im DVD-Player. Gibt dieser das Medium fehlerfrei wieder, haben Sie eine elegante Möglichkeit gefunden, um kurze Videos in höchster Qualität auf einen CD-Rohling zu brennen.

Videos von einer VCD bzw. SVCD auf DVD brennen

Sie möchten Videos, die sich bereits auf einer Video- oder Super-Video-CD befinden, auf eine DVD brennen? Das ist durchaus sinnvoll, schließlich passen auf eine DVD wesentlich mehr Daten, sodass der bei einer Video- bzw. Super-Video-CD notwendige Disk-Wechsel zum Betrachten des kompletten Films entfällt.

Filme mit IsoBuster extrahieren

Im ersten Schritt müssen Sie die Videodateien von der Scheibe extrahieren – dazu benötigen Sie ein separates Programm, beispielsweise den IsoBuster, den Sie unter *http://www.smart-projects.net/isobuster/* erhalten. Zum Auslesen der Videos reicht die Freeware-Variante vollständig aus!

1 Starten Sie nach der Installation das Programm und wählen zunächst das Laufwerk, das die Video- bzw. Super-Video-CD enthält, aus. Die gewünschte Sprache stellen Sie über *Options/Language* ein.

2 Öffnen Sie bei einer Video-CD den Ordner *MPEGAV*, bei einer Super-Video-CD den Ordner *MPEG2*. Alle auf der Disk enthaltenen Videodateien werden daraufhin im rechten Fenster aufgelistet.

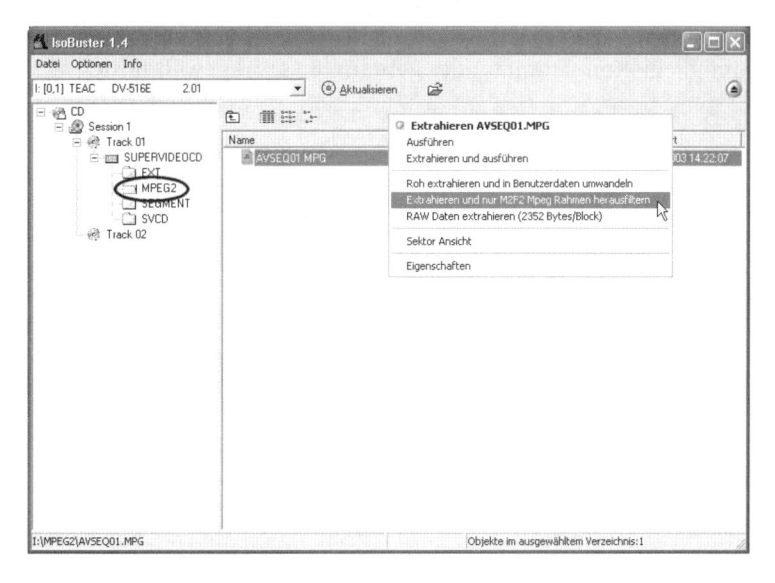

3 Im Kontextmenü des auszulesenden Videos wählen Sie sowohl bei einer Video- als auch Super-Video-CD den Eintrag *Extrahieren und nur M2F2 Mpeg Rahmen herausfiltern*. Nachdem Sie einen Speicherort bestimmt haben, wird das Video ausgelesen und als MPEG-Datei auf der Festplatte abgespeichert.

Extrahierte VCD- bzw. SVCD-Videos auf DVD brennen

Die extrahierten Filme der Video- bzw. Super-Video-CD können Sie, falls gewünscht, mit TMPGEnc zusammenfügen und danach mit NeroVision Express als Video-DVD auf einen DVD-Rohling brennen. Dabei werden die ausgelesenen Videodateien vor dem Brennvorgang im DVD-Standard neu kodiert. Die erstellte Video-DVD ist auf allen DVD-Playern, die gebrannte DVDs lesen, einsetzbar.

Videos ohne komplette Neukodierung auf DVD brennen?

Neben der kompletten Neukodierung der extrahierten Filme für das Brennen auf eine Video-DVD gibt es die Möglichkeit, ausschließlich die Audiospur der ausgelesenen SVCDs neu zu kodieren (zwingend notwendig, da sie bei SVCDs mit 44 kHz vorliegt, der DVD-Standard aber 48 kHz verlangt) – die Videospur bleibt dagegen unverändert, da sie zwar in einer falschen Auflösung vorliegt, aber bereits im für Video-DVDs erforderlichen MPEG-2-Standard kodiert ist. Eine genaue Anleitung für diese Vorgehensweise erhalten Sie beispielsweise unter *http://www.dvdrhelp.com/svcddvdr.htm*. Der Vorteil der Methode: Sie geht etwas schneller als die komplette Neukodierung der ausgelesenen Videodaten beim Brennen der Filme mit NeroVision Express. Allerdings hat sie einen (oft verschwiegenen) gravierenden Nachteil: Viele DVD-Player stolpern über die in falscher Auflösung auf die Video-DVD gebrannten Videos und verweigern die Wiedergabe bzw. es kommt zu Bildverzerrungen oder starken Rucklern! Aus diesem Grund empfehle ich Ihnen stets die komplette Neukodierung von Videos einer Video- bzw. Super-Video-CD, die Sie als Video-DVD brennen wollen – nur so ist eine größtmögliche Kompatibilität der gebrannten DVD gewährleistet.

8. Professionelle Audio-CDs mit perfekter Soundqualität erstellen

Sie wollen aus Ihrer großen CD-Sammlung eigene Hitscheiben kreieren, digitalisierte Kassetten- bzw. Schallplattenaufnahmen oder MP3- bzw. WMA-Hits auf dem Hi-Fi-CD-Player wiedergeben? Bei allen Vorhaben lauern tückische Hürden, die Sie für ein professionelles Ergebnis überwinden müssen: Entweder gelingt das Extrahieren der Audiotracks nicht fehlerfrei, weil beispielsweise das Laufwerk DAE nicht korrekt beherrscht bzw. die Quell-CDs stark verkratzt sind, oder die einzelnen Musikstücke sind auf der gebrannten Disk unterschiedlich laut. In diesem Kapitel erfahren Sie alles Wissenswerte rund um die Erstellung von Musikdisks, damit sich die gebrannte Disk von einer gekauften Scheibe nicht unterscheiden lässt: Nutzen Sie CD-TEXT, unterteilen Sie lange Musikstücke in mehrere Tracks, optimieren Sie die Auslesequalität Ihrer Laufwerke oder verwenden Sie spezielle Brennverfahren für optimalen Klang der gebrannten Musikscheibe.

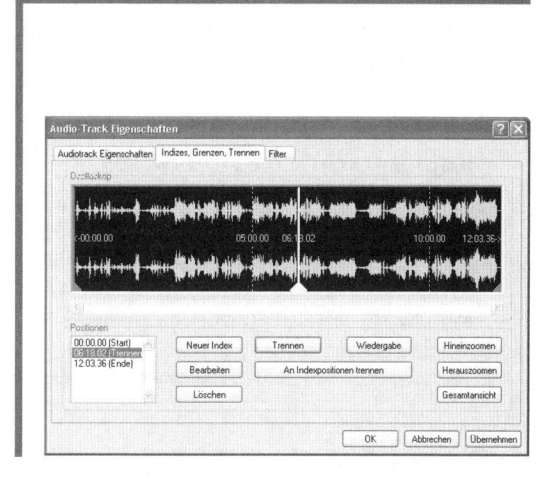

8.1	DAE-Qualität prüfen und optimieren	278
8.2	Beschädigte und verschmutzte CDs retten	291
8.3	Wissen, was gespielt wird – CD-TEXT und CD-Datenbank nutzen	294
8.4	Komprimierte Musik für die Erstellung von Audio-CDs verwenden	302
8.5	Pausenmanagement, Audiobearbeitung und Klangoptimierung	304
8.6	Optimale Brennparameter für Audio-CDs	313
8.7	Musik und Daten auf einer Scheibe mischen	322

8. Professionelle Audio-CDs mit perfekter Soundqualität erstellen

8.1 DAE-Qualität prüfen und optimieren

Wollen Sie mit Ihrer CD-Sammlung eigene Hitscheiben erstellen, müssen die Musiktracks zunächst digital ausgelesen und als Audiodatei im Wave-Format auf der Festplatte abgespeichert werden. Das digitale Auslesen einer Audio-CD per Software über das Datenkabel des Laufwerks wird als **D**igital **A**udio **E**xtraction (DAE) bezeichnet. Leider ist das fehlerfreie Extrahieren von Musikdateien sehr schwer, sodass selbst einige moderne Laufwerke scheitern. Sie sollten aus diesem Grund vor der Erstellung der Musikscheibe testen, wie gut Ihr Laufwerk DAE beherrscht – sonst können in fehlerhaft ausgelesenen Musiktiteln Störgeräusche in Form von Klicks, Klacks oder Musiksprüngen vorkommen, die jeglichen Musikgenuss vernichten. Bereits im Wave-Format vorliegende Musikstücke ziehen Sie wie gewohnt per Drag & Drop aus dem Dateibrowser in das Zusammenstellungsfenster des Audioprojekts hinein.

> **Kopiergeschützte Audio-CDs**
>
> Für die Zusammenstellung eigener Hit-CDs aus eigenen Beständen von Original-CDs bzw. für die DAE-Tests dürfen Sie nach neuer, aktueller Rechtslage ausschließlich nicht kopiergeschützte Audio-CDs kopieren, und das auch nur zum Eigengebrauch. Es ist deshalb auch nicht möglich, mit Nero Audiotracks von einer kopiergeschützten Scheibe auszulesen. Versuchen Sie, mit Nero eine Scheibe mit Kopierschutz auszulesen, wird der Lesevorgang sofort mit einer Fehlermeldung abgebrochen.

Der ultimative DAE-Test für Ihr Laufwerk

Mit dem Tool Nero CD-DVD Speed besitzen Sie bereits eine ideale Testsoftware, um die DAE-Fähigkeiten des Laufwerks genau unter die Lupe zu nehmen. Anschließend wissen Sie, ob Sie mit dem Gerät die Audioscheiben fehlerfrei digital auslesen können. Alles, was Sie für die folgenden Tests benötigen, ist eine unbeschädigte (nicht verkratzte) Audio-CD und eine leere CD-R mit 74 oder 80 Minuten Spielzeit. Verwenden Sie möglichst einen Markenrohling, um die Testergebnisse nicht durch eine schlechte Brennqualität negativ zu beeinflussen.

Extrahiergeschwindigkeit ermitteln

Die Auslesegeschwindigkeit moderner Laufwerke ist in Bezug auf Audiodaten meistens deutlich geringer als die Transferrate beim Lesen einer Daten-CD. Mit Nero CD-DVD Speed ermitteln Sie die Auslesegeschwindigkeit des Laufwerks und erfahren in der Grafik, ob das Laufwerk die CD fehlerfrei liest.

1 Legen Sie die Musik-CD ein und wählen Sie in Nero CD-DVD Speed das Laufwerk aus, das die Scheibe enthält.

2 Wählen Sie *Test durchführen/Übertragungsrate*. Nero CD-DVD Speed ermittelt die Auslesegeschwindigkeit des Laufwerks und zeigt diese in einer Grafik

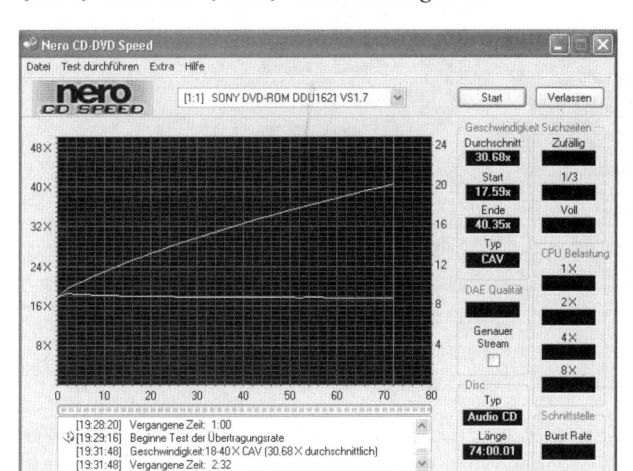

an. Unter *Geschwindigkeit* erfahren Sie die mittlere (*Durchschnitt*), Anfangs- (*Start*) und End- (*Ende*) Geschwindigkeit.

Die Angaben auf der senkrechten Achse (Ordinate) stellen die Geschwindigkeitsstufen dar, die auf der waagerechten (Abszisse) die Zeit der Musik-CD in Minuten. Beim Auslesen der Musikscheibe kommt es nicht so sehr auf die Geschwindigkeit an – viel

Starke Schwankungen der Transferrate = Leseprobleme!

wichtiger ist ein fehlerfreier Lesevorgang. Treten im Verlauf der grünen Grafik (Übertragungsrate) starke Schwankungen (Transfereinbrüche) auf, hat das Laufwerk große Probleme, die Musik-CD zu lesen, was zu Störgeräuschen in den ausgelesenen Musiktracks führt. Bei starken Schwankungen prüfen Sie zunächst, ob die Audio-CD auf der Rückseite verkratzt ist und nehmen gegebenenfalls eine andere. Ist das Medium nicht beschädigt, taugt das Laufwerk wahrscheinlich nicht zum fehlerfreien Auslesen von Musikdisks – führen Sie die folgenden Tests durch, um genaueren Aufschluss über die DAE-Fähigkeiten des Laufwerks zu erhalten.

CPU-Belastung beim digitalen Auslesen prüfen

Beim digitalen Extrahieren von Musik-CDs benötigen einige Lesegeräte viel Rechenpower. Wird die CPU zu stark belastet, kann es ebenfalls zu Störgeräuschen im ausgelesenen Musikstück kommen. Wie viel CPU-Power Ihr Laufwerk benötigt, kontrollieren Sie mit Nero CD-DVD Speed folgendermaßen:

1. Legen Sie eine Audio-CD ein und wählen Sie das Laufwerk aus, welches die Scheibe enthält. Über *Test durchführen/CPU Belastung* starten Sie den Testlauf.

2. Nach kurzer Zeit erfahren Sie die ermittelte CPU-Belastung in Prozent für die Auslesegeschwindigkeit *1X*, *2X*, *4X* und *8X* im Programmfenster unter *CPU Belastung*.

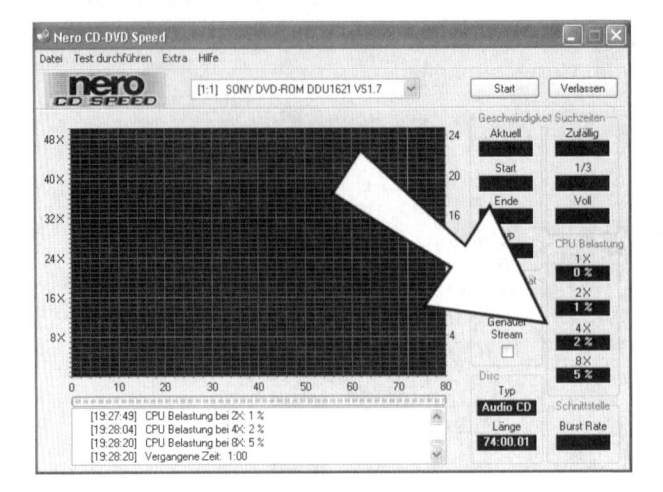

8. Professionelle Audio-CDs mit perfekter Soundqualität erstellen

3 Ist einer dieser Werte nahe im Bereich der 100%, müssen Sie tätig werden: Aktivieren Sie den prozessorschonenden DMA-Modus für das Lesegerät und schließen Sie alle nicht benötigten Programme! Bei einer CPU-Belastung von fast 100% wird kein Auslesevorgang fehlerfrei gelingen! In einigen Fällen hilft auch ein Firmwareupdate für das Leselaufwerk, das die CPU-Belastung beim Extrahieren erheblich verringert.

Zu niedrige Testgeschwindigkeiten?

Ihnen erscheinen die getesteten Lesegeschwindigkeiten zu klein – schließlich lesen moderne Laufwerke Musikdaten mit bis zu 30facher Geschwindigkeit aus? Sie haben Recht, allerdings geben die Werte doch Aufschluss darüber, ob beim Extrahieren einer Audio-CD durch eine zu hohe CPU-Belastung Musikstörungen entstehen können. Erreicht die CPU-Benutzung bei 8facher Geschwindigkeit bereits 80-90 Prozent, ist eine höhere Auslesegeschwindigkeit nicht ratsam. Liegt die CPU-Belastung nur bei ca. 10% (je niedriger, umso besser), können Sie die Musikdaten auch wesentlich schneller auslesen, ohne Ihre CPU zu überlasten.

Fortgeschrittene DAE-Qualitätssests

Mit den folgenden Tests kontrollieren Sie, ob Ihr Laufwerk in Bezug auf DAE Höchstleistungen bringt. Zunächst müssen Sie dafür mit Nero CD-DVD Speed eine spezielle Prüf-CD brennen, um anschließend das Lesegerät damit auf seine Extrahierfähigkeiten bezüglich Audio-CDs zu testen.

1 Legen Sie den leeren Rohling in den Brenner, stellen Sie ihn als zu verwendendes Laufwerk in Nero CD-DVD Speed ein und wählen Sie *Extra/Fortgeschrittener DAE Qualitäts Test/Test CD erstellen*.

2 Im auftauchenden Fenster deaktivieren Sie die Option *Simulieren* und klicken auf *Start*, um die für den DAE-Test benötigte Test-CD zu brennen. Zum Abschluss des Brennvorgangs erhalten Sie eine Erfolgsmeldung.

DAE-Qualität prüfen und optimieren

3 Legen Sie die gebrannte CD in das zu kontrollierende Laufwerk und stellen Sie es unter Nero CD-DVD Speed als zu prüfendes Laufwerk ein.

4 Wählen Sie *Extra/Fortgeschrittener DAE Qualitäts Test* und klicken Sie auf *Start*, um mit der ausführlichen Prüfung der digitalen Auslesefähigkeit des Laufwerks zu beginnen. Die Laufwerkkontrolle dauert relativ lange – selbst schnelle moderne Laufwerke benötigen bis zu 15 Minuten. Zum Abschluss werden Ihnen die Testergebnisse mitgeteilt, die Sie sorgfältig analysieren.

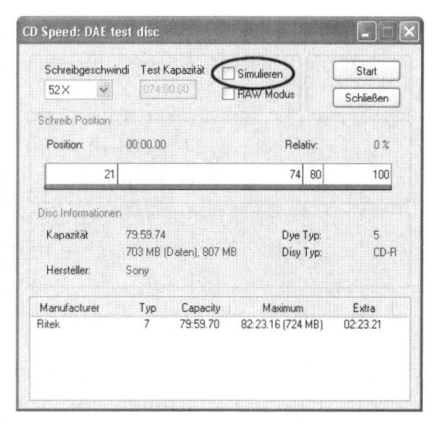

Die einzelnen Abschnitte des Testverfahrens

Zu Beginn des Tests werden die Musikdaten sequenziell (hintereinander folgend) in einem Rutsch eingelesen. Im zweiten Abschnitt werden einzelne Daten abgefragt, die verstreut auf der CD liegen, und die gelesenen Informationen mit den eigentlichen Musikdaten der Test-CD verglichen – dies ist der schwerste Teil, weil das Laufwerk trotz der ständigen Neupositionierung des Lasers die Daten exakt (nicht verschoben oder einige Bytes weglassend) einlesen muss. Zum Abschluss wird geprüft, ob das Laufwerk spezielle Features (zum Beispiel das Lesen von CD-TEXT) beherrscht.

Genaue Analyse der Testergebnisse der DAE-Qualitätstests

1 Unter *Testergebnisse* erfahren Sie zuerst die durchschnittliche Auslesegeschwindigkeit des Laufwerks in Bezug auf das Extrahieren von Audiodaten.

2 Hinter *Datenfehler* sehen Sie die Anzahl der beim Test aufgetretenen Lesefehler – steht hier 0, sind keine Lesefehler aufgetreten. Nero CD-DVD Speed vergleicht die gelesenen Musikdaten mit den eigentlichen Daten der Test-CD und ermittelt so die Anzahl der Lesefehler. Ist die Zahl an *Datenfehlern* relativ gering, liegt das wahrscheinlich nicht an den fehlerhaften Auslesefähigkeiten des Laufwerks, sondern eher an einem verdreckten oder nicht ganz exakt gebrannten Testrohling.

3 *Sync Fehler* treten auf, wenn das Laufwerk nicht die von Nero CD-DVD Speed geforderten Daten exakt einliest, sondern die Musikdaten versetzt einliest.

Beispielsweise soll das Laufwerk die Stelle 2.500 lesen, das Laufwerk liest aber die Position 2.499 – dieses Verhalten würde zu einem *Sync Fehler* führen.

4 Der wichtigste Punkt unter *Testergebnisse* ist der letzte Eintrag – die beim gesamten Test erzielte Punktzahl bezüglich der Auslesequalität. Der beste erreichbare Wert ist 100.0. Erzielt Ihr Laufwerk nur einen deutlich niedrigeren Wert, ist es für das fehlerfreie Extrahieren von Musikdaten nicht zu gebrauchen. Sehen Sie sich nach einem Firmwareupdate um, das eventuell die Leseschwächen behebt, oder besorgen sich ein neues Lesegerät, um Musikdaten perfekt zu extrahieren.

5 Im Feld *On The Fly Kopieren* erfahren Sie, bis zu welcher Geschwindigkeit Sie „On-the-fly"-Kopien von Musik-CDs anfertigen können. Unter *Erweiterte Einstellungen* wird aufgelistet, welche Spezialeigenschaften das Laufwerk beherrscht. Für perfekte Kopien einer Audiodisk ist es aufgrund des Offsets beim Lesen (siehe folgenden Abschnitt) gut, wenn das Laufwerk das Lesen von Daten vor der eigentlichen Startposition des Mediums (*Read Leadin*) beherrscht und Daten aus dem Abschlussbereich der Scheibe (*Read Leadout*) liest. Es ist auch nützlich, wenn das Laufwerk das Lesen von CD-Text (*Read CD Text*) und das Auslesen von Subchannel-Informationen (*Read Subchannel Data*) beherrscht, um die Musiktracks inklusive dieser Zusatzinformationen extrahieren zu können.

Brenner zum Auslesen missbrauchen?

Sie stellen fest, dass Ihr Lesegerät Musikscheiben nicht fehlerfrei ausliest und überlegen, für diese Aufgabe Ihren Brenner zu nutzen. Brenner haben eine feinere Mechanik als CD/DVD-ROM-Laufwerke und beherrschen DAE in der Regel perfekt. Bedenken Sie jedoch, dass durch die häufigere Benutzung des Laufwerks die Mechanik schneller kaputt geht bzw. dejustiert wird und das Gerät nur noch fehlerhaft gebrannte Medien produziert. Einen CD-Brenner zum Auslesen zu missbrauchen, ist durchaus sinnvoll, da es diese Geräte schon für ca. 60 Euro zu kaufen gibt und sie nicht viel teurer als ein normales Lesegerät sind. Einen teuren DVD-Brenner sollten Sie dagegen auf keinen Fall zum Auslesen von Musiktracks einsetzen – besorgen Sie sich lieber ein neues Leselaufwerk, um die feine Mechanik des DVD-Brenners zu schonen.

Jedes Laufwerk liest die Musiktracks anders ein!

Im Gegensatz zu einer Diskette oder Festplatte werden auf einem Rohling die Daten nicht von vornherein in Sektoren aufgeteilt. Bei einer Daten-CD werden zusätzlich Sektormarken auf das Medium gebrannt bzw. gepresst, sodass die Scheibe für den PC wie eine Diskette oder Festplatte in Sektoren unterteilt ist. Soll eine bestimmte Datei auf der Datendisk gelesen werden, kann die gewünschte Stelle mithilfe der Sektormarken sehr exakt vom Laufwerk angesteuert und die Datei gelesen werden.

Bei einer Audio-CD dagegen fehlen die Sektormarken. An ihre Stelle tritt der so genannte Zeitcode, der für die Zeitangabe im Display des CD-Players bei der Wiedergabe zuständig ist und in den Subchannels der Audio-CD untergebracht wird. Jedes Laufwerk erstellt anhand des Zeitcodes eine (nicht auf der Scheibe vorhandene) Sektoreinteilung, um die geforderten Musikdaten ansteuern zu können. Diese virtuelle Sektoreinteilung der Musik-CD ist von Laufwerk zu Laufwerk (und je nach installierter Firmware) unterschiedlich. Manche Laufwerke führen keine exakten Zugriffe aus, sondern lesen schon die ersten Daten, die mit dem entsprechenden Zeitcode des Subchannels übereinstimmen – eine genauere Positionierung innerhalb eines passenden Zeitcodebereichs wird nicht vorgenommen. Führt das Laufwerk beim Lesen keine interne Korrektur durch, entstehen Jitterfehler: Die Daten werden bei Lesezugriffen um einen bestimmten Offsetwert (offset = versetzen) „verschoben" eingelesen.

> *Ungenaue Laserpositionierung bei Audio-CDs*

Verschiedene Laufwerke lesen dadurch zwar stets die gleichen Daten ein, aber immer um einen bestimmten Wert verschoben, der vom Laufwerk abhängt. Durch die ungenauen Positionsangaben im Zeitcode der Musik-CD wird eine Audioscheibe ebenfalls von mehreren Writern unterschiedlich gebrannt – schließlich gibt es die Ungenauigkeit von 1/75-Sekunde bei der Positionsangabe. Diese Verschiebungen sind nicht hörbar, da sie meistens deutlich unter 1/75-Sekunde bleiben. Bessere Laufwerke lesen die Daten ebenfalls mit einem bestimmten Offsetwert ein, führen aber bereits intern eine Jitterkorrektur durch, um eine wesentlich exaktere Positionierung zu erreichen und nur die wirklich geforderten Daten „weiterzugeben". Dadurch werden stets die gleichen Musikdaten ohne Offsetwerte extrahiert. Nero CD-DVD Speed zeigt den Offsetwert jedes Laufwerks (auch bei Geräten mit interner Jitterkorrektur) unter *Erweiterte Einstellungen* an: Je geringer die Zahl der verschobenen Samples ist, desto besser – ein Wert über 100 Samples deutet auf ein nicht sehr exakt arbeitendes Laufwerk in Bezug auf die Laserpositionierung hin.

> *Die Musikdaten werden stets verschoben eingelesen!*

Wann machen sich Jitterfehler negativ bemerkbar?

Beim Abspielen und sequenziellen Extrahieren einer Musik-CD spielt es in der Regel keine Rolle, dass die Musikinformationen der Scheibe um einen bestimmten Wert verschoben eingelesen werden, da der Anfang jedes Musiktracks aus Stille besteht – also keine Musik durch ungenaue Laserpositionierung weggeschnitten wird. Wurde der Track angesteuert, folgt das Lesegerät bei der Wiedergabe oder dem Extrahieren der Führungsrille der Musik-CD und liest die Daten fehlerfrei ein.

> **Knackser und Musiksprünge durch Lesestopps!**

Jitterfehler machen sich nur störend bemerkbar, wenn die Festplatte die ausgelesenen Daten nicht schnell genug speichern kann oder das System überlastet ist: Das Lesegerät muss den Auslesevorgang vorübergehend stoppen, weil die Daten nicht schnell genug abgenommen werden. Beim Fortsetzen muss der Laser neu positioniert werden – durch die ungenaue Laserpositionierung (aufgrund der fehlenden Sektormarken) gelingt es dem Laufwerk nicht, den Laser wieder exakt an der Abbruchstelle neu zu positionieren. Das Fortsetzen des Lesevorgangs beginnt immer etwas versetzt zur Abbruchstelle. Die Folge: Manche Blöcke mit Musikdaten werden durch diese Ungenauigkeit wiederholt eingelesen oder weggelassen, was zu Musiksprüngen und Knacksern im ausgelesenen Musiktrack führt.

> **Softwaremäßige und hardwareseitige Jitterkorrektur**

Jitterfehler werden auf zwei verschiedene Arten korrigiert: Hardwaremäßig über das Lesegerät und softwaremäßig mithilfe des Ausleseprogramms (zum Beispiel Nero). Gute Lesegeräte führen während des Extrahierens der Musikdaten bereits intern automatisch eine Jitterkorrektur durch, um beim Fortsetzen des Lesevorgangs keine Daten doppelt zu lesen bzw. wegzulassen. Beherrscht das Laufwerk die Jitterkorrektur nicht bzw. nicht richtig, müssen Sie auf den softwaremäßigen Korrekturmechanismus setzen. Bei aktivierter Jitterkorrektur werden einige Blöcke vor und nach der ungefähren „Abbruchstelle" gelesen (= die Musikdaten werden überlappend eingelesen) und mit den bereits vor dem Anhalten eingelesenen Daten verglichen. Durch diese Vorgehensweise kann der exakte Datenanschluss ermittelt werden – das ausgelesene Musikstück enthält keine Knackser und Musiksprünge, so, als ob es in einem Rutsch extrahiert worden wäre. Bei aktivierter Jitterkorrektur verlangsamt sich natürlich die Auslesegeschwindigkeit, da das Vergleichen der Daten etwas Zeit benötigt und einige Blöcke mehrfach eingelesen werden.

Jitter Fehler auf langsamen Systemen vermeiden

Störende Jitterfehler können auf langsamen Systemen durch die manuelle Reduzierung der Auslesegeschwindigkeit verhindert werden: Die Musikdaten werden nicht mehr so schnell extrahiert, das System und die Festplatte können die Daten schnell genug verarbeiten, sodass der Lesevorgang in einem Rutsch verläuft und keine störenden Jitterfehler entstehen.

Extrahieroptionen von Nero optimal einstellen

Nero Burning Rom bietet zahlreiche Optionen zum Auslesen der Musiktracks einer Audio-CD. Mit den richtigen Einstellungen erreichen Sie eine perfekte Auslesequalität.

DAE-Qualität prüfen und optimieren

1. Starten Sie Nero Burning Rom oder wählen Sie *Datei/Zusammenstellungseigenschaften*, um bei einem bereits geöffneten Audioprojekt die Leseeigenschaften zu ändern.

2. Über den Eintrag *Audio-CD* legen Sie ein neues Musik-CD-Projekt an. Bei einem DVD-Brenner müssen Sie zunächst als Mediumstyp *CD* wählen. Wechseln Sie anschließend auf die Registerkarte *CDA Optionen*.

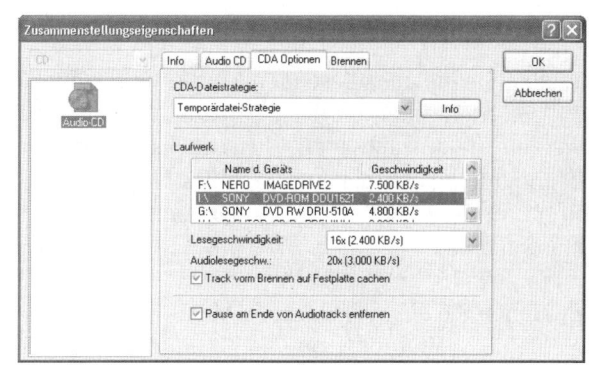

3. Unter *CDA-Dateistrategie* legen Sie fest, wie Nero mit den von einer Audio-CD in das Projektfenster hineingezogenen Musiktracks umgehen soll. Wählen Sie *Temporärdatei-Strategie* aus, um die dem Projekt hinzugefügten Audiotitel sofort auszulesen und als temporäre Audiodatei auf der Festplatte abzuspeichern – diese Vorgehensweise verringert Lesefehler und lässt eine höhere Brenngeschwindigkeit zu, da die Tracks auf der schnellen Festplatte liegen und nicht erst beim Brennen von der Scheibe ausgelesen werden. Bedenken Sie bitte, dass Sie für die Erstellung einer Audio-CD mit der *Temporärdatei-Strategie* ausreichend freien Speicherplatz auf der Festplatte haben müssen (empfehlenswert ist die doppelte Rohlingkapazität an freiem Speicherplatz)! Nur bei der Auswahl *Temporärdatei-Strategie* oder *Festplattenplatz-Strategie* ist es möglich, die Scheibe im für Audio-CDs optimalen Disc-at-Once-Verfahren zu brennen.

4. Darunter markieren Sie das Laufwerk, mit dem Sie die Audiotitel auslesen wollen und stellen die gewünschte *Lesegeschwindigkeit* ein. Es empfiehlt sich, die Audiotracks nicht mit maximaler Geschwindigkeit auszulesen! Wählen Sie lieber eine Geschwindigkeit zwischen 16-24fach aus, um ein möglichst fehlerfreies und exaktes Ergebnis zu erhalten. Die Geschwindigkeitsangabe von Nero hinter *Audiolesegeschwindigkeit* vernachlässigen Sie, da sie bei vielen Geräten falsch ist. Nicht alle Laufwerke lassen eine Geschwindigkeitsreduzierung beim Extrahieren von Audio-CDs zu. In diesem Fall bietet Nero keine Einstellungsmöglichkeiten an oder die ausgewählte Geschwindigkeit bringt nichts – das Laufwerk liest die Scheibe stets mit maximaler Geschwindigkeit aus.

5. Die Option *Track vorm Brennen auf Festplatte cachen* lassen Sie unverändert und aktivieren zusätzlich *Pause am Ende von Audiotracks entfernen*, wenn die Pause am Ende der einzelnen Musiktitel beim Auslesen automatisch gelöscht werden soll. Diese Einstellung zeigt bei ineinander übergehenden Tracks natürlich keine Wirkung, da es hierbei keine Pause am Ende des je-

8. Professionelle Audio-CDs mit perfekter Soundqualität erstellen

weiligen Tracks gibt. Klicken Sie auf *Neu* bzw. *OK*, um in das Hauptfenster von Nero zu gelangen.

Musiktracks temporär auf der Festplatte ablegen

Wollen Sie die auszulesenden Musikhits nur für das neue Projekt nutzen, sollten Sie diese temporär auf der Festplatte ablegen. Nach erfolgreichem Brennvorgang werden die ausgelesenen Musiktracks automatisch von Nero gelöscht und der benötigte Speicherplatz auf der Festplatte wieder frei. Diese Methode ist in der Regel für die Erstellung einer eigenen Audio-CD mit Nero Burning Rom empfehlenswert.

Brauchen Sie die ausgelesenen Musiktitel später noch, wollen Sie die Tracks ausgiebig bearbeiten oder mit Nero SoundTrax später eigene Kompositionen daraus erstellen, speichern Sie die zu extrahierenden Musikhits als permanente Audiodatei auf der Festplatte ab – folgen Sie dazu bitte der Anleitung auf Seite 289.

1 Legen Sie die Audio-CD ein, von der Sie einige Tracks in das neue Projekt aufnehmen möchten und markieren Sie den Laufwerkeintrag im Dateibrowser. Nero zeigt daraufhin die einzelnen Tracks der Scheibe an. Markieren Sie die gewünschten Titel und ziehen Sie sie per Drag & Drop in das Zusammenstellungsfenster hinein. Die Trackansicht im Fenster *Datei Browser* ändern Sie, indem Sie einen Rechtsklick auf eine freie Stelle im Fenster durchführen und über *Ansicht* die gewünschte Option aussuchen.

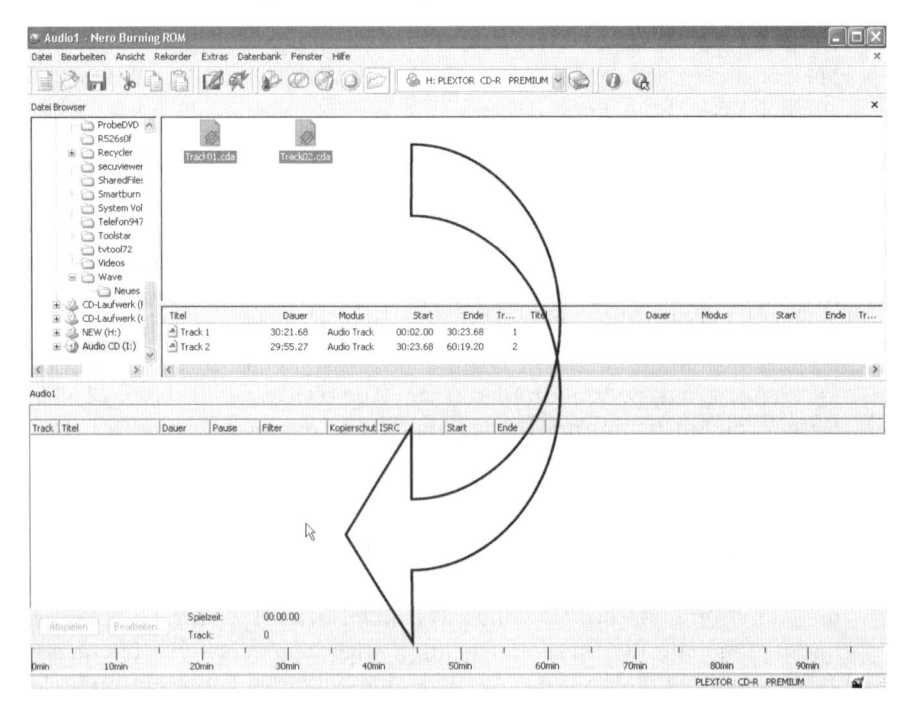

2 Nero analysiert daraufhin die eingelegte CD und versucht diese über die im Programm integrierte CD-Datenbank zu erkennen. Ein neues Fenster erscheint – hat Nero die Scheibe erkannt, tauchen dort genauere Informationen bezüglich Titel und Interpret der Audio-CD auf. Ist das nicht der Fall, ist Nero der Silberling unbekannt oder die CD-Datenbank wurde noch nicht richtig eingerichtet (Näheres hierzu erfahren Sie im Abschnitt „Wissen, was gespielt wird – CD-TEXT und CD-Datenbank nutzen"). Brennen Sie keine CD-TEXT-Daten auf die Audio-CD, schließen Sie das Fenster über *Abbrechen*. Vorher aktivieren Sie – falls gewünscht – *Diese Nachricht nie wieder zeigen*.

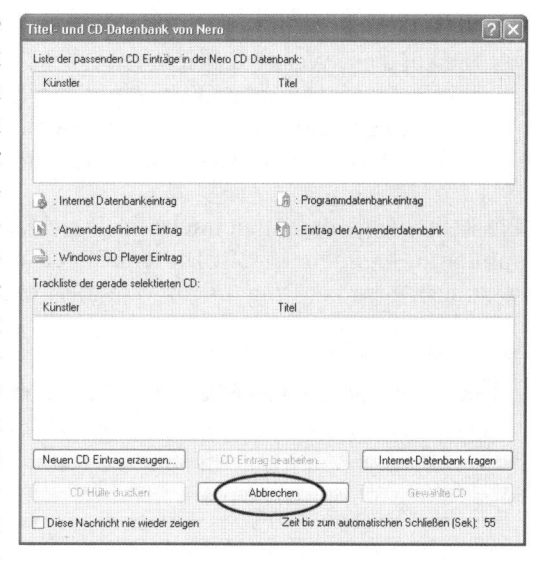

3 Im nächsten Fenster werden Sie aufgefordert einen Namen für die auszulesende CD anzugeben. Anschließend startet die „Digitale Audio Extraktion" der Musiktracks, über dessen Fortschritt Sie stets auf dem Laufenden gehalten werden. Stören Sie sich bitte nicht an der falschen *Aktivitätsangabe* von Nero „*Analysiere Datei ...*" – der Musiktrack wird ausgelesen und temporär auf der Festplatte abgespeichert.

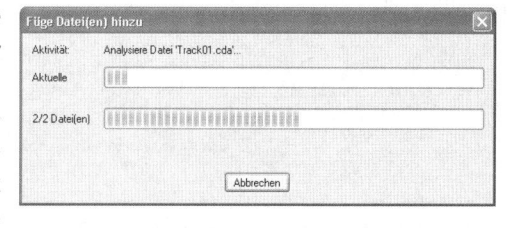

4 Nach dem Ende des Auslesevorgangs werden die extrahierten Tracks im Fenster der Zusammenstellung angezeigt. Bevor Sie weitere Musiktitel von anderen CDs auf die gleiche Weise in das Projekt integrieren, prüfen Sie, ob die extrahierten Musiktracks fehlerfrei sind. Markieren Sie den ersten Track und klicken Sie auf *Abspielen* – der ausgewählte Song wird abgespielt. Vergessen Sie vorher nicht, Ihre PC-Lautsprecher einzuschalten.

5 Wurden die Titel fehlerfrei ausgelesen (es sind keine Störgeräusche in der Musik enthalten), fügen Sie der Zusammenstellung weitere Songs hinzu! Bei Knacksern oder Musiksprüngen im extrahierten Musiktrack, müssen Sie die

Jitterkorrektur von Nero nutzen – siehe Seite 289. Noch einmal der Hinweis: Die auf diese Weise ausgelesenen Tracks sind nur temporär auf der Festplatte abgelegt und werden am Ende eines erfolgreichen Schreibvorgangs bzw. wenn Sie Nero beenden, automatisch gelöscht. Auch bei einem unvorhersehbaren Absturz des Systems gehen die Musikdaten auf der Festplatte verloren.

Die Reihenfolge der Audiotracks im Projektfenster gleicht der Trackreihenfolge auf der zu brennenden CD. Die Trackanordnung kann jederzeit im Zusammenstellungsfenster per Drag & Drop verändert werden.

Das Extrahieren von Musiktracks geschieht ohne Fehlerkorrektur!

Das Auftreten von Störgeräuschen aufgrund von Lesefehlern im extrahierten Musiktrack ist leider selbst bei modernen Laufwerken kein Einzelfall, weshalb Sie stets die ausgelesenen Musiktitel kontrollieren sollten! Warum ist DAE so schwer? Auf einer Musik-CD sind keine zusätzlichen Informationen zur Fehlerkorrektur wie bei Datendisks vorhanden – das Medium beinhaltet nur die eigentlichen Musikdaten. Beim Abspielen der Musik-CD auf einem Hi-Fi-CD-Spieler ist stets eine Fehlerkorrektur des Geräts aktiv, die auftretende Lesefehler korrigiert und dadurch unhörbar werden lässt. Werden die Musikdaten dagegen über ein Datenkabel digital extrahiert, fehlt dieser speziell für Musikscheiben entworfene Korrekturmechanismus: Ein auftretender Lesefehler wird nicht korrigiert und ist im extrahierten Musiktrack hörbar. Außerdem kommt hinzu, dass die Musiktracks nicht mit einfacher Geschwindigkeit – wie bei einem Hi-Fi-CD-Player – sondern mit bis zu 30facher Speed ausgelesen werden; das führt bei nicht ganz so exakt gepressten Scheiben schnell zu Lesefehlern. Moderne CD-ROM/DVD-ROM-Laufwerke besitzen eine ausgefeilte Fehlerkorrekturtechnik, um auch beim Extrahieren von Musikdaten auftretende Lesefehler „eigenhändig" erkennen und beheben zu können.

Wo steckt der Lieblingshit auf der Scheibe? Nero CD-Player nutzen!

Bei vielen Tracks auf einer Audio-CD kann schnell die Übersicht verloren gehen und man sucht den zu extrahierenden Lieblingshit auf der Scheibe vergeblich. Entweder suchen Sie ihn mithilfe der Angaben auf der CD-Hülle oder Sie nutzen den in Nero integrierten CD-Player, um die Tracknummer des Songs durch „Probehören" herauszufinden. Über den Nero CD-Player können Sie sich alle Tracks anhören und so entscheiden, welche Sie in die zu brennende Hit-Zusammenstellung aufnehmen.

1 Wählen Sie im Hauptfenster von Nero Bruning ROM *Extras/Tracks speichern* und markieren Sie das Laufwerk, mit dem Sie die Scheibe wiedergeben wollen.

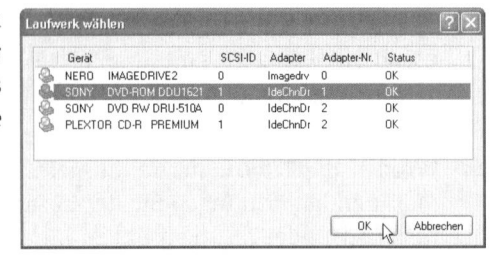

DAE-Qualität prüfen und optimieren

2 Das eventuell erscheinende Fenster *Titel- und CD-Datenbank von Nero* verlassen Sie über *Abbrechen*.

3 Im neuen Fenster werden alle Musiktracks der eingelegten Disk angezeigt. Darunter finden Sie die Bedienelemente des Nero CD-Players – deren Symbole gleichen den Bedienknöpfen eines gewöhnlichen CD-Spielers. Rechts daneben befindet sich ein Schieberegler für die Lautstärker bei der Musikwiedergabe.

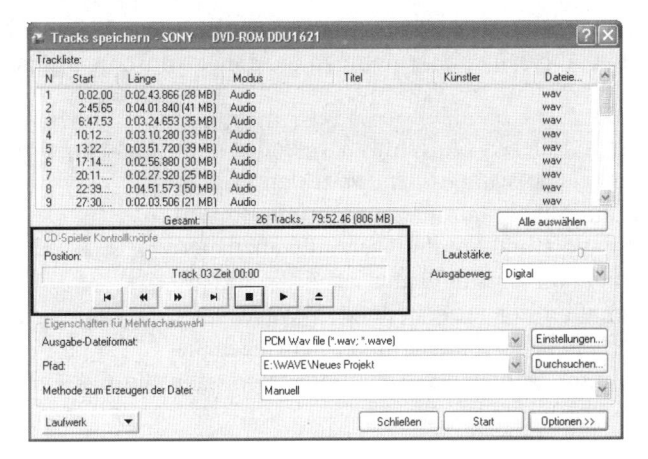

4 Hinter *Ausgabeweg* entscheiden Sie, ob die Daten *Digital* oder *Analog* bei der Wiedergabe eingelesen werden. In der Regel ist *Digital* die bessere Wahl – manche Laufwerke (besonders ältere Modelle) können dabei jedoch Probleme bereiten, sodass Sie *Analog* einstellen müssen. Bei *Digital* werden die Informationen über das Datenkabel (wie bei DAE) ausgelesen und abgespielt. Bei *Analog* werden die Musikinformationen analog über das spezielle Audiokabel übertragen, das Laufwerk und Soundkarte verbindet. Ist kein solches Kabel vorhanden, hören Sie bei der Einstellung *Analog* keinen Ton!

5 Über *Alle auswählen* markieren Sie alle Tracks oder die anzuhörenden Titel manuell und starten die Wiedergabe über das Play-Symbol. Nachdem Sie die gewünschten Musiktracks gefunden haben, schließen Sie das Fenster und ziehen die entsprechenden Titel per Drag & Drop in das Zusammenstellungsfenster hinein.

Musiktracks permanent speichern und Jitterkorrektur nutzen

Wollen Sie die auszulesenden Musiktitel für mehrere Projekte nutzen und die Tracks ausgiebig bearbeiten oder mit Nero SoundTrax daraus später eigene Kompositionen erstellen, speichern Sie die Musiktracks als permanente Audiodatei auf der Festplatte ab. Nur so stehen Ihnen die ausgelesenen Musiktitel nach dem Ende des Brennvorgangs bzw. dem Schließen von Nero nach wie vor zur Verfü-

8. Professionelle Audio-CDs mit perfekter Soundqualität erstellen

gung. Bei dieser Vorgehensweise haben Sie außerdem die Möglichkeit, die softwaremäßige Jitterkorrektur von Nero zu aktivieren, um durch ungenaue Laserpositionierung entstandene Musikstörungen in den extrahierten Tracks zu beseitigen.

1 Im Hauptfenster von Nero Burning Rom wählen Sie *Extras/Tracks speichern* und markieren danach das Laufwerk, das Sie zum Auslesen der Musiktracks nutzen möchten.

2 Das eventuell auftauchende Fenster *Titel- und CD-Datenbank* von Nero schließen Sie entweder über *Abbrechen* oder nehmen Sie die gewünschten Einstellungen vor.

3 Im nächsten Fenster markieren Sie die auzulesenden Musiktracks und wählen als *Ausgabe-Dateiformat* den Eintrag *PCM Wave file*, um die Musiktitel als unkomprimierte Wave-Datei in bester Klangqualität auf der Festplatte abzuspeichern. Mit einem Klick auf *Einstellungen* legen Sie die genauen Audioeigenschaften der zu erstellenden Wave-Datei fest. Als *Frequenz* stellen Sie 44100 ein, die Bittiefe legen Sie auf 16 fest und darunter wählen Sie *Stereo* aus. Verlassen Sie das Fenster über *OK*.

4 Hinter *Pfad* stellen Sie den Speicherort auf der Festplatte ein und legen darunter die Methode zum Erzeugen der Dateinamen der fertigen Tracks fest. Hier wählen Sie am besten *Selbstdefiniert* und nehmen die gewünschten Einstellungen bezüglich der automatischen Dateinamenvergabe vor. Vergessen Sie nicht, für jede CD einen anderen Namen einzugeben, sonst werden eventuell bereits auf der Festplatte abgespeicherte Tracks überschrieben, da sie die gleichen Namen wie die neu zu extrahierenden Tracks haben.

5 Klicken Sie jetzt auf *Optionen*, um genaue Einstellungen bezüglich der Audioextraktion vorzunehmen.

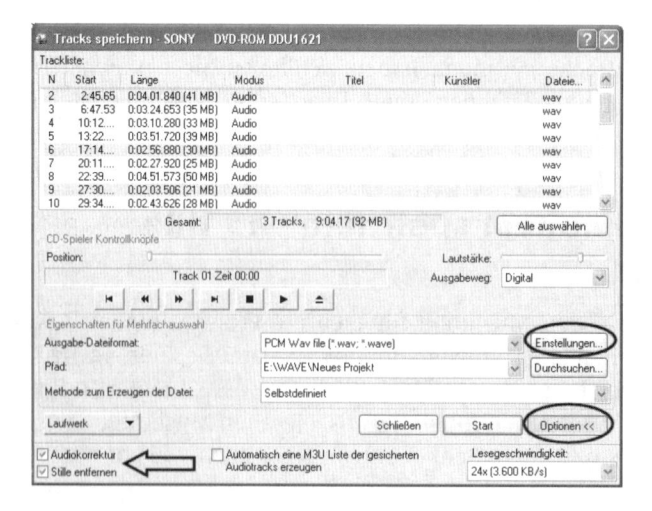

Die Jitterkorrektur aktivieren Sie über den Eintrag *Audiokorrektur* – dies ist nur notwendig, wenn die bereits von Ihnen extrahierten Musiktracks fehlerhaft ausgelesen wurden. Wollen Sie, dass Nero beim Extrahieren automatisch die digitale Stille (Pause) des Musiktracks entfernt, schalten Sie die Option *Stille entfernen* ein. Zum Abschluss bestimmen Sie die *Lesegeschwindigkeit* und starten das Auslesen über *Start*.

Wollen Sie Musiktracks von verschiedenen CDs mit dieser Methode auslesen, kommt es ab und zu vor, dass Nero nicht bemerkt, dass eine neue Scheibe eingelegt wurde – die einzelnen Titel der Audio-CD werden nicht angezeigt. In diesem Fall klicken Sie

> **Neu eingelegte Audio-CD wird von Nero ignoriert?**

auf die Schaltfläche *Laufwerk* und wählen im erscheinenden Menü *Aktualisieren*. Nero prüft daraufhin das Laufwerk, bemerkt die neu eingelegte Disk und listet die Musiktracks auf.

Immer noch Störgeräusche in den Musiktracks?

Besitzen die extrahierten Musiktracks trotz eingeschalteter Jitterkorrektur nach wie vor Störgeräusche, ist das verwendete Laufwerk zum fehlerfreien Auslesen von Musiktracks nicht geeignet. Nutzen Sie ausnahmsweise den Brenner (möglichst keinen teuren DVD-Writer) zum Extrahieren oder besorgen Sie sich ein neues Lesegerät.

8.2 Beschädigte und verschmutzte CDs retten

Wenn Sie sich die Rückseite Ihrer CDs einmal genauer betrachten, werden Sie feststellen, dass gerade die Lieblings-CDs durch den häufigen Gebrauch schnell verschmutzen oder beschädigt werden. Diese „Gebrauchsspuren" führen im Gegensatz zum Abspielen über den Hi-Fi-CD-Player beim digitalen Extrahieren der Musiktracks wegen des fehlenden Korrekturmechanismus schnell zu Lesefehlern, die sich in hässlichen Knacksern oder anderen Störgeräuschen bemerkbar machen.

Bereits ein etwas größerer Fingerabdruck kann zu hörbaren Lesefehlern führen! Wird eine leicht verschmutzte bzw. verkratzte Audio-CD von Ihrem Lesegerät nicht fehlerfrei eingelesen, versuchen Sie es zunächst mit dem Brenner. Diese lesen in der Regel

> **Fingerabdrücke auf der CD-Rückseite führen zu Lesefehlern!**

selbst relativ stark beschädigte Scheiben aufgrund der feineren Mechanik und der besseren Elektronik fehlerfrei aus, bei denen ein normales Leselaufwerk hoffnungslos scheitert. Gelingt das Auslesen mit dem Writer nicht, sollten Sie die Platte reinigen bzw. reparieren.

8. Professionelle Audio-CDs mit perfekter Soundqualität erstellen

> **Reinigung und Reparatur auf eigene Gefahr!**
>
> Die Reinigung einer Musik-CD ist nicht immer erfolgreich: In seltenen Fällen wird die Musikscheibe anschließend sogar noch schlechter (mit mehr Fehlern) eingelesen! Reinigen Sie daher nur die Audio-CDs, die wegen Schmutzes oder eines Kratzers nicht mehr fehlerfrei eingelesen werden – eine verschmutzte CD, die perfekt eingelesen wird, zu reinigen, ist nicht empfehlenswert!

Verschmutzte Audio-CDs reinigen

Zum Reinigen einer leicht (beispielsweise durch Fingerabdrücke) verschmutzten CD sollten Sie ausschließlich ein spezielles Reinigungstuch für CDs benutzen, das Sie im gut sortierten Fachhandel erwerben können.

> **Falsches Reinigen kann die Scheibe unlesbar machen!**

Beim Säubern achten Sie unbedingt darauf, dass Sie die Scheibe mit dem fusselfreien Tuch immer nur von innen nach außen oder umgekehrt reinigen. Putzen Sie auf keinen Fall in Rillenrichtung! Die beim Putzen eventuell entstehenden Kratzer, die quer zu den Spurrillen verlaufen, werden von der Fehlerkorrektur eines CD-Players oder PC-Laufwerks problemlos gemeistert. Kratzer entlang der Spurrillen dagegen kann das Gerät bei der Wiedergabe oder dem Auslesen oft nicht bewältigen – die Folge: noch mehr Klicks und Klacks beim Abspielen bzw. im extrahierten Musikstück.

„Schnellwaschgang" für Ihre Audio-CDs

Die Reinigung mit einem fusselfreien Tuch reicht nicht aus, um den Schmutz von der Platte „zu fegen"? Hartnäckigen Schmutz können Sie entweder mit speziellen Reinigungssets beseitigen, die Sie im Fachhandel für teures Geld erhalten, oder Sie reinigen die Scheibe gründlich mit Wasser und Flüssigseife. Wenden Sie dieses Verfahren nur an, wenn die CD aufgrund des Schmutzes nicht mehr fehlerfrei eingelesen werden kann!

1. Befeuchten Sie die verdreckte CD mit lauwarmem Wasser und bringen Sie einen Tropfen Flüssigseife auf die verschmutzte Stelle.

2. Als Nächstes feuchten Sie ein zusammengelegtes Papierküchentuch mit Wasser an und reiben von innen nach außen äußerst VORSICHTIG den Schmutz von der Platte.

3. Die auf der Scheibe haftende Seife spülen Sie anschließend mit lauwarmem Wasser wieder ab. Die CD trocknen Sie am besten, indem Sie sie mit einem Küchentuch (oder einem fusselfreien Handtuch) vorsichtig auf beiden Seiten abtupfen! Haften nach der Reinigungsaktion einige Fussel auf der Rückseite der Scheibe, blasen Sie diese weg. Nach der Reinigungsaktion sollte die CD fehlerfrei extrahiert werden.

Verkratzte CDs mit Zahnpasta reparieren

Ihre PC-Laufwerke können eine verkratzte CD nicht korrekt lesen? An den CD-Scheiben findet beim Abspielen normalerweise eine Lichtreflexion statt; an defekten Stellen (starker Kratzer) dagegen eine Lichtstreuung – das Laserlicht wird nicht korrekt reflektiert, Lesefehler entstehen. Mit einer Tube Zahnpasta und etwas Glück verringern Sie die Lichtstreuung an den beschädigten Stellen des Mediums, sodass die Scheibe wieder fehlerfrei ausgelesen wird.

1. Tragen Sie etwas Zahnpasta (es sollte keine besonders scharfe sein!) auf bzw. neben die verkratzte Stelle auf.

2. Reiben Sie mit einem leicht feuchten, zusammengeknäuelten Küchentuch an dieser Stelle mehrmals von innen nach außen!

3. Spülen Sie die Zahnpasta mit Wasser ab und trocknen Sie die Scheibe, indem Sie sie mit einem Küchentuch abtupfen.

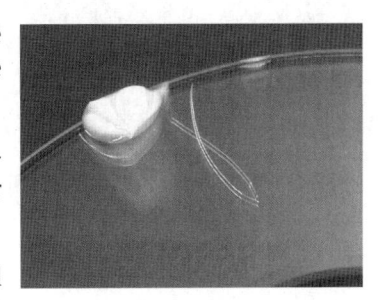

Warum ist die Zahnpasta-Behandlung erfolgreich?

Betrachten Sie sich die Musik-CD nach der Behandlung erneut, werden Sie erschrecken: In der Umgebung des groben Kratzers sind durch Ihre Aktion viele feine Kratzer entstanden (falls nicht, verwenden Sie eine andere Zahnpasta), weil die Zahnpasta Schleifpartikel enthält – dadurch werden auch Ihre Zähne strahlend weiß!

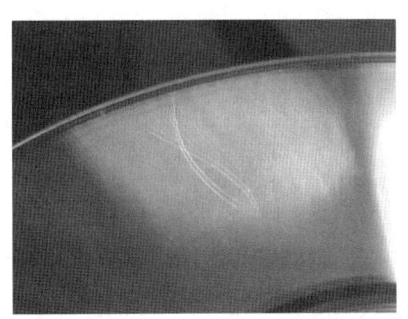

Die verkratzte CD-Stelle nach der Zahnpasta-Behandlung.

Die vielen feinen Kratzer rund um den starken Kratzer bewirken, dass die Fehlerkorrektur des Lesegeräts rechtzeitig angeregt wird. Außerdem verringern die feinen Kratzer die Streuung des Laserlichts, sodass es an der defekten Stelle wieder besser reflektiert – der Abtastvorgang verläuft sicherer. Sollte noch keine Besserung eingetreten sein, weil der Kratzer zu tief ist, können Sie den Vorgang wiederholen. Vielleicht waren Sie beim ersten Mal etwas zu vorsichtig ...

8. Professionelle Audio-CDs mit perfekter Soundqualität erstellen

> **Vor dem Wegwerfen der Scheibe Stahlwolle einsetzen!**
>
> Bevor Sie eine stark verkratzte Musik-CD wegwerfen, weil sie sich sogar nicht mehr im Hi-Fi-CD-Player korrekt abspielen lässt, greifen Sie zu einer härteren Methode. Die beschriebene Vorgehensweise ist nur im Notfall anzuwenden, da sie nicht immer erfolgreich ist, sondern die CD unter Umständen auch endgültig ruinieren kann! Nehmen Sie zur Erzeugung der feinen Kratzer statt der Zahnpasta feinste Stahlwolle! Hiermit können Sie die feinen Kratzer rund um den starken Kratzer etwas tiefer machen (sehr vorsichtig sein!) und die durch den groben Kratzer entstandene Lichtstreuung weiter vermindern. Mit viel Glück und Geschick reparieren Sie auf diese Weise die Scheibe, sodass sie sich wieder fehlerfrei abspielen lässt.

Gehen Audio-CDs langsam kaputt?

Haben Sie sich schon Ihre Silberscheiben genau betrachtet? Schauen Sie einmal durch eine ältere Original-CD hindurch in Richtung einer Lichtquelle (z. B. Schreibtischlampe) – sehen Sie einen „Sternenhimmel"? Mit Sicherheit: Bei der einen sind etwas mehr „Sternchen" zu sehen als bei der anderen CD! Diese „Sternchen" sind Löcher in der lebenswichtigen Reflexionsschicht der Platte.

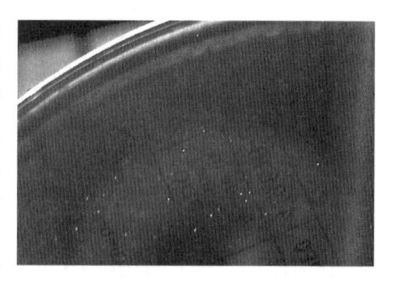

Sternchen = Löcher in der Reflexionsschicht der Platte

An den Stellen, durch die Sie hindurchsehen, fehlt die silberne Reflexionsschicht der Platte! Gehen Ihre geliebten Musik-CDs also langsam kaputt? Der „Sternenhimmel" ist kein Alterungsprozess, sondern deutet auf eine nicht ganz saubere Herstellung hin. Vor dem Aufbringen dieser reflektierenden Aluminiumschicht sind kleine Staubpartikel auf den Plastikträger der CD gelangt – sie verhindern, dass an diesen Stellen Aluminium aufgenommen wird. Die Folge davon ist der von Ihnen zu bewundernde Sternenhimmel. Sollten Sie viele große Sterne sehen, hat der Hersteller äußerst unsauber gearbeitet! Beim Abspielen einer CD werden Sie diese „Löcher" in der reflektierenden Schicht (=fehlende Daten) nicht bemerken, da sie durch die Fehlerkorrektur des CD-Players unhörbar korrigiert werden. Auch das digitale Extrahieren der Daten funktioniert, da es sich nur um eine minimalste Datenmenge handelt, die nicht korrekt gelesen werden kann.

8.3 Wissen, was gespielt wird – CD-TEXT und CD-Datenbank nutzen

Mithilfe von CD-TEXT brennen Sie zusätzlich zu den Musiktracks Informationen über den jeweiligen Interpreten und den Namen des Hits mit auf den Rohling.

Diese Informationen werden von modernen CD-Playern, die CD-TEXT lesen, während der Wiedergabe im Display angezeigt. Nutzen Sie CD-TEXT, sollten Sie die Tipparbeit über die Integration einer großen CD-Datenbank verringern, damit Nero mehr Silberlinge erkennt und die Informationen bezüglich Interpret und Titel des entsprechenden Musiktracks automatisch als CD-TEXT-Daten in das Projekt aufgenommen werden.

Voraussetzungen für die Nutzung von CD-TEXT

Wollen Sie CD-TEXT auf der zu brennenden Audio-CD einsetzen, sollten folgende Voraussetzungen erfüllt sein:

- Bevor Sie sich die Mühe machen und das CD-TEXT-Feature für Ihr Projekt zu aktivieren sowie die notwendigen Eingaben vornehmen, prüfen Sie im Hauptprogramm von Nero über *Rekorder/Rekorderauswahl*, ob Ihr Writer überhaupt das Schreiben von CD-TEXT unterstützt – moderne Brenner unterstützen dieses Feature in der Regel. Näheres zu den von Nero unterstützten Brennereigenschaften erfahren Sie in Kapitel 15 „Brenner einrichten und Nero perfekt konfigurieren". Tipp: Beherrscht Ihr Writer das Schreiben von CD-TEXT nicht, hilft eventuell ein Firmwareupdate, das dieses Feature bei Ihrem Writer nachrüstet. Technisch gesehen ist jeder Brenner, der die Disc-at-Once-Brennmethode beherrscht in der Lage, CD-TEXT zu schreiben.

- Brennen Sie CD-TEXT auf Ihre Audio-CD, verwenden Sie keine übergroßen 90/99-Minuten-Rohlinge! Viele CD-Player zeigen bei solchen Medien entweder überhaupt keine CD-TEXT-Informationen an oder nur fehlerhafte.

- Die CD-TEXT-Daten können ausschließlich im Disc-at-Once-Schreibverfahren auf die Scheibe gebrannt werden! Näheres dazu siehe „Audio-CDs professionell brennen".

- Sorgen Sie für einen möglichst aktuellen Treiber für den IDE-Controller, an dem Ihr Brenner angeschlossen ist. Beim Brennen einer Audioscheibe mit CD-TEXT werden die Daten über den IDE-Controller in einer sonst unüblichen Blockgröße übertragen. Ist der notwendige IDE-Treiber dafür nicht ausgelegt, kann es während des Schreibvorgangs zu einem Systemabsturz kommen.

- Für das Anzeigen von CD-TEXT bei der Wiedergabe der gebrannten Scheibe benötigen Sie einen CD-Player, der CD-TEXT liest – in der Regel beherrschen dies nur moderne, etwas teurere Geräte. Alternativ spielen Sie die Audio-CD über den PC mithilfe des Nero Media Players ab, der CD-TEXT-Daten lesen kann.

CD-TEXT-Daten haben eine Größenbeschränkung!

Bei der Eingabe bzw. Nutzung von CD-TEXT-Daten gibt es eine Maximalgröße, die Sie beachten sollten, um Leseprobleme auszuschließen. Kontrollieren Sie vor dem Brennvorgang die CD-TEXT-Informationen der einzelnen Musiktracks: Insgesamt dürfen bis zu 2.824 Zeichen für die CD-TEXT-Daten gespeichert werden, bei ca. 28 Tracks dürfen die Infos pro Track (Interpret *und* Titelname) nicht länger als 100 Zeichen sein.

Diese Größenbeschränkung liegt in folgendem Sachverhalt begründet: Der CD-TEXT-Block im Lead-In-Bereich des Mediums darf maximal 256 so genannte „Packs" betragen. Vier dieser Packs werden für interne Zwecke verwendet, der Rest steht für die CD-TEXT-Informationen zur Verfügung; pro Pack können 12 Zeichen gespeichert werden. Daraus resultiert eine theoretische Maximalgröße von 3.024 Zeichen für die gesamten CD-TEXT-Daten einer Musikscheibe. Um die einzelnen Trackinformationen voneinander zu trennen, wird pro Track zusätzlich ein Trennungszeichen benötigt. Jeder Track beinhaltet allerdings zwei getrennte Informationen zu dem Tracknamen und dem Interpreten des Musikstücks – diese Informationen müssen ebenfalls durch ein Trennungszeichen voneinander getrennt werden. Außerdem wird ein solches Zeichen für die Trennung von CD-Titel und Trackinformationen benötigt. Geht man von der maximal möglichen Anzahl von 99 Tracks auf einer Audio-CD aus, werden insgesamt 200 Trennungszeichen benötigt. Die restlichen zur Verfügung stehenden 2.824 Zeichen dürfen Sie beliebig auf die Anzahl der einzelnen Tracks verteilen.

CD-TEXT für das Audioprojekt nutzen

Das CD-TEXT-Feature können Sie direkt beim Erstellen eines neues Projekts aktivieren oder nachträglich einschalten.

1 Starten Sie Nero Burning Rom bzw. wählen Sie *Datei/Neu*, um ein neues Audio-CD-Projekt zu beginnen. Bei einer bereits geöffneten Audiozusammenstellung wählen Sie *Datei/Zusammenstellungseigenschaften*, um den CD-TEXT zu aktivieren.

2 Wechseln Sie auf die Registerkarte *Audio CD* und schalten Sie die Option *CD TEXT auf CD schreiben* ein. Darunter geben Sie den Titel und (Haupt-)Interpreten der Scheibe an. Klicken Sie anschließend auf *Neu* bzw. *OK*, um in das Hauptfenster von Nero Burning Rom zu gelangen.

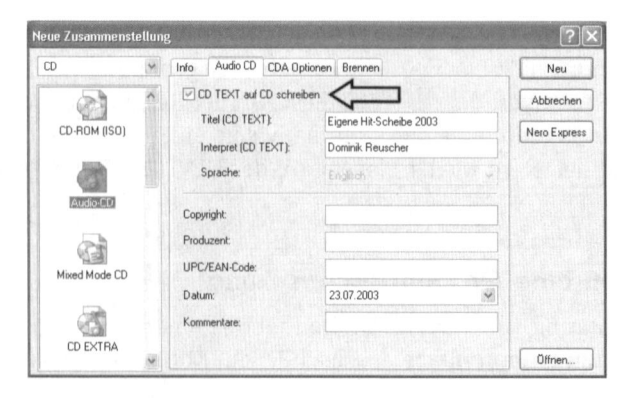

Wissen, was gespielt wird – CD-TEXT und CD-Datenbank nutzen

3   Je Musiktrack vergeben Sie die Informationen für den CD-TEXT folgendermaßen: Im Zusammenstellungsfenster wählen Sie im Kontextmenü des in das Projekt integrierten Audiotracks *Eigenschaften*.

4   Auf der Registerkarte *Audiotrack Eigenschaften* tippen Sie die CD-TEXT-Informationen für den ausgewählten Track hinter *Titel (CD TEXT)* bzw. *Interpret (CD TEXT)* ein und klicken auf *OK*, um die Eingabe zu übernehmen. Die CD-TEXT-Daten für die übrigen Titel tippen Sie auf die gleiche Weise ein.

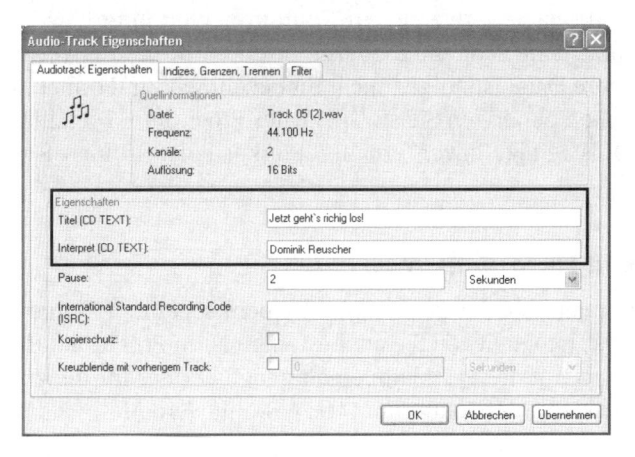

> **Vorsicht: Bei manchen Playern sind nicht alle Buchstaben erlaubt!**
> Bitte beachten Sie bei Ihrer Eingabe der CD-TEXT-Informationen, dass relativ viele CD-Player folgende Buchstaben nicht darstellen: ä, ü, ö und ß. Vermeiden Sie möglichst deren Benutzung, da es sonst passieren kann, dass an der entsprechenden Stelle bei der Wiedergabe der gebrannten Scheibe im Display des Geräts ein unschöner Freiraum bleibt.

FreeDB-Datenbank in Nero integrieren

Nutzen Sie CD-TEXT häufig für Ihre Audio-CDs, sollten Sie die große CD-Datenbank von FreeDB in Nero lokal integrieren, um sich viel Tipparbeit zu sparen. Viele CDs werden anschließend erkannt, sodass Sie keine manuellen Eingaben zum Titelnamen und Künstler mehr vornehmen müssen.

Zwar besitzt Nero auch die Möglichkeit, die FreeDB-Datenbank im Internet zu kontaktieren, um die eingelegte Scheibe zu erkennen, doch das ist nicht empfehlenswert: Sie müssten bei jeder Audio-CD, die Nero nicht erkennt, eine Internetverbindung zwecks Datenbankabfrage aufbauen. Holen Sie sich die FreeDB-Datenbank lieber komplett auf Ihren Rechner, integrieren Sie sie in Nero und nutzen Sie die Möglichkeit der Internetabfrage nur, wenn Nero eine aktuelle Scheibe aufgrund der veralteten FreeDB-Datenbank auf dem PC nicht erkennt –

FreeDB-Datenbank im Internet kontaktieren? Unkomfortabel!

8. Professionelle Audio-CDs mit perfekter Soundqualität erstellen

die FreeDB-Datenbank im Internet wird stets aktualisiert und erkennt daher auch neuste Hitscheiben. Auf diese Weise aktualisieren Sie die auf Ihrem Rechner vorhandene lokale Version der FreeDB-Datenbank.

FreeDB-Datenbank downloaden

Die aktuellste Version der FreeDB-Datenbank erhalten Sie kostenlos aus dem Internet unter *www.freedb.org*. Beachten Sie: Es handelt sich hierbei um eine 170-200 MByte große Datei (je nach verwendetem Komprimierverfahren), weshalb Sie für den Download über eine schnelle moderne Internetverbindung verfügen sollten. Die herunterladbare Datei ist zurzeit nicht im bekannten Zip-Format komprimiert – für das Entpacken benötigen Sie ein spezielles Programm. Die Links zu den entsprechenden Tools (einige davon erhalten Sie kostenlos) finden Sie auf der Downloadseite.

FreeDB-Datenbank in Nero einrichten

1. Nachdem Sie die Dateien der CD-Datenbank in einem separaten Ordner auf der Festplatte entpackt haben, legen Sie am besten im Nero-Programmordner (*C:\Programme\Ahead*) auf der Festplatte einen neuen Ordner für die zu importierende Datenbank an – der Name kann frei gewählt werden.

2. Rufen Sie Nero Burning Rom auf und wählen Sie im Hauptfenster *Datenbank/Internet-Datenbank importieren*. Es erscheint ein Warnhinweis, dass das Integrieren der Datenbank bis zu mehrere Stunden dauert – selbst ein topaktueller, leistungsstarker PC benötigt aufgrund der Größe der Datenbank mindestens eine Stunde.

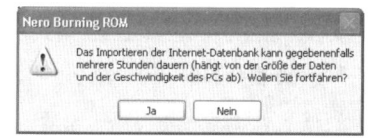

3. Ein weiteres Fenster taucht auf. Es weist Sie darauf hin, dass bei der Demoversion die Datenbank separat aus dem Internet heruntergeladen werden muss. Klicken Sie auf *OK*, da Sie bereits die Datenbank auf Ihrem Rechner haben. Im nächsten Fenster geben Sie den Ordner an, der die entpackten Dateien der Datenbank enthält.

4. Zum Abschluss legen Sie im neu erscheinenden Fenster den Speicherort der zu importierten Datenbank fest. Hier wählen Sie den neu im Programmverzeichnis von Ahead erstellten Ordner. Die Einrichtung der Datenbank startet – über den Fortschritt werden Sie stets auf dem Laufenden gehalten.

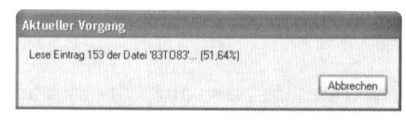

5. Nachdem die Datenbank in Nero importiert wurde, werden Sie gefragt, ob die neue Datenbank als Programmdatenbank von Nero gelten soll, was Sie mit *Ja* beantworten.

> **Im Notfall defekte Datenbank reparieren**
>
> Sie haben sich die aktuelle Version der FreeDB-Datenbank mühevoll aus dem Internet auf den Rechner geladen und anschließend in Nero importiert? Prima! Die Freude kann jedoch ein schnelles Ende nehmen, wenn Sie nach einiger Zeit bei der Datenbankabfrage von Nero die Fehlermeldung erhalten, dass diese nicht genutzt werden könne, weil sie defekt sei! Müssen Sie den langwierigen Download erneut durchführen, falls Sie die Dateien für den neuen Import der Datenbank nicht mehr griffbereit haben? Nein! In den meisten Fällen ist Nero in der Lage, eine defekte Datenbank zu reparieren, sodass Ihnen der erneute Download der Datenbank erspart bleibt. Zur Datenbankreparatur wählen Sie im Hauptfenster von Nero Burning Rom *Datenbank/Beschädigte Datenbank reparieren*.

Wann soll die CD-Datenbank abgefragt werden?

Sie sollten als Nächstes definieren, bei welchen Aktionen die CD-Datenbank von Nero abgefragt werden soll bzw. wann das Fenster *Titel- und CD-Datenbank von Nero* angezeigt wird.

1   Wählen Sie im Hauptfenster von Nero Burning Rom *Datei/Einstellungen* und öffnen Sie die Registerkarte *Datenbank*.

2   Im unteren Bereich des Fensters legen Sie fest, wann die CD-Datenbank von Nero abgefragt wird.

Datenbankeinträge ändern und neue Einträge anlegen

Legen Sie eine neue Audio-CD ein und ziehen Sie einzelne Tracks in die Zusammenstellung hinein oder speichern Sie sie permanent auf der Festplatte, wird ab sofort die in Nero integrierte Version der CD-Datenbank FreeDB nach einem passenden Eintrag durchforstet und die zu der Scheibe gehörenden Informationen bezüglich Titel und Interpret werden im Fenster *Titel- und CD-Datenbank von Nero* angezeigt. Leider funktioniert die Datenbankabfrage nicht immer fehlerfrei: Entweder wird kein passender Eintrag gefunden, weil die eingelegte Scheibe zu

8. Professionelle Audio-CDs mit perfekter Soundqualität erstellen

„neu" ist – es wird ein falscher Eintrag angezeigt – oder es wurden gleich mehrere passende Einträge für die eingelegte Audio-CD gefunden. Bietet Nero mehrere Einträge an, markieren Sie den richtigen und klicken auf *Gewählte CD*.

Es wird kein bzw. ein falscher Eintrag angezeigt ...

Wird bei einer Scheibe kein geeigneter oder ein falscher Eintrag angezeigt, haben Sie zwei Möglichkeiten: Entweder Sie geben die Daten zur CD manuell ein oder Sie befragen eine CD-Datenbank im Internet – diese werden ständig auf den neusten Stand gebracht und erkennen daher auch topaktuelle Scheiben.

1 Wollen Sie die Informationen manuell eingeben, klicken Sie auf *Neuen CD Eintrag erstellen*. In das neue Fenster tippen Sie die Daten zur Scheibe ein. Haben Sie die Angaben eingetippt, klicken Sie auf *OK*.

2 Sie werden aufgefordert, eine persönliche Datenbank anzulegen, die ausschließlich „Ihre" Einträge enthält. Suchen Sie einen passenden Speicherplatz auf der Festplatte und erstellen Sie die persönliche Datenbank. Legen Sie die gleiche Scheibe später erneut ein, wird sie automatisch erkannt.

Wenn Sie sich die Arbeit bei der manuellen Eingabe ersparen möchten, suchen Sie in einer Internetdatenbank nach einem passenden Eintrag für die unbekannte bzw. falsch erkannte Audio-CD.

1 Starten Sie Ihre Internetverbindung und betätigen Sie *Internet-Datenbank fragen*. Sie müssen eine eventuell auf Ihrem PC installierte Firewallsoftware vorher so konfigurieren, dass Nero auf das Internet zugreifen darf.

2 Nero baut eine Verbindung zu einer Internetdatenbank auf (voreingestellt ist FreeDB) und sucht nach passenden Einträgen für die bisher unbekannte bzw. falsch erkannte CD. Wird Nero bei der Internetdatenbank fündig, erscheinen die Informationen zu der Scheibe im Fenster *Titel- und CD-Datenbank von Nero*.

3 Die bei der Internetabfrage benutzte Datenbank legen Sie im Hauptfenster von Nero über *Datei/Einstellungen* auf der Registerkarte *Datenbank* fest – die voreingestellten Werte sind für FreeDB gültig.

> **Datensicherheit bei Datenbankabfrage gewährleistet?**
> Der Datenaustausch mit dem Internet ist immer etwas „gefährlich": Sie sollten zunächst misstrauisch sein und genauere Informationen über den Datenaustausch (vor allem welche Daten übertragen werden) einholen. Diese erhalten Sie in der Regel auf der Internetseite der jeweiligen CD-Datenbank. Wollen Sie jedoch auf Nummer sicher gehen, verzichten Sie auf die Datenbankabfrage über das Internet!

Einträge für CD-TEXT-Anzeige kontrollieren

Bevor Sie die von Nero ermittelten Informationen zur eingelegten Scheibe im Fenster *Titel- und CD-Datenbank von Nero* mit einem Klick auf *Gewählte CD* übernehmen, sollten Sie kontrollieren, ob keine für den CD-TEXT „verbotenen" Buchstaben in dem Datenbankeintrag vorkommen. Ist dies der Fall betätigen Sie *CD Eintrag editieren* und nehmen die notwendigen Änderungen vor.

CD-TEXT-Daten mit dem Nero Media Player anzeigen

Die Informationen einer Audio-CD mit CD-TEXT werden nur bei einem CD-Player sichtbar, der CD-TEXT lesen kann. Haben Sie kein solches Modell oder nutzen Sie zum Abspielen der Musikscheiben generell Ihren PC, setzen Sie den Nero Media Player ein, um die CD-TEXT-Daten während der Wiedergabe anzuzeigen.

1 Legen Sie die Audio-CD mit den CD-TEXT-Daten ein und starten Sie den Nero Media Player.

2 Die Abspielsoftware prüft beim Start automatisch alle Laufwerke und versucht vorhandene Audio-CDs automatisch zu erkennen. Mit einem Klick auf das Play-Symbol beginnen Sie die Wiedergabe der Scheibe – während des Abspielens der einzelnen Tracks werden die CD-TEXT-Informationen im virtuellen Display des Nero Media Players angezeigt.

Startet die Wiedergabe nach dem Klick auf das Play-Symbol nicht, liegt es daran, dass der Nero Media Player die eingelegte Audio-CD nicht automatisch bemerkt hat. Führen Sie im virtuellen Display des Nero Media Players einen Rechtsklick aus und wählen Sie *Datei abspielen*.

> **Eingelegte Audio-CD wird ignoriert?**

8. Professionelle Audio-CDs mit perfekter Soundqualität erstellen

Die auftauchende Frage beantworten Sie mit *Nein*. Im erscheinenden Fenster markieren Sie im unteren Bereich den Eintrag des Laufwerks, das die abzuspielende Scheibe enthält und klicken auf *Open CD* – die Wiedergabe beginnt automatisch.

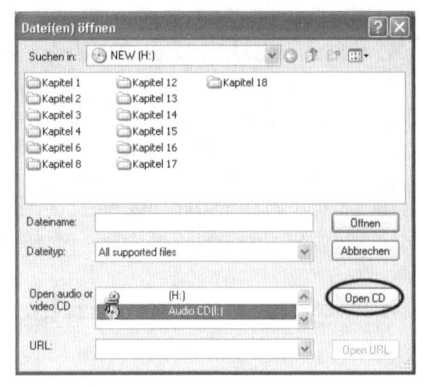

Wo steckt der CD-TEXT auf der Scheibe?

Bei einer Audio-CD werden zusätzlich zu den Musikdaten weitere Informationen in die so genannten Subchannels geschrieben – davon gibt es acht Stück (P-W). CD-TEXT-Daten werden beim Schreiben in den Subchannels R-W im Lead-In-Bereich des Rohlings gebrannt. Gleich nach dem Einlegen der Scheibe in einen CD-Player werden die CD-TEXT-Daten komplett eingelesen und im Arbeitsspeicher zwischengespeichert, damit sie während der Wiedergabe sofort griffbereit sind.

Der wichtigste Bereich des Lead-Ins ist das Inhaltsverzeichnis der Scheibe (TOC), das sich in den Q-Subchannels befindet. Jeder Writer muss, um das für den Rohling notwendige Inhaltsverzeichnis schreiben zu können, in der Lage sein, ein Lead-In auf das Medium zu brennen. Einzige Voraussetzung für das Schreiben von CD-TEXT-Daten im Lead-In-Bereich ist, dass der Writer neben den Subchannels P & Q Daten – von der Brennsoftware gesteuert – in die Subchannels R-W schreiben kann. Beschrieben werden diese Subchannels von allen Brennern – auch von denen, die keinen CD-TEXT beherrschen. Diese füllen die Subchannels nur mit Nullen, aus denen sich keine CD-TEXT-Informationen gewinnen lassen.

8.4 Komprimierte Musik für die Erstellung von Audio-CDs verwenden

Neben Audiodateien im Wave-Format und direkt von einer Musik-CD extrahierten Audiotracks gibt es eine Vielzahl von weiteren Audiodateien, die Sie in das Zusammenstellungsfenster von Nero hineinziehen können, um daraus eine Audio-CD zu erstellen.

Gefährlich: MP3-Hits aus dem Internet

Neben der Möglichkeit, mit Nero selbst MP3-Dateien herzustellen, können Sie sich auch fertige MP3-Hits aus dem Internet herunterladen – das Internet wird heutzutage geradezu davon überschwemmt. Viele Interpreten nutzen das Internet, um bekannt zu werden oder zu bleiben. Aus diesem Grund werden immer wieder mit Zustimmung der Künstler aktuelle Hits im MP3-Format größtenteils kostenlos zum Download angeboten. Die MP3-Hits finden Sie häufig auf der Homepage des Künstlers bzw. der entsprechenden Band. Eine gute Adresse sind auch die vielen „Sammelstellen" für MP3-Dateien, beispielsweise www.mp3.com. Bei diesen Angeboten dürfen Sie bedenkenlos zugreifen und die Hits auf Ihren Rechner herunterladen.

Leider gelangen auch viele Hits im MP3-Format ohne Einwilligung des Interpreten auf „geheimen" Wegen in das Internet. Diese illegal angebotenen Musikstücke im MP3-Format unterscheiden sich in keiner Weise von den legalen MP3-Hits. Holen Sie sich unwissentlich einen illegal angebotenen MP3-Hit auf Ihren PC, machen Sie sich bereits strafbar!! Die Regel lautet daher: Vorsicht bei kostenlosen MP3-Songs aus dem Internet, wenn diese nicht von Vertrauen erweckenden Quellen stammen!

So spielt jeder CD-Player MP3- und WMA-Hits ab!

Sie haben eine große Zahl MP3- bzw. WMA-Hits auf Ihrer Festplatte und möchten diese so brennen, dass sie in jedem herkömmlichen CD-Player abspielbar sind? Kein Problem! Bei MP3- und WMA-Songs handelt es sich um komprimierte Musikstücke, die ein CD-Player in dieser Form nicht abspielt. Die Dateien können nur unkomprimiert – als gewöhnliche Audio-CD gebrannt – auf solchen Geräten abgespielt werden.

1 Ziehen Sie die komprimierten Musikstücke wie gewohnt aus dem Dateibrowser in das Fenster der neu zu erstellenden Audio-CD hinein. Nero analysiert die Audiodateien und fügt sie in das neue Projekt ein.

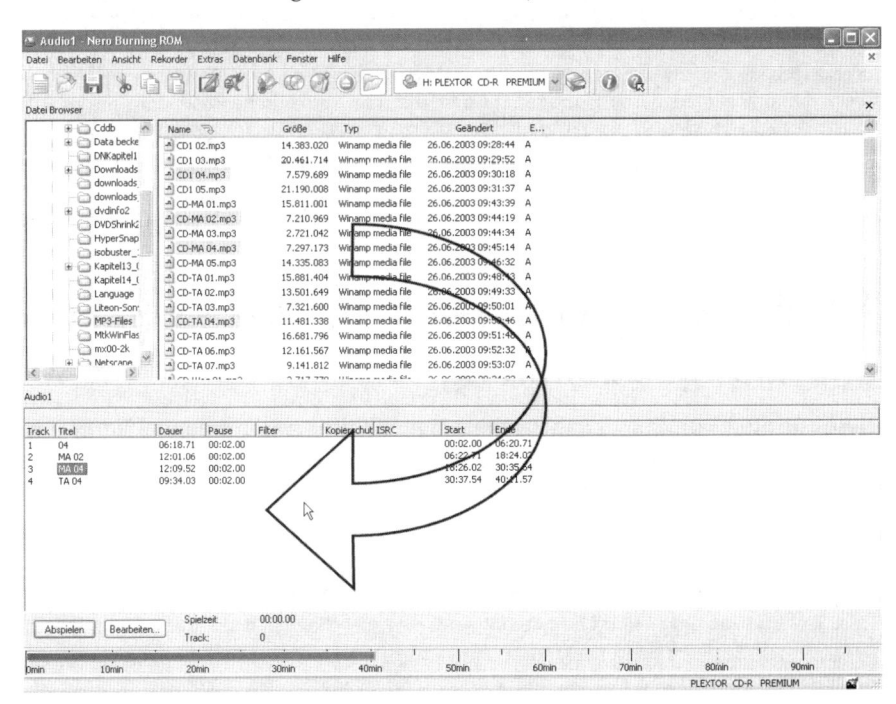

2 Dort können Sie die Tracks, wie in diesem Kapitel beschrieben, optimieren, bearbeiten usw. Die Entkomprimierung der Musiktracks findet erst während des Brennvorgangs statt. Nero berücksichtigt beim Hinzufügen, dass die entkomprimierten Musikstücke deutlich mehr Platz auf der Scheibe beanspruchen als dies in komprimierter Form der Fall wäre. Aus diesem Grund sollten Sie stets den Statusbalken am unteren Fensterrand im Auge behalten – schließlich passen deutlich weniger MP3-/WMA-Musiktitel (unkomprimiert) auf eine Audio-CD, als wenn Sie diese Audiodateien unverändert (komprimiert) als MP3- oder WMA-Disk brennen.

3. Da die Entkomprimierung der Audiodateien während des Brennvorgangs stattfindet, sollten Sie keine allzu hohe Brenngeschwindigkeit auswählen (maximal 24fach) oder vorher ein Image erzeugen – sonst wird der Schreibvorgang durch den Buffer Underrun-Schutz des Writers ständig vorübergehend angehalten, weil Ihr System die Musiktitel nicht schnell genug entkomprimieren kann.

Der Klang der komprimierten Musikstücke wird übrigens durch die Dekompression nicht besser – er verliert bereits bei der Komprimierung des Musiktitels an Qualität und kann nicht mehr in der ursprünglichen Qualität wiederhergestellt werden.

> **Nur die Lieblingshits brennen – Playliste nutzen!**
>
> Wenn Sie eine große Anzahl MP3-Hits auf der Festplatte gespeichert und zur Übersicht Playlisten im M3U-Format erstellt haben, um nur die Lieblingshits zu hören, können Sie sich die Arbeit erheblich vereinfachen: Nero unterstützt Playlisten im M3U-Format. Wollen Sie beispielsweise alle MP3-Songs einer Playliste als Audio-CD brennen, ziehen Sie statt der einzelnen MP3-Dateien nur die Playliste in das Projektfenster des Audioprojekts von Nero hinein. Das Programm analysiert deren Einträge und fügt alle dort vorhandenen MP3-Hits in das Audioprojekt hinein. Natürlich müssen die in der Playliste stehenden MP3-Songs noch im entsprechenden Ordner auf der Festplatte vorhanden sein, sonst gelingt die Integration auf diese Weise nicht perfekt. Näheres zur Erstellung von Playlisten erfahren Sie in Kapitel 10.

8.5 Pausenmanagement, Audiobearbeitung und Klangoptimierung

Nero Burning Rom bietet zahlreiche Möglichkeiten an, mit denen Sie Ihre in das Audioprojekt integrierten Musikstücke vor dem Brennen bearbeiten bzw. optimieren können. Im Folgenden zeige ich Ihnen die wichtigsten davon.

> **Musikdatei bleibt bei der Bearbeitung unangetastet**
>
> Bei allen Bearbeitungen und Optimierungen der entsprechenden Musiktracks bleibt die Originaldatei auf der Festplatte unverändert. Ihre Änderungen werden von Nero in einer separaten Datei abgespeichert und erst während des Schreibvorgangs in den zu brennenden Musiktrack „eingerechnet". Aus diesem Grund ist es jederzeit möglich, durchgeführte Bearbeitungen wieder rückgängig zu machen.

Langen Musiktitel in mehrere Tracks unterteilen

Haben Sie eine ganze Schallplattenseite mit mehreren Hits digitalisiert oder ein langes Musikstück in die Zusammenstellung aufgenommen, sollten Sie die lange Musikdatei in mehrere Tracks unterteilen, um später auf der gebrannten CD die einzelnen Hits oder Ihre Lieblingsstellen bequem per Trackanwahl zu finden.

1. Markieren Sie im Zusammenstellungsfenster den langen Musiktrack, den Sie in mehrere Tracks aufteilen wollen, und wählen Sie in dessen Kontextmenü *Eigenschaften*.

2. Wechseln Sie auf die Registerkarte *Indizes, Grenzen, Trennen* – die Pegelgrafik der Musikdatei wird eingelesen und nach kurzer Zeit im Fenster dargestellt. Klicken Sie mit der Maus an die Stelle in der Grafik, an der der Musiktrack aufgeteilt werden soll. Ein weißer senkrechter Balken erscheint. Betätigen Sie die Schaltfläche *Trennen*, um den Musiktrack an der markierten Stelle in zwei Tracks aufzuteilen.

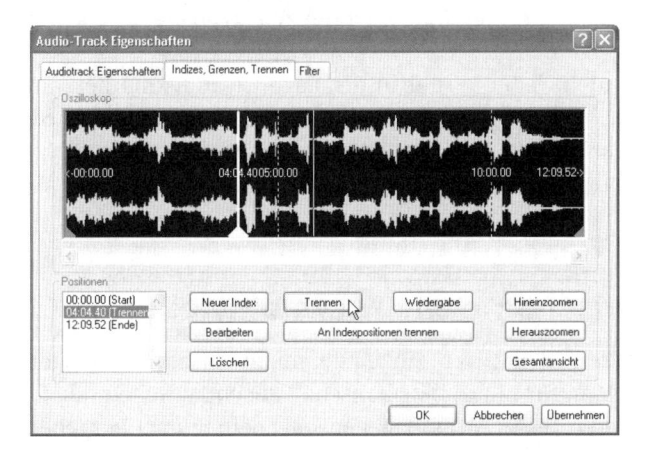

3. Bei einer besonders langen Datei bzw. einem Musikstück, das aus mehreren einzelnen Hits besteht, teilen Sie die den Musiktrack weiter auf. Zum Abschluss klicken Sie auf *OK*. Ein neues Fenster erscheint, in dem Nero fragt, ob die große Musikdatei wirklich in die von Ihnen bestimmte Trackanzahl unterteilt werden soll. Klicken Sie auf *OK*.

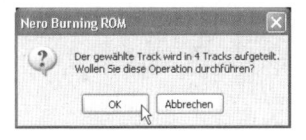

Häufig ist es sehr schwer, geeignete Stellen für die Aufteilung der Musikdatei in mehrere Tracks zu finden. Die optimalen Trennungspunkte finden Sie beispielsweise, indem Sie sich die komplette Musikdatei über einen Klick auf *Wiedergabe* anhören. Außerdem kann es zur besseren Orientierung und exakteren Auswahl der Trennungsstelle notwendig sein, die Detailansicht der Grafik über *Hineinzoomen* zu vergrößern.

Optimale Trennungsstellen finden

Tracks mit Indexmarken genauer unterteilen

Mithilfe von Indexmarken ist es möglich, einzelne Tracks in kleinere Einheiten zu unterteilen. Heutzutage sind viele etwas teurere CD-Player in der Lage, Indexmarken zu lesen, im Display anzuzeigen und sogar anzusteuern. Bitte verwechseln Sie die Indexmarken nicht mit den Trackunterteilungen: Indexmarken bieten die Möglichkeit, innerhalb eines Tracks eine ganz bestimmte Lieblingsstelle anzusteuern – vorausgesetzt, der Player unterstützt dies.

1 Markieren Sie im Zusammenstellungsfenster den Musiktrack, den Sie mit Indexmarken weiter unterteilen wollen, und wählen Sie in dessen Kontextmenü *Eigenschaften*.

2 Öffnen Sie die Registerkarte *Indizes, Grenzen, Trennen* und gehen Sie zum Setzen der Indexmarken folgendermaßen vor: Klicken Sie mit der Maus in der Pegelgrafik des Musiktracks an die gewünschte Stelle, an der eine Indexmarke hinzugefügt werden soll und betätigen Sie *Neuer Index*. Innerhalb eines Tracks ist es möglich, mehrere Indexmarken zu setzen.

Bitte beachten Sie, dass nicht jeder Writer in der Lage ist, Indexmarken auf die Scheibe zu brennen. Ob Ihr Brenner dieses Feature unterstützt, erfahren Sie im Handbuch des Geräts oder über das Internet. Werden Sie nicht fündig, probieren Sie das Schreiben von Indexmarken einfach aus – kaputt gehen kann Ihr Writer davon nicht!

Pausenlänge zwischen den Tracks einstellen

Bei einer zu brennenden CD, die aus einzelnen, nicht zusammenhängenden Tracks besteht, ist es ratsam, für kurze musikalische Pausen zwischen den Songs zu sorgen. Auf der anderen Seite ist es dagegen bei ineinander übergehenden Tracks (beispielsweise bei einer Live-Aufnahme) außerordentlich wichtig, die von Nero Burning Rom automatisch voreingestellte Pausenlänge von zwei Sekunden zwischen jedem Track zu unterbinden.

1 Mit Nero ist es möglich, entweder für jeden Track die Pausenlänge individuell zu gestalten oder „auf einen Schlag" zwischen allen Tracks auf der Scheibe die gleiche Pausenlänge einzustellen. Markieren Sie den oder die Tracks, deren Pause Sie bestimmen wollen und wählen Sie in deren Kontextmenü *Eigenschaften*. WICHTIG: Die Pausenlänge vor dem ersten Track darf nicht geändert werden – hier muss stets eine Pause von zwei Sekunden Länge vorhanden sein, sonst kann es zu Abspielproblemen kommen. Wollen Sie alle Pausenlängen zwischen den Tracks auf einmal ändern, markieren Sie daher bis auf den ersten Track alle Einträge im Zusammenstellungsfenster.

2 Im neuen Fenster geben Sie hinter *Pause* die gewünschte Länge in Sekunden ein. Für ineinander übergehende Tracks tragen Sie eine *0* ein, um die Pause

zu unterbinden. Die eingestellte Länge der musikalischen Stille bezieht sich immer auf die Pause vor dem jeweiligen Track. Klicken Sie auf *OK*, um die Änderung zu übernehmen.

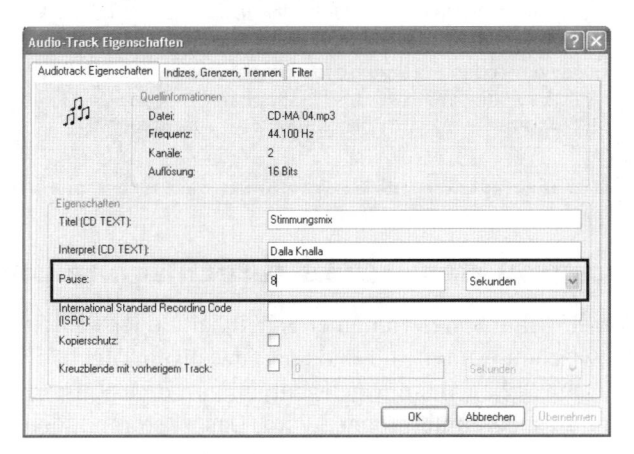

Die eingestellten Pausen werden im Index 0 geschrieben – wie bei einer gekauften Musik-CD. Die Indexangabe wird in die Subchannels der Scheibe gebrannt. Der Index 0 ist in der Regel nur für die Pause zwischen den einzelnen Musikstücken „reserviert". Beim Anspringen einzelner Musiktracks wird die Pause im Index 0 vor dem Track nicht berücksichtigt – die Pause vor dem Track fehlt. Wie kommt das? Die Startpositionen der einzelnen Musiktracks einer CD werden im Inhaltsverzeichnis der Scheibe festgehalten. Hier wird nicht die Position des Trackindex 0 (der Pause vor dem Musiktitel) eingetragen, sondern die Startposition von Index 1 (Beginn des Musikstücks) berücksichtigt. Beim Ansteuern einzelner Musiktracks auf der CD wird daher der Index 0-Bereich nicht abgespielt (er wird übersprungen) – die Musik beginnt sofort (ab Index 1).

Pausen nur bei kontinuierlicher CD-Wiedergabe wirksam!

Die Pausen im Trackindex 0 werden nur bei der kontinuierlichen Wiedergabe der Musiktracks einer Audio-CD „abgespielt". Tipp: Etwas längere Pausen (ab 5 Sekunden) im Index 0 sind auf der gebrannten Scheibe (besonders bei hellgrünen oder dunkelblauen CD-Rohlingen) bei geeignetem Lichteinfall als helle oder dunkle Ringe gut sichtbar. Das kommt daher, dass der Writer an diesen Stellen (wie beim Lead-Out der Scheibe, das übrigens auch als Abschluss der Scheibe gut sichtbar ist) im Gegensatz zu den übrigen Bereichen, an denen es ein Wechsel von Pits und Lands (0 und 1) gibt, lauter Nullen auf die Scheibe brennt.

8. Professionelle Audio-CDs mit perfekter Soundqualität erstellen

> **Verzichten Sie bei älteren DVD-Playern auf Pausen im Index 0!**
> Wollen Sie Ihre selbstgebrannte CD in einem etwas älteren, billigen DVD-Player abspielen, ist mit Pausen im Trackindex 0 Vorsicht geboten: Viele DVD-Spieler haben große Schwierigkeiten beim Abspielen von CDs mit solchen Pausen. Obwohl die CD im Disc-at-Once-Modus erstellt wurde, gibt es beim Abspielen zwischen den Tracks unschöne Klicks. Das liegt am DVD-Player und nicht an der gebrannten CD! Wird diese in einem herkömmlichen CD-Spieler wiedergegeben, sind keine Klicks zu hören. Produziert Ihr DVD-Player Klicks, müssen Sie die Pausen zwischen den Tracks weglassen.

Start- und Endposition des Tracks zurechtschneiden

Haben Sie beispielsweise einzelne Songs von einer Schallplatte oder Kassette digitalisiert, befindet sich zwischen Anfang und Ende der jeweiligen Titel häufig einige Sekunden „musikalische Stille", die nur gelegentlich von dem Knistern der Schallplatte oder starkem Rauschen unterbrochen wird. Das ist störend, denn eigentlich sollte nach der Anwahl der Tracknummer gleich die Musik loslegen! Die störenden Pausen am Anfang und Ende des Tracks bekommen Sie weg, indem Sie die Start- bzw. Endposition des jeweiligen Tracks zurechtschneiden:

1 Markieren Sie im Zusammenstellungsfenster von Nero den entsprechenden Track, bei dem Sie die Pausen zu Beginn und am Ende eliminieren wollen, und wählen Sie im Kontextmenü *Eigenschaften* aus.

2 Öffnen Sie die Registerkarte *Indizes, Grenzen, Trennen* und führen Sie unter *Positionen* einen Doppelklick auf den Eintrag des Trackbeginns aus. Es öffnet sich ein kleines Fenster – hier geben Sie die gewünschte Startposition ein und klicken auf *OK*. Das gleiche Prozedere führen Sie für das Ende des Tracks durch, um dort eine eventuell vorhandene Pause zu entfernen.

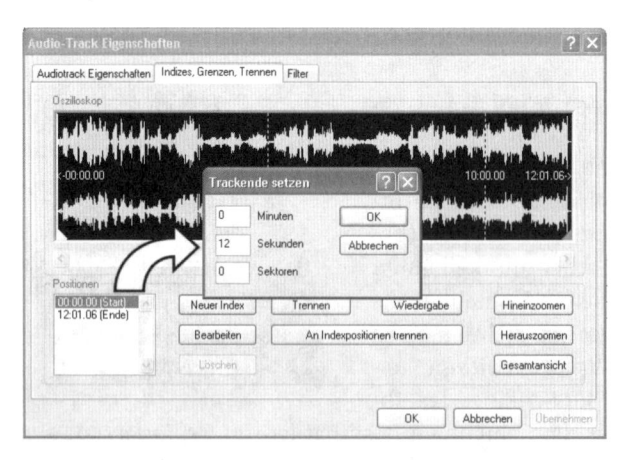

3 Wollen Sie kontrollieren, ob Sie die ideale Position gefunden haben, platzieren Sie den Mauspfeil an der neuen Start- bzw. Endposition, drücken die linke Maustaste und klicken anschließend auf *Wiedergabe*. Der Musiktitel wird abgespielt. Sollten Sie versehentlich Musik mit weggeschnitten haben, ändern Sie die Start- bzw. Endposition erneut, bis Sie die optimale Stelle gefunden haben. Mit *OK* übernehmen Sie Ihre Änderungen.

Knacksen beim Aufsetzen der Schallplattennadel beseitigen!

Haben Sie eine komplette Schallplattenseite digitalisiert und die Aufnahme mit dem PC gestartet, bevor die Nadel des Schallplattenspielers auf der Platte aufsetzte, beginnt die Musikaufnahme mit einem lauten „Rumms", der durch das Aufsetzen der Schallplattennadel entstanden ist. Dieses störende Geräusch entfernen Sie mit Nero, indem Sie die Startposition des jeweiligen Tracks so wählen, dass das hörbare Aufsetzen der Schallplattennadel weggeschnitten wird.

Fade-In und Fade-Out geben der Scheibe den letzten Schliff!

Ein abrupter Anfang bzw. ein plötzliches Ende eines Musikstücks ist sehr störend. Haben Sie beispielsweise einige Lieblingstitel aus einem Live-Konzert herausgesucht und in Ihre Zusammenstellung aufgenommen, kann es passieren, dass die extrahierten Tracks mitten im tosenden Beifall beginnen und jäh enden – das ist nicht professionell! Lassen Sie den Beifall oder die Musik zu Beginn des Tracks per Fade-In langsam an- und am Ende über Fade-Out gemächlich abschwellen, damit Ihre Audio-CD ein richtiger Hit wird.

1 Markieren Sie die zu bearbeitenden Tracks im Zusammenstellungsfenster und wählen Sie in deren Kontextmenü *Eigenschaften*.

2 Wechseln Sie auf die Registerkarte *Filter*. Hier aktivieren Sie die beiden Einträge *Einblenden* und *Ausblenden*, um die Musiktracks leise beginnen und enden zu lassen, und bestimmen jeweils die Zeitspanne des anzuwendenden Effekts. Eine kürzere Dauer bedeutet ein schnelleres An- bzw. Abschwellen der Musik. Eine längere Zeitspanne (ab 6 Sekunden) dagegen ein weicheres und deutlich angenehmeres Ein- bzw. Ausblenden.

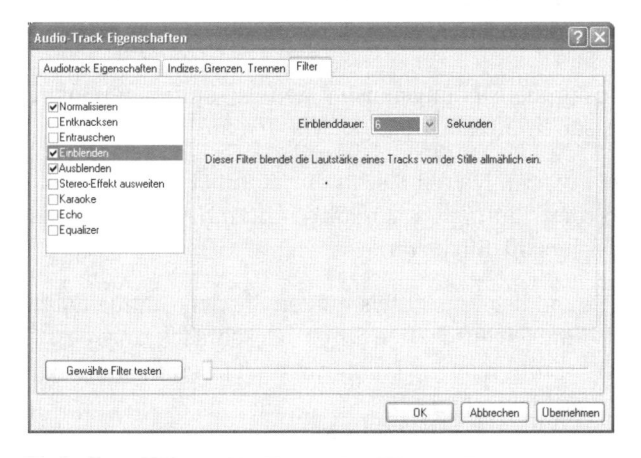

8. Professionelle Audio-CDs mit perfekter Soundqualität erstellen

Über die Schaltfläche *Gewählte Filter testen* können Sie sich die Auswirkungen der markierten Effekte gleich anhören. Die Schaltfläche ist nur aktiv, wenn Sie ausschließlich einen Musiktrack zum Bearbeiten ausgewählt haben – bei mehreren Tracks funktioniert das Probehören leider nicht.

Kreuzblende zwischen zwei Tracks nutzen

Nero besitzt die Möglichkeit, eine so genannte Kreuzblende zwischen zwei Tracks durchzuführen: Während der zu Ende gehende Track leise ausgeblendet wird, wird bereits der folgende Track eingeblendet, sodass die Tracks ineinander übergehen und ohne Pause hintereinander abgespielt werden.

1 Markieren Sie den Track, der per Kreuzblende mit dem vorhergehenden Track verbunden werden soll und wählen Sie in dessen Kontextmenü *Eigenschaften*.

2 Im neuen Fenster aktivieren Sie unten den Eintrag *Kreuzblende mit vorherigem Track* und geben dahinter die Überblendungszeit in Sekunden an.

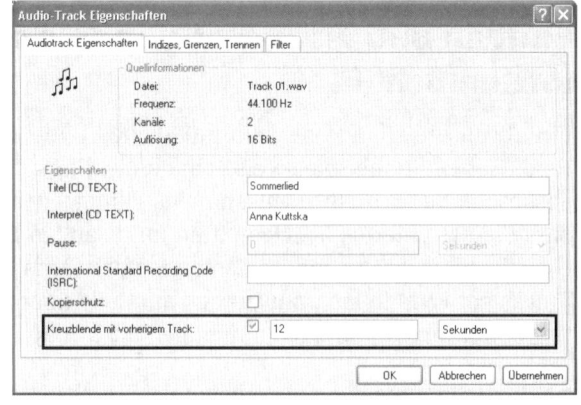

Beste Soundqualität für Ihre Musiktracks

Mit Nero Burning Rom können Sie schlecht klingende Musiktracks „aufpeppen" und beispielsweise den Stereoeffekt verstärken oder für kräftige Bässe und „luftige" Höhen sorgen. Das ist gerade bei Musiktracks empfehlenswert, die von einer Audiokassette oder Schallplatte mit dem PC digitalisiert wurden, da deren Klangqualität häufig nicht optimal ist.

1 Markieren Sie im Zusammenstellungsfenster den zu optimierenden Track und wählen Sie in dessen Kontextmenü *Eigenschaften* aus.

2 Auf der Registerkarte *Filter* aktivieren Sie für ein räumlicheres Klangbild des ausgewählten Tracks den Eintrag *Stereo-Effekt anwenden* und bestimmen mithilfe des Schiebereglers die Effektstärke.

3 Für Korrekturen am Sound des Musiktitels nutzen Sie den Eintrag *Equalizer*. Hierüber können die Klangeigenschaften Ihrem Geschmack angepasst werden. Mit dem *Equalizer-Profil* namens *Loudness* verstärken Sie zum Beispiel die Bässe und Höhen des Musikstücks.

Experimentieren Sie ein bisschen mit den Einstellungen, bis Sie den optimalen Sound gefunden haben – die Auswirkungen Ihrer Einstellungen können Sie über die Schaltfläche *Gewählte Filter testen* „probehören". Die Schaltfläche ist nur aktiv, wenn ausschließlich ein Track optimiert wird – haben Sie mehrere Tracks markiert, ist sie inaktiv.

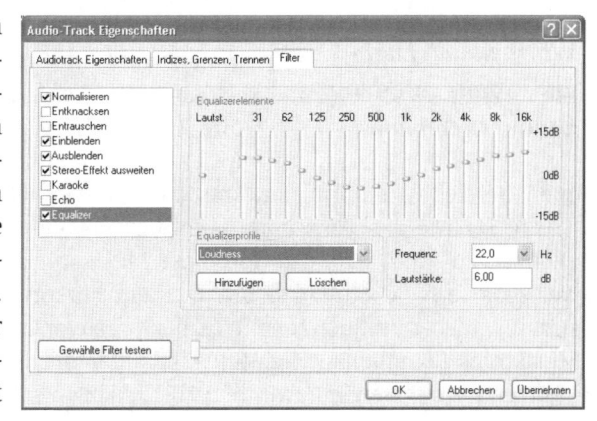

Soundoptimierung mit dem Equalizer im Detail

Die unterschiedlichen Frequenzen (den Klang) des ausgewählten Musikstücks können Sie über den in Nero integrierten Equalizer manuell per Schieberegler in der Intensität verändern. Es stellt sich die Frage, welcher Frequenzbereich für welche Töne bzw. Klangeigenschaft verantwortlich ist. Unter Frequenz versteht man die Anzahl der Schwingungen oder Wiederholungen eines Signals pro Sekunde. Die Frequenz wird in Hertz (Hz) gemessen: 1 Hz bedeutet, dass es pro Sekunde eine Wiederholung gibt. Bei Audiosignalen bezeichnet die Frequenz zugleich die Tonlage (Höhe bzw. Tiefe des Tons). Eine niedrige Frequenz bedeutet eine geringe Signalzahl pro Sekunde, es entsteht ein tiefer Ton.

Das menschliche Ohr kann Tonfrequenzen im Bereich zwischen 16 Hz (untere Hörgrenze) und 16.000 Hz (obere Hörgrenze) wahrnehmen. Dabei ist die obere Hörgrenze sehr vom Alter des Menschen abhängig – mit zunehmendem Alter sinkt die obere Hörgrenze auf niedrigere Frequenzen ab. Zum Beispiel wird der hohe Ton eines elektronischen Stechmückenvertreibers von einem 60-jährigen Menschen nicht gehört, während ein Kind dessen Ton als äußerst unangenehm empfindet. Am sensibelsten reagiert das Ohr auf Tonfrequenzen zwischen 3.000 Hz und 4000 Hz. Frequenzen unterhalb von 500 Hz bzw. oberhalb von 5.000 Hz werden wesentlich weniger laut (schwächer) wahrgenommen. Diese besonders tiefen bzw. hohen Frequenzen hört man daher nur ab einer gewissen Lautstärke (zum Beispiel bei einem lauten Rockkonzert). Beim Leisehören von Musik sind menschliche Ohren nicht empfindlich genug und man hört diese Frequenzen nicht. Das ist auch der Grund, warum viele Verstärker für das Leisehören eine so genannte Loudness-Taste haben, mit der besonders tiefe und hohe Töne verstärkt werden, sodass diese Frequenzen auch bei leiser Musik gehört werden.

> *Welche Tonfrequenzen nimmt unser Ohr besonders wahr?*

8. Professionelle Audio-CDs mit perfekter Soundqualität erstellen

Warmen und High-End-Sound mit dem Equalizer erzielen

Für einen kräftigen und warmen Ton (Bass) des Musiktracks sind die Frequenzen zwischen 40-500 Hz zuständig. Da dieser Frequenzbereich von unseren Ohren „schwächer" aufgenommen wird, empfinden wir den Klang bei fehlender Verstärkung dieser Frequenzbereiche als dünn und kraftlos. Der Frequenzbereich von 1 bis 6 kHz ist für die Schärfe des Tons und die mittleren Töne zuständig. Sind die hohen Frequenzen zu stark, wird das Hören des Musikstücks als unangenehm empfunden, weil scharfe Töne störend sind. Bei einem Hörspiel können Sie jedoch durch Verstärkung dieser Frequenzbereiche die Sprachverständlichkeit verbessern. Soll der Musiktrack klanglichen High-End-Charakter mit möglichst viel Brillanz (Höhen) besitzen, ist der Bereich zwischen 10-15 kHz entscheidend.

Gleicher Lautstärkepegel für alle Tracks

Haben Sie den zu brennenden Hitmix aus verschiedenen Musikquellen (mehrere CDs, Kassettenaufnahmen, Schallplattenaufzeichnungen usw.) zusammengestellt, besitzen die einzelnen Musikstücke häufig eine unterschiedliche Lautstärke: Die extrahierten Tracks von der Audio-CD sind beispielsweise deutlich leiser als die ebenfalls in die Zusammenstellung integrierten Schallplattenaufnahmen. Vor dem Brennvorgang sollten Sie den Lautstärkepegel der einzelnen Tracks aneinander angleichen (normalisieren), sodass Sie bei der Wiedergabe alle Titel der gebrannten Scheibe auf gleichem Lautstärkeniveau genießen können, ohne ständig am Verstärker den Lautstärkepegel zu ändern.

1 Markieren Sie im Zusammenstellungsfenster von Nero alle Tracks, um sie auf gleichen Lautstärkelevel zu bringen, und wählen Sie im Kontextmenü *Eigenschaften* aus.

2 Auf der Registerkarte *Filter* aktivieren Sie *Normalisieren* und wählen die gewünschte *Normalisierungsmethode* aus. Bei *Maximum* wird der Lautstärkepegel aller markierten Musiktracks auf den höchsten Wert gesetzt, der ohne digitale Übersteuerung (Clipping) möglich ist.

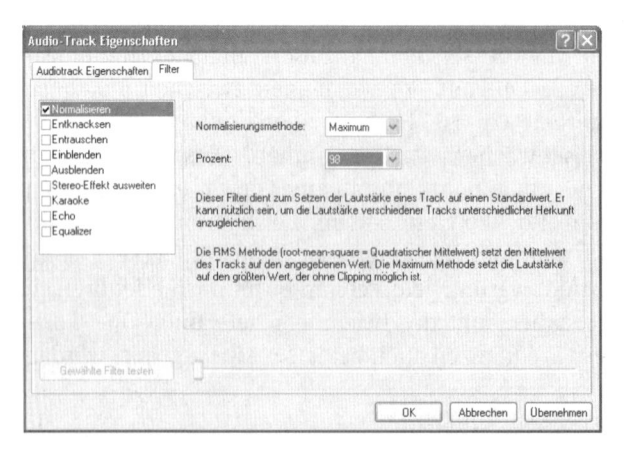

312

Die Methode *RMS* ermittelt dagegen den Mittelwert der Tracks und hebt diesen, falls notwendig, auf den hinter *Prozent* angegebenen Wert an. Tipp: Nutzen Sie die Methode *Maximum*, setzen Sie den Wert hinter *Prozent* maximal auf 98 – ein höherer Wert könnte unter Umständen zu leichtem Clipping führen.

> **Lautstärkeoptimierung bei Klassik gefährlich!**
>
> Bei einer Audio-CD mit klassischer Musik ist die Maximierung der Lautstärke nicht immer empfehlenswert: Wurde zum Beispiel ein langsamer und leiser Symphoniesatz (neben vielen lauten Stücken) in die CD-Zusammenstellung aufgenommen, würde dessen Lautstärke bei der Methode zu stark erhöht, was auf der gebrannten CD äußerst merkwürdig klingt – die eigentlich zarten, leisen Streicher „dröhnen" aus dem Lautsprecher. Entweder verzichten Sie auf die Lautstärkemaximierung vollständig (beste Methode) oder Sie lassen den leisen Track bei der Markierung weg. Allerdings wirkt er auf der fertigen CD noch etwas leiser als gewöhnlich, da alle anderen Tracks auf Maximallautstärke angehoben wurden. Die Maximierung der Lautstärke ist auch nicht empfehlenswert, wenn Sie ein längeres Musikstück ohne Pause (zum Beispiel den Akt einer Oper) aufgezeichnet und es mit dem Audio-Editor in mehrere Tracks aufgeteilt haben, um Ihre Lieblingsstellen in dem Musikstück anzuspringen. Eine Maximierung der einzelnen ineinander übergehenden Tracks des langen Musikstücks würde zu unschönen Lautstärkesprüngen beim Trackwechsel führen, da nicht alle Tracks gleich laut sind – eine Oper hat leise und laute Passagen. Verzichten Sie in diesem Fall lieber auf die Maximierung!

8.6 Optimale Brennparameter für Audio-CDs

Nachdem Sie alle zu brennenden Tracks in das Zusammenstellungsfenster gezogen und eventuell bearbeitet haben, geht es an das Brennen der Audio-CD. Hierbei ist einiges zu beachten, damit die Scheibe fehlerfrei auf Ihrem CD-Player abspielbar ist.

Was gibt es beim Brennen einer Audio-CD zu beachten?

Beim Brennen einer Audio-CD beachten Sie bitte folgende Dinge:

Haben Sie viele Effekte und Bearbeitungswerkzeuge von Nero zur Optimierung der Tracks genutzt oder komprimierte Musikdateien in die Zusammenstellung aufgenommen, sollten Sie, wenn Sie keinen modernen, leistungsfähigen PC besitzen, zuerst ein Image (exaktes Abbild der zu schreibenden CD) anfertigen und dieses anschließend auf den Rohling brennen. Ihre Bearbeitungen an den Musiktracks werden erst direkt beim Brennvorgang in die Datei eingerechnet bzw. im Falle komprimierter Musikstücke entkomprimiert. Kann der PC die anfallenden Aufgaben nicht schnell genug erledigen, bricht der kontinuierliche Datenstrom zum Writer ab.

> *Bei vielen Effekten erstellen Sie lieber erst eine Imagedatei!*

8. Professionelle Audio-CDs mit perfekter Soundqualität erstellen

Der Buffer Underrun-Schutz wird aktiv und stoppt den Schreibvorgang bis zum Eintreffen neuer Daten vorübergehend – dies kostet viel Zeit. Nutzen Sie daher bei vielen Effekten und einem etwas älteren Rechner eine Imagedatei. Selbst bei modernsten PCs sollten Sie bei vielen Bearbeitungen und Effekten keine höhere Brenngeschwindigkeit als 16-24fach einstellen.

Welche Rohlinge verwenden?

Für das Brennen einer Audio-CD sollten Sie ausschließlich CD-Rs verwenden. Die meisten CD-Player (besonders ältere Modelle) beherrschen die Wiedergabe von wieder beschreibbaren Medien aufgrund deren schlechten Reflexionseigenschaften nicht. Besitzen Sie ein neues Modell, ist dagegen meistens auch der Einsatz einer CD-RW möglich. Einen großen Bogen sollten Sie um so genannte Audiorohlinge machen. Diese sind ausschließlich für den Einsatz in externen Hi-Fi-CD-Rekordern gedacht und in der Regel deutlich teurer als gewöhnliche CD-Rohlinge für den PC. Der Preis hat nichts mit der Qualität zu tun, sondern liegt in der Gema-Gebühr begründet, die für diese Scheiben fällig wird. Versuchen Sie, eine Audio-CD-R bzw. Audio-CD-RW mit einem modernen CD-Brenner im PC zu brennen, geht dies häufig schief, weil die Rohlinge nur für die niedrigen Brenngeschwindigkeiten der Hi-Fi-CD-Rekorder ausgelegt sind – also Finger weg von den speziellen Audiorohlingen!

Audio-CDs überbrennen? Bei kompakten Geräten gefährlich!

In der Regel dürfen Sie Audio-CDs überbrennen. Fast alle CD-Player lesen überbrannte Scheiben fehlerfrei. Haben Sie vor, die Audio-CD in einem kompakten CD-Player (tragbarer CD-Spieler oder Autoradio mit CD-Player) einzusetzen, sollten Sie jedoch auf das Überbrennen verzichten! Diese Geräte besitzen aufgrund ihrer engen Bauweise eine sehr kurze Führungsbahn für den Laserschlitten. Im schlimmsten Fall stößt dieser bei der Wiedergabe einer überbrannten Disk an das Bahnende, was zu Beschädigungen führen kann – schließlich wird der Rohling beim Überbrennen außerhalb der Spezifikationen in den äußersten Bereichen beschrieben. Statt eine Scheibe zu überbrennen, nutzen Sie lieber einen 99-Minuten-Rohling. Die Chancen, dass auch Ihr CD-Spieler die übergroßen Medien fehlerfrei abspielt, sind gut.

Die richtige Brennmethode für Ihre Musikscheiben

Musik-CDs erstellen Sie ausschließlich im Disc-at-Once-Verfahren: Bei der Disc-at-Once (DAO)-Brennmethode wird die gesamte CD in einem Rutsch gebrannt und anschließend abgeschlossen (finalisiert) – es können keine weiteren Daten auf die Scheibe gebrannt werden. Das Ergebnis ist eine professionell gebrannte Audio-CD, die wie eine Schallplatte aus einer durchgehend gebrannten Spur besteht und daher beim Abspielen keine Probleme bereitet.

1. Rufen Sie über *Rekorder/Zusammenstellung brennen* die Schreiboptionen von Nero auf.

2. Kontrollieren Sie, ob die Option *CD fixieren* eingeschaltet ist, damit die Scheibe zum Abschluss des Schreibvorgangs finalisiert wird – CD-Player lesen in der Regel nur finalisierte Medien.

3. Als *Schreibmethode* stellen Sie unbedingt *Disc-at-Once* ein und bestimmen die *Schreibgeschwindigkeit*. Mein Tipp: Ich wähle als Brenngeschwindigkeit für Audio-CDs stets eine Geschwindigkeit zwischen 16 und 24 und habe damit bisher die besten Schreibergebnisse erzielt – alle gebrannten Rohlinge konnten auf jedem Player problemlos abgespielt werden.

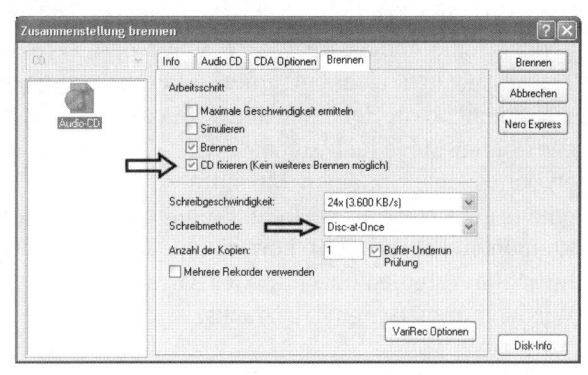

4. Kontrollieren Sie zum Abschluss, ob der Buffer Underrun-Schutz des Writers eingeschaltet ist (in der Abbildung *Buffer Underrun Prüfung*) und starten Sie den Schreibvorgang.

Unterschiede zwischen Disc-at-Once und Track-at-Once

Theoretisch können Sie beim Brennen von Audio-CDs sowohl Track-at-Once als auch Disc-at-Once als Brennmethode auswählen. Track-at-Once ist jedoch für eine Audio-CD nicht optimal und sollte nicht zum Einsatz kommen. Die genauen Unterschiede der beiden Brennmethoden erfahren Sie in diesem Abschnitt.

Nutzen Sie Track-at-Once (TAO), werden zunächst alle Tracks auf den Rohling gebrannt. Erst zum Abschluss des Brennvorgangs schreibt der Brenner das Lead-In mit der Inhaltstabelle auf den Rohling und verknüpft die geschriebenen Tracks miteinander.

Bei Track-at-Once entstehen stets fehlerhafte Bereiche!

Den Abschluss des Brennvorgangs markiert das Lead-Out, welches das Ende des Datenbereichs auf dem Rohling signalisiert. Zwischen den Schreibvorgängen der einzelnen Tracks legt der Brenner eine kurze Pause ein und muss für das Brennen des nächsten Tracks neu positioniert werden. Durch diese Vorgehensweise entstehen kleinste fehlerhafte Bereiche zwischen den einzelnen Tracks – außerdem werden bei Track-at-Once in der Regel die einzelnen Tracks durch eine Pause von zwei Sekunden voneinander getrennt. Dieser „Zwischenraum" ist für die Verknüpfung der Tracks am Ende des Brennvorgangs notwendig. Einige moderne Brenner beherrschen das Brennen im Track-at-Once-Schreibmodus auch ohne das Hinzufügen der zwei Sekunden Pause. Die Schreibmethode TAO wird beispielsweise bei der Erzeugung einer Multisession-Disk benötigt. Bei Track-at-Once ist es möglich, nach Abschluss des Brennvorgangs weitere Daten auf das Medium zu brennen – die Disk fortzusetzen.

Die durch die Brennmethode TAO entstehenden fehlerhaften Bereiche zwischen den Tracks machen sich bei einer Datendisk nicht bemerkbar. Bei einer Musik-CD dagegen können sie jedoch zu hässlichen Klicks zwischen den einzelnen Musiktracks führen, da der CD-Player die beim Brennen entstandenen Fehler nicht korrigieren kann. Im schlimmsten Fall beendet der Player die Wiedergabe zwischen den Tracks.

Incremental Writing bei DVDs

DVDs können nicht im Track-at-Once Brennverfahren aufgezeichnet werden. Für die Erzeugung von Multisession-Disks wird bei DVDs das Schreibverfahren Incremental Writing benutzt.

Disc-at-Once ist eindeutig die bessere Wahl!

Bei Disc-at-Once (DAO) brennt der Writer zuerst das Lead-In mit der Inhaltstabelle auf die Scheibe. Anschließend werden die Nutzdaten geschrieben und zum Abschluss das Lead-Out auf den Rohling befördert. Der Brennvorgang bei DAO verläuft ohne Zwischenstopps – die Scheibe wird in einem Rutsch gebrannt; im Gegensatz zu TAO entstehen keine fehlerhaften Bereiche. Eine im Disc-at-Once-Modus geschriebene Scheibe kann nicht fortgesetzt werden. Die Disc-at-Once-Schreibmethode kommt auch beim Brennen von DVD-R/RW und DVD+R zum Einsatz. Disc-at-Once ist besonders für Musik-CDs geeignet, da hierbei die Pausenlänge variiert werden kann und die gebrannte CD (wie eine Schallplatte) aus einer durchgehenden Rille (ohne Unterbrechungen und fehlerhafte Bereichen) besteht.

Standard für Audio-CDs durchleuchtet

Audio-CDs werden nach den im Red Book festgelegten Spezifikationen erstellt. Hierbei handelt es sich um den ältesten – 1980 von Philips und Sony kreierten – Standard für Compact Discs. Im Lead-In befindet sich die Innhaltstabelle (TOC), die Angaben über Zahl und Startposition der einzelnen Musiktracks enthält. Nach den eigentlichen Musikdaten (maximal 99 Tracks) folgt als Abschluss der CD das Lead-Out. Die im Red Book festgelegte maximale Größe der Silberscheibe beträgt 74 Minuten. 80-Minuten- oder 90/99-Minuten-Rohlinge entsprechen unter anderem durch die starke Verengung der Führungsrille nicht dem Red Book-Standard und können daher auf einigen CD-Playern nicht abgespielt werden, weil das Gerät die Scheibe nicht lesen kann.

Die Audioinformationen werden in so genannten Frames von 1/75-Sekunden auf dem Medium abgelegt; ein Frame besteht aus 2.352 Bytes. Bei einer Audio-CD werden keine Bytes für Fehlerkorrekturdaten (wie bei einer Daten-CD) reserviert – es steht der volle Speicherplatz für die Audiodaten zur Verfügung. Aus diesem Grund passen auf einen 650 MByte großen Rohling bei der Verwendung als Audio-CD ca. 746 MByte Musikinformationen – bei der Verwendung als Datenträger dagegen nur 650 MByte Nutzdaten. Die Rohlinggröße wird daher in zwei Varianten angegeben: in MByte für die Verwendung des Mediums als Daten-CD und in Minuten für eine Audio-CD. Das geschieht, um den Käufer nicht durch die unterschiedliche Kapazität des Mediums in MByte je nach Verwendungszweck zu verwirren. Bei der Daten-CD sind die Fehlerkorrekturdaten unerlässlich, da bereits der kleinste Lesefehler ein Programm unbrauchbar machen kann.

> **Mehr Platz durch das Fehlen von Korrekturinformationen**

Durch die nicht vorhandenen Fehlerkorrekturdaten auf einer Audio-CD muss die Fehlerkorrektur des Wiedergabegeräts wesentlich mehr leisten: Die durch einen Kratzer nicht mehr lesbaren (verloren gegangenen) Daten werden von der Fehlerkorrektur "interpoliert" (abgeschätzt). Erst wenn das nicht mehr möglich ist (passiert nur durch einen starken Kratzer), machen sich Lesefehler in Form von Klicks während der Wiedergabe bemerkbar. Bei der Digitalen Audio Extraktion fehlt diese Möglichkeit des Interpolierens verloren gegangener Musikinformationen, weshalb es ohne geeignete Korrekturmechanismen (zum Beispiel durch die Software) schnell zu hörbaren Lesefehlern kommt.

> **Fehlerkorrektur bei der Wiedergabe unerlässlich**

Profi-Klangqualität durch Audio-Master-Quality-Recording

In seine Brennermodelle CRW 2200E, CRW 3200E und CRW-F1 integrierte Yamaha ein besonderes Feature namens Audio-Master-Quality-Recording, das die Soundqualität der gebrannten Musik-CDs durch eine spezielle Brenntechnik optimiert. Leider baut Yamaha keine Brenner mehr, sodass die folgenden Ausführungen nur für User interessant sind, die ein solches Gerät besitzen.

Audio-Master-Quality-Recording unter der Lupe

Der CD-Brenner brennt die Musikdaten in Form von Pits und Lands (Erhöhungen und Vertiefungen) auf den Rohling. Ein perfektes Auslesen der Audio-CD mit dem CD-Player würde eine verzögerungsfreie Abtastung der Pits und Lands durch den Laser verlangen.

8. Professionelle Audio-CDs mit perfekter Soundqualität erstellen

Trägheit der Bauteile im Laserkopf (siehe Bild), elektromagnetische Störfelder des Netztrafos und anderer stromführender Spulen sowie Induktionsspannungen verursachen physikalisch bedingte Abtastverzögerungen im Nanosekundenbereich. Es kommt zu so genannten Jitterfehlern, die in krassen Fällen die Klangqualität einer Musik-CD negativ beeinflussen.

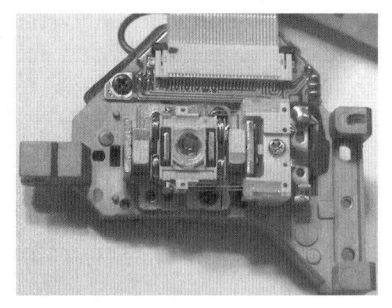

| *Längere Pits und Lands erhöhen die Klangqualität* | Beim Brennen einer Disk im Audio-Master-Quality-Recording-Verfahren werden die Pits und Lands bei etwas erhöhter konstanter Lineargeschwindigkeit als im Standardmodus (gleiche Geschwindigkeitswahl vorausgesetzt) auf den Rohling gebrannt, wodurch |

die Länge der Pits und Lands größer wird. Durch die längeren Pits und Lands passen weniger Musikdaten auf eine im Audio-Master-Quality-Recording geschriebene Scheibe. Aufgrund der größeren Pits und Lands erhält der Baustein im Hi-Fi-CD-Player, der für die Wandlung der ausgelesenen Signale in Musik zuständig ist, exaktere Informationen, wodurch eine verbesserte Wiedergabe bzw. Klangqualität erreicht wird. Die größeren Pits und Lands verbessern außerdem die Lesbarkeit der gebrannten Musik-CD – durch das Audio-Master-Quality-Recording können durchaus „störrische" Laufwerke dazu bewegt werden, gebrannte Rohlinge problemlos abzuspielen.

> **Audio-Master-Quality-Recording ist keine neue Technik!**
> Die Grundidee der besonderen Schreibmethode von Yamaha ist nicht neu: Die ersten käuflich zu erwerbenden Audio-CDs wurden nach diesem Verfahren (mit längeren Pits und Lands) gepresst, um eine große Abtastsicherheit und optimalen Klang zu gewährleisten. Im Laufe der Zeit wurden die Pits und Lands jedoch zugunsten einer höheren Kapazität verkleinert, um die Spieldauer der Musikscheiben zu erhöhen.

Voraussetzungen für den Einsatz von Audio-Master-Quality-Recording

Wie bei jeder Errungenschaft im PC-Sektor gibt es auch bei dem Audio-Master-Quality-Recording einige Einschränkungen:

- Audio-Master-Quality-Recording kann nur bei CD-Rs eingesetzt werden. Das Beschreiben einer CD-RW in diesem Modus ist nicht möglich.

- Der Buffer Underrun-Schutz des Brenners wird beim Audio-Master-Quality-Recording ausgeschaltet – ein Pufferleerlauf führt daher unausweichlich zu Rohlingschrott. Haben Sie viele Effekte bzw. Bearbeitungen im Audioprojekt angewendet, sollten Sie zuerst eine Imagedatei des Projekts anlegen.

Optimale Brennparameter für Audio-CDs

- Die Schreibgeschwindigkeit wird beim CRW 2200E und CRW 3200E automatisch auf 4fach reduziert. Das Brennermodell CRW-F1 beherrscht Audio-Master-Quality-Recording mit den Geschwindigkeiten 1-, 4- und 8fach.
- Auf den Rohling passen aufgrund der längeren Pits und Lands deutlich weniger Daten (siehe folgende Tabelle).

Rohlingkapazität	Kapaziät bei Audio-Master-Quality-Recording
74-Minuten-Rohling	63 Minuten
80-Minuten-Rohling	66 Minuten
99-Minuten-Rohling	79 Minuten (nur mit dem CRW-F1 möglich)

Audio-Master-Quality-Recording mit Nero 6 nutzen

Unter Nero 6 aktivieren Sie die besondere Brennmethode folgendermaßen:

1. Stellen Sie wie gewohnt Ihr Audioprojekt zusammen und optimieren Sie die Musiktracks. Kontrollieren Sie über *Datei/Zusammenstellungseigenschaften*, ob das Projekt vollständig auf die Scheibe passt, da ein Überbrennen beim Audio-Master-Quality-Recording nicht möglich ist.

2. Rufen Sie über *Rekorder/Zusammenstellung brennen* die Schreiboptionen von Nero auf. Als *Schreibmethode* stellen Sie *Audio Master Q.R* ein, wählen die gewünschte *Schreibgeschwindigkeit* und starten den Schreibvorgang.

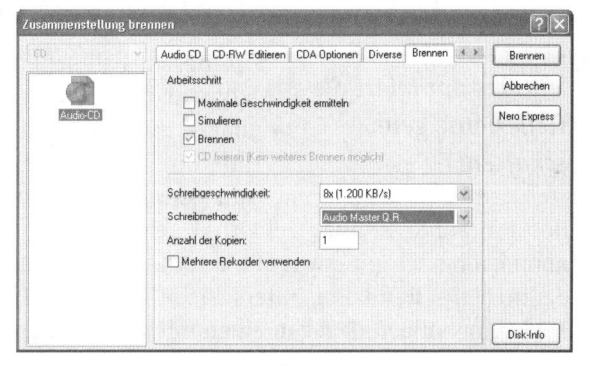

Soundoptimierung durch VariRec

Das Feature VariRec, das Plextor seit dem 40fach-Brenner in seine Geräte integriert, steht als Abkürzung für **Vari**able **Rec**ording. Bei dem topaktuellen Plextor-Brenner Plexwriter Premium kommt die Weiterentwicklung VariRec II zum Einsatz. Mit VariRec ist es möglich, die Laserpower beim Brennen der Audio-CD manuell anzupassen, um eine noch bessere Brenn- bzw. Soundqualität zu erhalten. Im Gegensatz zu Audio-Master-Quality-Recording von Yamaha wird beim Einsatz von VariRec die Kapazität der Scheibe nicht verringert.

8. Professionelle Audio-CDs mit perfekter Soundqualität erstellen

Was geschieht beim Einlegen eines Rohlings?

Nach dem Einlegen eines neuen Rohlings in den Brenner wird das Medium vom Gerät zunächst genau analysiert, um ein optimales Schreibergebnis zu erzielen. Zunächst prüft der Brenner, ob er das Medium „kennt": In der Firmware des Geräts befindet sich eine Rohlingdatenbank mit Einträgen für das optimale Beschreiben verschiedener Rohlinge – wird die eingelegte Scheibe in der Firmware gefunden, werden die dort eingetragenen Parameter (Laserstärke usw.) für ein perfektes Schreibergebnis auf diesem Medium im Gerät aktiviert. Die vorgenommenen Einstellungen werden außerdem direkt vor dem Schreibvorgang durch OPC (**O**ptical **P**ower **C**alibration) überprüft und gegebenenfalls auf das eingelegte Medium angepasst (Näheres siehe Kapitel 13). Kennt der Writer die Scheibe dagegen nicht, versucht er, durch OPC die optimalen Einstellungen selbst zu ermitteln. Darüber, ob ein Rohling erkannt wird oder nicht, werden Sie (leider) nicht informiert.

VariRec kann die Schreibqualität verbessern!

Gerade viele billige Noname-Scheiben sind nicht in der Firmwaredatenbank des Brenners eingetragen. Kann der Brenner die optimale „Schreibstrategie" nicht selbst ermitteln, kommt es zu einem schlechten Schreibergebnis – unter Umständen kann die gebrannte Audio-CD aufgrund der vielen beim Schreiben entstandenen Fehler mit dem CD-Player nicht abgespielt werden.

VariRec optimiert die Reflexionseigenschaften!

In diesem Fall schlägt die Stunde von VariRec: Sie können damit vor dem Schreibvorgang die Laserstärke manuell anpassen (für den eingelegten Rohling optimieren), um ein exakteres Schreibergebnis auf dem Medium zu erzielen, sodass der mit VariRec gebrannte Rohling fehlerfrei gelesen wird. Hintergrund: Einige CD-Player kommen besser mit etwas stärkerer Laserpower gebrannten Scheiben zurecht, da dadurch die Reflexionsunterschiede zwischen Pits und Lands deutlicher sind. Andere benötigen dagegen einen mit weniger Power gebrannten Rohling, weil es ihnen auf exakte Informationen ankommt. In manchen Fällen ist es durch die manuelle Laseranpassung möglich, selbst auf einem Markenrohling ein hörbar besseres Brennergebnis zu erzielen – die Soundqualität ist durch die geringere Zahl der Schreibfehler bei aktiviertem VariRec besser.

VariRec mit Nero 6 nutzen!

1 Legen Sie die Audio-CD wie gewohnt an: Integrieren Sie die zu brennenden Tracks und bearbeiten Sie diese. Rufen Sie über *Rekorder/Zusammenstellung brennen* die Schreiboptionen auf.

2 Als Schreibmethode wählen Sie *Disc-at-Once* aus und klicken auf *VariRec Optionen*, um VariRec zu aktivieren.

Optimale Brennparameter für Audio-CDs

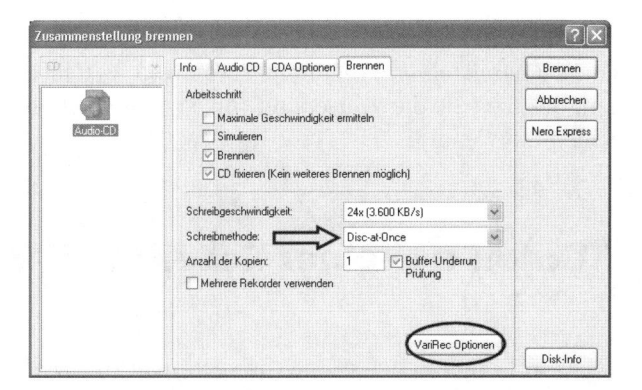

3 Im neuen Fenster schalten Sie die Option *VariRec aktivieren* ein und passen die Laserpower über den Schieberegler an. Verlassen Sie das Fenster mit *OK* und starten Sie den Brennvorgang.

Eine Empfehlung, welche VariRec-Einstellung die besten Schreibergebnisse erzielt, kann nicht gegeben werden, da dies von der verwendeten Rohlingsorte abhängt. Vermeiden Sie aber unbedingt die extremen VariRec-Einstellungen (-2 und + 2): Ein so

Welche VariRec-Einstellung ist optimal?

gebrannter Rohling ist wahrscheinlich auf keinem Gerät abspielbar, da die Laserstärke meist nicht mit dem verwendeten Rohling harmoniert und viele Schreibfehler entstehen! Es ist günstiger, eine geringere Laseränderung (+1 oder -1) zu nutzen oder auf VariRec zu verzichten.

Einschränkungen von VariRec

Bei der Aktivierung von VariRec wird die Schreibgeschwindigkeit automatisch auf 4fache Speed herabgesetzt, um ein exaktes Schreibergebnis zu gewährleisten – ein Brennvorgang dauert dadurch ca. 20 Minuten. Das VariRec-Feature funktioniert ausschließlich bei Audio-CDs. Das Beschreiben einer CD-RW bei aktiviertem VariRec ist nicht möglich.

NeroMix zum Brennen von Audio-CDs nutzen?

Zusätzlich zu dem Nero-Programmpaket können Sie von Ahead NeroMix erwerben (nähere Informationen unter *www.nero.com*). Bei NeroMix handelt es sich um ein spezielles Programm zum Erstellen und Abspielen musikalischer Silberscheiben. NeroMix ist an sich ein gelungenes und komfortabel zu bedienendes

Programm, das Sie mit verschiedenen Skins im Aussehen verändern können. Es bietet jedoch im Vergleich zu den einzelnen Programmen von Nero 6 keine Vorteile bzw. neue Funktionen. Besitzen Sie die Vollversion von Nero 6, ist der separate Erwerb von NeroMix nicht notwendig!

8.7 Musik und Daten auf einer Scheibe mischen

Wollen Sie Daten und Musik auf einer Scheibe unterbringen, gibt es zwei CD-Formate, die dafür genutzt werden. Wählen Sie das falsche, kann die Audiosession nicht in herkömmlichen CD-Playern wiedergegeben werden!

Mixed Mode-CD oder CD-Extra?

Bei einer Mixed Mode-CD steht die Datensession am Anfang der Scheibe, gefolgt von den Musikstücken in der Audiosession. Viele PC-Spiele werden auf einer Mixed Mode-CD ausgeliefert: Dabei befindet sich der Programmteil am Anfang der CD und wird als Erstes eingelesen. Während das Spiel läuft, werden zur musikalischen Untermalung die Musikstücke im zweiten Teil der CD wiedergegeben. Mixed Mode-CDs können ohne Risiko am PC wiedergegeben werden.

Mixed Mode-CDs sind nur für den PC geeignet

Die Wiedergabe der Musiktracks einer Mixed Mode-CD auf einem Hi-Fi-CD-Player ist dagegen nicht möglich; diese Geräte sind jeweils nur in der Lage, die erste Session einer CD zu erkennen und abzuspielen. Bei einer Mixed Mode-CD würde der Player ausschließlich die am Anfang liegende Datensession bemerken und versuchen, diese wiederzugeben, was eventuell Ihre Hi-Fi-Anlage aufgrund der dabei entstehenden hohen Frequenzen beschädigen kann – die zweite Session mit den Audiotracks wird ignoriert. Sie dürfen auf Ihrem Audio CD-Player neben reinen Musikscheiben nur CDs im Format CD-Extra wiedergeben!

Für Hi-Fi-CD-Player notwendig: CD-Extra

Bei der CD-Extra steht im Gegensatz zu einer Scheibe im Mixed Mode-Format die Audiosession am Anfang des Mediums, gefolgt von der Datensession. Legen Sie eine CD-Extra in den Hi-Fi-CD-Player werden die in der Audiosession (erste Session auf der Scheibe) liegenden Musikstücke abgespielt, die daran anknüpfende Datensession wird dagegen vom Gerät ignoriert, weil Hi-Fi-CD-Player in der Regel stets nur die erste Session einer Scheibe abspielen können. Das Format der CD-Extra (früher auch CD-Plus oder CD-Enhanced genannt) wird häufig benutzt, um bei der Wiedergabe über den PC – zusätzlich zu den Musiktiteln – Videos oder genaue Informationen über die Interpreten auf die CD zu brennen.

CD-Extra mit Nero erstellen

Ich zeige Ihnen im Folgenden, wie Sie eine CD-Extra erstellen. Das Anlegen einer Mixed Mode-CD ist aus den bereits erwähnten Gründen nicht empfehlenswert, wenn Sie Daten und Musik auf einer Scheibe mischen möchten.

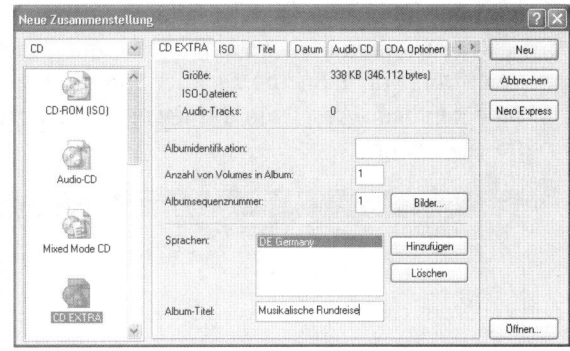

1 Starten Sie Nero und markieren Sie im Fenster *Neue Zusammenstellung* den Eintrag *CD-EXTRA*. Auf der Registerkarte *CD EXTRA* klicken Sie hinter *Sprachen* auf *Hinzufügen*, falls nicht automatisch der Eintrag *DE Germany* aufgelistet wird. Anschließend tippen Sie einen passenden Namen für den *Album-Titel* ein.

2 Mit einem Klick auf *Bilder* können Sie eine Grafik für die Vorder- und Rückansicht der CD-Hülle aussuchen und das Anzeigeformat für die mit den Musiktracks verknüpften Bildern bestimmen. Achten Sie darauf, dass PAL ausgewählt ist – die in Europa am häufigsten verwendete Fernsehnorm!

3 Auf der Registerkarte *ISO* stellen Sie die gewünschten Dateisystemregeln ein. Die genauen Audiooptionen legen Sie über die Registerkarten *Audio CD* und *CDA Optionen* fest. Starten Sie das CD-Projekt danach per Klick auf *Neu*.

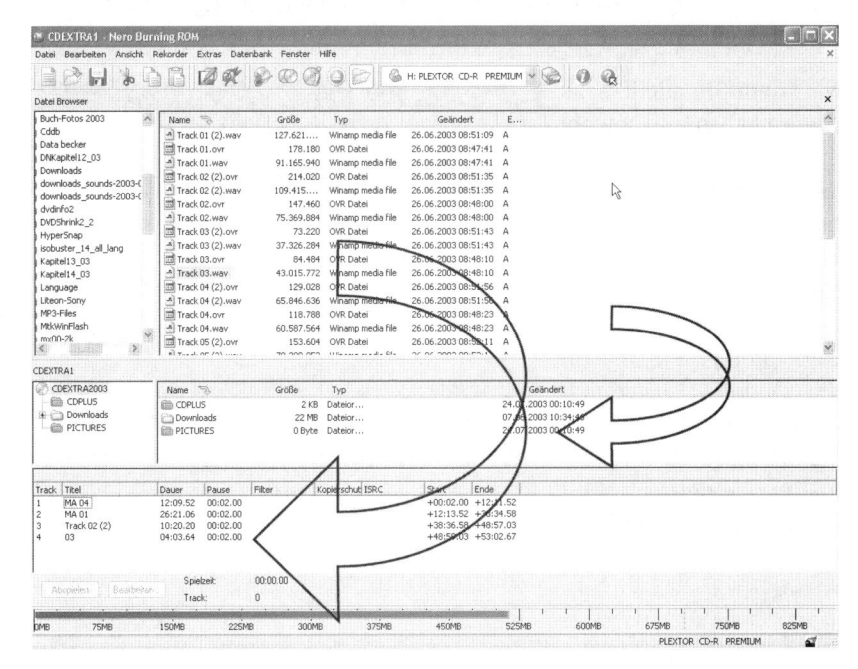

8. Professionelle Audio-CDs mit perfekter Soundqualität erstellen

Ziehen Sie die gewünschten Musiktracks per Drag & Drop in das untere Fenster des Zusammenstellungsfensters hinein (siehe großer Pfeil). Die Datensession der CD-Extra füllen Sie, indem Sie die zu brennenden Daten in das Fenster oberhalb der Audiotracks hineinziehen (siehe kleiner Pfeil).

4 Die Optionen für die CD-Extra-Gestaltung der einzelnen Musiktracks legen Sie folgendermaßen fest: Markieren Sie den ersten Song, wählen Sie in dessen Kontextmenü *Eigenschaften* aus und öffnen Sie die Registerkarte *CD EXTRA*. Dort tippen Sie die genauen Informationen zu dem Song ein – diese erscheinen beim Abspielen des jeweiligen Tracks auf einem Player, der CD-Extra lesen kann.

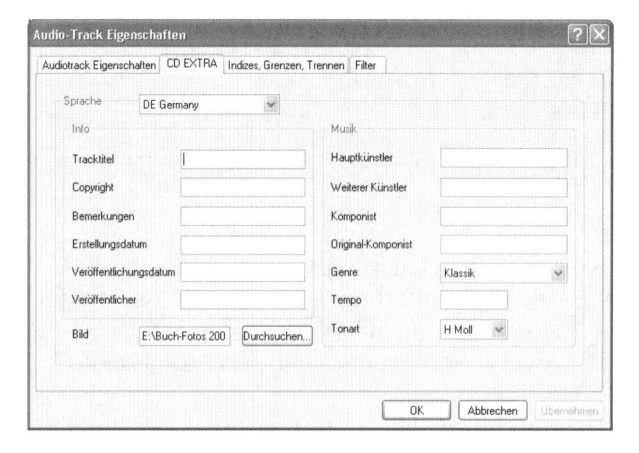

5 Sie können jedem Titel ein Bild zuordnen, das während der Wiedergabe des Tracks angezeigt wird. Klicken Sie dazu unten auf die Schaltfläche *Durchsuchen*, um eine passende Grafik auszuwählen.

6 Nachdem Sie alle Tracks editiert haben und sowohl die Datensession als auch die Audiosession mit Inhalt gefüllt haben, rufen Sie über *Rekorder/Zusammenstellung brennen* die Schreiboptionen von Nero auf. Püfen Sie, ob die Option *CD fixieren* aktiviert ist und wählen Sie als Schreibmethode den Eintrag *Disc-at-Once*, um die Audiosession optimal und fehlerfrei auf den Rohling zu brennen, sodass deren Wiedergabe in einem CD-Player problemlos gelingt. Starten Sie den Schreibvorgang.

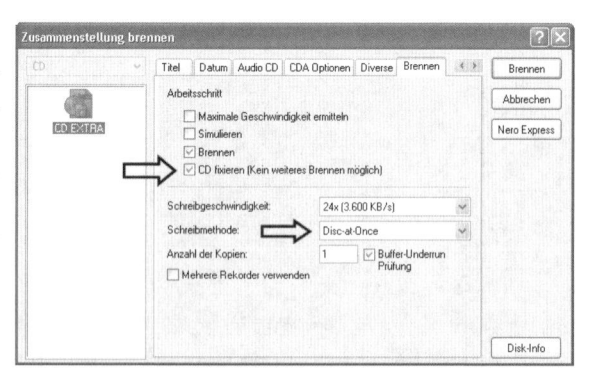

Tipps für die Audiosession der CD-Extra

Sie können bei jedem CD-Extra-Projekt, das Sie mit Nero erstellen, die integrierten Musikstücke wie bei einer Audio-CD gewohnt bearbeiten und optimieren. Passen Sie beispielsweise die Lautstärke der Tracks aneinander an oder bestimmen Sie die Pausenlänge zwischen den einzelnen Musiktiteln.

Geben Sie die Audiosession der CD-Extra mit einem CD-Player wieder, werden die zusätzlichen Informationen über Titel und Interpret, die Sie auf der Registerkarte *CD EXTRA* eingetippt haben, nicht angezeigt. Wollen Sie nähere Informationen während der Musikwiedergabe erhalten, aktivieren Sie wie in diesem Kapitel beschrieben das CD-TEXT-Feature für die Tracks der Audiosession der CD-Extra.

8. Professionelle Audio-CDs mit perfekter Soundqualität erstellen

9. Das eigene Musiklabor: Alte Platten und Kassetten restaurieren

Mit den beiden Programmen Nero Wave Editor und Nero SoundTrax, die der Vollversion von Nero 6 beiliegen, besitzen Sie professionelle Software für Ihr eigenes Musikstudio: Nehmen Sie Musik von analogen Quellen (Audiokassetten oder Schallplatten) auf, um Ihre wertvollen Schätzchen ins digitale Zeitalter „hinüberzuretten". Setzen Sie spezielle Audiofilter für eine kristallklare Soundqualität der aufgezeichneten Tracks ein, um die Hits vom Hintergrundrauschen oder dem typischen Schallplattenknistern zu befreien, bevor Sie die Tracks auf eine Audio-CD brennen. Mit dem neuen Tool Nero SoundTrax komponieren Sie Ihren eigenen Hit und schreiben ihn direkt aus dem Programm auf eine CD. Ein Hinweis: Beide Programme bieten einen gigantischen Funktionsumfang, sodass ich nicht auf alle Möglichkeiten eingehen kann – Sie sind daher herzlich eingeladen, neben meinen Anleitungen die Wirksamkeit der übrigen Funktionen selbst zu testen!

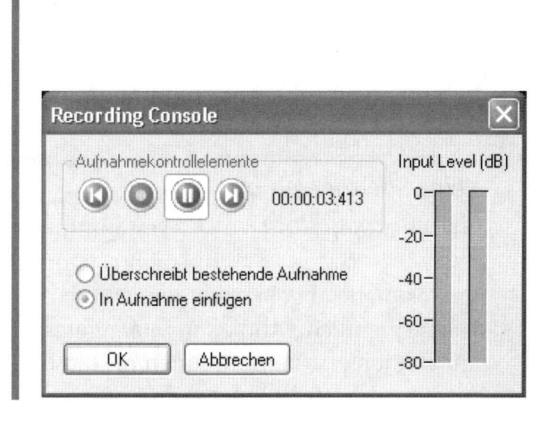

9.1	Nero Wave Editor optimal nutzen	328
9.2	Schallplatten und Audiokassetten digitalisieren	330
9.3	Den „Schätzchen" zu kristallklarem Sound verhelfen	341
9.4	Komponieren und mischen mit SoundTrax	348

9.1 Nero Wave Editor optimal nutzen

Der Nero Wave Editor ist in der neuen Version 2 ein äußerst leistungsstarkes, vielseitig verwendbares Programm geworden. Sie sollten sich daher genau überlegen, wann und wie sie ihn am besten nutzen, da einige seiner Funktionen auch in anderen Nero-Programmen zur Verfügung stehen.

Bearbeitungsfunktionen von Nero Burning Rom oder Nero Wave Editor nutzen?

Nero Burning Rom bietet in seinen Audioprojekten (Audio-CD, CD-Extra oder Mixed Mode-CD) bereits viele Optionen zur Bearbeitung der zu brennenden Musiktracks, die auch der Nero Wave Editor zur Verfügung stellt: Sie können die einzelnen Titel beispielsweise normalisieren, ein- oder ausblenden oder ein langes Musikstück in mehrere Tracks unterteilen. Es stellt sich die Frage, ob man die Audiotracks mit Nero Burning Rom oder dem Nero Wave Editor bearbeitet.

Keine Speicherzeit bei Nero Burning Rom

Der Vorteil der mit Nero Burning Rom durchgeführten Operationen liegt darin, dass diese nach der Durchführung nicht in der Audiodatei direkt gespeichert, sondern als separate „Bearbeitungsdatei" auf der Festplatte abgelegt werden. Durch diese Vorgehensweise sparen Sie viel Zeit, da die eigentliche Audiodatei unangetastet bleibt. Ihre musikalischen Bearbeitungen werden erst beim Brennen on-the-fly (direkt) in den gerade zu schreibenden Musiktrack eingerechnet – das setzt bei vielen Effekten bzw. Bearbeitungen einen leistungsstarken PC voraus, sonst wird der Schreibvorgang ständig vorübergehend angehalten, um einen Buffer Underrun zu verhindern. Alternativ erstellen Sie bei leistungsschwachen Rechnern zuerst ein Image der zu brennenden Audio-CD, das Sie anschließend auf einen Rohling bannen.

Funktionen des Nero Wave Editors sind professioneller

So vorteilhaft die Anwendung der Bearbeitungsfunktionen von Nero Burning Rom ist, die professionelleren Effekte und Bearbeitungsmöglichkeiten besitzt eindeutig der Nero Wave Editor. Das Programm bietet außerdem wesentlich mehr Optionen für die Bearbeitung und Optimierung der Musiktracks. Leider müssen Sie zum Abschluss die mit dem Nero Wave Editor vorgenommenen Änderungen direkt in der Audiodatei abspeichern, was je nach Leistung des Rechners einiges an Zeit kostet.

Restaurierung von Musiktracks nur mit Nero Wave Editor!

Als Fazit lässt sich sagen, dass Sie zunächst die Audiobearbeitungsfunktionen von Nero Burning Rom nutzen. Sind Sie mit dem Ergebnis nicht zufrieden, setzen Sie die professionelleren Optionen des Nero Wave Editors ein. Besonders die Entfernung des Hintergrundrauschens oder die Beseitigung des typischen Schallplattenknisters bei Musikstücken, die Sie mit dem PC von einer Schallplatte oder Audiokassette aufgenommen haben, sollten Sie für ein perfektes Ergebnis lieber mit dem Nero Wave Editor durchführen, auch wenn das etwas länger dauert.

Nero Wave Editor aus Nero Burning Rom aufrufen

Wollen Sie ein Musikstück, das Sie bereits in das Zusammenstellungsfenster von Nero integriert haben, mit dem Nero Wave Editor bearbeiten, weil die Funktionen von Nero Burning Rom dazu nicht ausreichen, gehen Sie folgendermaßen vor:

1 Markieren Sie im Zusammenstellungsfenster den Musiktrack, den Sie mit dem Nero Wave Editor bearbeiten möchten, und klicken Sie auf *Bearbeiten*.

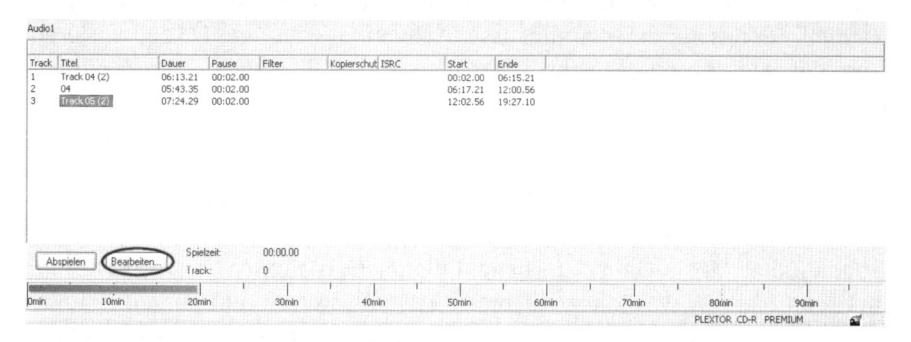

2 Der Nero Wave Editor startet und liest die Wellengrafik des Musikstücks ein.

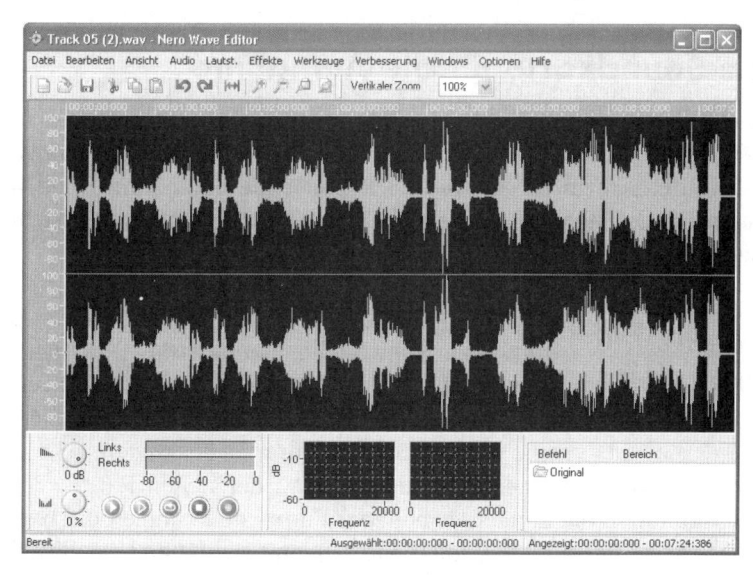

3 Führen Sie die gewünschten Trackoptimierungen durch und schließen Sie den Nero Wave Editor wieder. Es erscheint ein Fenster, das Sie fragt, ob die vorgenommenen Änderungen gespeichert werden sollen.

Klicken Sie auf *Speichern*, um die Bearbeitungen in der Musikdatei zu speichern. Nach kurzer Zeit „landen" Sie wieder im Programmfenster von Nero und können dort weiterarbeiten.

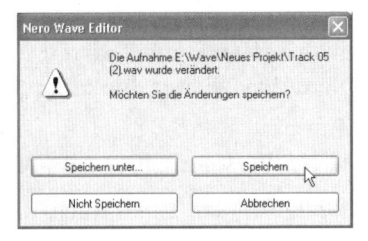

9.2 Schallplatten und Audiokassetten digitalisieren

Ihre alten, liebgewonnenen Schallplattenschätze, mitunter echte Raritäten oder wertvolle Songs auf einer Audiokassette sollten Sie mit dem PC digitalisieren und anschließend von den Musikstücken eine Audio-CD erstellen. Diese Vorgehensweise ist äußerst empfehlenswert, da sowohl die Schallplatte als auch die Musikkassette unter dem täglichen Gebrauch leiden. Die Klangqualität wird immer schlechter, bei einer Audiokassette kann es zu „Bandsalat" kommen und eine häufig genutzte Schallplatte weist immer lautere Knackser und andere Störgeräusche auf. Haben Sie Ihre Lieblingshits dagegen auf eine Audio-CD gebrannt, erstrahlen die „Musik-Oldies" in neuem digitalem Glanz, da Sie vor dem Brennen mit dem Nero Wave Editor für einen kristallklaren Sound sorgen – außerdem können Sie die Musiktracks auf einer Silberscheibe ab sofort verschleißfrei genießen.

Optimale Soundkarte für die Aufnahme

Jeder Komplett-PC besitzt heutzutage eine Soundkarte, die je nach Modell mehr oder weniger zu gebrauchen ist. Bei Komplettangeboten ist größte Vorsicht geboten: Häufig befindet sich in einem solchen Rechner die Soundkarte „onboard" (der Soundchip ist als Baustein auf dem Mainboard festgelötet) – das ist nicht empfehlenswert!

Onboard-Soundkarte für Aufnahmen nicht empfehlenswert!

Onboard-Sound bringt in der Regel nicht die Leistung einer vollwertigen Soundkarte. Der Klang ist eher bescheiden und es wird mehr CPU-Power für die „Soundberechnung" benötigt. Besorgen Sie sich eine richtige Soundkarte und deaktivieren Sie über das BIOS die Onboard-Komponente vor dem Einbau der neuen Karte. „Echte" Soundkarten bekommen Sie bereits für ein paar Euro – doch taugen die billigen „Krachmacher" etwas? Bei einer Soundkarte für 20 mit allen möglichen Features (5.1-Sound usw.) dürfen Sie nicht allzu viel von der Klang- und Aufnahmequalität erwarten. Zusätzlich machen billige Soundkarten wesentlich häufiger Ärger, weil die Treiberpflege vernachlässigt wird und es nur fehlerhafte, alte Treiber für das Produkt gibt.

Mit einer ca. 50-80 teuren Soundkarte der bekannten und beliebten Firmen Creative oder Terratec sind Sie für die Digitalisierung von analogen Audiosignalen gut gerüstet. Top-Soundqualität erhalten Sie erst bei einer Soundkarte ab 150 – zum Beispiel mit der SoundBlaster Audigy 2 von Creative. Eine solche Soundkarte hat einen hervorragenden Klang und Sie erzielen professionelle Aufnahmen. Ein weiterer Vorteil von teuren Soundkarten: Sie erhalten regelmäßig wichtige Treiberupdates zu dem Produkt, die für optimale Stabilität und maximale Performance sorgen. Haben Sie vor, viele Aufnahmen mit Ihrer Soundkarte durchzuführen, lohnt sich die Anschaffung eines teuren Modells auf jeden Fall!

| *Eine teure Soundkarte zahlt sich aus!* |

Schallplattenspieler mit dem PC verbinden

Einen Schallplattenspieler verbinden Sie auf zwei unterschiedliche Arten mit der Soundkarte Ihres Rechners.

Anschlussmöglichkeiten

Das direkte Verbinden des Schallplattenspielers mit der Soundkarte ist nicht möglich, da das Tonsignal des Schallplattenspielers zuerst entzerrt und verstärkt werden muss, bevor es mit dem PC aufgezeichnet werden kann. Ohne diese „Zwischenstation" hört sich die vom Schallplattenspieler kommende Musik „piepsig" und unnatürlich an.

Die Entzerrung bzw. Verstärkung der Tonsignale erreichen Sie beispielsweise, indem Sie sich im gut sortierten Fachhandel einen so genannten Phono-Vorverstärker (relativ teuer) besorgen. Ab und zu erhalten Sie diesen zusammen mit einer speziellen Restaurierungssoftware für Schallplattenaufnahmen – beispielsweise das bekannte Clean von Steinberg. Ein solches Programm ist jedoch nicht notwendig, da der Nero Wave Editor bereits professionelle Optimierungswerkzeuge für stark verknisterte Schallplatten- bzw. verrauschte Kassettenaufnahmen bietet.

| *Phono-Vorverstärker nutzen* |

> **Phonoanschluss auf der Soundkarte vorhanden ...**
>
> Manche Luxus-Soundkarten (beispielsweise die DMX 6fire 24/96 von Terratec) besitzen einen eigenen Phonoanschluss. An diesen kann ohne Vorverstärkung direkt ein Schallplattenspieler angeschlossen werden. Die Entzerrung des Schallplattensignals übernimmt nicht die Soundkartenhardware: Ein Plug-in auf DirectX-Basis besorgt diese Notwendigkeit.

Eine gute Alternative zu einem Phono-Vorverstärker ist der Weg über einen gewöhnlichen Hi-Fi-Verstärker mit Schallplattenanschlussmöglichkeit. Das ist

| *Schallplattenspieler preiswert anschließen* |

besonders empfehlenswert, wenn der Verstärker sich in Reichweite des PCs befindet. Für die Anschlussmöglichkeit über einen Hi-Fi-Verstärker benötigen Sie ausschließlich ein spezielles Verbindungskabel, das Sie für ein paar Euro im Fachhandel erhalten: Das Kabel muss aus zwei Cinchsteckern (meistens schwarz und rot) und einem Miniklinkenstecker auf der anderen Seite bestehen. Achten Sie bei dem Miniklinkenstecker darauf, dass er für die Übertragung von Stereosignalen geeignet ist (steht auf der Kabelverpackung).

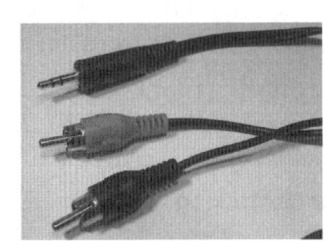

Benötigtes Verbindungskabel zum Anschluss einer analogen Musikquelle an den Audioeingang der Soundkarte.

Schritt für Schritt zur perfekten Verkabelung

Im Folgenden zeige ich Ihnen, wie Sie den Schallplattenspieler über den Hi-Fi-Verstärker mit dem PC verbinden. In der Regel ist dies der beste und billigste Weg, seine alten Schallplatten zu digitalisieren. Bevorzugen Sie den Weg über einen Phono-Vorverstärker, um beispielsweise den schweren Hi-Fi-Verstärker nicht durch die Wohnung tragen zu müssen, konsultieren Sie zwecks Verkabelung das beiliegende Handbuch.

1 Schalten Sie vor der Verkabelung unbedingt den PC aus, sonst riskieren Sie, die Soundkarte und andere elektronische Bauteile zu beschädigen!

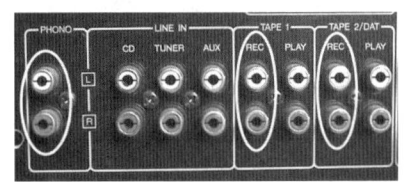

2 Schließen Sie den Schallplattenspieler wie gewöhnlich an den Hi-Fi-Verstärker an. Die richtigen Buchsen am Verstärker sind meistens mit *Phono* gekennzeichnet. Suchen Sie jetzt am Verstärker den Ausgang für die Aufnahme mit einem Kassettendeck (meistens *Tape/Rec* oder *Tape out* genannt) und stecken Sie dort die Cinchstecker des speziellen Verbindungskabels hinein.

3 Auf der Rückseite des PCs stecken Sie den Miniklinkenstecker des „Spezialkabels" in den *Line in*-Eingang Ihrer Soundkarte. Bei Komplett-PCs mit „Onboard-Soundkarte" finden Sie diese meist blau gefärbte Buchse bei den Anschlüssen für Maus, Tastatur und Drucker. Bei einer „richtigen" Soundkarte finden Sie dagegen die benötigte Anschlussmöglichkeit direkt an der Karte. Falls die Buchse nicht blau eingefärbt ist, sehen Sie im Handbuch der Soundkarte nach, um die richtige zu erwischen.

Schallplatten und Audiokassetten digitalisieren

4 Falls an Ihrem Hi-Fi-Verstärker ein Aufnahmewahlschalter vorhanden ist, müssen Sie diesen zum Abschluss der Verkablungsarbeiten so einstellen, dass als Aufnahmequelle der Schallplattenspieler ausgewählt ist und dessen Signale zwecks Aufnahme an den jeweiligen Ausgang für das Kassettendeck (*Tape/Rec* oder *Tape out*) weitergeleitet werden.

Kassettendeck mit dem PC verbinden

Wenn Sie Ihre Lieblingshits von den äußerst anfälligen Audiokassetten mit dem PC aufzeichnen wollen, um daraus einen unverwüstlichen Audiosilberling zu brennen, muss das Kassettendeck zunächst mit dem PC verbunden werden. Hierzu benötigen Sie ein spezielles Verbindungskabel mit zwei Cinch- und einem Miniklinkenstecker, wie beim Anschluss des Schallplattenspielers an den Rechner – Abbildung des Kabels siehe Seite 332.

Es ist zwar möglich, wie beim Anschluss eines Schallplattenspielers, den Umweg über den Hi-Fi-Verstärker zu wählen – das ist bei einem Kassettendeck aber nicht nötig: Die Verstärkung bzw. Entzerrung des Tonsignals von einem Kassettendeck ist im Gegensatz zu einem Schallplattenspieler nicht erforderlich. Schließen Sie die *Line out*-Buchsen (manchmal auch mit *Play* beschriftet) des Kassettendecks direkt an den *Line in*-Eingang der Soundkarte an. Sie haben den kürzesten Verbindungsweg genommen und erhalten somit die bestmögliche Klangqualität.

> *Optimale Klangqualität durch direkten Anschluss!*

Mischpult von Windows für eine perfekte Aufnahme vorbereiten!

Für eine perfekte Aufnahme mit möglichst geringem Hintergrundrauschen optimieren Sie die Einstellungen des Windows-Mixers. Alternativ können Sie dazu auch den herstellerspezifischen Software-Mixer nutzen, der der Soundkarte beilag.

1 Öffnen Sie den Windows-Mixer über *(Alle) Programme/Zubehör/Unterhaltungsmedien/Lautstärke*. Ist bei Ihnen das Lautsprechersymbol unten rechts in der Taskleiste vorhanden, öffnen Sie den Windows-Mixer deutlich schneller per Doppelklick auf das entsprechende Symbol.

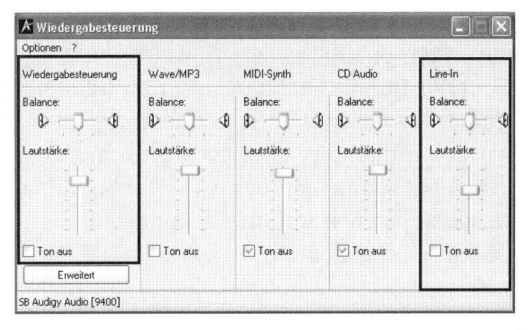

2 Im erscheinenden Wiedergabe-Mischpult achten Sie darauf, dass der Line In-Eingang nicht ausgeschaltet ist – vor *Ton aus* darf kein Häkchen sein. Für eine qualitativ hochwertige Aufnahme schalten Sie alle anderen Eingänge bzw. Ausgänge aus, die nicht benötigt werden (alle außer *Wave* und *Summe/Wiedergabesteuerung*), um das Grundrauschen so niedrig wie möglich zu halten. Selbst Ein- bzw. Ausgänge, die kein Signal ausgeben bzw. einspeisen, sind aktiv und tragen daher zu einem höheren Rauschpegel bei.

3   Öffnen Sie den Aufnahme-Mixer über *Optionen/Eigenschaften*. Klicken Sie auf *Aufnahme* und achten Sie darauf, dass im weißen Fenster vor dem Eintrag *Line In* ein Häkchen ist! Beachten Sie: Bei der neuen SoundBlaster Audigy 2 von Creative heißt die entsprechende Option *Analog Mix*.

4   Als Aufnahmequelle wählen Sie im erscheinenden Aufnahme-Mischpult den *Line in*-Eingang der Soundkarte aus – bei der SoundBlaster Audigy 2 von Creative ist die entsprechende Option mit *Analog Mix* beschriftet. Den dazugehörigen Schieberegler bringen Sie ungefähr in das obere Drittel. Lassen Sie den Windows-Mixer noch geöffnet, um gegebenenfalls die Aussteuerung des Line In-Signals verändern zu können.

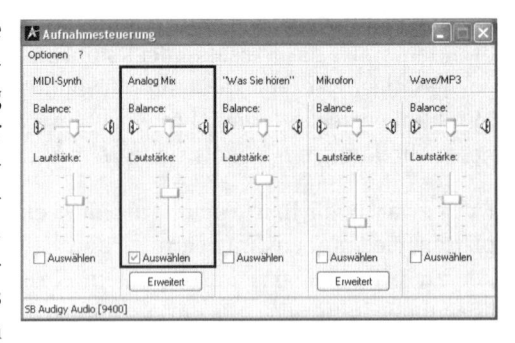

So beseitigen Sie eventuelle Brummgeräusche

Sie haben den Schallplattenspieler oder das Kassettendeck über den Hi-Fi-Verstärker angeschlossen und alle notwendigen Einstellungen des Windows-Mixers für die Aufnahme vorgenommen, doch der Musikgenuss über die Lautsprecher, die an der Soundkarte hängen, wird seitdem durch ein hässliches, tiefes Brummen gestört? Das Brummen wird durch die 50-Hz-Netzwechselspannung und eine so genannte Masseschleife verursacht. Grund dafür ist das Verbinden zweier Geräte, die verschieden geerdet sind: PC über die Steckdose (Schutzkontakt), der Tuner über das Antennenkabel.

Die Ursache für das Brummen liegt häufig in dem an die Hi-Fi-Anlage angeschlossenen Antennenkabel. Da dieses indirekt über den Verstärker mit dem anders geerdeten PC verbunden ist, kommt es zu diesen Musikstörungen. Sie beseitigen das Brummen, indem Sie das Antennenkabel vorübergehend von Ihrem Radio entfernen. Sollte das Brummen dadurch verschwunden sein, besorgen Sie als Dauerlösung im Fachhandel einen Mantelstromfilter oder denken Sie vor jeder Aufnahme daran, das Antennenkabel zu entfernen! Überprüfen Sie unbedingt vor der Aufnahme, ob dieses Brummen vorhanden ist oder nicht! Besitzen Sie keine eigenen Lautsprecher für die Soundkarte, schließen Sie an deren Line Out-Ausgang einen Kopfhörer an und lauschen aufmerksam, um später keine böse Überraschung zu erleben.

Genial: Störgeräusche während der Aufnahme herausfiltern!

Manche modernen Soundkarten (beispielsweise die bekannte SoundBlaster Audigy 2 von Creative) können die typischen Störgeräusche einer Schallplatte bzw. starkes Hintergrundrauschen von Audiokassetten bereits während der Aufnahme in Echtzeit herausfiltern. Eine nachträgliche Restauration mit dem Nero Wave Editor wird dadurch überflüssig. Ich zeige Ihnen die Aktivierung dieses äußerst nützlichen Restaurationsfeatures während der Aufnahme bei einer SoundBlaster Audigy 2:

1 Öffnen Sie den Surround Mixer der Soundkarte und klicken Sie unten auf das Symbol *EAX-Konsolen*.

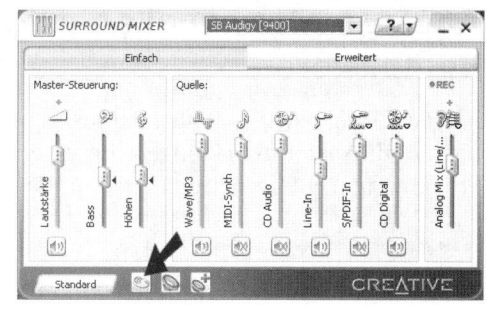

2 Im neuen Fenster klicken Sie oben auf *Aufräumen* (eine etwas verwirrende Übersetzung des englischen „Clean-Up"-Begriffs) und aktivieren *Audio-Cleanup aktualisieren* (ebenfalls irreführende Eindeutschung).

3 Die *Audioquelle* setzen Sie auf *Analog Mix (Line/CD/Aux/TAD ...)*. Starten Sie die Schallplattenwiedergabe und stellen Sie hinter *Quell-Level* die gewünschte Eingangslautstärke der Tonsignale ein (der Regler sollte sich im hinteren rechten Drittel befinden).

4 Im unteren Fensterteil können Sie die gewünschten Einstellungen zur Restauration der aufzunehmenden Schallplattensongs vornehmen. Die durchgeführten Änderungen werden in Echtzeit berechnet, sodass Sie das Ergebnis sofort hören. Stellen Sie die Optionen möglichst so ein, dass alle Störgeräusche entfernt werden, aber nicht zu viel von der Musik „weggefiltert" wird. Einen Überblick über die einzelnen Funktionen erhalten Sie in der folgenden Tabelle.

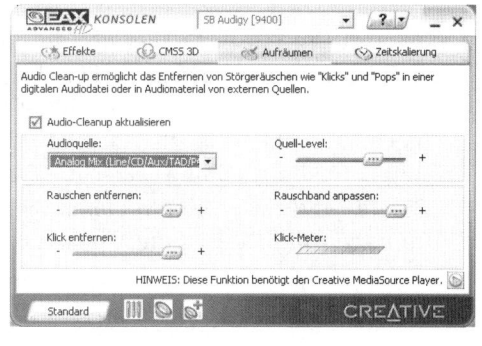

9. Das eigene Musiklabor: Alte Platten und Kassetten restaurieren

Option	Wirkung bzw. Bedeutung
Rauschen entfernen	Entfernt störendes Hintergrundrauschen von Audiokassetten und Schallplatten.
Rauschband anpassen	Legt fest, ob die Rauschentfernung im Niedrigfrequenzbereich oder im Hochfrequenzbereich erfolgen soll.
Klick entfernen	Entfernt Knistern und Knacksen von Schallplatten.
Klick-Meter	Zeigt grafisch dargestellt an, in welchem Umfang Knister- und Knacksgeräusche aus der Audioquelle herausgefiltert werden.

Analoge Musikquellen mit dem Nero Wave Editor digitalisieren

Für das Digitalisieren analoger Musikquellen (beispielsweise einer Schallplatte oder Audiokassette) benötigen Sie eine spezielle Aufnahmesoftware. Im Nero-Programmpaket übernimmt der Nero Wave Editor diese Funktion.

> **Nero SoundTrax für Digitalisierung nicht empfehlenswert!**
>
> Neben dem Nero Wave Editor können Sie Ihre Schallplatten bzw. Audiokassetten auch mit Nero SoundTrax digitalisieren. Über *Werkzeuge/Assistenten* rufen Sie den jeweiligen Nero-Helfer auf, der Sie kompetent durch die notwendigen Schritte führt. Diese Vorgehensweise ist deutlich umständlicher als die Aufzeichnung mit dem Nero Wave Editor – außerdem liegt Nero SoundTrax nur der Vollversion von Nero bei. Für die Digitalisierung analoger Musikquellen nutzen Sie lieber den professionellen Nero Wave Editor, da Sie hiermit anschließend die aufgezeichnete Musik ausgiebig bearbeiten und optimieren können.

1. Starten Sie den Nero Wave Editor und wählen Sie *Audio/Aufnahmen*.

2. Es erscheint ein neues Fenster, in dem Sie das Aufnahmeformat einstellen. Für die Aufnahme von Musiktracks, die Sie als Audio-CD brennen möchten, wählen Sie als *Abtastformat* den Eintrag *44100 Hz (CD)* und setzen die *Bittiefe* auf *16 Bit (CD und DAT)*. Kontrollieren Sie, ob *Stereoaufnahme* aktiviert ist und klicken Sie anschließend auf *OK*.

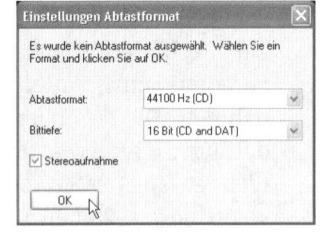

3. Es taucht das Aufnahmefenster des Nero Wave Editors auf. Starten Sie die Wiedergabe des aufzuzeichnenden Musikstücks und betrachten Sie die Pegelanzeige unter *Input Level*. Sie darf auf keinen Fall an die obere Begrenzung „stoßen" bzw. rot werden – das würde zu einer digitalen Übersteuerung führen, die die Aufnahme unbrauchbar macht.

4 Die Stärke der aufzuzeichnenden Musikquelle reduzieren Sie über den Windows-Mixer, in dem Sie im Aufnahmemischpult den Schieberegler unter *Line-In* bzw. *Analog Mix* etwas nach unten ziehen. Mein Tipp: Steuern Sie die Aufnahme lieber etwas zu gering aus – eine Erhöhung (Maximierung) des Lautstärkepegels ist nachträglich beispielsweise über die Normalisierungsfunktion von Nero Burning Rom problemlos möglich.

5 Zum Abschluss bestimmen Sie, ob das aufzuzeichnende Musikstück eine eventuell vorhandene Aufnahme überschreiben oder an eine bestehende Aufnahme (einen im Nero Wave Editor geöffneten Musiktrack) angefügt werden soll. Beide Optionen sind erst bei den nachfolgenden Aufzeichnungsvorgängen wirksam, wenn bereits ein digitalisierter Musiktrack im Nero Wave Editor vorhanden ist. Die Option *Überschreibt bestehende Aufnahme* ist sinnvoll, wenn der erste Aufnahmeversuch nicht richtig geglückt ist (zum Beispiel zu stark ausgesteuert wurde) und durch eine neue Aufzeichnung ersetzt werden soll.

6 Die Aufnahme beginnen Sie mit einem Klick auf das rote Aufnahmesymbol und beenden Sie mit dem Pausesymbol rechts daneben. Wollen Sie das Aufnahmefenster wieder verlassen, klicken Sie auf *OK* – die Wellengrafik des aufgezeichneten Musiktracks wird eingelesen und im Nero Wave Editor dargestellt.

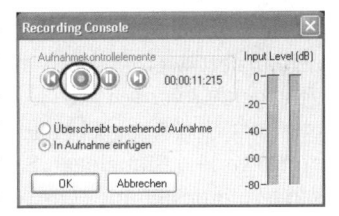

Rohlingkapazität beim Aufnehmen beachten!

Während der Aufnahme sollten Sie die Zeitanzeige im Aufnahmefenster kontrollieren, damit die aufgezeichnete Musik problemlos auf den verwendeten Rohling passt. Notfalls müssen Sie für die komplette Digitalisierung Ihrer analogen Musikhits mehrere Audiodateien erzeugen: Erreicht die Anzeige fast die maximale Rohlingkapazität, beenden Sie die Aufnahme rechtzeitig, speichern sie mit dem Nero Wave Editor in einer Audiodatei ab und setzen die Aufzeichnung anschließend fort. Die neue digitalisierte Musik speichern Sie beim erneuten Erreichen der Rohlingkapazität wieder in einer Audiodatei ab usw.

Aufnahmevorgang im Detail

Das menschliche Ohr nimmt Geräusche, Sprache oder Musik wahr, weil Luftdruckschwankungen (analoge akustische Signale) das Trommelfell am Ende des Gehörgangs in Bewegung versetzen. Über einen komplizierten Mechanismus im Ohr gelangt das analoge Signal schließlich zum Hörzentrum im Gehirn. Luftdruckschwankungen werden beispielsweise durch die Membranbewegung eines Lautsprechers erzeugt, was man gut an einem Subwoofer feststellt, wenn man die Hand davorhält. Die Lautsprechermembran wird durch ein analoges Spannungssignal, das von einem Verstärker kommt, zu einer analogen Bewegung angeregt.

9. Das eigene Musiklabor: Alte Platten und Kassetten restaurieren

Im Fall eines harmonischen Pfeif- oder Basstons hat das Spannungssignal die Form einer durchgezogenen Sinuskurve (siehe Grafik). Für einen tiefen Ton beträgt die Zeit T zum Beispiel fünf Hundertstel Sekunden oder 0,05 Sekunden. In dieser Zeit ändern sich unendlich viele Werte des Spannungssignals.

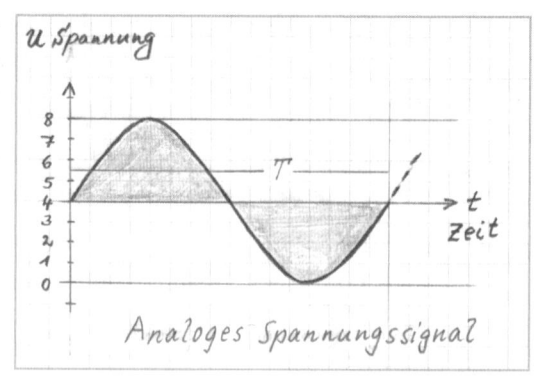

Will man ein solches analoges Signal als Audiosignal, wie es beispielsweise aus den Line Out-Buchsen eines Kassettenrekorders kommt, auf CD brennen, muss es zunächst in der Soundkarte digitalisiert werden, um im PC verarbeitet werden zu können. Das bedeutet, dass nicht alle Spannungswerte des analogen Signals, sondern pro Sekunde „nur" 44.100 Spannungsimpulse berücksichtigt werden – beim Digitalisieren gehen also Informationen verloren.

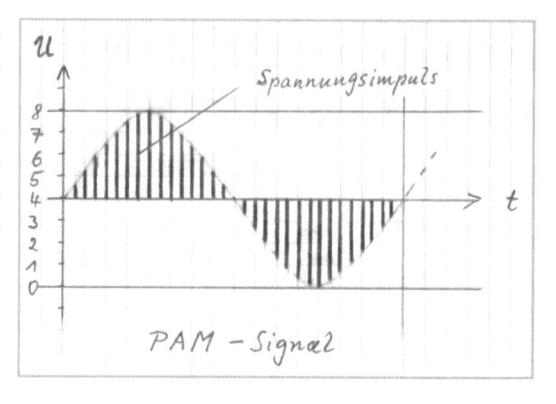

Für 0,05s ergeben sich 2.205 Impulse – diese hohe Anzahl garantiert, dass keine Klangverluste bei der Digitalisierung auftreten. Man nennt diese Umwandlung des Audiosignals auch „Samplen". Auf diese Weise entsteht aus den unendlich vielen Spannungswerten des analogen Signals eine für den PC überschaubare endliche Anzahl von Spannungsimpulsen. Man sagt: Aus dem analogen Signal ist durch **P**uls-**A**mplituden-**M**odulation ein PAM-Signal entstanden. Die im Diagramm durch unterschiedliche lange „Stäbe" dargestellten Spannungsimpulse werden in entsprechend lange Bitwörter der Computersprache übertragen (kodiert). So entspricht zum Beispiel dem 5 Bit langen Codewort 10110 ein Impuls mit dem Spannungswert 16 + 0 + 4+ 2 + 0 = 22! Nur mit den im Zweiersystem (mit den Ziffern 0 und 1) geschriebenen Codewörtern kann der PC umgehen.

Soll umgekehrt ein digitales Audiosignal (zum Beispiel mit einem CD-ROM/DVD-ROM-Laufwerk) abgespielt werden, sind die Bit-Codewörter wieder in Spannungswerte umzuwandeln (zu dekodieren, zu analogisieren), um am Ausgang der Soundkarte für den Verstärker und die angeschlossenen Lautsprecher brauchbar zu sein.

Schallplatten und Audiokassetten digitalisieren

Erste Aufnahme stets kontrollieren!

Bevor Sie die aufgezeichnete Musik speichern, um weitere Songs zu digitalisieren, sollten Sie sich das Ergebnis anhören, um festzustellen, ob die Aufnahme erfolgreich war und keine Störgeräusche enthält.

1. Klicken Sie – während der aufgezeichnete Musiktrack im Nero Wave Editor geöffnet ist – links unten auf das Play-Symbol. Die aufgenommene Musik wird wiedergegeben. Hören Sie genau hin, ob irgendwelche Musikstörungen vorhanden sind.

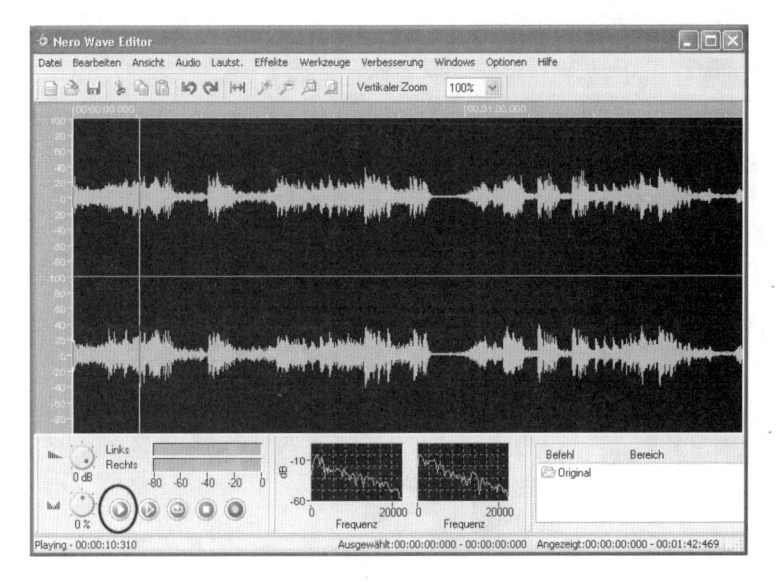

2. Treten Klicks bzw. andere Musikstörungen auf, konnte Ihr System die anfallenden Daten nicht schnell genug verarbeiten. Für eine fehlerfreie Aufnahme deaktivieren Sie daher sämtliche Hintergrundprozesse, indem Sie alle geöffneten Programme außer dem Nero Wave Editor schließen. Defragmentieren Sie die Festplatte, damit sie Maximalleistung bringt und die Daten schnell genug speichern kann. Prüfen Sie außerdem, ob es aktuellere Chipsatztreiber bzw. neue Soundkartentreiber gibt und installieren Sie diese gegebenenfalls.

3. Ist die Aufnahme dagegen fehlerfrei, schneiden Sie diese, falls gewünscht, zurecht und speichern sie im richtigen Format auf der Festplatte ab (siehe folgenden Abschnitt).

Aufnahme zurechtschneiden und abspeichern

Bevor Sie Ihre erste Aufnahme endgültig auf der Festplatte abspeichern, um weitere Musiktracks zu digitalisieren, haben Sie die Möglichkeit, die aufgenommene Musik zurechtzuschneiden.

Unerwünschte Musikstellen herauslöschen

Haben Sie zum Beispiel eine komplette Schallplatten- oder Kassettenseite ohne Unterbrechnung aufgenommen, befinden sich vielleicht einige dabei, die Sie nicht auf eine Audio-CD brennen möchten, weil sie Ihnen nicht gefallen. Diese Titel bzw. Musikstellen schneiden Sie am besten vor dem Speichern mit dem Nero Wave Editor heraus.

1 Markieren Sie mit der Maus in der Wellengrafik den herauszuschneidenden Musikbereich und wählen Sie *Bearbeiten/Löschen*, um die markierten Audioinformationen zu entfernen.

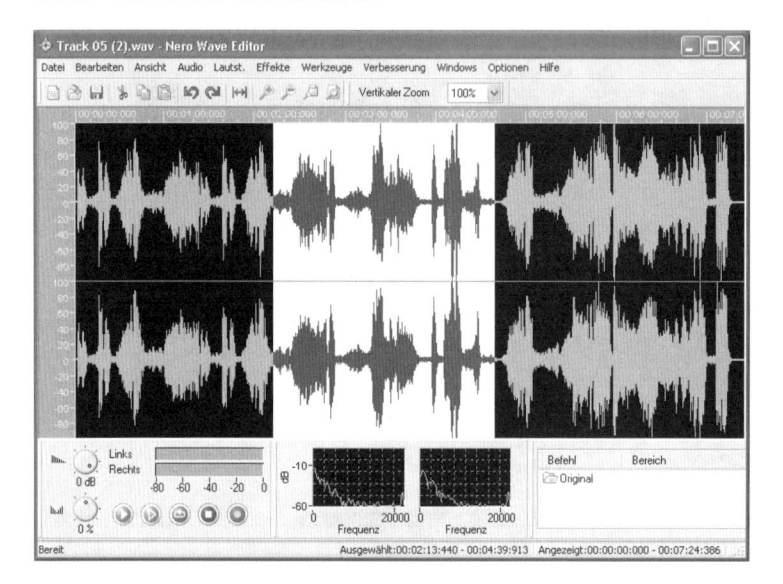

2 Haben Sie aus Versehen die falsche Stelle erwischt, machen Sie die letzte Aktion über *Bearbeiten/Rückgängig* wieder „ungeschehen". Beachten Sie: Die Aufteilung eines langen Musikstücks in mehrere Tracks besorgen Sie mit Nero Burning Rom direkt vor dem Brennen – das geht schneller und einfacher als mit dem Nero Wave Editor.

Optimales Audioformat beim Speichern festlegen

Nachdem Sie die im Nero Wave Editor geöffnete Aufnahme eventuell zurechtgeschnitten haben, speichern Sie diese endgültig auf der Festplatte ab, um anschließend weitere Aufnahmen durchzuführen.

1 Wählen Sie *Datei/Speichern*. Im Fenster *Speichern unter* geben Sie zunächst einen aussagekräftigen Dateinamen für den Musiktrack ein.

2 Als *Dateityp* wählen Sie bei Musiktracks, die Sie für die Erstellung einer Audio-CD verwenden möchten, den Eintrag *PCM Wav file (*.wav)* aus, um die Musik unkomprimiert in bester Klangqualität abzuspeichern.

3   Mit einem Klick auf *Optionen* kontrollieren Sie, ob das Audioformat automatisch korrekt eingestellt wurde: Als *Frequenz* müssen 44100, unter *Bits* der Wert 16 und darunter *Stereo* ausgewählt sein. Verlassen Sie das Fenster mit *OK* und speichern Sie den aufgezeichneten Musiktrack.

Aufnahme im MP3-Format speichern

Wollen Sie aus den aufgezeichneten Musikstücken eine MP3-Disk für die Wiedergabe auf Ihrem DVD-Player erstellen, sollten Sie die Titel gleich beim Speichern mit dem Nero Wave Editor in das MP3-Format bringen. Als *Dateityp* wählen Sie dazu den gewünschten MP3-Encoder und stellen über *Optionen* die Kompressionseigenschaften ein. Der Track wird dadurch im MP3-Format auf der Festplatte abgespeichert und kann ohne weitere Konvertierung auf eine MP3-Disk gebrannt werden. Näheres zu MP3 und Co. erfahren Sie im nächsten Kapitel.

9.3 Den „Schätzchen" zu kristallklarem Sound verhelfen

Mit den professionellen Effekten und Bearbeitungswerkzeugen des Nero Wave Editors optimieren Sie jeden Musiktrack so, dass er eine optimale Klangqualität besitzt: Restaurieren Sie Ihre Schallplatten- und Kassettenaufnahmen, indem Sie die typischen Schallplattenknacker oder starkes Hintergrundrauschen entfernen und für einen kristallklaren Sound sorgen. Weiterhin können Sie den Dynamikumfang des Tracks verbessern oder geniale Halleffekte nutzen, um die Tracks aufzupolieren.

Wichtige Tipps zum Arbeiten mit Effekten

Bevor Sie Ihre Musiktracks mit dem Nero Wave Editor optimieren, ein paar wichtige Tipps zur professionellen Anwendung der Effekte und Bearbeitungsmöglichkeiten des Programms.

Übersteuerung bei Effektanwendung vermeiden

Bei der Anwendung einiger Effekte (beispielsweise Dynamikerweiterung oder Hall) müssen Sie darauf achten, dass die Gesamtlautstärke des Musiktracks durch die Einrechnung der Effekte nicht übersteuert wird. Dies verhindern Sie, indem Sie die Lautstärke des Musikstücks vor der Effektanwendung reduzieren.

9. Das eigene Musiklabor: Alte Platten und Kassetten restaurieren

1 Wählen Sie *Bearbeiten/Alles markieren* und anschließend *Lautstärke/Lautstärkeänderung*.

2 Reduzieren Sie den Lautstärkepegel des Musiktracks mithilfe des Schiebereglers und klicken Sie auf *OK*. Wie stark der Pegel gesenkt werden muss, hängt von dem anzuwendenden Effekt bzw. der Effektstärke ab. Verringern Sie die Lautstärke lieber etwas zu viel, das ist nicht schlimm: Die maximale Pegellautstärke erzielen Sie nach der Bearbeitung mit dem Nero Wave Editor über die Normalisierungsfunktion von Nero Burning Rom.

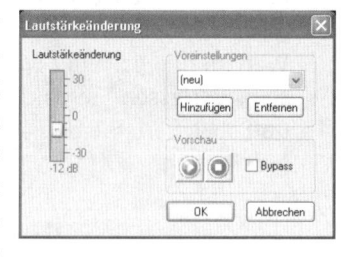

3 Wenden Sie jetzt alle gewünschten Effekte und Bearbeitungsmöglichkeiten des Nero Wave Editors an. Bevor Sie die Effekte endgültig über *Datei/Speichern* in den Musiktrack einrechnen lassen, prüfen Sie, ob es zu keiner Übersteuerung kommt. Starten Sie dazu die Wiedergabe des Musiktracks und halten Sie die Pegelanzeige im Programmfenster links unten im Auge. Diese darf keinesfalls in den roten Bereich kommen bzw. „hinten" anschlagen. Ist dies der Fall, müssen Sie die Effektstärke etwas reduzieren bzw. die Pegellautstärke des Musiktracks weiter reduzieren.

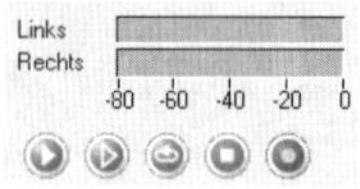

Änderung nur im markierten Bereich wirksam!

Alle Soundeffekte und Bearbeitungsfunktionen des Nero Wave Editors wirken sich stets nur auf den markierten Bereich des geöffneten Musiktracks aus. Es ist daher möglich, einen speziellen Effekt nur an ganz bestimmten Musikstellen anzuwenden. Wollen Sie den gesamten Musiktrack optimieren, wählen Sie vor der Anwendung des Effekts bzw. Bearbeitungswerkzeugs *Bearbeiten/Alles markieren*, um das komplette Musikstück zu markieren.

Bringt der Effekt wirklich etwas?

In jedem Effekt- bzw. Bearbeitungsfenster des Nero Wave Editors haben Sie die Möglichkeit, die Auswirkungen des Effekts, den Sie gerade verwenden wollen, sofort anzuhören. Klicken Sie dazu unter *Vorschau* auf das Play-Symbol. Der Effekt wird während der Wiedergabe in Echtzeit in die Musikdatei eingerechnet. Über *Bypass* schalten Sie den Effekt vorübergehend aus, um festzustellen, wie viel der Effekt wirklich bringt. Es ist sogar möglich, die Effekteinstellungen während der Wiedergabe zu ändern – die Auswirkungen werden sofort hörbar. Auf diese Weise können Sie für jeden Musiktrack die perfekten Einstellungen finden.

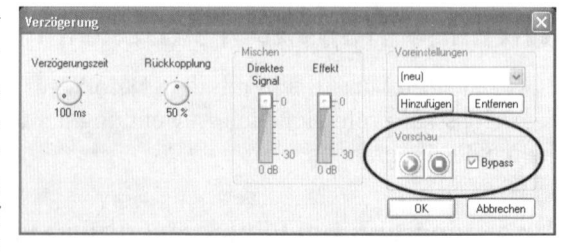

Tipp: Über die Schaltfläche *Hinzufügen* unter *Voreinstellungen* können Sie optimale Effekteinstellungen unter einem aussagekräftigen Namen speichern und haben sie so für weitere Musiktracks ohne erneutes Ausprobieren griffbereit.

Effekte können gelöscht bzw. nachträglich geändert werden!

Die aktivierten Effekte werden nicht sofort in die eigentliche Musikdatei eingerechnet, sondern separat in einer neuen Datei abgespeichert. Erst über *Datei/Speichern* werden die Effekte direkt und unwiderruflich in das Musikstück eingerechnet. Durch diese Vorgehensweise ist es jederzeit möglich, einen bereits angewendeten Effekt zu entfernen oder zu verändern. Alle auf den geöffneten Musiktrack angewendeten Effekte werden oben links in der Wellengrafik aufgelistet. Im jeweiligen Kontextmenü des entsprechenden Effekts können Sie ihn entweder löschen, über *Bypass-Effekt* vorübergehend ausschalten oder über *Eigenschaften* die Effekteinstellungen verändern.

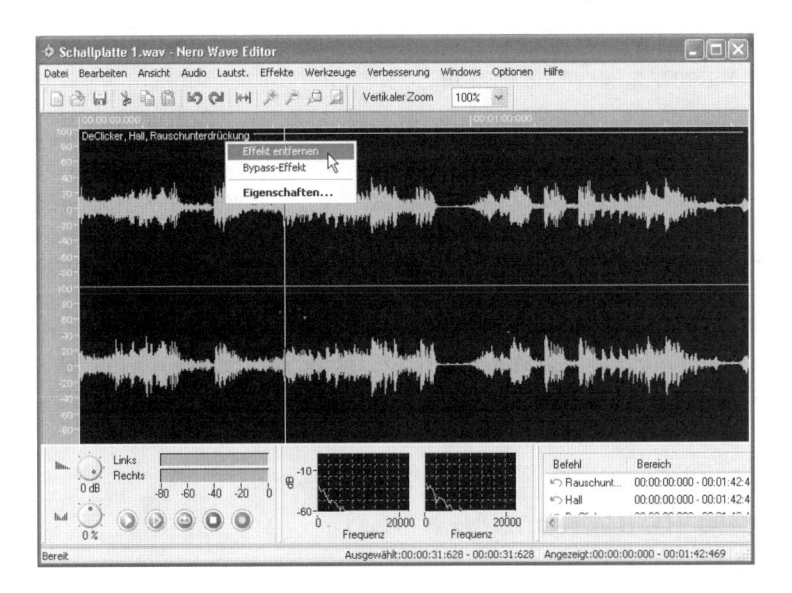

Musiktracks richtig speichern

Haben Sie das Musikstück optimiert, speichern Sie es über *Datei/Speichern unter* ab. Der Nero Wave Editor kann den Song in mehreren Audioformaten abspeichern: Erzeugen Sie entweder für die Erstellung einer Audio-CD eine Wave-Datei oder legen Sie das Musikstück komprimiert im MP3-Format auf der Festplatte ab, um daraus eine MP3-Disk zu brennen. Näheres zu den Speicheroptionen haben Sie auf Seite 340 erfahren.

Schallplattenaufnahmen vom Knistern befreien

Haben Sie Ihre alten Schallplatten digitalisiert, sollten Sie die aufgezeichneten Musiktracks vor dem Brennen auf eine Audio-CD mit dem Nero Wave Editor res-

9. Das eigene Musiklabor: Alte Platten und Kassetten restaurieren

taurieren, indem Sie die typischen Schallplattengeräusche (beispielsweise Knacken und Knistern) beseitigen und somit für einen klareren Sound sorgen.

1. Markieren Sie über *Bearbeiten/Alles markieren* den gesamten Musiktrack oder wählen Sie den zu optimierenden Bereich mit der Maus in der Wellengrafik manuell.

2. Über *Verbesserung/DeClicker* öffnen Sie das Fenster mit den Restaurationswerkzeugen des Nero Wave Editors. Aktivieren Sie *DeClicker* und *DeCrackle*, um starke Knackser bzw. leises Knistern aus dem Musiktrack herauszufiltern. Besitzen Sie einen modernen leistungsstarken PC, aktivieren Sie unter *DeClicker* die Option *Hohe Qualität* für ein noch besseres Filterergebnis.

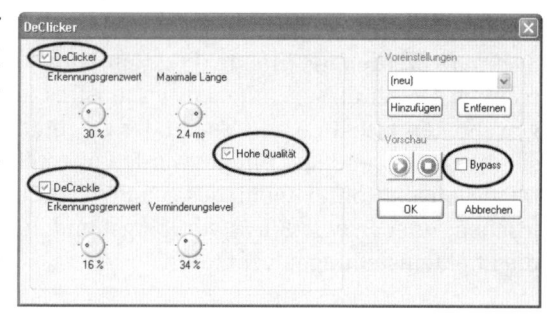

3. Klicken Sie rechts unter *Vorschau* auf das Play-Symbol, um sich die Auswirkungen der eingestellten Filter gleich anzuhören – diese werden in Echtzeit während der Wiedergabe in das Musikstück eingerechnet. Sind Sie mit dem Ergebnis nicht zufrieden, verändern Sie die Voreinstellungen unter *DeClicker* und *DeCrackle*. Die optimalen Werte für Ihren Musiktrack finden Sie nur durch Probieren heraus. Achten Sie darauf, dass Sie die Filter nicht zu stark einsetzen, da sonst auch Musikinformationen weggefiltert werden – über *Bypass* können Sie sich die Unterschiede zwischen aktiviertem und nicht aktiviertem Filter anhören.

Professionelle Rauschanalyse und Rauschentfernung

Besitzt der Musiktrack starkes Hintergrundrauschen (häufig bei digitalisierten Kassettenaufnahmen der Fall), führen Sie eine Rauschanalyse durch und entfernen das Rauschen, um für einen perfekten Klang auf der später zu brennenden Audio-CD zu sorgen.

1. Markieren Sie in der Wellengrafik einen Bereich, in dem das Hintergrundrauschen deutlich hörbar ist – beispielsweise den Trackanfang, wenn dort eine kurze musikalische Pause vorhanden ist.

2. Wählen Sie *Verbesserung/Rauschanalyse*. Der Nero Wave Editor analysiert daraufhin die „Rauschstruktur" des markierten Bereichs und zeigt Ihnen das folgende Fenster an, das Sie mit *OK* schließen.

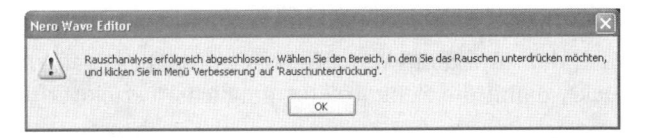

Den „Schätzchen" zu kristallklarem Sound verhelfen

3 Markieren Sie jetzt den Bereich, in dem Sie das Hintergrundrauschen entfernen möchten – in der Regel wählen Sie *Bearbeiten/Alles markieren*, um den kompletten Musiktrack vom Rauschen zu befreien.

4 Über *Verbesserung/Rauschunterdrückung* geht es weiter. Im erscheinenden Fenster prüfen Sie, ob *Noise Print* ausgewählt ist, damit bei der Rauschbeseitigung die Ergebnisse der Rauschanalyse verwendet werden. Hören Sie sich das Musikstück an. Sind Sie mit dem erzielten Ergebnis nicht zufrieden, experimentieren Sie mit den Einstellungsmöglichkeiten, bis Sie die optimale Konfiguration gefunden haben.

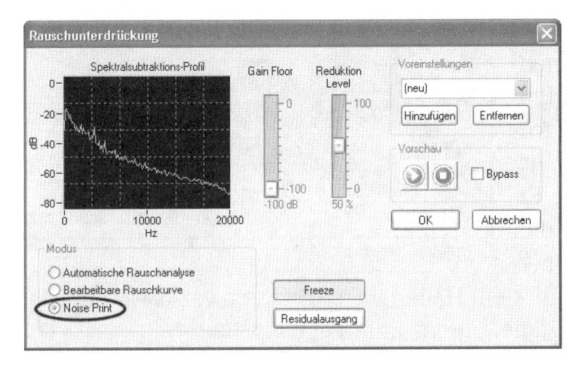

Zeitkorrektur für Kassettenaufnahmen bzw. Musik beschleunigen

Gerade Aufnahmen von Audiokassetten können manchmal etwas verzerrt klingen, weil beispielsweise das Band etwas ausgeleiert ist. In diesem Fall kann die Zeitkorrektur des Nero Wave Editors etwas Abhilfe schaffen. Dieses Feature ist auch interessant, wenn Sie ein Musikstück beschleunigen möchten – lassen Sie zum Beispiel ein klassisches Orchester eine Symphonie oder eine Band ihren neuen Popsong in doppelter Geschwindigkeit abspielen – heraus kommt ein wirklich rasantes Musikvergnügen.

1 Markieren Sie den gesamten Musiktrack über *Bearbeiten/Alles markieren*.

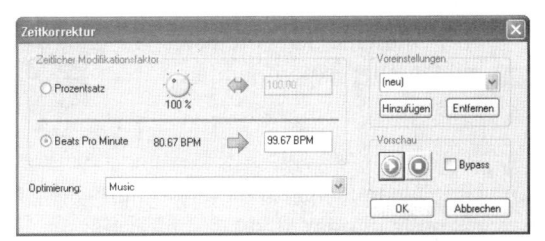

2 Wählen Sie *Werkzeuge/Zeitkorrektur*. In der Regel erzielen Sie bessere Ergebnisse, wenn Sie die Beschleunigung in *Beats Pro Minute* angeben, als über einen *Prozentsatz*. Wie stark das Stück beschleunigt werden soll, geben Sie im weißen Feld hinter *Beats Pro Minute* an – richten Sie sich dabei nach dem Ausgangswert. Hinter *Optimierung* wählen Sie die Art des Musikstücks, damit die Zeitkorrektur möglichst perfekt erfolgen kann.

Raumklang durch Halleffekte optimieren

Viele Schallplatten- oder Kassettenaufnahmen klingen etwas „trocken" – man wünscht sich gern etwas Hall bzw. einen speziellen Raumklang dazu, damit die Musik nicht so „steril" klingt. Lassen Sie beispielsweise Ihre Lieblingsband in einer großen Konzerthalle mit hervorragenden Halleigenschaften auftreten ...

1 Markieren Sie den gesamten Musiktrack bzw. den Bereich, auf den Sie den Halleffekt anwenden möchten.

2 Wählen Sie *Effekte/Hall*. Im erscheinenden Fenster nehmen Sie die gewünschten Einstellungen bezüglich *Nachhallzeit*, *Raumgröße* oder *Helligkeit* des Halls vor. Die Effektstärke legen Sie über den Schieberegler *Effekt* fest. Übertreiben Sie es bitte nicht mit dem Halleffekt, sonst kann es passieren, dass die eigentliche Musik in den Halleffekten „untergeht"!

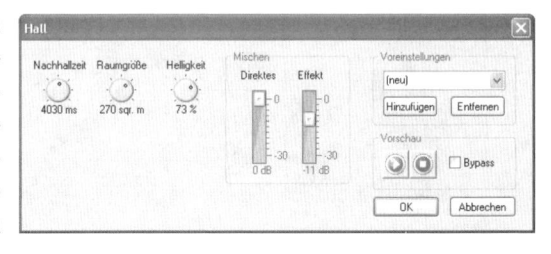

Verbessern Sie die Dynamik des Musiktracks

Die Dymanik von Schallplatten- oder Kassettenaufnahmen ist im Vergleich zur CD meistens sehr dürftig – die Musik „plätschert" so vor sich hin. Lassen Sie sich das nicht bieten und optimieren Sie den Dynamikumfang des Musikstücks, damit der Sound kraftvoll aus den Lautsprecherboxen dröhnt.

1 Markieren Sie über *Bearbeiten/Alles markieren* die komplette Musikdatei.

2 Wählen Sie *Werkzeuge/Dynamik* und passen Sie im neuen Fenster die Dynamik des Musiktracks Ihren Vorstellungen an: Nutzen Sie entweder eine der Voreinstellungen oder experimentieren Sie selbst.

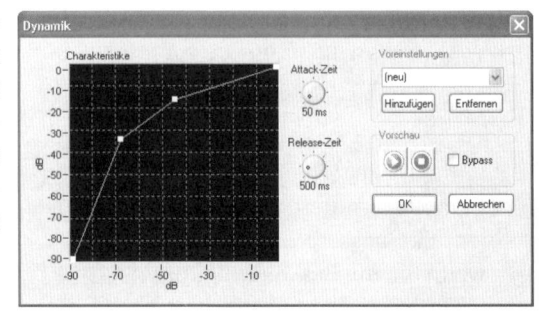

3 Die Dynamikeigenschaften ändern Sie am schnellsten über die Grafik: Klicken Sie mit der Maus in die Grafik, um einen neuen weißen Fixpunkt zu erstellen. Diesen ziehen Sie jetzt nach oben, um die Dynamik des Musiktracks zu erhöhen. Für eine exaktere Einstellung legen Sie weitere Fixpunkte mit der Maus an.

Weitere interessante Effekte nutzen

Der Nero Wave Editor bietet, wie bereits erwähnt, eine Vielzahl professioneller Effekte und Bearbeitungsmöglichkeiten, die aus Platzgründen leider nicht alle in diesem Buch beschrieben werden können. Im Folgenden zeige ich Ihnen zwei weitere interessante Effekt – Sie sollten aber auch die übrigen, von mir nicht beschriebenen Effekte und Werkzeuge testen, es lohnt sich auf jeden Fall.

Musikstück transponieren

Der Nero Wave Editor kann Musikstücke transponieren. Unter Transponieren versteht der Musiker, einen Song in eine höhere oder niedrigere Tonlage zu bringen. Die Transponierfunktion ist beispielsweise nützlich, wenn Sie bei einigen Lieblingshits mitsingen möchten, aber die hohe oder tiefe Tonlage mit Ihrer Stimme nicht erreichen ...

1 Markieren Sie den gesamten Musiktrack und wählen Sie *Werkzeuge/Transponieren*.

2 Im erscheinenden Fenster nehmen Sie die gewünschten Transponiereinstellungen vor: Unter *Intervall* erhöhen bzw. verringern Sie die Tonlage des Stücks jeweils um einen Halbton. Rechts daneben legen Sie die *Feinabstimmung* der gewählten Tonlage fest. Soll die Länge des Musiktracks beim Transponieren unverändert bleiben, aktivieren Sie *Originallänge beibehalten*.

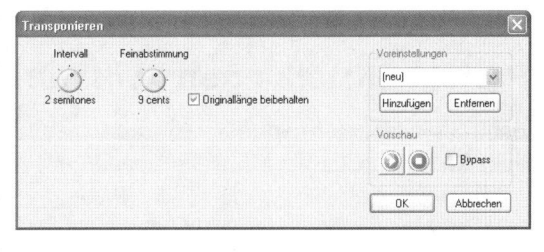

Musikalische Zeitreise für Ihre Audiotracks

Mit dem Nero Wave Editor ist es möglich, Musiktracks musikalisch altern zu lassen. Sie können beispielsweise einem kristallklar klingenden Song von einer Audio-CD starkes Rauschen, Schallplattenknistern oder Brummen hinzufügen, sodass der topaktuelle Hit wie ein „Oldie" klingt – ein toller Effekt für eine Party!

1 Markieren Sie das gesamte Musikstück und wählen Sie *Effekte/Re-Analog*.

2 Im neuen Fenster stellen Sie die gewünschten „Alterungserscheinungen" für den Musiktrack ein und hören sich das Ergebnis mithilfe des Play-Symbols an. Experimentieren Sie so lange mit den Einstellungen, bis der Hit richtig alt klingt ...

9. Das eigene Musiklabor: Alte Platten und Kassetten restaurieren

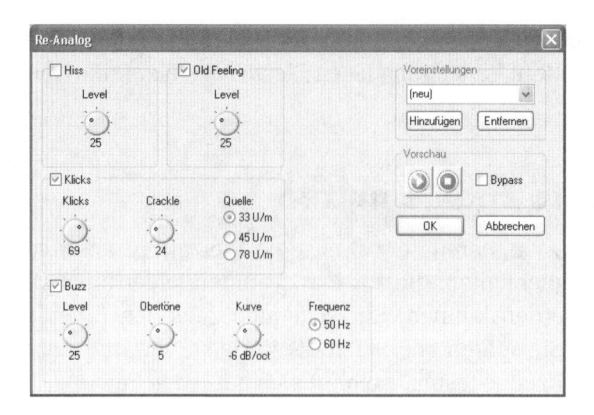

9.4 Komponieren und mischen mit SoundTrax

Mit dem neuen Programm Nero SoundTrax, das ausschließlich der Vollversion von Nero beiliegt, können Sie eigene Hits komponieren. Nero SoundTrax bietet sich außerdem als professionelles Musik-Mischpult an: Mit der Software ist es möglich, mehrere Tracks professionell miteinander zu mixen und die Lautstärke jeder einzelnen Musikspur separat zu bestimmen, um eine optimale Mischung zu erhalten. Zum Abschluss brennen Sie die mit Nero SoundTrax erzielten Ergebnisse direkt aus dem Programm auf eine CD.

Projekteinstellungen konfigurieren

Beim Start legt Nero SoundTrax automatisch ein neues Projekt an. Bevor Sie mit dem Komponieren bzw. Mischen beginnen, bestimmen Sie die genauen Projektparameter.

1 Wählen Sie *Optionen/Projekteinstellungen*.

2 Auf der Registerkarte *Audio Einstellungen* legen Sie, wenn Sie Musiktracks für eine Audio-CD erstellen wollen, als Samplerate *44100 Hz* und als Bittiefe *16 Bit (CD und DAT)* fest.

3 Wechseln Sie auf die Registerkarte *General*. Hinter *Projektlänge* geben Sie die Dauer des zu erstellenden Projekts in Minuten an.

Soll das Projekt beispielsweise einen Rohling vollständig ausschöpfen, geben Sie hier die maximale Rohlingkapazität in Minuten ein. Darunter legen Sie einen Projektnamen, den Künstler und eventuell einen Kommentar zu dem neuen Projekt fest.

4 Zum Abschluss stellen Sie über die Registerkarte *Tempo and Meter* das gewünschte Tempo des neu zu erstellenden Stücks an. Falls Sie dieses nicht genau wissen, lassen Sie die Werte auf den Voreinstellungen stehen (120 Beats pro Minute und 4 Beats pro Takt).

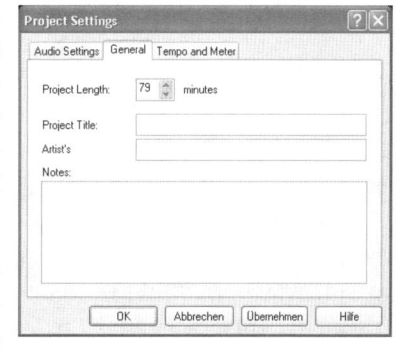

Fensteraufteilung von Nero SoundTrax

Das Programmfenster von Nero SoundTrax ist in mehrere Bereiche aufgeteilt. Im Folgenden erkläre ich Ihnen die wichtigsten:

Über die Masterspur (1) regeln Sie den Lautstärkepegel aller integrierten und miteinander vermischten Musikstücke. Darunter befinden sich die einzelnen Audiospuren (2), die von Nero SoundTrax verwirrenderweise Tracks genannt werden. Neue Audiospuren legen Sie über *Einfügen/Neuer Track* an. In diese Audiospuren integrieren Sie die zu mischenden Musiktitel. Im linken Fensterbereich (3) haben Sie die Möglichkeit, für jede Audiospur bzw. für die Masterspur den Lautstärkepegel zu ändern bzw. das Verhältnis von linkem und rechtem Kanal über den Schieberegler *Pan* einzustellen.

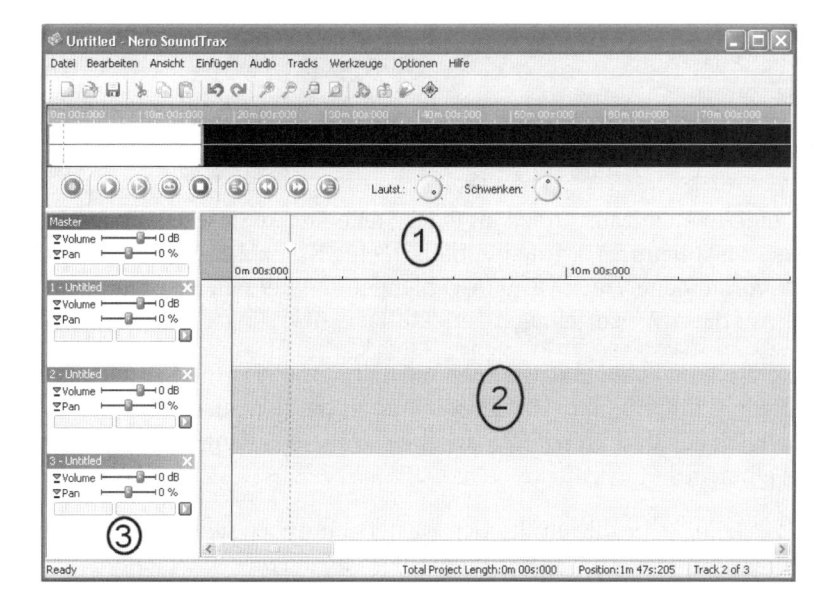

9. Das eigene Musiklabor: Alte Platten und Kassetten restaurieren

Musikstücke in Nero SoundTrax integrieren

1. Klicken Sie mit der Maus im Programmfenster von Nero SoundTrax auf die Stelle in der jeweiligen Audiospur, an der ein neuer Musiktrack eingefügt werden soll.

2. Wählen Sie *Einfügen/Audiodatei*, um das zu integrierende Musikstück auszusuchen. Nero SoundTrax unterstützt eine Vielzahl unterschiedlicher Audioformate, in denen das Musikstück vorliegen darf – beispielsweise Musik im Wave-, MP3, WMA- oder MP4-Format. Der ausgewählte Musiktrack wird an der entsprechenden Stelle der Audiospur eingefügt und dessen Wellengrafik dargestellt.

3. Integrieren Sie jetzt die anderen Musikdateien, die Sie miteinander mischen wollen, auf die gleiche Weise. Durch das Hinzufügen neuer Musiktracks komponieren Sie einen eigenen Song, da Komponieren nichts anders als „Zusammenstellen" bedeutet.

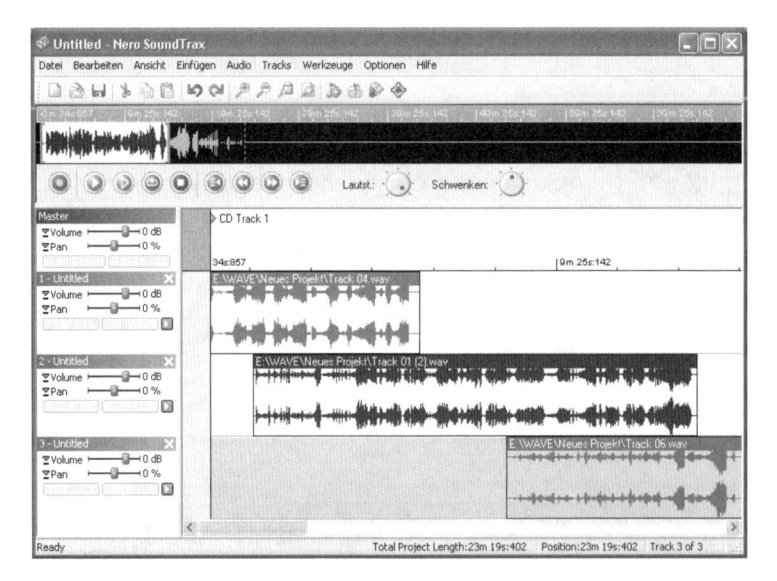

4. Fügen Sie einen neuen Musiktrack an einer Stelle der Audiospur ein, an der sich bereits Musik befindet, wird automatisch eine Kreuzblende eingerichtet: Der bereits vorhandene Track wird ausgeblendet und der neu integrierte eingeblendet. Auf diese Weise gelingen perfekte Trackübergänge.

5. Wollen Sie das Projekt für das Brennen auf CD optimieren und in mehrere Tracks aufteilen, führen Sie in der Masterspur an der gewünschten Stelle einen Doppelklick aus und integrieren anschließend am Anfang des erzeugten CD-Tracks ein neues Musikstück.

6. Über *Einfügen/Effekt in* dürfen Sie der Masterspur (über *Mastereffektkette*) bzw. einem einzelnen vorher markierten Track (über *Trackeffektkette*) einen Soundeffekt (zum Beispiel einen Halleffekt) zuweisen.

7 Regeln Sie über den linken Fensterbereich das Mischverhältnis der einzelnen Tracks, bevor Sie Ihr Projekt speichern bzw. auf CD brennen.

Aufgrund des gigantischen Funktionsumfangs von Nero 6 kann ich hier nicht auf die weiteren Funktionen von Nero SoundTrax eingehen. Tauchen irgendwelche Fragen bei der Bedienung auf oder „vermissen" Sie eine bestimmte Funktion, rufen Sie die Hilfedatei des Programms über das Hilfemenü auf.

Projekt exportieren bzw. brennen

Sind Sie mit dem erzeugten Projekt zufrieden, sollten Sie es exportieren bzw. gleich mit Nero SoundTrax auf eine CD brennen. In der Regel ist die Exportfunktion empfehlenswert, um das eigene Musikstück beispielsweise mit dem Nero Wave Editor klanglich zu optimieren oder mit Nero Burning Rom zu bearbeiten, bevor Sie es auf einen Silberling schreiben. Auf diesem Weg haben Sie auch die Möglichkeit, das Projekt als Audiodatei im MP3-Format für eine MP3-Disk abzuspeichern.

Wollen Sie das angelegte Projekt mit Nero SoundTrax ohne weitere Bearbeitung auf eine CD brennen, wählen Sie *Werkzeuge/Auf CD brennen*. Über *Datei/In Audiodatei exportieren* legen Sie das Projekt dagegen als Musikdatei auf der Festplatte ab, um es weiterzubearbeiten. Das Exportfenster und dessen Bedienung gleicht dem Ihnen bereits bekannten Speicherfenster des Nero Wave Editors – siehe Seite 340.

9. Das eigene Musiklabor: Alte Platten und Kassetten restaurieren

10. Hits für den DVD-Player: Von MP3 bis zur Musik-DVD

Neben der Audio-CD für die Wiedergabe in einem herkömmlichen Hi-Fi-CD-Player haben Sie die Möglichkeit, mit Nero 6 musikalische Silberscheiben für Ihren DVD-Player zu brennen! Nutzen Sie beispielsweise das MP3-Musikformat, um bis zu sieben Stunden Musik in bester Klangqualität auf einen CD-Rohling zu packen oder brennen Sie als Highlight eine eigene Musik-DVD. In diesem Kapitel erfahren Sie alles Wissenswerte rund um die Musik-Kompressionsverfahren MP3 und MP3Pro, MP4 oder WMA und ihre optimale Verwendung.

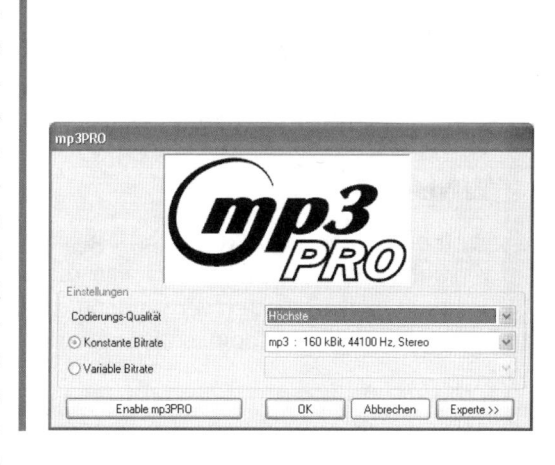

10.1 Musiktracks für beste Qualität optimal kodieren 354

10.2 MP3-Hits bearbeiten und Playlisten erstellen 364

10.3 Optimale Brenneinstellungen für MP3s und WMA-Disks 371

10.4 Geht nicht, gibt's nicht: Musik-DVDs brennen 374

10.1 Musiktracks für beste Qualität optimal kodieren

Wenn Sie von Ihren Lieblingshits einen Megahit-Sampler von mehreren Stunden zusammenstellen wollen, sollten Sie – statt mehrere Audio-CDs anzufertigen – die Musiktracks vor dem Brennen mit einem geeigneten Encoder komprimieren (in der Größe verkleinern), sodass mehr Hits auf die Scheibe passen.

Eine CD bzw. DVD mit komprimierter Musik kann nicht über einen herkömmlichen CD-Player abgespielt werden – für die Wiedergabe müssen Sie Ihren DVD-Player oder den PC benutzen.

Welchen Standard nutzen: MP3/MP3Pro, MP4 oder WMA?

Nero bringt die in der Überschrift genannten Musik-Encoder (teilweise als Testversionen) bereits mit, sodass sich die Frage stellt, welchen Komprimierungsstandard man am besten verwendet, damit die Musik eine optimale Klangqualität und größtmögliche Kompatibilität besitzt.

| *MP3 = weit verbreiteter Komprimierungsstandard* |

MP3 ist die Abkürzung für **MPEG-1 Audio Layer 3** und hat sich als Quasi-Standard für die Komprimierung von Musik durchgesetzt. Viele Hits, die im Internet zum Download angeboten werden, sind in diesem Format komprimiert, da hierbei selbst stark komprimierte Musiktracks eine relativ gute Klangqualität besitzen. Der große Vorteil von MP3 gegenüber den übrigen Musik-Kompressionsverfahren ist seine gute Kompatibilität – fast alle etwas moderneren DVD-Player können Musik in diesem Format problemlos abspielen. Möchten Sie Musik komprimiert auf einen Silberling brennen, sollten Sie aus diesem Grund das MP3-Musikformat bevorzugen.

| *MP3Pro = stärkere Kompression bei optimalem Sound* |

Der Nachfolger MP3Pro besitzt neben einer stärkeren Kompression gleichzeitig eine bessere Klangqualität – es ist jedoch fraglich, ob sich MP3Pro durchsetzen wird, da nur sehr wenige Geräte diesen neuen Standard bisher unterstützen. Musik, die im MP3Pro-Format komprimiert wurde, kann auch auf einem Gerät wiedergegeben werden, das ausschließlich die Wiedergabe von MP3 beherrscht – MP3Pro ist also abwärtskompatibel. Die Vorzüge des neuen Formats gegenüber MP3 (bessere Klangqualität bei geringerer Dateigröße) kommen erst zur Geltung, wenn die Musiktracks auf einem Gerät abgespielt werden, das den MP3Pro-Standard beherrscht. Meiner Meinung nach ist es zurzeit nicht sinnvoll, MP3Pro zu nutzen – schließlich passen im reinen MP3-Format bei optimalen Encoder-Einstellungen bis zu sieben Stunden Musik in bester Klangqualität auf einen CD-Rohling. Wollen Sie noch mehr Hits auf eine Scheibe brennen, setzen Sie lieber einen DVD-Rohling ein.

AAC steht für **A**dvanced **A**udio **C**oding, was mit „fortschrittliche Audiokomprimierung" zu übersetzen ist. AAC ist Teil des MPEG-4-Audiostandards und wird daher oft auch als MP4 bezeichnet. Im Vergleich zu MP3 arbeitet AAC wesentlich effizienter: Bei einer deutlich stärkeren Kompression erzielt AAC eine gleichwertige oder sogar bessere Klangqualität als MP3 – für guten Klang reicht bei AAC bereits eine Bitrate von 60 KBit/s aus, bei MP3 wird für die gleiche Klangqualität mindestens 128 KBit/s benötigt. Ein weiterer Vorteil von AAC ist, dass im Gegensatz zu MP3 Mehrkanalton erlaubt ist. AAC ist allerdings „Zukunftsmusik", da beispielsweise aktuell kein DVD-Player auf dem Markt existiert, der Musik im AAC-Format wiedergibt. Kommen in Zukunft solche Geräte auf den Markt, können Sie Ihre Musikstücke auch im AAC-Format für die Wiedergabe auf einem externen DVD-Player komprimieren. Es ist jedoch äußerst fraglich, ob AAC das weit verbreitete Komprimierverfahren MP3 zukünftig als neuer Quasi-Standard ablösen wird, da die Softwareunterstützung zurzeit mangelhaft ist. Verzichten Sie daher (noch) auf AAC zur Komprimierung Ihrer Musiktracks – die Kompatibilität von AAC mit externen Abspielgeräten ist noch zu schlecht. Immerhin: Musikscheiben im AAC-Format können Sie bereits mit dem Nero Media Player über den PC abspielen. Wollen Sie den zu brennenden musikalischen Silberling ausschließlich am Rechner einsetzen, können Sie die Vorteile von AAC nutzen – bei einer Musikscheibe für den stationären DVD-Player verzichten Sie (noch) darauf.

> *AAC/MP4 = Fit für die Zukunft?*

Das WMA-Format zur Kompression von Musiktracks wird neben MP3 immer beliebter. WMA steht für **W**indows **M**edia **A**udio und wurde von Microsoft als Standard-Musikformat in Windows integriert. Nach anfänglichen „Startschwierigkeiten" unterstützen immer mehr DVD-Player diesen Standard, sodass Sie mit vielen modernen DVD-Playern Musik, die im WMA-Format komprimiert wurde, wiedergeben können. Ob Ihr DVD-Player zu diesen Geräten gehört, erfahren Sie beispielsweise in der großen DVD-Player-Kompatibilitätsliste unter *www.vcdhelp.com*. Die Komprimierung von Musiktracks in das WMA-Format erledigen Sie entweder über den Windows Media Player oder mit Nero Burning Rom.

> *WMA = Standard-Musikformat für Windows*

Fazit: Nutzen Sie WMA oder MP3!

Als Fazit lässt sich sagen, dass Sie zurzeit aus den genannten Gründen ausschließlich Musik im WMA- oder MP3-Format komprimieren sollten, damit die gebrannte Scheibe eine größtmögliche Kompatibilität besitzt. In den folgenden Ausführungen beschränke ich mich daher auf diese beiden Formate.

10. Hits für den DVD-Player: Von MP3 bis zur Musik-DVD

> **MP3Pro und AAC**
> Das Erstellen einer Disk mit Musik im MP3Pro- bzw. AAC-Format unterscheidet sich nur in der Wahl des Encoders und seiner Einstellungsmöglichkeiten.

Nero-MP3-Encoder muss separat erworben werden

Wollen Sie Ihre Musiktracks mit Nero in das MP3-Format kodieren, müssen Sie den MP3/MP3Pro-Encoder zusätzlich erwerben. Der Vollversion liegt nur eine Testversion dieses Encoders bei, mit der Sie maximal 30 Musiktracks in das MP3-Format umwandeln dürfen.

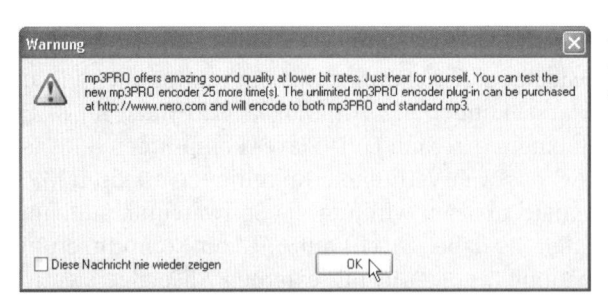

Die Testversion des MP3/MP3Pro-Encoders von Nero lässt nur insgesamt 30 Umwandlungen zu.

> **Weitere Infos unter www.nero.de**
> Unter *www.nero.com* erhalten Sie genauere Informationen bezüglich des Erwerbs des MP3/MP3Pro-Encoders, mit dem Sie Ihre Musiktracks unlimitiert ins MP3- oder MP3Pro-Format konvertieren können.

Wave-Dateien mit Nero perfekt kodieren

Liegen die in das MP3- bzw. WMA-Format zu kodierenden Musiktracks bereits als Wave-Datei auf der Festplatte, gehen Sie folgendermaßen vor, um sie in das gewünschte Format zu bringen:

1 Im Hauptfenster von Nero Burning Rom wählen Sie *Extras/Dateien kodieren*. Ein neues Fenster erscheint – hier klicken Sie unten auf die Schaltfläche *Hinzufügen*, um die umzuwandelnden Musiktracks auszuwählen. Diese werden anschließend im Fenster aufgelistet.

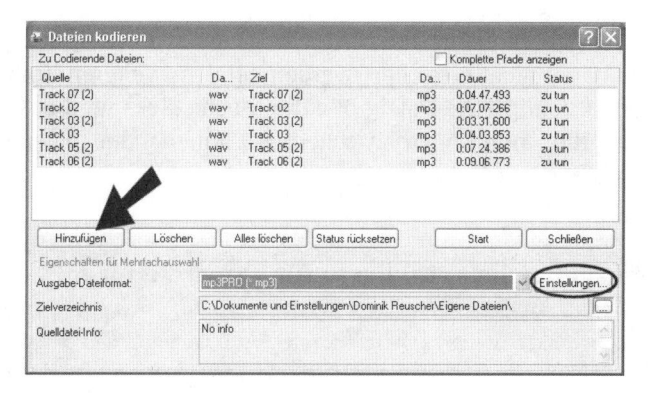

Musiktracks für beste Qualität optimal kodieren

2 Nachdem Sie alle zu komprimierenden Dateien hinzugefügt haben, stellen Sie das Ausgabedateiformat an: Für die Umwandlung nach MP3 wählen Sie den Eintrag *mp3PRO*, für WMA dagegen *Windows Media Audio*. Die genauen Kodieroptionen nehmen Sie über *Einstellungen* vor. Welche Einstellungen Sie für eine perfekte Klangqualität der umgewandelten Musiktracks verändern müssen, erfahren Sie im nächsten Abschnitt.

3 Legen Sie das Zielverzeichnis fest, in dem die fertigen Songs abgelegt werden, und beginnen Sie mit einem Klick auf Start den Kodiervorgang. Dieser dauert – je nach Leistungsfähigkeit Ihres Rechners – unterschiedlich lange. Bei einem topaktuellen PC ist die Umwandlung relativ schnell durchgeführt.

Die erzeugten MP3-/WMA-Dateien können Sie weiterbearbeiten und anschließend auf eine MP3- bzw. WMA-Disk brennen.

Optimale Klangqualität bei der Umwandlung erzielen

Beim Kodieren von Musik wird die Dateigröße durch verschiedene Vorgehensweisen verkleinert. Die meisten Musik-Encoder beruhen auf der Tatsache, dass wir Menschen nicht den gesamten Frequenzbereich von 20 Hz bis 20 kHz gleich stark wahrnehmen.

Beim Komprimieren werden neben anderen Kompressionstechniken Frequenzen, die wir nicht bzw. kaum hören, aus dem Musikstück entfernt, um die Musikdatei zu verkleinern. Wie stark der Musiktrack „beschnitten" wird, hängt von der gewählten Bitrate

Manche Frequenzen werden beim Komprimieren weggelassen!

ab. Sie entscheidet über die Klangqualität des fertig umgewandelten Musikstücks. Wird die Bitrate zu niedrig eingestellt, werden beim Kodieren auch Musikinformationen entfernt, die wir relativ gut wahrnehmen – das konvertierte Musikstück klingt „schlechter" als die Originaldatei. Neben dem Wegfall „unwichtiger" Frequenzen wird bei der Kodierung in das MP3-Format das Tonsignal zunächst in kleinste Teile (Frames) zerlegt – jeder Frame anschließend in 32 Frequenzbänder unterteilt. Diese Frequenzbänder werden genau analysiert: Bänder, die eine bestimmte Lautstärke nicht erreichen, werden bei dem weiteren Kodiervorgang nicht mehr berücksichtigt. Die Dateigröße des Musikstücks wird zusätzlich reduziert, indem nur die Änderungen zwischen den aufeinander folgenden Frequenzbändern beschrieben werden.

> **Musikinformationen gehen beim Kodieren für immer verloren!**
>
> Die beim Kodieren aus dem Musiktrack entfernten Musikinformationen bzw. Frequenzen sind für immer verloren und können nicht wiederhergestellt werden. Aus diesem Grund bringt es nichts, beispielsweise einen MP3-Song mit geringerer Bitrate erneut mit einer höheren Bitrate zu konvertieren – die Klangqualität wird dadurch nicht besser! Das erneute Kodieren von Musiktracks, die bereits im richtigen Format vorliegen, ist nicht empfehlenswert; unter bestimmten Umständen wird der Klang durch die erneute Umwandlung sogar schlechter!

Perfekte Soundqualität für Ihre MP3-Hits

Hi-Fi-Puristen behaupten, dass Musik im MP3-Format deutlich schlechter klingt als eine normale Audio-CD. Das ist nicht ganz wahr, schließlich hängt die Klangqualität von MP3-Songs von der beim Kodieren verwendeten Bitrate ab. Die Standard-Bitrate der MP3-Hits beträgt 128 KBit/s – für anspruchsvolle Musik (beispielsweise klassische Musik) ist dies zu wenig, da hierbei zu viele „wichtige" Musikinformationen verloren gehen. Eine perfekte und von einer Audio-CD nicht zu unterscheidende Klangqualität Ihrer MP3-Hits erreichen Sie folgendermaßen:

1 Rufen Sie über die Schaltfläche *Einstellungen* die MP3-Kodieroptionen auf.

2 Deaktivieren Sie über *Enable mp3PRO* die in der Voreinstellung eingeschaltete MP3Pro-Option des Nero-MP3-Encoders, um „reine" MP3-Dateien zu erstellen.

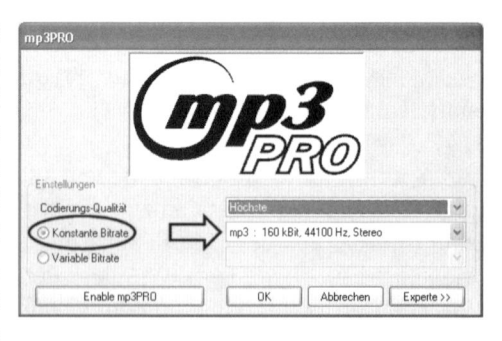

3 MP3-Hits können eine konstante oder variable Bitrate besitzen. Bei der variablen Bitrate werden bei leisen Musikstellen einige Bits eingespart, die an lauten Stellen für perfekte Klangqualität genutzt werden – das Prinzip ähnelt der variablen Bitrate einer Videodisk. So gut diese Technik bei Videos funktioniert, verzichten Sie beim Kodieren von Musikstücken lieber darauf: Gerade bei Musik mit vielen leisen Stellen oder stark variierendem Lautstärkepegel kann es bei Verwendung der variablen Bitrate zu lautem Rauschen in den leisen Passagen kommen, da hier zu viel Bits eingespart wurden. Viele DVD-Player sind außerdem nicht in der Lage, MP3-Hits mit variabler Bitrate wiederzugeben. Nutzen Sie aus den geschilderten Gründen für eine perfekte Klangqualität und größtmögliche Kompatibilität die *Konstante Bitrate*.

4   Die *Codierungs-Qualität* setzen Sie auf *Höchste*, um für optimalen Sound zu sorgen. Bei dieser Einstellung wird die zu kodierende Musik exakter analysiert als in der Voreinstellung, was natürlich etwas länger dauert. Besitzen Sie einen relativ leistungsschwachen PC, lassen Sie dagegen die Voreinstellung *Schnell* unverändert, um die Umwandlungszeit zu verkürzen.

5   Legen Sie jetzt die bei der Kodierung zu verwendende Bitrate fest. Hierbei gilt: Je höher, desto besser klingt der fertig konvertierte Musiktrack! Die Standard-Bitrate beträgt 128 KBit/s, für perfekten Klang, der sich nicht von einer Audio-CD unterscheidet, wählen Sie lieber 160 KBit/s aus – für klassische Musik unbedingt empfehlenswert. Bei dieser Bitrate passen immer noch bis zu sieben Stunden Musik auf einen CD-Rohling – bei 128 KBit/s wären es bis zu zehn Stunden. Es ist übrigens unnötig, eine höhere Bitrate als 160 KBit/s einzustellen, weil die Klangqualität dadurch nicht hörbar verbessert wird – 160 KBit/s ist der optimale Wert. Bei der Auswahl der gewünschten Bitrate achten Sie darauf, dass Sie den richtigen Eintrag bezüglich der Frequenz und des Musikformats erwischen. Für die Standard-Bitrate lautet er: *mp3 : 128 kBit, 44100 Hz Stereo*. Wollen Sie einen optimalen Klang erzielen, wählen Sie dagegen *mp3 : 160 kBit, 44100 Hz Stereo*.

6   Über die Schaltfläche *Experte* können Sie weitere Einstellungen für die Kodierung der Musiktracks vornehmen. In der Regel sind die Voreinstellungen optimal und sollten nicht geändert werden, da hierbei die gute Kompatibilität der fertigen MP3-Dateien verloren gehen kann ...

Welche MP3-Bitraten unterstützt Ihr DVD-Player?

Leider gibt es DVD-Player, die MP3-Hits nur mit Standard-Bitrate wiedergeben. Verwenden Sie eine andere (höhere) konstante Bitrate als 128 KBit/s, wird die Musik nicht abgespielt. Bevor Sie eine große Zahl an Musikstücken mit einer Bitrate von 160 KBit/s für perfekten Klang kodieren, prüfen Sie, welche MP3-Bitraten Ihr DVD-Player unterstützt. Die notwendigen Informationen finden Sie entweder im Handbuch des Geräts, auf den Internetseiten des Herstellers oder beispielsweise in der großen DVD-Player-Kompatibilitätsliste auf www.vcdhelp.com. Werden Sie nirgends fündig, weil Sie einen „Exoten" erwischt haben, probieren Sie es selbst aus: Kodieren Sie ein bis zwei Musiktracks, brennen Sie diese auf einen CD-Rohling und versuchen Sie, sie mit Ihrem DVD-Player abzuspielen.

Optimale Einstellungen für die WMA-Kodierung

Die Einstelloptionen von Nero Burning Rom beim Kodieren der Musikstücke ins WMA-Format sind relativ dürftig.

10. Hits für den DVD-Player: Von MP3 bis zur Musik-DVD

1 Klicken Sie auf die Schaltfläche *Einstellungen*, um die Umwandlungsoptionen festzulegen.

2 Für bestmögliche Klangqualität markieren Sie im neuen Fenster den Eintrag *Audio in CD-Qualität* und klicken auf *OK*.

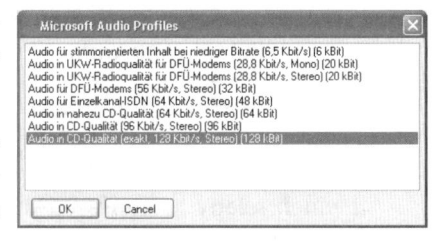

Alternativ zu Nero können Sie WMA-Dateien auch über den Windows Media Player erzeugen, der auf jedem Windows-Betriebssystem vorhanden ist.

Zeitersparnis: Musik direkt von CD kodieren

Mit Nero Burning Rom können Sie Musiktitel direkt (ohne Zwischenspeicherung als Wave-Datei auf der Festplatte) von einer Audio-CD ins MP3-/WMA-Format kodieren. Bei dieser Vorgehensweise werden die Daten während des Auslesevorgangs kodiert, was einiges an Rechenpower erfordert. Für ein perfektes Ergebnis sollten Sie daher über einen leistungsstarken PC verfügen, um Lesefehler zu vermeiden, die eventuell auftreten, wenn das System die gelesenen Daten nicht schnell genug verarbeiten kann.

1 Legen Sie die auszulesende Musik-CD, deren Hits Sie komprimiert im MP3-/WMA-Format abspeichern wollen, in das Leselaufwerk und wählen Sie in Nero Burning Rom *Extras/Tracks speichern*. Im neuen Fenster markieren Sie das Laufwerk, das die Audio-CD enthält.

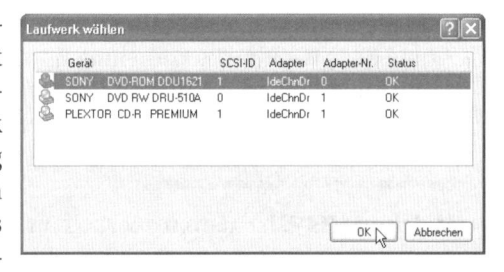

2 Die eventuell auftauchende CD-Datenbankabfrage beantworten Sie wie gewünscht. Näheres zur Datenbankabfrage von Nero Burning Rom erfahren Sie in Kapitel 8 „Professionelle Audio-CDs mit perfekter Soundqualität erstellen". Möchten Sie keine genauen Einstellungen bezüglich der CD-Datenbank vornehmen, klicken Sie auf *Abbrechen*.

3 Im neuen Fenster *Tracks speichern* werden alle Tracks der eingelegten Silberscheibe aufgelistet. Markieren Sie die Tracks, die Sie direkt von der CD komprimiert auf der Festplatte ablegen wollen.

4 Im unteren Fensterdrittel legen Sie hinter *Ausgabe-Dateiformat* fest, welches Format zum Komprimieren verwendet wird und nehmen über die Schaltfläche *Einstellungen* die genauen Kodieroptionen vor. Darunter bestimmen Sie den Speicherplatz der fertig umgewandelten Musiktitel.

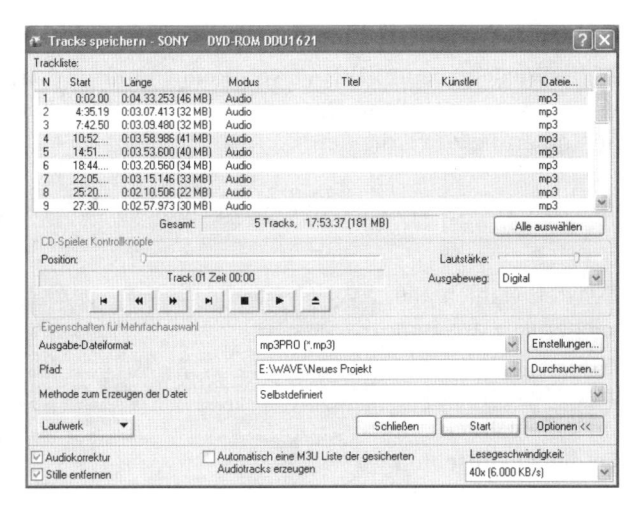

5 Hinter *Methode zum Erzeugen der Datei* legen Sie die Regeln zum automatischen Erzeugen der Dateinamen fest. Empfehlenswert ist die Option *Selbstdefiniert*. Achten Sie darauf, für jede neue CD, von der Sie Tracks einlesen, einen neuen Namen einzugeben, andernfalls werden eventuell bereits auf der Festplatte abgespeicherte Tracks einer vorhergehenden Scheibe überschrieben, weil sie die gleichen Dateinamen besitzen.

6 Für genauere Ausleseeinstellungen klicken Sie auf *Optionen*. Hat Ihr Laufwerk Probleme beim digitalen Extrahieren von Musikdaten, schalten Sie die *Audiokorrektur* ein und reduzieren die *Lesegeschwindigkeit*. Soll die eventuell vorhandene Pause am Trackanfang automatisch gelöscht werden, aktivieren Sie *Stille entfernen*.

7 Beginnen Sie den Lese- und Kodiervorgang mit einem Klick auf *Start*. Die Musiktracks werden in einem Rutsch von der CD extrahiert und im gewünschten Kompressionsformat auf der Festplatte abgelegt.

Hören Sie sich die ausgelesenen Tracks unbedingt zum Abschluss an, bevor Sie weitere Tracks auf die gleiche Weise auf der Festplatte speichern. Sind Musikstörungen zu hören, kann Ihr System die Daten nicht schnell genug verarbeiten: Führen Sie eine Systemoptimierung – wie in Kapitel 16 beschrieben – durch. Hilft das nichts, speichern Sie die Musiktracks zunächst als Wave-Datei unkomprimiert auf der Festplatte ab und führen Sie anschließend die Komprimierung durch. Dies ist zwar zeitaufwendiger, funktioniert aber selbst auf älteren, leistungsschwachen PCs in der Regel fehlerfrei.

Fertige MP3-Dateien unbedingt kontrollieren!

Nero Wave Editor zum Kodieren verwenden

Mit dem Nero Wave Editor ist es ebenfalls möglich, Musik komprimiert auf der Festplatte abzuspeichern. Dies ist beispielsweise empfehlenswert, wenn Sie eini-

10. Hits für den DVD-Player: Von MP3 bis zur Musik-DVD

ge Schallplatten-Oldies oder Audiokassetten digitalisiert haben und diese auf eine MP3- oder WMA-Disk für die Wiedergabe im DVD-Player brennen möchten. Speichern Sie die im Nero Wave Editor geöffneten Dateien im gewünschten Format ab, um eine nachträgliche Kodierung zu vermeiden.

1   Speichern Sie den im Nero Wave Editor geöffneten Musiktrack über *Datei/Speichern unter* ab.

2   Im erscheinenden Fenster wählen Sie einen geeigneten Speicherplatz aus und stellen hinter *Dateityp* das gewünschte Format ein, in das der Musiktrack kodiert werden soll. Mit einem Klick auf *Optionen* nehmen Sie die gewünschten Umwandlungsoptionen (Bitrate usw.) vor.

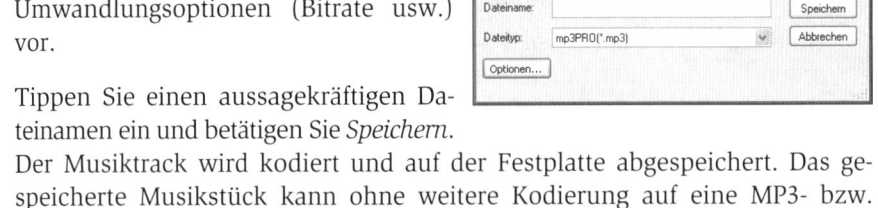

3   Tippen Sie einen aussagekräftigen Dateinamen ein und betätigen Sie *Speichern*.
Der Musiktrack wird kodiert und auf der Festplatte abgespeichert. Das gespeicherte Musikstück kann ohne weitere Kodierung auf eine MP3- bzw. WMA-Disk (je nach Format der gespeicherten Datei) gebrannt werden.

MP3-Echtzeitaufnahme mit dem Nero Media Player

Sie wollen beispielsweise Songs von Schallplatte oder Audiokassette auf eine MP3-Disk brennen? In dem Fall können Sie den Nero Media Player wie gewohnt zur Digitalisierung der analogen Musik nutzen oder die Hits mit dem Nero Media Player in Echtzeit im MP3-Format aufzeichnen – eine nachträgliche Kodierung ist nicht mehr notwendig!

> **Echtzeitaufnahme nicht bei jedem PC**
>
> Die Echtzeitaufnahme in das MP3-Audioformat ist nur bei leistungsstarken PCs empfehlenswert, da die Aufnahme sonst aufgrund von Systemüberlastung misslingt.

1   Starten Sie den Nero Media Player. Im Kontextmenü der *IN*-Schaltfläche links neben dem virtuellen Display wählen Sie zunächst *Line-In* aus und anschließend *Einstellungen*.

Musiktracks für beste Qualität optimal kodieren

2 Im neuen Fenster stellen Sie Ihre Soundkarte ein und bestimmen die Aufnahmeoptionen. Verlassen Sie das Fenster mit *OK*.

3 Im Nero Media Player legen Sie jetzt über das Kontextmenü der Schaltfläche *OUT* links neben dem virtuellen Display den bei der Aufnahme zu verwendenden Musik-Encoder (*mp3*) fest. Klicken Sie danach auf die rot markierte Aufnahmeschaltfläche des Nero Media Players.

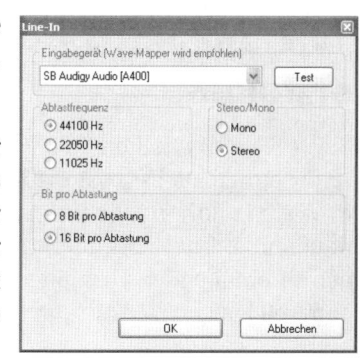

4 Im neu erscheinenden Fenster legen Sie die Kodieroptionen für eine perfekte Klangqualität fest und bestimmen im darauf folgenden Fenster den Speicherort der aufzuzeichnenden Musikdatei. Mit einem Klick auf *Speichern* beginnt die Aufnahme sofort; diese beenden Sie über die Schaltfläche mit dem typischen Stopp-Symbol.

Gefährlich: MP3-Hits aus dem Internet

Neben der Möglichkeit, mit Nero selbst MP3-Dateien herzustellen, können Sie sich auch fertige MP3-Hits aus dem Internet herunterladen – das Internet wird heutzutage geradezu davon überschwemmt. Viele Interpreten nutzen das Internet, um bekannt zu werden oder zu bleiben. Aus diesem Grund werden immer wieder mit Zustimmung der Künstler aktuelle Hits im MP3-Format größtenteils kostenlos zum Download angeboten. Die MP3-Hits finden Sie häufig auf der Homepage des Künstlers bzw. der entsprechenden Band. Eine gute Adresse sind auch die vielen „Sammelstellen" für MP3-Dateien, beispielsweise *www.mp3.com*. Bei diesen Angeboten können Sie bedenkenlos zugreifen und die Hits auf Ihren Rechner herunterladen.

Leider gelangen auch viele Hits im MP3-Format ohne Einwilligung des Interpreten auf „geheimen" Wegen in das Internet. Diese illegal angebotenen Musikstücke im MP3-Format unterscheiden sich in keiner Weise von den legalen MP3-Hits. Holen Sie sich

> *Viele illegale MP3-Hits im Internet erhältlich!*

unwissentlich einen illegal angebotenen MP3-Hit auf Ihren PC, machen Sie sich bereits strafbar! Die Regel lautet daher: Vorsicht bei kostenlosen MP3-Songs aus dem Internet, wenn diese nicht von vertrauenserweckenden Quellen stammt!

10.2 MP3-Hits bearbeiten und Playlisten erstellen

Bevor Sie die erstellten MP3-Hits auf einen Silberling brennen, bearbeiten Sie diese für ein möglichst professionelles Ergebnis: Nutzen Sie beispielsweise den Nero Wave Editor, um die Hits zurechtzuschneiden, fügen Sie den Dateien Informationen über Titel und Interpret hinzu, bestimmen Sie die Abspielreihenfolge auf der zu brennenden Disk oder legen Sie Playlisten an, um nur Ihre Lieblingshits abzuspielen.

MP3-Hits mit dem Nero Wave Editor bearbeiten

Mit dem Nero Wave Editor ist es möglich, Musikdateien im MP3-Format zu bearbeiten – ein separates Programm benötigen Sie dazu nicht. Schneiden Sie die Dateien zurecht, wenden Sie Fade-In oder Fade-Out an oder setzen Sie einen der zahlreichen Effekte des Nero Wave Editors zur Optimierung der MP3-Hits ein. Die vielfältigen Funktionen und ihre optimale Anwendung habe ich Ihnen in Kapitel 9 gezeigt.

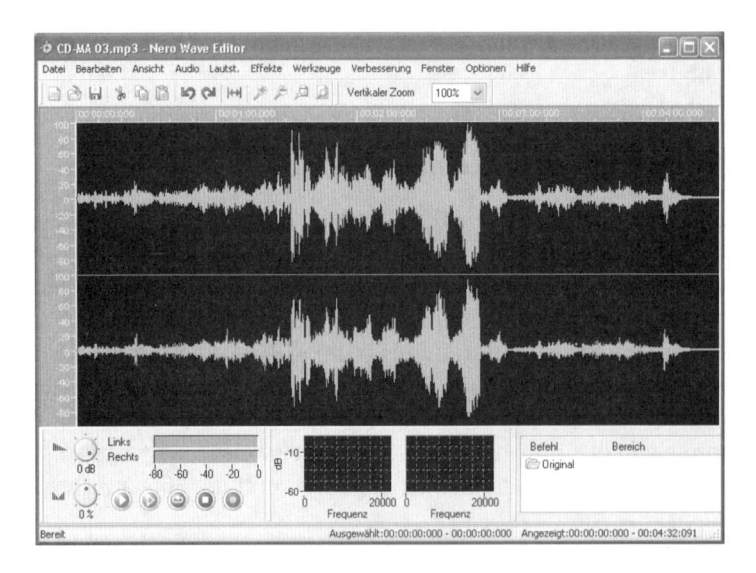

Nach der Bearbeitung achten Sie darauf, die Änderungen am Musikstück über *Datei/Speichern unter* im richtigen Standard (MP3-Format) auf der Festplatte abzulegen.

ID3-Tag-Informationen eingeben

In Verbindung mit MP3-Hits fällt relativ häufig der Begriff ID3-Tag. Was hat es sich damit auf sich? Im ID3-Tag eines MP3-Hits werden genaue Angaben zum Musikstück gespeichert – beispielsweise Titel und Interpret. Der ID3-Tag ist also

MP3-Hits bearbeiten und Playlisten erstellen

vergleichbar mit dem CD-TEXT auf einer Audio-CD. Die ID3-Tag-Informationen werden übrigens direkt in der MP3-Datei abgespeichert.

Leider sind nur sehr wenige Player in der Lage, während der Wiedergabe des MP3-Songs die Informationen im ID3-Tag auszulesen und anzuzeigen. DVD-Player unterstützen ID3-Tag in der Regel nicht – für die Anzeige der Informationen benötigen Sie spezielle MP3-Player.

ID3-Tag mit Freeware editieren

Für die Eingabe bzw. Änderung der ID3-Tag-Informationen von MP3-Dateien gibt es eine Reihe von Programmen, die Sie größtenteils kostenlos aus dem Internet erhalten. Ich zeige Ihnen diesen Vorgang anhand des kostenlosen und sehr komfortabel zu bedienenden RK ID3-Tag Editors, den Sie unter *http://www.rkasperek.de/* erhalten.

1 Nach dem Download entpacken Sie die komprimierte Datei – beispielsweise mit WinZip. Eine Installation ist nicht notwendig. Starten Sie das Programm per Doppelklick.

2 Im Programmfenster wählen Sie zunächst die Festplatte, auf dem sich Ihre MP3-Hits befinden, und klicken auf *Scannen (ID3 Level 1)*, um die Platte nach allen MP3-Dateien zu durchforsten. Die gefundenen MP3-Songs werden daraufhin alle im Programm aufgelistet. Besitzen die MP3-Dateien bereits ID3-Tag-Informationen, werden diese neben dem jeweiligen Titel angezeigt.

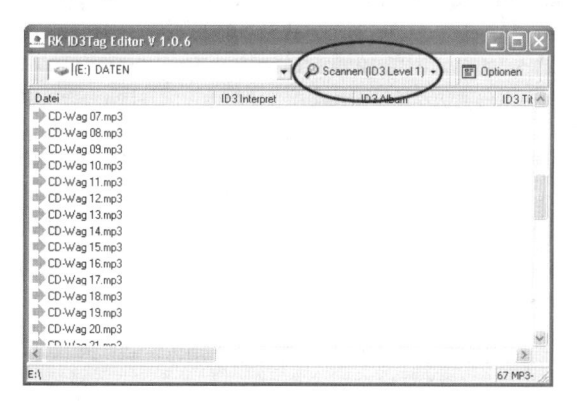

3 Mit einem Doppelklick auf die entsprechende MP3-Datei öffnen Sie das Fenster zur Eingabe der ID3-Tag-Informationen. Über das erste schwarze Symbol rechts neben der jeweiligen Angabe kopieren Sie die Eingabe, um sie für weitere MP3-Hits nicht erneut eintippen zu müssen, sondern mit einem Klick auf das zweite schwarze Symbol einzufügen. Dieses ist nur aktiv, wenn Sie vorher eine Kopieroperation durchgeführt haben.

4 Die eingegebenen ID3-Tag-Informationen des jeweiligen MP3-Hits speichern Sie über *Speichern* direkt in der MP3-Datei. Schließen Sie danach das Fenster, um für den nächsten MP3-Song die ID3-Tag-Informationen auf die gleiche Weise vorzunehmen.

Ordnung halten und Abspielreihenfolge festlegen

Es ist äußerst wichtig, unter den MP3-Hits für die zu brennende MP3-Scheibe Ordnung zu halten und aussagekräftige Dateinamen zu vergeben, da es sonst kaum möglich ist, den Lieblingshit auf dem Silberling aufgrund der großen Anzahl von MP3-Hits wiederzufinden. Weiterhin ist wichtig, dass Sie mit einem Trick die gewünschte Abspielreihenfolge der MP3-Hits festlegen, da andernfalls die Titel von Nero Burning Rom automatisch alphabetisch angeordnet und abgespielt werden.

Ist Ihnen die Abspielreihenfolge und die Ordnung auf der MP3-Scheibe egal, können Sie die nächsten beiden Abschnitte überspringen und mit dem Brennen der musikalischen Silberscheibe fortfahren.

Dateinamen im strengen ISO-Standard vergeben!

Aus Übersichtsgründen verpassen Sie Ihren MP3-Hits zunächst aussagekräftige Namen bzw. kontrollieren, ob die vorhandenen Dateinamen dem strengen ISO 9660-Standard entsprechen. Das ist wichtig, weil relativ viele (besonders etwas ältere) DVD-Player die MP3-Scheibe nur akzeptieren, wenn die Dateien im strengen ISO-Standard vorliegen. Halten Sie sich bei der Namensvergabe an die ISO-Regeln, besitzt die gebrannte MP3-Disk die größtmögliche Kompatibilität. Näheres zum ISO-Standard haben Sie in Kapitel 2 „Perfekte Datenbackups mit Nero und Nero BackItUp" erfahren. Die Namen der MP3-Dateien ändern Sie über den Eintrag *Umbenennen* im Kontextmenü des jeweiligen Musikstücks. Achten Sie aber darauf, dass die Dateiendung *.mp3* erhalten bleibt, damit die Datei nicht ungültig wird.

Wann ist der ISO-Standard nicht nötig? Bei neueren DVD-Playern ist häufig die Einhaltung des ISO-Standards nicht notwendig, da diese Geräte beispielsweise lange Dateinamen unterstützen. Besitzen Sie ein solches Modell, können Sie die strengen ISO-Regeln vernachlässigen. Wenn Sie die gebrannte MP3-Scheibe ausschließlich mit dem PC unter modernen Windows-Betriebssystemen abspielen, ist es ebenfalls unnötig, den strengen ISO-Standard einzuhalten. Wollen Sie jedoch auf Nummer sicher gehen, dass die Scheibe überall fehlerfrei wiedergegeben wird, ist der ISO-Standard für die Namensvergebung nach wie vor unerlässlich!

Ordnerstruktur für die MP3-Disk erstellen

Als Nächstes erschaffen Sie eine Ordnerstruktur für die zu brennende MP3-Scheibe, um die Übersicht nicht zu verlieren.

1. Legen Sie auf der Festplatte einen neuen Hauptordner an.
2. Kopieren Sie alle zu brennenden MP3-Hits hinein.
3. Erstellen Sie im Hauptordner einige Unterordner, um die MP3-Hits darin aufzuteilen. Sortieren Sie die Hits beispielsweise nach deren Musikrichtung oder Erscheinungsjahr. Verschachteln Sie die Ordner jedoch nicht allzu stark und achten Sie bei den Ordnernamen darauf – falls bei Ihrem DVD-Player notwendig – den strengen ISO-Standard einzuhalten! Sie dürfen bei der Strukturierung Ihrer MP3-Hits auf keinen Fall mehr als acht Ordnerebenen anlegen – dies kann besonders bei etwas älteren DVD-Playern zu Kompatibilitätsproblemen führen! Alle Titel, die in Ordnern unterhalb der achten Ebene liegen, werden nicht abgespielt, da der strenge ISO-Standard maximal acht Ebenen vorsieht. Aus Übersichtsgründen sollte bereits bei der dritten Ebene Schluss sein.

> **Stolperfalle Unterordner!**
>
> Leider sind einige DVD-Player (selbst aktuelle, teure Modelle) nur in der Lage, die MP3-Hits im Hauptverzeichnis der MP3-Disk automatisch wiederzugeben – die Titel in den Unterordnern werden ignoriert. Um diese Titel abzuspielen, müssen Sie den jeweiligen Unterordner manuell (meistens mithilfe der Fernbedienung) öffnen. Ist der DVD-Player nicht an einem Fernseher angeschlossen, über dessen Bildschirm Sie Ihre Aktionen verfolgen, fällt die Navigation innerhalb der Unterordner sehr schwer. Sie müssen sich „blind" in der Verzeichnisstruktur des Mediums bewegen, um den korrekten Unterordner zu öffnen. Haben Sie einen solchen „Ausnahme-Player" erwischt, verzichten Sie lieber auf das Anlegen von Unterordnern!

Abspielreihenfolge bestimmen

Integrieren Sie die zu brennenden MP3-Hits in das Zusammenstellungsfenster von Nero, um daraus eine MP3-Disk zu brennen, werden alle Dateien innerhalb der jeweiligen Ordner bzw. im Hauptverzeichnis der Scheibe alphabetisch angeordnet. In dieser Reihenfolge werden die Hits auf der MP3-Disk später abgespielt. Die alphabetische Anordnung geschieht aufgrund der strengen Spezifikationen bezüglich des Brennens einer Datendisk, in deren Format die MP3-Disk erstellt wird, und kann nicht verhindert werden. Mit einem Trick ist es dennoch möglich, die Abspielreihenfolge der MP3-Songs selbst zu bestimmen: Sie müssen die Titel durchnummerieren!

Der als Erstes abzuspielende Hit bekommt die Nummer *001* vor den eigentlichen Dateinamen gesetzt, Hit 2 verpassen Sie die Nummer *002* usw. Ein Bei-

Alphabetische Reihenfolge verhindern!

spiel: Der Hit *TANZ.MP3* soll als Erstes wiedergegeben werden. Dafür müssen Sie ihn in *001TANZ.MP3* umbenennen. Achten Sie bei der Nummerierung der Musikstücke darauf, dass Sie die strengen Regeln des ISO-Standards für größtmögliche Kompatibilität der gebrannten MP3-Disk nicht verletzten – im ISO-Standard darf der eigentliche Dateiname nur acht Zeichen lang sein. Notfalls müssen Sie den bestehenden Namen für die Nummerierung kürzen! So mühselig diese Vorgehensweise ist, sie ist neben dem Anlegen von Playlisten die einzige Möglichkeit, die Abspielreihenfolge auf der MP3-Disk zu beeinflussen.

Playlisten mit dem Nero Media Player erstellen

Mithilfe von Playlisten brauchen Sie bei der Wiedergabe der gebrannten MP3-Scheibe nicht lange nach den Lieblingshits zu suchen: Es werden alle in der Playliste eingetragenen MP3-Songs automatisch in der vorgegebenen Reihenfolge abgespielt. Leider unterstützen die DVD-Player zurzeit das Lesen von Playlisten nicht – die auf dem Medium vorhandenen Playlisten werden von den Geräten ignoriert. Playlisten sind nur bei der Wiedergabe der MP3-Scheibe auf einem dafür geeigneten MP3-Player oder beim Abspielen über den PC (beispielsweise mit dem Nero Media Player) wirksam.

Voraussetzungen für das Anlegen einer Playliste

Bevor Sie Playlisten für Ihre MP3-Scheibe erstellen, müssen folgende Voraussetzungen erfüllt sein:

- Sie müssen Ihren MP3-Hits bereits aussagekräftige Namen verpasst haben, da eine Namensänderung nach dem Anlegen der Playliste nicht mehr möglich ist – sie würde sonst ungültig! Es ist egal, ob die Namen dem strengen ISO-Standard entsprechen oder nicht.

- Alle zu brennenden MP3-Dateien befinden sich in *einem* Hauptordner – mit oder ohne Unterverzeichnisse. Die Namen der Unterordner dürfen ebenfalls nach Erzeugung der Playliste nicht mehr verändert werden.

Playliste erstellen

Im Folgenden zeige ich Ihnen, wie Sie mit dem Nero Media Player Playlisten für die zu brennende MP3-Disk anlegen. Sollte bei Ihrer OEM-Version von Nero der Nero Media Player fehlen, nutzen Sie beispielsweise den bekannten Musik-Player WinAmp zum Erstellen der Playlisten. Das Programm erhalten Sie kostenlos unter *www.winamp.com*.

1 Starten Sie den Nero Media Player, führen Sie einen Rechtsklick auf das virtuelle Display des Players aus und wählen Sie *Datei abspielen*. Die auftauchende Frage beantworten Sie mit *Nein*.

MP3-Hits bearbeiten und Playlisten erstellen

2 Im erscheinenden Fenster öffnen Sie den Ordner mit den zu brennenden MP3-Hits und markieren über die Tastenkombination [Strg]+[A] alle. Betätigen Sie *Öffnen*, um die Dateien in den Nero Media Player zu laden.

3 Klicken Sie im Nero Media Player links neben dem virtuellen Display auf *List*, um in die Playlistenansicht des Programms zu wechseln. Dort werden alle von Ihnen markierten MP3-Dateien in einer Liste angezeigt.

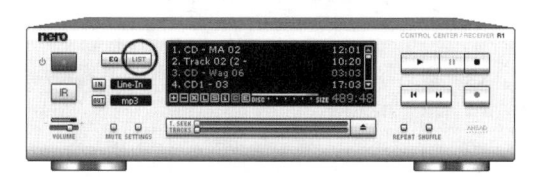

4 Die von dem Nero Media Player automatisch beim Öffnen der Dateien erzeugte Playliste bearbeiten Sie jetzt: Passen Sie beispielsweise per Drag & Drop die Reihenfolge der Hits Ihren Wünschen an oder entfernen Sie bestimmte Songs aus der Playliste, indem Sie in deren Kontextmenü *Gewählte Elemente löschen* auswählen. Das Manövrieren innerhalb einer längeren Playliste fällt aufgrund des kleinen Displays relativ schwer – vielleicht hat Ahead bald ein Einsehen mit den Playlistenerstellern und optimiert die Playlistenansicht.

5 Nachdem Sie die Playliste konfiguriert haben, müssen Sie sie im richtigen Format abspeichern. Im Kontextmenü des virtuellen Displays des Nero Media Players wählen Sie *Playliste speichern*.

6 Im erscheinenden Fenster wählen Sie zunächst als Speicherort den Ordner aus, in dem sich alle zu brennenden Dateien befinden, und stellen als Dateityp unbedingt *M3U Playlist* ein – das Standardformat für Playlisten. Geben Sie zum Abschluss einen aussagekräftigen Namen für die Playliste an und klicken Sie auf *Speichern*.

Auf die beschriebene Weise können Sie nun weitere Playlisten für die zu brennenden MP3-Hits erstellen.

Playliste für MP3-Disk korrigieren

Die Pfadangaben der erstellten Playliste gelten für den Speicherort der MP3-Dateien auf der Festplatte. Dieser stimmt natürlich nicht mit dem Speicherort der MP3-Hits auf der zu brennenden Disk überein, sodass Sie die Pfadangaben vor dem Brennen korrigieren müssen, damit die auf die Scheibe gebrannte Disk nach wie vor ihre Gültigkeit hat.

1. Suchen Sie im Ordner der zu brennenden Dateien die mit dem Nero Media Player erzeugte Playliste und öffnen Sie sie zur Bearbeitung über den Kontextmenüeintrag *Öffnen mit/Editor*. Sollte der Editor nicht in der Auswahlliste erscheinen, starten Sie den Editor manuell und öffnen die Playliste über den Editor zur Bearbeitung.

2. Im Editor werden die Einträge der Playliste angezeigt. Als Erstes entfernen Sie die unnötige Zeile zu Beginn.

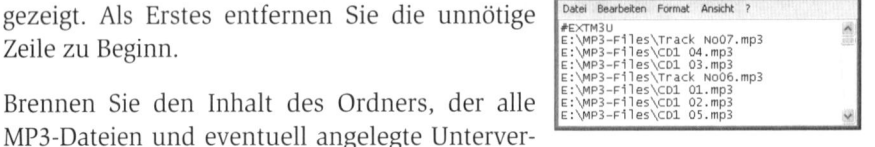

3. Brennen Sie den Inhalt des Ordners, der alle MP3-Dateien und eventuell angelegte Unterverzeichnisse enthält, in das Hauptverzeichnis der MP3-Disk, ist seine Pfadangabe zu Beginn jeder Zeile der Playliste überflüssig, da sich alle Dateien nun im Hauptverzeichnis der Scheibe befinden und dafür keine Pfadangabe notwendig ist. Zwei Beispiele zur Veranschaulichung: Nehmen wir einmal an, der Ordner, in dem sich alle zu brennenden Dateien befinden, heißt *MP3-Files* und befindet sich auf der Festplatte mit dem Laufwerkbuchstaben *E*. Wird sein kompletter Inhalt in das Zusammenstellungsfenster von Nero integriert, ist die Pfadangabe *E:\MP3-Files* überflüssig, da sich alle Dateien dieses Ordners im Hauptverzeichnis der Scheibe befinden. Die Pfadangabe für den MP3-Hit *TANZ23.MP3* aus dem Ordner *MP3-Files* lautet daher nicht mehr *E:\MP3-Files\TANZ23.MP3*, sondern nur noch *TANZ23.MP3*! Die Pfadangabe für den MP3-Hit *SUPER.MP3*, der sich im Ordner *E:\MP3-Files\Stimmung* auf der Festplatte befindet, müsste für die zu brennende Disk nicht *E:\MP3-Files\Stimmung\SUPER.MP3*, sondern nur *Stimmung\SUPER.MP3* heißen. Die notwendigen Änderungen aller Pfadangaben der Playliste führen Sie blitzschnell durch: Wählen Sie *Bearbeiten/Ersetzen*.

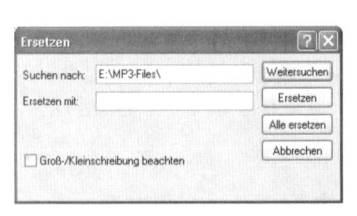

4. Im neuen Fenster geben Sie die Pfadangabe des Ordners auf der Festplatte, der alle zu brennenden Dateien enthält, hinter *Suchen nach* ein. Lautet der Ordner beispielsweise *MP3-Files* und befindet sich auf der Festplatte mit dem Laufwerkbuchstaben *E*, geben Sie hier *E:\MP3-Files* ein. Das Feld hinter *Ersetzen mit* lassen Sie frei und klicken auf *Alle ersetzen*, um die Pfadangaben in einem Rutsch für die zu schreibende MP3-Disk zu korrigieren.

5. Speichern Sie die Änderungen an der Playliste und führen Sie bei den eventuell vorhandenen anderen Playlisten ebenfalls die notwendigen Korrekturen an der Pfadangabe durch. Anschließend schreiten Sie zum Brennvorgang.

10.3 Optimale Brenneinstellungen für MP3s und WMA-Disks

Beim Schreiben einer MP3-/WMA-Disk mit Nero Burning Rom gibt es häufig das Missverständnis, dass die MP3-Disk als reine Datendisk gebrannt werden muss, obwohl es sich um Musikdateien handelt.

CD- oder DVD-Rohling für MP3- bzw. WMA-Disk?

Theoretisch können Sie die MP3- bzw. WMA-Hits sowohl auf einen CD-Rohling als auch auf einen DVD-Rohling brennen. In der Praxis sieht es dagegen anders aus: Einige DVD-Player können DVDs mit MP3- bzw. WMA-Dateien nicht lesen, obwohl Sie in der Lage sind, Musikdateien in diesen Formaten abzuspielen. Wie kommt das?

Beim Einlegen eines neuen Mediums analysiert der DVD-Player zunächst die Rohlingsorte (CD oder DVD). Anschließend bestimmt er den genauen Standard (beispielsweise Audio-CD oder Video-DVD). Je nach eingelegter Scheibe werden bereits einige Standards ausgeschlossen – legen Sie zum Beispiel die gebrannte MP3-DVD ein, erkennt das Gerät zwar, dass es sich um einen DVD-Rohling handelt, kann aber mit den darauf gebrannten Daten nichts anfangen, weil es aufgrund der Firmware (Steuerungssoftware des Players) keine MP3-Dateien auf einer DVD „erwartet". Abhilfe schafft in diesem Fall nur ein Firmwareupdate, mit dem der DVD-Player auch MP3-Dateien auf einem DVD-Rohling akzeptiert. In der Regel ist es bei etwas älteren DVD-Playern empfehlenswert, ausschließlich CD-Rohlinge für die Erstellung der MP3- bzw. WMA-Scheibe zu verwenden. Bei neueren Modellen ist dagegen auch der Einsatz von DVD-Rohlingen häufig problemlos möglich. Am besten probieren Sie es bei Ihrem Gerät aus, da es leider noch keine Kompatibilitätsliste gibt, aus der Sie erfahren, ob Sie MP3-Dateien sowohl auf einer CD als auch auf DVD unterbringen können ...

> *Einsatz von DVD-Rohlingen bei alten Playern schwierig!*

MP3-/WMA-Disk mit größtmöglicher Kompatibilität brennen

Im Folgenden zeige ich Ihnen, wie Sie mit Nero Burning Rom eine MP3- bzw. WMA-Disk erstellen.

> **Mischen verschiedener Formate**
>
> Das Mischen von verschiedenen Musikformaten (zum Beispiel MP3- und WMA-Dateien auf einem Rohling) ist nicht möglich, wenn Sie die Scheibe mit einem DVD-Player wiedergeben wollen.

1 Starten Sie Nero Burning Rom und wählen Sie den gewünschten Medientyp (*CD* oder *DVD*) aus. Darunter markieren Sie – je nach Rohlingsorte – *CD-*

10. Hits für den DVD-Player: Von MP3 bis zur Musik-DVD

ROM (ISO) bzw. DVD-ROM (ISO). Die Verwendung des UDF-Dateisystems ist aus Kompatibilitätsgründen nicht empfehlenswert!

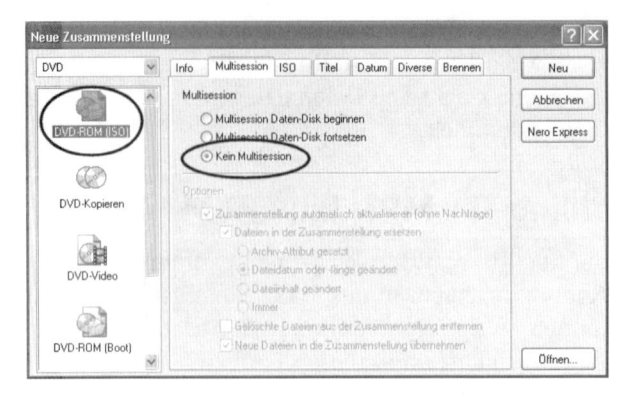

2 Erstellen Sie über die Option *Kein Multisession* eine Singlesession-Disk. Es ist zwar möglich, die Scheibe auch im Multisession-Verfahren zu brennen und die Rohlingkapazität somit häppchenweise auszunutzen, aber hierunter leidet die Kompatibilität der Scheibe: Viele DVD-Player spielen Multisession-Disks bzw. nicht finalisierte Rohlinge nicht ab.

3 Wechseln Sie auf die Registerkarte *ISO*, um genauere Einstellungen zum Dateisystem der Scheibe zu machen. Hinter *Dateinamenlänge* wählen Sie *Maximal 11 = 8 + 3 Zeichen (ISO Level 1)* aus. Das *Format* lassen Sie bei CD-Rohlingen auf *Mode 1* stehen und stellen als *Zeichensatz* den Eintrag *ISO 9660 (standard ISO CD-ROM)* ein.

4 Entsprechen die Dateinamen der zu brennenden MP3-/WMA-Dateien nicht dem strengen ISO-Standard und haben Sie Playlisten erstellt, aktivieren Sie den Eintrag *Joliet*, um die Dateinamen unverändert auf die Scheibe zu brennen. Haben Sie dagegen bei Datei- und Ordnernamen den strengen ISO-Standard berücksichtigt, deaktivieren Sie für größtmögliche Kompatibilität die Option *Joliet*.

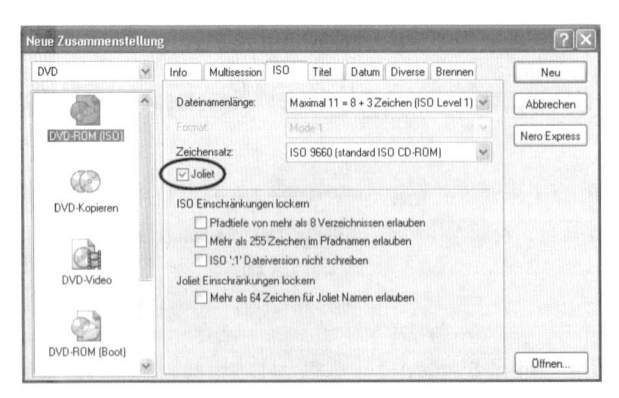

5 Die Optionen unter *ISO Einschränkungen lockern* bzw. *Joliet-Erweiterungen lockern* deaktivieren Sie alle, damit die gebrannte Disk auf möglichst vielen

Optimale Brenneinstellungen für MP3s und WMA-Disks

Playern abspielbar ist. Klicken Sie auf *Neu*, um in das Hauptfenster von Nero zu gelangen.

6 Im *Datei Browser* öffnen Sie den Ordner, der alle zu brennenden Daten enthält und wählen *Bearbeiten/Alles markieren*, um den gesamten Ordnerinhalt auszuwählen. Ziehen Sie jetzt die markierten Dateien in das Zusammenstellungsfenster hinein. Gehen Sie genau wie beschrieben vor, um die Dateien zu integrieren, andernfalls kann es passieren, dass die erzeugten Playlisten ungültig werden.

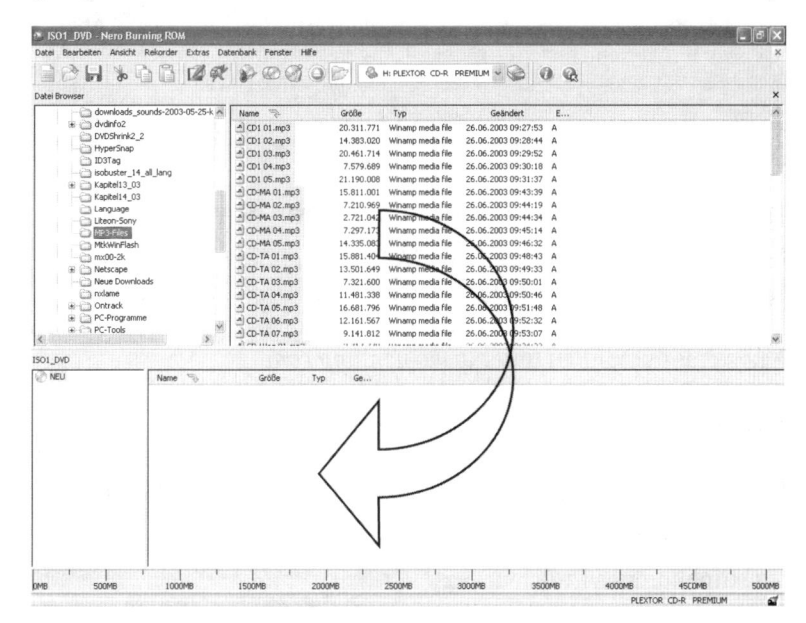

7 Rufen Sie über *Rekorder/Zusammenstellung brennen* die Schreiboptionen von Nero auf. Beim Brennen eines CD-Rohlings achten Sie darauf, dass die Option *CD fixieren* eingeschaltet ist, damit die Scheibe zum Abschluss des Brennvorgangs finalisiert wird. Bei einem DVD-Rohling ist diese Option nicht änderbar, da solche Medien im Singlesession-Verfahren stets finalisiert werden. Starten Sie den Brennvorgang.

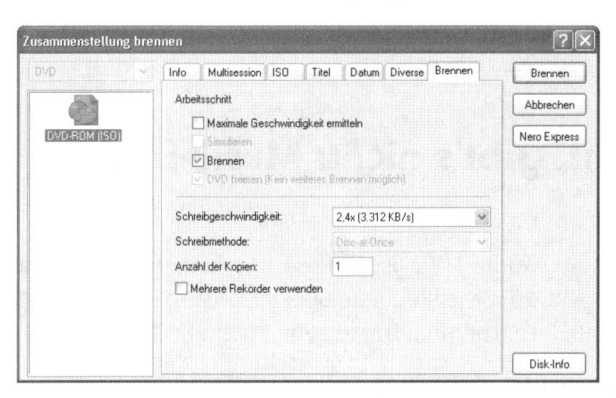

Gebrannte Disk perfekt wiedergeben

Die fertig gebrannte MP3-/WMA-Disk können Sie mit vielen DVD-Playern wiedergeben. Leider unterstützen nicht alle Modelle das Abspielen von komprimierter Musik. Sollte sich Ihr DVD-Player weigern, die Musik wiederzugeben, spielen Sie die Disk über den PC ab.

> **Wiedergabe im CD-Player nicht möglich!**
>
> Das Abspielen der gebrannten Scheibe in einem herkömmlichen Hi-Fi-CD-Player ist nicht möglich, da diese Geräte mit komprimierter Musik nicht zurechtkommen. Wollen Sie MP3-Hits bzw. WMA-Dateien auf einem CD-Player wiedergeben, müssen Sie diese Musikstücke als Audio-CD brennen!

MP3-/WMA-Disk mit dem Nero Media Player abspielen

Die Wiedergabe der gebrannten MP3-/WMA-Disk über den Nero Media Player ist sehr komfortabel. Sollte bei Ihrer OEM-Version von Nero 6 der Nero Media Player nicht vorhanden sein, nutzen Sie einen anderen Software Player, zum Beispiel WinAmp – kostenlos erhältlich unter *www.winamp.com*.

1 Legen Sie die gebrannte Scheibe ein und starten Sie den Nero Media Player. Sollte er sich noch in der Playlistenansicht befinden, weil Sie als letzte Aktion eine neue Playliste erstellt haben, verlassen Sie diese Ansicht, indem Sie auf *List* klicken.

2 Im Kontextmenü des virtuellen Displays des Nero Media Players wählen Sie *Datei abspielen*. Im erscheinenden Fenster öffnen Sie den Inhalt der eingelegten Disk. Entweder markieren Sie die abzuspielenden MP3-Songs manuell oder Sie suchen sich eine eventuell auf dem Medium vorhandene Playliste aus, deren Songs Sie hören wollen. Mit einem Klick auf *Öffnen* starten Sie die Wiedergabe.

10.4 Geht nicht, gibt's nicht: Musik-DVDs brennen

Das Brennen einer „echten" Audio-DVD ist zurzeit mit keinem „bezahlbaren" Brennprogramm möglich – hierfür wird teuerste Spezialsoftware benötigt! Mit einem Trick erstellen Sie mit Nero trotzdem Ihre eigene Musik-DVD.

Was denn nun: Audio-DVD oder Video-DVD?

Kaufen Sie eine „musikalische" DVD, bedeutet dies noch lange nicht, dass es sich hierbei um eine echte Audio-DVD handelt: Viele Musiktitel werden als gewöhnliche Video-DVDs veröffentlicht. Haben Sie endlich eine richtige Audio-DVD erwischt, befinden sich die Musiktitel häufig in zwei verschiedenen Standards auf der Scheibe: sowohl im echten Audio-DVD-Standard als auch im Video-DVD-Standard. Mit einem DVD-ROM-Laufwerk prüfen Sie über den PC schnell nach, ob dies auch auf Ihre Scheibe zutrifft.

Struktur einer Audio-DVD

Die Musikstücke im Audio-DVD-Standard sind in dem Ordner *AUDIO_TS* auf der Disk abgelegt. Dieser Ordner wird auch bei Video-DVDs aus Kompatibilitätsgründen stets angelegt, bleibt aber bei Video-DVDs leer.

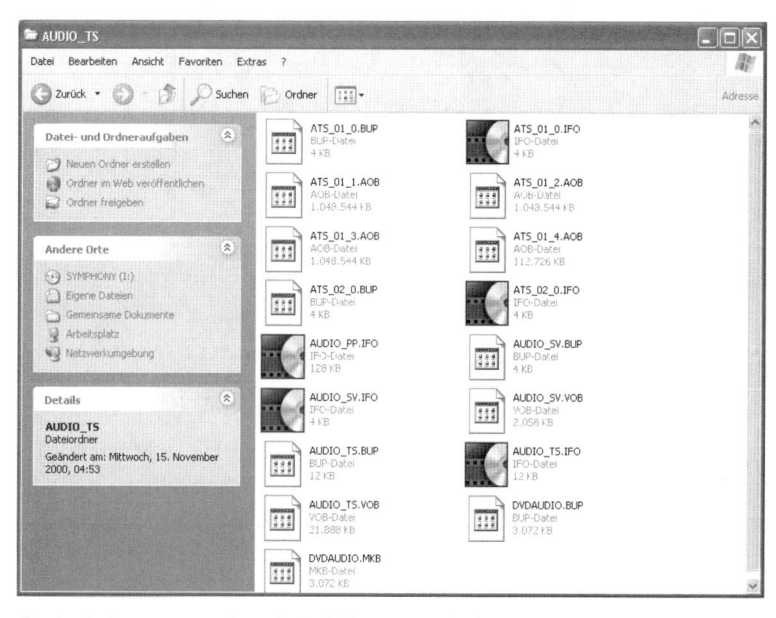

Die Audiodaten einer echten Audio-DVD im Audio-DVD-Standard.

Zusätzlich finden Sie die gleichen Musikstücke auf fast allen Audio-DVDs noch einmal im Ordner *VIDEO_TS* im Video-DVD-Standard. Durch diese Vorgehensweise wird ermöglicht, dass die Musik auf einer Audio-DVD mit allen DVD-Playern wiedergegeben wird: Auf einem Audio-DVD-Player werden die Musiktitel im Audio-DVD-Standard abgespielt – auf einem Video-DVD-Player dagegen im Video-DVD-Standard.

Beim Anhören der Musikstücke im Audio-DVD-Standard und anschließend im Video-DVD-Standard werden Sie feststellen, dass es zwischen den beiden Standards kaum hörbare Unterschiede gibt. Die Musiktitel im Video-DVD-Standard auf die Scheibe zu pressen, hat nicht nur den Vorteil, dass das Medium dadurch auch auf herkömmlichen DVD-Playern einsetzbar ist: Im Video-DVD-Standard können zusätzliche Informationen während der Wiedergabe der Musik angezeigt werden.

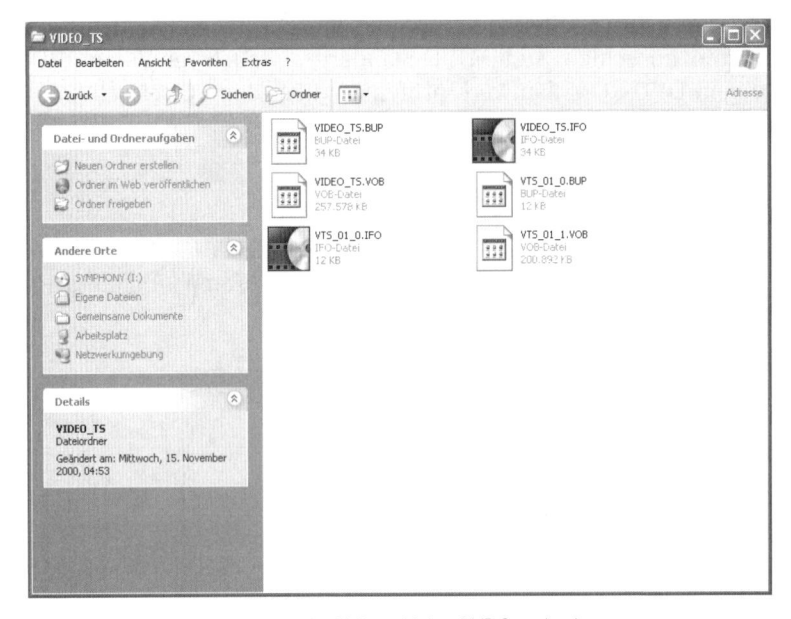

Die gleichen Audiodaten der Audio-DVD im Video-DVD-Standard.

Schritt für Schritt zur eigenen Musik-DVD

Im Folgenden zeige ich Ihnen, wie Sie Musiktracks im Video-DVD-Standard auf eine DVD brennen und dadurch eigene Musik-DVDs kreieren. Diese Musik-DVDs sind auf jedem herkömmlichen DVD-Player abspielbar – ihnen fehlen im Vergleich zu den echten Audio-DVDs „nur" die Musikinformationen im Audio-DVD-Standard ...

Voraussetzungen für die Musik-DVD

Für das Brennen einer perfekten Musik-DVD brauchen Sie folgende Dinge:

- Viele gut klingende Musikstücke unkomprimiert im Wave-Format auf der Festplatte. Es ist sehr wichtig, dass die Musiktracks einen guten Klang besitzen, andernfalls werden Sie von Ihrer Musik-DVD enttäuscht sein!

- Für jeden Musiktrack, den Sie auf die DVD brennen wollen, benötigen Sie eine Bilddatei – beispielsweise Fotos von Ihrer Digitalkamera oder eingescannte Bilder. Diese Bilder werden während der Wiedergabe des Musikstücks auf einem angeschlossenen Fernseher angezeigt. Für optimale Bildqualität sollte die Grafikdatei keine deutlich niedrigere Auflösung als die Standardauflösung der Video-DVD (720 x 576) besitzen. Bei klassischer Musik machen sich beispielsweise Landschaftsbilder ausgezeichnet auf der späteren Musik-DVD! Mein Tipp: Bearbeiten Sie die Bilder vorher in einem Grafikprogramm und fügen Sie beispielsweise den Namen und Interpreten des Musiktracks ein, mit dem das Bild verknüpft wird.

- Aufgrund eines Programmfehlers der benötigten Software TMPGEnc bzw. TMPGEnc Plus ist es für einen fehlerfreien Verbindungsprozess zwischen Musik und Bild wichtig, dass sich in dem Ordner des ausgewählten Bildes nur diese eine Grafik befindet! Sind in dem Ordner dagegen mehrere Bilder vorhanden, kommt es zu folgendem Fehlverhalten im für die Musik-DVD fertig umgewandelten Musiktrack: Einige Bilder des Ordners werden zu Beginn des Musikstücks „durcheinander gewirbelt" – danach bleibt der Bildschirm schwarz! Den Fehler vermeiden Sie, indem Sie für jeden Musiktrack einen eigenen Ordner anlegen und dort sowohl die Musikdatei als auch das zu verknüpfende Bild hineinkopieren. Dieser Fehler wird sicherlich bald mit einem Update behoben werden. Es ist trotzdem aus Übersichtsgründen weiterhin empfehlenswert, die jeweils zu verbindende Audio- und Grafikdatei in einem separaten Ordner unterzubringen.

- Zusätzlich brauchen Sie die Software TMPGEnc. Unter *www.tmpgenc.net* ist sowohl eine kostenlose Variante als auch die kommerzielle Version TMPGEnc Plus erhältlich. Bei der Freewareversion darf der für die Erstellung der Musik-DVD benötigte MPEG-2-Encoder nur 30 Tagen lang benutzt werden. Ist dieser Zeitraum abgelaufen, müssen Sie sich für das Erstellen der Musik-DVD TMPGEnc Plus besorgen – bei der Plus-Version gibt es keine zeitliche Begrenzung des MPEG-2-Encoders.

Musiktrack und Bild vereinigen und in den DVD-Standard konvertieren

Als ersten Schritt müssen Sie jedem Musiktrack ein Bild zuweisen und die Musik- und Grafikinformationen miteinander verknüpfen.

1 Starten Sie TMPGEnc. Den eventuell erscheinenden Wizard schließen Sie über *Cancel*, um in das Hauptfenster des Programms zu gelangen.

2 Hinter *Audio source* wählen Sie über *Browse* den ersten Musiktrack aus und stellen danach hinter *Video source* auf die gleiche Weise die Grafikdatei ein, die während dessen Wiedergabe angezeigt werden soll. Den Speicherort der fertigen Datei bestimmen Sie hinter *Output file name*.

3 Kontrollieren Sie, ob unter *Stream type* der Eintrag *System (Video+Audio)* aktiviert ist und klicken Sie darunter auf die Schaltfläche *Load*.

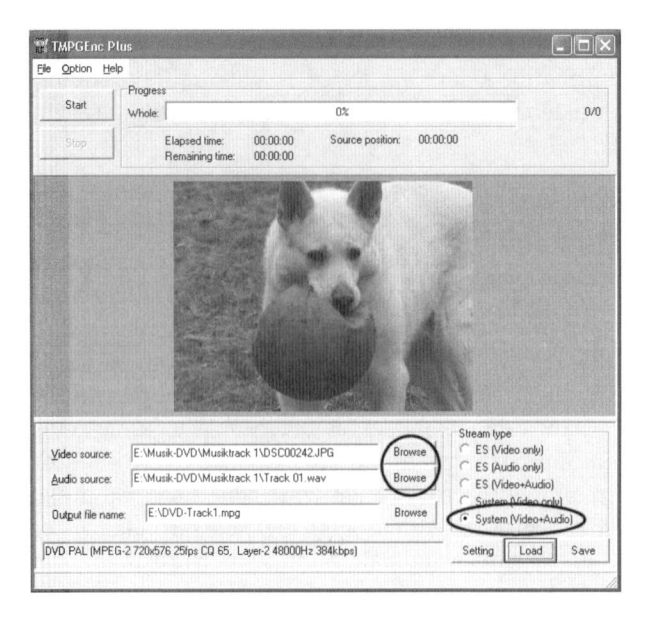

10. Hits für den DVD-Player: Von MP3 bis zur Musik-DVD

4 Im neu erscheinenden Fenster markieren Sie den Eintrag *DVD (PAL).mcf* und betätigen *Öffnen*.

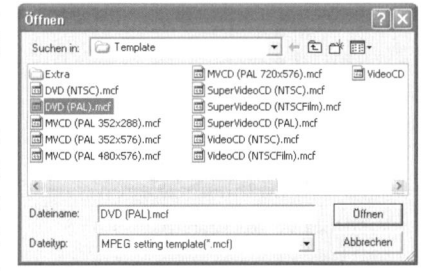

5 TMPGEnc nimmt durch die Wahl des DVD-Profils alle Einstellungen für den notwendigen Kodierprozess automatisch vor. Die voreingestellten Werte sind im Gegensatz zur Video-DVD für die Erstellung einer Musik-DVD bereits optimal. Starten Sie die Umwandlung mit einem Klick auf *Start*. Dieser Vorgang dauert je nach Leistungsfähigkeit des PCs unterschiedlich lange.

6 Nach Abschluss des Prozesses vereinigen Sie den nächsten Musiktrack mit einem anderen Bild auf die gleiche Weise. Diese Vorgehensweise wiederholen Sie so lange, bis allen Musiktracks, die Sie auf die Musik-DVD brennen wollen, eine Grafik zugewiesen wurde und die Daten in den DVD-Standard umgewandelt wurden.

Authoring für die Musik-DVD

Im letzten Schritt müssen Sie die Struktur der Musik-DVD erstellen, was man als Authoring bezeichnet: Integrieren Sie die zu brennenden Musiktracks in das neu angelegte DVD-Projekt und erstellen Sie ein professionelles Auswahlmenü. Das Programm, das Sie dazu benötigen, bringt Nero bereits mit: Mit NeroVision Express 2 ist das Authoring der Musik-DVD komfortabel zu erledigen.

Im Startfenster des Programms wählen Sie *DVD erstellen/DVD-Video*, um die Musikdateien im Video-DVD-Standard auf die Scheibe zu brennen. Die weiteren

Geht nicht, gibt's nicht: Musik-DVDs brennen

Schritte für eine perfekte DVD habe ich Ihnen bereits in Kapitel 7 „Video-Authoring mit NeroVision Express 2 und Nero 6" gezeigt. Gehen Sie zum Erstellen der Musik-DVD exakt nach den dort vorhandenen Anleitungen zum professionellen Video-Authoring mit NeroVision Express 2 vor.

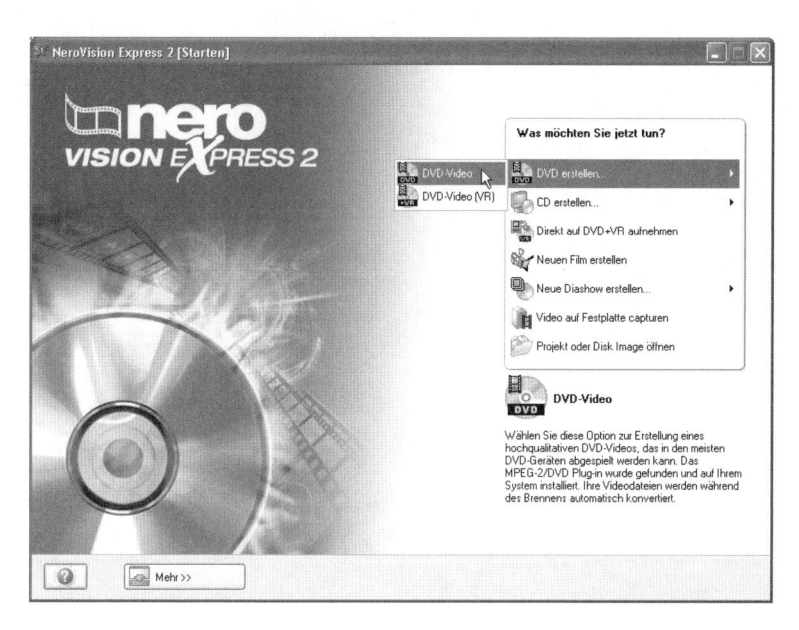

10. Hits für den DVD-Player: Von MP3 bis zur Musik-DVD

11. Perfekte Fotoshows für das heimische TV-Gerät

Für Fotofreaks ist das Erstellen einer multimedialen Fotoshow ein absolutes Highlight – schließlich sind die Bilder unverwüstlich auf der Foto-CD/DVD bestens aufgehoben. Störende „Fingerdatscher" oder verblassende Farben gehören ab sofort der Vergangenheit an, da die Bilder in bester Qualität für die Ewigkeit archiviert werden. Gerade für Besitzer einer Digitalkamera ist die Foto-CD/DVD perfekt geeignet: Die Bilder lassen sich in brillanter Qualität archivieren – das teure Ausdrucken zum Aufbewahren der Fotos, wodurch häufig auch die Bildqualität leidet, ist nicht mehr notwendig! Bei der Foto-CD/DVD können Sie Hintergrundmusik einrichten oder die Übergänge zwischen den Bildern effektvoll gestalten, sodass die fertig gebrannte Fotoscheibe ein echtes multimediales „Wunderwerk" darstellt. Zum Betrachten legen Sie die Disk in den DVD-Player und schon werden die Fotos an Ihrem Fernseher dargestellt – professioneller geht es in Bezug auf die Fotoarchivierung nicht mehr ...

11.1 So gelangen die Fotos in den PC 382

11.2 Bilder in das Fotoprojekt integrieren und bearbeiten 388

11.3 Multimediaeffekte für Ihre Fotoscheibe 397

11.4 Fotodisk brennen und Fotos ausdrucken 402

11. Perfekte Fotoshows für das heimische TV-Gerät

11.1 So gelangen die Fotos in den PC

Bevor Sie eine Fotodisk erstellen, müssen Sie alle zu brennenden Fotos auf der Festplatte des Rechners ablegen. Die Bilder gelangen auf unterschiedlichen Wegen in den PC: Herkömmliche Fotos eines analogen Fotoapparats digitalisieren Sie mit einem Scanner. Fotos einer Digitalkamera lesen Sie dagegen digital ein, damit die Bildqualität nicht verschlechtert wird.

> **Größenänderung nicht notwendig!**
> Es ist nicht notwendig, die Größe der Fotos in irgendeiner Weise zu verändern. Die Bilder werden beim Erstellen der Fotodisk automatisch von NeroVision Express auf die optimale Größe gebracht.

Alte Fotos perfekt einscannen

Alte, herkömmliche Bilder aus einem Fotolabor digitalisieren Sie über einen Scanner. Es ist zwar möglich, analoge Fotos direkt aus dem mit NeroVision Express neu angelegten Fotoprojekt heraus einzuscannen, doch rate ich davon ab: In der Hektik wird schnell ein Foto vergessen. Legen Sie lieber einen neuen Ordner für die zu digitalisierenden Bilder auf der Festplatte ab und scannen Sie die Fotos vor dem Start von NeroVision Express ein.

> *Ablagefläche des Scanners kontrollieren und reinigen!*

Bevor Sie jedoch mit dem Scannen beginnen, kontrollieren Sie unbedingt, ob die Ablagefläche des Scanners sauber ist und keine Fingerabdrücke oder anderer Schmutz zu sehen ist. Diese Verschmutzungen würden sich in den eingescannten Bildern bemerkbar machen! Ist die Glasscheibe verdreckt, reinigen Sie sie vorsichtig mit einem Glasreiniger und einem weichen (fusselfreien) Tuch. Danach kann die Digitalisierung der Bilder beginnen.

Scan-Auflösung und Speicherformat festlegen

Beim Einscannen alter Fotos stellt sich die Frage, welche Scan-Auflösung optimal ist. Wird das Bild in einer zu hohen Auflösung digitalisiert, entstehen unnötigerweise „riesige" Bilddateien – bei einer zu niedrigen Auflösung leidet dagegen die Bildqualität.

Im Folgenden zeige ich Ihnen das Einscannen von Fotos mit einem viel gekauften Scanner der Marke Canon. Ich halte die Anleitung so allgemein wie möglich, damit sie auch mit anderen Scannermodellen nachvollzogen werden kann.

1. Legen Sie die einzuscannenden Fotos (es dürfen ruhig mehrere sein) in den Scanner und rufen Sie die Scansoftware (Toolbox) auf, die dem Gerät beigelegt ist. Alternativ nutzen Sie zum Einscannen ein Bildbearbeitungsprogramm – beispielsweise Paint Shop Pro.

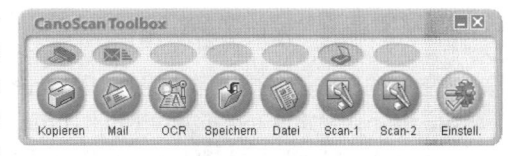

So gelangen die Fotos in den PC

Ein separates Bildbearbeitungsprogramm benötigen Sie für die Fotodisk in der Regel nicht, da NeroVision Express, mit dem Sie die Fotoscheibe erstellen, viele Funktionen zur Bildbearbeitung und Fotooptimierung bietet.

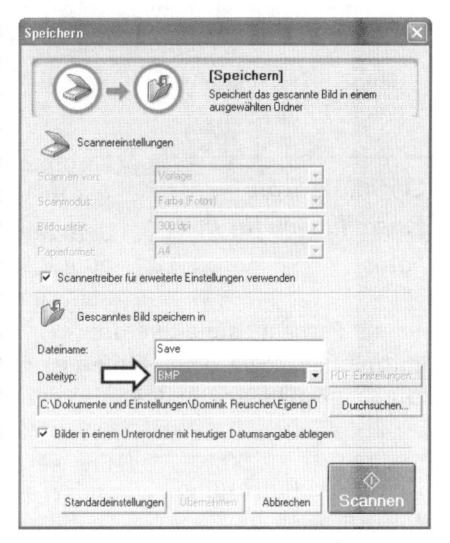

2   In der Toolbox des Scanners wählen Sie die Option *Speichern*, um die Fotos einzuscannen und anschließend automatisch zu speichern. Im neuen Fenster legen Sie als *Dateityp* für höchste Bildqualität *BMP* fest, da die Fotos im BMP-Format unkomprimiert auf der Festplatte abgelegt werden. Jede Komprimierung führt zu einem Qualitätsverlust. Aktivieren Sie außerdem den Eintrag *Scannertreiber für erweiterte Einstellungen* verwenden, um mehr Optionen bezüglich des Scannens von Fotos zu erhalten.

3   Das erscheinende Fenster zum Scannen der Fotos sieht bei allen Scannermodellen ungefähr gleich aus: Führen Sie zunächst einen Vorschau-Scan durch, indem Sie auf *Vorschau* klicken. Die Fotos erscheinen nach einiger Zeit im Vorschaufenster.

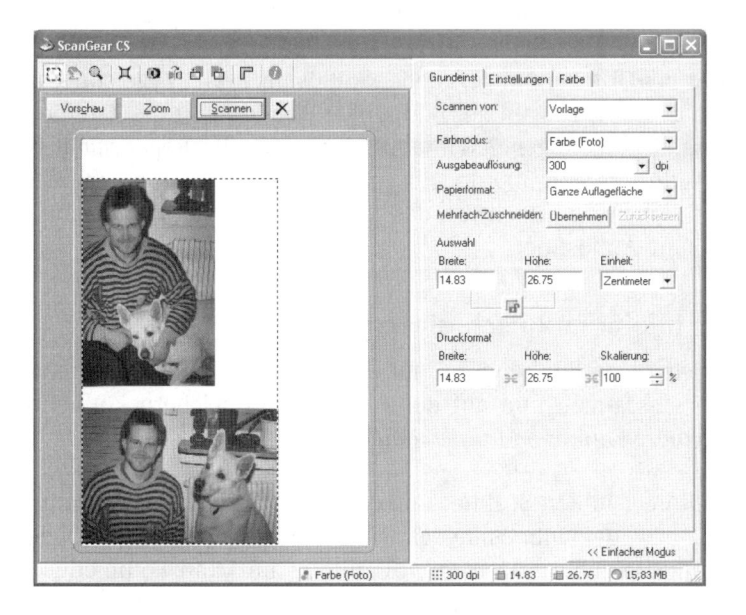

Markieren Sie jetzt beispielsweise mit der Maus den zu scannenden Bereich (= das erste Foto). Stellen Sie die gewünschten Scan-Einstellungen ein – Näheres dazu finden Sie am Ende der Schritt-für-Schritt-Anleitung – und starten Sie den Vorgang mit einem Klick auf *Scannen*. Das markierte Foto wird eingelesen und automatisch auf der Festplatte abgespeichert – danach können Sie das nächste Bild einscannen. Haben Sie beim Markieren des einzuscannenden Bereichs etwas ungenau gearbeitet, sodass das digitalisierte Foto schwarze bzw. weiße Ränder (je nach Farbe des Scannerdeckels) besitzt, beheben Sie dieses Malheur später mit NeroVision Express vor dem Brennen der Fotodisk.

Optimale Scan-Einstellungen für Ihre Fotos

Farbfotos sollten in der Regel bei *300 dpi* (dpi = **d**ots **p**er **i**nch, Punkte pro Zoll) in *Farbe* eingescannt werden. Mit diesen Einstellungen erhalten Sie eine sehr gute Bildqualität bei relativ kleinen Bilddateien. Für Schwarzweißfotos wählen Sie ebenfalls *300 dpi*, stellen als Farbauflösung allerdings *Graustufen* ein, da bei manchen Scannern die Einstellung *Farbe* beim Einlesen eines Schwarzweißbildes zu Verfälschungen führt – das Bild erhält zum Beispiel einen Rotstich.

Reicht die Auflösung für spätere Ausdrucke?

Sie werden sich jetzt fragen, ob die Auflösung *300 dpi* wirklich optimal ist – besonders wenn Sie die auf die Fotodisk gebrannten Bilder später ausdrucken möchten. Moderne Tintenstrahldrucker erreichen angeblich eine Auflösung von bis zu 2.660 dpi! Doch das stimmt nicht so ganz, da der bei Druckern angegebene Wert nicht der wirklich gedruckten Anzahl Bildpunkte entspricht. Die unterschiedlichen Farben eines Bildes werden beim Drucken durch das „Aufspritzen" dicht nebeneinander liegender Tintentröpfchen erzielt – mehrere Tröpfchen ergeben dann einen Bildpunkt (Pixel). Der bei Druckern angegebene „Auflösungswert" bezeichnet nicht die beim Drucken erreichte Anzahl der Bildpunkte, sondern nur die Zahl der auf das Papier insgesamt aufgetragenen Tintentröpfchen! In der Regel reicht beim Einscannen die Auflösung von 300 dpi für spätere Ausdrucke in guter bis sehr guter Qualität aus. Haben Sie jedoch vor, das gebrannte Foto stark zu vergrößern, lohnt sich eine höhere Auflösung.

Mehrere Fotos in einem Rutsch einscannen

Einige Scanner bieten eine Funktion an, mit der Sie automatisch mehrere Fotos auf einen Rutsch einscannen und auf der Festplatte abspeichern können. Bei Canon nennt sich diese Funktion *Multi Fotomodus*.

1. Legen Sie die Bilder in den Scanner und rufen Sie den *Multi Fotomodus* auf (im Handbuch bzw. der Onlinehilfe der Scannersoftware nachsehen). Sie sollten möglichst keine Schwarzweiß- und Farbfotos im Multi Fotomodus miteinander mischen, da es sonst zu Farbverfälschungen kommen kann.

2. Im erscheinenden Fenster stellen Sie die gewünschten Scan-Optionen ein und klicken auf *Weiter*. Der Scanner liest die Fotos ein, schneidet sie automatisch zurecht und speichert sie auf der Festplatte ab.

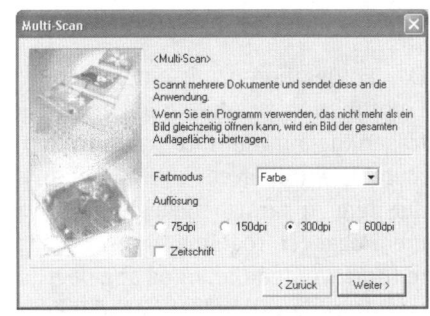

Vorsicht bei automatischem Zurechtschneiden
Manchmal kommt es beim automatischen Zurechtschneiden vor, dass etwas von dem Bild weggeschnitten wird – in diesem Fall scannen Sie das Foto noch einmal eigenhändig ein.

Dias für die Fotodisk digitalisieren

Sie besitzen eine große Sammlung an alten Dias, die Sie gern auf der Fotoscheibe unterbringen wollen? Das ist sehr empfehlenswert, weil beispielsweise das Aufbauen der Leinwand und des Diaprojektors für das Betrachten der alten „Schätze" sehr viel Zeit kostet! Für das Einlesen der Dias benötigen Sie jedoch eine spezielle „Durchlichteinheit", die es nicht zu jedem Scanner gibt. Einige Scannermodelle werden bereits mit Durchlichtaufsatz angeboten.

Wagemutige Hobbyfotografen, die eine Digitalkamera mit mindestens 2 Megapixel besitzen, können die wertvollen Dias auch ohne Scanner digitalisieren, indem Sie sie abfotografieren. Auf diese Weise erzielen Sie durchaus bessere Ergebnisse, als wenn Sie einen Scanner mit Durchlichteinheit einsetzen! Möchten Sie die Dias möglichst schnell ohne großen Aufwand digitalisieren, benötigen Sie neben Ihrer Digitalkamera nur noch eine Lichtquelle, die das zu fotografierende Dia gleichmäßig mit künstlichem Tageslicht (5000 Kelvin Farbtemperatur) beleuchtet. Das Dia durch das Fenster hindurch abzufotografieren, bringt meistens keine so guten Ergebnisse, da die Ausleuchtung nicht gleichmäßig ist.

Dias mit der Digitalkamera digitalisieren

Für das professionelle Digitalisieren des Dias mit der Digitalkamera benötigen Sie neben einem geeigneten Stativ, um die Kamera genau auf das Dia einzujustieren und absolut unbeweglich zu fixieren, einen so genannten Leuchttisch, den viele Dialiebhaber bereits besitzen. Den optimalen Abstand zwischen Kamera und Dia finden Sie nur durch eigenes Probieren heraus. Haben Sie jedoch die optimale Einstellung einmal gefunden, können die weiteren Dias deutlich schneller digitalisiert werden.

11. Perfekte Fotoshows für das heimische TV-Gerät

Fotos einer Digitalkamera einlesen

Das Fotografieren mit einer Digitalkamera bzw. einem digitalen Camcorder mit Fotofunktion ist eine tolle Sache. Die mit der Kamera geschossenen Bilder übertragen Sie auf mehrere Arten in den PC: In der Regel schließen Sie die Digitalkamera direkt über ein USB-Kabel an den Rechner an und speichern die Bilder mit der dem Apparat beigelegten Software auf der Festplatte ab. Nutzen Sie die Kamera dagegen regelmäßig und besitzt das Gerät eine austauschbare Speicherkarte (dort werden die Fotos abgelegt), sollten Sie über den Einsatz eines so genannten Multi-Card-Readers nachdenken. Vielleicht besitzen Sie bereits einen, da viele moderne Komplett-PCs mit einem Multi-Card-Reader ausgerüstet sind – meistens an der Gehäusefront zu finden.

Fotos komfortabel mit dem Multi-Card-Reader einlesen

Der Multi-Card-Reader ist zum Lesen verschiedener Speicherkarten nutzbar und kann in 99 Prozent der Fälle auch die bei Ihrer Digitalkamera verwendete Speicherkarte lesen. Sie müssen also nicht jedes Mal die Kamera mit dem PC verbinden, sondern entnehmen nur die Speicherkarte und stecken sie zum Auslesen der Fotos in den Multi-Card-Reader. Besitzt Ihr PC keinen Multi-Card-Reader, können Sie diesen für ca. 20-30 Euro separat erwerben (siehe Bild) und über die USB-Schnittstelle mit dem Rechner verbinden, um ab sofort die Speicherkarten Ihrer Digitalkamera komfortabel auszulesen.

Extern anschließbarer Multi-Card-Reader zum Lesen diverser Speicherkarten.

Richtigen Multi-Card-Reader kaufen

Bevor Sie sich einen Multi-Card-Reader besorgen, erkundigen Sie sich genau, welchen Speicherkartentyp Ihre Digitalkamera verwendet – es gibt nämlich eine Vielzahl an unterschiedlichen Speicherkarten. Leider beherrscht nicht jeder Multi-Card-Reader den Umgang mit allen Speicherkartentypen, sodass Sie einen für Ihre Digitalkamera geeigneten heraussuchen müssen.

Speicherkarte der Digitalkamera mit dem Multi-Card-Reader auslesen

Haben Sie Ihren PC nachträglich mit einem (externen) Multi-Card-Reader ausgestattet, können Sie unter Windows XP meistens sofort loslegen, da dieses Betriebssystem Multi-Card-Reader automatisch richtig erkennt und konfiguriert. Unter allen anderen Windows-Betriebssystemen müssen Sie vor der Benutzung den passenden Treiber installieren, der dem Multi-Card-Reader beiliegt. Halten Sie sich dabei genau an die Anleitung des Herstellers.

1. Öffnen Sie den Arbeitsplatz. Bei korrekt installiertem Multi-Card-Reader finden Sie dort (neue) Einträge mit dem Namen *Wechseldatenträger* – hiermit ist der Multi-Card-Reader gemeint. Die Anzahl der Einträge hängt von der Vielseitigkeit des angeschlossenen Lesegeräts ab – unterstützt er eine große Zahl unterschiedlicher Speicherkartentypen, werden Sie im Arbeitsplatz viele den Multi-Card-Reader betreffende Einträge finden.

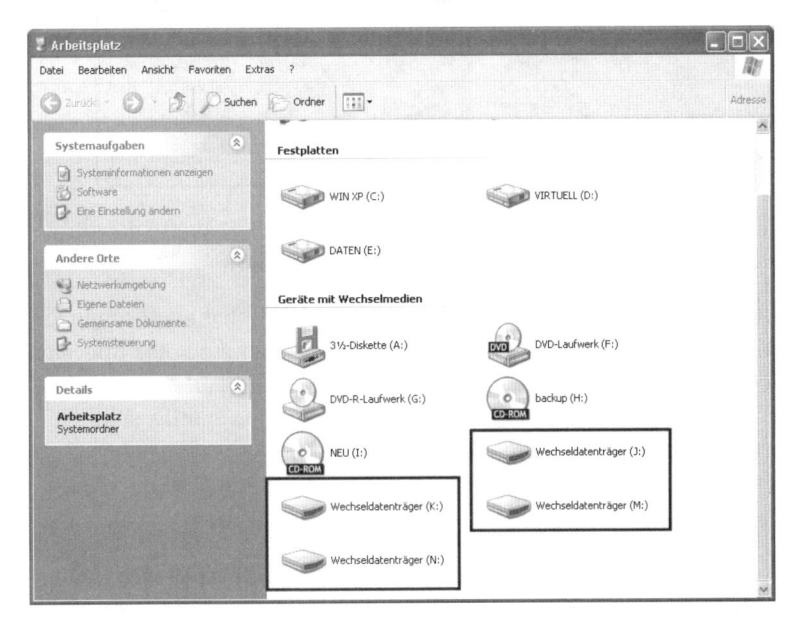

2. Wenn Sie die Speicherkarte der Digitalkamera in das Lesegerät gesteckt haben, müssen Sie zunächst herausfinden, hinter welchem *Wechseldatenträger* sich der Inhalt der Karte verbirgt. Erhalten Sie bei dem Versuch, den Eintrag zu öffnen, die folgende Mitteilung, haben Sie den falschen Wechseldatenträger erwischt.

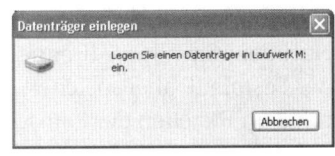

3. Haben Sie den richtigen Eintrag geöffnet, können Sie auf den Inhalt der Speicherkarte wie auf eine mobile Festplatte zugreifen. Unter Windows XP gibt es die Möglichkeit, eine Miniaturansicht für die Fotos zu aktivieren, um sofort

11. Perfekte Fotoshows für das heimische TV-Gerät

zu wissen, welches Bild sich hinter dem jeweiligen Dateinamen verbirgt. Diese Ansichtsoption schalten Sie über *Ansicht/Filmstreifen* bzw. *Ansicht/Miniaturansicht* ein.

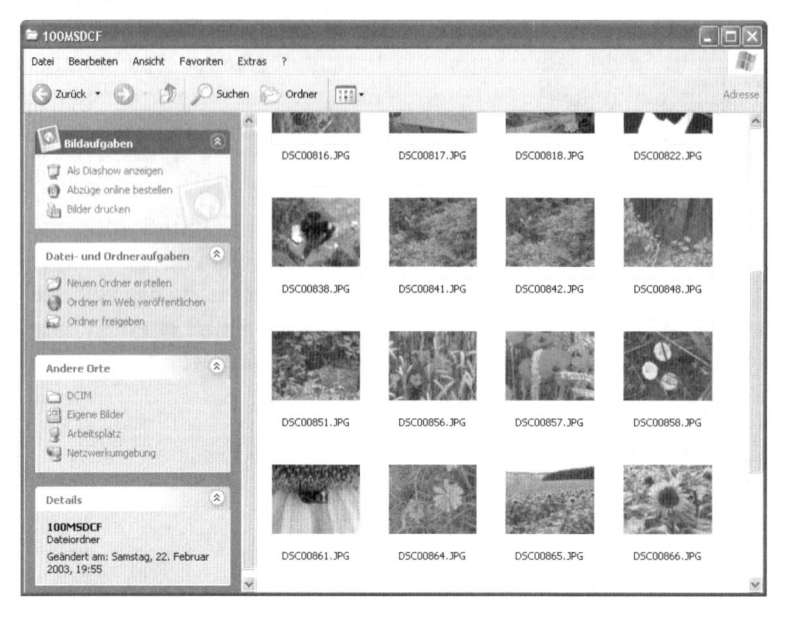

4 Kopieren Sie die Fotos, wie Sie es von einer CD oder Diskette gewohnt sind, auf die Festplatte, um daraus eine Fotodisk zu erstellen.

5 Nachdem Sie alle Bilder auf der Festplatte gespeichert haben, löschen Sie den Inhalt der Speicherkarte bzw. einige nicht mehr benötigte Fotos über den PC, um wieder freien Platz für neue Fotos auf der Speicherkarte zu schaffen. Mit dem PC geht das Löschen des Speicherkarteninhalts häufig schneller und komfortabler als mit der Digitalkamera.

11.2 Bilder in das Fotoprojekt integrieren und bearbeiten

Nachdem Sie alle zu brennenden Fotos auf der Festplatte abgespeichert haben, geht es mit dem Erstellen der Fotoscheibe weiter.

> **Nero und Kodak**
>
> Nero kann keine Foto-CDs nach dem Kodak-Standard brennen – die Fotos werden im Videostandard auf den Silberling gebannt, wodurch die Fotodisk mit den meisten DVD-Playern abgespielt werden kann.

Der optimale Disktyp für die Fotoscheibe

Bevor Sie das neue Projekt starten, entscheiden Sie, ob Sie die Fotos als DVD-Video, Video-CD, Super-Video-CD oder MiniDVD brennen. Im Folgenden erhalten Sie eine Übersicht über die jeweiligen Vor- und Nachteile der unterschiedlichen Disktypen:

- **Video-DVD**: Für brillante Bild- und Tonqualität bei größtmöglichem Speicherplatz wählen Sie die Video-DVD (von NeroVision Express *DVD-Video* genannt). Liest Ihr DVD-Player gebrannte Video-DVDs, sollten Sie die Fotos daher unbedingt als Video-DVD brennen.

- **Video-CD**: Die Fotodisk im Video-CD-Standard besitzt eine ausgezeichnete Kompatibilität und ist sogar auf sehr vielen älteren DVD-Playern problemlos abspielbar. Die Bild- und Tonqualität der gebrannten Fotodisk ist als gut zu bezeichnen, auch wenn sie nicht ganz an die Qualität einer Fotodisk im Video-DVD-Standard heranreicht.

- **Super-Video-CD**: Gute bis sehr gute Bild- und Tonqualität. Leider besitzt die Fotodisk im Super-Video-CD-Standard eine relativ schlechte Kompatibilität, da viele DVD-Player keine Super-Video-CDs wiedergeben. Unterstützt Ihr DVD-Player dagegen Super-Video-CDs, aber keine gebrannten Video-DVDs, sollten Sie das Super-Video-CD-Format bei der Erstellung einer Fotodisk der Video-CD vorziehen, um in den Genuss der besseren Bild- und Tonqualität zu gelangen. Die Super-Video-CD ist auch dann einer Fotodisk im Video-DVD-Standard vorzuziehen, wenn Sie nur eine kleine Menge Fotos als Diashow brennen wollen und somit den großen Speicherplatz des DVD-Rohlings kaum ausnutzen würden.

- **MiniDVD**: Bei der MiniDVD handelt es sich um einen CD-Rohling, der im Video-DVD-Standard gebrannt wurde – eine solche Scheibe fasst nur sehr wenig Daten. Die Bild- und Tonqualität ist identisch mit einer Fotodisk im Video-DVD-Standard. Leider ist die Kompatibilität von MiniDVDs äußerst schlecht: Die wenigsten DVD-Player geben diese Medien wieder! Unterstützt Ihr DVD-Player MiniDVDs, setzen Sie dieses Format statt einer Video-DVD ein, wenn Sie nur eine geringe Menge Fotos als Diashow brennen möchten.

Als Fazit lässt sich sagen, dass Sie aus Kompatibilitätsgründen die Fotodisk entweder im Video-DVD-Standard oder als Video-CD brennen sollten, damit die fertige Disk auf möglichst vielen Playern abspielbar ist.

Das Erstellen der Fotoscheibe unterscheidet sich bei den verschiedenen Disktypen nicht.

Projekt erstellen und Videooptionen konfigurieren

1   Starten Sie NeroVision Express 2 und wählen Sie *Neue Diashow erstellen* gefolgt von dem zu brennenden Disktyp, um ein neues Fotodiskprojekt anzulegen.

11. Perfekte Fotoshows für das heimische TV-Gerät

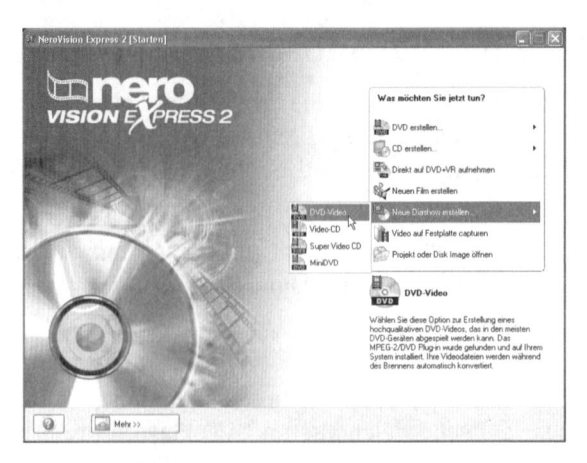

2 Im neuen Fenster legen Sie zunächst die genauen Videooptionen der zu erstellenden Fotodisk fest. Klicken Sie dazu auf die Schaltfläche *Mehr* und danach auf *Videooptionen*.

3 Im erscheinenden Fenster wählen Sie die gewünschte Fernsehnorm aus – in der Regel wählen Sie *PAL*, die in Europa am häufigsten verwendete Norm für die Fernsehtechnik.

Bilder in das Fotoprojekt integrieren und bearbeiten

4   Wechseln Sie auf die Registerkarte *DVD-Video* (die Registerkarte wird nach dem zu Beginn ausgewählten Disktyp benannt) und bestimmen Sie das *Seitenverhältnis* der zu erstellenden Fotodisk. Für herkömmliche TV-Geräte wählen Sie *4:3* – für einen Breitwandfernseher dagegen *16:9*. Die übrigen Einstellungen lassen Sie in der Voreinstellung, da sie für die Erstellung einer Fotodisk jeweils optimal sind. Klicken Sie auf *OK*, um das Fenster zu verlassen.

Fotos optimal integrieren

Nachdem Sie die Videoeinstellungen der Fotodisk konfiguriert haben, integrieren Sie die Fotos in das angelegte Projekt. Hierbei gibt es zwei Möglichkeiten: Entweder fügen Sie die Fotos direkt in das Projekt ein oder Sie sammeln erst die einzelnen Bilddateien in einer Gruppe im „Vorschaufenster", um sie später sortiert bzw. nur die gewünschten Fotos in das Projekt aufzunehmen.

Der Weg über das „Vorschaufenster" hat den Vorteil, dass dort jedes Bild in einer Miniaturansicht angezeigt wird und Sie so genau wissen, hinter welchem Dateinamen sich was für ein Foto verbirgt. Bei der direkten Integration der Fotos ohne Umweg über

Fotos sofort oder über Vorschaufenster integrieren?

das Vorschaufenster gibt es keine Miniaturansicht! Sie sollten diesen Weg daher nur anwenden, wenn Sie alle Fotos eines Ordners auf die Fotodisk brennen wollen – eine genaue Auswahl einzelner Bilder ist aufgrund der fehlenden Miniaturansicht nicht möglich.

Fotos perfekt integrieren

1   Im Programmfenster wechseln Sie zunächst, falls nicht automatisch geschehen, oben rechts auf die Registerkarte mit dem Filmstreifensymbol. Darunter legen Sie am besten über den Eintrag *Neue Gruppe erstellen* eine neue Gruppe an, in die Sie die gewünschten Fotos vor der Integration in das Fotoprojekt aufnehmen.

2   Klicken Sie unterhalb des noch leeren, weißen Vorschaufensters auf die erste Schaltfläche von links gesehen und wählen Sie im auftauchenden Menü *Durchsuchen*.

11. Perfekte Fotoshows für das heimische TV-Gerät

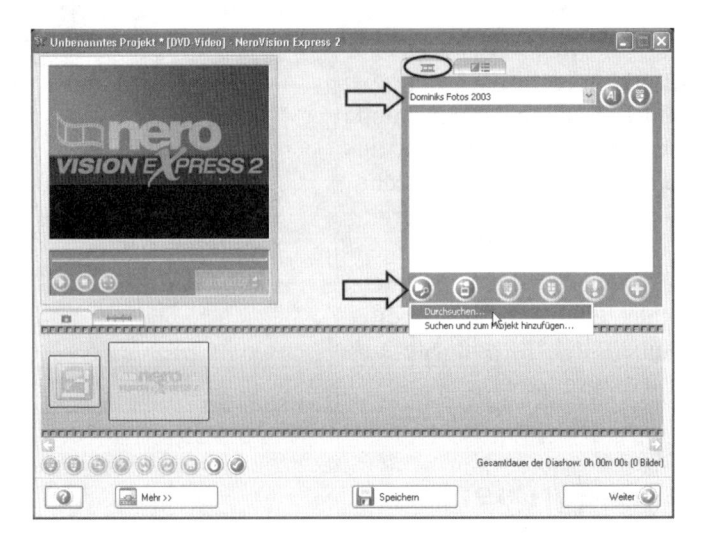

3 Im neuen Fenster öffnen Sie den Speicherort der Fotos auf der Festplatte und markieren die Bilder, die Sie in die gerade im Vorschaufenster angelegte Gruppe integrieren und eventuell in das Projekt aufnehmen möchten. NeroVision Express unterstützt alle gängigen Bildformate, sodass Sie in der Regel jede Bilddatei auf die Scheibe brennen können. Zur Auswahl mehrerer Bilder halten Sie die [Strg]-Taste gedrückt; um alle Fotos des jeweiligen Ordners auszuwählen, markieren Sie eine Bilddatei und betätigen [Strg]+[A]. Klicken Sie anschließend auf *Öffnen*. Die Bilder werden daraufhin im Vorschaufenster angezeigt.

4 Die im Vorschaufenster vorhandenen Fotos integrieren Sie in das Projekt, indem Sie sie markieren und per Drag & Drop nach unten auf den „Filmstreifen" (das Zusammenstellungsfenster) ziehen. Achten Sie vor der Aktion darauf, dass dort die Registerkarte mit dem Fotoapparatsymbol geöffnet ist. Die Bilder erscheinen groß auf dem Filmstreifen.

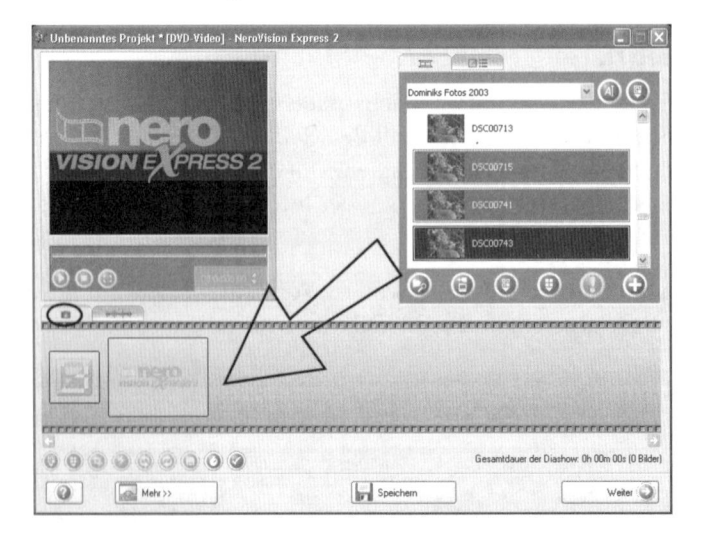

> **Fotos schneller integrieren**
>
> Ihnen ist der Weg über das Vorschaufenster zu umständlich, Sie möchten die Bilder ohne Umweg in das Fotoprojekt aufnehmen? In dem Fall fügen Sie die Bilder der Zusammenstellung sofort hinzu, indem Sie unterhalb des Vorschaufensters auf die erste Schaltfläche von links gesehen klicken und im auftauchenden Menü statt *Durchsuchen* den Eintrag *Suchen und zum Projekt hinzufügen* auswählen. Markieren Sie die Fotos wie beschrieben. Mit einem Klick auf *Öffnen* werden alle ausgewählten Fotos sofort dem Projekt hinzugefügt und erscheinen auf dem Filmstreifen. Zusätzlich werden die markierten Fotos automatisch in die im Vorschaufenster geöffnete Gruppe integriert. Bei dieser Methode ist eine genaue Fotoauswahl durch die fehlende Miniaturansicht nicht möglich, wenn Sie nicht exakt wissen, hinter welchem Dateinamen sich das gewünschte Bild versteckt.

Maximale Bilderanzahl pro Diashow

Pro Diashow sind nur maximal 99 Bilder erlaubt. Importieren Sie mehr Bilder in die gerade angelegte Diashow, taucht eine Warnmeldung auf. Diese bietet Ihnen an, nach einem Klick auf *Ja*, alle Bilder, die aufgrund der Größenbeschränkung nicht mehr in die aktuelle Diashow aufgenommen werden können, automatisch in eine neu erstellte Show zu integrieren. Sie sollten dieses Angebot annehmen, da es problemlos möglich ist, mehrere Diashows auf der Fotodisk unterzubringen – über das Auswahlmenü der fertig gebrannten Fotodisk können Sie jede Diashow bequem ansteuern.

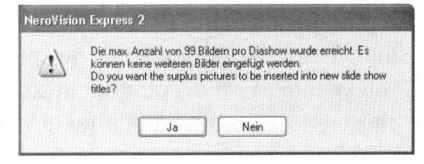

Fotos aus der Zusammenstellung entfernen und Reihenfolge bestimmen

Die auf dem Filmstreifen vorhandenen (in das Fotoprojekt integrierten) Bilder können jederzeit wieder aus der Zusammenstellung entfernt werden. Markieren Sie dazu das entsprechende Bild und betätigen Sie die [Entf]-Taste.

Die Reihenfolge der Fotos auf dem Filmstreifen entspricht der Abspielreihenfolge auf der gebrannten Fotodisk. Die Anordnung der Bilder können Sie per Drag & Drop verändern.

Bildeinblendzeit festlegen

In der Voreinstellung wird jedes auf die Fotodisk gebrannte Bild bei der Wiedergabe drei Sekunden lang angezeigt, bis automatisch das nächste Foto erscheint. Das ist eindeutig zu kurz, um alle Details des Bildes wahrzunehmen – verlängern Sie die Anzeigezeit jedes Fotos!

11. Perfekte Fotoshows für das heimische TV-Gerät

1 Führen Sie einen Rechtsklick auf eine freie Stelle des Filmstreifens aus und wählen Sie im erscheinenden Menü den ersten Eintrag *Default Duration Values*.

2 Im neuen Fenster geben Sie die gewünschte Anzeigezeit jedes einzelnen Bildes während der Wiedergabe in Sekunden hinter *Bildeinblendzeit* an und aktivieren den Eintrag *Apply to existing pictures*, damit die Änderung auch für alle bereits in das Projekt integrierten Fotos gilt. Verlassen Sie das Fenster mit *OK*.

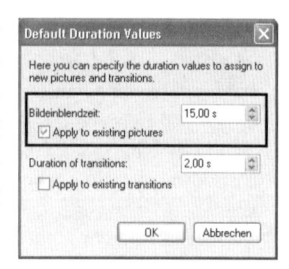

Bildqualität der Fotos optimieren

Sind Sie mit der Bildqualität (beispielsweise Helligkeit oder Kontrast) eines in das Projekt integrierten Fotos nicht zufrieden, sollten Sie die zahlreichen Optimierungswerkzeuge bzw. Bildeffekte von NeroVision Express einsetzen.

1 Im Kontextmenü des jeweiligen Bildes auf dem Filmstreifen wählen Sie *Apply Effects* und suchen sich anschließend den gewünschten Effekt bzw. „Bildoptimierer" heraus. Wollen Sie beispielsweise den Kontrast des Fotos ändern, wählen Sie *Farbanpassung/Kontrast*.

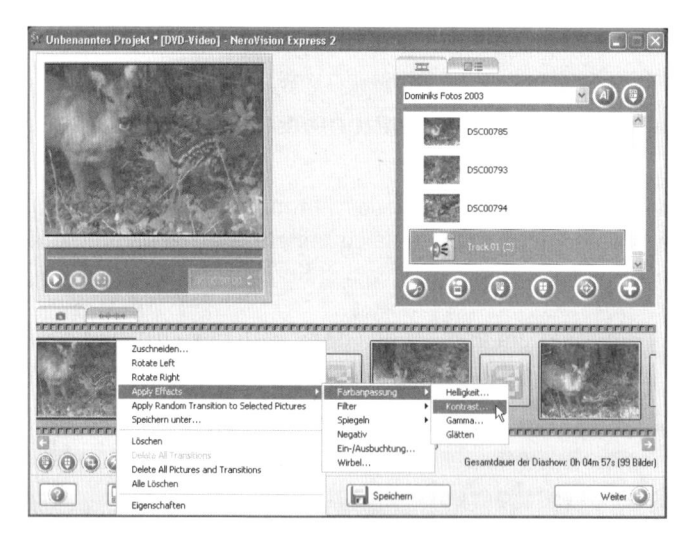

2 Im neuen Fenster bestimmen Sie den neuen Kontrast des Bildes mithilfe eines Schiebereglers – die Änderung wird im rechten Foto sofort sichtbar. Im Beispiel wurde der Kontrast des Fotos (der Originalzustand ist links zu sehen) deutlich erhöht und die Bildqualität dadurch verbessert.

Bilder in das Fotoprojekt integrieren und bearbeiten

3   Verlassen Sie das Fenster über *OK*. Auf die gleiche Weise wenden Sie die meisten Optimierungswerkzeuge und Bildeffekte an, wobei einige Effekte sofort – das heißt ohne Rückfrage – wirksam werden und keine genauen Einstellungen zulassen.

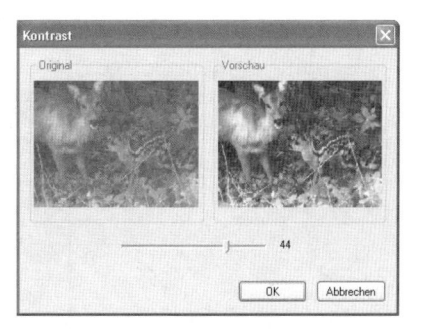

Zurzeit ist es bei NeroVision Express in der Version 2.0.0.22 nicht möglich, den genutzten Effekt bzw. „Bildoptimierer" wieder rückgängig zu machen. Es bleibt zu hoffen, dass Ahead eine solch wichtige Funktion bald nachreicht. Bis dahin gehen Sie folgendermaßen vor, um den Effekt wieder rückgängig zu machen: Entfernen Sie das mit einem Effekt „verunstaltete" Foto aus dem Projekt und fügen Sie es anschließend erneut (im Originalzustand) ein. Diese Vorgehensweise ist möglich, da die durch die Effekte und Bearbeitungswerkzeuge vorgenommenen Änderungen nicht direkt in der Bilddatei abgespeichert werden, sondern eine separate Datei mit den Bearbeitungsmerkmalen für das jeweilige Bild angelegt wird. Die Effekte werden erst beim Start des Brennvorgangs in die Bilddatei eingerechnet.

Effekte können nur umständlich zurückgenommen werden!

Foto zurechtschneiden bzw. Bildausschnitt definieren

Möchten Sie ein Foto zurechtschneiden, weil Sie beim Scannen das Bild nicht ganz exakt markiert haben oder nur einen Ausschnitt des Fotos auf die Scheibe brennen wollen, gehen Sie folgendermaßen vor:

1   Im Kontextmenü des zu bearbeitenden Fotos auf dem Filmstreifen wählen Sie *Zuschneiden*.

2   Ein neues Fenster erscheint. Die Option *Seitenverhältnis beibehalten* sollte in der Regel aktiviert sein, damit das beschnittene Foto unter Berücksichtigung des im Fotoprojekt festgelegten Seitenverhältnisses stets auf Maximalgröße vergrößert wird und bei der Wiedergabe den ganzen Fernsehschirm ausfüllt. Wird die Option ausgeschaltet (nicht empfehlenswert!), entstehen beim Abspielen durch das Beschneiden schwarze Trauerränder – im schlimmsten Fall wird das Foto verzerrt angezeigt.

3   Mithilfe der Schnittmarken legen Sie jetzt den später auf der Fotodisk sichtbaren Bereich des Fotos fest. Die Auswirkungen beim Verschieben der Schnittmarken mit der Maus erkennen Sie sofort im rechten Bild. Beim Beschneiden des Bildes wird der von Ihnen definierte Ausschnitt stets auf Vollbildgröße maximiert.

11. Perfekte Fotoshows für das heimische TV-Gerät

4 Haben Sie den Bildausschnitt optimal festgelegt, verlassen Sie das Fenster wieder.

Kopf- und Fußzeile für das Foto einrichten

Sie möchten eine Kopf- bzw. Fußzeile für ein Foto einrichten, um dem Bild Text hinzuzufügen?

1 Führen Sie einen Doppelklick auf das entsprechende Bild im Filmstreifen aus. Im rechts auftauchenden Fenster wählen Sie die Schriftart, Schriftgröße und die Schriftfarbe aus und geben den gewünschten Text unter *Kopfzeilentext* bzw. *Fußzeilentext* ein. Tipp: Als Schriftgröße sollten Sie auf keinen Fall einen Wert niedriger als *24.0* einstellen – sonst ist der Text am Fernseher kaum bzw. gar nicht lesbar!

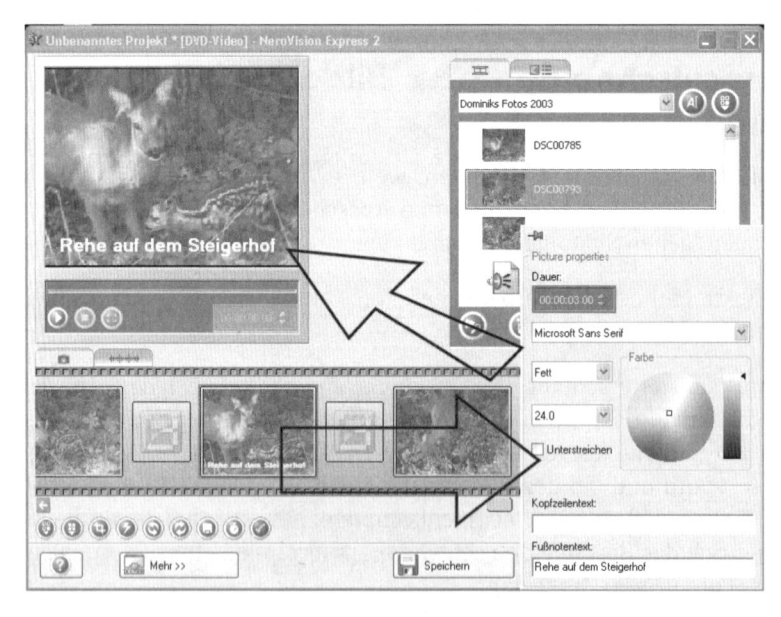

2 Der eingegebene Text wird sofort im Vorschaufenster der Diashow (links oben) angezeigt. Die Position des Textes verändern Sie per Drag & Drop innerhalb des Bildes.

11.3 Multimediaeffekte für Ihre Fotoscheibe

Sie haben alle zu brennenden Fotos in die Diashow integriert? Prima! Als Nächstes sollten Sie für multimediale Effekte auf der Fotodisk sorgen: Richten Sie beispielsweise als Hintergrundmusik Ihren Lieblingshit ein oder nutzen Sie einen der zahlreichen Effekte, um den Übergang zwischen den einzelnen Fotos professionell zu gestalten.

Hintergrundmusik für die Scheibe einrichten

Die Fotodisk wird richtig professionell, wenn Sie Hintergrundmusik einrichten. Diese wird automatisch beim Betrachten der Diashow am TV abgespielt und sorgt für multimediale Unterhaltung auf höchstem Niveau!

1 Sie benötigen für die Hintergrundmusik der Fotodisk einen oder mehrere Musiktracks, die im Wave-, MP3- oder MP4-Format auf der Festplatte vorliegen.

2 Öffnen Sie über dem Filmstreifen die Registerkarte mit dem Symbol, das die Wellengrafik eines Musikstücks darstellt. Klicken Sie anschließend unter dem Vorschaufenster auf die erste Schaltfläche von links gesehen und wählen Sie im erscheinenden Menü *Suchen und zum Projekt hinzufügen*.

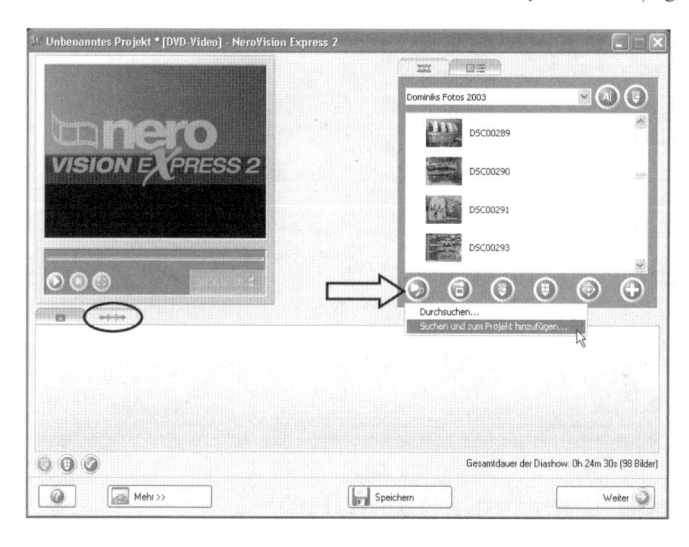

3 Markieren Sie den oder die zu integrierenden Musikstücke und klicken Sie auf *Öffnen*, um sie als Hintergrundmusik in das Projekt aufzunehmen. Die Musiktracks werden auf der Registerkarte aufgelistet. Aus Versehen integrierte Musiktitel entfernen Sie über das Kontextmenü aus dem Projekt.

Länge der Diashow an die Hintergrundmusik anpassen?

Es ist möglich, die Länge der Diashow an die Hintergrundmusik anzupassen, sodass sie gleichzeitig mit dem Musikstück endet. Voraussetzung: Sie haben nur ei-

11. Perfekte Fotoshows für das heimische TV-Gerät

nen Musiktrack als Hintergrundmusik ausgewählt und das Verhältnis von Musiklänge zu der Anzahl der Bilder ist ausgewogen – schließlich ist es beispielsweise nicht empfehlenswert 99 Bilder innerhalb von 2-3 Minuten (durchschnittliche Länge eines aktuellen Hits) bei der Wiedergabe „durchzujagen". Jedes Bild sollte mindestens 5-8 Sekunden zu sehen sein!

Verhältnis von Bild und Ton vorher ausrechnen

Das Verhältnis von Musik und Ton rechnen Sie aus, indem Sie die Dauer des Musikstücks in Sekunden umrechnen (1 Minuten = 60 Sekunden) und durch die Anzahl der in die Diashow integrierten Bilder teilen. Sie erhalten die Einblendzeit jedes Fotos, wenn Sie die Option nutzen, die Länge der Diashow an die Hintergrundmusik anzupassen. Liegt die Zeit über 5 Sekunden, sollten Sie diese komfortable Möglichkeit nutzen. Beachten Sie: Die von Ihnen vorher eventuell manuell festgelegte Einblendzeit der einzelnen Fotos wird dadurch ungültig! Sie bleibt nur dann weiterhin gültig bzw. ist individuell einstellbar, wenn die Option, die Länge der Diashow an die hinzugefügte Hintergrundmusik anzupassen, nicht aktiviert ist.

1 Klicken Sie unten auf die Schaltfläche *Mehr*.

2 Aktivieren Sie im erscheinenden Fensterbereich die Option *Fit slide show duration to audio duration*, um die Länge der Diashow exakt an die Länge des Audiotracks anzupassen.

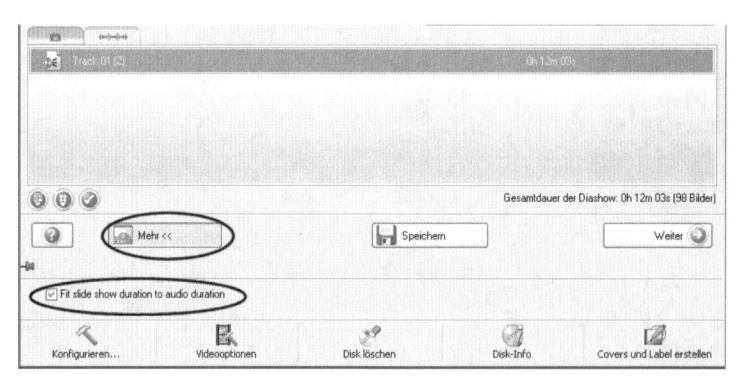

Fotoübergänge kunstvoll gestalten

Die Übergänge der einzelnen Fotos können Sie mit tollen Effekten Ihren Wünschen anpassen und somit für eine perfekte Fotoscheibe sorgen.

1 Wechseln Sie über dem rechten Vorschaufenster auf die Registerkarte mit dem Überblendsymbol (neben der Registerkarte mit dem Filmstreifensymbol). Daraufhin werden alle Überblendeffekte, die NeroVision Express bietet, im Vorschaufenster angezeigt. Zeigen Sie mit dem Mauspfeil auf den symbolisch dargestellten Effekt, so wird dessen Wirkung (Ablauf der Überblendung) dargestellt.

2 Ziehen Sie jetzt den gewünschten Überblendeffekt per Drag & Drop auf die freie Übergangsstelle zwischen zwei Fotos, um ihn an dieser Stelle in das Projekt aufzunehmen – das Effektsymbol wird zwischen den Bildern sichtbar.

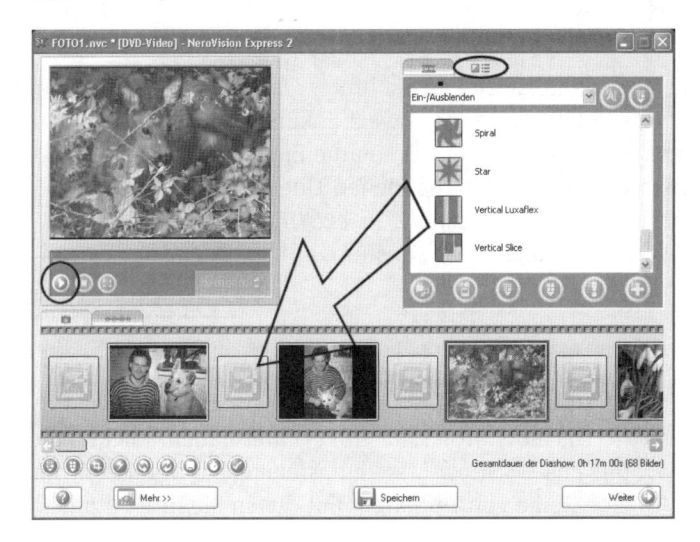

3 Feineinstellungen zum Ablauf des integrieren Effekts nehmen Sie über *Eigenschaften* im Kontextmenü des jeweiligen Überblendeffekts auf dem Filmstreifen vor. Auf die gleiche Weise erzeugen Sie zwischen den übrigen Fotos weitere effektvolle Übergänge.

4 Nach vollendeter Arbeit, schauen Sie sich die Überblendeffekte am besten gleich an. Klicken Sie dazu unterhalb des Vorschaufensters für die Diashow (links oben) auf das Play-Symbol – die erzeugte Diashow wird abgespielt.

Möchten Sie, dass alle Fotoübergänge den gleichen Effekt zugewiesen bekommen, wählen Sie im Kontextmenü des jeweiligen Überblendeffekts auf dem Filmstreifen den ersten Menüeintrag *Apply Transitions to All Transition Fields*.

| *Einen Effekt für alle Übergänge nutzen!* |

Haben Sie an einer anderen Stelle der Diashow bereits einen anderen Effekt integriert, wird dieser durch den neuen „Standardeffekt", der für alle Fotoübergänge gelten soll, überschrieben. Für etwas Abwechslung sorgen Sie nach dem Festlegen des Standardeffekts, indem Sie an einigen Übergangsstellen einen anderen Effekt wie gewohnt integrieren – der dort bereits vorhandene „Standard-Überblendeffekt" wird an dieser Stelle von dem neuen Effekt überschrieben.

Dauer des Überblendeffkts bestimmen

E ist häufig sinnvoll, die Überblendzeit zwischen den einzelnen Bildern, in der der Effekt aktiv ist, etwas zu verlängern, um für einen ruhigeren Effektablauf zu sorgen. Diese Zeit stellen Sie für alle in die Diashow aufgenommenen Effekte folgendermaßen ein:

1   Führen Sie einen Rechtsklick auf eine freie Stelle des Filmstreifens aus und wählen Sie im erscheinenden Kontextmenü den ersten Eintrag *Default Duration Values*.

2   Die gewünschte Überblendzeit stellen Sie hinter *Duration of transitions* in Sekunden ein. Zwei2 Sekunden sind meistens der optimale Wert. Damit die Einstellung für alle in der Diashow vorhandenen Überblendeffekte gilt, aktivieren Sie *Apply to existing transitions* und verlassen danach das Fenster.

Weitere Tipps zur perfekten Fotodisk

Nachdem Sie die erstellte Diashow professionell gestaltet haben, klicken Sie unten rechts auf *Weiter*, um das Diashow-Erstellungsfenster zu verlassen. Im folgenden Fenster gibt es eine Reihe von Optionen, mit denen Sie Ihre Fotodisk weiter optimieren und beispielsweise die in die Diashow aufgenommenen Bilder zusätzlich im JPEG-Format auf die Scheibe brennen, um sie später perfekt auszudrucken.

Mehrere Diashows auf einer Fotoscheibe

Es ist möglich, mehrere Diashows auf eine Fotodisk zu brennen und dadurch die Rohlingkapazität fast vollständig auszuschöpfen. Das Anlegen weiterer Diashows ist notwendig, wenn Sie mehr als 99 Bilder auf die Scheibe brennen wollen, da jede Diashow nur maximal 99 Bilder beinhalten darf. Eine weitere Diashow auf der zu brennenden Disk legen Sie über *Neue Diashow erstellen* an.

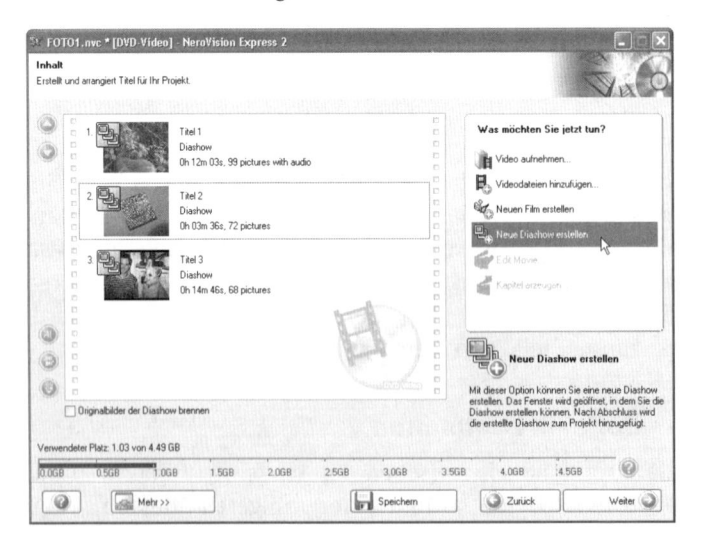

> **Diashow nachträglich bearbeiten**
>
> Haben Sie versucht, mehr als 99 Bilder in eine Diashow zu integrieren, bietet NeroVision Express an, automatisch eine neue Diashow anzulegen und die übrigen Bilder dort einzufügen. Die automatisch vom Programm erzeugte Diashow bearbeiten Sie nachträglich, indem Sie deren Eintrag im Fenster markieren und *Edit Movie* wählen. Über diesen Eintrag ist es ebenfalls möglich, eine bereits erstellte Diashow zu ändern.

Originaldateien für den Ausdruck und Menü anlegen

Wollen Sie die Dateien auf der Fotodisk später jederzeit ausdrucken, brennen Sie die Bilder zusätzlich als JPEG-Dateien auf die Fotoscheibe. Dies ist notwendig, da die Fotos nicht aus der erzeugten Videostruktur des Silberlings heraus zu Papier gebracht werden können, sondern für den Ausdruck extra als separate Bilddateien auf dem Medium vorliegen müssen. Außerdem empfiehlt es sich, ein elegantes Auswahlmenü für die Fotoscheibe zu erstellen.

1 Für den späteren Ausdruck der Bilder auf der Fotodisk aktivieren Sie unter der Auflistung der Diashows *Originalbilder der Diashow brennen*. Durch diese Option werden alle in die Diashows integrierten Fotos zusätzlich als JPEG-DAT auf dem Rohling abgelegt. NeroVision Express erzeugt außerdem eine HTML-Struktur auf der Scheibe, sodass Sie sich die Bilder darüber auch mithilfe des Internetbrowsers betrachten können. Aufgrund der Kompression der originalen Fotos in das JPEG-Format nehmen die zusätzlich auf die Scheibe gebrannten Dateien nur wenig Platz weg.

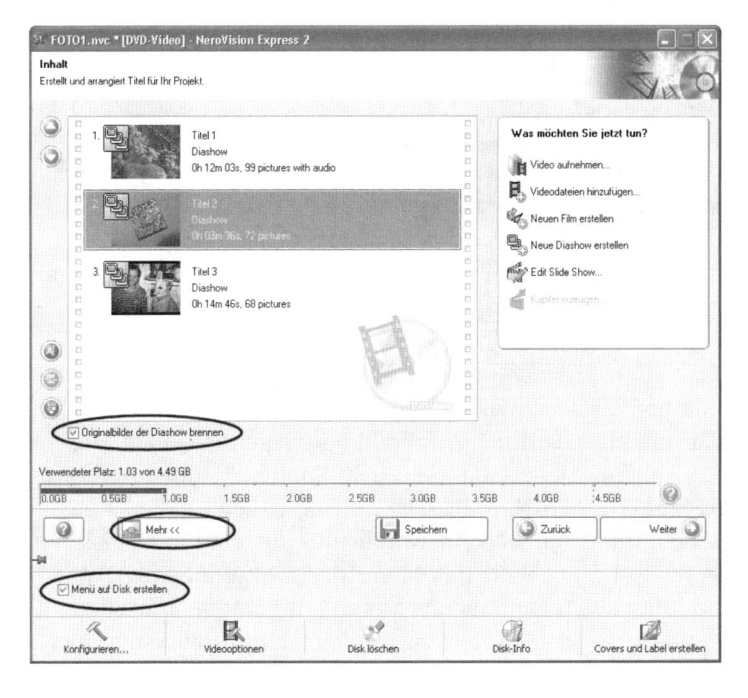

11. Perfekte Fotoshows für das heimische TV-Gerät

2 Ein Auswahlmenü für die Fotodisk erzeugen Sie folgendermaßen: Klicken Sie zunächst auf *Mehr*, um die erweiterten Optionen von NeroVision Express hervorzuzaubern, und aktivieren Sie anschließend *Menü auf Disk erstellen*. Die Menüoptionen nehmen Sie im nächsten Fenster vor. Betätigen Sie *Weiter*.

11.4 Fotodisk brennen und Fotos ausdrucken

Nachdem Sie die Diashows fertig gestellt und wichtige Entscheidungen bezüglich der zu brennenden Fotodisk (Auswahlmenü anlegen, Bilder zum Ausdruck auf die Scheibe brennen usw.) getroffen haben, geht es in diesem Abschnitt um die Gestaltung des Auswahlmenüs, das Brennen der Fotoscheibe und den späteren Ausdruck der Bilder auf der Fotodisk.

Auswahlmenü gestalten und Fotodisk brennen

1 Im Fenster *Menü erzeugen* nehmen Sie die Gestaltung des Auswahlmenüs vor. Dies ist natürlich nur möglich, wenn Sie im vorangegangenen Fenster die Option *Menü auf Disk erstellen* aktiviert haben.

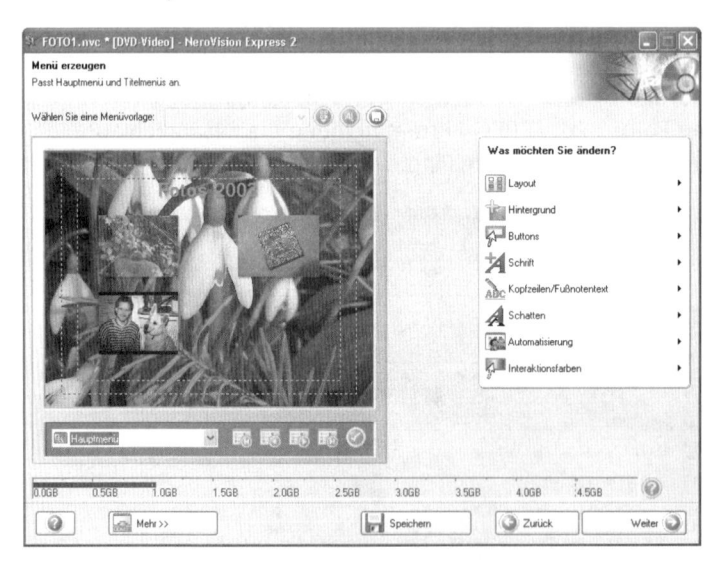

2 Das Auswahlmenü lässt sich vielfältig gestalten: Bestimmen Sie das Layout, integrieren Sie ein eigenes Hintergrundbild oder legen Sie einen Titel für die Fotodisk fest. Näheres hierzu erfahren Sie in Kapitel 7 „Video-Authoring mit NeroVision Express 2 und Nero 6". Die dort geschilderten Anleitungen zur Erstellung eines professionellen Auswahlmenüs für eine Videodisk mit NeroVision Express sind auch für das Menü der zu brennenden Fotoscheibe gültig. Die von Ihnen vorgenommenen Menükonfigurationen werden im Vorschaufenster sofort sichtbar. Nachdem Sie das Menü Ihren Wünschen angepasst haben, klicken Sie auf *Weiter*.

Fotodisk brennen und Fotos ausdrucken

3 Es erscheint ein neues Fenster, in dem Sie die von Ihnen erstellte Fotodisk vor dem Brennen mithilfe der virtuellen Fernbedienung oder mit der Maus ausgiebig testen! So wie das Fotoprojekt bzw. das Auswahlmenü in diesem „Testfenster" auf die virtuellen Tasten der Fernbedienung reagiert, so verhält sich die gebrannte Fotodisk später in Ihrem DVD-Player. Ist das Projekt perfekt, klicken Sie auf *Weiter*. Möchten Sie dagegen vor dem Brennen noch etwas verändern, manövrieren Sie sich über *Zurück* in das entsprechende Fenster, in dem die Änderungen vorgenommen werden können.

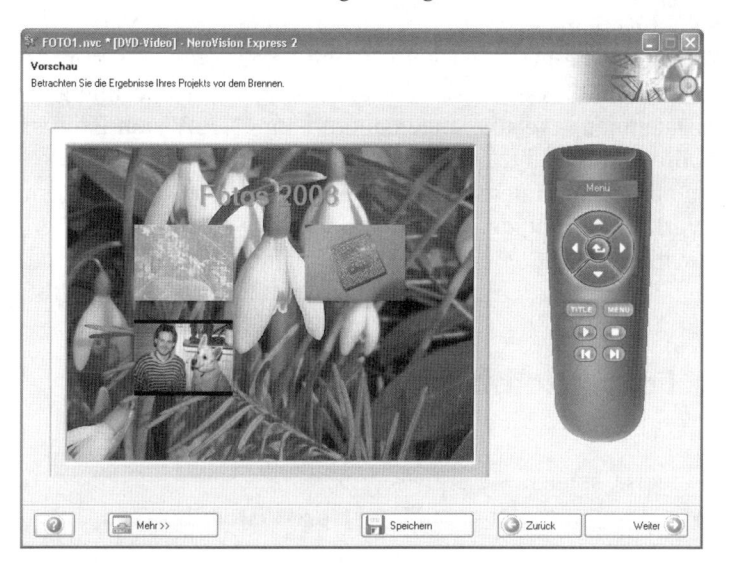

4 Das Brennfenster von Nero VisionExpress besitzt nur spärliche Optionen. Hinter *Brennen auf* legen Sie den Brenner fest, mit dem das Projekt geschrieben wird. Wollen Sie die Videostruktur der Fotodisk lieber erst auf die Festplatte schreiben, nutzen Sie die Option *In Festplatten Ordner schreiben*.

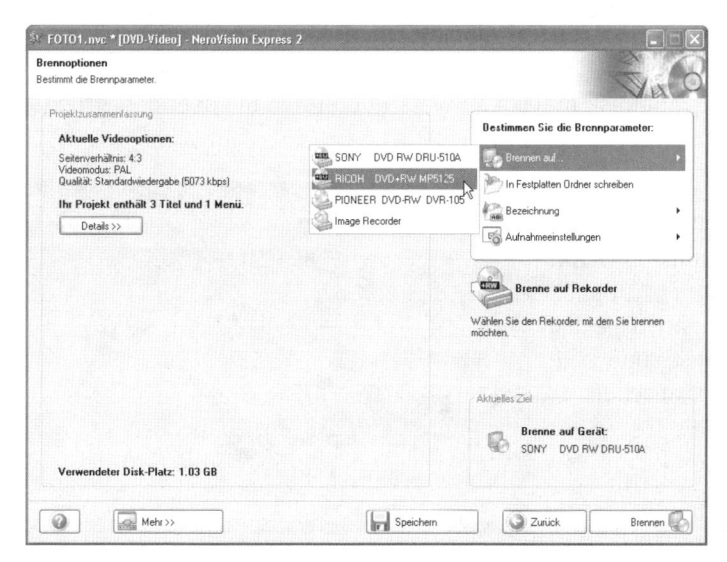

11. Perfekte Fotoshows für das heimische TV-Gerät

Diese Option ist nicht mit dem Image Recorder zu verwechseln – die in den Ordner geschriebenen Dateien können nicht „ohne Weiteres" auf einen Silberling gebrannt werden. Näheres hierzu erfahren Sie ebenfalls in Kapitel 7 „VideoAuthoring mit NeroVision Express 2 und Nero 6".

5 Über *Bezeichnung* vergeben Sie einen aussagekräftigen Namen für die Fotodisk. Die Brenngeschwindigkeit wählen Sie über *Aufnahmeeinstellungen* aus und starten danach den Brennvorgang.

6 Bevor der Schreibvorgang beginnt, transkodiert (umwandeln) NeroVision Express die Fotos und die eventuell vorhandene Hintergrundmusik in den jeweiligen Videostandard, was je nach Leistungsfähigkeit des Rechners und zu brennender Datenmenge relativ lange dauern kann. NeroVision Express bietet daher im Brennfenster die Option an, den PC nach erfolgreichem Schreibvorgang automatisch herunterzufahren. Sie können den Schreibvorgang inklusive der vorher notwendigen Umwandlung in die Nachtstunden verlegen und zum Abschluss den PC von NeroVision Express automatisch ausschalten lassen.

Gebrannte Fotoscheibe abspielen und Fotos ausdrucken

Die gebrannte Fotodisk spielen Sie entweder über den DVD-Player oder mit dem PC über Nero ShowTime ab.

Haben Sie bei der Erstellung der Fotoscheibe die Option *Originalbilder der Diashow brennen* aktiviert, können Sie die Fotos auch mit Ihrem Internetbrowser betrachten oder ausdrucken:

> **NeroVision Express kompatibler als WinOnCD**
>
> Die mit NeroVision Express erstellten Fotodisks sind deutlich kompatibler als die mit WinOnCD 6 erstellten Fotoscheiben und werden daher von jedem DVD-Player, der das entsprechende Videoformat unterstützt, abgespielt.

1 Legen Sie die Fotodisk in das Laufwerk und öffnen Sie über den Arbeitsplatz den Inhalt der Fotoscheibe.

2 Im Hauptverzeichnis der Scheibe finden Sie eine Datei namens *INDEX.HTM*. Mit einem Doppelklick darauf starten Sie den Internetbrowser und können die Fotos ansehen.

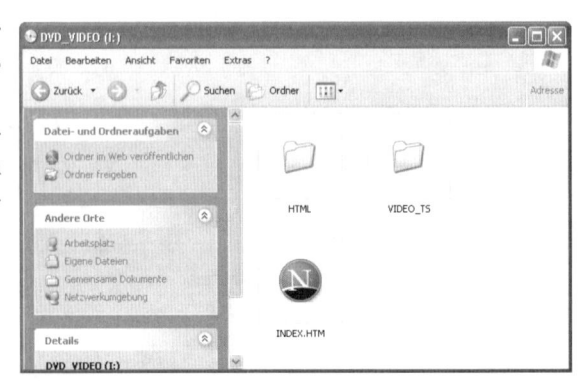

3 Die für den Ausdruck notwendigen Fotodateien finden Sie in dem Verzeichnis *HTML/GLRY/IMAGES* auf der Disk – die Ordner *GLRY* sind je nach Diashowanzahl durchnummeriert.

4 Unter Windows XP schalten Sie nach dem Öffnen des jeweiligen Ordners über *Ansicht/Miniaturansicht* die Vorschau der Fotos ein, um zu wissen, hinter welchem Dateinamen sich das auszudruckende Bild versteckt. Den Ausdruck erreichen Sie entweder über ein separates Bildbearbeitungsprogramm oder Sie nutzen dazu Windows XP: Führen Sie einen Doppelklick auf das auszudruckende Foto aus und klicken Sie im neuen Fenster auf das Drucksymbol. Es startet der Druck-Assistent des Betriebssystems, der Sie fachkundig durch die nötigen Schritte führt und auch den Ausdruck mehrerer Fotos auf einer DIN-A4 Seite zulässt.

11. Perfekte Fotoshows für das heimische TV-Gerät

12. Rohlinge mit InCD als mobile Festplatten nutzen

Die Packet Writing-Lösung InCD 4, die Nero beiliegt, verwandelt Ihre wieder beschreibbaren CD/DVD-Rohlinge in eine mobile Festplatte. Sie können beispielsweise Daten direkt im Windows-Explorer auf die Scheibe brennen, ohne ein separates Brennprogramm aufzurufen – die altmodische Diskette benötigen Sie ab sofort nicht mehr! In diesem Kapitel erfahren Sie, wie Sie InCD optimal nutzen, die notwendige Rohlingformatierung am schnellsten durchführen und den neuen Schreibstandard Mount Rainier perfekt einsetzen.

12.1 InCD professionell einsetzen 408

12.2 Notwendiges Übel: Formatierung der Rohlinge 414

12.3 Mount Rainier unter der Lupe 416

12.4 InCD im Praxiseinsatz 421

12.5 InCD-Rohlinge clever löschen 428

12.6 Gebrannte Scheiben lesen 431

12. Rohlinge mit InCD als mobile Festplatten nutzen

12.1 InCD professionell einsetzen

Die Verwendung von InCD bringt neben Vorteilen auch Nachteile – hier ein Überblick:

Vorteile von InCD

- Schnelle und einfache Datensicherung auf einen Rohling per Drag & Drop über den Windows-Explorer oder direkt aus Anwendungen heraus. Der CD/DVD-Rohling kann wie eine mobile Festplatte genutzt werden.

- Für die tägliche Sicherung von kleinen Datenmengen ist InCD ideal: Sie müssen nicht erst Nero starten, um dafür ein neues Datenprojekt anzulegen.

- Große Datensicherheit auf wieder beschreibbaren Scheiben durch ein umfangreiches Fehlermanagement beim Brennen einer Disk im Mount Rainier-Standard.

- Durch die Verwendung des UDF-Dateisystems (siehe Kapitel 2) brauchen Sie keine Regeln bei der Vergabe von Dateinamen zu beachten. Außerdem ist die Verzeichnisstruktur nicht auf acht Ebenen begrenzt.

- Im Gegensatz zu einer Multisession-Datendisk können Dateien auf den wieder beschreibbaren Medien physikalisch gelöscht werden, wodurch Speicherplatz frei wird. Die Handhabung des Rohlings unterscheidet sich nicht von der einer mobilen Festplatte ...

Nachteile von InCD

- Vor der Installation müssen Sie sämtliche Treiberreste alter (bereits im System vorhandener) UDF-Software entfernen. Unterbleibt dies, häufen sich nach der Installation des neuen Programms Abstürze und Systemhänger, da die Verwendung eines UDF-Programms nach wie vor eine „kitzlige" Angelegenheit ist. Dies kommt daher, dass sich die Hersteller – wie in der PC-Branche üblich – auf keinen gemeinsamen Standard bei der UDF-Software einigen konnten.

- InCD installiert beim Setup für andere Brennprogramme gefährliche Systemtreiber, um den Brenner anzusteuern. Es kann zu unvorhersehbaren Problemen mit „fremden" großen Brennprogrammen (außer Nero) kommen, da die InCD-Treiber beim Systemstart geladen werden und stets im Hintergrund aktiv sind, um die Datensicherung jederzeit zu ermöglichen. Packet Writing-Programme harmonieren stets mit den großen Brennprogrammen, denen sie beigelegt sind, am besten.

- Ist auf dem PC ein virtuelles Laufwerk vorhanden, kann es bei der Verwendung von InCD 4 zu Systeminstabilitäten kommen. In dem Fall deinstallieren Sie entweder das virtuelle Laufwerk für den fehlerfreien Betrieb von InCD 4 oder warten auf ein InCD-Update, das mit virtuellen Laufwerken keine Probleme mehr hat.

- Sie dürfen nur eine UDF-Software auf Ihrem PC installieren (siehe Kapitel 16), andernfalls wird das System instabil. Ein nachträglicher Wechsel auf ein anderes UDF-Programm ist ebenfalls nicht empfehlenswert, da die mit Programm A geschriebenen Medien mit Programm B in der Regel nicht einmal fehlerfrei gelesen werden können. Brennen Sie zunächst mit dem UDF-Programm A und anschließend nach dem Programmwechsel mit Software B weitere Daten auf die gleiche Scheibe, entsteht Datenverlust! Nutzen Sie bereits eine andere UDF-Software, bleiben Sie entweder dabei oder schließen Sie Ihre Scheiben mit dem alten Programm ab, bevor Sie auf InCD wechseln.

- Mit InCD können nur Datendisks erstellt werden. Das Brennen von Audio- bzw. Videodisks ist nicht möglich. Für diese Aufgaben nutzen Sie das Brennprogramm Nero. InCD ist ausschließlich für die schnelle Datensicherung einsetzbar.

- Die notwendige Formatierung einer DVD-RW dauert bei 1facher Brenngeschwindigkeit bis zu zwei Stunden, da InCD das neue Feature Quick Format von modernen DVD-RW-Writern (noch) nicht beherrscht. Eine DVD+RW ist dagegen schon nach ca. zwei Minuten einsatzbereit, da die notwendige Rohlingformatierung im Hintergrund abläuft. Aus dem Grund lohnt sich InCD nur in Verbindung mit DVD+RW, da die Formatierung einer DVD-RW zu viel Zeit kostet! Die Vorbereitung einer CD-RW benötigt – je nach Brenngeschwindigkeit und verwendetem Standard – zwischen 40 Minuten und 30 Sekunden. Das Brennen von DVD-RAMs beherrscht InCD nicht.

- Im Gegensatz zu dem Konkurrenzprodukt DirectCD, das WinOnCD beiliegt, ist InCD nicht in der Lage, einmal beschreibbare Rohlinge zu verarbeiten – solche Medien werden vom Programm ignoriert. InCD beherrscht nur das Brennen von CD-RW, DVD-RW und DVD+RW.

- Durch ein aufwendiges Fehlermanagement schrumpft die Rohlingkapazität: Auf einem 700 MByte großen Medium stehen nach der Formatierung nur ca. 573 MByte zur Verfügung. Nutzen Sie den neuen Schreibstandard Mount Rainier, sind sogar nur 535 MByte frei.

- Sie sollten aus Gründen der Datensicherheit ausschließlich teure und qualitativ hochwertige wieder beschreibbare Scheiben einsetzen – der Einsatz von billigen Noname-Rohlingen ist zu riskant! Näheres dazu siehe Kapitel 14 „Qualitätstest, Haltbarkeit, Technik: Rohlinge unter der Lupe".

- Für den fehlerfreien Betrieb von InCD sollte die Autostart-Funktion des Betriebssystems aktiviert sein! Ist das nicht der Fall, scheitert die Verwendung von InCD häufig, weil das Programm beispielsweise den eingelegten, bereits formatierten Rohling nicht bemerkt. Bei eingeschalteter Autostart-Funktion kann sich der Schreibvorgang mit Nero verlängern, da der kontinuierliche

12. Rohlinge mit InCD als mobile Festplatten nutzen

Datenstrom zum Brenner durch eine aktivierte Autostart-Funktion abreißt – der Buffer Underrun-Schutz eingeschaltet werden muss.

- Mit InCD gebrannte Medien können unter älteren Windows-Betriebssystemen nur mithilfe eines speziellen Lesetreibers gelesen werden. Nutzen Sie Mount Rainier, ist ebenfalls ein zusätzlicher Lesetreiber notwendig.

InCD = Ideal für tägliche Datensicherung

Entscheiden Sie, ob Sie InCD nutzen möchten oder nicht. Generell lässt sich sagen, dass InCD für die schnelle und einfache Datensicherung (trotz der vielen Nachteile) optimal ist und in der Regel problemlos funktioniert, wenn auf dem Rechner nur Nero installiert wird. Wollen Sie andere Brennprogramme parallel zu Nero auf dem System nutzen, kann InCD (bzw. dessen stets aktive Treiber) Probleme bereiten und zu Systeminstabilitäten beim Brennen führen. Am besten Sie probieren es aus. Kommt es zu Systemabstürzen beim Schreiben einer CD/DVD, deinstallieren Sie InCD wieder und erstellen für die tägliche Datensicherung eine Multisession-Disk.

Keine eigene Programmgruppe für InCD

InCD legt bei der Installation keine eigene Programmgruppe an – die Deinstallation führen Sie in der Systemsteuerung über die Kategorie (bzw. das Symbol) *Software* durch.

InCD optimal einrichten

Bevor Sie InCD installieren, muss eine eventuell vorhandene alte UDF-Software vollständig entfernt werden (siehe Kapitel 15). Außerdem ist es nicht ratsam, die veraltete Version von der Nero-CD im System einzurichten. Besorgen Sie sich unter *www.nero.com* die aktuelle Programmversion von InCD und installieren Sie diese. Einzige Voraussetzung: Das Brennprogramm Nero muss bereits auf dem PC eingerichtet sein, sonst scheitert die Installation von InCD.

Die Entstehungsgeschichte von UDF-Programmen

Das UDF-Dateisystem (UDF = Universal Disc Format) wurde als Dateisystem für optische Medien (hauptsächlich die DVD) entwickelt. Es soll den Datenaustausch zwischen verschiedenen Betriebssystemen wesentlich erleichtern und den strengen ISO 9660-Standard ablösen. Der Siegeszug des UDF-Dateisystems als alles beherrschendes Dateisystem zum Beschreiben von optischen Medien wird in naher Zukunft abgeschlossen sein. Der Siegeszug des UDF-Dateisystems für DVDs sollte an den CDs nicht vorbeigehen: Viele Softwarehersteller entschlossen sich, das UDF-Dateisystem auch für das komfortable Brennen von CDs einzusetzen – die Geburtsstunde von InCD schlug. Mit diesem Tool ist die tägliche Datensicherung unter Windows schnell erledigt.

Immer aktuellste Programmversion nutzen!

Nutzen Sie stets (besonders bei Problemen mit InCD) die aktuellste Programmversion, da Packet Writing-Lösungen nach wie vor eine heikle Angelegenheit und die Programme noch nicht absolut fehlerfrei sind. Mit jedem Update werden Fehler beseitigt. Besonders bei neuen Programmversionen (beispielsweise InCD 4) sind in der Regel Fehler vorhanden, die sich nur unter bestimmten Umständen bemerkbar machen. Je länger ein Programm auf dem Markt ist, desto mehr Fehler werden entdeckt und durch Updates beseitigt. Dies traf auch auf die Vorgängerversion InCD 3.5 zu.

InCD 4 besitzt im Gegensatz zur Vorgängerversion ein spezielles Feature namens Smart Detect, durch dessen Hilfe InCD selbst mit „unbekannten" topaktuellen Writern zusammenarbeiten soll. Es kann trotzdem vorkommen, dass InCD den Brenner nicht kennt bzw. die Datensicherung nicht fehlerfrei funktioniert, weil InCD den Writer falsch anspricht. Bevor Sie mit InCD komfortabel Ihre Daten sichern können, müssen Sie ein Programmupdate durchführen, das die Rekorderunterstützung von InCD erweitert. Sollte dies keinen Erfolg bringen, haben Sie etwas Geduld: Gerade bei einem nagelneuen Gerät dauert es oft etwas, bis es von der Software unterstützt wird – halten Sie regelmäßig im Internet nach einer Programmaktualisierung Ausschau. Welche Brenner von InCD unterstützt werden, erfahren Sie in Kapitel 15 im Abschnitt „Wenn Nero den Brenner nicht erkennt".

> *InCD kennt Ihren Brenner nicht? – Update durchführen!*

Autostart-Funktion aktivieren oder nicht?

Haben Sie vor, InCD regelmäßig zur Datensicherung einzusetzen, werden Sie die Autostart-Funktion des Betriebssystems aktivieren müssen, damit die eingelegten Rohlinge problemlos von InCD erkannt werden. Versuchen Sie zunächst, InCD auf Ihrem System bei ausgeschalteter Autostart-Funktion zu betreiben – unter Umständen gelingt dies problemlos. Funktioniert InCD nicht korrekt, aktivieren Sie die Autostart-Funktion des Betriebssystems und starten den Rechner neu. Die durch die Autostart-Funktion eventuell verlängerten Brennsessions unter Nero müssen Sie in Kauf nehmen. InCD funktioniert meistens nur bei eingeschalteter Autostart-Funktion fehlerfrei!

Autostart unter Windows 9x/ME einschalten

1   Im Kontextmenü des Arbeitsplatzsymbols wählen Sie *Eigenschaften* und wechseln auf die Registerkarte *Geräte-Manager*. Dort öffnen Sie den Haupteintrag *CD-ROM* mit einem Doppelklick. Markieren Sie den Eintrag Ihres Brenners und klicken Sie unten auf die Schaltfläche *Eigenschaften*.

2   Auf der Registerkarte *Einstellungen* kontrollieren Sie, ob vor dem Eintrag *Automatische Benachrichtigung beim Wechsel* ein Häkchen ist. Sollte dies nicht

12. Rohlinge mit InCD als mobile Festplatten nutzen

der Fall sein, klicken Sie in das weiße Feld davor, um die Autostart-Funktion einzuschalten. Die Änderung wird erst durch einen Neustart wirksam!

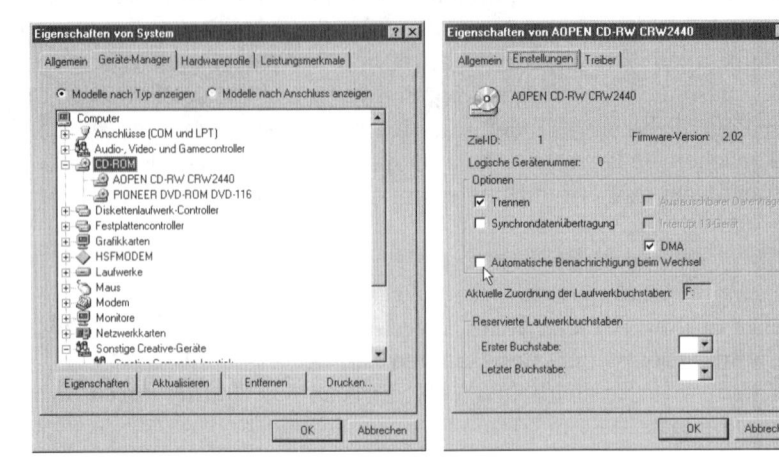

Autostart unter Windows 2000/XP aktivieren

1. Wählen Sie im Startmenü *Ausführen* und geben Sie in das neue Fenster *regedit* ein. Im startenden Registrierungseditor öffnen Sie folgenden Ordner: *HKEY_LOCAL_MACHINE\SYSTEM\CurrentControlSet\Services\Cdrom*.

2. In der rechten Fensterhälfte suchen Sie *AutoRun*. Sollte als Wert *0x00000001 (1)* eingetragen sein, ist die Autostart-Funktion bereits aktiviert. Lautet der Wert dagegen *0x00000000 (0)*, wurde sie deaktiviert – das müssen Sie ändern!

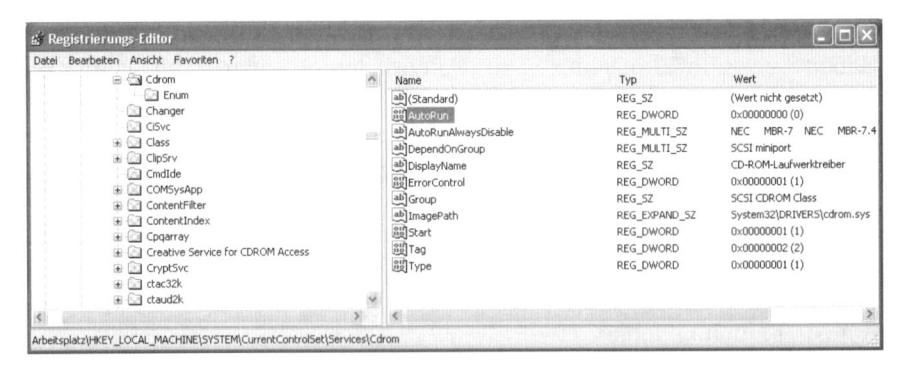

3. Bei ausgeschalteter Autostart-Funktion führen Sie einen Doppelklick auf den Eintrag *AutoRun* aus. Im erscheinenden Fenster geben Sie unter *Wert* statt 0 die Zahl 1 an, um den Autostart zu aktivieren, und klicken auf *OK*.

4. Verlassen Sie den Registrierungseditor und starten Sie das Betriebssystem neu – die Autostart-Funktion ist ab sofort eingeschaltet, InCD sollte problemlos funktionieren.

Generelle Optionen für InCD festlegen

Bei der Installation von InCD 4 wird keine separate Programmgruppe erzeugt. Einzig ein neues Symbol unten rechts in der Taskleiste informiert Sie darüber, dass InCD auf Ihrem Rechner vorhanden ist. Das Symbol ändert sich je nach Programmstatus.

Das InCD-Symbol in der Taskleiste.

Die genauen Einstellungen von InCD nehmen Sie folgendermaßen vor: Im Kontextmenü des Symbols in der Taskleiste wählen Sie *Optionen*. Im erscheinenden Fenster bestimmen Sie die Eigenschaften des Programms.

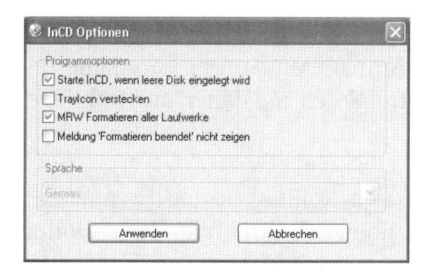

Programmoptionen von InCD 4.

Option	Bemerkung
Starte InCD, wenn leere Disk eingelegt wird	Bei eingeschalteter Autostart-Funktion erscheint das Formatierungsfenster von InCD automatisch. Diese Option sollten Sie aktivieren, wenn Sie InCD häufig zur Datensicherung nutzen.
TrayIcon verstecken	Blendet das InCD-Symbol in der Taskleiste aus – nicht empfehlenswert!
MRW Formatieren aller Laufwerke	Aktiviert das Formatieren im schnellen Mount Rainier-Standard bei Brennern, die diese Funktion unterstützen. Sie sollten die Option einschalten, um die Formatierungszeit drastisch zu verkürzen.
Meldung „Formatieren beendet" nicht anzeigen	Schalten Sie diese Option aus, erhalten Sie zum Abschluss der Rohlingformatierung eine Mitteilung. Das kann nützlich sein, um eventuellen Fehlern auf die Spur zu kommen, wenn Sie beispielsweise nach dem Formatieren keine Daten auf das Medium schreiben können. Im Normalfall deaktivieren Sie also die unnötige Option.

12. Rohlinge mit InCD als mobile Festplatten nutzen

12.2 Notwendiges Übel: Formatierung der Rohlinge

Bevor Sie einen wieder beschreibbaren Rohling als mobile Festplatte nutzen können und Daten mit InCD auf die Scheibe brennen, muss die Scheibe formatiert werden. Dabei wird unter anderem eine Struktur auf dem Medium angelegt, die es ermöglicht, Daten physikalisch wieder zu löschen, sodass Speicherplatz frei wird. Die Formatierung von CD/DVD-Rohlingen verläuft unter InCD 4 gleich.

Formatierung durchführen

Die Durchführung der Formatierung ist bei InCD 4 wesentlich schneller bewerkstelligt als bei der Vorgängerversion 3.5. InCD bietet im Gegensatz zu InCD 3.5 ein zentrales Formatierungsfenster an, in dem alle notwendigen Einstellungen vorgenommen werden – die vielen (unnötigen) Formatierungsfenster von InCD 3.5 sind glücklicherweise Vergangenheit.

Beachten Sie auf jeden Fall Folgendes: Beim Formatieren werden sämtliche Daten auf dem eingelegten Medium gelöscht; formatieren Sie daher nur Rohlinge, deren Daten nicht mehr benötigt werden!

1 Legen Sie einen leeren wieder beschreibbaren Rohling in den Brenner, erscheint bei eingeschalteter Autostart-Funktion und aktivierter InCD-Option *Starte InCD, wenn leere Disk eingelegt wird* das Formatierungsfenster des Programms automatisch – ist dies bei Ihnen der Fall, springen Sie zu Schritt 3. Möchten Sie dagegen eine wieder beschreibbare Scheibe, auf der sich Daten befinden, formatieren, muss das Fenster manuell aufgerufen werden (siehe Schritt 2).

2 Sollte das Formatierungsfenster nicht automatisch erscheinen, öffnen Sie den Arbeitsplatz. Im Kontextmenü des Writers, der den zu formatierenden Rohling enthält, wählen Sie *InCD Format ...*, um das Formatierungsfenster erscheinen zu lassen.

3 Formatieren Sie die Scheibe zum ersten Mal für den Einsatz mit InCD, ist die Option *Format* im erscheinenden Fenster automatisch als Formatierungsmethode eingestellt. Eine Schnellformatierung ist nicht möglich (Näheres dazu siehe „Rohlinge möglichst schnell löschen"). Unter *Andere Optionen* geben Sie einen aussagekräftigen Namen für die Scheibe ein. Dieser kann nach der Formatierung nicht mehr geändert werden.

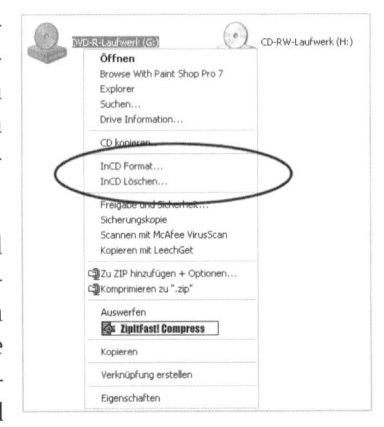

Notwendiges Übel: Formatierung der Rohlinge

4 Schalten Sie bei neuen wieder beschreibbaren Markenrohlingen unbedingt die zeitraubende und unnötige Option *Nach dem Formatieren überprüfen* aus. Wollen Sie dagegen einen bereits häufig gebrauchten bzw. minderwertigen Noname-Rohling formatieren, ist es sinnvoll, diese Option einzuschalten, um Datenverlust vorzubeugen. Dieser entsteht, wenn der Writer Daten in eventuell fehlerhafte Bereiche des Mediums schreiben würde. Bei eingeschalteter Option wird die Scheibe nach der Formatierung auf Fehlerfreiheit kontrolliert. Den Formatierungsprozess beginnen Sie mit einem Klick auf *Start*.

Dauer der Formatierung

Die Formatierung dauert – je nach Brenngeschwindigkeit und verwendetem Schreibstandard – unterschiedlich lange. Da der Formatierungsprozess nur wenig Rechenpower benötigt, können Sie währenddessen mit dem PC weiterarbeiten – wie lange die Vorbereitung des Mediums auf Ihrem Rechner dauert, entnehmen Sie bitte der folgenden Tabelle:

Zu formatierender Medientyp	Dauer der Formatierung
CD-RW (650 MByte/4fach)	Ca. 20 Minuten
HighSpeed-CD-RW (650 MByte/10fach)	Ca. 10 Minuten
UltraSpeed-CD-RW (650 MByte/24fach)	Ca. 4-5 Minuten
CD-RW im Mount Rainier-Format (CD-MRW)	1-2 Minuten
DVD-RW (1fach)	120 Minuten
DVD+RW (2,4fach)	1-2 Minuten
DVD+RW im Mount Rainier-Standard (DVD-MRW)	1-2 Minuten

Bevor Sie Daten mit InCD auf einen Rohling brennen, muss der zu beschreibende Bereich auf der Scheibe formatiert sein. Die unterschiedlich langen Formatierungszeiten rühren neben den verschiedenen Brenngeschwindigkeiten daher, dass CD-RW und DVD-RW vor dem Einsatz komplett formatiert

Unbemerkte Hintergrundformatierung bei CD-MRW und DVD+RW

werden. Bei der Nutzung des neuen Schreibstandards Mount Rainier bzw. einer DVD+RW bedient man sich eines Tricks, um die Formatierungszeit so gering wie möglich zu halten: Die Scheibe wird während des Formatierungsprozesses nur auf die komplette Formatierung vorbereitet; diese wird anschließend unbemerkt im Hintergrund durchgeführt. Schreiben Sie Daten auf die Scheibe, bevor sie vollständig formatiert ist, wird der im Hintergrund aktive Formatierungsprozess vorübergehend unterbrochen und nach dem Brennen der Daten fortgesetzt.

> **Hintergrundformatierung nicht abgeschlossen**
>
> Auch das Entnehmen des Rohlings bei nicht abgeschlossener Hintergrundformatierung ist möglich. Dabei werden lediglich einige Infodaten auf die Scheibe gebrannt, damit die Formatierung beim erneuten Einlegen ordnungsgemäß zu Ende geführt werden kann.

Diese Hintergrundformatierung macht sich unter Umständen bemerkbar, wenn Sie währenddessen Windows herunterfahren möchten. Es taucht die rechts abgebildete Warnmeldung auf. Beenden Sie Ihre Windows-Sitzung, wird die Rohlingformatierung unterbrochen und beim nächsten Start des Systems fortgesetzt. Bei einer nicht fehlerfreien Firmware des Brenners kann es dabei zu Problemen kommen: Das Medium lässt sich nicht beschreiben bzw. die Formatierung wird nicht automatisch fortgesetzt. In dem Fall führen Sie die Rohlingformatierung mit InCD erneut durch.

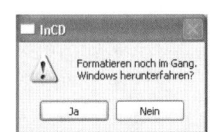

12.3 Mount Rainier unter der Lupe

Fast alle modernen 48/52fach-CD-Brenner unterstützen die neue Schreibtechnik Mount Rainier (manchmal auch EasyWrite genannt). DVD-Brenner der aktuellen Generation, die einmal beschreibbare Medien mit maximal 4facher Speed brennen, beherrschen dagegen Mount Rainier weder beim Brennen von DVDs noch bei CDs! Zukünftige DVD-Brenner werden Mount Rainier beherrschen; DVD+RW-Rohlinge sollen bald im Mount Rainier-Standard gebrannt werden können. Zurzeit ist Mount Rainier ausschließlich bei wieder beschreibbaren CD-Rohlingen in Verbindung mit einem modernen Brenner nutzbar, der diesen Standard beherrscht. Zu beachten ist, dass nicht alle aktuellen Writer Mount Rainier beherrschen – machen Sie sich daher vor einem eventuellen Neukauf kundig!

Mount Rainier vs. Mt Fuji

Mount Rainier erhielt den Namen von dem Vulkan „Mount Rainier" im Mount Rainier-Nationalpark von Washington. Er wurde von der so genannten Mount Rainier Group entwickelt, bei der Microsoft, Philips und Sony mit von der Partie sind. Mittlerweile hat sich Mount Rainier im Praxisalltag bewährt und wird von einer großen Anzahl Brennsoftware (beispielsweise InCD oder DirectCD) unterstützt.

Vor kurzer Zeit hat sich eine neue Gruppe verschiedener Hersteller unter dem Namen Mt Fuji Group zusammengeschlossen, die ein Konkurrenzformat zu Mount

Rainier entwickelt hat – wie Mount Rainier soll es ein besseres Fehlermanagement auf wieder beschreibbaren Disks ermöglichen. Die Gruppe wird von Pioneer, dem größten Vertreter von DVD-R/RW-Brennern, geleitet. Microsoft nimmt ebenfalls daran teil, sodass zukünftige Betriebssysteme wahrscheinlich nicht nur Mount Rainier, sondern auch Mt Fuji unterstützen werden. Moderne DVD-Brenner von Pioneer (ab dem Modell DVR-106) sollen Mt Fuji bereits beherrschen, zurzeit fehlt allerdings noch die notwendige Softwareunterstützung. Außerdem muss sich Mt Fuji erst im Praxisalltag bewähren, bevor das neue Format von weiteren Herstellern hardwaremäßig in die Laufwerke integriert wird und mit einer großen Anzahl von Brennprogrammen genutzt werden kann. Ich beschränke mich daher ausschließlich auf den inzwischen weit verbreiteten Schreibstandard Mount Rainier.

Beherrscht der Writer Mount Rainier mit InCD?

Wollen Sie Mount Rainier nutzen, muss dieser Schreibstandard von Ihrem Writer in Verbindung mit InCD unterstützt werden. Ob das der Fall ist, erfahren Sie folgendermaßen:

1 Öffnen Sie den Arbeitsplatz. Im Kontextmenü des Writer-Eintrags wählen Sie *Eigenschaften* und wechseln auf die Registerkarte *InCD*.

2 Im Abschnitt *Informationen Laufwerksfähigkeiten* erfahren Sie, ob der Writer das Lesen und Schreiben von Disks im Mount Rainier-Standard (MRW) unterstützt. Mithilfe eines speziellen Treibers kann jedes herkömmliche Laufwerk Scheiben im Mount Rainier-Standard lesen.

3 Unter *Diskstatus* wird bei eingelegtem wieder beschreibbaren Rohling außerdem angezeigt, um welche Scheibe es sich handelt (zum Beispiel *CD-RW High-Speed*).

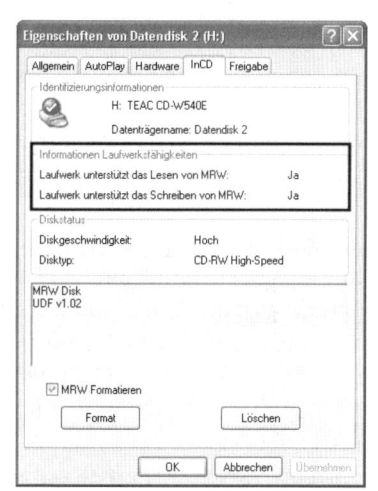

Probleme beim Brennen einer Mount Rainier-Disk?

Selten kommt es bei der Verwendung von Mount Rainier zu Problemen. Entweder bricht die Formatierung ab oder es können keine Daten auf den formatierten Rohling gebrannt werden. Die Ursache dieses Fehlverhaltens liegt häufig in einer in Bezug auf Mount Rainier fehlerhaften Firmware des Brenners. Bei diesem relativ jungen Schreibstandard müssen viele Hersteller noch nachbessern, um den hohen Anforderungen gerecht zu werden. Suchen Sie zunächst nach einem Firmwareupdate für den Brenner und installieren Sie es. Funktioniert das Brennen im

12. Rohlinge mit InCD als mobile Festplatten nutzen

> Mount Rainier-Standard immer noch nicht, deaktivieren Sie ihn probeweise: Auf der Registerkarte *InCD* entfernen Sie das Häkchen unten vor dem Eintrag *MRW Formatieren*. Dadurch wird der Mount Rainier-Schreibstandard beim ausgewählten Writer deaktiviert – das Brennen mit InCD sollte anschließend fehlerfrei durchführbar sein. Nach dem Abschalten von Mount Rainier muss der Rohling neu formatiert werden, was ohne diesen Standard länger dauert!
>
> Das Formatieren im Mount Rainier-Standard kann auch über das Optionsfenster von InCD deaktiviert werden. Dies ist nicht empfehlenswert, weil dadurch Mount Rainier bei allen vorhandenen Brennern ausgeschaltet wird. Mit der oben beschriebenen Anleitung deaktivieren Sie den nützlichen Schreibstandard ausschließlich bei dem Writer, der damit Probleme hat!

Die Besonderheiten von Mount Rainier

Beim Einsatz einer wieder beschreibbaren Disk im EasyWrite-Standard läuft der Großteil der notwendigen Formatierung im Hintergrund ab. Während der Hintergrundformatierung können bereits Daten in den formatierten Bereich des Rohlings gebrannt werden. Der Formatierungsprozess wird dazu vorübergehend angehalten und nach dem Brennen der Daten automatisch fortgeführt.

Fehlermanagement durch den Writer

Eine weitere Neuerung des Mount Rainier-Standards besteht darin, dass es ein verbessertes Fehlermanagement gibt: Jeder Rohling hat defekte Sektoren. Werden diese nicht rechtzeitig erkannt und Daten hineingeschrieben, kommt es zu Datenverlust, weil die in den fehlerhaften Sektor gebrannten Daten nicht korrekt lesbar sind. Durch den Mount Rainier-Standard muss sich das Laufwerk selbst um das Fehlermanagement kümmern, es hängt nicht mehr von der verwendeten Software ab – der Brenner muss bei EasyWrite „intelligenter" sein und die defekten Sektoren ohne Mitwirkung einer Software erkennen, vom Schreiben ausschließen und durch Ersatzsektoren austauschen. Zu Beginn der Formatierung wird daher ein kleiner Teil von der gesamten Rohlingkapazität freigehalten. Dieser Bereich stellt die fehlerfreien Ersatzsektoren „zur Verfügung", die während der Medienverwendung für als defekt erkannte Sektoren „einspringen" müssen – andernfalls würde die Speicherkapazität der Scheibe bei längerem Gebrauch durch die zunehmende Anzahl fehlerhafter Bereiche immer stärker abnehmen.

Aufbau einer CD-RW im Mount Rainier-Standard

Eine wieder beschreibbare Datendisk, die im Mount Rainier-Standard gebrannt wurde (abgekürzt: CD-MRW), ist in einen Lead-In-Bereich, eine Program Area und den Lead-Out-Bereich zum Abschluss der Scheibe unterteilt.

Im Lead-In-Bereich findet sich neben dem Inhaltsverzeichnis der Scheibe eine so genannte **M**ain **T**able **A**rea (MTA) – dort sind alle fehlerhaften Sektoren auf dem Datenträger verzeichnet und deren Ersatzsektoren genau aufgeführt. Eine Kopie der MTA wird zur Sicherheit am Ende der Program Area auf dem Datenträger als **S**econdary **T**able **A**rea (STA) abgelegt. Wenn Sie die im Mount Rainier-Standard formatierte Scheibe auswerfen, wird die MTA mit ihrer Kopie (STA) verglichen und beide werden – falls sie sich unterscheiden – aneinander angepasst.

Die Program Area beginnt mit der so genannten General Application Area, die 2 MByte groß ist. Dieser Bereich ist mit dem strengen ISO 9660-Dateisystem formatiert, das die meisten Betriebssysteme lesen können und als Einziges eine Textdatei enthält. Diese wird nur sichtbar, wenn das jeweilige System die CD-RW nicht im Mount Rainier-Standard lesen kann – der benötigte Lesetreiber im System fehlt. Die Datei weist darauf hin, dass eine CD im Mount Rainier-Standard eingelegt wurde und das Format vom verwendeten Betriebssystem nicht unterstützt wird. Einige Hersteller legen in der General Application Area zusätzlich eine Treibersoftware zum Lesen von CDs im EasyWrite-Format ab. Nach deren Installation kann auf die Daten der Scheibe zugegriffen werden. Nach der General Application Area folgt der Speicherbereich für die eigentlichen Nutzdaten: In diesem Bereich wechseln sich die **S**pare **A**reas (SA), welche die Ersatzsektoren enthalten, und die Data Areas, die die zu sichernden Nutzdaten aufnehmen, ab.

Beim Schreiben mit InCD werden die Daten in 64 KByte großen Blöcken (Packets) auf den Rohling befördert – daher auch der Name Packet Writing. Im Bereich der Spare Areas und der Data Areas werden für jeweils 144 Packets für das Fehlermanagement acht Packets (dienen als Ersatzsektoren) reserviert. Den Abschluss der Program Area bildet die so genannte STA (Kopie der MTA). Der Rohling wird durch den Lead-Out-Bereich abgeschlossen, der selbst keine Daten enthält, sondern nur das Ende des Rohlings markiert.

Wie viel Daten passen auf eine Disk im Mount Rainier-Standard?

Durch die Reservierung freier Sektoren für den Austausch von defekten Bereichen schrumpft die Rohlingkapazität gewaltig: Auf eine 650 MByte große CD-RW passen nur ca. 500 MByte Nutzdaten. Setzen Sie eine 700 MByte große Scheibe ein, können Sie 540 MByte Nutzdaten im EasyWrite-Format darauf brennen. Die aktuelle Rohlingkapazität erfahren Sie folgendermaßen:

1   Öffnen Sie den *Arbeitsplatz*. Im Kontextmenü des Brenners, der den zu prüfenden Rohling enthält, wählen Sie *Eigenschaften*.

2   Auf der Registerkarte *Allgemein* wird die zur Verfügung stehende Kapazität hinter *Freier Speicher* angezeigt.

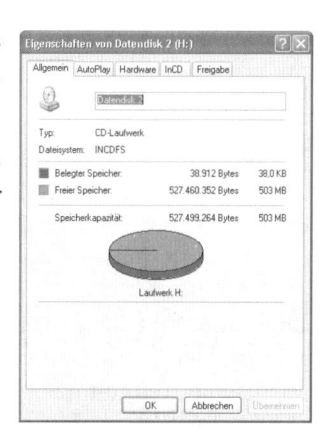

12. Rohlinge mit InCD als mobile Festplatten nutzen

Durch die Reservierung fehlerfreier Sektoren kann die CD-RW länger im Einsatz bleiben, ohne dass Datenverlust entstehen kann, da fehlerhafte Bereiche (zum Beispiel durch mechanische Beschädigung – einen Kratzer – entstanden) durch Ersatzsektoren ausgetauscht werden.

Rohlingkapazität schrumpft stets bei InCD!

Selbst wenn Sie Mount Rainier nicht nutzen, geht bei der Datensicherung mit InCD relativ viel Speicherplatz auf der Scheibe verloren. Dies hat seine Ursache im Packet Writing-Verfahren, indem das Medium gebrannt wird. Beim notwendigen Formatieren werden bei feststehender Paketgröße (Fixed Packet Writing) 64 KByte große Blöcke auf dem Rohling erzeugt, pro Block werden 14 KByte für Verwaltungsdaten reserviert. Auf einen 650 MByte großen Rohling passen insgesamt 8.333 Blöcke. Da pro Block 14 KByte für Verwaltungsdaten reserviert werden, schrumpft die Rohlingkapazität von 650 MByte auf ca. 530 MByte für die eigentlichen Nutzdaten – ca. 120 MByte „verschlucken" die Verwaltungsdaten! Auf eine CD-RW mit 700 MByte Speicherplatz passen nur ca. 573 MByte – ca. 33 MByte mehr Daten, als bei einer gleich großen Scheibe im Mount Rainier-Format. Dies liegt daran, dass das Fehlermanagement unter Mount Rainier sehr umfangreich ist und einige freie Sektoren zum Austausch für fehlerhafte Bereiche reserviert werden.

Mount Rainier in der Praxis

So viele Vorzüge Mount Rainier hat, die Technik ist noch nicht vollständig ausgereift: Viele moderne Brenner, die angeblich Mount Rainier (bzw. EasyWrite) beherrschen, scheitern an den hohen Ansprüchen des neuen Schreibstandards. Philips entwarf die Mount Rainier Validation Suite, um zu prüfen, ob die Laufwerke wirklich alle Anforderungen korrekt unterstützen.

Fehlerhafte Firmware in Bezug auf Mount Rainier!

Viele Brenner scheitern bei diesem Testlauf kläglich – sie unterstützen entweder nicht alle Mount Rainier-Features oder einige Eigenschaften noch nicht fehlerfrei. Das wird sich mit der Zeit geben, sodass Mount Rainier eine sinnvolle und gute Weiterentwicklung auf dem Schreibsektor darstellt. Gerade bei Writern mit Mount Rainier-Standard ist daher ein regelmäßiges Firmwareupdate Pflicht, weil die Brennerhersteller im Laufe der Zeit viele Verbesserungen bzw. Fehlerkorrekturen in Bezug auf den neuen Schreibstandard durchführen. Häufig werden neue Geräte auf den Markt geworfen, die den modernen Schreibstandard fehlerhaft beherrschen – ein nachgereichtes Firmwareupdate behebt meistens diese Schwächen.

Eine im Mount Rainier-Standard gebrannte Datendisk lässt sich zurzeit in herkömmlichen Laufwerken nur mithilfe eines speziellen Treibers lesen (Näheres dazu siehe „Gebrannte Scheiben lesen"). Der Windows XP-Nachfolger Longhorn wird laut Microsoft Mount Rainier unterstützen, sodass separate Treiber nicht mehr notwendig sind.

Mount Rainier durch Firmwareupdate nachrüsten!

Bei einigen älteren Brennern (zum Beispiel dem PlexWriter 40/12/40 von Plextor), die Mount Rainier bei der Auslieferung nicht beherrschen, wird mit einem Firmwareupdate das neue Schreibformat erst nachträglich aktiviert.

12.4 InCD im Praxiseinsatz

Nachdem Sie den Rohling erfolgreich mit InCD formatiert haben, steht der Datensicherung nichts mehr im Wege. In diesem Abschnitt erfahren Sie, wie man mit InCD schnell und einfach im Alltag wichtige Daten sichert und das Programm professionell nutzt.

Statusanzeigen von InCD im Überblick

Das InCD-Symbol in der Taskleiste zeigt Ihnen jeweils den Status des Programms mit verschiedenen Symbolen an. Damit die Statusanzeige per Trayicon fehlerfrei funktioniert, muss die Autostart-Funktion des Systems aktiviert sein. Es folgt ein Überblick über die vier wichtigsten Symbole und deren Bedeutung:

Das gelbe Standardsymbol bedeutet, dass kein Medium im Brenner vorhanden ist und InCD nicht genutzt werden kann. Das Symbol fordert Sie auf, für die Datensicherung mit InCD einen wieder beschreibbaren Rohling einzulegen.

Erscheint ein Laufwerksymbol mit einem grünen Kreis darüber, in dem sich ein weißes Häkchen befindet, ist InCD für die Datensicherung bereit. Das Symbol signalisiert Ihnen, dass InCD den eingelegten, bereits mit InCD formatierten Rohling erkannt hat und zum Schreiben neuer Daten bereit ist. Man spricht in der Fachsprache davon, dass InCD die Disk „gemounted" hat. InCD verhindert dabei Zugriffe von anderen Programmen auf das entsprechende Laufwerk, um ein problemloses Schreiben zu ermöglichen. Ist ein Rohling von InCD gemounted, können Sie noch nicht einmal mit Nero eine Disk brennen – Sie müssen zuerst den Rohling auswerfen, damit InCD das Laufwerk freigibt und Nero darauf zugreifen kann. Denken Sie daran: InCD kann nur Silberlinge mounten, die bereits mit dem Programm formatiert wurden!

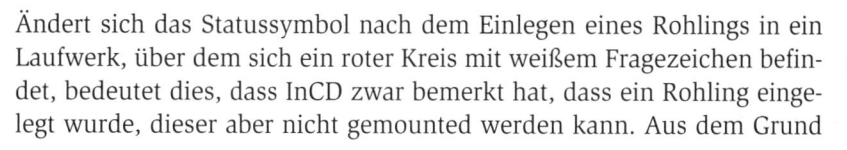

Ändert sich das Statussymbol nach dem Einlegen eines Rohlings in ein Laufwerk, über dem sich ein roter Kreis mit weißem Fragezeichen befindet, bedeutet dies, dass InCD zwar bemerkt hat, dass ein Rohling eingelegt wurde, dieser aber nicht gemounted werden kann. Aus dem Grund ist es nicht möglich, Daten auf die Scheibe zu brennen, da sie nicht bereit ist. Meistens liegt dies entweder an einem defekten Medium, einem noch nicht formatierten Rohling oder an einer fehlerhaften Formatierung. Führen Sie den Formatierungsprozess (erneut) durch bzw. verwenden Sie einen anderen Rohling!

Erscheint als Statussymbol ein rundes Symbol mit einem roten „X", bedeutet das, dass sich ein Medium im Laufwerk befindet, mit dem InCD nichts anfangen kann. Das Symbol taucht beispielsweise auf, wenn Sie einen einmal beschreibbaren Rohling oder eine gepresste CD/DVD einlelegen.

Ganz selten erscheint ein weiteres Symbol: Es zeigt ein Laufwerk mit einem gelben Kreis darüber, in dem sich ein weißes Ausrufezeichen befindet. Dieses Symbol signalisiert, dass auf das eingelegte Medium nur lesend zugegriffen werden kann – das Schreiben von Daten ist nicht möglich!

> **Statussymbole von InCD zu klein?**
> Können Sie die kleinen Symbole rechts unten in der Taskleiste nicht genau erkennen, erfahren Sie den Programmstatus folgendermaßen: Öffnen Sie den Arbeitsplatz und wählen Sie im Kontextmenü des Writers *Eigenschaften*. Auf der Registerkarte *InCD* erscheint das jeweilige Symbol wesentlich größer unter *Identifizierungsinformationen*.

Systemstabilität beim Brennen testen

Bevor Sie InCD für die tägliche Sicherung wichtiger Daten einsetzen, sollten Sie die Systemstabilität bei der Verwendung des Programms testen und eventuell auftretende Probleme beseitigen. Ohne einen Stabilitätstest ist das Brennen von wichtigen Daten mit InCD zu „gefährlich", da Sie nicht wissen, ob die Datensicherung wirklich fehlerfrei abläuft ...

1 Legen Sie einen formatierten Rohling in den Writer, kontrollieren Sie anhand des Statussymbols, ob InCD für das Brennen von Daten bereit ist und rufen Sie über *(Alle) Programme/Zubehör* den Windows-Explorer auf.

2 Suchen Sie einen Ordner, der ca. 100 MByte Daten enthält und ziehen Sie ihn per Drag & Drop auf den Laufwerkeintrag des Brenners. Der Schreibvorgang startet und Sie werden stets über den Fortschritt auf dem Laufenden gehalten. Der Ordner sollte keine geöffneten Dokumente enthalten – das kann zu Schreibabbrüchen führen.

3 Nach Abschluss des Brennvorgangs öffnen Sie den Laufwerkinhalt und kontrollieren, ob die Daten fehlerfrei gelesen werden. Öffnen Sie zum Beispiel ein auf den Rohling geschriebenes Word-Dokument oder eine Grafikdatei. Wenn die Dateien gelesen werden können, hat die Datensicherung perfekt funktioniert. Markieren Sie alle Daten auf dem Medium und wählen Sie im Kontextmenü *Löschen*, um die Dateien des Stabilitätstests wieder restlos vom Rohling zu beseitigen. InCD steht Ihnen ab sofort zur täglichen Datensicherung zur Verfügung!

Systemabstürze beim Schreiben mit InCD?

Die Verwendung von InCD ist besonders auf Betriebssystemen, die schon lange im Einsatz sind und mit vielen Treibern verschiedener Programme „vollgestopft" wurden, eine relativ kitzlige Angelegenheit: Es kann zu Inkompatibilitäten zwischen den Systemtreibern von InCD und bereits im System vorhandenen Treibern kommen. Unter Umständen stürzt das System während des Schreibvorgangs aufgrund der Treiberinkompatibilitäten mit einem Bluescreen ab bzw. die Datensicherung funktioniert überhaupt nicht. Wenn Sie Probleme mit InCD haben, beseitigen Sie diese mithilfe folgender Lösungsvorschläge:

- Versuchen Sie die Datensicherung mit einem anderen Rohling. Gerade billige wieder beschreibbare Scheiben sind häufig fehlerhaft, sodass der Schreibvorgang scheitert. Setzen Sie am besten qualitativ hochwertige Markenrohlinge für die Datensicherung mit InCD ein!

- Ist die Autostart-Funktion im Betriebssystem aktiviert? Schalten Sie diese für einen fehlerfreien Betrieb von InCD unbedingt ein.

- Wurde die vorher auf dem Rechner installierte alte UDF-Software komplett entfernt und danach die Registry gereinigt? Falls nicht, holen Sie dies bitte nach!

- Gibt es im Internet ein Update für InCD? Sie sollten InCD stets auf dem aktuellsten Stand halten. Häufig werden auftretende Fehlfunktionen durch eine aktualisierte Programmversion behoben – dies gilt gerade für Packet Writing-Programme.

- Deinstallieren Sie eventuell vorhandene virtuelle Laufwerke, da InCD 4 mit solchen (noch) nicht zurechtkommt und es zu Systeminstabilitäten kommt.

- Aktualisieren Sie die Firmware Ihres Brenners. Manchmal liegen die Brennprobleme mit InCD an der fehlerhaften Steuerung des Writers, die ein Firmwareupdate behebt. Das gilt besonders bei der Verwendung des noch jungen Schreibstandards Mount Rainier.

- Nutzen Sie neben Nero andere Brennprogramme? Deinstallieren Sie diese probeweise restlos (anschließende Registry-Säuberung nicht vergessen). Versuchen Sie die Datensicherung mit InCD erneut. Funktioniert das Programm jetzt perfekt, liegen Ihre Probleme an Programmstreitigkeiten zwischen der UDF-Sofwtare InCD und einem „fremden" Brennprogramm. Sie müssen entweder auf die Installation dieser Software verzichten oder die Datensicherung statt über InCD mit Nero durchführen.

- Deaktivieren Sie versuchsweise die Brennfunktion von Windows XP. Unter Umständen kommt sie der Datensicherung mit InCD in die Quere, was zu Instabilitäten und Schreibabbrüchen führt.

Haben alle Lösungsvorschläge nicht geholfen, müssen Sie auf die Datensicherung mit InCD verzichten. Als Alternative bietet sich eine Multisession-Datendisk mit Nero an.

„Senden an"-Menü mit einem InCD-Eintrag erweitern

Für die möglichst komfortable Datensicherung sollten Sie das *Senden an*-Menü mit einem InCD-Eintrag erweitern, um einzelne Dateien über das Kontextmenü wie bei einer Diskette auf CD/DVD zu brennen.

Während die Vorgängerversion InCD 3.5 einen solchen Eintrag bei der Installation automatisch anlegte, ist dies bei InCD 4.0 nicht der Fall: Hier müssen Sie manuell eingreifen und den Eintrag selbst erzeugen. Unter Windows XP gehen Sie folgendermaßen vor:

1 Öffnen Sie den Windows-Explorer, wählen Sie *Extras/Ordneroptionen* und wechseln Sie auf die Registerkarte *Ansicht*.

2 Deaktivieren Sie die Option *Geschützte Systemdateien ausblenden* und markieren Sie unter *Versteckte Dateien und Ordner* den Eintrag *Alle Dateien und Ordner anzeigen*. Dieser Schritt ist notwendig, da Windows XP einige Ordner aus Sicherheitsgründen „versteckt" – eine Bearbeitung des *Senden an*-Menüs nicht möglich ist ...

3 Manövrieren Sie sich jetzt in folgenden (sichtbar gewordenen) Ordner: *C:\Dokumente und Einstellungen\Benutzername\Send to*. Anmerkungen für die Pfadangabe: Windows XP wurde im Beispiel auf der Festplatte *C:* installiert. Statt *Benutzername* steht der Name, mit dem Sie sich bei Windows XP angemeldet haben.

4 Führen Sie in der rechten Fensterhälfte einen Rechtsklick auf einer freien Stelle aus und wählen Sie *Neu/Verknüpfung*.

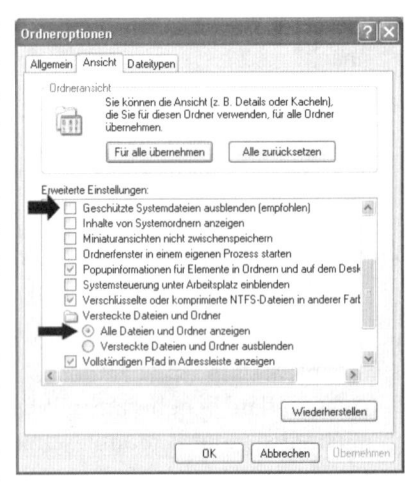

InCD im Praxiseinsatz

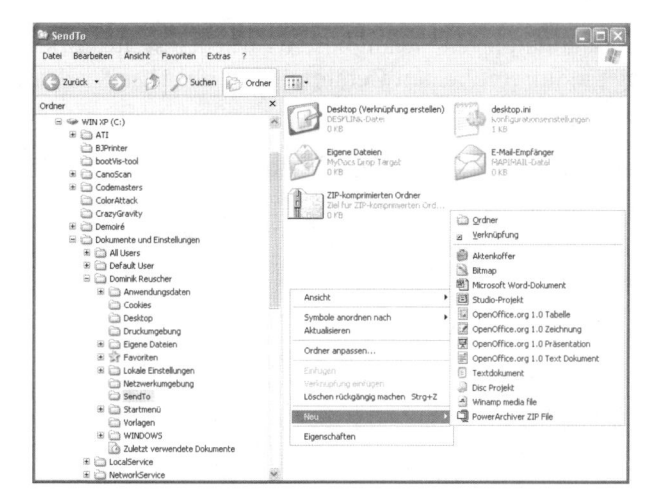

5 Im erscheinenden Fenster klicken Sie auf *Durchsuchen*, um das Verknüpfungsziel auszusuchen.

6 Markieren Sie den Eintrag Ihres CD/DVD-Brenners, den Sie zur Datensicherung mit InCD nutzen und klicken Sie auf *OK*. Bei der Auswahl müssen Sie sich an den Laufwerkbuchstaben orientieren, damit Sie den richtigen Eintrag erwischen. Welcher Buchstabe dem Brenner zugeteilt wurde, erfahren Sie beispielsweise mit dem Nero InfoTool auf der Registerkarte *Drive* neben dem Gerätenamen.

7 Zum Abschluss geben Sie einen aussagekräftigen Namen für die zu erstellende Verknüpfung ein (entspricht dem Eintrag im *Senden an*-Menü) und klicken auf *Fertig stellen*. Sie haben das *Senden an*-Menü um einen Eintrag für die Datensicherung mit InCD erweitert. Über das Kontextmenü können Sie die Dateien ab sofort bequem auf CD/DVD brennen.

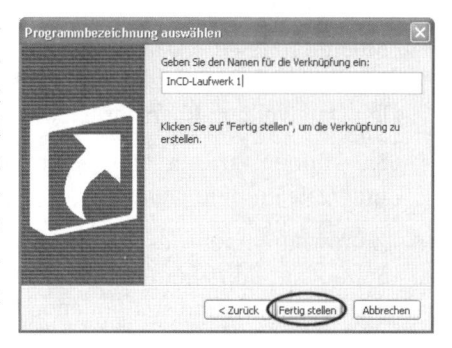

12. Rohlinge mit InCD als mobile Festplatten nutzen

8 Besitzen Sie mehrere Brenner, legen Sie am besten für jeden Writer einen separaten Menüeintrag an, um mit beiden Geräten Daten über das *Senden an*-Menü zu sichern ...

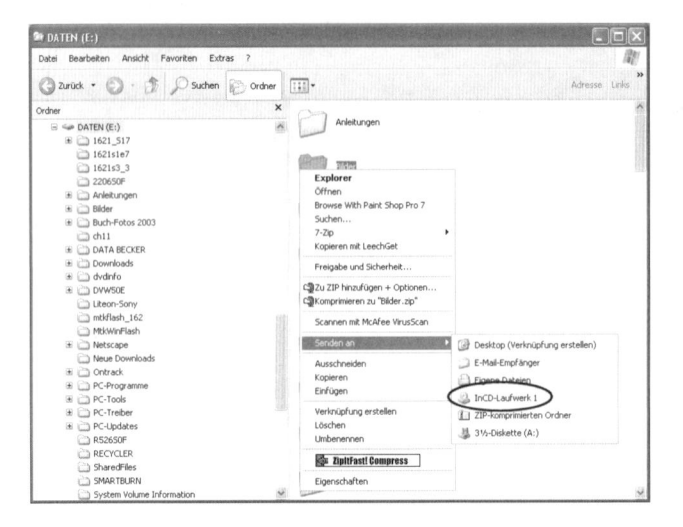

Tipps für die professionelle Datensicherung

Das Handling einer mit InCD formatierten Disk unterscheidet sich von der Handhabung der Datensicherung durch eine altmodische Diskette nicht:

- Wollen Sie mehrere Daten gleichzeitig sichern, markieren Sie zunächst bei gedrückter [Strg]-Taste alle zu brennenden Dateien und ziehen sie per Drag & Drop auf den Laufwerkeintrag des Brenners, der die formatierte Scheibe enthält. Die Daten werden daraufhin auf den Rohling gebrannt.

- Eine einzelne Datei sichern Sie am schnellsten über den manuell erzeugten Laufwerkeintrag im *Senden an*-Menü. Dieses Untermenü befindet sich im Kontextmenü der zu brennenden Datei.

- Bereits gebrannte Dateien löschen Sie über das Kontextmenü der entsprechenden Datei. Durch das Löschen wird wieder zusätzlicher Speicherplatz auf dem Medium frei.

- Möchten Sie eine Datei auf den Rohling brennen, die bereits auf dem Medium vorhanden ist, werden Sie gefragt, ob die gebrannte Datei mit der aktuellen Dateiversion überschrieben werden soll.

- Sie können zur besseren Übersicht auf dem Rohling neue Ordner anlegen und Dateien umbenennen.

- Zum Entnehmen des Rohlings drücken Sie die Eject-Taste am Writer. Die Schublade fährt heraus und der Rohling kann entnommen werden. Wurde die im Hintergrund stattfindende Formatierung bei einer CD-MRW bzw. DVD+MRW noch nicht zu Ende gebracht, taucht vor dem Auswerfen des Mediums eine Meldung auf, dass noch Daten auf den Rohling gebrannt werden. Dies ist notwendig, um die Rohlingformatierung später fortzusetzen. Nach Abschluss des Vorgangs (dauert ca. 60 Sekunden) öffnet sich die Laufwerklade.

Keine geöffneten Dokumente sichern!

Das Sichern von geöffneten Dateien und Dokumenten auf einen Rohling über den Windows-Explorer kann zu Schreibabbrüchen führen, da die Anwendung, mit der das Dokument geöffnet wurde, einen weiteren Zugriff auf die Datei „verbietet". Sie sollten es sich daher zur Angewohnheit machen, alle zu brennenden Dateien und Dokumente vor dem Schreibvorgang zu schließen.

Dateien direkt aus Anwendungen auf CD/DVD brennen!

Durch die ständig im System aktiven und bei jedem Start automatisch geladenen Treiber von InCD zur Ansteuerung des Brenners ist es möglich, geöffnete Dateien und Dokumente direkt aus Anwendungen auf eine Scheibe zu brennen – der Umweg über den Windows-Explorer entfällt. Sie können beispielsweise ein Word-Dokument direkt aus dem Textverarbeitungsprogramm auf eine mit InCD formatierte Scheibe brennen. Voraussetzung: Das Medium befindet sich im Brenner und wurde von InCD gemounted!

1 Wählen Sie im Anwendungsprogramm *Datei/Speichern unter*.

2 Als Speicherort stellen Sie den Brenner ein, der die formatierte Scheibe enthält, vergeben einen aussagekräftigen Namen und klicken auf *Speichern*, um die Datei auf den Rohling zu brennen. Schneller geht die wichtige Datensicherung wirklich nicht ...

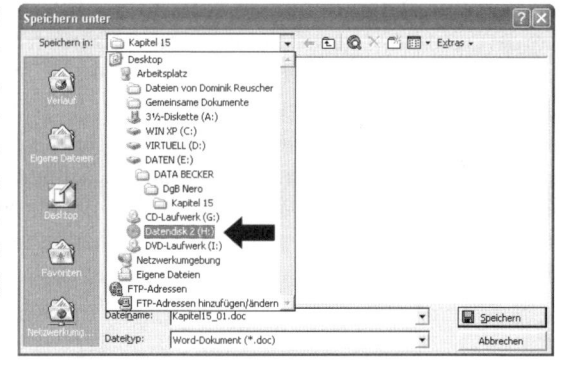

Packet Writing durchleuchtet

Programme wie InCD werden in der Fachsprache als UDF-Software bzw. Packet Writing-Software bezeichnet. Während der erste Begriff sich auf das beim Brennen mit InCD verwendete UDF-Dateisystem zurückführen lässt, bezeichnet Packet Writing die genaue Schreibmethode.

Beim Brennen werden die zu sichernden Dateien in kleinen Paketen auf den Rohling befördert. Beim Schreiben ist ein Buffer Underrun-Schutz unnötig, da nur kleine Datenblöcke gebrannt werden, die die meisten PCs schnell genug liefern. Sollte trotzdem ein Pufferleerlauf im Brenner auftreten, ist das nicht schlimm: Vor der Weiterführung des Schreibvorgangs werden nur einige Verbindungsdaten zwischen den vor dem Stopp des Brennvorgangs geschriebenen Daten und den neu zu brennenden Dateien auf den Rohling gebrannt. Der Buffer Underrun-Schutz des Writers muss nicht aktiv werden! Es gibt zwei verschiedene Varianten des Packet Writing-Verfahrens: *Variable Packet Writing* und *Fixed Packet Writing*. InCD beherrscht nur Fixed Packet Writing, weshalb Sie ausschließlich wieder beschreibbare Rohlinge zur Datensicherung einsetzen können.

Variable Packet Writing

Dieses Verfahren wird ausschließlich bei einmal beschreibbaren Medien angewendet. Hierbei wird die Paketgröße an die Größe des zu schreibenden Datenpakets angepasst. Würde man einen wieder beschreibbaren Rohling mit dieser Methode brennen, hätte das einen gravierenden Nachteil: Durch die unterschiedlich großen Datenpakete ist das Löschen von Dateien mit der gleichzeitigen Zurückgewinnung von dadurch frei werdendem Speicherplatz nicht möglich, da auf dem Rohling gelöschte Dateien aufgrund der variablen Paketgrößen nicht mit neuen Daten überschrieben werden können.

Fixed Packet Writing

Fixed Packet Writing wird beim Brennen von wieder beschreibbaren Medien eingesetzt: Die Daten werden in einer festen (fixen) Paketgröße auf den Rohling befördert. Damit ist gewährleistet, dass der durch gelöschte Dateien frei gewordene Speicherplatz wieder vollständig mit neuen Dateien überschrieben werden kann. Der Nachteil liegt in dem Aufwand an Verwaltungsinformationen, die das physikalische Löschen auf dem Datenträger ermöglichen. Diese verschlingen einen großen Teil der Speicherkapazität des Mediums. Erst durch das UDF-Dateisystem ist das Löschen von Dateien und das Wiederverwenden des frei gewordenen Speicherplatzes möglich geworden, da es erlaubt, eine Datei fragmentiert (in mehreren Teilstücken) auf dem Rohling abzulegen.

12.5 InCD-Rohlinge clever löschen

Wenn die wieder beschreibbare Scheibe voll ist und Sie diese für neue Aufgaben nutzen möchten, stellt sich die Frage, wie die Daten am schnellsten gelöscht werden. Die Löschmethode hängt von der Weiterverwendung des Rohlings ab. Nehmen Sie die falsche Option, kann dies äußerst zeitaufwendig sein ...

Rohlinge für die Weiterverwendung mit InCD löschen

Wollen Sie die wieder beschreibbare Scheibe nach dem Löschen des Inhalts erneut für die Datensicherungen mit InCD nutzen, beseitigen Sie alle Daten am komfortabelsten über die Schnellformatierung des Programms: Hierbei wird nur die Inhaltstabelle des Rohlings gelöscht, sodass dem System ein leerer Datenträger „vorgegaukelt" wird – die eigentlichen Daten werden erst beim Brennen neuer Dateien physikalisch auf dem Medium gelöscht. Vorteil dieser Methode: In kürzester Zeit besitzen Sie einen leeren Rohling für die Verwendung mit InCD. Eine langwierige Formatierung – wie beim ersten Einsatz des Rohlings unter InCD – ist nicht nötig, weil das Format der Scheibe bei der Schnellformatierung nicht verändert wird.

Bedenken Sie: Nach der Schnellformatierung kann auf die Daten des Rohlings aufgrund der gelöschten Inhaltstabelle nicht mehr zugegriffen werden – auch wenn diese physikalisch auf dem Medium noch vorhanden sind. Führen Sie die beschriebene Aktion nur durch, wenn Sie sicher sind, dass die Daten der Scheibe nicht mehr benötigt werden!

1 Legen Sie den zu löschenden Rohling in den Writer und öffnen Sie den Arbeitsplatz. Im Kontextmenü des Laufwerks wählen Sie *InCD Format*.

2 Im erscheinenden Formatierungsfenster aktivieren Sie die Option *Schnellformatieren*, tippen einen neuen Rohlingnamen ein und starten die Löschaktion. Nach kurzer Zeit halten Sie einen „leeren" Silberling in Händen, den Sie wieder für die tägliche Datensicherung mit InCD verwenden können.

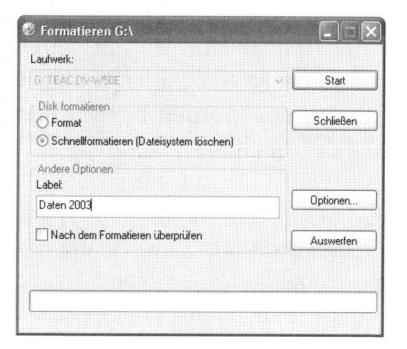

Probleme nach der Schnellformatierung?

Bei qualitativ minderwertigen bzw. häufig gebrauchten Rohlingen kommt es vor, dass es nach der Schnellformatierung zu Problemen kommt: Entweder bricht das Brennen neuer Daten mit einer Fehlermeldung ab oder die geschriebenen Daten sind nicht lesbar! In dem Fall befinden sich wahrscheinlich fehlerhafte Bereiche auf dem Medium: Führen Sie eine komplette Formatierung durch (keine Schnellformatierung) und aktivieren Sie zusätzlich im Formatierungsfenster die Option *Nach dem Formatieren überprüfen*, um den Rohling auf Fehler zu prüfen. Sollte anschließend keine Besserung eintreten, ist der wieder beschreibbare Silberling defekt!

Rohlinge für andere Brennaufgaben löschen

Sie wollen einen mit InCD beschriebenen Rohling löschen und ihn anschließend für andere Brennaufgaben (beispielsweise mit Nero) nutzen? Das Löschen der wieder beschreibbaren Scheibe muss mit InCD erfolgen, da beim Einlegen des Mediums die Scheibe sofort von InCD gemounted wird und der Laufwerkzugriff durch andere Programme (zum Beispiel Nero) verhindert wird. Das Löschen der mit InCD gebrannten Scheibe unter Nero ist nicht möglich!

Die Operationen der folgenden Anleitung führen Sie nur durch, wenn der Rohling nicht mehr für die Datensicherung mit InCD genutzt wird. Löschen Sie das Medium auf die beschriebene Weise, wird auch das mit InCD erzeugte Format des Rohlings unbrauchbar. Setzen Sie die Scheibe zu einem späteren Zeitpunkt wieder unter InCD ein, muss die Rohlingformatierung erneut durchgeführt werden – eine Schnellformatierung ist nicht möglich!

1 Legen Sie den zu löschenden Rohling in den Writer ein, öffnen Sie den Arbeitsplatz und wählen Sie im Kontextmenü des Brenners den Eintrag *InCD löschen*.

2 Im erscheinenden Fenster bietet Ihnen InCD zwei verschiedene Löschmethoden an: *Löschen* bzw. *Schnelllöschen*. Während beim Löschen der komplette Diskinhalt physikalisch gelöscht wird, indem alle Daten mit lauter Nullen überschrieben werden, werden beim Schnelllöschen nur das Inhaltsverzeichnis und die Informationen über die Formatierung der Scheibe vernichtet – dem System dadurch ein leerer Rohling „vorgegaukelt". Die auf der Scheibe vorhandenen Daten werden erst beim nächsten Brennvorgang mit Nero überschrieben. In der Regel ist *Schnelllöschen* die richtige Wahl, da der Löschvorgang innerhalb kürzester Zeit abgeschlossen ist. Wollen Sie dagegen aus Sicherheitsgründen den kompletten Diskinhalt löschen, aktivieren Sie *Löschen*.

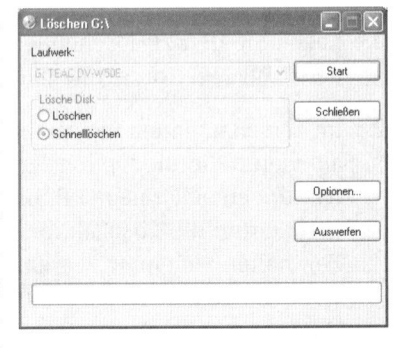

Bei beiden Löschaktionen werden alle Daten auf dem Rohling unbrauchbar – führen Sie diese nur bei Medien durch, deren Daten Sie mit Sicherheit nicht mehr benötigen!

Nach Abschluss des Löschvorgangs können Sie die wieder beschreibbare Scheibe mit Nero brennen, da InCD den Rohling aufgrund der durch den Löschvorgang unbrauchbar gewordenen Formatierung nicht mehr mounten kann. Soll das Medium später wieder mit InCD genutzt werden, muss es vorher erneut mit der UDF-Software formatiert werden.

12.6 Gebrannte Scheiben lesen

Mit InCD gebrannte Rohlinge sind in jedem etwas moderneren Laufwerk lesbar, wenn InCD auf dem Rechner installiert ist. Bei der Installation von InCD wird automatisch ein geeigneter Lesetreiber eingerichtet. Für den Datenaustausch mit anderen Windows-Systemen, auf denen InCD nicht vorhanden ist, wird ein spezieller Lesetreiber benötigt, den Sie kostenlos von Ahead erhalten.

> **Mehrere UDF-Lesetreiber installieren?**
> Es ist im Gegensatz zu den Schreibtreibern der Packet Writing-Software gefahrlos möglich, mehrere Lesetreiber von verschiedenen UDF-Pogrammen auf einem System zu installieren, ohne dass es instabil wird. Haben Sie zum Beispiel vor InCD mit dem Konkurrenzprodukt DirectCD gearbeitet, installieren Sie neben dem UDF-Reader für DirectCD auch den Lesetreiber für die mit InCD erstellten Medien.

Kann das Laufwerk die gebrannten InCD-Rohlinge lesen?

Die mit InCD gebrannten Scheiben lassen sich neben den Brennern nur in Lesegeräten benutzen, die den MultiRead-Standard beherrschen. MultiRead ist ein von der OSTA festgelegter Standard für CD-ROM/DVD-ROM-Laufwerke. Er besagt, dass das entsprechende Gerät sowohl gepresste CDs als auch gebrannte CD-Rs und CD-RWs lesen kann. Zusätzlich muss das Laufwerk mit Scheiben zurechtkommen, die entweder im Variable Packet Writing oder im Fixed Packet Writing gebrannt wurden. Alle modernen Geräte unterstützen diesen Standard fehlerfrei.

Bedenken Sie bitte, dass viele aktuelle DVD-ROM-Laufwerke nach wie vor große Probleme beim Lesen von wieder beschreibbaren DVD-Rohlingen haben. CD-RWs werden dagegen von jedem etwas moderneren Laufwerk fehlerfrei gelesen. Kann auf den gebrannten DVD-Rohling trotz installiertem InCD bzw. eingerichtetem Lesetreiber nicht zugegriffen werden, suchen Sie nach einem Firmwareupdate für Ihr DVD-ROM-Laufwerk. Häufig wird durch die Firmwareaktualisierung das Lesen von gebrannten DVDs ermöglicht.

Besonderheit: Gebrannte DVD-Rohlinge

Unter welchen Voraussetzungen sind InCD-Rohlinge lesbar?

Wollen Sie die gebrannte InCD-Scheibe unter Windows-Systemen nutzen, müssen dafür einige Vorbereitungen getroffen werden:

- Unter *Windows 98/ME/2000/XP*, auf dem InCD nicht installiert ist, benötigen Sie einen speziellen Lesetreiber (von Ahead auch Remapper genannt), um

12. Rohlinge mit InCD als mobile Festplatten nutzen

auf die Daten eines mit InCD gebrannten CD-Rohlings zuzugreifen. Hierbei kann es sich um eine CD im Mount Rainier-Standard handeln oder nicht. Das Lesen gebrannter DVD-RWs bzw. DVD+RWs ist nur möglich, wenn InCD auf dem System installiert ist – der Lesetreiber reicht hierfür nicht aus.

- Bei den alten Betriebssystemen *Windows 95/NT* benötigen Sie zum Lesen einer CD-MRW bzw. DVD+MRW neben dem Lesetreiber zusätzlich InCD, um an die Daten einer Mount Rainier-Disk zu gelangen. Ausschließlich CD-Rohlinge, die nicht im Mount Rainier-Format gebrannt wurden, sind allein mithilfe des Lesetreibers nutzbar.

Notwendigen Lesetreiber installieren

1 Legen Sie einen mit InCD beschriebenen Rohling unter einem modernen Betriebssystem ein, auf dem weder InCD noch ein geeigneter Lesetreiber (von Ahead EasyWrite Reader genannt) vorhanden ist, startet bei eingeschalteter Autostart-Funktion der Internetbrowser und zeigt Ihnen folgendes Mitteilungsfenster an:

2 Das Mitteilungsfenster ist je nach verwendeter Brennmethode unterschiedlich: Bei einer Disk im Mount Rainier-Standard haben Sie die Möglichkeit, den notwendigen Lesetreiber direkt über einen Link im Fenster zu installieren (*Sie können ebenso den InCD EasyWriter Reader installieren, indem Sie hier klicken*).

3 Der EasyWrite Reader wird von InCD bei Mount Rainier direkt mit auf die Scheibe gebrannt und ist im Ordner *FILES* zu finden. Sollte auf dem System die Autostart-Funktion nicht aktiviert sein, öffnen Sie den entsprechenden Ordner auf der Scheibe und installieren den Lesetreiber eigenhändig. Nach einem Neustart können Sie auf die eigentlichen Nutzdaten der Scheibe zugreifen.

Gebrannte Scheiben lesen

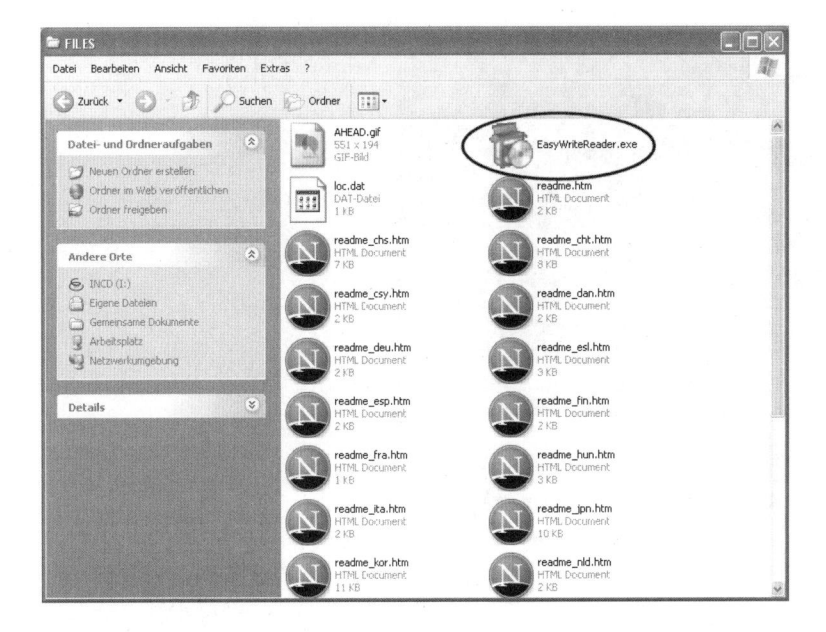

Warum ist die Scheibe doch teilweise lesbar?

Sie werden sich sicherlich wundern, warum Sie auf den Lesetreiber zugreifen können – die eigentlichen Nutzdaten der Scheibe jedoch verborgen bleiben. Auf jedem mit InCD gebrannten Rohling (egal, ob Sie Mount Rainier verwenden oder nicht) wird ein 2 MByte großer Bereich im strengen ISO 9660-Standard angelegt; dieser kann von jedem Betriebssystem ohne speziellen Treiber gelesen werden. In diesem Bereich wird neben der auftauchenden Information auch der EasyWrite Reader abgelegt. Nach dessen Installation können Sie auf die eigentlichen Nutzdaten zugreifen, die im UDF-Standard vorliegen. Der ISO-9660 Abschnitt wird ab sofort versteckt, da er nicht mehr notwendig ist. Er ist nur sichtbar, wenn kein geeigneter Lesetreiber im System vorhanden ist.

Lesetreiber aus dem Internet herunterladen

Bei Rohlingen, die nicht im Mount Rainier-Format gebrannt wurden, nutzen Sie entweder den EasyWrite Reader von der Nero-Installations-CD oder laden die aktuellste Version aus dem Internet herunter. Sie erhalten ihn kostenlos im Downloadbereich von InCD unter *www.nero.com*.

Warum InCD den Lesetreiber nur bei Mount Rainier-Scheiben mit auf den Rohling brennt, bleibt das Geheimnis von Ahead. Vielleicht wird dies mit einem Programmupdate bald geändert. Nach dem Download starten Sie die Installation mit einem Doppelklick. Nach dem Neustart des Systems gelangen Sie an die Nutzdaten der gebrannten InCD-Scheibe.

12. Rohlinge mit InCD als mobile Festplatten nutzen

EasyWriter Reader von der Nero-CD installieren.

EasyWrite Reader auf Datenträger speichern

Es bringt nichts, den EasyWrite Reader auf jede InCD-Scheibe manuell zu brennen. Schließlich können Sie auf den mit Ihren Daten gefüllten Rohlingbereich erst nach der Installation des Lesetreibers zugreifen! Den EasyWrite Reader speichern Sie daher auf einem anderen, nicht mit InCD erstellten Datenträger.

Besonderheit: Mit InCD 1.3 gebrannte Scheiben lesen

Besitzen Sie noch einige Rohlinge, die Sie mit der alten InCD-Version 1.3 gebrannt haben, werden Sie schnell feststellen, dass sich diese Medien mit InCD 4 bzw. dem aktuellen Lesetreiber nicht nutzen lassen – die Daten sind nicht lesbar. Alte mit InCD 1.3 geschriebene Scheiben sind inkompatibel zu dem neuen InCD 4. Benötigen Sie die Daten der alten Medien dringend, hilft folgender Trick: Deinstallieren Sie die neue InCD-Version und richten Sie das alte InCD 1.3 erneut ein, um auf die Daten der alten Scheiben zuzugreifen. Kopieren Sie jetzt den Inhalt der alten Rohlinge auf die Festplatte und deinstallieren Sie anschließend InCD 1.3 wieder. Die auf der Festplatte abgelegten Dateien brennen Sie entweder mit Nero oder InCD 4 auf eine neue Scheibe, um diese ab sofort problemlos lesen zu können.

13. Abspielprobleme von CDs/DVDs lösen

Es ist sehr ärgerlich, wenn die mit viel Sorgfalt erstellte und gebrannte Disk nicht abspielbar ist. Glücklicherweise gibt es Mittel und Wege, mit denen Sie ein störrisches Laufwerk doch noch dazu „bewegen", die verschmähte Scheibe zu akzeptieren: Führen Sie beispielsweise ein Firmwareupdate durch, optimieren Sie die Brennqualität oder justieren Sie den Laser des Geräts so ein, dass es gebrannte Rohlinge fehlerfrei abspielt. Zum Abschluss des Kapitels zeige ich Ihnen, wie Sie vielen externen DVD-Playern die Wiedergabe gebrannter DVDs „beibringen" und die Kompatibilität von DVD+R/RW-Rohlingen deutlich verbessern.

13.1 Warum ist die gebrannte Scheibe nicht lesbar? 436

13.2 Firmwareupdate gefahrlos durchführen 442

13.3 Brennqualität optimieren 453

13.4 Medienkompatibilität erhöhen 457

13.5 Geheime Tricks: Laser reinigen, einjustieren und DVD-Player umbauen 463

13.6 Welche Medien kann der Player abspielen? 471

13. Abspielprobleme von CDs/DVDs lösen

13.1 Warum ist die gebrannte Scheibe nicht lesbar?

Die gebrannte CD/DVD kann nicht gelesen werden? Bevor Sie versuchen, die Abspielprobleme zu lösen, sollten Sie sich intensiv mit den Gründen für das Scheitern auseinander setzen. Dadurch stellen Sie leichter fest, warum das Abspielen misslingt und wie das Problem beseitigt wird.

Wiedergabeprobleme bei CD-Rohlingen

Gebrannte CD-Rs weisen aufgrund ihrer guten optischen Eigenschaften eine sehr gute Kompatibilität auf. Die Reflexion einer CD-R ist nur etwas schlechter als die einer Original-CD. Deshalb kommt fast jedes etwas modernere interne bzw. externe Laufwerk mit einmal beschreibbaren CD-Rohlingen gut zurecht. Ausnahme bilden einige ältere Hi-Fi-CD-Player bzw. Autoradios mit integriertem CD-Player, die gebrannte Musik-CDs verschmähen. Sollten Sie ein solches Gerät besitzen, hilft es häufig, den Laser für die fehlerfreie Abtastung von gebrannten CDs manuell einzujustieren.

Übergroße Rohlinge können Leseprobleme verursachen!

Weiterhin ist zu beachten, dass manche Geräte wegen der engeren Führungsrille für den Laser keine übergroßen 99-Minuten-Rohlinge lesen, weil die Spurbreite außerhalb der festgelegten Toleranzen liegt! Entweder scheitert die Wiedergabe komplett, weil der Laser nicht auf die verengte Führungsbahn fokussiert werden kann, oder es treten viele Lesefehler auf, die sich beispielsweise bei einer Musik-CD in Störgeräuschen (Knacksen) bemerkbar machen. Sollte Ihr Laufwerk patzen, versuchen Sie, bei einem Hi-Fi-CD-Player zunächst den Laser für das Lesen übergroßer Medien einzujustieren. Hilft das nichts, können Sie ausschließlich 74/80-Minuten-Rohlinge nutzen! Bei einer 80-Minuten-Scheibe bewegt sich die Verengung der Führungsrille innerhalb der festgelegten Toleranzen; daher lesen alle Geräte diese Medien problemlos. Bei einem Laufwerk, das 99-Minuten-Rohlinge zwar liest, aber beim Anspringen der einzelnen Tracks oberhalb von 80 Minuten versagt, hilft eventuell ein Firmwareupdate. Schließlich handelt es sich dabei um ein Steuerungsproblem – die technischen Voraussetzungen für das Lesen eines 99-Minuten-Mediums besitzt das Gerät jedoch. Die Mehrzahl der Laufwerke liest jedoch übergroße 99-Minuten-Rohlinge fehlerfrei.

> **Vorsicht: GigaRec-Funktion des „PlexWriter Premium"**
> Das neue Brennermodell PlexWriter Premium von Plextor besitzt unter anderem eine Funktion namens GigaRec, mit der sich durch Verkürzung der Pits und Lands die Rohlingkapazität um bis zu 40% vergrößern lässt. Die mit GigaRec gebrannten Disks bereiten jedoch einigen Leselaufwerken (besonders älteren Modellen) erhebliche Probleme, da diese mit den kurzen Pits und

> Lands nicht zurechtkommen. Besitzen Sie ein solches Laufwerk, reduzieren Sie entweder die GigaRec Rate, um die Länge der Pits und Lands nicht so stark zu verkürzen, oder verzichten komplett auf dieses Feature – CD-Rohlinge, die ohne GigaRec aufgezeichnet werden, besitzen die größtmögliche Kompatibilität.
>
> Die anderen Spezialfunktionen einiger Brenner für das Erstellen von professionellen Audio-CDs (VariRec bzw. Audio Master Quality Recording) dienen eher der Kompatibilitätsverbesserung bei gebrannten Scheiben. Sollte ein Laufwerk eine Scheibe, die mit VariRec bzw. Audio Master Quality Reccording beschrieben wurde, nicht lesen, verzichten Sie versuchsweise auf diese Spezialfunktionen.

Bei billigen Noname-Rohlingen kann es außerdem sein, dass die Brennqualität sehr schlecht ist, da Writer und Rohling nicht miteinander harmonieren. Eine schlechte Brennqualität macht sich beispielsweise durch Störgeräusche bei einer Audio-CD bzw. starken Rucklern bei einer Videoscheibe bemerkbar. Treten bei Ihnen solche Phänomene auf, prüfen Sie zunächst die Schreibqualität, wie in Kapitel 14 „Qualitätstest, Haltbarkeit, Technik: Rohlinge unter der Lupe" beschrieben. Ist die Schreibqualität sehr schlecht, haben Sie die Ursache der Leseprobleme schon gefunden. Treffen Sie Maßnahmen zur Optimierung des Brennergebnisses (siehe Abschnitt 13.3) und schreiben Sie eine neue Scheibe!

CD-RW: Probleme bei Hi-Fi-CD-Playern und alten DVD-Playern

Die Kompatibilität von gebrannten CD-RWs ist nach wie vor als mittelmäßig zu betrachten: Während jedes etwas modernere PC-Laufwerk wieder beschreibbare CDs liest, scheitert die Wiedergabe in Hi-Fi-CD-Playern bzw. etwas älteren externen DVD-Playern oft. Dies liegt an den schlechten optischen Eigenschaften der CD-RW! Deren Reflexion ist wesentlich schwächer als die einer Original-CD, weshalb viele (besonders ältere) Geräte nicht bemerken, dass ein Silberling eingelegt wurde – es erscheint „NO DISC" im Display. In dem Fall helfen leider keine Tricks: Entweder Sie besorgen sich ein neues Abspielgerät oder Sie verzichten auf den Einsatz von CD-RWs und nutzen ausschließlich einmal beschreibbare CD-Rohlinge! Interne PC-Laufwerke kommen dagegen mit CD-RWs problemlos zurecht. Sollten Sie einen Laufwerk-Oldie besitzen, der Schwierigkeiten beim Lesen von wieder beschreibbaren Medien hat, nutzen Sie den Brenner ausnahmsweise als Lesegerät.

Moderne DVD-Player sind Allround-Genies!

Im Gegensatz zu reinen CD-Playern lesen moderne DVD-Player in der Regel jeden gebrannten CD-Rohling. Aus diesem Grund können Sie für Ihre Video-, Super-Video- bzw. MP3-CD auch eine wieder beschreibbare Scheibe einsetzen oder 99-Minuten-Rohlinge problemlos nutzen!

Achten Sie beim Kauf des DVD-Players unbedingt darauf, dass das Gerät auch gebrannte DVDs abspielen kann – dies ist keine Selbstverständlichkeit. Nehmen Sie am besten sowohl eine gebrannte CD-RW als auch einen gebrannten wieder beschreibbaren DVD-Rohling zum Testen mit. Liest das favorisierte Gerät beide Medien fehlerfrei, kann es auch mit einmal beschreibbaren Scheiben umgehen, da diese eine wesentlich bessere Reflexion besitzen. Weitere Kaufkriterien für den perfekten Allround-Player finden Sie im Abschnitt „Richtige Strategie für den Kauf des DVD-Players" am Ende dieses Kapitels.

Problematisch: Gebrannte DVD-Rohlinge

Wenn sich Ihr externer DVD-Player bzw. das DVD-ROM-Laufwerk im PC weigert, die gebrannte Videoscheibe abzuspielen, gibt es einige Tricks, mit denen Sie trotzdem Ihren Film perfekt wiedergeben können. Bei der Wiedergabe über den PC bietet es sich an, die gebrannte Scheibe mit dem Brenner abzuspielen, da dieser die selbstgebrannte Disk fehlerfrei lesen kann. Das sollten Sie jedoch nur im Notfall tun, denn gerade DVD-Brenner sind sehr teuer und die feine Mechanik des Geräts wird durch das Abspielen unnötigerweise belastet – das Gerät ist schneller defekt.

Das Abspielen einer gebrannten DVD ist nach wie vor ein „Glücksspiel" – besonders mit älteren Geräten. Alle modernen DVD-Player ab Baujahr Ende 2001 sollten technisch in der Lage sein, gebrannte DVDs zu lesen, doch häufig gibt es auch bei relativ neuen Geräten große Probleme: Die gebrannte Video-DVD kann nicht abgespielt werden.

> **Keine Unterschiede zwischen DVD-ROM-Laufwerk und DVD-Player**
> Im Folgenden wird nicht zwischen einem externen DVD-Player und einem internen DVD-Laufwerk für den PC unterschieden, da die Probleme und Lösungsmöglichkeiten identisch sind. Außerdem findet man gerade bei vielen billigen externen DVD-Playern im Inneren ein reines PC-Laufwerk eingebaut.

Schlechte Reflexionseigenschaften

Die Leseschwierigkeiten bei alten DVD-Playern liegen in der deutlich schlechteren Reflexionseigenschaft gebrannter DVDs gegenüber gepressten Scheiben begründet. Besonders schwach sind die Reflexionseigenschaften von wieder beschreibbaren DVDs. Legen Sie eine schlecht reflektierende Scheibe in den Player ein, erkennt dieser das Medium nicht, weil der Laserstrahl nicht stark genug reflektiert wird (die Laserstärke nicht ausreicht) und das Laufwerk keine Rückmeldung erhält – das Gerät bemerkt nicht, dass ein Medium eingelegt wurde, und es erscheint im Display „NO DISC".

Kann der alte DVD-Player keine CD-RWs fehlerfrei abspielen, misslingt auch die Wiedergabe von wieder beschreibbaren DVDs. Einmal beschreibbare DVD-Medien kann das Laufwerk durchaus lesen, da diese eine wesentlich bessere – mit einer gepressten DVD vergleichbare – Reflexionseigenschaften haben. Bevor Sie einen neuen DVD-Player erwerben, testen Sie einen einmal beschreibbaren Rohling. Die Chancen, dass er fehlerfrei abgespielt wird, stehen selbst bei älteren Geräten relativ gut.

Lesefehler durch mangelhafte Brennqualität

Ein weiteres Problem stellt die schlechte Brennqualität bei DVD-Rohlingen dar (siehe Kapitel 14 „Qualitätstest, Haltbarkeit, Technik: Rohlinge unter der Lupe"). Meistens können die schlecht gebrannten DVD-Rohlinge zwar wiedergegeben werden, es kommt aber zu Lesefehlern, die sich bei einer Video-DVD beispielsweise in Pixelfehlern bzw. starken Rucklern im Bewegungsablauf bemerkbar machen. Auch das Anspringen einzelner Videos oder der Schnellvorlauf funktioniert wegen der mangelhaften Brennqualität häufig nicht fehlerfrei bzw. nur sehr langsam.

Stolperstein: Unbekanntes Medienformat

Nach dem Einlegen einer Scheibe in das DVD-Laufwerk wird, falls das Gerät das Medium lesen kann, die Art des Silberlings bestimmt. Legen Sie beispielsweise eine Audio-CD ein, erkennt das Laufwerk, dass es sich um ein CD-Medium handelt. Als Nächstes prüft es, um welche CD-Art es sich handelt – Audio-CD, Video-CD, Foto-CD usw. – bis es das passende Format gefunden hat und die Scheibe abspielen kann. Legen Sie in ein älteres Laufwerk eine gebrannte DVD, beginnt das „Chaos", weil diese Geräte mit der auf jedem DVD-Rohling vorhandenen Medienbezeichnung (zum Beispiel DVD+R oder DVD-R) nichts anfangen können – sie kennen das Format nicht und zeigen daher NO DISC an.

Das geschieht, auch wenn das Laufwerk technisch (in Bezug auf die Reflexionseigenschaften des Mediums) in der Lage wäre, die Scheibe korrekt zu lesen. Deshalb stolpern ebenfalls viele moderne DVD-Player, die mit schlecht reflektierenden Medien bestens zurechtkommen, über das unbekannte Format der verschiedenen DVD-Rohlinge

Trotz technischer Voraussetzung ist das Medium nicht lesbar!

und können gebrannte DVDs nicht bzw. nur bestimmte DVD-Formate (zum Beispiel nur DVD-RW und DVD-R) abspielen. Bei solchen Geräten gibt es „Rettung": Mit einem hoffentlich vorhandenen Firmwareupdate wird dem Gerät das bisher unbekannte Diskformat bekannt gemacht, sodass es anschließend beschriebene DVDs akzeptiert. Kann ein Player eine Sorte gebrannter Rohlinge abspielen (beispielsweise DVD-RW), ist er technisch auf jeden Fall in der Lage, auch andere DVD-Rohlingformate (zum Beispiel DVD+RW) wiederzugeben – das Abspielen scheitert nur wegen des dem Gerät unbekannten Formats. Die Kompatibilität von DVD+R/RW-Rohlingen lässt sich durch die Manipulierung des Medienformats mithilfe von Nero erheblich verbessern, indem Sie beispielsweise eine DVD+R als gewöhnliche DVD-ROM tarnen (siehe Seite 459).

13. Abspielprobleme von CDs/DVDs lösen

Manche Laufwerke verweigern beim Einlegen einer wieder beschreibbaren DVD den Dienst, weil sie eine falsche DVD erkennen. Sie „glauben", wegen der schlechten Reflexionseigenschaften handele es sich um eine Dual-Layer-DVD (zweischichtige DVD mit gleichen Reflexionseigenschaften wie bei einer wieder beschreibbaren DVD) und versuchen, die zweite (nicht vorhandene) Schicht zu entdecken. Dabei scheitern sie und „meinen", das eingelegte Medium sei defekt – es erscheint NO DISC oder BAD DISC im Display. Dieses Problem kann ebenfalls nur durch ein Firmwareupdate beseitigt werden!

Nicht genug Daten für die Laserfokussierung vorhanden!

Ein weiteres (relativ harmloses) Problem gibt es beim Abspielen gebrannter Video-DVDs: Die meisten Laufwerke führen vor der Wiedergabe der Scheibe eine Laserfokussierung durch, um die Laserstärke optimal an das zu lesende Medium anzupassen. Dabei wird nach dem Einlegen des Mediums eine Stelle in der Mitte des beschriebenen Bereichs angefahren, um den Laser einzustellen.

Sind nicht genug Daten auf dem DVD-Rohling vorhanden, findet der Laser einen leeren Bereich vor und kann nicht fokussiert werden. Das Gerät geht in diesem Fall von einem fehlerhaften Medium aus und zeigt entweder BAD DISC oder NO DISC im Display an – die Wiedergabe scheitert, obwohl der DVD-Player in der Lage ist, gebrannte DVD-Rohlinge zu lesen. Nero bietet eine Option (den so genannten DVD-Hochkompatibilitätsmodus) an, die dieses Problem elegant beseitigt: Auf jeden DVD-Rohling brennt das Programm mindestens 1 GByte Daten – selbst wenn nur ein paar MByte an eigentlichen Nutzdaten zu schreiben sind, um eine fehlerfreie Laserfokussierung zu ermöglichen.

Quick-Finder: So lösen Sie jedes Abspielproblem!

Bei Wiedergabeproblemen von gebrannten CDs/DVDs folgen Sie den Lösungsvorschlägen in der aufgelisteten Reihenfolge, um das Abspielen gebrannter Scheiben auch auf Ihrem Gerät zu verwirklichen. Vorher sollten Sie sich vergewissern, dass Sie einen „normgerechten" gängigen Medientyp erstellt haben. Manche Player können mit exotischen Formaten (beispielsweise XVCD) nichts anfangen. Wenn Sie sich an die Anleitungen in diesem Buch gehalten haben, entspricht die Scheibe den festgelegten Normen und sollte problemlos abspielbar sein. Welche (exotischen) Formate Ihr DVD-Player akzeptiert, erfahren Sie am Ende des Kapitels.

Die einzelnen Punkte werden entweder im Laufe dieses Kapitels ausführlich behandelt oder in anderen Kapiteln beschrieben.

- **Firmwareupdate**: Bei Abspielproblemen suchen Sie im Internet nach einer aktuelleren Steuerungssoftware (Firmware) sowohl für Ihren Brenner als auch für das Lesegerät! Durch ein Firmwareupdate „erkennt" der Writer mehr Rohlinge und erzielt aufgrund der passenden Schreibstrategie eine bessere Brennqualität. Das Leselaufwerk erkennt mit einer neuen Firmware eventuell das eingelegte Medium korrekt und kann es problemlos abspielen. Diese Verhaltensweise gilt besonders für moderne Lesegeräte, die technisch in der Lage sind, alle gebrannten Silberscheiben zu lesen.

- **Spezialfunktionen deaktivieren**: Haben Sie beim Brennen der Scheibe eine spezielle Zusatzfunktion des Writers genutzt (GigaRec, VariRec bzw. Audio Master Quality Recording), schreiben Sie einen neuen Rohling ohne diese besonderen Brennmethoden. Ältere Laufwerke kommen mit den „besonders" gebrannten Disks ab und zu nicht zurecht.

- **Anderen Rohling einsetzen**: Weigert sich das Laufwerk, den gebrannten Rohling abzuspielen, sollten Sie die Rohlingmarke wechseln! Manchmal harmonieren Writer und Rohling nicht, sodass ein minderwertiges Brennergebnis mit vielen Brennfehlern entsteht. Bei Noname-Rohlingen gibt es starke Qualitätsschwankungen: Ist die Führungsrille nicht exakt eingepresst, kann die Scheibe eventuell nicht gelesen werden, weil der Laser nicht richtig fokussiert werden kann. Ich habe schon oft erlebt, dass ein Gerät den gebrannten Rohling der Marke A verschmähte, die gebrannte Scheibe von Anbieter B dagegen fehlerfrei abspielte. Verzichten Sie auf den Einsatz übergroßer 99-Minuten-Rohlinge – wegen der stark verengten Führungsrille scheitert die Wiedergabe ab und zu! Achten Sie beim Kauf anderer Rohlinge darauf, dass Sie nicht Scheiben des gleichen Herstellers wie die „Problemscheibe" erwerben. In diesem Fall würde ein Rohlingwechsel nichts bringen. Näheres zu den eigentlichen Rohlingherstellern erfahren Sie in Kapitel 14 „Qualitätstest, Haltbarkeit, Technik: Rohlinge unter der Lupe".

- **Schwarze Rohlinge**: Ein Tipp, der oft bei störrischen Abspielgeräten hilft, ist die Verwendung von schwarzen Rohlingen bzw. das eigenhändige Schwärzen der Rohlingränder von „normalen" Scheiben. Näheres hierzu finden Sie ebenfalls in Kapitel 14.

- **Brennqualität optimieren**: Hilft die Firmwareaktualisierung nicht bzw. ist keine aktuellere Steuerungssoftware vorhanden, treffen Sie Maßnahmen, um die Brennqualität zu verbessern. Als Erstes kontrollieren Sie dafür die gebrannte Scheibe, wie in Kapitel 14 beschrieben. Bei einer schlechten Schreibqualität kommt es vor, dass das Medium entweder nicht bzw. nur fehlerhaft (beispielsweise Störgeräusche in der Musik oder Ruckeln bei einer Videodisk) gelesen wird.

- **Kompatibilität der Super-Video-CD verbessern**: Das Abspielen gebrannter Super-Video-CDs gelingt selbst auf vielen modernen DVD-Playern nicht. Der Grund liegt nicht in den physikalischen Eigenschaften der Scheibe, sondern in der angelegten Ordnerstruktur auf dem Medium. Mit Nero können Sie eingreifen und die Ordnerstruktur der Super-Video-CD für eine bessere Kompatibilität verbessern.

- **Kompatibilität bei DVD-Rohlingen optimieren**: Mithilfe des DVD-Hochkompatibilitätsmodus von Nero verbessern Sie die Kompatibilität von gebrannten

DVD-Rohlingen deutlich. Für eine fehlerfreie Laserfokussierung werden mindestens 1 GByte Daten auf die Scheibe gebrannt. Diese Option wird nur aktiv, wenn die Menge der eigentlichen Nutzdaten geringer ausfällt.

- **DVD+R/RW für größtmögliche Kompatibilität manipulieren**: Bei DVD+R bzw. DVD+RW gibt es die Möglichkeit, mit Nero das Medienformat zu manipulieren. Die Scheibe wird anschließend nicht als DVD+R bzw. DVD+RW, sondern als DVD-ROM vom Lesegerät erkannt und kann problemlos abgespielt werden, weil das Laufwerk nicht über ein unbekanntes Medienformat stolpert.

- **Laser reinigen**: Bei einem häufig gebrauchten, etwas älteren CD/DVD-Abspielgerät können die Wiedergabeprobleme von gebrannten Scheiben auch an einer verschmutzten Laserlinse liegen. Führen Sie eine Reinigung durch, wie in diesem Kapitel ausführlich beschrieben!

- **Laser des Hi-Fi-CD-Spielers einjustieren**: Gibt Ihr Hi-Fi-CD-Player die gebrannten Audio-CDs nicht bzw. nur mit Störgeräuschen wieder, hilft die manuelle Einjustierung des Lasers. Eigentlich sind alle etwas moderneren und viele alten CD-Player in der Lage, einmal beschreibbare CD-Rohlinge zu lesen, da deren Reflexionsverhalten Original-CDs sehr ähnlich ist. Häufig scheitert die Wiedergabe, weil der Laser werkseitig nicht optimal einjustiert ist.

- **Neues Laufwerk für den DVD-Player**: Scheitert das Abspielen gebrannter DVDs im externen DVD-Player, gibt es für viele Modelle eine preisgünstige Lösung: Bauen Sie ein modernes Laufwerk ein, sodass das Gerät anschließend gebrannte DVDs fehlerfrei wiedergibt. Auf diese Weise sparen Sie ca. 50-100 Euro im Vergleich zum Neukauf eines DVD-Players.

- **Neuen Player kaufen**: Sollten alle Lösungsvorschläge nichts gebracht haben, bleibt Ihnen nichts anderes übrig, als die gebrannten Scheiben entweder über den PC abzuspielen oder einen neuen Player zu kaufen. Zum Abschluss des Kapitels erhalten Sie wichtige Tipps, worauf Sie beim Kauf achten sollten.

13.2 Firmwareupdate gefahrlos durchführen

Die Aktionen der Laufwerke werden über ein kleines Betriebssystem gesteuert, das in einem Speicherbaustein des Geräts vorhanden ist und in der Fachsprache Firmware heißt. Ist sie fehlerhaft, funktioniert das Laufwerk nicht so, wie Sie das möchten. Eine veraltete Firmware kann zu Kompatibilitätsproblemen und schlechten Brennergebnissen führen.

Warum sind Firmwareupdates notwendig?

Die Firmware bestimmt bei einem Brenner neben den unterstützten Features (beispielsweise CD-TEXT) die Schreibstrategie für das zu brennende Medium. Dazu werden vom Brennerhersteller eine Reihe von Scheiben getestet und die optimalen Parameter (Laserstärke, Brenngeschwindigkeit usw.) für höchste Brennqualität in der Firmware gespeichert. „Erkennt" der Writer beim Einlegen des Rohlings ein in der Firmware eingetragenes Medium, nimmt er automatisch die optimalen (internen) Einstellungen vor. Ist das Medium dagegen unbekannt, versucht der Writer, die perfekte Schreibstrategie durch mehrere Testabläufe selbst zu ermitteln – das ist aber nicht immer erfolgreich und das Schreiben des unbekannten Mediums gelingt nicht fehlerfrei. Die Zahl der in der Firmware eingetragenen, für den Writer „bekannten" Rohlinge, wird vom Hersteller ständig vergrößert. Daher werden neben notwendigen Fehlerkorrekturen regelmäßig Updates für die Writer-Firmware angeboten, um dem Gerät noch mehr Rohlinge „bekannt" zu machen. Ein Firmwareupdate erhöht daher in der Regel die Schreibqualität und Medienkompatibilität des Brenners und sollte immer installiert werden.

Durch ein Firmwareupdate können außerdem zusätzliche Features nachgerüstet werden: Nach der Aktualisierung beherrscht der Writer beispielsweise Mount Rainier, CD-TEXT oder das vollständige Füllen von 99-Minuten-Rohlingen. Das Firmwareupdate

> *Neue Features durch Firmwareupdate nachrüsten!*

ist auch für alle Lesegeräte sehr empfehlenswert: Häufig wird durch eine aktuelle Firmwareversion die Kompatibilität zu gebrannten Medien verbessert – das Laufwerk erkennt die vorher unbekannten DVD-Rohlinge und spielt sie fehlerfrei ab. Selbst für externe DVD-Player werden ab und zu Firmwareupdates im Internet angeboten. Bei einigen Herstellern muss das Gerät zwecks Firmwareaktualisierung eingeschickt werden.

Brennermodell und Firmwareversion ermitteln

Bevor Sie auf die Suche nach einem passenden Firmwareupdate für Ihr Laufwerk auf den Internetseiten des Herstellers gehen, müssen Sie das exakte Modell und die aktuell installierte Firmwareversion kennen.

Wird das Gerät mit einer falschen, inkompatiblen Firmwareversion aktualisiert, ist es in der Regel nur noch ein Fall für den Reparaturservice, da es nicht mehr angesprochen werden kann. Um das zu vermeiden, ermitteln Sie vorher mit dem Nero InfoTool die notwendigen Angaben. Das Nero InfoTool dient der ausführlichen Systemanalyse und gibt Auskunft über die unterstützten Features Ihrer Laufwerke. Es wird bei der Installation von Nero automatisch mit auf die Festplatte kopiert und befindet sich im Untereintrag *Nero Toolkit* der Nero-Programmgruppe. Die aktuellste Programmversion erhalten Sie beispielsweise unter *www.cdspeed2000.com*.

Nero InfoTool ermittelt installierte Firmwareversion

1 Auf der Registerkarte *Drive* wählen Sie zunächst das Laufwerk aus – hinter *Firmware Version* erfahren Sie die aktuell installierte Firmware. Für die Su-

13. Abspielprobleme von CDs/DVDs lösen

che nach einer aktuelleren Version müssen Sie die exakte „Nummer" bzw. Buchstabenkombination der installierten Steuerungssoftware kennen.

2 Den genauen Modellnamen des Laufwerks erfahren Sie im Laufwerkauswahlmenü – im Beispiel handelt es sich um den DVD-Brenner der Marke TEAC mit der exakten Modellbezeichnung DV-W50E.

> **Exakte Laufwerkbezeichnung**
>
> Manchmal gibt es sehr ähnlich klingende Modelle – es ist deshalb wichtig, die Laufwerkbezeichnung ganz exakt zu kennen; andernfalls laden Sie sich die falsche Firmware herunter, was schlimme Folgen nach sich zieht ...

3 Mit dem Wissen „bewaffnet" suchen Sie jetzt im Internet eine aktualisierte Firmware für das Laufwerk. Anlaufstelle sind dafür die Internetseiten des Herstellers.

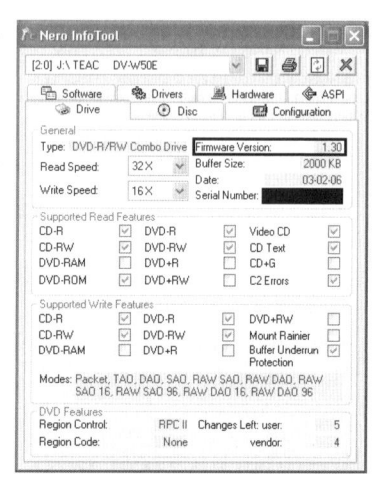

Modellbezeichnung und Firmwareversion mit Nero aufdecken

Sollte bei Ihnen das Nero InfoTool nicht funktionieren, weil Sie beispielsweise zwei Laufwerke des gleichen Herstellers eingebaut haben oder ein störrisches Gerät besitzen, mit dem das Tool nicht klarkommt, ermitteln Sie die installierte Firmwareversion mit Nero Burning Rom.

1 Im Hauptfenster des Programms wählen Sie *Rekorder/Rekorderauswahl*.

2 Markieren Sie im neuen Fenster den Writer-Eintrag, dessen Firmwareversion Sie aufdecken wollen. Die gewünschte Versionsbezeichnung erfahren Sie hinter *Firmware Version*. Die Modellbezeichnung des Geräts entspricht dem markierten Laufwerkeintrag.

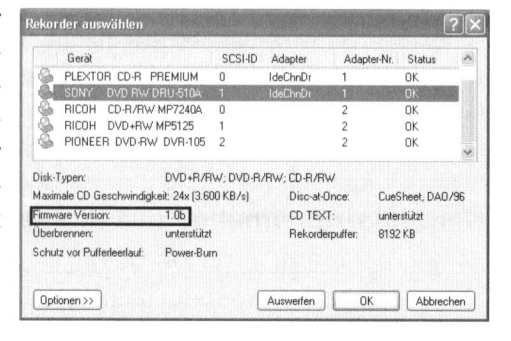

444

Wichtige Vorsichtsmaßnahmen treffen!

Die Firmware aller etwas moderneren PC-Laufwerke wird unter Windows aktualisiert – das ist sicherer und komfortabler als unter DOS, wie es bei alten Laufwerken notwendig war. Vor der Durchführung des Firmwareupdates sollten Sie im Betriebssystem ein paar wichtige Maßnahmen durchführen, damit das Update problemlos gelingt.

> **Warnung: Firmwareupdate ist gefährlich!**
> Geht ein Firmwareupdate aus irgendeinem Grund schief, können Sie das Laufwerk nur noch an die zuständige Servicestelle des Herstellers schicken oder ein neues kaufen, da es meistens nicht mehr reaktiviert werden kann! Von Hersteller zu Hersteller sind die zu treffenden Maßnahmen für ein sicheres Update unterschiedlich – halten Sie sich genau an dessen Anweisungen; meistens liegt dem heruntergeladenen Update eine Textdatei bei, die Sie sorgfältig studieren sollten! Die folgende Auflistung ist für die Durchführung des Updateprozesses bei den meisten PC-Laufwerken (CD/DVD-Brenner und DVD-ROM) gültig.

- Einige Updateprogramme (von Hersteller zu Hersteller unterschiedlich) unterstützen ausschließlich an einen IDE-Controller angeschlossene Laufwerke. Haben Sie das zu aktualisierende Laufwerk extern per FireWire oder USB angeschlossen, wird das Gerät vom Updateprogramm nicht gefunden – die Aktualisierung kann nicht durchgeführt werden. In dem Fall müssen Sie das Laufwerk zwecks Firmwareupdate vorübergehend an einen IDE-Controller (beispielsweise auf dem Motherboard) anschließen.
- Achten Sie darauf, dass sich kein Medium im Gerät befindet!
- Schalten Sie die eventuell aktivierte Autostart-Funktion des Betriebssystems aus.
- Deaktivieren Sie während der Durchführung den DMA-Modus für das Laufwerk und starten Sie Windows danach neu. Ist das Firmwareupdate geglückt, vergessen Sie nicht, den DMA-Modus wieder zu aktivieren.
- Schalten Sie vorübergehend den permanenten Virenwächter aus, da dieser beim Update Alarm schlagen könnte und der Prozess dadurch scheitert!

Packet Writing-Software vorübergehend deaktivieren

Einige Hersteller empfehlen außerdem, eine eventuell vorhandene Packet Writing-Software vor der Aktualisierung zu deaktivieren bzw. zu deinstallieren. Das vorübergehende vollständige Ausschalten von InCD ist nicht möglich, da es fest im System verankert ist. Wollen Sie der Herstellerempfehlung Folge leisten, müssen Sie das Programm für das Firmwareupdate deinstallieren, einen Neustart durchführen, das Update durchführen und danach InCD erneut installieren.

Eine Alternative dazu ist, den entscheidenden InCD-Dienst (wichtiger Programmteil von InCD) unter Windows XP vorübergehend zu beenden und damit InCD

13. Abspielprobleme von CDs/DVDs lösen

"lahm" zu legen. In der Regel reicht diese Vorgehensweise aus, weil das Programm danach keinen Zugriff mehr auf die angeschlossenen Laufwerke hat.

1 In der *Systemsteuerung* wechseln Sie über den Eintrag oben links in die klassische Ansicht und führen einen Doppelklick auf *Verwaltung* aus.

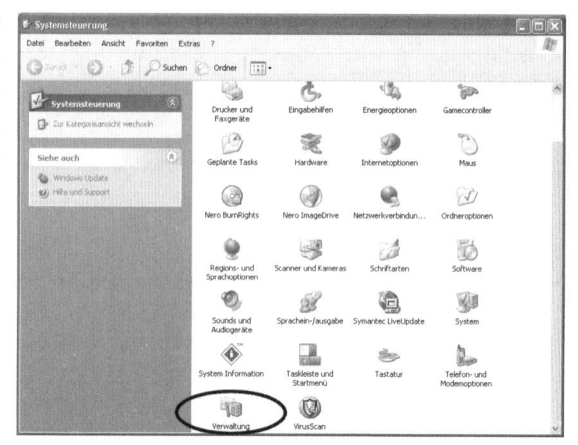

2 Im neuen Fenster führen Sie einen Doppelklick auf das Symbol *Dienste* aus.

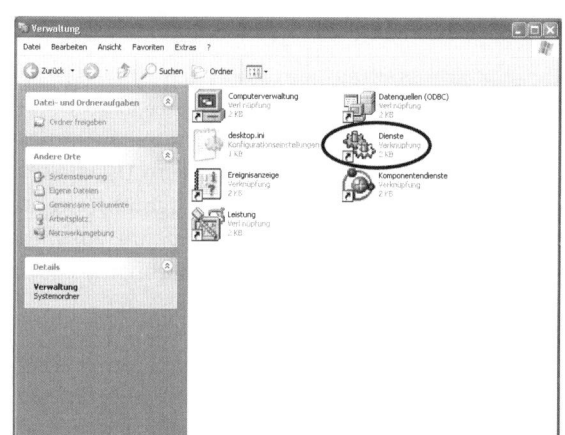

3 Ein weiteres Fenster taucht auf. Hier suchen Sie in der rechten Fensterhälfte den Eintrag *InCD File System Service* und wählen in dessen Kontextmenü *Beenden* aus. Durch diese Vorgehensweise wird ein wichtiger Programmteil von InCD deaktiviert.

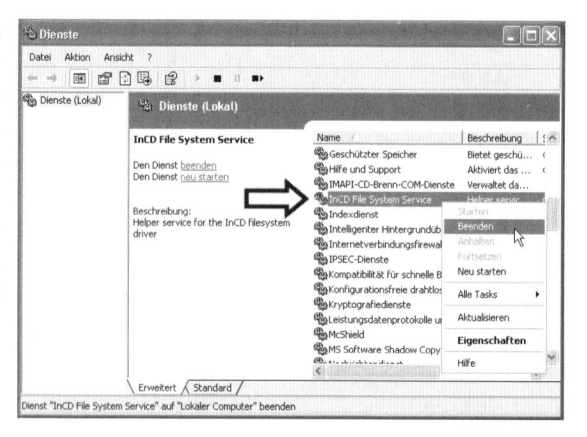

> **Vorsicht bei Firmwareupdates**
>
> Es gibt keine Garantie, dass es für jedes Firmwareupdate ausreicht, InCD wie in der Schritt-für-Schritt-Anleitung beschrieben auszuschalten – schließlich sind nach wie vor einige InCD-Programmteile im System aktiv und können unter Umständen den Updateprozess stören! DATA BECKER und der Autor übernehmen keinerlei Haftung für dabei entstehende Schäden! Ich habe bei drei verschiedenen Laufwerken von Plextor, Sony und RICOH nach dem teilweisen Deaktivieren von InCD die jeweiligen Firmwareupdates erfolgreich und problemlos durchgeführt. Wollen Sie jedoch auf Nummer sicher gehen, sollten Sie besonders bei einem Firmwareupdate eines teuren DVD-Brenners InCD **vollständig** deaktivieren, indem Sie das Programm vorher deinstallieren und das Firmwareupdate nach einem Neustart des Rechners durchführen!

Firmwareupdate durchführen

Nach der Vorbereitung des Systems für ein erfolgreiches Firmwareupdate führen Sie die Aktualisierung der Steuerungssoftware durch. Hierbei gibt es ebenfalls von Hersteller zu Hersteller unterschiedliche Vorgehensweisen, die in der häufig mitgelieferten Textdatei stehen. Halten Sie sich genau daran. Ich zeige Ihnen das Update anhand des modernen, viel gekauften DVD-Brenners von RICOH. Viele Brenner werden über eine ausführbare EXE-Datei auf die gleiche Weise aktualisiert.

> **Empfehlenswert: Backup der alten Firmware**
>
> Manche Updateprogramme bieten vor der Aktualisierung eine Option an, die installierte Firmwareversion vor dem Update zu sichern. Dies sollten Sie auf jeden Fall tun, um im Fehlerfall – wenn das Update scheitert – die alte Version zurückspielen zu können.

1 Starten Sie das Firmwareupdateprogramm – erkennbar an der Endung *.exe*. Viele Programme lassen noch einmal eine Warnmeldung auftauchen, in der die Voraussetzungen für ein sicheres Firmwareupdate aufgelistet werden. Haben Sie alle Punkte erfüllt, klicken Sie auf *Continue*.

2 Im neuen Fenster wählen Sie zunächst hinter *Target Drive* das Laufwerk aus, dessen Firmware Sie aktualisieren möchten. In der Regel wird es automatisch richtig erkannt. Unter *Source File* wird automatisch die Datei mit der einzuspielenden Steuerungssoftware eingestellt. Daneben erfahren Sie das Gerätemodell, für das die Firmware bestimmt ist. Es sollte mit dem ausgewählten Laufwerkmodell identisch sein; außerdem wird die Version der zu installierenden Steuersoftware angezeigt.

3 Aktivieren Sie unbedingt die Option *Back Up current F/W*, um die alte Firmwareversion des Laufwerks vor der Aktualisierung auszulesen und unter dem nebenstehenden Namen abzuspeichern. Dadurch haben Sie die Möglichkeit, beim Scheitern des Updates oder bei Problemen mit der neuen Firmware die alte Steuersoftware zurückzuspielen. Klicken Sie auf *Next*.

13. Abspielprobleme von CDs/DVDs lösen

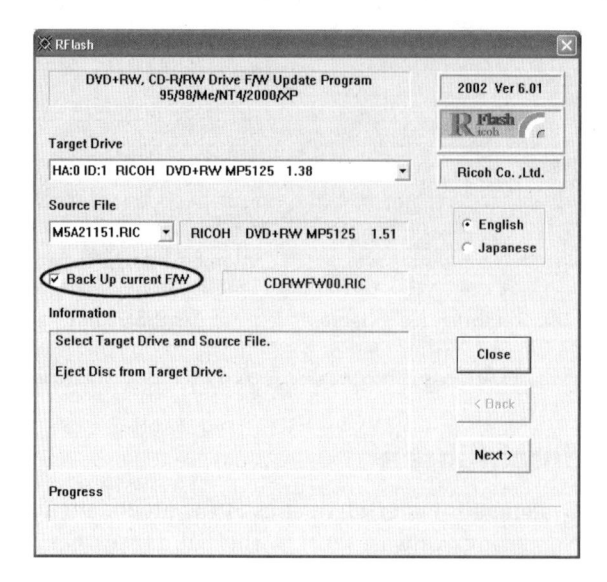

4 Eventuell taucht ein weiteres Infofenster auf. Starten Sie die Aktualisierung mit einem erneuten Klick auf *Next*. Lassen Sie während des Updateprozesses den PC unbedingt in Ruhe! Nach kurzer Zeit erhalten Sie eine Erfolgsmeldung. Starten Sie den PC neu und prüfen Sie, ob die Aktualisierung wirklich erfolgreich war (ob die neue Firmwareversion angezeigt wird).

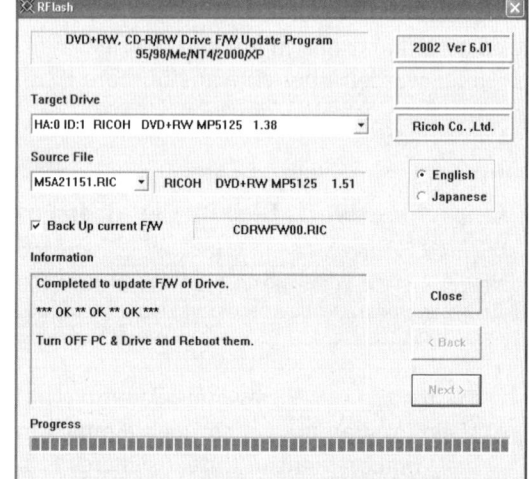

Aktualisierung scheitert? – Keine Panik!

Der Schrecken jedes PC-Users ist bei Ihnen eingetreten: Das Firmwareupdate ist fehlgeschlagen – Sie erhalten statt einer Erfolgs- eine Fehlermeldung bzw. der Updatevorgang bleibt in der Mitte hängen? Jetzt heißt es Ruhe bewahren! Starten Sie auf keinen Fall den Rechner neu – das würde zur völligen „Vernichtung" des Laufwerks führen! Versuchen Sie stattdessen das Update zu wiederholen oder die gesicherte alte Firmwareversion wieder einzuspielen. Gelingt das erneute Einspielen der Firmware nicht, ist das Malheur passiert: das Firmwareupdate ist gescheitert, das Laufwerk kann nicht mehr angesprochen werden. Einige Geräte lassen sich unter DOS reanimieren (siehe Seite 451) ...

Firmwareupdate mithilfe von MtkWinFlash

Viele Firmwareupdates von Laufwerkherstellern werden mithilfe eines ausführbaren Updateprogramms verwirklicht. Manchmal erhalten Sie die aktuelle Firmwareversion als BIN-Datei.

Welche Laufwerke unterstützt MtkWinFlash?

Für die Durchführung des Updateprozesses wird zusätzlich eine Updatesoftware benötigt. Für Laufwerke mit MediaTek-Chipsatz (weit verbreitet) nutzen Sie am besten MtkWinFlash. Alle etwas moderneren LiteOn-Writer ab 24facher Geschwindigkeit bzw. deren OEM-Modelle von Sony oder Traxdata können mit MtkWinFlash aktualisiert werden. Genauso verhält es sich mit den modernen Writern der Marke LG. Unter *http://forum.cdfreaks.com/showthread.php?s=&threadid=58518* wird eine Vielzahl von Laufwerken aufgelistet, die kompatibel zu MtkWinFlash sind und mit dem Tool aktualisiert werden können. Das Programm erhalten Sie kostenlos unter *http://digi.rpc1.org/mwf.htm* oder Sie suchen mit einer Suchmaschine im Internet danach.

Alte Firmware einspielen

Mithilfe von MtkWinFlash ist es möglich, eine ältere Firmwareversion in das Laufwerk zu installieren. Dies kann nützlich sein, wenn die neue Firmware fehlerhaft ist oder bei einem OEM-Modell die Firmware des Originalherstellers mehr Features besitzt bzw. aktueller als die OEM-Firmware ist. Spielen Sie eine ältere Firmwareversion ein, spricht man von einem Firmwaredowngrade.

Mit einem herkömmlichen Updateprogramm ist diese Vorgehensweise nicht möglich, da vor der Aktualisierung eine genaue Laufwerkprüfung stattfindet. Wird kein geeignetes Laufwerk des Firmwareherstellers gefunden, kann der Updateprozess nicht gestartet werden. Das Aufspielen einer älteren Firmwareversion wird in der Regel ebenfalls von dem Updateprogramm verhindert. MtkWinFlash dagegen aktualisiert die Firmware des Laufwerks ohne vorherige Prüfung, weshalb das Einspielen einer „besonderen" Firmware problemlos möglich ist. Achtung: Das Aufspielen alter Firmware ist stets mit einem Risiko verbunden. DATA BECKER und der Autor übernehmen keinerlei Haftung für dabei entstehende Schäden! Mithilfe des DOS-Tools MtkFlash ist es häufig möglich, ein gescheitertes Firmwareupdate unter DOS zu reparieren.

Firmwareaktualisierung mit MtkWinFlash

Wichtig ist bei der Firmwareaktualisierung mit MtkWinFlash, dass die Firmware als BIN-Datei vorliegt und der Brenner nicht als Slave hinter einer Festplatte angeschlossen ist – dies kann den Updatevorgang scheitern lassen! Hängen Sie den Writer am besten als Master allein an den zweiten IDE-Controller an. Wie Ihre Laufwerke konfiguriert sind, erfahren Sie beispielsweise auf der Registerkarte *Configuration* des Nero InfoTools.

13. Abspielprobleme von CDs/DVDs lösen

1 Starten Sie das Updateprogramm per Doppelklick auf die Datei *MtkWin Flash.exe*. Wählen Sie *IDE Mode* und klicken Sie unten auf *Launch IDE Version*. Nutzen Sie unbedingt die IDE-Version, da es bei der ATAPI-Version des Programms vorkommen kann, dass das zu aktualisierende Laufwerk nicht erkannt wird.

2 Hinter *Target Drive* stellen Sie den Anschluss ein, an den das zu flashende Laufwerk angeschlossen ist. Danach wählen Sie hinter *Source* über die Schaltfläche *Browse* die einzuspielende Firmwaredatei im BIN-Format aus.

3 Bevor Sie über *Flash Drive* die Firmwareaktualisierung durchführen, vergewissern Sie sich noch einmal, ob Sie hinter *Target Drive* den richtigen Anschluss ausgewählt haben. Die Firmware des angeschlossenen Laufwerks wird ohne Überprüfung geflasht – wurde ein falsches Laufwerk ausgewählt, kann dieses in der Regel nicht mehr angesprochen werden und ist ein Fall für den Reparaturdienst! Während des Updates lassen Sie den PC unbedingt in Ruhe. Nach kurzer Zeit erhalten Sie die Mitteilung, dass der Flashvorgang erfolgreich war und das System neu gestartet werden muss.

Keine Erfolgsmeldung? – Vorgang gescheitert!

Erhalten Sie nach kurzer Zeit keine Mitteilung, dass das Firmwareupdate vollständig abgeschlossen ist und Sie den Rechner neu starten sollen, ist die Aktualisierung gescheitert. Wahrscheinlich wurde die einzuspielende Firmwaredatei nicht korrekt geändert. Führen Sie auf keinen Fall einen PC-Neustart durch! Schließen Sie MtkWinFlash notfalls mithilfe des Windows Task-Managers, den Sie über *einmaliges* Drücken der Tastenkombination [Strg]+[Alt]+[Entf] aufrufen. Starten Sie MtkWinFlash erneut und führen Sie den Updateprozess noch einmal durch. Sollte der Vorgang wieder scheitern, müssen Sie den Writer unter DOS wiederbeleben.

Laufwerke nach Firmwareupdate mit MtkWinFlash verschwunden?

Nach einem erfolgreichen bzw. nicht erfolgreichen Firmwareupdate mit MtkWinFlash stellen Sie fest, dass Sie keinen Zugriff mehr auf Ihre optischen Laufwerke

(CD/DVD-ROM-Laufwerk, CD/DVD-Brenner) haben – diese werden beispielsweise im Arbeitsplatz nicht mehr aufgeführt. Das kann in Ausnahmefällen durchaus vorkommen! Die Laufwerke zaubern Sie folgendermaßen wieder hervor:

1. Im Kontextmenü des Arbeitsplatzsymbols auf dem Desktop oder im Startmenü wählen Sie *Verwalten* und markieren anschließend in der linken Fensterhälfte den Eintrag *Geräte-Manager*.

2. Die entscheidenden Untereinträge des Haupteintrags *DVD/CD-ROM-Laufwerke* sind bereits sichtbar. Das Laufwerksymbol der einzelnen Untereinträge wird von einem leuchtend roten „x" überlagert, das signalisiert, dass es Probleme mit der Ansteuerung bei diesen Hardwarekomponenten (den Laufwerken) gibt. Markieren Sie den ersten rot gekennzeichneten Laufwerkeintrag und betätigen die [Entf]-Taste, um ihn aus dem Geräte-Manager zu löschen. Auf die gleiche Weise entfernen Sie alle rot markierten Laufwerkeinträge.

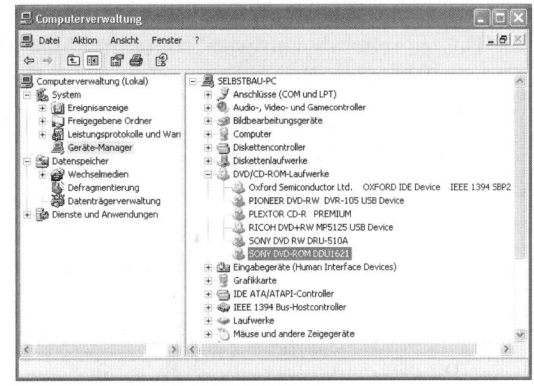

3. Starten Sie den PC neu. Windows erkennt die angeschlossenen Laufwerke neu und bindet diese „frisch" in das Betriebssystem ein. Nach Abschluss der Erkennungsphase haben Sie wieder Zugriff auf alle optischen Laufwerke.

Firmwareupdate gescheitert? – Laufwerk unter DOS reanimieren

Das Firmwareupdate ist gescheitert, das zu flashende Laufwerk kann nicht mehr angesprochen werden? Mit dem DOS-Tool MtkFlash können Sie Ihr Laufwerk eventuell wieder zum Leben erwecken!

Die beschriebene Vorgehensweise gilt für die meisten Laufwerke mit MediaTek-Chipsatz. Im Notfall probieren Sie die Wiederbelebung bei einem gescheiterten Firmwareupdate aus; schlimmer kann es nicht werden!

1. Sie benötigen die aktuellste Version des Programms *MtkFlash.exe* (im Internet erhältlich – nicht zu verwechseln mit *MtkWinFlash.exe*) und die einzuspielende Firmware als BIN-Datei. Die exakte Bezeichnung der Firmwaredatei brauchen Sie später – entweder merken Sie sich diese oder Sie notieren sie auf einem Zettel.

13. Abspielprobleme von CDs/DVDs lösen

2. Erstellen Sie als Nächstes eine Startdiskette (unter Windows XP: Im Kontextmenü des Diskettenlaufwerks *Formatieren* wählen und anschließend die Option *MS-DOS-Startdiskette erstellen* aktivieren). Kopieren Sie die Firmwaredatei sowie MtkFlash ins Hauptverzeichnis des Mediums und starten Sie damit den Rechner neu. Eventuell müssen Sie vorher die Bootreihenfolge im BIOS ändern und das Diskettenlaufwerk A an die erste Stelle setzen. Nutzen Sie möglichst eine neue fehlerfreie Diskette, um Lesefehler während der Laufwerkrettung auszuschließen!

3. Das zu rettende Laufwerk sollte im günstigsten Fall als Master allein am zweiten IDE-Controller angeschlossen sein. Bei einer anderen Konfiguration kann die Reanimierung scheitern.

4. Durch das „defekte" Laufwerk kann sich der Startvorgang des PCs sehr in die Länge ziehen, da das BIOS versucht, das angeschlossene, durch ein Firmwareupdate beschädigte Laufwerk zu erkennen – haben Sie Geduld! Sollte diese Laufwerkerkennung scheitern – der PC dabei hängen bleiben – schalten Sie den Rechner aus. Ziehen Sie das IDE-Kabel vom zu rettenden Laufwerk ab und booten Sie den PC. Nachdem die Startdiskette aktiv war und der DOS-Prompt erscheint, schließen Sie das Kabel vorsichtig wieder an. Warnung: Das Anschließen eines IDE-Kabels während des Betriebs kann schwerwiegende Folgen nach sich ziehen! DATA BECKER und der Autor übernehmen keinerlei Haftung für dabei entstehende Schäden. Wenn Sie vorsichtig vorgehen, ist in der Regel nichts zu befürchten.

5. Am DOS-Prompt *A:* geben Sie *mtkflash x w /b yyyy.bin* ein (statt „*yyyy.bin*" tippen Sie den exakten und vollständigen Dateinamen der Firmware ein) und drücken die [Enter]-Taste, um das Einspielen der Firmware zu starten. Für „x" tippen Sie die entsprechende Zahl der Anschlusskonfiguration des zu rettenden Laufwerks ein: Hängt das Laufwerk als Master am ersten IDE-Controller, geben Sie für „x" die Zahl „1" ein. Ist das zu rettende Laufwerk dagegen als Slave mit dem ersten Controller verbunden, tippen Sie eine „2" ein. Hängt das Laufwerk als Master am zweiten IDE-Controller (empfehlenswert), geben Sie statt „x" die Zahl „3" ein – für ein Laufwerk als Slave am zweiten Controller eine „4".

6. Nach der Durchführung der Brennerreanimierung starten Sie den PC neu. Der Writer sollte wieder ansprechbar sein!

Firmwareupdate bei einem externen DVD-Player

Das Firmwareupdate bei externen DVD-Playern ist sehr unterschiedlich durchzuführen. Manche Geräte müssen zwecks Aktualisierung an den Hersteller geschickt werden. Wird im Internet ein Firmwareupdate angeboten, sollten Sie genau die Anweisungen zur Durchführung befolgen. Meistens müssen Sie die heruntergeladene Datei entpacken und auf einen CD-Rohling brennen. Für die Aktualisierung legen Sie den gebrannten Rohling ein und drücken eine bestimmte Taste am Gerät, um das Update auszuführen. Noch einmal die Warnung: Halten Sie sich genau an die Anweisungen des Herstellers, sonst kann es passieren, dass der Player nach dem Update nicht mehr funktioniert bzw. das Update scheitert!

13.3 Brennqualität optimieren

Abspielprobleme können auch eine Frage der Brennqualität sein. Ist diese sehr schlecht, gelingt die Wiedergabe nur fehlerhaft oder gar nicht. Im Folgenden zeige ich Ihnen, wie Sie die Brennqualität optimieren, um das Abspielen der gebrannten Disks zu ermöglichen.

Ich gehe davon aus, dass Sie bereits die Firmware des Brenners auf den aktuellsten Stand gebracht und Markenrohlinge nutzen. Noname-Scheiben sollten Sie bei Abspielproblemen nicht verwenden!

Die optimale Brenngeschwindigkeit

Die Auswahl der Brenngeschwindigkeit spielt eine entscheidende Rolle für die Aufzeichnungsgüte. Es ist leicht einzusehen, dass ein mit 52facher Geschwindigkeit gebrannter Rohling „unsauberer" gebrannt ist als ein Rohling, der mit 24facher Speed beschrieben wurde. Es stellt sich die Frage, welche Brenngeschwindigkeit die besten Resultate liefert.

Rohling nicht schneller als erlaubt aufzeichnen!

Für ein optimales Ergebnis Ihres Brenners in Verbindung mit den verwendeten Rohlingen beachten Sie unbedingt die Geschwindigkeitsangabe des Rohlings auf der Verpackung. Sie sollten einen Rohling auf keinen Fall schneller beschreiben, als auf der Verpackung angegeben. Dies führt zu einem schlechten Brennergebnis! Man liest oft, dass ein langsamer Schreibvorgang auch bei den für hohe Geschwindigkeit ausgelegten CD/DVD-Medien wesentlich exaktere Brennergebnisse liefert.

Bei CD-Rohlingen ist eher das Gegenteil der Fall: Wird mit einem schnellen Brenner eine Scheibe mit zu langsamer Geschwindigkeit gebrannt, entsteht ein

Schnelle Rohlinge langsam brennen?

13. Abspielprobleme von CDs/DVDs lösen

minderwertiges Brennergebnis bzw. manchmal Rohlingschrott: Der äußerst starke Laser (für hohe Brenngeschwindigkeit notwendig) wirkt bei langsamer Geschwindigkeit wesentlich länger auf die Farbschicht des für hohe Speed optimierten Rohlings ein. Durch die länger als normal anhaltende Hitze reagiert der Dye übermäßig stark und kann zerstört werden. Auf jeden Fall entstehen einige Fehlinformationen, da das Rohlingmaterial für die zu lange Einwirkzeit des Lasers nicht ausgelegt ist. Aus diesem Grund bieten viele moderne CD-Brenner Geschwindigkeiten unterhalb von 8facher Speed nicht mehr an.

Bei DVD-Rohlingen kann die Auswahl einer geringeren Schreibgeschwindigkeit durchaus ein qualitativ besseres Ergebnis bringen. Schließlich handelt es sich hierbei um eine relativ neue Technologie, bei der das Brennen mit schneller Speed noch nicht ausgereift ist und zu vielen Brennfehlern führen kann.

Welche Geschwindigkeit ist optimal?

Für ein möglichst exaktes Schreibergebnis wählen Sie als Brenngeschwindigkeit am besten einen Mittelwert: Auf der Verpackung des CD-Rohlings liest man beispielsweise, dass er für 4-52faches Brenntempo zugelassen ist. Das ist technisch nicht möglich, da der Rohling nur für eine Geschwindigkeit optimiert sein kann! Die Scheibe muss aber so ausgelegt sein, dass sie sowohl mit einem schnellen Brenner bis 52fach als auch mit einem alten 4fach-Writer möglichst fehlerfrei beschrieben werden kann.

Geschwindigkeit ist nicht alles!

Um beiden „Geschwindigkeitsextremen" einigermaßen gerecht zu werden, erzielen Sie in der Regel ein perfektes Schreibergebnis, wenn Sie ungefähr die Mitte anvisieren: Wird der für 4-52fache Speed zertifizierte CD-Rohling mit 16- oder 24facher Brenngeschwindigkeit „gebrutzelt" (dauert nur ca. 2:30 Minuten länger als bei 52facher Geschwindigkeit), werden in der Regel die qualitativ hochwertigsten Schreibergebnisse erzielt – Geschwindigkeit ist eben nicht alles.

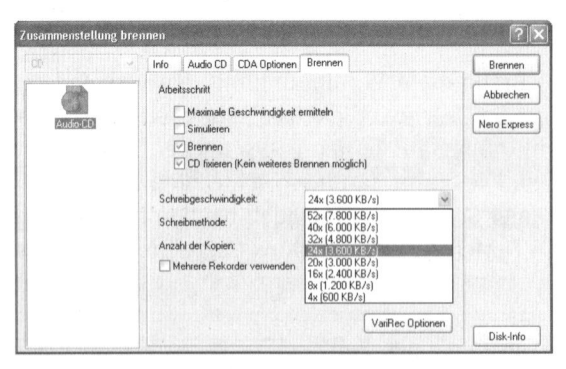

Eine gute Brennqualität erhalten Sie bei ca. 16-24facher Geschwindigkeit.

Der Aufdruck „52fache Geschwindigkeit" auf der Rohlingverpackung besagt nur, dass die Scheibe mit dieser Geschwindigkeit gebrannt werden kann – er sagt nichts über die Brennqualität bei diesem hohen Speed aus! Vielfach erzielen Sie bei maximaler Geschwindigkeit ein schlechtes Schreibergebnis. Dieser Sachverhalt gilt auch für DVD-Rohlinge, die für hohe Geschwindigkeiten (4- bzw. 8fach) ausgelegt sind: Werden die Medien mit mittlerem Tempo (beispielsweise 2- bzw. 4facher Speed) aufgezeichnet, erzielen Sie in der Regel die beste Brennqualität.

Moderne CD-Brenner (ab 20facher Speed) starten den Schreibvorgang zunächst mit 16facher Geschwindigkeit und beschleunigen erst während des Schreibens auf maximalen Speed (beispielsweise 52fach) – das geschieht entweder kontinuierlich oder in Etappen. Die Steigerung der Brenngeschwindigkeit kann für großen Ärger sorgen: Der Rohling ist ab einer bestimmten Stelle (an der die Geschwindigkeit angehoben wurde) nicht mehr bzw. nur fehlerhaft lesbar, weil Writer und Rohling nicht optimal darauf abgestimmt sind. In diesem Fall „verbieten" Sie Ihrem Writer die Geschwindigkeitssteigerung während des Brennens und reduzieren die Schreibgeschwindigkeit auf 16fach – der Writer schreibt den Rohling anschließend kontinuierlich mit16facher Geschwindigkeit vom Anfang bis zum Ende durch!

Schlecht: Speedsteigerung während des Brennens

Bei DVD-Brennern gibt es keine Geschwindigkeitssteigerung. Hier wird die Scheibe mit kontinuierlicher Geschwindigkeit aufgezeichnet.

Bei einigen Writern bringt Maximalspeed die besten Ergebnisse!

Es gibt Ausnahmen: Beispielsweise sind die CD-Brenner von LiteOn (und deren OEM-Modelle) dafür bekannt, dass sie bei maximaler Brenngeschwindigkeit die besten Schreibergebnisse liefern, weil die Geräte ausschließlich für diese hohen Geschwindigkeiten optimiert wurden. Bei welcher Speed Sie mit Ihrem Writer die qualitativ hochwertigsten Schreibergebnisse erzielen, ermitteln Sie mithilfe der Testmöglichkeiten, die ich Ihnen in Kapitel 14 im Abschnitt „Ihr eigenes kostenloses Rohlingtestlabor" zeige.

Schreiboptimierung unter Nero aktivieren

Viele CD-Brenner besitzen eine Überwachungsfunktion für Rohlinge: Nach dem Einlegen des Rohlings in den Writer wird das Medium genau kontrolliert und analysiert. Handelt es sich um ein minderwertiges oder dem Writer unbekanntes Medium, reduziert der Brenner automatisch die maximal einstellbare Brenngeschwindigkeit. Ein 52fach-Brenner kann die Scheibe beispielsweise nur mit maximal 40facher Geschwindigkeit beschreiben. Durch die Geschwindigkeitsreduzierung soll eine bessere Brennqualität auf dem Medium erreicht werden. Sie sollten daher die Schreiboptimierung stets aktiviert lassen, auch wenn dadurch nicht alle Rohlinge mit maximaler Geschwindigkeit gebrannt werden.

Bei Leseproblemen von gebrannten Scheiben prüfen Sie, ob die Schreiboptimierung unter Nero aktiviert ist. Diese Schreiboptimierung gibt es zurzeit ausschließ-

13. Abspielprobleme von CDs/DVDs lösen

lich bei CD-Brennern. Bei DVD-Writern ist sie nicht notwendig, da diese Geräte CD-Rohlinge mit maximal 24facher Geschwindigkeit aufzeichnen und dafür alle erhältlichen Scheiben nutzbar sind.

1 Im Hauptprogramm Nero Burning Rom wählen Sie *Rekorder/Rekorderauswahl* und markieren den Eintrag des Writers, den Sie überprüfen wollen.

2 Klicken Sie unten auf *Optionen* und kontrollieren Sie, ob die Schreiboptimierung aktiviert ist. Je nach Brennerhersteller heißt sie unterschiedlich (siehe Tabelle im Kasten).

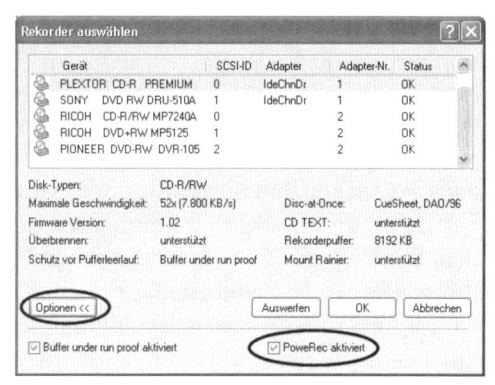

Deaktivierung der Schreiboptimierung nicht bei allen Brennern

Einige Brennermodelle lassen eine Deaktivierung dieser Schreiboptimierung nicht zu – es fehlt ein entsprechender Eintrag unter Nero. Das ist aber nicht weiter schlimm, da die Rohlingüberwachung bei diesen Geräten stets eingeschaltet ist.

Brennerhersteller	Rohlingüberwachungsfunktion
AOpen, RICOH und OEM-Modelle	JustSpeed
Plextor	PoweRec
Yamaha	Optimum Writespeed Control
LiteOn und OEM-Modelle	SMART-BURN

Spezialfeatures für perfekte Brennqualität

Neben den Mechanismen zur Überwachung der Rohlingqualität integrieren einige CD-Brennerhersteller weitere Features (beispielsweise Thermo Balanced Writing (Philips) oder Fine Focus Control (TEAC)) in ihre Geräte, durch die das Schreibergebnis weiter verbessert werden soll. Plextor spendiert seit kurzer Zeit den Brennern eine schwarze Laufwerksschublade, die beim Brennvorgang auftretendes und störendes Streulicht innerhalb des Laufwerks absorbieren soll.

Ich kann durch zahlreiche Rohling- und Brennertests bestätigen, dass solche Zusatzfeatures durchaus sinnvoll sind und in der Regel die Brennqualität verbessern. Gerade TEACs Fine Focus Control (exaktere Lasersteuerung als bei anderen Writern) führt zu äußerst exakten und sehr guten Schreibergebnissen auf vielen Rohlingen. Wollen Sie sich einen neuen CD-Brenner anschaffen, legen Sie auf ein solches Spezialfeature zur Optimierung der Brennqualität Wert.

Bei Audio-CDs bieten Plextor- und Yamaha-Writer weitere Zusatzfeatures an, die die Brennqualität erhöhen: VariRec (Plextor) und Audio Master Quality Recording (Yamaha). Näheres hierzu erfahren Sie in Kapitel 8 „Audio-CDs und Audio-DVDs individuell zusammenstellen".

Schreibqualität von TEAC-Brennern bei minderwertigen Scheiben verbessern

Für den viel verkauften 40fach-Brenner von TEAC CD-W540E gibt es ein spezielles Tuningtool, mit dem Sie die hochwertige Schreibqualität des Writers besonders bei minderwertigen Scheiben weiter verbessern können – für den Fall, dass Leseprobleme bei den gebrannten Scheiben auftreten. Das Programm funktioniert ausschließlich mit diesem Brennermodell. Sie erhalten es kostenlos unter *http://www.teac.co.jp/dspd/download/download.html* – eine Installation ist nicht notwendig.

1 Nach dem Start des Programms wählen Sie zunächst den Brenner aus und kontrollieren, ob unter *Maximum Write Speed* die Option *Speed Mode* deaktiviert ist (entspricht der Voreinstellung). Dadurch wird bei minderwertigen Scheiben automatisch die Schreibgeschwindigkeit reduziert.

2 Als Nächstes aktivieren Sie unter *CD-R(4X) Strategy* die Option *Boost*. Hierdurch wird beim Brennen einer CD-R mit 4facher Geschwindigkeit die Schreibstrategie geändert: Das Medium wird mit einer stärkeren Laserenergie in geringerer Zeit beschrieben; dies kann zu einem qualitativ hochwertigeren Schreibergebnis (besonders auf minderwertigen Rohlingen) führen.

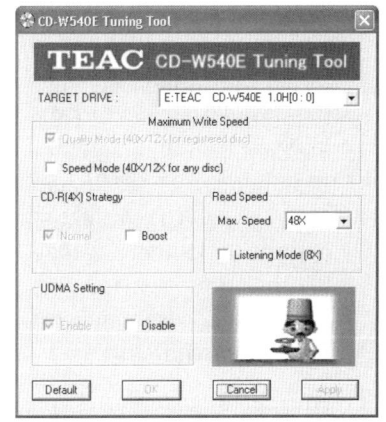

3 Verlassen Sie das Tuningtool mit *OK* und schreiben Sie einen neuen Rohling. Die Boostfunktion wird wirksam, wenn Sie im Brennprogramm als Schreibgeschwindigkeit für eine CD-R 4fache Speed auswählen. Noch ein Tipp: Wenn der resultierende Rohling nicht lesbar ist, deaktivieren Sie die Boostfunktion über das Tuningtool wieder.

13.4 Medienkompatibilität erhöhen

Spielt ein Laufwerk die gebrannte Scheibe nicht ab, liegt das bei modernen Geräten nicht an einem technischen Mangel: Meistens kann das Laufwerk mit dem Medium wegen eines unbekannten Formats bzw. einer zu geringen Datenmenge

13. Abspielprobleme von CDs/DVDs lösen

nichts anfangen. Viele dieser Probleme lassen sich mit einem Firmwareupdate beheben. Bringt dies nichts bzw. ist keine aktuellere Steuerungssoftware für Ihr Modell vorhanden, greifen Sie selbst ein und verbessern die Kompatibilität der gebrannten Rohlinge!

Kompatibilität der Super-Video-CD verbessern

Leider kommt es vor, dass sich der DVD-Player – obwohl alle Einstellungen richtig vorgenommen wurden, der Rohling erfolgreich gebrannt wurde und das Gerät die Wiedergabe einer gebrannten Super-Video-CD unterstützt – dennoch weigert, die Super-Video-CD wiederzugeben. In der Regel liegt dies daran, dass der Player die entsprechenden Dateien in einer bestimmten Ordnerstruktur auf dem Medium erwartet. Ist ein Ordner nicht vorhanden bzw. befinden sich die Dateien in einem anderen Verzeichnis, spielt der DVD-Player die Scheibe nicht ab. Ändern Sie die Standardeinstellungen des Super-Video-CD-Projekts von Nero:

1. Starten Sie das Hauptprogramm Nero Burning Rom und markieren Sie als CD-Projekt im linken Fensterteil *Super-Video-CD*. Falls Sie die Eigenschaften eines bestehenden, geöffneten Super-Video-CD-Projekts ändern möchten, wählen Sie im Hauptfenster von Nero *Datei/Zusammenstellungseigenschaften*.

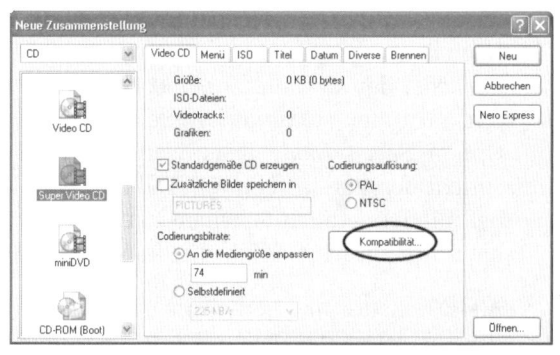

2. Auf der Registerkarte *Video CD* klicken Sie auf die Schaltfläche *Kompatibilität*. Im neuen Fenster ändern Sie die vorgegebenen Standardwerte. Eine Empfehlung, welche Änderungen vorgenommen werden müssen, damit der DVD-Player mit der gebrannten Super-Video-CD zurechtkommt, kann ich nicht geben, da dies von Gerät zu Gerät unterschiedlich ist. Am besten versuchen Sie die unterschiedlichsten Einstellungen und verwenden zum Testen eine CD-RW. Voraussetzung: Der DVD-Player kommt mit diesen Medien zurecht.

3. Nach einem Klick auf *OK* starten Sie das CD-Projekt wie beschrieben beziehungsweise rufen – falls Sie die Einstellungen des geöffneten CD-Projekts geändert haben – den Brenndialog über *Rekorder/Zusammenstellung brennen* auf. Nach dem Brennvorgang prüfen Sie, ob die neue Super-Video-CD abgespielt wird. Falls nicht, müssen Sie die Einstellungen erneut verändern, bis Sie eine optimale Lösung gefunden haben.

DVD-Hochkompatibilitätsmodus von Nero nutzen

Befinden sich auf einem gebrannten DVD-Rohling nicht genügend Daten, damit der Laser auf die Scheibe fokussiert werden kann, scheitert die Wiedergabe. Viele Laufwerke fahren zum Fokussieren des Lasers eine Stelle in der Mitte der Scheibe an. Sind dort keine Daten vorhanden, misslingt die automatische Lasereinstellung.

Mit dem DVD-Hochkompatibilitätsmodus von Nero werden auf jeden Rohling mindestens 1 GByte Daten gebrannt, um eine fehlerfreie Laserfokussierung zu ermöglichen. Dieser Modus wird nur angewendet, wenn Sie eine Datenmenge auf das Medium brennen, die kleiner ist als 1 GByte. In dem Fall werden zusätzlich zu den eigentlichen Nutzdaten weitere Pits und Lands gebrannt (= nutzlose Fülldaten), bis die 1-GByte-Grenze erreicht ist. Bei den zurzeit noch teuren DVD-Rohlingen stellt der DVD-Kompatibilitätsmodus eine Art Platzverschwendung dar! Füllen Sie möglichst Ihre DVD-Rohlinge vollständig (mindestens eine 1 GByte große Datenmenge), damit die Rohlingkapazität durch die eigentlichen Nutzdaten ausgeschöpft wird und der Hochkompatibilitätsmodus von Nero nicht wirksam werden muss.

> *Brennen Sie mindestens 1 GByte Daten auf eine DVD!*

DVD-Hochkompatibilitätsmodus aktivieren

Den DVD-Hochkompatibilitätmodus schalten Sie unter Nero folgendermaßen ein:

1 Im Hauptprogramm von Nero wählen Sie *Rekorder/Rekorderauswahl* und markieren den Eintrag Ihres DVD-Brenners.

2 Klicken Sie auf *Optionen* und prüfen Sie, ob der *DVD-Hochkompatibilitätsmodus* aktiviert ist. Die Einstellung gilt sowohl für Nero und Nero Express als auch für Nero VisionExpress.

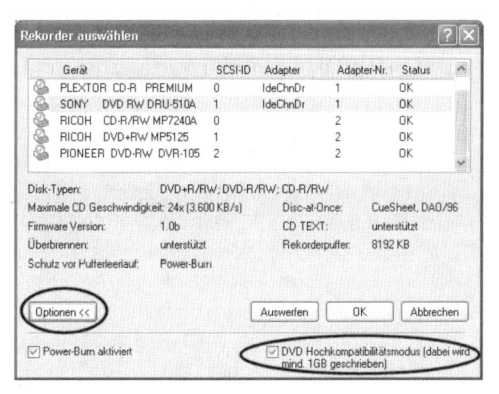

Bessere Kompatibilität für DVD+R/RW

Das Abspielen von DVD+R/RW-Medien bereitet selbst auf moderneren Geräten nach wie vor Schwierigkeiten: Erstens ist die DVD+R/RW jünger als die DVD-R/RW, und zweitens wurde das Plus-Format im Gegensatz zum Minus-Format nicht vom DVD-Forum abgesegnet. Aus dem Grund kennen manche DVD-Player (besonders etwas ältere Modelle) das Format nicht und verweigern die Wiedergabe. Einige Hersteller halten es (noch) nicht für notwendig, entsprechende Firmwareupdates zu veröffentlichen, mit denen das Gerät die bisher unbekannten Medienformate DVD+R bzw. DVD+RW „kennen lernt". Das ist sehr ärgerlich, schließlich ist jedes Gerät, das DVD-R bzw. DVD-RW abspielen kann, technisch dazu in der Lage, eine DVD+R bzw. DVD+RW wiederzugeben, da die optischen Eigenschaften der Medien nahezu identisch sind.

Alle Silberlinge werden durch ein Erkennungsbit identifiziert

Glücklicherweise gibt es eine Möglichkeit, mit der Sie störrische Laufwerke überlisten, um darauf DVD+R/RW-Rohlinge abzuspielen. Hintergrund: Jeder Medientyp wird anhand eines Erkennungsbits auf der Scheibe nach dem Einlegen durch den Player identifiziert – das Laufwerk „weiß" anschließend, um welche Scheibe es sich handelt (CD, DVD-ROM usw.) und kann den Silberling nach der genauen Bestimmung (Audio-CD bzw. Video-DVD) abspielen.

Durch „Manipulation" werden DVD+R/RW lesbar!

Die Wiedergabe von DVD+R/RW-Scheiben scheitert, weil das Laufwerk das Medienformat DVD+R bzw. DVD+RW nicht kennt und daher nichts damit anzufangen weiß. Für die Wiedergabe der DVD+R/RW auf dem störrischen Laufwerk müssen Sie ihm das Format „bekannt machen", indem Sie das Erkennungsbit auf der Scheibe „manipulieren" und die gebrannten Rohlinge beispielsweise als gewöhnliche DVD-ROM ausweisen – dieses Format kennt das Laufwerk, folglich spielt es die Scheibe ab.

DVD+R/RW immer manipulieren?

Die manuelle Änderung des Erkennungsbits kann problematisch sein: Es gibt einzelne DVD-ROM-Laufwerke (zum Beispiel das 16fach-DVD-ROM-Laufwerk von TEAC mit der Firmwareversion 2.01), die mit den manipulierten DVD-Scheiben nicht zurechtkommen. „Unmanipulierte" DVD+R/RWs werden dagegen im gleichen Laufwerk klaglos abgespielt. Haben Sie ein solches Laufwerk im PC, müssen aber für die Wiedergabe mit dem externen DVD-Player die DVD-Rohlinge manipulieren, stehen Sie vor einer schweren Entscheidung: DVD-Rohlinge manipulieren oder nicht? Eine eindeutige Antwort kann leider nicht gegeben werden. In der Regel ist aber ein unmanipulierter DVD-Rohling vorzuziehen, da die meisten aktuellen Markengeräte mit dem Erkennen von DVD+R/RW keine Probleme haben und zukunftssichere Scheiben brennen sollten. Die Gefahr, dass zukünftige Laufwerke über eine manipulierte Disk stolpern, kann nicht ausgeschlossen werden. Ein Tipp: Nutzen Sie eine DVD+RW. Bei dieser Scheibe ist es möglich, die Medienkennung nach dem Brennvorgang jederzeit ohne Datenverlust zu verändern und somit die Disk für die Wiedergabe mit dem externen DVD-Player zu manipulieren bzw. die Manipulation für das Abspielen in anderen Laufwerken wieder aufzuheben.

Voraussetzungen

Früher war man zwecks Änderung des Erkennungsbits von DVD+R/RW auf ein separates Tool (beispielsweise die Bitsetting-Utilities) angewiesen. Seit einiger Zeit ist die Manipulierung der Scheiben auch direkt mit Nero möglich. Die Änderung des Erkennungsbits ist nur bei DVD-Brennern der ersten Laufwerkgeneration, die ausschließlich DVD+RWs brennen können, und bei Writern der zweiten Laufwerkgeneration, die DVD+R bzw. DVD+RW mit 2,4facher Brenngeschwindigkeit brennen, möglich. Alle diese Geräte basieren auf dem jeweiligen Modell der Firma RICOH. Neuere Laufwerkgenerationen mit 4- bzw. 8facher Brenngeschwindigkeit bzw. die Combo-Brenner für DVD+R/RW und DVD-R/RW beherrschen die Manipulierung leider (noch) nicht. Mit einem Firmwareupdate kann sich dies allerdings jederzeit ändern ...

Bessere Kompatibilität für DVD+R

Scheitert die Wiedergabe einer gebrannten DVD+R, manipulieren Sie beim Brennen der nächsten DVD+R deren Erkennungsbit so, dass sie sich als gewöhnliche DVD-ROM ausweist. Dieses Format kennt jedes Laufwerk, sodass die Wiedergabe problemlos möglich ist. Die Manipulation kann nicht nachträglich durchgeführt bzw. geändert werden, sie ist nur vor dem Start des Brennvorgangs möglich.

1   Legen Sie wie gewohnt Ihr DVD-Projekt mit Nero Burning Rom an und öffnen Sie über *Rekorder/Zusammenstellung brennen* das Brennfenster des Programms.

2   Für die Manipulierung des Erkennungsbits aktivieren Sie die Option *Book Type DVD-ROM* und starten den Brennvorgang. Die gebrannte Disk wird als DVD-ROM und nicht mehr als DVD+R erkannt. Sollte der Eintrag nicht vorhanden sein, wird die Änderung des Erkennungsbits in Verbindung mit dem genutzten DVD-Brenner nicht unterstützt.

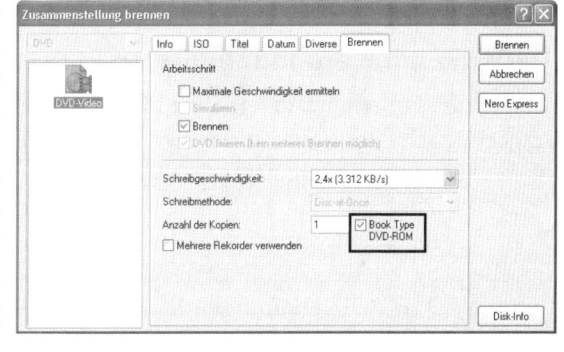

Nutzen Sie zum Brennen Ihrer DVDs die Einsteigerlösung Nero Express, können Sie ebenfalls in diesem Programm eine DVD+R für eine bessere Kompatibilität manipulieren. Im Brennfenster von Nero Express klicken Sie auf die Schaltfläche *Mehr* und aktivieren anschließend den Eintrag *Book Type DVD-ROM*, um die gebrannte DVD+R als DVD-ROM auszuweisen.

Das Manipulieren von DVD+R/RW beim Brennen mit NeroVision Express ist leider (noch) nicht möglich. Es bleibt zu hoffen, dass Ahead sein Videotool nachträglich mit einer solchen Funktion ausstattet.

13. Abspielprobleme von CDs/DVDs lösen

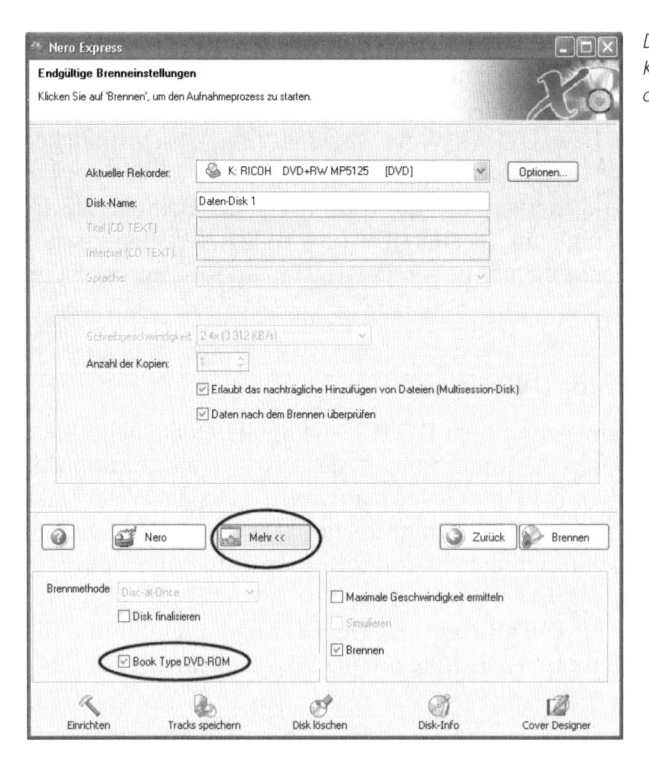

DVD+R für eine bessere Kompatibilität mit Nero Express als DVD-ROM ausweisen.

DVD+RW mit Nero manipulieren

Der Vorteil bei einer DVD+RW ist, dass die Änderung des Erkennungsbits nachträglich (nach dem Brennen der eigentlichen Nutzdaten) jederzeit möglich ist und auch wieder rückgängig gemacht werden kann. Aus diesem Grund sollten Sie die DVD+RW zunächst unmanipuliert brennen (die Option *Book Type DVD-ROM* im Brennfenster deaktivieren) und testen, ob die Scheibe überall abspielbar ist. Scheitert die Wiedergabe, ändern Sie das Erkennungsbit so, dass der Rohling ab sofort als DVD-ROM erkannt wird.

1 Starten Sie Nero, legen Sie den zu manipulierenden DVD+RW-Rohling ein und wählen Sie *Rekorder/Disk-Info*.

2 Falls notwendig, wählen Sie über die Laufwerkliste zuerst den DVD-Brenner aus, der die Scheibe enthält. Daraufhin wird der Rohling untersucht und dessen Inhalt und Erkennungsbit analysiert. Klicken Sie unten auf *Book Type ändern*. Ist die Schaltfläche nicht vorhanden, unterstützt der Writer die Manipulation nicht!

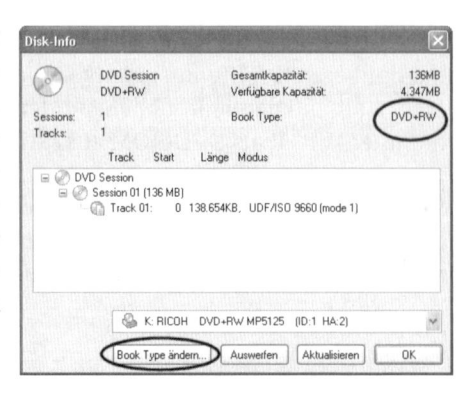

462

3 Im neuen Fenster markieren Sie *DVD-ROM*, um die Erkennung des Mediums zu optimieren bzw. *DVD+RW*, um eine vorangegangene Manipulation wieder rückgängig zu machen. Mit einem Klick auf *OK* wird die Änderung sofort durchgeführt.

4 Zum Abschluss kontrollieren Sie im Fenster *Disk Info*, ob die Änderung erfolgreich war – sich die Scheibe als *DVD-ROM* ausweist.

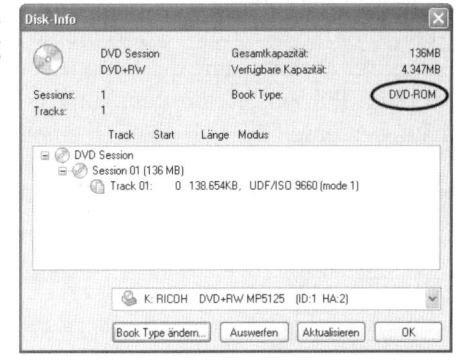

Das Manipulieren einer DVD+RW als DVD-ROM ist nicht so erfolgreich wie bei einer DVD+R, da es zwischen einer DVD+RW und einer DVD-ROM große Unterschiede in den optischen Eigenschaften gibt. Es kann vorkommen, dass das Laufwerk das Medium mit einer falschen Strategie zu lesen versucht, was in der Regel scheitert. Die Änderung des Erkennungsbits bei einer DVD+R ist dagegen sehr erfolgversprechend, da die optischen Eigenschaften zwischen einer DVD+R und einer DVD-ROM fast identisch sind.

13.5 Geheime Tricks: Laser reinigen, einjustieren und DVD-Player umbauen

Alle bisherigen Lösungsvorschläge haben nichts gebracht – die gebrannten CDs/DVDs lassen sich nach wie vor nicht abspielen? In dem Fall haben die Wiedergabeprobleme technische Ursachen: Entweder ist der Laser des Laufwerks verschmutzt oder nicht optimal einjustiert (heutzutage wird sich dafür keine große Mühe gegeben).

Im Folgenden erfahren Sie, wie Sie den Laser des Abspielgeräts richtig reinigen bzw. bei einem Hi-Fi-CD-Player oder Ihrem Autoradio mit integriertem CD-Spieler so einstellen, dass gebrannte Scheiben (selbst übergroße 99-Minuten-Rohlinge) problemlos abgespielt werden. Zum Abschluss folgt der ultimative Geheimtrick: Ich zeige Ihnen, wie Sie Ihren bisher störrischen DVD-Player relativ billig umbauen, sodass das Gerät anschließend gebrannte DVDs wiedergibt.

13. Abspielprobleme von CDs/DVDs lösen

Laserreinigung richtig durchführen

Spielt ein bereits seit langem benutzter CD/DVD-Player gebrannte Scheiben nicht ab, kann dies an einer verschmutzten Laserlinse liegen: Die gute Reflexion von Original-CDs/DVDs reicht trotz der dreckigen Linse für die fehlerfreie Wiedergabe aus, die etwas geringeren Reflexionseigenschaften einmal beschreibbarer CDs/DVDs dagegen nicht – die Wiedergabe der äußerst schwach reflektierenden wieder beschreibbaren Medien ist überhaupt nicht möglich. Ein Indiz für eine verschmutzte Laserlinse ist, wenn das Gerät die gleichen Scheiben nur ab und zu fehlerfrei abspielt. Für die fehlerfreie Wiedergabe muss das Laufwerk gereinigt werden. Führen Sie die Reinigung nur durch, wenn Sie Leseprobleme haben – häufig ersparen Sie sich dadurch einen Laufwerkneukauf.

Laserreinigung bei allen Laufwerken möglich

Die Laserreinigung kann sowohl bei internen PC-Laufwerken (CD-ROM/DVD-ROM) als auch bei externen Abspielgeräten (Hi-Fi-CD-Player, DVD-Player) durchgeführt werden. Theoretisch ist die Säuberung eines CD/DVD-Brenners ebenfalls möglich; in der Praxis ist sie aber kaum nötig, da Brenner eher durch eine Dejustierung der feinen Mechanik ihren „Geist aufgeben" als durch eine verschmutzte Laserlinse.

Achten Sie beim Abspielen auf möglichst saubere Disks!

Wie kommt es zu der Verschmutzung des Lasers? Durch häufige und lange Benutzung wird Dreck und Schmutz (beispielsweise kleine Härchen bzw. Staubpartikel) über das Einlegen der Scheiben in das Gerät „transportiert". An dem Medium haftende Verschmutzungen lösen sich durch die Beschleunigung der Scheibe und lagern sich auf den Bauteilen des internen Laufwerks (beispielsweise auf der Laserlinse) ab. Aus diesem Grund sollten Sie für einen fehlerfreien Abtastvorgang darauf achten, dass die abzuspielenden Scheiben (besonders deren Rückseiten) möglichst sauber sind. Eventuell vorhandene Fussel, Härchen oder Staubpartikel blasen Sie, bevor Sie die Scheibe einlegen, vorsichtig weg. Als Alternative erhalten Sie im Fachhandel für diese Reinigung eine Kombination aus Pinsel und kleinem Blasebalg.

Teurer Humbug: Verzichten Sie unbedingt auf Reinigungsdisks!

Im Fachhandel sind spezielle und sehr teure Reinigungsdisks zu bekommen, die laut Hersteller wahre Wunder bewirken sollen. Ich rate Ihnen dringend vom Einsatz einer Reinigungsdisk ab! Die Säuberung des Lasers wird durch solche Scheiben nicht gründlich genug durchgeführt bzw. führt im schlimmsten Fall zu einer Laserbeschädigung: An der Unterseite

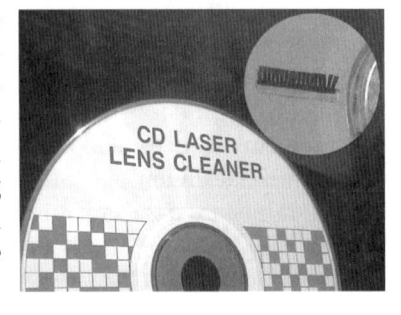

Geheime Tricks: Laser reinigen, einjustieren und DVD-Player umbauen

der Reinigungsdisk befindet sich ein kleines Bürstchen, welches die Laserlinse beim Drehen der CD putzen soll. Streift das Bürstchen vorher über ein gefettetes Geräteteil, wird die Linse dreckiger, als sie vorher war. Außerdem kann der Laser durch Dreck, der sich an der Bürste befindet, verkratzt werden – das Gerät ist futsch! Mein Rat: Finger weg von diesen Reinigungsscheiben! Führen Sie eine eventuell notwendige Reinigung eigenhändig durch.

So reinigen Sie die Linse richtig!

Das häufig beschriebene Reinigen des Lasers durch eine Druckluftdose, die angeblich den Schmutz von der tief im Inneren liegenden Laserlinse blasen soll, ist wenig erfolgversprechend! Für eine professionelle Säuberung müssen Sie das Gerät öffnen!

> **Achtung: Garantieverlust und keinerlei Haftung!**
> Durch das Öffnen des Geräts verlieren Sie jegliche Garantieansprüche! Führen Sie die nachfolgende Operation deswegen nur bei älteren Geräten durch, bei denen die Garantie bereits abgelaufen ist! Ziehen Sie vor der Öffnung unbedingt den Netzstecker aus der Dose, um beim Hantieren am offenen Gerät weder Ihr Augenlicht durch die Laserstrahlung zu gefährden (zu verlieren), noch einen Stromschlag zu bekommen, der unter Umständen tödlich sein kann! Zudem sollten Sie technisch versiert und sich über eventuelle Folgen bewusst sein. DATA BECKER und der Autor übernehmen keinerlei Haftung für entstandene materielle und gesundheitliche Schäden.

1. Öffnen Sie das Gerät. Bei einem internen PC-Laufwerk ist das Öffnen häufig relativ schwer: Manchmal müssen Sie das Metallgehäuse etwas verbiegen, um das Innere des Laufwerks freizulegen.

2. Als Nächstes müssen Sie die Laserlinse freilegen. Dies ist von Gerät zu Gerät verschieden. Bei einem externen Player ziehen Sie den Laserschlitten vorsichtig nach vorn; bei einem internen PC-Laufwerk schrauben Sie meistens die obere CD/DVD-Halterung ab, um die Laserlinse zu erreichen.

3. Ist die Linse dreckig, reinigen Sie sie mit einem fusselfreien Tuch. Sollte sie verfettet sein, tränken Sie ein Küchentuch mit Reinigungsalkohol (aus der Apotheke) und säubern Sie damit vorsichtig die Laserlinse. Eine gute Alternative ist die Verwendung eines feuchten Brillenputztuchs.

4. Schauen Sie anschließend nach, ob die Führungsbahn des Laserschlittens sauber ist und nicht mit Fusseln oder Haaren bedeckt ist. Entfernen Sie diese gegebenenfalls, weil es dadurch zu Schreib- bzw. Leseabbrüchen kommen kann.

5. Schrauben Sie das Gerät wieder zu und versuchen Sie die Wiedergabe eines gebrannten Rohlings erneut – sie sollte jetzt fehlerfrei gelingen. Treten nach

13. Abspielprobleme von CDs/DVDs lösen

wie vor Abspielprobleme auf, liegen diese nicht in einer verschmutzten Linse begründet: Entweder ist der Laser nicht richtig einjustiert, oder das Gerät ist technisch nicht in der Lage, gebrannte Rohlinge abzuspielen. Bei einem CD-Player versuchen Sie als Nächstes, den Laser optimal einzujustieren. Dem DVD-Player bringen Sie dagegen die Wiedergabe von gebrannten DVDs mit einem preisgünstigen Umbau bei (siehe Ende dieses Abschnittes).

Laser des Hi-Fi-CD-Spielers für Selbstgebrannte einjustieren

Zwar führen viele CD-Player nach dem Einlegen der Scheibe eine automatische Laserfokussierung durch, diese reicht jedoch häufig nicht aus, um selbstgebrannte Medien (fehlerfrei) abzuspielen, weil die werkseitige Lasereinjustierung sehr schnell und mangelhaft durchgeführt wurde. Für Original-CDs genügt diese Voreinstellung, für gebrannte Rohlinge, die etwas schlechter reflektieren, muss der Laser wesentlich präziser einjustiert werden. Ein nicht optimal justierter Laser macht sich auf verschiedene Arten bemerkbar: Entweder wird die gebrannte Scheibe gar nicht akzeptiert bzw. nur teilweise abgespielt, oder die Wiedergabe gelingt nur fehlerhaft – das Anspringen der einzelnen Tracks gelingt nicht bzw. die Musik enthält Störgeräusche.

Alle CD-Player können technisch gesehen CD-Rs abspielen.

Bevor Sie für die (fehlerfreie) Wiedergabe gebrannter Audio-CDs einen neuen CD-Player kaufen, versuchen Sie, den Laser des Players optimal für CD-Rs einzustellen. Mit ein bisschen Fingerspitzengefühl können Sie sogar den Laser eines kompakten Auto-CD-Spielers im Notfall einjustieren, um während der Fahrt in den Genuss der selbstgebrannten Hitparaden zu kommen! Eigentlich ist fast jeder CD-Player in der Lage, selbstgebrannte Medien abzuspielen, da in den Geräten verschiedener Hersteller oft der gleiche Laserpickup ist und der Laser bei einem Gerät, das keine gebrannten Rohlinge abspielt, nicht sorgfältig eingestellt wurde.

Garantieverlust und keinerlei Haftung!!

Durch das Öffnen des Geräts verlieren Sie jegliche Garantieansprüche! Führen Sie die nachfolgende Operation nur bei älteren Geräten durch, bei denen die Garantie bereits abgelaufen ist! Ziehen Sie vor der Öffnung des CD-Players unbedingt den Netzstecker aus der Dose, um beim Hantieren am offenen Gerät weder Ihr Augenlicht durch die Laserstrahlung zu gefährden (zu verlieren), noch einen Stromschlag zu bekommen, der unter Umständen tödlich sein kann! Zudem sollten Sie technisch versiert und sich über eventuelle Folgen bewusst sein. DATA BECKER und der Autor übernehmen keinerlei Haftung für entstandene materielle und gesundheitliche Schäden.

1. Ziehen Sie den Netzstecker des CD-Players – falls noch nicht geschehen – aus der Steckdose! Schrauben Sie das Gerät auf. Im Inneren wird Ihnen gleich das schwarze CD-Laufwerk ins Auge fallen.

2. In der Mitte des schwarzen Plastiklaufwerks befindet sich der Laserschlitten (siehe Abbildung). Sehen Sie nach, ob Sie dort eine (meist gelbe oder schwarze) Justierschraube (Trimmer oder Trimmpoti) für den Laser entdecken können. Geräte der Marke Sony, Yamaha, Denon oder Onkyo besitzen eine solche Einstellungsmöglichkeit.

3. Merken Sie sich die Stellung gut, Sie können dadurch das Gerät jederzeit wieder in den Ausgangszustand zurückversetzen. Drehen Sie die Schraube mithilfe eines passenden Schraubendrehers minimal nach rechts oder links. Eine Richtungsempfehlung kann leider nicht gegeben werden, da die Geräte werksseitig unterschiedlich eingestellt sind. Meistens ist das Drehen nach rechts erfolgversprechender. Eventuell müssen Sie beim ersten Drehen etwas Kraft aufwenden, da die Einstellung oft mit Klebstoff oder Lack fixiert ist.

4. Setzen Sie die Abdeckung wieder auf den CD-Spieler, stecken Sie das Netzkabel ein und legen Sie eine bisher „verschmähte" CD-R ein. Die Scheibe wird nach wie vor ignoriert? Dann wieder Netzkabel ziehen und die Justierschraube noch etwas weiter drehen. Bringt die Veränderung wieder nichts, versuchen Sie die andere Richtung. Zusätzlich zu der gebrannten Scheibe sollten Sie stets auch immer versuchen eine Original-CD abzuspielen. Unter Umständen verstellen Sie die Justierung so, dass das Gerät zwar die Selbstgebrannten akzeptiert, aber bei den Original-CDs Leseprobleme hat.

Die Lasereinjustierung verlangt Geduld. Bereits eine sehr kleine Positionsänderung der Laserjustierschraube kann gewaltige Auswirkungen auf das Abspielverhalten des Geräts haben! Doch es lohnt sich durchzuhalten: In vielen Fällen kann ein störrischer Player dazu bewegt werden, außer den gekauften auch selbstgebrannte und übergroße CDs anschließend tadellos abzuspielen! Ich habe schon viele CD-Player, die mit selbstgebrannten CDs Probleme hatten, so einjustiert, dass sogar übergroße Rohlinge keine Leseschwierigkeiten bereiteten.

Mehrere Justiermöglichkeiten?

Einige ältere und teure CD-Player besitzen statt der Justierschraube am Laserschlitten mehrere gelbfarbige Trimmpotis für die Lasereinjustierung auf der Platine des Geräts. Da diese Potis stets unterschiedlich angeordnet sind, kann hier keine Erklärung der genauen Vorgehensweise beschrieben werden bzw. geklärt werden, welche Justierschraube zuerst verstellt werden soll. Am besten gehen Sie folgendermaßen vor: Entweder Sie besorgen sich die Wartungsanleitung des Geräts (Hersteller konsultieren oder einmal bei Ebay im Internet vorbeischauen), oder Sie versuchen die Lasereinjustierung auf eigene Faust. Notieren Sie sich un-

13. Abspielprobleme von CDs/DVDs lösen

bedingt vor Beginn die exakte Einstellung der verschiedenen Potis auf der Platine. Entscheidend für die Einjustierung sind die, die in der Nähe des CD-Laufwerks zu finden sind. Versuchen Sie Ihr Glück und verstellen Sie den ersten Poti. Bringt die Änderung keine Besserung, drehen Sie ihn in die Ausgangsstellung zurück und verändern den nächsten. Mit viel Geduld finden Sie den richtigen und bringen Ihrem alten CD-Player das Abspielen von gebrannten Rohlingen bei – schließlich lohnt es sich, da das Gerät einmal sehr teuer war und meistens wesentlich besser als die modernen Player klingt.

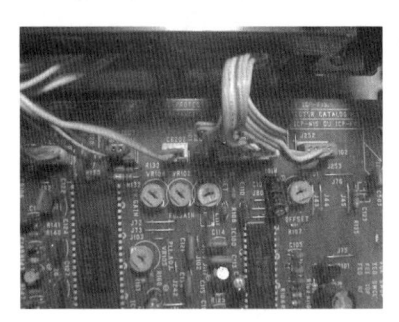

Justiermöglichkeiten eines 14 Jahre alten DENON DCD-1520 CD-Players.

Neues Laufwerk in den DVD-Player einbauen

Sie sind technisch versiert, basteln gern und besitzen einen DVD-Player, der Ihre gebrannten DVD-Rohlinge nach wie vor verschmäht? Dann sind Sie hier genau richtig: Bei vielen DVD-Playern ist es möglich, das vorhandene DVD-Laufwerk gegen ein neues DVD-ROM-Laufwerk für den Einbau in einen PC auszutauschen – mit dem Effekt, dass der Player anschließend alle gebrannten DVD-Scheiben akzeptiert. Mit Glück und Geschick rüsten Sie Ihren DVD-Player mit einem neuen Laufwerk aus und sparen so ca. 50-100 Euro gegenüber dem Neukauf eines kompletten Abspielgeräts! Ich habe einen solchen Umbau bereits erfolgreich durchgeführt – auch wenn es relativ zeitaufwendig war und man je nach Bauart des DVD-Players beim Einbau bzw. der Befestigung des neuen Laufwerks etwas improvisieren muss.

Achtung: Garantieverlust und keinerlei Haftung!

Durch das Öffnen des Geräts verlieren Sie jegliche Garantieansprüche! Führen Sie die nachfolgende Operation daher nur bei älteren Geräten durch, bei denen die Garantie bereits abgelaufen ist! Ziehen Sie vor der Öffnung unbedingt den Netzstecker aus der Dose, um beim Hantieren am offenen Gerät weder Ihr Augenlicht durch die Laserstrahlung zu gefährden (zu verlieren), noch einen Stromschlag zu bekommen, der unter Umständen tödlich sein kann! Zudem sollten Sie technisch versiert und sich über eventuelle Folgen bewusst sein. DATA BECKER und der Autor übernehmen keinerlei Haftung für entstandene materielle und gesundheitliche Schäden.

Warum ist ein Laufwerktausch möglich?

Der Einbau eines normalen DVD-ROM-Laufwerks für den PC ist möglich, weil viele DVD-Player (besonders billige Modelle) mit einem herkömmlichen Computerlaufwerk ausgestattet sind. Meistens sind billige Noname-DVD-ROM-Laufwerke verbaut, weshalb das Abspielen von gebrannten DVD-Rohlingen meist aus technischen Gründen misslingt – ein Firmwareupdate sucht man ebenfalls vergeblich. Einziger Unterschied zu modernen und schnellen Computerlaufwerken ist, dass die Firmware des eingebauten Laufwerks modifiziert wurde, damit das Laufwerk bei der Wiedergabe die Lesegeschwindigkeit drosselt und dadurch leiser arbeitet. Wenn Sie sich für den Umbau ein neues Marken-DVD-ROM-Laufwerks (ca. 50 Euro) besorgen, wird der Geräuschpegel nicht stärker sein, da viele namhafte Hersteller die Auslesegeschwindigkeit bei der Filmwiedergabe zugunsten eines kaum hörbaren Laufwerkgeräuschs auch bei den gewöhnlichen DVD-ROM-Laufwerken für den PC über die Firmware reduzieren.

Die notwendigen Anschlüsse für das Computerlaufwerk sind in den meisten externen DVD-Playern vorhanden, sodass die Verkabelung eines neuen DVD-ROM-Laufwerks keine Probleme bereitet, da die Steckverbindungen genormt sind. Vor dem Kauf eines DVD-ROM-Laufwerks für den Einbau in Ihrem DVD-Player kontrollieren Sie, ob dieser über die nötigen Anschlüsse verfügt. Andernfalls ist der Umbau nicht möglich! Es muss sowohl ein Stromstecker als auch ein IDE-Flachbandkabel vorhanden sein. Beide Kabelarten kennen Sie vom Handling am PC. Finden Sie die nötigen Anschlussmöglichkeiten, steht dem Umbau nichts mehr im Wege ...

Optimales DVD-ROM-Laufwerk für den Einbau in einem DVD-Player

Für den Einbau besorgen Sie sich am besten ein DVD-ROM-Laufwerk eines namhaften Herstellers mit guter Qualität. Konsultieren Sie am besten vor dem Kauf diverse Tests der PC-Zeitungen und Kompatibilitätslisten im Internet, um ein qualitativ hochwertiges und möglichst leises Laufwerk auszuwählen, das alle gebrannten DVD-Rohlinge abspielen kann. Bevor Sie mit dem Umbau beginnen, sollten Sie das Laufwerk auf den aktuellsten Stand bringen: Suchen Sie im Internet auf den Herstellerseiten nach einem eventuell vorhandenen Firmwareupdate und installieren Sie dieses. Dazu muss das DVD-ROM-Laufwerk vorübergehend in den PC eingebaut werden – eine spätere Aktualisierung (wenn das Laufwerk im DVD-Player eingebaut ist) ist nicht möglich; es müsste vorher erst wieder ausgebaut und im PC angeschlossen werden!

Altes Laufwerk ausbauen

1   Zunächst müssen Sie das alte Laufwerk aus dem DVD-Player ausbauen. Dazu ziehen Sie als Erstes die Laufwerkschublade nach vorn heraus – eine eventu-

13. Abspielprobleme von CDs/DVDs lösen

elle Sperre, die das komplette Herausziehen der Schublade verhindert, müssen Sie beseitigen. In der Regel besteht die Sperre aus einem Wiederhaken aus Plastik, der sich leicht wegdrücken lässt, sodass die Schublade entnommen werden kann.

2 Schrauben Sie jetzt die Befestigungsschrauben auf und nehmen Sie das alte Laufwerk aus dem DVD-Player.

3 Versuchen Sie die Blende der Laufwerkschublade zu entfernen, um sie später an das eingebaute DVD-ROM-Laufwerk anbringen zu können. Häufig ist die Blende mit der Schublade verklebt, sodass Sie all Ihr Können aufbieten müssen, um sie von dem Laufwerk zu trennen. Laubsäge und diverse Schlüsselfeilen sind dabei sehr hilfreich. Die Blende des neue DVD-ROM-Laufwerks ist meistens nicht geeignet, da sie für die Laufwerköffnung an der Frontseite des DVD-Players zu breit ist.

Neues Laufwerk vorbereiten und einbauen

1 Das einzubauende Laufwerk muss als Master gejumpert werden, da es allein an das IDE-Kabel angeschlossen wird.

2 Sind die Anschlusskabel des DVD-Players lang genug, können Sie das Laufwerk auch auf dem Gehäuse des DVD-Spielers befestigen (beispielsweise mithilfe von Power Strips) und die Kabel durch eine geeignete (eventuell selbstgeschaffene) Öffnung an der Rückseite des DVD-Players nach draußen führen. Das sieht nicht sehr elegant aus, erfüllt aber den Zweck! Die Bedientasten am DVD-ROM-Laufwerk können Sie nicht benutzen, sondern das Laufwerk über die Tasten am DVD-Player steuern. Andernfalls kann es zu Problemen kommen. Ab sofort können Sie Ihre gebrannten DVDs abspielen, da das neue Laufwerk die Scheiben richtig erkennt und lesen kann.

3 Sind die Kabel zu kurz bzw. möchten Sie den Einbau richtig professionell durchführen, müssen Sie das neue DVD-ROM-Laufwerk in das Innere des DVD-Players verfrachten. Entfernen Sie zunächst die Laufwerkblende des DVD-ROM-Laufwerks. Dazu öffnen Sie als Erstes die Laufwerkschublade, indem Sie den Notauswurf des Laufwerks an der Frontseite benutzen. Bestens dafür geeignet ist eine passend zurechtgebogene Büroklammer (siehe Abbildung).

4 Ziehen Sie die Laufwerkschublade etwas heraus und entfernen Sie die Blende, indem Sie sie vorsichtig (von unten her) nach oben wegdrücken.

Anschließend kann die Laufwerkblende abgenommen werden, indem Sie deren Einrastungen mit einem Schraubenzieher in das Laufwerkgehäuse eindrücken und die Blende nach vorn ziehen. Die an der Blende vorhandenen Bedientasten werden nicht gebraucht, da die Laufwerkaktionen über die Tasten des DVD-Players ausgeführt werden.

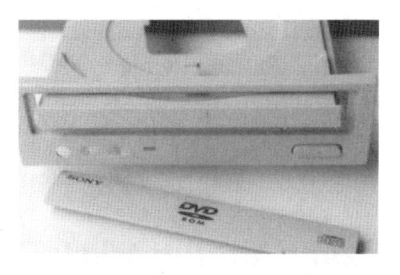

Neues Laufwerk im DVD-Player befestigen

1   In der Regel lässt sich das neue DVD-ROM-Laufwerk an der Stelle des alten Laufwerks mithilfe von Power Strips gut befestigen. Achten Sie darauf, dass die Laufwerkschublade durch die Laufwerköffnung an der Frontseite des DVD-Players passt. Eventuell müssen Sie etwas unter das Laufwerk legen, um die richtige Höhe zu erreichen.

2   Nach der Befestigung des Laufwerks schließen Sie die Kabel an. Zum Abschluss befestigen Sie die alte Laufwerkblende an der Schublade des eingebauten neuen DVD-ROM-Laufwerks, um die Öffnung an der Frontseite des DVD-Players zu schließen und den Eintritt von Staub zu minimieren. Möglicherweise muss die alte Laufwerkblende durch Abfeilen der neuen Laufwerkmontage angepasst werden. Schrauben Sie das Gerät wieder zu. Nach erfolgreichem Einbau haben Sie sich einen ausgiebigen Filmabend mit Ihren selbstgebrannten DVDs verdient!

13.6 Welche Medien kann der Player abspielen?

Gelingt die DVD-Wiedergabe auf einem externen DVD-Player nicht und ist das Einbauen eines neuen DVD-Laufwerks nicht möglich, werden Sie für das Abspielen der gebrannten DVDs entweder Ihren PC nutzen oder einen neuen Player kaufen müssen. Im Internet finden Sie aktuelle Kompatibilitätslisten, sodass Sie schnell herausfinden, welches Laufwerk mit möglichst vielen Medientypen problemlos zurechtkommt. Die Kompatibilitätslisten gibt es sowohl für externe DVD-Player als auch für interne DVD-ROM-Laufwerke.

Leseeigenschaften über das Nero InfoTool aufdecken?

Die Lesefähigkeiten von PC-Laufwerken erfahren Sie auch über die Registerkarte *Drive* des Nero InfoTools (siehe Kapitel 15). Dessen Einsatz ist jedoch nicht ratsam, da die Angaben zwecks Medienkompatibilität häufig nicht stimmen! Aus diesem Grund sollten Sie lieber die Kompatibilitätslisten aus dem Internet studieren, um herauszubekommen, welches Laufwerk welche DVD-Rohlinge wiedergibt.

13. Abspielprobleme von CDs/DVDs lösen

Für Besitzer eines DVD-Players sind die Kompatibilitätslisten ebenfalls sehr interessant, da man auf diese Weise erfährt, was der Player wirklich alles kann. Durch diese Information vermeiden Sie es, ein Medium mit viel Mühe zu erstellen, das von dem Player nicht abgespielt wird (beispielsweise eine MP3-CD mit variabler Bitrate).

Kompatibilitätsliste für DVD-R/RW

Besitzer eines DVD-R/DVD-RW-Brenners besuchen für den Kompatibilitätsüberblick den Technikbereich von *www.dv-rec.de*. Dort finden Sie alle mit DVD-R/DVD-RW getesteten externen DVD-Player aufgelistet und erfahren, welches Gerät mit den Medien problemlos zurechtkommt.

Eine weitere sehr gute Internetseite ist *www.dvdrhelp.com/dvdplayers*. Hier erfahren Sie neben der Medienkompatibilität weitere nützliche Informationen zu einer Vielzahl von DVD-Playern – beispielsweise welche Bitraten bei einer MP3-Scheibe unterstützt werden.

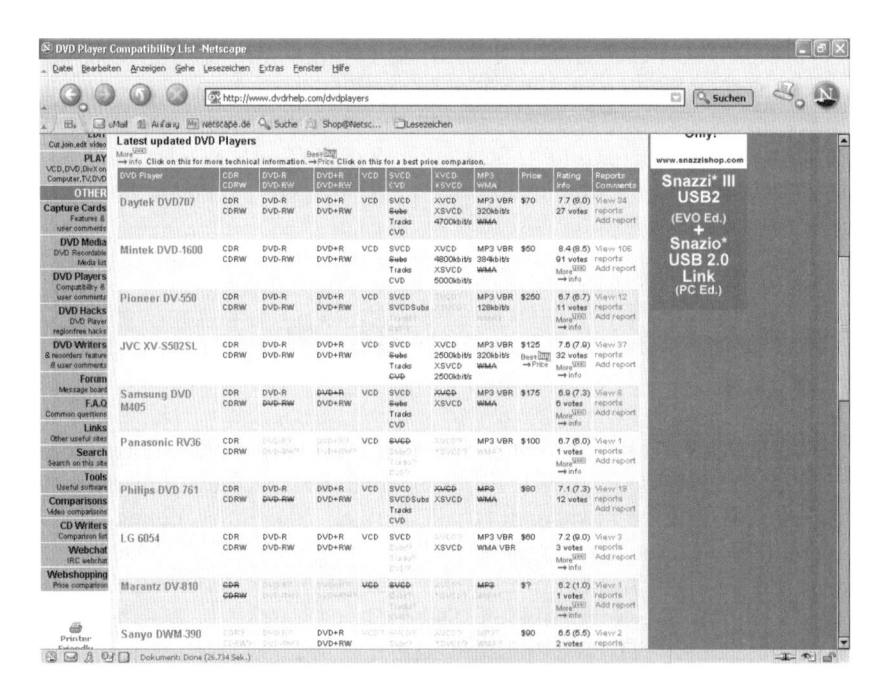

Kompatibilitätsliste für DVD+R/RW

Eine hervorragende und sehr umfangreiche Kompatibilitätsliste für externe DVD-Player und interne DVD-ROM-Laufwerke in Bezug auf das Abspielverhalten bei DVD+RW und DVD+R finden Sie unter *www.dvdplusrw.org*. Lesen Sie hinter einem Playereintrag in der entsprechenden Spalte *Yes (cs)*, heißt das, dass dieses Laufwerk die Medien nur mithilfe eines manipulierten Erkennungsbits lesen kann.

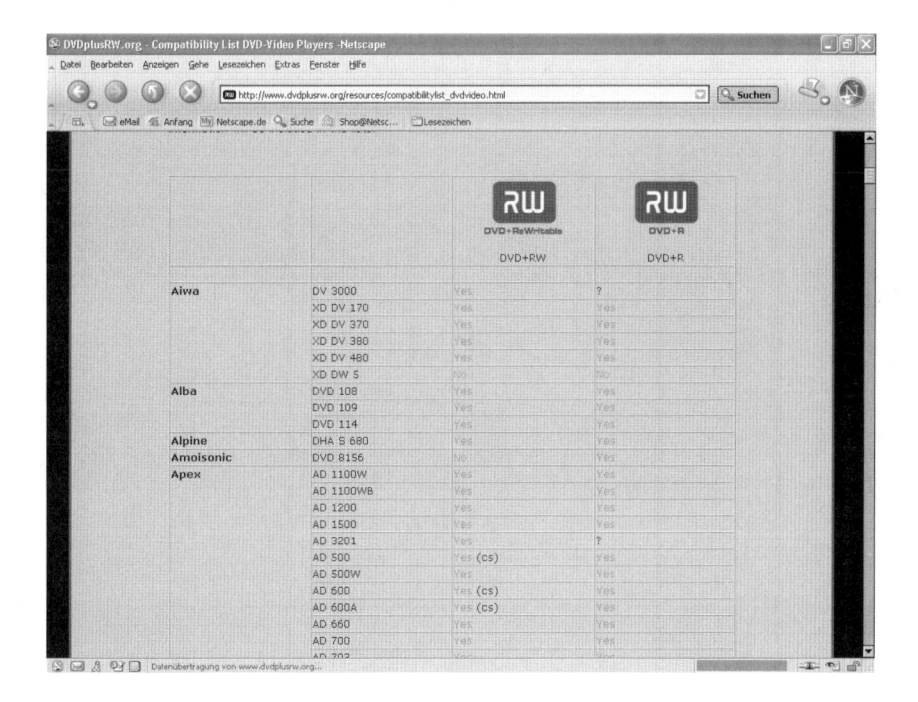

Richtige Strategie für den Kauf des DVD-Players

Die Kompatibilitätslisten sind ein guter Anhaltspunkt, wenn Sie sich ein neues DVD-Laufwerk kaufen möchten. Suchen Sie sich am besten über das Internet geeignete Modelle heraus, brennen Sie eine Probe-DVD und gehen damit auf Einkaufstour. Als Test-DVD sollten Sie unbedingt einen wieder beschreibbaren Rohling einsetzen. Wird dieser fehlerfrei wiedergegeben, können Sie sicher sein, dass das Gerät auch mit einmal beschreibbaren Scheiben zurechtkommt, die eine wesentlich bessere Reflexion als wieder beschreibbare DVD-Rohlinge besitzen.

Sie können durch die vorher getroffene Modellauswahl anhand der Kompatibilitätslisten im Internet den gewünschten Player aus der Vielzahl der angebotenen Modelle schnell herausfinden und mit der gebrannten Probe-DVD kontrollieren, ob das Gerät auch wirklich die von Ihrem Brenner geschriebenen Scheiben akzeptiert.

Haben Sie vor, wieder beschreibbare CD-Rohlinge im DVD-Player abzuspielen, ist es ratsam, ebenfalls einen solchen als Testscheibe bei der Einkaufstour mitzunehmen. Leider gibt es immer wieder einige „schwarze Schafe" unter den modernen DVD-Playern, die keine wieder beschreibbare CD-Scheiben lesen können.

13. Abspielprobleme von CDs/DVDs lösen

14. Rohlinge unter der Lupe: Qualitätstest, Haltbarkeit, Technik

Durch das große Angebot an CD/DVD-Rohlingen fällt es schwer, die optimale Scheibe auszuwählen. Greifen Sie zum „falschen" Rohling, kann das schwerwiegende Folgen nach sich ziehen: Die gebrannte Scheibe lässt sich nicht abspielen oder der Rohling hat nur eine äußerst kurze Haltbarkeit. In diesem Kapitel erfahren Sie alles Wissenswerte rund um CD/DVD-Rohlinge, sodass Sie anschließend optimale Medien kaufen, Wiedergabeprobleme genial lösen, die Brennqualität professionell kontrollieren und die Rohlingkapazität per Überbrennen maximal ausschöpfen.

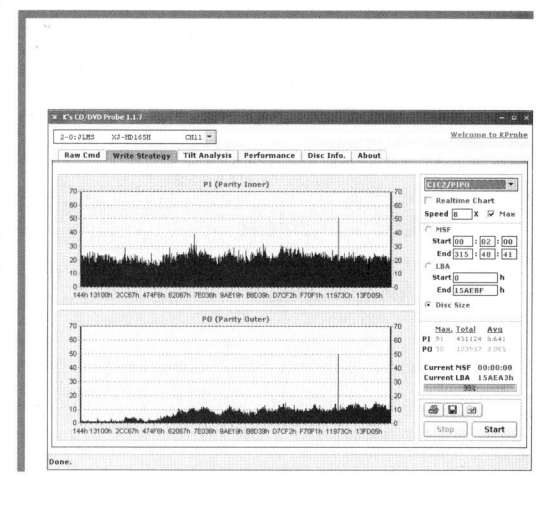

Alle Ausführungen gelten – wenn nicht anders vermerkt – sowohl für CD- als auch für DVD-Rohlinge.

14.1 Rohlinge im Detail: Herstellung, Aufbau und Formate 476

14.2 Haltbarkeitskriterien bei Rohlingen 488

14.3 Ihr Schnäppchenführer: Durchblick im Rohlingdschungel 494

14.4 Schwarze Rohlinge lösen Wiedergabeprobleme 508

14.5 Rohlinge überbrennen und 99-Minuten-Rohlinge nutzen 511

14.6 Ihr eigenes kostenloses Rohlingtestlabor 524

14.7 Schreib- und Lesetechnik im Detail 542

14.8 Wieder beschreibbare Rohlinge optimal nutzen 554

14. Rohlinge unter der Lupe: Qualitätstest, Haltbarkeit, Technik

14.1 Rohlinge im Detail: Herstellung, Aufbau und Formate

Für die optimale Auswahl von Rohlingen ist es wichtig, einen Blick „in" ein solches Medium zu werfen, die unterschiedlichen Rohlingformate und den Aufbau zu kennen.

Die Produktion eines Rohlings

Der Aufbau eines Rohlings, lässt sich am besten durch eine Produktionsbeschreibung veranschaulichen. Ich zeige Ihnen im Folgenden die Herstellungsschritte bei einem einmal beschreibbaren CD/DVD-Rohling. Bei wieder beschreibbaren Medien werden zusätzliche Schichten (beispielsweise zur Wärmeableitung) benötigt – der generelle Aufbau unterscheidet sich nicht von der einmal beschreibbaren Scheibe.

Produktion geschieht aus Reinheitsgründen ohne Menschenhand

Die Herstellung eines Rohlings geschieht voll automatisch in einer von der Umgebung abgeschlossenen Produktionsstraße. Das ist notwendig, um Unreinheiten (Staubpartikel) beim Herstellungsprozess zu vermeiden, die zu fehlerhaften Rohlingen führen. Wird auf einen unreinen (durch Staubpartikel beschmutzten) Plastikträger die Reflexionsschicht aufgetragen, entstehen Bereiche, die die Reflexionsschicht „abweisen" (sie haftet dort nicht) – es entstehen Löcher in der Reflexionsschicht der Platte, die man ab und zu bei älteren Audio-CDs findet.

Der Rohling wird aus ca. 15 Gramm Polycarbonat-Granulat „geboren". Dieses wird zunächst geschmolzen und in einen Hohlraum gegossen, der die Form des Mediums hat. Ein Stempel presst bereits beim ersten Produktionsschritt die wichtige Führungsrille (auch Groove genannt) für den Laser in die Polycarbonatschicht. Die zwischen der vorgepressten Führungsspur liegenden Erhöhungen werden Land genannt. Die Führungsrille ist bei einem CD-Rohling ca. 25 km (!!) lang. Nach der Abkühlung der ca. 100 Grad heißen Polycarbonatscheibe wird mittels Sensoren kontrolliert, ob der gegossene Plastikträger keine Unwucht oder andere Fehler besitzt.

Ein Roboter transportiert die Plastikscheibe zum nächsten Produktionsschritt: Es wird die Aufzeichnungsschicht (Dye) auf den Rohling aufgetragen. In diese Schicht brennt der Writer später die zu schreibenden Daten. Nach dem Auftragen werden die Rohlingränder wieder von dem Dye befreit, damit die nachfolgende Reflexionsschicht und der Schutzlack besser an dem Plastikträger haften.

In den nächsten beiden Schritten (auch hier wird das Medium durch Roboter weitertransportiert) wird die Reflexionsschicht auf das Medium (über die Aufzeichnungsschicht) und zum Schutze dieser wichtigen Schicht zusätzlich darüber ein Schutzlack aufgebracht. Nach mehreren Stichproben und weiteren Qualitätskontrollen erhält der Rohling das Label des Rohlingvertreibers, das auf den Schutzlack aufgetragen wird. Das Medium ist fertig und kann verkauft werden.

Manche namhafte Rohlinganbieter decken auf der Verpackung die verschiedenen Rohlingschichten auf. In der rechten Abbildung sehen Sie den Aufbau eines CD-Rohlings von Verbatim. Mit *Protective Layer* ist der Schutzlack gemeint. Da es sich um einen bedruckbaren Rohling handelt, ist auf dem Schutzlack kein Label sondern eine bedruckbare Schicht (*Printable Layer*) aufgebracht worden. Bedruckbare Rohlinge gelten als sehr robust, da die bedruckbare Schicht den Rohling zusätzlich von oben her vor Beschädigungen sehr gut schützt.

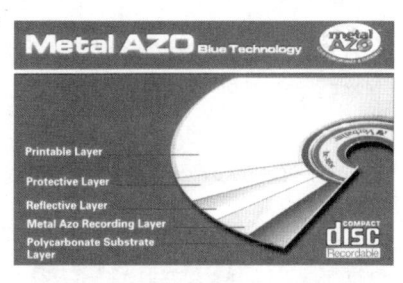

Unterschiede zwischen CD- und DVD-Rohlingen

Neben den einmal und mehrfach beschreibbaren CD-Medien gibt es fünf verschiedene DVD-Rohlinge: DVD-R/RW, DVD+R/RW und die DVD-RAM. Es folgt ein Überblick über die unterschiedlichen Rohlingformate und deren Besonderheiten.

Wenig Gemeinsamkeiten: Eckdaten eines Rohlings

Die Dicke von CD/DVD-Rohlingen beträgt in der Regel 1,2 mm. Diese verteilt sich bei einmal beschreibbaren Medien folgendermaßen auf die vier Schichten (von oben nach unten gesehen – also genau umgekehrt wie bei der Produktion): Der Schutzlack beträgt bis zu 0,1 mm; die darauf folgende Reflexionsschicht ist ca. 100 nm dick. Nach der wichtigen, ca. 50-100 nm dicken Aufzeichnungsschicht folgt der Plastikträger, der mit ca. 1,0-1,1 mm den größten Anteil an der Dicke des Mediums hat.

Generelle Unterschiede zwischen CDs und DVDs

Die wesentlich höhere Speicherkapazität eines DVD-Rohlings (minimal 4,7 GByte) gegenüber der herkömmlichen CD (maximal 870 MByte) wird nicht durch die Größe der Scheibe erreicht: Die äußeren Maße der DVD gleichen denen einer CD. Die entscheidenden Unterschiede liegen in der internen Speicherung bzw. Abtastung der Daten – siehe folgende Tabelle.

Merkmal	CD	DVD
Datenschichten	1	1-2
Seiten	1	1-2
Wellenlänge des Lasers	780 nm (Infrarot)	650 nm (rot)

14. Rohlinge unter der Lupe: Qualitätstest, Haltbarkeit, Technik

Merkmal	CD	DVD
Kleinste Pit-Länge	0,83 µm	0,4 µm
Abstand der Führungsrille	1,6 µm	0,74 µm
Minimale Rotationsgeschwindigkeit	3,5 Hz	10,5 Hz
Maximale Rotationsgeschwindigkeit	8 Hz	25,5 Hz
Abtastgeschwindigkeit	1,2 Meter/Sekunde	4,0 Meter/Sekunde
Maximale Datenrate	7.500 KBit/s	21.600 KBit/s

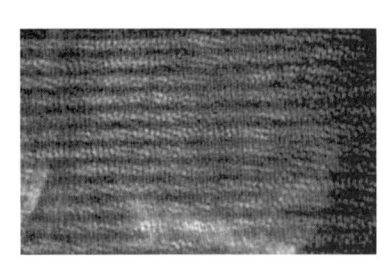

Führungsrille einer CD – bei 3.000facher Vergrößerung durch ein Mikroskop betrachtet.

Aufgrund der deutlichen Verkleinerungen der Pit-Länge und des Spurabstands bei einer DVD muss der Abtastmechanismus des DVD-Players wesentlich präziser sein; Kratzer machen sich auf einer DVD deutlicher bemerkbar als auf einer CD, da bei der DVD durch die wesentlich dichter angeordneten Daten mehr Informationen von der Beschädigung betroffen sind. Sie sollten daher Ihre DVDs noch sorgfältiger als die CDs behandeln und nach jeder Benutzung sofort in die Aufbewahrungsbox zurücklegen ...

Strukturunterschiede im Detail

Die CD wurde Anfang der 80er Jahre als Träger für Musikinformationen entwickelt. Die Musikstücke werden in Tracks gespeichert und die kleinsten Speichereinheiten (Sektoren) über einen Zeitcode in den Subchannels definiert. Das Anspringen der einzelnen Tracks auf der Musikscheibe würde über im Inhaltsverzeichnis der Scheibe (TOC = **T**able **o**f **C**ontent) vermerkte Zeitcodeinformationen realisiert. Mithilfe der Inhaltstabelle können maximal 99 Tracks auf der Scheibe angesprungen werden. Erst später wurde die Struktur des Mediums modifiziert, sodass die CD auch als Datenträger diente: Jeder Sektor auf der Scheibe bekam einen so genannten Header zur Identifikation vorangestellt. Weiterhin wurde ein geeignetes Dateisystem und eine zusätzliche Ebene der Fehlerkorrektur ergänzt, da das fehlerfreie Einlesen von gespeicherten Daten noch wichtiger als bei einer Audio-CD ist.

Keine Subchannels auf der DVD vorhanden!

Bei der DVD geht man bei der Speicherung von Daten andere Wege – schließlich dient dieses Medium nicht in erster Linie der Sicherung von Musikstücken, wie das bei der CD der Fall war. Bei der DVD erfolgt die Adressierung nicht mehr über Subchannels. Die Größe aller Sektoren ist auf 2.048 Bytes festgelegt und jedem Sektor wird ein Header vorangestellt, der unter anderem zur Sektoridentifikation benutzt wird und genauere Informationen über die Eigenschaften der DVD enthält. Er enthält die Informationen, die bei einer CD in den Subchannels abgelegt wurden. Der Header selbst besteht aus 4 Byte für die Sektoridentifikation, 2 Byte zur Fehlererkennung und einem 6 Byte großen Bereich, der für Zusatzinformationen reserviert ist. Die Fehlerkorrektur wird über den so genannten Reed Solomon Product Code realisiert, der bessere Korrektureigenschaften besitzt, als sein Kollege Cross Interleaved Reed Solomon Code auf der CD. Wie die CD verfügt die DVD über ein Lead-In, das die wichtige Inhaltstabelle der Scheibe enthält, und ein Lead-Out zum Abschluss der Scheibe. Im Gegensatz zu einer CD ist die Inhaltstabelle nicht in einem Subchannel untergebracht (gibt es bei der DVD nicht), sondern in einem eigenen Sektor gespeichert.

Beiden Medien ist gemeinsam, dass bei der Speicherung von Daten zusammengehörige Datenpakete aus Sicherheitsgründen nicht aufeinander folgen, sondern nach einem bestimmten Algorithmus über die gesamte Disk verteilt werden.

CD-Rohlinge im Überblick

Bei CD-Rohlingen (CD = **C**ompact **D**isc) gibt es zwei Sorten: die CD-R (**C**ompact **D**isc **R**ecordable, einmal beschreibbarer Rohling) und die CD-RW (**C**ompact **D**isc **ReW**ritable, wieder beschreibbares Medium). Der große Unterschied zwischen beiden Scheiben liegt in dem unterschiedlichen Aufzeichnungsverfahren und den Reflexionseigenschaften. Werden bei einer CD-R die Informationen in den Rohling-Dye gebrannt, verwendet man beim Aufzeichnen einer CD-RW das so genannte Phase Change Recording (Näheres dazu siehe „Schreib- und Lesetechnik im Detail").

Während die Reflexionseigenschaften eines einmal beschreibbaren CD-Rohlings denen einer Original-CD relativ nahe kommt, reflektiert ein mehrfach beschreibbarer Rohling aufgrund der besonderen Aufzeichnungsschicht wesentlich schlechter, sodass besonders viele ältere CD-Player solche Scheiben nicht lesen können: Nach dem Einlegen des wieder beschreibbaren Mediums erscheint „NO DISC" im Display, weil die Reflexion der Scheibe zum Lesen bzw. Erkennen nicht ausreicht ...

DVD-Rohlinge im Überblick

Im Gegensatz zu CD-Rohlingen hat sich bei den DVD-Rohlingen (**D**igital **V**ersatile **D**isc = vielseitig einsetzbare digitale Scheibe) noch kein einheitlicher Standard durchgesetzt, sodass es fünf 5 verschiedene Formate gibt: DVD-RAM, DVD-R/RW und DVD+R/RW. Allen gemeinsam ist die Speicherkapazität von 4,7 GByte. Sollten Sie Rohlinge finden, auf die 9,4 GByte Daten gebrannt werden können, so handelt es sich hierbei um zweiseitige DVD-Rohlinge mit jeweils einem Layer pro Seite. Dual-Layer-DVD-Rohlinge gibt es (noch) nicht.

Vom Aussterben bedroht: DVD-RAM

Die DVD-RAM war die erste beschreibbare DVD-Scheibe, die 1998 auf den Markt kam. Das Format wurde unter Mitwirkung der Firmen Panasonic, Hitachi und Toshiba entworfen, erhielt aber nie die offizielle Absegnung durch das gegründete DVD-Forum. Bei DVD-RAM unterscheidet man zwei Arten: Es gibt Rohlinge vom Typ 1 mit einer Speicherkapazität von 2,6 GByte (einseitig) bzw. 5,2 GByte (zweiseitig) und vom Typ 2 mit 4,7 GByte. DVD-RAMs vom Typ 1 werden in einer speziellen Schutzhülle (Cartridge) verpackt und können dadurch – ohne Schaden zu nehmen – transportiert und aufbewahrt werden; die Scheiben mit einer Kapazität von 4,7 GByte besitzen dagegen keine Schutzhülle. Der große Vorteil von DVD-RAMs ist ihre hohe Lösch- und Überschreibfähigkeit. Im Gegensatz zu den anderen Medien können sie bis zu 100.000 Mal wiederbeschrieben werden – ein gigantischer Wert, bedenkt man dabei, dass selbst die wieder beschreibbaren CD-Rohlinge häufig noch nicht einmal 1.000 Löschversuche „überstehen". DVD-RAM-Medien werden im Phase Change Recording-Verfahren gebrannt (siehe „Schreib- und Lesetechnik im Detail").

Nur sehr wenige Laufwerke lesen DVD-RAM!

Die DVD-RAM besitzt aufgrund einer speziellen Sektoraufteilung und der geringen Reflexionseigenschaften eine schlechte Kompatibilität zu herkömmlichen DVD-Laufwerken. Einzig die modernen DVD-Laufwerke von Panasonic, LiteOn oder von Toshiba können DVD-RAMs lesen, daher ist sie nur für das Erstellen von großen Daten-Backups mit dem PC geeignet. Für das Einspielen des gebrannten Backups auf einer DVD-RAM können Sie in dem Fall den DVD-Brenner nutzen. Zur Archivierung von Videos eignet sich eine DVD-RAM aus den genannten Gründen nicht. Es ist deshalb zu befürchten, dass die DVD-RAM keine Zukunft hat, da andere DVD-Rohlingformate eine deutlich bessere Kompatibilität besitzen.

Offizieller Standard: DVD-R/RW

Dieses Format wurde offiziell vom gegründeten DVD-Forum abgesegnet und darf als einziger Vertreter der beschreibbaren bzw. wieder beschreibbaren DVD-Rohlinge das DVD-Logo tragen. Die gebrannten einmal beschreibbaren DVD-R-Rohlinge weisen die beste Kompatibilität zu internen DVD-Laufwerken bzw. externen DVD-Playern auf – ca. 95 Prozent aller Laufwerke kommen damit zurecht, weil die Medien von den Reflexionseigenschaften einer gepressten DVD sehr ähnlich sind.

Es gibt zwei Varianten von DVD-R Scheiben: die so genannten DVD-R (A)-Medien und die DVD-R (G)-Scheiben. Die Abkürzung A steht für Authoring. Diese Rohlingvariante ist für das professionelle Erstellen einer Master-DVD gedacht. Für das Beschreiben eines solchen Mediums wird ein spezieller Brenner für rund 4.000-5.000 Euro benötigt, der eine andere Laserwellenlänge (635 nm statt 650 nm) besitzt. Die Abkürzung G steht für General. Diese Medien sind für den privaten Gebrauch gedacht und brauchen keinen Brenner mit spezieller Laserwellenlänge. Die G-Scheiben haben einen Nachteil: Sie besitzen eine vorbeschriebene Datensession am Anfang des Rohlings, um dadurch Vervielfältigungen von kopiergeschützten DVDs zu verhindern. Aufgrund des unterschiedlichen Lasers können in den Brennern nur die Rohlinge verwendet werden, für die das Gerät ausgelegt ist, ein Wechsel der Rohlingversion (A- oder G-Medien) ist nicht möglich!

Vorbeschriebener Datenbereich auf einem DVD-R (G)-Medium, erkennbar an einem hellen Ring auf der Scheibe.

Während die DVD-R nur einmal beschrieben werden darf, ist es möglich eine DVD-RW bis zu 1.000 Mal neu zu beschreiben. Dies ist besonders für das Anlegen eines Datenbackups sehr nützlich. Allerdings gibt es bei der Verwendung der wieder beschreibbaren DVD-RW verstärkt Kompatibilitätsprobleme (auch in PC-Laufwerken), da viele Geräte die Scheibe aufgrund der schlechteren optischen Eigenschaften (nur 18-30% Reflexion) als Scheibe mit zwei Datenschichten (Dual-Layer-DVD) identifizieren und beim Einlegen die zweite Datenebene vergeblich suchen. Wird eine DVD-RW häppchenweise gefüllt, werden die einzelnen Brennsitzungen durch so genannte Linking Sectors miteinander verbunden. Lossless Linking (wie bei einer DVD+RW) ist nicht möglich. Für die nachträgliche Bearbeitung einer Videodisk kommt der VR-Modus zum Einsatz, wodurch die Kompatibilität der Medien zu gewöhnlichen DVD-Playern vollständig verloren geht.

Nutzen Sie eine Packet Writing-Software (beispielsweise InCD), muss die DVD-RW zu Beginn vollständig formatiert werden, was bis zu 120 Minuten dauert. Eine Hintergrundformatierung wie bei der DVD+RW ist zurzeit (noch) nicht möglich. Zwar integrierte Pioneer in die modernen DVD-Brenner ab 2facher Brennspeed in Bezug auf DVD-RW ein Feature namens Quick Format, das die nötige Formatierung drastisch verkürzt – allerdings wird diese „Schnellformatierung" bisher nur von der UDF-Software InstantWrite unterstützt. InCD beherrscht das nützliche Feature (noch) nicht. DVD-RWs werden wie alle wieder beschreibbaren DVD-Rohlinge im Phase Change Recording-Verfahren gebrannt (Näheres dazu siehe „Schreib- und Lesetechnik im Detail").

| **DVD-Brenner für DVD-R/RW sind häufig baugleich** | Moderne Brenner, die DVD-R mit 4facher und DVD-RW mit 2facher Geschwindigkeit brennen, werden in der Regel von der Firma Pioneer hergestellt. Alle anderen Anbieter von DVD-Brennern dieser Generation (beispielsweise TEAC) kaufen die Geräte bei |

Pioneer ein und vertreiben sie unter einem anderen Namen. Aus diesem Grund sollten Sie beim Kauf das billigste Gerät bzw. das mit der besten Softwareausstattung auswählen, schließlich steckt immer die gleiche Technik dahinter. Der Erwerb eines Noname-Geräts ist nicht empfehlenswert, da nur bei bekannten Herstellern für eine gute Firmwarepflege gesorgt ist. Die Originalfirmware von Pioneer lässt sich nicht auf den baugleichen Geräten anderer Hersteller installieren. Bei den bald erscheinenden 8fach-Brennern wird es ebenfalls so sein, dass hinter den meisten Geräten die Technik von Pioneer steckt; die geschilderten Auswahlkriterien gelten daher auch für die zukünftige Laufwerkgeneration.

DVD+R/RW: Auf der Überholspur?

Die DVD+RW (bis zu 1.000 Mal wieder beschreibbar) ist besonders für Videofreaks und Hobbyfilmer interessant, da sie es aufgrund der besseren Positionierungsgenauigkeit des Lasers erlaubt, einen bereits mit einem Film beschriebenen DVD+RW-Rohling nahtlos fortzusetzen, sodass der Film ohne störende Pause wiedergegeben wird (Fachbegriff: Lossless Linking). Durch den nahtlosen Übergang ist gewährleistet, dass der gebrannte Rohling in DVD-Playern komplett wiedergegeben wird, während die Abspielgeräte bei einer nicht linearen Videoaufzeichnung ins Stocken geraten und gegebenenfalls die Wiedergabe einer solchen DVD gänzlich verweigern. Der DVD-Brenner wird durch den Einsatz einer wieder beschreibbaren DVD+RW und dem speziellen Videoaufnahmeverfahren bzw. Filmbearbeitungsformat DVD+VR, das NeroVision Express 2 unterstützt, zum perfekten digitalen Videorekorder. Ein weiterer Vorteil der DVD+RW ist die beim Einsatz einer Packet Writing-Software (beispielsweise InCD) mögliche Hintergrundformatierung des Mediums, die viel Zeit spart.

Mit der Kompatibilität einer DVD+RW ist es ähnlich wie bei den DVD-RW-Medien: In vielen älteren Geräten bereitet sie aufgrund der schlechten Reflexionseigenschaften (18-30% Reflexion) große Probleme. Selbst bei modernen DVD-Laufwerken kann es Leseschwierigkeiten geben, weil die Reflexionseigenschaften denen einer Dual-Layer-DVD ähneln und das Laufwerk vergeblich die zweite Datenschicht sucht.

Neben der DVD-R weist die einmal beschreibbare DVD+R aufgrund ihrer guten optischen Eigenschaften eine gute Kompatibilität mit den verschiedenen DVD-Laufwerken auf, 90% der Geräte geben gebrannte DVD+R Rohlinge fehlerfrei wieder. Die Kompatibilität der DVD-R ist allerdings noch etwas besser als die der recht jungen DVD+R. Häufig scheitert das Abspielen, weil das Laufwerk den neuen Medientyp nicht kennt. Mit einem Firmwareupdate oder durch Manipulation des Erkennungsbits mit Nero ist dieses Problem häufig aus der Welt zu schaffen.

DVD+R-Medien können ausschließlich mit einem dafür vorgesehenen Brenner aufgezeichnet werden. Alte DVD-Brenner, die nur DVD+RWs beschreiben, kommen damit nicht zurecht.

Der DVD+R/RW-Standard wurde ebenfalls nicht vom DVD-Forum abgesegnet und darf daher nicht das DVD-Logo tragen. Das ist aber nicht weiter schlimm, denn die DVD+R/RW ist im Kommen. Microsoft hatte sogar zwischenzeitlich angekündigt, dieses DVD-Rohlingformat im neuen Betriebssystem Longhorn, das 2005 erscheinen soll, als Einziges zu unterstützen. Vor kurzem kam jedoch die Mitteilung von Microsoft, dass unter Longhorn alle DVD-Formate (DVD-RAM, DVD-R/RW und DVD+R/RW) nutzbar seien.

Alle Brenner der ersten beiden Generationen (bis 2,4facher Brenngeschwindigkeit für DVD+R als auch DVD+RW) stammten aus dem Hause RICOH. Diese Geräte wurden als OEM-Produkte von anderen Firmen (beispielsweise Philips oder HP) unter deren Namen vertrieben. Seit neustem steckt hinter den modernen Brennern, die DVD+R mit 4facher Geschwindigkeit brennen, nicht mehr RICOH-, sondern NEC-Technik. Beim Kauf können Sie daher einige Euros sparen und das Gerät mit dem besten Preis/Leistungsverhältnis erwerben, schließlich steckt hinter jedem 4fach-Brenner das Referenzmodell von NEC. Als Auswahlkriterien sollten neben dem günstigsten Preis eine möglichst üppige Softwareausstattung und ein guter Firmware-Support gelten – gerade Noname-Anbieter vernachlässigen die Aktualisierung der Firmware häufig. Am besten besuchen Sie vor dem Kauf des Geräts die Internetseiten des Anbieters und kontrollieren dessen Firmwarepolitik.

Alle DVD+Brenner stammen von RICOH oder NEC

Die originale Firmware des NEC-Modells lässt sich nicht auf einem Gerät eines anderen Anbieters installieren. Ein Tipp: RICOH will demnächst auch einen Brenner herausbringen, der DVD+R mit 4facher Speed aufzeichnet, sodass das NEC-Modell Konkurrenz bekommt. Bei den zukünftigen 8fach-Brennern gelten die Ausführungen in der Regel ebenfalls, da auch hier wieder hinter vielen Geräten der Originalbrenner von RICOH oder NEC stecken wird.

Zukunftssicher: Brenner für DVD-R/RW und DVD+R/RW

Die DVD-Rohlinge sind inkompatibel zueinander, sodass Sie mit vielen (meist etwas älteren) DVD-Brennern nur eine Sorte Rohlinge brennen können: Die Geräte beschreiben entweder nur DVD-RAM und DVD-R/RW, nur DVD-R/RW oder DVD+R/RW. Seit kurzer Zeit bieten immer mehr Hersteller so genannte Dual-DVD-Brenner (auch Multiformat-Brenner genannt) an, die sowohl DVD-R/RW als auch DVD+R/RW brennen.

> **Stets Kinderkrankheiten bei der ersten Laufwerkgeneration!**

Die Firma Sony brachte den ersten Dual-DVD-Brenner auf den Markt. Allerdings zeigte dieses Gerät bei keinem Format Höchstleistungen und hatte mit erheblichen Medieninkompatibilitäten zu kämpfen, die erst durch eine Reihe von Firmwareupdates behoben wurden. Generell besitzen Modelle der ersten Laufwerkgeneration eines Herstellers häufig Kinderkrankheiten, die erst mit der zweiten Laufwerkgeneration oder nach längerer Zeit durch Firmwareupdates behoben werden. Beim Kauf eines DVD-Brenners sollten Sie daher nicht unbedingt zu dem allerneusten Modell greifen, sondern lieber einen bereits seit einiger Zeit auf dem Markt befindlichen (bewährten) Brenner kaufen. Das gilt besonders, wenn der Hersteller zum ersten Mal ein solches Laufwerk (beispielsweise einen Dual-DVD-Brenner) anbietet.

> **Lohnen sich teure Dual-DVD-Brenner?**

Mittlerweile gibt es Dual-DVD-Brenner von Pioneer, Sony, TEAC und NEC. Plextor hat ebenfalls ein Laufwerk für Ende August 2003 angekündigt, das sowohl DVD-R/RW als auch DVD+R/RW beschreibt. Dual-DVD-Brenner sind in der Regel deutlich teurer, als Writer, die nur DVD-R/RW oder DVD+R/RW brennen. Da aber immer noch nicht entschieden ist, welches Rohlingformat sich durchsetzen wird, ist der Kauf eines Dual-DVD-Brenners eine gute Wahl. Diese Geräte sind einigermaßen „zukunftssicher" – Sie werden auch in Zukunft die passenden Rohlinge erhalten. Haben Sie dagegen einen Brenner, der nur ein Rohlingformat beschreibt, und dieses Rohlingformat verschwindet vom Markt, bekommen Sie nach relativ kurzer Zeit keine geeigneten Rohlinge mehr – das Gerät ist wertlos geworden. Bei einem Dual-DVD-Brenner haben Sie außerdem größere Chancen, eventuell auftretende Kompatibilitätsprobleme der gebrannten Scheiben mit Ihren Lesegeräten bzw. externen DVD-Playern zu verhindern, da jedes etwas modernere Leselaufwerk entweder DVD-R/RW oder DVD+R/RW fehlerfrei liest; nur topaktuelle Laufwerke lesen meistens beide Formate problemlos. Ignoriert der etwas ältere DVD-Player beispielsweise die gebrannte DVD+R trotz Manipulation des Erkennungsbits, setzen Sie eine DVD-R ein. Bei einem Dual-DVD-Brenner können Sie in diesem Fall trotzdem im PC-Betrieb die Vorteile einer DVD+RW (beispielsweise kurze Formatierung unter InCD) nutzen und zugleich kompatible DVD-Rohlinge für den externen DVD-Player brennen.

Gefährlich: Ältere DVD-Brenner und moderne Rohlinge!

Der folgende Abschnitt ist sowohl für Brenner der DVD-R/RW- als auch der DVD+R/RW-„Fraktion" gültig:

Tödliche Kombination: „Alter" Brenner und 4fach-DVD-R-Medien

Wenn Sie einen alten DVD-R/RW-Brenner der Marke Pioneer (auch für OEM-Modelle gültig) besitzen, der die Rohlinge nur mit 1facher bzw. 2facher Geschwindigkeit aufzeichnet, kann der Griff zu einem schnellen (mit 4facher Geschwindigkeit brennbaren) Rohling katastrophale Folgen haben. Nutzen Sie einen solchen „schnellen" Rohling in Ihrem „langsamen" DVD-Brenner, können Sie dabei das Gerät beschädigen! Der Brenner erkennt den eingelegten Rohling nicht richtig und beschreibt ihn mit falschen Parametern (Laserstärke usw.). Im schlimmsten Fall wird der Rohling zerstört und das Innere des Brenners beschädigt.

Bevor Sie einen „schnellen" Rohling in einem alten Brenner einsetzen, konsultieren Sie den Hersteller des Geräts, ob dieses mit den neuen Medien zurechtkommt. Eventuell müssen Sie vor dem Brennen ein Firmwareupdate durchführen, damit der Writer den „schnellen" Rohling richtig erkennt und beschreibt. Einige Anbieter von schnellen DVD-Rohlingen bringen bereits erste Warnhinweise auf der Rohlingverpackung auf, dass vor der Benutzung ein Firmwareupdate bei bestimmten DVD-Brennern notwendig ist. Die Abbildung zeigt den sinnvollen Warnhinweis auf einer 4fach beschreibbaren DVD-R von TRAXDATA.

Datenverlust: „Alter" Brenner und neuer 4fach-DVD+R-Rohling

Setzen Sie eine 4fach brennbare DVD+R in einem älteren DVD-Brenner ein, der DVD+R nur mit 2,4facher Geschwindigkeit brennt, kann dies zu Datenverlust führen: Der Brenner erkennt das moderne Medium nicht richtig und zeichnet die Daten mit einer falschen Schreibstrategie auf. Das gebrannte Medium kann nicht gelesen werden, da der Rohling fehlerhaft beschrieben wurde.

Bevor Sie einen schnellen Rohling in dem älteren DVD-Brenner nutzen, erkundigen Sie sich (beispielsweise auf den Internetseiten des Herstellers), ob das Gerät mit den neuen Medien zurechtkommt. Bei vielen DVD-Writern, die einmal beschreibbare Medien mit 2,4facher Geschwindigkeit aufzeichnen, ist dazu eine Aktualisierung der Brenner-Firmware notwendig. Nach dem Update gelingt das Beschreiben von 4fach-Scheiben auch mit Ihrem älteren Writer fehlerfrei.

Neue Rohlinggenerationen benötigen Firmwareupdates!

Die beschriebenen Probleme können sich bei zukünftigen Rohlinggenerationen (beispielsweise 8fach brennbare DVD-R/DVD+R Medien) wiederholen. Aus diesem Grund sollten Sie, bevor Sie einen neuen schnellen Rohling in einem alten Brenner einsetzen, nach einem Firmwareupdate Ausschau halten bzw. sich beim Hersteller des Writers erkundigen, ob Sie die neuen Medien gefahrlos nutzen können.

Die Kapazitätslüge bei DVD-Rohlingen

Sie werden es sicherlich schon bemerkt haben: Obwohl auf den DVD-Rohlingen als maximale Speicherkapazität 4,7 GByte steht, passen in Wirklichkeit nur ca. 4,3 GByte drauf – woher kommt das? Der Kapazitätsunterschied liegt in der unterschiedlichen Rechenweise der Speicherplatzermittlung: Dieser kann sowohl dezimal als auch binär angegeben werden. In der dezimalen Rechenweise (von den Werbe-Abteilungen bevorzugt) passen 4,7 GByte auf einen DVD-Rohling; bei der binären Rechenweise sind es dagegen „nur" 4,37 GByte. Die folgende Tabelle lässt die Abweichungen der beiden Varianten sehr gut erkennen. Für Sie als PC-User gilt: Ein DVD-Rohling, der angeblich Platz für 4,7 GByte bereitstellen soll, kann in Wirklichkeit nur mit 4,37 GByte Daten gefüllt werden.

Bezeichnung	Binär	Dezimal	Abweichung
Kilo	1.024	1.000	24
Mega	1.048.576	1.000.000	48.576
Giga	1.073.741.824	1.000.000.000	73.741.824

Beschreibbare DVDs bald Geschichte? Ausblick in die „blaue" Zukunft

Es könnte sein, dass die beschreibbaren DVDs vom Markt verschwinden, bevor sich ein einheitlicher Standard durchgesetzt hat. Einige Hersteller (beispielsweise Sony) arbeiten schon fleißig an einer neuen Technik, die die DVD in Zukunft ablösen soll: Die so genannte Blue-Ray-Disk. Erste Brennermodelle sind bereits für ca. 3.500 Euro in Japan erhältlich.

Neue Laufwerke mit blauem Laser notwendig!

Im Gegensatz zu herkömmlichen Laufwerken, die mit rotem Laserlicht in einem Wellenbereich von 650 Nanometern arbeiten, kommt in einem Blue-Ray-Brenner ein blauer Laser (daher auch der Name) in einem Wellenbereich von 405 Nanometern zum Einsatz. Aus diesem Grund ist es möglich, noch mehr Daten auf eine Scheibe zu brennen. Die ersten Blue-Ray-Disks besitzen eine Kapazität von ca. 23 GByte. Durch die Verwendung eines Lasers mit einer anderen Wellenlänge sind die Medien mit herkömmlichen DVD-Playern nicht kompatibel. Für die Wiedergabe werden spezielle Laufwerke mit einem blauen Laser benötigt.

An der Entwicklung des neuen Standards haben neben Sony weitere namhafte Firmen mitgewirkt – beispielsweise Pioneer oder Philips. Es bleibt daher zu hoffen, dass diesmal der Standard einheitlich umgesetzt wird, um ein erneutes Formatchaos wie bei den beschreibbaren DVD-Rohlingen zu vermeiden. Zurzeit ist die Blue-Ray-Disk allerdings noch „Zukunftsmusik" ...

Gepresste Silberlinge im Überblick

Der einzige Unterschied zwischen Rohlingen und gepressten Original-CDs/DVDs besteht in der Schicht, die die Informationen trägt. Bei einem Rohling wird dafür der Dye verwendet. Bei Original-CDs/DVDs fehlt diese Farbschicht, die Informationen werden direkt in die Polycarbonatschicht (den Plastikträger) gepresst.

Die unterschiedlichen DVD-Formate

Im Gegensatz zu einer CD besteht die DVD in der Regel aus zwei 0,6 mm dicken Halbscheiben, die Rücken an Rücken zusammengeklebt sind – die DVD hat also zwei Seiten. Jede Seite kann als Informationsträger dienen und durch maximal zwei Datenschichten (Layer) noch einmal unterteilt werden. Besitzt eine Seite zwei Datenschichten spricht man von einer Dual-Layer-DVD. Aus den unterschiedlichen Speicherkapazitäten ergeben sich vier verschiedene DVD-Formate:

Bezeichnung	Seiten	Layer je Seite	Kapazität
DVD-5	1	1	4,7 GByte
DVD-9	1	2	8,5 GByte
DVD-10	2	1	9,4 GByte
DVD-18	2	2	17 GByte

Der Wechsel von der einen zur anderen Datenschicht bei einer Dual-Layer-DVD geschieht automatisch. Sind bei einer DVD beide Seiten genutzt, muss die Scheibe manuell herumgedreht werden. Solche DVDs erkennen Sie daran, dass das Medium keinen Labelaufdruck hat; dieser würde schließlich die Abtastung verhindern ...

Wie ist die DVD entstanden?

Die DVD ist als „Vermittlungsprodukt" entstanden: Bereits seit 1994 versuchten einige Firmen, eine Scheibe mit wesentlich größerer Speicherkapazität als die CD auf den Markt zu bringen. Sony entwickelte gemeinsam mit Philips die so genannte Multimedia-CD, mit ca. 3,4 GByte Speicherkapazität. Andere Firmen, wie beispielsweise Hitachi und Pioneer, schlossen sich nicht an, sondern konterten 1995 mit einer Super Disc, die bis zu 4,6 GByte Speicherplatz bot.

Die Filmindustrie versuchte, gemeinsam mit der Computerbranche zwischen beiden Parteien zu vermitteln, um einen gemeinsamen Standard zu kreieren, weil zu viele zueinander völlig inkompatible Produkte schlechte Absatzchancen hätten: Nach zähen Verhandlungen kam die DVD als gemeinsamer Standard heraus! Die Firmen schlossen sich zum so genannten DVD-Forum zusammen und arbeiteten an der „Wunderscheibe" DVD, sodass bereits im Jahr 1996 die ersten DVD-ROM-Laufwerke auf den Markt kamen.

Dual-Layer-Technik enträtselt

„Einfache" DVDs besitzen pro Seite eine Speicherkapazität von 4,7 GByte. Für einen längeren Videofilm in bester Bild- und Tonqualität reicht diese Kapazität nicht aus. Das manuelle Umdrehen einer zweiseitigen DVD ist relativ unkomfortabel, sodass eine elegantere Lösung entwickelt wurde, die so genannten Dual-Layer-DVDs. Bei diesen Medien kommt eine besondere Farbschicht zum Einsatz, um die Kapazität des Rohlings zu verdoppeln. Eine Dual-Layer-DVD besitzt zwei Datenschichten: Der Laser liest zuerst die Informationen der ersten und anschließend die Daten der zweiten Schicht.

Halblichtdurchlässige Farbschicht bei Dual-Layer-DVDs

Der auf Dual-Layer-DVDs verwendete Farbstoff hat die Eigenschaft, dass er bedingt lichtdurchlässig ist. Trifft der Laserstrahl in einem Winkel von 90° auf die Datenschicht, wird das Laserlicht nicht zur darunter liegenden zweiten Datenschicht durchgelassen. Strahlt der Laser dagegen den ersten Layer schräg an, wird das Licht zur zweiten Datenschicht durchgelassen, sodass deren Daten gelesen werden. Die Kapazität der zweiten Datenschicht ist allerdings statt auf 4,7 GByte auf 3,8 GByte begrenzt, weil die Daten nur mit einer geringeren Dichte darauf gespeichert werden, um Lesefehler bzw. Leseprobleme zu vermeiden.

Beim Layerwechsel muss der Laser neu fokussiert werden – das macht sich bei Video-DVDs manchmal durch ein kurzzeitiges Stillstehen des Bildes bemerkbar. Diese störende Unterbrechung wird durch folgenden Trick häufig vermieden: Der DVD-Player liest die Daten der ersten Schicht von innen nach außen (wie gewöhnlich) ein. Der zweite Layer wird dagegen von außen nach innen abgetastet. Durch diese Vorgehensweise muss der Laserschlitten keine große Strecke zurücklegen – der Layerwechsel verläuft deutlich flüssiger.

14.2 Haltbarkeitskriterien bei Rohlingen

Beim Kauf eines jeden Rohlings stellt man sich die Frage, wie lange ein solches Medium hält – schließlich wollen Sie beispielsweise Ihre auf DVDs gebrannten Urlaubsfilme auch nach 10 Jahren noch in Topqualität genießen. Leider gibt es immer wieder Scheiben, die bereits nach kurzer Zeit kaputt gehen und es zu Datenverlust kommt.

Im folgenden Abschnitt decken Sie die verwendete Farbschicht, die Reflexionsschicht des Mediums und die Qualität des Schutzlacks auf, um über die Haltbarkeit der Scheibe Auskunft zu bekommen. Mit diesem Wissen bewaffnet, gelingen Ihnen echte Rohlingschnäppchen, auf denen Ihre wertvollen Daten, Musiktracks bzw. Videos bestens und dauerhaft aufgehoben sind.

Decken Sie den Rohling-Dye auf!

In die organische Farbschicht von einmal beschreibbaren Rohlingen werden die Informationen gebrannt. Daher ist es wichtig, dass es sich um einen robusten Dye handelt, der sich im Laufe der Zeit bzw. unter besonderen Umwelteinflüssen **nicht** verändert – andernfalls gehen die hineingebrannten Informationen verloren. Die Haltbarkeit eines Rohlings wird zum größten Teil bereits durch die Wahl der Farbschicht bestimmt.

Zurzeit gibt es drei verschiedene Dye-Typen für einmal beschreibbare CD-Rohlinge: Cyanin, Azo (MetalAzo bzw. Super-Azo) und Phthalocyanin. Bei einmal beschreibbaren DVD-Rohlingen kommt dagegen bei allen Medien ein organischer (in der Regel nicht näher spezifizierter) Farbstoff zum Einsatz, der die Rohlinge lilafarben glänzen lässt. Die Farbschicht bei DVD-Rohlingen ist mit der bei CD-Rohlingen vergleichbar. Einzig der Rohlinganbieter Verbatim macht eine genaue Angabe über den verwendeten Farbstoff: Wie bei einem CD-Rohling kommt bei einmal beschreibbaren DVD-Scheiben von Verbatim der bewährte Farbstoff MetalAzo zur Verwendung.

Wieder beschreibbare Medien besitzen als Speicherschicht keinen organischen Farbstoff und sind daher wesentlich robuster (siehe „Alles Wissenswerte über wieder beschreibbare Medien").

Dye-Analyse mit Nero CD-DVD Speed

Mit dem Tool Nero CD-DVD Speed, das Nero beiliegt, decken Sie bei einmal und mehrfach beschreibbaren CD-Rohlingen die verwendete Farbschicht auf. Hierbei spielt es keine Rolle, ob sich bereits Daten auf dem Medium befinden oder nicht. Das Aufdecken der Farbschicht bei DVD-Rohlingen ist (noch) nicht möglich. Die aktuellste Version von Nero CD-DVD Speed erhalten Sie unter *www.cdspeed2000.com*.

1 Nach dem Programmstart wählen Sie zunächst den Writer aus, der den zu kontrollierenden Rohling enthält. Der Rohling muss mithilfe des Brenners analysiert werden, da gewöhnliche Lesegeräte die auf dem Rohling vorhandenen zusätzlichen Informationen über die Farbschicht nicht lesen können.

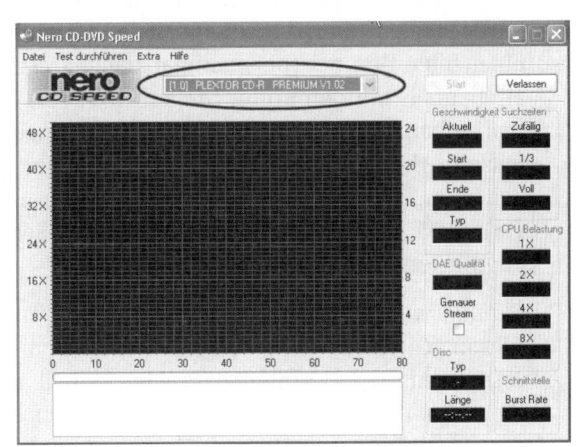

14. Rohlinge unter der Lupe: Qualitätstest, Haltbarkeit, Technik

2 Wählen Sie *Extra/Disc Info*. Im daraufhin erscheinenden Fenster erfahren Sie hinter *Aufnahme Ebenen*, welcher Dye auf dem Rohling verwendet wird. Im Beispiel handelt es sich um eine Scheibe mit dem robusten Farbstoff Phthalocyanin.

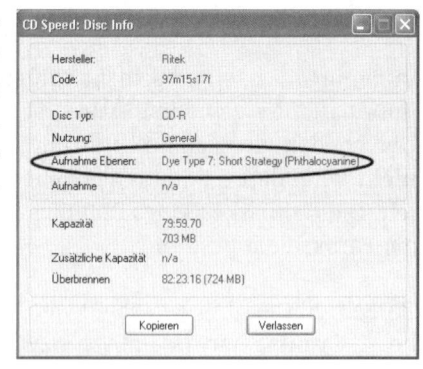

Die verschiedenen Dye-Typen im Überblick

Die verwendeten Rohling-Dyes unterscheiden sich besonders durch ihre Haltbarkeit bzw. Empfindlichkeit gegenüber Umwelteinflüssen. Hier ein Überblick über die zurzeit aktuellen Rohlingfarbschichten:

- *Cyanine*: Der billigste Dye, der für die Rohlingherstellung verwendet wird, ist Cyanine. Mit dieser Farbschicht kommen alle Brenner gut zurecht, weil die Farbschicht auch mit geringerer Laserleistung (alte Brenner) fehlerfrei beschrieben werden kann. Die Haltbarkeit solcher Rohlinge liegt bei nur etwa zehn bis 30 Jahren – die Scheiben sind sehr UV-empfindlich und mögen keine Infrarotstrahlung! Dafür können die gebrannten Cyanine-CDs von fast allen Lesegeräten fehlerfrei abgespielt werden. Die ersten CD-Rohlinge basierten alle auf dem Cyanine-Dye, dagegen basieren zurzeit immer weniger Rohlinge auf diesem Farbstoff.

- *Azo* bzw. *MetalAzo*: Scheiben mit Azo-Dye sollen rund 50 Jahre lang halten. Die Firma Verbatim hat diese Farbschicht modifiziert (Metal-Azo) und wirbt mit einer Haltbarkeit von 100 Jahren. MetalAzo wird bei Verbatim auch bei DVD-Rohlingen eingesetzt. Nachteil eines alten tiefblauen Azo-Rohlings: Einige Lesegeräte (besonders alte CD-Player und CD-ROM-Laufwerke) mögen diese Medien überhaupt nicht, jeder Abspielversuch scheitert. Besitzen Sie einen alten Brenner (bis maximal 4fache Geschwindigkeit) kann es sein, dass er ebenfalls mit den Rohlingen auf Azo-Basis Schwierigkeiten macht! Die Firma Verbatim hat seit den 40fach-CD-Rohlingen diesen Dye erneut weiterentwickelt – heraus kam die SuperAzo-Farbschicht. Beim Betrachten der neuen Scheiben fällt auf, dass der SuperAzo-Dye die tiefblaue Farbe des Azo-Dye verloren hat, was der Kompatibilität der Scheiben mit älteren Laufwerken zugute kommt.

- *Phthalocyanine*: Die Farbschicht Phthalocyanine soll problemlos bis zu 100 Jahren halten. „Brenner-Oldies" kommen mit solchen Rohlingen nicht zurecht, weil die Laserintensität nicht optimal angepasst werden kann – Phthalocyanine-Rohlinge benötigen einen starken, energiereichen Laserstrahl. Modernen Writern bereitet das Beschreiben dieser Rohlinge keine Probleme.

Medien auf Phthalocyanine-Basis sehen aufgrund des farblosen Dyes wie gepresste Scheiben aus, was professionell wirkt. Durch ihre guten Reflexionseigenschaften und die lange Haltbarkeit eignen sie sich besonders gut für die Erstellung hochwertiger Musik-CDs oder die Sicherung wichtiger Daten. Phthalocyanin ist zurzeit der am häufigsten verwendete Farbstoff zur Produktion von Rohlingen – schließlich benötigt man zum Brennen mit hoher Geschwindigkeit einen starken, energiereichen Laser.

Analyse der verschiedenen Rohlingfarben

Wenn Sie sich die Schreibseite der Rohlinge betrachten, wird Ihnen auffallen, dass diese keineswegs silbern wie eine gepresste CD glänzt: Es gibt hellgrüne, dunkelgrüne, hellblaue, tiefblaue, silberne und goldene Scheiben. Neuerdings sind auch dunkel („schwarz") beschichtete CDs auf dem Markt erhältlich. Die unterschiedlichen Farben resultieren aus der Kombination von Dye und Reflexionsschicht der Rohlinge:

Dye und Reflexionsschicht	Resultierende Farbe der CD-Rückseite
Azo und silbern	Tiefblau
Azo und golden	Dunkelgrün
Cyanine und silbern	Bläulich/grünlich
Cyanine und golden	Grünlich
Phthaloocyanine und silbern	Silbern (wie gepresste Original-CD)
Phthalocyanine und golden	Gold
SuperAzo und silbern	Hellblau/hellgrau

Bedenken Sie bitte, dass einige Hersteller die Dyes mit chemischen Substanzen verändern und daher die resultierende Farbe anders aussehen kann. Die Aufzeichnungsseite wieder beschreibbarer CD-Rohlinge glänzt stets in einem grauen Farbton.

Bei DVD-Rohlingen hält sich das Farbspiel dagegen in Grenzen: Wieder beschreibbare Medien haben ungefähr die gleiche graue Farbe wie CD-RWs. Einmal beschreibbare Scheiben glänzen in der Regel in einer lila Farbe.

Gold oder silberne Reflexionsschicht?

Bei beschreibbaren CD/DVD-Rohlingen werden Reflexionsschichten aus Silber oder Gold verwendet. Billiges Aluminium, das bei gepressten Original-CD/DVDs als Reflexionsschicht zum Einsatz kommt, ist für beschreibbare Medien nicht zu gebrauchen, da es mit der direkt darunter liegenden Aufzeichnungsschicht chemisch reagieren würde und dadurch seine Reflexionseigenschaften verliert. Manche Hersteller verwenden für die Reflexionsschicht eine Mischung aus Silber und Gold.

14. Rohlinge unter der Lupe: Qualitätstest, Haltbarkeit, Technik

Für wichtige Daten goldene Rohlinge nutzen!

Die ersten auf dem Markt erhältlichen Rohlinge waren mit einer goldenen Reflexionsschicht ausgestattet. Das hat folgenden Grund: Silberne Reflexionsschichten oxidieren mit der Zeit, wenn sie mit Luft in Berührung kommen und verlieren dadurch ihre guten Reflexionseigenschaften – die Scheibe ist nicht mehr lesbar. Wird die silberne Reflexionsschicht des Rohlings durch die obere Schutzschicht nicht gegen Lufteintritt vollständig versiegelt (isoliert), beginnt sie, vom Rand der Scheibe her zu oxidieren. Bei einer goldenen Reflexionsschicht findet eine solche Reaktion mit der Luft nicht statt, allerdings ist die Herstellung eines Rohlings mit silberner Reflexionsschicht deutlich billiger, weshalb die meisten Hersteller das „gefährliche" Silber verwenden. Es hat noch einen anderen Grund: Gold hat den Nachteil, dass seine Reflexionseigenschaft etwas schlechter ist als bei einer silbernen Scheibe. Das kann dazu führen, dass ein goldener CD-Rohling in einem alten CD-Player nicht gelesen werden kann, eine silberne Platte dagegen tadellos – bei DVD-Rohlingen gibt es diese Probleme nicht. Kommen Ihre Laufwerke mit den goldenen Scheiben zurecht, verwenden Sie für wichtige Daten solche Medien, um hohe Datensicherheit zu gewährleisten.

Der Schutzlack: Wichtig für ein langes Rohlingleben

Ein weiteres Kriterium für die Haltbarkeit von CD/DVD-Rohlingen wird häufig vernachlässigt: Die Versiegelung der Reflexionsschicht. Dies gilt besonders für die weit verbreiteten Rohlinge mit silberner Reflexionsschicht. Bei goldenen Scheiben spielt der Schutzlack keine so große Rolle, weil diese Reflexionsschicht nicht mit der Luft reagiert.

Retten Sie Ihre wichtigen Daten rechtzeitig!

Ist bei einem silbernen Rohling der über der Reflexionsschicht befindliche Schutzlack nicht vollständig bzw. nur sehr knapp und unregelmäßig auf der Labelseite über die äußere Rohlingkante gezogen, kommt die reflektierende Silberschicht und die Schreibschicht des Rohlings schneller mit Feuchtigkeit und „tödlichem" Sauerstoff der Luft in „Berührung". Die Folge: Der Rohling geht kaputt, weil die Schreibschicht beschädigt und die lebenswichtige Silberschicht durch Oxidation schwarz wird, wodurch die Scheibe ihre notwendige Reflexionseigenschaft verliert! Stellen Sie an einem Rohling eine Verfärbung am äußeren Rand fest, wird es Zeit für eine Sicherheitskopie, da die angefangene Zerstörung des Mediums fortschreitet.

Ein dicker und regelmäßiger Lacküberzug auf der Labelseite weit über die äußere Randkante des Rohlings hinaus ist die beste Lebensversicherung für Ihre selbstgebrannten Scheiben. Der obere Rohling im Bild besitzt eine perfekte (gleichmäßig um die Kante herum gezogene) Lackschutzschicht. Die untere Scheibe dagegen zeigt einen mangelhaften Schutz: Der Lack geht an einigen Stellen nicht über die Rohlingkante hinweg, sodass an diesen Stellen Feuchtigkeit und Sauerstoff relativ schnell eindringen und den Rohling zerstören wird – der Rohling wird von innen „aufgesprengt". Außerdem ist der Lacküberzug uneben, sodass die Schutzschicht bei etwas härterer Berührung (einem Stoß) an der jeweiligen Stelle abspringen kann.

Durch die mangelhafte Versiegelung am Rand des Rohlings kommt die Reflexionsschicht mit Sauerstoff in Verbindung und wird schwarz – die Scheibe geht kaputt.

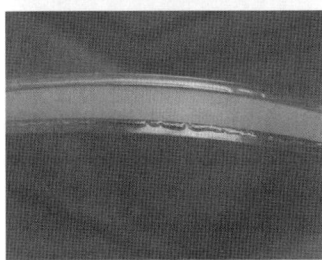

Die Qualität der Lackversiegelung entscheidet über die Haltbarkeit eines silbernen Rohlings.

Datenverlust vorbeugen: So halten Ihre Rohlinge am längsten!

Sowohl für Marken- als auch für Noname-Rohlinge gelten folgende Maßnahmen für ein langes Rohlingleben:

- Bewahren Sie die Medien nach Gebrauch stets in der dafür vorgesehenen Schutzhülle auf, um Verschmutzungen und Kratzer auf dem Rohling zu verhindern. Starke Kratzer können besonders bei DVD-Rohlingen aufgrund der Datendichte relativ schnell zu unkorrigierbaren Lesefehlern führen – Ihre Daten sind futsch!

- Lagern Sie die Scheiben möglichst an einem dunklen Ort mit Zimmertemperatur. Setzen Sie die gebrannten CDs auf keinen Fall starken Temperaturschwankungen aus – minderwertige Rohlinge können sich dadurch verziehen und unlesbar werden. Vermeiden Sie außerdem die Aufbewahrung an Orten mit hoher Luftfeuchtigkeit – das verkürzt unter Umständen das Rohlingleben drastisch! Setzen Sie die Medien keiner direkten Sonnenbestrahlung aus, da die Aufzeichnungsschicht mancher Rohlinge durch UV-Strahlung beschädigt wird.

- Damit der über der Reflexionsschicht liegende Schutzlack keinen Schaden nimmt, sollten Sie Medien immer nur mit einem weichen Stift (beispielsweise Edding) beschreiben. Besonders robust sind Medien, die eine zusätzliche kratzfeste Schicht über dem Schutzlack besitzen. Bestes Beispiel sind die bedruckbaren Rohlinge: Deren zusätzlich aufgebrachte Schicht zum Bedrucken erweist sich als äußerst stabil und kratzfest.

- Ein qualitativ minderwertiger Noname-Rohling kann sich außerdem beim Aufbringen eines CD-Labels so stark verziehen, dass er nicht mehr abspielbar ist. Möchten Sie ein Label verwenden, besorgen Sie sich aus diesem Grund einen Markenrohling.

14.3 Ihr Schnäppchenführer: Durchblick im Rohlingdschungel

Wollen Sie echte Schnäppchen im Rohlingdschungel erwerben, müssen Sie mit größter Umsicht vorgehen: Meistens entpuppt sich der billigste Rohling als minderwertig. Gerade bei DVD-Rohlingen dürfen die billigen Medien häufig nur mit 1facher Geschwindigkeit gebrannt werden, wodurch der Schreibvorgang ca. 60 Minuten dauert. Im folgenden Abschnitt erfahren Sie, wer der eigentliche Hersteller eines Rohlings ist – „schließlich ist nicht immer drin, was drauf steht". Zusammen mit dem bisher erworbenen Wissen wählen Sie ab sofort nur hochqualitative, preiswerte Rohlinge aus.

Welche Rohlinge harmonieren am besten mit Ihrem Brenner?

Gerade bei der Sicherung wichtiger Daten, Filme oder Musiktracks stellt man sich die Frage, welcher Rohling am besten ist. Aufgrund der großen Auswahl fällt diese Entscheidung oft schwer: Soll man für ein optimales Schreibergebnis einen teuren Markenrohling verwenden oder zu den wesentlich billigeren Noname-Scheiben greifen? Diese Frage ist sekundär, viel wichtiger ist es, zu wissen, mit welchen Scheiben Ihr Writer die besten Brennergebnisse erzielt!

Folgen Sie den Rohlingempfehlungen des Brennerherstellers

Sie werden bemerkt haben, dass der Writer nicht mit allen Rohlingen optimale Ergebnisse erzielt – das ist nichts Besonderes: Aufgrund der vielen unterschiedlichen Rohlingtypen ist es nicht möglich, dass der Brenner mit allen Rohlingen gleich gut zurechtkommt. Harmoniert ein Rohling mit dem Writer nicht, kann es sein, dass das gebrannte Medium nicht abspielbar ist, weil beim Brennen der Scheibe zu viele Fehler entstanden sind.

Viele Hersteller von CD/DVD-Brennern geben Auskunft darüber, mit welchen Rohlingen Sie die besten Ergebnisse erzielen; diese Angaben finden Sie entweder in der Anleitung oder im Internet auf den Supportseiten des Writer-Herstellers.

Ihr Schnäppchenführer: Durchblick im Rohlingdschungel

Besonders bei DVD-Brennern sollten Sie die Rohlingempfehlungen des Writer-Herstellers für ein gutes Brennergebnis befolgen. Andernfalls passiert es ab und zu, dass der DVD-Brenner den von Ihnen verwendeten (und nicht vom Hersteller empfohlenen) DVD-Rohling nicht erkennt und die Scheibe daher nicht gebrannt werden kann. In manchen Fällen wird auf den Internetseiten nur der „wahre" Rohlinghersteller aufgeführt – diesen müssen Sie mit Nero CD-DVD Speed erst einmal bei den von Ihnen verwendeten Scheiben aufdecken. Beim Kauf neuer Rohlinge sollten Sie sich an die Empfehlungen des Herstellers halten, das heißt aber noch lange nicht, dass Sie nur teure Markenrohlinge kaufen müssen: Viele Rohlinghersteller produzieren neben Scheiben für teure Markenprodukte auch Medien für Noname-Anbieter, sodass sich durchaus perfekte Schnäppchen erwerben lassen, mit denen der Writer die beste Brennqualität erzielt.

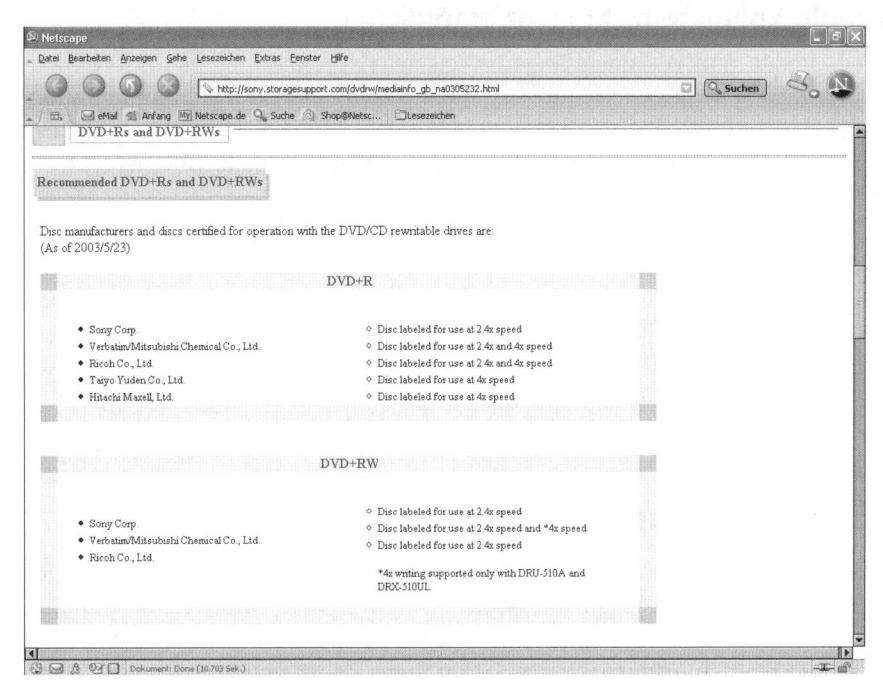

Rohlingempfehlungen für einen Sony DVD-Brenner.

Die von Ihrem Writer-Hersteller empfohlenen Medien sind keinesfalls aufgrund der hochwertigen Qualität ausgewählt worden. Die Liste zeigt ausschließlich alle Rohlinge an, mit denen Ihr Brenner gut zurechtkommt – ein Rückschluss auf die Medienqualität ist nicht möglich.

Hersteller gibt keine Rohlingempfehlungen?

Ihr Writer-Hersteller empfiehlt keine Rohlinge? So finden Sie die optimalen Rohlinge selbst: Besorgen Sie jeweils ein bis zwei Testrohlinge von den unterschiedlichsten Rohlinganbietern und brennen Sie diese randvoll mit Daten – schließlich lässt die Qualität bei manchen Scheiben zum Rand hin nach. Anschließend führen Sie eine Analyse der Brennqualität durch (siehe „Ihr eigenes kostenloses Rohlingtestlabor"), um herauszufinden, mit welchem Rohling Ihr Writer die beste Brennqualität erzielt. Bei Musik-CDs oder Video-DVDs versuchen Sie, die gebrannten Scheiben auf den gewünschten Playern wiederzugeben. Unter Umständen kommt ein Abspielgerät mit einer bestimmten Rohlingsorte aufgrund etwas geringerer Reflexionseigenschaften nicht zurecht.

Nach einem ausführlichen Test haben Sie die Rohlinge gefunden, mit denen Ihr Writer die beste Brennqualität erzielt und die auf den Wiedergabegeräten keine Probleme bereiten. Bleiben Sie möglichst bei den erfolgreich getesteten Rohlingen, um eventuellen Brennproblemen vorzubeugen ...

Optimale Rohlinge nicht mehr erhältlich?

Meistens findet man erst nach längerer Zeit des Experimentierens und Verzweifelns – weil die Scheiben nicht mit maximaler Geschwindigkeit gebrannt bzw. anschließend nicht fehlerfrei gelesen werden können – den geeigneten Rohling. Um so ärgerlicher ist es, wenn Sie die Rohlingmarke für optimale Brennergebnisse mit Ihrem Writer nach einiger Zeit nicht mehr erhalten.

In diesem Fall decken Sie mit Nero CD-DVD Speed den ATIP-Code des optimalen Mediums auf und sehen im Internet nach, welche Rohlinganbieter Scheiben vom gleichen Hersteller vertreiben – diese Medien harmonieren in der Regel meistens genauso gut mit dem CD-Brenner wie die bisher von Ihnen favorisierte Rohlingsorte, da sie vom gleichen Hersteller produziert wurden und daher identische Schreibeigenschaften besitzen.

Wer hat die Scheibe wirklich produziert?

In der gleichen Rohlingverpackung muss nicht immer die Scheibe des gleichen Herstellers sein! Das ist leider häufig der Fall, weil viele Anbieter die Rohlinge nicht selbst produzieren, sondern nur einkaufen und auf die fertigen Scheiben ihr eigenes Label aufbringen. Wenn Sie Rohlinge des gleichen Anbieters zu unterschiedlichen Zeitpunkten (besonders bei Noname-Rohlingen) kaufen, ist die Gefahr groß, dass in den gleichen Hüllen verschiedene Scheiben mit unterschiedlicher Qualität (und das zum selben Preis) sind.

Rohlinghersteller mit Nero CD-DVD Speed ermitteln

Den wahren Hersteller des CD/DVD-Rohlings bekommen Sie mit Nero CD-DVD Speed schnell heraus. Das Aufdecken des Rohlingherstellers funktioniert in Version 2.01 bei DVD-Rohlingen leider mit manchen DVD-Brennern noch nicht fehlerfrei – scheitert bei Ihnen die DVD-Rohlinganalyse (es werden keine Infos angezeigt), setzen Sie ein separates Tool (beispielsweise DVDInfo) ein. Näheres dazu siehe folgenden Abschnitt.

1 Legen Sie den zu prüfenden Rohling in den Brenner, wählen Sie im Programm den Writer aus und öffnen Sie über *Extra/Disc-Info* das Informationsfenster über die eingelegte Scheibe.

2 Hinter *Hersteller* erfahren Sie den eigentlichen Rohlinghersteller. Im Beispiel stammt die CD-Scheibe der Marke Philips von der großen Rohlingschmiede Ritek.

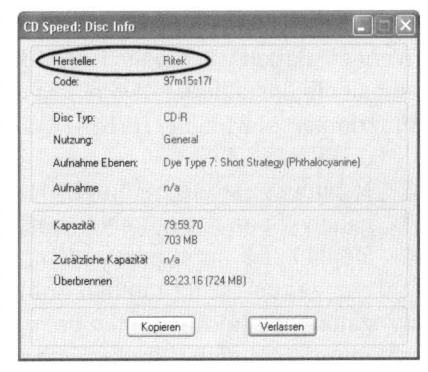

Leider gibt es immer weniger Rohlinganbieter (zum Beispiel Sony und Verbatim), die ihre Scheiben selbst herstellen. Die meisten Firmen kaufen die Rohlinge billig ein, lassen ihr Label aufbringen und verkaufen sie unter eigenem Namen. Aus diesem Grund kann es passieren, dass ein billiger Noname-Rohling die gleiche Qualität wie ein teurer Markenrohling besitzt ...

ATIP und unbekannter Hersteller

Auf jedem Rohling sind so genannte ATIP-Informationen vorhanden. ATIP ist die Abkürzung für **A**bsolute **T**ime **I**n **P**regroove. Diese Informationen sollen den Writer unterstützen, eine optimale Schreibstrategie für das Medium zu finden. Sie enthalten Angaben zur Startposition des Lead-In-Bereichs, der maximalen Lead-Out-Position, der zum Schreiben empfohlenen Laserpower und den Herstellercode. Diesen Herstellercode liest Nero CD-DVD Speed zum Identifizieren des eigentlichen Rohlingherstellers aus und zeigt bei einem bekannten Code den Herstellernamen an. Jeder Rohlinghersteller hat einen offiziellen ATIP-Code erhalten und trotzdem gibt es Rohlinge mit illegalen (nicht bekannten) Herstellercodes. In diesem Fall, zeigt Nero CD-DVD Speed an, dass der Hersteller unbekannt sei. Besitzen Sie einen solchen Rohling, ist Vorsicht geboten, da die Scheiben mit illegalem Herstellerangaben meistens eine ziemlich schlechte Qualität haben – zum Sichern wichtiger Daten sollten Sie diese Scheiben nicht verwenden. Die ATIP-Informationen des Rohlings kann nur der Brenner auslesen, für ein gewöhnliches Leselaufwerk bleiben diese verborgen. Bei DVD-Rohlingen wird statt ATIP auch von ADIP (**Ad**dress **i**n **P**regroove) gesprochen, beide Begriffe bezeichnen jedoch das Gleiche.

Hersteller von DVD-Rohlingen mit DVDInfo aufdecken

Für das Aufdecken des wahren Herstellers eines DVD-Rohlings benötigen Sie, falls Nero CD-DVD Speed bei Ihrem DVD-Writer versagt, ein separates Tool – beispielsweise DVDInfo, das Sie sich kostenlos unter *www.nicsoft.com.au/dvdinfo.html* herunterladen können (oder per Suchmaschine danach das Internet durchforsten). Zurzeit arbeitet der Programmschöpfer Nic Wilson an einer neuen Version DVDInfo Professional, die sich noch in der Betaphase befindet und zahlreiche Neuerungen gegenüber der alten Version DVDInfo 1 aufweist. Bis zum Erscheinen dieses Buches wird wahrscheinlich DVDInfo Professional als finale Version von der angegebenen Internetseite downloadbar sein. Ich möchte mich an dieser Stelle bei Nic Wilson bedanken, der mir für mein Buch die (noch nicht er-

14. Rohlinge unter der Lupe: Qualitätstest, Haltbarkeit, Technik

hältliche) Betaversion von DVDInfo Professional zur Verfügung stellte, damit das Werk so aktuell wie möglich ist. Unter Windows 9x/ME wird für DVDInfo Professional ein installierter ASPI-Treiber benötigt. Der Rohlingcheck mit DVDInfo funktioniert sowohl bei DVD-R/RW als auch bei DVD+R/RW.

1 Nachdem Sie die heruntergeladene Datei entpackt haben, kann die Rohlinganalyse sofort beginnen – eine Installation ist nicht nötig. Führen Sie einen Doppelklick auf die Datei *DvdInfo.exe* aus und stellen Sie den DVD-Brenner ein, der den zu prüfenden Rohling enthält. Im Programmfenster erhalten Sie zahlreiche Informationen über den ausgewählten DVD-Brenner. Der Rohling muss mithilfe des Brenners analysiert werden, da gewöhnliche Lesegeräte die verborgenen Rohlinginformationen nicht auslesen können.

2 Klicken Sie in der Symbolleiste auf das eingekreiste Rohlingsymbol *Media*, um den wahren Hersteller des Mediums zu identifizieren.

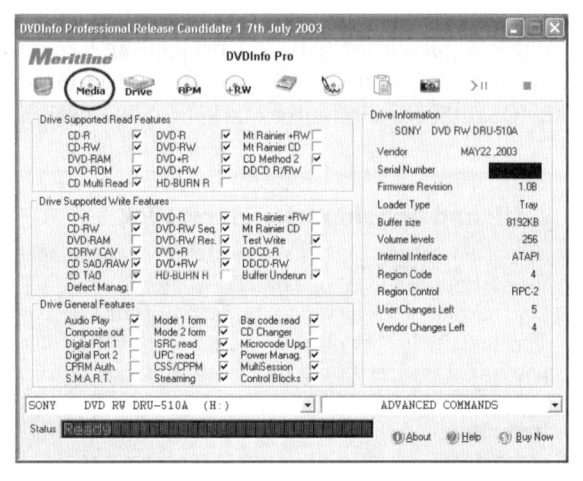

3 Im neuen Fenster können Sie den Rohlinghersteller hinter *Media code/Manufacturer ID* ablesen – im Beispiel wurde die DVD-R des Anbieters „tx" von VIVASTAR hergestellt. DVDInfo Professional listet zusätzlich interessante Informationen zu dem eingelegten Rohling auf. Deren genaue Bedeutung entnehmen Sie bitte der beigelegten Hilfedatei des Programms.

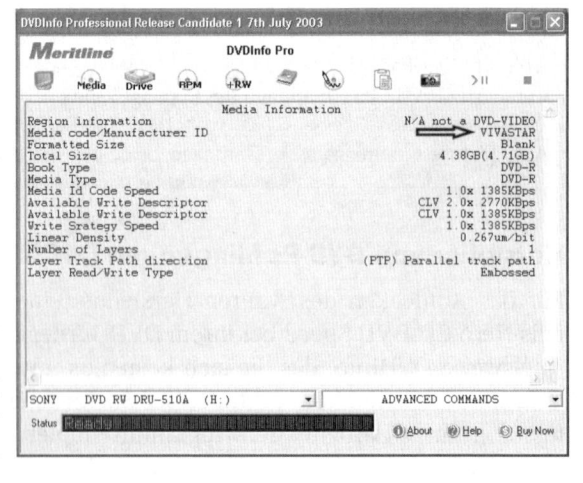

Bei einigen DVD-Rohlingen lässt die Angabe hinter *Media code/Manufacturer ID* nicht sofort auf den eigentlichen Hersteller der Scheibe schließen. Bei einer „unklaren" Angabe entnehmen Sie den Rohlinghersteller der folgenden Tabelle. Bedenken Sie bitte, dass sich die Herstellercodes im Laufe der Zeit ändern bzw. neue erscheinen können. Wollen Sie auf dem laufenden bleiben, durchstöbern Sie die DVD-Sektion unter *www.instantinfo.de*. Dort wird bei jedem DVD-Rohling der Herstellercode (Manufacturer ID) und Herstellername angegeben. Auf diese Weise erweitern bzw. aktualisieren Sie die folgende Tabelle.

Manufacturer ID	Rohlinghersteller
CMC00RG200	CMC Magnetics
DDD DVDR	Digital Disc Dessau
MCC bzw. MCC00RG200	Mitsubishi Chemicals
MXL RG01	Maxell
Philips	Philips
PVC001001	Pioneer
RicohJPN	Ricoh
Ritek G0x (statt x steht eine Zahl von 1-4)	Ritek
Sony	Sony
TDKG010000d9	Princo
TDKG02000000	TDK
Vivastar	Vivastar

Alternative: Rohlinghersteller mit Nero aufdecken

Die Analyse des Rohlingherstellers mithilfe von Nero CD-DVD Speed hat einen Nachteil: Wollen Sie beispielsweise vor dem Schreibvorgang mit Nero den wahren Rohlinghersteller kontrollieren, müssen Sie das Tool separat aufrufen. Mit einem Trick funktioniert die Herstelleranalyse bei CD-Rohlingen auch direkt mit Nero, DVD-Rohlinge werden bei diesem Trick hingegen (noch) nicht unterstützt.

1   Im Hauptfenster des Programms wählen Sie bei eingelegtem Rohling *Rekorder/Disk Info* und stellen im neuen Fenster unten in der Laufwerksliste den Brenner ein, der den zu kontrollierenden Rohling enthält.

2   Klicken Sie bei gedrückt gehaltener (Umschalt)-Taste auf *Aktualisieren*. Nero checkt den Rohling erneut und der wahre Hersteller erscheint oben rechts im Fenster. Im Beispiel handelt es sich um einen Rohling der Marke Sony, der von Sony selbst produziert wurde.

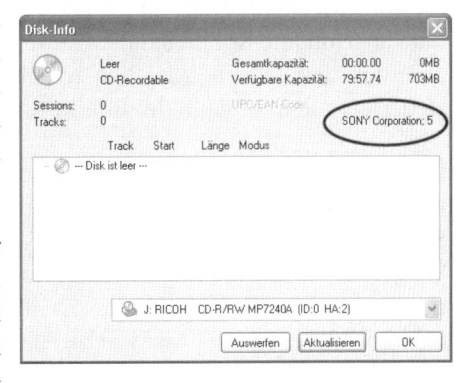

Geld sparen: Optimale Kaufstrategie bei Rohlingen

Durch das Aufdecken des wahren Herstellers der Scheibe gelingen endlich tolle Rohlingschnäppchen. Es kommt oft vor, dass der wahre Hersteller eines Mediums sowohl Scheiben für einen bekannten Anbieter als auch für einen Noname-Vertreiber produziert. In dem Fall sind die Rohlinge des unbekannten Anbieters meistens qualitativ genauso gut wie die des bekannten Rohlingvertreibers – die Qualität entscheidet sich durch den „wahren" Hersteller der Scheibe und nicht durch die Firmenangabe auf der Verpackung!

Wichtigste Regel: Immer erst einen Testrohling besorgen

Bei preiswerten einmal beschreibbaren CD/DVD-Rohlingangeboten besorgen Sie sich zuerst einen Testrohling. Stellen Sie bei der Analyse fest, dass der eigentliche Hersteller des Noname-Rohlings mit dem eines teuren, bisher von Ihnen genutzten und bewährten Markenprodukts identisch ist, haben Sie ein Schnäppchen gefunden: Beide Rohlinge stammen vom gleichen Hersteller, weshalb der Qualitätsunterschied so groß nicht sein kann. Sie haben keinen Rohling mit dem gleichen Hersteller bereits verwendet? Kein Problem: Für welche Anbieter der Hersteller des Schnäppchenrohlings ebenfalls Medien produziert, erfahren Sie über das Internet (siehe folgenden Abschnitt „Wahre CD-R-Schnäppchen finden").

Testrohling genau unter die Lupe nehmen!

Bevor Sie bei einem Angebot richtig zuschlagen, sollten Sie die lebenswichtige Lackversiegelung prüfen und den Testrohling mit dem Brenner beschreiben. Anschließend kontrollieren Sie die Brennqualität (siehe „Ihr eigenes kostenloses Rohlingtestlabor"), schließlich kommt nicht jeder Brenner mit allen Rohlingen (egal, ob Marken- oder Noname-Scheibe) gleich gut zurecht! Unter Umständen verweigert der Writer komplett den Dienst – der Schreibvorgang bricht mit einer Fehlermeldung (beispielsweise Medium Speed Error) ab. Bedenken Sie bitte weiterhin, dass gerade bei Noname-Rohlingen der wahre Hersteller ständig wechselt. Es kann durchaus sein, dass sich im gleichen Angebotsstapel Rohlinge unterschiedlicher Hersteller befinden, obwohl der Rohlinganbieter stets der Gleiche ist.

Das Besorgen eines Testrohlings ist bei einigen Angeboten nicht möglich: Seit einiger Zeit werden besonders günstige CD-Rohlinge häufig in Spindeln von 25-50 Stück angeboten – einen einzelnen Rohling erhält man nicht! Entweder wagen Sie den Kauf, um die angebotenen Rohlinge vor dem Kauf weiterer Spindeln genau zu testen, oder prüfen Sie im Internet, ob es sich wirklich um ein tolles Schnäppchen handelt – siehe Seite 503.

Wieder beschreibbare Rohlinge: Nur Markenprodukte kaufen!

Bei wieder beschreibbaren CD/DVD-Rohlingen sollten Sie im Gegensatz zu einmal beschreibbaren Medien ausschließlich zu Markenprodukten greifen, da mehrfach brennbare Rohlinge von Billiganbietern ihre „Macken" haben: Entweder lässt sich die Scheibe trotz modernem schnellen Brenner maximal nur mit 1-4facher (CD-RW) bzw. 1facher (beispielsweise bei der DVD-RW) Geschwindigkeit beschreiben oder das Medium ist bereits nach wenigen Aufzeichnungen defekt! Gerade bei wieder beschreibbaren Scheiben kommt es auf eine gute Qualität an. Andernfalls kann die Scheibe das Versprechen, bis zu 1.000 Mal wieder beschreibbar zu sein, nicht halten und Ihre wichtigen Daten sind mit einem Schlag verloren (siehe „Wieder beschreibbare Rohlinge optimal nutzen").

Für einen schnellen Brennvorgang und ein möglichst langes Rohlingleben greifen Sie daher lieber zu teuren Markenrohlingen. Auf Dauer gesehen ist das billiger, weil diese deutlich länger als billige Noname-Produkte halten und Sie viel Zeit beim Brennen sparen! Achten Sie beim Kauf der Markenrohlinge unbedingt auf eine präzise Angabe bezüglich der maximalen Brenngeschwindigkeit der Scheibe. Selbst namhafte Anbieter geben gerade bei wieder beschreibbaren DVD-Rohlingen häufig keine Geschwindigkeit an – in der Regel lässt sich eine solche Scheibe nur äußerst langsam (beispielsweise mit 1facher Speed = 60 Minuten Brenndauer) beschreiben. Für einen möglichst flotten Brennvorgang auf wieder beschreibbaren Medien besorgen Sie sich ausschließlich Rohlinge, die eine präzise Brenngeschwindigkeitsangabe besitzen und die maximale Brenngeschwindigkeit Ihres Writers unterstützen – auch wenn diese Medien am teuersten sind ...

Kaufen Sie keine MultiSpeed CD-RWs!

Fallen Sie beim Kauf von wieder beschreibbaren Markenrohlingen für Ihren modernen Brenner nicht herein: Manche Rohlinganbieter werben auf den Verpackungen der CD-RWs mit dem Aufdruck „MultiSpeed" – eine genaue maximale Aufzeichnungsgeschwindigkeit sucht man vergeblich. Der Kunde freut sich über die angeblich mit „vielfacher Geschwindigkeit" wieder beschreibbaren, günstigen Rohlinge – doch die Freude vergeht schnell: Der Brenner (der beispielsweise mit HighSpeed-Scheiben umgehen kann) beschreibt die MultiSpeed-Rohlinge nur mit maximal 4facher Speed. Der „MultiSpeed"-Aufdruck auf einer Verpackung für CD-RWs ist nicht mit dem „HighSpeed"-Aufdruck zu verwechseln: MultiSpeed-CD-RWs können in der Regel maximal nur mit 4facher Geschwindigkeit beschrieben werden. Der Aufdruck besagt, dass die Scheiben mit 1-, 2- und 4facher Speed gebrannt werden können – für Rohlinganbieter bedeutet das schon „MultiSpeed"!

Wollen Sie CD-RWs schnell beschreiben, kaufen Sie ausschließlich Rohlinge, die mit HighSpeed bzw. UltraSpeed (je nach Brenner) versehen sind und verzichten auf die ungünstigen Multi-Speed-Scheiben.

Im Gegensatz zu CD-RWs können CD-Rs mit dem Aufdruck „MultiSpeed" mit mehr als 4facher Speed gebrannt werden. Allerdings sind auch bei einmal beschreibbaren Rohlingen Anbieter, die die maximale Aufzeichnungsgeschwindigkeit präzise angeben, wesentlich vertrauenserweckender als die „MultiSpeed-Künstler".

14. Rohlinge unter der Lupe: Qualitätstest, Haltbarkeit, Technik

Wahre CD-R-Schnäppchen finden

Für richtige Rohlingschnäppchen gehen Sie bei CD-Rohlingen folgendermaßen vor: Besorgen Sie sich von dem vermeintlichen Schnäppchen einen Testrohling und decken Sie den ATIP-Code mit Nero CD-DVD Speed auf. Auf diese Weise erfahren Sie, für welche Anbieter der wirkliche Hersteller des vermeintlichen Rohlingschnäppchens ebenfalls seine Rohlinge vertreibt.

1 In Nero CD-DVD Speed stellen Sie zunächst den Writer ein, der den zu prüfenden Rohling enthält und wählen *Extra/Disc Info*.

2 Notieren Sie sich die hinter *Code* angegebene Buchstaben- und Zahlenkombination genau. Hierbei handelt es sich um den ATIP-Code zur Identifikation des wahren Rohlingherstellers.

3 Besuchen Sie die Internetseite *http://www.instantinfo.de/index_cdrohlinge.php*. Dort geben Sie unter *ATIP-Code* die notierten Werte ein und klicken auf *Anzeigen*.

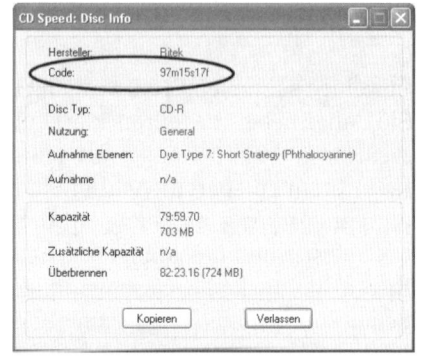

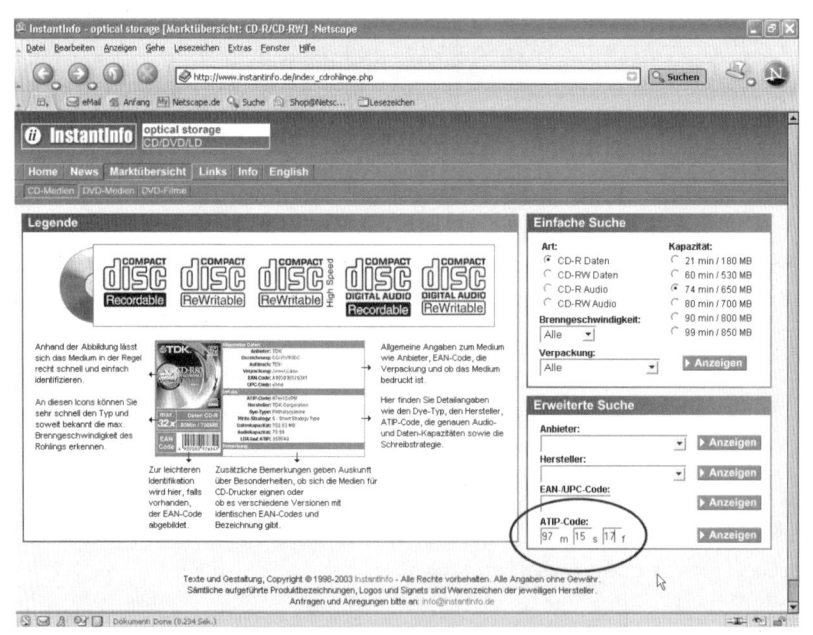

4 Daraufhin wird die interne, stets aktuelle Rohlingdatenbank von InstantInfo abgefragt und alle Rohlinge werden im erscheinenden Fenster aufgelistet, die vom gleichen wahren Hersteller stammen. Stellen Sie fest, dass der wahre Hersteller des kontrollierten Mediums auch für namhafte Rohlinganbieter Scheiben produziert, kann die Qualität des Schnäppchenrohlings so schlecht nicht sein. Im Beispiel sehen Sie, dass der Hersteller des Schnäppchenrohlings auch für Philips Medien herstellt. Sie können bei einem solchen Angebot in der Regel zugreifen.

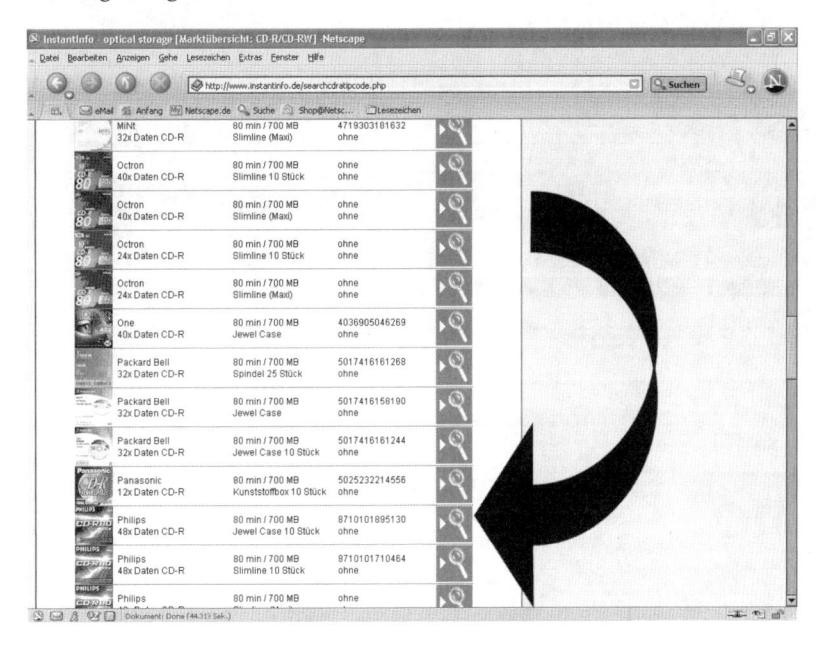

Auf die gleiche Weise stöbern Sie alle Anbieter von identischen Rohlingen (Rohlingen des gleichen Herstellers) auf und ermitteln so den Anbieter mit dem billigsten Preis. Weiterhin erfahren Sie, wenn Sie nach langer Testzeit die für Ihren Brenner optimalen Rohlinge nicht mehr bekommen, welcher Anbieter gleichwertige Medien vertreibt.

Echte Schnäppchen bei Spindelangeboten aufdecken

Bevor Sie eine günstige Spindel CD-Rohlinge erwerben, sollten Sie sich über das Internet genauer über die angebotenen Medien erkundigen. Rufen Sie die Internetseite *http://www.instantinfo.de/index_cdrohlinge.php* auf, wählen Sie unter *Erweiterte Suche* den *Anbieter* der Spindelrohlinge aus und klicken Sie auf *Anzeigen*. Nach kurzer Zeit werden alle Rohlinge von diesem Anbieter aufgelistet. Suchen Sie den passenden Eintrag für das Spindelangebot heraus (orientieren Sie sich an den angegebenen Brenngeschwindigkeiten, der Rohlingkapazität bzw. der Verpackung) und klicken Sie rechts neben dem Rohlingeintrag auf das Lupensymbol, um genauere Infos zu dem Medium zu erhalten.

Im neuen Fenster erfahren Sie Details (ATIP-Code, wirklicher Hersteller usw.) zu dem jeweiligen Rohling. Wollen Sie wissen für welchen Anbieter der wirkliche Hersteller der Spindelrohlinge ebenfalls Scheiben produziert, klicken Sie unten

14. Rohlinge unter der Lupe: Qualitätstest, Haltbarkeit, Technik

auf *Alle CD-Rohlinge mit dem Atip-Code ... anzeigen*. Es werden daraufhin alle Rohlinge vom gleichen wahren Hersteller angezeigt. Produziert der Hersteller auch für namhafte Markenanbieter, kann die Qualität der angebotenen Spindelrohlinge so schlecht nicht sein: Greifen Sie zu!

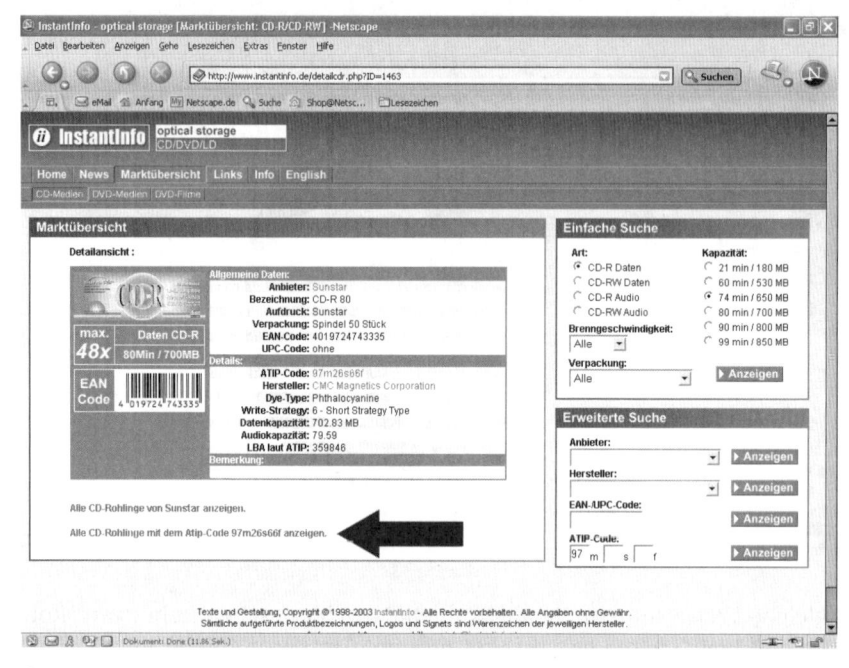

Genauere Informationen zu Spindelrohlingen erhalten Sie im Internet.

Vorsicht vor billigen DVD-Rohlingen!

Während man bei CD-Rohlingen gute Schnäppchen erzielen kann, sieht es bei DVD-Rohlingen anders aus: In der Regel muss man für einen qualitativ hochwertigen Rohling zu einem teuren Markenprodukt greifen, da Noname-DVD-Rohlinge meistens irgendwelche „Macken" haben. Dies kommt daher, weil das Brennen von DVDs im Gegensatz zum Brutzeln von CDs noch eine relativ junge Technik und die Produktion qualitativ guter Medien teuer ist. Für Billiganbieter ist es fast unmöglich, hochwertige Rohlinge anzubieten.

Rohlinghersteller unter der Lupe

Einen Hinweis auf die Qualität eines billigen Noname-DVD-Rohlings erhalten Sie folgendermaßen: Besorgen Sie sich einen Testrohling und decken mit DVDInfo Professional bzw. Nero CD-DVD Speed den wahren Hersteller der Scheibe auf. Besuchen Sie danach im Internet die Seite *http://www.instantinfo.de/index_dvdrohlinge.php*. Dort wählen Sie den Hersteller des billigen DVD-Rohlings aus und klicken auf *Anzeigen*. Die interne Rohlingdatenbank von InstantInfo wird abgefragt und alle Rohlinganbieter aufgelistet, die Scheiben vom gleichen Hersteller ver-

> treiben. Befinden sich namhafte Anbieter darunter, kann die Qualität des billigen Rohlings so schlecht nicht sein, schließlich produziert der Hersteller auch Scheiben für bekannte Marken.
>
> Es gibt mitunter starke Schwankungen bei der Rohlingqualität ein und desselben Herstellers. Wollen Sie auf Nummer sicher gehen, erwerben Sie ausschließlich DVD-Rohlinge bekannter Anbieter – Noname-Rohlinge haben in der Regel viele Nachteile!

Typische Schwächen von billigen DVD-Rohlingen sind:

Langsame Brenngeschwindigkeit: Selbst auf DVD-Brennern, die 4- bzw. 8fache Schreibgeschwindigkeit beherrschen, können Billigrohlinge häufig nur mit 1-2facher Geschwindigkeit aufgezeichnet werden. Finden Sie auf einem DVD-Rohling keine präzise Geschwindigkeitsangabe, lassen Sie lieber die Finger davon – meistens lässt sich diese Scheibe nur mit sehr langsamer (beispielsweise 1facher) Brenngeschwindigkeit schreiben. Bei DVD-Rohlingen bestimmt im Gegensatz zur CD-R das Medium auf jeden Fall die maximale Schreibgeschwindigkeit – dies können Sie auch nicht mithilfe eines Tricks ändern, da die Aufzeichnungsschicht der Scheibe nicht für schnellere Speed ausgelegt ist und daher die Auswahl einer höheren Brenngeschwindigkeit verhindert wird.

Es kann vorkommen, dass hinter dem billigen Noname-Produkt ein DVD-Rohling von einem Hersteller eines Markenanbieters steckt – dies bekommen Sie mit dem Ihnen bereits bekannten Analysetool für DVD-Rohlinge DVDInfo Professional bzw. Nero CD-DVD Speed heraus. Das heißt allerdings noch lange nicht, dass Sie ein DVD-Rohlingschnäppchen gefunden haben: Häufig handelt es sich bei dem billigen Noname-Produkt um „alte" Markenrohlinge, die sich nur mit langsamer (beispielsweise 1-2facher) Geschwindigkeit beschreiben lassen. Die zulässige Brenngeschwindigkeit zeigt Ihnen DVDInfo hinter *Current Drive Speed* bzw. *Available Write Descriptor* an. Nutzen Sie dagegen Nero CD-DVD Speed zur DVD-Rohlinganalyse, stellen Sie den DVD-Brenner im Programm ein und wählen *Extra/Disc Info*. Im erscheinenden Fenster wird die maximale Brenngeschwindigkeit hinter *Aufnahme* angezeigt.

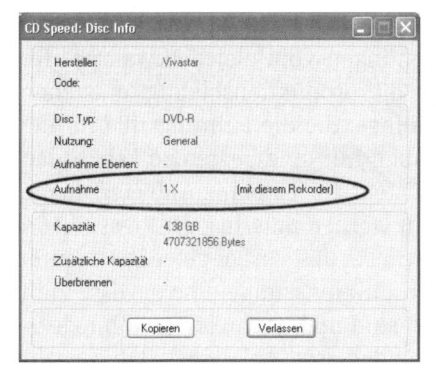

Kein Schnäppchen: Die relativ preiswerte DVD-R kann nur mit 1facher Geschwindigkeit gebrannt werden – obwohl der DVD-Brenner die 4fache Brenngeschwindigkeit beherrscht.

14. Rohlinge unter der Lupe: Qualitätstest, Haltbarkeit, Technik

Brenngeschwindigkeit bei DVD-Rohlingen	Dauer des Schreibvorgangs
1fache Geschwindigkeit	ca. 60 Minuten
2fache Geschwindigkeit	ca. 30 Minuten
4fache Geschwindigkeit	ca. 15 Minuten
8fache Geschwindigkeit	ca. 7,5 Minuten

Schlechte Brennqualität: Die Qualität von gebrannten Noname-Rohlingen ist in der Regel deutlich schlechter als bei Markenmedien – beim Abspielen treten viele kleinere (nicht vollständig korrigierbare) Lesefehler auf. Diese machen sich beispielsweise bei gebrannten Videos in Pixelfehlern bzw. störenden Rucklern bemerkbar; außerdem ist ein fehlerfreier Schnellvorlauf bei gebrannten Video-DVDs häufig nicht möglich. Die schlechte Brennqualität liegt an der minderwertigen Qualität des billigen Rohlings und an der fehlenden Firmwareunterstützung für die Scheibe, sodass der Brenner die optimale Schreibstrategie für den Billigrohling nicht kennt. Für teure Markenrohlinge kennen dagegen die DVD-Brenner in der Regel die optimalen Schreibparameter und erzielen daher ein qualitativ gutes Brennergebnis. Im Abschnitt „Ihr eigenes kostenloses Rohlingtestlabor" erfahren Sie, wie man die Brennqualität von DVD-Rohlingen komfortabel prüft.

Unzureichende Lackversiegelung bzw. Haltbarkeit: Gerade billige DVD-Rohlinge weisen häufig eine schlechte Haltbarkeit auf: Die Lackversiegelung der Scheibe ist mangelhaft, sodass die wichtige Reflexionsschicht schnell mit Sauerstoff in Berührung kommt und schwarz wird (oxidiert). Noname-DVD-Rohlinge sind außerdem sehr anfällig: Eine kurzes „Sonnenbad" reicht aus, um die Daten auf der Scheibe zu vernichten! Gerade bei mit viel Mühe angefertigten Videoscheiben sollten Sie keine Billigrohlinge einsetzen, sonst besteht die Gefahr, dass das Medium bereits nach kurzer Zeit nicht mehr lesbar ist.

Qualitätsschwankungen bei den gleichen Rohlingen?

Sowohl bei Noname- als auch bei Markenrohlingen vom gleichen wahren Hersteller gibt es stets Qualitätsschwankungen, die produktionsbedingt entstehen. Die Stamper der Produktionsstraßen für Rohlinge, die die Führungsrille für den Laser in die Polycarbonatschicht pressen, haben nur eine begrenzte Lebensdauer. Häufig werden damit noch Rohlinge (meistens für Noname-Anbieter) hergestellt, obwohl der Stamper schon ausgetauscht werden müsste – die Pressung der Spurrille ist in dem Fall nicht ganz so exakt, wie bei den vorher gefertigten teuren Markenrohlingen. Außerdem braucht jede Produktionsstraße eine gewisse „Einlaufzeit", bis die Maschinen optimal kalibriert sind und hochwertige Rohlinge erstellt werden können. Häufig werden während dieser Anlaufzeit Rohlinge für Noname-Anbieter hergestellt, die qualitativ nicht so hochwertig sind wie die später produzierten Scheiben für Markenanbieter.

Die entstehenden Toleranzen in der Herstellung der Medien sind in der Regel nicht groß, aber stets vorhanden. Gewissenhafte Rohlinganbieter unterteilen daher die vertriebenen Rohlinge in verschiedene Qualitätsklassen: Es gibt A/B/C-Ware. Die Rohlinge unterscheiden sich – je nach Qualitätsklasse – mitunter deutlich im Preis.

Der Noname-Rohling von einem Hersteller, der auch Markenrohlinge produziert, erreicht in der Regel nicht ganz die hochwertige Qualität eines Markenrohlings, da er nicht zum optimalen Zeitpunkt der Produktionsstraße produziert wurde. Wollen Sie

Noname-Scheiben immer schlechter als Markenrohlinge?

qualitativ auf Nummer sicher gehen, sollten Sie aus diesen Gründen ausschließlich teure Markenrohlinge in der höchsten Qualitätsklasse erwerben. Diese Rohlinge werden vor dem Kauf häufig einem genauen Test unterzogen, um absolute Fehlerfreiheit zu gewährleisten.

Vorsicht! Rohling bereits beim Kauf defekt!

Manchmal kommt es bei billigen Noname-Scheiben vor, dass der gerade ausgepackte Rohling bereits defekt ist – zum Beispiel einen Riss im Innenbereich hat (siehe Bild).

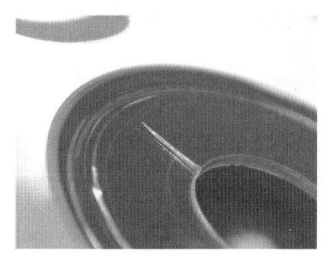

Vermeintliche Rohlingschnäppchen können bereits beim Kauf defekt sein!

Ein solcher Defekt deutet auf eine allzu hektische Produktion hin. Dem Plastikträger wurde nicht genug Zeit für die Abkühlung gegeben – ein typisches Merkmal für Rohlinge von Billiganbietern. Einen gesprungenen Rohling sollten Sie auf keinen Fall benutzen. Die Gefahr, dass sich der Sprung vergrößert bzw. die Scheibe während des Brennvorgangs im Laufwerk zerplatzt (und dieses dadurch zerstört) ist aufgrund der hohen Umdrehungszahl und der dadurch einwirkenden Kräfte auf die Scheibe zu hoch. Werfen Sie die Scheibe weg und setzen Sie einen anderen unbeschädigten Rohling zum Brennen ein.

Kann man den Rohlingtests von PC-Zeitungen vertrauen?

Viele PC-Zeitungen befassen sich seit geraumer Zeit intensiv mit Rohlingen und führen ausführliche Tests durch, um die Qualität und Haltbarkeit der Medien zu kontrollieren – eine wirklich gute und sinnvolle Idee!

14. Rohlinge unter der Lupe: Qualitätstest, Haltbarkeit, Technik

Beim Studieren der verschiedenen Rohlingtests wird Ihnen auffallen, dass die Ergebnisse von Zeitschrift zu Zeitschrift bei der gleichen Rohlingmarke unterschiedlich sind. Das liegt an den bei Noname-Scheiben häufig wechselnden „wahren" Herstellern. Die eine Zeitschrift testete zum Beispiel den Rohling der Marke A vom wahren Hersteller B; die andere die Scheibe der Marke A vom Hersteller C – die Verwirrung beim Studieren der Rohlingtests ist perfekt! Gerade bei Testsiegen von Noname-Rohlingen ist äußerste Vorsicht geboten: Hier wechselt der wahre Hersteller häufig, obwohl die Verpackung gleich bleibt. Unter Umständen erwischen Sie, statt dem Testsieger aus der PC-Zeitschrift in gleichem Outfit eine wesentlich schlechtere Scheibe; das ist mir auch schon passiert. Bevor Sie bei einem solchen Rohling zuschlagen, holen Sie sich zuerst einen Testrohling und kontrollieren mit Nero CD-DVD Speed bzw. DVDInfo, ob der eigentliche Hersteller der Scheibe mit dem Siegerrohling der Zeitschrift übereinstimmt.

Manche Rohlingtests von PC-Zeitschriften sind nicht zu gebrauchen, weil die Angabe des tatsächlichen Herstellers der Scheibe fehlt – einen solchen Test brauchen Sie nicht zu beachten, das ist Zeitverschwendung! Hier haben Sie überhaupt keine Anhaltspunkte, welcher wahre Hersteller sich hinter den getesteten Rohlingmarken verbirgt.

14.4 Schwarze Rohlinge lösen Wiedergabeprobleme

Seit geraumer Zeit gibt es so genannte schwarze Rohlinge, die bei störrischen Laufwerken (gerade bei älteren Hi-Fi-CD-Playern), welche gebrannte Rohlinge nur schlecht lesen, die Abtastsicherheit deutlich verbessern sollen. Auf den ersten Blick ist das nicht einzusehen: Eine schwarze Scheibe reflektiert doch schlechter als eine silberne ... Das ist jedoch ein Trugschluss!

Das Geheimnis der schwarzen Rohlinge

Der auf die CD/DVD treffende Laserstrahl wird nie vollständig zur Laserdiode (Empfangsdiode) zurückreflektiert, sondern hellt durch das beim Eindringen entstehende Streulicht auch die ganze Kunststoffscheibe stark auf, das am äußeren und inneren Plattenrand größtenteils ins CD/DVD-Innere zurückreflektiert. Dieses Licht („Hintergrundleuchten") stört die einwandfreie Abtastung der Pits und Lands durch den Laserstrahl, sodass vermehrt Abtastfehler entstehen, die von der Fehlerkorrektur behoben werden müssen.

Mit schwarzen Scheiben sollte jedes Gerät zurechtkommen!

Jetzt kommen die schwarzen Rohlinge ins Spiel: Das Auftragen einer zusätzlichen dunklen Schicht verringert die Reflexionen innerhalb des Rohlings stark. Der von der Empfangsdiode aufgenommene Laserstrahl ist durch das fehlende „Hintergrundleuchten" wesentlich präziser – die CD/DVD-Player haben weniger Probleme beim Abspielen einer solch „schwarzen" Scheibe, weil die Empfangsdiode ein zwar geringfügig schwächeres, dafür aber – im Vergleich zu den „normalen" Rohlingen – reineres Reflexionssignal erhält.

Ein Versuch zur Veranschaulichung

Sie können es nicht glauben, dass ein schwarzer Rohling bessere Reflexionseigenschaften als ein „gewöhnliches" Medium hat? Kein Problem! Mit dem folgenden Versuch werden Sie die Vorzüge dieser Scheiben einsehen.

Geringeres Hintergrundleuchten

Zur Veranschaulichung des wesentlich geringeren Hintergrundleuchtens eines schwarzen Rohlings wird zunächst eine Rolle mit farblosem Klebeband unbehandelt (stellt einen gewöhnlichen Rohling dar) mit einem Laserstrahl „beschossen". Deutlich sichtbar ist das durch das Auftreffen des Laserstrahls auf das Klebeband starke „Hintergrundleuchten", das die gesamte Rolle erhellt. Dies geschieht auch beim Eindringen des Lasers in einen normalen Rohling – die Scheibe wird erhellt.

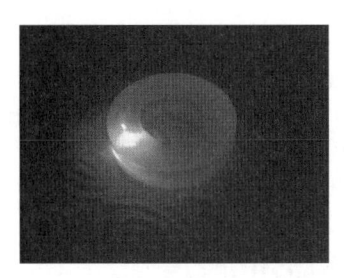

Starkes Hintergrundleuchten einer normalen CD/DVD – dargestellt durch eine unbehandelte Tesabandrolle.

Als Nächstes wird der äußere und innere Rand der Rolle sowie die Unterseite mit einem Edding schwarz gefärbt. Die so behandelte Klebebandrolle soll eine schwarze Scheibe darstellen. Lässt man den Laserstrahl auf diese „geschwärzte" Tesabandrolle auftreffen, entsteht ein wesentlich schwächeres Hintergrundleuchten; außerdem wird nur noch ein Teil der Rolle erhellt – Ähnliches gilt für einen schwarzen Rohling.

Anmerkung: Die Helligkeit wird aufgrund der automatischen Belichtungszeit der Kamera fälschlicher Weise gleich stark wiedergegeben.

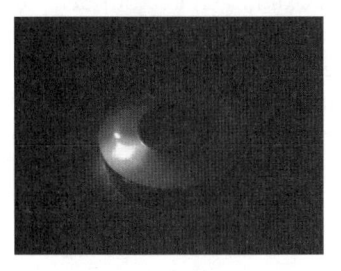

Hintergrundleuchten eines schwarzen Rohlings – dargestellt durch eine geschwärzte Tesabandrolle.

14. Rohlinge unter der Lupe: Qualitätstest, Haltbarkeit, Technik

Wesentlich präzisere Reflexion

Lässt man einen Laserstrahl auf einen gewöhnlichen und einen schwarzen Rohling auftreffen, ist deutlich erkennbar, dass der Laserstrahl bei einem schwarzen Medium wesentlich präziser reflektiert wird. Diese genauere Reflexion (unter anderem durch das geringere Hintergrundleuchten hervorgerufen) führt zu einer erhöhten Abtastsicherheit – die schwarze Scheibe kann selbst auf störrischen Laufwerken problemlos abgespielt werden.

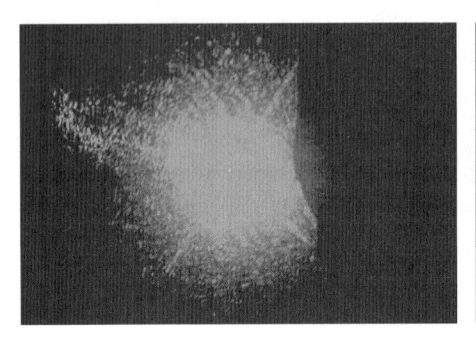

Reflexion des Laserstrahls an einem normalen Rohling.

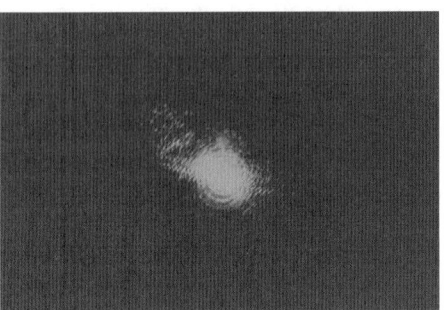

Exaktere Reflexion des Laserstrahls an einem schwarzen Rohling.

Sie sehen, dass es durchaus sinnvoll ist, bei Abspielproblemen mit gebrannten CDs zu den etwas teureren schwarzen Rohlingen zu greifen – das ist billiger als ein neues Lesegerät bzw. einen neuen CD-Player zu kaufen! Bei Abspielproblemen mit DVD-Rohlingen müssen Sie sich selbst Ihre schwarze DVD-Scheibe basteln, da es zurzeit keine schwarzen DVD-Rohlinge zu kaufen gibt.

Abtastsicherheit erhöhen: CD/DVD-Rohlinge schwärzen

Mit etwas Fingerspitzengefühl basteln Sie sich aus normalen CD/DVD-Rohlingen „schwarze Scheiben", die beim Abspielen weniger Probleme bereiten. Das ist besonders empfehlenswert, wenn beispielsweise der Hi-Fi-CD-Player bei der Wiedergabe des gebrannten Rohlings springt oder Sie übergroße 90-/99-Minuten-Rohlinge verwenden, da durch die folgende Aktion die Abtastsicherheit deutlich verbessert wird.

Bessere Abtastsicherheit bei DVD-Rohlingen

Das Schwärzen von DVD-Rohlingen ist zum Beispiel empfehlenswert, wenn die gebrannten Videos nur ruckartig wiedergegeben werden bzw. Bildfehler beim Abspielen auftreten. Diese Probleme deuten auf Leseschwierigkeiten bei der Abtastung des Mediums hin – mit der folgenden Anleitung verbessern Sie die Abtastsicherheit bei der Wiedergabe der gebrannten DVD.

1. Besorgen Sie sich einen dicken schwarzen Eddingstift.

2. Färben Sie den äußeren und inneren Rohlingrand der Scheibe mit dem Eddingstift. Vorsicht: Kommen Sie dabei keinesfalls aus Versehen mit der Eddingspitze auf die Unterseite des Datenträgers – Sie würden die Daten unwiderruflich vernichten, weil der Laserstrahl durch Ihr Malheur an der entsprechenden Stelle nicht mehr reflektiert wird!

Durch das Schwärzen des äußeren und inneren Rohlingrands wird die Reflexion des Streulichts von dort zurück ins Innere der CD/DVD stark verringert – die ständig im Hintergrund aktive Fehlerkorrektur des Geräts bei der Wiedergabe entlastet. Dies macht sich beim Abspielen durch eine verbesserte Abtastsicherheit und bei Audio-CDs sogar durch eine hörbar bessere Klangqualität (besonders bei übergroßen 90-/99-Minuten-Rohlingen) bemerkbar: Mitunter kann man eine Scheibe, die beim Abspielen springt oder deren Musikstücke sich schlecht anwählen lassen, durch Schwärzen der Rohlingränder „reparieren". Ruckelnde Videos auf einer gebrannten DVD laufen anschließend flüssiger. Bei einer stark verkratzten, nicht mehr lesbaren Original-CD/DVD kann das Schwärzen der Kanten unter Umständen ebenfalls eine verbesserte Abtastsicherheit bringen – im Notfall ausprobieren.

14.5 Rohlinge überbrennen und 99-Minuten-Rohlinge nutzen

Bei CD-Projekten kommt es relativ häufig vor, dass der zur Verfügung stehende Speicherplatz auf dem Rohling nicht ausreicht. Müssen Sie das Projekt verkleinern, damit es vollständig auf das Medium passt? Auf keinen Fall: Entweder vergrößern Sie die Rohlingkapazität per Überbrennen oder setzen einen 99-Minuten-Rohling ein. Allerdings gibt es bei beiden Vorgehensweisen einiges zu beachten, damit der Brennvorgang fehlerfrei gelingt ...

Kann Ihr Writer mit Nero überbrennen?

Die auf dem Rohling in den ATIP-Informationen angegebene und vom Brenner ausgelesene Lead-Out-Position (= maximale Rohlingkapazität) entspricht nicht der maximal möglichen Aufzeichnungskapazität, weil die Hersteller den auf jedem Rohling vorhandenen Speicherplatz von wenigen MByte aufgrund von Herstellungstoleranzen aus Sicherheitsgründen nicht vollständig ausreizen. Beim Überbrennen schreibt der Writer über die in den ATIP-Informationen angegebene maximale Lead-Out-Position hinaus, bis er das physikalische Ende des Rohlings erreicht.

Wollen Sie mit Nero Rohlinge überbrennen, muss der Brenner dieses Feature in Verbindung mit der Software beherrschen, was bei fast allen etwas moderneren Writern ab 24facher Brenngeschwindigkeit üblich ist.

1 Wählen Sie in Nero *Rekorder/Rekorderauswahl*.

2 Prüfen Sie im Rekorderauswahlfenster, ob der Brenner mit Nero das *Überbrennen* von CD-Rohlingen beherrscht. Sollte der Writer das Überbrennen nicht beherrschen, hilft eventuell ein Firmwareupdate.

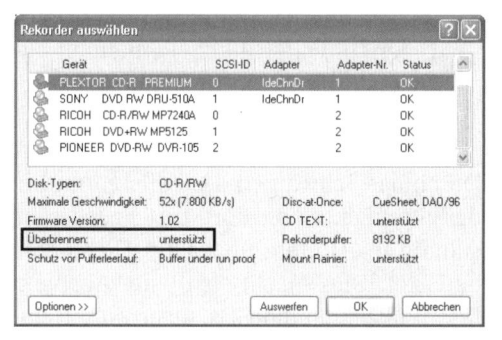

Überbrennen von DVD-Rohlingen?

Das Überbrennen von DVD-Rohlingen ist (zurzeit) nicht möglich: Der Brennvorgang startet nicht und Sie werden aufgefordert, ein Medium mit ausreichend Kapazität einzulegen. Wahrscheinlich wird dieses Feature in Zukunft durch entsprechende Programmupdates bzw. Aktualisierung der Firmware auch in Bezug auf DVD-Rohlinge verwirklicht. Schließlich sind die technischen Voraussetzungen (beispielsweise das notwendige Brennverfahren Disc-at-Once) vorhanden und das Brennen von DVDs eine noch relativ junge Technik. Das Überbrennen von CD-Rohlingen wurde auch erst im Laufe der Zeit ermöglicht.

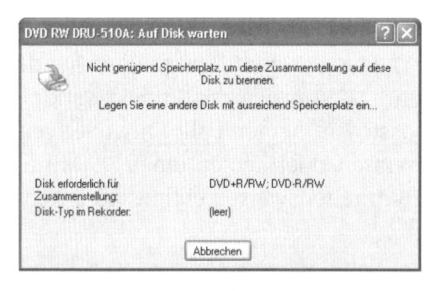

Das Überbrennen von DVDs ist (noch) nicht möglich!

Obwohl alle DVD-Brenner auch für das Brennen von CDs geeignet sind, beherrschen manche DVD-Writer nicht das Überbrennen von CD-Rohlingen! Legen Sie darauf Wert, sollten Sie sich vor dem Kauf eines Geräts genau erkundigen – das Überbrennen von CD-Rohlingen ist selbst bei modernen DVD-Brennern keine Selbstverständlichkeit!

Im Notfall: Überbrennen dank Registry-Eingriff aktivieren

Ihr Brenner beherrscht das Überbrennen zwar, aber nicht in Verbindung mit Nero? Das kann durchaus sein, schließlich muss dieses Feature sowohl vom Brenner als auch von der Software unterstützt werden. Sicherlich wird das Überbrennen mit Nero besonders bei modernen Writern durch ein Programmupdate bald nachgereicht. Möchten Sie nicht so lange warten bzw. besitzen Sie einen alten Writer, dessen Überbrennfeature von Nero nicht unterstützt wird, aktivieren Sie diese Funktion mithilfe einer Registry-Änderung! Beachten Sie: Unterstützt Ihr Writer das Überbrennen nicht, kann er dabei Schaden nehmen.

1 Im Startmenü wählen Sie *Ausführen* und geben *regedit* ein; den Befehl schicken Sie mit der Enter-Taste ab.

2 Der Registrierungseditor öffnet sich. Wechseln Sie in den Registry-Schlüssel *HKEY_CURRENT_USER\Software\Ahead\Nero-Burning Rom\General* und suchen Sie dort im rechten Fenster den Eintrag *OverSizeDefaultValue*.

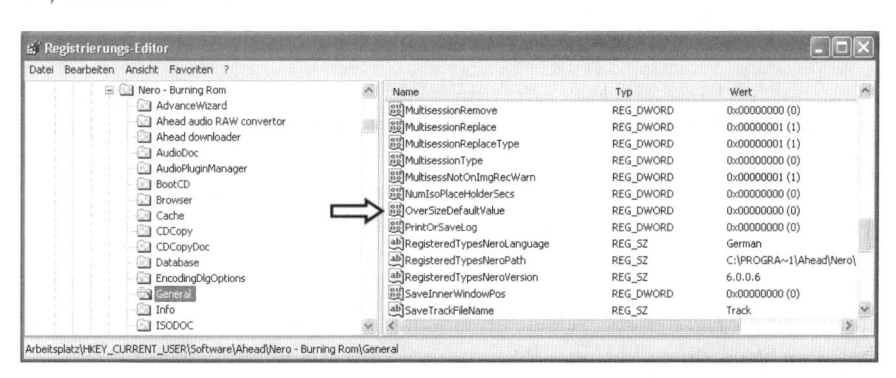

3 Öffnen Sie den Eintrag per Doppelklick und geben Sie unter Wert statt der Voreinstellung *0* eine *1* ein. Verlassen Sie das Fenster mit *OK* und schließen Sie den Registrierungseditor – das Überbrennen von CDs mit Nero sollte ab sofort möglich sein.

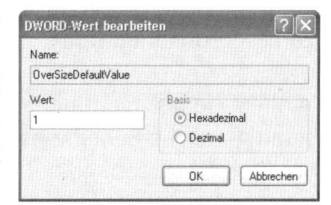

Unter Umständen kann es je nach Brennermodell sein, dass der Writer trotz des Registry-Eingriffs nach wie vor das Überbrennen mit Nero nicht beherrscht. In dem Fall hilft nur ein Programmupdate ...

Kann der Writer beim Überbrennen beschädigt werden?

Diese Frage stellen sich viele Brennfreaks, schließlich wird der Brenner beim Überbrennen außerhalb der Spezifikationen betrieben: Der Laserschlitten wird an den äußersten Rand des Rohlings gesteuert. Ist die Führungsschiene des Schlittens nicht lang genug, kracht er an deren Begrenzung, dies kann zu schweren Beschädigungen führen ...

Alte Writer können beim Überbrennen beschädigt werden!

Wenn Sie einen alten Writer mit 4- bzw. 8facher Geschwindigkeit besitzen, der angeblich (meistens durch ein Firmwareupdate nachgereicht) überbrennen kann, sollten Sie sich trotzdem vorher beim Hersteller erkundigen, ob dieses Feature gefahrlos nutzbar ist oder ob es gewisse Einschränkungen gibt. Andernfalls riskieren Sie, die feine Mechanik des Writers zu beschädigen, da der Laserschlitten beim Überbrennen – besonders wenn die maximale Rohlingkapazität vollständig ausgeschöpft wird – an das Ende der dafür „zu kurzen" Führungsbahn stößt. Alle etwas moderneren Brenner (ab 16facher Aufzeichnungsgeschwindigkeit) sind für das maximale Ausquetschen der Rohlingkapazität vorbereitet und besitzen eine ausreichend lange Führungsschiene für den Laserschlitten, sodass Sie „gefahrlos" überbrennen können.

Kapazitätsermittlung: Wie viel passt maximal auf die Scheibe?

Bevor Sie ein zu groß gewordenes Projekt per Überbrennen auf den Rohling befördern, sollten Sie dessen maximale Kapazität ermitteln, da es große Unterschiede in dem zusätzlichen Speicherplatz auf den Medien gibt. Selbst die Rohlinge des gleichen Herstellers weisen unterschiedliche maximale Speicherkapazitäten auf. Reicht der Platz auf dem Rohling nicht aus, fehlen entweder wichtige Daten oder das Lead-Out kann nicht mehr geschrieben werden, was unter Umständen zu Leseproblemen führt.

Wollen Sie auf Nummer sicher gehen, dass das angelegte Projekt wirklich vollständig auf die Scheibe passt, führen Sie die Messung der maximalen Kapazität vor dem Überbrennen bei jedem Rohling durch. Mit Nero CD-DVD Speed ermitteln Sie die maximale Kapazität von CD-Rohlingen folgendermaßen:

1. Legen Sie den Rohling ein, dessen maximale Kapazität Sie messen wollen. Starten Sie Nero CD-DVD Speed und wählen Sie den Writer aus, der den zu prüfenden Rohling enthält. Bei der Speicherplatzermittlung wird der Rohling nicht beschrieben – es wird nur eine Simulation des Brennvorgangs durchgeführt.

2   Über *Extra/Überbrennentest* geht's weiter. Stellen Sie die gewünschte Schreibgeschwindigkeit ein und geben Sie unter *Test Kapazität* einen Wert in Minuten ein, der deutlich größer als die angegebene Rohlingkapazität ist.

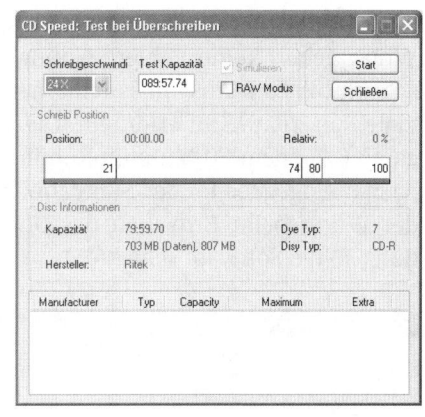

3   Zur Kapazitätsermittlung klicken Sie auf *Start*. Je nach Brenngeschwindigkeit dauert der Test zwischen drei und zehn Minuten. Der Brenner simuliert das Schreiben von Daten so lange, bis er an das physikalische Ende der Führungsrille stößt bzw. das Ende der Reflexionsschicht erreicht – die Simulation wird abgebrochen.

Die Stelle des Simulationsabbruchs gibt er an das Programm Nero CD-DVD Speed weiter, das daraus die maximale Rohlingkapazität berechnet, indem es zum Beispiel den internen Datenzwischenspeicher des Writers berücksichtigt. Die maximale Speicherkapazität wird Ihnen in einem automatisch erscheinenden Fenster angezeigt.

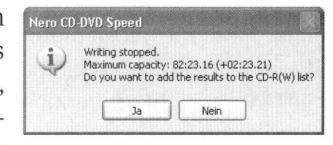

4   Bei dem als Beispiel verwendeten 80-Minuten-Rohling von Philips passen per Überbrennen insgesamt ca. 82:23 Minuten drauf – etwa 2:23 Minuten mehr, als auf der Verpackung angegeben.

Berücksichtigen Sie die Kapazitätstoleranzen!

Nicht jeder Rohling desselben Herstellers besitzt die gleiche maximale Speicherkapazität: Es gibt immer wieder Abweichungen von der maximalen Speicherkapazität, sodass Sie entweder vor dem Brennen für jeden einzelnen Rohling die Kapazitätsmessung neu durchführen oder von dem ermittelten Ergebnis des einen Rohlings ca. 20-30 Sekunden abziehen müssen, um beim Brennen auf der sicheren Seite zu sein – es wäre doch zu ärgerlich, wenn das CD-Projekt trotz Überbrennen nicht vollständig auf den verwendeten Rohling passt ...

Nicht immer gelingt die Kapazitätsmessung!

Leider gibt es moderne Writer, die zwar das Überbrennen von Rohlingen beherrschen, aber bei der Kapazitätsmessung scheitern. Beispielsweise der schnelle 52fach-Brenner von LiteOn und dessen OEM-Modelle (von Sony oder Traxdata) beherrschen erst ab der Firmwareversion 6S0F (Bezeichnung der Originalfirmware von LiteOn) die Kapazitätsermittlung.

Die Messung der maximalen Kapazität beruht darauf, dass der Writer, wenn er an das physikalische Ende des Rohlings gelangt, eine Fehlermeldung an die Soft-

14. Rohlinge unter der Lupe: Qualitätstest, Haltbarkeit, Technik

ware zurückgibt; daraus wird die maximale Rohlingkapazität berechnet. Manche Writer geben keine Fehlermeldung zurück. Die Simulation des Brennvorgangs scheint bis zum Abschluss fehlerfrei zu verlaufen – die Software kann die maximale Kapazität nicht ermitteln. Die folgende Abbildung zeigt einen solchen Vorgang: Bei einem 80-Minuten-Rohling wurden ca. 90 Minuten als zu testende Kapazität eingegeben – der Simulationsdurchlauf verlief scheinbar ohne Fehler, da der Writer beim Erreichen des physikalischen Rohlingsende keine Fehlermeldung an die Software schickte!

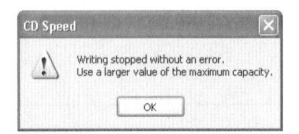

Bei einer solchen Mitteilung ist die Kapazitätsmessung fehlgeschlagen.

Besitzen Sie einen solchen Brenner, halten Sie zunächst nach einem Firmwareupdate Ausschau, das eventuell die Kapazitätsmessung mit Ihrem Writer ermöglicht. Ist keines vorhanden bzw. bringt das Update keine Besserung, können Sie die maximale Rohlingkapazität nicht ermitteln! Auf das Überbrennen brauchen Sie jedoch nicht zu verzichten: In der Regel passen auf jede Scheibe ca. 30-60 Sekunden mehr drauf als angegeben. Wenn Sie diese Richtwerte nicht überschreiten, wird das Überbrennen von CD-Rohlingen auch bei Ihnen erfolgreich gelingen ...

Überbrennen professionell einsetzen

Das Überbrennen eines Rohlings birgt ein gewisses Risiko, da das Medium außerhalb der Spezifikationen beschrieben wird. Gerade der äußerste Speicherbereich des Mediums, der bei der angegebenen Rohlingkapazität nicht berücksichtigt wird, ist manchmal fehlerhaft. Aus diesem Grund sollten Sie das Überbrennen nur bei Audio- und Videoprojekten nutzen – das Überbrennen einer Datendisk ist dagegen nicht empfehlenswert. Treten beim Lesen der Daten im äußersten Bereich des Mediums unkorrigierbare Lesefehler auf, sind die Daten verloren. Werden diese Daten für andere Dateien des Mediums benötigt, ist die komplette Datensicherung nicht mehr zu gebrauchen – für eine perfekte Datensicherung nutzen Sie lieber zwei Rohlinge, als die Kapazität des einen durch Überbrennen zu vergrößern.

Video- und Audio-CDs dürfen gefahrlos überbrannt werden!

Bei einer Audio- oder Video-CD sind auftretende Lesefehler nicht ganz so tragisch: Sie machen sich im schlimmsten Fall an der entsprechenden Stelle entweder durch Störgeräusche (Knackser) in der Musik oder durch eine ruckelnde Darstellung bemerkbar – ohne gleich die komplette Scheibe unbrauchbar zu machen. Außerdem besitzen diese Medien bei der Wiedergabe eine hervorragende Fehlerkorrektur durch das Abspielgerät. Aus diesem Grund ist das Überbrennen von Musik- und Video-CDs empfehlenswert – die Chancen, dass auch der überbrannte Rohlingbereich fehlerfrei wiedergegeben wird, stehen gut.

Rohling zu klein? – Silberling mit Nero überbrennen

Sie wollen das etwas zu große Projekt per Überbrennen auf einen Rohling befördern? Kein Problem:

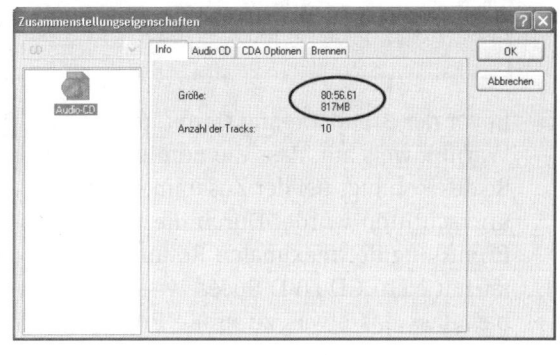

1 Checken Sie zunächst die maximale Rohlingkapazität des verwendeten Mediums mit Nero CD-DVD Speed. Danach kontrollieren Sie über *Datei/Zusammenstellungseigenschaften*, ob das Projekt vollständig mithilfe des Überbrennfeatures auf den verwendeten Rohling passt.

2 Als Nächstes müssen Sie, wenn Sie zum ersten Mal mit Nero eine CD überbrennen, das Überbrennen von CDs aktivieren. In der Voreinstellung ist dieses Feature deaktiviert. Die Aktivierung gilt sowohl für Nero als auch für NeroExpress. Wählen Sie *Datei/Einstellungen* und wechseln Sie auf die Registerkarte *Experteneinstellungen*.

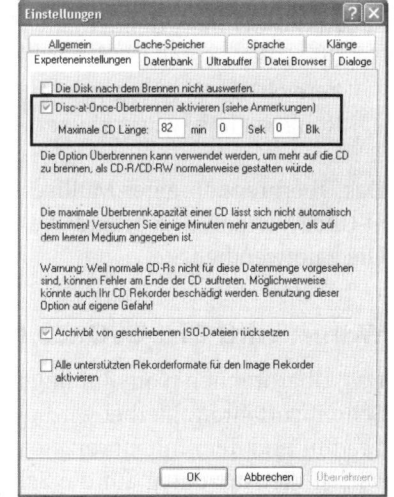

3 Schalten Sie das Überbrennen von CDs über den Eintrag *Disc-at-Once-Überbrennen aktivieren* ein und geben Sie darunter die gewünschte *Maximale CD Länge* an. Für das Überbrennen von 74-/80-Minuten-Rohlingen ist 82 ein guter Wert, schließlich passen auf keinen Fall mehr Daten auf einen 80-Minuten-Rohling, sodass Sie alle Medien maximal ausnutzen können, ohne erneut die Einstellungen zu ändern.

4 Rufen Sie jetzt über *Rekorder/Zusammenstellung brennen* den Brenndialog von Nero auf. Unter *Arbeitsschritt* aktivieren Sie die beiden Einträge *Brennen* und *CD fixieren* und wählen als *Schreibmethode* unbedingt *Disc-at-Once* aus, da das Überbrennen von Rohlingen nur bei diesem Schreibverfahren funktioniert. Klicken Sie auf *Brennen*.

14. Rohlinge unter der Lupe: Qualitätstest, Haltbarkeit, Technik

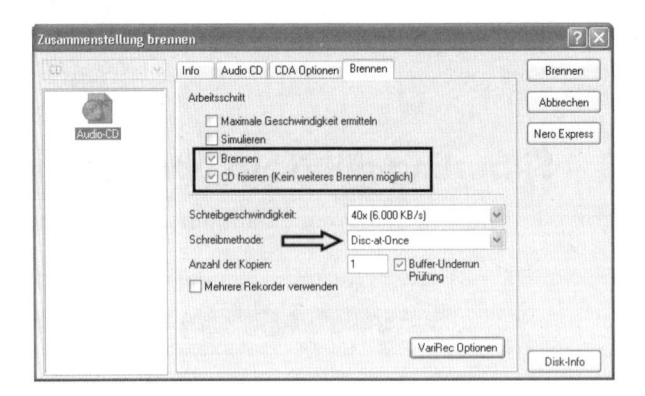

5 Bevor der Brennvorgang startet, taucht ein Warnhinweis auf, dass die nominelle Größe des Rohlings bei der Zusammenstellung überschritten wurde. Durch die vorherige Ermittlung der maximalen Rohlingkapazität mit Nero CD-DVD Speed wissen Sie aber, dass das etwas zu große Projekt per Überbrennen vollständig auf das eingelegte Medium passt. Sie können daher die Schaltfläche *Übergroße CDs brennen* betätigen – und der Schreibvorgang startet.

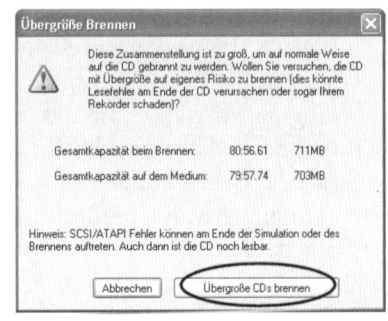

6 Sie sollten es sich zur Angewohnheit machen, alle überbrannten Rohlinge nach dem Brennvorgang genau zu kontrollieren: Entweder führen Sie einen Check der Brennqualität durch oder geben die letzten Musiktracks bei einer Audio-CD bzw. den letzten Videoabschnitt (bei einer Videodisk) wieder. Auf diese Weise stellen Sie fest, ob es beim Überbrennen zu Fehlern im Außenbereich des Rohlings gekommen ist. Ist das der Fall, setzen Sie einen anderen Rohling ein bzw. verkleinern Ihr CD-Projekt etwas.

Das Überbrennen einer Multisession-Disk funktioniert nicht, da diese im Track-at-Once-Verfahren gebrannt werden muss – für das Überbrennen aber Disc-at-Once notwendig ist.

Warum wird Disc-at-Once für das Überbrennen benötigt?

Das Überbrennen von Rohlingen funktioniert ausschließlich im Disc-at-Once-Schreibverfahren; hierbei wird die Scheibe in einem Rutsch (beginnend mit dem Lead-In und dem Inhaltsverzeichnis) beschrieben. Bei Track-at-Once werden zunächst die Nutzdaten auf die Scheibe befördert und zum Abschluss das Inhaltsverzeichnis gebrannt. Bei dieser Methode würde der Writer über die zu kleine Rohlingkapazität stolpern, die er aus den ATIP-Informationen liest – er soll Daten in einen Bereich hineinbrennen, den es laut ATIP nicht gibt.

Im Disc-at-Once Modus kann der Writer diese Informationen bezüglich der angeblich maximalen Rohlingkapazität ignorieren, weil er das Inhaltsverzeichnis des zu schreibenden Projekts (mit der Größenangabe) gleich zu Beginn des Brennvorgangs vor den

> **Jeder Disc-at-Once-fähige Writer kann überbrennen**

eigentlichen Nutzdaten auf das Medium brennt. Verantwortlich dafür ist die Firmware des Writers. Besitzen Sie einen etwas älteren Brenner, der das Überbrennen nicht beherrscht – beim Start des Brennvorgangs eines zu großen Projekts erhalten Sie eine Fehlermeldung und der Schreibvorgang bricht ab – kann ein Firmwareupdate Ihrem Writer nachträglich das Überbrennfeature einhauchen. Generell sind alle Brenner, die Disc-at-Once beherrschen, in der Lage, einen Rohling zu überbrennen.

Statusbalken für das Überbrennen bzw. übergroße Medien optimieren

Im Statusbalken am unteren Fensterrand lesen Sie bei Nero die aktuelle Größe des angelegten CD/DVD-Projekts ab. Sie erfahren in grafischer Darstellung, ob die Zusammenstellung auf den verwendeten Rohling passt. Die Größe des Statusbalkens bzw. der Begrenzungsmarken passt Nero automatisch auf die Projektart (CD- oder DVD-Zusammenstellung) an. Nero berücksichtigt in der Voreinstellung nur die Standardgrößen der verschiedenen Rohlinge: Nutzen Sie einen CD-Rohling, steht die gelbe Begrenzungsmarke bei 650 MByte (74-Minuten-Scheibe), die rote bei 700 MByte (80-Minuten-Rohling). Wird ein neues DVD-Projekt angelegt, stehen beide Begrenzungsmarken bei ca. 4,4 GByte – der echten Kapazität eines 4,7-GByte-Rohlings.

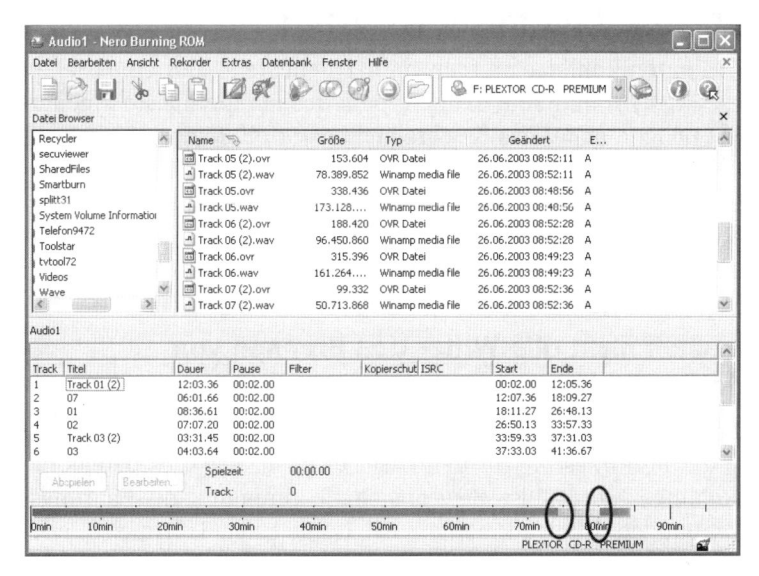

Gelbe und rote Begrenzungsmarke von Nero in der Voreinstellung bei einem CD-Projekt.

14. Rohlinge unter der Lupe: Qualitätstest, Haltbarkeit, Technik

Die Standardwerte für CD-Rohlinge sind beim Überbrennen bzw. dem Einsatz von 99-Minuten-Rohlingen nicht optimal – das sollten Sie für eine komfortable Kontrolle Ihrer übergroßen Projekte ändern. Die Änderung der Einstellung ist sowohl für Nero als auch für NeroExpress gültig.

1 Wählen Sie im Hauptprogramm *Datei/ Einstellungen*.

2 Auf der Registerkarte *Allgemein* passen Sie unter *Statusbalken* das wichtige Kontrollinstrument an, indem Sie die Position der gelben und der roten Marke festlegen. Nutzen Sie das Überbrennfeature und 99-Minuten-Rohlinge häufig, legen Sie die gelbe Marke ungefähr bei 81:30 Minuten fest – eine gute Wahl für zu überbrennende 80-Minuten-Rohlinge. 74-minütige Scheiben können vernachlässigt werden, da sie kaum noch erhältlich sind. Die rote Marke legen Sie für 99-Minuten-Scheiben bei 99:59 fest.

3 Hinter *Horizontaler Maßstab* stellen Sie unbedingt *Automatisch* ein, damit Nero den Statusbalken automatisch auf den zu brennenden Medientyp (CD oder DVD) anpasst. Mit einem Klick auf *OK* haben Sie das wichtige Kontrollinstrument von Nero für das Überbrennen bzw. übergroße Rohlinge optimiert.

90/99-Minuten-Medien perfekt nutzen

Übergroße 90/99-Minuten-Rohlinge werden immer beliebter: Zum einen fallen die Preise für diese Medien, und zum anderen beherrschen die meisten modernen Brenner (selbst billige Geräte) das Beschreiben von 90/99-Minuten-Scheiben. Ausnahmen gibt es nach wie vor bei DVD-Brennern: Nicht alle Geräte beherrschen das Brennen von 90/99-Minuten-Medien. Planen Sie mit Ihrem DVD-Brenner auch solche Rohlinge zu verarbeiten, erkundigen Sie sich vor dem Kauf unbedingt danach, ob das Gerät dieses Feature beherrscht.

Warum beherrschen nicht alle Writer das Brennen von übergroßen Medien?

Die größere Rohlingkapazität wird bei den 90/99-Minuten-Rohlingen durch eine starke Verengung der Führungsrille für den Laser erreicht, wie dies bereits bei den 80-Minuten-Rohlingen der Fall ist. Bewegt sich die Verengung der Führungsrille bei einer 80-minütigen Scheibe innerhalb der festgelegten Toleranzen, werden die Rohlingspezifikationen bei 90/99-Minuten-Scheiben verletzt. Aus diesem Grund kommen besonders ältere CD-Brenner mit diesen Medien nicht zurecht –

der Rohling wird nicht erkannt. Selbst bei alten Writern gibt es Ausnahmen: Beispielsweise der alte 8fach-CD-Brenner 8080B von LG war eins der ersten Geräte, die 99-Minuten-Rohlinge perfekt brennen konnten. Voraussetzung für das Beschreiben von übergroßen Rohlingen ist, dass das Gerät das Überbrennen beherrscht.

Übergroße Scheiben optimal einsetzen

Verzichten Sie bei der Datensicherung möglichst auf übergroße 90/99-Minuten-Rohlinge! Der Einsatz dieser Rohlinge birgt die Gefahr, dass durch die verengte Führungsspur die Daten nicht hundertprozentig fehlerfrei gebrannt bzw. eingelesen werden – das kann verheerende Folgen haben! Die angefertigte Datensicherung ist im Notfall unbrauchbar, weil die Dateien auf dem übergroßen Rohling nur fehlerhaft lesbar sind. Eine Beschädigung des Datenträgers (ein Kratzer oder Dreck) wirkt sich bei einem übergroßen Rohling durch die engere Führungsrille wesentlich stärker aus, da mehr Daten betroffen sind.

Für Audio-CDs und Video-CDs können Sie dagegen übergroße Scheiben gefahrlos einsetzen. Die meisten Abspielgeräte kommen mit den großen Silberlingen bestens zurecht – auch wenn oft das Gegenteil behauptet wird. Ich habe mehrere Kompatibilitätstests auf verschiedenen Laufwerktypen mit dem Ergebnis durchgeführt, dass von 14 Playern 13 Geräte keine Probleme mit 99-Minuten-Scheiben hatten. Selbst ein 14 Jahre alter Hi-Fi-CD-Player spielte die Rohlinge fehlerfrei ab. Einzig ein etwas modernes Gerät hatte beim Anspringen einzelner Tracks oberhalb von 80 Minuten Probleme.

Passt Ihr Urlaubsfilm oder die Musikzusammenstellung beispielsweise nicht auf einen 80-Minuten-Rohling, setzen Sie statt mehreren Medien eine 99-minütige Scheibe ein – die Chancen, dass diese von Ihrem CD/DVD-Player fehlerfrei gelesen wird, stehen gut. Eventuell auftretende Lesefehler äußern sich bei Audio-CDs durch Klicks bzw. bei Video-CDs durch Ruckler im Bild. Diese Störungen sind leichter zu ertragen, als eine fehlerhafte (und dadurch absolut unbrauchbar gewordene) Datensicherung!

Kann Ihr Writer 90/99-Minuten-Rohlinge vollständig brennen?

Zwar können die meisten Brenner 99-Minuten-Scheiben beschreiben, jedoch sind nicht alle Modelle in der Lage, die Scheibe vollständig zu füllen – der Brennvorgang bricht zum Beispiel bei ca. 95 Minuten ab. Mit Nero CD-DVD Speed finden Sie heraus, wie viele Daten Ihr Brenner auf ein übergroßes Medium brennen kann. Bei dem Test wird nur eine Simulation durchgeführt, der Rohling kann danach weiterverwendet werden.

1   Legen Sie den übergroßen Rohling in den Brenner, starten Sie Nero CD-DVD Speed, stellen Sie den Writer ein und wählen Sie *Extra/Überbrennentest*.

2 Reduzieren Sie zunächst bei topaktuellen 40/48fach-Brennern die Simulationsgeschwindigkeit (*Schreibgeschwindigkeit*) auf maximal *16 X* – bei älteren 16/24fach-Writern stellen Sie *8 X* ein. Dadurch schließen Sie einen Brennabbruch aus, weil der Laser des Writers durch die hohe Geschwindigkeit von der Bahn abkommen würde.

3 Unter *Test Kapazität* geben Sie *99:59* ein und beginnen den Test über *Start*. Die eventuell auftauchende Warnmeldung, dass nicht alle Writer mehr als 90 Minuten auf eine Scheibe brennen können, bestätigen Sie mit *OK*. Wundern Sie sich nicht über die unter *Disc Informationen* angegebene viel zu kleine Rohlingkapazität – dazu gleich mehr.

Wird der Test fehlerfrei bis zu Ende geführt, heißt das, dass Ihr Brenner das übergroße Medium vollständig beschreiben kann. Bricht der Schreibvorgang vor dem Erreichen der 99 Minuten ab, erhalten Sie eine „Fehlermeldung", die die maximal beschreibbare Rohlingkapazität anzeigt – zum Beispiel 94:59 Minuten. Kann Ihr Brenner den Rohling nicht vollständig füllen, hilft eventuell ein Firmwareupdate, wie zum Beispiel bei dem 48fach-Brenner der Firma Plextor – dieses Gerät kann erst mit der Firmware 1.04 die übergroßen Scheiben komplett füllen.

Warum wird nur eine so geringe Kapazität angezeigt?

Alle 99-Minuten-Rohlinge „tarnen" sich als gewöhnliche 80-Minuten-Scheiben. Dies soll für die Kompatibilität der Medien gut sein. 99-Minuten-Rohlinge sprengen nicht nur durch die enge Führungsspur die festgelegten Spezifikationen, auch bei der Adressierung der Daten und der Kapazitätsangabe gibt es Spezifikationsverletzungen:

Bei einer Audio-CD beispielsweise werden die Musikinformationen über den Zeitcode der Scheibe adressiert. Dieser setzt sich aus Minuten, Sekunden und Frames zusammen, wobei 1 Frame = 1/75 Sekunde entspricht. Mit dieser Einteilung könnte man theoretisch Daten bis zu 99 Minuten auf einem übergroßen Rohling adressieren – doch so einfach geht es nicht! Die Adressierungszeiten für den Bereich zwischen 90:00 und 99:59 sind bereits für das wichtige Lead-In des Rohlings reserviert. Außerdem ergeben sie bei der notwendigen Umrechnung in Sektoren negative Werte. Beschreiben Sie auf einem 99-Minuten-Rohling den Bereich zwischen der 90. und der 99. Minute mit Daten, kommen diese Sektornummern doppelt auf dem Rohling vor – das kann zu erheblichen Problemen führen. In der Regel kommen die meisten Geräte (egal, ob alt oder neu) damit zurecht.

Auf jedem Rohling ist die maximale Kapazität vermerkt. Diese wird beim Einlegen vom Writer ausgelesen. Aufgrund der Doppelbelegung würde kaum ein Gerät mit einer Spielzeitangabe von 99:59 Minuten zurechtkommen und das eingelegte Medium als defekt ansehen. Daher tarnen die Rohlinghersteller die 99-Minuten-Scheiben als gewöhnliche 80-Minuten-Rohlinge. Wundern Sie sich nicht, wenn beim Einlegen eines übergroßen Mediums als Kapazität nur 80 Minuten bzw. 700 MByte angezeigt wird. Alle Daten oberhalb dieser Kapazität werden beim Schreibvorgang erst durch Überbrennen auf den Rohling befördert.

90/99-Minuten-Rohlinge stets langsam brennen

Wenn Sie mit Nero einen übergroßen Rohling brennen möchten, sind einige Vorbereitungen notwendig, schließlich werden alle Daten oberhalb von 80 Minuten per Überbrennen auf das Medium befördert.

Als Erstes sollten Sie, wie beschrieben, den Statusbalken für das Brennen von übergroßen Rohlingen optimieren, um die Rohlingkapazität mithilfe des wichtigen Kontrollinstruments vollständig auszuschöpfen. Danach folgen Sie den Anleitungen auf Seite 517, um das Überbrennen mit Nero zu aktivieren und die übergroße Scheibe perfekt zu brennen. Einziger Unterschied beim Brennen eines 90/99-Minuten-Rohlings im Gegensatz zu dem Überbrennen von normalen Rohlingen ist, dass Sie aus Sicherheitsgründen eine niedrigere Brenngeschwindigkeit auswählen. Dadurch ist gewährleistet, dass der Laser der wesentlich engeren Führungsrille des übergroßen Mediums fehlerfrei folgen kann. Brennen Sie einen 90/99-Minuten-Rohling mit voller Power, kann der Schreibvorgang mit einer Fehlermeldung scheitern, weil der Laser aufgrund der hohen Umdrehungsgeschwindigkeit des Mediums von der Führungsspur abgekommen ist. Bei älteren Brennern, die CD-Rs maximal mit 24facher Speed brennen, reduzieren Sie die Schreibgeschwindigkeit auf 8fach. Moderne Writer (ab 32facher Brenngeschwindigkeit in Bezug auf CD-Rs) können dagegen übergroße Rohlinge in der Regel mit 16-24facher Geschwindigkeit fehlerfrei brennen. Wollen Sie auf Nummer sicher gehen, stellen Sie als Schreibgeschwindigkeit auch bei modernen Geräten maximal 8fach ein. Schneller als mit 24facher Geschwindigkeit sollten Sie 90/99-Minuten-Rohlinge auf keinen Fall aufzeichnen!

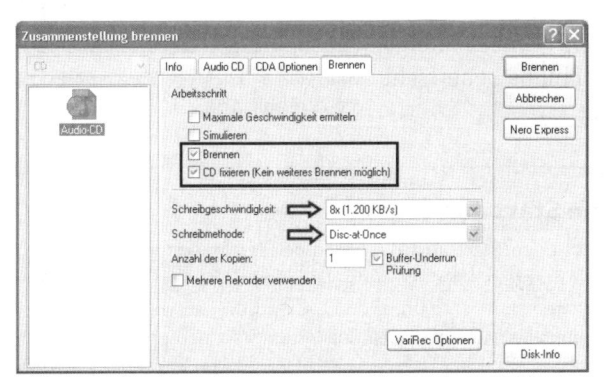

Übergroße Rohlinge sollten Sie nicht mit maximaler Geschwindigkeit brennen!

14.6 Ihr eigenes kostenloses Rohlingtestlabor

Sie wollen Ihren CD/DVD-Rohlingen richtig auf den Zahn fühlen und beispielsweise die mit Ihrem Writer erzielte Brennqualität professionell kontrollieren oder Haltbarkeitstests selbst durchführen? Dazu benötigen Sie keine teuren Geräte. Die meisten Utensilien besitzen Sie bereits oder erhalten sie kostenlos aus dem Internet. Dem eigenen Testlabor für Rohlinge steht also nichts mehr im Wege ...

Beherrscht Ihr Laufwerk die Fehleranalyse?

Bevor Sie mit dem Testen der Rohlinge beginnen können, kontrollieren Sie mithilfe des Nero InfoTools, welche Laufwerke die für die Rohlinganalyse notwendige Fehlerauswertung beherrschen.

Alle Laufwerke führen beim Lesen von CDs/DVDs automatisch intern eine Fehlerkorrektur durch, damit sich auftretende Lesefehler nicht bemerkbar machen. Für die Rohlingtests ist es wichtig, dass die Laufwerke die auftretenden (und beim Lesen automatisch korrigierten) Fehler an die Testsoftware weitermelden, was manche Laufwerke nicht beherrschen. Nur durch die Rückmeldung der beim Lesen durch das Laufwerk intern korrigierten Fehler können Sie die Rohling- bzw. Brennqualität genau bestimmen.

Das Nero InfoTool teilt Ihnen mit, ob das Laufwerk die Rückgabe von aufgetretenen Lesefehlern unterstützt. Hierzu muss unter *Supported Read Features* ein Häkchen hinter dem Eintrag *C2 Errors* sein. Ist dies nicht der Fall, unterstützt das Laufwerk die Fehleranalyse wahrscheinlich nicht – auch das Nero InfoTool irrt sich manchmal. Am besten Sie probieren den Rohlingcheck trotzdem! Ob Ihr Laufwerk die Rückgabe von Lesefehlern beherrscht oder nicht, hat übrigens nichts mit dem Alter des Geräts zu tun: Selbst einige topaktuelle Brenner (zum Beispiel der beliebte YAMAHA CRW-F1) unterstützen die Fehlerauswertung nicht – mein älteres CD-ROM-Laufwerk der Marke Philips beherrscht dagegen die Fehlerauswertung.

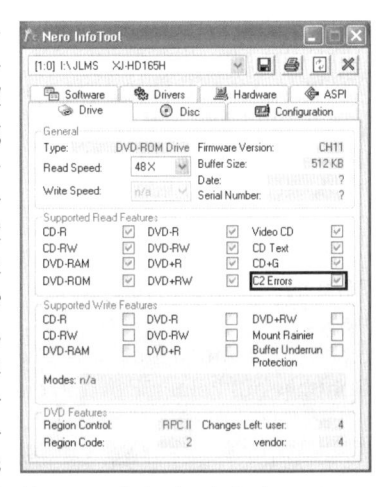

Unterstützt Ihr Laufwerk die Auswertung von Lesefehlern?

> **Nero InfoTool stürzt beim Start ab?**
>
> Stürzt bei Ihnen das Nero InfoTool beim Start ab bzw. bleibt bei der Erkennung der angeschlossenen Laufwerke hängen, hilft meistens folgende Vorgehensweise: Löschen Sie im Geräte-Manager alle Einträge Ihrer optischen Laufwerke unter DVD/CD-ROM-Laufwerke und starten Sie den PC neu. Windows erkennt die Laufwerke beim nächsten Start neu und richtet sie

> ein – das Nero InfoTool sollte danach problemlos funktionieren. Die Probleme mit dem Nero InfoTool tauchen häufig nach dem Tausch eines optischen Laufwerks auf. Ich habe außerdem festgestellt, dass das Nero InfoTool unter Umständen abstürzt, wenn zwei Laufwerke des gleichen Herstellers an einem IDE-Controller angeschlossen sind.

Für die Rohlingtests ist es egal, ob Sie das Lesegerät oder den Brenner für die Durchführung einsetzen – unterstützt beispielsweise Ihr DVD-Laufwerk die Fehlerauswertung nicht, nehmen Sie dazu den Brenner. In der Regel beherrschen die meisten modernen CD/DVD-Brenner dieses Feature. DVD-ROM-Laufwerke unterstützen die Fehleranalyse dagegen eher nicht. Die Qualität der Fehlerrückmeldung (wie viele Lesefehler das Laufwerk wirklich meldet) unterscheidet sich bei den Laufwerken mitunter deutlich, sodass die Fehleranalyse mit mehreren Laufwerken leicht differierende Ergebnisse bringen kann.

Selbst wenn bei Ihnen sowohl Brenner als auch Lesegerät die Auswertung der Lesefehler nicht beherrschen, brauchen Sie auf die folgenden Tests nicht zu verzichten – die Ergebnisse sind in diesem Fall allerdings nicht sehr aussagekräftig!

Was sind C2-Fehler?

Eine CD hat verschiedene Ebenen der Fehleridentifikation und Fehlerkorrektur: Es gibt leicht korrigierbare C1-Fehler und schwerer wiegende C2-Fehler. Während C1-Fehler häufig in großer Zahl auf jeder CD vorkommen, ohne dabei Schaden (unkorrigierbare Lesefehler) anzurichten, sollten auf dem Medium möglichst keine C2-Fehler vorhanden sein! Einzelne C2-Fehler werden zwar vom Laufwerk noch korrigiert, mehrere C2-Fehlern hintereinander führen unweigerlich zu schwerwiegenden Lesefehlern, die die Daten auf dem Medium unbrauchbar werden lassen. C2-Fehler entstehen beispielsweise durch einen etwas stärkeren Kratzer auf dem Silberling, durch einen qualitativ minderwertigen Rohling oder wenn Rohling und Brenner nicht harmonieren.

Bei einer Audio-CD wird bei einer Anhäufung von C2-Fehlern versucht, die fehlerhaft eingelesenen Daten zu interpolieren, das heißt, das Laufwerk schätzt die eigentlichen Informationen auf dem Datenträger. Häufig gelingt dies nicht fehlerfrei, sodass sich die

Fehlerhafte Bereiche werden vom Laufwerk „geschätzt"

Vielzahl von C2-Fehlern bei einer Audio-CD durch Musikstörungen (lautes Knistern bzw. Knacksen) bemerkbar macht. Die Interpolation von Daten ist bei einer Daten-CD unmöglich, da es hier auf das absolut fehlerfreie Auslesen der einzelnen Informationen auf dem Datenträger ankommt. Andernfalls sind die Daten unbrauchbar, da jeder unkorrigierbare Lesefehler zu schweren Problemen (beispielsweise einem Programmabsturz) führt. Aus diesem Grund finden bei einer Daten-CD zusätzliche Korrekturmechanismen statt; deshalb passen auf eine Musik-CD mehr MByte als auf eine Daten-CD. Bei einer Daten-CD werden aus Sicherheitsgründen zusätzliche Fehlerkorrekturdaten abgelegt – die maximale Kapazität für die eigentlichen Nutzdaten auf der Scheibe wird dadurch verringert.

14. Rohlinge unter der Lupe: Qualitätstest, Haltbarkeit, Technik

Die Fehlerkorrektur bei DVDs unterscheidet sich von der auf einer CD. Näheres dazu erfahren Sie im Abschnitt „Decken Sie jeden noch so kleinen Brennfehler auf".

Gebrannte Rohlinge auf Fehler kontrollieren

Sie wollen wissen, ob Ihre gebrannten CD/DVD-Rohlinge fehlerfrei eingelesen werden? Mit Nero CD-DVD Speed decken Sie jeden Lesefehler auf und erfahren, ob der Rohling unlesbare Bereiche (schwer beschädigt) hat. Die folgende Testmethode ist besonders bei gebrannten DVDs und Daten-CDs sinnvoll; für gebrannte DVDs ist zusätzlich der Transferratentest empfehlenswert. Die anderen CD-Arten (beispielsweise Musik-CDs) kontrollieren Sie mit dem *CD Qualitäts Check* von Nero CD-DVD Speed, da diese Analyse die auftretenden Lesefehler exakter protokolliert – aber keinen „File Test" (für Datendisks wichtig) bietet.

1 Legen Sie die Scheibe in das Laufwerk, das Sie zur Fehleranalyse verwenden möchten (Brenner oder CD-ROM-/DVD-Laufwerk spielt keine Rolle), und starten Sie Nero CD-DVD Speed. Stellen Sie das Testlaufwerk ein und wählen *Extra/ScanDisc*!

2 Aktivieren Sie die beiden Optionen *Dateitest* und *Oberflächen Scan* und klicken Sie auf die Schaltfläche *Start*, um die Kontrolle zu beginnen. Durch den *Dateitest* werden alle Dateien des Mediums gelesen, genau geprüft und eventuell auftretende Fehler der Software gemeldet – auf diese Weise erfahren Sie, ob beim Brennen alle Daten fehlerfrei auf das Medium gebrannt wurden. Der anschließende *Oberflächen Scan* analysiert zusätzlich die Qualität jedes Sektors auf der Disk und stellt diese grafisch dar.

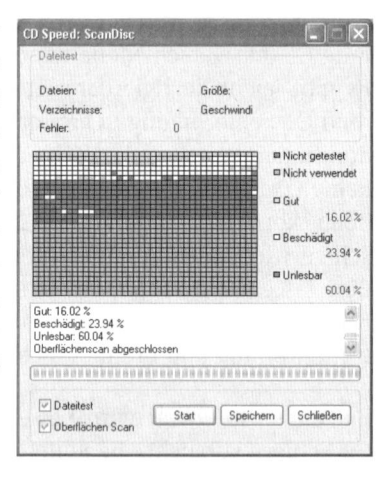

Nach Abschluss der Überprüfung analysieren Sie das Ergebnis genau: Unter *Dateitest* erfahren Sie das Ergebnis der Dateiprüfung. Es wird die Anzahl der einzelnen Dateien und der Ordner aufgelistet. Weiterhin erfahren Sie die Anzahl der bei der Prüfung aufgetretenen Fehler hinter *Fehler* – hier sollte eine 0 stehen. Ist das nicht der Fall, enthält die Disk unkorrigierbare Lesefehler und ist als Datenbackup unbrauchbar! Brennen Sie ein neues Backup. Der *Dateitest* funktioniert nicht bei allen Medien; bei Datendisks ist er beispielsweise nutzbar und äußerst sinnvoll.

Die gebrannte Disk sollte außerdem keinerlei fehlerhaften Bereiche (*Beschädigt* – in der Grafik gelb dargestellt) aufweisen. Ist das doch der Fall, sollten Sie einen anderen Rohling verwenden, da diese Bereiche zu schwerwiegenden Lesefehlern führen können und das Backup unbrauchbar machen! Sollte ein Bereich rot (*Unlesbar*) markiert sein, werfen Sie das Medium ebenfalls gleich weg, da es unlesbare Bereiche enthält! Besteht die Grafik ausschließlich aus hellgrünen Bereichen (*Gut*), haben Sie eine perfekte Disk gebrannt, die keine Lesefehler aufweist. Die im Beispiel analysierte Scheibe ist ein Fall für die Mülltonne, da sie etliche Lesefehler aufweist!

Test dauert eine Ewigkeit?

Der Test dauert je nach Lesegeschwindigkeit des Laufwerks in Bezug auf das eingelegte Medium unterschiedlich lange. Sollte der Fortschrittsbalken über längere Zeit unverändert bleiben, brechen Sie den Test ab! Der zu kontrollierende Rohling enthält eine Menge unkorrigierbarer Lesefehler. Beim Auftreten von schweren Fehlern wird die Lesegeschwindigkeit vom Laufwerk automatisch drastisch gedrosselt – manche Laufwerke kriechen bei Fehlern mit 0,1facher Geschwindigkeit vor sich hin. Viele Laufwerke versuchen außerdem, die fehlerhafte Stelle mehrmals auszulesen, um die Lesefehler zu verringern. Tritt bei Ihnen ein solches Phänomen auf, brechen Sie den Test ab und brennen Sie einen neuen Rohling, da die zu kontrollierende Scheibe viele unkorrigierbare Lesefehler enthält und daher unbrauchbar ist!

CD Qualitäts Check von Nero CD-DVD Speed nutzen

Mit dem CD Qualitäts Check von Nero CD-DVD Speed kontrollieren Sie ebenfalls die Brennqualität und Fehlerfreiheit eines CD-Rohlings. Hierbei werden die Fehler je nach Stärke grafisch dargestellt, wodurch eventuelle „Problemzonen" des Rohlings noch exakter bestimmt werden können. Der CD Qualitäts Check eignet sich besonders für Audio-CDs, da Sie über die Stärke der C2-Fehler informiert werden und somit die Gründe für eventuelle Wiedergabeprobleme auf dem CD-Player schnell herausfinden. Für Daten-CDs ist diese Testmethode unbrauchbar, da ein Dateitest zur Prüfung der einzelnen Dateien fehlt.

1 Legen Sie den zu kontrollierenden Rohling in das Laufwerk, das die Auswertung von C2-Fehlern beherrscht. Starten Sie Nero CD-DVD Speed und stellen Sie das gewünschte Laufwerk ein.

2 Wählen Sie *Extra/CD Qualitäts Test* und klicken Sie auf die Schaltfläche *Start*. Die CD wird daraufhin komplett ausgelesen und jeder auftretende Lesefehler grafisch dargestellt. Sollte der Vorgang eine Ewigkeit dauern und bereits gelbe Ausschläge (Lesefehler) zu sehen sein, brechen Sie den Test ab – der gebrannte Rohling ist nicht zu gebrauchen, da er schwere Lesefehler enthält. Einige Laufwerke drosseln bei auftretenden Lese-

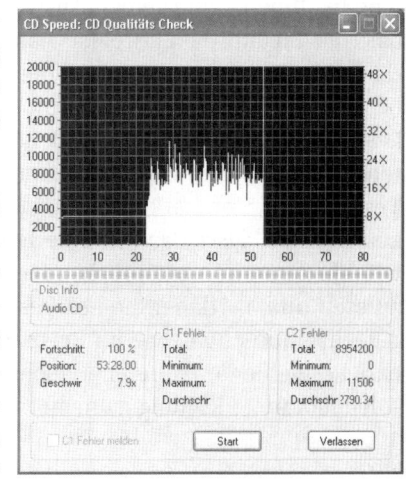

fehlern die Geschwindigkeit drastisch, sodass das Lesen des kompletten Rohlings lange dauert.

> **C1-Fehler auswerten**
>
> Über die Option *C1 Fehler melden* können Sie neben den schweren C2-Fehlern auch leicht zu korrigierende C1-Fehler aufdecken, allerdings benötigen Sie hierfür ein spezielles Laufwerk, da die meisten Geräte keine C1-Fehler auswerten. Beherrscht das Laufwerk die Rückmeldung von C1-Fehlern nicht, ist die Option nicht aktivierbar. Näheres zu C1-Fehlern erfahren Sie im Abschnitt „Decken Sie jeden noch so kleinen Brennfehler auf". Dort zeige ich Ihnen ein professionelles Testtool, das mehr Optionen als Nero CD-DVD Speed bietet und neben C1- und C2-Fehlern von CD-Rohlingen auch die Brennqualität von DVD-Scheiben genau kontrolliert.

Testergebnis analysieren

Der Lesevorgang ist beendet? Studieren Sie das Ergebnis genau: Die Zahlen auf der senkrechten rechten Achse (*Ordinate*) bedeuten die Stärke der Lesefehler, die auf der linken Achse zeigen die Lesegeschwindigkeit an. Die waagrechte Achse (*Abszisse*) stellt die Abspielzeit der CD in Minuten dar. Sind – wie im Beispiel – viele starke gelbe Ausschläge zu sehen, ist die Brennqualität bzw. die Rohlingqualität sehr schlecht. Die gebrannte CD ist nicht zu gebrauchen, da sie beim Abspielen diverse Probleme (Klicks und Sprünge in der Musik) bereitet; bei den gelben Ausschlägen handelt es sich um sehr schwer korrigierbare Lesefehler. Treten diese Lesefehler an manchen Stellen gehäuft auf, scheitert die Korrektur – aus diesem Grund sollten Sie bereits bei wenigen schwachen gelben Ausschlägen handeln und einen neuen Rohling brennen. Die grüne Linie zeigt Ihnen die Lesegeschwindigkeit während des Tests an.

Keine gelben Ausschläge?

Sind bei Ihnen keine gelben Ausschläge zu erkennen, heißt das noch lange nicht, dass das Medium fehlerfrei ist – lassen Sie sich nicht von der falschen Angabe der C2-Fehler-Anzahl täuschen! Leider unterstützen nicht alle Laufwerke die Rückgabe von Lesefehlern an ein Prüfprogramm – sie „tun" so, als sei kein Fehler beim Lesen aufgetreten. Sind bei Ihnen keine gelben Ausschläge zu erkennen, studieren Sie die immer vorhandene grüne Grafik der Auslesegeschwindigkeit beim Test. Sollten hier starke Geschwindigkeitsschwankungen (Speedabstürze) zu erkennen sein, lässt das auf eine fehlerhaft gebrannte Disk schließen. Das Laufwerk hatte an den entsprechenden Stellen große Schwierigkeiten, die Daten einzulesen und hat daher die Lesegeschwindigkeit reduziert. Bei starken Geschwindigkeitseinbrüchen (wie im Beispiel) sind mit ziemlicher Sicherheit unkorrigierbare Lesefehler aufgetreten, die beispielsweise zu Knacksern in der Musik führen – der gebrannte Rohling ist nicht zu gebrauchen, brennen Sie eine neue Scheibe.

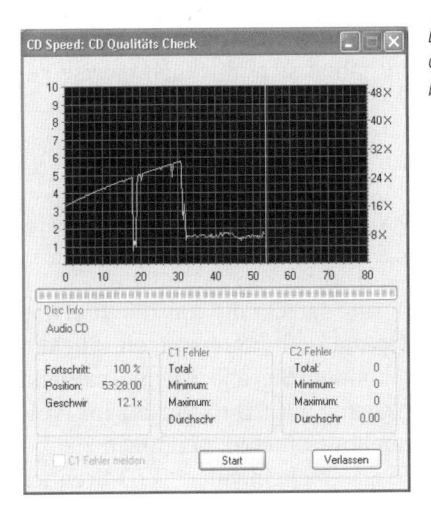

Lesefehler anhand von starken Geschwindigkeitsschwankungen beim Lesen erkennen.

Decken Sie jeden noch so kleinen Brennfehler auf!

Die bisher aufgezeigten Testmethoden mit Nero CD-DVD Speed dienen einzig dazu, schwere (unkorrigierbare) Fehler auf den Rohlingen aufzudecken. Korrigierbare Fehler, die auf jeder Scheibe in unterschiedlich großer Zahl vorkommen, werden nicht aufgespürt. Über die Güte der Brennqualität Ihres Writers in Verbindung mit dem zu testenden Rohling sagen daher die Tests mit Nero CD-DVD Speed kaum etwas aus, schließlich entstehen beim Brennen von Markenrohlingen nur äußerst selten unkorrigierbare Fehler.

Rohlingcheck garantiert Langlebigkeit von wichtigen Daten!

Die genaue Überprüfung der gebrannten Rohlinge auf kleinste Brennfehler (und nicht nur schwerwiegende C2-Fehler) ist nicht nur für die Ermittlung der Brennqualität in Bezug auf die verwendeten Rohlinge nützlich! In der Regel werden die beim Brennen entstandenen Fehler von jedem Laufwerk beim Lesen korrigiert, sodass sie zunächst nicht auffallen. Im Laufe der Zeit kommen aber durch Verschmutzung, Kratzer oder andere „Alterungserscheinungen" weitere Fehler beim Lesen hinzu. Ein bereits nach dem Brennen äußerst fehlerhafter Rohling, der gerade noch so gelesen werden konnte, wird durch die zusätzlich entstandenen Fehler unlesbar, da die Fehlerkorrektur die große Fehlermenge nicht mehr bewältigen kann – die Daten auf der Scheibe sind verloren! Bei besonders wichtigen Daten legen Sie daher unter anderem auf eine optimale Brennqualität (= möglichst wenig Fehler auf dem Rohling) großen Wert, damit die entstehenden (und nicht vollständig zu verhindernden) Beschädigungen des Mediums die Fehlerkorrektur der Laufwerke nicht überfordern und die Daten selbst nach einem langen Zeitraum noch eingelesen werden können!

Professionelle Analyse der Brennqualität mit KProbe

Für eine genaue Untersuchung der Brennqualität müssen neben den unkorrigierbaren auch die korrigierbaren Fehler auf dem CD/DVD-Rohling aufgedeckt werden – deren Anzahl lässt Rückschlüsse auf die Güte der Brennqualität zu! Vor einiger Zeit war man auf eine teure Ausrüstung angewiesen, um die Rohlinguntersuchung professionell und exakt durchzuführen. Doch die Zeiten haben sich glücklicherweise geändert, sodass die Brennqualitätskontrolle kostenlos unter Windows erfolgen kann.

Benötigte Testausrüstung

Für das Aufdecken von leicht korrigierbaren Fehlern brauchen Sie folgende Ausstattung:

- Sie benötigen ein optisches Laufwerk der Firma LiteOn, da nur deren etwas moderneren Geräte zurzeit die folgende Testmethode unterstützen. Für die Qualitätsuntersuchung eines CD-Rohlings können Sie alle Brennermodelle von LiteOn ab 16facher Geschwindigkeit in Bezug auf CD-Rs einsetzen. Wollen Sie die Brennqualität von DVD-Rohlingen kontrollieren, benötigen Sie dagegen ein DVD-ROM-Laufwerk bzw. den bald erscheinenden DVD-Brenner der Firma LiteOn. Bedenken Sie bitte, dass LiteOn seit kurzer Zeit mit JVC beim Herstellen von DVD-ROM-Laufwerken zusammenarbeitet und die neuen Geräte die Bezeichnung „JLMS" tragen (Abkürzung für **J**VC **L**iteOn **M**anufacturing & **S**ales). CD-ROM-Laufwerke von LiteOn unterstützen das Aufspüren von C1-Fehlern dagegen nicht. In der Regel funktionieren auch alle OEM-Produkte von LiteOn – beispielsweise stecken hinter den meisten Sony-Laufwerken bzw. TRAXDATA-Brennern Produkte der Firma LiteOn. Sollten Sie kein geeignetes Laufwerk besitzen, denken Sie für Testzwecke über eine solche Anschaffung nach: DVD-Laufwerke von LiteOn erhalten Sie zum Beispiel für ca. 45 Euro – eine durchaus lohnende Anschaffung, um den gebrannten Rohlingen etwas genauer auf den Zahn zu fühlen. Sind Sie sich nicht sicher, ob Sie ein Modell auf LiteOn-Basis besitzen, probieren Sie den Rohlingtest – beschädigen können Sie Ihr Laufwerk dadurch nicht! Wird der Test nicht durchgeführt bzw. bricht gleich nach dem Start ab, basiert das ausgewählte Laufwerk nicht auf LiteOn-Technik.

- Zusätzlich benötigen Sie eine spezielle Testsoftware, da Nero CD-DVD Speed leichte Fehler nicht aufdecken kann; diese erhalten Sie kostenlos aus dem Internet. Entweder Sie nutzen den CDDoctor (downloadbar unter *ftp://64.124.173.56/doctor_104-en.exe* oder mit der Suchmaschine das Internet durchstöbern) oder Sie setzen das professionelle Prüftool KProbe ein. Dieses hat den Vorteil, dass es auch mit extern angeschlossenen Laufwerken arbeitet und auch die Brennqualität bei DVD-Rohlingen checkt. Für die folgenden Tests verwende ich daher KProbe, das Sie sich kostenlos unter *http://upload.cdfreaks.com/Kprobe/kpsetup.exe* herunterladen können. Ein wichtiger Hinweis: Die Downloadadresse des Programms ändert sich relativ häufig. Stimmt die angegebene Adresse nicht mehr, suchen Sie nach KProbe entweder mit einer Internet-Suchmaschine (zum Beispiel *www.google.de*) oder Sie besuchen folgenden Thread: *http://www.cdrlabs.com/phpBB/viewtopic.php?t=10234*. Dort wird ausführlich über KProbe diskutiert und die jeweils aktuelle Downloadadresse angegeben. Wichtig: Beide Programme benötigen einen installierten ASPI-Treiber im System. Außerdem kann es vorkommen, dass sie nicht richtig funktionieren, wenn ein virtuelles Laufwerk im System vorhanden ist – im Notfall müssen Sie dieses vor der Rohlinganalyse entfernen bzw. deaktivieren.

> **Ergebnisdifferenzen bei verschiedenen Laufwerken**
>
> Die mit mehreren Laufwerken ermittelten Testergebnissen (beispielsweise DVD-ROM und Brenner von LiteOn) können sich geringfügig unterscheiden. Dies hängt von der Qualität der Fehlerrückmeldung des jeweiligen Laufwerks ab: Einige Modelle registrieren jeden Fehler genau und teilen ihn der Testsoftware mit. Andere Laufwerke übergehen dagegen leichte Fehler. Ich habe die Feststellung gemacht, dass Brenner in der Regel „sensibler" auf Fehler reagieren und daher etwas mehr Fehler ermittelt werden, als beim Test des Rohlings mit einem DVD-Laufwerk. In der Regel sind diese Unterschiede jedoch minimal. Die Qualität der Fehlerrückmeldung kann mit einem Firmwareupdate eventuell verbessert werden, sodass sich die Testergebnisse ein und desselben Rohlings vor und nach dem Update durchaus geringfügig unterscheiden können.

KProbe einrichten

Nach dem Download installieren Sie das Programm und rufen es auf, um ein paar Feineinstellungen vor den anstehenden Rohlingtests durchzuführen:

1. Wählen Sie das Laufwerk aus, mit denen Sie Ihre Scheiben testen möchten; Noch einmal der Hinweis: KProbe funktioniert nur bei Laufwerken, die auf LiteOn-Technik basieren!

2. Öffnen Sie die Registerkarte *Write Strategy*. Hier stellen Sie zunächst in der rechten Fensterhälfte *C1C2/PIPO* ein und entscheiden über *Realtime Chart*, ob die Fehlergrafik während des Lesevorgangs erzeugt werden soll oder erst zum Abschluss.

3. Darunter legen Sie die Auslesegeschwindigkeit fest: Sie sollten die Option *Max* deaktivieren und die maximale Auslesegeschwindigkeit hinter *Speed* auf *8* setzen. Durch eine zu hohe Geschwindigkeit während des Tests kann das Ergebnis negativ beeinträchtigt werden, weil bereits durch die hohe Lesegeschwindigkeit Auslesefehler entstehen. Außerdem werden viele Scheiben bei der Wiedergabe mit langsamem Speed abgespielt (beispielsweise Audio-CDs und Video-DVDs mit 1facher Geschwindigkeit). Ein Tipp: Für ein noch aussagekräftigeres Ergebnis führen Sie bei CD-Rohlingen den Test sowohl mit 8facher als auch mit maximaler Geschwindigkeit durch. Entstehen selbst bei hoher Speed fast genauso wenig Fehler wie bei 8facher Geschwindigkeit, besitzt die Scheibe eine ausgezeichnete Brennqualität, da sie sogar mit maximalem Tempo fast fehlerfrei gelesen wird. Bei stark differierenden Ergebnissen gilt: Die erzielten Resultate bei maximaler Geschwindigkeit sollten nicht zu hoch bewertet werden, da sie durch die schnelle Lesegeschwindigkeit häufig (je nach Qualität des Laufwerks) negativ beeinflusst werden. Bei DVD-

14. Rohlinge unter der Lupe: Qualitätstest, Haltbarkeit, Technik

Rohlingen lohnen zwei Testdurchläufe mit unterschiedlichen Lesegeschwindigkeiten nicht, da diese Scheiben von vielen Laufwerken stets sehr langsam (zwischen 4-8facher Speed) ausgelesen werden und die Geschwindigkeitswahl durch KProbe daher keine Bedeutung hat.

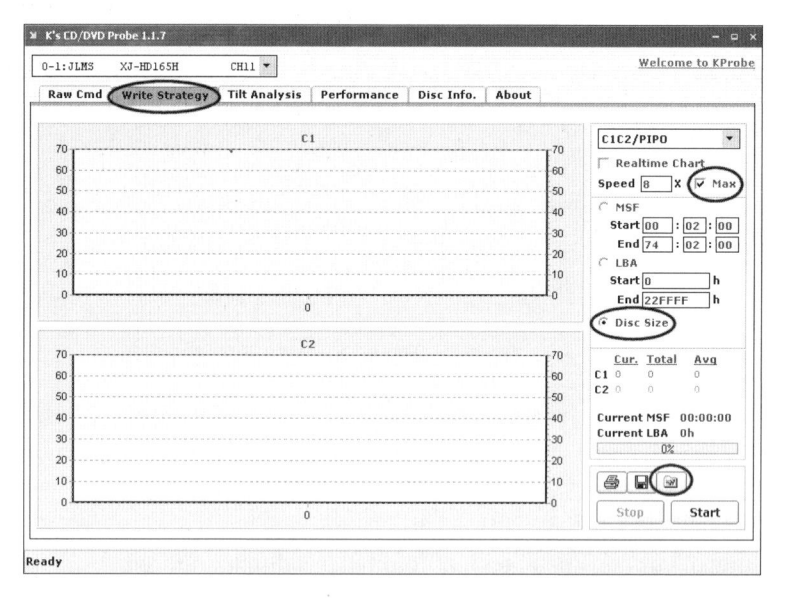

4 Aktivieren Sie die Option *Disc Size*, damit der komplette Inhalt des Rohlings bei der Prüfung berücksichtigt wird, und klicken Sie auf das eingekreiste Einstellungssymbol unten rechts.

5 Deaktivieren Sie jeweils unter *Upper Chart* und *Lower Chart* die Option *Auto Y-Axis* und geben Sie hinter *Max.* den Wert *70* ein. Durch diese Einstellung verhindern Sie die automatische Anpassung der Grafikeinteilung an die Stärke der auftretenden Lesefehler, die die Vergleichbarkeit der verschiedenen Rohlingergebnisse untereinander erschwert, weil die Grafiken nicht die gleiche Größeneinteilung auf der X- und Y-Achse besitzen. Sollte ein Rohling viele starke Fehler haben, kann es nach dem Testdurchlauf notwendig sein, beide Werte beispielsweise auf *150* zu setzen. Bei äußerst schwachen Fehlern verringern Sie dagegen die Werte zum Beispiel auf *40*, um eine aussagekräftigere Grafik zu erhalten.

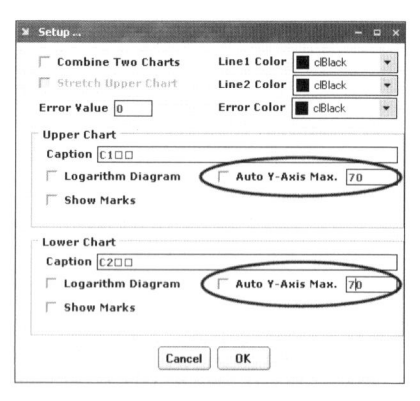

CD-Rohlinge mit KProbe testen

CD-Rohlinge bzw. Orginal-CDs untersuchen Sie mit KProbe folgendermaßen:

1 Starten Sie das Programm, öffnen Sie die Registerkarte *Write Strategy* und legen Sie erst jetzt die zu testende Scheibe ein. Diese Reihenfolge ist notwendig, da sonst der eingelegte Rohling nicht korrekt erkannt wird – der Test scheitert!

2 Klicken Sie auf *Start*, um die Qualität der Scheibe zu prüfen – während der Rohlinganalyse leuchtet die LED des Laufwerks nicht. Nach einiger Zeit ist der Test beendet und das Ergebnis wird Ihnen in Form einer Grafik dargestellt.

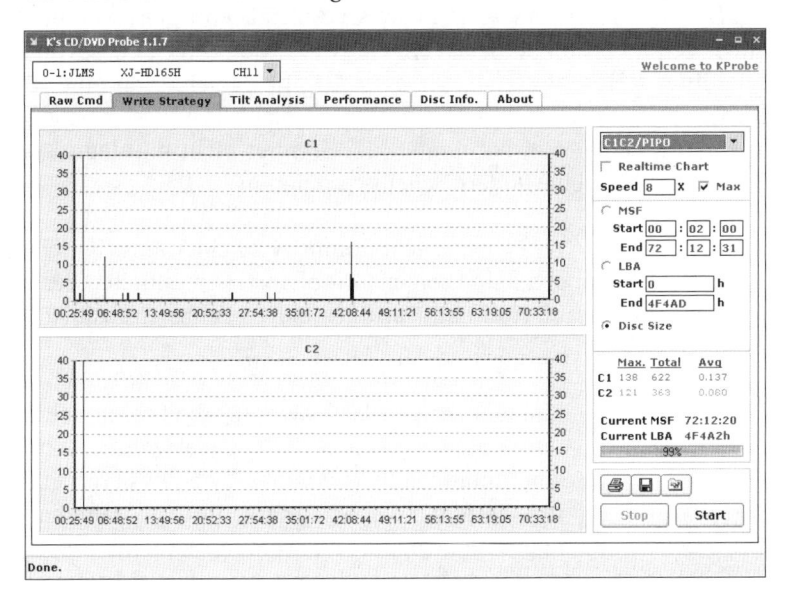

Die obere Grafik zeigt die aufgetretenen C1-Fehler und ihre Stärke an. Die untere Grafik listet die C2-Fehler der Scheibe auf. Die Stärke der Fehler kann auf den senkrechten Achse abgelesen werden. Die waagrechte Achse stellt die Zeit in Minuten dar. Die Grafiken beruhen auf der Rückmeldung der Lesefehler durch das Laufwerk und deren Interpretation durch die Software.

Im unteren rechten Fensterbereich finden Sie genaue Angaben zu den einzelnen Fehlern: Sie können sowohl für C1- als auch für C2-Fehler den stärksten Fehlerwert (*Max.*) und die addierten Fehlerwerte unter *Total* ablesen. Entscheidend für die Rohlingprüfung sind die Angaben unter *Avg*: Hier wird die durchschnittliche Fehlerrate für C1- und C2-Fehler aufgelistet, was Rückschlüsse auf die Brennqualität bzw. die Qualität des Rohlings zulässt. Bei einem qualitativ absolut hochwertigen Brennergebnis sollten die Durchschnittswerte für C1-Fehler nicht über 1.000 und der Wert für C2-Fehler deutlich unter 0,1 liegen. Je weniger Fehler, umso besser! Der im Beispiel getestete CD-Rohling besitzt eine ausgezeichnete Schreibqualität, da die Scheibe selbst bei maximaler Speed fast fehlerfrei ausgelesen wurde.

14. Rohlinge unter der Lupe: Qualitätstest, Haltbarkeit, Technik

> **Starker Ausschlag in der Fehlergrafik**
> Ein starker Ausschlag in der C2-Fehlergrafik gleich am Anfang der Scheibe ist nichts Besonderes – häufig handelt es sich hierbei um den „Ansetzpunkt" des Lasers, wodurch einige (nicht schlimme) C2-Fehler entstehen können.

C1-Fehler sind kleinste Lesefehler, die bei jedem Silberling vorkommen, aber durch das Laufwerk problemlos (selbst in großer Anzahl) korrigiert werden. Einzelne C2-Fehler werden zwar ebenfalls vom Laufwerk während des Lesevorgangs korrigiert, allerdings treten bei einer größeren Anzahl C2-Fehler an einer Stelle unwiderruflich schwerwiegende Lesefehler auf, die nicht korrigierbar sind. Treten viele C1- und C2-Fehler auf, harmoniert der Brenner nicht mit dem verwendeten Rohling – Sie sollten eine andere Scheibe probieren!

Es kann vorkommen, dass KProbe bei einem Rohling C2-Fehler aufzeigt, obwohl dieser laut Nero CD-DVD Speed keine solchen Problemstellen enthält. Dies kann durchaus sein, da KProbe auf vom Laufwerk gemeldete Fehler „sensibler" reagiert als Nero CD-DVD Speed.

Gebrannte Rohlinge sind oft qualitativ besser als Original-CDs!

Einen guten Vergleichswert für die Brennqualität Ihrer Rohlinge erhalten Sie beispielsweise, wenn Sie eine unbeschädigte Original-CD analysieren und deren Werte mit den Fehlerraten Ihrer gebrannten Rohlinge vergleichen. Sie werden staunen: Bei einem qualitativ hochwertigem Gespann aus Brenner und Rohling erzielen gebrannte Scheiben eine deutlich niedrigere Fehlerzahl als Original-CDs! Viele Fehler auf der Original-CD deuten auf eine nicht ganz exakte Pressung hin.

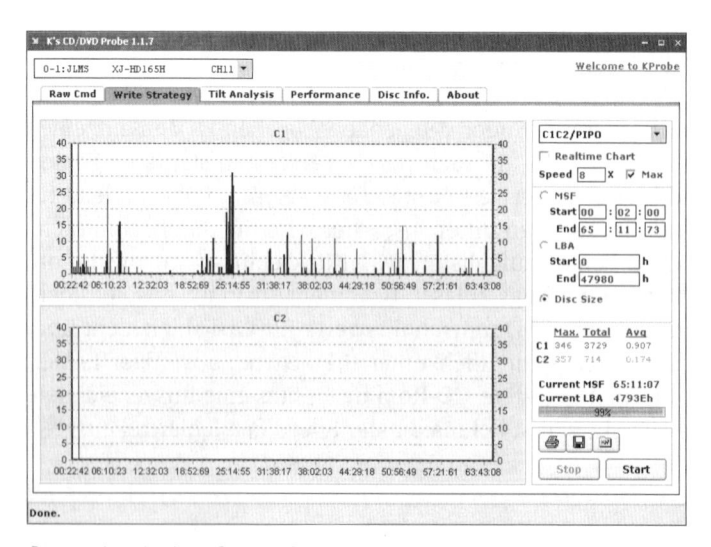

Diese unbeschädigte Original-CD ist fehlerhafter als ein optimal gebrannter Rohling!

Notwendig: DVD-Rohlinge nach dem Brennen testen

Mit KProbe können Sie auch die Brennqualität von DVD-Rohlingen kontrollieren. Voraussetzung: Sie nutzen dafür ein DVD-ROM-Laufwerk oder einen DVD-Brenner der Marke LiteOn oder ein OEM-Produkt davon.

> **Jeden DVD-Rohling mit KProbe oder über die Transferrate testen!**
>
> Das Brennen von DVDs ist, wie bereits erwähnt, noch eine relativ junge Technik. Aus diesem Grund treten beim Brennen von DVD-Rohlingen wesentlich schneller gefährliche und nicht korrigierbare Brennfehler während des Schreibvorgangs auf als beim Schreiben von CDs. Diese „tödlichen" Fehler bleiben unbemerkt, wenn die Scheibe anschließend nicht kontrolliert wird – sie treten erst ans „Tageslicht", wenn Sie die auf das Medium gebrannten Daten später dringend benötigen und (zu spät) feststellen, dass sich diese nicht vollständig lesen lässt. Sie sollten daher nach jeder Aufzeichnung die gebrannte DVD entweder mit KProbe oder mithilfe des Transferratentests (wenn Sie kein DVD-ROM-Laufwerk von LiteOn besitzen) prüfen. Mir ist es (leider) schon öfter passiert, dass der gerade gebrannte DVD-Rohling – selbst bei teuren Markenrohlingen – unlesbare Bereiche (fehlerhaft gebrannte Stellen) enthielt und der Lesevorgang plötzlich mit einer Fehlermeldung abgebrochen ist. Das Datenbackup taugt nichts, da einige Dateien nicht lesbar sind. Bei irgendwelchen Leseschwierigkeiten bzw. vielen schweren Brennfehlern schreiben Sie unbedingt aus Sicherheitsgründen einen neuen Rohling!

1 Starten Sie das Programm, wechseln Sie auf die Registerkarte *Write Strategy* und legen Sie die zu testende DVD-Scheibe ein. Diese Reihenfolge ist notwendig, da andernfalls der eingelegte Rohling nicht korrekt erkannt wird – der Test scheitert!

2 Klicken Sie auf *Start*, um die Qualität der Scheibe zu prüfen – während der Rohlingkontrolle leuchtet die LED des Laufwerks nicht. Nach einiger Zeit ist der Test beendet und das Ergebnis wird Ihnen in Form einer Grafik dargestellt.

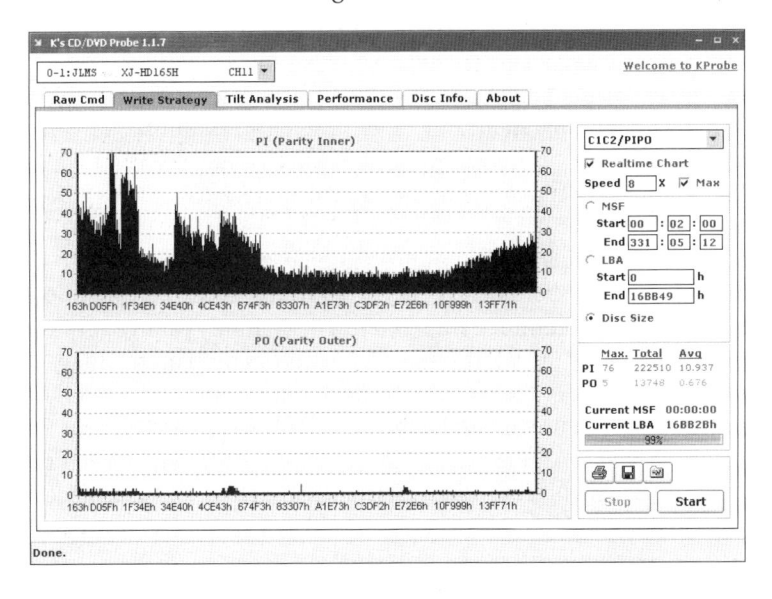

14. Rohlinge unter der Lupe: Qualitätstest, Haltbarkeit, Technik

Es wird Ihnen auffallen, dass auf einem gebrannten DVD-Rohling deutlich mehr Fehler vorhanden sind als auf einem CD-Rohling. Dies rührt daher, dass die Daten dichter auf den Rohling gepackt werden und dadurch schneller Ungenauigkeiten beim Brennen entstehen. Gerade bei vielen billigen Noname-DVD-Rohlingen, die mit schneller 4facher Speed aufgezeichnet wurden, ist die Brennqualität aufgrund der hohen Geschwindigkeit und des minderwertigen Rohlings sehr schlecht – siehe Abbildung. Der Rohling kann direkt nach dem Brennvorgang gerade noch fehlerfrei eingelesen werden – Alterungserscheinungen machen die Scheibe jedoch aufgrund der schlechten Brennqualität schnell unbrauchbar. Einen guten Vergleichswert für die Brennqualität Ihrer DVD-Rohlinge erhalten Sie durch die Analyse einer gepressten, unbeschädigten Original-DVD.

Parity Inner und Parity Outer im Detail

Auf einer DVD gibt es ähnlich wie bei einer CD verschiedene Ebenen der Fehlererkennung und Fehlerkorrektur. Die auftretenden Fehler nennt man nicht C1- bzw. C2-Fehler, sondern PI (**P**arity **I**nner) und PO (**P**arity **O**uter). Während PI-Fehler auf jedem Medium vorkommen und relativ leicht korrigiert werden, kann bereits eine geringe Anzahl von etwas stärkeren PO-Fehlern (Ausschläge über den Wert *10*) die Scheibe unbrauchbar machen, da die Korrektur nur sehr schwer bzw. nicht gelingt.

Wollen Sie PI und PO genauer verstehen, müssen Sie sich zunächst mit der Datenspeicherung auf einer DVD etwas näher beschäftigen: Die Daten jedes Sektors (kleinste Speichereinheit auf der DVD) werden in zwölf Zeilen (jeweils 172 Bytes) eingeteilt; anschließend werden jeweils 16 Sektoren zusammengefasst, deren Daten insgesamt in 192 Zeilen eingeteilt sind. An jede Zeile wird ein 10 Byte großer Fehlerkorrekturcode (Parity Inner Code = erste Fehlerkorrekturebene) angehängt – die Zeilenlänge beträgt dadurch 182 Bytes. Der Parity Outer Code (zweite Fehlerkorrekturebene) wird dagegen vertikal in zusätzlichen 16 Zeilen mit jeweils 182 Byte unter die bereits vorhandenen 192 Zeilen „gemischt". Aus den beschriebenen Vorgängen entstehen Blöcke mit jeweils 208 Zeilen, die 182 Byte groß sind. Die einzelnen Zeilen werden nun verschachtelt und in kleinere Pakete mit 13 Zeilen aufgeteilt, mit einem Synchronisationscode versehen und aus Sicherheitsgründen an unterschiedlichen Stellen auf der DVD abgespeichert. Die 13 Zeilen großen Pakete nennt man Recording Sectors.

Während des Auslesevorgangs werden auftretende Lesefehler automatisch durch die beiden Korrekturebenen behoben. Versagt beim Lesen der Scheibe die erste Ebene der Fehlerkorrektur, kommt es zu einem Parity Inner Failure (PI-Fehler), der sich in der Regel durch die zweite Fehlerkorrekturebene (Parity Outer) beheben lässt. Tritt ein Parity Outer Failure (PO-Fehler) auf, ist auch die Fehlerkorrektur durch die zweite Korrekturebene gescheitert – die Daten können nicht fehlerfrei wiederhergestellt werden. Wie stark sich ein PO-Fehler auswirkt, hängt von dessen Schwere ab. Bei mehreren relativ starken PO-Fehlern (Ausschläge über den Wert *10* in der unteren Grafik) auf einem Medium sollten Sie unverzüglich einen neuen DVD-Rohling brennen, da die Daten der gebrannten Scheibe nur fehlerhaft eingelesen werden und daher unbrauchbar sind!

Mit jedem Laufwerk möglich: Brennqualität von DVD-Rohlingen durch Transferrate kontrollieren

Sie besitzen kein Laufwerk von LiteOn bzw. kein geeignetes OEM-Produkt, um die Brennqualität Ihrer DVD-Scheiben mit KProbe professionell zu analysieren? Für die Kontrolle der gebrannten DVD-Rohlinge nutzen Sie in diesem Fall ebenfalls Nero CD-DVD Speed. Mit dem Programm ermitteln Sie die Transferrate beim Lesen von DVDs. Treten starke Schwankungen auf, deutet das auf eine schlechte Brennqualität (viele und schwere Lesefehler) hin. Das Laufwerk versucht, die „schwierige" Stelle, an der Fehler aufgetreten sind, erneut einzulesen und drosselt dazu die Geschwindigkeit – die Transferrate sinkt stark ab. Auf die gleiche Weise kontrollieren Sie auch die Transferrate Ihres Laufwerks beim Lesen von CD-Rohlingen.

1 Starten Sie Nero CD-DVD Speed, stellen Sie das Laufwerk ein, das die zu prüfende DVD enthält und wählen Sie *Test durchführen/Übertragungsrate*.

2 Das Laufwerk liest die DVD ein und Nero CD-DVD Speed stellt die dabei entstehende Datentransferrate grafisch dar. Die grüne (obere) Grafik zeigt die Transferrate; die gelbe Grafik stellt die Rotationsgeschwindigkeit des Laufwerks beim Lesen des Mediums dar. In der rechten Fensterhälfte ist nach Ablauf des Tests unter *Geschwindigkeit* die Durchschnitts-, Start- und Endgeschwindigkeit des Laufwerks ablesbar.

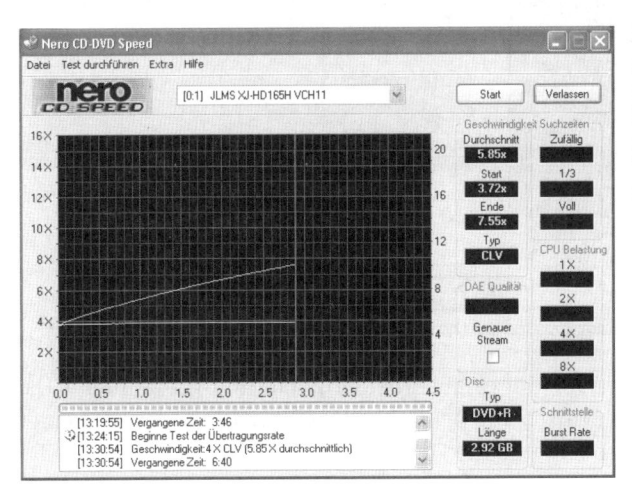

Test der Transferrate bei einem gebrannten DVD-R-Rohling mit Nero CD-DVD Speed; diese Scheibe kann fehlerfrei gelesen werden, weshalb keine Transferraten-Einbrüche vorkommen.

Treten starke Unregelmäßigkeiten („Einbrüche") im Verlauf der grünen Grafik auf (= starke Schwankungen in der Transferrate), deutet dies auf schwer lesbare Bereiche hin: Einige Stellen werden fehlerhaft gelesen, weshalb das Laufwerk die

14. Rohlinge unter der Lupe: Qualitätstest, Haltbarkeit, Technik

Lesegeschwindigkeit für eine bessere Auslesequalität reduziert – die Transferrate bricht ein. Brennen Sie einen neuen Rohling, weil die analysierte DVD-Scheibe eine mangelhafte Brennqualität besitzt und es im Laufe der Zeit durch leichte Verschmutzungen bzw. Kratzer schneller zu unkorrigierbaren Lesefehler kommen kann!

Schwache Datentransferrate bei gebrannten DVDs

Es wird Ihnen auffallen, dass die Transferrate beim Lesen einer gebrannten DVD sehr niedrig ist. Im Beispiel erzielt das 16fach-DVD-ROM-Laufwerk von LiteOn nur eine durchschnittliche Lesegeschwindigkeit von 5,05fach. Die meisten DVD-Laufwerke (selbst topaktuelle Modelle) lesen gebrannte DVD-Rs bzw. DVD+Rs aufgrund der etwas schlechteren Reflexionseigenschaften im Vergleich zu Original-DVDs und der vielen Ungenauigkeiten beim Brennen (siehe Seite 536) nur relativ langsam ein, um Lesefehler zu verhindern, die bei schnellerem Auslesen entstehen würden. Besonders wieder beschreibbare DVD-Rohlinge werden häufig nur „kriechend" eingelesen, da deren Reflexion äußerst schwach ist.

Ermitteln Sie die Transferrate bei einer Original-DVD, um Vergleichswerte zu erhalten. Das DVD-Laufwerk im Beispiel erzielt bei einer Original-DVD eine durchschnittliche Lesegeschwindigkeit von 10,93fach – doppelt so hoch wie bei einer gebrannten DVD.

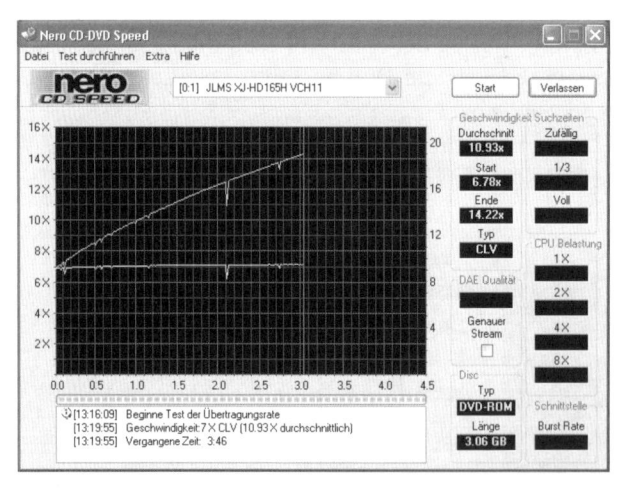

Transferrate bei einer Original-DVD – mit Nero CD-DVD Speed ermittelt; die kleinen Unregelmäßigkeiten in der Grafik deuten auf minimale Leseprobleme hin.

Unterschiede in der Transferrate gibt es auch bei Original- und gebrannten CDs, allerdings sind sie nicht so drastisch wie bei DVDs. Das liegt daran, dass auf einer CD die Führungsrille nicht so eng und die Daten nicht so dicht gepackt sind. CDs (egal, ob gebrannte oder gepresste Scheiben) lassen sich daher leichter Lesen als DVDs und die Brennqualität auf CD-Rohlingen ist zurzeit um einiges besser als bei gebrannten DVDs.

Wie robust ist Ihre Scheibe gegenüber UV-Strahlen?

Neben einem mangelhaften Schutzlacküberzug ist die UV-Anfälligkeit des Rohling-Dyes der häufigste Grund für den frühen „Tod" eines gebrannten Mediums. Sie wollen wissen, wie haltbar die von Ihnen genutzten Scheiben sind? Kein Problem, führen Sie einen aussagekräftigen Haltbarkeitstest selbst durch; dadurch erfahren Sie, wie stark Ihre Medien auf UV-Bestrahlung reagieren ...

1. Brennen Sie irgendwelche unwichtigen Daten, Musik oder Videos auf einen CD- oder DVD-Rohling; die Kapazität des Mediums sollte möglichst vollständig ausgeschöpft werden. Beachten Sie: Die auf die Scheibe gebrannten Daten gehen unter Umständen verloren – führen Sie den Rohlingtest nur mit einem Medium durch, auf dem sich Daten befinden, die Sie nicht benötigen! Für den Test eignet sich beispielsweise auch ein alter Rohling mit einer nicht mehr benötigten Datensicherung – einzige Voraussetzung: Das Medium ist nicht beschädigt!

2. Nach Abschluss des Brennvorgangs führen Sie sofort mit Nero CD-DVD Speed oder KProbe einen Check der Brennqualität durch. KProbe eignet sich hierfür besser, da Sie selbst kleinste Fehler auf dem Rohling aufspüren und das Ergebnis anschließend über das Diskettensymbol speichern können.

3. Legen Sie die Scheibe draußen mit der beschriebenen Seite nach oben an einen sonnigen Platz (am besten im Sommer) und lassen Sie die Sonne mindestens einen Tag lang auf das Medium einwirken.

4. Nach der „Sonnenbehandlung" führen Sie erneut mit KProbe oder Nero CD-DVD Speed den Qualitätscheck durch. Vergleichen Sie jetzt die Ergebnisse des Rohlings vor und nach dem „Sonnenbad".

Die Scheibe enthält jetzt deutlich mehr Fehler bzw. sie kann nicht mehr eingelesen werden? Sie sollten sich am besten nach einer anderen Rohlingsorte umsehen! Die von Ihnen verwendete Rohlingsorte ist von minderwertiger Qualität, da sich die Scheibe bereits durch kurze UV-Licht-Behandlung zerstören lässt – Ihre Daten sind alles andere als sicher auf dem Medium aufgehoben. Qualitativ hochwertige Rohlinge überstehen einen solchen UV-Test mühelos – bei solchen Scheiben werden Sie noch lange an Ihren Daten Freude haben.

Was geschieht bei dem „Sonnenbad"?

Durch die Bestrahlung mit Sonnenlicht (UV-Licht) wird die organische Farbschicht, in der die Informationen in Form von Pits und Lands abgelegt sind, beschädigt oder zerstört – die Folge: Die Scheibe lässt sich nicht mehr bzw. nur äußerst fehlerhaft lesen. Diese Zerstörung ist das Resultat der Anfälligkeit gewisser Farbschichten (besonders Cyanin) gegenüber UV-Licht; die Farbschicht eines über einen längeren Zeitraum in der Sonne gelegenen Mediums verändert sich – die Scheibe wird unbrauchbar. Bei einigen CD-Rohlingen (besonders bei älteren Medien) ist diese Veränderung sogar sichtbar: Die Farbe der Rückseite des Medi-

14. Rohlinge unter der Lupe: Qualitätstest, Haltbarkeit, Technik

ums wechselt von einem hellgrünen Ton in einen grünlich-bräunlichen (als ob die CD durch die Sonne verbrannt worden wäre). Diese Eigenschaft habe ich durch folgenden Versuch sichtbar werden lassen.

Ein Rohling auf Cyanin-Basis wurde einen Tag lang der Sonnenbestrahlung unterzogen. Um dabei auftretende Veränderungen zu erkennen, wurden einige Stellen des Rohlings mit markanten Gegenständen vor den Sonnenstrahlen geschützt.

Versuchsaufbau für den Sonnentest eines CD-Rohlings.

Nach dem Sonnenbad und dem Entfernen der Gegenstände sieht man deutlich, dass die Bereiche, die vor den Sonnenstrahlen geschützt waren, ihre ursprünglich helle Farbe behalten haben – die anderen Bereiche haben sich dagegen verfärbt. Der getestete Rohling konnte nach dem Sonnenbad nicht mehr gelesen werden ...

Einzig die geschützten Bereiche haben ihre ursprünglich Farbe behalten.

Markenrohlinge trotzen in der Regel den UV-Strahlen!

Einige namhafte Rohlinghersteller werben damit, dass sich zum Schutz der wichtigen Daten auf dem Rohling eine zusätzliche Schicht befindet, die das Eindringen des schädlichen UV-Lichts bis an die Datenschicht der Scheibe verhindert, indem die gefährlichen UV-Strahlen an der entsprechenden Schicht reflektiert werden. Diese Medien sind meistens etwas teurer als die Konkurrenzprodukte – sie lohnen sich durchaus. Generell lässt sich sagen, dass teure Markenrohlinge in der Regel widerstandsfähiger gegen die tödlichen UV-Strahlen sind als billige Noname-Produkte. Das Fazit des Haltbarkeitstest lautet: Schützen Sie Ihre Rohlinge möglichst vor den schädlichen UV-Strahlen!

Manche Rohlinge wiesen früher ebenfalls eine Empfindlichkeit gegenüber Infrarotstrahlung auf. Dies ist nur bei älteren Scheiben der Fall, moderne Markenrohlinge halten eine solche Bestrahlung über mehrere Tage problemlos aus! Natürlich kann es immer mal wieder Ausnahmen geben – besonders bei billigen Noname-Produkten ...

Normale Alterungserscheinungen bei Rohlingen

Neben der mangelhaften Versiegelung und der UV-Anfälligkeit zeigen Rohlinge weitere Alterungserscheinungen, die in der Regel auf intensive Benutzung hindeuten: Das Medium verstaubt, verkratzt oder wird durch Fingerabdrücke verunreinigt. Ein häufig benutztes Medium weist dagegen mehr Fehler auf als ein gerade frisch gebrannter Rohling – dies lässt sich auch durch den Rohlingcheck mit KProbe nachweisen. Testen Sie das Medium direkt nach dem Brennvorgang und speichern Sie das Ergebnis über das Diskettensymbol ab, um es später zum Vergleichen vorrätig zu haben.

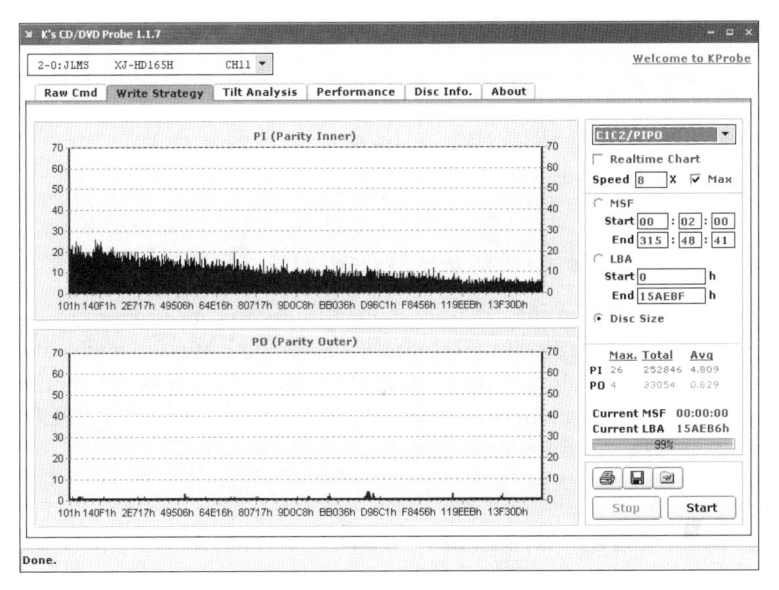

Check eines DVD-Markenrohlings direkt nach dem Brennvorgang.

Nach drei Monaten intensiver Benutzung und unsachgemäßer Handhabung (beispielsweise Lagerung außerhalb der Schutzhülle) wies der gebrannte DVD-Rohling etliche Gebrauchsspuren (Kratzer, Fingerabdrücke usw.) auf der Schreibseite auf. Dass diese Beschädigungen zu mehr Lesefehlern führen, beweist der erneut durchgeführte Rohlingcheck mit KProbe. Deutlich machen sich die zum äußeren Rohlingrand hin vermehrt vorhandenen Gebrauchsspuren durch zusätzliche Lesefehler ab der Rohlingmitte bemerkbar ...

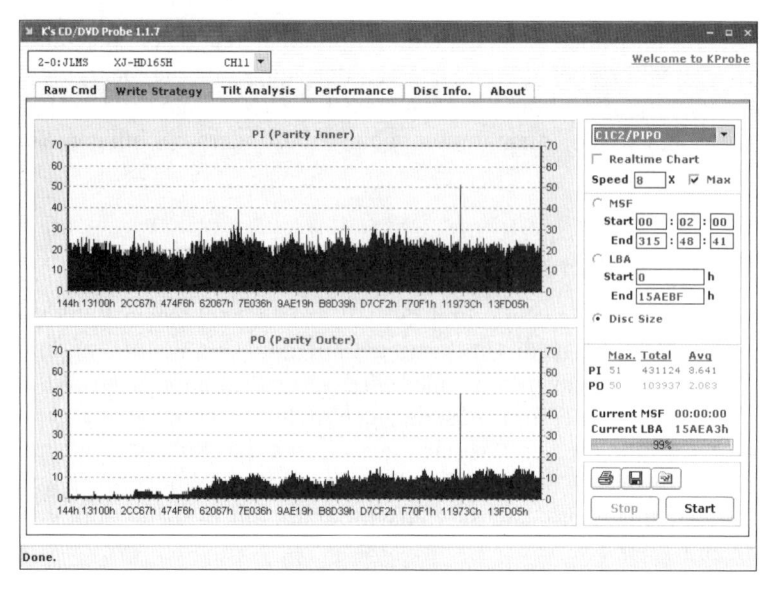

14. Rohlinge unter der Lupe: Qualitätstest, Haltbarkeit, Technik

Rohlingcheck nach drei Monaten intensiver Benutzung – die Scheibe ist aufgrund der vielen PO-Fehler kaum noch zu gebrauchen.

Sie sollten mit Ihren Rohlingen daher stets äußerst sorgfältig umgehen, um die „Fehlervermehrung" so gering wie möglich zu halten.

14.7 Schreib- und Lesetechnik im Detail

In diesem Abschnitt geht es um die Technik beim Brennen und Lesen von CD/DVD-Rohlingen. Hier erhalten Sie Antworten auf die Fragen, warum nicht alle Rohlinge mit voller Power in der Voreinstellung von Nero gebrannt werden können, was Sie gegen einen „Medium Speed Error" unternehmen und auf welche Weise die hohen Datentransferraten beim Brennen und Lesen erzielt werden ...

Was geschieht beim Brennen eines einmal beschreibbaren Rohlings?

Die Daten werden, wie bereits erwähnt, in die Aufzeichnungsschicht des Mediums entlang der vorhandenen Führungsrille (Groove) gebrannt; aber wie läuft der Vorgang genau ab? Das Brennen von wieder beschreibbaren Rohlingen geschieht nach dem Phase Change Recording-Verfahren und unterscheidet sich deutlich von dem Brennen einer einmal beschreibbaren Scheibe.

Nicht verwirren lassen: Häufig falsch beschrieben!

Oft wird das Brennen von einmal beschreibbaren Rohlingen falsch beschrieben: An den Stellen, an denen der Laserstrahl die Farbschicht trifft, verdampft bzw.

schmilzt der Dye und gibt die Reflexionsschicht frei – es entsteht eine gut reflektierende Stelle. An allen anderen Stellen bleibt der Dye unverändert erhalten und es bleibt ein schlecht reflektierender Bereich. Aus dem Wechsel von schlecht und gut reflektierenden Stellen wird beim Lesevorgang die Folge von Pits und Lands und daraus werden die Informationen gewonnen. Leider ist diese Beschreibung des Brennvorgangs nicht richtig!

So gelangen die Informationen auf die Scheibe

Während des Schreibvorgangs finden chemische und physikalische Vorgänge auf dem Medium statt. Diese werden durch das Laserlicht und Wärme in Gang gesetzt. Beim Schreibprozess wird die Farbschicht des Mediums auf ca. 250 Grad Celsius erhitzt – zur Entstehung der Pits und Lands wird der Laserstrahl innerhalb kürzester Zeit ein- und ausgeschaltet. Aus diesen schlecht bzw. gut reflektierenden Stellen werden später beim Lesen die Informationen (die Nullen und Einsen) gewonnen.

Trifft der Laserstrahl auf den Dye, verfärbt sich dieser aufgrund der starken Erwärmung im Brennpunkt des Lasers und es findet eine blitzartige Volumenänderung statt – der Dye „schrumpft" an dieser Stelle zusammen, es bildet sich ein frei werdender Hohlraum zwischen Dye und Plastikträger. An dieser Stelle kommt jetzt der Polycarbonatschicht des Mediums die Aufgabe zu, die entstandene Delle auszufüllen – es entsteht dadurch eine „Beule" in der Polycarbonatschicht. Durch diese Vorgänge entsteht ein Pit auf dem Medium; der unveränderte Dye-Bereich wird Land genannt.

Anhand der Ausführung erkennt man, dass für ein fehlerfreies Ergebnis auch die Güte der Polycarbonatschicht eine Rolle spielt. Je deutlicher und exakter die Beulen in dem Plastikträger sind bzw. die Dellen in dem Dye, desto besser kann die Scheibe

Gute Qualität des Polycarbonats ist beim Brennen wichtig!

aufgrund der starken Reflexionsänderungen gelesen werden. Sind die Beulen und Dellen dagegen nur gering entstanden, scheitert der Lesevorgang durch die schlechten Reflexionsunterschiede.

Was passiert beim Brennen eines wieder beschreibbaren Mediums?

Im Gegensatz zur einmal beschreibbaren Scheibe fehlt den mehrfach beschreibbaren Rohlingen die organische Farbschicht (Dye). An dessen Stelle tritt eine spezielle Metalllegierung (in der Fachsprache Alloy genannt) als Aufzeichnungsschicht. Sie besteht aus drei Lagen: einer oberen dielektrischen Schicht, dem Recording-Layer (der Aufzeichnungssicht) und einer unteren dielektrischen Schicht. Die beiden dielektrischen Schichten bestehen aus einem Gemisch von Zinksulfid und Siliziumdioxid; die Aufzeichnungsschicht setzt sich entweder aus Germanium, Antimon und Tellurium oder aus Indium, Silber, Antimon und Tellurium zusammen.

14. Rohlinge unter der Lupe: Qualitätstest, Haltbarkeit, Technik

> *Der Laser erhitzt den Rohling-Dye auf 700 Grad!*

Beim Brennen wird die Aufzeichnungsschicht durch unterschiedliche Laserintensität entweder in einen amorphen Zustand oder ein Kristallgitter umgewandelt: Trifft ein Laserstrahl mit geringer Leistung auf die Aufzeichnungsschicht, wird diese auf ca. 200 Grad Celsius erhitzt. Die Atome ordnen sich dadurch innerhalb der Metalllegierung kristallin (vergleichbar mit Kandiszucker oder Salzkristallen) an. Bei langsamem Abkühlen der erhitzten Aufzeichnungsschicht bleibt dieser Zustand erhalten – diese Stellen besitzen eine gute Reflexion. Neben der niedrigen Intensität des Laserstrahls gibt es auch noch eine stärkere Laserleistung; diese erhitzt den Recording-Layer innerhalb kürzester Zeit auf bis zu 700 Grad Celsius (!!!). Die Atome werden in einen energiereichen, ungeordneten Zustand versetzt – den man auch als amorph bezeichnet. Dieser Zustand ist vergleichbar mit Puderzucker. Die beiden dielektrischen Schichten, die die Metalllegierung oben und unten umgeben, kühlen die Aufzeichnungsschicht schnellstmöglich ab, sodass der Zustand der Atome unverändert bleibt. Es entsteht ein schlecht reflektierender Bereich. Die Brennmethode bei mehrfach beschreibbaren Medien nennt man Phase-Change Recording, was übersetzt Aufzeichnung durch Phasenwechsel (Zustandswechsel) in der Aufzeichnungsschicht bedeutet.

Die Informationen werden bei der CD-RW, DVD+RW und DVD-RW entlang der auf dem Medium vorhandenen Führungsrille gebrannt. Anders bei der DVD-RAM: Hier brennt der Laser die Daten sowohl in die vertiefte Führungsspur als auch auf die dazwischen liegenden Erhöhungen (Land genannt – nicht zu verwechseln mit den beim Brennen entstehenden Pits und Lands). Aus diesem Grund können viele Laufwerke eine DVD-RAM nicht lesen. In Verbindung mit der Brenntechnik bei wieder beschreibbaren DVD-Rohlingen findet man ab und zu den Begriff „Wobble". Er besagt, dass die Führungsrille auf diesen Medien nicht gerade, sondern in einer Sinuskurve verläuft.

> *Reflexionseigenschaften werden immer schlechter!*

Beim Lesen des gebrannten wieder beschreibbaren Mediums werden die Daten über die Pits und Lands der Scheibe (die Folge von schlecht bzw. gut reflektierenden Bereichen) zurückgewonnen. Die Reaktionsfähigkeit der Metalllegierung nimmt mit jedem Schreibvorgang etwas ab, sodass nach häufigem Wiederbeschreiben die Reaktion zu schwach ausfällt – die gebrannten Daten nicht mehr lesbar sind, da der Unterschied zwischen den schlecht bzw. gut reflektierenden Stellen zu gering ist. Betrifft dies zum Beispiel das bei jedem Schreibvorgang zu ändernde Inhaltsverzeichnis des Mediums, werden alle Daten mit einem Schlag unlesbar.

Abtastvorgang im Detail

Die Informationen werden in Form von Pits und Lands auf einer CD/DVD gespeichert. Lands reflektieren das Laserlicht, sodass der reflektierte Laserstrahl durch

Dioden im Laserpickup registriert wird. Pits dagegen streuen den Laserstrahl. Lands wie auch Pits repräsentieren den logischen Wert 0. Der Wert 1 wird nur durch den Wechsel von Pit zu Land bzw. Land zu Pit erreicht; es ist nicht möglich, dass der Wert 1 mehrfach hintereinander erzeugt wird.

> **Was versteht man unter Eight to Fourteen Modulation?**

Für die Speicherung der einzelnen Bytes ist es jedoch notwendig, dass der Wert 1 mehrfach hintereinander vorkommen darf. Aus diesem Grund wird jedes Byte zunächst in ein mit Pits und Lands darstellbares Muster „umgewandelt" – das Muster besteht aus den so genannten Channel-Bits. Bei einem Byte können die Werte 0 und 1 in beliebiger Reihenfolge kombiniert werden, sodass es 256 unterschiedliche Kombinationen gibt. Die Darstellung eines Bytes durch Channel-Bits ist wesentlich schwieriger, da alle Kombinationen ausgeschlossen werden müssen, bei denen mehrere Einsen aufeinander folgen. Dies ist bei der Speicherung von Daten auf eine CD/DVD aus den erwähnten Gründen nicht möglich! Für die Datenspeicherung auf eine CD wird ein Byte (besteht aus 8 Bits) durch 14 Channel-Bits dargestellt. Diese „Umwandlung" wird als Eight to Fourteen Modulation (EFM) bezeichnet. Allen 256 möglichen Kombinationen von den beiden Bytewerten 1 und 0 werden in einer Tabelle bestimmte Channel-Bitmuster zugewiesen. Bei der DVD kommt das so genannte EFMplus, das von Philips entwickelt wurde, zum Einsatz. Diese Speichertechnik verbessert die Fehlerkorrekturmöglichkeiten bei verschmutzten und beschädigten Scheiben. Während der Wiedergabe des Mediums muss der beschriebene Vorgang der Eight to Fourteen Modulation wieder rückgängig gemacht werden, um aus den ausgelesenen Channel-Bits die eigentlichen Nutzdaten in Form von Bytes zu gewinnen.

Blick in ein Lesegerät während der Wiedergabe einer Scheibe

DVD-Laufwerke lesen CDs und DVDs mit unterschiedlichen Laserwellenlängen: Infolge verschiedener Spurabstände und Pit-Längen beider Medien wird die CD mit der Wellenlänge von 780 nm (0,78 Millionstel von einem Meter) und die DVD mit 650 nm gelesen. Aus diesem Grund findet man in DVD-Laufwerken häufig zwei Laserdioden, die je nach eingelegtem Medium aktiviert werden.

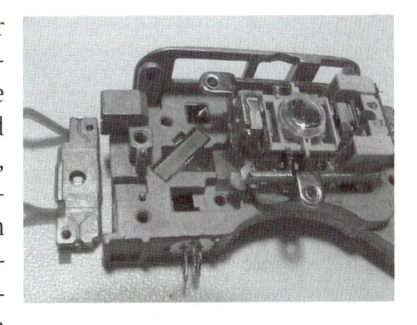

Entscheidend für die präzise Abtastung der CD/DVD ist eine exakte Fokussierung des Laserstrahls auf das zu lesende Medium. Diese wird durch vier Dioden im Fotodetektor und die Beweglichkeit des Objektivs ermöglicht, das zusammen mit einem Spulensystem zwischen einem Paar Dauermagneten beweglich aufgehängt ist. Die vier Dioden des Fotodetektors liefern außer dem Nutzsignal (den eigentlichen Daten) auch Korrektursignale, deren verstärkte Stromimpulse durch das Spulensystem fließen und das Objektiv mittels elektromagnetischer Kräfte stets in die richtige Fokussierungsstellung zum Medium bringen.

Der „Höhenschlag" einer CD/DVD, bedingt durch geringste Arretierungsfehler im Laufwerk oder winzige Unebenheiten auf dem Medium, verursacht im Detektor ein „Abstandsfehlersignal", das nach Verstärkung die Höhe des Objektivs korrigiert. Die Unwucht von Motor, Medium oder eine ungenaue Spurlage führen zu Fehlern bei der Spurabtastung. Das dadurch am Detektor empfangene „Spurfehlersignal" bewegt nach seiner Verstärkung das Objektiv geringfügig in Richtung der Mitte der Scheibe oder in Randrichtung, sodass stets Mittenabtastung eingehalten wird – der so genannte Trackingfehler wird dadurch vermieden.

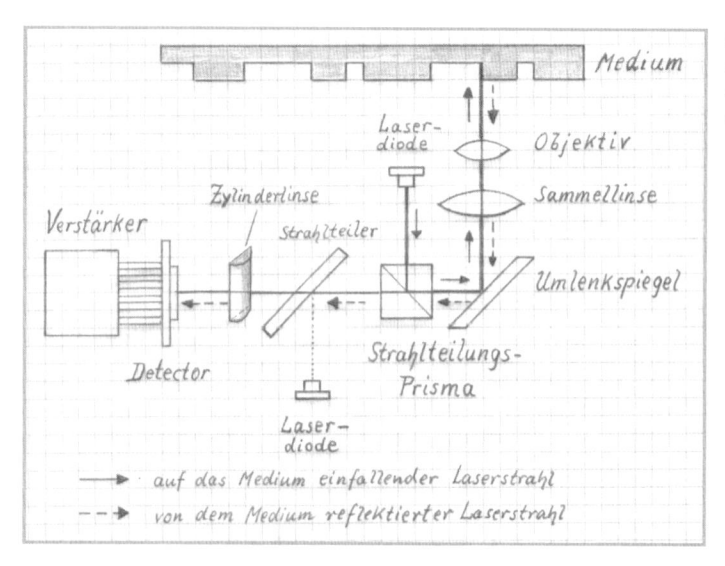

Schematische Darstellung eines Laserpickups bei einem DVD-Laufwerk.

Geschwindigkeitsrausch: So werden die hohen Transferraten erreicht

Aus technischen Gründen ist es nicht möglich, dass die Laufwerke die hohen Maximalgeschwindigkeiten bereits im Inneren des Rohlings erreichen. Hierzu müsste die Scheibe noch schneller rotieren, was zu Beschädigungen an der feinen Mechanik führen würde. Die Maximalgeschwindigkeit wird erst zum Rohlingrand hin erzielt. Alle modernen Lesegeräte und CD-Brenner ab 20facher Geschwindigkeit beginnen daher den Schreibvorgang zunächst mit langsamerer Geschwindigkeit und steigern die Geschwindigkeit während des Lese- bzw. Brennvorgangs. Die Maximalgeschwindigkeit wird häufig erst am Ende des Lese- bzw. Schreibvorgangs erreicht – daraus resultieren beispielsweise auch die sich kaum unterscheidenden Brennzeiten zwischen einem 32fach-Brenner und einem 48fach-Writer.

Partielles CAV und Zone CLV

Heutzutage gibt es bei CD-Brennern drei Methoden zur Geschwindigkeitssteigerung während des Schreibvorgangs: partielles CAV (CAV = **C**onstant **A**ngular **V**elocity), CAV und Zone CLV (CLV = **C**onstant **L**inear **V**elocity). Welches Brennverfahren Ihr Writer einsetzt, erfahren Sie mit Nero CD-DVD Speed, indem Sie einen leeren Rohling einlegen und *Test durchführen/Übertragungsrate* wählen. Es wird nur eine Simulation des Brennvorgangs durchgeführt – der Rohling bleibt „unangetastet". Die Ermittlung des Verfahrens zur Geschwindigkeitssteigerung können Sie mit einer Orignal-CD bei einem Lesegerät auf die gleiche Weise durchführen.

CLV und CAV durchleuchtet

Bei CLV (konstante Lineargeschwindigkeit) wird die Scheibe mit konstanter Geschwindigkeit beschrieben und gelesen – die Datenrate bleibt stets gleich. Um dies zu erreichen, muss die Umdrehungszahl des Mediums kontinuierlich gesenkt werden. Diese Methode wird bei DVD-Brennern (beispielsweise für die DVD+RW und DVD-RW) angewendet.

Bei CAV (konstante Winkelgeschwindigkeit) wird der Rohling mit konstanter Rotation betrieben. Das hat zur Folge, dass die Datenrate unterschiedlich ist: In den inneren Bereichen des Mediums ist sie vergleichsweise gering – die maximale Übertragungsleistung wird erst in den Außenbereichen der Scheibe erreicht. Dieses Verfahren kommt in der Regel bei modernen schnellen Leselaufwerken zum Einsatz. Ältere Modelle nutzen dagegen CLV oder partielles CAV – Zone CLV kommt bei Lesegeräten dagegen nicht vor.

Partielles CAV setzt sich aus CAV und CLV zusammen. Im ersten Teil des Brennvorgangs arbeitet der Writer nach der CAV-Methode, bis die entsprechende maximale Brenngeschwindigkeit erreicht ist. Danach senkt er die Umdrehungszahl, um die Datenrate konstant zu halten – er arbeitet im zweiten Teil des Mediums mit der CLV-Methode. Einige 44/48fach-Brenner (zum Beispiel von YAMAHA oder Plextor) und 52fach-Writer arbeiten beim Brennen vollständig im CAV-Modus, weil die maximale Brenngeschwindigkeit erst zum Abschluss des Brennvorgangs vollständig erreicht wird.

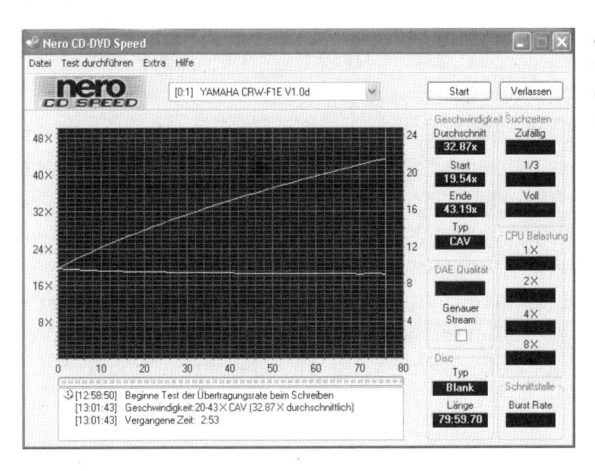

Schreiben eines CD-Rohlings im CAV-Modus: Die obere Grafik stellt die Transferrate dar, die untere die Umdrehungszahl des Rohlings.

14. Rohlinge unter der Lupe: Qualitätstest, Haltbarkeit, Technik

Zone CLV langsamer als (partielles) CAV!

Die meisten modernen 40fach-CD-Brenner arbeiten im Zone CLV-Verfahren. Erst bei den 44/48fach-Modellen sind die Hersteller zum partiellem CAV bzw. vollständigem CAV übergegangen. Zone CLV kommt auch beim Beschreiben von DVD-RAM Rohlingen zum Einsatz. Bei Zone CLV wird der Rohling beim Brennen in mehrere Geschwindigkeitszonen eingeteilt, die mit konstanter Datenrate (im CLV-Verfahren) gebrannt werden: Zone 1 wird beispielsweise mit 20facher Speed gebrannt, Zone 2 mit 24facher Geschwindigkeit, Zone 3 mit 32facher Speed usw. Am Ende jeder Geschwindigkeitszone wird der Schreibvorgang kurzzeitig gestoppt (Technik wie bei einem Buffer Underrun) und die verringerte Rotation des Rohlings wieder gesteigert, um die nächste Geschwindigkeitsstufe zu erreichen. Aus diesem Grund ist ein Zone CLV-Brenner niemals so schnell wie ein gleichwertiger (partieller) CAV-Writer, da bei (partiellem) CAV der Brennvorgang nicht vorübergehend gestoppt werden muss – die zeitlichen Unterschiede sind jedoch minimal. Manche Writer kontrollieren vor der Geschwindigkeitssteigerung die Qualität des Mediums und prüfen, ob das für die nächsthöhere Geschwindigkeit geeignet ist. Ist das nicht der Fall (besonders bei Noname-Scheiben), wird auf die Geschwindigkeitserhöhung verzichtet und die Scheibe bei konstanter Datenrate zu Ende gebrannt.

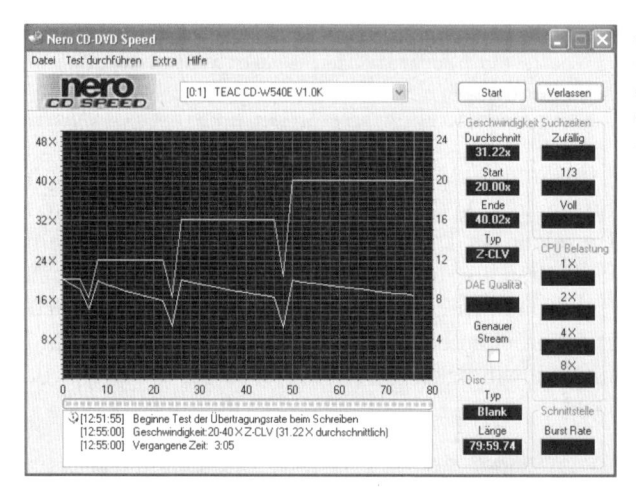

Zone CLV beim Schreiben eines CD-Rohlings; die obere Grafik stellt die Transferrate, die untere die Umdrehungszahl des Mediums dar.

Bessere Brennqualität ohne Geschwindigkeitssteigerung

Die Geschwindigkeitssteigerung während des Schreibvorgangs ist sowohl beim partiellen CAV als auch bei Zone CLV eine knifflige Sache, die von dem Writer viel „verlangt". Ist die gebrannte Scheibe erst ab einem gewissen Bereich fehlerhaft (zum Beispiel 1/3 des Mediums sind fehlerfrei, danach häufen sich die Fehler), kann das an einer nicht exakten Geschwindigkeitssteigerung des Brenners beim Schreibvorgang liegen. „Verbieten" Sie probeweise dem Writer die Geschwindigkeitserhöhung während des Brennens, indem Sie als Schreibgeschwindigkeit maximal

16fache Speed auswählen – dadurch wird die Scheibe bei allen Brennern konstant mit 16facher Geschwindigkeit gebrannt.

Maximale Brenngeschwindigkeit für alle Rohlinge!

Ihnen ist sicherlich schon aufgefallen, dass Sie nicht alle einmal beschreibbaren Rohlinge mit der maximalen Brenngeschwindigkeit des Writers brutzeln können: Beispielsweise brennt der 52fach-Brenner das eingelegte Medium „nur" mit 40facher Geschwindigkeit. Woran liegt das? Ein Hinweis: Die Brenngeschwindigkeit von wieder beschreibbaren Scheiben kann nicht maximiert werden (siehe „Wieder beschreibbare Scheiben optimal nutzen").

Was geschieht beim Einlegen eines Rohlings in den Brenner?

Wenn Sie einen leeren Rohling in den Brenner legen, wird zunächst versucht, das Medium zu identifizieren: Dazu werden die Eckdaten des Rohlings (beispielsweise die Startposition des Lead-Ins) gelesen und die ermittelten Werte mit den vorhandenen Eintragungen der Rohlingtabelle in der Firmware des Writers verglichen. Wird ein passender Eintrag gefunden, werden die dafür festgelegten Einstellungen für eine optimale Brennqualität im Writer vorgenommen. Mit denen in der Firmware des Writers aufgelisteten Rohlingen erreicht der Writer meistens die beste Schreibqualität, weil sie ausgiebig getestet wurden – es handelt sich hierbei um die vom Writer-Hersteller empfohlenen Scheiben. Wird kein passender Eintrag in der Rohlingtabelle entdeckt, „kennt" der Brenner das Medium nicht und kann die optimalen Einstellungen für höchste Brennqualität nicht vornehmen – er versucht, „eigenhändig" die perfekte Schreibstrategie zu ermitteln.

> **Firmware auf neustem Stand halten**
>
> Ob ein Rohling in der Firmwaretabelle vermerkt ist oder nicht, hängt nicht von seiner Qualität, sondern von der Testauswahl des Brennerherstellers ab. Mit jedem Firmwareupdate wird in der Regel die Rohlingtabelle erweitert, sodass der Writer mehr Medien erkennt. Aus diesem Grund sollten Sie für optimale Brennqualität die Firmware des Geräts stets auf dem neusten Stand halten.

Nach der Identifikation der Scheibe ermittelt der Writer die optimale Schreibstrategie und Laserpower, um sicherzugehen, dass er auf dem verwendeten Medium wirklich eine optimale Brennqualität erzielt – schließlich unterscheiden sich selbst die Medien eines Herstellers mitunter deutlich. Nach den groben Schreibeinstellungen durch die Identifikation des Mediums folgt das Feintuning: Jeder Rohling enthält eine so genannte Power Calibration Area. Hierbei handelt es sich um einen Testbereich auf dem Medium, in dem die optimale Laserstärke zum Beschreiben des

Power Calibration Area und Optimum Power Calibration

Rohlings ermittelt wird. Der Vorgang heißt **O**ptimum **P**ower **C**alibration (OPC). Es werden einige Daten mit zunehmender Laserpower in den Bereich geschrieben. Anschließend werden diese Daten unter genauer Kontrolle der Schreibqualität eingelesen und aus dem Resultat die optimale Laserstärke ermittelt. Das Feintuning ist abgeschlossen, die Scheibe kann gebrannt werden. Der aufwendige Testvorgang dauert nur einige Sekunden, sodass er häufig vom User nicht bemerkt wird ...

Moderne Writer führen für eine optimale Brennqualität über die gesamte Scheibe hinweg während des Schreibvorgangs ein so genanntes Running-OPC durch. Hierbei werden beim Schreibvorgang stets das reflektierte Signal des Brennlasers geprüft und, falls notwendig, geringe Korrekturen an der Laserstärke durchgeführt. Diese Vorgehensweise ist notwendig, schließlich gibt es minimale Qualitätsunterschiede über den ganzen Rohling verteilt – beispielsweise ist der Dye an einigen Stellen unterschiedlich dick. Diese Qualitätsschwankungen versucht Running-OPC auszugleichen, um für eine optimale Brennqualität über die gesamte Scheibe hin zu sorgen ...

Warum begrenzen die Writer manchmal die Geschwindigkeit?

Erkennt der Writer das eingelegte Medium nicht bzw. handelt es sich um ein qualitativ minderwertigen Rohling, drosseln viele Brenner bei eingeschalteter Überwachungsfunktion der Rohlingqualität die maximale Aufzeichnungsgeschwindigkeit, um für ein gutes Brennergebnis auch auf diesen Rohlingen zu sorgen: Ein 52fach-Brenner reduziert die maximale Brenngeschwindigkeit auf 40fach – eine höhere Geschwindigkeit kann unter Nero nicht eingestellt werden. In der Regel geschieht dies aus gutem Grund, da bei höherer Speed zu viele Brennfehler auf dem Medium entstehen würden. Ein weiterer Grund für die Geschwindigkeitsdrosslung ist die Nutzung von alten Rohlingen (egal, ob Noname- oder Markenprodukt). Alte Rohlinge sind nicht für das schnelle Brenntempo moderner Writer vorgesehen, weshalb die Aufzeichnung bei maximaler Speed nur äußerst fehlerhaft bzw. nicht funktioniert. Der Brenner erkennt dies und reduziert auf solchen Medien die Brenngeschwindigkeit! Wollen Sie immer mit voller Power brennen, greifen Sie nur zu Markenrohlingen, die ausdrücklich für diese Geschwindigkeit vorgesehen sind – beim Kauf von anderen Scheiben kann es durchaus zu einer Reduzierung der Geschwindigkeit kommen ...

Geschwindigkeitsreduzierung = Writer mag Rohling nicht!

Die Reduzierung der Brenngeschwindigkeit zeigt, dass Writer und Rohling nicht optimal miteinander harmonieren – dies betrifft manchmal auch einen teuren Markenrohling! Durch das nächste Firmwareupdate kann sich dieses Verhalten jederzeit ändern: Der bisher nur langsam beschreibbare (und dem Writer unbekannte) Rohling wird danach mit maximaler Speed aufgezeichnet.

Wie schnell brennt Ihr Writer die Medien?

Leider kann niemand beim Kauf sagen, mit welcher Geschwindigkeit der Brenner die Scheiben bei aktiviertem Überwachungsmechanismus wirklich aufzeichnet – jeder Brenner hat seine „Lieblingsrohlinge". Sie sollten sich daher möglichst an die Rohlingempfehlung des Herstellers halten oder Scheiben, mit denen Ihr Writer gut zurechtkommt, wieder kaufen. Haben Sie den optimalen Rohling gefunden, bleiben Sie dabei! In der Regel können alle Markenrohlinge, die für das maximale Brenntempo des Writers zertifiziert sind, mit voller Power beschrieben werden (es gibt Ausnahmen) – bei billigen Noname-Scheiben ist das nicht der Fall.

Die Firma LiteOn bietet seit einiger Zeit ein Tool an, mit dem Sie kontrollieren können, wie schnell der Writer die CD-Scheibe bei eingeschalteter Qualitätsüberwachung brennt. Sie stellen somit die maximale Geschwindigkeit komfortabel fest, ohne Nero starten zu müssen. Das Tool SmartBurn Media Checker funktioniert nur bei CD-Brennern ab 32facher Geschwindigkeit von LiteOn bzw. bei deren OEM-Modellen (beispielsweise die modernen Brenner der Firmen Sony oder TRAXDATA). Das kleine Programm erhalten Sie im Downloadbereich unter *http://www.liteonit.com.tw*; die direkte Downloadadresse lautet zurzeit *http://www.liteonit.com.tw/zip/SMARTBURN.zip*. Eine Installation ist nicht notwendig. Starten Sie das Programm nach dem Entpacken über die Datei *SmartBurn.exe*.

1 Wählen Sie zunächst den Brenner aus, der das zu prüfende Medium enthält, und betätigen Sie rechts die Schaltfläche mit dem CD-Symbol.

2 Im weißen Fenster können Sie daraufhin genauere Infos zu dem analysierten CD-Rohling ablesen. Die maximal mögliche Brenngeschwindigkeit bei aktiviertem Überwachungsmechanismus (bei LiteOn SMART-BURN genannt) erfahren Sie hinter *SMART-BURN Speed Limit*. Im Beispiel kann der 52fach-Brenner den etwas älteren 40fach-Rohling von Sony nur mit 40facher Geschwindigkeit brennen.

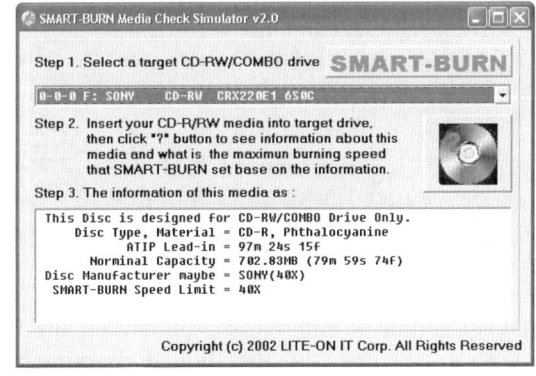

Rohlingüberwachung unter Nero ausschalten!

Die Überwachungstechniken moderner Brenner ab 24facher Geschwindigkeit, die beim Einlegen des Rohlings die Qualität prüfen und bei unbekannten bzw. minderwertigen oder alten Medien die Brenngeschwindigkeit reduzieren, haben je nach Writer-Hersteller unterschiedliche Namen. Die folgende Tabelle zeigt die bekanntesten:

14. Rohlinge unter der Lupe: Qualitätstest, Haltbarkeit, Technik

Brennerhersteller	Rohlingüberwachungsfunktion
AOpen, RICOH und OEM-Modelle	JustSpeed
Plextor	PoweRec
Yamaha	Optimum Writespeed Control
LiteOn und OEM-Modelle	SMART-BURN

Bei Nero ist es möglich, diese Kontrollmechanismen zu deaktivieren, um alle Scheiben mit maximaler Speed zu brennen. Das kann auf Kosten der Brennqualität gehen, weshalb Sie die „zu schnell" gebrannte Scheibe nach dem Brennvorgang stets auf Fehler prüfen und gegebenenfalls eine neues Medium langsamer aufzeichnen sollten. Die Überwachungsfunktion sollten Sie nur deaktivieren, wenn ein qualitativ hochwertiger Markenrohling zu langsam beschrieben wird. Die Überwachungsfunktion lässt sich nicht bei allen Brennern deaktivieren – der zuständige Eintrag in Nero fehlt!

1 Im Hauptprogramm von Nero wählen Sie *Rekorder/Rekorderauswahl* und markieren den Brenner, dessen Überwachungsfunktion Sie deaktivieren wollen.

2 Klicken Sie auf *Optionen* und schalten Sie den Eintrag der Rohlingüberwachungsfunktion aus – im Beispiel *JustSpeed aktiviert*. Durch diese Vorgehensweise brennt Ihr Writer ab sofort alle Medien mit voller Power. Achtung, Verwechslungsgefahr: Lassen Sie auf jeden Fall den links daneben stehenden Eintrag für den Buffer Underrun-Schutz des Brenners (im Beispiel *JustLink aktiviert*) eingeschaltet!

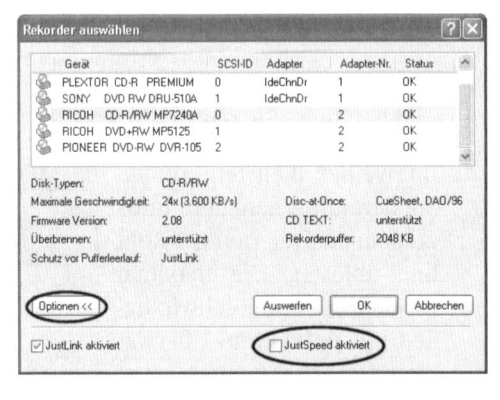

DVD-Rohlinge können aus Gründen der Brennqualität und aus Sicherheitsgründen nur mit der Geschwindigkeit gebrannt werden, die auf der Rohlingverpackung vermerkt ist – dagegen hilft kein Trick: Die Überwachungsfunktion für DVD-Rohlinge lässt sich über die Brennsoftware (beispielsweise Nero) nicht ausschalten. Bei DVD-Brennern, die CD-Rohlinge mit maximal 16/24facher Geschwindigkeit brennen, gibt es auch keine Überwachungsfunktion, die Sie für maximale Brennspeed auf allen CD-Rohlingen deaktivieren können. In der Regel brennt der DVD-Brenner den CD-Rohling jedoch stets mit maximaler Geschwindigkeit (16/24fach), weil die CD-Scheiben für deutlich höhere Aufzeichnungsgeschwindigkeit (bis zu 52fach) ausgelegt sind und daher mit 16/24facher Speed (= Maximalgeschwindigkeit des DVD-Brenners) fehlerfrei gebrannt werden.

Tuningtool von TEAC für maximale Brenngeschwindigkeit

Bei Brennern der Firma TEAC gibt es keine Möglichkeit, die Rohlingüberwachung unter Nero zu deaktivieren. Für den viel verkauften 40fach-Brenner TEAC CD-W540E wurde jedoch von TEAC ein spezielles Tuningtool entwickelt, mit dem Sie die Rohlingüberwachung ausschalten – das Tool funktioniert allerdings nur mit diesem Brennermodell! Das Programm können Sie sich kostenlos unter *http://www.teac.co.jp/dspd/download/download.html* herunterladen – eine Installation ist nicht nötig. Nach dem Start des Programms wählen Sie zunächst den Brenner aus. Für maximale Brenngeschwindigkeit auf allen Medien aktivieren Sie den Eintrag *Speed Mode*. Dadurch schreibt der Brenner auch auf qualitativ minderwertigen Medien mit voller Power, was zu Brennfehlern führen kann. Deaktivieren Sie die Rohlingüberwachung nur, wenn Sie stets hochwertige, aktuelle Markenrohlinge nutzen. Für optimale Brennqualität auf Noname-Scheiben lassen Sie lieber die Voreinstellung *Quality Mode* aktiviert.

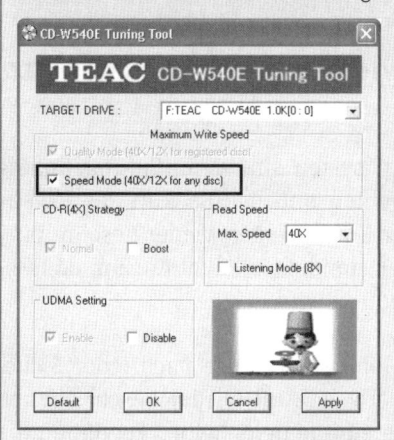

Das kostenlose Tuningtool von TEAC für maximale Geschwindigkeit auf allen Rohlingen.

Medium Speed Error verhindern

Bei CD-Brennern der Marken RICOH, AOpen bzw. deren OEM-Modellen taucht manchmal (besonders bei Noname-Scheiben) der „Medium Speed Error"-Fehler beim Start des Schreibvorgangs auf – der Rohling lässt sich nicht beschreiben! Eine solche Fehlermeldung zeigt an, dass der Brenner mit dem verwendeten Medium nicht zurechtkommt und keine geeignete Schreibstrategie finden kann. Abhilfe schafft meistens ein Firmwareupdate oder die Reduzierung der Brenngeschwindigkeit. Unter Umständen lässt sich der Fehler auch durch die Deaktivierung der Rohlingüberwachungsfunktion (JustSpeed) verhindern. Taucht der „Medium Speed Error" weiterhin bei Ihnen auf, wechseln Sie auf einen anderen Markenrohling!

Obwohl viele User im Internet über häufige Medium Speed Errors klagen, trat dieser Fehler auf meinem Rechner mit einem RICOH CD-R/RW MP7240A bisher überhaupt nicht auf! Das lässt den Rückschluss zu, dass es sich hierbei um kein generelles Problem dieser Brennermodelle handelt und der Fehler entweder auf eine ungünstige Systemkonfiguration, qualitativ minderwertige Rohlinge oder einen nicht absolut fehlerfreien Brenner zurückzuführen ist.

14.8 Wieder beschreibbare Rohlinge optimal nutzen

Wieder beschreibbare Medien erfreuen sich bei der täglichen Datensicherung großer Beliebtheit, da die gebrannten Daten wieder gelöscht werden können. Moderne CD-Brenner verleiten immer mehr zum Einsatz einer CD-RW, weil diese Medien bei den modernen Brennern mit bis zu 32facher Geschwindigkeit gebrannt werden. Auch die 2-4fache Brenngeschwindigkeit moderner DVD-Brenner in Bezug auf wieder beschreibbare DVD-Rohlinge ist im Alltag ausreichend schnell. Vergessen wird leider, dass der dauerhafte Einsatz von wieder beschreibbaren Medien zu Datenverlust führen kann.

Für welche Aufgaben einen wieder beschreibbaren Rohling verwenden?

Wieder beschreibbare Rohlinge setzen Sie am besten ein, wenn Sie regelmäßig große Mengen geänderter Daten sichern möchten und das Backup des jeweils vergangenen Tages nicht mehr benötigen. Der Einsatz einer wieder beschreibbaren Scheibe beim Anlegen einer Multisession-Datendisk ist nicht ratsam, da hierbei die Löschfähigkeit der Medien nicht ausgenutzt wird.

Überprüfen Sie beim Einsatz wieder beschreibbarer Rohlinge nach jeder Sicherung, ob die Scheibe lesbar ist (besonders bei schon oft wieder beschriebenen Medien). Ist dies nicht der Fall, benutzen Sie eine neue Scheibe. Vergessen Sie nicht: Sie benötigen ein Laufwerk, das mehrfach beschreibbare Medien lesen kann. Ältere Laufwerke scheitern oft wegen der schlechten Reflexionseigenschaften dieser Medien. Gelingt das Lesen von mehrfach beschreibbaren CD-Rohlingen mit etwas moderneren Lesegeräten inzwischen recht gut, verschmähen selbst modernere DVD-ROM-Laufwerke wieder beschreibbare DVD-Rohlinge relativ häufig.

Für den Einsatz im Video- bzw. Audiobereich ist die CD-RW im Vergleich zum PC-Einsatz weniger gut geeignet, da viele Abspielgeräte (besonders ältere Hi-Fi-CD-Player) keine wieder beschreibbaren CD-Rohlinge akzeptieren. Sollten Sie ein modernes Abspielgerät besitzen (DVD- oder CD-Player), steht dem Einsatz von wieder beschreibbaren Medien auch auf diesem Gebiet in der Regel nichts im Wege. Auf diese Weise lässt sich beispielsweise ein angelegtes Videoprojekt mit einem wieder beschreibbaren Medium ausgiebig testen, bevor Sie es auf einem einmal beschreibbaren Rohling verewigen. Mehrfach beschreibbare DVD-Rohlinge werden von den modernen stationären DVD-Playern in der Regel problemlos gelesen – eventuell helfen bei Leseproblemen mit einer DVD+RW die Bitsetting-Utilities. Besitzen Sie dagegen einen alten externen DVD-Player, der keine wieder beschreibbaren Medien abspielt, müssen Sie die Scheibe entweder über den PC wiedergeben oder ein neues Gerät erwerben.

CD-RW, HighSpeed-CD-RW oder UltraSpeed-CD-RW?

Während bei mehrfach beschreibbaren DVD-Rohlingen die Wahl bereits durch das Rohlingformat (DVD-RW, DVD+RW oder DVD-RAM) entschieden wird, gibt es drei verschiedene Sorten von wieder beschreibbaren CD-Rohlingen: die „normale" CD-RW, die HighSpeed-CD-RW und seit neustem die UltraSpeed-CD-RW (zurzeit noch kaum erhältlich). Was für Unterschiede gibt es und wie steht es mit der Kompatibilität der Medien?

Der Unterschied der Medien besteht einzig in der zulässigen Aufzeichnungsgeschwindigkeit: Neben den normalen CD-RWs für zwei- bis vierfache Geschwindigkeit werden die etwas teureren HighSpeed-CD-RWs angeboten, die für 4- bis 12fache Schreibgeschwindigkeit ausgelegt sind. UltraSpeed-Scheiben sind für Brenngeschwindigkeiten von 16-24fach ausgelegt. Seit kurzem gibt es die ersten Writer, die UltraSpeed-CD-RWs sogar mit 32facher Speed brennen – ein geeignetes Medium vorausgesetzt.

Rohling entscheidet die Brenngeschwindigkeit

CD-RWs werden vom Brenner ausschließlich mit der Geschwindigkeit gebrannt, die auf der Rohlingverpackung angegeben ist; hier hilft kein Trick! Spendieren Sie beispielsweise einem Writer für HighSpeed-CD-RWs ein normales Medium, das für 4fache Speed zertifiziert ist, schaltet das Gerät die Schreibgeschwindigkeit automatisch herunter. Kaufen Sie daher nur Scheiben, die das maximale Brenntempo Ihres Writers in Bezug auf das Beschreiben von mehrfach beschreibbaren Rohlingen ausnutzen. Besitzen Sie zum Beispiel einen modernen Brenner mit der Zertifizierung für wieder beschreibbare UltraSpeed-Scheiben (erkennbar an dem Aufdruck „UltraSpeed" auf der Gerätefront), greifen Sie zu der teureren Variante, um den Geschwindigkeitsvorteil Ihres Brenners auszunutzen.

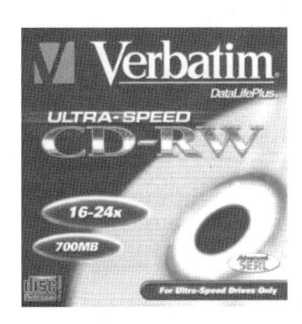

Für das rasante Brennen verwenden Sie eine UltraSpeed-CD-RW.

Eingeschränkte Kompatibilität

Leider können nicht alle Rohlingtypen mit jedem Writer beschrieben werden – hier die Einschränkungen:

Alte Writer, die CD-RWs maximal mit vierfacher Geschwindigkeit beschreiben, kommen mit den modernen HighSpeed/UltraSpeed-Rohlingen nicht zurecht: Der

Brennvorgang wird nicht gestartet! Besitzen Sie einen solchen Brenner, der CD-RWs maximal mit vierfacher Geschwindigkeit brennen kann, sollten Sie sich von diesen Scheiben einen kleinen Vorrat anlegen. Die „alte" Version der wieder beschreibbaren Rohlinge wird von der HighSpeed- bzw. UltraSpeed-Variante in naher Zukunft fast vollständig vom Markt verdrängt werden!

In *HighSpeed-Brennern* können keine UltraSpeed-Scheiben eingesetzt werden. HighSpeed-Writer beherrschen nur das Schreiben von normalen CD-RWs und HighSpeed-Scheiben mit bis zu 10facher Geschwindigkeit. Der Schreibvorgang wird bei einer UltraSpeed-CD-RW mit der Fehlermeldung, dass ein defektes bzw. inkompatibles Medium eingelegt sei, abgebrochen. Selbst das Lesen von gebrannten UltraSpeed-Rohlingen bereitet manchem HighSpeed-Brenner Probleme, die erst durch ein Firmwareupdate behoben werden.

In *UltraSpeed-Writern* können neben normalen (4fach brennbaren) CD-RWs und den schnellen UltraSpeed-Scheiben auch HighSpeed-Medien problemlos genutzt werden. Die Schreibgeschwindigkeit wird bei diesen Rohlingen auf 10/12fach herabgesetzt. Alte CD-RWs, die nur mit maximal 2facher Speed beschrieben werden dürfen, können in der Regel in einem UltraSpeed-Brenner nicht mehr „verarbeitet" werden, weil das Gerät nicht für eine so langsame Brenngeschwindigkeit ausgelegt ist.

Mit einem *DVD-Brenner* können zurzeit ausschließlich normale CD-RWs und HighSpeed-CD-RWs gebrannt werden. UltraSpeed-Medien werden von der aktuellen DVD-Brennergeneration, die einmal beschreibbare DVD-Scheiben mit bis zu 4facher Geschwindigkeit brennt, in der Regel verschmäht. Ausnahme: Der Dual-DVD-Brenner DRU-510A von Sony beherrscht bereits das Brennen von UltraSpeed-Medien mit 16facher Geschwindigkeit. Zukünftige DVD-Brenner anderer Hersteller werden ebenfalls das Beschreiben von UltraSpeed-CD-RWs beherrschen.

Wieder beschreibbare Rohlinge löschen

Wieder beschreibbare Rohlinge können Sie mit Nero auf zwei Arten löschen: Entweder Sie nutzen die schnelle Variante, bei der nur das Inhaltsverzeichnis des Mediums gelöscht wird, oder Sie verwenden die langsame Methode, bei der der gesamte Medieninhalt vernichtet wird.

Schnell fertig: Nur die Inhaltstabelle löschen

Beim schnellen Löschen einer CD-RW wird nur das Inhaltsverzeichnis am Anfang des Rohlings gelöscht. Dadurch wird dem System ein leeres Medium vorgegaukelt. Die auf dem Rohling vorhandenen Dateien werden erst beim Brennen neuer Daten physikalisch durch Überschreiben vernichtet. In der Regel ist die schnelle Löschmethode im Praxisalltag die empfehlenswerte, da das Medium schnell wieder für die Sicherung neuer Daten bereit ist.

Legen Sie den Rohling ein und wählen Sie in Nero Burning Rom *Rekorder/Rewritable-Disk löschen*. Als Löschmethode stellen Sie *RW-Disk schnell löschen* ein und klicken auf *Löschen* – innerhalb kürzester Zeit halten Sie einen „leeren" Rohling in Ihren Händen. Bricht der Löschvorgang mit einer Fehlermeldung ab, versuchen Sie die vollständige Löschmethode von Nero!

Wieder beschreibbaren Rohling schnell löschen.

Aus Sicherheitsgründen oder bei Problemen: Rohlinginhalt vollständig löschen

Wenn Sie „geheime" Daten auf einer CD-RW aus Sicherheitsgründen vollständig löschen möchten, wählen Sie im Löschfenster von Nero als Löschmethode *RW-Disk vollständig löschen* aus und klicken auf *Löschen*. Dieses Verfahren kann helfen, wenn entweder die Schnelllöschung mit einer Fehlermeldung abbricht oder die mehrfach beschreibbare Scheibe beim täglichen Schreiben und Lesen Probleme bereitet. Sollte die Fehlermeldung, dass die Scheibe nicht gelöscht werden kann, erneut auftauchen, reduzieren Sie zunächst die Löschgeschwindigkeit unter *Geschw. löschen*. Hilft das nichts, ist das eingelegte Medium defekt – nehmen Sie eine neue wieder beschreibbare Scheibe.

Wieder beschreibbare Scheibe komplett löschen.

Mehrere RW-Disks gleichzeitig löschen!

Das komplette Löschen des wieder beschreibbaren Mediums dauert wesentlich länger als bei der schnellen Löschmethode, da nicht nur das Inhaltsverzeichnis, sondern auch sämtliche Dateien physikalisch auf dem Rohling vernichtet werden, indem lauter „Nullen" auf die Scheibe gebrannt werden. Besitzen Sie mehrere Brenner (beispielsweise einen CD- und einen DVD-Brenner) und möchten mehrere Medien komplett löschen, aktivieren Sie im Löschfenster von Nero die Option *Mehrere Rekorder verwenden*. Im nächsten Fenster markieren Sie die Writer, die die zu löschenden Scheiben enthalten. Nach Ablauf der Löschzeit halten Sie gleich zwei leere Medien in Händen ...

Wieder beschreibbares Medium direkt vor dem Brennen löschen

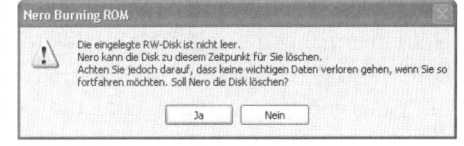

Sie können die eventuell auf einer wieder beschreibbaren Disk vorhandenen Daten auch erst direkt vor dem Brennvorgang löschen lassen. Legen Sie wie gewohnt ein neues Projekt mit Nero Burning Rom an und rufen Sie über *Rekorder/Zusammenstellung brennen* das Brennfenster auf. Nach einem Klick auf *Brennen* bemerkt Nero, dass sich auf dem eingelegten Medium bereits Daten befinden und bietet das Löschen der Scheibe an. Sollen die auf der Scheibe vorhandenen Daten eliminiert werden, klicken Sie auf *Ja*. Nach dem Löschen wird der Schreibvorgang automatisch gestartet.

Drohender Datenverlust bei wieder beschreibbaren Medien!

Das Besondere an einem wieder beschreibbaren Medium ist, dass sämtliche Daten physikalisch gelöscht werden können und der Rohling anschließend wieder für neue Aufgaben zur Verfügung steht. Diese „Vorgehensweise" hat leider einen – oft verschwiegenen – Nachteil: Wird das Medium zu häufig beschrieben, gehen alle Daten auf einen Schlag verloren, weil die CD/DVD nach dem letzten Schreibvorgang unlesbar geworden ist. Hier versagen selbst Spezialprogramme – Ihre Daten sind unwiderruflich verloren!

Reflexion wird mit jedem Schreibvorgang schlechter!

Dieses Malheur kommt daher, weil die Reflexionseigenschaften der Platte mit jedem Schreibvorgang schwächer werden – irgendwann reichen sie nicht mehr, um die Scheibe lesen zu können. Für die Sicherung wichtiger Daten sollten Sie auf jeden Fall regelmäßig neue wieder beschreibbare Scheiben einsetzen, um den plötzlichen Supergau zu vermeiden. Wollen Sie auf Nummer sicher gehen, brennen Sie wichtige Daten zusätzlich auf einen einmal beschreibbaren Silberling, um im Notfall gerüstet zu sein.

Nur Markenrohlinge einsetzen!

Gerade bei wieder beschreibbaren Medien sollten Sie ausschließlich qualitativ hochwertige Markenprodukte für möglichst große Datensicherheit einsetzen. Billige Noname-Scheiben besitzen gerade bei wieder beschreibbaren Medien eine minderwertige Qualität – der Rohling ist bereits nach wenigen Lösch- und Schreibvorgängen defekt.

Wie oft lassen sich CD-RWs beschreiben?

Laut Werbung können CD-RWs (CD-RW = Abkürzung für **C**ompact **D**isc **R**ewritable) bis zu 1.000 Mal wiederbeschrieben werden – das ist in der Praxis kaum realisierbar: Es hat sich herausgestellt, dass die CD-RW problemlos nur bis zu 200 mal beschrieben werden kann. Teilweise ist der Rohling bereits nach ca. 50 Schreibvorgängen unbrauchbar geworden! Die Ursache liegt in der falschen Laserkalibrierung (Anpassung der Laserstärke an den Rohling) mancher Brenner. Ist die Laserenergie zu stark, wird die Datenträgerschicht der CD-RW beschädigt.

Die Platte ist bereits nach wenigen Schreib- und Löschvorgängen nicht mehr zu gebrauchen.

Wie oft Sie CD-RWs beschreiben können, kann wegen der vielen Kombinationsmöglichkeiten von Brenner und Rohlingsorte nicht genau gesagt werden – 150 bis 200 Mal müssten auf jeden Fall möglich sein. Macht die CD-RW deutlich früher Ärger, wechseln Sie den Rohlinghersteller. Bringt das keine Besserung, sollten Sie sich einen neuen Brenner besorgen, da der Laser Ihres Geräts anscheinend nicht (mehr) richtig kalibriert ist.

Wieder beschreibbare DVD-Rohlinge

Neben wieder beschreibbaren CD-Rohlingen gibt es mehrfach beschreibbare DVD-Rohlinge. Hier haben sich drei Formate entwickelt, die inkompatibel zueinander sind: DVD-RAM, DVD-RW und DVD+RW. Über die Anzahl der möglichen Schreib- und Löschvorgänge gibt es noch keine Praxiserfahrungen – die Hersteller versprechen für eine DVD-RAM bis zu 100.000 Schreibvorgänge, für eine DVD-RW und DVD+RW bis zu 1.000. Diese Angaben sind wie bei der CD-RW jedoch mit äußerster Vorsicht zu genießen, da sie nur unter optimalen Bedingungen, wenn der Brenner mit dem Medium perfekt harmoniert, erreicht werden. In der Praxis wird sich herausstellen, dass die Medien deutlich weniger oft beschrieben werden können, bevor sie nicht mehr gelesen werden können.

Wieder beschreibbare Scheibe gleichmäßig belasten?

Die inneren Spuren der wieder beschreibbaren Medien werden erfahrungsgemäß wesentlich stärker belastet, als die äußeren. Das kommt daher, dass die Scheibe von innen nach außen beschrieben wird. Speichern und löschen Sie nur kleine Datenmengen, dringt der Laser nicht in die äußeren (am Rand des Mediums liegenden) Regionen vor. Es kann durchaus sein, dass die wieder beschreibbare Disk ihr Soll an Schreibvorgängen im Inneren erfüllt hat und unbrauchbar wird – obwohl der Laser noch nicht in die „unendlichen" Weiten des Rohlings vorgedrungen ist.

Man könnte auf den Gedanken kommen, die Schreibarbeiten auf dem Rohling gleichmäßig zu verteilen, indem man nach einer gewissen Zeit Daten auf den inneren Spuren des Rohlings ablegt, die nicht mehr verändert werden müssen. Die ständig zu verändernden Daten werden anschließend auf die weiter außen liegenden Spuren geschrieben. Sparen Sie sich die Mühe: Eine gleichmäßige Verteilung bringt kaum etwas bzw. nichts, auch wenn dies oft behauptet wird! Bei jedem Hinzufügen oder Entfernen einer Datei (ob auf einer inneren oder äußeren Spur) muss die Inhaltstabelle des Rohlings (liegt auf der innersten Spur) verändert werden. Speichern Sie zum Beispiel *nacheinander* hundert kleine Dateien in zeitlichen Abständen auf dem Rohling, muss der Bereich der Inhaltstabelle hundertmal neu beschrieben werden – mit der Konsequenz, dass die Scheibe bald unbrauchbar wird! Einige Stellen einer wieder beschreibbaren Scheibe werden stets stärker beansprucht als andere, daran lässt sich nichts ändern!

14. Rohlinge unter der Lupe: Qualitätstest, Haltbarkeit, Technik

15. Brenner einrichten und Nero perfekt konfigurieren

Für einen schnellen und stets erfolgreichen Brennvorgang ist es notwendig, den Brenner richtig einzubauen und anschließend das Betriebssystem zu optimieren. Dadurch steht für alle PC-Aufgaben mehr Rechenpower zur Verfügung, sodass auch multimediale Aufgaben – wie zum Beispiel das Aufnehmen bzw. die Bearbeitung von Videos – schneller und sicherer durchgeführt werden. Wollen Sie neben Nero andere Brennprogramme (zum Beispiel WinOnCD oder Pinnacle Instant CD/DVD) auf dem Rechner nutzen, müssen Sie vor bzw. bei der Installation wichtige Entscheidungen treffen.

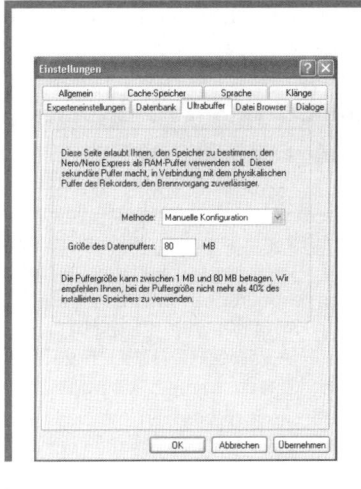

15.1 DVD/CD-Brenner einbauen und konfigurieren 562

15.2 Brennproblemen vorbeugen: Nero optimal installieren 576

15.3 Maximales Brennvergnügen mit mehreren Brennprogrammen 589

15.4 Wenn Nero den Brenner nicht erkennt 598

15.5 Was kann der Brenner mit Nero? 603

15.6 Nero für einen schnellen Schreibvorgang optimieren 609

15.1 DVD/CD-Brenner einbauen und konfigurieren

Sie wollen Ihren alten CD-Brenner gegen einen DVD-Brenner austauschen bzw. den PC mit einem solchen Gerät aufrüsten? Kein Problem! Der Einbau eines DVD-Brenners ist innerhalb kürzester Zeit möglich. Leider sind die Einbau- bzw. Konfigurationsanleitungen, die den meisten Geräten beiliegen, äußerst dürftig, sodass schnell aus Unwissenheit etwas falsch gemacht wird. Ist der Brenner aber nicht optimal eingerichtet, gelingt kaum ein Brennvorgang!

> **Einbau von CD- und DVD-Brennern unterscheidet sich nicht**
>
> Die folgenden Ausführungen gelten nicht nur für DVD-Brenner, sondern auch für CD-Brenner. Allerdings besitzt fast jeder moderne Komplett-PC einen CD-Writer, sodass man nur in den seltensten Fällen seinem Rechner einen neuen CD-Brenner spendiert – schließlich kann jeder DVD-Brenner auch problemlos CDs brennen. Der Kauf eines reinen CD-Brenners ist heutzutage nur empfehlenswert, wenn Sie die hohen Schreibgeschwindigkeiten moderner CD-Brenner benötigen oder das Gerät besondere Features besitzt, die ein DVD-Brenner in Bezug auf das CD-Schreiben nicht bietet, zum Beispiel Überbrennen, Mount Rainier oder einen speziellen Schreibmodus für Audio-CDs (VariRec bzw. Audio Master Quality Recording). Haben Sie vor, eine Vielzahl von CDs zu brennen, kann es sich ebenfalls lohnen, einen reinen CD-Brenner neben dem DVD-Brenner zu besitzen, um die feine Mechanik des deutlich teureren DVD-Writers zu schonen und diesen nur zum Brennen von DVDs einzusetzen – einen CD-Brenner erhalten Sie schließlich schon für ca. 70 Euro, ein moderner DVD-Brenner kostet dagegen etwa 200-300 Euro.

Achtung: Elektrostatische Aufladung!

Bevor Sie mit dem Einbau beginnen, eine wichtige Warnung: Ohne geeignete Vorsichtsmaßnahmen können Sie den Rechner beim Hantieren im Inneren des Gehäuses durch Ihre elektrostatische Aufladung in einen Haufen Elektronikschrott verwandeln! Die für einen PC tödliche elektrostatische Aufladung entsteht zum Beispiel durch Reibung Ihrer Schuhe auf dem Teppich- oder Kunststoffboden. Sie entlädt sich beim Einbau des Brenners unter Umständen über die Elektronik im PC („Ein Funke springt über") und zerstört empfindliche Bauteile – der PC ist kaputt!

Bevor Sie am offenen Rechner arbeiten, sorgen Sie dafür, dass Sie sich während der Arbeit stets an einem geerdeten Metallteil (PC-Gehäuse) entladen. Am komfortabelsten ist ein so genanntes Erdungsarmband, das Sie für ein paar Euro im gut sortierten Fachhandel erhalten. Bei allen Arbeiten am PC gilt außerdem: Ziehen Sie vorher unbedingt den Netzstecker aus der Dose! Andernfalls besteht Lebensgefahr!

Anschlussmöglichkeiten in der Übersicht

Moderne DVD/CD-Brenner besitzen in der Regel ein IDE-Interface für den Anschluss an einen IDE-Controller. Allerdings gibt es mehrere Verbindungsvarianten. Einen DVD/CD-Brenner mit IDE-Schnittstelle schließen Sie folgendermaßen an:

- an einen IDE-Controller (intern)
- an einen RAID-Controller (intern, falls dieser optische Laufwerke unterstützt)
- über den USB-Anschluss (extern)
- über einen FireWire-Anschluss (extern)
- zukünftig: über Serial-ATA (intern)

Vergangenheit: SCSI-Controller

Vor einiger Zeit gab es noch eine weitere Anschlussmöglichkeit: die SCSI-Schnittstelle. Dieser für Hochleistungs-PCs früher oft verwendete Anschluss verliert aber immer mehr an Bedeutung, da er im Vergleich zu modernen IDE-Controllern keine bedeutenden Leistungsvorteile aufweist und im Vergleich deutlich teurer ist. Aus diesem Grund gibt es zurzeit keinen DVD-Brenner für diese exotisch gewordene Schnittstelle. CD-Brenner mit SCSI-Anschlussmöglichkeit werden dagegen noch vereinzelt angeboten (zum Beispiel von der Firma Plextor).

Standardanschluss: IDE-Controller

Gewöhnlich wird ein DVD/CD-Brenner mithilfe eines Flachbandkabels im PC an einen IDE-Controller angeschlossen. Der IDE-Controller befindet sich in der Regel auf dem Mainboard (der Hauptplatine des Rechners) oder auf einer separaten PCI-Steckkarte. Die benötigten Anschlusskabel werden in der Regel dem Brenner beigelegt.

Nachteil dieser Variante: Der DVD/CD-Brenner wird auf diese Weise fest in den Rechner eingebaut und steht anderen, eventuell zusätzlich vorhandenen PCs (beispielsweise einem Notebook) nicht zur Verfügung. Möchten Sie den teuren Brenner mit mehreren Rechnern nutzen, schließen Sie ihn extern an.

Fachchinesisch durchleuchtet: IDE, EIDE und ATAPI

Auf vielen Verpackungen von DVD/CD-Brennern werden Sie einen dieser Begriffe mit Sicherheit finden. IDE ist die Abkürzung für **I**ntegrated **D**rive Electronics. Dieser Begriff deutet bereits daraufhin, dass ein Teil der Steuerungselektronik für die Datenübertragung am IDE-Controller im angeschlossenen Laufwerk selbst untergebracht ist. Mit IDE – manchmal auch ATA (= **AT A**ttachment) genannt – bezeichnet man die Ansteuerungstechnik für Festplatten über den IDE-Controller auf dem Mainboard oder einer separaten Steckkarte. Optische Geräte, die an den IDE-Controller angeschlossen werden, bezeichnet man mit dem Begriff ATAPI (= **AT A**ttachment with **P**acket Interface). Die Weiterentwicklung des IDE-Stan-

15. Brenner einrichten und Nero perfekt konfigurieren

dards wird EIDE (**Enhanced IDE**) genannt und sorgt für noch schnellere Datentransfers über den IDE-Bus.

Video-Workshop zum Brennereinbau

Wenn Sie sehen möchten, wie der Brennereinbau in der Praxis funktioniert, sei Ihnen „Das große PC & Internet Lexikon" in der Video-Edition von DATA BECKER empfohlen. Die Video-Edition enthält auf der beiliegenden DVD Video-Workshops zu ausgewählten Themen rund um Hard- und Software, u. a. auch zum Einbau eines CD-Brenners. Bestellung und weitere Informationen unter www.databecker.de. ISBN: 3-8158-2310-2. 700 Seiten inkl. DVD. Preis: 26,95 €.

Kein freier interner Anschluss? – RAID-Controller nutzen!

In der Regel befinden sich nur zwei IDE-Controller auf dem Mainboard des PCs. Da an jeden Controller nur zwei Laufwerke angeschlossen werden können, können Sie maximal vier IDE-Laufwerke im PC unterbringen. Heutzutage wird es schnell eng: Nutzen Sie zum Beispiel zwei Festplatten, ein CD/DVD-Laufwerk und einen CD-Brenner mit besonderen Schreibfeatures, den Sie nicht missen möchten, ist für den Einbau des DVD-Brenners (anscheinend) kein Platz mehr ...

Besitzen Sie zusätzlich zu den beiden IDE-Controllern einen RAID-Controller (entweder auf dem Mainboard oder auf einer separaten PCI-Steckkarte), brauchen Sie für den Einbau eines DVD-Brenners auf keines Ihrer „alten" Laufwerke zu verzichten: Entweder schließen Sie den DVD-Brenner an einen RAID-Controller an, falls dieser optische Laufwerke unterstützt (im dazugehörigen Handbuch nachsehen), oder Sie hängen eine Festplatte an den RAID-Controller, um einen freien IDE-Anschluss für den DVD-Brenner zu erhalten.

Ist kein RAID-Controller im PC vorhanden, müssen Sie sich entweder von einem Ihrer Laufwerke trennen oder den neuen Brenner extern an den PC anschließen.

> **RAID-Controller richtig konfigurieren**
>
> Eventuell müssen Sie den RAID-Controller im BIOS des Rechners aktivieren und im Betriebssystem einen geeigneten Treiber installieren, damit auf die Laufwerke am RAID-Controller zugegriffen werden kann. Konsultieren Sie daher bitte das Handbuch des RAID-Controllers bzw. des Mainboards, um die notwendigen Einstellungen durchzuführen. Dort erfahren Sie ebenfalls, wie die einzelnen mit dem RAID-Controller verbundenen Laufwerke zu konfigurieren sind (Master oder Slave usw.).

USB und FireWire: Externe Anschlussmöglichkeiten

Wollen Sie den DVD/CD-Brenner mit IDE-Interface für mehrere Rechner benutzen (zum Beispiel Desktop-PC und Notebook), sollten Sie das Gerät extern anschließen. Hierbei gibt es zwei Varianten: Entweder Sie nutzen die USB-Schnittstelle (USB = **U**niversal **S**erial **B**us) oder den FireWire-Anschluss (auch IEEE-1394 oder i.Link genannt). Moderne PCs besitzen in der Regel beide Anschlussmöglichkeiten; bei einem älteren PC sind dagegen häufig nur USB-Anschlüsse vorhanden. Die externe Anschlussmöglichkeit ist ebenfalls zu bevorzugen, wenn kein freier Laufwerkschacht mehr im PC-Gehäuse vorhanden ist und Sie sich von keinem der eingebauten Laufwerke trennen wollen.

> **Notebook mit DVD/CD-Brenner nachrüsten**
>
> Mithilfe der externen Verbindungsoptionen können Sie zum Beispiel auch ein Notebook jederzeit mit einem DVD/CD-Brenner aufrüsten. Dies ist besonders bei etwas älteren Geräten sinnvoll: Sie müssen nicht ein neues Notebook kaufen, sondern rüsten das vorhandene mit einem DVD/CD-Brenner auf.

Bei der Verbindungsvielfalt stellt sich die Frage, welcher Anschluss zu bevorzugen ist. Zunächst ist zwischen dem alten USB 1.1-Standard und dem neuen USB 2.0-Standard zu unterscheiden: Während die Datentransferleistung von USB 1.1 bei maximal 12 MBit/s liegt, schafft der neue USB 2.0-Standard 480 MBit/s. Die USB-Schnittstelle dient zum Anschluss verschiedenster Peripheriegeräte (Scanner, Drucker, Maus usw.) und soll die Einheitsschnittstelle der Zukunft werden. FireWire dagegen dient in der Regel für den Anschluss eines digitalen Camcorders zum flotten Transfer der Videodaten in den PC und schafft eine Übertragungsleistung von 400 MBit/s.

Einen modernen (und schnellen) DVD/CD-Brenner sollten Sie möglichst über USB 2.0 oder FireWire anschließen. Der alte USB 1.1-Standard ist für schnelle Brenner nicht geeignet und sollte daher nicht verwendet werden. Bevor Sie sich für einen Anschluss entscheiden, kontrollieren Sie, ob alle PCs, mit denen Sie das externe Laufwerk nutzen möchten, über die gewünschte Schnittstelle verfügen. Orientieren Sie

USB 2.0 und FireWire mit einer Karte nachrüsten

15. Brenner einrichten und Nero perfekt konfigurieren

sich bei der Wahl des Anschlusses als Erstes an Ihrem Notebook, da hier eine Schnittstellenaufrüstung wesentlich komplizierter wird (bzw. unmöglich ist) als bei einem Desktop-PC. Besitzt das Notebook zum Beispiel eine USB 2.0-Schnittstelle und keinen FireWire-Anschluss, Ihr Rechner dagegen nur eine FireWire-Verbindungsmöglichkeit, nutzen Sie als Schnittstelle für das anzuschließende Laufwerk USB 2.0 und rüsten die im Desktop-PC fehlende Schnittstelle mithilfe einer PCI-Karte nach. Besitzt Ihr PC weder USB 2.0 noch FireWire, greifen Sie am besten zu einer Combo-Karte, die beide Schnittstellen zur Verfügung stellt und nur einen Steckplatz benötigt. Dies ist besonders ratsam, wenn Ihr PC nur über wenig freie PCI-Steckplätze zur Aufrüstung verfügt, was bei vielen Komplettsystemen leider der Fall ist.

FireWire/USB 2.0-Combo-Karte von Adaptec: links drei USB-Anschlüsse, rechts zwei FireWire-Buchsen.

Nach dem Einbau der Karte müssen Sie noch die dazugehörigen Treiber im Betriebssystem installieren, damit die Karte erkannt und auf die angeschlossenen Geräte zugegriffen werden kann.

Billiger: Laufwerke selbst in externes Gehäuse einbauen!

Für den externen Anschluss des DVD/CD-Brenners an einen Rechner werden bereits vorkonfigurierte Laufwerke in einem externen Laufwerkgehäuse zum Kauf angeboten. Beachten Sie: Meistens sind diese Geräte teurer, als wenn Sie den DVD/CD-Brenner in Standardausführung kaufen und ihn selbst in ein externes Laufwerkgehäuse einbauen – das ist kein großer Aufwand. Wollen Sie einen gewöhnlichen DVD/CD-Brenner mit IDE-Schnittstelle extern anschließen, benötigen Sie neben dem Verbindungskabel eine externe Laufwerkbox (Laufwerkgehäuse) mit der gewünschten Anschlussmöglichkeit.

Optimales Gehäuse besorgen und Laufwerk einbauen

Achten Sie beim Kauf darauf, dass Sie ein Gehäuse für ein 5.25-Laufwerk kaufen. Dies ist die Standardgröße der optischen Laufwerke wie CD/DVD-ROM bzw. DVD/CD-Brenner. Die externen Laufwerkboxen kosten zwischen 80 Euro (USB-Variante) und 120 Euro (FireWire-Variante). Vorsicht vor vermeintlichen Schnäppchen bei USB-Gehäusen: Kontrollieren Sie unbedingt, ob der integrierte Wandlerbaustein USB 2.0 beherrscht. Häufig werden alte USB 1.1-Gehäuse billig angeboten – das Schnäppchen entpuppt sich dann als Reinfall, da Sie damit nicht die volle Performance Ihres modernen Laufwerks ausnutzen können. Wird die USB-Verbindung nicht näher beim Angebot beschrieben, ist davon auszugehen, dass es sich um ein veraltes USB 1.1-Gehäuse handelt. Achten Sie beim Kauf des Laufwerkgehäuses außerdem darauf, dass es genügend Luftschlitze für die Kühlung des eingebauten Laufwerks besitzt – moderne schnelle Brenner werden in der Regel während des Betriebs sehr warm.

In einem externen Laufwerkgehäuse befindet sich neben dem IDE/USB- bzw. IDE/FireWire-Wandlerbaustein, der die über die USB/FireWire-Verbindung ankommenden Signale für das IDE-Interface des Laufwerks umwandelt, ein eigenes Netzteil für die Stromversorgung des Laufwerks.

Alle Laufwerke, die Sie über USB oder FireWire an den PC anschließen, beherrschen das so genannte Hot plugging, das heißt, Sie können den Brenner während des PC-Betriebs ein- bzw. ausschalten. Auf diese Weise lässt sich Strom sparen, denn Sie können das Gerät nur einschalten, wenn Sie es wirklich brauchen. Außerdem ist es möglich, während des Rechnerbetriebs die Geräte an der entsprechenden Schnittstelle zu wechseln.

> **Laufwerk als Master konfigurieren**
>
> Das eingebaute Laufwerk muss immer als Master konfiguriert werden, andernfalls funktioniert es nicht (Näheres dazu siehe „Entscheidend für die Brennsicherheit: Master oder Slave")!

Der Anschluss des Laufwerks im externen Laufwerkgehäuse unterscheidet sich nicht von dem an einen IDE-Controller: Der Stecker für die Stromversorgung, das Flachbandkabel und die Audio-Verbindungskabel sind in den Gehäusen vorhanden und müssen nur mit dem Laufwerk verbunden werden.

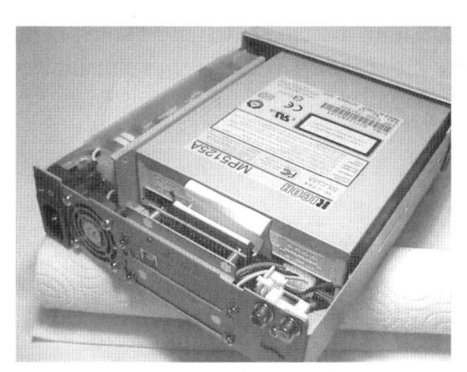

Moderner DVD-Brenner in einem externen Gehäuse mit USB 2.0-Anschluss.

Schnittstelle der Zukunft: Serial-ATA

Die zukünftige Laufwerkschnittstelle im PC heißt eindeutig Serial-ATA (SATA). Sie soll wesentlich höhere Datentransferraten erlauben als die alte IDE-Schnittstelle: Während **S**erial-**ATA** in Zukunft bis zu 600 MBit/s liefern soll, ist bei einem IDE-Controller das Maximum bei 133 MBit/s erreicht. Serial-ATA hat neben der höheren Transferleistung weitere Vorteile gegenüber der alten IDE-Schnittstelle:

15. Brenner einrichten und Nero perfekt konfigurieren

- Durch Serial-ATA wird auch die Verbindung der Laufwerke vereinfacht: An jeden Serial-ATA-Anschluss kann nur ein Laufwerk angeschlossen werden – die „Master/Slave-Thematik" der IDE-Schnittstelle entfällt dadurch.

- Die Kabel können bis zu einem Meter lang sein. IDE-Flachbandkabel durften maximal 45 Zentimeter lang sein.

- Die Verbindungskabel sind wesentlich flexibler und schmaler als die Flachbandkabel der IDE-Schnittstelle. Dadurch wird ein leichtere Handhabung und eine bessere Luftzirkulation im Rechner gewährleistet. Die alten breiten Flachbandkabel behinderten – besonders in kleinen PC-Gehäusen – den Luftaustausch sehr stark.

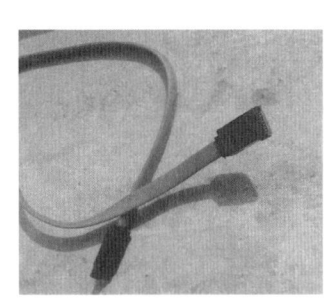

Flexibel und schmal: Serial-ATA-Anschlusskabel.

Zurzeit gibt es bereits erste Festplatten, die an die neue Serial-ATA-Schnittstelle angeschlossen werde. Außerdem gibt es schon IDE/SATA-Adapter, die es erlauben, herkömmliche IDE-Laufwerke an die neue Schnittstelle anzuschließen.

Optische Laufwerke mit Serial-ATA-Interface sind noch nicht erhältlich – dies wird sich im Laufe der Zeit ändern, sodass Sie beim Kauf eines Komplett-PCs oder beim Selbstbau eines Rechners bereits darauf achten sollten, eine solch neue Anschlussmöglichkeit zu besitzen, um für die Zukunft gerüstet zu sein. Immer mehr Mainboardhersteller statten zum Beispiel ihre Hauptplatinen mit einem Serial-ATA-Controller aus, an den zwei Serial-ATA-Laufwerke angeschlossen werden können. Serial-ATA wird der neue Standard für den Anschluss von internen Laufwerken – es ist nur eine Frage der Zeit, wann sich die neue Technik durchsetzt und IDE vollständig verdrängt ...

Entscheidend für die Brennsicherheit: Master oder Slave?

Bauen Sie den DVD/CD-Brenner intern an einen IDE-Controller ein, entscheiden Sie zunächst, ob Sie dem Gerät den Master- oder den Slave-Status zuweisen. An einen IDE-Controller können, wie bereits erwähnt, zwei Laufwerke angeschlossen werden: Ein Laufwerk erhält den Master-Status, das andere wird als Slave konfiguriert. Diese Einstellung ist notwendig, weil sich sonst beide Laufwerke in die Quere kommen würden, da der Datentransfer nicht geregelt ist und beispielsweise beide Laufwerke zur gleichen Zeit Daten übertragen, was den IDE-Controller „überfordern" würde. Das als Master eingestellte Laufwerk hat das Sagen am IDE-Controller und steuert den kompletten Datentransfer am IDE-Controller. Es hat das „Erstzugriffsrecht" am IDE-Controller und gibt die „Übertragungsrechte" erst an das als Slave konfigurierte Laufwerk weiter, wenn es selbst keine Daten zu transferieren hat.

Werden die an den IDE-Controller angeschlossenen Laufwerke nicht optimal konfiguriert, kann das zu willkürlichen Brennabbrüchen führen – kein Schreibvorgang wird erfolgreich zu Ende geführt, weil sich die Laufwerke gegenseitig in die Quere kommen. Dies ist gerade bei teuren DVD-Rohlingen ärgerlich.

Brennabbrüche sind durch richtige Konfiguration vermeidbar!

Ein Buffer Underrun-Schutz, den alle modernen Brenner besitzen, verhindert die Schreibabbrüche meistens nicht, da es sich hierbei um Hardwarekonflikte handelt – der Schutzmechanismus aber nur für die Überbrückung eines abgerissenen Datenstroms zum Brenner zuständig ist.

Als Grundregel gilt: Gönnen Sie dem DVD/CD-Brenner stets den Master-Status, um Brennproblemen vorzubeugen. Der Brenner bestimmt dadurch den Datentransfer über den IDE-Controller und wird in der Regel nicht vom als Slave angeschlossenen Laufwerk beim Brennen „gestört". Die Konfiguration des Laufwerks (Master oder Slave) nehmen Sie vor dem Einbau mithilfe eines Jumpers auf der Rückseite des Laufwerks vor.

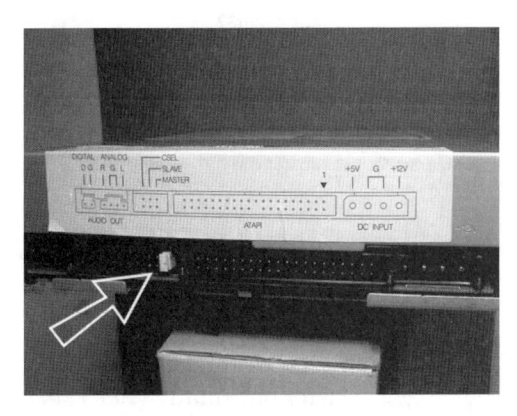

Über einen Jumper wird das Laufwerk als Master oder Slave konfiguriert.

Vorhandene Laufwerke eventuell umkonfigurieren!

Verbinden Sie den als Master konfigurierten Brenner mit einem IDE-Controller, an dem bereits ein Laufwerk (CD-ROM/DVD-ROM) angeschlossen ist, müssen Sie dessen Konfiguration ändern: Hängt das Laufwerk allein an dem IDE-Controller, ist es als Master konfiguriert. Vor dem Einbau des Brenners konfigurieren Sie daher das bereits vorhandene Laufwerk als Slave, da an einem IDE-Controller nur ein Master-Gerät (= der neue Brenner) vorhanden sein darf. Beim Einbau bzw. dem Austausch eines IDE-Laufwerks müssen Sie stets auch die Konfiguration der bereits angeschlossenen Geräte kontrollieren und gegebenenfalls ändern.

15. Brenner einrichten und Nero perfekt konfigurieren

Verschenken Sie keine Leistung: Bremseffekte vermeiden!

Die folgende Tabelle zeigt Ihnen, wie Sie Ihre Laufwerke am besten an die beiden IDE-Controller auf dem Mainboard anschließen, sodass keine Brennabbrüche durch falsche Konfiguration entstehen. Generell gilt: Schließen Sie möglichst keine Festplatte und ein optisches Laufwerk an einen IDE-Controller an (es gibt Ausnahmen – siehe weiter unten). Während moderne Festplatten den schnellen Ultra DMA 5-Modus beherrschen, transferieren optische Laufwerke die Daten nur im Ultra DMA 2-Modus. Obwohl jeder moderne IDE-Controller die Ansteuerung von Geräten mit verschieden schnellen Übertragungsraten perfekt (ohne Leistungseinbußen) beherrschen sollte, gibt es immer wieder Ausnahmen: Das „langsame" optische Laufwerk bremst die schnelle Festplatte aus, weil der Controller die unterschiedlich schnellen Laufwerke nicht getrennt (ohne Leistungsverlust) ansteuern kann. Besonders bei Videoaufzeichnungen kann es in diesem Fall sein, dass die Festplatte die anfallenden großen Datenmengen nicht schnell genug bewältigen kann und das System entweder abstürzt oder der aufgenommene Film ruckelt.

Anzahl der IDE-Geräte	1. Festplatte	2. Festplatte	CD-Brenner	DVD-Brenner	DVD-ROM
2	Master am 1. Controller	-	Master am 2. Controller	-	-
3	Master am 1. Controller	-	Master am 2. Controller	-	Slave am 2. Controller
3	Master am 1. Controller	-	Slave am 2. Controller	Master am 2. Controller	-
3	Master am 1. Controller	Slave am 1. Controller	Master am 2. Controller	Master am 2. Controller	-
4	Master am 1. Controller	-	Slave am 2. Controller	Master am 2. Controller	Slave am 1. Controller
4	Master am 1. Controller	Slave am 1. Controller		Master am 2. Controller	Slave am 2. Controller

Sonderfälle und „On-the-fly"-Kopien

In einigen Fällen ist es notwendig, von der angegebenen Konfiguration der Tabelle abzuweichen und den Brenner allein als Master an einen IDE-Controller anzuschließen.

- Einige moderne Brenner funktionieren nicht fehlerfrei, wenn an den gleichen IDE-Controller zusätzlich als Slave ein weiteres optisches Laufwerk (zweiter Brenner oder ein CD/DVD-ROM-Laufwerk) angeschlossen ist: Es kommt zu willkürlichen Schreibabbrüchen, die nicht erklärbar sind. Sollte Ihr Brenner davon betroffen sein, schließen Sie ihn als Master allein an einen IDE-Controller an und hängen das Lesegerät (bzw. den zweiten Brenner) als Slave an den ersten Controller hinter die Festplatte. Eventuelle Bremseffekte müssen

- Sie dabei in Kauf nehmen. Funktioniert der Brenner anschließend immer noch nicht perfekt, harmoniert das Gerät entweder nicht mit den verwendeten Rohlingen oder es ist defekt.

- Wollen Sie CDs/DVDs „on-the-fly" kopieren (ohne Zwischenspeicherung der Daten auf der Festplatte), ist es manchmal notwendig, den Brenner und das optische Lesegerät (CD-ROM- bzw. DVD-ROM-Laufwerk) voneinander zu trennen. Sind beide an den gleichen IDE-Controller angeschlossen, kann das Kopieren „on-the-fly" scheitern, da sich die beiden Laufwerke in die Quere kommen bzw. der IDE-Controller überlastet wird. Funktioniert bei Ihnen das direkte Kopieren der Daten vom Quelllaufwerk zum Brenner nicht fehlerfrei, hängen Sie den Brenner allein als Master an den zweiten Controller. Das Leselaufwerk schließen Sie als Slave an den ersten IDE-Controller hinter Ihre Festplatte an. Eventuell auftretende Bremseffekte müssen Sie bei dieser Vorgehensweise in Kauf nehmen.

Für optimale Kühlung des Brenners sorgen

Nachdem Sie das Laufwerk konfiguriert haben, bauen Sie es in den Rechner ein. Bitte beachten Sie dabei, dass moderne DVD/CD-Brenner aufgrund ihrer Leistungsfähigkeit und schnellen Brenngeschwindigkeit sehr warm werden und diese Wärme möglichst schnell abgeführt werden muss. Erwärmt sich der Brenner zu stark, weil das Gerät durch einen „Luftstau" nicht ausreichend gekühlt wird, kommt es relativ schnell zur Dejustierung der feinen Mechanik – die Folge: Der Brenner arbeitet nicht mehr fehlerfrei bzw. die gebrannten Scheiben werden nicht sauber gebrannt und sind daher kaum abspielbar.

Aus diesen Gründen gelten folgende Einbauregeln: Lassen Sie möglichst einen Laufwerkschacht unterhalb und oberhalb des Brenners frei, damit die entstehende Wärme durch ausreichende Luftzirkulation abgeführt werden kann und der Brenner nicht durch ein darüber bzw. darunter liegendes Laufwerk aufgeheizt wird. Optimal ist ein Big Tower mit sechs freien 5.25-Laufwerkschächten. Hier können Sie problemlos drei optische Laufwerke einbauen und dazwischen genügend Abstand für eine optimale Kühlung lassen. Besitzen Sie ein relativ kleines Gehäuse, lassen Sie nur einen Laufwerkschacht unterhalb des Brenners frei, da sich das Gerät an der Unterseite in der Regel stärker erwärmt als an der Oberseite.

15. Brenner einrichten und Nero perfekt konfigurieren

Bauen Sie den Brenner auf keinen Fall in der Nähe (oberhalb) der Festplatte ein. Gerade moderne, leistungsfähige Festplatten erwärmen sich beim Betrieb aufgrund Ihrer hohen Umdrehungszahl sehr stark. Die durch die Festplatte erwärmte Luft steigt nach oben und würde einen direkt über der Festplatte eingebauten Brenner zusätzlich „aufheizen".

> **Größeres Gehäuse für Dauerbrenner sinnvoll!**
>
> Haben Sie vor, eine CD/DVD nach der anderen zu brennen und besitzen nur ein kleines PC-Gehäuse, sodass Sie unterhalb und oberhalb des Writers keinen Schacht freilassen können, sollten Sie über den Kauf eines größeren Gehäuses (Big Tower) nachdenken. Beim Dauerbetrieb erwärmt sich jeder Brenner relativ stark – manche modernen Geräte werden dabei an einigen Stellen an der Unterseite so heiß, dass man sich fast die Finger daran verbrennen könnte. Kann die Wärme nicht schnell genug abgeführt werden, weil sich direkt darunter ein Laufwerk befindet, überhitzt der Writer. Ein solch heißer Brenner geht nicht nur schneller kaputt (Dejustierung der feinen Mechanik), durch die Überhitzung kann es auch zu Schreibabbrüchen kommen. Entweder legen Sie zwischen jedem Brennvorgang eine Pause von ca. 15 Minuten zur Abkühlung des Brenners ein oder Sie besorgen sich ein größeres PC-Gehäuse.

Nachdem Sie einen geeigneten Einbauplatz gefunden haben, befestigen Sie das IDE-Flachbandkabel, das Strom- und das Audiokabel. Zum Abschluss schrauben Sie das Laufwerk fest (bei neueren PC-Gehäusen werden die Laufwerke an Schienen befestigt, die beim Hineinschieben des Geräts in den Laufwerkschacht im Gehäuse einrasten). Den Rechner sollten Sie noch nicht zuschrauben – kontrollieren Sie zunächst, ob der Brenner betriebsbereit ist ...

Ist der Brenner einsatzbereit?

Starten Sie den Rechner und prüfen Sie, ob der eingebaute Brenner korrekt erkannt wird und somit verwendbar ist. Unter Windows XP gehen Sie dazu folgendermaßen vor:

1 Im Kontextmenü des Arbeitsplatzsymbols (auf dem Desktop oder im Startmenü) wählen Sie *Verwalten* und markieren anschließend in der linken Fensterhälfte unter *System* den Untereintrag *Geräte-Manager*.

2 Öffnen Sie den Eintrag *DVD/CD-ROM-Laufwerke* auf der rechten Seite und kontrollieren Sie, ob der eingebaute Brenner als Untereintrag aufgeführt wird. Es werden alle Laufwerke (auch die extern angeschlossenen) aufgeführt. Wurde das Gerät zum Beispiel über die USB-Schnittstelle angeschlossen, lesen Sie hinter dem Laufwerknamen *USB Device*. Ist der Laufwerkname des eingebauten Brenners zu finden, wurde beim Einbau alles korrekt vorgenommen – der Brenner ist einsatzbereit! Sie können das PC-Gehäuse zuschrauben.

DVD/CD-Brenner einbauen und konfigurieren

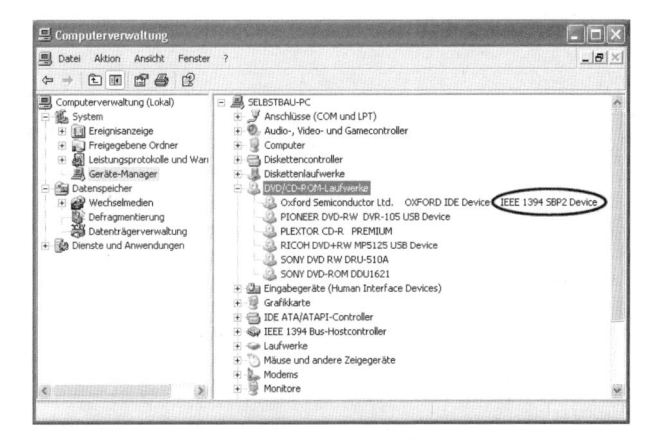

> ### Verbindung über FireWire
>
> Haben Sie den Brenner über FireWire mit dem Rechner verbunden, taucht im Geräte-Manager nicht der Name des Brennermodells auf, sondern beispielsweise *Oxford Semiconductor Ltd. OXFORD IDE Device* auf – keine Sorge, Ihre Programme erkennen trotzdem das Laufwerkmodell korrekt. Einträge von über FireWire angeschlossenen Laufwerken erkennen Sie an der Endung *IEEE 1394 Device* – oder so ähnlich. In der Abbildung wurde ein LiteOn-Brenner über den FireWire-Anschluss der Soundkarte SoundBlaster Audigy 2 mit dem PC verbunden und der entsprechende Eintrag endet auf *IEEE 1394 SBP2 Device*.

Kontrolle unter Windows 9x/ME

Unter Windows 9x/ME kontrollieren Sie auf folgende Weise, ob der Brenner korrekt eingebaut und vom System erkannt wurde:

1 Im Kontextmenü des Arbeitsplatzsymbols wählen Sie *Eigenschaften* und wechseln auf die Registerkarte *Geräte-Manager*.

2 Unter dem Haupteintrag *CD-ROM* sollte der neu eingebaute Brenner aufgeführt sein.

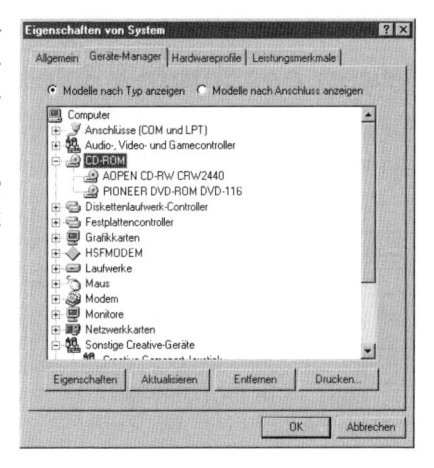

Alternative: Laufwerkcheck mit NeroPing

Im Utility-Bereich der Downloadsektion von Nero auf *www.nero.com* erhalten Sie das kostenlose Tool NeroPing, mit dem Sie unter allen Windows-Betriebssystemen auf komfortable Weise kontrollieren können, ob der eingebaute Brenner einsatzbereit ist.

Nach dem Download starten Sie das Programm (eine Installation ist nicht notwendig) und klicken auf die Schaltfläche *Scan*. NeroPing checkt daraufhin den PC auf vorhandene Laufwerke und zeigt Ihnen diese nach Anschlüssen geordnet an. Wird der eingebaute Brenner aufgelistet, ist alles okay – andernfalls müssen Sie auf Fehlersuche gehen.

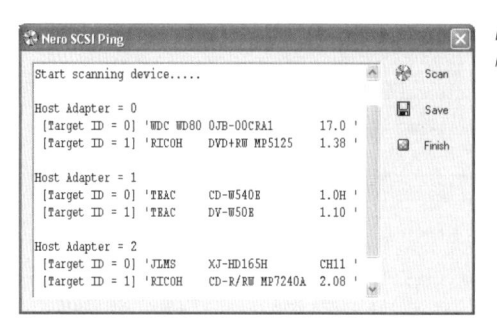

Laufwerkkontrolle mit NeroPing.

NeroPing benötigt spezielle Systemtreiber

Der große Nachteil von NeroPing ist, dass das Tool einen bereits installierten ASPI-Treiber benötigt, um die Laufwerke kontrollieren zu können. Ist kein solcher Treiber im System vorhanden, funktioniert das Programm nicht. Ein geeigneter ASPI-Treiber wird zum Beispiel entweder bei der Installation von Nero automatisch eingerichtet oder manuell von Ihnen im System installiert. Wenn Sie weder Nero installiert noch einen ASPI-Treiber manuell eingerichtet haben, verzichten Sie auf NeroPing und nutzen den Geräte-Manager wie beschrieben zur Kontrolle des Einbaus.

Wenn der interne Brenner nicht erkannt wird ...

Es kann passieren, dass der neu in den PC eingebaute Brenner im Geräte-Manager nicht aufgelistet wird. Dies kann mehrere Ursachen haben:

- Prüfen Sie noch einmal sorgfältig, ob alle Kabel korrekt angeschlossen wurden und einen festen Sitz haben. Gerade beim Einstecken des Stromkabels ist häufig etwas sanfte Gewalt erforderlich, damit es vollständig einrastet.

- Kontrollieren Sie das Flachbandkabel, mit dem Sie das Gerät an den Controller angeschlossen haben. Flachbandkabel sind sehr anfällig, da sie mehrere äußerst feine Leitungen besitzen. Bereits ein starker Kabelknick kann eine der vielen Leitung unterbrechen – das Kabel ist nicht mehr zu gebrauchen. Sollten Sie einen starken Knick feststellen, tauschen Sie das Kabel gegen ein neues aus.

- Die Laufwerkkonfiguration am IDE-Controller stimmt nicht. Prüfen Sie noch einmal genau, ob die beiden an einem Controller hängenden Geräte über das

Setzen des Jumpers korrekt eingestellt wurden. An jedem IDE-Controller darf es nur ein Master- und ein Slave-Laufwerk geben.

- Der IDE-Controller wurde im BIOS deaktiviert. Sehen Sie im Mainboard- bzw. PC-Handbuch nach, wie Sie bei Ihrem Rechner ins BIOS gelangen und den IDE-Controller, an dem der neue Brenner hängt, aktivieren.

- Sie haben den IDE-Controller im Geräte-Manager von Windows deaktiviert, da bisher kein Laufwerk daran betrieben wurde und Sie einen wertvollen Interrupt sparen wollten. Aktivieren Sie ihn über den entsprechenden Eintrag – nach einem Neustart sollte der Brenner erkannt werden.

- Der Brenner ist kaputt. Selbst bei modernen Brennern gibt es „schwarze Schafe", die bereits defekt verkauft und daher vom System nicht richtig erkannt werden. Bauen Sie den Brenner wieder aus und bringen Sie ihn mit dem Kassenzettel zum Händler zurück ...

Wenn der externe Brenner nicht erkannt wird ...

... liegt das oft an einem nicht installierten Treiber bzw. an generellen Problemen mit der USB- bzw. FireWire-Schnittstelle des Rechners.

- Prüfen Sie, ob das Laufwerkgehäuse Strom hat und der Power-Schalter (manchmal an der Gehäuserückseite zu finden) eingeschaltet ist. Zwar ziehen manche Geräte (beispielsweise Scanner) den Strom über die USB-Schnittstelle und brauchen keinen separaten Stromanschluss, bei einem externen Laufwerkgehäuse benötigen Sie allerdings den separaten Stromanschluss, da der Saft hier über ein integriertes Netzteil geliefert wird. Wenn das Gehäuse mit Strom versorgt wird und eingeschaltet ist, dreht sich der (meistens vorhandene) kleine Ventilator an der Rückseite. Dreht er sich trotz eingestecktem Netzstecker und gedrücktem Power-Schalter nicht, ist wahrscheinlich das Netzteil des Laufwerkgehäuses defekt.

- Wurde die USB- bzw. FireWire-Schnittstelle im BIOS deaktiviert? Viele Mainboards haben diese Schnittstellen „on board", das heißt, sie müssen nicht über eine Steckkarte nachgerüstet werden. Es kann allerdings sein, dass nicht alle Schnittstellen aktiviert wurden. Sehen Sie im Mainboard- bzw. PC-Handbuch nach, wie Sie die benötigte Schnittstelle im BIOS einschalten.

- Vielleicht haben Sie den USB- bzw. FireWire-Anschluss auch über den Geräte-Manager im Betriebssystem deaktiviert, um Ressourcen zu sparen. Kontrollieren Sie, ob die benötigte Schnittstelle im Geräte-Manager aufgelistet und aktiviert ist.

- Einige Brennermodelle (beispielsweise LiteOn LTR-52246S) unterstützen beim Anschluss über eine FireWire-Verbindung kein „Hot plugging". Schalten Sie das Laufwerkgehäuse bei laufendem PC ein, wird der Writer nicht erkannt. Führen Sie, wenn der Brenner nicht erkannt wird, probeweise einen Neustart des Systems durch. Funktioniert der Writer anschließend, haben Sie ein solch „störrisches" Modell erwischt: Das Aktivieren des Brenners im externen FireWire-Gehäuse bei laufendem PC ist nicht möglich – Sie müssen das Laufwerkgehäuse **vor** dem Start des PCs einschalten, wenn Sie mit dem Writer arbeiten möchten! Abhilfe schafft eventuell ein Firmwareupdate des Writers.

- Im Geräte-Manager prüfen Sie bei Problemen, ob die jeweilige Schnittstelle korrekt eingerichtet ist. Häufig wird dazu ein Treiber des Schnittstellenherstellers bzw. des Chipsatzherstellers benötigt. Windows XP (mit installiertem Service Pack 1) bringt für die Schnittstellen der meisten Hersteller bereits einen geeigneten Treiber mit, der automatisch installiert wird. Ist im Geräte-Manager ein rotes Kreuzchen vor dem betreffenden Schnittstelleneintrag zu sehen, wurde die Schnittstelle deaktiviert. Steht ein gelbes Ausrufezeichen vor dem Eintrag, ist ein Problem bei der Installation aufgetreten: Installieren Sie die notwendigen Treiber für die jeweilige Schnittstelle erneut bzw. besorgen Sie sich ein Treiberupdate auf den Internetseiten des Herstellers.

- Eventuell (je nach Betriebssystem) wird ein zusätzlicher Treiber für die fehlerfreie Ansteuerung und Handhabung des externen Laufwerks benötigt. Er liegt dem Laufwerkgehäuse bei. Den Treiber sollten Sie nur bei Bedarf installieren – das heißt, wenn Windows Sie dazu auffordert. Unter Windows XP (mit installiertem Service Pack 1) wird in der Regel kein zusätzlicher Treiber für das externe Laufwerk benötigt, da Windows XP solche Laufwerke problemlos automatisch erkennt und einen passenden Treiber bereits mitbringt.

15.2 Brennproblemen vorbeugen: Nero optimal installieren

Nachdem Sie den Brenner eingebaut haben und das Gerät vom System korrekt erkannt wurde, installieren Sie Nero 6, um mit dem Brennen baldmöglichst zu beginnen. Aber Vorsicht: Wollen Sie neben Nero zusätzliche Brennprogramme nutzen, sollten Sie vorher unbedingt einige Vorsichtsmaßnahmen treffen, um Systeminstabilitäten vorzubeugen, die bei der Installation mehrerer „großer" Brennprogramme auftreten können.

Brennprogramme vollständig entfernen

Wollen Sie Nero und seine Zusatztools als einziges Brennprogramm auf Ihrem PC nutzen, sollten Sie alle eventuell vorhandenen älteren Brennprogramme deinstallieren, um Brennproblemen vorzubeugen.

Deinstallationsroutinen versagen meistens

Vertrauen Sie auf keinen Fall den Deinstallationsroutinen der Brennprogramme, da sie häufig versagen und gefährliche Programmreste bzw. Treiber im System zurücklassen. Gerade die Deinstallationsroutinen älterer Brennsoftware sind sehr fehlerhaft und lassen oft große Programmteile auf der Festplatte zurück. Bei den aktuellen Programmversionen gelingt dagegen die Deinstallation relativ vollständig.

> **Rohlingschrott trotz Buffer Underrun-Schutz!**

Werden die eventuell vorhandenen „Programmleichen" nicht vollständig vor der Installation der neuen Brennsoftware entfernt, kann es bei den Schreibvorgängen zu Systeminstabilitäten kommen, da die vergessenen Treiberreste die fehlerfreie Ansteuerung des Brenners durch das neue Brennprogramm stören – im schlimmsten Fall hängt sich das System auf, nichts geht mehr! Dann hilft Ihnen auch kein moderner Brenner mit Buffer Underrun-Schutz, der gerade gebrannte Rohling ist futsch. Gerade die Treiber älterer Brennprogramme harmonieren meistens nicht mit denen einer neuen Software und bringen das System beim Schreiben zum Absturz.

Wollen Sie ein altes Brennprogramm inklusive UDF-Software vollständig entfernen, führen Sie zunächst die Deinstallationsroutine der Programme aus. Danach müssen Sie die Programm- bzw. Treiberreste manuell aufspüren und beseitigen, um mit dem neuen Brennprogramm problemlos Ihre Scheiben zu brutzeln. Bevor Sie Ihre alte UDF-Software entfernen, lesen Sie bitte den Abschnitt auf Seite 585 durch.

Die Deinstallationsroutinen unter älteren Betriebssystemen (Windows 9x/ME) sind besonders fehlerhaft und unvollständig. Unter Windows XP dagegen werden bei der Deinstallation die Programmdateien und Treiber wesentlich gründlicher (vollständiger) vom PC entfernt. Trotzdem sollten Sie bei jedem Betriebssystem – wenn Sie ein altes Brennprogramm entfernen – auf „Leichenjagd" gehen ... Die beschriebene Vorgehensweise eignet sich nicht nur für das restlose Entfernen alter Brennprogramme, sie kann auch bei jedem anderen Programm angewendet werden, um das System nicht durch unvollständige Deinstallationen unnötig aufzublähen.

Gefährliche Programmreste manuell beseitigen

Nach dem Ausführen der Deinstallationsroutine kontrollieren Sie, ob auf Ihrer Festplatte noch Reste von Programmdateien vorhanden sind. Suchen Sie nach dem Ordner, in den Sie das Programm installiert haben. Die meisten Programme werden in der Voreinstellung nach *C:\Programme\Programmhersteller* installiert. Die Programmdateien von Nero werden beispielsweise bei der Installation nach *C:\Programme\Ahead* kopiert. Sollte der Ordner des gerade deinstallierten Programms noch existieren, löschen Sie ihn (und seinen eventuell noch vorhandenen Inhalt) komplett.

Wurden alle Treiber komplett gelöscht?

So einfach, wie Sie die bei der Deinstallation vergessenen Programmdateien aufgespürt und beseitigt haben, ist die Suche nach eventuell zurückgebliebenen und

15. Brenner einrichten und Nero perfekt konfigurieren

äußerst gefährlichen Treibern nicht: Die für die Ansteuerung des Writers notwendigen Treiber werden bei der Installation in der Regel nicht im Programmordner abgelegt, sondern landen tief in der Ordnerstruktur von Windows. Aus diesem Grund ist die Suche äußerst schwierig, da man in der Regel weder die genauen Treibernamen des entfernten Programms noch deren Speicherort kennt. Unter Windows 9x werden die meisten Treiber der Brennprogramme im Ordner *Windows\System\Iosubsys* abgelegt. Nutzen Sie Windows XP, befinden sich viele Treiber von Brennprogrammen im Ordner *Windows\System32*.

Stabilen Brennvorgang gewährleisten

Entfernen Sie die vergessenen Treiber nicht manuell, kann es zu Systeminstabilitäten kommen: Die Treiber in den Systemordnern von Windows werden in der Regel beim Start des Systems automatisch geladen und bleiben im Hintergrund aktiv. Installieren Sie eine neue Brennsoftware, ohne die Treiber des alten Programms komplett zu entfernen, versuchen die Treiber der alten und der neuen Brennsoftware, auf den Brenner zuzugreifen, was spätestens beim Schreibvorgang meist im Desaster (einem Systemabsturz) endet. Manchmal kommt es auch schon beim Betriebssystemstart zum Absturz.

Aus den genannten Gründen ist es wichtig, das System nach der Deinstallation einer älteren Brennsoftware auf vergessene Treiber zu prüfen. Mit der Suchfunktion und der folgenden Tabelle kontrollieren Sie schnell, ob ein gefährlicher alter Treiber bei der Deinstallation vergessen wurde.

Treibersuche bei älteren Betriebssystem

Die Treibersuche ist besonders unter den älteren Betriebssystemen Windows 9x/ME nötig, die Treibertabelle ist daher nur für diese Betriebssysteme gültig. Bei Windows XP werden dagegen die Treiber bei der Programmdeinstallation aufgrund der besseren Protokollierungsfunktion des Betriebssystems und den notwendigen neuen Programmversionen der Brennsoftware (und der damit verbesserten Deinstallationsroutinen) vollständig entfernt. Es bleiben in der Regel keine gefährlichen Treiberreste im System zurück, sodass Windows XP-User die Suche nach den zurückgebliebenen Treibern überspringen können.

Entferntes Programm	Zu suchende Treiber
Nero 5.5 und InCD (bis Version 3.5)	NEROCD95.VXD, PTUDFDR.VXD, BSUDF.VXD; unter Windows NT: NEROCDNT.SYS
WinOnCD (bis Version 3.7) und PacketCD	C2REC.VXD, C2APIX.VXD, C2UDFFS.VXD, C2SCSI.MPD, ATAPIZER.VXD, C2UDFVSD.VXD, CDD2000.VXD, TOEXTNDR.VXD, UDF_200.VXD, UDF_920.VXD, UDF_JVC.VXD, C2ASPI.DLL, CDR4DLL.DLL
WinOnCD (ab Version 3.8), Easy CD-Creator und DirectCD	CDR4VSD.VXD, CDUFRW.VXD, CDUDF.VXD, CDRPWD.VXD, CDRALVSD.VXD, UDFREADR.VXD
Gear	MINIASPI.VXD, GEARCDR.VXD
Get it on CD, Clean, InstantCD	ASAPI.VXD

Sie benutzen ein exotisches Brennprogramm, dessen Treiber nicht in der Tabelle aufgelistet sind bzw. haben beim Durchstöbern des Ordners *Iosubsys* unter Windows 9x/ME einen verdächtigen Treiber entdeckt, wissen aber nicht genau, zu welchem Programm er gehört? Unbedachtes Löschen kann schwerwiegende Folgen haben! Sie müssen der Sache auf den Grund gehen und herausfinden, von welchem Programm der Treiber genutzt wird!

1   Im Kontextmenü des unbekannten Treibers wählen Sie den Punkt *Eigenschaften* aus.

2   Öffnen Sie im erscheinenden Fenster die Registerkarte *Version*. Unter *Weitere Versionsinformationen* können Sie den Firmennamen (den Hersteller) und den Produktnamen (meist Name des Brennprogramms) herausfinden. Auf diese Weise ist es möglich, zu ergründen, ob der Treiber zu dem deinstallierten Programm gehört oder nicht.

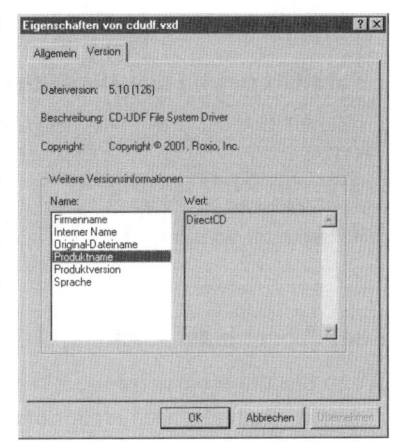

Welche Treiber sind auf Ihrem Rechner zurzeit aktiv?

Sie möchten wissen, ob Sie wirklich alle „gefährlichen" Treiber der vollständig zu entfernenden Software aufgespürt und beseitigt haben? Kein Problem! Das Nero InfoTool (in der Nero-Programmgruppe zu finden) deckt alle im System aktiven Treiber auf und zeigt sie an. Es werden alle aktiven Systemtreiber aufgelistet und nicht nur die Treiber von Brennprogrammen!

1   Starten Sie das Nero InfoTool und öffnen Sie die Registerkarte *Drivers*. Daraufhin werden alle aktiven Treiber, Video Codecs und Audio Codecs aufgelistet. „Gefährliche" Systemtreiber finden Sie im oberen Bereich. Den Treibernamen bekommen Sie in der Spalte *Driver* mitgeteilt – eine kurze Beschreibung erhalten Sie unter *Description*.

2   Am interessantesten ist allerdings die Spalte *Company*. Hier wird der Hersteller des Treibers aufgelistet. Kontrollieren Sie, ob bei einem Treiber der Herstellername des gerade entfernten Brennprogramms auftaucht. Sollte das der Fall sein, ist nach wie vor ein Treiber des deinstallierten Programms im System vorhanden und aktiv. Den eventuell noch vorhandenen Treiber stöbern Sie über die Suchfunktion des

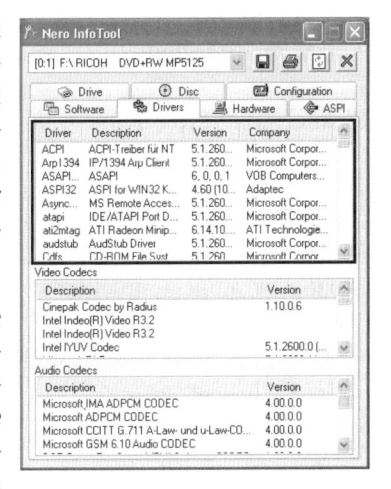

Betriebssystems auf und deaktivieren ihn, indem Sie zum Beispiel an den vollständigen Treibernamen zusätzlich die Endung *.bak* hängen.

3   Starten Sie das System neu und arbeiten Sie mit dem Rechner wie gewohnt. Treten innerhalb der nächsten Tage keine Probleme auf, ist der umbenannte (deaktivierte) Treiber wirklich überflüssig und sollte von Ihnen gelöscht werden.

> **Vorsicht beim Deaktivieren von Treibern**
>
> Deaktivieren Sie nur Treiber, von denen Sie genau wissen, dass sie zu dem deinstallierten Brennprogramm gehört haben – andernfalls können Sie das Betriebssystem ruinieren, da das Nero InfoTool auch wichtige Systemtreiber anzeigt. Gewissenhafte XP-User legen vor der Umbenennung besser einen Systemwiederherstellungspunkt an, um für den Notfall (ein notwendiger Treiber wurde gelöscht) gerüstet zu sein.

Zum Abschluss: Registry-Säuberung

Wenn Sie alle Programm- und Treiberreste entfernt haben, wartet der letzte Schritt zur vollständigen Deinstallation der alten Brennsoftware auf Sie: Jedes Programm trägt sich bei der Installation in die Registry von Windows ein. Diese Registrierdatenbank ist das Lebenselixier des Betriebssystems und beinhaltet Einträge über die Hard- und Softwarekonfiguration des PCs. Bei der Deinstallation der Software werden häufig die Registry-Einträge des Programms nicht vollständig gelöscht. Die Folge: Die wichtige Registrierdatenbank enthält ungültige und fehlerhafte Einträge, was zu Systeminstabilitäten führt.

Registry mit Freeware von ungültigen Einträgen befreien

Für einen weiterhin stabilen Betrieb Ihres Systems entfernen Sie die verwaisten Einträge aus der Registry. Dies führen Sie entweder manuell über die Suchfunktion des Registrierungseditors durch oder wesentlich komfortabler über die beliebte Freeware RegCleaner. Das Programm erhalten Sie kostenlos unter *http://www.vtoy.fi/jv16/index.php*. Dort können Sie sich entweder nur den RegCleaner oder die nützliche Toolsammlung jv16 PowerTools herunterladen, die den RegCleaner beinhaltet. Ich zeige Ihnen die Registry-Säuberung mit dem separaten Tool RegCleaner. Die Registry-Reinigung ist auch unter Windows XP nach der Deinstallation eines Brennprogramms empfehlenswert.

1   Über *Options/Language/Select Language* wählen Sie zunächst die gewünschte Sprache aus.

2   Auf der Registerkarte *Software* werden alle auf Ihrem Rechner vorhandenen Programme, die sich bei der Installation in die Registry eingetragen haben, alphabetisch nach dem Hersteller aufgelistet. Kontrollieren Sie, ob ein bzw. mehrere Einträge der gerade entfernten Software vorhanden sind. Ist das der

Fall, setzen Sie ein Häkchen vor den jeweiligen Eintrag und klicken Sie unten auf *Markierte entfernen*, um die ungültigen Einträge in der Registry zu löschen.

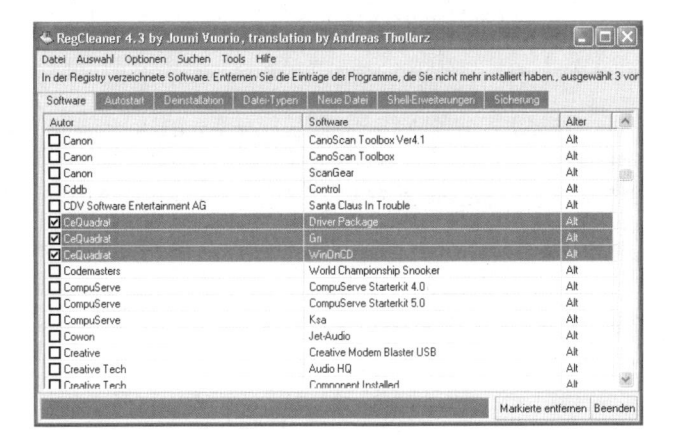

Löschen Sie nur die Einträge, von denen Sie genau wissen, dass sie zu der gerade deinstallierten Software gehören! Über die Herstellerangabe (*Autor*) sind die jeweiligen Einträge leicht zu finden. Achtung: Manche Programme tragen sich unter mehreren Herstellern in die Registry ein. Dies kommt daher, dass das Programm früher von Hersteller A vertrieben, die neue Version aber von Hersteller B fabriziert wurde. Bei einem solchen Programm finden Sie zu löschende Einträge sowohl unter Hersteller A als auch unter Hersteller B. Beste Beispiele sind WinOnCD (früher CeQuadrat, heute Roxio) und InstantCD (früher VOB, heute Pinnacle). Weiterhin ist bei WinOnCD (ab Version 5) zu bedenken, dass die mitgelieferte UDF-Software DirectCD von Adaptec stammt und sich daher auch unter diesem Hersteller in die Registry einträgt. Da Adaptec auch andere Produkte anbietet (zum Beispiel die wichtigen ASPI-Treiber), ist bei der Markierung von Adaptec-Einträgen Vorsicht geboten. Entfernen Sie nur die Einträge, von denen Sie genau wissen, dass Sie zu der deinstallierten UDF-Software DirectCD gehören!

> **Ein Brennprogramm = mehrere Herstellereinträge!**

Zum Abschluss Ihrer Aktion sollten Sie die komplette Registry einer Reinigung unterziehen, um für optimale Stabilität während des Brennvorgangs und anderer multimedialer Aufgaben zu sorgen. Dazu wählen Sie zunächst *Optionen/Registry säubern/Methode/Automatisch*, um die vom Programm gefundenen ungültigen Registry-Einträge automatisch entfernen zu lassen. Die „Putzaktion" starten Sie über *Tools/Registry säubern/Alles durchführen*. Der RegCleaner untersucht die Registry auf fehlerhafte und verwaiste Einträge. Wird er fündig, löscht er diese automatisch – die Stabilität des Betriebssystems und der anderen Anwendungsprogramme wird deutlich verbessert.

> **Systemstabilität weiter optimieren**

15. Brenner einrichten und Nero perfekt konfigurieren

> **Probleme nach der Registry-Reinigung**
>
> In seltenen Fällen kann es vorkommen, dass ein Programm nach der Registry-Säuberung nicht mehr ordnungsgemäß funktioniert. In diesem Fall war der RegCleaner „übereifrig" und hat Einträge aus der Registry gelöscht, die noch benötigt werden. Entweder installieren Sie das betroffene Programm erneut (empfehlenswert) oder Sie machen die letzte Registry-Reinigung über die Registerkarte *Sicherung* wieder rückgängig. Markieren Sie den Eintrag der letzten Säuberung und klicken Sie unten auf *Wiederherstellen*. Bei jeder Putzaktion legt der RegCleaner automatisch eine Sicherung der Registry vor dem Löschen der gefundenen Einträge an. Dadurch kann die Registry schnell wieder in ihren alten Zustand (vor der letzten Reinigung) versetzt werden.

CD/DVD-Laufwerke nach Deinstallation verschwunden?

Unter Umständen passiert es, dass nach der Deinstallation eines Brennprogramms (besonders einer alten Version) alle CD/DVD-Laufwerke verschwunden sind – Sie können beispielsweise über den Arbeitsplatz nicht mehr auf die Laufwerke zugreifen. Im Geräte-Manager werden die Laufwerke zwar noch aufgeführt, aber die Symbole vor den Laufwerkeinträgen werden durch gelbe Ausrufezeichen überlagert. Die gelben Ausrufezeichen signalisieren, dass es ein Problem mit diesen Hardwarekomponenten gibt. Dies kommt daher, weil viele ältere Brennprogramme durch eine fehlerhafte Deinstallation wichtige Registry-Einträge löschen bzw. bei der Installation des Brennprogramms veränderte Einträge während der Deinstallation nicht in ihren Ursprungszustand versetzt werden.

1. Das Problem beheben Sie in der Regel, indem Sie alle Einträge der optischen Laufwerke aus dem Geräte-Manager löschen und das System neu starten. Windows erkennt dadurch die Laufwerke erneut und bindet sie neu in das System ein.

2. Sollte diese Vorgehensweise nichts bringen bzw. bevorzugen Sie eine elegantere Lösung des Problems, holen Sie sich im Utility-Bereich der Supportsektion von Nero auf *www.nero.com* den Nero RegistryChecker (im Clean Pack enthalten). Dieses kleine Programm (ca. 200 KByte) checkt die Laufwerkeinträge in der Registry und korrigiert sie gegebenenfalls.

3. Die Kontrolle starten Sie mit einem Doppelklick auf die heruntergeladene Datei – eine Installation ist nicht notwendig. Hat der RegistryChecker Probleme bei den Laufwerkeinträgen in der Registry gefunden, werden sie automatisch behoben und Sie erhalten eine Mitteilung darüber. Nach einem Neustart funktionieren wieder alle optischen Laufwerke des Systems.

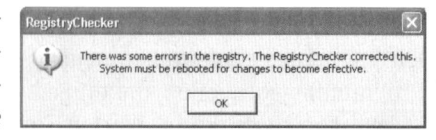

Aktuelle Programmversionen nutzen

Sie sollten stets die aktuellsten Versionen Ihres Brennprogramms einsetzen, um Problemen vorzubeugen. Die als Bundle zu einem Brenner erworbene bzw. als Vollversion gekaufte Nero-CD ist meistens schon veraltet, da zwischen der Pressung der CD und dem Verkauf relativ viel Zeit vergeht – in der Zwischenzeit haben die Entwickler eine neue Programmversion (bzw. ein Update) herausgebracht, die eventuell vorhandene Fehler beseitigt bzw. neue Brenner unterstützt. Neue Programmversionen bzw. Updates zu Ihrer Nero-Version erhalten Sie unter *www.nero.com*.

Die Programmversionen auf der gekauften Nero-CD sind meistens schon veraltet!

In der Regel ist es daher empfehlenswert, auf die „veraltete" Programmversion der gekauften CD zu verzichten (sie nicht zu installieren) und sich die neuste Version aus dem Internet auf den PC herunterzuladen und diese zu installieren. Voraussetzung hierfür ist, dass Sie über eine Seriennummer (meistens auf der CD-Hülle zu finden) verfügen, was bei einer Vollversion der Fall ist. Haben Sie Nero dagegen als Bundlesoftware mit einem neuen Brenner erworben, kommt es vor, dass keine gedruckte Seriennummer zu finden ist, sondern die Nero-Version automatisch bei der Installation der Programmversionen auf der CD mit einer Seriennummer freigeschaltet wird. Sollten Sie über keine gedruckte Seriennummer verfügen, installieren Sie zunächst die veralteten Programmversionen von der Nero-CD, laden sich anschließend die neuen Versionen aus dem Internet herunter und aktualisieren damit die installierte Version von Nero.

Denken Sie bitte daran, dass Sie sich auch die neusten Versionen der Zusatztools (zum Beispiel Nero VisionExpress) downloaden, um das komplette Nero-Paket auf den aktuellsten Stand zu bringen. Besonders die Aktualisierung der Packet Writing-Software InCD, die bei Nero mitgeliefert wird, ist sehr empfehlenswert, da diese Programme nach wie vor sehr fehleranfällig sind und eine alte Version häufig Probleme bereitet, die in der neuen Version bereits behoben wurden.

> **Große Updates sind kostenpflichtig!**
>
> Sie erhalten nur kleinere Updates kostenlos auf den Internetseiten der Firma Ahead. Große Updates (zum Beispiel der „Sprung" von Nero 5.5 auf Nero 6) sind kostenpflichtig! Kostenlos sind alle Updates, die für die Nero-Version gelten, welche Sie erworben haben. Außerdem gibt es manche Zusatzprogramme von Nero (beispielsweise NeroMix), die Sie als Nero 6-User nicht automatisch mit erworben haben. Hierfür müssen Sie zusätzlich Geld investieren.

Installieren Sie auf keinen Fall zwei UDF-Programme!

Mithilfe eines UDF-Programms (auch Packet Writing-Software genannt) verwandeln Sie Ihre Rohlinge in eine mobile Festplatte und können ohne Aufruf eines Brennprogramms beispielsweise Daten über den Windows-Explorer auf CD/DVD brennen. Nero bringt ein solches Programm bereits mit: Es heißt InCD und kann gleich bei der Installation von Nero mit eingerichtet werden – doch VORSICHT!!!

UDF-Programm: Immer im Hintergrund aktiv

Auf jedem PC darf nur *eine* Packet Writing-Software installiert werden, andernfalls kommt es zu Systeminstabilitäten und Abstürzen beim nächsten Start des Betriebssystems. Die zur Ansteuerung des Writers durch das UDF-Programm notwendigen Treiber (sind nicht mit denen des Hauptbrennprogramms identisch) werden beim Systemstart automatisch geladen und sind stets im Hintergrund aktiv. Auf diese Weise ist es möglich, ohne das manuelle Starten einer Brennsoftware Daten auf einen Rohling zu brennen – die notwendigen Treiber und Programmdateien wurden bereits beim Systemstart automatisch geladen, sind einsatzbereit und „überwachen" den Brenner. Würden Sie zwei Packet Writing-Programme installieren, käme es zu einem gefährlichen Treiberstreit, da beide UDF-Programme versuchen, beim Systemstart auf den Brenner zuzugreifen, was sich in Systeminstabilitäten und Abstürzen bemerkbar machen würde. Die notwendigen Treiber der Packet Writing-Programme sind dermaßen inkompatibel zueinander, dass der Betrieb mehrerer dieser Programme nicht möglich ist. Hinzu kommt, dass meistens die mit Programm A erstellte CD noch nicht einmal mit Programm B gelesen bzw. weiter beschrieben werden kann.

Diese UDF-Programme gibt es

Verwenden Sie möglichst das UDF-Programm, das dem Hauptbrennprogramm beilag, um Probleme bzw. Inkompatibilitäten zwischen der UDF-Software und dem „normalen" Brennprogramm auszuschließen. Wollen Sie mit mehreren Brennprogrammen auf einem Rechner arbeiten, müssen Sie sich für ein UDF-Programm Ihrer Wahl entscheiden. Zurzeit sind folgende Programme am weitesten verbreitet:

- *InCD*: Das Programm wird mit dem Hauptprogramm Nero mitgeliefert. Es zeichnet sich durch seine Stabilität und Benutzerfreundlichkeit aus. Weiterhin unterstützt es eine große Zahl von Brennern und beherrscht den neuen Schreibstandard Mount Rainier. InCD funktioniert mit einem Trick meistens auch bei ausgeschalteter Autostart-Funktion des Betriebssystems. Nachteile: InCD beherrscht nur das Brennen von wieder beschreibbaren Medien – einmal beschreibbare Scheiben werden ignoriert. Außerdem legt InCD keine eigene Programmgruppe an, sodass es bei der Deinstallation von Nero häufig vergessen wird. InCD kann nur über die Kategorie (bzw. das Symbol) *Software* in der Systemsteuerung von Windows von der Festplatte gelöscht werden.

- *DirectCD*: Die UDF-Software DirectCD wird mit WinOnCD bzw. Easy CD-Creator von Roxio mitgeliefert. Mit dem Programm können im Gegensatz zu InCD sowohl einmal als auch mehrfach beschreibbare Rohlinge verarbeitet werden. Das Programm unterstützt relativ viele Brenner und ist einfach zu bedienen. Außerdem unterstützt es die neue Schreibtechnik Mount Rainier. Einmal beschreibbare Rohlinge können so abgeschlossen werden, dass Sie auf anderen Systemen gelesen werden können. Nachteile: Das Programm macht häufig auf PCs Probleme, auf denen neben WinOnCD weitere Brennprogramme mit „Fremdtreibern" installiert sind und benötigt für einen reibungslosen Betrieb die eingeschaltete Autostart-Funktion des Betriebssystems.

- *InstantWrite*: Dieses UDF-Programm wird zusammen mit InstantCD/DVD von Pinnacle (früher VOB bzw. Steinberg) vertrieben. Es führt bis jetzt eigentlich zu Unrecht ein Schattendasein, da es spezielle Features anbietet, die weder DirectCD noch InCD bieten: Beispielsweise ist die Defragmentierung von wieder beschreibbaren Rohlingen möglich. Mit InstantWrite können sowohl einmal als auch mehrfach beschreibbare Medien eingesetzt werden und diese zum Abschluss finalisiert werden, sodass sie auf jedem System problemlos lesbar sind.

Vor einiger Zeit war ein weiteres Packet Writing-Programm namens PacketCD weit verbreitet. Es wurde bei WinOnCD bis zur Version 3.7 (als WinOnCD noch von CeQuadrat vertrieben wurde) mitgeliefert und überzeugte durch seine Stabilität. Nachdem WinOnCD von Roxio übernommen wurde, verschwand PacketCD. Sollten Sie dieses Programm noch einsetzen, schließen Sie alle mit PacketCD erstellten CDs ab und wechseln auf ein anderes UDF-Programm, da PacketCD nicht mehr weiterentwickelt wird – zum Beispiel keine neuen Brenner unterstützt und auch den neuen Schreibstandard Mount Rainier nicht beherrscht.

So gelingt der Wechsel auf InCD problemlos

Wollen Sie von einem anderen, alten UDF-Programm auf InCD wechseln, müssen Sie einige Vorsichtsmaßnahmen treffen. Nutzen Sie bisher noch keine UDF-Software, können Sie InCD ohne Vorbereitungen installieren.

15. Brenner einrichten und Nero perfekt konfigurieren

1 Schließen Sie zunächst alle mit der alten UDF-Software erstellten (einmal beschreibbaren) Medien so ab, dass diese auf jedem Computer gelesen werden können. Bei DirectCD wählen Sie beispielsweise als Auswurfoption *Für den Lesezugriff durch jeden Computer schließen.*

2 Führen Sie anschließend die Deinstallationsroutine des UDF-Programms aus. Bei Pinnacle InstantCD/DVD 7 können Sie InstantWrite nicht separat deinstallieren. Sie müssen das komplette Softwarepaket vom Rechner entfernen und anschließend mit einem Trick bei der Neuinstallation die Einrichtung von InstantWrite verhindern (siehe „Nero problemlos neben InstantCD/DVD nutzen"), wenn Sie statt InstantWrite das Programm InCD nutzen wollen.

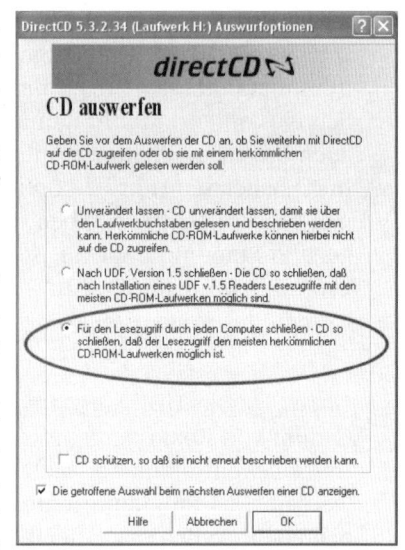

3 Unter Windows 9x/ME gehen Sie jetzt auf die Suche nach Programm- und Treiberresten. Die Namen der zu kontrollierenden Treiber finden Sie in der Tabelle auf Seite 578. Nutzen Sie Windows XP können Sie diesen Schritt überspringen, da die Deinstallationen unter dem modernen Betriebssystem in der Regel vollständig ausgeführt werden und keine gefährlichen Treiber zurücklassen.

4 Führen Sie zum Abschluss eine Registry-Säuberung durch, wie auf Seite 580 beschrieben. Andernfalls kann es bei der Installation von InCD vorkommen, dass das Setup mit der Mitteilung scheitert, eine zweite (nicht vollständig entfernte) UDF-Software sei auf dem Rechner gefunden worden. Vor der Installation von InCD wird als Vorsichtsmaßnahme der Rechner auf bereits installierte UDF-Programme hin gecheckt. Werden dabei die (verwaisten und nicht gelöschten) Registry-Einträge von dem eigentlich schon deinstallierten DirectCD gefunden, bricht das Setup ab. Die Registry-Säuberung ist daher vor der Installation von InCD zwingend notwendig!

Für Windows 2000/XP nötig: Nero BurnRights

Unter Windows 2000/XP wird Sicherheit groß geschrieben: Nur als Administrator angemeldete PC-User haben umfangreiche Rechte zur Nutzung bestimmter Systemprogramme bzw. zur Veränderung der Systemkonfiguration. Nicht-Administratoren stehen Rechte, die die Betriebssicherheit bzw. die Datensicherheit gefährden könnten, nicht zur Verfügung, um das Sicherheitsrisiko so gering wie möglich zu halten.

Das Brennen von CDs/DVDs unter Windows 2000/ XP ist eigentlich nur Administratoren erlaubt. Das kommt daher, weil beim Brennen Befehle über die IDE-Schnittstelle gesendet werden und dies laut Microsoft ein Sicherheitsrisiko darstellt: Mithilfe eines IDE-Befehls könnte beispielsweise ungewollt die an einem IDE-Controller angeschlossene Festplatte formatiert werden – alle Daten wären verloren! Aus diesem Grund ist es nur als Administrator angemeldeten Usern erlaubt, Programme zu benutzen, die Befehle über die IDE-Schnittstelle senden.

Weisen Sie allen PC-Benutzern Brennrechte zu!

Brennrechte für alle PC-Benutzer!

1 Möchten Sie allen Benutzern erlauben, CDs/DVDs mit Nero auf dem PC zu brennen, benötigen Sie das Tool Nero BurnRights, das die Brennrechte auf dem jeweiligen System regelt. Das Programm (ca. 700 KByte) erhalten Sie kostenlos im Downloadbereich von Nero auf der Internetseite *www.nero.com*.

2 Bei der Installation des Programms wird keine Programmgruppe angelegt, sondern nur ein neues Symbol in der Systemsteuerung erstellt, über das Sie das Programm aufrufen. In der klassischen Ansicht der Systemsteuerung finden Sie das neue Symbol Nero BurnRights am schnellsten.

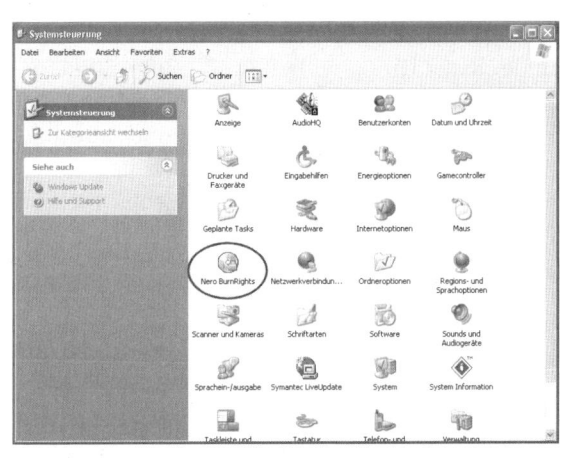

3 In der Voreinstellung dürfen nur die Administratoren aus den genannten Gründen CDs/DVDs mit Nero brennen. Wollen Sie jedem PC-Benutzer diese Möglichkeit geben, öffnen Sie die Registerkarte *Brennrechte* und markieren den Eintrag *Alle Benutzer*. Verlassen Sie das Fenster per Klick auf *Übernehmen* und starten Sie den Rechner neu, um die Änderung wirksam werden zu lassen.

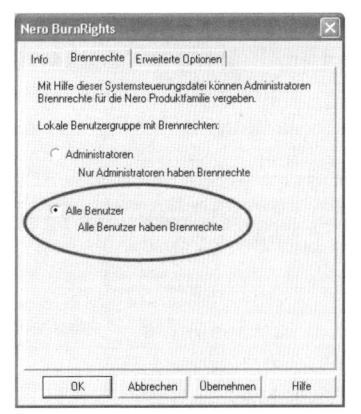

Wollen Sie die Brennrechte zu einem späteren Zeitpunkt wieder auf ihre ursprüngliche Einstellung zurücksetzen, öffnen Sie die Registerkarte *Erweiterte Op-*

tionen und klicken auf *Brennrechte zurücksetzen*. Nach einem Neustart gilt wieder die Voreinstellung, sodass nur Administratoren die Scheiben auf dem PC brutzeln dürfen.

NeroMix: Seriennummer über die Registry aufdecken

Sie haben NeroMix als Bundlesoftware zu Ihrem Brenner erhalten und wollen das Programm auf den neusten Stand bringen? Kein Problem, dazu müssen Sie sich nur die neue Programmversion aus dem Internet (*www.nero.com*) herunterladen. Allerdings sollten Sie vor der Programmaktualisierung unbedingt kontrollieren, ob Sie die Seriennummer des Programms auf der CD bzw. der CD-Hülle finden können, denn unter Umständen werden Sie nach dem Programmupdate aufgefordert, die Seriennummer erneut einzugeben.

Keine gedruckte Serinnummer bei Bundlesoftware

In der Regel wird aber bei Bundlesoftware keine gedruckte Seriennummer mitgeliefert, sondern diese automatisch während der Installation „eingegeben". Müssen Sie ohne gedruckte Seriennummer auf die Aktualisierung von NeroMix verzichten? Auf keinen Fall, schließlich haben Sie das Programm auf legalem Weg erworben und besitzen auch das Recht, Programmaktualisierungen durchzuführen. Die Seriennummer von NeroMix erfahren Sie über die Registry auf folgende Weise:

1 Wählen Sie im Startmenü *Ausführen* und geben Sie *regedit* ein. Bestätigen Sie die Eingabe mit [Enter]. Der Registrierungseditor des Betriebssystems startet.

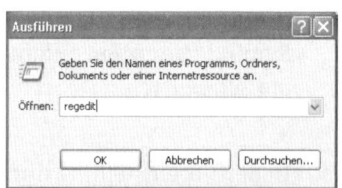

2 Öffnen Sie den Registry-Schlüssel *HKEY_LOCAL_MACHINE\SOFTWARE\Ahead\NeroMix\Info*. In der rechten Fensterhälfte suchen Sie den Eintrag *Serial* und notieren sich die in der Spalte *Wert* angegebene Zahlenkombination (die Seriennummer) genau.

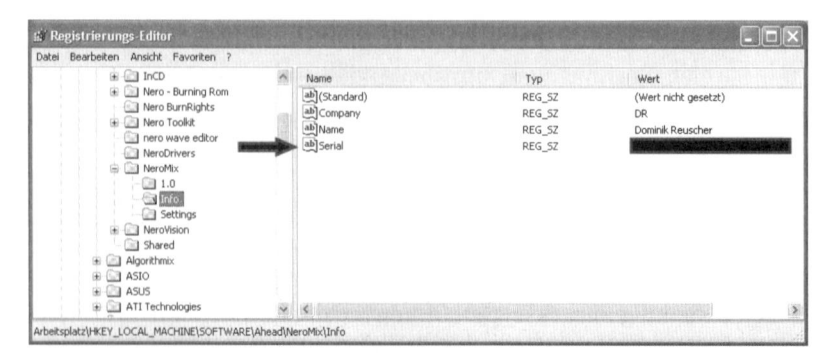

3 Verlassen Sie den Registrierungseditor wieder und führen Sie die Programmaktualisierung durch. Beim ersten Start der neuen NeroMix-Programmversion halten Sie die notierte Seriennummer bereit.

> **Aktualisierung bereits durchgeführt?**
> Wenn Sie die Aktualisierung schon durchgeführt haben, keine gedruckte Seriennummer besitzen und beim Start von NeroMix aufgefordert werden, die Seriennummer einzugeben, bleibt Ihnen nichts anderes übrig, als NeroMix zunächst komplett zu deinstallieren, da die Seriennummer der alten Version bei dem Update aus der Registry gelöscht wurde. Danach spielen Sie die alte (mit dem Brenner mitgelieferte Version) ein, decken die Seriennummer wie beschrieben über die Registry auf und führen anschließend die Aktualisierung durch. Diese Vorgehensweise ist zwar äußerst umständlich, aber unumgänglich, wenn Sie NeroMix aktualisieren möchten und keine gedruckte Seriennummer besitzen.

15.3 Maximales Brennvergnügen mit mehreren Brennprogrammen

Versierte Brennfreaks geben sich mit einem Brennprogramm auf dem Rechner nicht zufrieden, schließlich hat jede Software ihre Stärken und Schwächen. Für maximalen und professionellen Brennspaß sind mehrere Brennprogramme notwendig. Allerdings gibt es dabei ein Problem: Alle großen Brennprogramme (Nero, WinOnCD oder InstantCD/DVD) bringen eigene Treiber zur Ansteuerung des Writers mit, die bei der Installation auf die Festplatte kopiert werden. Diese Treiber sind häufig nicht kompatibel zueinander, sodass es beim Schreiben eines Rohlings mit Programm A zum Absturz kommt, weil sich die Treiber von Programm A und Programm B nicht vertragen.

Diese Situation bessert sich zwar mit jeder neuen Version der Brennprogramme, weil die Hersteller endlich dem Wunsch der PC-User nach mehreren Brennprogrammen Rechnung tragen und die Treiber so gestalten, dass sie sich besser „vertragen". Für einen sicheren Brennvorgang sollten Sie jedoch (besonders bei älteren Betriebssystemen, die leichter zum Absturz zu bringen sind als Windows XP) ein Bootmenü einrichten, um mehrere Brennprogramme problemlos auf einem System zu nutzen. Unter modernen Betriebssystemen sind ebenfalls einige Vorbereitungen für den problemlosen Einsatz mehrerer Brennprogramme zu treffen, damit die Benutzung verschiedener Brennprogramme nicht im „Desaster" endet ...

Treiberkonflikte vermeiden: Brennfunktion von Windows XP deaktivieren

Nutzen Sie für die tägliche Datensicherung über den Windows-Explorer bzw. aus Anwendungen heraus eine UDF-Software, ist die in Windows XP integrierte, sehr

15. Brenner einrichten und Nero perfekt konfigurieren

eingeschränkte Brennfunktion überflüssig. Die Brennfunktion des Betriebssystems wird vollständig durch die UDF-Software bzw. durch Ihr Hauptbrennprogramm ersetzt. Um Systemressourcen zu schonen und eventuellen Konflikten mit Treibern anderer Brennprogramme vorzubeugen, sollten Sie diese deaktivieren.

1 Öffnen Sie die Systemsteuerung und klicken Sie oben links auf *Zur klassischen Ansicht wechseln*, um den Kategoriehokuspokus des Betriebssystems auszuschalten und schneller ans Ziel zu gelangen.

2 Führen Sie nacheinander einen Doppelklick auf die Symbole *Verwaltung* und danach *Dienste* aus. Im erscheinenden Fenster suchen Sie in der rechten Hälfte den Eintrag *IMAPI-CD-Brenn-COM-Dienste*.

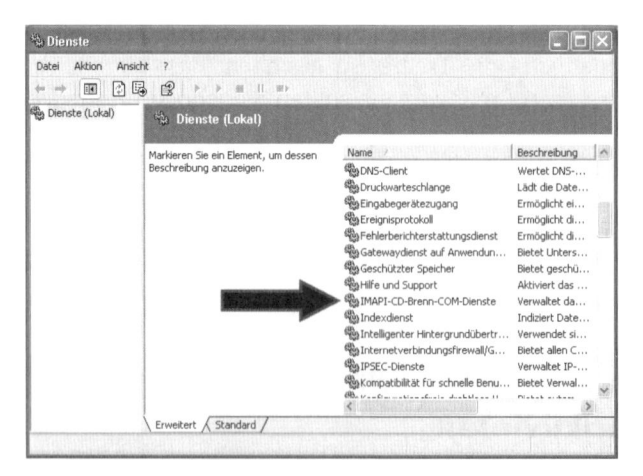

3 Öffnen Sie den Eintrag mit einem Doppelklick. Auf der Registerkarte *Allgemein* wählen Sie hinter *Starttyp* die Option *Deaktiviert*. Verlassen Sie das Fenster und starten Sie das Betriebssystem neu – die Brennfunktion von Windows XP ist ab sofort ausgeschaltet.

Wollen Sie später die Brennfunktion des Betriebssystems wieder aktivieren, wählen Sie hinter *Starttyp* den Eintrag *Automatisch* und starten das System neu.

Bootmenü für Windows 9x nutzen

Ahead bietet im Internet unter *http://www.nero.com* unter anderem ein kostenloses Bootmenü für mehrere Brennprogramme zum Download an. Dieses Bootmenü funktioniert ausschließlich auf Windows 9x, weil unter modernen Betriebssystemen die DOS-Grundlage, auf die das Bootmenü aufbaut, fehlt bzw. nicht vollständig vorhanden ist.

Auf der angegebenen Internetseite werden verschiedene Bootmenüvarianten angeboten – die komfortabelste ist das Autodetect-Bootmenü. Diese Variante forscht eigenständig nach, welche Brennprogramme auf dem Rechner installiert sind und legt ein passendes Bootmenü an. Vor jedem Start des Betriebssystems werden durch das Bootmenü nur die Treiber des ausgewählten Brennprogramms aktiviert. Die Treiber der anderen Brennsoftware werden durch Umbenennen deaktiviert. Auf diese Weise ist ein problemloser Betrieb mit verschiedenen Brennprogrammen unter Windows 9x möglich, da Treiberinkompatibilitäten der verschiedenen Brennprogramme verhindert werden.

Bootmenü Schritt für Schritt einrichten

Nachdem Sie die komprimierte Datei in einen separaten Ordner entpackt haben, kann die Erstellung beginnen:

1 Installieren Sie zuerst alle Brennprogramme, die Sie verwenden möchten. Vorsicht: Installieren Sie nur **eine** UDF-Software (DirectCD, InCD oder InstantWrite). Eine Instabilität des Betriebssystems ist nicht zu befürchten, da Sie die Programme nur installieren, aber noch nicht benutzen.

15. Brenner einrichten und Nero perfekt konfigurieren

2 Die Installation des Bootmenüs starten Sie per Doppelklick auf die Datei *Update.bat* im Ordner der entpackten Bootmenüdateien. Mit Sicherheit werden Sie mit der Fehlermeldung *Kein Speicherplatz mehr im Umgebungsbereich* konfrontiert! Das Installationsprogramm des Bootmenüs wird in einer DOS-Box (DOS-Umgebung) unter Windows ausgeführt. Windows zeigt sich sehr knauserig und reserviert für solche Anwendungen nur wenig Speicherplatz – das müssen Sie ändern.

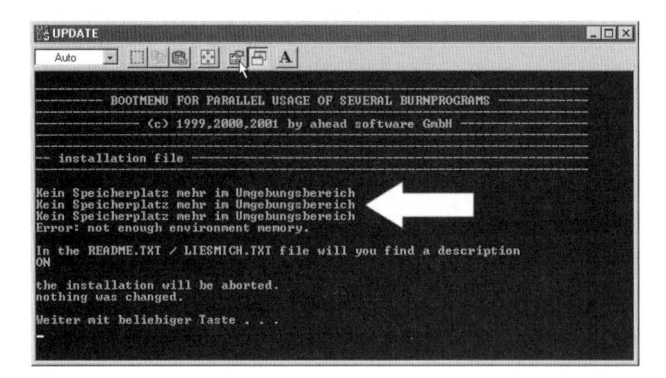

3 Klicken Sie oben in der Symbolleiste auf das Eigenschaftensymbol (drittes Symbol von rechts). Im neuen Fenster wechseln Sie auf die Registerkarte *Speicher* und stellen unter *Konventioneller Speicher* für den *Ursprünglichen Umgebungsspeicher* die neue Größe *1024* ein. Verlassen Sie das Fenster mit *OK*.

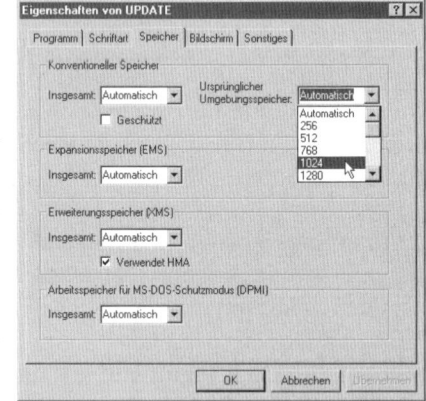

4 Schließen Sie die DOS-Box wieder und starten Sie das Installationsprogramm über die Datei *Update.bat* erneut – die Fehlermeldung ist verschwunden! Zuerst wählen Sie die gewünschte Sprache aus – für Deutsch drücken Sie die Taste [D]!

5 Nach Ihrer Eingabe durchsucht das Programm den PC nach den installierten Brennprogrammen und richtet das Bootmenü automatisch ein. Stören Sie sich nicht daran, wenn im Fenster der Eintrag *Datei nicht gefunden* zu lesen ist. In dem Fall konnte das Installationsprogramm den gesuchten Systemtreiber nicht finden – wahrscheinlich haben Sie das entsprechende Brennprogramm, nach dessen Treibern gesucht wurde, nicht installiert.

6 Als Nächstes entscheiden Sie, welches Brennprogramm das Bevorzugte ist. Treffen Sie beim Windows-Start keine Auswahl, werden standardmäßig die Treiber dieser bevorzugten Software automatisch aktiviert. Möchten Sie Nero als bevorzugtes Programm festlegen, drücken Sie die Taste [N].

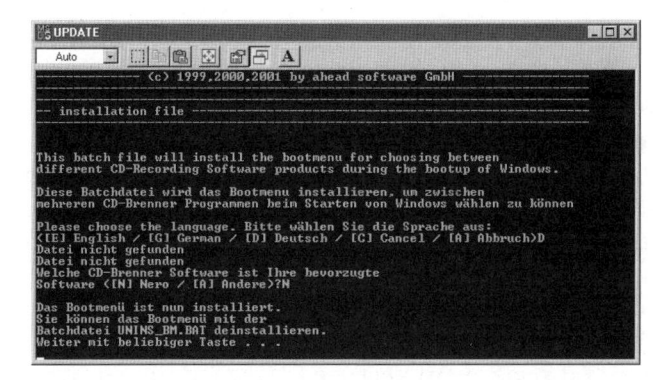

Maximales Brennvergnügen mit mehreren Brennprogrammen

```
UPDATE
          ───── (c) 1999,2000,2001 by ahead software GmbH ─────

── installation file ──────────────────────────────────────────

This batch file will install the bootmenu for choosing between
different CD-Recording Software products during the bootup of Windows.

Diese Batchdatei wird das Bootmenu installieren, um zwischen
mehreren CD-Brenner Programmen beim Starten von Windows wählen zu können

Please choose the language. Bitte wählen Sie die Sprache aus:
<[E] English / [G] German / [D] Deutsch / [C] Cancel / [A] Abbruch>D
Datei nicht gefunden
Datei nicht gefunden
Welche CD-Brenner Software ist Ihre bevorzugte
Software <[N] Nero / [A] Andere>?M

Das Bootmenü ist nun installiert.
Sie können das Bootmenü mit der
Batchdatei UNINS_BM.BAT deinstallieren.
Weiter mit beliebiger Taste . . .
```

Das Bootmenü wurde erfolgreich angelegt – erkennbar an der Meldung *Das Bootmenü ist nun installiert*! Bei jedem Betriebssystemstart wählen Sie das gewünschte Brennprogramm aus, mit dem Sie in der aktuellen Windows-Sitzung arbeiten möchten ...

> **Bootmenü aktualisieren oder entfernen**
>
> Das angelegte Bootmenü können Sie wieder entfernen bzw. aktualisieren. Die Deinstallation erfolgt über die Datei *Unins-bm.bat*, die sich im Ordner der entpackten Bootmenüdateien befindet. Aus diesem Grund sollten Sie den Ordner nach der Installation des Bootmenüs nicht löschen! Zur Aktualisierung des Bootmenüs müssen Sie dieses zuerst entfernen und anschließend neu anlegen.

Moderne Betriebssysteme benötigen das Bootmenü nicht!

Das Bootmenü von Ahead funktioniert – wie bereits erwähnt – ausschließlich unter Windows 9x, da unter den moderneren Betriebssystemen die DOS-Grundlage fehlt. Unter Windows ME/2000/XP klappt der Betrieb mehrerer Brennprogramme (in den aktuellsten Versionen) auf einem System in der Regel gut, sodass ein Bootmenü nicht notwendig ist. Voraussetzung: Sie nutzen ausschließlich aktuelle Programmversionen und beachten bei der Installation der Programme einige Dinge (siehe die folgenden Abschnitte).

Andere Brennprogramme neben Nero unter Windows ME/2000/XP betreiben

Wollen Sie unter Windows ME/2000/XP mehrere Brennprogramme auf einem PC betreiben, stellt sich die Frage, welche Software mit Nero harmoniert und welche Vorbereitungen zu treffen sind. Generell gibt es zwei Dinge, die zu beachten sind: Sie müssen ausschließlich aktuelle Programmversionen nutzen, da die Treiber älterer Programme häufig inkompatibel mit anderen Brennprogrammen sind, und Sie dürfen nur **eine** UDF-Software installieren. Außerdem ist es ratsam, nur ein virtuelles Laufwerk einzurichten.

15. Brenner einrichten und Nero perfekt konfigurieren

Vorsicht mit den virtuellen Laufwerken von Brennprogrammen

Die meisten Brennprogramme bringen zum Testen von Imagedateien Tools mit, die dem System ein zusätzliches Laufwerk simulieren, in das die erzeugten Imagedateien geladen werden können. Häufig sind die für das virtuelle Laufwerk benötigten Treiber inkompatibel mit den Treibern anderer Brennprogramme. Verzichten Sie daher entweder ganz auf das virtuelle Laufwerk oder installieren Sie nur das virtuelle Laufwerk eines Brennprogramms. Der Nachteil: Die meisten virtuellen Laufwerke können nur mit den jeweiligen Imagedateien des eigenen Brennprogramms umgehen – Imagedateien „fremder" Programme werden nicht akzeptiert. Der einzige Ausweg aus diesem „Dilemma" führt über die Erzeugung einer Imagedatei, die dem ISO-Standard entspricht. Die meisten virtuellen Laufwerke verarbeiten Imagedateien in diesem Format. Viele nützliche Brenntools funktionieren ebenfalls nicht, wenn mehrere bzw. ein virtuelles Laufwerk im System vorhanden ist. Sollte bei Ihnen ein Programm Probleme bereiten, entfernen Sie probeweise das eventuell vorhandene virtuelle Laufwerk.

Brennprogramme mit eigenen Treibern sind immer gefährlich!

Moderne Brennprogramme bringen entweder eigene Treiber mit, die tief in die Systemstruktur von Windows hineinkopiert werden (dies geschieht bei allen „großen" Brennsuiten), oder begnügen sich mit den bereits im Betriebssystem vorhandenen Treibern und installieren nur gerätspezifische Treiber in eine eigene Programmgruppe (wie zum Beispiel Feurio!). Zusätzlich gibt es eine Reihe nützlicher Tools, die den Brennalltag vereinfachen bzw. die Funktionalität des Brennprogramms erweitern. Diese Programme bringen in der Regel keine eigenen Systemtreiber mit, sondern nutzen bereits im System vorhandene Treiber. Programme ohne eigene Treiber können bedenkenlos neben Nero auf einem System installiert werden. Bei Programmen mit eigenen Treibern ist dagegen Vorsicht geboten – hier müssen in der Regel vor der Installation einige Vorsichtsmaßnahmen getroffen werden. Leider ist nicht immer klar, ob ein Programm eigene Treiber mitbringt oder nicht: Das Restaurationsprogramm Clean von Steinberg dient zum Großteil zum Bearbeiten alter Schallplattenaufnahmen; bei der Installation bringt es jedoch eigene Treiber für die integrierte Brennengine mit, die durchaus Probleme mit anderen Brennprogrammen bereiten.

Vorsichtig bei der Installation vorgehen

Bevor Sie ein Programm installieren, von dem Sie nicht wissen, ob es eigene Treiber mitbringt oder nicht, sollten Sie unter Windows XP einen Systemwiederherstellungspunkt für den Notfall erstellen. Besitzen Sie ein älteres Betriebssystem, fertigen Sie vor der Installation entweder ein Backup an oder sichern zumindest Ihre wichtigen Daten und Dokumente auf eine CD/DVD, um diese im Notfall griffbereit zu haben.

Optimal ist, wenn Sie sich eine zweite Partition auf der Festplatte zum Testen neuer Programme erstellen und dort das Betriebssystem noch einmal (neben der bereits vorhandenen Systempartition) installieren. Mit einem professionellen Partitionierungstool

> *Legen Sie zum Testen ein zweites Betriebssystem an!*

(zum Beispiel PartitionMagic von PowerQuest) können Sie ohne Datenverlust die Partitionen auf der Festplatte vergrößern oder verkleinern und neue Partitionen anlegen. Das Programm beinhaltet bereits einen Bootmanager, der nach der Konfiguration das Laden der Betriebssysteme auf den beiden Partitionen übernimmt. Bei jedem Start des Rechners entscheiden Sie zunächst, mit welcher Partition Sie arbeiten möchten.

Auf der neu angelegten Partition können Sie nach Belieben Ihre Programme gefahrlos testen. Sollten zwei Programme das Betriebssystem auf der Testpartition zum Absturz bringen bzw. ruinieren, haben Sie immer noch eine arbeitsfähige Systempartition – das Unglück hält sich in Grenzen! Auf jeden Fall haben Sie Ihre Arbeitspartition nicht durch das Testen mehrerer Programme aufs Spiel gesetzt. Vertragen sich die installierten Programme dagegen auf dem Testsystem, können diese gefahrlos auch auf der Arbeitspartition eingerichtet werden. Ist Ihnen das eigene Testen zu zeitaufwendig? Im Folgenden finden Sie einige Tipps, wie Sie mehrere große Brennprogramme gefahrlos auf einem System installieren.

Nero neben WinOnCD 6 betreiben

Haben Sie vor, neben Nero zusätzlich WinOnCD zu nutzen, verzichten Sie zunächst bei der Hauptinstallation des Programms auf den CD/DVD-Emulator (virtuelles Laufwerk von WinOnCD), um Problemen mit „fremder" Brennsoftware vorzubeugen. Dazu gehen Sie folgendermaßen vor:

1 Starten Sie die Installation. Als *Setuptyp* wählen Sie *Angepasst* (benutzerdefinierte Installation).

2 Im nächsten Fenster verbieten Sie die Installation des Tools, indem Sie unter *Zusätzliche Tools und Hilfsprogramme* auf das Symbol vor *CD/DVD-Emulator* klicken und *Diese Funktion wird nicht verfügbar sein* auswählen.

3 Setzen Sie die Installation mit einem Klick auf *Weiter* fort.

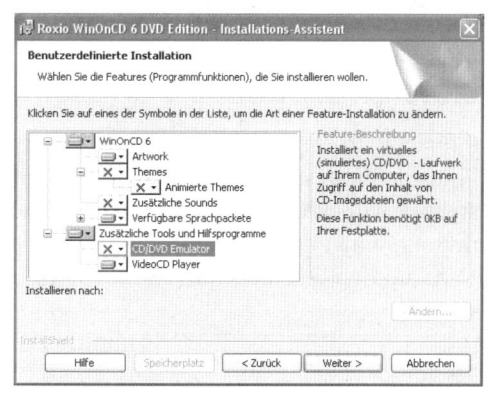

CD/DVD-Emulator nachträglich beseitigen!

Haben Sie WinOnCD bereits mit dem CD/DVD-Emulator installiert, können Sie das Tool nachträglich entfernen, indem Sie in der WinOnCD-Programmgruppe *Reparieren und Entfernen* wählen. Klicken Sie auf *Weiter*, wählen Sie im neuen Fenster *Programm ändern* und gehen Sie anschließend wie beschrieben vor.

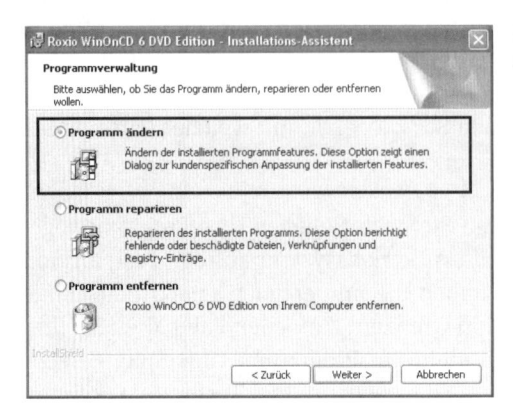

CD/DVD-Emulator von WinOnCD nachträglich entfernen – kein Problem!

Weitere Vorsichtsmaßnahmen

Wenn Sie neben Nero die mitgelieferte UDF-Software InCD nutzen möchten, verzichten Sie unbedingt auf die Installation von DirectCD – der UDF-Lösung von WinOnCD. Sie können statt InCD auch das Programm DirectCD problemlos neben Nero einsetzen.

Unter Umständen kommt es bei dem parallelen Betrieb von Nero und WinOnCD auf die Reihenfolge der Installation an. Auf manchen Systemen gibt es Probleme, wenn WinOnCD auf einem Rechner installiert wird, auf dem bereits Nero vorhanden ist. Optimal ist es, wenn Sie WinOnCD zuerst einrichten (notfalls das bereits vorhandene Nero wieder deinstallieren) und anschließend Nero installieren. Bei falscher Installationsreihenfolge kann es vorkommen, dass Nero nach der Installation von WinOnCD nicht mehr korrekt funktioniert.

Nero problemlos neben InstantCD/DVD 7 nutzen

Pinnacles InstantCD/DVD wird als Brennprogramm immer beliebter, da es mit Pinnacle Expression und Pinnacle InstantCopy zwei leistungsstarke Tools zur Erstellung von Video-DVDs bzw. zum Kopieren von CDs/DVDs bietet. Allerdings müssen einige Hürden überwunden werden, wenn Sie InstantCD/DVD 7 neben Nero auf dem Rechner nutzen möchten.

UDF-Lösung Instant-Write wird automatisch mitinstalliert!

InstantCD/DVD 7 von Pinnacle bringt wie jedes andere große Brennprogramm eine Software für die Erzeugung eines virtuellen Laufwerks und ein Packet Writing-Programm mit. Das Problem bei der Einrichtung von Pinnacles Instant CD/DVD neben Nero ist: Das Setupprogramm von Instant CD/DVD bietet keine benutzerdefinierte Installation an. Es werden sowohl bei der typischen, der vollständigen als auch bei der minimalen Installationsvariante alle Programme (also auch die UDF-Lösung InstantWrite) ohne Warnung auf die Festplatte kopiert. Einziger Unterschied der Installationsvarianten ist, dass beispielsweise Hintergründe und Bilder für die Erstellung von Video-DVDs nicht auf die Festplatte kopiert werden. Befindet sich bereits als UDF-Software InCD auf dem PC, kann es zu großen Systeminstabilitäten kommen, da zwei UDF-Programme auf einem Rechner immer Ärger bereiten. Auch die Erstellung des virtuellen Laufwerks (InstantDrive) lässt sich bei der Installation von Instant CD/DVD ohne Tricks nicht verhindern.

Instant CD/DVD ohne InstantWrite und InstantDrive installieren

Ich zeige Ihnen, wie Sie mit einem Trick die Installation von InstantWrite und InstantDrive verhindern und damit Instant CD/DVD problemlos auf einem Rechner neben Nero betreiben. Es bleibt zu hoffen, dass Pinnacle seine Brennsoftware bald mit einer benutzerdefinierten Installationsvariante ausstattet, mit der das Deaktivieren einzelner Programmteile bei der Installation möglich ist. Noch ein Tipp: Vor der Installation von Instant CD/DVD sollte Nero bereits auf dem PC installiert sein.

1 Kopieren Sie den Ordner *InstantCDDVD* von der Installations-CD auf die Festplatte.

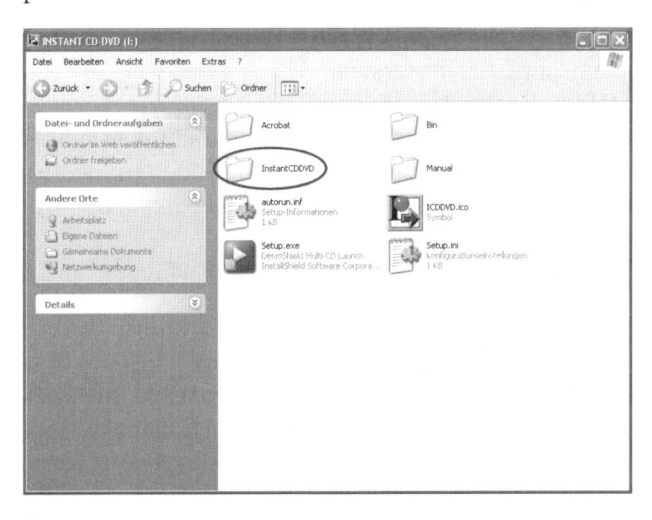

2 Öffnen Sie anschließend den auf die Festplatte kopierten Ordner, suchen Sie die beiden Dateien *InstantDrive.msi* und *InstantWrite.msi* und löschen Sie diese beiden. Bei den Dateien handelt es sich um die Installationspakete für InstantDrive und InstantWrite. Sämtliche Programme der Instant CD/DVD Brennsuite werden über separate Installationspakete eingerichtet, die durch ein Hauptinstallationsprogramm gestartet werden, aber nicht voneinander abhängig sind.

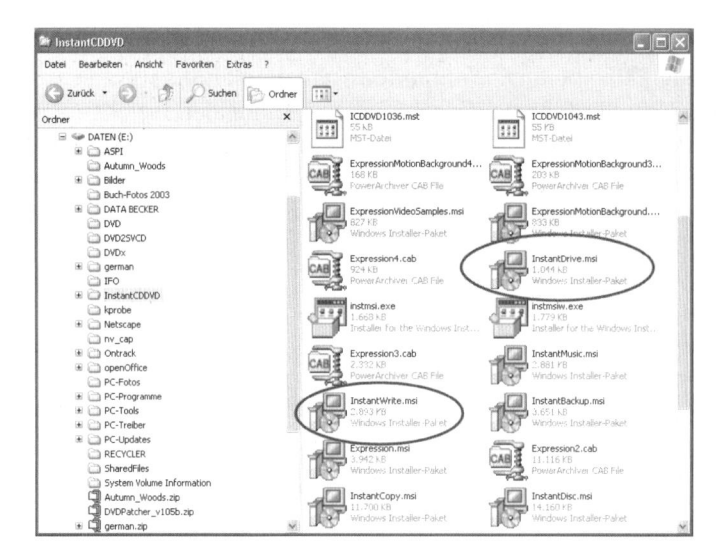

15. Brenner einrichten und Nero perfekt konfigurieren

3 Starten Sie jetzt die Installation von Instant CD/DVD über die Datei *InstantCDDVD.exe* im „bearbeiteten" Ordner und führen Sie die Installation wie gewohnt durch. InstantDrive und InstantWrite werden nicht mehr installiert, da die beiden Installationspakete fehlen. Nach der Installation starten Sie den PC neu.

4 Nach dem Neustart des Systems taucht eine Warnmeldung des Pinnacle Systemchecks auf, dass angeblich Treibereinstellungen fehlerhaft seien. Der Systemcheck hat festgestellt, dass einige Treiber fehlen (beispielsweise von InstantWrite) bzw. Treiber eines „fremden" Brennprogramms (nämlich Nero) vorhanden sind und bietet eine Reparatur an. Diese dürfen Sie **auf keinen Fall** durchführen lassen! Klicken Sie daher im auftauchenden Warnfenster auf *Nein*. Vorher aktivieren Sie *Diese Meldung nicht wieder anzeigen*, sonst erscheint die Meldung bei jedem Systemstart, was viel Freude bereitet ...

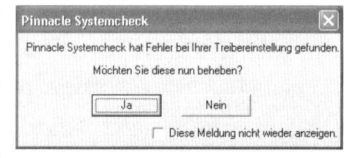

5 Zum Abschluss entfernen Sie aus der Programmgruppe von Instant CD/DVD die ungültigen Einträge *InstantWrite* und *InstantDrive*. Ab sofort können Sie auf einem Rechner problemlos mit Nero und Instant CD/DVD Ihre Rohlinge brennen und für jede Aufgabe das optimale Programm aussuchen.

15.4 Wenn Nero den Brenner nicht erkennt

Bevor Sie mit Nero CDs/DVDs brennen können, muss das Programm Ihren Brenner erkennen, um ihn genau (mit den richtigen Befehlen) anzusteuern. In seltenen Fällen erkennt Nero den eingebauten Brenner nicht – dann müssen Sie etwas nachhelfen ...

Welche Brennermodelle werden unterstützt?

Zurzeit gibt es eine unüberschaubar große Zahl von CD- und DVD-Brennern auf dem Markt. Aufgrund dieser Tatsache ist es für kein Brennprogramm möglich, alle Brennermodelle zu unterstützen. Unterstützt (erkennt) das Brennprogramm aber den eingebauten Writer nicht, können Sie keine Medien mit dieser Kombination aus Brenner und Brennprogramm schreiben.

Woher kommt das? Für die exakte Ansteuerung des Brenners wird zunächst ein genereller Treiber für den Zugriff benötigt. Zusätzlich ist noch ein spezieller Treiber erforderlich, der die Befehle des Brennprogramms in eine für den Brenner verständliche Sprache umwandelt. Ist kein passender Treiber vorhanden, spricht man davon, dass die Brennsoftware den Writer nicht kennt. Das Programm kann in dem Fall zwar über den generellen Ansteuerungstreiber auf das Gerät zugreifen, aber die exakten Brennbefehle können nicht korrekt übersetzt werden. Aus diesem Grund ist der Brenner nicht mit dem Programm verwendbar, da eine Aufzeichnung ohne geeigneten Treiber mit ziemlicher Sicherheit fehlschlägt. Zwar besitzt Nero 6 (wie InCD 4) im Gegensatz zur Vorgängerversion ein spezielles Feature namens Smart Detect, durch dessen Hilfe Nero selbst mit „unbekannten" topaktuellen Writern zusammenarbeiten soll – dieses neue Feature muss sich in der Praxis jedoch erst bewähren. Außerdem ist es besser, wenn Nero den Writer und seine Eigenschaften exakt kennt und nicht nur über Smart Detect „versuchsweise" ansteuert – das kann zu Brennproblemen führen. Die Erkennung des Writers erfolgt übrigens über die Gerätebezeichnung, mit der sich der Brenner im Betriebssystem „anmeldet". Die exakte Bezeichnung erfahren Sie zum Beispiel über den Geräte-Manager.

Warum werden spezielle Treiber benötigt?

Die Befehlsstandards der Brenner verschiedener Hersteller sind leider relativ unterschiedlich, sodass mehrere spezielle Gerätetreiber für die Befehlsübersetzung notwendig sind. Außerdem besitzen manche Brenner spezielle Gerätefeatures (CD-TEXT, besondere Schreibmodi usw.). Allerdings beherrschen die meisten Brenner den MMC-Standard (MMC ist die Abkürzung für MultiMedia Commands). Darin wurden grundlegende Befehle festgelegt, damit bei jedem Brenner die wichtigsten Befehle identisch sind. Dadurch sollte es mit jedem Programm möglich sein, die grundlegenden Funktionen (keine Spezialfeatures) des Geräts zu nutzen. Eventuell muss dem Brenner vor dem ersten Brennvorgang mit einem Trick ein passender Standardtreiber zugewiesen werden.

Wollen Sie Ihre CDs/DVDs mit Nero brennen, sollten Sie vor dem Kauf eines neuen Writers zunächst feststellen, welche Brennermodelle von Nero unterstützt werden. Dies ist auch empfehlenswert, wenn Nero den in Ihrem System eingebauten Brenner nicht erkennt. Dadurch stellen Sie fest, ob Nero das Brennermodell überhaupt unterstützt.

15. Brenner einrichten und Nero perfekt konfigurieren

Brennerunterstützung von Nero, Nero Express, NeroVision Express, Nero Mix und InCD

Im Internet veröffentlicht Ahead unter *www.nero.com* im Programmbereich von Nero eine Datenbank, in der alle von Nero unterstützten Brenner aufgelistet sind. Die aufgeführten Writer können sowohl unter Nero, Nero Express, NeroVision Express, Nero Mix als auch InCD genutzt werden, weil die einzelnen Teilprogramme des Nero-Softwarepakets auf der gleichen Brennengine und identischen Treibern zur Writeransteuerung basieren.

Früher unterschieden sich die von Nero und InCD unterstützten Brennermodelle. Das lag daran, dass InCD bis zur Version 3.5 ein „Fremdprodukt" war – erst Version 4 stammt von Ahead selbst und bietet aus diesem Grund die gleiche Brennerunterstützung wie Nero.

Die Modelle sind alphabetisch nach dem Hersteller sortiert, sodass Sie den gewünschten Writer schnell finden. Wird er nicht aufgeführt, kennt Nero dieses Modell noch nicht. Es kann aber sein, dass der Brenner mit einem bald erscheinenden Update unterstützt wird. Dies gilt insbesondere für topaktuelle Brenner. Bei allen aufgeführten Writern wird angegeben, ab welcher Nero-Version sie unterstützt werden. Die Brennermodelle werden unter ihrem speziellen Gerätenamen aufgeführt und nicht nach Brenngeschwindigkeiten angeordnet. Außerdem erfahren Sie, welche besonderen Brenneigenschaften (zum Beispiel CD-TEXT usw.) Nero in Verbindung mit dem Writer-Modell unterstützt.

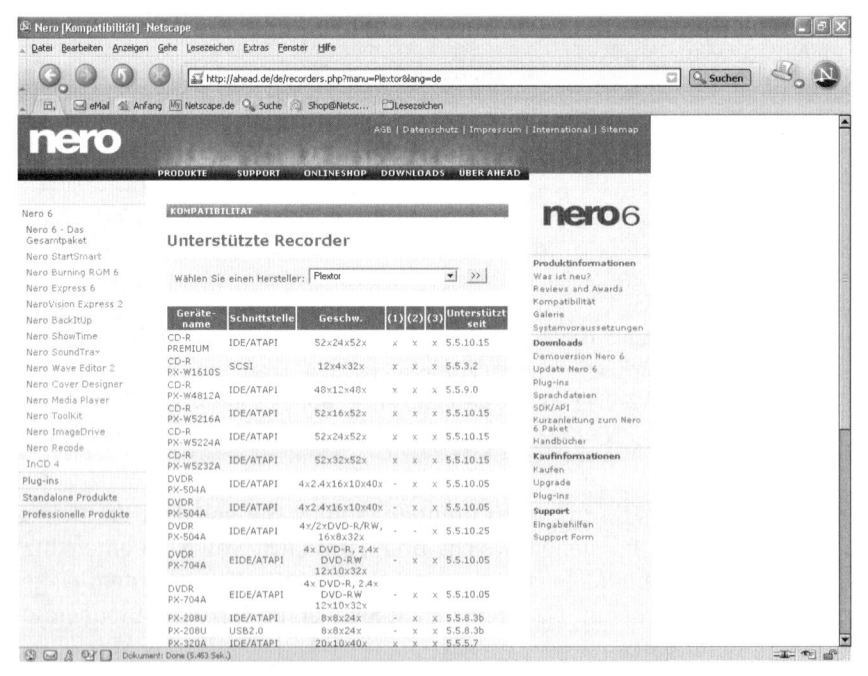

Ahead informiert im Internet über alle von Nero unterstützten Brennermodelle und deren Schreibeigenschaften in Verbindung mit Nero.

Brennerdatenbank nicht immer aktuell!

Aufgrund der Schnelligkeit, mit denen die Firmen neue Brenner auf den Markt werfen, ist es für die Hersteller von Brennprogrammen kaum möglich, ihre Software bzw. die Datenbanken immer auf dem aktuellsten Stand zu halten. Meistens ist bereits ein Update vorhanden, mit dem Nero das topaktuelle Modell von Hersteller XYZ kennt, obwohl das Gerät laut Datenbank nicht von Nero unterstützt wird. Die Datenbank wird häufig erst später (wenn das Update schon einige Zeit veröffentlicht ist) auf den neusten Stand gebracht. Die Brennerunterstützung von Nero ist sehr gut, sodass alle topaktuellen Brennermodelle von namhaften Firmen in der Regel nach kurzer Zeit durch eine Programmaktualisierung unterstützt werden. Wollen Sie auf Nummer sicher gehen, dass Nero Ihren Wunschbrenner unterstützt, warten Sie entweder noch ein wenig oder greifen zu einem etwas älteren Modell, was meistens erheblich billiger ist.

Hat Nero Ihren Brenner korrekt erkannt?

Nachdem Sie Nero installiert haben, sollten Sie vor dem Zusammenstellen der ersten CD/DVD kontrollieren, ob Ihr Brenner korrekt erkannt wurde.

1   Starten Sie das Hauptprogramm Nero Burning Rom über die Programmgruppe *Nero*. Beim ersten Start von Nero Burning Rom bzw. Nero Express taucht das Fenster *Rekorder auswählen* automatisch auf (weiter geht es bei Schritt 3).

2   Erscheint bei Ihnen dagegen das Fenster *Neue Zusammenstellung*, wurde Nero Burning Rom bzw. Nero Express zuvor schon einmal gestartet. Schließen Sie dieses Fenster über *Abbrechen*, schließlich wollen Sie nur kontrollieren, ob der Brenner von Nero korrekt erkannt wurde. Im Hauptfenster von Nero wählen Sie *Rekorder/Rekorderauswahl*.

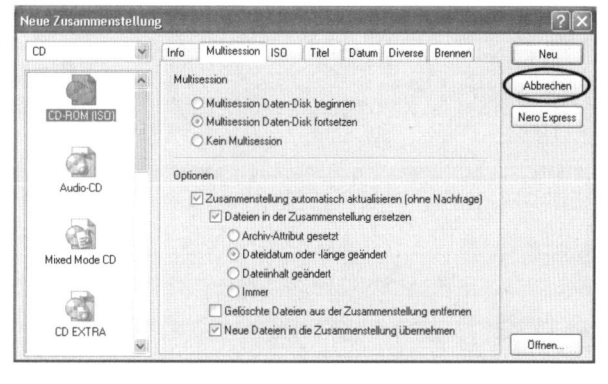

3   Im Fenster *Rekorder auswählen* werden alle von Nero erkannten Brenner aufgelistet. Mit diesen Geräten können Sie mit Nero CDs/DVDs brennen. Fehlt ein Brenner in der Auflistung, wird das Modell von der installierten Nero-Version nicht unterstützt.

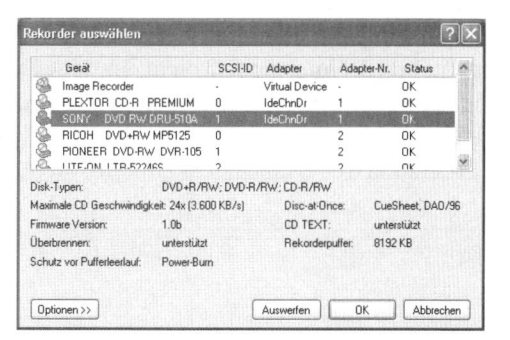

15. Brenner einrichten und Nero perfekt konfigurieren

> **Wofür ist der Image Recorder?**
>
> Der *Image Recorder* ist auf jedem System vorhanden und dient zur Erzeugung von Imagedateien mit Nero. Über den Eintrag können Sie von jeder CD/DVD-Zusammenstellung ein Image erzeugen und dieses beispielsweise mit Nero DriveImage vor dem eigentlichen Brennen auf CD/DVD ausgiebig testen. Näheres zu Imagedateien erfahren Sie in Kapitel 3.

Über *Rekorder/Rekorderauswahl* wählen Sie den Brenner aus, den Sie am häufigsten zum Brennen der Projekte nutzen möchten. Nero merkt sich die Auswahl – der ausgewählte Brenner gilt als Standardbrenner und ist so lange für das Schreiben der anstehenden Brennaufgaben automatisch voreingestellt, bis Sie einen anderen Writer als Standardbrenner bestimmen. Wollen Sie für das aktuelle Projekt nicht den Standardbrenner verwenden, wählen Sie einen anderen Writer am schnellsten über die Laufwerkauswahlliste im Hauptfenster aus.

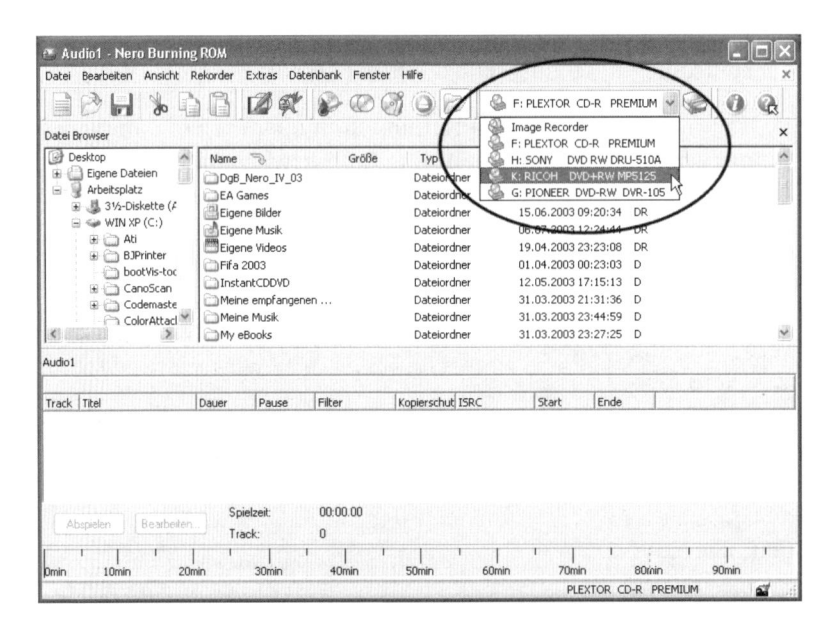

Nero erkennt den Brenner nicht? – So helfen Sie nach!

Die Brennerunterstützung von Nero ist, wie bereits erwähnt, sehr gut. Nur in äußerst seltenen Fällen und bei einer alten Programmversion erkennt Nero ein topaktuelles Brennermodell nicht. In dem Fall prüfen Sie im Internet, ob im Downloadbereich von Nero unter *www.nero.com* ein Programmupdate zur Verfügung steht und installieren es. Mit jeder Aktualisierung wird die Zahl der unterstützten Brenner erweitert. Näheres zur Softwareaktualisierung erfahren Sie in Kapitel 1.

> **Bundlesoftware kennt nur das eine Brennermodell**
>
> Haben Sie Nero im Bundle mit einem Brenner erworben und möchten diese Nero-Version mit einem anderen Brennermodell bzw. einem zusätzlichen Writer nutzen, funktioniert das meistens nicht – der neue Writer wird selbst nach einem Programmupdate nicht erkannt. Bundleversionen von Nero funktionierten ausschließlich mit dem Gerät, dem sie beigelegt waren. Für Nero-Brennspaß mit einem anderen Writer oder mit zwei Brennern müssen Sie eine „Vollversion" von Nero erwerben. Nähere Infos hierzu erhalten Sie unter *www.nero.com*.

CD/DVD-ROM-Erkennung durchführen

Für maximale Leistung (besonders beim Kopieren „on-the-fly") muss Nero nicht nur Ihren Brenner, sondern auch die Lesegeräte korrekt erkennen. In der Regel geschieht das ohne Probleme, nur bei äußerst seltenen und exotischen Leselaufwerken ist Nero dazu nicht in der Lage. In diesen Fällen müssen Sie die CD-ROM/DVD-ROM-Erkennung durchführen, damit Nero die richtigen Parameter für die Ansteuerung des Laufwerks findet. Wird ein Lesegerät von Nero nicht unterstützt, werden Sie beim ersten Start des Programms entsprechend informiert.

1. Zunächst müssen Sie sich in der Utility-Sektion des Downloadbereichs von Nero unter *www.nero.com* die Datei *TESTCD.EXE* herunterladen, die ein CD-Image für die notwendige Test-CD der CD-ROM/DVD-ROM-Erkennung erzeugt.

2. Nach dem Download erzeugen Sie die Imagedatei über einen Doppelklick auf die heruntergeladene Datei. Das angelegte CD-Image brennen Sie mit Nero Burning Rom über *Rekorder/Image brennen* auf einen Rohling.

3. Ist der Brennvorgang erfolgreich abgeschlossen, legen Sie die gebrannte Test-CD in das nicht erkannte Laufwerk und starten die CD/DVD-ROM-Erkennung über *Extras/Autom. Erk. CD/DVD-ROM-Laufwerk*. Nach einem ausführlichen Laufwerktest hat Nero die optimalen Parameter zur Ansteuerung des Laufwerks ermittelt – das Lesegerät steht Ihnen ab sofort unter Nero mit optimaler Leistung zur Verfügung!

15.5 Was kann der Brenner mit Nero?

Wollen Sie mit Nero und Ihrem Brenner alle Möglichkeiten beim Brennen von CDs/DVDs ausschöpfen, bringen Sie zunächst in Erfahrung, welche Schreibeigenschaften der Writer in Verbindung mit Nero beherrscht. Es reicht nicht aus, wenn der Writer hardwaremäßig ein besonderes Feature beherrscht – das besondere Feature muss in Verbindung mit dem Brennermodell auch softwaremäßig durch Nero unterstützt werden.

Brennerfeatures mit Nero aufdecken

1 Im Hauptprogramm Nero erfahren Sie über *Rekorder/Rekorderauswahl* die Schreibeigenschaften Ihres Brenners, die Nero mit dem Gerät unterstützt.

2 Markieren Sie den Eintrag des Brenners, dessen Features Sie erfahren möchten. Darunter werden die speziellen Brennfeatures aufgelistet. Lesen Sie hinter einem Eintrag *unterstützt*, so beherrscht Nero dieses Feature in Verbindung mit dem ausgewählten Brenner; steht stattdessen *nicht unterstützt*, müssen Sie auf diese Eigenschaft verzichten, da sie nicht von Ihrem Writer unterstützt wird. Eventuell hilft ein Firmwareupdate für den Brenner, um die betreffende Eigenschaft „freizuschalten". Was die einzelnen Featureeinträge genau bedeuten, erfahren Sie in der folgenden Tabelle.

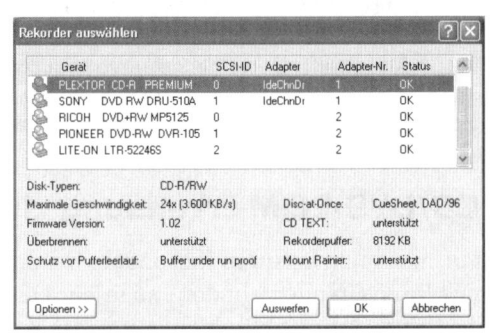

Die besonderen Schreibeigenschaften einiger Brenner (VariRec, Audio-Master-Quality-Recording usw.) werden nicht aufgelistet, da sie nur eine kleine Anzahl Writer von Plextor oder Yamaha betreffen.

Featureeintrag	Kommentar
Disktypen	Gibt die brennbaren Rohlinge an.
Maximale Geschwindigkeit	Gibt die maximale Brenngeschwindigkeit an. Hinweis: Liegt ein Rohling im Brenner, wenn Sie das Rekorderauswahlfenster aufrufen, kann die Geschwindigkeitsangabe von der maximal möglichen Brenngeschwindigkeit abweichen, weil der Brenner Nero die maximale Schreibgeschwindigkeit für den eingelegten Rohling mitteilt. Darf die Scheibe nur mit geringer Geschwindigkeit gebrannt werden, differieren die angegebene und die maximal mögliche Brenngeschwindigkeit.
Firmware Version	Gibt die installierte Firmwareversion des Brenners an; wichtig für ein Firmwareupdate!
Überbrennen	Beherrscht Ihr Writer in Verbindung mit Nero das Überbrennen von Rohlingen, können Sie auf jedes Medium etwas mehr Daten brennen, als auf der Rohlingverpackung angegeben ist.
Schutz vor Pufferleerlauf	Verhindert beim Brennvorgang den früher gefürchteten Buffer Underrun; Nero gibt hier den Namen des im Brenner verwendeten Schutzmechanismus an. Leider stimmt diese Angabe nicht immer. Näheres zum Buffer Underrun-Schutz erfahren Sie im folgenden Abschnitt.
Disc-at-Once	Gibt an, welche Disc-at-Once-Schreibmethoden der Writer beherrscht; es gibt sowohl den CueSheet- als auch den RAW-Modus. Der RAW-Modus wird von Nero durch „DAO" gefolgt von einer Zahl angegeben. Näheres dazu siehe Abschnitt „Die verschiedenen Schreibmethoden im Überblick".

Featureeintrag	Kommentar
CD TEXT	Gibt an, ob der Brenner CD-TEXT-Daten auf eine Audio-CD brennen kann.
Rekorderpuffer	Gibt die Größe des hardwaremäßigen Rekorderpuffers an – nicht zu verwechseln mit dem von Nero bei jedem Schreibvorgang angelegten Softwarepuffer im Arbeitsspeicher. Je größer der Rekorderpuffer, desto besser!
Mount Rainier	Gibt an, ob der Brenner den neuen Schreibstandard Mount Rainier (auch EasyWrite genannt) beherrscht; dadurch verläuft beispielsweise das Formatieren eines wieder beschreibbaren Rohlings mit InCD wesentlich schneller. Beherrscht Ihr Writer Mount Rainier nicht, ist kein solcher Eintrag vorhanden.

Buffer Underrun-Schutz durchleuchtet

Beim Schreiben einer Disk ist ein kontinuierlicher Datenstrom zum Brenner notwendig. Reißt dieser ab und der interne Datenzwischenspeicher (der hardwaremäßige Datenpuffer) des Writers ist leer, wurde früher der Brennvorgang bei einem alten Writer ohne Schutzmechanismus mit der Fehlermeldung, dass ein Buffer Underrun (Pufferleerlauf) aufgetreten sei, abgebrochen – der Rohling ist ein Fall für die Mülltonne, da der Schreibvorgang nicht fortgesetzt werden kann. Früher war also der Buffer Underrun einer der gefürchtetsten Fehler, die beim Brennen auftreten konnten. Um den Buffer Underrun zu vermeiden, war ein optimal konfigurierter Rechner mit schneller Festplatte notwendig.

Moderne CD/DVD-Brenner besitzen als Standardausstattung einen Buffer Underrun-Schutz (BURN-Proof, JustLink und Co.), der – kurz bevor der interne Datenzwischenspeicher des Brenners vollständig leer ist – den Schreibvorgang vorübergehend anhält und erst beim Eintreffen neuer Daten wieder fortsetzt. Die Schreibunterbrechung macht sich auf dem fertig gebrannten Rohling nicht bemerkbar.

Viele unterschiedliche Bezeichnungen

Der Schutzmechanismus gegen den gefürchteten Buffer Underrun wird bei jedem Brennerhersteller aus lizenzrechtlichen Gründen anders genannt. Die verschiedenen Buffer Underrun-Schutzmechanismen der Brenner unterscheiden sich jedoch nur in der Positioniergenauigkeit des Lasers nach dem Schreibabbruch, was im PC-Alltag keine Rolle spielt.

In der folgenden Tabelle erfahren Sie die Namen der Buffer Underrun-Schutzmechanismen der verschiedenen Writer-Hersteller. Bedenken Sie bitte, dass es sein kann, dass ein Hersteller bei der nächsten Brennergeneration einen anderen Schutzmechanismus in seine Geräte einbaut.

15. Brenner einrichten und Nero perfekt konfigurieren

Brennerhersteller	Schutzmechanismus
Plextor, Waitec	BURN-Proof
Teac	WriteProof, seit neustem: FlextraLink
Yamaha	SafeBurn
LiteOn, Traxdata	Smart Burn
Ricoh, A-Open, NEC, Artec, Samsung	JustLink
LG	SuperLink
ASUS	FlextraLink
Cyberdrive, Mitsumi, MSI	ExacLink
Philips, Benq	SeamlessLink
Sony	PowerBurn
TDK	Keine Angabe seitens des Herstellers; wahrscheinlich Smart Burn, da TDK keine eigenen Brenner baut, sondern Geräte von LiteOn unter eigenem Namen vertreibt.

Die Firma Sanyo entwickelte den ersten Buffer Underrun-Schutz für Writer mit dem Namen BURN-Proof! Wollen Sie in den Genuss des Buffer Underrun-Schutzes kommen, muss sowohl der Brenner als auch die Brennsoftware diese Funktion unterstützen.

Schneller brennen dank großem Hardwarepuffer

Viele Hersteller sparen bei modernen Brennern an der Größe des hardwaremäßigen Datenzwischenspeichers im Gerät: 2 MByte ist sowohl bei CD- als auch bei DVD-Brennern die Standardgröße – bei hohen Brenngeschwindigkeiten viel zu wenig! Einige Hersteller haben das erkannt und spendieren ihren schnellen Geräten einen 8 MByte großen internen Datenpuffer (zum Beispiel die 40fach-CD-Brenner von LG oder TEAC).

Schneller brennen mit großem Rekorderpuffer

Warum ist ein großer Datenzwischenspeicher im Brenner trotz Buffer Underrun-Schutz immer noch empfehlenswert? Der interne Datenpuffer soll kleine Unterbrechungen (bzw. Unregelmäßigkeiten) im kontinuierlichen Datenstrom überbrücken, damit der Buffer Underrun-Schutz nicht sofort aktiviert werden muss. Je größer dieser Datenzwischenspeicher im Brenner ist, umso länger kann eine eventuelle auftretende Unterbrechung des Datenstroms zum Writer überbrückt werden (= es tritt kein Pufferleerlauf auf). Der Buffer Underrun-Schutz muss bei einem großen internen Datenpuffer nur äußerst selten bzw. überhaupt nicht aktiviert werden, der Schreibvorgang verläuft ohne Zwischenstopps und die Scheibe ist schneller fertig! Beim nächsten Brennerkauf sollten Sie daher trotz Buffer Underrun-Schutzmechanismus auf einen möglichst großen internen Datenzwischenspeicher achten und einem solchen Gerät den Vorzug geben, auch wenn es etwas teurer ist.

Neben dem hardwaremäßigen Datenpuffer im Inneren des Brenners gibt es zusätzlich einen softwaremäßigen Datenpuffer des Schreibprogramms: Jedes Brennprogramm legt beim Start des Schreibvorgangs einen Datenzwischenspeicher im Arbeitsspeicher des Systems an, um ebenfalls kleinere Unregelmäßigkeiten im Datenfluss zu überbrücken. Maximale Brenngeschwindigkeit erhalten Sie, wenn Ihr Writer zusätzlich zu dem Softwarepuffer des Brennprogramms über einen großen hardwaremäßigen Datenpuffer verfügt – ein Abbruch des kontinuierlichen Datenstroms wird durch das Zusammenspiel der beiden Datenzwischenspeicher auf modernen, schnellen Rechnern nur äußerst selten bzw. überhaupt nicht vorkommen. Selbst starke Schwankungen in der Datentransferleistung des Systems lassen höchstens einen bzw. keinen der beiden Zwischenspeicher leer werden – der Buffer Underrun-Schutz muss nicht aktiv werden.

Genauere Angaben mit dem Nero InfoTool

Das mit Nero gelieferte Nero InfoTool gibt bei gewissen Rekordereigenschaften noch genauer Auskunft, als das Auswahlfenster von Nero. Nach dem Start des nützlichen Helfers wechseln Sie auf die Registerkarte *Drive* und wählen den Brenner aus, um weitere Informationen über die Rekorderfeatures zu erhalten.

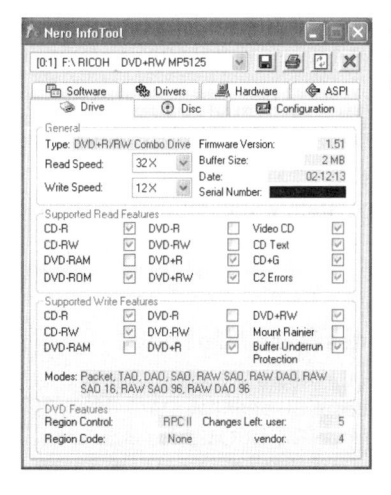

Das Nero InfoTool gibt Auskunft über die Schreib- bzw. Leseeigenschaften der Laufwerke.

Generelle Angaben zum Laufwerk

Unter *General* erfahren Sie unter anderem die Lese- und Schreibgeschwindigkeiten des Laufwerks, die installierte Firmwareversion und die Größe des hardwaremäßigen Datenzwischenspeichers im Brenner (*Buffer Size*). Hilfreich kann auch die Angabe der Seriennummer (*Serial Number*) des Geräts sein. Tritt ein Problem bzw. Defekt auf, müssen Sie beim Kontakt mit dem Hersteller oft die Seriennummer des Geräts angeben. Diese befindet sich meistens auf einem Aufkleber am

Brenner. Haben Sie sich die Nummer vor dem Einbau nicht notiert, bleibt Ihnen nichts anderes übrig, als den PC aufzuschrauben, um die Seriennummer zu erfahren. Mit dem Nero InfoTool entfällt diese mühevolle Arbeit bei den meisten Geräten. Leider gelingt die Abfrage der Seriennummer nicht bei allen Geräten, sodass unter Umständen hinter *Serial Number* nichts angezeigt wird.

Unterstützte Leseeigenschaften

Im Abschnitt *Supported Read Features* zeigt das Nero InfoTool genaue Informationen über die Leseeigenschaften des Geräts an. Sie erfahren beispielsweise, welche gebrannte Medien das Laufwerk wiedergibt. Dies ist besonders für gebrannte DVD-Rohlinge interessant: Das Nero InfoTool teilt Ihnen mit, welche DVD-Rohlinge (DVD-Plus oder DVD-Minus) Ihr Laufwerk lesen kann. Sie sollten bei diesen Angaben skeptisch sein, da sie nicht auf dem neusten Stand sind: Viele moderne DVD-ROM-Laufwerke bzw. DVD-Brenner lesen sowohl DVD-R/RW als auch DVD+R/RW, obwohl Sie laut Nero InfoTool nur eine der beiden Rohlingsorten abspielen können.

Weiterhin erfahren Sie, ob das Laufwerk CD-TEXT-Daten einer Musik-CD auslesen kann und die Auswertung von C2-Fehlern (*C2 Errors*) beherrscht. Dies ist besonders für das professionelle Auslesen von Musik-CDs empfehlenswert und unerlässlich für die Kontrolle der Brennqualität von gebrannten Medien. Näheres hierzu siehe Kapitel 14.

Unterstützte Schreibeigenschaften

Unter *Supported Write Features* zeigt Ihnen das Nero InfoTool alle Medientypen, die Sie mit Ihrem Brenner beschreiben können. Das ist gerade bei DVD-Rohlingen wichtig, damit Sie keinen teuren Fehlkauf tätigen und die falsche Rohlingsorte besorgen. Weiterhin erfahren Sie, ob der Brenner einen Buffer Underrun-Schutz besitzt und Mount Rainier beherrscht.

> **Was bedeuten die Kombinationsangaben des Nero InfoTools?**
>
> Unter *Supported Write Features* gibt das Nero InfoTool hinter *Modes* (je nach Brenner) Kombinationen verschiedener Schreibmodi an. Dort liest man beispielsweise *RAW DAO/96* – was hat das zu bedeuten? Die Angabe besagt, dass der Brenner im Disc-at-Once-Brennverfahren den RAW-Modus beherrscht und alle 96 Bytes Kontrollinformationen pro Sektor beim Schreiben berücksichtigt. Mit dem bisher im Buch erworbenen Wissen entziffern Sie jede Angabe des Nero InfoTools in Bezug auf die Schreibeigenschaften Ihres Brenners und wissen anschließend, was das Gerät genau leistet.

Sehr aufschlussreich sind die Angaben hinter *Modes*. Hier werden sämtliche Schreibeigenschaften aufgeführt, die der Brenner unterstützt. Die Schreibstandards werden in ihren Abkürzungen aufgeführt, was etwas verwirrend ist: *Packet* = Packet Writing mit InCD; *TAO* = Track-at-Once; *DAO* = Disc-at-Once;

SAO = Session At Once. Was die Unterschiede der einzelnen Schreibmethoden sind, was *RAW* bedeutet und welche Bedeutungen die Zahlen hinter manchen Einträgen haben, wurde in den vorherigen Kapiteln dieses Buches erläutert – die entsprechenden Stellen finden Sie am schnellsten über den Buchindex.

DVD-Features

Handelt es sich bei dem ausgewählten Laufwerk um einen DVD-Brenner oder ein DVD-ROM-Laufwerk, finden Sie zusätzlich einige Informationen über die DVD-Eigenschaften des Geräts: Sie erfahren beispielsweise, welchen Regionalcode das Laufwerk besitzt und wie oft dieser noch geändert werden darf. Alle käuflich zu erwerbenden Video-DVDs besitzen einen bestimmten Regionalcode (für in Europa erhältliche Video-DVDs ist als Regionalcode *RPC II* üblich). Kaufen Sie eine DVD, die nicht dem Regionalcode Ihres Laufwerks entspricht, kann der Film erst abgespielt werden, wenn die Regionalcode-Einstellung entsprechend geändert wurde. Die meisten Geräte lassen fünf Änderungen des Regionalcodes zu, dann wird der zuletzt ausgewählte Code für immer fest für das Laufwerk eingestellt.

15.6 Nero für einen schnellen Schreibvorgang optimieren

Im Hauptprogramm von Nero verstecken sich einige Einstellungsmöglichkeiten, die die Sicherheit und Schnelligkeit des Brennvorgangs positiv beeinflussen. Wollen Sie beispielsweise Daten von Diskette oder einem Netzwerk brennen bzw. zum Schreiben einen relativ alten, leistungsschwachen PC nutzen, sollten Sie die folgenden Schritte unbedingt durchführen, um einen erfolgreichen und flotten Schreibvorgang zu gewährleisten.

Ultrabuffer von Nero manuell konfigurieren

Bei jedem Brennvorgang legt Nero automatisch im Arbeitsspeicher des PCs einen softwaremäßigen Datenzwischenspeicher an (nicht zu verwechseln mit dem hardwaremäßigen Datenpuffer im Brenner), um Schwankungen im kontinuierlichen Datenstrom zum Writer auszugleichen und damit für einen möglichst schnellen Schreibvorgang ohne Aktivierung des Buffer Underrun-Schutzes zu sorgen.

Die Größe des von der Software angelegten Puffers – von Nero Ultrabuffer genannt – bestimmt Nero automatisch. In der Regel brauchen Sie nicht einzugreifen und die Größe zu ändern, da Nero den Wert optimal festlegt. Das Programm orientiert sich dabei an der Größe des installierten Arbeitsspeichers: je mehr RAM vorhanden ist, umso größer kann der Softwarepuffer sein. In seltenen Fällen (besonders bei leistungsschwächeren PCs) kann es ratsam sein, die Größe des Ultrabuffers manuell einzustellen, um einen sichereren und flotteren Brennvorgang zu gewährleisten. Bedenken Sie jedoch, dass der Ultrabuffer sich von

15. Brenner einrichten und Nero perfekt konfigurieren

dem Arbeitsspeicher „bedient" – und damit durch die Anlegung eines großen Ultrabuffers weniger Arbeitsspeicher für andere Anwendungen während der Aufzeichnungsphase zur Verfügung steht. Bei sehr wenig Arbeitsspeicher sollten Sie deshalb keinen zu großen Softwarepuffer anlegen; in der Regel genügt als maximale Größe ca. 40% des installierten RAMs.

1 Im Hauptprogramm von Nero wählen Sie *Datei/Einstellungen* und wechseln auf die Registerkarte *Ultrabuffer*.

2 Wählen Sie hinter *Methode* zunächst *Manuelle Konfiguration* aus und geben Sie anschließend die gewünschte Größe des im Arbeitsspeicher angelegten Datenpuffers ein. Die minimale Puffergröße beträgt ein MByte, die maximale Größe 80 MByte. Die vorgenommene Einstellung gilt sowohl für Nero als auch für NeroExpress.

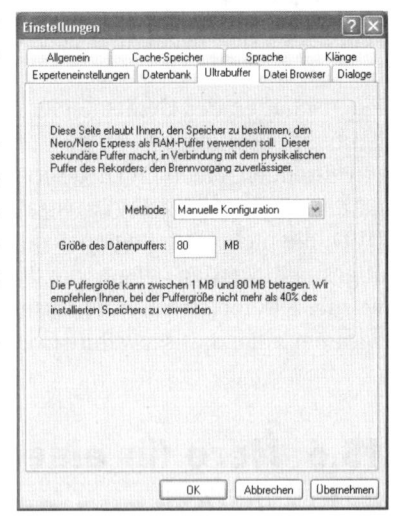

Bei besonders leistungsschwachen Rechnern lohnt es sich eventuell, bereits bei 128 MByte RAM die Größe des Ultrabuffers für einen schnellen Schreibvorgang auf ca. 65-70 MByte zu setzen. Voraussetzung: Im Hintergrund laufen keine zusätzlichen Programme, die ebenfalls wertvollen Arbeitsspeicher benötigen.

RAM-Größe	Empfohlene Größe des Ultrabuffers
Bis zu 64 MByte	26 MByte
Bis zu 128 MByte	52 MByte
Bis zu 256 MByte	80 MByte
Mehr als 256 MByte	80 MByte

Am besten stellen Sie die gewünschte Ultrabuffergröße ein und führen zunächst eine Simulation des Schreibvorgangs durch. Gelingt diese fehlerfrei und schnell, haben Sie bereits die optimale Konfiguration für Ihren PC gefunden; andernfalls müssen Sie etwas mit der Größe des Ultrabuffers experimentieren ...

Bei vielen Brennern kein Buffer Underrun-Schutz während der Simulation!

Viele moderne Brenner mit einem Buffer Underrun-Schutz aktivieren diesen bei der Simulation des Schreibvorgangs nicht! Die Folge: Werden die Daten nicht schnell genug an den Brenner geliefert, tritt im Simulationsdurchlauf ein Buffer Underrun auf – die Simulation scheitert mit einer Fehlermeldung. Keine Panik: Beim Brennen der Scheibe würde dagegen der Schutzmechanismus aktiviert werden und der Rohling weitergebrannt! Versuchen Sie, beim Experimentieren die Größe des Ultrabuffers so einzustellen, dass der Simulationsdurchlauf auch ohne Buffer Underrun-Schutz erfolgreich abgeschlossen wird. Dadurch muss beim eigentlichen Brennen der Schutzmechanismus gegen den Buffer Underrun nicht aktiviert werden, weshalb der Schreibvorgang schneller fertig ist.

Brennen von langsamen Quellen: Dateicaching aktivieren

Wollen Sie Dateien von langsamen Quellen brennen (zum Beispiel von Diskette oder einem Netzwerk), empfiehlt es sich, das Dateicaching von Nero zu aktivieren. Dadurch werden Daten, die von langsamen Quellen kommen, vor dem Brennvorgang im schnellen Arbeitsspeicher oder auf der Festplatte zwischengespeichert, damit sie flotter zum Writer transportiert werden können – ein Buffer Underrun kann nicht auftreten. Neben dem Caching für Daten von langsamen Quellen besitzt Nero auch die Möglichkeit, Daten von CDs/DVDs, die per Drag & Drop in das Projektfenster hineingezogen werden, aus Sicherheitsgründen vor dem Schreibvorgang im Arbeitsspeicher bzw. auf der Festplatte zwischenzuspeichern.

Dateicaching für Daten von Diskette oder Netzwerk einschalten

Das Caching von Daten aus langsamen Quellen aktivieren Sie im Fenster *Neue Zusammenstellung*. Dieses taucht beim Start von Nero jedes Mal automatisch auf und ist auch bei einem bereits angelegten Projekt über *Datei/Zusammenstellungseigenschaften* erreichbar. Das Dateicaching kann bei allen CD/DVD-Projekten außer beim Kopieren von Medien und bei der Erstellung von Audio-CDs aktiviert werden.

1 Auf der Registerkarte *Diverse* schalten Sie über den Eintrag *Dateien von Diskette und Netzwerk cachen* die Cachingfunktion von Nero ein.

2 Bei einem leistungsschwachen PC bzw. einer langsamen Festplatte ist es ratsam, zusätzlich das Zwischenspeichern von kleinen Dateien zu aktivieren. Die voreingestellte Dateigröße, ab der die Daten gecachet werden, ist in der Regel optimal.

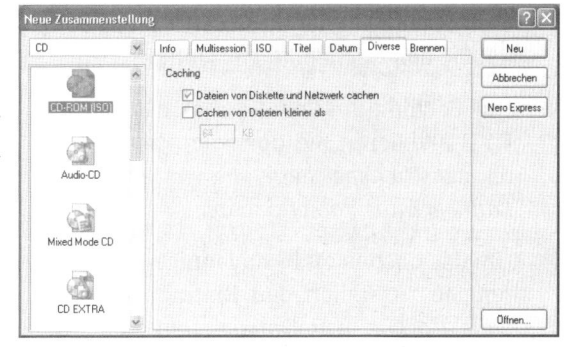

15. Brenner einrichten und Nero perfekt konfigurieren

Das Cachen von kleineren Dateien ist bei leistungsschwacher Hardware nötig, da die Daten häufig nicht in einem Rutsch (hintereinander) eingelesen werden können, sondern verstreut auf der Festplatte vorhanden sind. Für das Lesen jeder einzelnen Datei muss der Lesekopf der Festplatte neu positioniert werden, was Zeit kostet. Geschieht diese Positionierung nicht schnell genug, bricht der kontinuierliche Datenstrom zum Brenner ab – ein Buffer Underrun tritt auf. Durch das Cachen kleiner Dateien werden diese vor dem Schreiben eingelesen und im Arbeitsspeicher bzw. auf der Festplatte hintereinander zwischengespeichert, sodass die ständige Neupositionierung des Lesekopfes der Festplatte entfällt. Wie Sie den Ordner für die Zwischenspeicherung festlegen, erfahren Sie im nächsten Abschnitt. Große Dateien müssen dagegen nicht gecachet werden, da sie meistens an einem Stück auf der Festplatte liegen. Voraussetzung: Die Festplatte wird regelmäßig defragmentiert.

Cachen von Daten einer CD/DVD aktivieren und Cachepfad festlegen

Ziehen Sie Daten von einer CD/DVD in das Projektfenster hinein, werden sie erst beim Brennvorgang direkt eingelesen – das kann gefährlich sein bzw. den Brennvorgang unnötig verlängern: Tritt beim Lesen der Daten ein Lesefehler auf, bricht der kontinuierliche Datenstrom zum Brenner zusammen, weil das Laufwerk die fehlerhafte Stelle erneut einzulesen versucht und gegebenenfalls das Lesetempo drosselt – ein Buffer Underrun tritt auf, der den Brennvorgang verlängert! Kann das Laufwerk den Lesefehler nicht korrigieren, scheitert sogar der Schreibvorgang. Durch das Zwischenspeichern der Daten von CD/DVD wären Sie rechtzeitig informiert worden.

1 Wählen Sie im Hauptprogramm Nero *Datei/Einstellungen* und öffnen Sie die Registerkarte *Cache-Speicher*.

2 Unter *Pfad für Cache* legen Sie zunächst den Speicherplatz für die zu cachenden Dateien fest. Über die Schaltfläche *Die Geschwindigkeit aller Laufwerke testen* prüfen Sie die Transferrate der eingebauten Festplatten. Auf der schnellsten Platte sollten Sie den Cachepfad einrichten.

3 Die Cachingfunktion für Daten von CD/DVD aktivieren Sie über den Eintrag *Daten zwischenspeichern, die von einem CD Laufwerk aus kopiert werden*.

4 Um das Cachen zu beschleunigen, aktivieren Sie zusätzlich den Eintrag *Windows beim Cachen von Dateien umgehen, die per Drag & Drop in ISO-, UDF- und ISO/*

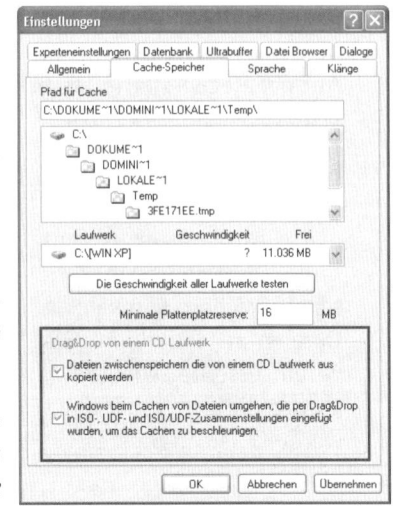

UDF-Zusammenstellungen eingefügt wurden, um das Cachen zu beschleunigen. Hintergrund: Windows besitzt selbst einen kleinen Datenzwischenspeicher für Daten, die von CD/DVD gelesen werden. Durch die Aktivierung dieser Option wird der (für das Brennen der Daten unnötige) Datenzwischenspeicher von Windows umgangen – die Daten würden sonst doppelt zwischengespeichert.

15. Brenner einrichten und Nero perfekt konfigurieren

16. Systemtuning für maximale Brennleistung und perfekte Videoaufnahmen

Trotz Buffer Underrun-Schutz ist es auch bei modernen Brennern ratsam, das Betriebssystem für einen möglichst schnellen und sicheren Brennvorgang zu optimieren – schließlich kostet jede Aktivierung des Schutzmechanismus unnötig Zeit, sodass die schnelle Schreibgeschwindigkeit moderner Writer nicht ausgenutzt wird. Das Betriebssystemtuning hat zusätzlich den Vorteil, dass Ihr System maximale Leistung bringt und dadurch die Aufzeichnung von Videomaterial fehlerfrei (ohne verloren gegangene Bilder) funktioniert. Außerdem verläuft die Videobearbeitung durch die frei gewordene Leistung spürbar schneller. Weiterhin erhalten Sie in diesem Kapitel Tipps und Tricks, um die Stabilität des Rechners zu erhöhen und aus Ihrer Festplatte endlich maximale Leistung herauszukitzeln. Es lohnt sich auf jeden Fall, einen Blick in dieses Kapitel zu werfen ...

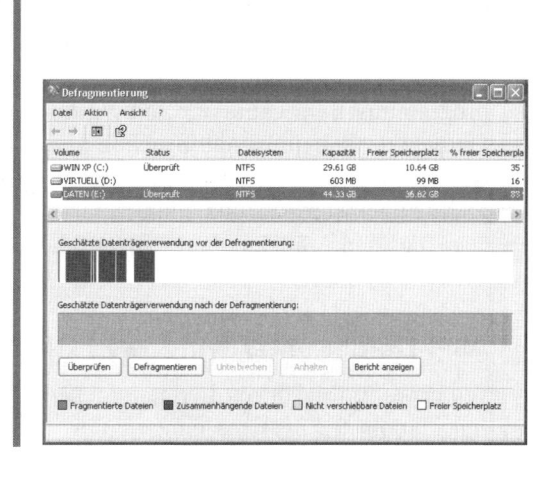

16.1 Für viele Brenntools notwendig: ASPI-Treiber 616

16.2 So erzielen Sie maximale Brennpower! 622

16.3 Maximale Festplattenleistung zum Nulltarif 634

16.4 Systemstabilität für Videoaufgaben optimieren 641

16. Systemtuning für maximale Brennleistung und perfekte Videoaufnahmen

16.1 Für viele Brenntools notwendig: ASPI-Treiber

Viele Tools rund um das Brennen von CDs bzw. DVDs, die in diesem Buch beschrieben werden, benötigen zur Ansteuerung der optischen Laufwerke einen installierten ASPI-Treiber. Ist kein solcher Treiber vorhanden, funktionieren die Programme nicht, da kein Zugriff auf die angeschlossenen Laufwerke möglich ist.

ASPI-Treiber unter der Lupe

ASPI steht für **A**dvanced **S**CSI **P**rogramming **I**nterface und stellt unter Windows 9x/ME die Schnittstelle zwischen der Software (Brennprogramm bzw. Brenntool) und den optischen Laufwerken am SCSI- oder IDE-Controller dar. Ursprünglich wurde der Treiber nur für die Ansteuerung von Laufwerken am SCSI-Controller programmiert. Im Laufe der Zeit wurde der Treiber modifiziert, sodass auch IDE-Laufwerke über ihn angesprochen werden können. Auf extern angeschlossene Geräte (zum Beispiel über USB bzw. FireWire) kann über den ASPI-Treiber nicht zugegriffen werden. Aus diesem Grund sind externe Laufwerke unter einem Tool, das den ASPI-Treiber zwingend benötigt, nicht nutzbar! Anbieter des ASPI-Treibers ist die Firma Adaptec.

ASPI-Treiber unter Windows 9x/ME und Windows 2000/XP

Windows 9x/ME bringt bereits einen ASPI-Treiber mit, der automatisch bei der Installation des Systems eingerichtet wird. Dieser Treiber wird unter Windows 9x/ME von den meisten Brennprogrammen zur Ansteuerung des Writers benötigt. Leider ist die installierte Version des ASPI-Treibers veraltet und fehlerhaft. Führen Sie unter diesen Systemen unbedingt ein Update durch, denn die alte Version bereitet viele Probleme.

Unter Windows 2000/XP wird dagegen bei der Installation kein ASPI-Treiber eingerichtet. In der Regel ist er bei diesen Systemen für das Brennen nicht notwendig, da die optischen Laufwerke auf eine andere Weise (über einen anderen Treiber) angesteuert werden. Allerdings benötigen viele (besonders ältere) Tools rund um das Brennen auch unter diesen Systemen einen installierten ASPI-Treiber für den Laufwerkzugriff – ist kein ASPI-Treiber vorhanden, „finden" die Programme die Laufwerke nicht. Sie müssen Hand anlegen und den Treiber manuell einrichten.

Zusätzlich zu dem üblichen ASPI-Treiber wird für Nero ein eigener ASPI-Treiber benötigt, der bei der Installation des Programms automatisch eingerichtet wird.

Treiberdateien des ASPI-Treibers

Der ASPI-Treiber besteht in der Regel aus vier Dateien. In der Version 4.60 werden diese von der Setuproutine des Treibers unter jedem Betriebssystem komplett installiert. Die folgende Tabelle zeigt die einzelnen Dateien des ASPI-Treibers in der Version 4.60 und deren Speicherplätze unter Windows 9x.

Treiberdatei	Ordner
Winaspi.dll	C:\windows\system
Wnaspi32.dll	C:\windows\system
Wowpost.exe	C:\windows\sytstem
Apix.vxd	C:\windows\system\iosubsys

Seit Version 4.71 wird bei der Installation zwischen den einzelnen Systemen differenziert. Es werden nur die wirklich nötigen Treiberdateien auf der Festplatte abgelegt: Unter Windows NT und 2000 werden alle vier Dateien eingerichtet; bei Windows 98/ME/XP kopiert das Installationsprogramm nur zwei Dateien auf die Festplatte. Unter Windows XP sind dies folgende Dateien:

Treiberdatei	Speicherort
Wnaspi32.dll	C:\system32
Aspi32.sys	C:\system32\drivers

System-ASPI-Treiber einsatzbereit?

Sie wollen wissen, ob auf Ihrem System bereits ein ASPI-Treiber vorhanden ist? Kein Problem! Der Anbieter des ASPI-Treibers (Adaptec) bietet ein kostenloses Tool für die Überprüfung an, doch das benötigen Sie nicht: Mit dem Nero Info-Tool besitzen Sie bereits das ideale Kontrollinstrument.

System-ASPI kontrollieren

1   Auf der Registerkarte *ASPI* wählen Sie unter *ASPI-Installation* den Eintrag *System ASPI*. Ist bereits ein ASPI-Treiber auf dem System installiert, werden die vorhandenen Treiberdateien aufgelistet.

2   Als Versionsnummer sollte mindestens *4.60 (1021)* angezeigt werden, da alle früheren Versionen fehlerhaft sind. Ist auf Ihrem Rechner ein älterer ASPI-Treiber vorhanden, führen Sie bitte ein Update durch. Am unteren Fensterrand erfahren Sie den aktuellen Status des ASPI-Treibers: Lesen Sie dort *ASPI is installed and working properly*, ist alles in Ordnung.

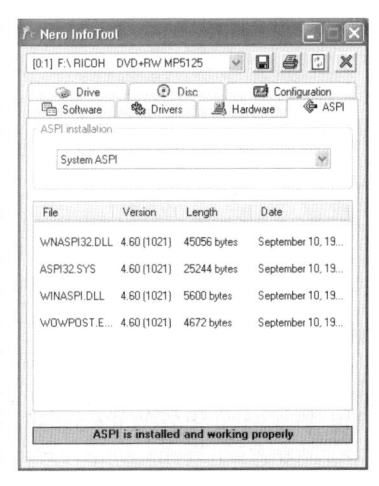

16. Systemtuning für maximale Brennleistung und perfekte Videoaufnahmen

Ist auf dem PC kein ASPI-Treiber installiert, werden keine Treiberdateien aufgelistet und Sie lesen am unteren Fensterrand *ASPI is not installed*. Möchten Sie neben Nero diverse Tools rund um das Brennen einsetzen, sollten Sie einen ASPI-Treiber auf Ihrem System installieren, um den Laufwerkzugriff darüber zu ermöglichen.

ASPI-Treiber fehlerhaft? – Nicht immer ...

Kritisch sind die Aussagen des Nero InfoTools (Version 2.00) zu betrachten, wenn es am unteren Fensterrand in leuchtend roter Farbe anmerkt, dass die Installation des ASPI-Treibers „corrupted" ist – also angeblich wichtige Treiberdateien fehlen ...

Das Nero InfoTool geht (egal unter welchem Betriebssystem) immer davon aus, dass alle vier Treiberdateien vorhanden sein müssen, was nicht der Fall ist. Findet es beispielsweise nur zwei Treiberdateien, „meint" das Tool, dass die Installation fehlerhaft ist, obwohl unter Windows 98/ME/XP nur zwei Dateien des ASPI-Treibers nötig sind. Denken Sie bitte bei der Kontrolle daran, dass nur unter Windows NT und Windows 2000 alle vier Treiberdateien gebraucht werden und ignorieren Sie je nach Betriebssystem die Warnmeldung des Nero InfoTools. Es bleibt zu hoffen, dass diese fehlerhafte Warnung bei dem nächsten Update des Nero InfoTools behoben wird. Das geschilderte „Verhalten" tritt bei der neuen ASPI-Version 4.71 auf, die bei der Installation – je nach Betriebssystem – nur die notwendigen Dateien einrichtet.

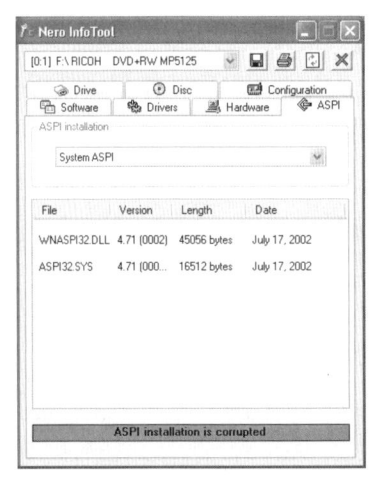

Das Nero InfoTool meint, dass die ASPI-Installation unter Windows XP fehlerhaft sei – ist sie aber nicht!

Kontrolle des ASPI-Treibers von Nero

Beim Setup installiert Nero für den Laufwerkzugriff einen eigenen ASPI-Treiber. Mit dem Nero InfoTool lässt sich schnell kontrollieren, ob der für Nero notwendige Nero ASPI-Treiber korrekt installiert wurde, sonst kann es Probleme geben – Nero findet beispielsweise keine Laufwerke.

Nero ASPI-Treiber funktioniert nur mit Nero

Der Nero ASPI-Treiber funktioniert nur in Verbindung mit Nero. Andere Programme können ihn nicht zur Ansteuerung der optischen Laufwerke nutzen. Sie müssen zusätzlich zu dem Nero ASPI-Treiber einen weiteren ASPI-Treiber im System installieren.

Zur Kontrolle des ASPI-Treibers von Nero wählen Sie auf der Registerkarte *ASPI* des Nero InfoTools unter *ASPI installation* den Eintrag *Nero ASPI*. Der ASPI-Treiber von Nero besteht unter Windows 2000/XP nur aus der Datei *WNASPI32.dll*, die sich im Programmordner von Nero befindet. Bei Windows 9x/ME besteht der Nero ASPI-Treiber dagegen aus zwei Dateien: *WNASPI32.dll* und *NeroApix.vxd*. Am unteren Fensterrand lesen Sie, wenn es keine Probleme gibt, *ASPI is installed and working properly*.

Für das Ansteuern der Laufwerke benötigt Nero einen eigenen ASPI-Treiber.

Nero ASPI-Treiber reparieren

Sollte das Nero InfoTool eine Warnmeldung anzeigen, dass der Nero ASPI-Treiber nicht vorhanden bzw. fehlerhaft sei, besuchen Sie den Downloadbereich des Programms Nero unter *www.nero.com* und laden Sie sich dort separat den für Ihr Betriebssystem benötigten ASPI-Treiber von Nero herunter.

- Für Windows 2000/XP besteht der heruntergeladene ASPI-Treiber aus der Datei *WNASPI32.dll*, die Sie in den Programmordner von Nero kopieren. Wenn Sie den Installationsort beim Setup nicht manuell geändert haben, kopieren Sie die Datei nach *C:\Programme\Ahead\Nero*.

- Haben Sie die ASPI-Version für Windows 9x/ME heruntergeladen, entpacken Sie die Dateien zunächst mit einem Doppelklick. Anschließend kopieren Sie die Datei *WNASPI32.dll* in den Programmordner von Nero (gewöhnlich: *C:\Programme\Ahead\Nero*) und verfrachten die Datei *NeroApix.vxd* in den Ordner *C:\Windows\system\iosubsys*. Das Nero InfoTool sollte jetzt einen funktionierenden Nero ASPI-Treiber vorfinden und der Laufwerkzugriff mit Nero möglich sein!

System-ASPI-Treiber aktualisieren bzw. installieren

Ist auf Ihrem System noch kein ASPI-Treiber installiert (der ASPI-Treiber von Nero „zählt" nicht) bzw. nur eine alte Version vorhanden, sollten Sie diesen wichtigen Treiber auf Ihrem Rechner einrichten.

Welche Version ist besser: ASPI-Treiber 4.60 oder 4.71?

Neben der seit langem bewährten Version 4.60 bietet Adaptec eine neue Version 4.71 des ASPI-Treibers an. Es stellt sich die Frage, welche Version besser bzw. wann eine Aktualisierung notwendig ist. Generell lässt sich sagen: Ist auf Ihrem PC der ASPI-Treiber in der Version 4.60 installiert, brauchen Sie eine Aktualisierung nicht durchzuführen – schließlich hat sich diese Version über einen längeren Zeitraum bestens bewährt.

ASPI-Treiber 4.71 – Installationshürden sind beseitigt!

Ist kein ASPI-Treiber vorhanden bzw. nur eine alte fehlerhafte Version installiert, greifen Sie zur neuen Version 4.71. Zwar gab es anfangs einige Schwierigkeiten im Zusammenspiel der Tools mit dem ASPI-Treiber 4.71, sodass lange Zeit die ältere Version 4.60 der neuen vorzuziehen war. Mittlerweile sind die Probleme jedoch durch Aktualisierungen der Programme aus der Welt geschafft, sodass Sie bedenkenlos die neue Version nutzen können. Diese hat den Vorteil, dass sie sich auf jedem PC problemlos installieren lässt. Für die Installation des älteren ASPI-Treibers 4.60 ist dagegen Voraussetzung, dass Sie über ein Hardware- bzw. Softwareprodukt der Firma Adaptec verfügen oder ein älterer ASPI-Treiber bereits installiert wurde. Ist dies nicht der Fall, lässt sich der ASPI-Treiber nicht installieren – es gelingt nur mithilfe eines Tricks bzw. mit einer im Internet vielfach angebotenen modifizierten Treiberversion!

Installation bzw. Update durchführen

Die Vorgehensweise bei der Installation bzw. der Aktualisierung des ASPI-Treibers unterscheidet sich nicht. Ich zeige Ihnen die Durchführung anhand der aktuellen Version 4.71 sowohl für Windows NT 4.0/98/ME/2000 als auch für Windows XP.

Die aktuelle Version unterstützt das veraltete Windows 95 nicht. Die direkte Downloadadresse lautet *download.adaptec.com/software_pc/aspi/aspi_471a2.exe*. Leider baut Adaptec seine Internetseiten regelmäßig um, sodass die angegebene Adresse vielleicht nicht mehr stimmt, während Sie dieses Buch studieren. Entweder suchen Sie mithilfe einer Suchmaschine nach Downloadmöglichkeiten für den aktuellen ASPI-Treiber oder Sie besuchen die Internetseite *http://www.*

winsolution.de/downloads/index.php?showkat=Adaptec-Treiber. Dort finden Sie ebenfalls die aktuellen ASPI-Versionen der Firma Adaptec.

Installation bzw. Update unter Windows 98/NT/ME und 2000

1. Nach dem Download entpacken Sie die Treiberdateien per Doppelklick auf die heruntergeladene Datei in einen separaten Ordner und öffnen diesen.

2. Die Installation bzw. Aktualisierung eines vorhandenen ASPI-Treibers starten Sie über die Datei *aspiinst.exe*. Nach einem Neustart verfügt das System über einen aktuellen ASPI-Treiber, was Sie am besten über das Nero InfoTool kontrollieren.

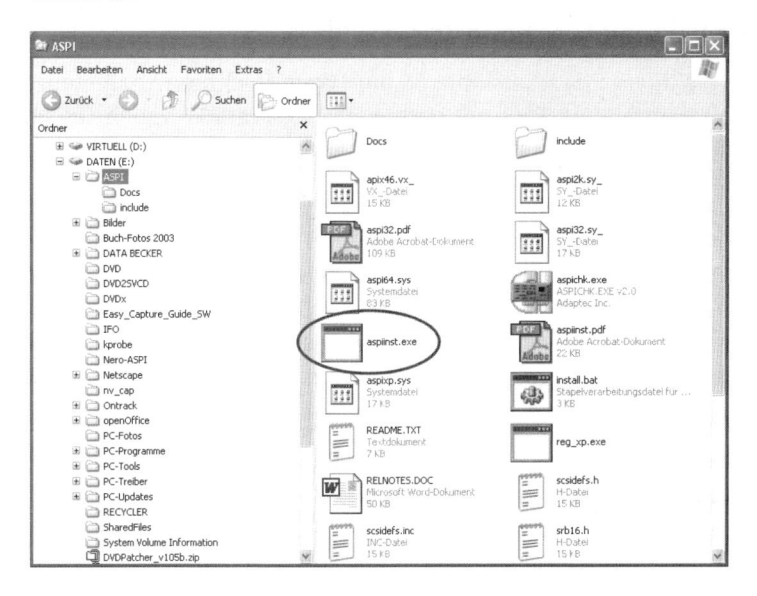

Installation unter Windows XP

1. Entpacken Sie mit einem Doppelklick auf die heruntergeladene Datei die Treiberdateien in einen separaten Ordner und merken Sie sich den Speicherort.

2. Wählen Sie im Startmenü *Ausführen* und markieren Sie über *Durchsuchen* die Datei *install.bat* im Ordner der entpackten Treiberdateien. Alternativ können Sie auch den kompletten Pfad zu der Datei manuell eingeben.

3. An die Pfadangabe hängen Sie – getrennt durch einen Leerschritt – *XP32*. Nutzen Sie als CPU einen Itanium-Prozessor (ungewöhnlich), geben Sie stattdessen *XP64* ein. Mit einem Klick auf *OK* wird die Installation durchgeführt. Starten Sie danach das System neu.

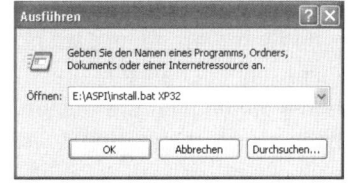

> **Aktualisierung des ASPI-Treibers 4.60 auf 4.71 unter Windows XP**
>
> Das Update eines alten ASPI-Treibers unterscheidet sich von dem Installationsvorgang nicht. Einzige Ausnahme: Sie müssen die alten Treiberdateien vorher manuell löschen, damit alle Treiberdateien in der aktuellen Version auf dem PC installiert werden. Ohne manuelles Löschen kann es passieren, dass nur eine Datei aktualisiert wird, die andere aber nach wie vor in der alten Version vorhanden bleibt. Das kann zu gravierenden Problemen führen. Die vorhandenen Treiberdateien eines alten ASPI-Treibers in der Version 4.60 (*WNASPI32.DLL, ASPI32.SYS, WINASPI.DLL, WOWPOST.EXE*) finden Sie am schnellsten über die Suchfunktion des Betriebssystems. Löschen Sie diese vor der Installation des neuen Treibers komplett.

Sonderfall: Alte ASPI-Version 4.60 installieren

1. Wollen Sie die ältere ASPI-Version 4.60 auf Ihrem Rechner installieren, weil beispielsweise ein älteres Tool mit der neuen Version 4.71 (noch) nicht zurechtkommt, löschen Sie zunächst die Treiberdateien des neuen ASPI-Treibers mithilfe der Suchfunktion.

2. Laden Sie sich anschließend beispielsweise von *http://www.winsolution.de/downloads/index.php?showkat=Adaptec-Treiber* die modifizierte Version des ASPI-Treibers in der Version 4.60 herunter. Die modifizierte Version ist notwendig, da sich der alte ASPI-Treiber andernfalls nur auf Systemen mit Hard- bzw. Software von Adaptec installieren lässt. Die modifizierte Ausgabe funktioniert dagegen auf allen Rechnern.

3. Die Installation starten Sie nach dem Entpacken der Dateien über die Datei *Setup.exe*. Folgen Sie bitte den Anweisungen des Installationsprogramms. Zum Abschluss starten Sie den PC neu und kontrollieren mithilfe des Nero InfoTools, ob die Installation erfolgreich war.

16.2 So erzielen Sie maximale Brennpower!

Moderne Writer besitzen eine sehr hohe Brenngeschwindigkeit – mit einem 52fach-CD-Brenner brennen Sie beispielsweise eine volle Scheibe in ca. 2 ½ Minuten. Mit den meisten PCs sind diese hohen Geschwindigkeiten nicht ausnutzbar, weil die Daten nicht schnell genug an den Brenner geliefert werden – der Buffer Underrun-Schutz wird ständig aktiviert und hält den Schreibvorgang bis zum Eintreffen neuer Daten an. Ein moderner 52fach-Brenner ist in diesem Fall nicht schneller als ein alter 16fach-Writer. Mit der folgenden Systemoptimierung holen Sie endlich die maximale Leistung aus Ihrem System heraus und können dadurch die hohe Brenngeschwindigkeit moderner Writer vollständig ausnutzen ...

Aktuelle Chipsatz- und Controllertreiber einsetzen

Einer der wichtigsten Treiber im System ist der Chipsatztreiber. Er regelt die Kommunikation der verschiedenen Hardwarekomponenten untereinander. Ein veralteter Chipsatztreiber kann zu Leistungseinbußen und Inkompatibilitäten mit der vorhandenen Hard- bzw. „systemnaher" Software (beispielsweise Brennprogrammen) führen. Durch ein Update des Chipsatztreibers werden häufig nicht nur Fehler behoben, sondern meistens wird auch die Leistung des Chipsatzes gesteigert.

Von wem stammt der Chipsatz?

Käufer eines Komplett-PCs wissen häufig nicht, welcher Chipsatz auf dem Motherboard vorhanden ist. Das ist jedoch wichtig, da Sie von dessen Hersteller die aktuellen Treiber erhalten. Meistens sucht man auch vergebens im mitgelieferten PC-Handbuch nach dieser wichtigen Angabe.

Kennen Sie den Chiphersteller, können Sie die folgende Schritt-für-Schritt-Anleitung überspringen: Besorgen Sie sich im Internet auf den Herstellerseiten den aktuellen Chipsatztreiber und installieren Sie ihn. Die genaue Bezeichnung des Chipsatzes benötigen Sie in der Regel nicht, da die Hersteller ein Treiberpaket für alle Chipsätze zur Verfügung stellen. Bei der Installation wird automatisch der passende ausgewählt. Die Internetadressen der bekanntesten Chiphersteller lauten: Intel = *www.intel.de*; VIA = *www.viaarena.com*; SIS = *www.sis.com*; ALI = *www.ali.com.tw*.

Mit der folgenden Anleitung decken Sie unter Windows XP den unbekannten Hersteller des Chipsatzes auf:

1 Im Kontextmenü des Arbeitsplatzsymbols auf dem Desktop oder im Startmenü wählen Sie *Verwalten* aus und markieren im neuen Fenster in der linken Hälfte den Eintrag *Geräte-Manager*.

2 Öffnen Sie in der rechten Fensterhälfte den Eintrag *Systemgeräte*. Als Untereintrag suchen Sie eine Zeile, in der *Processor to AGP Controller* vorkommt. Am Anfang dieses Eintrags steht der Hersteller des Chipsatzes und meistens auch die genaue Chipsatzbezeichnung. Mit diesem Wissen suchen Sie im Internet nach einem Treiberupdate für den Chipsatz.

16. Systemtuning für maximale Brennleistung und perfekte Videoaufnahmen

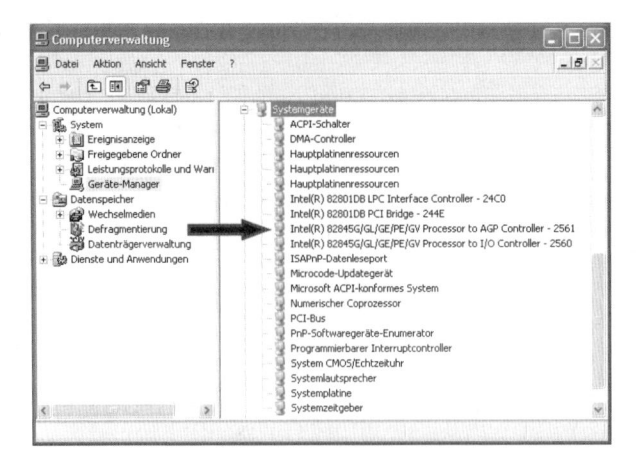

Unter Windows 9x/ME finden Sie den Chiphersteller folgendermaßen heraus: Im Kontextmenü des Arbeitsplatzsymbols wählen Sie *Eigenschaften* und öffnen die Registerkarte *Geräte-Manager*. Öffnen Sie dort den Eintrag *Systemkomponenten* und suchen Sie nach einer Zeile, in der *Processor to AGP Controller* vorkommt. Am Anfang dieses Eintrags steht der Chiphersteller und meistens auch die genaue Bezeichnung des Chipsatzes.

Treiber für den IDE-Controller nicht vergessen!

Neben dem Chipsatztreiber spielt ein aktueller Treiber für den IDE-Controller (auch Busmaster-Treiber genannt), an dem die Festplatte und die optischen Laufwerke hängen, eine große Rolle in Bezug auf die Gesamtleistung des Systems. Aus diesem Grund sollten Sie stets einen aktuellen Treiber nutzen. Befindet sich der Controller auf dem Motherboard, wird der Treiber in der Regel bereits durch das Update des Chipsatztreibers mit aktualisiert, welches die benötigten Treiber für den IDE-Controller bereits enthält. Nutzen Sie dagegen einen Controller auf einer separaten PCI-Steckkarte, kontaktieren Sie deren Hersteller im Internet, um ein Update zu erhalten.

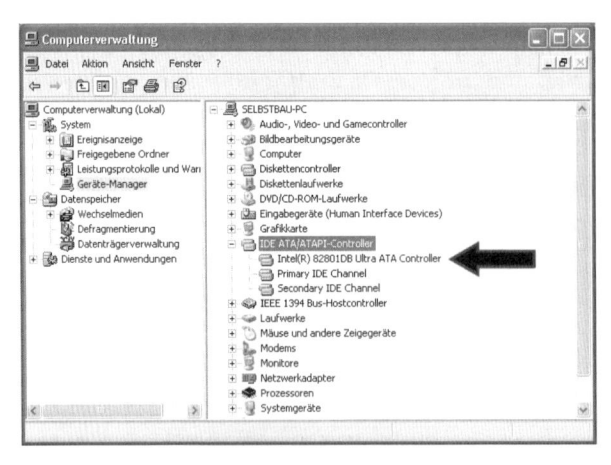

Dieser IDE-Controller stammt von Intel.

Von wem der IDE-Controller in Ihrem System ist, erfahren Sie – wenn Sie nicht im Handbuch fündig werden – zum Beispiel im Geräte-Manager, indem Sie den Eintrag *Festplattencontroller* (gilt für Windows 9x/ME) öffnen; unter Windows 2000/XP heißt der zuständige Eintrag *IDE ATA/ATAPI-Controller*! Es reicht, wenn Sie den Hersteller kennen, da dieser meistens ein Treiberpaket für alle Chipsätze bzw. IDE-Controller zum Download bereitstellt. In seltenen Fällen müssen Sie die genaue Bezeichnung des IDE-Controllers kennen.

Schneller Systemcheck mit dem Nero InfoTool

Sie wollen wissen, ob Ihr System bereits für das Brennen von CDs/DVDs optimiert ist – die DMA-Übertragung aktiviert und die Autostart-Funktion ausgeschaltet ist? Kein Problem mit dem Nero InfoTool!

Öffnen Sie die Registerkarte *Configuration*. Hier werden alle an den Rechner angeschlossenen internen und externen Laufwerke angezeigt. Unter jedem Laufwerkeintrag erfahren Sie, ob der DMA-Übertragungsmodus aktiviert und die Autostart-Funktion deaktiviert wurde. Die DMA-Übertragung ist bei extern angeschlossenen Laufwerken nicht möglich, daher fehlt bei solchen Geräten der DMA-Eintrag.

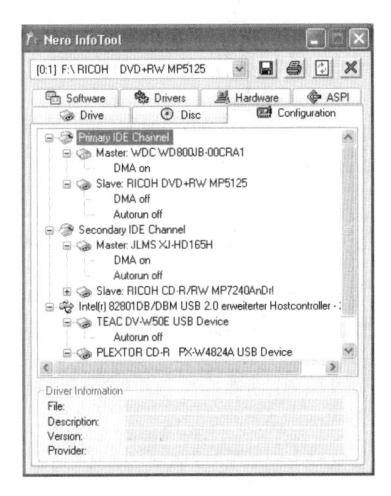

Systemanalyse mit dem Nero InfoTool.

Angaben des Nero InfoTools fehlerhaft!

Das Nero InfoTool ist in der Version 2.00 leider nicht fehlerfrei: Gerade bei modernen IDE-Controllern, an denen mehrere Laufwerke mit unterschiedlicher DMA-Übertragungsrate hängen, stimmen die Angaben häufig nicht! Dem Laufwerk mit dem hohen DMA-Modus bescheinigt das Tool, dass DMA aktiviert ist. Bei dem zweiten Laufwerk mit der niedrigen DMA-Transferrate wird *DMA off* angezeigt, was nicht stimmt. Es bleibt zu hoffen, dass dieser Fehler mit dem nächsten Update behoben wird. Sie sollten daher die Einstellungen bezüglich des DMA-Modus und der Autostart-Funktion prüfen, um maximale Brennpower zu erreichen. Die folgenden Maßnahmen müssen nur einmal durchgeführt werden ...

Mit maximaler Power prozessorschonend brennen: DMA-Modus aktivieren

DMA steht für **D**irect **M**emory **A**ccess und beschleunigt die Datenübertragung zwischen den angeschlossenen Laufwerken und dem Arbeitsspeicher. Durch die Aktivierung des DMA-Modus im Betriebssystem arbeiten Sie bei allen Aufgaben prozessorschonend, schnell und sicher: Ist DMA aktiviert, werden die Daten ohne das Eingreifen der CPU von den IDE-Laufwerken direkt in den Arbeitsspeicher (RAM) geladen, untereinander ausgetauscht oder aus dem Arbeitsspeicher wieder gelesen – der Prozessor wird spürbar entlastet und kann sich um andere Aufgaben kümmern, das System wird schneller und stabiler! Wollen Sie die Vorteile von DMA nutzen, muss dieser Datentransfermodus sowohl von der Hardware als auch vom Betriebssystem unterstützt werden. Moderne Festplatten beherrschen den rasanten DMA-Transfermodus Ultra-DMA/100 (auch Ultra DMA 5 genannt) mit einer maximalen Übertragungsleistung von bis zu 100 MByte/s. Brenner und DVD-ROM-Laufwerke begnügen sich zurzeit mit Ultra-DMA/33 (auch Ultra DMA 2 genannt – bis zu 33 MByte/s).

Bei dem deutlich langsameren PIO-Modus (**P**rogrammed **I**nput/**O**utput) muss sich der Prozessor um jede kleinste Datenübertragung zwischen den angeschlossenen Laufwerken und dem Arbeitsspeicher kümmern – die Systemleistung bricht bei großen „Datentransaktionen" ein! Im Folgenden erfahren Sie, wie Sie für Ihre Laufwerke den DMA-Betrieb sowohl unter Windows 9x/ME als auch unter Windows 2000/XP aktivieren.

DMA-Modus unter Windows 9x/ME aktivieren

1 Im Kontextmenü des Arbeitsplatzsymbols auf dem Desktop wählen Sie *Eigenschaften* aus, wechseln auf die Registerkarte *Geräte-Manager* und öffnen den Haupteintrag *CD-ROM*.

2 Markieren Sie den Eintrag des Brenners und klicken Sie unten auf *Eigenschaften*. Öffnen Sie die Registerkarte *Einstellungen* und sehen Sie nach, ob sich vor *DMA* ein Häkchen befindet (DMA aktiviert ist). Sollte das nicht der Fall sein, klicken Sie einmal in das weiße Feld, die auftauchende Warnmeldung können Sie ignorieren! Wenn Ihr Laufwerk den DMA-Modus nicht unterstützt, wird dieser beim Start des Betriebssystems automatisch wieder deaktiviert – kaputt gehen kann das Laufwerk dadurch nicht! Verlassen Sie das Fenster mit *OK*! Ist keine DMA-Option vorhanden, unterstützt entweder Ihre Hardware diesen Modus nicht oder Sie nutzen einen veralteten Chipsatztreiber.

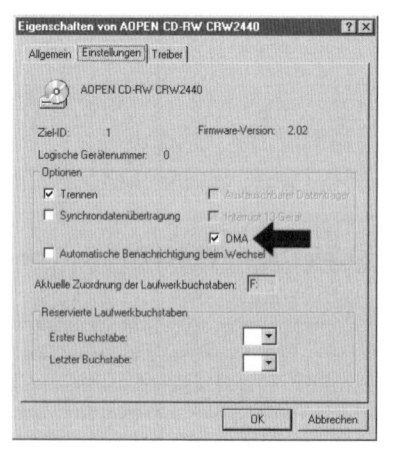

3 Mit der gleichen Vorgehensweise aktivieren Sie anschließend den DMA-Modus für das eventuell vorhandene CD-ROM/DVD-ROM-Laufwerk. Dadurch gelingt das digitale Auslesen von Musikdaten und das Anfertigen von „On-the-fly"-Kopien besser, weil der Prozessor dabei deutlich entlastet wird.

Nicht vergessen: DMA-Übertragung für die Festplatte aktivieren!

Vergessen Sie nicht, auch für Ihre Festplatte den schnellen und prozessorschonenden DMA-Transfermodus zu aktivieren, um das System weiter zu entlasten! Bei alten Festplatten ist Vorsicht geboten: Unterstützt das Modell den DMA-Modus nicht, kann die Aktivierung zu Datenverlust führen! Erkundigen Sie sich vorher genau im Handbuch der Festplatte oder auf den Internetseiten des Herstellers, ob die Platte das Feature unterstützt! Bei Festplatten ab Baujahr 1997 können Sie sich die Mühe sparen: Diese Laufwerke beherrschen den DMA-Modus! Die Festplatte versteckt sich im Geräte-Manager unter *Laufwerke*. Ein Doppelklick fördert etwas merkwürdige Untereinträge hervor. Der Eintrag der Festplatte ist *GENERIC IDE DISK TYPE 47*; die Zahl dahinter unterscheidet sich je nach Typ der Platte. Zur Aktivierung des DMA-Transfermodus gehen Sie wie bei den optischen Laufwerken beschrieben vor.

Nachdem Sie sowohl für die optischen Laufwerke als auch für Ihre Festplatte den DMA-Transfermodus aktiviert haben, starten Sie Windows neu, um die Änderungen wirksam werden zu lassen.

Schnellen DMA-Modus unter Windows XP nutzen

Windows XP erkennt zwar wesentlich zuverlässiger als ältere Windows-Betriebssysteme die DMA-Fähigkeiten der vorhandenen Laufwerke, doch Windows XP ist nicht fehlerfrei: Manchmal wird DMA nicht aktiviert oder es wird ein zu langsamer Übertragungsmodus eingestellt! Vertrauen Sie nicht der Automatik, sondern kontrollieren bzw. korrigieren Sie die automatisch vorgenommenen Einstellungen, um maximale Rechenpower für Ihre Projekte mit Nero zu haben. Bei Windows XP wird der DMA-Modus nicht über die Laufwerkeinträge aktiviert, sondern über die Einträge der IDE-Controller.

1 Im Kontextmenü des Arbeitsplatzsymbols auf dem Desktop oder im Startmenü wählen Sie *Verwalten* aus, markieren im linken Fensterteil *Geräte-Manager* und fördern rechts mit einem Doppelklick auf *IDE ATA/ATAPI-Controller* die Untereinträge hervor.

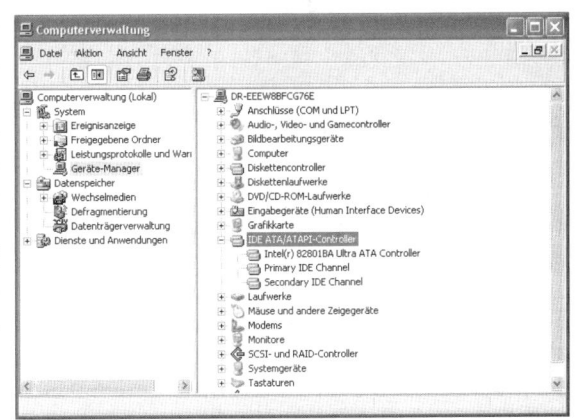

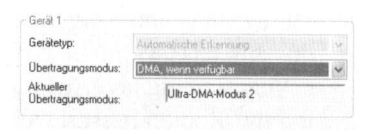

16. Systemtuning für maximale Brennleistung und perfekte Videoaufnahmen

2 Führen Sie einen Doppelklick auf *Primary IDE Channel* (bzw. *Primärer IDE-Kanal*) aus und öffnen Sie die Registerkarte *Erweiterte Einstellungen*. Hier erfahren Sie für jedes an den Controller angeschlossene Gerät den *aktuellen Übertragungsmodus*. Als *Übertragungsmodus* wählen Sie für alle Geräte, falls nicht voreingestellt, *DMA, wenn verfügbar* und klicken auf *OK*.

3 Die gleiche Kontrolle bzw. Einstellung führen Sie für alle Geräte am zweiten Controller durch und starten Windows neu, um die Änderungen wirksam werden zu lassen ...

4 Anschließend prüfen Sie über den Geräte-Manager, wenn Sie den Übertragungsmodus geändert haben, den *aktuellen Übertragungsmodus* des entsprechenden Geräts erneut. Wurde immer noch nicht der maximale Transfermodus aktiviert, benötigen Sie einen aktuellen Chipsatztreiber (inklusive aktuellem Treiber für den IDE-Controller).

Falsches Anschlusskabel verringert die Übertragungsleistung!

Wollen Sie die schnelle Übertragungsleistung von Ultra-DMA/66 und Ultra-DMA/100 (beherrschen zurzeit ausschließlich moderne Festplatten) vollständig ausnutzen, muss der IDE-Controller auf dem Mainboard diese Übertragungsleistung ebenfalls unterstützen (Mainboard-Handbuch konsultieren) – andernfalls wird die Festplatte ausgebremst! Zusätzlich benötigen Sie zum Anschluss der schnellen Platte statt des gängigen 40-adrigen IDE-Kabels ein teureres 80-adriges Kabel. Schließen Sie zum Beispiel eine moderne Festplatte mit Ultra-DMA/100 mit einem Standardkabel (40-adrig) an, wird der DMA-Transfermodus automatisch auf Ultra-DMA/33 herabgesetzt – die Festplatte lahmt dahin ...

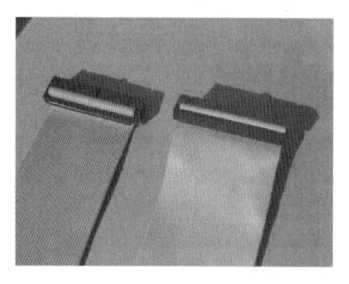

40-adriges Flachbandkabel (links), 80-adriges Flachbandkabel (rechts).

Bis zu 40% mehr Leistung: Intel Application Accelerator

Sie besitzen ein Mainboard mit einem modernen Intel-Chipsatz (alle Chipsätze ab Ultra DMA/66-Unterstützung), Intel IDE-Controller und haben den aktuellen Chipsatztreiber installiert? Mit einer kostenlos bei Intel erhältlichen Software steigern Sie die Systemleistung zusätzlich: Mit dem „Intel Application Accelerator" (unter *www.intel.de* erhältlich) gewinnen Sie bis zu 40% mehr Speed – und das absolut gratis. Die Leistungssteigerung macht sich besonders bei Systemen mit Intel Pentium IV-Prozessor bemerkbar.

Das Programm funktioniert mit allen Windows-Betriebssystemen ab Windows 98 und optimiert das Leistungsverhalten des PCs durch eine verbesserte Ansteuerung der IDE-Laufwerke! Unter Windows 2000/XP wird zusätzlich durch den Intel Application Accelerator das Cacheverhalten (Cache = schneller Datenzwischenspeicher) des Systems deutlich verbessert.

Laden Sie sich das Programm am besten gleich herunter und installieren Sie es. Die DMA-Einstellung und Kontrolle wird nach der Installation direkt über den Intel Application Accelerator durchgeführt und nicht mehr über den Geräte-Manager.

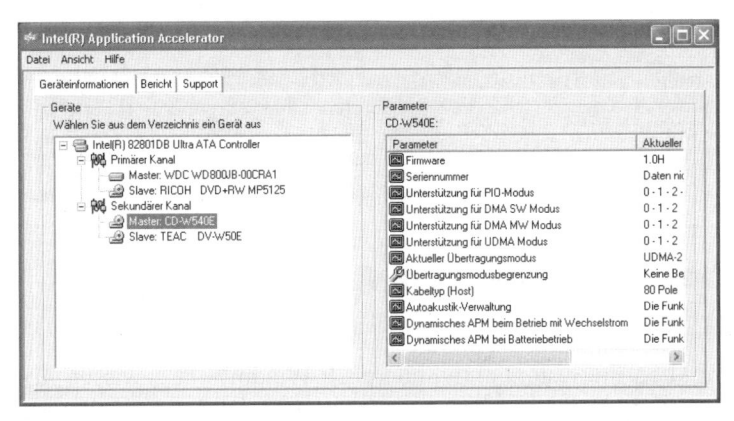

Mit dem Intel Application Accelerator holen Sie noch mehr Leistung aus Ihren Laufwerken heraus.

Brennprobleme? – DMA-Übertragung ausschalten!

Ab und zu ist es notwendig, den DMA-Modus für den Brenner zu deaktivieren. Sollte der Schreibvorgang bei Ihnen häufig mit einer Fehlermeldung abbrechen, ist Handeln angesagt! Einige Brennfreaks berichten beispielsweise in diversen Internetforen darüber, dass der TEAC-Brenner CD-W540E mit 40facher Brenngeschwindigkeit in Verbindung mit einem der Chipsätze SIS 735, VIA KT 133A oder VIA KT266 unter Windows XP bei aktiviertem DMA-Modus große Probleme bereitet. Fast jeder Schreibvorgang scheitert. Schaltet man dagegen den DMA-Modus für den Writer aus, funktioniert das Gerät tadellos!

„Unerklärliche" Brennprobleme versuchen Sie folgendermaßen zu lösen:

- Sorgen Sie für einen aktuellen Chipsatztreiber (inklusive aktueller Treiber für den IDE-Controller). Schließlich steuert der Chipsatz sämtliche Hardwarekomponenten auf dem Mainboard – ist der zur Ansteuerung notwendige Treiber fehlerhaft, kann es Probleme geben.

16. Systemtuning für maximale Brennleistung und perfekte Videoaufnahmen

- Aktualisieren Sie die Firmware des Brenners.

- Gibt Nero beim Start bzw. Abbruch des Schreibvorgangs eine Fehlermeldung aus, analysieren Sie diese mithilfe des Nero HelpTools (siehe Kapitel 1).

- Deaktivieren Sie im Betriebssystem den DMA-Modus für den Writer. Unter Windows 9x/ME entfernen Sie dazu über den Geräte-Manager das Häkchen vor dem Eintrag *DMA* auf der Registerkarte *Einstellung* des Brenners. Unter Windows XP wählen Sie für den Brenner über den Geräte-Manager als Übertragungsmodus den alten PIO-Modus aus. Haben Sie den Intel Application Accelerator installiert, nehmen Sie über das Programm direkt die gewünschte Übertragungseinstellung vor. Nach einem Neustart müssten die Brennprobleme behoben sein – vorausgesetzt, sie lagen wirklich am aktivierten DMA-Modus.

> **DMA-Modus nur beim Brenner deaktivieren!**
> Müssen Sie wegen Brennproblemen den prozessorschonenden DMA-Modus im Betriebssystem deaktivieren, nehmen Sie diese Einstellung ausschließlich bei Ihrem Brenner vor! Festplatten und CD/DVD-Laufwerke sollten weiterhin den schnellen Übertragungsmodus nutzen dürfen.

Ohne Zwischenstopp brennen: Autostart-Funktion deaktivieren

Ist die Autostart-Funktion im System aktiv, überprüft Windows in gewissen Abständen Ihre Laufwerke, ob eine neue Disk eingelegt wurde. Ist das der Fall, wird häufig ein Programm auf dem Silberling automatisch gestartet (beispielsweise das Setupprogramm). Kontrolliert die Autostart-Funktion den Brenner gerade während eines Schreibvorgangs, reißt der Datenstrom zum Writer ab, der Buffer Underrun-Schutz muss aktiviert werden, was den Brennvorgang verlängert. Wollen Sie die hohe Schreibgeschwindigkeit moderner Brenner richtig ausnutzen, schalten Sie die eigentlich nützliche Autostart-Funktion des Betriebssystems besser aus! Beim Einlegen einer neuen Disk startet das auf dem Medium befindliche Programm bei abgeschalteter Autostart-Funktion nicht mehr automatisch – Sie müssen es über den Arbeitsplatz manuell aufrufen.

Autostart unter Windows 2000/XP ausschalten

Unter Windows 2000/XP muss die Autostart-Funktion über einen Registry-Eingriff abgeschaltet werden – im Geräte-Manager fehlt die entsprechende Option dafür! Mit dem Eingriff in die Registry wird die Autostart-Funktion sowohl für den Brenner als auch für Ihr CD-ROM/DVD-ROM-Laufwerk ausgeschaltet. Eine getrennte Einstellung – wie unter Windows 9x/ME – ist leider nicht möglich.

1. Wählen Sie im Startmenü *Ausführen* und geben Sie in das neue Fenster *regedit* ein.

2. Im startenden Registrierungseditor öffnen Sie folgenden Ordner: HKEY_LOCAL_MACHINE\SYSTEM\CurrentControlSet\Services\Cdrom. In der rechten Fensterhälfte suchen Sie *AutoRun*. Sollte als Wert *0x00000001 (1)* eingetragen sein, ist die Autostart-Funktion aktiviert. Lautet der Wert *0x00000000 (0)*, wurde sie bereits deaktiviert.

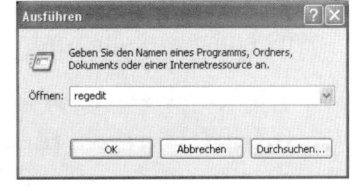

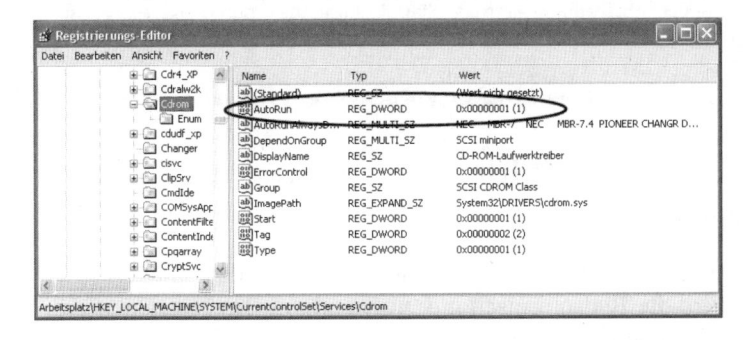

3. Bei aktivierter Autostart-Funktion führen Sie einen Doppelklick auf den Eintrag *AutoRun* aus. Im auftauchenden Fenster geben Sie unter *Wert* statt *1* die Zahl *0* an, um den Autostart abzuschalten, und klicken auf *OK*.

4. Verlassen Sie den Registrierungseditor und starten Sie das Betriebssystem neu – die Autostart-Funktion ist ab sofort deaktiviert – der Schreibvorgang wird nicht mehr durch sie unterbrochen.

Autostart unter Windows 9x/ME deaktivieren

1. Im Kontextmenü des Arbeitsplatzsymbols wählen Sie *Eigenschaften* aus und wechseln auf die Registerkarte *Geräte-Manager*. Hier öffnen Sie den Eintrag *CD-ROM* mit einem Doppelklick, um die Untereinträge erscheinen zu lassen.

2. Markieren Sie den Eintrag des Brenners, klicken Sie unten auf *Eigenschaften* und öffnen Sie die Registerkarte *Einstellungen*. Entfernen Sie das Häkchen vor dem Eintrag *Automatische Benachrichtigung beim Wechsel*, um die Autostart-Funktion für den Brenner auszuschalten, und klicken Sie auf *OK*.

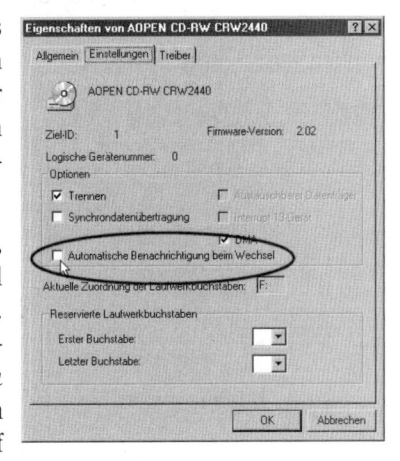

3 Verlassen Sie den Geräte-Manager und starten Sie Windows neu, damit die Änderung wirksam wird.

> **Autostart weiterhin für CD/DVD-ROM-Laufwerk nutzen**
>
> Unter Windows 9x/ME ist es möglich, die Autostart-Funktion für jedes einzelne Laufwerk zu aktivieren bzw. zu deaktivieren! In der Regel reicht es aus, die Autostart-Funktion für den Writer auszuschalten. Dadurch kommen Sie unter Windows 9x/ME nach wie vor in den Genuss der nützlichen Autostart-Funktion, wenn Sie eine Scheibe in das Lesegerät (CD-ROM/DVD-ROM-Laufwerk) einlegen. Treten weiterhin „Schreibstillstände" durch die Aktivierung des Buffer Underrun-Schutzes auf, schalten Sie probeweise die Autostart-Funktion auch für das Lesegerät aus.

Schneller brennen: Bildschirmschoner optimal konfigurieren

Die hübsch anzuschauenden Bildschirmschoner von Windows haben einen großen Nachteil: Wird der Bildschirmschoner während des Brennvorgangs aktiviert, weil Sie dem PC keine weiteren Befehle mit der Maus oder Tastatur erteilen, bricht möglicherweise der Datenstrom zum Brenner ab – gerade bei etwas schwächeren PCs. Bei einem alten Writer ohne Schutzmechanismus bedeutete dies Rohlingschrott! Bei modernen Writern mit Buffer Underrun-Schutz wird der Schreibvorgang kontrolliert gestoppt und erst beim Eintreffen neuer Daten fortgesetzt – der Brennvorgang wird verlängert.

Die Bildschirmschoner stammen aus der „grünen" Urzeit des PCs. Bei den damaligen Monitoren brannte ein über längere Zeit unverändertes Bild ein. Das geschieht bei den modernen Bildschirmen nicht mehr – der Bildschirmschoner ist überflüssig geworden. Entweder schalten Sie ihn komplett ab oder Sie stellen die *Wartezeit* (bis der Schoner aktiviert wird) so ein, dass der Brennvorgang ohne Aktivierung des Bildschirmschoners verlaufen kann (30 Minuten sind ein guter Wert, bis dahin ist beispielsweise ein DVD-Rohling mit 2facher Schreibgeschwindigkeit fertig gebrannt).

Schalten Sie den Bildschirmschoner aus oder legen Sie als Wartezeit 30 Minuten fest!

Klicken Sie mit rechts auf eine freie Stelle auf dem Desktop und wählen Sie *Eigenschaften*. Auf der Registerkarte *Bildschirmschoner* legen Sie die gewünschten Einstellungen fest.

Maximale Systemressourcen bereitstellen

Vor jeder Audio- und Videobearbeitung bzw. vor dem Brennvorgang sollten Sie möglichst viele Systemressourcen für perfektes und schnelles Gelingen „freischaufeln", indem Sie nicht benötigte Hintergrundprozesse deaktivieren:

- Beenden Sie alle nicht mehr benötigten Programme.

- Deaktivieren Sie vorübergehend den permanent im Hintergrund tätigen Virenscanner; dieser benötigt für die Virensuche relativ viel Rechenpower, die für die zu bewältigten Aufgaben nicht zur Verfügung steht. Wie Sie den permanenten Virenwächter vorübergehend ausschalten, entnehmen Sie bitte dem Handbuch der Software. In der Regel reicht ein Rechtsklick auf das entsprechende Symbol in der Taskleiste für das Konfigurieren der Scanengine.

- Je weniger Hintergrundprozesse während des Brennens aktiv sind, umso stabiler verläuft der Schreibvorgang. Viele dieser Hintergrundprogramme werden nutzlos beim Start des Betriebssystems automatisch in den Arbeitsspeicher geladen und verschlingen wertvolle Systemressourcen. Sorgen Sie für maximale Brenngeschwindigkeit und multimedialen Spaß bei der perfekten Videoaufzeichnung, indem Sie alle unnötigen Hintergrundprozesse ausschalten: Entrümpeln Sie die Programmgruppe *Autostart*. Hier werden alle aufgelisteten Programme automatisch gestartet; eventuell benötigen Sie sie gar nicht und vergeuden unnötig wertvolle Systemressourcen!

- Neben der Programmgruppe *Autostart* gibt es eine weitere versteckte Stelle, an der Sie Autostart-Programme aufstöbern können: Wählen Sie im Startmenü *Ausführen* und tippen Sie *msconfig* ein. Bestätigen Sie die Eingabe mit [Enter]. Es erscheint der Systemkonfigurationseditor. Öffnen Sie nun die Registerkarte *Autostart* (unter Windows XP *Systemstart*). Hier sind weitere Programme aufgeführt, die beim Start von Windows heimlich geladen werden. Um den Autostart eines Programms zu verhindern, deaktivieren Sie das Häkchen vor dem entsprechenden Eintrag. Das sollten Sie auf jeden Fall machen, wenn das Programm bereits deinstalliert wurde. Es ist durchaus möglich, dass bei der Deinstallation ein Teil der Software vergessen wurde und dieser sich bei jedem Systemstart sinnlos im Arbeitsspeicher einnistet. Vorsicht: Deaktivieren Sie auf keinen Fall aus Versehen den automatischen Start des permanenten Virenscanners – das kann üble Folgen nach sich ziehen (Ihr PC wird durch Viren verseucht).

- Lassen Sie den PC in Ruhe die Scheibe brennen – gleichzeitiges Brennen und Arbeiten ist selbst bei absoluten High-End-PCs nicht empfehlenswert. Kommt es Ihnen auf jede Minute an, verrichten Sie während des Schreibvorgangs wenigstens Arbeiten, die kaum Rechenpower benötigen. Das Fortführen oder Ausdrucken eines Word-Dokuments ist problemlos möglich; das Surfen im Internet oder andere Multimediaaktivitäten während des Brennens einer Disk sind nicht empfehlenswert – der Schreibvorgang wird mehrmals unterbrochen, weil der Rechner die Daten nicht schnell genug an den Brenner liefern kann.

> **Systemleistung unter Windows XP optimieren**
>
> Gerade Windows XP ist durch viele zusätzliche Programme und Dienste aufgebläht worden und läuft selbst auf neuen Rechnern nur äußerst langsam und träge. Für maximale Rechenpower für Ihre Video-, Audio- und Brennaufgaben mit Nero unter dem neuen Betriebssystem besorgen Sie sich am besten von DATA BECKER aus der Reihe „PC Underground" das Buch „Windows XP Dirty Tricks", das ich zusammen mit Herrn von Heyl geschrieben habe. Dort finden Sie unter anderem eine Reihe weiterer Tuninggeheimnisse, um aus Ihrem Windows XP-PC eine wahre „Rennmaschine" zu machen, die mit Videoaufnahmen und schneller Bearbeitung keinerlei Probleme hat.

16.3 Maximale Festplattenleistung zum Nulltarif

Für schnelle Brennvorgänge, perfekte Videoaufzeichnung und flotte Videobearbeitung spielt die Leistung der Festplatte eine große Rolle: Kann sie die Daten nicht schnell genug lesen bzw. abspeichern, lahmt das komplette System. Entweder muss der Schreibvorgang durch den Buffer Underrun-Schutz vorübergehend angehalten werden oder bei der Videoaufnahme gehen viele Einzelbilder verloren – das muss nicht sein! Im folgenden Abschnitt erfahren Sie, wie Sie maximale Leistung aus Ihrer Festplatte herausholen und welches Dateisystem für die Erstellung von Video-DVDs am besten ist.

Ich gehe davon aus, dass Sie bereits für die Festplatte den DMA-Modus aktiviert haben, damit Lese- und Schreibzugriff ohne große Prozessorlast durchgeführt werden. Sollte dies nicht der Fall sein, holen Sie es bitte nach!

Festplatte defragmentieren

Die Leistung Ihrer Festplatte nimmt durch regelmäßige PC-Nutzung immer stärker ab: Beim Löschen und Speichern von Dateien auf der Festplatte geschieht es oft, dass eine Datei aus Platzgründen in mehrere Teile aufgeteilt und an unterschiedlichen Stellen der Festplatte abgelegt wird. Daraus ergibt sich beim Lesen ein großer Geschwindigkeitsverlust, da der Lesekopf der Festplatte für das Einlesen einer Datei ständig neu positioniert werden muss. Dies führt während des Brennvorgangs schnell zu einem Buffer Underrun, der den Brennvorgang unnötig verlängert. Außerdem können bei der Videoaufzeichnung Einzelbilder verloren gehen, weil die fragmentierte Festplatte die großen Datenmengen nicht schnell genug abspeichern kann.

Ein Defragmentierungsprogramm setzt die verstreuten Dateifragmente wieder zusammen und legt die komplette Datei an einer freien Stelle der Festplatte ab. Die Daten können anschließend wesentlich schneller (in einem Rutsch) gelesen werden, sodass die Platte wieder maximale Leistung bringt. Sie sollten die Festplatte aus diesem Grund regelmäßig defragmentieren – bei häufiger PC-Benutzung mindestens einmal pro Monat!

1 Windows bringt bereits ein solches Defragmentierungsprogramm (*Defragmentierung*) mit, dass sich in der Programmgruppe *Zubehör/Systemprogramme* gut versteckt. Die Programme von Windows 9x/ME und Windows XP unterscheiden sich zwar voneinander, sind aber relativ ähnlich zu bedienen.

2 Markieren Sie die Festplatte (bzw. Festplattenpartition), die Sie defragmentieren möchten, und klicken Sie auf *Defragmentieren*. Das Programm macht sich an die Arbeit und setzt die verstreuten Dateiteile wieder zusammen – das dauert je nach Festplattengröße relativ lange. Besitzen Sie eine große Festplatte, deren Speicherkapazität fast ausgeschöpft ist, und führen Sie die Defragmentierung zum ersten Mal durch, kann die Prozedur mehrere Stunden dauern! Die nächsten Defragmentierungsdurchläufe sind wesentlich schneller fertig.

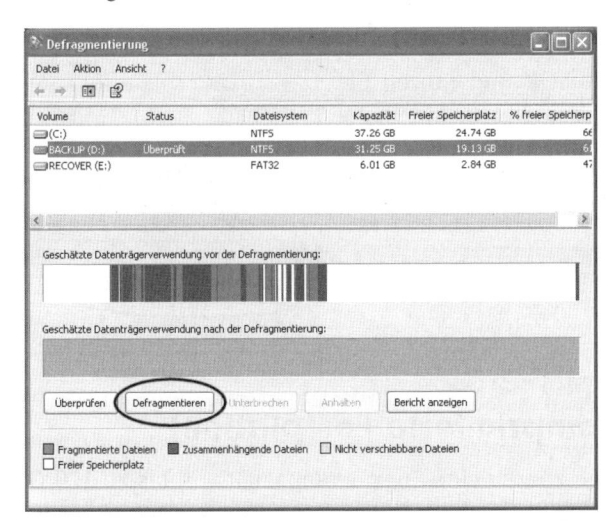

> ### Professionelle Defragmentierungsprogramme einsetzen
> Neben dem Defragmentierungsprogramm von Windows gibt es viele kommerzielle Defragmentierungsprogramme zu kaufen, die wesentlich leistungsfähiger sind. Diese Programme können beispielsweise häufig benutzte Dateien an den schnellen Anfang der Festplatte verlagern,

> damit sie flotter eingelesen werden. Wollen Sie wirklich optimale Festplattenleistung herauskitzeln, werden Sie um ein separates Defragmentierungsprogramm nicht herumkommen. Ein wirklich professionelles Programm ist O&O Defrag. Mit diesem Programm können Sie während Ihrer Arbeit am PC die Festplatte im Hintergrund defragmentieren lassen und den Ressourcenverbrauch individuell konfigurieren. Außerdem bietet das Programm fünf verschiedene Defragmentierungsmethoden an und kann auch wichtige Systemdateien (beispielsweise den virtuellen Arbeitsspeicher oder die Registry) defragmentieren, was das Standard-Defragmentierungsprogramm von Windows nicht beherrscht.

Geschwindigkeitsbremse: Festplattenindizierung von Windows XP

Unter Windows XP ist die Festplattenindizierung, die die Dateisuche beschleunigen soll, standardmäßig aktiviert. Allerdings bringt die Funktion bei der Dateisuche nur einen sehr geringen Geschwindigkeitsgewinn. Im schlimmsten Fall indiziert Windows XP die Festplatte während des Brennvorgangs oder einer Videoaufzeichnung mit dem Ergebnis, dass die Systemleistung zusammenbricht und die zu bewältigende Aufgabe nicht bzw. nur sehr langsam gelingt. Schalten Sie daher für jede Festplatte bzw. Festplattenpartition die unnötige Indizierung ab:

1 Öffnen Sie den Arbeitsplatz, wählen Sie im Kontextmenü Ihrer Festplatte *Eigenschaften* und entfernen Sie unten das Häkchen vor *Laufwerk für schnelle Dateisuche indizieren*.

2 Klicken Sie danach auf *OK* und führen Sie diese Prozedur gegebenenfalls für die weiteren Festplatten im System durch.

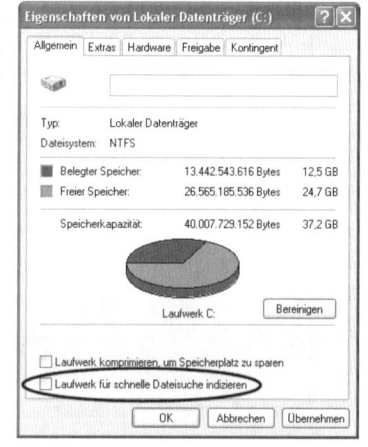

Vermeiden Sie komprimierte Festplatten!

Moderne Festplatten bieten zurzeit eine Speicherkapazität von bis zu 120 GByte – für das Betriebssystem und zusätzliche Anwendungsprogramme mehr als ausreichend. Bei mehreren großen Videoprojekten ist auf einem lange in Betrieb befindlichen System der zur Verfügung stehende freie Speicherplatz aufgrund der vielen installierten Programme jedoch häufig zu knapp. Windows bietet für diese Situation eine angeblich „tolle" Funktion an: Per Datenkomprimierung kann wieder neuer, zusätzlicher Platz auf der vollen Festplatte geschaffen werden. So schön dieses Feature ist, lassen Sie als Brenn- bzw. Videofreak die Finger davon und bauen Sie lieber eine zusätzliche Festplatte ein – oder löschen Sie überflüssige Daten bzw. nicht mehr benötigte Programme!

Bei einer komprimierten Festplatte müssen die einzelnen Dateien vor dem Lesen dekomprimiert werden, was viel Zeit kostet – die Systemleistung bricht dabei ein. Die Videobearbeitung scheitert beispielsweise, weil die Festplatte die komprimierten Daten nicht schnell genug liefern kann. Auch das Brennen von Daten einer komprimierten Festplatte ist nicht empfehlenswert: Dieser Vorgang verursacht durch die ständige Aktivierung des Buffer Underrun-Schutzes des Writers einen erheblichen Zeitbedarf – schließlich kann die Platte die Daten nicht schnell genug dekomprimiert an den flotten Rekorder liefern.

> *Vermeiden Sie das Brennen von einer komprimierten Platte!*

Festplatten beschleunigen: Acoustic-Management optimieren

Moderne Festplatten beherrschen das so genannte Acoustic-Management. Über das Acoustic-Management kann die Lautstärke der Festplatte mithilfe eines Zusatztools vom Hersteller gesenkt werden. Leider hat diese eigentlich nützliche Funktion einen gravierenden Nachteil: Die Festplattenleistung bricht bei manchen Modellen regelrecht ein, wenn Sie die Lautstärke der Platte reduzieren. Viele Festplatten (auch in Komplett-PCs verbaute Laufwerke) sind im Auslieferungszustand nicht auf maximale Leistung getrimmt, sondern auf einen möglichst leisen Betrieb. In diesem Zustand wird unnötig Leistung verschenkt, die Sie für maximale Brennpower bzw. eine optimale Videoaufzeichnung gut gebrauchen können.

Beim Acoustic-Management wird nicht – wie man zuerst denken könnte – die Umdrehungszahl der Platte gesenkt, vielmehr werden nur die Bewegungen des Lese- bzw. Schreibkopfes verlangsamt. Diese Vorgehensweise soll den Geräuschpegel drastisch reduzieren, allerdings ist bei den meisten Platten das Resultat in Bezug auf die Reduzierung des Lärmpegels eher dürftig, schließlich macht die schnelle Umdrehung der Platten das Hauptgeräusch aus. Durch das Acoustic-Management wird mehr Leistung verschenkt, als Lärm reduziert. Daher empfehle ich, auf das Acoustic-Management zu verzichten bzw. es so zu konfigurieren, dass die Platte maximale Leistung bringt. Ein Tipp: Nicht jede moderne Festplatte unterstützt das Acoustic-Management. Ob Ihre Platte dazugehört, erfahren Sie auf den Internetseiten des Festplattenherstellers.

Acoustic-Management unter Windows mit Doc's AAM Tool verwalten

Die Acoustic-Management-Einstellung der Festplatte können Sie auf zwei Arten ändern: Entweder Sie nutzen das in der Regel unkomfortabel zu bedienende

16. Systemtuning für maximale Brennleistung und perfekte Videoaufnahmen

DOS-Tool des Festplattenherstellers (auf dessen Internetseite zu finden) oder Sie nehmen die Änderungen direkt unter Windows vor. Mit der Shareware „Doc's AAM Tool", welches Sie zum Testen unter *http://www.drhardware.de/pghgmeli. htm* downloaden können, ändern Sie bei beliebiger Hardwareausstattung das Acoustic-Management der angeschlossenen Festplatte.

Die Testversion erlaubt nicht das dauerhafte Ändern der Acoustic-Management-Werte – hierzu benötigen Sie die Vollversion. Mit der Testversion finden Sie über den integrierten Benchmark aber heraus, ob sich die Änderung der Acoustic-Management-Einstellungen bei Ihrer Platte überhaupt lohnt. Ist das der Fall, werden Sie tätig und erwerben entweder die Vollversion oder nutzen für die Konfiguration das kostenlose Tool des Festplattenherstellers. Doc's AAM Tool sollte nicht eingesetzt werden, wenn die Festplatte Teil eines RAID-Verbundes ist.

Mit dem Programm erhalten Sie unter anderem interessante Informationen über die angeschlossene Festplatte. Das Acoustic-Management regeln Sie über die Registerkarte *AAM* individuell per Schieberegler (*unter AAM-Wert ändern*). Für maximale Leistung ziehen Sie ihn ganz nach rechts. Das Programm bietet über die Schaltfläche *Zugriffszeit messen* die Option, die Festplattenleistung (Zugriffszeit) vor und nach der Änderung zu ermitteln. Auf diese Weise stellen Sie fest, wie viel die Änderungen bewirken – das ist von Festplatte zu Festplatte unterschiedlich. Bei einigen wenigen Modellen macht sich die Änderung kaum bemerkbar!

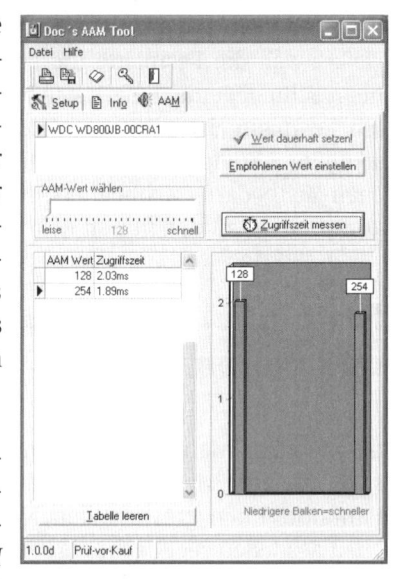

Acoustic-Management mit dem Intel Application Accelerator deaktivieren

Besitzen Sie dagegen einen modernen Intel-Chipsatz, kann das Acoustic-Management mit dem kostenlos erhältlichen Intel Application Accelerator ab Version 2.3 eingestellt werden.

1 Markieren Sie zunächst den Eintrag der Festplatte und führen Sie anschließend einen Doppelklick auf *Autoakustik-Verwaltung* in der rechten Fensterhälfte aus.

2 Im erscheinenden Fenster wählen Sie für maximale Festplattenleistung unter *Parameterdaten* den Eintrag *Deaktiviert* aus. Das Acoustic-Management wird daraufhin vollständig deaktiviert – die Festplatte bringt Höchstleistungen ohne Rücksicht auf den Lärmpegel.

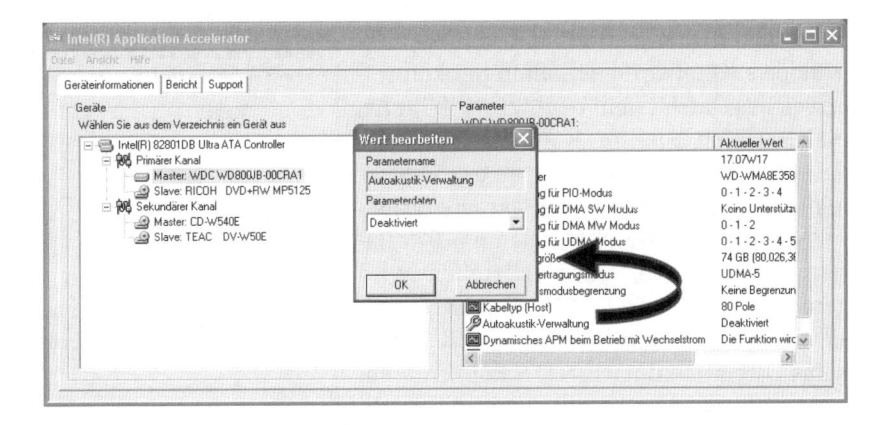

Große Videodateien? Mit NTFS kein Problem!

Beim Aufzeichnen von Videos für eine neue Videoscheibe entstehen durch die gewaltige Menge zu verarbeitender Daten große Dateien von mehreren GByte. Diese großen Dateien können schnell zu einem Problem werden, da ältere Dateisysteme damit nicht zurechtkommen. In der folgenden Tabelle sehen Sie die verschiedenen Dateisysteme der Windows-Betriebssysteme und Ihre Dateigrößenbeschränkung.

Dateisystem	Verwendet bei	Maximale Dateigröße
FAT16	Windows 95	2 GByte
FAT32	Windows 98/ME	4 GByte
NTFS	Windows NT/2000/XP	unbegrenzt

Aus der Tabelle entnehmen Sie, dass das NTFS-Dateisystem, welches von Windows XP standardmäßig genutzt wird, optimal für die Erstellung von Video-DVDs ist, da hierbei keine Dateigrößenbeschränkung zu beachten ist. Unter Windows 98/ME lässt sich mit einer maximalen Dateigröße von 4 GByte ebenfalls relativ gut arbeiten – Windows 95 dagegen ist für die Erstellung eigener Video-DVDs unbrauchbar!

Unter Windows XP FAT32 in NTFS konvertieren

Windows XP kommt sowohl mit dem FAT- als auch mit dem NTFS-Dateisystem klar. In der Regel wird das Betriebssystem im optimalen NTFS-Dateisystem installiert. Leider gibt es bei Komplett-PCs einige Ausnahmen: Aus Unkenntnis wird Windows XP im FAT32-Dateisystem auf die Festplatte gebracht, was neben der Dateigrößenbeschränkung weitere Nachteile hat: Auf großen Festplatten ist die Performance mit dem NTFS-Dateisystem wesentlich besser als unter dem alten FAT32.

16. Systemtuning für maximale Brennleistung und perfekte Videoaufnahmen

Haben Sie einen Komplett-PC mit vorinstalliertem Windows XP erworben, sollten Sie kontrollieren, welches Dateisystem benutzt wird: Im Arbeitsplatz wählen Sie im Kontextmenü Ihrer Festplatte *Eigenschaften* aus. Ein neues Fenster erscheint. Hier erfahren Sie das aktuelle Dateisystem. Werkelt Ihr System bereits im NTFS-Dateisystem, brauchen Sie nicht einzugreifen. Wird dagegen als Dateisystem FAT32 angezeigt, sollten Sie für die perfekte Erstellung von Video-DVDs das Dateisystem nach NTFS konvertieren. Die Umwandlung des Dateisystems geschieht ohne Datenverlust, fertigen Sie aber trotzdem aus Sicherheitsgründen vorher ein Backup Ihrer wichtigsten Daten an. Sie können statt der kompletten Festplatte auch nur einzelne Festplattenpartitionen konvertieren.

1 Führen Sie zunächst einen Festplattencheck (zum Beispiel mit ScanDisk) durch, um eventuell vorhandene Fehler auf der Festplatte aufzuspüren und zu korrigieren. Das Festplattenprüfprogramm finden Sie, indem Sie im Kontextmenü der Festplatte *Eigenschaften* wählen und auf die Registerkarte *Extras* wechseln. Dort klicken Sie auf die Schaltfläche *Jetzt prüfen*.

2 Nach Abschluss des Festplattenchecks wählen Sie im Startmenü *Ausführen* und tippen *cmd* ein, um die Eingabeaufforderung zu starten.

3 Tippen Sie hier *convert x: /fs:ntfs* ein, wobei Sie das „x" durch den Laufwerkbuchstaben der umzuwandelnden Festplatte bzw. Festplattenpartition ersetzen.

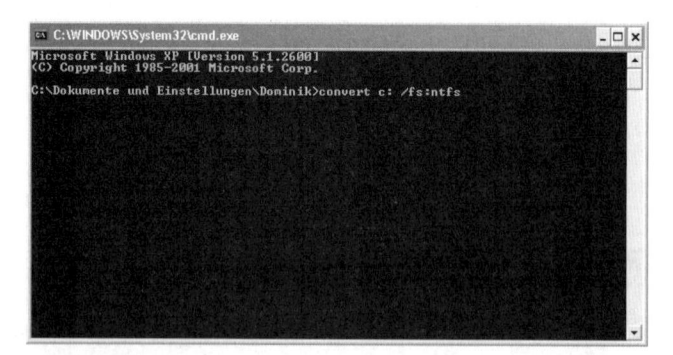

4 Bevor die Konvertierung startet, werden Sie aus Sicherheitsgründen aufgefordert, die Laufwerkbezeichnung der umzuwandelnden Festplatte bzw. Festplattenpartition einzugeben. Diese finden Sie beispielsweise im Arbeitsplatz direkt vor dem Laufwerkbuchstaben. Die Konvertierung beginnt und ist nach kurzer Zeit abgeschlossen. Der Erstellung eigener Video-DVDs mit großen Filmdateien steht nichts mehr im Weg ...

16.4 Systemstabilität für Videoaufgaben optimieren

Bei der Videoaufzeichnung bzw. Videobearbeitung wird dem Rechner einiges abverlangt, sodass es schnell zu Systeminstabilitäten aufgrund schlechter Hardwarekonfiguration kommen kann. Es spielen dabei vor allem auch Komponenten (beispielsweise ein leistungsstarkes Netzteil) eine Rolle, die bisher im täglichen PC-Gebrauch nicht beachtet wurden.

In diesem Abschnitt erfahren Sie alles Wissenswerte, um aus Ihrem PC eine stabile „Videomaschine" zu machen, mit der Sie alle anfallenden Videoaufgaben problemlos meistern. Für eine perfekte Videoaufzeichnung bzw. schnelle Videobearbeitung sollten Sie die in diesem Kapitel bereits beschriebenen Anleitungen zur System- bzw. Festplattenoptimierung durchführen. Aus Stabilitätsgründen ist es für die Videoaufzeichnung bzw. Videobearbeitung außerdem notwendig, jegliche Overclocking-Maßnahmen (Übertaktung von Hardwarekomponenten) rückgängig zu machen, da diese außerhalb ihrer Spezifikationen betrieben werden und daher schneller abstürzen.

Videohardware benötigt einen exklusiven IRQ!

IRQ ist die Abkürzung für **I**nterrupt **R**equest **L**ine. Über den IRQ-Kanal stehen die Hardwarekomponenten (beispielsweise TV- oder Grafikkarte) mit der CPU in ständiger Verbindung. Über so genannte Interrupts (Unterbrechungsanforderungen) signalisieren die Geräte, dass sie Rechenzeit benötigen. Die heutigen PCs besitzen alle eine begrenzte Anzahl freier Interrupt-Leitungen – bei einem „vollgestopften" Rechner kann es vorkommen, dass nicht jedes Gerät einen eigenen IRQ zugeteilt bekommt – dies kann, besonders wenn der PC unter Volllast steht, zu gravierenden Hardwareproblemen (Systeminstabilitäten) führen.

Windows besitzt die Fähigkeit, mehrere Geräte auf einen IRQ zu legen. Dies ist zwar eine praktische Sache, aber äußerst gefährlich: Harmonieren die Komponenten (und deren Treiber) nicht vollständig miteinander, kommt es häufig zu Abstürzen! Für maximale Systemstabilität sollte jede Hardware einen eigenen (exklusiven) Interrupt haben. Das gilt besonders für die Grafik-, TV- und Videoschnittkarte! Teilen sich diese Geräte einen Interrupt mit einer anderen Hardwarekomponente, kann es bei der Videoaufzeichnung bzw. Videobearbeitung zu Systeminstabilitäten kommen.

Ist Ihr PC von IRQ-Doppelbelegungen betroffen?

Sie möchten wissen, ob sich in Ihrem System mehrere Hardwarekomponenten einen Interrupt teilen?

16. Systemtuning für maximale Brennleistung und perfekte Videoaufnahmen

1 Im Kontextmenü des Arbeitsplatzsymbols auf dem Desktop oder im Startmenü wählen Sie *Verwalten* und markieren im neuen Fenster den Eintrag *Geräte-Manager* in der linken Fensterhälfte.

2 Wählen Sie *Ansicht/Ressorucen nach Typ* und öffnen Sie den Eintrag *Interruptanforderung (IRQ)*. Es werden daraufhin alle verfügbaren Interrupts und deren Belegung durch die installierte Hardware angezeigt.

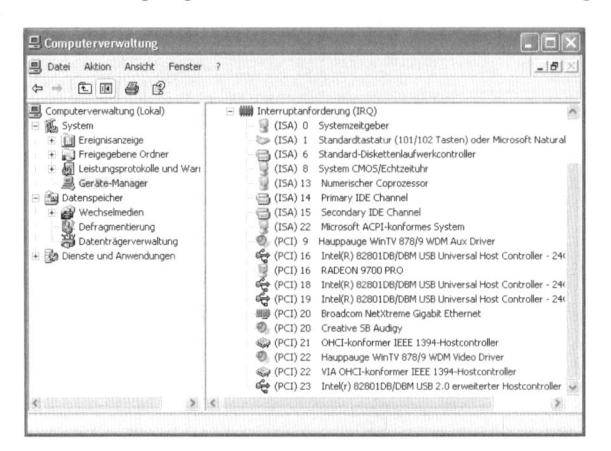

3 Kontrollieren Sie, ob zwei Geräte einen Interrupt verwenden. Im Beispiel trifft dies auf Interrupt 22 zu, der sowohl von der TV-Karte als auch von einem FireWire-Anschluss genutzt wird. Das ist nicht optimal, denn dadurch kann es bei der Videoaufzeichnung mit der TV-Karte zu Systeminstabilitäten kommen, wenn die Treiber beider Komponenten nicht absolut fehlerfrei und kompatibel zueinander sind.

Sollte es bei Ihrem PC keine Interrupt-Doppelbelegungen geben, überspringen Sie den folgenden Abschnitt.

Hardwareprofile erhöhen die Systemstabilität

Im PC-Alltag werden Sie sicherlich nicht bei jeder Windows-Sitzung sämtliche Hardwarekomponenten benötigen: Für die Aufnahme von Videos ist ein über den USB-Anschluss angeschlossener Scanner oder Drucker unnötig. Teilt sich der USB-Anschluss beispielsweise einen Interrupt mit der TV-Karte, sollten Sie den USB-Anschluss vorübergehend deaktivieren, sodass der Videokarte während der Aufnahme ein exklusiver IRQ zur Verfügung steht. Durch dieses Vorgehen erreichen Sie eine perfekte und stabile Aufzeichnung.

Mithilfe der Hardwareprofile können Sie unter Windows XP während der aktuellen Windows-Sitzung nicht benötigte Hardware deaktivieren. Dadurch vermeiden Sie Interrupt-Doppelbelegungen. Das für die aktuelle Windows-Sitzung gewünschte Hardwareprofil können Sie vor dem Start des Systems auswählen. Daraufhin werden sämtliche nicht benötigte Hardwarekomponenten deaktiviert. Interrupt-Doppelbelegungen werden so vermieden und den wirklich gebrauchten Komponenten steht eine größtmögliche Anzahl freier Systemressourcen zur Verfügung, was eine große Systemstabilität gewährleistet.

Sie sollten sich für jede Aufgabe ein eigenes Hardwareprofil anlegen, beispielsweise für die Videoaufzeichnung, das Spielen am PC oder die Büroarbeit. Auf diese Weise werden nur die Geräte aktiviert, die Sie bei der aktuellen Windows-Sitzung brauchen. Benötigen Sie in einer Windows-Sitzung ausnahmsweise ein ausgeschaltetes Gerät, schalten Sie es im Geräte-Manager über einen Rechtsklick auf den entsprechenden Eintrag ein.

Hardwareprofile anlegen

1 Im Kontextmenü des Arbeitsplatzsymbols wählen Sie *Eigenschaften* und öffnen die Registerkarte *Hardware*. Hier betätigen Sie die Schaltfläche *Hardwareprofile*.

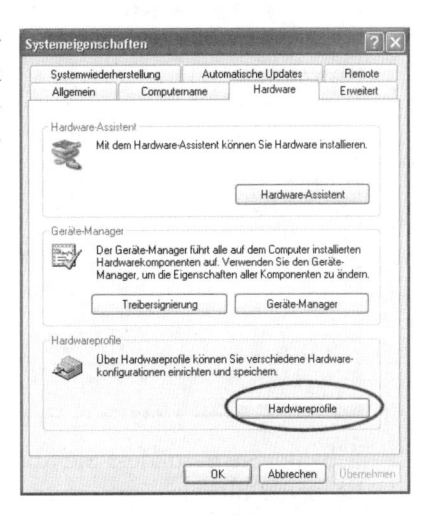

2 Ein neues Fenster öffnet sich und zeigt die vorhandenen Hardwareprofile (in der Regel ist zu Beginn nur eines vorhanden). Mit einem Klick auf *Kopieren* legen Sie ein weiteres (neues) Hardwareprofil an – verpassen Sie ihm unbedingt einen aussagekräftigen Namen, damit Sie später genau wissen, für welche Aufgaben das Profil angelegt wurde.

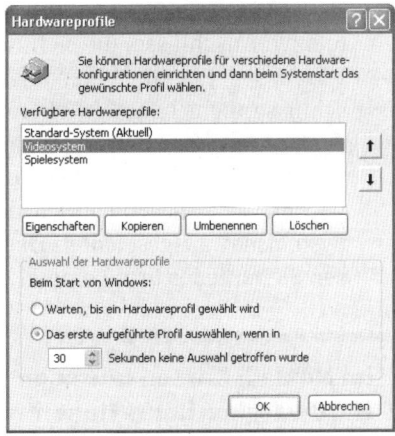

3 Wollen Sie die angelegten Profile vor dem Start des Betriebssystems auswählen, markieren Sie den entsprechenden Eintrag und klicken auf *Eigenschaften*. Im erscheinenden Fenster aktivieren Sie unter Auswahl der Hardwareprofile die Option *Dieses Profil beim Start von Windows immer einschließen*.

16. Systemtuning für maximale Brennleistung und perfekte Videoaufnahmen

Hardwareprofile konfigurieren

Bis jetzt haben Sie nur neue Hardwareprofileinträge erzeugt. Die Konfiguration der einzelnen Profile geschieht folgendermaßen: Starten Sie das Betriebssystem neu und wählen Sie aus der erscheinenden Liste der angelegten Hardwareprofile ein Profil aus, das Sie in der aktuellen Windows-Sitzung konfigurieren möchten – beispielsweise das Hardwareprofil für die Videoaufzeichnung.

1 Öffnen Sie den *Geräte-Manager* und deaktivieren Sie alle nicht für dieses Hardwareprofil (die Videoaufzeichnung) benötigten Hardwarekomponenten: Rechtsklick auf den Geräteeintrag und *Deaktivieren* auswählen.

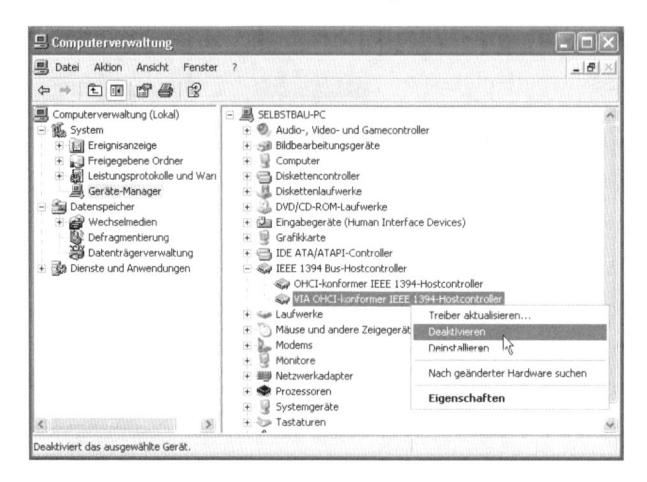

2 Schalten Sie besonders die Komponenten aus, die zu einer Interrupt-Doppelbelegung führen. Grafikkarte, Soundkarte und vor allem Videokarten (TV-Karte, Videoschnittkarte usw.) sollten einen eigenen Interrupt besitzen. Geräte bzw. Anschlüsse, die sich mit diesen Karten einen Interrupt teilen, deaktivieren Sie. Für die Videoaufzeichnung werden beispielsweise die USB-Anschlüsse nicht benötigt; ebenso können Sie nicht genutzte Netzwerkkarten deaktivieren usw. Windows „merkt" sich Ihre Änderungen unter dem Profilnamen und stellt die Einstellungen bei Auswahl des entsprechenden Profils wieder her – die von Ihnen deaktivierten Geräte werden automatisch beim Systemstart ausgeschaltet. Das Deaktivieren nicht benötigter Hardware müssen Sie für jedes Profil einmal durchführen.

Im Notfall: Karten tauschen und spezielle Hardwarekonfigurationen

Manchmal kommt es vor, dass sich zwei Hardwarekomponenten einen Interrupt teilen, die Sie in dem angelegten Hardwareprofil beide benötigen: Zum Beispiel die TV- und Grafikkarte teilen sich einen IRQ. In dem Fall kommen Sie mit den Hardwareprofilen nicht weiter. Die gefährliche Doppelbelegung müssen Sie durch das Umstecken der TV-Karte in einen anderen PCI-Steckplatz beseitigen. Hintergrund: Der erste PCI-Steckplatz neben der Grafikkarte teilt sich in

> der Regel mit dieser einen Interrupt. Wird eine Karte in diesen PCI-Slot gesteckt, ist eine Interrupt-Doppelbelegung nicht zu vermeiden. Aus diesem Grund sollten Sie stets den ersten Steckplatz neben der Grafikkarte freilassen. Welche PCI-Steckplätze sich mit anderen Hardwarekomponenten auf dem Motherboard einen Interrupt teilen, erfahren Sie in vielen Fällen im Mainboard-Handbuch. Manche BIOS-Versionen lassen es zu, gewissen Steckplätzen einen eigenen Interrupt zuzuweisen, sodass diese von keiner anderen Hardwarekomponente verwendet werden dürfen. Ob das auf Ihr BIOS zu trifft, erfahren Sie ebenfalls im Mainboard-Handbuch. Sollten Sie dieses nicht finden, können Sie es in der Regel auch auf den Internetseiten des Mainboardherstellers downloaden.

Ist Ihr Netzteil stark genug?

Gerade bei der Videoaufzeichnung und Videobearbeitung müssen die Komponenten (besonders TV-Karte, Grafikkarte und CPU) im PC mit voller Power arbeiten. Die modernen, äußerst leistungsfähigen (und daher auch stromhungrigen) Hardwarekomponenten benötigen für ihre Arbeit viel „Saft", die das Netzteil in ausreichender Form und über einen längeren Zeitraum kontinuierlich bereitstellen muss. Ist das Netzteil zu schwach, bricht die Spannungsversorgung unter der Last zusammen – das System stürzt beispielsweise während der Videobearbeitung ab. Dies kann sofort oder erst nach einer gewissen Zeit geschehen. Im schlimmsten Fall geht dabei das Netzteil kaputt, sodass sich der Rechner nicht mehr einschalten lässt.

Leider haben viele Hersteller von Komplett-PCs die Gefahr eines unterdimensionierten Netzteils immer noch nicht erkannt und verbauen mickrige Netzteile mit 250 Watt! Das ist heutzutage einfach zu wenig – jeder moderne Rechner sollte mindestens mit einem 300-Watt-Netzteil ausgestattet sein! Bei topaktuellen und leistungsstarken Komponenten dürfen es sogar 350-400 Watt sein, da besonders moderne Athlon-CPUs für ihren „Stromhunger" bekannt sind. Ich selbst habe schon mehrere unterdimensionierte Netzteile (250 Watt) durch rechenintensive Aufgaben ruiniert ...

Bevor Sie aus lauter Frust nach einem neuen PC für eine problemlose Videoarbeit Ausschau halten, sollten Sie bei ständigen Absturzproblemen die Leistung Ihres Netzteils prüfen und es gegebenenfalls gegen ein stärkeres austauschen. Vorsicht: Der Austausch kann zu Garantieverlust führen! Außerdem sollten Sie technisch versiert sein, da eine falsche Handhabung lebensgefährliche Folgen haben kann!

Optimale Kühlung ist notwendig!

Gerade bei rechenintensiven und groß angelegten Videoarbeiten (beispielsweise Transkodierung von langen Videos hintereinander) ist eine optimale Kühlung der Hardware wichtig. Durch die lange dauernde Rechenarbeit erwärmen sich moderne, leistungsfähige Komponenten stark. Wird die entstehende Wärme nicht

16. Systemtuning für maximale Brennleistung und perfekte Videoaufnahmen

schnell genug abgeführt, bildet sich ein für die Hardware tödlicher Hitzestau: Die Komponente überhitzt und bringt den Rechner zum Absturz. Leider wird häufig übersehen, dass Systeminstabilitäten auch auf ein Wärmeproblem innerhalb des PC-Gehäuses hindeuten.

Die meisten Komplettsysteme werden aus Spargründen nicht ausreichend gekühlt: Einzig der Netzteillüfter soll neben der Kühlung der Netzteilkomponenten zusätzlich die warme Luft aus dem Gehäuse nach draußen blasen. Diese Aufgabe erledigt er nur unzureichend, sodass sich besonders bei kleinen Gehäusen die Luft im Inneren schnell erwärmt. Sie sollten daher mithilfe von zusätzlichen Gehäuselüftern für einen optimalen Luftaustausch zwischen dem Gehäuse und der Umgebung sorgen. Auf diese Weise werden die Komponenten während des „Dauerstresses" ausreichend gekühlt – die Videoarbeiten verlaufen ohne Absturz. Die Luftzirkulation im Gehäuse sollte so sein, dass an der Frontseite kalte Luft hineingesaugt und die Warmluft an der Gehäuserückseite herausgeblasen wird – dadurch entsteht ein Luftsog im Gehäuse, der jeden Hitzestau vermeidet.

Zusätzlich eingebaute Gehäuselüfter optimieren die Kühlung der Hardwarekomponenten.

Weiterhin ist es ratsam, die Festplatte, die während der Videoaufgaben Schwerstarbeit verrichten muss, optimal zu kühlen. Moderne Festplatten mit 7.200 Umdrehungen pro Minute werden im Betrieb sehr warm. Eine Überhitzung der Platte kann zu Datenverlust führen. Entweder lassen Sie oberhalb und unterhalb der Platte einen Laufwerkschacht frei oder Sie besorgen sich einen separaten Festplattenkühler bzw. Festplattenlüfter, um die Betriebstemperatur der Platte so gering wie möglich zu halten und Datenverlust vorzubeugen.

Stichwortverzeichnis

99-Minuten-Rohlinge 520
   Brennerunterstützung 520
   falsche Kapazitätsanzeige 522
   mit Nero brennen 523
   nicht für Datensicherung 521
   vollständig beschreibbar? 521
   wann nutzen 521

A

AAC 355
Abtastvorgang 544
Acoustic-Management 637
   Doc's AAM Tool 637
   Intel Application Accelerator 638
   konfigurieren 637
   maximale Festplattenleistung 637
Aktive Systemtreiber 579
Aktualisieren 25
Aktuelle Programmversionen 25
Analoge Videos aufnehmen 140
   beste Bildqualität 144
   Composite-Anschluss 144
   direkt auf DVD 160
   Grafikkarte mit Videoeingang 141
   im AVI-Format 155
   kostenlose Fernsehzeitung 159
   leistungsschwacher PC 145
   mit DivX-Codec 155
   mit NeroVision Express 149
   PowerVCR 169
   Scart-Adapter 145
   S-VHS-Verbindung 144
   TV-Karte 140
   über digitalen Camcorder 145
   Verbindungsprobleme 145
   Video-Codec 146
   Videos komprimieren 146
   VirtualDub 173
AntiVir
   aktualisieren 49
   Download 47
   konfigurieren 47
   Suchoptionen 47
   Virenjagd durchführen 48
ASPI-Treiber
   aktualisieren 620
   Definition 616
   externe Laufwerke 616
   fehlerhafte Version 616
   Force-ASPI 622
   für Brenntools 616
   installieren 620
   Nero-ASPI 618
   prüfen 617

ASPI-Treiber
   Treiberdateien 616
   unter Windows 2000/XP 616
   unter Windows 9x/ME 616
   unvollständig 618
   veraltet 616
   Version 4.60 620
   Version 4.60 installieren 622
   Version 4.71 620
   welche Version 620
   wozu notwendig 616
ATA 563
ATAPI 563
ATIP 497
   aufdecken 502
Audio-CD
   Audiokorrektur 290
   Audio-Master-Quality-Recording 317
   Audiorohlinge 314
   Audiostandard 316
   aus Audiokassetten 330
   aus Schallplatten 330
   Ausgabe-Dateiformat 290
   brennen 313
   Brennqualität prüfen 527
   C2-Fehler 525
   C2-Fehler aufdecken 527
   CDA-Dateistrategie 285
   CD-TEXT 294
   DAE 278
   Equalizer 310
   Extrahieroptionen 284
   Fade-In 309
   Fade-Out 309
   fehlerhafte Tracks 291
   Fehlerkorrektur bei Wiedergabe 317
   finalisieren 314
   Fingerabdrücke 291
   Frequenzanalyse 311
   Frequenzen optimieren 312
   Gebrauchsspuren 291
   geht kaputt 294
   größere Kapazität 317
   hartnäckiger Schmutz 292
   hörbare Tonfrequenzen 311
   Image erzeugen 313
   Index 0 307
   Indexmarken 306
   Jitterfehler 283
   Jitterkorrektur aktivieren 290
   keine Pause 306
   keine Sektoreinteilung 283
   kompakte Abspielgeräte 314
   komprimierte Musik 302
   Kopierschutz 278

Stichwortverzeichnis

Audio-CD
- Kreuzblende 310
- langer Musiktrack 305
- Lesefehler 527
- Lesefehler vermeiden 291
- Lesegeschwindigkeit 285
- Leseschwierigkeiten 282
- Lieblingshit suchen 288
- Live-Aufnahme 306
- mit Brenner auslesen 282
- MP3 schneller Integrieren 304
- MP3-Hits 303
- MP3-Playliste nutzen 304
- Musik und Daten 322
- Nero CD-Player 288
- Nero Wave Editor aufrufen 329
- Nero Wave Editor optimal nutzen 328
- nur Disc-at-Once 314
- Offset 283
- On-the-fly-Geschwindigkeit 282
- optimale Brennmethode 314
- optimale Rohlinge 314
- Pausen bei DVD-Player 308
- Pausen entfernen 285
- Pausen zwischen Tracks 306
- Pausenlängen 306
- Raumklang optimieren 310
- Reflexionslöcher 294
- reinigen 292
- reparieren 293
- Schreibgeschwindigkeit 315
- Sound optimieren 310
- Stereo-Effekt 310
- Sternenhimmel 294
- Track aufteilen 305
- Track ausblenden 309
- Track einblenden 309
- Trackanfang 308
- Track-at-Once 316
- Trackende 308
- Tracklautstärke 312
- Trackreihenfolge 288
- Tracks für andere Aufgaben 289
- Tracks kontrollieren 287
- Tracks normalisieren 312
- Tracks permanent speichern 289
- Tracks temporär speichern 286
- überbrennen 314
- Unterschied zur Datendisk 282
- VariRec 319
- verkratzt 293
- verschmutzt 292
- viele Effekte 313
- waschen 292
- WMA-Hits 303

Audio-DVD 375
- mit Video-DVD-Standard 375
- Struktur 375
- Video-DVD-Standard 375

Audiokassetten
- Anschlusskabel 331
- Brummgeräusche 334
- digitalisieren 330

Audiokassetten
- Dynamik optimieren 346
- Halleffekte 346
- Kassettendeck verbinden 333
- Rauschanalyse 344
- Rauschbeseitigung 344
- Zeitkorrektur 345

Audio-Master-Quality-Recording
- im Detail 317
- mit Nero 6 nutzen 319
- Rohlingkapazität 319
- Voraussetzungen 318

Audiorohlinge 314
Autorun.inf 98
Autostart-Funktion 630
- aktivieren 411
- InCD-Nutzung 411
- unter Windows 2000/XP 630
- unter Windows 9x/ME 631
- verlängert Schreibvorgang 630

Autostart-Programme 633
AVI 155, 202
AVI-Datei
- Codec installieren 204
- Parameter 202

AVI-Videos 202
- genaue Infos 202
- nicht abspielbar 204
- transkodieren 203
- welcher Codec 203

Azo 490

B

Backup
- 1-Klick-Backup 108
- für fremde Betriebssysteme 71
- für Windows-Systeme 74
- geöffnete Dateien 51
- komplette Festplatte 55
- Multisession-Disk 82
- Nero BackItUp 49
- Nero Burning Rom 71
- Nero-Kommandokonsole 106
- optimale Rohlinge 50
- Singlesession-Disk 80
- UDF-Dateisystem 76
- vorher Virenjagd 46
- wann durchführen 50

Backupmethoden
- Differenzielles Backup 62
- Inkrementelles Backup 62
- Vollbackup 62

Bildschirmschoner ausschalten 632
BIOS 116
- Setupprogramm aufrufen 116

Bitsetting Utilities 460
Blue-Ray-Disk 486
Bootdisk 109
- alter PC 110
- BIOS-Update 110
- Bootreihenfolge ändern 116

Stichwortverzeichnis

Bootdisk
   brennen 114
   Dateisystemzugriff 110
   erstellen 111
   Experteneinstellungen 111
   Festplattenimage 114
   funktioniert nicht 116
   Imagedatei einer Startdiskette 110
   keine Startdiskette 110
   kostenlose Rettungstools 112
   Mauszeiger 113
   NTFS-Dateisystem 110
   Ordnung halten 112
   Partitionssoftware 114
   serielle Maus wichtig 113
   testen 115
   Virenscanner 113
   Voraussetzungen 110
   welche Startdiskette 110
   welche Tools 112
Bootmenü
   aktualisieren 593
   deinstallieren 593
   Download 591
   einrichten 591
   Fehlermeldung 592
   für moderne Windows-Systeme 593
   für Windows 9x 591
   Standardbrennprogramm 592
   Varianten 591
Box-Version 23
B-Pictures 235
Brennabbrüche 39
Brennen und arbeiten 633
Brenner
   einbauen 562
   extern anschließen 563
   intern einbauen 563
   NeroPing 573
   Systemerkennung scheitert 574f
   vom System erkannt? 572
Brennerdatenbank 600
Brennereinbau 562
   allein anschließen 570
   Anschlussmöglichkeiten 563
   Bremseffekte vermeiden 570
   Brennabbrüche vermeiden 569
   Brennprobleme 570
   CD-Brenner 562
   Dauerbrenner 572
   direkte Kopien 571
   DVD-Brenner 562
   elektrostatische Aufladung 562
   externes Laufwerkgehäuse 566
   Festplatten-Abwärme 572
   FireWire-Anschluss 565
   großes PC-Gehäuse 572
   Hitzestau vorbeugen 571
   IDE-Schnittstelle 563
   immer Master-Status 569
   kein IDE-Anschluss frei 564
   kontrollieren 572
   Kühlung notwendig 571

Brennereinbau
   Luftzirkulation wichtig 571
   Master oder Slave 568
   mehrere IDE-Laufwerke 570
   NeroPing 573
   On-the-fly-Kopien 571
   optimale Konfiguration 570
   RAID-Controller 564
   schnelle Dejustierung vermeiden 571
   SCSI-Controller 563
   Serial-ATA 567
   Sonderfälle 570
   Systemerkennung scheitert 574f
   USB 1.1 565
   USB 1.1 oder USB 2.0 565
   USB 2.0 565
   USB-Anschluss 565
   USB-FireWire Combokarte 565
   vorhandene Laufwerke 569
   Vorsichtsmaßnahmen 562
Brennerunterstützung 598
   aktuelle Brenner 602
   Bundleversion 603
   erweitern 602
   InCD 600
   Nero Express 600
   Nero InfoTool 607
   NeroVision Express 600
   Programmupdate 602
   was kann der Brenner 603
Brennleistung optimieren 609
   Dateicaching 611
   Ultrabuffer 609
Brennprobleme
   Brennvorgang bricht ab 629
   durch DMA 629
   lange Brenndauer 633
   lösen 629
   Schreibabbrüche 633
Brennprogramme
   inkompatibel zueinander 589
   UDF-Programme 584
   vollständig entfernen 576
Brennprogramme entfernen
   aktive Systemtreiber 579
   alte Betriebssysteme 577
   Deinstallationsroutine 576
   gefährliche Programmreste 576
   gefährliche Treiber 578
   Laufwerke verschwunden 582
   Nero RegistryChecker 582
   Programmreste beseitigen 577
   RegCleaner 580
   Registry säubern 580
   Systemstabilität erhöhen 580
   Treiber aufdecken 579
   Treiber manuell löschen 577
   Treiber umbenennen 579
   Treiber von Clean 578
   Treiber von DirectCD 578
   Treiber von Easy CD-Creator 578
   Treiber von Gear 578
   Treiber von Get it on CD 578

Stichwortverzeichnis

Brennprogramme entfernen
    Treiber von InstantCD 578
    Treiber von Nero 578
    Treiber von PacketCD 578
    Treiber von WinOnCD 578
    Treibercheck 579
    Treibertrümmer 576
    unbekannte Treiber 579
    ungültige Registry-Einträge 580
Brennrechte 586
Brennvorgang
    einmal beschreibbare Scheibe 542
    wieder beschreibbare Scheibe 543
Brummgeräusche 334
Buffer Underrun 605
    bei Simulation 610f
    Hardwarepuffer 606
    Schutzmechansimen 605
    Softwarepuffer 607
Buffer Underrun-Schutz 605
    BURN-Proof 605
    JustLink 605
    nicht bei Simulation 610f
    verschiedene Namen 605
BURN-Proof 605
Busmastertreiber aktualisieren 624

C

C1-Fehler 534
C2-Fehler 525
Cachingfunktion 611
Capture-Treiber 142
CAV 547
CD fixieren 82
CD/DVD-ROM-Erkennung 603
CD-Datenbank 297
    Abfrageoptionen 299
    aktualisieren 300
    defekt 299
    erweitern 300
    falscher Eintrag 300
    im Internet kontaktieren 297
    in Nero integrieren 298
    kein Eintrag 300
    mehrere Einträge 299
    neue Einträge erzeugen 300
    reparieren 299
CD-Extra 322
    Audiosession füllen 323
    Audiosession optimieren 325
    brennen 324
    CD-TEXT nutzen 325
    Datensession füllen 323
    mit Nero erstellen 323
    Musiktracks bearbeiten 325
    Optionen für Musiktracks 324
CDOrc-MenuOrc
    Autostart-Menü anlegen 99
    Download 99
    Hintergrundmusik 100
    Menüfunktionsweise 101

CD-Player
    Laserreinigung 464
CD-Rohlinge
    99-Minuten-Scheiben 520
    Abtastsicherheit erhöhen 510
    Alterungserscheinungen 541
    aussagekräftige Rohlingtests 507
    bedruckbare Medien 477
    beim Kauf defekt 507
    Brenngeschwindigkeit 549
    Brennqualität 532
    CD-R 479
    CD-RW 479
    Datenstruktur 478
    Dye-Analyse 489
    Empfehlung des Writer-Herstellers 494
    Gebrauchsspuren 541
    gleichwertige Medien 502
    gute Schnäppchen 502
    Haltbarkeit 488
    Haltbarkeitstest 539
    Hersteller aufdecken 496
    Hersteller unter Nero 499
    Kapazitätstoleranzen 515
    Kaufstrategie 500
    Kompatibilität 479
    Lesetechnik 542
    maximale Rohlingkapazität 514
    Merkmale 477
    nicht mehr erhältlich 496
    optimale Medien 495
    Qualitätsschwankungen 506
    Reflexionsschicht 491
    Rohlingkapazität bei Videos 227
    Schnäppchen 494
    schnell defekt 540
    Schreibtechnik 542
    schwarze Rohlinge 508
    schwärzen 510
    selbst testen 524
    Spindelangebote prüfen 503
    Testrohling 500
    Transferrate 537
    überbrennen 511
    unbekannter Hersteller 497
    Unterschied zu DVD-Rohlingen 477
    UV-Strahlung 539
    Versiegelung 492
    Vorsichtsmaßnahmen 493
    welche kaufen 494
    zu klein 511
CD-RW 555
    alter Brenner 555
    Brenngeschwindigkeit 555
    Datenverlust vorbeugen 558
    Hi-Fi-CD-Player 437
    HighSpeed-CD-RW 555
    HighSpeed-Writer 556
    im DVD-Brenner 556
    Kompatibilität 555
    MultiSpeed-Falle 501
    richtig kaufen 501
    Schreibhäufigkeit 558

CD-RW
    UltraSpeed-CD-RW 555
    UltraSpeed-Writer 556
CDs
    Datenstruktur 478
CDs reinigen 292
CDs reparieren 293
CD-TEXT 294
    aktivieren 296
    Buchstabenbeschränkung 297
    CD-Datenbank nutzen 297
    Datenbankeinträge prüfen 301
    eingeben 297
    Firmwareupdate 295
    keine übergroßen Rohlinge 295
    maximale Größe 295
    mit Nero Media Player lesen 301
    mit PC lesen 295
    nur Disc-at-Once 295
    nutzen 296
    spezieller Player 295
    vom Writer unterstützt 295
    Voraussetzungen 295
    weniger tippen 297
    wo auf der Scheibe 302
Chipsatztreiber
    aktualisieren 623
    Hersteller aufdecken 623
CLV 547
Codec 146
Codecs
    welche sind installiert 204
Composite-Anschluss 144
Cyanine 490

D

DAE 278
    Brenner nutzen 282
    CPU-Belastung 279
    Datenfehler 281
    Extrahieroptionen 284
    fehlerhafte Tracks 291
    Fingerabdrücke 291
    fortgeschrittener Test 280
    Geschwindigkeit 278
    keine Fehlerkorrektur 288
    Laufwerkkontrolle 278
    Laufwerkqualität 280
    Lesefehler verringern 291
    Nero CD-DVD Speed 278
    neue CD wird ignoriert 291
    Pausen entfernen 285
    Sync-Fehler 281
    testen 278
    Tracks für andere Aufgaben 289
    Tracks kontrollieren 287
    Tracks permanent speichern 289
Dateicaching 611
    aktivieren 611
    bei CDs/DVDs 612
    bei Disketten 611
    Cachepfad 612

Dateicaching
    Netzwerk 611
Dateifilter 55
Dateigrößenbeschränkung 639
    FAT16 639
    FAT32 639
    NTFS 639
Dateisystem 71, 639
    bei großen Festplatten 639
    Definition 71
    FAT32 nach NTFS konvertieren 639
    ISO 9660 71
    Joliet-Ertweiterung 74
    UDF-Dateisystem 76
Datendisk
    1-Klick-Backup 108
    Autorun.inf erstellen 98
    Autostart funktioniert nicht 101
    Autostart-Menü 99
    CD fixieren 82
    Dateien fehlerfrei 105
    Dateien vergleichen 105
    Dateiplatzierung 101
    Dateipriorität 101
    Dateisystem 71
    Dateiverifizierung 105
    Datumsoptionen 103
    Disc-at-Once oder Track-at-Once 81
    Diskbeschreibungen 103
    Diskname 103
    DVD fixieren 82
    für fremde Betriebssysteme 72
    für Windows erstellen 75
    gebrannte Daten prüfen 105
    geöffnete Dateien 51
    große Dateien 76
    höhere Transferrate 102
    im ISO-Standard erstellen 72
    im UDF-Bridge-System 77
    ISO 9660 71
    Joliet-Erweiterung 74
    mit Autostart 98
    Multisession-Disk 82
    Nero-Kommandokonsole 106
    offene Disks 82
    Profi-Tipps 98
    Rockridge-Format 106
    Rohlingkapazität ausschöpfen 79
    schneller erstellen 106
    Singlesession-Disk erstellen 80
    Standards 79
    Tipps 79
    überbrennen 80
    übergroße Rohlinge 80
    UDF-Dateisystem 76
    Virengefahr 46
Datendisks
    Daten-DVDs 77
    im UDF-Standard 77
Datensicherung
    1-Klick-Backup 108
    für fremde Betriebssysteme 71
    für Windows-Systeme 74

Stichwortverzeichnis

Datensicherung
   geöffnete Dateien 51
   große Dateien 76
   komplette Festplatte 55
   Multisession-Disk 82
   Nero BackItUp 49
   Nero Burning Rom 71
   Nero-Kommandokonsole 106
   optimale Rohlinge 50
   Singlesession-Disk 80
   UDF-Dateisystem 76
   Virenscanner wichtig 46
   vorher Virenjagd 46
   wann durchführen 50
DCT 236
defragmentieren
   Definition 634
   mit Windows-Programm 635
   Profi-Programm 635f
Dekodieren 146
Demoversion 23
Dias digitalisieren 385
Diashow
   Bildbearbeitung 394
   Bildeffekte entfernen 395
   Bildoptimierung 394
   Bildreihenfolge 393
   Einblendzeit der Fotos 393
   Fotos entfernen 393
   Fotos zuschneiden 395
   Fotoübergänge 398
   Fußzeile 396
   Hintergrundmusik 397
   Kopfzeile 396
   Länge an Musik anpassen 397
   maximale Bilderzahl 393
   multimediale Effekte 397
   nachträglich ändern 401
   Seitenverhältnis 391
   Standard-Überblendeffekt 399
   Titel 396
   Überblenddauer 399
   Überblendeffekte 398
Diashow erstellen 389
   Fernsehnorm 390
Differenzielles Backup 62
Digitale Videos einspielen 178
Digitaler Camcorder
   anschließen 178
   Capturing-Vorlage 181
   Filmmaterial einspielen 181
   FireWire nachrüsten 178
   FireWire-Anschluss 178
   FireWire-Kabel 179
   jederzeit anschließbar 180
   richtig erkannt 180
   ScenalyzerLive 183
   spezielle Treiber 180
   Szenenerkennung 183
DirectCD 585
Direktkopie 122
Disc-at-Once 316
Disk nicht auswerfen 37

DivX-Codec 147
   downloaden 147
   Kompressionsparameter 157
   optimal einstellen 157
DivX-Videodisk 209
   DivX-Video aufnehmen 155
   Filmaufnahme 155
   Kompatibilität 210
   Videos als Daten-Disk brennen 156
   VirtualDub 173
   Vorteile 155
DMA 626
   aktivieren 626
   Brennprobleme 629
   deaktivieren 629
   falsches Kabel 628
   für Festplatte aktivieren 627
   geringe Transferleistung 628
   Intel Application Accelerator 628
   moderner Intel-Chipsatz 628
   unter Windows 9x/ME 626
   unter Windows XP 627
Downloadversion 23
dpi 384
Dual-DVD-Brenner 483
Dual-Layer-DVDs
   Layerwechsel 488
   Technik 488
Durchlichteinheit 385
DVD fixieren 82
DVD+R
   als DVD-ROM ausweisen 461
   alter Brenner 485
   bessere Kompatibilität 461
   Brennermodelle 483
   DVD+VR 165
   Firmwareupdate 485
   Kompatibilität 482
   Kompatibilitätslisten 472
DVD+R/RW manipulieren
   Erkennungsbit 460
   mit Nero 460
   Voraussetzungen 460
   wann durchführen 460
DVD+R/RW-Kompatibilität erhöhen 459
DVD+RAM
   Datenverlust vorbeugen 558
DVD+RW
   als DVD-ROM ausweisen 462
   bessere Kompatibilität 462
   Brennermodelle 483
   Datenverlust vorbeugen 558
   DVD+VR 165
   Hintergrundformatierung 482
   Kompatibilität 482
   Kompatibilitätslisten 472
   Lossless Linking 482
   nachträglich manipulieren 462
   schnelle Formatierung 482
   Schreibhäufigkeit 559
DVD+VR
   Aufnahmezeit 161
   DVD bearbeiten 162

Stichwortverzeichnis

DVD+VR
- erste Filmaufzeichnung ... 160
- fortsetzen ... 165
- Kompatibilität ... 165
- Menü erstellen ... 161
- Menü gestalten ... 162
- Rohlingsorte ... 160
- Voraussetzung ... 160
- weitere Videos brennen ... 165

DVD-Hochkompatibilitätsmodus ... 459

DVDInfo
- Brenngeschwindigkeit ... 505
- downloaden ... 497
- Rohlinghersteller ... 497

DVD-Player
- altes Laufwerk ausbauen ... 469
- CD-Rohlinge ... 437
- CD-RW ... 437
- DVD+R problemlos lesen ... 460
- DVD+RW problemlos lesen ... 460
- DVD-ROM-Laufwerk einbauen ... 468
- Features aufdecken ... 471
- Firmwareupdate ... 453
- Kompatibilität prüfen ... 471
- Laserreinigung ... 464
- Laufwerk befestigen ... 471
- mit Computeranschlüssen ... 469
- neues Laufwerk einbauen ... 468, 470
- neues Laufwerk vorbereiten ... 470
- optimale Kaufstrategie ... 473
- optimales Gerät kaufen ... 471
- richtig testen ... 473
- welche Medien abspielbar ... 471

DVD-R
- beschädigen Brenner ... 484
- Brennermodelle ... 482
- DVD-R (A) ... 481
- DVD-R (G) ... 481
- Firmwareupdate nötig ... 484
- Kompatibilität ... 480
- Kompatibilitätslisten ... 472
- offizieller Standard ... 480

DVD-RAM ... 480
- für Backup ... 480
- Kompatibilität ... 480
- Schreibhäufigkeit ... 559

DVD-Rohlinge
- Abtastsicherheit erhöhen ... 510
- alter Brenner ... 484
- Alterungserscheinungen ... 541
- aussagekräftige Rohlingtests ... 507
- beim Kauf defekt ... 507
- beschädigen Brenner ... 484
- Brenngeschwindigkeit ... 505, 549
- Brennmethoden ... 266
- Brennqualität ... 506, 535
- Datenstruktur ... 478
- Dual-DVD-Brenner ... 483
- DVD+R ... 482
- DVD+RW ... 482
- DVDInfo ... 497
- DVD-R ... 480
- DVD-RAM ... 480

DVD-Rohlinge
- DVD-RW ... 480
- Dye-Analyse ... 489
- Eckdaten ... 477
- eigentlicher Hersteller ... 497
- Empfehlung des Writer-Herstellers ... 494
- Fehlerkorrektur ... 536
- Firmwareupdate notwendig ... 484
- Format-Chaos ... 479
- Gebrauchsspuren ... 541
- Haltbarkeit ... 488
- Haltbarkeitstest ... 539
- Hochkompatibilitätsmodus ... 459
- inkompatibel zueinander ... 483
- Kapazitätslüge ... 486
- Kaufstrategie ... 500
- langsame Brenngeschwindigkeit ... 505
- Lesetechnik ... 542
- Merkmale ... 477
- mit Nero CD-DVD Speed testen ... 537
- nachträgliche Videobearbeitung ... 164
- nicht mehr erhältlich ... 496
- Noname-Scheiben ... 504
- optimale Medien ... 495
- Qualitätsschwankungen ... 506
- Reflexionsschicht ... 491
- Rohlingkapazität bei Videos ... 227
- schlechte Haltbarkeit ... 506
- schlechte Schnäppchen ... 504
- Schnäppchen ... 494
- Schreibtechnik ... 542
- schwärzen ... 510
- selbst testen ... 524
- stets kontrollieren ... 535
- Testrohling ... 500
- Transferrate ... 537
- überbrennen ... 512
- Unterschied zu CD-Rohlingen ... 477
- Unterstützung durch Microosft ... 483
- UV-Strahlung ... 539
- Versiegelung ... 492
- vollständig nutzen ... 459
- Vorsichtsmaßnahmen ... 493
- VR-Modus ... 164
- wahre Kapazität ... 486
- welche kaufen ... 494
- Wiedergabeprobleme ... 438
- Zukunft ... 486

DVD-RW
- Brennermodelle ... 482
- Datenverlust vorbeugen ... 558
- Kompatibilität ... 481
- Kompatibilitätslisten ... 472
- offizieller Standard ... 480
- Quick Format ... 481
- Schreibhäufigkeit ... 559
- VR-Modus ... 481

DVDs
- Aufbau von Original-DVDs ... 487
- Datenstruktur ... 478
- Dual-Layer-Technik ... 488
- DVD-10 ... 487
- DVD-18 ... 487

Stichwortverzeichnis

DVDs
- DVD-5 487
- DVD-9 487
- Entstehungsgeschichte 487
- hohe Speicherkapazität 488
- keine Subchannels 478
- zwei Datenschichten 488

Dye
- Azo 490
- Cyanine 490
- identizieren 489
- MetalAzo 490
- Phthalocyanine 490
- SuperAzo 490

E

- EasyWrite 416
- EasyWrite Reader 432
- EFM 545
- EIDE 563
- Eight to Fourteen Modulation 545
- Einsprungspunkte 249
- El Torito-Standard 111
- Enkodieren 146
- Equalizer 310
- Externer Brenner
  - Anschlussmöglichkeiten 565
  - Fehlerquellen 575
  - FireWire aktivieren 575
  - FireWire-Probleme 575
  - FireWire-Treiber 576
  - Hot plugging 567
  - immer Master-Status 567
  - Stromversorgung prüfen 575
  - USB aktivieren 575
  - USB-Treiber 576
  - wird nicht erkannt 575
  - zusätzlicher Treiber 576
- Externes Laufwerkgehäuse 566

F

- Fade-In 309
- Fade-Out 309
- FAT16 639
- FAT32 639
- Fehlermeldungen 39
- Fensteransicht optimieren 35
- Festplattenindizierung 636
- Festplattentuning 634
  - Acoustic-Management 637
  - defragmentieren 634
  - FAT32 nach NTFS konvertieren 639
  - Festplattenindizierung 636
  - große Dateien 639
  - komprimierte Festplatten 636
  - Kühlung 646
  - optimales Dateisystem 639
- Filme erstellen 186
  - Abspann 192
  - als AVI-Datei exportieren 199
  - Änderungen jederzeit möglich 186

Filme erstellen
- Audiolautstärke 195
- exportieren 196
- Exportoptionen 197
- im MPEG-Standard exportieren 197
- Lieblingshits integrieren 193
- mit NeroVision Express 186
- MPEG-Exportoptionen 198
- Nachvertonung 193
- Pinnacle Studio 199
- Projektparameter 186
- Übergangseffekt entfernen 190
- Übergangseffekte 189
- Videoeffekte 190
- Videolautstärke 195
- Videos integrieren 187
- Videos schneiden 195
- Videos teilen 195
- Vorspann 192

Finalisieren 82
Fine Focus Control 456
Firmwareupdate 442
- alte Firmware sichern 447
- Autostart-Funktion 445
- bessere Brennqualität 442
- Brennermodell 443
- DMA-Modus 445
- durchführen 447
- extern angeschlossene Laufwerke 445
- externer DVD-Player 453
- fremde Firmware 449
- gefährlich 445
- installierte Firmwareversion 443
- Laufwerk reaniminieren 451
- misslingt 448
- MtkFlash 451
- MtkWinFlash 449
- neue Features 443
- OEM-Modelle 449
- Originalfirmware nutzen 449
- Packet Writing-Software 445
- unter DOS 451
- Virenwächter 445
- Vorsichtsmaßnahmen 445
- wozu notwendig 442

Fixieren 87
- Unterschied zu finalisieren 87

Fotodisk
- abspielen 404
- als MiniDVD 389
- als Super-Video-CD 389
- als Video-CD 389
- als Video-DVD 389
- analoge Fotos 382
- ausgiebig testen 403
- Auswahlmenü gestalten 402
- Bildbearbeitung 394
- Bildeffekte entfernen 395
- Bilder im JPEG-Format 401
- Bildoptimierung 394
- Bildreihenfolge 393
- brennen 403
- Brennoptionen 403

Stichwortverzeichnis

Fotodisk
- Dias digitalisieren 385
- Diashow ändern 401
- Disktyp 389
- Einblendzeit der Fotos 393
- erstellen 389
- Fernsehnorm 390
- Fotogröße 382
- Fotos ausdrucken 404
- Fotos einer Digitalkamera 386
- Fotos einlesen 382
- Fotos einscannen 382
- Fotos entfernen 393
- Fotos im Vorschaufenster 391
- Fotos integrieren 391
- Fotos schnell integrieren 393
- Fotos zuschneiden 395
- Fotoübergänge 398
- für Ausdruck optimieren 401
- Fußzeile 396
- Hintergrundmusik 397
- HTML-Struktur 401
- im DVD-Player 404
- im Internetbrowser 404
- in der Nacht brennen 404
- Kopfzeile 396
- Länge an Musik anpassen 397
- maximale Bilderzahl pro Diashow 393
- mehrere Diashows 400
- Miniaturansicht nutzen 391
- mit Auswahlmenü 402
- Multi-Card-Reader 386
- Multi-Foto-Modus 384
- multimediale Effekte 397
- Nero ShowTime 404
- optimal scannen 384
- optimaler Disktyp 389
- Orginal-Fotos brennen 401
- Rohlingkapazität nutzen 400
- Scan-Auflösung 384
- Seitenverhältnis 391
- Speicherformat der Bilder 383
- Standard-Überblendeffekt 399
- Titel 396
- Überblenddauer 399
- Überblendeffekte 398

Fotos einscannen 382
F-PROT 113
FreeDB-Datenbank 297
- Abfrageoptionen 299
- aktualisieren 300
- defekt 299
- Download 298
- erweitern 300
- falscher Eintrag 300
- in Nero integrieren 298
- kein Eintrag 300
- mehrere Einträge 299
- neue Einträge erzeugen 300
- reparieren 299

Frequenz 311

G

Gehäuselüfter 646
Geräte-Manager
- unter Win 9x-ME öffnen 573
- unter XP öffnen 572

GigaRec 436f
GOP 235
Grafikkarte mit Videoeingang 141
Groove 476

H

Hardwareprofile 642
- anlegen 643
- konfigurieren 644
- Konflikte lösen 642
- nicht benötigte Hardware 642

Hi-Fi-CD-Player
- CD-RW 437
- Lasereinjustierung 466

HighSpeed-CD-RW 555
Hintergrundprozesse deaktivieren 633
HuffYUV 147

I

ID3-Tag
- Definition 364
- mit Freeware editieren 365
- RK ID3-Tag Editor 365

IDE 563
Image Recorder 602
Imagedatei
- bei NeroVision Express 127
- brennen 130
- Dateitypen 126
- eines Projekts erstellen 126
- erstellen 126
- ISO-Image 126
- Nero ImageDrive 127
- Projekt testen 126
- unterstützte Formate 130
- Vorteile 125
- zum Testen erzeugen 125

InCD
- Abstürze vermeiden 423
- aktuellste Version 411
- alte InCD 1.3-Rohlinge 434
- alte Rohlinge 415
- alte UDF-Software 408
- alte UDF-Software entfernen 585
- Alternative 424
- aus Anwendungen brennen 427
- automatisch starten 413
- Autostart-Funktion 411
- brennen mit Word 427
- Brenner im Senden an-Menü 424
- Brennerunterstützung 600
- Brennprobleme 417f
- Daten aktualisieren 426
- Daten löschen 426

Stichwortverzeichnis

InCD
- Daten umbennen 426
- deaktivieren 445
- EasyWrite Reader 432
- Entstehungsgeschichte 410
- erstellbare Disks 409
- Formatierung 414
- Formatierungsdauer 415
- Formatierungsfenster aufrufen 414
- Formatierungsoptionen 414
- generelle Optionen 413
- geöffnete Dateien 427
- geringere Rohlingkapazität 420
- Handling wie Diskette 426
- Hintergrundformatierung 415
- hochwertige Rohlinge 409
- in der Praxis 421
- Installationsvorbereitungen 585
- installieren 584
- keine Noname-Scheiben 409
- komfortabel nutzen 424
- Lesetreiber 432
- Lesetreiber auf Medium 432
- Lesetreiber aus dem Internet 433
- Lesevoraussetzungen 431
- Löschen 430
- mehrere Daten sichern 426
- mehrere Lesetreiber 431
- Menü erweitern 424
- Mount Rainier 417
- Mount Rainier deaktivieren 417f
- Mount Rainier nachrüsten 421
- MRW aktivieren 413
- MultiRead-Laufwerke 431
- Nachteile 408
- neue Ordner 426
- neue Rohlinge 415
- nur eine UDF-Software 409
- optimal einrichten 410
- Packet Writing 427
- professionelle Datensicherung 426
- Programmfehler 411
- Programmstatus 421
- Rohling entnehmen 426
- Rohling gemounted 421
- Rohlinge für Nero löschen 430
- Rohlinge lesen 431
- Rohlinge richtig löschen 428
- Rohlinge schnell löschen 429
- Rohlingformatierung 414
- Rohlingformatierung löschen 430
- Rohlingkapazität 419
- Rohlingprüfung 415
- schnelle Datensicherung 427
- Schnellformatierung 429
- Schnelllöschen 430
- Senden an-Menü 424
- Statussymbole 421
- Systeminstabilitäten 423
- Systemstabilität 422
- tägliche Datensicherung 410
- Trayicons 421
- UDF-Definition 410

InCD
- UDF-Software 410
- unbekannter Writer 411
- unterstützte Medien 409
- virtuelles Laufwerk 408
- Vorteile 408

Incremental Writing 266
Index 0 307
Inkrementelles Backup 62
Installation
- aktuelle Programmversionen 583
- altes Brennprogramm 576
- Brennprobleme verhindern 576
- InCD 584
- mehrere Brennprogramme 589
- Nero 576
- Nero BurnRights 586
- Nero und InstantCD/DVD 596
- Nero und WinOnCD 6 595
- Nero-CD 583
- NeroMix 588
- nur eine UDF-Software 584
- UDF-Software 584
- wichtige Vorbereitungen 576
- XP-Brennfunktion 589

Installierte Programmversionen 25
InstantCD/DVD
- Installationsprobleme 596
- InstantDrive entfernen 597
- InstantWrite entfernen 597
- neben Nero nutzen 596

InstantWrite 585
integrierter Virenscanner 46
- Alternative 47
- AntiVir 47
- reicht nicht aus 46

Intel Application Accelerator
- Acoustic-Management 638
- downloaden 628

Interlace 218
Interner Brenner
- Brenner defekt 575
- Fehlerquellen 574
- IDE-Controller 563
- IDE-Controller aktivieren 575
- Kabelkontrolle 574
- Master oder Slave 568
- RAID-Controller 564
- wird nicht erkannt 574

Interrupt 641
- anderer Steckplatz 644f
- Doppelbelegungen 641
- Hardwareprofile 642
- PCI-Karten tauschen 644f

I-Pictures 235
IRQ 641
ISO 9660 71
- Einschränkungen 71
- für fremde Betriebssysteme 71
- Level 1 72
- Level 2 72
- Level 3 72
- Regeln 71

Stichwortverzeichnis

IsoBuster
- alte Session reanimieren 97
- Datei extrahieren 97
- Dateisysteme 96
- Download 95
- Fehlermeldung 97
- Multisession-Disk retten 95
- Ordner extrahieren 97
- Session extrahieren 97
- SVCD extrahieren 275
- VCD extrahieren 275
- Versionsunterschiede 95
- Videos extrahieren 275

J

- Jitterfehler 283
  - ältere Systeme 284
  - durch überlastetes System 284
  - Jitterkorrektur 284
  - wann bemerkbar 283
- Joliet-Erweiterung 74
- JustLink 605
- JustSpeed 552

K

- Kapitel erstellen 249
- Kodieren 146
- Kompatibilitätscheck 264
- Komprimierte Festplatten 636
- Konstante Videobitrate 225
- Kopieren 120
  - CD-Leseoptionen 123
  - Direktkopie 122
  - geschützte Disks 120
  - mit einem Laufwerk 124
  - möglichst fehlerfrei 124
  - Nero Recode 130
  - on-the-fly 120
  - per Imagedatei 124
  - schnell kopieren 122
  - Video-DVDs 130
- Kostenlose Fernsehzeitung 159
- Kostenloses Upgrade 24
- KProbe
  - Alterungserscheinungen 541
  - C1-Fehler 533
  - C2-Fehler 533
  - CD-Analyse 533
  - CD-Brennqualität 533
  - CD-Rohlinge testen 532
  - downloaden 530
  - DVD-Analyse 536
  - DVD-Brennqualität 536
  - DVD-Rohlinge testen 535
  - einrichten 531
  - gutes Ergebnis für CD-Scheiben 533
  - Parity Inner 536
  - Parity Outer 536
  - Rohlingtests 530
  - Vergleich mit Original-CD 534

KProbe
- Vergleich mit Original-DVD 536
- Voraussetzungen 530
- Kühlung notwendig 645

L

- Langsame Quellen 611
- Lasereinjustierung 466
  - ältere CD-Player 467
  - beim Auto-CD-Spieler 466
  - beim Hi-Fi-CD-Player 466
  - mehrere Trimmpotis 467
- Laserpickup 545
- Laufwerke verschwunden 582
- Lesetechnik
  - Abtastvorgang 544
  - EFM 545
  - Geschwindigkeitssteigerung 546
  - Laserpickup 545
  - Pits und Lands 544
  - Strahlengang 545
- Linking Sectors 481
- Logdatei 41
  - Aufbau 42
  - Fehlermeldungen 41
  - Fehlermeldungen verstehen 42
  - öffnen 41
- Lossless Linking 482

M

- Makroblöcke 236
- Master-Status 568
- Maximale Brenngeschwindigkeit 549
  - auf welchen Rohlingen 551
  - aufdecken 551
  - für alle Rohlinge 552
  - nicht bei allen Medien 550
  - Rohlingüberwachung 551
  - SmartBurn-Tool 551
  - Tuningtool von TEAC 553
- Maximale Brennpower 622
- Medienkompatibilität
  - der DVD+R optimieren 459
  - der DVD+RW optimieren 459
  - der SVCD optimieren 458
  - DVD-Hochkompatibilitätsmodus 459
  - erhöhen 457
  - Kompatibilitätslisten 471
  - Listen für DVD+R/RW 472
  - Listen für DVD-R/RW 472
- Medium Speed Error 553
- Mehrere Brenner 38
- Mehrere Brennprogramme 589
  - Backup anlegen 594
  - Bootmenü 591
  - Brenntools 594
  - eigene Partition 595
  - große Brennprogramme 594
  - Nero und InstantCD/DVD 596
  - Nero und WinOnCD 6 595
  - Systemwiederherstellung 594

Stichwortverzeichnis

Mehrere Brennprogramme
    Testsystem einrichten 595
    unter Windows 9x 591
    unter Windows ME/2000/XP 593
    versteckte Treiber 594
    virtuelle Laufwerke 594
    vorsichtig installieren 594
MetalAzo 490
MiniDVD 209
Mittlere Videobitrate 226
    berechnen 226
Mixed Mode-CD 322
MMC 599
Mount Rainier 416
    ältere Writer 421
    Besonderheiten 418
    Brennprobleme 417f
    Diskaufbau 418
    DVD-Brenner 416
    EasyWrite Reader 432
    fehlerhafte Umsetzung 420
    Firmwareupdate 420
    in der Praxis 420
    Konkurrenzformat 416
    nachrüsten 421
    Rohlingkapazität 419
MP3 354
    als Audio-CD brennen 303
    aus dem Internet 302f, 363
    Bitrate festlegen 358
    Bitratenkompatibilität 359
    Dateinamen 366
    direkt von CD erstellen 360
    Feintuning 364
    ID3-Tag 364
    illegale Hits 302f, 363
    im CD-Player abspielen 374
    in Echtzeit aufnehmen 362
    Kodieroptionen 358
    mit Nero Wave Editor bearbeiten 364
    mit Nero Wave Editor erstellen 361
    Nero MP3-Encoder 356
    Neros MP3-Beschränkung 356
    nur Standard-Bitrate 359
    optimale Klangqualität 358
    Ordnerstruktur erstellen 367
    Playlisten erstellen 368
    verschiedene Bitraten 359
    Wave-Dateien kodieren 356
MP3-Disk
    Abspielreihenfolge 367
    alphabetische Anordnung 367
    Brenneinstellungen 373
    brennen 371
    CD oder DVD 371
    Dateinamen 366
    Daten integrieren 373
    Feintuning 364
    finalisieren 373
    große Kompatibilität 371
    Hits nummerieren 367
    Hits von CD kodieren 360
    ID3-Tag 364

MP3-Disk
    ISO-Standard 366
    Joliet-Erweiterung 372
    kein Multisession 372
    lange Dateinamen 372
    MP3-Dateien bearbeiten 364
    Ordnerstruktur erstellen 367
    Ordnung halten 366
    Pfadangaben korrigieren 369
    Playlisten erstellen 368
    Playlistenkorrektur 369
    über PC abspielen 374
    Wave-Dateien kodieren 356
    wiedergeben 374
MP3-Playlisten 368
    erstellen 368
    für Disk korrigieren 369
    Nero Media Player 368
    Pfadangaben korrigieren 369
    Voraussetzungen 368
MP3Pro 354
MP4 355
MPEG 202
    Kompressionsverfahren 235
    MPEG-1 205
    MPEG-2 206
MPEG-1 Audio Layer 3 354
MPEG-Videos
    genaue Infos 203
    Parameter prüfen 203
Mt Fuji 416
MtkFlash
    Laufwerk wiederbeleben 451
    Voraussetzung 451
MtkWinFlash
    alte Firmware 449
    Download 449
    Firmware einspielen 449
    Firmwaredowngrade 449
    Firmwareupdate 449
    für MediaTek Chipsatz 449
    nicht für alle Writer 449
    Update scheitert 450
    Voraussetzung 449
Multi Volume-Disk 92
Multi-Card-Reader 386
    im Einsatz 387
    nachrüsten 386
    unterstützte Karten 386
Multi-Foto-Modus 384
MultiRead-Standard 431
Multisession 79
Multisession-Disk
    abschließen 92
    aktualisieren 87
    alte Daten wiederbeleben 95
    alte Session importieren 88
    beginnen 85
    bei DVDs unausgereift 83
    Brennabbruch 94
    Daten hinzufügen 87
    Datenrettung 95
    DVD+R 83

Stichwortverzeichnis

Multisession-Disk
   DVD+RW 84
   DVD-Hochkompatibilitätsmodus 85
   DVD-Platzverschwender 85
   DVD-Probleme 83
   DVD-R 83
   DVD-RW 84
   DVDs maximal nutzen 85
   DVDs optimal nutzen 84
   einmal beschreibbare DVDs 83
   erste Session brennen 85
   finalisieren 92
   fortsetzen 87
   Fortsetzungsoptionen 88
   Fortsetzungsprozess 91
   in Singlesseion verwandeln 84
   IsoBuster 95
   Kompatibilitätsprobleme 83
   Leseprobleme beheben 84
   Leseprobleme verhindern 90
   letzte Session 92
   Löschaktionen 90
   maximale Sessionzahl 90
   Multi Volume-Disk 92
   nachträglich schließen 94
   nicht lesbar 95
   offene Multisession-Disk 87
   offene Session schließen 94
   Rohlingwahl 83
   UDF und DVD-Rohlinge 83
   verlorene Daten 95
   Verwaltungsinformationen 91
   wann nutzen 82
   weniger Speicherplatz 91
   wie viele Sessions 90
   zu viele Sessions 90
Musik digitalisieren 337
Musik und Daten mischen 322
Musikaufnahme 330
   Aufnahme kontrollieren 339
   Brummgeräusche 334
   geringes Grundrauschen 333
   im Detail 337
   mit Restauration 335
   Nero SoundTrax 336
   Nero Wave Editor 336
   Quelle einstellen 333
   Rohlingkapazität 337
   Schallplattenspeiler anschließen 331
   Soundkarte 330
   Soundkarte onboard 330
   Soundoptimierung 341
   speichern 339
   Technik 337
   Verbindungskabel 331
   Windows-Mixer 333
   zurechtschneiden 339
Musik-DVD 374
   Authoring 378
   Bilder bearbeiten 376
   erstellen 376
   im Video-DVD-Standard 376
   mit NeroVision Express erstellen 378

Musik-DVD
   Musik und Bild vereinigen 377
   optimale Bildqualität 376
   optimale Soundqualität 376
   Voraussetzungen 376
Musikkodierung 354
   AAC 355
   direkt von CD 360
   für DVD-Player 355
   mit Nero Wave Editor 361
   MP3 354
   MP3Pro 354
   MP4 355
   optimale Klangqualität 357
   Technik 357
   Wave-Dateien 356
   welchen Standard nutzen 355
   WMA 355
Musiktracks
   kodieren 354
   Kodierstandard 354
Musiktracks kodieren
   bei Aufnahme 362
   direkt von CD 360
   erneut kodieren 358
   mit Nero Wave Editor 361
   möglichst schnell 360
   optimale Klangqualität 357
   Technik 357
   Wave-Dateien 356

N

Nachvertonung 193
Nero
   aktualisieren 25
   als Bundlesoftware 24
   beim Brennen weiterarbeiten 36
   Brennabbrüche 41
   brennen von langsamen Quellen 611
   Brenner erkannt? 601
   Brenner wird nicht erkannt 602
   Brennerdatenbank 600
   Brennerfeatures 604
   Brennermodell ermitteln 444
   Brennleistung optimieren 609
   Bundleversion 603
   CD/DVD-ROM-Erkennung 603
   Dateicaching 611
   Disk nicht auswerfen 37
   DVD-Hochkompatibilitätsmodus 459
   Fensteransicht optimieren 35
   Firmwareversion aufdecken 444
   für Einsteiger 28
   Image Recorder 602
   kostenlos upgraden 24
   Logdatei 41
   maximale Brennpower 622
   mehrere Brenner 38
   Nero StartSmart 28
   Nero-Hilfesystem 40
   Neue Features 22
   neues Projekt beim Brennen 36

Stichwortverzeichnis

Nero
- OEM-Version ... 24
- optimal kaufen ... 23
- Preise ... 23
- Probleme ... 39
- Problemlösung ... 39
- Programmübersicht ... 27
- prozessorschonend brennen ... 626
- Rohlinge überbrennen ... 517
- Rohlinghersteller ... 499
- Schreiboptimierung ... 455
- schwacher PC ... 609
- Statusbalken optimieren ... 519
- Tipps für den Alltag ... 34
- überbrennen aktivieren ... 517
- Ultrabuffer ... 609
- unbekannter Writer ... 602
- unterstützte Brenner ... 600
- Upgrade ... 23
- Vollversion ... 24

Nero BackItUp ... 49
- alte Backups aktualisieren ... 59
- alte Backups wiederherstellen ... 66
- alte Dateiversion ... 70
- altes Backup wiederherstellen ... 68
- automatische Datensicherung ... 63
- Backup aktualisieren ... 58
- Backup direkt aktualisieren ... 63
- Backup wiederherstellen ... 66
- Backupmethoden ... 62
- bestimmte Dateitypen brennen ... 55
- Dateien überprüfen ... 53
- Dateifilter erstellen ... 55
- Dateifilter nutzen ... 55
- Dateikomprimierung ... 53
- Differenzielles Backup ... 62
- Disk-ID ... 68
- Festplattenbackup ... 55
- Festplattendefekt ... 68
- gelöschte Dateien ... 70
- geöffnete Dateien ... 51
- Image Recorder ... 50
- Inkrementelles Backup ... 62
- ISO-Standard ... 53
- Jobs anlegen ... 63
- letzte Backups aktualisieren ... 58
- neue Datensicherung ... 51
- optimale Rohlinge ... 50
- Passwortschutz ... 53
- Sicherungsdateien ... 59
- Update Backup ... 63
- Verwendung ... 27
- Vollbackup ... 62
- weitere Daten hinzufügen ... 58
- Wiederherstellungsoptionen ... 67

Nero Burning Rom
- beim Brennen weiterarbeiten ... 36
- Brennabbrüche ... 41
- Disk nicht auswerfen ... 37
- DVD-Struktur brennen ... 264
- Fensteransicht optimieren ... 35
- Festplattenbackup ... 55
- integrierter Virenscanner ... 46

Nero Burning Rom
- Kompatibilitätscheck ... 264
- Logdatei ... 41
- mehrere Brenner ... 38
- Nero-Hilfesystem ... 40
- neues Projekt beim Brennen ... 36
- Neukodierung verhindern ... 261
- Probleme ... 39
- Problemlösung ... 39
- Tipps für den Alltag ... 34
- Verwendung ... 27
- Virenscanner ... 46
- Virenscanner aktualisieren ... 46
- Wechsel zu Nero Express ... 34
- XS-VCD brennen ... 274
- XVCD brennen ... 274

Nero BurnRights ... 586
- Brennrechte verwalten ... 587
- Download ... 587
- für Windows 2000/XP ... 586

Nero CD-DVD Speed
- 99-Minuten-Rohlinge ... 521
- aktuellste Version ... 489
- ATIP aufdecken ... 502
- Brennqualität von DVD-Scheiben ... 537
- CD Qualitätstest ... 527
- DAE-Geschwindigkeit ... 278
- DAE-Tests ... 278
- DVD-Brenngeschwindigkeit ... 505
- Fehler auf gebranntem Medium ... 526
- Geschwindigkeitssteigerung ... 547
- Kapazitätsmessung scheitert ... 515
- Lesefehler bei DVD-Rohlingen aufdecken ... 537
- maximale Rohlingkapazität ... 514
- Rohling-Dye ... 489
- Rohlinghersteller ... 496
- ScanDisc ... 526
- Transferrate ... 537
- Verwendung ... 27

Nero CD-Player ... 288

Nero Cover Designer
- Verwendung ... 27

Nero DriveSpeed
- Verwendung ... 28

Nero Express
- Brennoptionen ... 32
- Disks schnell brennen ... 31
- für Einsteiger ... 31
- neues Projekt ... 31
- Verwendung ... 27
- Wechsel zu Nero Burning Rom ... 33

Nero ImageDrive
- aktivieren ... 127
- deaktivieren ... 129
- einrichten ... 127
- fremde Brennsoftware ... 129
- Image automatisch laden ... 128
- Image testen ... 128
- Imagedatei laden ... 128
- Inkompatibilitäten ... 129
- Laufwerkbuchstaben ändern ... 129
- Laufwerke aktivieren ... 128
- Verwendung ... 27

Stichwortverzeichnis

Nero ImageDrive
- virtuelle Laufwerke 127
- Vorbereitung 127
- vorübergehend deaktivieren 129
- wozu 127

Nero InfoTool
- aktive Systemtreiber 579
- ASPI-Treiber prüfen 617
- Audio-Codecs 204
- Brennerfeatures 607
- Brennermodell 443
- Codec-Kontrolle 204
- Firmwareversion 443
- Hardwarekonfiguration 625
- Kombinationsangaben 608
- Leseeigenschaften 608
- Nero-ASPI 619
- Schreibeigenschaften 608
- stürzt ab 524f
- Systemcheck 625
- Verwendung 28
- Video-Codecs 204

Nero kaufen 23

Nero media Player
- Audio-CD wird ignoriert 301
- CD-TEXT lesen 301
- MP3-Disk abspielen 374
- Playlisten erstellen 368
- Playlisten nutzen 374
- Verwendung 27
- WMA-Disk abspielen 374

Nero Recode
- Audioqualität 133
- Audiospuren 133
- Bildqualität 132
- Bildqualität erhöhen 136
- Bonusmaterial 136
- Brennoptionen 136
- Daten auf Festplatte 135
- Daten importieren 135
- Daten von DVD 135
- Datenverlust 131
- geschützte DVDs 134
- in der Nacht kopieren 134
- Kompression anpassen 136
- Kompressionsstärke 136
- konfigurieren 131
- Kopie erstellen 134
- Menüs 133
- nur eine Sprache nutzen 133
- PC herunterfahren 136
- Profil erstellen 132
- Profile nutzen 132
- Rohlinggröße 131
- schwerer Fehler 131
- Untertitel 134
- wofür nutzen 130

Nero RegistryChecker 582

Nero ShowTime
- Verwendung 27f

Nero SoundTrax
- Audiospur 349
- CD-Track festlegen 350

Nero SoundTrax
- Effekte 350
- Fensteransicht 349
- komponieren 348
- Kreuzblende 350
- Lautstärke regeln 349
- Masterspur 349
- Musik integrieren 350
- Musik mischen 348
- Nero-Musikaufnahme 336
- neue Audiospur erzeugen 349
- Projekt brennen 351
- Projekt exportieren 351
- Projekteinstellungen 348
- Projektlänge 348
- unterstützte Audioformate 350
- Verwendung 27

Nero StartSmart
- automatisch starten 30
- Disktyp 28
- erweiterter Modus 29
- Expertenmodus 28
- für Einsteiger 28
- konfigurieren 30
- Nachteile 30
- Programmauswahl 30
- Projekte starten 28
- Software aktualisieren 25
- Startoptionen 30
- Verwendung 27

Nero testen 23

Nero Wave Editor 328
- analoge Musik digitalisieren 336
- Arbeiten mit Effekten 341
- Audioformat beim Speichern 340
- Audiokassetten digitalisieren 336
- Aufnahme kontrollieren 339
- aus Nero starten 329
- Bypass nutzen 342
- DeClicker 343
- DeCrackle 343
- Dynamik optimieren 346
- Effekt deaktivieren 343
- Effekt löschen 343
- Effekt verändern 343
- Effektanwendung 342
- Effekte testen 347
- Effektwirkung 342
- Halleffekte 346
- MP3-Bearbeitung 364
- MP3-Hits erstellen 341
- Musik altern lassen 347
- Musik analogisieren 347
- Musik beschleunigen 345
- Musik richtig speichern 340
- Musik transponieren 347
- Musik zurechtschneiden 340
- musikalische Zeitreise 347
- Musikaufnahme 336
- Raumklangeffekte 346
- Rauschanalyse 344
- Rauschbeseitigung 344
- Restaurationsfunktion 343

Stichwortverzeichnis

Nero Wave Editor
  Schallplatten digitalisieren 336
  Schallplatten optimieren 343
  Soundoptimierung 341
  Tonhöhe ändern 347
  Übersteuerung vermeiden 341
  Verwendung 27
  Voreinstellungen 343
  wann nutzen 328
  Zeitkorrektur 345
Nero-ASPI 618
  kontrollieren 619
  Probleme beheben 619
  reparieren 619
NeroCmd.exe 106
Nero-Einsteiger 28
Nero-Hilfesystem
  Download 40
  Fehlermeldungen in Logdatei 42
  Problemanalyse 40
  vorbereiten 40
NeroHistory.log 41
Nero-Kommandokonsole 106
  1-Klick-Backup 108
  Batchdatei erstellen 108
  Befehlsübersicht 107
  Datendisk erstellen 107
  Datensicherung 107
  wichtige Befehle 107
Nero-Logdatei 41
NeroMix 321
  aktualisieren 588
  Bundlesoftware 588
  Seriennummer aufdecken 588
NeroPing
  ASPI-Treiber 574
  Download 573
  funktioniert nicht 574
  Laufwerkkontrolle 573
NeroVision Express
  analoge Videos aufnehmen 149
  Audiooptionen bei Aufnahme 151
  Auflösung bei Aufnahme 151
  Aufnahme als AVI-Datei 155
  Aufnahme für DVD 152
  Aufnahme für SVCD 152
  Aufnahme für VCD 155
  Aufnahme in MPEG-2 152
  Aufnahme mit DivX-Codec 155
  Aufnahmedauer 154
  Aufnahmeoptionen 149
  Aufnahmeprobleme 165
  Aufnahmetrouble lösen 166
  Auswahlmenü 251
  Camcorder steuern 182
  Diashow 389
  digitaler Camcorder 181
  DivX-Videos erstellen 155
  DVD+VR 160
  Echo bei Aufnahme 166
  Farbspektrum bei Aufnahme 151
  Filme direkt auf DVD aufnehmen 160
  Filme erstellen 186

NeroVision Express
  Fotodisk erstellen 389
  Infos während der Aufnahme 153
  MPEG-2 Codec 147
  Neukodierung vor Brennvorgang 245
  Szenenerkennung 182
  Timer-Aufnahme 158
  TV-Kanal auswählen 152
  übersprungene Frames 153
  Universal-Treiber für TV-Karte 167
  Verwendung 27
  Video-Authoring 244
  Videoeigenschaften bei Aufnahme 150
  Videostruktur erzeugen 257
Neue Features 22
Neues Projekt beim Brennen 36
Non-interlace 218
Normalisieren 312
Notebook mit Brenner aufrüsten 565
NTFS 639
NTFSDOS 110

O

OEM 24
OEM-Version 24
  Brennerunterstützung 25
  Einschränkungen 24
  Funktionsumfang 24
  mehrere Writer 25
Offset 283
On-the-fly-Kopieren 120
  Brenngeschwindigkeit 121
  optimale Geschwindigkeit 121
  Simulation 124
  Startgeschwindigkeit 122
  Voraussetzungen 120
OPC 549
Optimale Brenngeschwindigkeit 453
Optimale Brennqualität 453
  Brenngeschwindigkeit 453
  Firmwareupdate 442
  Geschwindigkeitssteigerung 455
  optimale Geschwindigkeit 454
  Rohlinge langsam brennen 453
  Rohlinge schneller brennen 453
  Schreiboptimierung nutzen 455
  Spezialfeatures 456
  Tuningtool von TEAC 457
Optimum Power Calibration 549
Optimum Writespeed Control 552

P

Packet Writing 427
  Fixed Packet Writing 428
  kein Buffer Underrun 428
  Paketgröße 420
  Variable Packet Writing 428
PacketCD 585
Paddingpakete 225
Parity Inner 536
Parity Outer 536

Stichwortverzeichnis

Partielles CAV 547
Partition Magic 114
Phase Change Recording 544
Phono-Vorverstärker 331
Phthalocyanine 490
Pinnacle Studio 199
Pits und Lands 544
Power Calibration Area 549
PoweRec 552
PowerVCR 169
    Bildoptimierung 172
    maximale Videogröße 170
    PC entlasten 171
    Profile 172
    Timer-Aufnahme mit TVGenial 159
    Timeshifting 172
    Video aufnehmen 171
P-Pictures 235
Probleme lösen 39
Programmabstürze 39
Programmneulinge 28
Programmprobleme 39
Programmübersicht 27
Prozessorschonend brennen 626

Q

Quantisierung 236
Quantisierungsmatrix 236

R

Random Access Recording 266
Red Book 316
Reflexionsschicht 491
    gold oder silber 491
RegCleaner
    Download 580
    Einträge der Brennprogramme 580
    Probleme nach Reinigung 582
    Registry säubern 580
    ungültige Einträge 581
Reinigungsdisk 464
Rekorderpuffer 606
Restricted Overwriting 266
Rettungsdisk 109
RGB 151
RK ID3-Tag Editor 365
Rockridge-Format 106
Rohlinge
    99-Minuten-Scheiben 520
    Abtastsicherheit erhöhen 510
    Alterungserscheinungen 541
    ATIP 497
    aussagekräftige Rohlingtests 507
    Azo 490
    bedruckbare Medien 477
    beim Kauf defekt 507
    Brenngeschwindigkeit 549
    CD-Rohlinge 477
    Cyanine 490
    Datenstruktur 478
    Details 476

Rohlinge
    DVD-Rohlinge 477
    Dye-Typen 490
    Eckdaten 477
    eigentlicher Hersteller 496
    Farbspiele 491
    Gebrauchsspuren 541
    Gemeinsamkeiten 477
    gleichwertige Medien 502
    Haltbarkeit 488
    Haltbarkeitstest 539
    Hersteller unter Nero 499
    Herstellung 476
    Kapazitätstoleranzen 515
    Kaufstrategie 500
    Lesetechnik 542
    maximale Rohlingkapazität 514
    MetalAzo 490
    nicht mehr erhältlich 496
    optimale Medien 495
    Phthalocyanine 490
    Produktion 476
    Qualitätsschwankungen 506
    Reflexionsschicht 491
    Rohlingkapazität bei Videos 227
    Schnäppchen 494
    schnell defekt 540
    Schreibtechnik 542
    Schutzlack 492
    schwarze Rohlinge 508
    schwärzen 510
    selbst testen 524
    SuperAzo 490
    Testrohling 500
    überbrennen 511
    Umwelteinflüsse 539
    unbekannter Hersteller 497
    Unterschiede 477
    UV-Strahlung 539
    Vorsichtsmaßnahmen 493
    welche kaufen 494
    zu klein 511
Rohlingschrott
    beim direkten Kopieren 571
    Brenner allein anschließen 570
    durch störende Treiber 577
    falsche Konfiguration 569
Rohlingtest
    Haltbarkeitsvorhersage 529
    wichtig für Backups 529
Rohlingtests
    Audio-CD prüfen 527
    Brennqualität 526
    C1-Fehler 529
    C2-Fehler 525
    C2-Fehler aufspüren 527
    C2-Fehlerauswertung 524
    CD Qualitäts Check 527
    Fehleranalyse 526
    Fehlerauswertung unterstützt? 524
    Haltbarkeit 539
    kleine Brennfehler 529
    Lesefehler aufdecken 526

Stichwortverzeichnis

Rohlingtests
   mit KProbe 530
   professioneller Qualitätstest 529
   Rohling fehlerfrei? 526
Running OPC 550

S

Scart-Adapter 145
ScenalyzerLive
   Band-Index erstellen 184
   downloaden 183
   Grundoptionen 184
   Szenen einspielen 184
   Szenenerkennung 184
Schallplatten
   Anschlusskabel 331
   Anschlussmöglichkeiten 331
   Brummgeräusche 334
   digitalisieren 330
   Dynamik optimieren 346
   Halleffekte 346
   Musikreinigung 343
   optimal aufnehmen 335
   Player anschließen 331
   restaurieren 343
   Verkabelung 332
Schneller brennen 622
   Autostart-Funktion 630
   Bildschirmschoner 632
   brennen und arbeiten 633
   DMA aktivieren 626
   Festplattentuning 634
   Hintergrundprozesse 633
   Intel Application Accelerator 628
   komprimierte Festplatten 636
   Virenscanner 633
Schreiboptimierung aktivieren 455
Schreibtechnik
   bessere Brennqualität 548
   Brennvorgang 542
   Einlegen des Rohlings 549
   einmal beschreibbare Scheibe 542
   Geschwindigkeitssteigerung 546
   OPC 549
   Optimum Power Calibration 549
   Partielles CAV 547
   Phase Change Recording 544
   Power Calibration Area 549
   Rohlingtabelle 549
   Running OPC 550
   wieder beschreibbare Scheibe 543
   Zone CLV 547
Schwarze Rohlinge 508
   Geheimnis 508
   präzisere Reflexion 510
   selbst gemacht 510
   warum besser als normale 509
SCSI-Schnittstelle 563
Sequential Writing 266
Serial-ATA 567
Simulation 124
Singlesession 79

Slave-Status 568
SMART-BURN 552
SmartBurn-Tool
   Brenngeschwindigkeit 551
   downloaden 551
Starkes Netzteil 645
Startcenter 28
Statusbalken
   99-Minuten-Rohlinge 520
   CDs überbrennen 519
   optimieren 519
Sternenhimmel 294
SuperAzo 490
Super-Video-CD
   als Video-CD tarnen 270
   Audiobitrate 206
   Aufbau 259
   Besonderheiten 259
   Einsatzgebiet 206
   geringe Kapazität 207
   MPEG-2 206
   Nero Burning Rom 261
   nur für kleine Videos 207
   ohne Neukodierung brennen 261
   Parameter 206
   schlechte Kompatibilität 207
   Struktur 259
   Videobitrate 206
   Videos auf DVD brennen 275
   Videos extrahieren 275
SVCD
   Kompatibilität optimieren 458
S-VHS-Anschluss 144
Systemstabilität optimieren 641
   für Videoaufgaben 641
   Hardwarekonflikte vermeiden 641
   Hardwareprofile 642
   Interrupt-Belegung 641
   IRQ 641
   Overclocking 641
   perfekte Kühlung 645
   starkes Netzteil 645

T

Thermo Balanced Writing 456
Timeshifting 170
Tipps für den Alltag 34
TMPGEnc
   2-pass VBR 225
   Assistent 213
   Audio und Video trennen 241
   Audio und Video verbinden 242
   Audiobearbeitung 223
   Audiospur 222
   Ausgabeoptionen 215
   Automatic VBR 227
   AVI-Videos 214
   Batch encode 237
   beste Qualität erzielen 216
   Bild maximieren 219
   Bildglättung 232
   Bildkorrekturen 232

Stichwortverzeichnis

TMPGEnc
- Bildwerkzeuge 229
- brillante Bildqualität 217
- Computeranimationen 221
- DC component precision 218
- Deinterlace nutzen 234
- Demultiplexing 241
- DivX-Videos 214
- Download 203
- Einschränkung 211
- Experteneinstellungen 216
- Farbkorrekturen 232
- Film auswählen 213
- Film schneiden 229
- Filme für PC 234
- Force picture type setting 220
- für Nacht vorbereiten 237
- geringeres Bildrauschen 222
- GOP structure 220
- Interlace 218
- Joint-stereo 222
- Kapazität optimal nutzen 226
- konstante Bitrate 224
- mehrere Videos 237
- mit kleinem Video testen 216
- mittlere Bitrate 226
- Motion search precision 218
- MPEG-2 nach MPEG-1 214
- MPEG-Tools 237
- MPEG-Video prüfen 203
- MPEG-Video splitten 238
- Multiplexing 242
- Nachteile von VBR 228
- Non-interlace 218
- Quantisierungsmatrix 221
- Seitenverhältnis 219
- Sperren aufheben 216
- Störränder entfernen 230
- tiefe Eingriffe 220
- TMPGEnc Plus 212
- Transkodiermöglichkeiten ... 214
- Transkodierung starten 223
- variable Bitrate 225
- Videobitrate 224
- Video-CD optimieren 222
- Videoeigenschaften 218
- Videos zusammenfügen 240
- Videovorlagen nutzen 214
- viele Szenenwechsel 220
- Vorbereitungen 213
- Vorteile gegenüber Nero 212
- XS-VCD-Videos 272
- XS-VCD-Vorlage 272
- XVCD-Videos 272
- XVCD-Vorlage 272
- Zugriff auf alle Optionen 216
- Zusatzfunktionen 237

TMPGEnc DVD Author
- Auswahlmenü 269
- downloaden 268
- DVD-Struktur erstellen 268
- erzeugte Struktur brennen ... 270
- Verletzung des Standards ... 270

TMPGEnc DVD Author
- Video-Authoring 268
- Videos integrieren 268
- Vorteile 267
Tonfrequenzen 311
Track-at-Once 315
Transkodieren 146, 202
Tuningtool von TEAC
- Boostfunktion 457
- Download 553
- maximale Brenngeschwindigkeit ... 553
- Schreibqualität 457
- Voraussetzungen 553
TV-Genial 159
TV-Karte 140
- einsatzbereit 142
- exklusiver Interrupt 641
- hohe Auflösung 141
- Interrupt-Sharing 141
- Kanäle einrichten 143
- keine aktuellen Treiber 167
- kostenlose Fernsehzeitung .. 159
- mit Composite-Anschluss ... 140
- optimaler Steckplatz 644f
- PCI-Überlastung 141
- richtig installieren 141
- Treiberprobleme 167
- TV-Kanal auswählen 152
- Universal-Treiber 167

U

Überbrennen 511
- alte Writer 514
- beherrscht es der Brenner .. 511
- bei welchen Projekten 516
- beschädigt den Writer? 514
- durch Firmwareupdate 519
- durch Registry-Eingriff 513
- DVD-Brenner 512
- Feature unter Nero aktivieren ... 517
- Kapazitätstoleranzen 515
- maximale Rohlingkapazität ... 514
- mit Nero 517
- Multisession-Disk 518
- nur bei DAO 518
- optimal einsetzen 516
- Statusbalken optimieren 519
- unterstützt 511
Übersprungene Frames 153
UDF 410
- UDF-Bridge-System 76
UDF-Dateisystem
- für Daten-DVDs 76
- Kompatibilität 76
- UDF-Bridge-System 76
UDF-Programme 584
- DirectCD 585
- InCD 585
- InstantWrite 585
- PacketCD 585
Ultrabuffer 609
- optimale Größe 609

Stichwortverzeichnis

UltraSpeed-CD-RW 555
Unterstützte Brenner 600
Upgrade 23
USB 1.1 565
USB 2.0 565
USB-FireWire Combokarte 565

V

Variable Videobitrate 225
VariRec 319
    bessere Brennqualität 320
    mit Nero nutzen 320
    optimale Einstellung 321
    VariRec II 319
Verbesserungen 22
Verkratzte CDs 293
Video Title Set 260
Videoaufnahme
    aktuelle Treiber 142
    alternative Programme 169
    analoger Camcorder 140
    Auflösung 148
    digitaler Camcorder 181
    direkt auf DVD 160
    DivX-Codec 147
    exklusive Interrupts 641
    Festplattentuning 634
    Filme vom digitalen Camcorder 178
    Grafikkarte mit Videoeingang 141
    große Videodateien 639
    Hardware einsatzbereit 142
    Hardwarekonflikte vermeiden 641
    Hintergrundprozesse 633
    hohe Auflösung 141
    Kanäle einrichten 143
    kostenlose Fernsehzeitung 159
    leistungsschwacher PC 145
    mit DivX-Codec 155
    mit Grafikkarte besser 142
    mit NeroVision Express 149
    mit PowerVCR 169
    moderner PC 5, 140
    optimales Dateisystem 639
    PC entlasten 145
    PCI-Überlastung 141
    PCI-Überlastung vermeiden 142
    perfekte Kühlung 645
    Scart-Adapter 145
    starkes Netzteil 645
    Systemstabilität optimieren 641
    TV-Karte 140
    TV-Karte einsatzbereit 142
    TV-Sendungen 140
    über Composite-Anschluss 144
    über S-VHS-Verbindung 144
    Verbindungsprobleme 145
    VHS-Kassetten 140
    Video-Codec 146
    Videos komprimieren 146
    VirtualDub 173
    Voraussetzungen 140

Videoauswahlmenü
    abspeichern 253
    Button 252
    eigene Buttons erstellen 255
    Fußnotentext 253
    Hintergrund 252
    Layout 251
    mit NeroVision Express 251
    Musik integrieren 252
    testen 254
    Titel 253
    Untermenüs gestalten 254
    Vorschaubild 253
Video-Authoring
    Audiooptionen von NeroVision Express 246
    Auswahlmenü 251
    Einsprungpunkte 249
    Kapitel erstellen 249
    mit Nero Burning Rom 261
    NeroVision Express 244
    Videooptionen von NeroVision Express 246
    Videos integrieren 247
    Videos schneiden 249
    Videos teilen 248
    Werbung entfernen 249
Videobearbeitung
    exklusive Interrupts 641
    Festplattentuning 634
    große Videodateien 639
    Hardwarekonflikte vermeiden 641
    Hintergrundprozesse 633
    Nachvertonung 193
    optimales Dateisystem 639
    perfekte Kühlung 645
    starkes Netzteil 645
    Systemstabilität optimieren 641
    Übergangseffekte 189
    Videoeffekte 190
    Videos exportieren 196
    Videos schneiden 195
    Videos teilen 195
    Vor- und Abspann 192
    Werbung entfernen 249
Video-Buttons erstellen 255
Video-CD
    Audiobitrate 205
    Aufbau 259
    Auflösung 205
    gute Kompatibilität 206
    MPEG-1 205
    Nero Burning Rom 261
    ohne Neukodierung brennen 261
    Parameter 205
    Standbilder 258
    Struktur 258
    Verwendungszweck 205
    Videobitrate 205
    Videos auf DVD brennen 275
    Videos extrahieren 275
Video-Codec 146
    DivX 147
    HuffYUV 147
    Morgan Motion JPEG 147

Stichwortverzeichnis

Videodisk
- analoger Camcorder ... 140
- Auswahlmenü ... 251
- AVI-Dateien ... 203
- DivX-Videodisk ... 209
- DVD-Struktur brennen ... 264
- Filme vom digitalen Camcorder ... 178
- kleine Videos ... 272
- mehr Speicherkapazität ... 227
- MiniDVD ... 209
- mit Nero Burning Rom ... 261
- mit NeroVision Express brennen ... 257
- mit NeroVision Express erstellen ... 244
- Profi-Tipps ... 270
- Rohlingkapazität ... 227
- Struktur ... 258
- Super-Video-CD ... 206
- SVCD als VCD tarnen ... 270
- TV-Sendungen ... 140
- VHS-Kassetten ... 140
- Video-Authoring ... 244
- Video-CD ... 205
- Video-DVD ... 207
- Videostandard ... 202
- Videostruktur erzeugen ... 257
- welche bevorzugen ... 244
- XS-VCD ... 272
- XVCD ... 272

Video-DVD
- als Daten-DVD brennen ... 266
- Audiobitrate ... 208
- Aufbau & Funktionsweise ... 260
- Auflösung ... 208
- BUP-Dateien ... 260
- direkte Aufnahme ... 165
- DVD+VR ... 165
- DVD-Struktur brennen ... 264
- leistungsstarker PC ... 208
- mehr Speicherplatz ... 209
- MPEG-1 ... 209
- MPEG-2 ... 208
- Nachteile ... 208
- ohne Neukodierung brennen ... 267
- Parameter ... 208
- Struktur ... 260
- Verwendungszweck ... 207
- Video Title Set ... 260
- Videobitrate ... 208
- VOB-Dateien ... 260

Videoeffekte ... 190

Videokomprimierung ... 235
- MPEG-Verfahren ... 235
- Quantisierung ... 236
- Verschiebungsvektoren ... 236

Videos
- Audio und Video trennen ... 241
- Audio und Video verbinden ... 242
- demultiplexen ... 241
- erneut transkodieren ... 202
- für Videodisk ... 202
- genaue Infos ... 202
- hintereinander transkodieren ... 237
- Interlace ... 218
- mit Nero transkodieren ... 210
- mit TMPGEnc transkodieren ... 211
- MPEG-Video splitten ... 238
- MPEG-Videos bearbeiten ... 237
- multiplexen ... 242
- Non-Interlace ... 218
- Parameter ... 202
- transkodieren ... 210
- zusammenfügen ... 240

Videostandards ... 202
- DivX-Videodisk ... 209
- MiniDVD ... 209
- Super-Video-CD ... 206
- Video-CD ... 205
- Video-DVD ... 207

Videotimer ... 159

Videotranskodierung ... 210
- beste Bildqualität ... 211
- durchleuchtet ... 235
- mit Nero ... 210
- mit NeroVision Express ... 210
- mit TMPGEnc ... 211
- Nachteile von Nero ... 211
- Prozesse ... 235
- Quantisierung ... 236
- Verschiebungsvektoren ... 236

Viren ... 46
Virenscanner ... 46

VirtualDub
- Audiokompression ... 174
- Aufnahmeoptionen ... 175
- AVI-Video prüfen ... 202
- Dateigröße ... 175
- Download ... 202
- downloaden ... 173
- Einschränkungen ... 173
- TV-Kanäle auswählen ... 173
- verlorene Einzelbilder ... 175
- Video-Codec ... 175
- Videooptionen ... 175
- Videos aufnehmen ... 173

VOB-Dateien ... 260
Vollversion ... 24
Vor- und Abspann ... 192
VR-Modus ... 164
- bei DVD+RW ... 165
- bei DVD-RAM ... 165
- bei DVD-RW ... 165

W

Wieder beschreibbare Medien ... 554
- clever löschen ... 557
- Datenverlust vorbeugen ... 558
- löschen ... 556
- Markenrohlinge ... 558
- optimal nutzen ... 554
- schnell defekt ... 558
- schnell löschen ... 556
- vollständig löschen ... 557

Wiedergabeprobleme ... 436
- Abtastsicherheit erhöhen ... 510

Stichwortverzeichnis

Wiedergabeprobleme
    alter DVD-Player 438
    andere Rohlinge 441
    Audio Master Quality Recording 436f
    BAD DISC 440
    Brennqualität prüfen 441
    Brennqualität verbessern 453
    CD-Brennqualität 437
    CD-Rohlinge 436
    CD-RW 437
    DVD+R manipulieren 459
    DVD+RW manipulieren 459
    DVD-Brennqualität 439
    DVD-Hochkompatibilitätsmodus 459
    DVD-Player umbauen 468
    DVD-Rohlinge 438
    Erkennungsbit 460
    falsche Identifikation 440
    Firmwareupdate 440
    GigaRec-Funktion 436f
    Hi-Fi-CD-Player 437
    Kompatibilität erhöhen 457
    Kompatibilitätslisten 471
    Lasereinjustierung 466
    Laserfokussierung scheitert 440
    Laserreinigung 464
    lösen 440
    Lösungsübersicht 440
    Markenrohlinge 441
    neuer Player 442
    NO DISC 438
    NO DISC bei CD-RW 437
    Rohlinge schwärzen 510
    schlechte Reflexion 438
    schwarze Rohlinge 441, 508
    SVCD 458
    übergroße Rohlinge 436
    unbekannter Medientyp 439
    Ursachen 436
    VariRec-Funktion 436f
    zu wenig Daten 440
WINAMP 368
Windows XP
    Brennfunktion deaktivieren 589
    Dateisystem 639
    Hardwareprofile 642

WinOnCD
    DirectCD 596
    DVD-Emulator entfernen 595
    Installationsreihenfolge 596
    neben Nero betreiben 595
WMA 355
    als Audio-CD brennen 303
    direkt von CD erstellen 360
    im CD-Player abspielen 374
    Kodieroptionen 359
    mit Nero Wave Editor erstellen 361
    optimale Klangqualität 359
    Wave-Dateien kodieren 356
WMA-Disk
    brennen 371
    CD oder DVD 371
    finalisieren 373
    große Kompatibilität 371
    Hits von CD kodieren 360
    kein Multisession 372
    über PC abspielen 374
    Wave-Dateien kodieren 356
    wiedergeben 374
Wobble 544

X

XS-VCD 272
    Besonderheit 272
    brennen 274
    Kompatibilität 272
    Videos kodieren 273
    Vorlagen erstellen 272
XVCD 272
    Besonderheit 272
    brennen 274
    Kompatibilität 272
    Videos kodieren 273
    Vorlagen erstellen 272

Y

YUV 151

Z

Zone CLV 547

▶▶▶ **Wenn Sie an dieser Seite angelangt sind ...**

▶▶▶ **Ihre Ideen sind gefragt!**

Vielleicht möchten Sie sogar selbst als Autor bei **DATA BECKER** mitarbeiten? Wir suchen Buch- und Software- Autoren. Wenn Sie über Spezial-Kenntnisse in einem bestimmten Bereich verfügen, dann fordern Sie doch einfach unsere Infos für Autoren an.

Bitte einschicken an:
DATA BECKER GmbH & Co. KG
Postfach 10 20 44
40011 Düsseldorf

Sie können uns auch faxen:
(02 11) 3 19 04 98

dann haben Sie sicher schon auf den vorangegangenen Seiten gestöbert oder sogar das ganze Buch gelesen. Und Sie können nun sagen, wie Ihnen dieses Buch gefallen hat. Ihre Meinung interessiert uns!

Uns interessiert, ob Sie jede Menge „Aha-Erlebnisse" hatten, ob es vielleicht etwas gab, bei dem das Buch Ihnen nicht weiterhelfen konnte, oder ob Sie einfach rundherum zufrieden waren (was wir natürlich hoffen). Wie auch immer – schreiben Sie uns! Wir freuen uns über Ihre Post, über Ihr Lob genauso wie über Ihre Kritik! Ihre Anregungen helfen uns, die nächsten Titel noch praxisnäher zu gestalten.

Was mir an diesem Buch gefällt: _____
_____
_____
_____

Das sollten Sie unbedingt ändern: _____
_____
_____

Mein Kommentar zum Buch: _____
442 504
_____
_____

❏ Ja   Ich möchte DATA BECKER Autor werden. Bitte schicken Sie mir die Infos für Autoren.

❏ Ja   Bitte schicken Sie mir Informationen zu Ihren Neuerscheinungen.

▶▶▶ Apropos: die nächsten Versionen. Wollen Sie am Ball bleiben? Wir informieren Sie gerne, was es Neues an Software und Büchern von **DATA BECKER** gibt.

Name, Vorname _____
Straße _____
PLZ, Ort _____

DATA BECKER
Internet: http://www.databecker.de

▶▶▶ **Videogenuss in bester DVD-Qualität!**

DATA BECKER
Achim Wagenknecht
Das große Buch
Video-DVDs erstellen

- Perfekte Kopien mit Nero & Co.
- Effektvolle Menüs erzeugen
- DivX und VCD zu DVD wandeln
- Videobänder digitalisieren und brennen

Wagenknecht
2510

Wagenknecht
Das große Buch Video-DVDs erstellen
499 Seiten
€ 24,95
ISBN 3-8158-2510-5

nur € 24,95

Ob Actionfilm, Urlaubsvideo oder TV-Serie: Mit diesem großen Buch bringen Sie Ihre Lieblingsfilme und -sendungen mühelos ins brillante DVD-Format.

Dieses anwendungsorientierte Kompendium zeigt, wie Sie die neuesten Techniken optimal einsetzen, wie Sie vorhandenes Filmmaterial in den Formaten (S)VCD oder DivX ohne Komplikationen konvertieren oder wie Sie Ihre selbst erstellten Video-DVDs mit professionellen Menüs versehen. Und auch Themen wie z.B. Soundeffekte, universelle Kompatibilität, Rohlingskunde und natürliche heiße Brenntipps für optimale Resultate kommen nicht zu kurz. Ideal geeignet für Brennprofis und DVD-Neulinge.

- *Das Medium Video-DVD komplett ausreizen*
- *Archivieren und Konvertieren von (S)VCDs und DivX-Filmen*
- *Erfolgreiches Authoring mit professionellen Soundeffekten*
- *Formate, Techniken und Möglichkeiten im Überblick*
- *Kompatible Video-DVDs für künftige DVD-Player Formate*

DATA BECKER

Gratis-Leseprobe und Inhaltsverzeichnis unter: www.databecker.de

▶▶▶ Schluss mit der XP-Geheimniskrämerei!

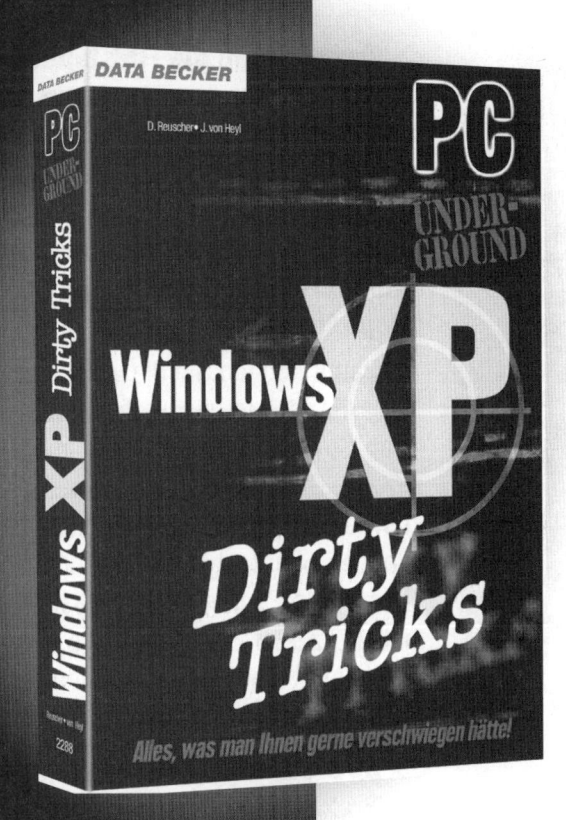

Diese Informationen hätte Ihnen Microsoft sicher gerne vorenthalten. Der schonungslose PC-Guide verrät Ihnen auf über 400 Seiten, wie Sie Bill Gates und Kumpanen mit legalen Mitteln ein Schnippchen schlagen ...

So überlegen sich Windows XP auch präsentieren mag, an manchen Ecken des Betriebssystems wurde gehörig gepfuscht – nicht immer zu Ihrem Nachteil. Einige dieser kleinen Unzulänglichkeiten können Sie sich jetzt blitzschnell zu Nutze machen und z.B. Ihr Windows kostenlos upgraden oder lästige Speedbremsen endgültig lösen. Und auch für die XP-typischen Ärgernisse finden Sie hier schnelle Lösungen: So gehören z.B. das Ausspionieren durch Anwendungen oder eingefrorene PC-Games bald endgültig der Vergangenheit an ...

- *Schluss mit der Datenspionage durch Microsoft*
- *Mit (legalen) Insider-Tricks zu kostengünstigen Upgrades*
- *Leistungsreserven gekonnt tunen und optimieren*

Von Heyl • Reuscher
**PC IUnderground
Windows XP
Dirty Tricks**
511 Seiten
€ 15,95
ISBN 3-8158-2288-2

nur € 15,95

DATA BECKER

Inhaltsverzeichnis und Leseproben unter: www.databecker.de

▶▶▶ **Ruck, zuck zu kinoreifen Home-Videos!**

Treten Sie in die Fußstapfen von Steven Spielberg und peppen Sie Ihre selbst gedrehten Videos mit raffinierten Effekten, Filtern oder Schnitten gekonnt auf. Wie's geht, zeigt diese SchnellAnleitung anhand direkt nachvollziehbarer Stepfolgen.

Damit können Sie die vielseitige Kapazität des intuitiv bedienbaren Profi-Studios endlich in der Filmpraxis nutzen. Ob actionreicher Zeitraffer, harmonischer Schnitt, trickreiche Überblenden oder hollywoodreife Abspänne: Dieser rote Renner versetzt Sie innerhalb kürzester Zeit in die Lage, die Tools und Funktionen des Pinnacle Studios 8 optimal zu nutzen.

- *Direkt nachvollziehbare Praxis-Beispiele*
- *Verständliche Step-Anleitungen für den schnellen Einstieg*
- *Originelle Vor- und Abspanntexte erstellen*
- *Spektakuläre Tricks im Handumdrehen realisieren und einbinden*
- *CD- und DVD-Oberflächen professionell gestalten*

Haarmeyer
SchnellAnleitung Pinnacle Studio 8
160 Seiten, € 9,95
ISBN 3-8158-2411-7

nur € 9,95

DATA BECKER

Leseprobe und Inhaltsverzeichnis unter: www.databecker.de